日蓮大聖人御書全集

新版

池田大作先生監修

第1巻

創価学会

序

我《われ》ら創価学会は、永遠に「御書根本」の大道《だいどう》を歩む。

末法《まっぽう》の御本仏《ごほんぶつ》・日蓮大聖人が一切衆生《いっさいしゅじょう》のために留《とど》め置いてくださった、この不滅《ふめつ》の宝典《ほうてん》を拝《はい》し、「慈折《じしゃく》広宣流布」の大願《だいがん》を貫《つらぬ》き果たしていくのである。

御書根本なるゆえに、いかなる三障四魔《さんしょうしま》、三類《さんるい》の強敵《ごうてき》にも屈《くっ》せず、「賢者《けんじゃ》はよろこび」と、前進を止《と》めない。

御書根本なるゆえに、「桜梅桃李《おうばいとうり》」の多様性を尊重《そんちょう》し、互《たが》いに仏の如《ごと》く敬《うやま》いながら、「異体同心《いたいどうしん》」の団結で万事《ばんじ》を成《じょう》ずる。

御書根本なるゆえに、「生命の尊厳《そんげん》と平等」「民衆の幸福と安穏《あんのん》」そして「地球社会の平和と共生《きょうせい》」へ、限りない価値創造の大光《たいこう》を放《はな》ちゆくのだ。

立宗《りっしゅう》七百年を慶祝《けいしゅく》して、一九五二年（昭和二十七年）の四月二十八日に出版された創価学会版『日蓮大聖人御書全集』の「発刊の辞《じ》」で、第二代会長・戸田城聖先生は、冒頭《ぼうとう》に「諸法実相抄《しょほうじっそうしょう》」の結文《けつぶん》を引用された。

「行学《ぎょうがく》の二道をはげみ《励》候《そうろう》べし。行学たえ《絶》なば仏法はあるべからず。我もいたし、人をも教化《きょうけ》候《そうら》え。行学は信心よりおこる《起》べく候《そうろう》。力あらば一文《もん》一句なりともかたら《語》せ給《たも》うべし」

それは、大聖人の仰《おお》せ通りに、御書を学ぶことはもとより、何よりも行《ぎょう》じ、語り、弘《ひろ》め抜《ぬ》いていくとの宣言にほかならなかった。

実は、この御金言《ごきんげん》は、初代会長・牧口常三郎先生が御書（当時の霊艮閣版《りょうごんかくばん》御書）に線を引かれ、身読《しんどく》され切った一節である。牧口先生は、戦時中の弾圧《だんあつ》で投獄《とうごく》されても、家族に宛《あ》てられた手紙に「災難《さいなん》と云《い》うても、大聖人様の九牛《きゅうぎゅう》の一毛《いちもう》（＝ほんのわずか）です」等と綴《つづ》り、訊問《じんもん》でも毅然《きぜん》として、日蓮仏法は「人間の生活の最も価値のある無《む》上《じょう》最大の法」であると主張されている。

法難《ほうなん》の只中《ただなか》にあって、御聖訓《ごせいくん》の如く「師子王《ししおう》の心」で「不惜身命《ふしゃくしんみょう》」「死身弘法《ししんぐほう》」の鑑《かがみ》を残すと同時に、創価学会の伝統たる「信心即《そく》生活」「仏法即社会」の規範《きはん》を確立されたのである。

殉教《じゅんきょう》の先師の後《あと》を継《つ》いだ恩師・戸田先生は、獄中《ごくちゅう》で悟達《ごだつ》した「我、地涌《じゆ》の菩薩《ぼさつ》なり」との大確信を燃え上がらせ、戦後の曠野《こうや》に一人立って、妙法流布の大願の旗《はた》を掲《かか》げられた。

そして、学会再建への試練《しれん》を勝ち越《こ》えて、第二代会長に就任《しゅうにん》した先生が直《ただ》ちに着手《ちゃくしゅ》された事業こそ、まさしく御書全集の刊行であった。

この御書を抱《だ》きしめながら、創価の師弟は一丸《いちがん》となって「行学の二道」に邁進《まいしん》し、悩《なや》み苦しむ庶民《しょみん》一人一人の心に「人間革命」と「宿命転換《しゅくめいてんかん》」への無限の希望と勇気の灯《ひ》をともしてきたのである。

ともに、「立正安国《りっしょうあんこく》」の実現のため、民衆奉仕《ほうし》、社会貢献《こうけん》、平和創出《そうしゅつ》の信念の人材群を育成し、各界へ澎湃《ほうはい》と送り出してきた。

二十世紀最高峰《さいこうほう》の歴史家アーノルド・J・トインビー博士は、「創価学会が遂《と》げた驚異的《きょういてき》な戦後の復興《ふっこう》は、経済分野における日本国民の物質的成功に匹敵《ひってき》する精神的偉《い》業《ぎょう》であった」と評価してくださっている。

この「精神的偉業」の原動力となった宝書《ほうしょ》こそ御書なのである。

御書に展望《てんぼう》された「仏法西還《せいかん》」さらに「一閻浮提広宣流布《いちえんぶだい》」の未来記《みらいき》を遂行《すいこう》してきたことは、創価の師弟の誉《ほま》れである。

御書の翻訳《ほんやく》は世界十言語を超《こ》えた。今や日本はもとより世界五大州のいずこでも、老若男女《ろうにゃくなんにょ》が喜々《きき》として御書を研鑽《けんさん》し合い励《はげ》まし合う光景が、日常茶飯《にちじょうさはん》となっている。

文明も国籍《こくせき》も、人種も民族も、文化も言語も超えて広く拝読《はいどく》され、家庭で地域で社会で生き生きと行動に移され、良き世界市民の連帯《れんたい》が広がっているのだ。

この事実こそ、日蓮仏法の普遍性《ふへんせい》と正統性《せいとうせい》を物語《ものがた》る一大実証《じっしょう》と確信《かくしん》するものである。

世界宗教に共通する特色の一つは、聖典《せいてん》を根幹《こんかん》とし、誇《ほこ》りとして、信仰《しんこう》の礎《いしずえ》にしている点にあるからだ。

「この貴重なる大経典《だいきょうてん》が全東洋へ、全世界へ、と流布して行く事をひたすら祈念《きねん》して止《や》まぬものである」と、発刊に際して記《しる》された恩師の念願《ねんがん》は、まさに現実のものとなった。

先師と恩師が微笑《ほほえ》み合われる会心《かいしん》の笑顔が、私の胸に迫《せま》ってならない。

御書は「希望と正義の経典」であり、「民衆の幸福の聖典」である。

御書は「師弟の誓《ちか》いの経典」であり、「青年の勝利の聖典」である。

御書は「智慧《ちえ》と勇気の経典」であり、「地球民族の平和の聖典」である。

御書を開けば、民衆を苦しめる一切の魔性《ましょう》を打ち破りゆく師子吼《ししく》が轟《とどろ》いてくる。

御書を繙《ひもと》けば、正しき人生を求める若人を包み導《みちび》く、師の大慈悲《だいじひ》の心音《しんおん》が伝わってくる。

御書を拝《はい》せば、人類の生命が具《そな》えている宇宙大の可能性への自覚と信頼《しんらい》が込《こ》み上げてくる。

一人の人間が、どれほど強く深く偉大《いだい》になれるか。

生命と生命は、どれほど温かく美しく結び合えるか。

社会も国土も、どれほど賢《かしこ》く豊かに栄《さか》えさせていけるか。

大聖人は、「十界互具《じっかいごぐ》」「一念三千《いちねんさんぜん》」また「煩悩即菩提《ぼんのうそくぼだい》」「変毒為薬《へんどくいやく》」さらに「自他不二《じたふに》」「依正不二《えしょうふに》」等々、甚深《じんじん》の法理《ほうり》に照らし、そして御自身の究極《きゅうきょく》の「人《ひと》の振《ふ》る舞《ま》い」と門下一同の「仏法勝負」の現証《げんしょう》の上から、尽《つ》きることのない激励《げきれい》を送ってくださっている。

ゆえに、どんなに厳しい「生老病死《しょうろうびょうし》」の苦に直面しても、御書に触《ふ》れれば、「胸中の肉団《にくだん》」から元初《がんじょ》の太陽が赫々《かっかく》と昇《のぼ》り、「冬は必ず春となる」との希望の指針《ししん》のままに、「常楽我浄《じょうらくがじょう》」へ蘇生《そせい》の活路を開きゆけるのだ。

戸田先生が御書発刊を発願《ほつがん》されてから七十年。先生は「発刊の辞」に「今後の補正《ほせい》に最善の努力を尽《つ》さんことを誓う」と綴られていた。

奇《く》しくも、日蓮大聖人の御聖誕《ごせいたん》八百年にして、竜《たつ》の口《くち》の法難《ほうなん》の発迹顕本《ほっしゃくけんぽん》から七百五十周年の佳節《かせつ》を迎《むか》えた今この時に、万機《ばんき》が熟《じゅく》して、恩師との約束を果たし、御書の「新版《しんぱん》」を刊行する運びとなったことは慶賀《けいが》に堪《た》えない。

今回の「新版」にあたり、最優秀の英才《えいさい》が集《つど》った刊行委員会に、「正確さ」「読みやすさ」「学会の伝統」を踏《ふ》まえた編集をお願いした。こまやかな心配《こころくば》りのおかげで、活字は大きく、振《ふ》り仮名《がな》（ルビ）も多く、改行や句読点を増やし、漢字や仮名遣《かなづか》い等を現代表記に改《あらた》めるなど、皆《みな》が一段と親しみやすい御書になった。

また、御真筆《ごしんぴつ》や写本《しゃほん》などの尊き学問的研究が大きく進んでいることから、確かな成果なども反映《はんえい》されている。そして、七十年前には未公開、未発見等であった御書も、新たに三十二編、収録《しゅうろく》することができた。

将来、文献《ぶんけん》的研究について炯眼《けいがん》の学者による新しい成果が表れる可能性は十分にあるであろうし、期待してもいる。さらに新しい御遺文《ごいぶん》が発見されることもあるかもしれない。それらの採否《さいひ》については、従藍而青《じゅうらんにしょう》の後継《こうけい》に託《たく》したい。

「一切衆生の平等」を謳《うた》い上げ、共生と調和、慈悲と寛容《かんよう》の哲学が説《と》き明かされた御書は、人類全体を結び合い高めながら、戦乱・疫病《えきびょう》・貧困《ひんこん》、また自然災害、気候変動《きこうへんどう》など地球的問題群に挑《いど》む「随縁真如《ずいえんしんにょ》の智《ち》」を引き出す無窮《むきゅう》の宝庫《ほうこ》といっても過言《かごん》ではない。この一書とともに、「立正安国」「立正安世界」へ、「万年の外《ほか》未来までも」、地涌の宝友《ほうゆう》が師弟誓願《せいがん》の不二の旅を歓喜踊躍《かんきゆやく》して進みゆかれることを、私は心から願うものである。

結びに、「新版」の発刊に尽力《じんりょく》してくださった全《すべ》ての皆様方《みなさまがた》に、満腔《まんこう》の感謝の意を表《ひょう》したい。

二〇二一年五月三日
恩師の会長就任満七十年の日に

池田大作

発刊にあたって

本書は、創価学会版『日蓮大聖人御書全集』の新版《しんぱん》である。御書全集は、第二代会長・戸田城聖先生が発願《ほつがん》され、第三代会長・池田大作先生の師弟不《ふ》二《に》の献身《けんしん》により発刊された、創価学会の聖典《せいてん》である。

池田先生は詠《よ》まれた。

「師弟して
　御書のまま生き
　黄金《きん》の道」

創価学会の最大の誇《ほこ》りは、三代の会長が「御書根本」の生き方を自《みずか》ら示してこられたことにある。なかんずく、御書根本とはいかなることかを、池田先生が偉大《いだい》な師子《しし》王《おう》の実践《じっせん》をもって教えてくださり、その「黄金《きん》の道」に世界中の同志が続いたからこそ、創価学会は今日《こんにち》の発展を築くことができた。

創価の師弟の大道《だいどう》には、常に御書があった。創価学会の御書全集は、広範《こうはん》な民衆に深く真剣に拝《はい》され、身読《しんどく》されてきた「生きた聖典」なのである。

今回、「新版」の編集にあたり、監修の労《ろう》を執《と》ってくださった池田先生から、「正確さ」「読みやすさ」、そして「学会の伝統」を重んじるよう、幾度《いくど》となく御指導いただいた。

「正確さ」については、御書全集をもとに、御真筆《ごしんぴつ》や写本《しゃほん》、刊本《かんぽん》などを踏《ふ》まえ、改《あらた》めて全文を確認した。御執筆《ごしっぴつ》の年月日や対告衆《たいごうしゅ》、また、仏教用語《ようご》の読《よ》み方《かた》などに関しても、近年の諸研究を勘案《かんあん》しつつ、慎重《しんちょう》に検討を加えた。

「読みやすさ」については、〝漢文体《かんぶんたい》で書かれた御書を書《か》き下《くだ》す〟〝振《ふ》り仮名《がな》（ルビ）や振り漢字を施《ほどこ》す〟〝経典等《きょうてん》の引用文を「　」でくくる〟などの御書全集の方針を引き継《つ》ぎ、青年をはじめ現代の人々が御書に一層親《いっそうした》しめることを最大の目的として、さらに工夫《くふう》を試《こころ》みた。

例《たと》えば、漢文の書き下しは、より現代的な表現《ひょうげん》に改めた。また、振り仮名は簡単な漢字や頻出《ひんしゅつ》する語句を除《のぞ》いて、原則として段落の初出《しょしゅつ》のものに全《すべ》て振った。それ以外でも、漢字が続く箇所《かしょ》や現代人になじみのない語句などは積極的に振るよう心掛《こころが》けた。さらに、会話文にも「　」を付けるなど、読みやすくなるよう、全編《ぜんぺん》を組《く》み直《なお》した。

御書の配列《はいれつ》も、御書全集を踏襲《とうしゅう》しつつ、より学びやすいように構成《こうせい》した。

「学会の伝統」――それは、学会員一人一人が、広宣流布と人間革命に挑戦《ちょうせん》するなかで、師と共に、師の如《ごと》く、御書の一節一節《いっせつ》を心肝《しんかん》に染《そ》め、身で拝してきたという崇高《すうこう》な歴史にほかならない。

かつて池田先生は、全同志に和歌を贈《おく》られた。

「尊貴《そんき》なる
　御書を開きし
　　あまりにも
　尊き君等《とうときみら》は
　　仏なるかな」

御書を生命に刻《きざ》み、師弟の「黄金《きん》の道」を進みゆく仏の陣列《じんれつ》が、さらに世界に広がりゆくことを確信《かくしん》してやまない。

結びに、本書の刊行作業を温かく見守り、さまざまに御指導くださった池田先生に心より深く感謝申し上げるとともに、ご協力いただいた皆様に厚《あつ》く御礼申し上げげたい。

『日蓮大聖人御書全集　新版』刊行委員会

日蓮大聖人御書全集 新版　目次

本書（分冊第一巻）には、御書（001）〜（035）を収録

第1巻

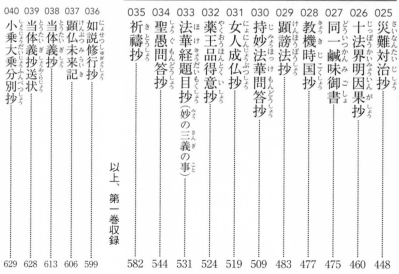

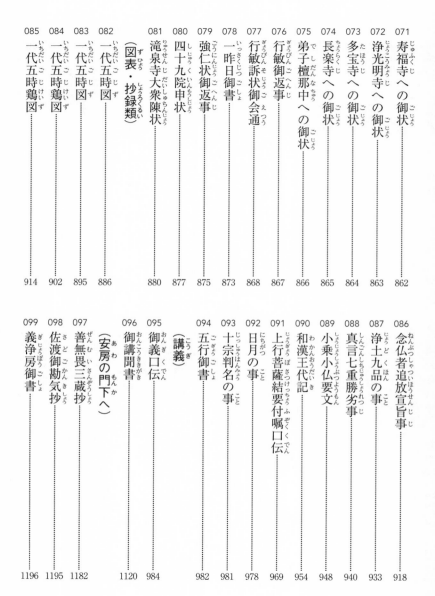

（下総《しもうさ》の門下《もんか》へ）

日蓮大聖人御書全集

新版

第1巻

(001~035)

（001）

唱法華題目抄《しょうほっけだいもくしょう》

文応《ぶんおう》元年（'60）5月28日　39歳

ある人、予《よ》に問うて云《い》わく、世間《せけん》の道俗《どうぞく》、させる法華経の文義《もんぎ》を弁《わきま》えずとも、一部・一巻・四要《しよう》品《ぼん》・自我偈《じがげ》・一句等を受持《じゅじ》し、あるいは自《みずか》らもよみかき《読書》、もしは人をしてもよみかかせ、あるいは我《われ》とよみかかざれども経《きょう》に向かい奉《たてまつ》り合掌《がっしょう》・礼拝《らいはい》をなし香華《こうげ》を供養《くよう》し、あるいは上《かみ》のごとく行《ぎょう》ずることなき人も、他の行ずるを見てわずかに随喜《ずいき》の心をおこし国中《こくちゅう》にこの経の弘《ひろ》まれることを悦《よろこ》ばん。これ体《てい》のわずかのことによりて、世間の罪にも引かれず、彼《か》の功徳《くどく》に引かれて、小乗《しょうじょう》の初果《しょか》の聖人《しょうにん》の度々《たびたび》人天《にんてん》に生まれてしかも悪道《あくどう》に堕《お》ちざるがごとく、常に人天の生《しょう》をうけ《受》、終《つい》に法華経を心得《こころう》るものと成って、十方浄土《じっぽうじょうど》にも往生《おうじょう》し、またこの土《ど》においても即身成仏《そくしんじょうぶつ》することあるべきや。委細《いさい》にこれを聞かん。

答えて云《い》わく、させる文義《もんぎ》を弁《わきま》えたる身にはあらざれども、法華経・涅槃経《ねはんぎょう》ならびに天台《てんだい》・妙楽《みょうらく》の釈《しゃく》の心をもって推《お》し量《はか》るに、かりそめにも法華経を信じていささかも謗《ぼう》を生《しょう》ぜざらん人は、余《よ》の悪にひ《引》かれて悪道《あくどう》に堕《お》つべしとはおぼ《覚》えず。ただし、悪知識《あくちしき》と申して、わずかに権教《ごんきょう》を知れる人智者《ちしゃ》の由《よし》をして法華経を我らが機《き》に叶《かな》い難《がた》き由を和《やわ》らげ申さんを、誠《まこと》と思って、法華経を随喜《ずいき》せし心を打ち捨て余教《よきょう》へうつ《移》りは《果》てて、一生さて法華経へ帰り入《い》らざらん人は、悪道に堕つべきこともありなん。

仰《おお》せについて疑わしきこと侍《はべ》り。実《まこと》にてや侍るらん、「法華経に説かれて候《そうろう》」とて智者《ちしゃ》の語らせ給《たま》いしは、「昔、三千塵点劫《じんてんごう》の当初《そのかみ》、大通智勝仏《だいつうちしょうぶつ》と申す仏います。その仏の凡夫《ぼんぶ》にていましける時、十六人の王子おわします。彼《か》の父の王、仏にな《成》らせ給いて一代聖教《いちだいしょうぎょう》を説き給いき。十六人の王子もまた出家《しゅっけ》して、その仏の御弟子《みでし》とならせ給いけり。大通智勝仏、法華経を説き畢《お》わらせ給いて定《じょう》に入《い》らせ給いしかば、十六人の王子の沙弥《しゃみ》、その前《みまえ》にして、か《代》わるがわる法華経を講じ給いけり。その所説を聴聞《ちょうもん》せし人、幾《いく》千万ということをし《知》らず。当座に悟《さと》りをえ《得》し人は不退《ふたい》の位に入りにき。また法華経をお《疎》ろかに心《こころ》得《う》る結縁《けちえん》の衆《しゅ》もあり。その人々、当座・中間《ちゅうげん》に不退の位に入らずして三千塵点劫をへ《経》たり。その間、またつぶさに六道四生《ろくどうししょう》に輪回《りんね》し、今日《こんにち》、釈迦如来《しゃかにょらい》の法華経を説き給《たも》うに、不退の位に入る。いわゆる舎利弗《しゃりほつ》・目連《もくれん》・迦葉《かしょう》・阿難《あなん》等これなり。なおなお信心薄《うす》き者は、当時も覚《さと》らずして未来無数《むしゅ》劫《こう》を経《ふ》べきか。知らず、我らも大通智勝仏の十六人の結縁の衆にもあるらん。

この結縁《けちえん》の衆《しゅ》をば、天台《てんだい》・妙楽《みょうらく》は名字《みょうじ》・観行《かんぎょう》の位にか《叶》ないたる人なりと定め給《たま》えり。名字・観行の位は、一念三千《いちねんさんぜん》の義理を弁《わきま》え、十法成乗《じっぽうじょうじょう》の観《かん》を凝《こ》らし、能《よ》く能く義理を弁えたる人なり。『一念随《いちねんずい》喜《き》』『五十展転《ごじってんでん》』と申すも、天台・妙楽の釈《しゃく》のごときは、皆《みな》、観行五品《ごほん》の初随喜《しょずいき》の位と定め給えり。博地《はくじ》の凡夫《ぼんぷ》のことにはあらず。

しかるに、我らは末代《まつだい》の一字一句等の結縁《けちえん》の衆《しゅ》、一分《いちぶん》の義理をも知らざらんは、あに無量の世界の塵点劫《じんてんごう》を経《へ》ざらんや。これひとえに、理深解微《りじんげみ》の故に、教《きょう》は至って深く機《き》は実《じつ》に浅きがい《致》たすところなり。ただ弥陀《みだ》の名号《みょうごう》のみを唱えて順次生《じゅんじしょう》に西方極楽世界《さいほうごくらくせかい》に往生《おうじょう》し、永く不退《ふたい》の無生忍《むしょうにん》を得て、阿弥《あみ》陀如来《だにょらい》・観音《かんのん》・勢至《せいし》等の法華経を説き給《たま》わん時、聞いて悟《さと》りを得《え》んにはしかじ。しかるに、弥陀の本《ほん》願《がん》は、有智《うち》・無智《むち》、善人・悪人、持戒《じかい》・破戒《はかい》等をも択《えら》ばず、ただ一念唱《いちねんとな》うれば、臨終《りんじゅう》に必ず弥陀如来、本願の故に来迎《らいごう》し給《たも》う。

これをもって思うに、この土《ど》にして法華経の結縁《けちえん》を捨てて浄土《じょうど》に往生《おうじょう》せんとおもう《思》は、億千世界の塵点《じんてん》を経《へ》ずして疾《と》く法華経を悟《さと》らんがためなり。法華経の根機《こんき》にあたわ《能》ざる人の、この穢土《えど》にて法華経にいとま《暇》をいれ《入》て一向《いっこう》に念仏《ねんぶつ》を申さざるは、法華経の証《しょう》は取り難《がた》く、極楽《ごくらく》の業《ごう》は定まらず、中間《ちゅうげん》になりて、中々《なかなか》法華経をおろそか《疎》にする人にてやおわしますらん」と申し侍《はべ》るはいかに。

その上、只今承《ただいまうけたまわ》り候《そうら》えば、わずかに法華経の結縁《けちえん》ばかりならば、三悪道《さんあくどう》に堕《お》ちざるばかりにてこそ候え、六道《ろくどう》の生死《しょうじ》を出《い》ずるにはあらず。念仏《ねんぶつ》の法門《ほうもん》は、なにと義理を知らざれども弥陀《みだ》の名号《みょうごう》を唱え奉《たてまつ》れば浄土《じょうど》に往生《おうじょう》する由《よし》を申すは、遥《はる》かに法華経よりも弥陀の名号はいみじくこそ聞こえ侍《はべ》れ。

答えて云《い》わく、誠《まこと》に仰《おお》せめでたき上、智者《ちしゃ》の御物語《おんものがたり》にて侍《はべ》るなれば、さこそと存《ぞん》じ候《そうら》えども、ただし、もし御物語のごとく侍らば、すこし不審《ふしん》なること侍り。

大通結縁《だいつうけちえん》の者をあらあらうちあて《粗々打充》がい申すには名字《みょうじ》・観行《かんぎょう》の者とは釈《しゃく》せられて侍《はべ》れども、正《まさ》しくは名字即《みょうじそく》の位の者と定められ侍る上、退大取小《たいだいしゅしょう》の者とて、法華経をすて《捨》てて権教《ごんきょう》にうつり《移》後《のち》には悪道《あくどう》に堕《お》ちたりと見えたる上、正しく法華経を誹謗《ひぼう》してこれを捨てし者なり。たとい義理を知るようなる者なりとも、謗法《ほうぼう》の人にあらん上は、三千塵点《じんてん》・無量塵点も経《ふ》べく侍るか。「五十展転《ごじってんでん》」「一念随喜《いちねんずいき》」の人々を観行初随喜《しょずいき》の位の者と釈せられたるは、末代《まつだい》の我らが随喜等は彼の随喜の中には入《い》るべからずと仰《おお》せ候《そうろう》か。これを「天台《てんだい》・妙楽《みょうらく》、初随喜の位と釈せられたり」と申さるるほどにては、また名字即と釈せられて侍る釈はすて《捨》らるべきか。

詮《せん》ずるところ、仰《おお》せの御義《おんぎ》を委《くわ》しく案ずれば、おそ《恐》れにては候《そうら》えども、謗法《ほうぼう》の一分《いちぶん》にやあらんずらん。その故は、法華経を我ら末代《まつだい》の機《き》に叶《かな》い難《がた》き由《よし》を仰せ候《そうろう》は、末代の一切衆生《いっさいしゅじょう》は穢土《えど》にして法華経を行《ぎょう》じて詮無《せんな》きことなりと仰せらるるにや。もし、さように侍《はべ》らば、末代の一切衆生の中に、この御詞《おんことば》を聞いて、既《すで》に法華経を信ずる者も打ち捨てて、いまだ行ぜざる者も行ぜんと思うべからず。随《ずい》喜《き》の心も留《とど》め侍らば、謗法の分《ぶん》にやあるべかるらん。もし謗法の者に一切衆生なるならば、いかに念《ねん》仏《ぶつ》を申させ給《たも》うとも、御往生《ごおうじょう》は不定《ふじょう》にこそ侍らんずらめ。

また、弥陀《みだ》の名号《みょうごう》を唱え極楽《ごくらく》世界に往生《おうじょう》をとぐ《遂》べきよし《由》を仰《おお》せられ侍《はべ》るは、いかなる経論《きょうろん》を証拠《しょうこ》としてこの心はつき《付》給《たま》いけるやらん。正《まさ》しくつよ《強》き証文候《しょうもんそうろう》か。もしな《無》くば、その義たの《頼》もしからず。

前《さき》に申し候《そうら》いつるがごとく、法華経を信じ侍《はべ》るは、させる解《げ》なけれども三悪道《さんあくどう》には堕《お》つべからず候《そうろう》。六道《ろくどう》を出《い》ずることは、一分《いちぶん》のさとり《解》なからん人は有り難《がた》く侍るか。ただし、悪知識《あくちしき》に値《あ》って法華経随喜《ずいき》の心を云《い》いやぶ《破》られて候《そうら》わんは、力及《およ》ばざるか。

また、仰《おお》せについて驚《おどろ》き覚え侍《はべ》り。その故は、法華経は末代《まつだい》の凡夫《ぼんぷ》の機《き》に叶《かな》い難《がた》き由《よし》を智者《ちしゃ》申されしかば、さかと思い侍るところに、只今《ただいま》の仰せのごとくならば、弥陀《みだ》の名号《みょうごう》を唱《とな》うとも、法華経をい《言》いうと《疎》むるとが《失》によりて、往生《おうじょう》をも遂《と》げざる上悪道《あくどう》に堕《お》つべきよし《由》承《うけたまわ》るは、ゆゆしき大事にこそ侍れ。

そもそも、「大通結縁《だいつうけちえん》の者は、謗法《ほうぼう》の故に六道《ろくどう》に回《めぐ》るも、また名字即《みょうじそく》の浅位《せんい》の者なり。また『一念《いちねん》随喜《ずいき》』『五十展転《ごじってんでん》』の者もまた名字・観行即《かんぎょうそく》の位」と申す釈《しゃく》は、いずれの処《ところ》に候《そうろう》やらん。委《くわ》しく承《うけたまわ》り候《そうら》わばや。また、義理をも知らざる者の、わずかに法華経を信じ侍《はべ》るが、悪知識《あくちしき》の教えによって法華経を捨てて権教《ごんきょう》に移るより外《ほか》の世間《せけん》の悪業《あくごう》に引かれては、悪道《あくどう》に堕《お》つべからざる由《よし》申さるるは、証拠《しょうこ》あるか。また、無智《むち》の者の念仏《ねんぶつ》申して往生《おうじょう》するといずれに見えてあるやらんと申し給《たも》うこそ、よ《世》に事《こと》あ《新》たらしく侍れ。双観経《そうかんぎょう》等の浄土《じょうど》の三部経《さんぶきょう》、善導和尚《ぜんどうおしょう》等の経釈《きょうしゃく》に明らかに見えて侍らん上は、なにとか疑い給うべき。

答えて曰《い》わく、大通結縁《だいつうけちえん》の者を、退大取小《たいだいしゅしょう》の謗法《ほうぼう》、名字即《みょうじそく》の者と申すは、私《わたくし》の義にあらず。天台《てんだい》大師《だいし》、文句《もんぐ》の第三の巻に云《い》わく「法を聞いていまだ度《ど》せずして世々《せぜ》に相値《あいあ》って今に声聞地《しょうもんじ》に住《じゅう》する者有り。即《すなわ》ち彼《か》の時の結縁の衆《しゅ》なり」と釈《しゃく》し給《たま》いて侍《はべ》るを、妙楽大師《みょうらくだいし》、疏記《しょき》の第三に重ねてこの釈の心を述べ給いて云わく「ただ、いまだ品《ほん》に入《い》らざるを、ともに結縁と名づくるが故に」文《もん》。文の心は、大通結縁の者は名字即の者となり。また、天台大師、玄義《げんぎ》の第六に大通結縁の者を釈して云わく「もしは信、もしは謗《ぼう》。因《よ》って倒《たお》れ、因って起《お》く。喜根《きこん》をば謗《ぼう》ずといえども、後《のち》に要《かなら》ず度《ど》を得《う》るがごとし」文。文の心は、大通結縁の者の三千塵点《じんてん》を経《ふ》るは謗法の者なり、例せば、勝意比丘《しょういびく》が喜根菩薩《ぼさつ》を謗ぜしがごとしと釈す。「『五十展転《ごじってんでん》』の人は五品《ごほん》の初めの初随喜《しょずいき》の位」と申す釈もあり。また「初随喜の位の先の名字即」と申す釈もあり。疏記の第十に云わく「初めに法会《ほうえ》にして聞く。容《まさ》にこれ初品《しょほん》の初随喜なるべし。第五十人は必ず随喜の位の初めに在る人なり」文。文の心は、初会聞法《しょえもんぼう》の人は必ず初随喜の位の内、第五十人は初随喜の位の先の名字即と申す釈なり。

その上、「五種法師《ごしゅほっし》にも、受持《じゅじ》・読《どく》・誦《じゅ》・書写《しょしゃ》の四人は自行《じぎょう》の人、大経《だいきょう》の九人の先の四人は解《げ》無き者なり。解説《げせつ》は化他《けた》、後《のち》の五人は解有る人」と証《しょう》し給《たま》えり。疏記《しょき》の第十に五種法師を釈《しゃく》するには、「あるいは全《まった》くいまだ品《ほん》に入《い》らず」、また云《い》わく「一向《いっこう》いまだ凡位《ぼんい》に入らず」文《もん》。文の心は、五種法師は観行五品《かんぎょうごほん》と釈すれども、また五品已前《いぜん》の名字即《みょうじそく》の位とも釈するなり。これらの釈のごとくんば、義理を知らざる名字即の凡夫《ぼんぷ》が随喜《ずいき》等の功徳《くどく》も、経文《きょうもん》の「一偈《げ》一句、一念《いちねん》随喜の者」「五十展転《ごじってんでん》」等の内に入るかと覚え候《そうろう》。

いかにいわんや、この経《きょう》を信ぜざる謗法《ほうぼう》の者の罪業《ざいごう》は譬喩品《ひゆほん》に委《くわ》しくと《説》かれたり。持経者《じきょうしゃ》を謗《ぼう》ずる罪は法師品《ほっしほん》にとかれたり。この経を信ずる者の功徳《くどく》は分別功徳品《ふんべつくどくほん》・随喜功徳品《ずいきくどくほん》に説けり。謗法と申すは違背《いはい》の義なり。随喜と申すは随順《ずいじゅん》の義なり。させる義理を知らざれども一念《いちねん》も貴《たっと》き由《よし》申すは、違背・随順の中にはいずれにか取られ候《そうろう》べき。また末代無智《まつだいむち》の者のわずかの供養《くよう》・随喜の功徳は経文《きょうもん》には載《の》せられざるか、いかん。

その上、天台《てんだい》・妙楽《みょうらく》の釈《しゃく》の心は、他の人師《にんし》ありて法華経の「乃至《ないし》、童子《どうじ》の戯《たわむ》れに」「一偈《げ》一句」「五《ご》十展転《じってんでん》」の者を爾前《にぜん》の諸経《しょきょう》のごとく上聖《じょうしょう》の行儀《ぎょうぎ》と釈せられたるをば、謗法《ほうぼう》の者と定め給《たま》えり。しかるに、我が釈を作る時、機《き》を高く取って末代造悪《まつだいぞうあく》の凡夫《ぼんぷ》を迷わし給わんは、自語相違《じごそうい》にあらずや。故に、妙楽大師《だいし》、「五十展転」の人を釈して云《い》わく「恐《おそ》らくは、人謬《あやま》って解《げ》せる者、初心《しょしん》の功徳《くどく》の大《だい》なることを測《はか》らずして、功《く》を上位に推《ゆず》り、この初心を蔑《あなど》る。故に、今、彼《か》の行《ぎょう》浅く功《く》深きことを示して、もって経力《きょうりき》を顕《あらわ》す」文《もん》。文の心は、謬って法華経を説かん人の、この経は利智精進《りちしょうじん》・上根上智《じょうこんじょうち》の人のためとい《言》わんことを、仏おそれて、下根下智《げこんげち》・末代の無智《むち》の者のわずかに浅き随喜《ずいき》の功徳を四十余年の諸経の大人《だいにん》・上聖《じょうしょう》の功徳に勝《すぐ》れたることを顕さんとして、「五十展転」の随喜は説かれたり。故に、天台の釈には、外道《げどう》・小乗《しょうじょう》・権大乗《ごんだいじょう》までたくら《比》べ来《きた》って、法華経の最下《さいげ》の功徳が勝れたる由《よし》を釈せり。

ゆえに、阿竭多仙人《あかたせんにん》は十二年が間恒河《ごうが》の水を耳に留《とど》め、耆兎《ぎぬ》仙人は一日の中《うち》に大海の水をすい《吸》ほ《干》す。かくのごとき得通《とくつう》の仙人は、小乗《しょうじょう》の阿含経《あごんぎょう》の三賢《さんげん》の浅位《せんい》の一通《つう》もなき凡夫《ぼんぷ》には、百千万倍劣《おと》れり。三《さん》明六通《みょうろくつう》を得たりし小乗の舎利弗《しゃりほつ》・目連《もくれん》等は、華厳《けごん》・方等《ほうどう》・般若《はんにゃ》等の諸大乗経《しょだいじょうきょう》の未断三惑《みだんさんわく》の一通もなき「一偈《げ》一句」の凡夫には、百千万倍劣れり。華厳・方等・般若経を習い極《きわ》めたる等覚《とうがく》の大菩薩《だいぼさつ》は、法華経をわずかに結縁《けちえん》をなせる未断三惑・無悪不造《むあくふぞう》の末代《まつだい》の凡夫には百千万倍劣れる由《よし》、釈《しゃく》の文顕然《もんけんねん》なり。

しかるを、当世《とうせい》の念仏宗《ねんぶつしゅう》等の人、我が身の権教《ごんきょう》の機《き》にて実経《じっきょう》を信ぜざる者は、方等《ほうどう》・般若《はんにゃ》の時の二《に》乗《じょう》のごとく自身をは《恥》じしめてあるべきところに、あえてその義なし。あまつさえ、世間《せけん》の道俗《どうぞく》の中に、わずかに観音品《かんのんぼん》・自我偈《じがげ》なんどを読み、たまたま父母孝養なんどのために一日経《いちにちきょう》等を書くことあれば、いい《言》さ《妨》またげて云《い》わく「善導和尚《ぜんどうおしょう》は、念仏に法華経をま《雑》じうるを雑行《ぞうぎょう》と申し、百の時は希《まれ》に一・二を得《え》、千の時は希に三・五を得ん、乃至《ないし》、千中無一《せんちゅうむいち》と仰《おお》せられたり。いかにいわんや、智慧《ちえ》第一の法然上人《ほうねんしょうにん》は、法華経等を行《ぎょう》ずる者をば、祖父の履《くつ》あるいは群賊《ぐんぞく》等にた《譬》とえられたり」なんどいい《言》う《疎》とめ侍《はべ》るは、かくのごとく申す師も弟子《でし》も阿鼻《あび》の焔《ほのお》をや招かんずらんと申す。

問うて云《い》わく、いかなるす《姿》がた、ならびに語《ことば》をもってか、法華経を世間《せけん》にいい《言》う《疎》とむる者には侍《はべ》るや。よ《世》におそ《恐》ろしくこそおぼ《覚》え候《そうら》え。

答えて云《い》わく、始めに「智者《ちしゃ》の申され候《そうろう》」と御物語《おんものがたり》り候《そうら》いつるこそ、法華経をい《言》いうと《疎》むる悪知《あくち》識《しき》の語《ことば》にて侍《はべ》れ。末代《まつだい》に法華経を失うべき者は、心には一代聖教《いちだいしょうぎょう》を知りたりと思って、しかも心には権実二経《ごんじつにきょう》を弁《わきま》えず、身には三衣一鉢《さんねいっぱつ》を帯《たい》し、あるいは阿練若《あれんにゃ》に身をかくし、あるいは世間《せけん》の人にいみじき智者と思われて、しかも法華経をよくよく知る由《よし》を人に知られなんとして、世間の道俗《どうぞく》には三明《さんみょう》六通《ろくつう》の阿羅漢《あらかん》のごとく貴《たっと》ばれて法華経を失うべしと見えて候《そうろう》。

問うて云《い》わく、その証拠《しょうこ》いかん。

答えて云わく、法華経勧持品《かんじほん》に云わく「諸《もろもろ》の無智《むち》の人の、悪口《あっく》・罵詈《めり》等し、および刀杖《とうじょう》を加《くわ》うる者有らん。我らは皆当《みなまさ》に忍《しの》ぶべし」文《もん》。妙楽大師《みょうらくだいし》、この文の心を釈《しゃく》して云わく「初めに一行《ぎょう》は通じて邪人《じゃにん》を明かす。即《すなわ》ち俗衆《ぞくしゅ》なり」文。文の心は、この一行は在家《ざいけ》の俗男《ぞくなん》・俗女《ぞくにょ》が権教《ごんきょう》の比丘《びく》等にかたら《語》われて敵《かたき》をすべしとなり。

経《きょう》に云《い》わく「悪世《あくせ》の中の比丘《びく》は、邪智《じゃち》にして心諂曲《てんごく》に、いまだ得ざるを謂《おも》って得たりとなし、我慢《がまん》の心は充満《じゅうまん》せん」文《もん》。妙楽大師《みょうらくだいし》、この文の心を釈《しゃく》して云わく「次に一行《ぎょう》は道門増上慢《どうもんぞうじょうまん》の者を明かす」文。文の心は、悪世末法《まっぽう》の権教《ごんきょう》の諸《もろもろ》の比丘、我《われ》法を得たりと慢《まん》じて、法華経を行《ぎょう》ずるもの《者》の敵《かたき》となるべしということなり。

経《きょう》に云《い》わく「あるいは阿練若《あれんにゃ》に納衣《のうえ》にして空閑《くうげん》に在って、自《みずか》ら真《しん》の道《どう》を行《ぎょう》ずと謂《おも》って、人間《にんげん》を軽賤《きょうせん》する者有らん。利養《りよう》に貪著《とんじゃく》するが故に、白衣《びゃくえ》のために法を説いて、世の恭敬《くぎょう》するところとなること、六通《ろくつう》の羅漢《らかん》のごとくならん。この人は悪心を懐《いだ》き、常に世俗《せぞく》の事《じ》を念《おも》い、名を阿練若に仮《か》りて、好《この》んで我らが過《とが》を出《い》ださん。しかもかくのごとき言《ことば》を作《な》さん。『この諸《もろもろ》の比丘《びく》等は、利養を貪《むさぼ》らんがための故に、外道《げどう》の論議を説く。自らこの経典《きょうてん》を作って、世間《せけん》の人を誑惑《おうわく》す。名聞《みょうもん》を求めんがための故に、分別《ふんべつ》してこの経を説く』と。常に大衆《だいしゅ》の中に在って我らを毀《そし》らんと欲するが故に、国王・大臣・婆羅《ばら》門《もん》・居士《こじ》および余《よ》の比丘《びく》衆《しゅ》に向かって、誹謗《ひぼう》して我が悪を説いて『これ邪見《じゃけん》の人、外道の論議を説く』と謂《い》わん」已上《いじょう》。

妙楽大師《みょうらくだいし》、この文《もん》を釈《しゃく》して云《い》わく「三に七行《ぎょう》は僭聖増上慢《せんしょうぞうじょうまん》の者を明かす」文。経《きょう》ならびに釈の心は、悪世《あくせ》の中に多くの比丘《びく》有って、身には三衣《さんね》一鉢《いっぱつ》を帯《たい》し、阿練若《あれんにゃ》に居《こ》して、行儀《ぎょうぎ》は大迦葉《だいかしょう》等の三明六通《さんみょうろくつう》の羅漢《らかん》のごとく、在家《ざいけ》の諸人《しょにん》にあおがれて、一言《いちごん》を吐《は》けば如来《にょらい》の金言《きんげん》のごとくおも《思》われて、法華経を行《ぎょう》ずる人をいい《言》やぶ《破》らんがために、国王・大臣等に向かい奉《たてまつ》って「この人は邪見《じゃけん》の者なり。法門《ほうもん》は邪法《じゃほう》なり」なんどいい《言》うとむ《疎》るなり。

上《かみ》の三人の中に、第一の俗衆《ぞくしゅ》の毀《そし》りよりも第二の邪智《じゃち》の比丘《びく》の毀りはなおしの《忍》びがた《難》し。また第二の比丘よりも第三の大衣《だいえ》の阿練若《あれんにゃ》の僧《そう》は甚《はなは》だし。

この三人は、当世《とうせい》の権教《ごんきょう》を手本とする文字《もんじ》の法師《ほっし》、ならびに諸経論《しょきょうろん》の「言語《ごんご》の道断《どうた》ゆ」の文《もん》を信ずる暗禅《あんぜん》の法師、ならびに彼《かれ》らを信ずる在俗《ざいぞく》等、四十余年の諸経と法華経との権実《ごんじつ》の文義《もんぎ》を弁《わきま》えざる故に、華厳《けごん》・方等《ほうどう》・般若《はんにゃ》等の「心と仏と衆生《しゅじょう》」「即心是仏《そくしんぜぶつ》」「即《すなわ》ち十方《じっぽう》・西方《さいほう》に往《ゆ》く」等の文と、法華経の「諸法実相《しょほうじっそう》」「即ち十方・西方に往く」の文と、語《ことば》の同じきをもって義理のかわ《変》れるを知らず。

あるいは諸経《しょきょう》の「言語《ごんご》の道断《どうた》え、心行《しんぎょう》の所滅《ところめっ》す」の文《もん》を見て、一代聖教《いちだいしょうぎょう》には如来《にょらい》の実事をば宣《の》べられざりけりなんどの邪念《じゃねん》をおこす。故に、悪鬼《あっき》、この三人に入《い》って末代《まつだい》の諸人《しょにん》を損じ、国土をも破るなり。

故に、経文《きょうもん》に云《い》わく「濁劫悪世《じょっこうあくせ》の中には、多く諸《もろもろ》の恐怖《くふ》有らん。悪鬼《あっき》はその身に入《い》って、我を罵詈《めり》・毀辱《きにく》せん乃至《ないし》仏の方便《ほうべん》、宜《よろ》しきに随《したが》って説きたもうところの法を知らず」文《もん》。文の心は、濁悪世《じょくあくせ》の時、比丘《びく》、我が信ずるところの教えは仏の方便随宜《ずいぎ》の法門《ほうもん》ともし《知》らずして、権実《ごんじつ》を弁《わきま》えたる人出来《しゅったい》すれば罵《の》り破《は》しなんどすべし、これひとえに悪鬼の身に入りたるをしらずと云うなり。されば、末代《まつだい》の愚人《ぐにん》の恐《おそ》るべきことは、刀杖《とうじょう》・虎狼《ころう》・十悪五逆《じゅうあくごぎゃく》等よりも、三衣一鉢《さんねいっぱつ》を帯《たい》せる暗禅《あんぜん》の比丘と、ならびに権経《ごんきょう》の比丘を貴《たっと》しと見て実経《じっきょう》の人をにく《憎》まん俗侶《ぞくりょ》等なり。

故に、涅槃経《ねはんぎょう》二十二に云《い》わく「悪象《あくぞう》等においては心に恐怖《くふ》なく、悪知識《あくちしき》においては怖畏《ふい》の心を生《しょう》ず。何をもっての故に。この悪象等はただ能《よ》く身を壊《やぶ》るのみにして、心を壊ること能《あた》わず。悪知識は二つともに壊るが故に。乃至《ないし》悪象に殺されては三趣《さんしゅ》に至らず、悪友に殺されては必ず三趣に至る」文《もん》。この文の心を章安大師《しょうあんだいし》宣《の》べて云わく「諸《もろもろ》の悪象等は、ただこれ悪縁《あくえん》なるのみにして、人の悪心を生ずること能わず。悪知識は甘談《かんだん》・詐媚《さび》・巧言《こうげん》・令色《れいしょく》もて人を牽《ひ》いて悪を作《な》さしむ。悪を作すをもっての故に人の善心を破る。これを名づけて殺《せつ》となす。即《すなわ》ち地獄《じごく》に堕《お》つ」文。文の心は、悪知識と申すは、甘くかた《語》らい、詐《いつわ》り媚《こ》び、言《ことば》を巧《たく》みにして、愚癡《ぐち》の人の心を取って善心を破るということなり。

総じて、涅槃経《ねはんぎょう》の心は、十悪五逆《じゅうあくごぎゃく》の者よりも謗法《ほうぼう》・闡提《せんだい》のものをおそ《恐》るべしと誡《いまし》めたり。闡提の人と申すは、法華経・涅槃経を云《い》いうとむ《疎》る者と見えたり。当世《とうせい》の念仏者《ねんぶつしゃ》等、法華経を知り極《きわ》めたる由《よし》をいうに、因縁《いんねん》・譬喩《ひゆ》をもって釈《しゃく》し、よくよく知る由を人にし《知》られて、しかして後《のち》には、この経のいみじき故に末代《まつだい》の機《き》のおろか《愚》なる者及《およ》ばざる由をのべ、強き弓・重き鎧《よろい》、かいなき人の用にた《立》たざる由を申せば、無智《むち》の道俗《どうぞく》さもと思って、実《じつ》には叶《かな》うまじき権教《ごんきょう》に心を移して、わずかに法華経に結縁《けちえん》しぬるをも翻《ひるがえ》し、また人の法華経を行《ぎょう》ずるをも随喜《ずいき》せざる故に、師弟ともに謗法の者となる。

これによって、謗法《ほうぼう》の衆生《しゅじょう》、国中《こくちゅう》に充満《じゅうまん》して、たまたま仏事《ぶつじ》をいとな《営》み法華経を供養《くよう》し追善《ついぜん》を修《しゅ》するにも、念仏《ねんぶつ》等を行《ぎょう》ずる謗法の邪師《じゃし》の僧来《そうきた》って、法華経は末代《まつだい》の機《き》に叶《かな》い難《がた》き由《よし》を示す。故に、施主《せしゅ》もその説を実《まこと》と信じてあるあいだ、訪《とぶら》わるる過去の父母・夫婦《ふうふ》・兄弟等はいよいよ地獄《じごく》の苦を増し、孝子《こうし》は不孝《ふこう》・謗法の者となり、聴聞《ちょうもん》の諸人《しょにん》は邪法《じゃほう》を随喜《ずいき》し、悪魔《あくま》の眷属《けんぞく》となる。

日本国中《にほんこくじゅう》の諸人《しょにん》は仏法を行《ぎょう》ずるに似て仏法を行ぜず、たまたま仏法を知る智者《ちしゃ》は国の人に捨てられ、守護《しゅご》の善神《ぜんじん》は法味《ほうみ》をな《嘗》めざる故に威光《いこう》を失い利生《りしょう》を止《とど》め、この国をす《捨》て他方に去り給《たま》い、悪鬼《あっき》は便りを得て国中《こくちゅう》に入《い》り替《か》わり、大地を動かし、悪風を興《おこ》し、一天《いってん》を悩《なや》まし、五穀《ごこく》を損ず。故に、飢渇《けかち》出来《しゅったい》し、人の五根《ごこん》には鬼神《きじん》入って精気《しょうけ》を奪《うば》う。これを疫病《えきびょう》と名づく。一切《いっさい》の諸人、善心無く、多分《たぶん》は悪道《あくどう》に堕《お》つること、ひとえに悪知識《あくちしき》の教えを信ずる故なり。

仁王経《にんのうきょう》に云《い》わく「諸《もろもろ》の悪比丘《あくびく》は、多く名利《みょうり》を求め、国王・太子・王子の前において、自《みずか》ら破仏法《はぶっぽう》の因縁《いんねん》、破国《はこく》の因縁を説かん。その王別《わきま》えずしてこの語《ことば》を信聴《しんちょう》し、横しまに法制を作って仏戒《ぶっかい》に依《よ》らず。これを破仏《はぶつ》・破国の因縁となす」文《もん》。文の心は、末法《まっぽう》の諸の悪比丘、国王・大臣の御前《おんまえ》にして、国を安穏《あんのん》ならしむるようにして終《つい》に国を損じ、仏法を弘《ひろ》むるようにして還《かえ》って仏法を失うべし、国王・大臣、この由《よし》を深く知《し》ろしめさずしてこの言《ことば》を信受する故に、国を破り仏教を失うという文なり。この時、日月度《にちがつど》を失い、時節もたが《違》いて夏はさむ《寒》く冬はあたたか《暖》に、秋は悪風吹《ふ》き、赤き日月出《い》で、望朔《ぼうさく》にあらずして日月蝕《しょく》し、あるいは二・三等の日出来《しゅったい》せん。大火・大風・彗星《すいせい》等おこり、飢饉《ききん》・疫病《えきびょう》等あらんと見えたり。国を損じ人を悪道《あくどう》におとす者は、悪知識《あくちしき》に過ぎたることなきか。

問うて云《い》わく、始めに智者《ちしゃ》の御物語《おんものがたり》とて申しつるは、詮《せん》ずるところ、後世《ごせ》のことの疑わしき故に善悪を申して承《うけたまわ》らんためなり。彼《か》の義《ぎ》等は恐《おそ》ろしきことにあるにこそ侍《はべ》るなれ。一文不通《いちもんふつう》の我らがごとくなる者は、いかにしてか法華経に信をとり候《そうろう》べき。また心《こころ》ね《根》をば、いかように思い定め侍らん。

答えて云《い》わく、この身の申すことをも一定《いちじょう》とおぼ《思》しめさるまじきにや。その故は、かように申すも天魔波旬《てんまはじゅん》・悪鬼《あっき》等の身に入《い》って人の善《よ》き法門《ほうもん》を破りやすらんとおぼ《思》しめされ候《そうら》わん。一切《いっさい》は賢《かしこ》きが智《ち》者《しゃ》にて侍《はべ》るにや。

問うて云《い》わく、もしかように疑い候《そうら》わば、我が身は愚者《ぐしゃ》にて侍《はべ》り、万《よろず》の智者《ちしゃ》の御語《おんことば》をば疑い、さて信ずる方《かた》も無くして空《むな》しく一期《いちご》過ごし侍るべきにや。

答えて云《い》わく、仏の遺言《ゆいごん》に「法に依《よ》って人《にん》に依らざれ」と説かせ給《たま》いて候《そうら》えば、経《きょう》のごとくに説かざるをば、いかにいみじき人《ひと》なりとも御信用《ごしんよう》あるべからず候《そうろう》か。また「了義経《りょうぎきょう》に依って不了義経《ふりょうぎきょう》に依らざれ」と説かれて候《そうら》えば、愚癡《ぐち》の身にして一代聖教《いちだいしょうぎょう》の前後・浅深《せんじん》を弁《わきま》えざらんほどは、了義経に付かせ給い候え。

了義経《りょうぎきょう》・不了義経《ふりょうぎきょう》も多く候《そうろう》。阿含《あごん》の小乗経《しょうじょうきょう》は不了義経、華厳《けごん》・方等《ほうどう》・般若《はんにゃ》・浄土《じょうど》の観経《かんぎょう》等は了義経。また、四十余年の諸経《しょきょう》を法華経に対すれば不了義経、法華経は了義経。涅槃経《ねはんぎょう》を法華経に対すれば、法華経は了義経、涅槃経は不了義経。大日経《だいにちきょう》を法華経に対すれば、大日経は不了義経、法華経は了義経なり。故に、四十余年の諸経ならびに涅槃経を打ち捨てさせ給《たま》いて、法華経を師匠《ししょう》と御憑《おんたの》み候《そうら》え。法華経をば、国王・父母、日月《にちがつ》・大海・須弥山《しゅみせん》・天地のごとくおぼ《思》しめせ。諸経をば、関白《かんぱく》・大臣・公卿《くぎょう》乃至《ないし》万民《ばんみん》、衆星《しゅしょう》・江河《こうが》・諸山《しょせん》・草木《そうもく》等のごとくおぼ《思》しめすべし。

我らが身は、末代《まつだい》造悪《ぞうあく》の愚者《ぐしゃ》、鈍者《どんしゃ》、法器《ほうき》にあらざるの者。国王は臣下よりも人をたすく《助》る人、父母は他人よりも子をあわれむ者、日月《にちがつ》は衆星《しゅしょう》より暗《やみ》を照らす者、法華経は機《き》に叶《かな》わずんば、いわんや余経《よきょう》は助け難《がた》しとおぼ《思》しめせ。また釈迦如来《しゃかにょらい》と阿弥陀《あみだ》如来・薬師《やくし》如来・多宝仏《たほうぶつ》・観音《かんのん》・勢至《せいし》・普賢《ふげん》・文《もん》殊《じゅ》等の一切《いっさい》の諸《もろもろ》の仏菩薩《ぶつぼさつ》は我らが慈悲《じひ》の父母、この仏菩薩の衆生《しゅじょう》を教化《きょうけ》する慈悲の極理《ごくり》はただ法華経にのみとどま《留》れりとおぼ《思》しめせ。諸経《しょきょう》は悪人・愚者・鈍者・女人《にょにん》・根欠《こんけつ》等の者を救う秘術をば、いまだ説き顕《あらわ》さずとおぼ《思》しめせ。法華経の一切経《いっさいきょう》に勝《すぐ》れ候《そうろう》故は、ただこのことに侍《はべ》り。

しかるを、当世《とうせい》の学者、法華経をば一切経《いっさいきょう》に勝《すぐ》れたりと讃《ほ》めて、しかも末代《まつだい》の機《き》に叶《かな》わずと申すを皆《みな》信ずること、あに謗法《ほうぼう》の人に侍《はべ》らずや。ただ一口《ひとくち》におぼ《思》しめし切らせ給《たま》い候《そうら》え。詮《せん》ずるところ、法華経の文字《もんじ》を破りさ《裂》きなんどせんには、法華経の心やぶ《破》るべからず。また世間《せけん》の悪業《あくごう》に対して云《い》いうと《疎》とむるとも、人々用いるべからず。ただ、相似《あいに》たる権経《ごんきょう》の義理をもって云いうとむ《疎》るにこそ、人はた《誑》ぼらかさるれとおぼ《思》しめすべし。

問うて云《い》わく、ある智者《ちしゃ》の申され候《そうら》いしは「四十余年の諸経《しょきょう》と八箇年《かねん》の法華経とは、成仏の方《かた》こそ、爾前《にぜん》は難行道《なんぎょうどう》、法華経は易行道《いぎょうどう》にて候え。往生《おうじょう》の方にては、同じきことにして、易行道に侍《はべ》り。法華経を書き読んでも、十方《じっぽう》の浄土《じょうど》、阿弥陀仏《あみだぶつ》の国へも生《う》まるべし。観経《かんぎょう》等の諸経に付いて弥陀《みだ》の名号《みょうごう》を唱えん人も、往生を遂《と》ぐべし。ただ機縁《きえん》の有無《うむ》に随《したが》って、いずれをも諍《あらそ》うべからず。ただし、弥陀の名号は、人ごとに行《ぎょう》じ易《やす》しと思って日本国中《にほんこくじゅう》に行じつけたることなれば、法華経等の余行《よぎょう》よりも易きにこそ」と申されしはいかん。

答えて云《い》わく、仰《おお》せの法門《ほうもん》は、さも侍《はべ》るらん。また世間《せけん》の人も多くは道理と思いたりげに侍り。た《侍》だし、身にはこの義に不審《ふしん》あり。その故は、前《さき》に申せしがごとく、末代《まつだい》の凡夫《ぼんぷ》は、智者《ちしゃ》というともた《侍》のみなし、世こぞりて上代の智者には及《およ》ぶべからざるが故に。愚者《ぐしゃ》と申すともい《卑》やしむべからず、経《きょう》論《ろん》の証文顕然《しょうもんけんねん》ならんには。

そもそも、無量義経《むりょうぎきょう》は法華経を説かんがための序分《じょぶん》なり。しかるに、始め寂滅道場《じゃくめつどうじょう》より今の常在霊山《じょうざいりょうぜん》の無量義経に至るまで、その年月日数《としつきひかず》を委《くわ》しく計《かぞ》え挙《あ》ぐれば四十余年なり。その間の説くところの経を挙ぐるに、華厳《けごん》・阿含《あごん》・方等《ほうどう》・般若《はんにゃ》なり。談ずるところの法門《ほうもん》は三乗《さんじょう》・五乗《ごじょう》の習うところの法門なり。修行《しゅぎょう》の時節を定《さだ》むるには「菩薩《ぼさつ》の歴劫修行《りゃっこうしゅぎょう》を宣説《せんぜつ》す」と云《い》い、随自意《ずいじい》・随他意《ずいたい》を分かつにはこれを随他意と宣《の》べ、四十余年の諸経《しょきょう》と八箇年《かねん》の所説との語《ことば》同じく義替《か》われることを定むるには「文辞《もんじ》は一つなりといえども、義は各異《おのおのこと》なり」とと《説》けり。成仏の方《かた》は別にして往生《おうじょう》の方は一つなるべしともお《覚》ぼえず。華厳・方等・般若、究竟最上《くきょうさいじょう》の大乗経《だいじょうきょう》、頓悟《とんご》・漸悟《ぜんご》の法門、皆《みな》「未顕真実《みけんしんじつ》」と説かれたり。

この大部《だいぶ》の諸経すら未顕真実なり。いかにいわんや、浄土《じょうど》の三部経《さんぶきょう》等の往生極楽《ごくらく》ばかり未顕真実の内にもれ《漏》んや。その上、経々《きょうぎょう》ばかりを出《い》だすのみにあらず、既《すで》に年月日数を出だすをや。しかれば、華厳・方等・般若等の弥陀《みだ》往生、すでに未顕真実なること疑いなし。観経《かんぎょう》の弥陀往生に限って、あに「留難《るなん》多きが故なり」の内に入《い》らざらんや。

もし、随自意《ずいじい》の法華経の往生極楽《おうじょうごくらく》を随他意《ずいたい》の観経《かんぎょう》の往生極楽に同《どう》じて易行道《いぎょうどう》と定めて、しかも易行の中に取ってもなお観経の念仏《ねんぶつ》往生は易行なりとこれを立てらるれば、権実雑乱《ごんじつぞうらん》の失《とが》、大謗法《だいほうぼう》たる上、一滴《てき》の水漸々《ぜんぜん》に流れて大海となり、一塵《いちじん》積もって須弥山《しゅみせん》となるがごとく、漸《ようや》く権経《ごんきょう》の人も実経《じっきょう》にすす《進》まず、実経の人も権経におち《堕》、権経の人次第《しだい》に国中《こくちゅう》に充満《じゅうまん》せば、法華経随喜《ずいき》の心も留《とど》まり、国中に王なきがごとく、人の神《たましい》を失えるがごとく、法華《ほっけ》・真言《しんごん》の諸《もろもろ》の山寺《さんじ》荒《あ》れて諸天善神《しょてんぜんじん》・竜神《りゅうじん》等一切《いっさい》の聖《しょう》人《にん》国を捨てて去れば、悪鬼《あっき》便りを得て乱れ入《い》り、悪風吹《ふ》いて五穀《ごこく》も成らしめず、疫病《えきびょう》流行して人民をや亡《ほろ》ぼさんずらん。

この七・八年が前までは「諸行《しょぎょう》は永く往生《おうじょう》すべからず。善導和尚《ぜんどうおしょう》の『千中無一《せんちゅうむいち》』と定めさせ給《たま》いたる上、選択《せんちゃく》には『諸行を抛《なげう》てよ。行《ぎょう》ずる者は群賊《ぐんぞく》』と見えたり」なんど放語《ほうご》を申し立てしが、またこの四・五年の後は「選択集《せんちゃくしゅう》のごとく人を勧《すす》めん者は、謗法《ほうぼう》の罪によって師檀《しだん》共に無間地獄《むけんじごく》に堕《お》つべしと経《きょう》に見えたり」と申す法門出来《ほうもんしゅったい》したりげにありしを、始めは念仏者《ねんぶつしゃ》こぞりて不思議の思いをなす上、「『念仏を申す者、無間地獄に堕つべし』と申す悪人・外道《げどう》あり」なんどののしり《訇》候《そうら》いしが、「念仏者、無間地獄に堕つべし」と申す語《ことば》に智慧《ちえ》つき《付》て、各《おのおの》選択集を委《くわ》しく披見《ひけん》するほどに、げにも謗法の書とや見なしけん、千中無一の悪義を留《とど》めて諸行往生の由《よし》を念仏者ごとにこれを立つ。しかりといえども、ただ口にのみゆる《許》して心の中はなお本《もと》の千中無一の思いなり。

在家《ざいけ》の愚人《ぐにん》は、内心の謗法《ほうぼう》なるをばしら《知》ずして諸行往生《しょぎょうおうじょう》の口にばか《化》されて、「念仏者《ねんぶつしゃ》は法華経をば謗《ぼう》ぜざりけるを、法華経を謗ずる由《よし》を聖道門《しょうどうもん》の人の申されしは僻事《ひがごと》なり」と思えるにや、一向《いっこう》「諸行は千中無一《せんちゅうむいち》」と申す人よりも謗法の心はまさ《勝》りて候《そうろう》なり。失《とが》なき由を人に知らせて、しかも念仏ばかりをまた弘《ひろ》めんとたばか《謀》るなり。ひとえに天魔《てんま》の計《はか》りごとなり。

問うて云《い》わく、天台宗《てんだいしゅう》の中の人の立つることあり。「天台大師《だいし》、爾前《にぜん》と法華《ほっけ》と相対《あいたい》して爾前を嫌《きら》うに二義あり。一には約部《やくぶ》。四十余年の部と法華経の部と相対して『爾前は麤《そ》なり、法華は妙《みょう》なり』とこれを立つ。二には約教《やっきょう》。教えに麤・妙を立て、華厳《けごん》・方等《ほうどう》・般若《はんにゃ》等の円頓速疾《えんどんそくしつ》の法門《ほうもん》をば妙と歎《たん》じ、華厳・方等・般若等の三乗歴別《さんじょうりゃくべつ》の修行《しゅぎょう》の法門をば前三教《ぜんさんぎょう》と名づけて麤なりと嫌えり。円頓速疾の方《かた》をば嫌わず、法華経に同《どう》じて一味の法門とせり」と申すはいかん。

答えて云《い》わく、このことは不審《ふしん》にもすること侍《はべ》るらん。しかるべしとおぼ《覚》ゆ。天台《てんだい》・妙楽《みょうらく》より已来《このかた》、今に論有ることに侍り。天台の三大部六十巻《ろくじっかん》、総じて五大部の章疏《しょうしょ》の中にも、約教《やっきょう》の時は、爾前《にぜん》の円《えん》を嫌《きら》う文《もん》無し。ただ約部《やくぶ》の時ばかり、爾前の円を押《お》しふさ《総》ねて嫌えり。

日本に二義あり。園城寺《おんじょうじ》には智証大師《ちしょうだいし》の釈《しゃく》より起こって爾前《にぜん》の円《えん》を嫌《きら》うと云《い》い、山門《さんもん》には嫌わずと云う。互《たが》いに文釈《もんしゃく》あり。ともに料簡《りょうけん》あり。しかれども今に事《こと》ゆか《行》ず。

ただし、予《よ》が流《りゅう》の義には不審《ふしん》晴れておぼえ《覚》候《そうろう》。その故は、天台大師《てんだいだいし》、四教《しきょう》を立て給《たも》うに四つの筋《すじ》目《め》あり。一には、爾前《にぜん》の経《きょう》に四教を立つ。二には、法華経と爾前と相対《あいたい》して爾前の円《えん》を法華《ほっけ》の円に同《どう》じて前三教《ぜんさんぎょう》を嫌《きら》うことあり。三には、爾前の円をば別教《べっきょう》に摂《せっ》して前三教と嫌い、法華の円をば純円《じゅんえん》と立つ。四には、爾前の円をば法華に同ずれども、ただ法華経の二妙《みょう》の中の相待妙《そうだいみょう》に同じて絶待妙《ぜつだいみょう》には同ぜず。この四つの道理を相対して六十巻《ろくじっかん》をかん《勘》がうれば、狐疑《こぎ》の氷《こおり》解けたり。一々《いちいち》の証文《しょうもん》は、かつは秘し、かつは繁《しげ》き故に、これを載《の》せず。

また、法華経の本門《ほんもん》にしては、爾前《にぜん》の円《えん》と迹門《しゃくもん》の円とを嫌《きら》うこと不審《ふしん》なきものなり。爾前の円をば別教《べっきょう》に摂《せっ》して、約教《やっきょう》の時は「前《さき》の三つを麤《そ》となし、後《のち》の一つを妙《みょう》となす」と云《い》うなり。この時は、爾前の円は無量義経《むりょうぎきょう》の歴劫修行《りゃっこうしゅぎょう》の内に入《い》りぬ。また、伝教大師《でんぎょうだいし》の註釈《ちゅうしゃく》の中に、爾前の八教《はっきょう》を挙げて「四《し》十余年未顕真実《じゅうよねんみけんしんじつ》」の内に入れ、あるいは前三教《ぜんさんぎょう》をば迂回《うえ》と立て、爾前の円をば直道《じきどう》と云い、無量義経をば大直道と云う。委細《いさい》に見るべし。

問うて云《い》わく、法華経を信ぜん人は、本尊ならびに行儀《ぎょうぎ》、ならびに常《つね》の所行《しょぎょう》はいかにてか候《そうろう》べき。

答えて云わく、第一に本尊は法華経八巻・一巻・一品《いっぽん》、あるいは題目を書いて本尊と定《さだ》むべしと法《ほっ》師品《しほん》ならびに神力品《じんりきほん》に見えたり。また、たえ《堪》たらん人は釈迦如来《しゃかにょらい》・多宝仏《たほうぶつ》を書いても造っても法華経の左右にこれを立て奉《たてまつ》るべし。また、たえたらんは十方《じっぽう》の諸仏《しょぶつ》・普賢菩薩《ふげんぼさつ》等をもつく《造》りかき《書》たてまつるべし。

行儀《ぎょうぎ》は本尊の御前《みまえ》にして必ず坐立行《ざりゅうぎょう》なるべし。道場を出《い》でては行住坐臥《ぎょうじゅうざが》をえら《選》ぶべからず。常《つね》の所《しょ》行《ぎょう》は題目を南無妙法蓮華経と唱《とな》うべし。たえ《堪》たらん人は一偈《げ》一句をも読み奉《たてまつ》るべし。助縁《じょえん》には南無《なむ》釈迦牟尼仏《しゃかむにぶつ》・多宝仏《たほうぶつ》・十方諸仏《じっぽうしょぶつ》・一切《いっさい》の諸《もろもろ》の菩薩《ぼさつ》・二乗《にじょう》・天人《てんにん》・竜神八部《りゅうじんはちぶ》等、心に随《したが》うべし。愚者《ぐしゃ》多き世となれば、一念三千《いちねんさんぜん》の観《かん》を先《さき》とせず。その志《こころざし》あらん人は、必ず習学してこれを観ずべし。

問うて云《い》わく、ただ題目ばかりを唱《とな》うる功徳《くどく》いかん。

答えて云わく、釈迦如来《しゃかにょらい》、法華経をとかん《説》とおぼ《思》しめして世に出《い》でましましかども、四十余年のほどは法華経の御名《みな》を秘しおぼ《思》しめして、御年《おんとし》三十の比《ころ》より七十余に至るまで法華経の方便《ほうべん》をもう《設》け、七十二にして始めて題目を呼び出《い》ださせ給《たま》えば、諸経《しょきょう》の題目にこれを比《くら》ぶべからず。その上、法華経の肝心《かんじん》たる方便・寿量《じゅりょう》の一念三千《いちねんさんぜん》・久遠実成《くおんじつじょう》の法門《ほうもん》は妙法の二字におさま《収》れり。

天台大師《てんだいだいし》、玄義十巻《げんぎじっかん》を造り給《たも》う。第一の巻《まき》には略して妙法蓮華経の五字の意を宣《の》べ給う。第二の巻より七の巻に至るまではまた広く妙《みょう》の一字を宣べ、八の巻より九の巻に至るまでは法蓮華《ほうれんげ》の三字を釈《しゃく》し、第十の巻には経《きょう》の一字を宣べ給《たま》えり。経の一字に華厳《けごん》・阿含《あごん》・方等《ほうどう》・般若《はんにゃ》・涅槃経《ねはんぎょう》を収めたり。妙法の二字は、玄義の心は百界千如《ひゃっかいせんにょ》・心仏衆生《しんぶつしゅじょう》の法門《ほうもん》なり。止観《しかん》十巻の心は一念三千《いちねんさんぜん》・百界千如・三千《さんぜん》世間《せけん》・心仏衆生三無差別《さんむさべつ》と立て給《たも》う。一切《いっさい》の諸《もろもろ》の仏菩薩《ぶつぼさつ》、十界《じっかい》の因果《いんが》、十方《じっぽう》の草木《そうもく》・瓦礫《がりゃく》等、妙法の二字にあらずということなし。

華厳《けごん》・阿含《あごん》等の四十余年の経々《きょうぎょう》、小乗経《しょうじょうきょう》の題目には大乗経《だいじょうきょう》の功徳《くどく》を収めず。また大乗経にも往生《おうじょう》を説く経の題目には成仏の功徳をおさめず。また王にてはあれども王中の王にてなき経も有り。仏もまた経に随《したが》って他仏《たぶつ》の功徳をおさめず。平等意趣《びょうどういしゅ》をもって他仏自仏《じぶつ》とおなじ《同》といい、あるいは法身平等《ほっしんびょうどう》をもって自仏他仏同《おな》じという。実《じつ》には一仏に一切仏《いっさいぶつ》の功徳をおさめず。

今、法華経は四十余年の諸経《しょきょう》を一経に収めて、十方世界《じっぽうせかい》の三身円満《さんじんえんまん》の諸仏《しょぶつ》をあつめて釈迦《しゃか》一仏の分《ふん》身《じん》の諸仏と談ずる故に、一仏一切仏《いっさいぶつ》にして、妙法の二字に諸仏皆《みな》収まれり。故に、妙法蓮華経の五字を唱《とな》うる功徳莫大《くどくばくだい》なり。「諸仏・諸経の題目は法華経の所開《しょかい》なり。妙法は能開《のうかい》なり」としり《知》て、法華経の題目を唱うべし。

問うて云《い》わく、この法門《ほうもん》を承《うけたまわ》ってまた智者《ちしゃ》に尋《たず》ね申し候《そうら》えば「法華経のいみじきことは左右《そう》に及《およ》ばず候《そうろう》。ただし、器量《きりょう》ならん人は、ただ我が身ばかりはしかる《然》べし。末代《まつだい》の凡夫《ぼんぷ》に向かって、ただちに、機《き》をも知らず、爾前《にぜん》の教《きょう》を云いうとめ《疎》法華経を行《ぎょう》ぜよと申すは、としごろ《年来》の念仏《ねんぶつ》なんどをば打ち捨て、また法華経にはいまだ功《く》も入《い》れず、有《う》にも無《む》にもつかぬようにてあらんずらん。また、機も知らず法華経を説かせ給《たま》わば、信ずる者は左右に及ばず、もし謗《ぼう》ずる者あらば定めて地獄《じごく》に堕《お》ち候《そうら》わんずらん。その上、仏も四十余年の間《あいだ》法華経を説き給わざることは『もしただ仏乗《ぶつじょう》を讃《ほ》むるのみならば、衆生《しゅじょう》は苦に没《もっ》す』の故なりと。在世《ざいせ》の機すら、なおしかなり。いかにいわんや末代の凡夫をや。されば、譬喩品《ひゆほん》には、舎利弗《しゃりほつ》に告げて言《のたま》わく『無智《むち》の人の中にして、この経《きょう》を説くことなかれ』と」云々《うんぬん》。これらの道理を申すは、いかんが候《そうろう》べき。

答えて云《い》わく、智者《ちしゃ》の御物語《おんものがたり》と仰《おお》せ承《うけたまわ》り候《そうら》えば、詮《せん》ずるところ「末代《まつだい》の凡夫《ぼんぷ》には機《き》をかがみ《鑑》て説け。左右《そう》なく説いて人に謗《ぼう》ぜさすることなかれ」とこそ候《そうろう》なれ。彼《か》の人さように申され候《そうら》わば、御《ご》返事《へんじ》候《そうろう》べきよう《様》は「そもそも『もしただ仏乗《ぶつじょう》を讃《ほ》むるのみならば』乃至《ないし》『無智《むち》の人の中にして』等の文《もん》を出《い》だし給《たま》わば、また一経《いっきょう》の内に『およそ見るところ有る。我は深く汝等《なんだち》を敬う』等と説いて、不《ふ》軽菩薩《きょうぼさつ》の杖木《じょうもく》・瓦石《がしゃく》をもってうちはら《打張》れさせ給いしをば顧《かえり》みさせ給わざりしはいかん」と申させ給え。

問うて云《い》わく、一経《いっきょう》の内に相違《そうい》の候《そうろう》なることこそ、よ《世》に心得《こころえ》がたく侍《はべ》れば、くわしく承《うけたまわ》り候《そうら》わん。

答えて云わく、方便品《ほうべんぼん》等には機《き》をかがみ《鑑》てこの経《きょう》を説くべしと見え、不軽品《ふきょうほん》には謗《ぼう》ずともただ強《し》いてこれを説くべしと見え侍《はべ》り。一経の前後、水火のごとし。

しかるを、天台大師《てんだいだいし》会《え》して云《い》わく「本《もと》すでに善有れば、釈迦《しゃか》は小《しょう》をもってこれを将護《しょうご》し、本いまだ善有らざれば、不軽《ふきょう》は大《だい》をもってこれを強毒《ごうどく》す」文《もん》。文の心は、本善根《もとぜんこん》ありて今生《こんじょう》の内に得解《とくげ》すべき者のためには、直《ただ》ちに法華経を説くべし。しかるに、その中になお聞いて謗《ぼう》ずべき機《き》あらば、しばらく権経《ごんきょう》をもってこしらえ《拵》て、後《のち》に法華経を説くべし。本《もと》大の善根もなく、今も法華経を信ずべからず、なにとなくとも悪道《あくどう》に堕《お》ちぬべき故に、ただ押《お》して法華経を説いてこれを謗ぜしめて逆縁《ぎゃくえん》ともなせと会する文なり。

この釈《しゃく》のごときは、末代《まつだい》には善無き者は多く善有る者は少なし。故に悪道《あくどう》に堕《お》ちんこと疑いなし。同じくは法華経を強《し》いて説き聞かせて毒鼓《どっく》の縁《えん》と成すべきか。しかれば、法華経を説いて謗縁《ぼうえん》を結ぶべき時節なること諍《あらそ》い無きものをや。

また、法華経の方便品《ほうべんぼん》に五千の上慢《じょうまん》あり。略開三顕一《りゃくかいさんけんいち》を聞いて広開三顕一《こうかいさんけんいち》の時、仏の御力《おんちから》をもって座をたた《立》しめ給《たも》う。後《のち》に涅槃経《ねはんぎょう》ならびに四依《しえ》の辺《へん》にして今生《こんじょう》に悟《さと》りを得せしめ給うと、諸法無行経《しょほうむぎょうきょう》に、喜根菩薩《きこんぼさつ》、勝意比丘《しょういびく》に向かって大乗《だいじょう》の法門《ほうもん》を強《し》いて説きき《聞》かせて謗《ぼう》ぜさせしと、この二つの相違《そうい》をば天台大師《てんだいだいし》会《え》して云《い》わく「如来《にょらい》は悲《ひ》をもっての故に発遣《ほっけん》し、喜根は慈《じ》をもっての故に強説《ごうせつ》す」文《もん》。

文《もん》の心は、仏は悲《ひ》の故に、後《のち》のたのしみをば閣《さしお》いて、当時法華経《ほけきょう》を謗《ぼう》じて地獄《じごく》におちて《堕》苦にあう《遭》べきを悲しみ給《たま》いて座をたた《立》しめ給いき。譬《たと》えば、母の子に病《やまい》あると知れども、当時の苦を悲しんで左《そ》右《う》なく灸《きゅう》を加えざるがごとし。喜根菩薩《きこんぼさつ》は、慈《じ》の故に、当時の苦をばかえりみ《顧》ず後の楽《らく》を思って強《し》いてこれを説き聞かしむ。譬えば、父は、慈の故に、子に病あるを見て当時の苦をかえりみず後を思う故に灸を加《くわ》うるがごとし。

また、仏の在世《ざいせ》には、仏法華経《ほけきょう》を秘し給《たま》いしかば、四十余年の間、等覚《とうがく》・不退《ふたい》の菩薩《ぼさつ》、名をしらず。その上、寿量品《じゅりょうほん》は法華経八箇年《かねん》の内にも名を秘し給いて最後にきかし《聞》め給いき。末代《まつだい》の凡夫《ぼんぷ》には左右《そう》なくいかんがきかし《聞》むべきとおぼゆる《覚》ところを、妙楽大師《みょうらくだいし》釈《しゃく》して云《い》わく「仏世《ぶっせ》は当機《とうき》の故に簡《えら》ぶ。末代は結縁《けちえん》の故に聞かしむ」と釈し給えり。

文《もん》の心は、仏の在世《ざいせ》には、仏、一期《いちご》の間《あいだ》多くの人不退《ふたい》の位にのぼりぬべき故に、法華経の名義《みょうぎ》を出《い》だして謗《ぼう》ぜしめず、機《き》をこしらえ《拵》てこれを説く。仏の滅後《めつご》には、当機《とうき》の衆《しゅ》は少なく結縁《けちえん》の衆多きが故に、多分《たぶん》に就《つ》いて左右《そう》なく法華経を説くべしという文なり。

これ体《てい》の多くの品《しな》あり。また末代《まつだい》の師は多くは機《き》を知らず。機を知らざらんには、強《し》いて、ただ実《じつ》教《きょう》を説くべきか。されば、天台大師《てんだいだいし》、釈《しゃく》して云《い》わく「等しくこれ見ざれば、ただ大のみを説くに咎《とが》無し」文《もん》。文の心は、機をも知らざれば大を説くに失《とが》なしという文なり。また時の機を見て説法する方《かた》もあり。皆国中《みなこくちゅう》の諸人《しょにん》、権経《ごんきょう》を信じて実経《じっきょう》を謗《ぼう》じあながちに用いざれば、弾呵《だんか》の心をもって説くべきか。時によって用否《ようひ》あるべし。

問うて云《い》わく、唐土《とうど》の人師《にんし》の中に一分《いちぶん》、一向《いっこう》に権大乗《ごんだいじょう》に留《とど》まって実経《じっきょう》に入《い》らざる者は、いかなる故か候《そうろう》。

答えて云《い》わく、仏世《よ》に出《い》でましまして、先に四十余年の権大乗《ごんだいじょう》・小乗《しょうじょう》の経《きょう》を説き、後《のち》には法華経を説いて言《のたま》わく「もし小乗をもって乃至《ないし》一人をも化《け》せば、我は則《すなわ》ち慳貪《けんどん》に堕《だ》せん。この事《じ》は不可となす」文《もん》。

文《もん》の心は、仏ただ爾前《にぜん》の経《きょう》ばかりを説いて法華経を説き給《たま》わずば、仏慳貪《けんどん》の失《とが》ありと説かれたり。後《のち》に嘱累品《ぞくるいほん》にいたりて、仏、右の御手《みて》をのべ《伸》て三《み》たび諫《いさ》めをなして、三千大千世界《さんぜんだいせんせかい》の外《ほか》八方四百万億那由他《なゆた》の国土の諸《もろもろ》の菩薩《ぼさつ》の頂《いただき》をなでて、未来には必ず法華経を説くべし、もし機《き》たえ《堪》ずば余《よ》の深法《じんぼう》の四十余年の経を説いて機をこしらえ《拵》て法華経を説くべしと見えたり。後に涅槃経《ねはんぎょう》に重ねてこのことを説いて、仏の滅後《めつご》に四依《しえ》の菩薩ありて法を説くにまた法の四依あり、実経《じっきょう》をついに弘《ひろ》めずんば天魔《てんま》としる《知》べきよし《由》を説かれたり。

故に、如来《にょらい》の滅後《めつご》、後《のち》の五百年・九百年の間に出《い》で給《たま》いし竜樹《りゅうじゅ》菩薩《ぼさつ》・天親《てんじん》菩薩等、あまねく如来《にょらい》の聖教《しょうぎょう》を弘《ひろ》め給《たも》うに、天親菩薩は、先に小乗《しょうじょう》の説一切有部《せついっさいうぶ》の人、倶舎論《くしゃろん》を造って阿含《あごん》十二年の経《きょう》の心を宣《の》べて、一向《いっこう》に大乗《だいじょう》の義理を明かさず。次に十地論《じゅうじろん》・摂大乗論釈論《しょうだいじょうろんしゃくろん》等を造って四十余年の権大乗《ごんだいじょう》の心を宣べ、後《のち》に仏性論《ぶっしょうろん》・法華論《ほっけろん》等を造りてほぼ実大乗《じつだいじょう》の義を宣べたり。竜樹菩薩またしかなり。

天台大師《てんだいだいし》、唐土《とうど》の人師《にんし》として、一代を分かつに大小《だいしょう》・権実顕然《ごんじつけんねん》なり。余《よ》の人師は、わずかに義理を説けども分明《ふんみょう》ならず。また証文《しょうもん》たしかならず。ただし、末《まつ》の論師《ろんじ》ならびに訳者、唐土の人師の中に、大小をば分かちて大において権実を分かたず、あるいは語《ことば》には分かつといえども心は権大乗《ごんだいじょう》のおもむ《趣》きを出《い》でず。これらは「不退《ふたい》の諸《もろもろ》の菩薩《ぼさつ》は、その数恒沙《かずごうじゃ》のごとくして、また知ること能《あた》わじ」とおぼえて候《そうろう》なり。

疑って云《い》わく、唐土《とうど》の人師《にんし》の中に、慈恩大師《じおんだいし》は十一面観音《じゅういちめんかんのん》の化身《けしん》、牙《きば》より光を放《はな》つ。善導和尚《ぜんどうおしょう》は弥《み》陀《だ》の化身、口より仏をいだ《出》す。この外《ほか》の人師、通《つう》を現じ徳をほどこ《施》し三昧《さんまい》を発得《ほっとく》する人、世に多し。なんぞ権実二経《ごんじつにきょう》を弁《わきま》えて法華経を詮《せん》とせざるや。

答えて云《い》わく、阿竭多仙人外道《あかたせんにんげどう》は、十二年の間、耳の中に恒河《ごうが》の水をとどむ。婆籔《ばす》仙人は自在天《じざいてん》となりて三目《さんもく》を現ず。唐土《とうど》の道士《どうし》の中にも、張階《ちょうかい》は霧《きり》をいだ《出》し、欒巴《らんぱ》は雲をは《吐》く。第六天《だいろくてん》の魔王《まおう》は仏の滅後《めつご》に比丘《びく》・比丘尼《びくに》・優婆塞《うばそく》・優婆夷《うばい》・阿羅漢《あらかん》・辟支仏《ひゃくしぶつ》の形を現じて四十余年の経《きょう》を説くべしと見えたり。通力《つうりき》をもって智者《ちしゃ》・愚者《ぐしゃ》をばし《知》るべからざるか。ただ仏の遺言《ゆいごん》のごとく、一向《いっこう》に権経《ごんきょう》を弘《ひろ》めて実《じっ》経《きょう》をついに弘めざる人師《にんし》は、権経に宿習《しゅくじゅう》ありて実経に入《い》らざらん者は、あるいは魔にたぼら《誑》かされて通《つう》を現ずるか。

ただ法門《ほうもん》をもって邪正《じゃしょう》をただ《糾》すべし。利根《りこん》と通力《つうりき》とにはよ《依》るべからず。

文応《ぶんおう》元年太歳庚申《たいさいかのえさる》五月二十八日　日蓮　花押《かおう》

鎌倉名越《かまくらなごえ》において書き畢《お》わんぬ。

（002）

立正安国論《りっしょうあんこくろん》

文応《ぶんおう》元年（'60）7月16日　39歳
北条時頼《ほうじょうときより》

旅客《りょきゃく》来《きた》って嘆《なげ》いて曰《い》わく、近年より近日に至るまで、天変地夭《てんぺんちよう》・飢饉疫癘《ききんえきれい》、あまねく天下《てんか》に満ち、広く地上に迸《はびこ》る。牛馬巷《ぎゅうばちまた》に斃《たお》れ、骸骨路《がいこつみち》に充《み》てり。死を招くの輩《ともがら》既《すで》に大半に超《こ》え、悲しまざるの族《やから》あえて一人も無し。

しかるあいだ、あるいは「利剣即是《りけんそくぜ》（利剣は即《すなわ》ちこれなり）」の文《もん》を専《もっぱ》らにして西土教主《さいどきょうしゅ》の名を唱え、あるいは「衆病悉除《しゅびょうしつじょ》（衆病ことごとく除《のぞ》こる）」の願《がん》を持《たも》って東方如来《とうほうにょらい》の経《きょう》を誦《じゅ》し、あるいは「病即消滅《びょうそくしょうめつ》、不老不死《ふろうふし》（病《やまい》は即ち消滅して、不老不死ならん）」の詞《ことば》を仰《あお》いで法華真実《ほっけしんじつ》の妙文《みょうもん》を崇《あが》め、あるいは「七難即滅《しちなんそくめつ》、七福即生《しちふくそくしょう》（七難は即ち滅し、七福は即ち生ぜん）」の句を信じて百座百講《ひゃくざひゃっこう》の儀《ぎ》を調《ととの》え、あるは秘密真言《ひみつしんごん》の教《きょう》に因《よ》って五瓶《ごびょう》の水を灑《そそ》ぎ、あるは坐禅入定《ざぜんにゅうじょう》の儀を全《まっと》うして空観《くうがん》の月を澄《す》まし、もしは七鬼神《しちきじん》の号《な》を書して千門に押《お》し、もしは五大力《ごだいりき》の形を図《ず》して万戸《ばんこ》に懸《か》け、もしは天神地祇《てんじんちぎ》を拝して四角四堺《しかくしかい》の祭祀《さいし》を企《くわだ》て、もしは万民百姓《ばんみんひゃくせい》を哀《あわ》れんで国主・国宰《こくさい》の徳政を行う。

しかりといえども、ただ肝胆《かんたん》を摧《くだ》くのみにして、いよいよ飢疫《きえき》に逼《せ》められ、乞客《こっきゃく》目に溢《あふ》れ、死人《しにん》眼《まなこ》に満《み》てり。臥《ふ》せる屍《かばね》を観《ものみ》となし、並べる尸《かばね》を橋と作《な》す。観《おも》んみれば、夫《そ》れ、二離《にり》璧《たま》を合わせ、五緯《ごい》珠《たま》を連《つら》ぬ。三宝《さんぼう》世に在《いま》し、百王いまだ窮《きわ》まらざるに、この世早く衰《おとろ》え、その法何《なん》ぞ廃《すた》れたる。これいかなる禍《わざわ》いに依《よ》り、これいかなる誤りに由《よ》るや。

主人曰《い》わく、独《ひと》りこのことを愁《うれ》いて胸臆《くおく》に憤悱《ふんぴ》す。客来《きた》って共に嘆《なげ》く。しばしば談話を致《いた》さん。夫《そ》れ、出家《しゅっけ》して道《どう》に入《い》る者は、法に依《よ》って仏を期《ご》するなり。しかるに、今、神術《しんじゅつ》も協《かな》わず仏威《ぶつい》も験《しるし》なし。つぶさに当世《とうせい》の体《てい》を観《み》るに、愚《おろ》かにして後生《こうせい》の疑いを発《おこ》す。しからば則《すなわ》ち、円覆《えんぷ》を仰《あお》いで恨《うら》みを呑《の》み、方載《ほうさい》に俯《ふ》して慮《うらおも》いを深くす。

つらつら微管《びかん》を傾《かたむ》け、いささか経文《きょうもん》を披《ひら》きたるに、世皆正《みなしょう》に背《そむ》き、人ことごとく悪に帰《き》す。故に、善神《ぜんじん》は国を捨てて相去《あいさ》り、聖人《しょうにん》は所を辞して還《かえ》りたまわず。ここをもって、魔来《まきた》り、鬼《き》来り、災《さい》起こり、難《なん》起こる。言わずんばあるべからず、恐《おそ》れずんばあるべからず。

客曰《い》わく、天下《てんか》の災《わざわ》い、国中《こくちゅう》の難、余独《よひと》り嘆《なげ》くのみにあらず、衆皆《しゅみな》悲しむ。今蘭室《らんしつ》に入《い》って初めて芳詞《ほうし》を承《うけたまわ》るに、神聖《じんしょう》去り辞し災難並《なら》び起こるとは、いずれの経《きょう》に出《い》でたるや。その証拠《しょうこ》を聞かん。

主人曰《い》わく、その文繁多《もんはんた》にしてその証弘博《しょうこうはく》なり。

金光明経《こんこうみょうきょう》に云《い》わく「その国土において、この経《きょう》有りといえども、いまだかつて流布《るふ》せしめず、捨離《しゃり》の心を生《しょう》じて聴聞《ちょうもん》せんことを楽《ねが》わず、また供養《くよう》・尊重《そんちょう》・讃歎《さんだん》せず。四部《しぶ》の衆《しゅ》・持経《じきょう》の人を見て、また尊重乃至《ないし》供養すること能《あた》わず。ついに、我らおよび余《よ》の眷属《けんぞく》の無量の諸天《しょてん》をして、この甚深《じんじん》の妙法を聞くことを得ず、甘露《かんろ》の味に背《そむ》き、正法《しょうほう》の流れを失い、威光《いこう》および勢力《せいりき》有ることなからしむ。悪趣《あくしゅ》を増長して人天《にんてん》を損減し、生死《しょうじ》の河に墜《お》ちて、涅槃《ねはん》の路《みち》に乖《そむ》かん。世尊《せそん》よ。我ら四王ならびに諸《もろもろ》の眷属および薬叉《やくしゃ》等、かくのごとき事《じ》を見て、その国土を捨てて擁護《おうご》の心無けん。ただ我らのみこの王を捨棄《しゃき》するにあらず、必ず無量の国土を守護《しゅご》する諸大善神《しょだいぜんじん》有らんも、みな捨て去らん。既《すで》に捨離し已《お》われば、その国、当《まさ》に種々の災禍《さいか》有って国位を喪失《そうしつ》すべし。一切《いっさい》の人衆《にんしゅ》、皆《みな》善心無く、ただ繋縛《けばく》・殺害・瞋諍《しんじょう》のみ有って、たがいに讒諂《ざんてん》し、枉《ま》げて辜《つみ》無きに及《およ》ぼさん。疫病《えきびょう》流行し、彗星《すいせい》しばしば出《い》で、両日《りょうじつ》並び現じ、薄蝕恒《はくしょくつね》無く、黒白《こくびゃく》の二虹《にこう》不祥《ふしょう》の相《そう》を表《あらわ》し、星流れ地動き、井《い》の内に声を発《おこ》し、暴雨・悪風、時節に依《よ》らず、常に飢饉《ききん》に遭《あ》って苗実《みょうじつ》成らず、多く他方の怨賊《おんぞく》有って国内を侵掠《しんりゃく》し、人民《にんみん》は諸の苦悩《くのう》を受け、土地に楽しむところの処《ところ》有ることなけん」已上《いじょう》。

大集経《だいじっきょう》に云《い》わく「仏法実《じつ》に隠没《おんもつ》せば、鬚《ひげ》・髪《かみ》・爪《つめ》皆《みな》長く、諸法《しょほう》もまた忘失《もうしつ》せん。その時、虚空《こくう》の中《うち》に大《だい》なる声あって地を震《ふる》い、一切《いっさい》皆あまねく動かんこと、なお水上輪《すいじょうりん》のごとくならん。城壁《じょうへき》破れ落ち下《くだ》り、屋宇《おくう》ことごとく圮《やぶ》れ坼《さ》け、樹林の根《ね》・枝《えだ》・葉《は》・華葉《はなびら》・菓《このみ》・薬《くすり》尽《つ》きん。ただ浄居天《じょうごてん》を除いて、欲界《よっかい》の一切処《いっさいしょ》の七味《しちみ》三精気《さんしょうけ》損減して余り有ることなけん。解脱《げだつ》の諸《もろもろ》の善論、その時一切尽《つ》きん。生《しょう》ずるところの華菓《はなみ》の味わい希少《きしょう》にして、また美《うま》からず。あらゆる井《い》・泉《いずみ》・池《いけ》、一切ことごとく枯涸《こかく》し、土地ことごとく鹹鹵《かんろ》し、敵裂《てきれつ》して丘澗《きゅうかん》と成らん。諸山《しょせん》皆燋燃《しょうねん》して天竜《てんりゅう》雨を降《ふ》らさず。苗稼《みょうけ》も皆枯死《こし》し、生ずるもの皆死《か》れ尽きて余草さらに生ぜず。土《つち》を雨《ふ》らし、皆昏闇《こんあん》にして、日月《にちがつ》も明《みょう》を現ぜず、四方皆亢旱《こうかん》してしばしば諸の悪瑞《あくずい》を現じ、十不善業《じゅうふぜんごう》の道《どう》、貪《とん》・瞋《じん》・癡《ち》倍増して、衆生《しゅじょう》の、父母においてこれを観《み》ること獐鹿《しょうろく》のごとくならん。衆生および寿命《じゅみょう》・色力《しきりき》・威楽《いらく》減じ、人天《にんてん》の楽《らく》を遠離《おんり》し、みな悪道《あくどう》に堕《お》ちん。かくのごとき不善業の悪王・悪比丘《あくびく》、我が正法《しょうほう》を毀壊《きえ》し、天人《てんにん》の道を損減し、諸天善神《しょてんぜんじん》、王にして衆生を悲愍《ひみん》する者、この濁悪《じょくあく》の国を棄《す》ててみな余方に向かわん」已上《いじょう》。

仁王経《にんのうきょう》に云《い》わく「国土乱《みだ》れん時はまず鬼神《きじん》乱る。鬼神乱るるが故に万民《ばんみん》乱る。賊来《ぞくきた》って国を劫《おびや》かし、百姓亡喪《ひゃくせいもうそう》し、臣・君・太子・王子・百官、共に是非《ぜひ》を生《しょう》ぜん。天地《てんち》に怪異《けい》あり。二十八宿《しゅく》・星道・日《にち》月《がつ》、時を失い、度《ど》を失い、多く賊《ぞく》起こること有らん」。また云わく「我、今五眼《ごげん》もて明らかに三世《さんぜ》を見るに、一切《いっさい》の国王は皆《みな》過去の世に五百の仏に侍《つか》うるによって帝王主《ていおうしゅ》となることを得たり。ここをもって、一切の聖人《しょうにん》・羅漢《らかん》、しかもために彼《か》の国土の中に来生《らいしょう》して大利益《だいりやく》を作《な》さん。もし王の福尽《つ》きん時は、一切の聖人、皆、ために捨て去らん。もし一切の聖人去らん時は、七難《しちなん》必ず起こらん」已上《いじょう》。

薬師経《やくしきょう》に云《い》わく「もし刹帝利《せっていり》・灌頂王《かんじょうおう》等、災難起《お》こらん時、いわゆる人衆疾疫《にんしゅしつえき》の難、他国侵逼《たこくしんぴつ》の難、自界叛逆《じかいほんぎゃく》の難、星宿変怪《しょうしゅくへんげ》の難、日月薄蝕《にちがつはくしょく》の難、非時風雨《ひじふうう》の難、過時不雨《かじふう》の難なり」已上《いじょう》。

仁王経《にんのうきょう》に云《い》わく「大王よ。吾《わ》が今化《け》するところ、百億の須弥《しゅみ》、百億の日月《にちがつ》あり。一々《いちいち》の須弥に四天《してん》下《げ》有り。その南閻浮提《なんえんぶだい》に十六の大国、五百の中国、十千の小国有り。その国土の中に七つの畏《おそ》るべき難有り。一切《いっさい》の国王、これを難となすが故に。いかなるを難となす。日月度《ど》を失い、時節返逆《ほんぎゃく》し、あるいは赤日出《しゃくにちい》で、黒日出《こくにちい》で、二・三・四・五の日《ひ》出で、あるいは日蝕《ひしょく》して光無く、あるいは日輪《にちりん》一重《じゅう》、二・三・四・五重の輪《りん》現ずるを一の難となすなり。二十八宿《しゅく》度を失い、金星・彗星《すいせい》・輪星・鬼星《きせい》・火星・水星・風星・刀星《とうせい》・南斗《なんじゅ》・北斗《ほくと》・五鎮《ごちん》の大星・一切の国主星・三公星・百官星、かくのごとき諸星、各々《おのおの》変現するを二の難となすなり。大火国《くに》を焼き、万姓焼尽《ばんせいしょうじん》せん。あるいは鬼火《きか》・竜火《りゅうか》・天火・山神火《さんじんか》・人《にん》火《か》・樹木火・賊火《ぞくか》あらん。かくのごとき変怪《へんげ》を三の難となすなり。大水百姓《ひゃくせい》を漂没《ひょうもつ》し、時節返逆して、冬雨《あめふ》り、夏雪ふり、冬時《とうじ》に雷電辟礰《らいでんへきれき》あり。六月に氷《こおり》・霜《しも》・雹《ひょう》を雨《ふ》らし、赤水《しゃくすい》・黒水《こくすい》・青水《しょうすい》を雨らし、土《ど》山《せん》・石山《しゃくせん》を雨らし、沙《すな》・礫《つぶて》・石《いし》を雨らす。江河《こうが》逆《さか》さまに流れ、山を浮《う》かべ、石を流す。かくのごとき変の時を四の難となすなり。大風万姓《ばんせい》を吹《ふ》き殺し、国土の山河・樹木、一時《いちじ》に滅没《めつもつ》し、非時の大風・黒風《こくふう》・赤風《しゃくふう》・青風《しょうふう》・天風・地風《じふう》・火風・水風あらん。かくのごとき変を五の難となすなり。天地・国土亢陽《こうよう》し、炎火《えんか》洞然《どうねん》して百草亢旱《こうかん》し、五穀《ごこく》登《みの》らず、土地赫燃《かくねん》して万姓滅尽《めつじん》せん。かくのごとき変の時を六の難となすなり。四方の賊来《ぞくきた》って国を侵《おか》し、内外《ないげ》の賊起こり、火賊・水賊・風賊・鬼賊《きぞく》あって百姓荒乱《こうらん》し、刀兵《とうひょう》の劫《こう》起こらん。かくのごとき怪《け》の時を七の難となすなり」。

大集経《だいじっきょう》に云《い》わく「もし国王有って、無量世《むりょうせ》において施《せ》・戒《かい》・慧《え》を修《しゅ》すとも、我が法の滅《めっ》せんを見て、捨てて擁護《おうご》せずんば、かくのごとく種《う》うるところの無量の善根《ぜんこん》ことごとく滅失《めっしつ》して、その国当《まさ》に三つの不祥《ふしょう》のこと有るべし。一には穀貴《こっき》、二には兵革《ひょうかく》、三には疫病《えきびょう》なり。一切《いっさい》の善神《ぜんじん》ことごとくこれを捨《しゃ》離《り》せば、その王教令《きょうれい》すとも、人随従《ずいじゅう》せず。常に隣国《りんごく》の侵嬈《しんにょう》するところとならん。暴火横《よこ》しまに起こり、悪風雨《あくふうう》多く、暴水《ぼうすい》増長して人民《にんみん》を吹《ふ》き漂《ただよ》わし、内外《ないげ》の親戚《しんせき》それ共に謀叛《むほん》せん。その王久《ひさ》しからずして当に重病に遇《あ》い、寿《いのち》終わるの後《のち》、大地獄《だいじごく》の中に生《しょう》ずべし乃至《ないし》王のごとく、夫人・太子・大臣・城主・柱《ちゅう》師《し》・郡守・宰官《さいかん》もまたかくのごとくならん」已上《いじょう》。

夫《そ》れ、四経《きょう》の文朗《もんあき》らかなり。万人誰《ばんにんたれ》か疑わん。しかるに、盲瞽《もうこ》の輩《やから》、迷惑《めいわく》の人、みだりに邪説《じゃせつ》を信じて正教《しょうぎょう》を弁《わきま》えず。故に、天下世上《てんかせじょう》、諸仏《しょぶつ》・衆経《しゅきょう》において捨離《しゃり》の心を生《しょう》じて擁護《おうご》の志《こころざし》無し。よって、善神《ぜんじん》・聖人《しょうにん》、国を捨て所を去る。ここをもって、悪鬼《あっき》・外道《げどう》、災《わざわ》いを成し、難を致《いた》す。

客色《いろ》を作《な》して曰《い》わく、後漢《ごかん》の明帝《めいてい》は金人《きんじん》の夢を悟《さと》って白馬の教《きょう》を得《え》、上宮太子《じょうぐうたいし》は守屋《もりや》の逆《ぎゃく》を誅《ちゅう》して寺塔《じとう》の構えを成す。それより来《このかた》、上一人《かみいちにん》より下万民《しもばんみん》に至るまで、仏像を崇《あが》め経巻《きょうがん》を専《もっぱ》らにす。しからば則《すなわ》ち、叡山《えいざん》・南都《なんと》・園城《おんじょう》・東寺《とうじ》、四海一州《しかいいっしゅう》・五畿七道《ごきしちどう》、仏経《ぶっきょう》は星のごとく羅《つら》なり、堂宇《どうう》は雲のごとく布《し》けり。鶖子《しゅうし》の族《やから》は則ち鷲頭《じゅとう》の月を観《かん》じ、鶴勒《かくろく》の流れはまた鶏足《けいそく》の風《ふう》を伝《つた》う。誰《たれ》か一代の教を褊《さみ》し三宝《さんぼう》の跡《あと》を廃《はい》すと謂《い》わんや。もしその証《しょう》有らば、委《くわ》しくその故を聞かん。

主人喩《さと》して曰《い》わく、仏閣甍《ぶっかくいらか》を連《つら》ね、経蔵軒《きょうぞうのき》を並べ、僧《そう》は竹葦《ちくい》のごとく、侶《りょ》は稲麻《とうま》に似たり。崇重《すうちょう》年旧《ふ》り尊貴《そんき》日に新たなり。ただし、法師《ほっし》は諂曲《てんごく》にして人倫《じんりん》を迷惑《まよ》わせ、王臣は不覚にして邪正《じゃしょう》を弁《わきま》うることなし。

仁王経《にんのうきょう》に云《い》わく「諸《もろもろ》の悪比丘《あくびく》は、多く名利《みょうり》を求め、国王・太子・王子の前において、自《みずか》ら破仏法《はぶっぽう》の因縁《いんねん》、破国《はこく》の因縁を説かん。その王別《わきま》えずしてこの語《ことば》を信聴《しんちょう》し、横しまに法制を作って仏戒《ぶっかい》に依《よ》らず。これを破仏《はぶつ》・破国の因縁となす」已上《いじょう》。

涅槃経《ねはんぎょう》に云《い》わく「菩薩《ぼさつ》は、悪象《あくぞう》等においては心に恐怖《くふ》なく、悪知識《あくちしき》においては怖畏《ふい》の心を生《しょう》ず。悪象に殺されては三趣《さんしゅ》に至らず、悪友に殺されては必ず三趣に至る」已上《いじょう》。

法華経に云《い》わく「悪世《あくせ》の中の比丘《びく》は、邪智《じゃち》にして心諂曲《てんごく》に、いまだ得ざるを謂《おも》って得たりとなし、我慢《がまん》の心は充満《じゅうまん》せん。あるいは阿練若《あれんにゃ》に納衣《のうえ》にして空閑《くうげん》に在って、自《みずか》ら真《しん》の道《どう》を行《ぎょう》ずと謂って、人間《にんげん》を軽賤《きょうせん》する者有らん。利養《りよう》に貪著《とんじゃく》するが故に、白衣《びゃくえ》のために法を説いて、世の恭敬《くぎょう》するところとなること、六通《ろくつう》の羅漢《らかん》のごとくならん乃至《ないし》常に大衆《だいしゅ》の中に在って我らの過《とが》を毀《そし》らんと欲して、国王・大臣・

婆羅門《ばらもん》・居士《こじ》および余《よ》の比丘衆《びくしゅ》に向かって、誹謗《ひぼう》して我が悪を説いて『これ邪見《じゃけん》の人、外道《げどう》の論議を説く』と謂《い》わん。濁劫悪世《じょっこうあくせ》の中には、多く諸《もろもろ》の恐怖《くふ》有らん。悪鬼《あっき》はその身に入《い》って、我を罵詈《めり》・毀《き》辱《にく》せん。濁世《じょくせ》の悪比丘は、仏の方便《ほうべん》、宜《よろ》しきに随《したが》って説きたもうところの法を知らず、悪口《あっく》して顰蹙《ひんしゅく》し、しばしば擯出《ひんずい》せられん」已上《いじょう》。

涅槃経《ねはんぎょう》に云《い》わく「我《われ》涅槃して後《のち》、無量百歳、四道《しどう》の聖人《しょうにん》ことごとくまた涅槃せん。正法滅《しょうほうめっ》して後、像法《ぞうほう》の中において、当《まさ》に比丘《びく》有るべし。律《りつ》を持《たも》つに似《に》像せて少しく経《きょう》を読誦《どくじゅ》し、飲食《おんじき》を貪嗜《とんし》してその身を長養《じょうよう》し、袈裟《けさ》を着るといえども、なお猟師《りょうし》の細めに視《み》て徐《しず》かに行くがごとく、猫《ねこ》の鼠《ねずみ》を伺《うかが》うがごとし。常にこの言《ことば》を唱えん、『我、羅漢《らかん》を得たり』と。外《そと》には賢善《けんぜん》を現じ、内には貪嫉《とんしつ》を懐《いだ》く。唖法《あほう》を受けたる婆羅門《ばらもん》等のごとし。実《じつ》には沙門《しゃもん》にあらずして沙門の像《かたち》を現じ、邪見熾盛《じゃけんしじょう》にして正法を誹謗《ひぼう》せん」已上《いじょう》。

文《もん》に就《つ》いて世を見るに、誠《まこと》にもってしかなり。悪侶《あくりょ》を誡《いまし》めずんば、あに善事を成さんや。

客なお憤《いきどお》って曰《い》わく、明王《めいおう》は天地に因《よ》って化《け》を成し、聖人《せいじん》は理非《りひ》を察《つまび》らかにして世を治《おさ》む。世上の僧侶《そうりょ》は天下《てんか》の帰《き》するところなり。悪侶《あくりょ》においては明王は信ずべからず。聖人《しょうにん》にあらずんば賢哲《けんてつ》は仰《あお》ぐべからず。今、賢聖《けんしょう》の尊重《そんちょう》せるをもって、則《すなわ》ち竜象《りゅうぞう》の軽からざるを知んぬ。何《なん》ぞ妄言《もうごん》を吐《は》いてあながちに誹謗《ひぼう》を成し、誰人《たれびと》をもって悪比丘《あくびく》と謂《い》うや。委細《いさい》に聞かんと欲《ほっ》す。

主人曰《い》わく、後鳥羽院《ごとばいん》の御宇《ぎょう》に法然《ほうねん》というもの有って選択集《せんちゃくしゅう》を作る。則《すなわ》ち一代の聖教《しょうぎょう》を破《は》し、あまねく十方《じっぽう》の衆生《しゅじょう》を迷わす。その選択に云《い》わく「道綽禅師《どうしゃくぜんじ》、聖道《しょうどう》・浄土《じょうど》の二門を立てて、聖道を捨てて正《まさ》しく浄土に帰《き》するの文《もん》。初めに聖道門《しょうどうもん》とは、これについて二つ有り乃至《ないし》これに準《じゅん》じてこれを思うに、応《まさ》に密大《みつだい》および実大《じつだい》をも存《そん》すべし。しからば則ち、今の真言《しんごん》・仏心《ぶっしん》・天台《てんだい》・華厳《けごん》・三論《さんろん》・法相《ほっそう》・地論《じろん》・摂論《しょうろん》、これらの八家《はっけ》の意、正《まさ》しくここに在るなり。曇鸞法師《どんらんほっし》、往生論註《おうじょうろんちゅう》に云わく『謹《つつし》んで竜樹菩薩《りゅうじゅぼさつ》の十住毘婆沙《じゅうじゅうびばしゃ》を案ずるに云わく、菩薩、阿毘跋致《あびばっち》を求《もと》むるに、二種の道《どう》有り。一には難行道《なんぎょうどう》、二には易《い》行道《ぎょうどう》なり』。この中《うち》、難行道とは、即《すなわ》ちこれ聖道門なり。易行道とは、即ちこれ浄土門《じょうどもん》なり。浄土宗《じょうどしゅう》の学者、まず、すべからくこの旨《むね》を知るべし。たとい先より聖道門を学ぶ人なりといえども、もし浄土門においてその志《こころざし》有らば、すべからく聖道を棄《す》てて浄土に帰すべし」。

また云《い》わく「善導和尚《ぜんどうおしょう》、正《しょう》・雑《ぞう》の二行《ぎょう》を立てて、雑行《ぞうぎょう》を捨てて正行《しょうぎょう》に帰《き》するの文《もん》。第一に読誦《どくじゅ》雑行とは、上《かみ》の観経《かんぎょう》等の往生浄土《おうじょうじょうど》の経《きょう》を除いてより已外《いげ》、大小乗《だいしょうじょう》・顕密《けんみつ》の諸経《しょきょう》において受持《じゅじ》・読誦するを、ことごとく読誦雑行と名づく。第三に礼拝《らいはい》雑行とは、上の弥陀《みだ》を礼拝するを除いてより已外、一切《いっさい》の諸《もろもろ》の仏菩薩《ぶつぼさつ》等および諸の世天《せてん》等において礼拝・恭敬《くぎょう》するを、ことごとく礼拝雑行と名づく。私《わたくし》に云わく、この文を見るに、すべからく雑を捨てて専《せん》を修《しゅ》すべし。あに百即百生《ひゃくそくひゃくしょう》の専修《せんじゅ》正行を捨てて、堅《かた》く千中無一《せんちゅうむいち》の雑修《ぞうしゅ》雑行を執《しゅう》せんや。行者《ぎょうじゃ》能《よ》くこれを思量《しりょう》せよ」。

また云《い》わく「貞元入蔵録《じょうげんにゅうぞうろく》の中に、始め大般若経《だいはんにゃきょう》六百巻より法常住経《ほうじょうじゅうきょう》に終わるまでの顕密《けんみつ》の大乗経《だいじょうきょう》、総じて六百三十七部二千八百八十三巻なり。皆《みな》すべからく『大乗を読誦《どくじゅ》す』の一句に摂《おさ》むべし。当《まさ》に知るべし。随他《ずいた》の前にはしばらく定散《じょうさん》の門を開くといえども、随自《ずいじ》の後《のち》には還《かえ》って定散の門を閉《と》ず。一たび開いてより以後永《なが》く閉じざるは、ただこれ念仏《ねんぶつ》の一門のみなり」。

また云《い》わく「念仏《ねんぶつ》の行者《ぎょうじゃ》必ず三心を具足《ぐそく》すべきの文《もん》。観無量寿経《かんむりょうじゅきょう》に云わく、同経の疏《しょ》に云わく『問うて曰《い》わく、もし解行《げぎょう》不同にして邪雑《じゃぞう》の人等有らん。外邪異見《げじゃいけん》の難を防《ふせ》がん。あるいは行くこと一分《いちぶん》二分にして群賊《ぐんぞく》等喚《よ》び廻《かえ》すとは、即《すなわ》ち別解《べつげ》・別行《べつぎょう》・悪見《あっけん》の人等に喩《たと》う』。私《わたくし》に云わく、またこの中に一切《いっさい》の別解・別行・異学《いがく》・異見等と言うは、これ聖道門《しょうどうもん》を指す」已上《いじょう》。

また最後結句《けっく》の文《もん》に云《い》わく「夫《そ》れ、速《すみ》やかに生死《しょうじ》を離《はな》れんと欲せば、二種の勝法《しょうほう》の中に、しばらく聖道門《しょうどうもん》を閣《さしお》いて、選んで浄土門《じょうどもん》に入《い》れ。浄土門に入らんと欲せば、正《しょう》・雑《ぞう》の二行《ぎょう》の中に、しばらく諸《もろもろ》の雑行《ぞうぎょう》を抛《なげう》って、選んで応《まさ》に正行《しょうぎょう》に帰《き》すべし」已上《いじょう》。

これに就《つ》いてこれを見るに、曇鸞《どんらん》・道綽《どうしゃく》・善導《ぜんどう》の謬釈《みょうしゃく》を引いて、聖道《しょうどう》・浄土《じょうど》、難行《なんぎょう》・易行《いぎょう》の旨《むね》を建て、法華《ほっけ》・真言《しんごん》、総じて一代の大乗《だいじょう》六百三十七部二千八百八十三巻、一切《いっさい》の諸《もろもろ》の仏菩薩《ぶつぼさつ》および諸の世天《せてん》等をもって皆《みな》聖道・難行・雑行《ぞうぎょう》等に摂《おさ》めて、あるいは捨て、あるいは閉じ、あるいは閣《さしお》き、あるいは抛《なげう》つ。この四字をもって多く一切を迷わし、あまつさえ、三国《さんごく》の聖僧《しょうそう》、十方《じっぽう》の仏弟《ぶってい》をもって皆群賊《ぐんぞく》と号し、しかしながら罵詈《めり》せしむ。近くは、依《よ》るところの浄土三部経《さんぶきょう》の「ただ五逆《ごぎゃく》と誹謗正法《ひぼうしょうほう》とのみを除く」の誓文《せいもん》に背《そむ》き、遠くは、一代五時《ごじ》の肝心《かんじん》たる法華経の第二の「もし人信ぜずして、この経を毀《き》謗《ぼう》せば乃至《ないし》その人は命終《みょうじゅう》して、阿鼻獄《あびごく》に入《い》らん」の誡文《かいもん》に迷う者なり。

ここにおいて、代《よ》は末代《まつだい》に及《およ》び、人は聖人《しょうにん》にあらず。各冥衢《おのおのみょうく》に容《い》ってならびに直道《じきどう》を忘《わす》る。悲しいかな、瞳矇《どうもう》を樹《た》てず。痛ましいかな、いたずらに邪信《じゃしん》を催《もよお》す。故に、上《かみ》国王より下《しも》土民に至るまで、皆《みな》、経《きょう》は浄土三部《じょうどさんぶ》の外《ほか》の経無く、仏は弥陀三尊《みださんぞん》の外の仏無しと謂《おも》えり。

よって、伝教《でんぎょう》・義真《ぎしん》・慈覚《じかく》・智証《ちしょう》等、あるいは万里《ばんり》の波濤《はとう》を渉《わた》って渡《わた》せしところの聖教《しょうぎょう》、あるいは一朝《いっちょう》の山川《さんせん》を廻《めぐ》って崇《あが》むるところの仏像、もしは高山の巓《いただき》に華界《けかい》を建てて、もって安置し、もしは深谷《しんこく》の底に蓮宮《れんぐう》を起《た》てて、もって崇重《すうちょう》す。釈迦《しゃか》・薬師《やくし》の光を並《なら》ぶるや、威《い》を現当《げんとう》に施《ほどこ》し、虚空《こくう》・地蔵《じぞう》の化《け》を成すや、益《やく》を生後《しょうご》に被《こうむ》らしむ。故に、国主は郡郷《ぐんごう》を寄せて、もって灯燭《とうしょく》を明るくし、地頭《じとう》は田園を充《あ》てて、もって供養《くよう》に備《そな》う。しかるに、法然《ほうねん》の選択《せんちゃく》に依《よ》って、則《すなわ》ち教主《きょうしゅ》を忘れて西土《さいど》の仏駄《ぶつだ》を貴《たっと》び、付嘱《ふぞく》を抛《なげう》って東方の如来《にょらい》を閣《さしお》き、ただ四巻三部の経典《きょうてん》のみを専《もっぱ》らにして空《むな》しく一代五時《ごじ》の妙典《みょうてん》を抛つ。ここをもって、弥陀《みだ》の堂にあらざれば皆供仏《みなくぶつ》の志《こころざし》を止《とど》め、念仏《ねんぶつ》の者にあらざれば早く施僧《せそう》の懐《おも》いを忘《わす》る。故に、仏堂零落《れいらく》して瓦松《がしょう》の煙《けむり》老い、僧房荒廃《そうぼうこうはい》して庭草《ていそう》の露《つゆ》深し。しかりといえども、各《おのおの》護惜《ごしゃく》の心を捨て、ならびに建立《こんりゅう》の思いを廃《はい》す。ここをもって、住持《じゅうじ》の聖僧《しょうそう》行って帰らず、守護《しゅご》の善神《ぜんじん》去って来《きた》ることなし。これひとえに法然の選択《せんちゃく》に依るなり。

悲しいかな、数十年の間、百千万の人、魔縁《まえん》に蕩《とろ》かされて多く仏教に迷えり。謗《ぼう》を好《この》んで正《しょう》を忘《わす》る。善神怒《ぜんじんいか》りをなさざらんや。円《えん》を捨てて偏《へん》を好む。悪鬼《あっき》便りを得ざらんや。しかず、彼《か》の万祈《ばんき》を修《しゅ》せんよりは、この一凶《いっきょう》を禁ぜんには。

客殊《こと》に色《いろ》を作《な》して曰《い》わく、我が本師《ほんし》・釈迦文《しゃかもん》、浄土三部経《じょうどさんぶきょう》を説きたまいてより以来《このかた》、曇鸞法師《どんらんほっし》は四《し》論《ろん》の講説を捨てて一向《いっこう》に浄土に帰《き》し、道綽禅師《どうしゃくぜんじ》は涅槃《ねはん》の広業《こうごう》を閣《さしお》いてひとえに西方《さいほう》の行《ぎょう》を弘《ひろ》め、善導《ぜんどう》和尚《おしょう》は雑行《ぞうぎょう》を抛《なげう》って専修《せんじゅ》を立て、恵心僧都《えしんそうず》は諸経《しょきょう》の要文《ようもん》を集めて念仏《ねんぶつ》の一行《ぎょう》を宗《むね》とす。弥陀《みだ》を貴重すること、誠《まこと》にもってしかなり。また往生《おうじょう》の人、それいくばく《幾》ぞや。

なかんずく法然聖人《ほうねんしょうにん》は、幼少にして天台山《てんだいさん》に昇《のぼ》り、十七にして六十巻《ろくじっかん》に渉《わた》り、ならびに八宗《はっしゅう》を究《きわ》め、つぶさに大意《たいい》を得たり。その外《ほか》、一切《いっさい》の経論《きょうろん》七遍反覆《へんはんぷく》し、章疏伝記《しょうしょでんき》究め看《み》ざることなく、智《ち》は日月《にちがつ》に斉《ひと》しく、徳は先師《せんし》に越《こ》えたり。しかりといえども、なお出離《しゅつり》の趣《おもむき》に迷って涅槃《ねはん》の旨《むね》を弁《わきま》えず。故に、あまねく覿《み》、ことごとく鑑《かんが》み、深く思い、遠く慮《おもんぱか》り、ついに諸経《しょきょう》を抛《なげう》って専《もっぱ》ら念仏《ねんぶつ》を修《しゅ》す。その上、一夢《いちむ》の霊応《れいおう》を蒙《こうむ》り、四裔《しえい》の親疎《しんそ》に弘《ひろ》む。故に、あるいは勢至《せいし》の化身《けしん》と号し、あるいは善導《ぜんどう》の再誕《さいたん》と仰《あお》ぐ。しからば則《すなわ》ち、十方《じっぽう》の貴賤頭《きせんこうべ》を低《た》れ、一朝《いっちょう》の男女《なんにょ》歩みを運ぶ。しかしより来《このかた》、春秋《しゅんじゅう》推《お》し移り、星霜相積《せいそうあいつ》もれり。

しかるに、忝《かたじけな》くも釈尊《しゃくそん》の教えを疎《おろそ》かにし、ほしいままに弥陀《みだ》の文《もん》を譏《そし》る。何《なん》ぞ、近年の災《わざわ》いをもって聖代《せいだい》の時に課《おお》せ、あながちに先師《せんし》を毀《そし》り、さらに聖人《しょうにん》を罵《の》るや。毛を吹《ふ》いて疵《きず》を求め、皮を剪《き》って血を出《い》だす。昔より今に至るまで、かくのごとき悪言《あくごん》いまだ見ず。惶《おそ》るべく、慎《つつし》むべし。罪業《ざいごう》至って重し。科条いかでか遁《のが》れん。対座なおもって恐《おそ》れ有り。杖《つえ》を携《たずさ》えて則《すなわ》ち帰らんと欲《ほっ》す。

主人咲《え》み、止《とど》めて曰《い》わく、辛《から》きことを蓼《たで》の葉に習い、臭《くさ》きことを溷廁《こんし》に忘《わす》る。善言《ぜんごん》を聞いて悪言《あくごん》と思い、謗者《ぼうしゃ》を指して聖人《しょうにん》と謂《い》い、正師《しょうし》を疑って悪侶《あくりょ》に擬《ぎ》す。その迷い誠《まこと》に深く、その罪浅からず。事の起こりを聞け。委《くわ》しくその趣《おもむき》を談ぜん。

釈尊《しゃくそん》説法の内、一代五時《ごじ》の間に先後を立てて権実《ごんじつ》を弁ず。しかるに、曇鸞《どんらん》・道綽《どうしゃく》・善導《ぜんどう》、既《すで》に権《ごん》に就《つ》いて実《じつ》を忘れ、先《せん》に依《よ》って後《ご》を捨《す》つ。いまだ仏教の淵底《えんでい》を探《さぐ》らざる者なり。なかんずく法然《ほうねん》は、その流れを酌《く》むといえども、その源《みなもと》を知らず。所以《ゆえん》はいかん。大乗経《だいじょうきょう》六百三十七部二千八百八十三巻、ならびに一切《いっさい》の諸《もろもろ》の仏菩薩《ぶつぼさつ》および諸の世天《せてん》等をもって、捨閉閣抛《しゃへいかくほう》の字を置いて、一切衆生《いっさいしゅじょう》の心を薄《うす》んず。これひとえに私曲《しきょく》の詞《ことば》を展《の》べて全《まった》く仏経《ぶっきょう》の説を見ず。妄語《もうご》の至り悪口《あっく》の科《とが》、言っても比《たぐ》い無く、責めても余り有り。

人皆《みな》その妄語《もうご》を信じ、ことごとく彼《か》の選択《せんちゃく》を貴《たっと》ぶ。故に、浄土《じょうど》の三経《さんきょう》を崇《あが》めて衆経《しゅきょう》を抛《なげう》ち、極楽《ごくらく》の一仏を仰《あお》いで諸仏《しょぶつ》を忘《わす》る。誠《まこと》にこれ諸仏・諸経《しょきょう》の怨敵《おんてき》、聖僧《しょうそう》・衆人《しゅにん》の讎敵《しゅうてき》なり。この邪教《じゃきょう》、広く八荒《はっこう》に弘《ひろ》まり、あまねく十方《じっぽう》に遍《へん》す。

そもそも、近年の災《わざわ》いをもって往代《おうだい》を難《なん》ずるの由《よし》、あながちにこれを恐《おそ》る。いささか先例を引いて汝《なんじ》が迷いを悟《さと》すべし。

止観《しかん》の第二に史記《しき》を引いて云《い》わく「周《しゅう》の末《まつ》に被髪《ひはつ》・袒身《たんしん》にして、礼度《れいど》に依《よ》らざる者有り」。弘決《ぐけつ》の第二にこの文《もん》を釈《しゃく》するに、左伝《さでん》を引いて曰《い》わく「初め平王《へいおう》の東に遷《うつ》るや、伊川《いせん》に被髪の者の野において祭るを見る。識者曰わく『百年に及《およ》ばじ。その礼まず亡《ほろ》びぬ』と」。ここに知んぬ、徴《しるし》前《さき》に顕《あらわ》れ、災《わざわ》い後《のち》に致《いた》ることを。また「阮籍《げんせき》は逸才《いつざい》なりしに蓬頭《ほうとう》・散帯《さんたい》す。後に、公卿《こうけい》の子孫、皆《みな》これに教《なら》って、奴狗相辱《どこうあいはずか》しむる者を方《まさ》に自然《じねん》に達すといい、撙節《そんせつ》・競持《きょうじ》する者を呼んで田舎《でんしゃ》となす。司馬氏《しばし》の滅《ほろ》ぶる相《そう》となす」已上《いじょう》。

また慈覚大師《じかくだいし》の入唐巡礼記《にっとうじゅんれいき》を案ずるに云《い》わく「唐《とう》の武宗皇帝《ぶそうこうてい》、会昌《かいしょう》元年、勅《ちょく》して章敬寺《しょうきょうじ》の鏡霜法師《きょうそうほっし》をして諸寺において弥陀念仏《みだねんぶつ》の教えを伝えしむ。寺ごとに三日巡輪《じゅんりん》すること絶えず。同二年、回鶻国《かいこつこく》の軍兵《ぐんぴょう》等、唐の堺《さかい》を侵《おか》す。同三年、河北《かほく》の節度使《せつどし》たちまち乱を起こす。その後《のち》、大蕃国《だいばんこく》また命《めい》を拒《こば》み、回鶻国重《かさ》ねて地を奪《うば》う。およそ兵乱《ひょうらん》は秦項《しんこう》の代に同じく、災火は邑里《ゆうり》の際《きわ》に起こる。いかにいわんや、武宗大《おお》いに仏法を破《は》し、多く寺塔《じとう》を滅《めっ》す。乱を撥《おさ》むること能《あた》わずして、ついにもって事《こと》有り」已上《いじょう》取意。

これをもってこれを惟《おも》うに、法然《ほうねん》は後鳥羽院《ごとばいん》の御宇《ぎょう》、建仁年中《けんにんねんちゅう》の者なり。彼《か》の院の御事《おんこと》既《すで》に眼前《がんぜん》に在り。しからば則《すなわ》ち、大唐《だいとう》に例を残し、吾《わ》が朝《ちょう》に証《しょう》を顕《あらわ》す。汝《なんじ》疑うことなかれ、汝怪《あや》しむことなかれ。ただすべからく凶《きょう》を捨てて善に帰《き》し、源《みなもと》を塞《ふさ》ぎ根を截《た》つべし。

客、いささか和《やわ》らいで曰《い》わく、いまだ淵底《えんてい》を究《きわ》めざるに、しばしばその趣《おもむき》を知る。ただし、華洛《からく》より柳営《りゅうえい》に至るまで、釈門《しゃくもん》に枢楗《すうけん》在り、仏家《ぶっけ》に棟梁《とうりょう》在り。しかるに、いまだ勘状《かんじょう》を進《まい》らせず、上奏《じょうそう》に及《およ》ばず。汝《なんじ》、賤《いや》しき身をもってたやすく莠言《ゆうげん》を吐《は》く。その義《ぎ》余り有り、その理謂《りいわ》れ無し。

主人曰《い》わく、予《よ》、少量たりといえども、忝《かたじけな》くも大乗《だいじょう》を学す。蒼蠅《そうよう》、驥尾《きび》に附《ふ》して万里《ばんり》を渡《わた》り、碧《へき》蘿《ら》、松頭《しょうとう》に懸《か》かって千尋《せんじん》を延《の》ぶ。弟子《でし》、一仏の子と生まれて、諸経《しょきょう》の王に事《つか》う。何《なん》ぞ仏法の衰微《すいび》を見て心情の哀惜《あいせき》を起こさざらんや。

その上、涅槃経《ねはんぎょう》に云《い》わく「もし善比丘《ぜんびく》あって、法を壊《やぶ》る者を見て、置いて、呵責《かしゃく》し駆遣《くけん》し挙処《こしょ》せずんば、当《まさ》に知るべし、この人は仏法の中の怨《あだ》なり。もし能《よ》く駆遣し呵責し挙処せば、これ我が弟子《でし》、真《しん》の声聞《しょうもん》なり」。余《よ》、善比丘の身ならずといえども、「仏法の中の怨」の責めを遁《のが》れんがために、ただ大綱《たいこう》を撮《と》ってほぼ一端《いったん》を示すのみ。

その上、去《い》ぬる元仁年中《げんにんねんちゅう》に延暦《えんりゃく》・興福《こうふく》の両寺より度々奏聞《たびたびそうもん》を経《へ》、勅宣《ちょくせん》・御教書《みぎょうしょ》を申し下《くだ》して法然《ほうねん》の選択《せんちゃく》の印板《いんばん》を大講堂に取り上げ、三世《さんぜ》の仏恩《ぶつおん》を報ぜんがためにこれを焼失せしむ。法然の墓所《ぼしょ》においては、感神院《かんじんいん》の犬神人《いぬじにん》に仰《おお》せ付けて破却《はきゃく》せしむ。その門弟《もんてい》、隆寛《りゅうかん》・聖光《しょうこう》・成覚《じょうかく》・薩生《さっしょう》等は遠国《おんごく》に配流《はいる》せられ、その後《のち》いまだ御勘気《ごかんき》を許されず。あに「いまだ勘状《かんじょう》を進《まい》らせず」と云《い》わんや。

客則《すなわ》ち和《やわ》らいで曰《い》わく、経《きょう》を下《くだ》し僧《そう》を謗《ぼう》ずること、一人には論じ難《がた》し。しかれども、大乗経《だいじょうきょう》六百三十七部二千八百八十三巻、ならびに一切《いっさい》の諸《もろもろ》の仏菩薩《ぶつぼさつ》および諸の世天《せてん》等をもって、捨閉閣抛《しゃへいかくほう》の四字に載《の》す。その詞《ことば》勿論《もちろん》なり、その文顕然《もんけんねん》なり。この瑕瑾《かきん》を守ってその誹謗《ひぼう》を成せども、迷って言うか、覚《さと》って語るか、賢愚《けんぐ》弁ぜず、是非《ぜひ》定め難し。

ただし、災難の起こりは選択《せんちゃく》に因《よ》るの由《よし》、その詞《ことば》を盛《さか》んにし、いよいよその旨《むね》を談ず。詮《せん》ずるところ、天下泰平《てんかたいへい》・国土安穏《こくどあんのん》は君臣の楽《ねが》うところ、土民《どみん》の思うところなり。夫《そ》れ、国は法に依《よ》って昌《さか》え、法は人に因《よ》って貴《たっと》し。国亡《ほろ》び人滅《めっ》せば、仏を誰《たれ》か崇《あが》むべき、法を誰か信ずべきや。まず国家を祈《いの》って、すべからく仏法を立つべし。もし災《わざわ》いを消し難を止《とど》むるに術《じゅつ》有らば、聞かんと欲《ほっ》す。

主人曰《い》わく、余《よ》はこれ頑愚《がんぐ》にしてあえて賢《けん》を存《そん》せず。ただ経文《きょうもん》に就《つ》いていささか所存を述べん。そもそも治術《ちじゅつ》の旨《むね》、内外《ないげ》の間《かん》、その文幾多《もんいくた》ぞや。つぶさに挙《あ》ぐべきこと難《かた》し。ただし、仏道《ぶつどう》に入《い》ってしばしば愚案《ぐあん》を廻《めぐ》らすに、謗法《ほうぼう》の人を禁《いまし》めて正道《しょうどう》の侶《りょ》を重んぜば、国中安穏《こくちゅうあんのん》にして天下泰平《てんかたいへい》ならん。

即《すなわ》ち、涅槃経《ねはんぎょう》に云《い》わく「仏言《のたま》わく『ただ一人のみを除いて余《よ》の一切《いっさい》に施《ほどこ》さば、皆《みな》、讃歎《さんだん》すべし』。純陀《じゅんだ》問うて言《い》わく『いかなるをか名づけて、ただ一人のみを除くとなす』。仏言《のたま》わく『この経《きょう》の中に説くところのごときは破戒《はかい》なり』。純陀また言《い》わく『我《われ》今いまだ解《げ》せず。ただ願わくはこれを説きたまえ』。仏、純陀に語って言《のたま》わく『破戒とは、一闡提《いっせんだい》を謂《い》う。その余のあらゆる一切に布施《ふせ》するは、皆、讃歎すべし。大果報《だいかほう》を獲《え》ん』。純陀また問う『一闡提とは、その義いかん』。仏言《のたま》わく『純陀よ。もし比丘《びく》および比丘尼《びくに》・優婆塞《うばそく》・優婆夷《うばい》有って、麤悪《そあく》の言《ことば》を発《はっ》し、正法《しょうほう》を誹謗《ひぼう》し、この重業《じゅうごう》を造って永く改悔《かいげ》せず、心に懺悔《さんげ》無くんば、かくのごとき等の人をば名づけて一闡提の道《どう》に趣向《しゅこう》すとなす。もし四重《しじゅう》を犯《おか》し五逆罪《ごぎゃくざい》を作り、自《みずか》ら定めてかくのごとき重事を犯すと知れども、心に初めより怖畏《ふい》・懺悔無く、あえて発露《ほつろ》せず、彼《か》の正法において永く護惜建立《ごしゃくこんりゅう》の心無く、毀呰《きし》・軽賤《きょうせん》して言《ことば》に過咎《かぐ》多からば、かくのごとき等の人をばまた一闡提の道に趣向すと名づく。ただかくのごとき一闡提の輩《やから》のみを除いてその余に施さば、一切讃歎《さんだん》せん』と」。

また云《い》わく「我往昔《むかし》を念《おも》うに、閻浮提《えんぶだい》において大国の王と作《な》り、名づけて仙予《せんよ》と曰《い》いき。大乗経典《だいじょうきょうてん》を愛念し敬重《きょうじゅう》し、その心純善《じゅんぜん》にして、麤悪《そあく》・嫉悋《しつりん》有ることなし。善男子《ぜんなんし》よ。我はその時において心に大乗を重んず。婆羅門《ばらもん》の方等《ほうどう》を誹謗《ひぼう》するを聞き、聞き已《お》わって即時にその命根《みょうこん》を断ず。善男子よ。この因縁《いんねん》をもって、これより已来《このかた》、地獄《じごく》に堕《お》ちず」。

また云《い》わく「如来《にょらい》は、昔、国王となって菩薩《ぼさつ》の道《どう》を行《ぎょう》ぜし時、そこばくの婆羅門《ばらもん》の命を断絶す」。

また云わく「殺《せつ》に三つ有り。謂《い》わく下《げ》・中《ちゅう》・上《じょう》なり。下とは、蟻子《ありのこ》乃至《ないし》一切《いっさい》の畜生《ちくしょう》なり。ただ菩薩《ぼさつ》の示現生《じげんしょう》の者のみを除く。下殺《げせつ》の因縁《いんねん》をもって地獄《じごく》・畜生・餓鬼《がき》に堕《お》ちて、つぶさに下の苦を受《う》く。何をもっての故に。この諸《もろもろ》の畜生に微《わず》かの善根《ぜんこん》有り。この故に、殺す者はつぶさに罪報《ざいほう》を受く。中《ちゅう》殺《せつ》とは、凡夫人《ぼんぷにん》より阿那含《あなごん》に至るまで、これを名づけて中となす。この業因《ごういん》をもって地獄・畜生・餓鬼に堕ちて、つぶさに中の苦を受く。上殺《じょうせつ》とは、父母《ふぼ》乃至阿羅漢《あらかん》・辟支仏《ひゃくしぶつ》・畢定《ひつじょう》の菩薩なり。阿鼻大《あびだい》地獄《じごく》の中に堕つ。善男子《ぜんなんし》よ。もし能《よ》く一闡提《いっせんだい》を殺すことあらば、則《すなわ》ちこの三種の殺《せつ》の中に堕ちず。善男子よ。彼《か》の諸の婆羅門《ばらもん》等は、一切皆《みな》これ一闡提なり」已上《いじょう》。

仁王経《にんのうきょう》に云《い》わく「仏、波斯匿王《はしのくおう》に告げたまわく『この故に、諸《もろもろ》の国王に付嘱《ふぞく》して、比丘《びく》・比丘尼《びくに》に付嘱せず。何をもっての故に。王の威力《いりき》無ければなり』と」已上《いじょう》。

涅槃経《ねはんぎょう》に云《い》わく「今、無上《むじょう》の正法《しょうほう》をもって、諸王・大臣・宰相《さいしょう》および四部《しぶ》の衆《しゅ》に付嘱《ふぞく》す。正法を毀《そし》る者をば、大臣・四部の衆、応当《まさ》に苦治《くじ》すべし」。

また云《い》わく「仏言《のたま》わく『迦葉《かしょう》よ。能《よ》く正法《しょうほう》を護持《ごじ》する因縁《いんねん》をもっての故に、この金剛身《こんごうしん》を成就《じょうじゅ》することを得たり。善男子《ぜんなんし》よ。正法を護持せん者は、五戒《ごかい》を受けず、威儀《いぎ》を修《しゅ》せず、応《まさ》に刀剣《とうけん》・弓箭《きゅうせん》・鉾《む》槊《さく》を持すべし』と」。

また云《い》わく「もし五戒《ごかい》を受持《じゅじ》するの者有らば、名づけて大乗《だいじょう》の人となすことを得ざるなり。五戒を受けざれども、ために正法《しょうほう》を護《まも》るを乃《すなわ》ち大乗と名づく。正法を護る者は、応当《まさ》に刀剣器仗《とうけんきじょう》を執持《しゅうじ》すべし。刀杖《とうじょう》を持すといえども、我はこれらを説いて名づけて持戒《じかい》と曰《い》わん」。

また云《い》わく「善男子《ぜんなんし》よ。過去の世にこの拘尸那城《くしなじょう》において仏の世に出《い》でたもうことありき。歓喜増益如来《かんぎぞうやくにょらい》と号したてまつる。仏涅槃《ねはん》して後《のち》、正法《しょうほう》世に住《じゅう》すること無量億歳《むりょうおくさい》なり。余《よ》の四十年、仏法いまだ滅《めっ》せず。その時、一《ひと》りの持戒《じかい》の比丘《びく》有り、名づけて覚徳《かくとく》と曰《い》う。その時、多く破戒《はかい》の比丘有り。この説を作《な》すを聞いて皆《みな》悪心を生《しょう》じ、刀杖《とうじょう》を執持《しゅうじ》し、この法師《ほっし》を逼《せ》む。この時の国王は、名づけて有徳《うとく》と曰う。このことを聞き已《お》わって、護法《ごほう》のための故に即便《すなわ》ち説法者の所に往至《おうし》して、この破戒の諸《もろもろ》の悪比丘《あくびく》と極《きわ》めて共に戦闘《せんとう》す。その時、説法者は厄害《やくがい》を免《まぬか》るることを得たり。王、その時において身に刀剣箭槊《とうけんせんさく》の瘡《きず》を被り、体に完《まった》き処《ところ》は芥子《けし》のごときばかりも無し。その時、覚徳はついで王を讃《ほ》めて言わく『善《よ》きかな、善きかな。王、今真《まこと》にこれ正法を護《まも》る者なり。当来の世に、この身当《まさ》に無量の法器《き》となるべし』。王、この時において法を聞くことを得已《えお》わって、心大《おお》いに歓喜し、ついで即《すなわ》ち命終《みょうじゅう》して阿閦仏《あしゅくぶつ》の国に生じて、彼《か》の仏のために第一の弟子《でし》と作《な》る。その王の将従《しょうじゅう》・人民《にんみん》・眷属《けんぞく》、戦闘有りし者、歓喜有りし者は、一切《いっさい》、菩提《ぼだい》の心を退せず、命終してことごとく阿閦仏の国に生ず。覚徳比丘、却《さ》って後、寿《いのち》終わってまた阿閦仏の国に往生《おうじょう》することを得て、彼の仏のために声聞衆《しょうもんしゅ》の中《なか》の第二の弟子と作《な》る。もし正法尽《つ》きんと欲《ほっ》することあらん時、応当《まさ》にかくのごとく受持《じゅじ》し擁護《おうご》すべし。迦葉《かしょう》よ。その時の王とは則《すなわ》ち我が身これなり。説法の比丘《びく》は迦葉仏《かしょうぶつ》これなり。迦葉よ。正法《しょうほう》を護《まも》る者は、かくのごとき等の無量の果報《かほう》を得《え》ん。この因縁《いんねん》をもって、我、今日《こんにち》において種々の相《そう》を得て、もって自《みずか》ら荘厳《しょうごん》し、法身不可壊《ほっしんふかえ》の身を成《じょう》ず。

仏、迦葉菩薩《かしょうぼさつ》に告げたまわく、この故に、法を護《まも》らん優婆塞《うばそく》等は、応《まさ》に刀杖《とうじょう》を執持《しゅうじ》して擁護《おうご》すること、かくのごとくなるべし。善男子《ぜんなんし》よ。我涅槃《ねはん》して後《のち》の濁悪《じょくあく》の世に、国土荒乱《こうらん》し、たがいに抄掠《しょうりゃく》し、人民飢餓《にんみんきが》せん。その時、多く飢餓のための故に発心《ほっしん》・出家《しゅっけ》するもの有らん。かくのごときの人を名づけて禿人《とくにん》となす。この禿人の輩《やから》、正法《しょうほう》を護持《ごじ》するものを見て、駆逐《くちく》して出《い》ださしめ、もしは殺し、もしは害せん。この故に、我は今、持戒《じかい》の人、諸《もろもろ》の白衣《びゃくえ》の刀杖を持する者に依《よ》って、もって伴侶《ばんりょ》となすことを聴《ゆる》す。刀杖を持すといえども、我はこれらを説いて名づけて持戒と曰《い》わん。刀杖を持すといえども、応に命を断ずべからず」。

法華経に云《い》わく「もし人信ぜずして、この経を毀謗《きぼう》せば、即《すなわ》ち一切世間《いっさいせけん》の仏種《ぶっしゅ》を断ぜん 乃至《ないし》 その人は命終《みょうじゅう》して、阿鼻獄《あびごく》に入《い》らん」已上《いじょう》。

夫《そ》れ、経文《きょうもん》は顕然《けんねん》なり。私《わたくし》の詞《ことば》何《なん》ぞ加えん。およそ法華経のごとくんば、大乗経典《だいじょうきょうてん》を謗《ぼう》ずる者は、無量の五逆《ごぎゃく》に勝《まさ》れるが故に、阿鼻大城《あびだいじょう》に堕《お》ちて永く出《い》ずる期《ご》無けん。涅槃経《ねはんぎょう》のごとくんば、たとい五逆の供《く》を許すとも、謗法《ほうぼう》の施《せ》を許さず。蟻子《ありのこ》を殺す者は、必ず三悪道《さんあくどう》に落《お》つ。謗法を禁ずる者は、不《ふ》退《たい》の位に登る。いわゆる、覚徳《かくとく》とはこれ迦葉仏《かしょうぶつ》なり、有徳《うとく》とは則《すなわ》ち釈迦文《しゃかもん》なり。

法華《ほっけ》・涅槃《ねはん》の経教《きょうぎょう》は一代五時《ごじ》の肝心《かんじん》なり。その禁《いまし》め実《まこと》に重し。誰《たれ》か帰仰《きごう》せざらんや。しかるに、謗《ほう》法《ぼう》の族《やから》、正道《しょうどう》を忘《わす》るるの人、あまつさえ法然《ほうねん》の選択《せんちゃく》に依《よ》って、いよいよ愚癡《ぐち》の盲瞽《もうこ》を増す。ここをもって、あるいは彼《か》の遺体《いたい》を忍《しの》んで木画《もくえ》の像に露《あらわ》し、あるいはその妄説《もうせつ》を信じて莠言《ゆうげん》の模《かたぎ》を彫《ほ》り、これを海内《かいだい》に弘《ひろ》め、これを郭外《かくがい》に翫《もてあそ》ぶ。仰《あお》ぐところは則《すなわ》ちその家風、施《ほどこ》すところは則ちその門弟《もんてい》なり。しかるあいだ、あるいは釈迦《しゃか》の手の指を切って弥陀《みだ》の印相《いんぞう》に結び、あるいは東方如来《とうほうにょらい》の鴈宇《がんう》を改めて西土教主《さいどきょうしゅ》の鵝王《がおう》を居《す》え、あるいは四百余回の如法経《にょほうきょう》を止《とど》めて西方浄土《さいほうじょうど》の三部経《さんぶきょう》と成し、あるいは天台《てんだい》大師《だいし》の講《こう》を停《とど》めて善導《ぜんどう》の講となす。かくのごとき群類、それ誠《まこと》に尽《つ》くし難《がた》し。これ破仏《はぶつ》にあらずや。これ破法《はほう》にあらずや。これ破僧《はそう》にあらずや。この邪義《じゃぎ》は、則ち選択《せんちゃく》に依るなり。

ああ悲しいかな、如来《にょらい》の誠諦《じょうたい》の禁言《きんげん》に背《そむ》くこと。哀《あわ》れなるかな、愚侶《ぐりょ》の迷惑《めいわく》の麤語《そご》に随《したが》うこと。早く天下《てんか》の静謐《せいひつ》を思わば、すべからく国中《こくちゅう》の謗法《ほうぼう》を断《た》つべし。

客曰《い》わく、もし謗法《ほうぼう》の輩《やから》を断じ、もし仏禁《ぶっきん》の違《い》を絶《ぜっ》せんには、彼《か》の経文《きょうもん》のごとく斬罪《ざんざい》に行うべきか。もししからば、殺害相加《あい》わって、罪業《ざいごう》いかんがせんや。則《すなわ》ち大集経《だいじっきょう》に云《い》わく「頭《こうべ》を剃《そ》り袈裟《けさ》を着れば、持戒《じかい》および毀戒《きかい》をも、天人彼《てんにんかれ》を供養《くよう》すべし。則ち我を供養すとなす。これ我が子なり。もし彼を撾打《ただ》することあらば、則ち我が子を打つとなす。もし彼を罵辱《めにく》せば、則ち我を毀辱《きにく》すとなす」。

料《はか》り知んぬ。善悪を論ぜず、是非《ぜひ》を択《えら》ぶことなく、僧侶《そうりょ》たらんにおいては供養《くよう》を展《の》ぶべし。何《なん》ぞ、その子を打辱《ちょうにく》して忝《かたじけな》くもその父を悲哀《ひあい》せしめん。彼《か》の竹杖《ちくじょう》の目連尊者《もくれんそんじゃ》を害せしや、永く無間《むけん》の底に沈《しず》み、提婆達多《だいばだった》の蓮華比丘尼《れんげびくに》を殺せしや、久しく阿鼻《あび》の焔《ほのお》に咽《むせ》ぶ。先証《せんしょう》これ明らかなり、後昆《こうこん》最も恐《おそ》れあり。謗法《ほうぼう》を誡《いまし》むるには似たれども、既《すで》に禁言《きんげん》を破る。このこと信じ難《がた》し。いかんが意得《こころえ》んや。

主人曰《い》わく、客明《あき》らかに経文《きょうもん》を見て、なおこの言《ことば》を成す。心の及《およ》ばざるか、理《り》の通ぜざるか。全《まった》く仏子を禁《いまし》むるにはあらず、ただひとえに謗法《ほうぼう》を悪《にく》むなり。

夫《そ》れ、釈迦《しゃか》の以前、仏教はその罪を斬《き》るといえども、能忍《のうにん》の以後、経説《きょうせつ》は則《すなわ》ちその施《せ》を止《とど》む。しからば則ち、四海万邦《しかいばんぽう》、一切《いっさい》の四衆《ししゅ》、その悪に施《ほどこ》さず、皆《みな》この善に帰《き》せば、いかなる難か並び起こり、いかなる災《わざわ》いか競《きそ》い来《きた》らん。

客則《すなわ》ち席を避《さ》け、襟《えり》を刷《つくろ》って曰《い》わく、仏教かく区《まちまち》にして旨趣窮《ししゅきわ》め難《がた》く、不審多端《ふしんたたん》にして理非《りひ》明らかならず。ただし法然聖人《ほうねんしょうにん》の選択《せんちゃく》、現《げん》に在るなり。諸仏《しょぶつ》・諸経《しょきょう》・諸菩薩《しょぼさつ》・諸天《しょてん》等をもって捨閉閣抛《しゃへいかくほう》に載《の》す。その文顕然《もんけんねん》なり。これに因《よ》って、聖人国《くに》を去り善神所《ぜんじんところ》を捨てて、天下飢渇《てんかきかつ》し世上疫病《えきびょう》すと、今、主人、広く経文《きょうもん》を引いて明らかに理非を示す。故に、妄執《もうしゅう》既《すで》に翻《ひるがえ》り、耳目《じもく》しばしば朗《あき》らかなり。詮《せん》ずるところ、国土泰平《こくどたいへい》・天下安穏《てんかあんのん》は、一人《いちにん》より万民《ばんみん》に至るまで好《この》むところなり、楽《ねが》うところなり。早く一闡提《いっせんだい》の施《せ》を止《とど》め、永く衆僧尼《しゅそうに》の供《く》を致《いた》し、仏海《ぶっかい》の白浪《はくろう》を収め、法山《ほうざん》の緑林を截《き》らば、世は羲農《ぎのう》の世と成り、国は唐虞《とうぐ》の国とならん。しかして後《のち》、法水《ほっすい》の浅深《せんじん》を斟酌《しんしゃく》し、仏家《ぶっけ》の棟梁《とうりょう》を崇重《すうちょう》せん。

主人悦《よろこ》んで曰《い》わく、鳩化《はとか》して鷹《たか》となり、雀《すずめ》変じて蛤《はまぐり》となる。悦ばしいかな、汝《なんじ》、蘭室《らんしつ》の友に交わって麻畝《まほ》の性《しょう》と成る。誠《まこと》にその難を顧《かえり》みて専《もっぱ》らこの言《ことば》を信ぜば、風和《やわ》らぎ浪《なみ》静かにして不日《ふじつ》に豊年《ほうねん》ならん。ただし、人の心は時に随《したが》って移り、物の性《しょう》は境《きょう》に依《よ》って改まる。譬《たと》えば、なお、水中の月の波に動き、陣前《じんぜん》の軍《いくさ》の剣《つるぎ》に靡《なび》くがごとし。汝、当座に信ずといえども、後《のち》定めて永く忘れん。もし、まず国土を安んじて現当《げんとう》を祈《いの》らんと欲せば、速《すみ》やかに情慮《じょうりょ》を廻《めぐ》らし急《いそ》いで対治《たいじ》を加えよ。

所以《ゆえん》はいかん。薬師経《やくしきょう》の七難《しちなん》の内、五難たちまち起こり、二難なお残れり。いわゆる他国侵逼《たこくしんぴつ》の難・自界叛逆《じかいほんぎゃく》の難なり。大集経《だいじっきょう》の三災《さんさい》の内、二災早く顕《あらわ》れ、一災いまだ起こらず。いわゆる兵革《ひょうかく》の災なり。金光明経《こんこうみょうきょう》の内の種々の災禍一々《さいかいちいち》起こるといえども、他方の怨賊《おんぞく》国内を侵掠《しんりゃく》する、この災《さい》いまだ露《あらわ》れず、この難いまだ来《きた》らず。仁王経《にんのうきょう》の七難の内、六難《ろくなん》今盛《さか》んにして、一難いまだ現ぜず。いわゆる、四方の賊《ぞく》来って国を侵《おか》すの難なり。しかのみならず、「国土乱《みだ》れん時はまず鬼神《きじん》乱る。鬼神乱るるが故に万《ばん》民《みん》乱る」と。今この文《もん》に就《つ》いてつぶさに事の情《こころ》を案ずるに、百鬼《ひゃっき》早く乱れ、万民《ばんみん》多く亡《ほろ》ぶ。先難これ明らかなり、後災《こうさい》何ぞ疑わん。もし残るところの難、悪法の科《とが》によって並び起こり競《きそ》い来らば、その時いかんがせんや。

帝王は国家を基《もとい》として天下《てんか》を治め、人臣は田園を領して世上を保つ。しかるに、他方の賊来《ぞくきた》ってその国を侵逼《しんぴつ》し、自界叛逆《じかいほんぎゃく》してその地を掠領《りゃくりょう》せば、あに驚《おどろ》かざらんや、あに騒《さわ》がざらんや。国を失い家を滅《ほろ》ぼさば、いずれの所にか世を遁《のが》れん。

汝《なんじ》、すべからく一身の安堵《あんど》を思わば、まず四表《しひょう》の静謐《せいひつ》を禱《いの》るべきものか。

なかんずく、人の世に在るや、各《おのおの》後生《ごしょう》を恐《おそ》る。ここをもって、あるいは邪教《じゃきょう》を信じ、あるいは謗《ほう》法《ぼう》を貴《たっと》ぶ。各是非《ぜひ》に迷うことを悪《にく》むといえども、なお仏法に帰《き》することを哀《かな》しむ。何《なん》ぞ同じく信心の力をもってみだりに邪議《じゃぎ》の詞《ことば》を宗《あが》めんや。もし執心翻《しゅうしんひるがえ》らず、また曲意《きょくい》なお存《そん》せば、早く有為《うい》の郷《さと》を辞して必ず無間《むけん》の獄《ごく》に堕《お》ちなん。

所以《ゆえん》はいかん。大集経《だいじっきょう》に云《い》わく「もし国王有って、無量世《むりょうせ》において施《せ》・戒《かい》・慧《え》を修《しゅ》すとも、我が法の滅《めっ》せんを見て、捨てて擁護《おうご》せずんば、かくのごとく種《う》うるところの無量の善根《ぜんこん》ことごとく滅失《めっしつ》して乃至《ないし》その王久《ひさ》しからずして当《まさ》に重病に遇《あ》い、寿終《いのち》わるの後《のち》、大地獄《だいじごく》に生《しょう》ずべし。王のごとく、夫人・太子・大臣・城主・柱師《ちゅうし》・郡守・宰官《さいかん》もまたかくのごとくならん」。

仁王経《にんのうきょう》に云《い》わく「人、仏教を壊《やぶ》らば、また孝子《こうし》無く、六親《ろくしん》不和にして天神《てんじん》も祐《たす》けず、疾疫《しつえき》・悪鬼《あっき》、日に来《きた》って侵害《しんがい》し、災怪《さいけ》首尾し、連禍《れんか》縦横し、死して地獄《じごく》・餓鬼《がき》・畜生《ちくしょう》に入《い》らん。もし出《い》でて人とならば、兵奴《ひょうぬ》の果報《かほう》あらん。響《ひび》きのごとく、影《かげ》のごとく、人の夜書《か》くに火は滅《めっ》すれども字は存《そん》するがごとく、三界《さんがい》の果報もまたかくのごとし」。

法華経の第二に云《い》わく「もし人信ぜずして、この経を毀謗《きぼう》せば乃至《ないし》その人は命終《みょうじゅう》して、阿鼻獄《あびごく》に入《い》らん」。また同第七の巻の不軽品《ふきょうほん》に云わく「千劫《ごう》、阿鼻地獄《あびじごく》において、大苦悩《だいくのう》を受《う》く」。涅槃経《ねはんぎょう》に云わく「善友を遠離《おんり》し、正法《しょうほう》を聞かず、悪法に住《じゅう》せば、この因縁《いんねん》の故に沈没《じんもつ》して阿鼻地獄に在って、受くるところの身形《しんぎょう》、縦横八万四千ならん」。

広く衆経《しゅきょう》を披《ひら》きたるに、専《もっぱ》ら謗法《ほうぼう》を重んず。悲しいかな、皆正法《みなしょうほう》の門を出《い》でて深く邪法《じゃほう》の獄《ごく》に入《い》る。愚《おろ》かなるかな、各《おのおの》悪教の綱《つな》に懸《か》かって鎮《とこしな》えに謗教《ぼうきょう》の網《あみ》に纏《まと》わる。この朦霧《もうむ》の迷い、彼《か》の盛焔《じょうえん》の底に沈《しず》む。あに愁《うれ》えざらんや、あに苦しまざらんや。

汝《なんじ》、早く信仰《しんこう》の寸心を改めて、速《すみ》やかに実乗《じつじょう》の一善に帰《き》せよ。しからば則《すなわ》ち、三界《さんがい》は皆仏国《みなぶっこく》なり。仏国それ衰《おとろ》えんや。十方《じっぽう》はことごとく宝土《ほうど》なり。宝土何《なん》ぞ壊《やぶ》れんや。国に衰微《すいび》無く土《ど》に破壊《はえ》無くんば、身はこれ安全、心はこれ禅定《ぜんじょう》ならん。この詞《ことば》、この言《ことば》、信ずべく、崇《あが》むべし。

客曰《い》わく、今生《こんじょう》・後生《ごしょう》、誰《たれ》か慎《つつし》まざらん。誰か和《したが》わざらん。この経文《きょうもん》を披《ひら》いてつぶさに仏語《ぶつご》を承《うけたまわ》るに、誹謗《ひぼう》の科《とが》至って重く、毀法《きほう》の罪誠《まこと》に深し。我《われ》一仏を信じて諸仏《しょぶつ》を抛《なげう》ち、三部経《さんぶきょう》を仰《あお》いで諸経《しょきょう》を閣《さしお》きしは、これ私曲《しきょく》の思いにあらず、則《すなわ》ち先達《せんだつ》の詞《ことば》に随《したが》いしなり。十方《じっぽう》の諸人《しょにん》もまたまたかくのごとくなるべし。今世《こんぜ》には性心《しょうしん》を労し、来生《らいしょう》には阿鼻《あび》に堕《お》ちんこと、文《もん》明らかに理《り》詳《つまび》らかなり。疑うべからず。いよいよ貴公の慈誨《じかい》を仰ぎ、ますます愚客《ぐきゃく》の癡心《ちしん》を開けり。速《すみ》やかに対治《たいじ》を廻《めぐ》らして早く泰平《たいへい》を致《いた》し、まず生前《せいぜん》を安んじてさらに没後《ぼつご》を扶《たす》けん。ただ我が信ずるのみにあらず、また他《た》の誤りをも誡《いまし》めんのみ。

(003)

安国論奥書《あんこくろんおくがき》

文永《ぶんえい》6年（'69）12月8日　48歳

文応《ぶんおう》元年太歳庚申《たいさいかのえさる》これを勘《かんが》う。正嘉《しょうか》にこれを始めてより、文応元年に勘え畢《お》わんぬ。去《い》ぬる正嘉《しょうか》元年太歳丁巳《たいさいひのとみ》八月二十三日、戌亥剋《いぬいのこく》の大地震《おおじしん》を見てこれを勘《かんが》う。その後《のち》、文応《ぶんおう》元年太歳庚申《かのえさる》七月十六日をもって、宿屋禅門《やどやぜんもん》に付して故最明寺入道殿《こさいみょうじのにゅうどうどの》に奉《たてまつ》れり。その後、文永《ぶんえい》元年太歳甲子《きのえね》七月五日、大明星《だいみょうじょう》の時、いよいよこの災《わざわ》いの根源を知る。文応元年太歳庚申より文永五年太歳戊辰《つちのえたつ》後《のちの》正月十八日に至るまで、九箇年《かねん》を経《へ》て、西方《さいほう》の大蒙古国《だいもうここく》より我が朝《ちょう》を襲《おそ》うべきの由《よし》、牒状《ちょうじょう》これを渡《わた》す。また同六年、重ねて牒状これを渡す。既《すで》に勘文《かんもん》これに叶《かな》う。これに準《じゅん》じてこれを思うに、未来もまたしかるべきか。この書は徴《しるし》有る文《ふみ》なり。これひとえに日蓮が力にあらず、法華経の真文《しんもん》の至《いた》すところの感応《かんのう》か。

文永《ぶんえい》六年太歳己巳《たいさいつちのとみ》十二月八日、これを写す。

(004)

安国論御勘由来《あんこくろんごかんゆらい》

文永《ぶんえい》5年（'68）4月5日　47歳
法鑑房《ほうかんぼう》

正嘉《しょうか》元年太歳丁巳《たいさいひのとみ》八月二十三日戌亥時《いぬいのとき》、前代に超《こ》え大《おお》いに地振《ちふ》るう。同二年戊午《つちのえうま》八月一日、大風。

同三年己未《つちのとひつじ》、大飢饉《だいききん》。正元《しょうげん》元年己未、大疫病《だいえきびょう》。同二年庚申《かのえさる》、四季に亘《わた》って大疫《だいえき》已《や》まず、万民《ばんみん》既《すで》に大半に超えて死を招き了《お》わんぬ。しかるあいだ、国主これに驚《おどろ》き、内外典《ないげてん》に仰《おお》せ付けて種々の御祈禱《ごきとう》有り。しかりといえども、一分《いちぶん》の験《しるし》も無く、還《かえ》って飢疫《きえき》等を増長す。

日蓮、世間《せけん》の体《てい》を見て、ほぼ一切経《いっさいきょう》を勘《かんが》うるに、御祈請験《ごきしょうしるし》無く還《かえ》って凶悪《きょうあく》を増長するの由《よし》、道理・文証《もんしょう》これを得《え》了《お》わんぬ。終《つい》に止《や》むことなく、勘文《かんもん》一通を造作《ぞうさく》し、その名を立正安国論《りっしょうあんこくろん》と号す。文応《ぶんおう》元年庚申《かのえさる》七月十六日辰時《たつのとき》、宿屋入道《やどやのにゅうどう》に付けて故最明寺入道殿《こさいみょうじのにゅうどうどの》に奏進《そうしん》し了わんぬ。これひとえに国土の恩を報ぜんがためなり。

その勘文《かんもん》の意は、日本国天神《てんじん》七代・地神《ちじん》五代・百王百代の人王《にんのう》第三十代欽明天皇《きんめいてんのう》の御宇《ぎょう》に始めて百《ひゃく》済国《さいこく》より仏法この国に渡《わた》りしより、桓武《かんむ》天皇の御宇に至るまで、その中間五十余代、二百六十余年なり。その間、一切経《いっさいきょう》ならびに六宗《ろくしゅう》これ有りといえども、天台《てんだい》・真言《しんごん》の二宗いまだこれ有らず。桓武の御宇に山階寺《やましなでら》の行表僧正《ぎょうひょうそうじょう》の御弟子《みでし》に最澄《さいちょう》という小僧《しょうそう》有り〈後《のち》に伝教大師《でんぎょうだいし》と号す〉。已前《いぜん》に渡るところの六宗ならびに禅宗《ぜんしゅう》これを極《きわ》むといえども、いまだ我が意に叶《かな》わず。聖武《しょうむ》天皇の御宇に大唐《だいとう》の鑑真和尚《がんじんわじょう》渡すところの天台の章疏《しょうしょ》、四十余年を経《へ》てより已後《いご》、始めて最澄これを披見《ひけん》し、ほぼ仏法の玄旨《げんし》を覚《さと》り了《お》わんぬ。最澄、天長地久《てんちょうちきゅう》のために延暦《えんりゃく》四年、叡山《えいざん》を建立《こんりゅう》す。桓武皇帝《こうてい》これを崇《あが》めて、天子本命《てんしほんみょう》の道場と号し、六宗の御帰依《ごきえ》を捨てて、一向《いっこう》に天台円宗《えんしゅう》に帰伏《きぶく》し給《たも》う。

同延暦《えんりゃく》十三年に長岡京《ながおかきょう》より遷《うつ》って平安城《へいあんじょう》を建《た》つ。同延暦二十一年正月十九日、高雄寺《たかおでら》において南都《なんと》七大寺《しちだいじ》の六宗《ろくしゅう》の碩学《せきがく》、勤操《ごんぞう》・玄耀《げんよう》等の十四人を召《め》し合わせ、決断して勝負を談ず。六宗の明匠《めいしょう》、一問《もん》答《どう》にも及《およ》ばず、口を閉《と》ずること鼻のごとし。華厳宗《けごんしゅう》の五教《ごきょう》、法相宗《ほっそうしゅう》の三時《さんじ》、三論宗《さんろんしゅう》の二蔵《にぞう》三時の所立《しょりゅう》を破《は》し了《お》わんぬ。ただ自宗《じしゅう》を破らるるのみにあらず、皆謗法《みなほうぼう》の者なることを知る。同二十九日、皇帝《こうてい》勅宣《ちょくせん》を下《くだ》してこれを詰《なじ》る。十四人、謝表《しゃひょう》を作って帝皇《ていこう》に捧《ささ》げ奉《たてまつ》る。その後《のち》、代々の皇帝、叡山《えいざん》の御《ご》帰依《きえ》は孝子の父母に仕《つか》うるに超《こ》え、黎民《れいみん》の王威《おうい》を恐《おそ》るるに勝《まさ》れり。ある御時《おんとき》は宣命《せんみょう》を捧げ、ある御時は非をもって理《り》に処《しょ》す等云々《うんぬん》。殊《こと》に清和天皇《せいわてんのう》は叡山の恵亮和尚《えりょうかしょう》の法威《ほうい》に依《よ》って位に即《つ》き、帝皇の外祖《がいそ》父《ふ》・九条右丞相《くじょうのうしょうじょう》は誓状《せいじょう》を叡山に捧ぐ。源右将軍《みなもとのうしょうぐん》は清和の末葉《まつよう》なり。鎌倉《かまくら》の御成敗《ごせいばい》、是非《ぜひ》を論ぜず叡山に違背《いはい》せば、天命《てんめい》恐れ有るものか。

しかるに、後鳥羽院《ごとばいん》の御宇《ぎょう》、建仁年中《けんにんねんちゅう》に法然《ほうねん》・大日《だいにち》とて二人の増上慢《ぞうじょうまん》の者有り。悪鬼《あっき》その身に入《い》って国中《こくちゅう》の上下を狂惑《おうわく》し、代《よ》を挙げて念仏者《ねんぶつしゃ》と成り、人ごとに禅宗《ぜんしゅう》に趣《おもむ》く。存外《ぞんがい》に山門《さんもん》の御帰依《ごきえ》浅薄《せんぱく》なり。国中の法華《ほっけ》・真言《しんごん》の学者、棄《す》て置かれ了《お》わんぬ。故に、叡山守護《えいざんしゅご》の天照太神《てんしょうだいじん》・正八幡宮《しょうはちまんぐう》・山王七《さんのうしち》社《しゃ》、国中《こくちゅう》守護の諸大善神《しょだいぜんじん》、法味《ほうみ》を飡《くら》わずして威光《いこう》を失い、国土を捨て去り了わんぬ。悪鬼便《たよ》りを得て災難を至《いた》し、結句《けっく》、他国よりこの国を破るべき先相《せんそう》、勘《かんが》うるところなり。

また、その後《のち》、文永元年《ぶんえいがんねん》甲子《きのえね》七月五日、彗星《すいせい》東方に出《い》で、余光大体《だいたい》一国等に及《およ》ぶ。これまた世《よ》始まってより已来《このかた》無きところの凶瑞《きょうずい》なり。内外典《ないげてん》の学者も、その凶瑞の根源を知らず。予《よ》、いよいよ悲歎《ひたん》を増長す。しかるに、勘文《かんもん》を捧《ささ》げてより已後《いご》九箇年《かねん》を経《へ》て、今年後《のちの》正月、大蒙古国《だいもうここく》の国書を見るに、日蓮が勘文に相叶《あいかな》うこと、あたかも符契《ふけい》のごとし。

仏、記して云《のたま》わく「我滅度《めつど》して後《のち》一百余年を経《へ》て、阿育大王《あいくだいおう》世に出《い》で、我が舎利《しゃり》を弘《ひろ》めん」。周《しゅう》の第四昭王《しょうおう》の御宇《ぎょう》、太史蘇由《たいしそゆう》、記して云《い》わく「一千年の外《ほか》、声教《しょうぎょう》この土《ど》に被《こうむ》らしめん」。聖徳太子《しょうとくたいし》、記して云わく「我《われ》滅度して後二百余年を経て、山城国《やましろのくに》に平安城《へいあんじょう》を立つべし」。天台大師《てんだいだいし》、記して云わく「我が滅後《めつご》二百余年已後《いご》、東国に生まれて我が正法《しょうほう》を弘めん」等云々《うんぬん》。皆《みな》、果たして記《き》の文《もん》のごとし。日蓮、正嘉《しょうか》の大地震《おおじしん》、同じく大風、同じく飢饉《ききん》、正元《しょうげん》元年の大疫《だいえき》等を見て記して云わく「他国よりこの国を破るべき先相《せんそう》なり」と。自讃《じさん》に似たりといえども、もしこの国土を毀壊《きえ》せば、また仏法の破滅《はめつ》疑いなきものなり。

しかるに、当世《とうせい》の高僧《こうそう》等、謗法《ほうぼう》の者と同意の者なり。また自宗《じしゅう》の玄底《げんてい》を知らざる者なり。定めて勅《ちょく》宣《せん》・御教書《みぎょうしょ》を給《たま》わってこの凶悪《きょうあく》を祈請《きしょう》せんか。仏神《ぶっしん》いよいよ瞋恚《しんに》を作《な》し、国土を破壊《はえ》せんこと疑いなきものなり。日蓮、また対治《たいじ》の方《ほう》、これを知る。叡山《えいざん》を除いて日本国にはただ一人なり。譬《たと》えば、日《にち》月《がつ》の二つ無きがごとし。聖人肩《しょうにんかた》を並べざるが故なり。もしこのこと妄言《もうごん》ならば、日蓮が持《たも》つところの法華経守護《しゅご》の十羅刹《じゅうらせつ》の治罰《じばつ》、これを蒙《こうむ》らん。ただひとえに、国のため、法のため、人のためにして、身のためにこれを申さず。また禅門《ぜんもん》に対面を遂《と》ぐ。故にこれを告ぐ。これを用いざれば、定めて後悔《こうかい》有るべし。恐々謹言《きょうきょうきんげん》。

文永《ぶんえい》五年 太歳戊辰《たいさいつちのえたつ》 四月五日　　日蓮　花押《かおう》

法鑑御房《ほうかんのごぼう》

（005）

開目抄《かいもくしょう》 上

文永《ぶんえい》9年（'72）2月　51歳
門下《もんか》一同《いちどう》

夫《そ》れ、一切衆生《いっさいしゅじょう》の尊敬《そんぎょう》すべき者三つあり。いわゆる主《しゅ》・師《し》・親《しん》これなり。また習学すべき物三つあり。いわゆる儒《じゅ》・外《げ》・内《ない》これなり。

儒家《じゅか》には、三皇《さんこう》・五帝《ごてい》・三王《さんおう》、これらを天尊《てんそん》と号す。諸臣の頭目《とうもく》、万民《ばんみん》の橋梁《きょうりょう》なり。三皇已前《いぜん》は父をしらず、人皆禽獣《みなきんじゅう》に同《おな》じ。五帝已後《いご》は父母を弁《わきま》えて孝《こう》をいたす。いわゆる、重華《ちょうか》はかたくな《頑》わしき父をうやまい、沛公《はいこう》は帝《みかど》となって太公《たいこう》を拝す。武王《ぶおう》は西伯《せいはく》を木像《もくぞう》に造り、丁蘭《ていらん》は母の形をきざ《刻》めり。これらは孝の手本なり。

比干《ひかん》は殷《いん》の世のほろ《滅》ぶべきを見て、しい《強》て帝《みかど》をいさ《諫》め、頭《こうべ》をはね《刎》らる。弘演《こうえん》といいし者は、懿公《いこう》の肝《きも》をとって我が腹をさ《割》き肝を入《い》れて死しぬ。これらは忠《ちゅう》の手本なり。

尹寿《いんじゅ》は尭王《ぎょうおう》の師、務成《むせい》は舜王《しゅんおう》の師、太公望《たいこうぼう》は文王《ぶんおう》の師、老子《ろうし》は孔子《こうし》の師なり。これらを四聖《しせい》とごう《号》す。天尊頭《てんそんこうべ》をかたぶ《傾》け、万民掌《ばんみんたなごころ》をあわす。

これらの聖人《せいじん》に三墳《さんぷん》・五典《ごてん》・三史《さんし》等の三千余巻の書あり。その所詮《しょせん》は三玄《さんげん》をいで《出》ず。三玄とは、一には有《う》の玄、周公《しゅうこう》等これを立つ。二には無《む》の玄、老子《ろうし》等。三には亦有亦無《やくうやくむ》等、荘子《そうし》が玄これなり。玄とは黒《こく》なり。父母《ぶも》未生《みしょう》已前《いぜん》をたずぬれ《尋》ば、あるいは元気《げんき》よりして生《しょう》じ、あるいは貴賤《きせん》・苦楽・是非《ぜひ》・得失等は皆自然《みなじねん》なり等云々《うんぬん》。

かくのごとく巧《たく》みに立つといえども、いまだ過去・未来を一分《いちぶん》もしら《知》ず。玄《げん》とは黒《こく》なり、幽《ゆう》なり、かるがゆえに玄という。ただ現在ばかりしれ《知》るににた《似》り。現在において仁《じん》・義《ぎ》を制して、身をまぼ《守》り、国を安んず。これに相違《そうい》すれば族《やから》をほろ《亡》ぼし家を亡《ほろ》ぼす等いう。これらの賢聖《けんせい》の人々は、聖人《せいじん》なりといえども、過去をしらざること凡夫《ぼんぷ》の背をみ《見》ず、未来をかがみ《鑑》ざること盲人《もうじん》の前をみざるがごとし。ただ現在に家を治め孝《こう》をいたし堅《かた》く五常《ごじょう》を行《ぎょう》ずれば、傍輩《ほうばい》もうやまい《敬》、名も国にきこえ《聞》、賢王《けんおう》もこれを召《め》してあるいは臣となし、あるいは師とたのみ《恃》、あるいは位をゆずり《譲》、天も来《きた》って守りつか《仕》う。いわゆる、周《しゅう》の武王《ぶおう》には五老きたり《来》つかえ《仕》、後漢《ごかん》の光武《こうぶ》には二十八宿《しゅく》来って二十八将《しょう》となりし、これなり。しかりといえども、過去・未来をしらざれば、父母・主君・師匠《ししょう》の後世《ごせ》をもたすけ《助》ず、不知恩の者なり。まことの賢聖にあらず。

孔子《こうし》が「この土《ど》に賢聖《けんせい》なし。西方《さいほう》に仏図《ふと》という者あり。これ聖人《せいじん》なり」といいて、外典《げてん》を仏法の初《しょ》門《もん》となせし、これなり。礼楽《れいがく》等を教えて、内典《ないてん》わたらば戒《かい》・定《じょう》・慧《え》をしり《知》やす《易》からせんがため、王臣を教えて尊卑《そんぴ》をさだめ《定》、父母を教えて孝《こう》の高きことをしらしめ《知》、師匠《ししょう》を教えて帰依《きえ》をしらしむ。妙楽《みょうらく》大師《だいし》云《い》わく「仏教の流化《るけ》、実《じつ》にここに頼《よ》る。礼楽前《さき》に駆《は》せて、真道後《のち》に啓《ひら》く」等云々《うんぬん》。天台《てんだい》云わく「金光明経《こんこうみょうきょう》に云わく『一切世間《いっさいせけん》のあらゆる善論は、皆《みな》この経《きょう》に因《よ》る。もし深く世法《せほう》を識《し》らば、即《すなわ》ちこれ仏法なり』と」等云々《うんぬん》。止観《しかん》に云わく「我、三聖《さんせい》を遣《つか》わして、彼《か》の真丹《しんたん》を化《け》す」等云々。

弘決《ぐけつ》に云わく「清浄法行経《しょうじょうほうぎょうきょう》に云わく『月光菩薩《がっこうぼさつ》は、かしこに顔回《がんかい》と称し、光浄《こうじょう》菩薩は、かしこに仲尼《ちゅうじ》と称し、迦葉《かしょう》菩薩は、かしこに老子《ろうし》と称す』。天竺《てんじく》よりこの震旦《しんたん》を指して、かしことなす」等云々。

二には月氏《がっし》の外道《げどう》。三目八臂《さんもくはっぴ》の摩醯首羅天《まけいしゅらてん》、毘紐天《びちゅうてん》、この二天《にてん》をば、一切衆生《いっさいしゅじょう》の慈父《じぶ》・悲母《ひも》、また天尊《てんそん》・主君と号す。迦毘羅《かびら》・漚楼僧佉《うるそうぎゃ》・勒娑婆《ろくしゃば》、この三人をば、三仙《さんせん》となづく《名》。これらは仏前八百年已前已後《いぜんいご》の仙人《せんにん》なり。

この三仙《さんせん》の所説を四韋陀《しいだ》と号す。六万蔵《ぞう》あり。乃至《ないし》、仏出世《しゅっせ》に当たって、六師外道《ろくしげどう》この外経《げきょう》を習伝《しゅうでん》して、五天竺《ごてんじく》の王の師となる。支流九十五・六等にもなれり《成》。一々《いちいち》に流々多くして、我慢《がまん》の幢《はたほこ》高きこと非想天《ひそうてん》にもすぎ《過》、執心《しゅうしん》の心の堅《かた》きこと金石《きんせき》にも超《こ》えたり。その見《けん》の深きこと、巧《たく》みなるさま、儒《じゅ》家《か》にはにる《似》べくもなし。あるいは過去二生《しょう》三生乃至《ないし》七生、八万劫《ごう》を照見《しょうけん》し、また兼《か》ねて未来八万劫をしる。その説くところの法門《ほうもん》の極理《ごくり》は、あるいは「因の中に果有り」、あるいは「因の中に果無し」、あるいは「因の中に、また果有りまた果無し」等云々《うんぬん》。これ外道の極理なり。

いわゆる、善《よ》き外道《げどう》は、五戒十善戒《ごかいじゅうぜんかい》等を持《たも》って有漏《うろ》の禅定《ぜんじょう》を修《しゅ》し、上《かみ》、色《しき》・無色《むしき》をきわめ《極》、上界を涅槃《ねはん》と立てて屈歩虫《くっぷちゅう》のごとくせめ《攻》のぼれ《上》ども、非想天《ひそうてん》より返って三悪道《さんあくどう》に堕《お》つ。一人として天に留《とど》まるもの《者》なし。しかれども、天を極《きわ》むる者は永くかえら《帰》ずとおもえり《思》。

各々《おのおの》自師の義をうけて堅《かた》く執《しゅう》するゆえに、あるいは冬の寒きに一日に三度恒河《ごうが》に浴《よく》し、あるいは髪をぬき《抜》、あるいは巌《いわお》に身をなげ《投》、あるいは身を火にあぶり《灸》、あるいは五処《ごしょ》をやく《焼》。あるいは裸形《らぎょう》。あるいは馬を多く殺せば福をう《得》。あるいは草木《そうもく》をやき、あるいは一切《いっさい》の木を礼《らい》す。これらの邪義《じゃぎ》、その数をしらず。師を恭敬《くぎょう》すること、諸天《しょてん》の帝釈《たいしゃく》をうやま《敬》い、諸臣の皇帝《こうてい》を拝するがごとし。しかれども、外道《げどう》の法九十五種、善悪につけて一人も生死《しょうじ》をはな《離》れず。善師につか《仕》えては二生《しょう》三生等に悪道《あくどう》に堕《お》ち、悪師につかえては順次生《じゅんじしょう》に悪道に堕つ。

外道《げどう》の所詮《しょせん》は内道《ないどう》に入《い》る即《すなわ》ち最要なり。ある外道云《い》わく「千年已後《いご》、仏世《よ》に出《い》ず」等云々《うんぬん》。ある外道云わく「百年已後、仏世に出ず」等云々。大涅槃経《だいねはんぎょう》に云わく「一切世間《いっさいせけん》の外道の経書《きょうしょ》は、皆《みな》これ仏《ぶっ》説《せつ》にして外道の説にあらず」等云々。法華経に云わく「衆《しゅ》に三毒《さんどく》有りと示し、また邪見《じゃけん》の相《そう》を現ず。我が弟子《でし》はかくのごとく、方便《ほうべん》もて衆生《しゅじょう》を度《ど》す」等云々。

三には、大覚世尊《だいかくせそん》はこれ一切衆生《いっさいしゅじょう》の大導師《だいどうし》・大眼目《だいがんもく》・大橋梁《だいきょうりょう》・大船師《だいせんし》・大福田《だいふくでん》等なり。外典《げてん》・外道《げどう》の四聖《しせい》・三仙《さんせん》、その名は聖《せい》なりといえども実《じつ》には三惑未断《さんわくみだん》の凡夫《ぼんぷ》、その名は賢《けん》なりといえども実《じつ》には因《いん》果《が》を弁《わきま》えざること嬰児《えいじ》のごとし。彼《かれ》を船として生死《しょうじ》の大海をわた《渡》るべしや。彼を橋として六道《ろくどう》の巷《ちまた》こ《越》えがたし。我が大師《だいし》は、変易《へんにゃく》すらなおわた《渡》り給《たま》えり、いわんや分段《ぶんだん》の生死《しょうじ》をや。元品《がんぽん》の無明《むみょう》の根本なおかたぶ《傾》け給えり、いわんや見思《けんじ》の枝葉《しよう》の麤惑《そわく》をや。

この仏陀《ぶっだ》は、三十成道《じょうどう》より八十御入滅《ごにゅうめつ》にいたるまで五十年が間、一代の聖教《しょうぎょう》を説き給《たま》えり。一字一句、皆真言《みなしんごん》なり。一文《もん》一偈《げ》、妄語《もうご》にあらず。外典《げてん》・外道《げどう》の中の聖賢《せいけん》の言《ことば》すら、い《言》うことあやま《誤》りなし。事と心と相符《あいあ》えり。いわんや、仏陀は無量曠劫《こうごう》よりの不妄語《ふもうご》の人。されば、一代五十余年の説教は、外典・外道に対すれば大乗《だいじょう》なり、大人《だいにん》の実語《じつご》なるべし。初成道《しょじょうどう》の始めより泥洹《ないおん》の夕べにいたるまで、説くところの所説、皆真実なり。

ただし、仏教に入《い》って五十余年の経々《きょうぎょう》、八万法蔵《はちまんほうぞう》を勘《かんが》えたるに、小乗《しょうじょう》あり大乗《だいじょう》あり、権経《ごんきょう》あり実経《じっきょう》あり。顕教《けんきょう》・密教《みっきょう》、軟語《なんご》・麤語《そご》、実語《じつご》・妄語《もうご》、正見《しょうけん》・邪見《じゃけん》等の種々の差別あり。ただ法華経ばかり教主《きょうしゅ》釈尊《しゃくそん》の正言《しょうごん》なり、三世《さんぜ》十方《じっぽう》の諸仏《しょぶつ》の真言《しんごん》なり。大覚世尊《だいかくせそん》は、四十余年の年限を指して、その内の恒河《ごうが》の諸経《しょきょう》を「いまだ真実を顕《あらわ》さず」、八年の法華《ほっけ》は「要《かなら》ず当《まさ》に真実を説きたもうべし」と定め給《たま》いしかば、多宝仏《たほうぶつ》大地より出現して「皆《みな》これ真実なり」と証明《しょうみょう》す。分身《ふんじん》の諸仏来集《らいじゅう》して長舌《ちょうぜつ》を梵天《ぼんてん》に付く。この言《ことば》、赫々《かっかく》たり、明々《めいめい》たり。晴天の日よりもあきら《明》かに、夜中の満月のごとし。仰《あお》いで信ぜよ。伏《ふ》しておも《懐》うべし。

ただし、この経《きょう》に二箇《か》の大事あり。倶舎宗《くしゃしゅう》・成実宗《じょうじつしゅう》・律宗《りっしゅう》・法相宗《ほっそうしゅう》・三論宗《さんろんしゅう》等は名をもしら《知》ず。華厳宗《けごんしゅう》と真言宗《しんごんしゅう》との二宗はひそかに盗《ぬす》んで自宗《じしゅう》の骨目《こつもく》とせり。一念三千《いちねんさんぜん》の法門《ほうもん》は、ただ法華経の本門寿量品《ほんもんじゅりょうほん》の文《もん》の底にしず《沈》めたり。竜樹《りゅうじゅ》・天親《てんじん》、知ってしかもいまだひろ《拾》いいだ《出》さず。ただ我が天台智者《てんだいちしゃ》のみ、これをいだ《懐》けり。

一念三千《いちねんさんぜん》は十界互具《じっかいごぐ》よりこと《事》はじ《始》まれり。法相《ほっそう》と三論《さんろん》とは、八界《はっかい》を立てて十界をしらず。いわんや互具をしるべしや。倶舎《くしゃ》・成実《じょうじつ》・律宗《りっしゅう》等は、阿含経《あごんぎょう》によ《依》れり。六界《ろっかい》を明《あき》らめて四界《しかい》をしらず。「十方《じっぽう》にただ一仏のみ有り」とて「一方《いっぽう》に仏有り」とだにもあか《明》さず。「一切《いっさい》の有情《うじょう》、ことごとく仏性《ぶっしょう》有り」とこそと《説》かざらめ。一人の仏性なおゆる《許》さず。しかるを、律宗・成実宗等の「十方に仏有り」「仏性有り」なんど申すは、仏の滅後《めつご》の人師《にんし》等の、大乗《だいじょう》の義を自宗《じしゅう》に盗《ぬす》み入《い》れたるなるべし。

例せば、外典《げてん》・外道《げどう》等は、仏前の外道は執見《しゅうけん》あさ《浅》し。仏後の外道は、仏教をき《聞》きみ《見》て自宗《じしゅう》の非をしり、巧《たく》みの心《こころ》出現して仏教を盗《ぬす》み取り自宗に入《い》れて邪見《じゃけん》もっともふか《深》し。附仏教《ふぶっきょう》・学仏法成《がくぶっぽうじょう》等これなり。外典もまたかくのごとし。漢土《かんど》に仏法いまだわた《渡》らざりし時の儒家《じゅか》・道家《どうか》は、ゆうゆう《悠々》として嬰児《えいじ》のごとくはかな《果無》かりしが、後漢已後《ごかんいご》に釈教《しゃっきょう》わたりて対論の後、釈教漸《ようや》く流布《るふ》するほどに、釈教の僧侶《そうりょ》、破戒《はかい》のゆえに、あるいは還俗《げんぞく》して家にかえり、あるいは俗に心をあわせ、儒道《じゅどう》の内に釈教を盗み入れたり。止観《しかん》の第五に云《い》わく「今の世に多く悪魔《あくま》の比丘《びく》有って、戒《かい》を退《しりぞ》き家に還《かえ》り、駆策《くさく》を懼《く》畏《い》して、さらに道士《どうし》に越済《おっさい》し、また名利《みょうり》を邀《もと》めて荘《そう》・老《ろう》を誇談《かだん》し、仏法の義をもって偸《ぬす》んで邪典《じゃてん》に安《お》き、高きを押《お》して下《ひく》きに就《つ》け、尊《たっと》きを摧《くだ》いて卑《いや》しきに入れ、概《がい》して平等ならしむ」云々《うんぬん》。弘《ぐ》に云わく「比丘の身と作《な》って仏法を破滅《はめつ》す。もしは『戒を退き家に還る』は衛元嵩《えいげんすう》等がごとし。即《すなわ》ち在家《ざいけ》の身をもって仏法を破壊《はえ》す。この人、正教《しょうぎょう》を偸窃《ちゅうせつ》して邪典に助添《じょてん》す。『高きを押す』等とは、道士の心をもって二教の概《とかき》となし、邪正《じゃしょう》をして等しからしむ。義としてこの理《り》無し。かって仏法に入って正を偸んで邪を助け、八万・十二の高きを押して五千・二篇《へん》の下《ひく》きに就け、もって彼《か》の典の邪鄙《じゃひ》の教えを釈《しゃく》するを『尊きを摧いて卑しきに入る』と名づく」等云々。この釈を見るべし。次上《つぎかみ》の心なり。

仏教またかくのごとし。後漢《ごかん》の永平《えいへい》に漢土《かんど》に仏法わたりて、邪典《じゃてん》やぶ《破》れて内典《ないてん》立つ。内典に南三北《なんさんほく》七《しち》の異執《いしゅう》おこ《起》りて蘭菊《らんぎく》なりしかども、陳《ちん》・隋《ずい》の智者大師《ちしゃだいし》に打ちやぶ《破》られて、仏法二《ふた》たび群類をすく《救》う。

その後《のち》、法相宗《ほっそうしゅう》・真言宗《しんごんしゅう》、天竺《てんじく》よりわた《渡》り、華厳宗《けごんしゅう》また出来《しゅったい》せり。これらの宗々《しゅうじゅう》の中に、法相宗は一向天台宗《いっこうてんだいしゅう》に敵《かたき》を成す宗、法門《ほうもん》水火なり。しかれども、玄奘三蔵《げんじょうさんぞう》・慈恩大師《じおんだいし》、委細《いさい》に天台の御釈《おんしゃく》を見けるほどに、自宗《じしゅう》の邪見《じゃけん》ひるがえ《翻》るかのゆえ《故》に、自宗をばす《捨》てねども、その心《こころ》天台に帰伏《きぶく》すと見えたり。

華厳宗《けごんしゅう》と真言宗《しんごんしゅう》とは、本《もと》は権経《ごんきょう》・権宗《ごんしゅう》なり。善無畏三蔵《ぜんむいさんぞう》・金剛智三蔵《こんごうちさんぞう》、天台《てんだい》の一念三千《いちねんさんぜん》の義を盗《ぬす》みと《取》って自宗《じしゅう》の肝心《かんじん》とし、その上に印《いん》と真言とを加えて超過《ちょうか》の心をおこ《起》す。その子細をしらぬ学者等は、「天竺《てんじく》より大日経《だいにちきょう》に一念三千の法門《ほうもん》ありけり」とうち《打》おも《思》う。華厳宗は、澄観《ちょうかん》が時、華厳経《けごんぎょう》の「心は工《たく》みなる画師《えし》のごとし」の文《もん》に天台の一念三千の法門を偸《ぬす》み入《い》れたり。人これをし《知》らず。

日本、我が朝《ちょう》には、華厳《けごん》等の六宗《ろくしゅう》、天台《てんだい》・真言已前《しんごんいぜん》にわたりけり。華厳・三論《さんろん》・法相《ほっそう》、諍論《じょうろん》水火なりけり。伝教大師《でんぎょうだいし》この国にいで《出》て六宗の邪見《じゃけん》をやぶ《破》るのみならず、真言宗《しんごんしゅう》が天台の法華経の理《り》を盗《ぬす》み取って自宗《じしゅう》の極《ごく》とすることあらわ《顕》れおわんぬ。

伝教大師《でんぎょうだいし》、宗々《しゅうじゅう》の人師《にんし》の異執《いしゅう》をす《捨》てて、専《もっぱ》ら経文《きょうもん》を前《さき》として責めさせ給《たま》いしかば、六宗《ろくしゅう》の高徳八人・十二人・十四人・三百余人ならびに弘法《こうぼう》大師等せ《責》めおと《落》されて、日本国一人もなく天台宗《てんだいしゅう》に帰伏《きぶく》し、南都《なんと》・東寺《とうじ》・日本一州の山寺《さんじ》、皆《みな》、叡山《えいざん》の末寺となりぬ。また漢土《かんど》の諸宗《しょしゅう》の元祖《がんそ》の、天台に帰伏して謗法《ほうぼう》の失《とが》をまぬか《免》れたることもあらわ《顕》れぬ。

また、その後《のち》ようや《漸》く世おとろ《衰》え、人の智《ち》あさ《浅》くなるほどに、天台《てんだい》の深義《じんぎ》は習いうしな《失》いぬ。他宗《たしゅう》の執心《しゅうしん》は強盛《ごうじょう》になるほどに、ようや《漸》く六宗《ろくしゅう》・七宗に天台宗おと《落》されてよわ《弱》りゆくかのゆえ《故》に、結句《けっく》は六宗・七宗等にもおよ《及》ばずい《言》うにかいなき禅宗《ぜんしゅう》・浄土宗《じょうどしゅう》におとされて、始めは檀那《だんな》ようや《漸》くかの邪宗《じゃしゅう》にうつ《移》る。結句は、天台宗の碩徳《せきとく》と仰《あお》がるる人々、みな《皆》おち《落》ゆきて彼《か》の邪宗をたす《助》く。さるほどに、六宗・八宗の田畠《でんぱた》・所領みな《皆》たお《倒》され、正法《しょうほう》失《う》せは《果》てぬ。天照太神《てんしょうだいじん》・正八幡《しょうはちまん》・山王《さんのう》等、諸《もろもろ》の守護《しゅご》の諸《しょ》大善神《だいぜんじん》も、法味《ほうみ》をなめ《嘗》ざるか、国中《こくちゅう》を去り給《たも》うかの故に、悪鬼《あっき》便りを得て国すでに破れなんとす。

ここに、予《よ》、愚見《ぐけん》をもって前《さき》四十余年と後《のち》八年との相違《そうい》をかんがえ《勘》みるに、その相違多しといえども、まず世間の学者もゆるし《許》我が身にもさもやとうちおぼう《打覚》ることは、二乗作仏《にじょうさぶつ》・久遠実成《くおんじつじょう》なるべし。

法華経の現文《げんもん》を拝見するに、舎利弗《しゃりほつ》は華光如来《けこうにょらい》、迦葉《かしょう》は光明《こうみょう》如来、須菩提《しゅぼだい》は名相《みょうそう》如来、迦旃延《かせんねん》は閻《えん》浮那提金光《ぶなだいこんこう》如来、目連《もくれん》は多摩羅跋栴檀香仏《たまらばっせんだんこうぶつ》、富楼那《ふるな》は法明《ほうみょう》如来、阿難《あなん》は山海慧自在通王仏《せんがいえじざいつうおうぶつ》、羅睺羅《らごら》は蹈七宝華《とうしっぽうけ》如来、五百・七百は普明《ふみょう》如来、学・無学二千人は宝相《ほうそう》如来、摩訶波闍波提《まかはじゃはだい》比丘尼・耶輸多羅《やしゅだら》比丘尼等は一切衆生喜見《いっさいしゅじょうきけん》如来・具足千万光相《ぐそくせんまんこうそう》如来等なり。これらの人々は、法華経を拝見したてまつるには尊《たっと》きようなれども、爾前《にぜん》の経々《きょうぎょう》を披見《ひけん》の時は、きょうさむる《興醒》こともおおし《多》。

その故は、仏世尊《ぶっせそん》は実語《じつご》の人なり。故に聖人《しょうにん》・大人《だいにん》と号す。外典《げてん》・外道《げどう》の中の賢人《けんじん》・聖人《せいじん》・天仙《てんせん》なんど申すは、実語につけたる名なるべし。これらの人々に勝《すぐ》れて第一なる故に、世尊をば大人とは申すぞかし。この大人、「ただ一大事《いちだいじ》の因縁《いんねん》をもっての故に、世に出現したもう」となのらせ《名乗》給《たま》いて、「いまだ真実を顕《あらわ》さず」「世尊は法久《ひさ》しくして後《のち》、要《かなら》ず当《まさ》に真実を説きたもうべし」「正直《しょうじき》に方便《ほうべん》を捨《す》つ」等云々《うんぬん》。多宝仏証明《たほうぶつしょうみょう》を加え、分身《ふんじん》舌を出《い》だす等は、舎利弗《しゃりほつ》が未来の華光如来《けこうにょらい》、迦葉《かしょう》が光明《こうみょう》如来等の説をば、誰《たれ》の人か疑網《ぎもう》をなすべき。

しかれども、爾前《にぜん》の諸経《しょきょう》もまた仏陀《ぶっだ》の実語《じつご》なり。大方広仏華厳経《だいほうこうぶつけごんぎょう》に云《い》わく「如来《にょらい》の智慧《ちえ》・大薬王樹《だいやくおうじゅ》はただ二処《にしょ》においてのみ生長《しょうちょう》の利益《りやく》をなすこと能《あた》わず。いわゆる二乗《にじょう》の無為広大《むいこうだい》の深坑《じんきょう》に堕《お》つると、および善根《ぜんこん》を壊《やぶ》る非器《ひき》の衆生《しゅじょう》の大邪見《だいじゃけん》・貪愛《とんあい》の水に溺《おぼ》るるとなり」等云々《うんぬん》。この経文《きょうもん》の心は、雪山《せっせん》に大樹あり、無尽根《むじんこん》となづく。これを大薬王樹と号す。閻浮提《えんぶだい》の諸木《しょもく》の中の大王なり。この木の高さは十六万八千由旬《ゆじゅん》なり。一閻浮提の一切《いっさい》の草木《そうもく》は、この木の根《ね》ざ《差》し・枝葉《えだは》・花菓《はなみ》の次第《しだい》に随《したが》って花菓な《生》るなるべし。この木をば仏の仏性《ぶっしょう》に譬《たと》えたり。一切衆生《いっさいしゅじょう》をば一切の草木にたとう《譬》。ただし、この大樹は火坑《かきょう》と水輪《すいりん》の中に生長せず。二乗の心中《しんちゅう》をば火坑にたとえ、一闡提人《いっせんだいにん》の心中をば水輪にたとえたり。この二類は永く仏になるべからずと申す経文なり。

大集経《だいじっきょう》に云《い》わく「二種の人有り、必ず死して活《い》きず。畢竟《ひっきょう》して恩を知り恩を報ずること能《あた》わず。一には声聞《しょうもん》、二には縁覚《えんがく》なり。譬《たと》えば、人有って深坑《じんきょう》に堕墜《だつい》するに、この人自《みずか》ら利し他を利すること能わざるがごとし。声聞・縁覚もまたかくのごとし。解脱《げだつ》の坑《あな》に堕《お》ちて、自ら利しおよび他を利すること能わず」等云々《うんぬん》。

外典《げてん》三千余巻の所詮《しょせん》に二つあり。いわゆる、孝《こう》と忠《ちゅう》となり。忠もまた孝の家よりい《出》でたり。孝と申すは高《こう》なり。天高《たか》けれども、孝よりも高からず。また孝とは厚《こう》なり。地あつ《厚》けれども、孝よりは厚《あつ》からず。聖賢《せいけん》の二類は孝の家よりい《出》でたり。いかにいわんや、仏法を学せん人、知恩・報恩なかるべしや。仏弟子《ぶつでし》は必ず四恩《しおん》をしって知恩・報恩をいたすべし。

その上、舎利弗《しゃりほつ》・迦葉《かしょう》等の二乗《にじょう》は、二百五十戒《かい》・三千の威儀《いぎ》を持整《じせい》して、味《み》・浄《じょう》・無漏《むろ》の三静慮《さんじょうりょ》、阿《あ》含経《ごんぎょう》をきわ《極》め、三界《さんがい》の見思《けんじ》を尽《つ》くせり。知恩・報恩の人の手本なるべし。しかるを、不知恩の人なりと世尊《せそん》定め給《たま》いぬ。その故は、父母の家を出《い》でて出家《しゅっけ》の身となるは、必ず父母をすく《救》わんがためなり。二乗は、自身は解脱《げだつ》とおも《思》えども、利他《りた》の行《ぎょう》か《欠》けぬ。たとい分々《ぶんぶん》の利他ありといえども、父母等を永不成仏《ようふじょうぶつ》の道《どう》に入《い》れば、かえりて不知恩の者となる。

維摩経《ゆいまきょう》に云《い》わく「維摩詰《ゆいまきつ》、また文殊師利《もんじゅしり》に問う。何らをか如来《にょらい》の種《しゅ》となす。答えて曰《い》わく○一切《いっさい》の塵労《じんろう》の疇《ともがら》は如来の種となる。五無間《ごむけん》をもって具《ぐ》すといえども、なお能《よ》くこの大道意《だいどうい》を発《おこ》す」等云々《うんぬん》。また云わく「譬《たと》えば、族姓《ぞくしょう》の子よ、高原陸土《こうげんりくど》には青蓮《しょうれん》・芙蓉《ふよう》・衡華《こうげ》を生《しょう》ぜず、卑湿汚田《ひしゅうおでん》には乃《すなわ》ちこの華《はな》を生ずるがごとし」等云々。また云わく「すでに阿羅漢《あらかん》を得て応真《おうしん》となる者は、終《つい》にまた道意を起こして仏法を具すること能《あた》わざるなり。根敗《こんぱい》の士《ひと》は、それ五楽《ごらく》においてまた利すること能わざるがごとし」等云々。文《もん》の心は、貪《とん》・瞋《じん》・癡《ち》等の三毒《さんどく》は仏の種となるべし、父を殺す等の五逆罪《ごぎゃくざい》は仏種《ぶっしゅ》となるべし、高原陸土には青蓮華《しょうれんげ》生ずべし、二乗《にじょう》は仏になる《成》べからず。

いう心は、二乗《にじょう》の諸善と凡夫《ぼんぶ》の悪と相対《あいたい》するに、凡夫の悪は仏になる《成》とも二乗の善は仏にならじとなり。諸《もろもろ》の小乗経《しょうじょうきょう》には、悪をいましめ《戒》、善をほむ《褒》。この経には、二乗の善をそしり《謗》、凡夫の悪をほめたり。かえって仏経《ぶっきょう》ともおぼえ《覚》ず、外道《げどう》の法門《ほうもん》のようなれども、詮《せん》ずるところは二乗の永不成仏《ようふじょうぶつ》をつよく《強》定めさせ給《たも》うにや。

方等陀羅尼経《ほうどうだらにきょう》に云《い》わく「文殊《もんじゅ》、舎利弗《しゃりほつ》に語《かた》らく『なお枯樹《こじゅ》のごときは、さらに花を生《しょう》ずるや不《いな》や。また山水のごときは、本《もと》の処《ところ》に還《かえ》るや不や。折石《せっしゃく》還って合うや不や。憔種《しょうしゅ》芽を生ずるや不や』。舎利弗言《い》わく『不なり』。文殊言わく『もし得《う》べからずんば、いかんぞ我に菩提《ぼだい》の記《き》を得ることを問うて歓喜《かんぎ》を生ずるや』と」等云々《うんぬん》。文《もん》の心は、枯《か》れたる木花《はな》さかず《咲》、山水《さんすい》山にかえらず《還》、破《わ》れたる石あわ《合》ず、いれる《憔》種おいず《生》。二乗《にじょう》またかくのごとし。仏種《ぶっしゅ》をいれり《憔》等となん。

大品般若経《だいぼんはんにゃきょう》に云《い》わく「諸《もろもろ》の天子よ。今いまだ三菩提心《さんぼだいしん》を発《おこ》さざる者は応当《まさ》に発すべし。もし声聞《しょうもん》の正位《しょうい》に入《い》らば、この人は三菩提心を発すこと能《あた》わざるなり。何をもっての故に。生死《しょうじ》のために障隔《しょうきゃく》を作《な》すが故なり」等云々《うんぬん》。文《もん》の心は、二乗《にじょう》は菩提心をおこ《発》さざれば、我随喜《ずいき》せじ。諸天《しょてん》は菩提心をおこせば、我随喜せん。

首楞厳経《しゅりょうごんぎょう》に云《い》わく「五逆罪《ごぎゃくざい》の人、この首楞厳三昧《しゅりょうごんざんまい》を聞いて阿耨菩提心《あのくぼだいしん》を発《おこ》せば、還《かえ》って仏と作《な》ることを得《う》。世尊《せそん》よ。漏尽《ろじん》の阿羅漢《あらかん》はなお破器《はき》のごとく、永くこの三昧《さんまい》を受《う》くるに堪忍《かんにん》せず」等云々《うんぬん》。浄名経《じょうみょうきょう》に云《い》わく「それ汝《なんじ》に施《ほどこ》さば、福田《ふくでん》と名づけず。汝を供養《くよう》せば、三悪道《さんあくどう》に堕《お》つ」等云々《うんぬん》。文《もん》の心は、迦葉《かしょう》・舎利弗《しゃりほつ》等の聖僧《しょうそう》を供養せん人天《にんてん》等は必ず三悪道に堕つべしとなり。

これらの聖僧《しょうそう》は、仏陀《ぶっだ》を除きたてまつりては人天《にんてん》の眼目・一切衆生《いっさいしゅじょう》の導師《どうし》とこそおもい《思》しに、いく《幾》ばくの人天大会《だいえ》の中にして、こう度々仰《たびたびおお》せられしは本意《ほい》なか《無》りしことなり。ただ詮《せん》ずるところは我が御弟子《みでし》を責めころ《殺》さんとにや。この外《ほか》、牛驢《ごろ》の二乳、瓦器《がき》・金器《こんき》、蛍火《ほたるび》・日光等の無量の譬《たと》えをとって二乗《にじょう》を呵責《かしゃく》せさせ給《たま》いき。一言《いちごん》二言ならず、一日二日ならず、一月《ひとつき》二月ならず、一年二年ならず、一経《いっきょう》二経ならず、四十余年が間、無量無辺の経々《きょうぎょう》に、無量の大会の諸人《しょにん》に対して一言もゆる《許》し給《たも》うこともなくそしり《謗》給《たま》いしかば、世尊《せそん》の不妄語《ふもうご》なり。我もしる《知》、人もしる、天もしる、地もしる。一人二人ならず百千万人、三界《さんがい》の諸天《しょてん》・竜神《りゅうじん》・阿修羅《あしゅら》、五天《ごてん》・四洲《ししゅう》、六欲《ろくよく》・色《しき》・無色《むしき》、十方世界《じっぽうせかい》より雲集《うんじゅう》せる人天・二乗・大菩薩《だいぼさつ》等、皆《みな》これをしる《知》、また皆これをきく《聞》。各々《おのおの》国々へ還《かえ》って、娑婆世界《しゃばせかい》の釈尊《しゃくそん》の説法を彼々《かれがれ》の国々にして一々《いちいち》にかたる《語》に、十方無辺の世界の一切衆生一人もなく、迦葉《かしょう》・舎利弗《しゃりほつ》等は永《よう》不成仏《ふじょうぶつ》の者、供養《くよう》してはあし《悪》かりぬべしとしり《知》ぬ。

しかるを、後《のち》八年の法華経にたちまちに悔《く》い還《かえ》して、二乗作仏《にじょうさぶつ》すべしと仏陀《ぶっだ》とか《説》せ給《たま》わんに、人天《にんてん》大会《だいえ》、信仰《しんこう》をなすべしや。用いるべからざる上、先後の経々《きょうぎょう》に疑網《ぎもう》をなし、五十余年の説教、皆虚妄《みなこもう》の説となりなん。されば、「四十余年にはいまだ真実を顕《あらわ》さず」等の経文《きょうもん》はあらまさせか、「天魔《てんま》の仏《ぶっ》陀《だ》と現じて、後八年の経をばとか《説》せ給《たも》うか」と疑網するところに、げに《実》げにしげに劫《こう》・国《こく》・名号《みょうごう》と申して二乗成仏の国をさだ《定》め、劫をしる《記》し、所化《しょけ》の弟子《でし》なんどを定めさせ給《たま》えば、教主釈尊《きょうしゅしゃくそん》の御語《みこと》すでに二言《にごん》になりぬ。自語相違《じごそうい》と申すはこれなり。外道《げどう》が仏陀を大妄語《だいもうご》の者と咲《わら》いしことこれなり。

人天大会《にんてんだいえ》きょう《興》さめ《醒》てありしほどに、その時に東方宝浄世界《ほうじょうせかい》の多宝如来《たほうにょらい》、高さ五百由旬《ゆじゅん》、広さ二百五十由旬の大七宝塔《だいしっぽうとう》に乗じて、教主釈尊《きょうしゅしゃくそん》の、人天大会に自語相違《じごそうい》をせめ《責》られて、とのべ《宣》、こうのべ《宣》、さまざまに宣《の》べさせ給《たま》いしかども、不審《ふしん》なおはる《晴》るべしとも見えず、もてあつかい《持扱》ておわせし時、仏前に大地より涌現《ゆげん》して虚空《こくう》にのぼ《上》り給《たも》う。例せば、暗夜に満月の東山より出《い》ずるがごとし。七宝《しっぽう》の塔《とう》、大虚《おおぞら》にかから《懸》せ給《たま》いて、大地にもつ《付》かず、大虚にも付かせ給わず、天中に懸《か》かって、宝塔《ほうとう》の中《うち》より梵《ぼん》音声《のんじょう》を出だして証明《しょうみょう》して云《のたま》わく「その時、宝塔の中より大音声《だいおんじょう》を出だして、歎《ほ》めて言《のたま》わく『善《よ》きかな、善きかな。釈迦牟尼世尊《しゃかむにせそん》は、能《よ》く平等大慧《びょうどうだいえ》、菩薩《ぼさつ》を教《おし》うる法にして、仏の護念《ごねん》したもうところの妙法《みょうほ》華経《けきょう》をもって、大衆《だいしゅ》のために説きたもう。かくのごとし、かくのごとし。釈迦牟尼世尊の説きたもうところのごときは、皆《みな》これ真実なり』と」等云々《うんぬん》。また云《い》わく「その時、世尊は、文殊師利《もんじゅしり》等、無量百千万億の旧《もと》より娑婆世界《しゃばせかい》に住《じゅう》せる菩薩乃至《ないし》人《にん》・非人《ひにん》等、一切《いっさい》の衆《しゅ》の前において、大神力《だいじんりき》を現じたもう。広長舌《こうちょうぜつ》を出だして、上梵世《かみぼんせ》に至らしめ、一切の毛孔《もうく》より乃至十方《じっぽう》の世界の衆《もろもろ》の宝樹の下《もと》、師子《しし》座《ざ》の上《うえ》の諸仏《しょぶつ》もまたかくのごとく、広長舌を出だし、無量の光を放《はな》ちたもう」等云々。また云わく「十方より来《きた》りたまえる諸《もろもろ》の分身《ふんじん》の仏をして、各本土《おのおのほんど》に還《かえ》らしめんとして乃至多宝仏《たほうぶつ》の塔は、還って故《もと》のごとくしたもうべし」等云々。

大覚世尊初成道《だいかくせそんしょじょうどう》の時、諸仏十方《しょぶつじっぽう》に現じて釈尊《しゃくそん》を慰諭《いゆ》し給《たも》う上、諸《もろもろ》の大菩薩《だいぼさつ》を遣《つか》わしき。般若経《はんにゃきょう》の御時《おんとき》は、釈尊長舌《ちょうぜつ》を三千におおい《覆》、千仏《せんぶつ》十方に現じ給う。金光明経《こんこうみょうきょう》には四方の四仏《しぶつ》現ぜり。阿弥陀経《あみだきょう》には六方の諸仏、舌《した》を三千におおう。大集経《だいじっきょう》には十方の諸の仏菩薩、大宝坊《だいほうぼう》にあつまれり《集》。

これらを法華経に引き合わせてかんがうる《勘》に、黄石《こうせき》と黄金《おうごん》と、白雲と白山と、白氷と銀鏡と、黒色と青色とをば、翳眼《えいげん》の者、眇目《びょうもく》の者、一眼《いちげん》の者、邪眼《じゃげん》の者は見《み》たがえ《違》つべし。

華厳経《けごんぎょう》には、先後の経《きょう》なければ仏語相違《ぶつごそうい》なし。なににつけてか大疑《たいぎ》いで《出》来《く》べき。大集経《だいじっきょう》・大品経《だいぼんぎょう》・金光明経《こんこうみょうきょう》・阿弥陀経《あみだきょう》等は、諸小乗経《しょしょうじょうきょう》の二乗《にじょう》を弾呵《だんか》せんがために十方《じっぽう》に浄土《じょうど》をとき《説》、凡夫《ぼんぷ》・菩薩《ぼさつ》を欣慕《ごんも》せしめ、二乗をわずらわす《煩》。小乗経と諸大乗経《しょだいじょうきょう》と一分《いちぶん》の相違あるゆえに、あるいは十方に仏《ほとけ》現じ給《たま》い、あるいは十方世界《じっぽうせかい》にもこの経をとく《説》よし《由》をしめし《示》、あるいは十方より大菩薩をつかわし《遣》、あるいは十方より諸仏《しょぶつ》あつまり給《たも》う。あるいは釈尊《しゃくそん》舌を三千におおい《覆》、あるいは諸仏の舌をいだす《出》よし《由》をとかせ《説》給うべし。これひとえに、諸小乗経の「十方世界にただ一仏のみ有り」ととかせ《説》給《たま》いしおもい《思》をやぶる《破》なるべし。法華経のごとくに先後の諸大乗経と相違出来《しゅったい》して、舎利弗《しゃりほつ》等の諸《もろもろ》の声聞《しょうもん》・大菩薩・人天《にんてん》等に「はた、魔《ま》の仏と作《な》るにあらずや」とおもわれ《思》させ給《たも》う大事にはあらず。

しかるを、華厳《けごん》・法相《ほっそう》・三論《さんろん》・真言《しんごん》・念仏《ねんぶつ》等の翳眼《えいげん》の輩《やから》、彼々《かれがれ》の経々《きょうぎょう》と法華経とは同《おな》じとうち《打》おも《思》えるは、つたな《拙》き眼《まなこ》なるべし。

ただし、在世《ざいせ》は四十余年をすて《捨》て法華経につ《付》き候《そうろう》ものもやありけん。仏の滅後《めつご》にこの経文《きょうもん》を開見《かいけん》して信受せんことかた《難》かるべし。

まず一には、爾前《にぜん》の経々《きょうぎょう》は多言《たごん》なり、法華経は一言《いちごん》なり。爾前の経々は多経なり、この経は一経なり。彼々《かれがれ》の経々は多年なり、この経は八年なり。仏は大妄語《だいもうご》の人、永く信ずべからず。不信の上に信を立てば、爾前の経々は信ずることもありなん。法華経は永く信ずべからず。当世《とうせい》も、法華経をば皆《みな》信じたるようなれども、法華経にてはなきなり。その故は、法華経と大日経《だいにちきょう》と、法華経と華厳経《けごんぎょう》と、法華経と阿弥陀経《あみだきょう》と一《いち》なるよう《様》をと《説》く人をば悦《よろこ》んで帰依《きえ》し、別々なるなんど申す人をば用いず。たとい用いれども、本意《ほい》な《無》きこととおも《思》えり。

日蓮云《い》わく「日本に仏法わたりてすでに七百余年、ただ伝教大師《でんぎょうだいし》一人ばかり法華経をよ《読》めり」と申すをば、諸人《しょにん》これを用いず。ただし、法華経に云わく「もし須弥《しゅみ》を接《と》って、他方の無数《むしゅ》の仏土《ぶつど》に擲《な》げ置かんも、またいまだ難《かた》しとなさず乃至《ないし》もし仏滅《めつ》して後《のち》、悪世《あくせ》の中において、能《よ》くこの経《きょう》を説かば、これは則《すなわ》ち難しとなす」等云々《うんぬん》。日蓮が強義《ごうぎ》、経文《きょうもん》には符合《ふごう》せり。法華経の流通《るつう》たる涅槃経《ねはんぎょう》に「末代《まつだい》濁世《じょくせ》に謗法《ほうぼう》の者は十方《じっぽう》の地のごとし、正法《しょうほう》の者は爪上《そうじょう》の土のごとし」ととか《説》れて候《そうろう》は、いかんがし候べき。日本の諸人は爪上の土か、日蓮は十方の土か、よくよく思惟《しゆい》あるべし。

賢王《けんおう》の世には道理か《勝》つべし、愚主《ぐしゅ》の世に非道《ひどう》先《さき》をすべし、聖人《しょうにん》の世に法華経の実義顕《あらわ》るべし等と心《こころ》う《得》べし。

この法門《ほうもん》は、迹門《しゃくもん》と爾前《にぜん》と相対《あいたい》して爾前の強きようにおぼ《覚》ゆ。もし爾前つよ《強》るならば、舎利弗《しゃりほつ》等の諸《もろもろ》の二乗《にじょう》は永不成仏《ようふじょうぶつ》の者なるべし。いかんがなげ《歎》かせ給《たも》うらん。

二には、教主釈尊《きょうしゅしゃくそん》は、住劫《じゅうこう》第九の減・人寿百歳の時、師子頰王《ししきょうおう》には孫、浄飯王《じょうぼんおう》には嫡子《ちゃくし》、童子悉達《どうじしった》太子《たいし》、一切義成就菩薩《いっさいぎじょうじゅぼさつ》これなり。御年《おんとし》十九の御出家《ごしゅっけ》、三十成道《じょうどう》の世尊《せそん》、始め寂滅道場《じゃくめつどうじょう》にして実報華王《じっぽうけおう》の儀式《ぎしき》を示現《じげん》して、十玄《じゅうげん》・六相《ろくそう》・法界円融《ほっかいえんゆう》・頓極微妙《とんごくみみょう》の大法《だいほう》を説き給《たま》い、十方《じっぽう》の諸仏《しょぶつ》も顕現《けんげん》し、一切の菩薩も雲集《うんじゅう》せり。土《ど》といい、機《き》といい、諸仏といい、始めといい、何事につけてか大法を秘し給《たも》うべき。されば、経文《きょうもん》には「自在力《じざいりき》を顕現《けんげん》し、円満なる経を演説す」等云々《うんぬん》。一部六十巻《ろくじっかん》は一字一点もなく円満なる経なり。譬《たと》えば、如意宝珠《にょいほうしゅ》は一珠も無量珠《むりょうしゅ》も共に同《おな》じ、一珠も万宝《まんぼう》を尽《つ》くして雨《ふ》らし、万珠《まんじゅ》も万宝を尽くすがごとし。華厳経《けごんぎょう》は一字も万字《まんじ》もただ同じき事なるべし。「心、仏および衆生《しゅじょう》」の文は、華厳宗《けごんしゅう》の肝心《かんじん》なるのみならず、法相《ほっそう》・三論《さんろん》・真言《しんごん》・天台《てんだい》の肝要《かんよう》とこそ申し候《そうら》え。

これら程《ほど》いみじき御経《おんきょう》に何事をか隠《かく》すべきなれども、「二乗《にじょう》と闡提《せんだい》とは成仏せず」ととか《説》れしは珠《たま》のきず《瑕》とみ《見》ゆる上、三処《さんしょ》まで「始めて正覚《しょうがく》を成《じょう》ず」となの《名乗》らせ給《たま》いて、久遠実成《くおんじつじょう》の寿量品《じゅりょうほん》を説きかく《隠》させ給いき。珠の破《わ》れたると、月に雲のかか《懸》れると、日の蝕《しょく》したるがごとし。不思議なりしことなり。

阿含《あごん》・方等《ほうどう》・般若《はんにゃ》・大日経《だいにちきょう》等は、仏説《ぶっせつ》なればいみじきことなれども、華厳経《けごんぎょう》にたい《対》すればい《言》うにか《甲》い《斐》なし。彼《か》の経に秘せんこと、これらの経々《きょうぎょう》にとか《説》るべからず。されば、諸《もろもろ》の阿含経《あごんきょう》に云《い》わく「初めて成道《じょうどう》す」等云々《うんぬん》。大集経《だいじっきょう》に云わく「如来《にょらい》成道してより始めて十六年なり」等云々。浄名経《じょうみょうきょう》に云わく「始め仏樹《ぶつじゅ》に坐《ざ》して、力《つと》めて魔《ま》を降《くだ》す」等云々。大日経に云わく「我は昔《むかし》道場に坐す」等云々。般若・仁王経《にんのうきょう》に云わく「二十九年」等云々。

これらは言うにたら《足》ず。ただ耳目《じもく》をおどろ《驚》かすことは、無量義経《むりょうぎきょう》に華厳経《けごんぎょう》の唯心法界《ゆいしんほっかい》、方等《ほうどう》・般若《はんにゃ》経《きょう》の海印三昧《かいいんざんまい》・混同無二《こんどうむに》等の大法《だいほう》をかきあげて、あるいは「いまだ真実を顕《あらわ》さず」、あるいは「歴劫《りゃっこう》修行《しゅぎょう》」等と下《くだ》す程《ほど》の御経《おんきょう》に、「我は先に道場菩提樹《どうじょうぼだいじゅ》の下《もと》に端坐《たんざ》すること六年にして、阿耨多羅三藐三《あのくたらさんみゃくさん》菩提《ぼだい》を成《じょう》ずることを得たり」と、初成道《しょじょうどう》の華厳経の始成《しじょう》の文《もん》に同《どう》ぜられし、不思議と打ち思うところに、これは法華経の序分《じょぶん》なれば、正宗《しょうしゅう》のことをいわ《言》ずもあるべし。法華経の正宗、略開三《りゃくかいさん》・広開三《こうかいさん》の御時《おんとき》、「ただ仏と仏とのみ、いまし能《よ》く諸法《しょほう》の実相《じっそう》を究尽《くじん》したまえり」等、「世尊《せそん》は法久《ひさ》しくして後《のち》」等、「正直《しょうじき》に方便《ほうべん》を捨《す》つ」等、多宝仏《たほうぶつ》、迹門八品《しゃくもんはっぽん》を指して「皆《みな》これ真実なり」と証明《しょうみょう》せられしに、何事をか隠《かく》すべきなれども、久遠寿量《くおんじゅりょう》をば秘せさせ給《たま》いて、「我は始め道場に坐《ざ》し、樹《じゅ》を観《かん》じまた経行《きょうぎょう》す」等云々《うんぬん》。最第一の大不思議なり。

されば、弥勒菩薩《みろくぼさつ》、涌出品《ゆじゅっぽん》に四十余年の未見今見《みけんこんけん》の大菩薩《だいぼさつ》を仏「しかして乃《すなわ》ちこれを教化《きょうけ》して、初めて道心《どうしん》を発《おこ》さしむ」等ととか《説》せ給《たま》いしを、疑って云《い》わく「如来《にょらい》は太子たりし時、釈《しゃく》の宮《みや》を出《い》でて、伽耶城《がやじょう》を去ること遠からず、道場に坐《ざ》して、阿耨多羅三藐三菩提《あのくたらさんみゃくさんぼだい》を成《じょう》ずることを得たまえり。これより已来《このかた》、始めて四十余年を過ぎたり。世尊《せそん》よ。いかんぞこの少時において、大いに仏事《ぶつじ》を作《な》したまえる」等云々《うんぬん》。

教主釈尊《きょうしゅしゃくそん》、これらの疑いを晴らさんがために寿量品《じゅりょうほん》をとか《説》んとして、爾前《にぜん》・迹門《しゃくもん》のきき《聞》を挙げて云《のたま》わく「一切世間《いっさいせけん》の天《てん》・人《にん》および阿修羅《あしゅら》は、皆《みな》、今の釈迦牟尼仏《しゃかむにぶつ》は釈氏《しゃくし》の宮《みや》を出《い》でて、伽耶城《がやじょう》を去ることと遠からず、道場に坐《ざ》して、阿耨多羅三藐三菩提《あのくたらさんみゃくさんぼだい》を得たまえりと謂《おも》えり」等云々《うんぬん》。正《まさ》しくこの疑いを答えて云わく「しかるに、善男子《ぜんなんし》よ、我は実《じつ》に成仏してより已来《このかた》、無量無辺百千万億那由他劫《むりょうむへんひゃくせんまんおくなゆたこう》なり」等云々。

華厳《けごん》乃至《ないし》般若《はんにゃ》、大日経《だいにちきょう》等は、二乗作仏《にじょうさぶつ》を隠《かく》すのみならず、久遠実成《くおんじつじょう》を説きかく《隠》させ給《たま》えり。これらの経々《きょうぎょう》に二つの失《とが》あり。一には、「行布《ぎょうふ》を存《そん》するが故に、なおいまだ権《ごん》を開《かい》せず」とて、迹《しゃく》門《もん》の一念三千《いちねんさんぜん》をかく《隠》せり。二には、「始成《しじょう》を言うが故に、かつていまだ迹《しゃく》を発《ひら》かず」とて、本門《ほんもん》の久《く》遠《おん》をかく《隠》せり。これらの二つの大法《だいほう》は、一代の綱骨《こうこつ》、一切経《いっさいきょう》の心髄《しんずい》なり。

迹門方便品《しゃくもんほうべんぽん》は一念三千《いちねんさんぜん》・二乗作仏《にじょうさぶつ》を説いて、爾前《にぜん》二種の失《とが》一つを脱《のが》れたり。しかりといえども、いまだ発迹顕本《ほっしゃくけんぽん》せざれば、まこと《実》の一念三千もあらわ《顕》れず、二乗作仏も定まらず、水中の月を見るがごとし。根なし草の波の上に浮《う》かべるににた《似》り。

本門《ほんもん》にいたりて始成正覚《しじょうしょうがく》をやぶ《破》れば、四教《しきょう》の果をやぶる。四教の果をやぶれば、四教の因やぶれぬ。爾前《にぜん》・迹門《しゃくもん》の十界《じっかい》の因果《いんが》を打ちやぶって、本門の十界の因果をとき《説》顕《あらわ》す。これ即《すなわ》ち本因本果《ほんいんほんが》の法門《ほうもん》なり。九界も無始《むし》の仏界《ぶっかい》に具《ぐ》し、仏界も無始の九界に備《そな》わって、真《まこと》の十界互具《じっかいごぐ》・百界千如《ひゃっかいせんにょ》・一念三千《いちねんさんぜん》なるべし。

こうてかえり《顧》みれば、華厳経《けごんぎょう》の台上十方《だいじょうじっぽう》、阿含経《あごんぎょう》の小釈迦《しょうしゃか》、方等《ほうどう》・般若《はんにゃ》の、金光明経《こんこうみょうきょう》の、阿弥陀経《あみだきょう》の、大日経《だいにちきょう》等の権仏《ごんぶつ》等は、この寿量《じゅりょう》の仏の天月《てんげつ》しばらく影《かげ》を大小の器《うつわ》にして浮《う》かべ給《たも》うを、諸宗《しょしゅう》の学者等、近くは自宗《じしゅう》に迷い、遠くは法華経の寿量品《じゅりょうほん》をしらず、水中の月に実月《じつげつ》の想《おも》いをなし、あるいは入《い》って取らんとおも《思》い、あるいは縄《なわ》をつけ《付》てつな《繋》ぎとど《止》めんとす。天台云《てんだいい》わく「天月を識《し》らず、ただ池月《ちげつ》のみを観《かん》ず」等云々《うんぬん》。

日蓮案じて云《い》わく、二乗作仏《にじょうさぶつ》すらなお爾前《にぜん》づよ《強》におぼ《覚》ゆ。久遠実成《くおんじつじょう》はまたにる《似》べくもなき爾前づりなり。その故は、爾前・法華相対《ほっけあいたい》するに、なお爾前こわ《強》き上、爾前のみならず迹門《しゃくもん》十四品《ほん》も一向《いっこう》に爾前に同ず。本門《ほんもん》十四品も涌出《ゆじゅつ》・寿量《じゅりょう》の二品を除いては皆始成《みなしじょう》を存《そん》せり。双林《そうりん》最後の大般涅槃経《だいはつねはんぎょう》四十巻《しじっかん》、その外《ほか》の法華《ほっけ》前後の諸大乗経《しょだいじょうきょう》に一字一句もなく法身《ほっしん》の無始無終《むしむしゅう》はとけ《説》ども応身《おうじん》・報身《ほうしん》の顕本《けんぽん》はとかれず。いかんが、広博《こうはく》の爾前・本迹《ほんじゃく》・涅槃等の諸大乗経をばすて《捨》て、ただ涌出・寿量の二品には付くべき。

されば、法相宗《ほっそうしゅう》と申す宗は、西天《さいてん》に仏の滅後《めつご》九百年に無著菩薩《むじゃくぼさつ》と申す大論師有《だいろんじまし》ましき。夜は都率《とそつ》の内《ない》院《いん》にのぼり、弥勒《みろく》菩薩に対面して一代聖教《いちだいしょうぎょう》の不審《ふしん》をひらき、昼は阿輸舎国《あゆじゃこく》にして法相の法門《ほうもん》を弘《ひろ》め給《たも》う。彼《か》の御弟子《みでし》は世親《せしん》・護法《ごほう》・難陀《なんだ》・戒賢《かいげん》等の大論師なり。戒日大王頭《かいじつだいおうこうべ》をかたぶけ《傾》、五天幢《ごてんはたほこ》を倒《たお》してこれに帰依《きえ》す。尸那国《しなこく》の玄奘三蔵《げんじょうさんぞう》、月氏《がっし》にいたりて十七年、印度《いんど》百三十余の国々を見きき《聞》て諸宗《しょしゅう》をばふり《振》すて《捨》て、この宗を漢土《かんど》にわたして太宗皇帝《たいそうこうてい》と申す賢王《けんおう》にさずけ《授》給《たま》い、昉《ほう》・尚《しょう》・光《こう》・基《き》を弟子として大慈恩寺《だいじおんじ》ならびに三百六十余箇国《かこく》に弘め給《たも》う。日本国には人王《にんのう》三十七代孝徳天皇《こうとくてんのう》の御宇《ぎょう》に道慈《どうじ》・道昭《どうしょう》等なら《習》いわた《渡》して山階寺《やましなでら》にあが《崇》め給《たま》えり。三国《さんごく》第一の宗なるべし。

この宗云《しゅうい》わく「始め華厳経《けごんぎょう》より終わり法華《ほっけ》・涅槃経《ねはんぎょう》にいたるまで、無性有情《むしょううじょう》と決定性《けつじょうしょう》の二乗《にじょう》は永く仏になる《成》べからず。仏語《ぶつご》に二言《にごん》なし。一度永不成仏《ようふじょうぶつ》と定め給《たま》いぬる上は、日月《にちがつ》は地に落ち給《たも》うとも、大地は反覆《はんぷく》すとも、永く変改《へんがい》有るべからず。されば、法華経・涅槃経の中にも爾前《にぜん》の経々《きょうぎょう》に嫌《きら》いし無性有情・決定性を正《まさ》しくつい《突》さ《指》して成仏すとはと《説》かれず。まず眼《まなこ》を閉じて案ぜよ。法華経・涅槃経に、決定性・無性有情、正しく仏になるならば、無著《むじゃく》・世親《せしん》ほどの大論師《だいろんじ》、玄奘《げんじょう》・慈恩《じおん》ほどの三蔵《さんぞう》・人《にん》師《し》、これをみ《見》ざるべしや、これをの《載》せざるべしや、これを信じて伝えざるべしや、弥勒菩薩《みろくぼさつ》に問いたてまつらざるべしや。汝《なんじ》は法華経の文《もん》に依《よ》るようなれども、天台《てんだい》・妙楽《みょうらく》・伝教《でんぎょう》の僻見《びゃっけん》を信受して、その見《けん》をもって経文《きょうもん》をみるゆえに、爾前に法華経は水火なりと見るなり」。

華厳宗《けごんしゅう》と真言宗《しんごんしゅう》は、法相《ほっそう》・三論《さんろん》にはに《似》るべくもなき超過《ちょうか》の宗なり。「二乗作仏《にじょうさぶつ》・久遠実成《くおんじつじょう》は法華経に限らず、華厳経《けごんぎょう》・大日経《だいにちきょう》に分明《ふんみょう》なり。華厳宗の杜順《とじゅん》・智儼《ちごん》・法蔵《ほうぞう》・澄観《ちょうかん》、真言宗の善無畏《ぜんむい》・金剛智《こんごうち》・不《ふ》空《くう》等は、天台《てんだい》・伝教《でんぎょう》にはに《似》るべくもなき高位の人なり。その上、善無畏等は大日如来《にょらい》より糸みだ《乱》れざる相承《そうじょう》あり。これらの権化《ごんげ》の人、いかでか誤りあるべき。したがって、華厳経には『あるいは釈迦《しゃか》、仏道《ぶつどう》を成《じょう》じてすでに不可思議劫《こう》を経《ふ》と見る』等云々《うんぬん》。大日経には『我は一切《いっさい》の本初《ほんじょ》なり』等云々。何《なん》ぞ、ただ久遠実成、寿量品《じゅりょうほん》に限らん。譬《たと》えば、井底《せいてい》の蝦《かえる》が大海を見ず、山左《やまがつ》が洛中《らくちゅう》をし《知》らざるがごとし。汝《なんじ》、ただ寿量の一品《いっぽん》を見て、華厳・大日経等の諸経《しょきょう》をしらざるか。その上、月氏《がっし》・尸那《しな》・新羅《しんら》・百済《ひゃくさい》等にも一同に二乗作仏・久遠実成は法華経に限るというか」。

されば、八箇年《かねん》の経《きょう》は四十余年の経々《きょうぎょう》には相違《そうい》せりというとも、先判《せんぱん》・後判《ごはん》の中には後判につくべしというとも、なお爾前《にぜん》づりにこそおぼ《覚》うれ。また、ただ在世《ざいせ》ばかりならばさもあるべきに、滅後《めつご》に居《こ》せる論師《ろんじ》・人師《にんし》、多くは爾前づりにこそ候《そうら》え。

こう法華経は信じがたき上、世もようやく《漸》末《すえ》になれば、聖賢《しょうけん》はようやく《漸》かくれ《隠》、迷者《めいしゃ》はようやく《漸》多し。世間《せけん》の浅きことすら、なおあやまり《誤》やすし《易》。いかにいわんや、出世《しゅっせ》の深法《じんぼう》誤りなかるべしや。犢《とく》子《し》・方広《ほうこう》が聡敏《そうびん》なりし、なお大小乗経《だいしょうじょうきょう》にあやまてり《誤》。無垢《むく》・摩沓《まとう》が利根《りこん》なりし、権実《ごんじつ》二教を弁《わきま》えず。正法《しょうほう》一千年の内、在世《ざいせ》も近く月氏《がっし》の内なりし、すでにかくのごとし。いわんや、尸那《しな》・日本等は、国もへだて《隔》、音《こえ》もかわれり《変》。人の根《こん》も鈍《どん》なり。寿命《じゅみょう》も日あさし。貪《とん》・瞋《じん》・癡《ち》も倍増せり。仏世《よ》を去ってとし《年》久し。仏経《ぶっきょう》みなあやまれり《誤》。誰《たれ》の智解《ちげ》か直《なお》かるべき。

仏涅槃経《ねはんぎょう》に記《のたま》して云わく「末法《まっぽう》には正法《しょうほう》の者は爪上《そうじょう》の土、謗法《ほうぼう》の者は十方《じっぽう》の土」と見えぬ。法滅尽《ほうめつじん》経《ぎょう》に云わく「謗法の者は恒河沙《ごうがしゃ》、正法の者は一・二の小石」と記しおき《置》給《たも》う。千年・五百年に一人なんども正法の者ありがたからん《有難》。世間《せけん》の罪によって悪道《あくどう》に堕《お》つる者は爪上の土、仏法によって悪道に堕つる者は十方の土。俗《ぞく》より僧《そう》、女より尼《あま》、多く悪道に堕つべし。

ここに日蓮案じて云《い》わく、世すでに末代《まつだい》に入《い》って二百余年、辺土《へんど》に生《しょう》をうく《受》。その上下賤《げせん》、その上貧道《ひんどう》の身なり。輪廻六趣《りんねろくしゅ》の間、人天《にんてん》の大王と生まれて万民《ばんみん》をなびかす《靡》こと、大風の小木の枝を吹《ふ》くがごとくせし時も仏にならず。大小乗経《だいしょうじょうきょう》の外凡《げぼん》・内凡《ないぼん》の大菩薩《だいぼさつ》と修《しゅ》しあがり《上》、一劫《いっこう》二劫無量劫を経《へ》て菩薩の行《ぎょう》を立て、すでに不退《ふたい》に入りぬべかりし時も、強盛《ごうじょう》の悪縁《あくえん》におとされ《堕》て仏にもならず《成》。しらず《知》、大通結縁《だいつうけちえん》の第三類の在世《ざいせ》をもれ《漏》たるか、久遠《くおん》五百の退転《たいてん》して今に来《きた》れるか。法華経を行《ぎょう》ぜしほどに、世間《せけん》の悪縁・王難・外道《げどう》の難・小乗経の難なんどは忍《しの》びしほどに、権大乗《ごんだいじょう》・実大乗経《じつだいじょうきょう》を極《きわ》めたるようなる道綽《どうしゃく》・善導《ぜんどう》・法然《ほうねん》等がごとくなる悪魔《あくま》の身に入りたる者、法華経をつよく《強》ほめあげ《褒》機《き》をあながち《強》に下《くだ》し、「理《り》は深く解《げ》は微《わず》かなり」と立て、「いまだ一人も得《う》る者有らず」「千の中に一《ひと》りも無し」等とすかし《賺》しもの《者》に、無量生《むりょうしょう》が間、恒河沙《ごうがしゃ》の度《たび》すかされて権経《ごんきょう》に堕《お》ちぬ。権経より小乗経に堕ちぬ。外道・外典《げてん》に堕ちぬ。結句《けっく》は悪道《あくどう》に堕ちけりと、深くこれをしれ《知》り。

日本国にこれをしれ《知》る者、ただ日蓮一人なり。

これを一言《いちごん》も申し出《い》だすならば、父母・兄弟・師匠《ししょう》に国主の王難《おうなん》必ず来《きた》るべし、いわずば慈悲《じひ》なきにに《似》たりと思惟《しゆい》するに、法華経・涅槃経《ねはんぎょう》等にこの二辺を合わせ見るに、いわずば今生《こんじょう》は事なくとも後《ご》生《しょう》は必ず無間地獄《むけんじごく》に堕《お》つべし、いうならば三障四魔《さんしょうしま》必ず競《きそ》い起こるべしとしん《知》ぬ。二辺の中《うち》にはいう《言》べし。王難等出来《しゅったい》の時は退転《たいてん》すべくば一度に思い止《とど》まるべしと、しばらくやすら《休》いしほどに、宝塔品《ほうとうほん》の六難九易《ろくなんくい》これなり。我ら程《ほど》の小力《しょうりき》の者、須弥山《しゅみせん》はなぐ《投》とも、我ら程の無通《むつう》の者、乾《かわ》ける草を負って劫火《ごうか》にはやけ《焼》ずとも、我ら程の無智《むち》の者、恒沙《ごうじゃ》の経々《きょうぎょう》をばよみ《読》おぼう《覚》とも、法華経は一句一偈《げ》も末代《まつだい》に持《たも》ちがたしととかる《説》るは、これなるべし。今度強盛《ごうじょう》の菩提心《ぼだいしん》をおこし《発》て退転せじと願《がん》じぬ。既《すで》に二十余年が間この法門《ほうもん》を申すに、日々・月々・年々に難かさなる《重》。少々の難はかず《数》しらず《知》、大事の難四度なり。二度はしばらくおく《置》。王難すでに二度におよぶ《及》。今度はすでに我が身命《しんみょう》に及《およ》ぶ。その上、弟子《でし》といい、檀那《だんな》といい、わずかの聴聞《ちょうもん》の俗人《ぞくじん》なんど来《きた》って重科に行《おこな》わる。謀反《むほん》なんどの者のごとし。

法華経の第四に云《い》わく「しかもこの経《きょう》は、如来《にょらい》の現《げん》に在《いま》すらなお怨嫉《おんしつ》多し。いわんや滅度《めつど》して後《のち》をや」等云々《うんぬん》。第二に云わく「経を読誦《どくじゅ》し書持《しょじ》することあらん者を見て、軽賤憎嫉《きょうせんぞうしつ》して、結恨《けっこん》を懐《いだ》かん」等云々。第五に云わく「一切世間《いっさいせけん》に怨《あだ》多くして信じ難《がた》し」等云々。また云わく「諸《もろもろ》の無智《むち》の人の、悪口《あっく》・罵詈《めり》等するもの有らん」。また云わく「国王・大臣・婆羅門《ばらもん》・居士《こじ》に向かって、誹謗《ひぼう》して我が悪を説いて『これ邪見《じゃけん》の人』と謂《い》わん」。また云わく「しばしば擯出《ひんずい》せられん」等云々。また云わく「杖《じょう》木《もく》・瓦石《がしゃく》もて、これを打擲《ちょうちゃく》せん」等云々。涅槃経《ねはんぎょう》に云わく「その時、多く無量の外道《げどう》有って、和合《わごう》して共に摩訶陀国《まかだこく》の王・阿闍世《あじゃせ》の所《もと》に往《ゆ》きぬ○『今、ただ一《ひと》りの大悪人有り、瞿曇沙門《くどんしゃもん》なり○一切の世間の悪人は、利養《りよう》のための故に、その所に往き集まって眷属《けんぞく》となり、善を修《しゅ》すること能《あた》わず。呪術《じゅじゅつ》の力の故に、迦葉《かしょう》および舎利弗《しゃりほつ》・目犍連《もっけんれん》等を調伏《じょうぶく》す』と」云々。天台《てんだい》云わく「いかにいわんや未来をや。理《り》、化《け》し難きに在るなり」等云々。妙楽《みょうらく》云わく「障《さわ》りいまだ除かざる者を怨《おん》となし、聞くことを喜ばざる者を嫉《しつ》と名づく」等云々。

南三北七《なんさんほくしち》の十師《じっし》、漢土《かんど》の無量の学者、天台《てんだい》を怨敵《おんてき》とす。得一《とくいつ》云わく「咄《つたな》いかな智公《ちこう》よ。汝《なんじ》はこれ誰《た》が弟子《でし》ぞ。三寸《ずん》に足らざる舌根《ぜっこん》をもって、覆面舌《ふめんぜつ》の所説を謗《ぼう》ず」等云々《うんぬん》。東春《とうしゅん》に云わく「問う。在世《ざいせ》の時そこばくの怨嫉《おんしつ》あり。仏滅度《めつど》の後《のち》この経《きょう》を説く時、何が故《ゆえ》ぞまた留難《るなん》多きや。答えて曰《い》わく、俗《ぞく》に良薬《ろうやく》口に苦《にが》しと云うがごとく、この経は五乗《ごじょう》の異執《いしゅう》を廃《はい》して一極《いちごく》の玄宗《げんしゅう》を立つ。故に、凡《ぼん》を斥《しりぞ》け聖《しょう》を呵《か》し、大を排《はい》し小を破《は》し、天魔《てんま》を銘《めい》じて毒虫となし、外道《げどう》を説いて悪鬼《あっき》となし、執小《しゅうしょう》を貶《そし》って貧賤《ひんせん》となし、菩薩《ぼさつ》を拙《はじ》めて新学となす。故に、天魔は聞くことを悪《にく》み、外道は耳に逆らい、二乗《にじょう》は驚怪《きょうけ》し、菩薩は怯行《こぎょう》す。かくのごときの徒、ことごとく留難をなす。『怨嫉多し』の言《ことば》、あに唐《むな》しからんや」等云々。顕戒論《けんかいろん》に云わく「僧統《そうとう》奏して曰わく『西夏《せいか》に鬼弁婆羅門《きべんばらもん》有り、東土《とうど》に巧言《ぎょうごん》を吐《は》く禿頭沙門《とくずしゃもん》あり。これ乃《すなわ》ち物類冥召《もつるいみょうしょう》して世間《せけん》を誑惑《おうわく》す』等云々。論じて曰わく○昔は斉朝《せいちょう》の光統《こうず》を聞き、今は本朝《ほんちょう》の六統《ろくとう》を見る。実《まこと》なるかな、法華《ほっけ》の『いかにいわんや』は」等云々。秀句《しゅうく》に云わく「代《よ》を語れば則《すなわ》ち像《ぞう》の終わり末《まつ》の初め、地を尋《たず》ぬれば唐《とう》の東・羯《かつ》の西、人を原《たず》ぬれば則ち五濁《ごじょく》の生《しょう》・闘諍《とうじょう》の時なり。経に云わく『なお怨嫉多し。いわんや滅度して後をや』。この言、良《まこと》に以《ゆえ》有るなり」等云々。

夫《そ》れ、小児《しょうに》に灸治《きゅうじ》を加《くわ》うれば、必ず父母をあだ《怨》む。重病の者に良薬《ろうやく》をあた《与》うれば、定めて口に苦《にが》しとうれ《憂》う。在世《ざいせ》なおしか《然》り、乃至《ないし》像末辺土《ぞうまつへんど》をや。山に山をかさ《重》ね、波に波をたた《畳》み、難に難を加え、非に非をま《増》すべし。

像法《ぞうほう》の中には天台《てんだい》一人、法華経・一切経《いっさいきょう》をよ《読》めり。南北これをあだ《怨》みしかども、陳《ちん》・隋《ずい》二代の聖主《せいしゅ》、眼前《がんぜん》に是非《ぜひ》を明《あき》らめしかば、敵《かたき》ついに尽《つ》きぬ。像《ぞう》の末《まつ》に伝教《でんぎょう》一人、法華経・一切経を仏説《ぶっせつ》のごとく読み給《たま》えり。南都七大寺《なんとしちだいじ》蜂起《ほうき》せしかども、桓武《かんむ》乃至《ないし》嵯峨《さが》等の賢主《けんしゅ》、我《われ》と明らめ給いしかば、また事なし。今、末法《まっぽう》の始め二百余年なり。「いわんや滅度《めつど》して後《のち》をや」のしるし《徴》に、闘諍《とうじょう》の序《じょ》となるべきゆえに、非理《ひり》を前《さき》として、濁世《じょくせ》のしるし《証》に、召《め》し合わせられずして、流罪《るざい》乃至寿《いのち》にもおよ《及》ばんとするなり。

されば、日蓮が法華経の智解《ちげ》は天台《てんだい》・伝教《でんぎょう》には千万が一分《いちぶん》も及《およ》ぶことなけれども、難を忍《しの》び慈悲《じひ》のすぐ《勝》れたることはおそれ《畏》をもいだ《抱》きぬべし。定めて天の御計《おんはか》らいにもあずか《与》るべしと存《ぞん》ずれども、一分のしるし《験》もなし。いよいよ重科に沈《しず》む。還《かえ》ってこのことを計りみれば、我が身の法華経の行者《ぎょうじゃ》にあらざるか、また諸天善神《しょてんぜんじん》等のこの国をす《捨》てて去り給《たま》えるか、かたがた疑わし。

しかるに、法華経の第五の巻の勧持品《かんじほん》の二十行の偈《げ》は、日蓮だにもこの国に生まれずば、ほとんど《殆》

世尊《せそん》は大妄語《だいもうご》の人、八十万億那由他《なゆた》の菩薩《ぼさつ》は提婆《だいば》が虚誑罪《こおうざい》にも堕《お》ちぬべし。

経《きょう》に云《い》わく「諸《もろもろ》の無智《むち》の人の、悪口《あっく》・罵詈《めり》等し、刀杖《とうじょう》・瓦石《がしゃく》を加《くわ》うるもの有らん」等云々《うんぬん》。今の世を見るに、日蓮より外《ほか》の諸僧《しょそう》、たれ《誰》の人か、法華経につけて諸人《しょにん》に悪口・罵詈せられ、刀杖等を加えらるる者ある。日蓮なくば、この一偈《げ》の未来記は妄語《もうご》となりぬ。「悪世《あくせ》の中の比丘《びく》は、邪智《じゃち》にして心諂曲《てんごく》なり」。また云わく「白衣《びゃくえ》のために法を説いて、世の恭敬《くぎょう》するところとなること、六通《ろくつう》の羅漢《らかん》のごとくならん」。これらの経文《きょうもん》は、今の世の念仏者《ねんぶつしゃ》・禅宗《ぜんしゅう》・律宗《りっしゅう》等の法師《ほっし》なくば、世尊《せそん》はまた大妄語の人。「常に大衆《だいしゅ》の中に在って乃至《ないし》国王・大臣・婆羅門《ばらもん》・居士《こじ》に向かって」等。今の世の僧《そう》等、日蓮を讒《ざん》奏《そう》して流罪《るざい》せずば、この経文むなし《虚》。また云わく「数々見擯出《さくさくけんひんずい》（しばしば擯出せられん）」等云々。日蓮、法華経のゆえに度々《たびたび》ながされ《流》ずば、「数々」の二字いかんがせん。この二字は天台《てんだい》・伝教《でんぎょう》もいまだよ《読》み給《たま》わず。いわんや余人《よにん》をや。末法《まっぽう》の始めのしるし《証》「恐怖《くふ》悪世の中」の金言《きんげん》のあう《合》ゆえに、ただ日蓮一人これをよめり《読》。

例せば、世尊《せそん》、付法蔵経《ふほうぞうきょう》に記して云《のたま》わく「我が滅後《めつご》一百年に阿育大王《あいくだいおう》という王あるべし」。摩耶経《まやきょう》に云《い》わく「我が滅後六百年に竜樹菩薩《りゅうじゅぼさつ》という人、南天竺《なんてんじく》に出《い》ずべし」。大悲経《だいひきょう》に云わく「我が滅後六十年に末田地《までんち》という者、地を竜宮《りゅうぐう》につく《築》べし」。これら、皆《みな》、仏記《ぶっき》のごとくなりき。しからずば、誰《たれ》か仏教を信受すべき。しかるに、仏、「恐怖悪世《くふあくせ》」「しかる後《のち》の未来世《みらいせ》」「末世《まっせ》の法滅《めっ》せん時」「後の五百歳」なんど、正《しょう》・妙《みょう》の二本に正《まさ》しく時を定めたもう。当世《とうせい》、法華《ほっけ》の三類の強敵《ごうてき》なくば、誰か仏説《ぶっせつ》を信受せん。日蓮なくば、誰をか法華経の行者《ぎょうじゃ》として仏語《ぶつご》をたすけ《助》ん。南三北七《なんさんほくしち》・七大寺《しちだいじ》等、なお像法《ぞうほう》の法華経の敵《かたき》の内、いかにいわんや、当世の禅《ぜん》・律《りつ》・念仏者《ねんぶつしゃ》等は脱《のが》るべしや。

経文《きょうもん》に我が身符合《ふごう》せり。御勘気《ごかんき》をかぼ《被》れば、いよいよ悦《よろこ》びをま《増》すべし。例せば、小乗《しょうじょう》の菩薩《ぼさつ》の未断《みだん》惑《わく》なるが、願兼於業《がんけんおごう》と申して、つく《造》りたくなき罪なれども、父母等の地獄《じごく》に堕《お》ちて大苦《だいく》をう《受》くるを見て、かた《形》のごとくその業《ごう》を造って、願って地獄に堕ちて苦しむに、同《おな》じ苦に代われるを悦びとするがごとし。これもまたかくのごとし。当時の責めはた《堪》うべくもなけれども、未来の悪道《あくどう》を脱《だっ》すらんとお《思》もえば悦びなり。

ただし、世間《せけん》の疑いといい、自心の疑いと申し、いかでか天扶《たす》け給《たま》わざるらん。諸天《しょてん》等の守護神《しゅごしん》は仏前の御誓言《ごせいごん》あり。法華経の行者《ぎょうじゃ》には、さる《猿》になりとも法華経の行者とごう《号》して、早々《そうそう》に仏前の御誓言をと《遂》げんとこそおぼ《思》すべきに、その義な《無》きは我が身《み》法華経の行者にあらざるか。この疑いはこの書の肝心《かんじん》、一期《いちご》の大事なれば、処々《しょしょ》にこれをか《書》く上、疑いを強くして答えをかま《構》うべし。

季札《きさつ》といいし者は、心のやく《約》そく《束》をたが《違》えじと、王の重宝《ちょうほう》たる剣《つるぎ》を徐君《じょくん》が墓《はか》にか《掛》く。王寿《おうじゅ》といいし人は河の水を飲んで金の鵝目《がもく》を水に入《い》れ、弘演《こうえん》といいし人は腹をさ《割》いて主君の肝《きも》を入る。これらは賢《けん》人《じん》なり。恩をほう《報》ずるなるべし。

いわんや、舎利弗《しゃりほつ》・迦葉《かしょう》等の大聖《だいしょう》は、二百五十戒《かい》・三千の威儀《いぎ》一つもか《欠》けず、見思《けんじ》を断じ三界《さんがい》を離《はな》れたる聖人《しょうにん》なり。梵帝諸天《ぼんたいしょてん》の導師《どうし》、一切衆生《いっさいしゅじょう》の眼目なり。しかるに、四十余年が間「永不成仏《ようふじょうぶつ》」と嫌《きら》いす《捨》てはて《果》られてありしが、法華経の不死《ふし》の良薬《ろうやく》をな《嘗》めて、燋《い》れる種の生《お》い、破《わ》れる石の合い、枯《か》れたる木の花菓《はなみ》なんどせるがごとく、仏にな《成》るべしと許されて、いまだ八相《はっそう》をとな《唱》えず。いかでか、この経《きょう》の重恩《じゅうおん》をばほう《報》ぜざらん。もしほうぜずば、彼々《かれがれ》の賢人《けんじん》にもおと《劣》りて、不知恩の畜生《ちくしょう》なるべし。畜生すら毛宝《もうほう》が亀《かめ》はあお《襖》の恩をわすれず、昆明池《こんめいち》の大魚《たいぎょ》は命の恩をほうぜんと明珠《みょうじゅ》を夜中にささ《捧》げたり。畜生すらなお恩をほう《報》ず。いかにいわんや大聖をや。阿難尊者《あなんそんじゃ》は斛飯王《こくぼんおう》の次男、羅睺羅尊者《らごらそんじゃ》は浄飯王《じょうぼんおう》の孫なり。人中《にんちゅう》に家高き上、証果《しょうか》の身となって成仏をおさ《抑》えられたりしに、八年の霊山《りょうぜん》の席にて山海慧《せんがいえ》・蹈七宝華《とうしっぽうけ》なんど如来《にょらい》の号をさず《授》けられ給《たも》う。もし法華経ましまさずば、いかにいえ《家》たか《高》く大聖なりとも、誰《たれ》か恭敬《くぎょう》したてまつるべき。

夏《か》の桀《けつ》・殷《いん》の紂《ちゅう》と申すは、万乗《ばんじょう》の主《しゅ》・土民の帰依《きえ》なり。しかれども、政《まつりごと》あしく《悪》して世をほろぼ《滅》せしかば、今にわる《悪》きもの《者》の手本には「桀紂《けっちゅう》、桀紂」とこそ申せ。下賤《げせん》の者、癩病《らいびょう》の者も「桀紂のごとし」といわ《言》れぬれば、のら《罵》れたりと腹た《立》つなり。千二百・無量の声聞《しょうもん》は、法華経ましまさずば、誰《たれ》か名をき《聞》くべき、その音《こえ》をも習うべき。一千の声聞、一切経《いっさいきょう》を結集《けつじゅう》せりとも、見る人もあ《有》らじ。ましてこれらの人々を絵像・木像《もくぞう》にあらわ《顕》して本尊と仰《あお》ぐべしや。これひとえに、法華経の御力《おんちから》によって一切の羅漢帰依《らかんきえ》せられさせ給《たも》うなるべし。

諸《もろもろ》の声聞《しょうもん》、法華《ほっけ》をはな《離》れさせ給《たま》いなば、魚《うお》の水をはなれ、猿《さる》の木をはなれ、小児《しょうに》の乳をはなれ、民の王をはなれたるがごとし。いかでか法華経の行者《ぎょうじゃ》をす《捨》て給《たも》うべき。諸の声聞は爾前《にぜん》の経々《きょうぎょう》にては肉眼《にくげん》の上に天眼《てんげん》・慧眼《えげん》をう《得》。法華経にして法眼《ほうげん》・仏眼《ぶつげん》備《そな》われり。十方世界《じっぽうせかい》すらなお照見《しょうけん》し給うらん。いかにいわんや、この娑婆世界《しゃばせかい》の中《うち》、法華経の行者を知見せられざるべしや。たとい、日蓮、悪人にて、一言二言《いちごんにごん》、一年二年、一劫二劫《いっこうにこう》乃至《ないし》百千万億劫、これらの声聞を悪口《あっく》・罵詈《めり》し奉《たてまつ》り、刀杖《とうじょう》を加えまいらする色《いろ》なりとも、法華経をだにも信仰《しんこう》したる行者ならば、すて《捨》給うべからず。譬《たと》えば、幼稚《ようち》の父母をのる《罵》、父母これをすつる《捨》や。梟鳥《きょうちょう》母を食らう、母これをすてず。破鏡《はけい》父をがいす《害》、父これにしたがう《従》。畜生《ちくしょう》すら、なおかくのごとし。大聖《だいしょう》、法華経の行者を捨《す》つべしや。

されば、四大声聞《しだいしょうもん》の領解《りょうげ》の文《もん》に云《い》わく「我らは今、真《しん》にこれ声聞なり。仏道《ぶつどう》の声をもって、一切《いっさい》をして聞かしめん。我らは今、真に阿羅漢《あらかん》なり。諸《もろもろ》の世間《せけん》、天《てん》・人《にん》・魔《ま》・梵《ぼん》において、あまねくその中において、応《まさ》に供養《くよう》を受《う》くべし。世尊《せそん》は大恩まします。希有《けう》の事《じ》をもって、憐愍《れんみん》・教化《きょうけ》して、我らを利益《りやく》したもう。無量億劫《むりょうおっこう》にも、誰《たれ》か能《よ》く報ずる者あらん。手足《しゅそく》もて供給《くきゅう》し、頭頂《ずちょう》もて礼敬《らいきょう》し、一切もて供養すとも、皆《みな》報ずること能《あた》わじ。もしもって頂戴《ちょうだい》し、両肩《りょうけん》に荷負《がぶ》して、恒沙劫《ごうじゃこう》において、心を尽《つ》くして恭敬《くぎょう》し、また美膳《みぜん》・無量の宝衣《ほうえ》および諸の臥具《がぐ》、種々の湯薬《とうやく》をもってし、牛頭栴檀《ごずせんだん》および諸の珍宝《ちんぽう》、もって塔廟《とうみょう》を起《た》て、宝衣を地に布《し》き、かくのごとき等の事《じ》、もって供養すること恒沙劫においてすとも、また報ずること能わじ」等云々《うんぬん》。

諸《もろもろ》の声聞《しょうもん》等は、前四味《ぜんしみ》の経々《きょうぎょう》にいく《幾》そばくぞの呵責《かしゃく》を蒙《こうむ》り、人天大会《にんてんだいえ》の中にして恥辱《ちじょく》がましきこと、その数をしらず。しかれば、迦葉尊者《かしょうそんじゃ》の滞泣《ていきゅう》の音《こえ》は三千をひびかし《響》、須菩提《しゅぼだい》尊者は茫然《ぼうぜん》として手の一鉢《いっぱつ》をすつ《捨》。舎利弗《しゃりほつ》は飯食《はんじき》をはき《吐》、富楼那《ふるな》は画瓶《がびょう》に糞《ふん》を入《い》ると嫌《きら》わる。世尊《せそん》、鹿野苑《ろくやおん》にしては阿含《あごん》経《ぎょう》を讃歎《さんだん》し、二百五十戒《かい》を師とせよなんど慇懃《おんごん》にほめ《褒》させ給《たま》いて、今またいつのまに我が所説をばこうはそしら《謗》せ給《たも》うと、二言相違《にごんそうい》の失《とが》とも申しぬべし。

例せば、世尊《せそん》、提婆達多《だいばだった》を「汝愚人《なんじぐにん》、人の唾《つばき》を食らう」と罵詈《めり》せさせ給《たま》いしかば、毒箭《どくや》の胸に入《い》るがごとくおも《思》いて、うら《恨》みて云《い》わく「瞿曇《くどん》は仏陀《ぶっだ》にはあらず。我は斛飯王《こくぼんおう》の嫡子《ちゃくし》、阿難尊者《あなんそんじゃ》が兄、瞿曇が一類なり。いかにあし《悪》きことありとも、内々《ないない》教訓すべし。これら程《ほど》の人天大会《にんてんだいえ》に、これ程の大禍《たいか》を現《げん》に向かって申すもの《者》、大人《だいにん》・仏陀の中にあるべしや。されば、先々《さきざき》は妻《め》のかたき《敵》、今は一座のかたき、今日《きょう》よりは生々世々《しょうじょうせぜ》に大怨敵《だいおんてき》となるべし」と誓《ちか》いしぞかし。

　これをもって思うに、今諸《もろもろ》の大声聞《だいしょうもん》は、本《もと》、外道《げどう》・婆羅門《ばらもん》の家より出《い》でたり。また諸の外道の長者なりしかば、諸王に帰依《きえ》せられ、諸の檀那《だんな》にたっと《尊》まる。あるいは種姓《すじょう》高貴の人もあり、あるいは富福充満《ふふくじゅうまん》のやから《輩》もあり。しかるに、彼々《かれがれ》の栄官等をうちすて《打捨》、慢心《まんしん》の幢《はたほこ》を倒《たお》して、俗服《ぞくふく》を脱《ぬ》ぎ壊《え》色《じき》の糞衣《ふんえ》を身にまとい《纏》、白払《びゃくほつ》・弓箭《きゅうせん》等をうちすてて一鉢《いっぱつ》を手ににぎり《握》、貧人《びんにん》・乞丐《こつがい》なんどのごとくして世尊《せそん》につき奉《たてまつ》り、風雨を防《ふせ》ぐ宅《いえ》もなく、身命《しんみょう》をつぐ《続》衣食乏少《えじきぼうしょう》なりしありさま《有様》なるに、五天四海《ごてんしかい》、皆《みな》外道の弟子檀那《でしだんな》なれば、仏すら九横《くおう》の大難《だいなん》にあい《遭》給《たも》う。いわゆる、提婆《だいば》が大石《たいせき》をとば《飛》せし、阿闍世《あじゃせ》王《おう》の酔象《すいぞう》を放《はな》ちし、阿耆多王《あぎたおう》の馬麦《めみゃく》、婆羅門城《ばらもんじょう》のこんず《漿》、せんしゃ《旃遮》婆羅門女《ばらもんにょ》が鉢《はち》を腹にふせ《伏》し。いかにいわんや、所化《しょけ》の弟子の数難《すなん》申すばかりなし。無量の釈子《しゃくし》は波瑠璃王《はるりおう》に殺され、千万の眷属《けんぞく》は酔象にふまれ《踏》、華色比丘尼《けしきびくに》は提婆にがい《害》せられ、迦盧提尊者《かるだいそんじゃ》は馬糞《ばふん》にうずまれ《埋》、目揵《もっけん》尊者は竹杖《ちくじょう》にがいせらる。

　その上、六師《ろくし》同心して阿闍世《あじゃせ》・婆斯匿王《はしのくおう》等に讒奏《ざんそう》して云《い》わく「瞿曇《くどん》は閻浮《えんぶ》第一の大悪人なり。彼《かれ》がいたる《至》処《ところ》は三災七難《さんさいしちなん》を前《さき》とす。大海の衆流《しゅる》をあつめ《集》、大山の衆木《しゅもく》をあつめたるがごとし。瞿曇がところには衆悪《しゅあく》をあつめたり。いわゆる迦葉《かしょう》・舎利弗《しゃりほつ》・目連《もくれん》・須菩提《しゅぼだい》等なり。人身《じんしん》を受けたる者は忠孝《ちゅうこう》を先《さき》とすべし。彼《かれ》らは瞿曇にすか《賺》されて、父母の教訓をも用いず家をいで《出》、王法《おうぼう》の宣をもそむ《背》いて山林にいたる《至》。一国に跡《あと》をとどむ《留》べき者にはあらず。されば、天には日月《にちがつ》・衆星《しゅしょう》、変《へん》をなす。地には衆《しゅ》夭《よう》さかんなり」なんどうったう《訴》。堪《た》うべしともおぼえ《覚》ざりしに、またうちそう《打添》わざわい《禍》と、仏陀《ぶっだ》にもうちそい《打傍》がたくてありしなり。人天大会《にんてんだいえ》の衆会《しゅえ》の砌《みぎり》にて時々呵責《かしゃく》の音《みこえ》をきき《聞》しかば、いかにあるべしともおぼえ《覚》ず。ただあわつる《慌》心のみなり。

その上、大の大難の第一なりしは、浄名経《じょうみょうきょう》の「それ汝《なんじ》に施《ほどこ》さば、福田《ふくでん》と名づけず。汝を供養《くよう》せば、三悪道《さんあくどう》に堕《お》つ」等云々《うんぬん》。文《もん》の心は、仏菴羅苑《あんらおん》と申すところにおわせしに、梵天《ぼんてん》・帝釈《たいしゃく》・日月《にちがつ》・四天《してん》・三《さん》界《がい》の諸天《しょてん》・地神《ちじん》・竜神《りゅうじん》等、無数恒沙《むしゅごうじゃ》の大会《だいえ》の中にして云《のたま》わく「須菩提《しゅぼだい》等の比丘《びく》等を供養せん天人《てんにん》は三悪道に堕つべし」。これらをうちきく《打聞》天人、これらの声聞《しょうもん》を供養すべしや。詮《せん》ずるところは、仏の御《み》言《こと》をもって諸《もろもろ》の二乗《にじょう》を殺害せさせ給《たも》うかと見《み》ゆ。心あらん人々は仏をもうとみ《疎》ぬべし。されば、これらの人々は、仏を供養したてまつりしついで《序》にこそ、わずかの身命《しんみょう》をも扶《たす》けさせ給《たま》いしか。

されば、事の心を案ずるに、四十余年の経々《きょうぎょう》のみとかれ《説》て、法華八箇年《ほっけかねん》の所説なくて御入滅《ごにゅうめつ》ならせ給《たま》いたらましかば、誰《たれ》の人かこれらの尊者《そんじゃ》をば供養《くよう》し奉《たてまつ》るべき。現身《げんしん》に餓鬼道《がきどう》にこそおわすべけれ。

しかるに、四十余年の経々《きょうぎょう》をば、東春《とうしゅん》の大日輪《だいにちりん》、寒氷《かんぴょう》を消滅《しょうめつ》するがごとく、無量の草露《そうろ》を大風の零《れい》落《らく》するがごとく、一言一時《いちごんいちじ》に「いまだ真実を顕《あらわ》さず」と打ちけし《消》、大風の黒雲《こくうん》をまき《巻》、大虚《おおぞら》に満月の処《しょ》するがごとく、青天に日輪の懸《か》かり給《たも》うがごとく、「世尊《せそん》は法久《ひさ》しくして後《のち》、要《かなら》ず当《まさ》に真実を説きたもうべし」と照らさせ給《たま》いて、華光如来《けこうにょらい》・光明《こうみょう》如来等と、舎利弗《しゃりほつ》・迦葉《かしょう》等を赫々《かっかく》たる日輪、明々《めいめい》たる月輪《げつりん》のごとく鳳文《ほうぶん》にしるし《記》、亀鏡《ききょう》に浮《う》かべられて候《そうら》えばこそ、如来の滅後《めつご》の人天《にんてん》の諸檀那《しょだんな》等には仏《ぶっ》陀《だ》のごとくは仰《あお》がれ給いしか。

水すま《澄》ば、月影《かげ》をおしむ《惜》べからず。風ふか《吹》ば、草木《そうもく》なびか《靡》ざるべしや。法華経の行者《ぎょうじゃ》あるならば、これらの聖者《しょうじゃ》は、大火の中をすぎ《過》ても、大石《たいせき》の中をとおり《通》ても、とぶらわ《訪》せ給《たも》うべし。迦葉《かしょう》の入定《にゅうじょう》もことにこそよれ、いかにとなりぬるぞ。いぶか《訝》しとも申すばかりなし。「後《のち》の五百歳」のあたら《当》ざるか、「広宣流布《こうせんるふ》」の妄語《もうご》となるべきか、日蓮が法華経の行者ならざるか。法華経を教内《きょうない》と下《くだ》して別伝と称《しょう》する大妄語の者をまぼり《守》給うべきか。捨閉閣抛《しゃへいかくほう》と定めて「法華経の門をとじ《閉》よ、巻をなげす《抛》てよ」とえりつけ《彫付》て法華堂《ほっけどう》を失える者を守護《しゅご》し給うべきか。仏前の誓《ちか》いはありしかども、濁世《じょくせ》の大難のはげしさ《激》をみ《見》て、諸天《しょてん》下り給《たま》わざるか。日月《にちがつ》、天にまします。須弥山《しゅみせん》いま《今》もくずれ《崩》ず。海の潮《しお》も増減す。四季もかたち《形》のごとくたがわ《違》ず。いかになりぬるやらんと、大疑《たいぎ》いよいよつもり《積》候《そうろう》。

また諸大菩薩《しょだいぼさつ》・天人《てんにん》等のごときは、爾前《にぜん》の経々《きょうぎょう》にして記別《きべつ》をうる《得》ようなれども、水中の月を取らんとするがごとく、影《かげ》を体《たい》とおもう《思》がごとく、いろかたち《色形》のみあって実義もなし。また仏の御恩も深くて深からず。

世尊初成道《せそんしょじょうどう》の時は、いまだ説教もなかりしに、法慧菩薩《ほうえぼさつ》・功徳林《くどくりん》菩薩・金剛幢《こんごうどう》菩薩・金剛蔵《こんごうぞう》菩薩等なんど申せし六十余の大菩薩、十方《じっぽう》の諸仏《しょぶつ》の国土より教主釈尊《きょうしゅしゃくそん》の御前《みまえ》に来《きた》り給《たま》いて、賢首《げんじゅ》菩薩・解脱《げだつ》月《がっ》等の菩薩の請《こ》いにおもむい《赴》て、十住《じゅう》・十行《ぎょう》・十回向《えこう》・十地《じ》等の法門《ほうもん》を説き給いき。これらの大菩薩の説くところの法門は、釈尊に習いたてまつるにあらず。十方世界の諸《もろもろ》の梵天《ぼんてん》等も来って法をとく《説》、また釈尊にならい《習》たてまつらず。総じて華厳会座《けごんえざ》の大菩薩・天竜《てんりゅう》等は、釈尊已前《いぜん》に不思議解脱《ふしぎげだつ》に住《じゅう》せる大菩薩なり。釈尊の過去、因位《いんい》の御弟子《みでし》にやあるらん、十方世界の先仏の御弟子にやあるらん、一代教主《きょうしゅ》、始成正覚《しじょうしょうがく》の仏の弟子にはあらず。

阿含《あごん》・方等《ほうどう》・般若《はんにゃ》の時、四教《しきょう》を仏の説き給《たま》いし時こそ、ようやく御弟子《みでし》は出来《しゅったい》して候《そうら》え。これもまた、仏の自説なれども正説《しょうせつ》にはあらず。ゆえいかんとなれば、方等・般若の別《べつ》・円《えん》二教は華厳経《けごんぎょう》の別・円二教の義趣《ぎしゅ》をいで《出》ず。彼《か》の別・円二教は教主釈尊《きょうしゅしゃくそん》の別・円二教にはあらず、法慧《ほうえ》等の大菩薩《だいぼさつ》の別・円二教なり。これらの大菩薩は、人目《ひとめ》には仏の御弟子かとは見《み》ゆれども、仏の御師《おんし》ともいい《言》ぬべし。世尊《せそん》、彼の菩薩の所説を聴聞《ちょうもん》して智発《ちほっ》して後《のち》、重ねて方等・般若の別・円をとけ《説》り。色《いろ》もかわら《変》ぬ華厳経の別・円二教なり。されば、これらの大菩薩は釈尊の師なり。

華厳経《けごんぎょう》にこれらの菩薩《ぼさつ》をかぞ《数》えて善知識《ぜんちしき》ととか《説》れしはこれなり。善知識と申すは、一向《いっこう》師にもあらず一向弟子《でし》にもあらずあることなり。蔵《ぞう》・通《つう》二教はまた別《べつ》・円《えん》の枝流《しりゅう》なり。別・円二教をしる人、必ず蔵・通二教をしるべし。人の師と申すは、弟子のしらぬ事を教えたるが師にては候《そうろう》なり。例せば、仏より前の一切《いっさい》の人天《にんてん》・外道《げどう》は二天三仙《にてんさんせん》の弟子なり。九十五種まで流派《りゅうは》したりしかども、三仙の見《けん》を出《い》でず。教主釈尊《きょうしゅしゃくそん》も、かれに習い伝えて外道の弟子にてましませしが、苦行《くぎょう》・楽行《らくぎょう》十二年の時、苦《く》・空《くう》・無常《むじょう》・無我《むが》の理《り》をさと《覚》り出だしてこそ外道の弟子の名をば離《はな》れさせ給《たま》いて、無師智《むしち》とはなの《名乗》らせ給いしか。また人天も大師《だいし》とは仰《あお》ぎまいらせしか。されば、前四味《ぜんしみ》の間は、教主釈尊、法慧《ほうえ》菩薩等の御弟子《みでし》なり。例せば、文殊《もんじゅ》は釈尊九代の御師《おんし》と申すがごとし。つねは諸経《しょきょう》に「一字も説かず」ととか《説》せ給《たも》うもこれなり。

仏御年《おんとし》七十二の年、摩竭提国霊鷲山《まかだいこくりょうじゅせん》と申す山にして無量義経《むりょうぎきょう》をとかせ給《たま》いしに、四十余年の経々《きょうぎょう》をあげて、枝葉《しよう》をばその中におさめて《収》「四十余年にはいまだ真実を顕《あらわ》さず」と打ち消し給《たも》うはこれなり。この時こそ諸大菩薩《しょだいぼさつ》・諸天人《しょてんにん》等はあわてて実義を請《しょう》ぜんとは申せしか。無量義経にて実義とおぼしき《思》こと一言《いちごん》ありしかども、いまだまことなし《実》。譬《たと》えば、月の出《い》でんとして、その体《たい》東山にかくれて《隠》光西《ひかりせい》山《ざん》に及《およ》べども、諸人《しょにん》月の体を見ざるがごとし。

法華経方便品《ほうべんぼん》の略開三顕一《りゃくかいさんけんいち》の時、仏略《りゃく》して一念三千《いちねんさんぜん》、心中《しんちゅう》の本懐《ほんかい》を宣《の》べ給《たも》う。始めのことなれば、ほととぎすの音《こえ》をねおびれ《寝》たる者の一音《ひとこえ》きき《聞》たるがように、月の山の半《なか》ばを出《い》でたれども薄雲《うすぐも》のおおえる《覆》がごとくかそか《幽》なりしを、舎利弗《しゃりほつ》等驚《おどろ》いて諸《もろもろ》の天・竜神《りゅうじん》・大菩薩《だいぼさつ》等をもよおし《催》て、「諸の天・竜神等は、その数恒沙《ごうじゃ》のごとし。仏を求《もと》むる諸の菩薩は、大数《だいしゅ》八万有り。また諸の万億国の転輪聖王《てんりんじょうおう》は至れり。合掌《がっしょう》し敬心《きょうしん》をもって、具足《ぐそく》の道《どう》を聞きたてまつらんと欲《ほっ》す」等とは請《しょう》ぜしなり。文《もん》の心は、四味三教《しみさんぎょう》、四十余年の間、いまだきかざる《聞》法門《ほうもん》うけ《承》たまわらんと請ぜしなり。

この文《もん》に「具足《ぐそく》の道《どう》を聞きたてまつらんと欲《ほっ》す」と申すは、大経《だいきょう》に云《い》わく「薩《さ》とは具足の義に名づく」等云々《うんぬん》。無依無得大乗四論玄義記《むえむとくだいじょうしろんげんぎき》に云わく「沙《さ》とは訳して六と云う。胡法《こほう》には六をもって具足の義となすなり」等云々。吉蔵《きちぞう》の疏《しょ》に云わく「沙とは翻《ほん》じて具足となす」等云々。天台《てんだい》、玄義《げんぎ》の八に云わく「薩とは梵語《ぼんご》、ここには妙《みょう》と翻ずるなり」等云々。付法蔵《ふほうぞう》の第十三、真言《しんごん》・華厳《けごん》・諸宗《しょしゅう》の元祖《がんそ》、本地《ほんじ》は法雲自在王如来《ほううんじざいおうにょらい》、迹《しゃく》に竜猛菩薩《りゅうみょうぼさつ》、初地《しょじ》の大聖《だいしょう》、大智度論《だいちどろん》千巻の肝心《かんじん》に云わく「薩とは六なり」等云々。妙法蓮華経と申すは漢語なり。月支《がっし》には薩達磨分陀利迦蘇多攬《さだるまふんだりきゃそたらん》と申す。善無畏三蔵《ぜんむいさんぞう》の法華経の肝心真言《かんじんしんごん》に云わく「曩謨三曼陀没駄南《のうまくさんまんだぼだなん》〈帰命普仏陀《きみょうふぶっだ》〉、唵《おん》〈三身《さんじん》如来〉、阿《あ》阿《あ》暗悪《あんなく》〈開示悟入《かいじごにゅう》〉、薩縛勃陀《さるばぼだ》〈一切仏《いっさいぶつ》〉、枳攘《きのう》〈知《ち》〉、娑乞芻毘耶《さきしゅびや》〈見《けん》〉、誐々曩三娑縛《ぎゃぎゃのうさんそば》〈如虚空性《にょこくうしょう》〉、羅乞叉儞《あらきしゃに》〈離塵相《りじんそう》なり〉、薩哩達磨《さつりだるま》〈正法《しょうほう》なり〉、浮陀哩迦《ふんだりきゃ》〈白蓮華《びゃくれんげ》〉、蘇駄覧《そたらん》〈経《きょう》〉、惹《じゃく》〈入《にゅう》〉、吽《うん》〈遍《へん》〉、鑁《ばん》〈作《さ》〉、発《こく》〈歓喜《かんぎ》〉、縛曰羅《ばざら》〈堅固《けんご》〉、羅乞叉鈐《あらきしゃまん》〈擁《おう》護《ご》〉、吽《うん》〈空無相無願《くうむそうむがん》〉、娑婆訶《そわか》〈決定成就《けつじょうじょうじゅ》〉」。この真言は南天竺《なんてんじく》の鉄塔《てっとう》の中の法華経の肝心の真言なり。この真言の中に「薩哩達磨」と申すは正法なり。薩と申すは正《しょう》なり。正は妙なり、妙は正なり。正法《しょうほっ》華《け》、妙法華《みょうほっけ》これなり。また妙法蓮華経の上《かみ》に南無《なむ》の二字をお《置》けり。南無妙法蓮華経これなり。

妙《みょう》とは具足《ぐそく》、六とは六度万行《ろくどまんぎょう》、諸《もろもろ》の菩薩《ぼさつ》の六度万行を具足するよう《様》をき《聞》かんとおも《思》う。具《ぐ》とは十《じっ》界互具《かいごぐ》、足《そく》と申すは一界に十界あれば当位に余界あり、満足の義なり。この経《きょう》一部八巻二十八品《ぼん》六万九千三百八十四字、一々《いちいち》に皆《みな》妙の一字を備《そな》えて三十二相八十種好《さんじゅうにそうはちじっしゅこう》の仏陀《ぶっだ》なり。十界に皆己界《こかい》の仏界《ぶっかい》を顕《あらわ》す。妙楽云《みょうらくい》わく「なお仏果《ぶっか》を具《ぐ》す。余果《よか》もまたしかり」等云々《うんぬん》。

仏これを答えて云《のたま》わく「衆生《しゅじょう》をして仏知見《ぶっちけん》を開かしめんと欲《ほっ》す」等云々《うんぬん》。衆生と申すは舎利弗《しゃりほつ》、衆生と申すは一闡提《いっせんだい》、衆生と申すは九法界《くほうかい》。衆生無辺誓願度《しゅじょうむへんせいがんど》、ここに満足す。「我は本《もと》誓願を立てて、一切《いっさい》の衆《しゅ》をして、我がごとく等しくして異《こと》なることなからしめんと欲《ほっ》しき。我が昔の願いしところのごときは、今、すでに満足しぬ」等云々。

諸大菩薩《しょだいぼさつ》・諸天《しょてん》等、この法門《ほうもん》をきいて領解《りょうげ》して云《い》わく「我らは昔より来《このかた》、しばしば世尊《せそん》の説を聞きたてまつるに、いまだかつてかくのごとき深妙《じんみょう》の上法《じょうほう》を聞かず」等云々《うんぬん》。

伝教大師《でんぎょうだいし》云わく「『我らは昔より来《このかた》、しばしば世尊《せそん》の説を聞きたてまつるに』とは、昔《むかし》法華経の前に華厳《けごん》等の大法《だいほう》を説くを聞けども、と謂《い》うなり。『いまだかつてかくのごとき深妙《じんみょう》の上法《じょうほう》を聞かず』とは、いまだ法華経の唯一仏乗《ゆいいちぶつじょう》の教えを聞かざるを謂うなり」等云々《うんぬん》。華厳・方等《ほうどう》・般若《はんにゃ》・深密《じんみつ》・大日《だいにち》等の恒河沙《ごうがしゃ》の諸大乗経《しょだいじょうきょう》は、いまだ一代の肝心《かんじん》たる一念三千《いちねんさんぜん》の大綱《たいこう》・骨髄《こつずい》たる二乗作仏《にじょうさぶつ》・久遠実成《くおんじつじょう》等をいまだきか《聞》ずと領解《りょうげ》せり。

開目抄《かいもくしょう》下

また今よりこそ、諸《もろもろ》の大菩薩《だいぼさつ》も梵帝《ぼんたい》・日月《にちがつ》・四天《してん》等も教主釈尊《きょうしゅしゃくそん》の御弟子《みでし》にては候《そうら》え。されば、宝塔《ほうとう》品《ほん》には、これらの大菩薩を仏我《わ》が御弟子等とおぼす《思》ゆえに、諫暁《かんぎょう》して云《のたま》わく「諸の大衆《だいしゅ》に告ぐ。我滅《めつ》度《ど》して後《のち》、誰《たれ》か能《よ》くこの経《きょう》を護持《ごじ》し読誦《どくじゅ》せん。今、仏前において、自《みずか》ら誓言《せいごん》を説け」とはしたたか《強》に仰《おお》せ下《くだ》せしか。また諸の大菩薩も「譬《たと》えば大風の小樹の枝を吹《ふ》くがごとし」等と、吉祥草《きちじょうそう》の大風に随《したが》い、河水《かすい》の大海へ引くがごとく、仏には随いまいらせしか。

しかれども、霊山《りょうぜん》日浅くして夢のごとく、うつつ《現》ならずありしに、証前《しょうぜん》の宝塔《ほうとう》の上に起後《きご》の宝塔あって、十方《じっぽう》の諸仏来集《しょぶつらいじゅう》せる、皆《みな》我が分身《ふんじん》なりとなのらせ《名乗》給《たま》い、宝塔は虚空《こくう》に、釈迦《しゃか》・多宝《たほう》坐《ざ》を並べ、日月《にちがつ》の青天に並出《びょうしゅつ》せるがごとし。人天大会《にんてんだいえ》は星をつらね《連》、分身の諸仏は大地の上、宝樹の下《もと》の師子《しし》のゆか《床》にまします。

華厳経《けごんぎょう》の蓮華蔵世界《れんげぞうせかい》は、十方《じっぽう》・此土《しど》の報仏《ほうぶつ》、各々《おのおの》に国々にして、彼《か》の界の仏この土《ど》に来《きた》って分身《ふんじん》となの《名乗》らず、この界の仏彼《か》の界へゆ《行》かず、ただ法慧《ほうえ》等の大菩薩《だいぼさつ》のみ互《たが》いに来会《らいえ》せり。大日経《だいにちきょう》・金剛頂経《こんごうちょうぎょう》等の八葉九尊《はちようくそん》・三十七尊等、大日如来《だいにちにょらい》の化身《けしん》とはみ《見》ゆれども、その化身、三身円満《さんじんえんまん》の古仏にあらず。大品経《だいぼんぎょう》の千仏、阿弥陀経《あみだきょう》の六方の諸仏《しょぶつ》、いまだ来集《らいじゅう》の仏にあらず。大集経《だいじっきょう》の来集の仏また分身ならず。金光明経《こんこうみょうきょう》の四方の四仏は化身なり。総じて一切経《いっさいきょう》の中に各修各行《かくしゅかくぎょう》の三身円満の諸仏を集めて我が分身とはと《説》かれず。

これ寿量品《じゅりょうほん》の遠序《おんじょ》なり。始成《しじょう》四十余年の釈尊《しゃくそん》、一劫《いっこう》・十劫等已前《いぜん》の諸仏《しょぶつ》を集めて分身《ふんじん》とと《説》かる。さすが平等意趣《びょうどういしゅ》にもに《似》ず、おびただしくおど《驚》ろかし。また始成の仏ならば所化十方《しょけじっぽう》に充満《じゅうまん》すべからざれば、分身の徳は備《そな》わりたりとも示現《じげん》してえき《益》なし。天台《てんだい》云わく「分身既《すで》に多ければ、当《まさ》に知るべし、成仏の久しきことを」等云々《うんぬん》。大会《だいえ》のおど《驚》ろきし意をか《書》かれたり。

その上に、地涌千界《じゆせんがい》の大菩薩《だいぼさつ》、大地より出来《しゅったい》せり。釈尊《しゃくそん》に第一の御弟子《みでし》とおぼ《思》しき普賢《ふげん》・文殊《もんじゅ》等にもに《似》るべくもなし。華厳《けごん》・方等《ほうどう》・般若《はんにゃ》・法華経の宝塔品《ほうとうほん》に来集《らいじゅう》せる大菩薩、大日経《だいにちきょう》等の金剛薩埵《こんごうさった》等の十六大菩薩なんども、この菩薩に対当すれば、獼猴《みこう》の群《むら》がる中に帝釈《たいしゃく》の来《きた》り給《たも》うがごとし。山人《やまがつ》に月《げっ》卿《けい》等のまじ《交》われるにことな《異》らず。補処《ふしょ》の弥勒《みろく》すら、なお迷惑《めいわく》せり。いかにいわんや、その已下《いげ》をや。

この千世界の大菩薩《だいぼさつ》の中に四人の大聖《だいしょう》まします。いわゆる上行《じょうぎょう》・無辺行《むへんぎょう》・浄行《じょうぎょう》・安立行《あんりゅうぎょう》なり。この四人は虚空《こくう》・霊山《りょうぜん》の諸大菩薩等、眼《まなこ》もあ《合》わせ、心もおよ《及》ばず。華厳経《けごんぎょう》の四菩薩、大日経《だいにちきょう》の四菩薩、金剛頂経《こんごうちょうぎょう》の十六大菩薩等も、この菩薩に対すれば、翳眼《えいげん》のもの《者》の日輪《にちりん》を見るがごとく、海人《あま》が皇帝《こうてい》に向かい奉《たてまつ》るがごとし。太公《たいこう》等の四聖《しせい》の衆中《しゅちゅう》にありしににた《似》り。商山《しょうざん》の四皓《しこう》が恵帝《けいてい》に仕《つか》えしにこと《異》ならず。巍々堂々《ぎぎどうどう》として尊高なり。釈迦《しゃか》・多宝《たほう》・十方《じっぽう》の分身《ふんじん》を除いては、一切衆生《いっさいしゅじょう》の善知識《ぜんちしき》ともたの《恃》み奉りぬべし。

弥勒菩薩《みろくぼさつ》、心に念言《ねんごん》すらく「我は、仏の太子の御時《おんとき》より、三十成道《じょうどう》、今の霊山《りょうぜん》まで四十二年が間、この界の菩薩、十方世界《じっぽうせかい》より来集《らいじゅう》せし諸《もろもろ》の大菩薩、皆《みな》し《知》りたり。また十方の浄穢土《じょうえど》に、あるいは御《おん》使《つか》い、あるいは我《われ》と遊戯《ゆげ》して、その国々に大菩薩を見聞《けんもん》せり。この大菩薩の御師《おんし》なんどは、いかなる仏にてやあるらん。よも、この釈迦《しゃか》・多宝《たほう》・十方の分身《ふんじん》の仏陀《ぶっだ》にはにる《似》べくもなき仏にてこそおわすらめ。雨の猛《たけ》きを見て竜《りゅう》の大《だい》なることをしり《知》、華《はな》の大なるを見て池のふか《深》きことはし《知》んぬべし。これらの大菩薩の来《きた》れる国、また誰《たれ》と申す仏にあい《会》たてまつり、いかなる大法《だいほう》をか習い修《しゅ》し給《たも》うらん」と疑わし。

あまりの不審《いぶか》しさに音《こえ》をもいだ《出》すべくもなけれども、仏力《ぶつりき》にやありけん、弥勒菩薩《みろくぼさつ》疑って云《い》わく「無量千万億大衆《だいしゅ》の諸《もろもろ》の菩薩は、昔よりいまだかつて見ざるところなり。この諸の大威徳《だいいとく》・精進《しょうじん》の菩《ぼ》薩衆《さつしゅ》は、誰《たれ》かそれがために法を説き、教化《きょうけ》して成就《じょうじゅ》せる。誰に従《したが》ってか初めて発心《ほっしん》し、いずれの仏法を称揚《しょうよう》せる○世尊《せそん》よ。我は昔より来《このかた》、いまだかつてこの事を見ず。願わくは、その従《よ》るところの国土の名号《みょうごう》を説きたまえ。我は常に諸国に遊べども、いまだかつてこの事を見ず。我はこの衆《しゅ》の中において、いまし一人をも識《し》らず。忽然《こつねん》に地《じ》より出《い》でたり。願わくは、その因縁《いんねん》を説きたまえ」等云々《うんぬん》。

天台云《てんだいい》わく「寂場《じゃくじょう》より已降《このかた》、今座《こんざ》より已往《いおう》、十方《じっぽう》の大士来会《だいじらいえ》して絶えず。限るべからずといえども、我は補処《ふしょ》の智力《ちりき》をもって、ことごとく見、ことごとく知る。しかるに、この衆《しゅ》においては一人をも識《し》らず。しかるに、我は十方に遊戯《ゆげ》して諸仏《しょぶつ》に覲奉《ごんぶ》し、大衆《だいしゅ》は快《よ》く識知《しきち》するところなり」等云々《うんぬん》。
妙楽《みょうらく》云わく「智人《ちじん》は起《き》を知り、蛇《じゃ》は自《みずか》ら蛇を識る」等云々。
経釈《きょうしゃく》の心分明《ふんみょう》なり。詮《せん》ずるところは、初成道《しょじょうどう》よりこのかた、此土《しど》・十方《じっぽう》にて、これらの菩薩《ぼさつ》を見たてまつらず、き《聞》かずと申すなり。

仏この疑いを答えて云《のたま》わく「阿逸多《あいった》よ○汝等《なんだち》が昔よりいまだ見ざるところの者は、我はこの娑婆世界《しゃばせかい》において阿耨多羅三藐三菩提《あのくたらさんみゃくさんぼだい》を得已《えお》わって、この諸《もろもろ》の菩薩《ぼさつ》を教化《きょうけ》・示導《じどう》し、その心を調伏《じょうぶく》して、道《どう》の意《こころ》を発《おこ》さしめたり」等。また云わく「我は伽耶城菩提樹《がやじょうぼだいじゅ》の下《もと》において坐《ざ》して、最正覚《さいしょうがく》を成《じょう》ずることを得て、無上《むじょう》の法輪《ほうりん》を転じ、しかして乃《すなわ》ちこれを教化して、初めて道心《どうしん》を発さしむ。今、皆不退《みなふたい》に住《じゅう》せり乃至《ないし》我は久遠《くおん》より来《このかた》、これらの衆《しゅ》を教化せり」等云々《うんぬん》。

ここに弥勒《みろく》等の大菩薩《だいぼさつ》、大いに疑いおも《思》う。華厳経《けごんぎょう》の時、法慧《ほうえ》等の無量の大菩薩あつ《集》まる。いかなる人々なるらんとおも《思》えば、「我が善知識《ぜんちしき》なり」とおお《仰》せられしかば、さもやとうち《打》おも《思》いき。その後《のち》の大宝坊《だいほうぼう》・白鷺池《びゃくろち》等の来会《らいえ》の大菩薩もしか《然》のごとし。この大菩薩は彼《かれ》らにはに《似》るべくもなき、ふ《古》りたりげにましますす。定めて釈尊《しゃくそん》の御師匠《おんししょう》かなんどおぼ《思》しきを、「初めて道心《どうしん》を発《おこ》さしむ」とて、「幼稚《ようち》のもの《者》どもなりしを教化《きょうけ》して弟子《でし》となせり」なんどおお《仰》せあれば、大いなる疑いなるべし。日本の聖徳太子《しょうとくたいし》は、人王《にんのう》第三十二代用明天皇《ようめいてんのう》の御子《みこ》なり。御年《おんとし》六歳の時、百済《ひゃくさい》・高麗《こうらい》・唐土《とうど》より老人どものわ《渡》たりたりしを、六歳の太子「我が弟子なり」とおお《仰》せありしかば、彼《か》の老人どももまた合掌《がっしょう》して「我が師なり」等云々《うんぬん》。不思議なりしことなり。外典《げてん》に申す「ある者道《みち》をゆけば、路《みち》のほとり《辺》に年三十ばかりなるわかもの《若者》が八十ばかりなる老人をとらえ《捕》て打ちけり。『いかなることぞ』ととえ《問》ば、『この老翁《ろうおう》は我が子なり』なんど申す」とかたる《語》にもにた《似》り。

されば、弥勒菩薩《みろくぼさつ》等疑って云《い》わく「世尊《せそん》よ。如来《にょらい》は太子たりし時、釈《しゃく》の宮《みや》を出《い》でて、伽耶城《がやじょう》を去ること遠からず、道場に坐《ざ》して、阿耨多羅三藐三菩提《あのくたらさんみゃくさんぼだい》を成《じょう》ずることを得たまえり。これより已来《このかた》、始めて四十余年を過ぎたり。世尊よ。いかんぞこの少時において、大いに仏事《ぶつじ》を作《な》したまえる」等云々《うんぬん》。一切《いっさい》の菩薩、始め華厳経《けごんぎょう》より四十余年、会々《ええ》に疑いをもうけ《設》て一切衆生《いっさいしゅじょう》の疑網《ぎもう》をはらす《晴》中に、この疑い第一の疑いなるべし。無量義経《むりょうぎきょう》の大荘厳《だいしょうごん》等の八万の大士《だいじ》、四十余年と今との歴劫《りゃっこう》・疾成《しつじょう》の疑いにも超過《ちょうか》せり。

観無量寿経《かんむりょうじゅきょう》に、韋提希夫人《いだいけぶにん》の子・阿闍世王《あじゃせおう》の、提婆《だいば》にすかさ《賺》れて父の王をいまし《禁》め母を殺さんとせしが耆婆《ぎば》・月光《がっこう》におどさ《威》れて母をはなち《放》たりし時、仏を請《しょう》じたてまつって、まず第一の問いに云《い》わく「我、宿《むかし》、何の罪あってか、この悪子を生める。世尊《せそん》はまた何らの因縁《いんねん》有ってか提婆達多《だいばだった》とともに眷属《けんぞく》となりたまえる」等云々《うんぬん》。この疑いの中に「世尊はまた何らの因縁有ってか」等の疑いは大いなる大事なり。輪王《りんおう》は敵《かたき》とともに《共》生まれず、帝釈《たいしゃく》は鬼《き》とともに《共》ならず。仏は無量劫《むりょうこう》の慈悲者《じひしゃ》なり。いかに大怨《だいおん》とともにはまします《在》。還《かえ》って仏にはましまさざるかと疑うなるべし。しかれども、仏答え給《たま》わず。されば、観経《かんぎょう》を読誦《どくじゅ》せん人、法華経の提婆品《だいばほん》へ入《い》らずば、いたずら《徒》ごと《事》となるべし。大涅槃経《だいねはんぎょう》に迦葉菩薩《かしょうぼさつ》の三十六の問いもこれには及《およ》ばず。されば、仏この疑いを晴らさせ給わずば、一代の聖教《しょうぎょう》は泡沫《ほうまつ》にど《同》

うじ、一切衆生《いっさいしゅじょう》は疑網《ぎもう》にかかるべし。寿量《じゅりょう》の一品《いっぽん》の大切《たいせつ》なる、これなり。

その後《のち》、仏、寿量品《じゅりょうほん》を説いて云《のたま》わく「一切世間《いっさいせけん》の天《てん》・人《にん》および阿修羅《あしゅら》は、皆《みな》、今の釈迦牟尼仏《しゃかむにぶつ》は釈《しゃく》氏《し》の宮《みや》を出《い》でて、伽耶城《がやじょう》を去ること遠からず、道場に坐《ざ》して、阿耨多羅三藐三菩提《あのくたらさんみゃくさんぼだい》を得たまえりと謂《おも》えり」等云々《うんぬん》。この経文《きょうもん》は、始め寂滅道場《じゃくめつどうじょう》より終わり法華経の安楽行品《あんらくぎょうほん》にいたるまでの一切の大菩薩《だいぼさつ》等の所知をあげたるなり。

「しかるに、善男子《ぜんなんし》よ、我は実《じつ》に成仏してより已来《このかた》、無量無辺百千万億那由他劫《むりょうむへんひゃくせんまんおくなゆたこう》なり」等云々《うんぬん》。この文《もん》は、華厳経《けごんぎょう》の三処《さんしょ》の「始めて正覚《しょうがく》を成《じょう》ず」、阿含経《あごんぎょう》に云《い》わく「初めて成ず」、浄名経《じょうみょうきょう》の「始め仏樹《ぶつじゅ》に坐《ざ》す」、大集経《だいじっきょう》に云わく「始めて十六年」、大日経《だいにちきょう》の「我は昔《むかし》道場に坐す」、仁王経《にんのうきょう》の「二十九年」、無量義経《むりょうぎきょう》の「我は先に道場」、法華経の方便品《ほうべんぼん》に云わく「我は始め道場に坐す」等を、一言《いちごん》に大虚妄《だいこもう》なりとやぶる《破》もん《文》なり。

この過去常顕《かこじょうあらわ》るる時、諸仏《しょぶつ》、皆《みな》、釈尊《しゃくそん》の分身《ふんじん》なり。爾前《にぜん》・迹門《しゃくもん》の時は、諸仏《しょぶつ》、釈尊《しゃくそん》に肩《かた》を並べて各修各行《かくしゅかくぎょう》の仏なり。かるがゆえ《故》に、諸仏を本尊とする者、釈尊等を下《くだ》す。今、華厳《けごん》の台上《だいじょう》、方等《ほうどう》・般若《はんにゃ》・大日経《だいにちきょう》等の諸仏は皆《みな》、釈尊の眷属《けんぞく》なり。仏、三十成道《じょうどう》の御時《おんとき》は、大梵天王《だいぼんてんのう》・第六天《だいろくてん》等の知行《ちぎょう》の娑婆世界《しゃばせかい》を奪《うば》い取り給《たま》いき。今、爾前・迹門にして十方《じっぽう》を浄土《じょうど》とごう《号》してこの土《ど》を穢土《えど》とと《説》かれしを打ちかえ《返》して、この土は本土《ほんど》となり、十方の浄土は垂迹《すいじゃく》の穢土となる。

仏は久遠《くおん》の仏なれば、迹化《しゃっけ》・他方《たほう》の大菩薩《だいぼさつ》も教主釈尊《きょうしゅしゃくそん》の御弟子《みでし》なり。一切経《いっさいきょう》の中にこの寿量品《じゅりょうほん》ましまさずば、天に日月《にちがつ》の無く、国に大王の無く、山河に珠《たま》の無く、人に神《たましい》のな《無》からんがごとくしてあるべきを、華厳《けごん》・真言《しんごん》等の権宗《ごんしゅう》の智者《ちしゃ》とお《思》ぼしき澄観《ちょうかん》・嘉祥《かじょう》・慈恩《じおん》・弘法《こうぼう》等の一往《いちおう》権宗の人々、かつは自《みずか》らの依経《えきょう》を讃歎《さんだん》せんために、あるいは云《い》わく「華厳経《けごんぎょう》の教主は報身《ほうしん》、法華経は応身《おうじん》」、あるいは云わく「法華《ほっけ》寿量品の仏は無明《むみょう》の辺域《へんいき》、大日経《だいにちきょう》の仏は明《みょう》の分位《ぶんい》」等云々《うんぬん》。雲は月をか《隠》くし、讒臣《ざんしん》は賢人《けんじん》をかくす。人讒《ざん》すれば、黄石《こうせき》も玉《たま》とみ《見》え、諛臣《ゆしん》も賢人かとお《覚》ぼゆ。今、濁世《じょくせ》の学者等、彼《かれ》らの讒義《ざんぎ》に隠《かく》されて、寿量品の玉を翫《もてあそ》ばず。また天台宗《てんだいしゅう》の人々もた《誑》ぼらかされて、金石《きんせき》一同のお《思》もいをなせる人々もあり。

仏久成《くじょう》にましまさずば所化《しょけ》の少なかるべきことを弁《わきま》うべきなり。月は影《かげ》を慳《お》しまざれども、水なくばう《映》つるべからず。仏、衆生《しゅじょう》を化《け》せんとお《思》ぼせども、結縁《けちえん》う《薄》すければ八相《はっそう》を現ぜず。例せば、諸《もろもろ》の声聞《しょうもん》が初地《しょじ》・初住《しょじゅう》にはの《登》ぼれども、爾前《にぜん》にして自調自度《じじょうじど》なりしかば、未来の八相をご《期》するなるべし。しかれば、教主釈尊始成《きょうしゅしゃくそんしじょう》ならば、今この世界の梵帝《ぼんたい》・日月《にちがつ》・四天《してん》等は、劫初《こっしょ》よりこの土《ど》を領すれども、四十余年の仏弟子《ぶつでし》なり。霊山《りょうぜん》八年の法華《ほっけ》結縁の衆《しゅ》、今《いま》ま《参》いりの主君にお《思》もいつ《付》かず、久住《くじゅう》の者にへ《隔》だてらるるがごとし。

今、久遠実成《くおんじつじょう》あ《顕》らわれぬれば、東方の薬師如来《やくしにょらい》の日光《にっこう》・月光《がっこう》、西方《さいほう》の阿弥陀《あみだ》如来の観音《かんのん》・勢至《せいし》、乃《ない》至十方世界《しじっぽうせかい》の諸仏《しょぶつ》の御弟子《みでし》、大日《だいにち》・金剛頂《こんごうちょう》等の両部《りょうぶ》の大日如来の御弟子の諸大菩薩《しょだいぼさつ》、なお教主釈尊《きょうしゅしゃくそん》の御弟子なり。諸仏、釈迦如来《しゃかにょらい》の分身《ふんじん》たる上は、諸仏の所化《しょけ》申すにおよばず。いかにいわんや、この土《ど》の劫初《こっしょ》よりこのかたの日月《にちがつ》・衆星《しゅじょう》等、教主釈尊の御弟子にあらずや。

しかるを、天台宗《てんだいしゅう》より外《ほか》の諸宗《しょしゅう》は本尊にまどえり《惑》。倶舎《くしゃ》・成実《じょうじつ》・律宗《りっしゅう》は三十四心断結成道《だんけつじょうどう》の釈尊《しゃくそん》を本尊とせり。天尊《てんそん》の太子、迷惑《めいわく》して我が身は民の子とおもう《思》がごとし。華厳宗《けごんしゅう》・真言宗《しんごんしゅう》・三論宗《さんろんしゅう》・法《ほっ》相宗《そうしゅう》等の四宗は大乗《だいじょう》の宗なり。法相・三論は勝応身《しょうおうじん》ににたる《似》仏を本尊とす。大王の太子、我が父は侍《さむらい》とおもうがごとし。華厳宗・真言宗は、釈尊を下げて盧舎那《るしゃな》・大日《だいにち》等を本尊と定《さだ》む。天子たる父を下げて、種姓《すじょう》もなき者の法王《ほうおう》のごとくなるにつけり《付》。浄土宗《じょうどしゅう》は釈迦《しゃか》の分身《ふんじん》の阿弥陀仏《あみだぶつ》を有縁《うえん》の仏ともって教主《きょうしゅ》をすて《捨》たり。禅宗《ぜんしゅう》は下賤《げせん》の者一分《いちぶん》の徳あって父母をさぐる《下》がごとし。仏をさげ、経《きょう》を下《くだ》す。これ皆《みな》、本尊に迷えり。例せば、三皇已前《さんこういぜん》に父をしらず、人皆禽獣《みなきんじゅう》に同ぜしがごとし。

寿量品《じゅりょうほん》をしらざる諸宗《しょしゅう》の者は畜《ちく》に同《おな》じ。不知恩の者なり。故に、妙楽《みょうらく》云《い》わく「一代の教えの中に、いまだかつて遠《おん》を顕《あらわ》さず。父母の寿《じゅ》は○もし父の寿の遠きを知らずんば、また父統《ふとう》の邦《くに》に迷う。いたずらに才能と謂《い》うとも、全《まった》く人の子にあらず」等云々《うんぬん》。妙楽大師《だいし》は唐《とう》の末《まつ》、天宝年中《てんぽうねんちゅう》の者なり。三論《さんろん》・華厳《けごん》・法相《ほっそう》・真言《しんごん》等の諸宗ならびに依経《えきょう》を、深くみ《見》、広く勘《かんが》えて、寿量品の仏をしらざる者は父統の邦に迷える才能ある畜生《ちくしょう》とかける《書》なり。「いたずらに才能と謂うとも」とは、華厳宗《けごんしゅう》の法蔵《ほうぞう》・澄観《ちょうかん》乃《ない》至真言宗《ししんごんしゅう》の善無畏三蔵《ぜんむいさんぞう》等は才能の人師《にんし》なれども、子の父を知らざるがごとし。

伝教大師《でんぎょうだいし》は日本顕密《けんみつ》の元祖《がんそ》。秀句《しゅうく》に云《い》わく「他宗《たしゅう》の依《よ》るところの経《きょう》は一分仏母《いちぶんぶつも》の義《ぎ》有りといえども、しかもただ愛のみ有って厳《ごん》の義を闕《か》く。天台法華宗《てんだいほっけしゅう》は厳・愛の義を具《ぐ》す。一切《いっさい》の賢聖《けんしょう》、学《がく》・無学《むがく》および菩提心《ぼだいしん》を発《おこ》せる者の父なり」等云々《うんぬん》。

真言《しんごん》・華厳《けごん》等の経々《きょうぎょう》には種《しゅ》・熟《じゅく》・脱《だつ》の三義、名字《みょうじ》すらなおなし《無》。いかにいわんや、その義をや。華

厳・真言経等の一生初地《しょじ》の即身成仏《そくしんじょうぶつ》等は、経は権経《ごんきょう》にして過去をかく《隠》せり。種をしら《知》ざる脱なれば、
趙高《ちょうこう》が位にのぼり、道鏡《どうきょう》が王位に居《こ》せんとせしがごとし。

宗々互《しゅうじゅうたが》いに権《けん》を諍《あらそ》う。予《よ》これをあらそ《諍》わず、ただ経《きょう》に任《まか》すべし。法華経の種《しゅ》に依《よ》って天親菩薩《てんじんぼさつ》は種《しゅ》子無上《しむじょう》を立てたり。天台《てんだい》の一念三千《いちねんさんぜん》これなり。華厳経乃至諸大乗経《けごんぎょうないししょだいじょうきょう》、大日経《だいにちきょう》等の諸尊の種子、皆《みな》一念三千なり。天台智者大師《ちしゃだいし》一人、この法門《ほうもん》を得給《えたま》えり。

華厳宗《けごんしゅう》の澄観《ちょうかん》、この義を盗《ぬす》んで華厳経《けごんぎょう》の「心は工《たく》みなる画師《えし》のごとし」の文《もん》の神《たましい》とす。真言《しんごん》・大《だい》日経等《にちきょう》には二乗作仏《にじょうさぶつ》・久遠実成《くおんじつじょう》・一念三千《いちねんさんぜん》の法門《ほうもん》これなし。善無畏三蔵《ぜんむいさんぞう》、震旦《しんたん》に来《きた》って後《のち》、天台《てんだい》の止《し》観《かん》を見て智発《ちほっ》し、大日経の「心の実相《じっそう》」「我は一切《いっさい》の本初《ほんじょ》なり」の文の神に、天台の一念三千を盗み入《い》れて真言宗の肝心《かんじん》として、その上に印《いん》と真言とをかざ《飾》り、法華経と大日経との勝劣《しょうれつ》を判ずる時、理《り》同事勝《どうじしょう》の釈《しゃく》をつくれり。

両界《りょうかい》の曼陀羅《まんだら》の二乗作仏《にじょうさぶつ》・十界互具《じっかいごぐ》は、一定《いちじょう》、大日経《だいにちきょう》にありや。第一の誑惑《おうわく》なり。故に、伝教大師《でんぎょうだいし》云《い》わく「新来の真言家《しんごんけ》は則《すなわ》ち筆受の相承《そうじょう》を泯《ほろ》ぼし、旧到《くとう》の華厳家《けごんけ》は則ち影響《ようごう》の軌模《きぼ》を隠《かく》す」等云々《うんぬん》。俘囚《ふしゅ》の島《しま》なんどにわた《渡》って「ほのぼのというう《歌》たは、われ《我》よ《詠》みたり」なんど申さば、えぞ《夷》てい《体》の者はさこそとおも《思》うべし。漢土《かんど》・日本の学者またかくのごとし。良諝和尚《りょうしょかしょう》云わく「真言・禅門《ぜんもん》・華厳・三論《さんろん》乃至《ないし》もし法華《ほっけ》等に望《のぞ》まば、これ接引門《しょういんもん》なり」等云々。

善無畏三蔵《ぜんむいさんぞう》の閻魔《えんま》の責めにあず《与》からせ給《たま》いしは、この邪見《じゃけん》による。後《のち》に心をひる《翻》がえし、法華経に帰伏《きぶく》してこそ、このせ《責》めをば脱《のが》れさせ給いしか。その後、善無畏・不空《ふくう》等、法華経を両界《りょうかい》の中央にお《置》

きて大王のごとくし、胎蔵《たいぞう》の大日経《だいにちきょう》、金剛頂経《こんごうちょうきょう》をば左右の臣下のごとくせし、これなり。日本の弘法《こうぼう》も、教相《きょうそう》の時は華厳宗《けごんしゅう》に心をよせ《寄》て法華経をば第八におき《置》しかども、事相《じそう》の時には実慧《じちえ》・真雅《しんが》・円《えん》澄《ちょう》・光定《こうじょう》等の人々に伝え給いし時、両界の中央に上《かみ》のごとくおかれ《置》たり。

例せば、三論《さんろん》の嘉祥《かじょう》は、法華玄十巻《ほっけげんじっかん》に法華経を第四時《だいしじ》、会二破二《えにはに》と定《さだ》むれども、天台《てんだい》に帰伏《きぶく》して七年つかえ《仕》、講《こう》を廃《はい》し衆《しゅ》を散じて身を肉橋《にっきょう》となせり。法相《ほっそう》の慈恩《じおん》は法苑林《ほうおんりん》七巻十二巻に「一乗《いちじょう》は方便《ほうべん》なり、三乗《さんじょう》は真実なり」等の妄言《もうごん》多し。しかれども、玄賛《げんざん》の第四には「故に、また両《ふた》つながら存《そん》す」等と我が宗《しゅう》を不定《ふじょう》になせり。言《ことば》は両方なれども、心は天台に帰伏せり。華厳《けごん》の澄観《ちょうかん》は、華厳の疏《しょ》を造って華厳・法華相対《あいたい》して、法華を方便とかける《書》に似たれども、「彼《か》の宗にはこれをもって実《じつ》となす。この宗の立義《りゅうぎ》、理《り》として通ぜざることなし」等とかけるは、悔《く》い還《かえ》すにあらずや。弘法《こうぼう》もまたかくのごとし。亀鏡《ききょう》なければ我が面《おもて》をみず、敵《かたき》なければ我が非をしらず。真言《しんごん》等の諸宗《しょしゅう》の学者等、我が非をしらざりしほどに、伝教大師《でんぎょうだいし》にあい《会》たてまつって自宗《じしゅう》の失《とが》をしるなるべし。

されば、諸経《しょきょう》の諸《もろもろ》の仏菩薩《ぶつぼさつ》・人天《にんてん》等は、彼々《かれがれ》の経々《きょうぎょう》にして仏になら《成》せ給《たも》うようなれども、実《じつ》には法華経にして正覚《しょうがく》なり《成》給《たま》えり。釈迦《しゃか》・諸仏《しょぶつ》の衆生無辺《しゅじょうむへん》の総願は、皆《みな》この経《きょう》において満足す。「今、すでに満足しぬ」の文《もん》これなり。

予《よ》、事の由《よし》をおし《推》計《はか》るに、華厳《けごん》・観経《かんぎょう》・大日経《だいにちきょう》等をよみ修行《しゅぎょう》する人をば、その経々《きょうぎょう》の仏《ぶつ》・菩薩《ぼさつ》・天《てん》等守護《しゅご》し給《たも》うらん。疑いあるべからず。ただし、大日経・観経等をよむ行者《ぎょうじゃ》等、法華経の行者に敵対をなさば、彼《か》の行者をすてて法華経の行者を守護すべし。例せば、孝子《こうし》、慈父《じぶ》の王敵となれば、父をすてて王にまいる《参》、孝の至りなり。仏法もまたかくのごとし。法華経の諸《もろもろ》の仏菩薩・十羅刹《じゅうらせつ》、日蓮を守護し給う上、浄土宗《じょうどしゅう》の六方の諸仏《しょぶつ》・二十五の菩薩、真言宗《しんごんしゅう》の千二百等、七宗の諸尊、守護の善神《ぜんじん》、日蓮を守護し給うべし。例せば、七宗の守護神《しゅごしん》、伝教大師《でんぎょうだいし》をまぼり《守》給《たま》いしがごとしとおもう《思》。

日蓮案じて云《い》わく、法華経の二処三会《にしょさんえ》の座にましまし日月《にちがつ》等の諸天《しょてん》は、法華経の行者出来《ぎょうじゃしゅったい》せば、磁石《じしゃく》の鉄《くろがね》を吸《す》うがごとく、月の水に遷《うつ》るがごとく、須臾《しゅゆ》に来《きた》って行者に代わり仏前の御誓《おんちか》いをはた《果》させ給《たも》うべしとこそおぼえ《覚》候《そうろう》に、いままで日蓮をとぶらい《訪》給《たま》わぬは、日蓮、法華経の行者にあらざるか。されば、重ねて経文《きょうもん》を勘《かんが》えて、我が身にあて《当》て身の失《とが》をしるべし。

疑って云《い》わく、当世《とうせい》の念仏宗《ねんぶつしゅう》・禅宗《ぜんしゅう》等をば、いかなる智眼《ちげん》をもって法華経の敵人《てきじん》、一切衆生《いっさいしゅじょう》の悪知《あくち》識《しき》とはしる《知》べきや。

答えて云《い》わく、私《わたくし》の言《ことば》を出《い》だすべからず。経釈《きょうしゃく》の明鏡《みょうきょう》を出だして謗法《ほうぼう》の醜面《しゅうめん》をうかべ《浮》、その失《とが》をみせ《見》しめん。生盲《しょうもう》は力およばず。法華経の第四の宝塔品《ほうとうほん》に云《い》わく「その時、多宝仏《たほうぶつ》は宝塔の中《うち》において、半座を分かちて、釈迦牟尼仏《しゃかむにぶつ》に与えたもう〇その時、大衆《だいしゅ》は、二如来《にょらい》の七宝塔《しっぽうとう》の中の師子座《ししざ》の上に在《まし》まして結跏趺坐《けっかふざ》したもうを見たてまつる〇大音声《だいおんじょう》をもって、あまねく四衆《ししゅ》に告げたまわく『誰《たれ》か能《よ》くこの娑婆国土《しゃばこくど》において、広く妙法華経《みょうほけきょう》を説かん。今正《まさ》しくこれ時なり。如来は久しからずして、当《まさ》に涅槃《ねはん》に入《い》るべし。仏はこの妙法華経をもって、付嘱《ふぞく》して在ること有らしめんと欲《ほっ》す』と」等云々《うんぬん》。第一の勅宣《ちょくせん》なり。

また云《い》わく「その時、世尊《せそん》は重ねてこの義を宣《の》べんと欲《ほっ》して、偈《げ》を説いて言《のたま》わく『聖主世尊《しょうじゅせそん》は、久しく滅度《めつど》したもうといえども、宝塔《ほうとう》の中《うち》に在《まし》まして、なお法のために来《きた》りたまえり。諸人《しょにん》はいかんぞ勤めて法のためにせざらん○また我が分身《ふんじん》、無量の諸仏《しょぶつ》は、恒沙《ごうじゃ》等のごとく、来り法を聴《き》かんと欲して○各妙土《おのおのみょうど》および弟子衆《でししゅ》、天《てん》・人《にん》・竜神《りゅうじん》、諸《もろもろ》の供養《くよう》の事《じ》を捨てて、法をして久しく住《じゅう》せしめんが故に、ここに来至《らいし》したまえり○譬《たと》えば大風の小樹の枝を吹《ふ》くがごとし。この方便《ほうべん》をもって、法をして久しく住せしむ。諸の大衆《だいしゅ》に告ぐ。我《われ》滅度して後《のち》、誰《たれ》か能《よ》くこの経《きょう》を護持《ごじ》し読誦《どくじゅ》せん。今、仏前において、自《みずか》ら誓言《せいごん》を説け』と」。第二の鳳詔《ほうしょう》なり。

「多宝如来《たほうにょらい》、および我が身の集《あつ》むるところの化仏《けぶつ》は、当《まさ》にこの意《こころ》を知るべし○諸《もろもろ》の善男子《ぜんなんし》よ。各《おのおの》諦《あき》らかに思惟《しゆい》せよ。これはこれ難事なり。よろしく大願《だいがん》を発《おこ》すべし。諸余《しょよ》の経典《きょうてん》は、数恒沙《ごうじゃ》のごとし。これらを説くといえども、いまだ難《かた》しとなすに足らず。もし須弥《しゅみ》を接《と》って、他方《たほう》の無数《むしゅ》の仏土《ぶつど》に擲《な》げ置かんも、またいまだ難しとなさず○もし仏滅《めつ》して後《のち》、悪世《あくせ》の中において、能《よ》くこの経を説かば、これは則《すなわ》ち難しとなす○たとい劫焼《こっしょう》に、乾《かわ》ける草を担《にな》い負って、中に入《い》って焼けざらんも、またいまだ難しとなさず。我滅度《めつど》して後に、もしこの経を持《たも》って、一人のためにも説かば、これは則ち難しとなす○諸の善男子よ。我滅《めっ》して後において、誰《たれ》か能くこの経を護持《ごじ》し読誦《どくじゅ》せん。今、仏前において、自《みずか》ら誓言《せいごん》を説け」等云々《うんぬん》。第三の諫勅《かんちょく》なり。第四・第五の二箇《か》の諫暁《かんぎょう》、提婆品《だいばほん》にあり。下《しも》にかく《書》べし。

この経文《きょうもん》の心は眼前《がんぜん》なり。青天に大日輪《だいにちりん》の懸《か》かれるがごとし、白面に黶《ほくろ》のあるににた《似》り。しかれども、生盲《しょうもう》の者と邪眼《じゃげん》の者と一眼《いちげん》のもの《者》と、「各自《おのおのみずか》らを師と謂《おも》う」の者、辺執家《へんしゅうけ》の者はみ《見》がたし。万難《ばんなん》をすて《捨》て道心《どうしん》あらん者にしるし《記》とどめ《留》てみせん。西王母《せいおうぼ》がその《園》のもも《桃》、輪王出世《りんおうしゅっせ》の優曇華《うどんげ》よりもあい《遭》

がたく、沛公《はいこう》が項羽《こうう》と八年漢土《かんど》をあらそいし、頼朝《よりとも》と宗盛《むねもり》が七年秋津島《あきつしま》にたたかいし、修羅《しゅら》と帝釈《たいしゃく》と、金翅鳥《こんじちょう》と竜王《りゅうおう》と阿耨池《あのくち》に諍《あらそ》えるも、これにはすぐ《過》べからずとしる《知》べし。

日本国にこの法顕《あらわ》るること二度なり。伝教大師《でんぎょうだいし》と日蓮となりとしれ《知》。無眼《むげん》のもの《者》は疑うべし。力及《およ》ぶべからず。この経文《きょうもん》は、日本・漢土《かんど》・月氏《がっし》・竜宮《りゅうぐう》・天上《てんじょう》・十方世界《じっぽうせかい》の一切経《いっさいきょう》の勝劣《しょうれつ》を、釈迦《しゃか》・多宝《たほう》・十方の仏来集《らいじゅう》して定め給《たも》うなるべし。

問うて云《い》わく、華厳経《けごんぎょう》・方等経《ほうどうきょう》・般若経《はんにゃきょう》・深密経《じんみつきょう》・楞伽経《りょうがきょう》・大日経《だいにちきょう》・涅槃経《ねはんぎょう》等は、九易《くい》の内か六難《ろくなん》の内か。

答えて云《い》わく、華厳宗《けごんしゅう》の杜順《とじゅん》・智儼《ちごん》・法蔵《ほうぞう》・澄観《ちょうかん》等の三蔵大師《さんぞうだいし》、読んで云わく「華厳経《けごんぎょう》と法華経とは六難《ろくなん》の内。名は二経なれども、所説乃至《ないし》理、これ同《おな》じ。『四門の観は別なるも、真諦《しんたい》を見ることは同じ』のごとし」。法相《ほっそう》の玄奘《げんじょう》三蔵・慈恩《じおん》大師等、読んで云わく「深密経《じんみつきょう》と法華経とは同じく唯識《ゆいしき》の法門《ほうもん》にして第三時《だいさんじ》の教《きょう》、六難の内なり」。三論《さんろん》の吉蔵《きちぞう》等、読んで云わく「般若経《はんにゃきょう》と法華経とは名異《こと》なるも体《たい》は同じ。二経は一法なり」。善無畏《ぜんむい》三蔵・金剛智《こんごうち》三蔵・不空《ふくう》三蔵等、読んで云わく「大日経《だいにちきょう》と法華経とは理《り》同じ。おなじく六難の内の経なり」。日本の弘法《こうぼう》、読んで云わく「大日経は六難九易《ろくなんくい》の内にあらず。大日経は釈迦《しゃか》の説くところの一切経《いっさいきょう》の外《ほか》、法身《ほっしん》大日如来《にょらい》の所説なり」。またある人云わく「華厳経は報身《ほうしん》如来の所説、六難九易の内にはあらず」。この四宗の元祖《がんそ》等かように読みければ、その流れをくむ《汲》数千の学徒等もまたこの見《けん》をいで《出》ず。

日蓮なげい《歎》て云《い》わく、上《かみ》の諸人《しょにん》の義を左右《そう》なく非なりといわば、当世《とうせい》の諸人面《おもて》を向くべからず。非に非をかさね《重》、結句《けっく》は国主に讒奏《ざんそう》して命に及《およ》ぶべし。ただし、我らが慈父《じぶ》、双林《そうりん》最後の御遺言《ごゆいごん》に云《のたま》わく「法に依《よ》って人《にん》に依らざれ」等云々《うんぬん》。「人に依らざれ」等とは、初依《しょえ》・二依・三依・第四依、普賢《ふげん》・文殊《もんじゅ》等の等覚《とうがく》の菩薩《ぼさつ》、法門《ほうもん》を説き給《たも》うとも、経《きょう》を手ににぎら《握》ざらんをば用いるべからず。「了義経《りょうぎきょう》に依って不了義経《ふりょうぎきょう》に依らざれ」と定めて、経の中にも了義・不了義経を糾明《きゅうめい》して信受すべきこそ候《そうら》いぬれ。竜樹《りゅうじゅ》菩薩の十住毘婆沙論《じゅうじゅうびばしゃろん》に云《い》わく「修多羅《しゅたら》に依らざるは黒論《こくろん》なり。修多羅に依るは白論《びゃくろん》なり」等云々。天台大師《てんだいだいし》云わく「修多羅と合わば、録《ろく》してこれを用いる。文《もん》無く義《ぎ》無ければ信受すべからず」等云々。伝教《でんぎょう》大師云わく「仏説《ぶっせつ》に依憑《えびょう》せよ。口伝《くでん》を信ずることなかれ」等云々。円珍智証《えんちんちしょう》大師云わく「文に依って伝《つた》うべし」等云々。

上《かみ》にあぐる《挙》ところの諸師《しょし》の釈《しゃく》、皆一分《みないちぶん》一分、経論《きょうろん》に依《よ》って勝劣《しょうれつ》を弁《わきま》うるようなれども、皆自宗《じしゅう》を堅《かた》く信受し先師《せんし》の謬義《みょうぎ》をただ《正》さざるゆえに、「曲げて私情《しじょう》に会《え》す」の勝劣なり、「己義《こぎ》を荘厳《しょうごん》す」の法門《ほうもん》なり。仏の滅後《めつご》の犢子《とくし》・方広《ほうこう》、後漢已後《ごかんいご》の外典《げてん》は、仏法外《ぶっぽうげ》の外道《げどう》の見《けん》よりも、三皇五帝《さんこうごてい》の儒書《じゅしょ》よりも、邪見強盛《じゃけんごうじょう》なり、邪法巧《じゃほうたく》みなり。華厳《けごん》・法相《ほっそう》・真言《しんごん》等の人師《にんし》、天台宗《てんだいしゅう》の正義《しょうぎ》を嫉《そね》むゆえに、実経《じっきょう》の文《もん》を会《え》して権義《ごんぎ》に順ぜしむること強盛なり。しかれども、道心《どうしん》あらん人、偏党《へんとう》をすて《捨》、自他宗《じたしゅう》をあらそわ《争》ず、人をあなずる《侮》ことなかれ。

法華経に云《い》わく「已今当《いこんとう》」等云々《うんぬん》。妙楽《みょうらく》云わく「たとい経《きょう》有って『諸経《しょきょう》の王なり』と云うとも、『已今当の説《せつ》に最もこれ第一なり』とは云わず」等云々。また云わく「已今当の妙《みょう》、ここにおいて固く迷えり。謗法《ほうぼう》の罪は、苦長劫《くじょうこう》に流《なが》る」等云々。この経釈《きょうしゃく》におどろいて、一切経《いっさいきょう》ならびに人師《にんし》の疏釈《しょしゃく》を見るに、狐疑《こぎ》の氷とけ《解》ぬ。今、真言《しんごん》の愚者《ぐしゃ》等、印《いん》・真言のある《有》をたの《頼》みて「真言宗《しんごんしゅう》は法華経にすぐれ《勝》たり」とおもい、「慈覚大師《じかくだいし》等の真言勝《すぐ》れたりとおおせ《仰》られぬれば」なんどおもえ《思》るは、いうにかいなきことなり。

密厳経《みつごんぎょう》に云《い》わく「十地《じゅうじ》・華厳《けごん》等の大樹と神通《じんずう》と、勝鬘《しょうまん》および余経《よきょう》とは、皆《みな》この経より出《い》でたり。かくのごときの密厳経は、一切経《いっさいきょう》の中に勝《すぐ》れたり」等云々《うんぬん》。

大雲経《だいうんぎょう》に云《い》わく「この経《きょう》は即《すなわ》ちこれ諸経《しょきょう》の転輪聖王《てんりんじょうおう》なり。何をもっての故に。この経典《きょうてん》の中に衆生《しゅじょう》の実性《じっしょう》・仏性《ぶっしょう》・常住《じょうじゅう》の法蔵《ほうぞう》を宣説《せんぜつ》するが故に」等云々《うんぬん》。

六波羅蜜経《ろくはらみつきょう》に云《い》わく「いわゆる過去無量の諸仏《しょぶつ》の説くところの正法《しょうほう》、および我が今説くところのいわゆる八万四千の諸《もろもろ》の妙法蘊《みょうほううん》○摂《おさ》めて五分《ごぶん》となす。一には索呾纜《そたらん》、二には毘奈耶《びなや》、三には阿毘達磨《あびだつま》、四には般若波羅蜜《はんにゃはらみつ》、五には陀羅尼門《だらにもん》なり。この五種の蔵《ぞう》もて有情《うじょう》を教化《きょうけ》す○もし彼《か》の有情、契経《かいきょう》・調《じょう》伏《ぶく》・対法《たいほう》・般若《はんにゃ》を受持《じゅじ》すること能《あた》わず、あるいはまた有情、諸《もろもろ》の悪業《あくごう》・四重《しじゅう》・八重・五無間罪《ごむけんざい》・謗方等《ぼうほうどう》経《きょう》・一闡提《いっせんだい》等の種々の重罪を造るに、消滅《しょうめつ》して速疾《そくしつ》に解脱《げだつ》し、頓《とみ》に涅槃《ねはん》を悟《さと》ることを得せしめ、彼《かれ》がために諸の陀羅尼蔵《だらにぞう》を説く。この五つの法蔵《ほうぞう》は、譬《たと》えば乳《にゅう》・酪《らく》・生蘇《しょうそ》・熟蘇《じゅくそ》および妙《たえ》なる醍醐《だいご》のごとし○総持門《そうじもん》は、譬えば醍醐のごとし。醍醐の味は、乳・酪・蘇の中に微妙《みみょう》第一にして、能《よ》く諸の病《やまい》を除き、諸の有情をして身心安楽《あんらく》ならしむ。総持門は、契経等の中に最も第一となす。能く重罪を除く」等云々《うんぬん》。

解深密経《げじんみっきょう》に云《い》わく「その時に、勝義生菩薩《しょうぎしょうぼさつ》また仏に白《もう》して言《もう》さく『世尊《せそん》、初め一時《いちじ》において波羅痆《はらな》斯《し》の仙人堕処《せんにんだしょ》の施鹿林《せろくりん》の中に在《ましま》して、ただ声聞乗《しょうもんじょう》を発趣《ほっしゅ》する者のためにのみ、四諦《したい》の相《そう》をもって正法《しょうほう》輪《りん》を転じたまいき。これはなはだ《甚》奇《き》、はなはだこれ希有《けう》にして、一切世間《いっさいせけん》の諸《もろもろ》の天人《てんにん》等、先より能《よ》く法のごとく転ずる者有ることなしといえども、彼《か》の時において転じたもうところの法輪は有上《うじょう》なり、有容《うよう》なり、これいまだ了義《りょうぎ》ならず、これ諸の諍論安足《じょうろんあんそく》の処所《ところ》なり。世尊、在昔第二時《むかしだいにじ》の中に、ただ発趣して大乗《だいじょう》を修《しゅ》する者のためにのみ、一切の法は皆無自性《かいむじしょう》・無生無滅《むしょうむめつ》・本来寂静《ほんらいじゃくじょう》・自性涅槃《じしょうねはん》なるによって、隠密《おんみつ》の相をもって正法輪を転じたまいき。さらにはなはだ《甚》奇にして、はなはだこれ希有なりといえども、彼の時において転じたもうところの法輪、またこれ有上なり、容受《ようじゅ》するところあり、なおいまだ了義ならず、これ諸の諍論安足の処所《ところ》なり。世尊、今第三時《だいさんじ》の中において、あまねく一切《いっさい》乗《じょう》を発趣する者のために、一切の法は皆無自性《かいむじしょう》・無生無滅《むしょうむめつ》・本来寂静《ほんらいじゃくじょう》・自性涅槃《じしょうねはん》にして無自性の性《しょう》なるによって、顕了《けんりょう》の相をもって正法輪を転じたもう。第一はなはだ《甚》奇にして、最もこれ希有なり。今世尊《せそん》転じたもうところの法輪、無上《むじょう》・無容《むよう》にして、これ真《しん》の了義なり。諸の諍論安足の処所にあらず』と」等云々《うんぬん》。

大般若経《だいはんにゃきょう》に云《い》わく「聴聞《ちょうもん》するところの世《せ》・出世《しゅっせ》の法に随《したが》って、皆能《みなよ》く方便《ほうべん》もて般若甚深《じんじん》の理趣《りしゅ》に会《え》入《にゅう》し、諸《もろもろ》の造作《ぞうさ》するところの世間《せけん》の事業《じごう》もまた般若をもって法性《ほっしょう》に会入し、一事として法性を出《い》ずる者を見ず」等云々《うんぬん》。

大日経《だいにちきょう》第一に云《い》わく「秘密主《ひみつしゅ》よ。大乗行《だいじょうぎょう》あり。無縁乗《むえんじょう》の心を発《おこ》す。法に我性《がしょう》無し。何をもっての故に。彼《か》の往昔《おうじゃく》かくのごとく修行《しゅぎょう》せし者のごとく、蘊《うん》の阿頼耶《あらや》を観察して、自性《じしょう》は幻《まぼろし》のごとしと知る」

等云々《うんぬん》。また云わく「秘密主よ。彼《かれ》はかくのごとく無我《むが》を捨て、心主《しんしゅ》自在にして、自心の本不生《ほんぷしょう》を覚《さと》る」等云々。また云わく「いわゆる空性《くうしょう》は根境《こんきょう》を離《はな》れ、無相《むそう》にして境界《きょうがい》無く、諸《もろもろ》の戯論《けろん》に越《こ》えて虚空《こくう》に等同なり乃至《ないし》極無自性《ごくむじしょう》」等云々。また云わく「大日尊《だいにちそん》は、秘密主に告げて言《のたま》わく『秘密主よ。いかんが菩提《ぼだい》。謂《い》わく、実《じつ》のごとく自心を知る』と」等云々。

華厳経《けごんぎょう》に云《い》わく「一切世界《いっさいせかい》の諸《もろもろ》の群生《ぐんじょう》、声聞道《しょうもんどう》を求めんと欲《ほっ》すること有ること尠《すくな》し。縁覚《えんがく》を求《もと》むる者は転《うた》たまた少なし。大乗《だいじょう》を求むる者ははなはだ《甚》希有《けう》なり。大乗を求むることはなお易《やす》しとなし、能《よ》くこの法を信ずることははなはだ難《かた》しとなす。いわんや、能く受持《じゅじ》し、正憶念《しょうおくねん》し、説のごとく修行《しゅぎょう》し、真実に解《げ》せんをや。もし三千大千界《さんぜんだいせんかい》をもって頂戴《ちょうだい》すること一劫《いっこう》、身動《どう》ぜざらんも、彼の所作《しょさ》いまだ難しとなさず。この法を信ずるははなはだ難しとなす。大千塵数《だいせんじんじゅ》の衆生《しゅじょう》の類《たぐ》いに一劫諸《もろもろ》の楽具《らくぐ》を供養《くよう》するも、彼の功徳《くどく》いまだ勝《すぐ》れたりとなさず。この法を信ずるは殊《こと》に勝れたりとなす。もし掌《たなごころ》をもって十仏刹《じゅうぶっせつ》を持《たも》ち、虚空《こくう》の中において住《じゅう》すること一劫なるも、彼の所作いまだ難しとなさず。この法を信ずることははなはだ難しとなす。十仏刹塵《じゅうぶっせつじん》の衆生の類いに一劫《いっこう》諸の楽具を供養せんも、彼の功徳いまだ勝れたりとなさず。この法を信ずることは殊に勝れたりとなす。十仏刹塵の諸の如来《にょらい》を一劫恭敬《くぎょう》して供養せんに、もし能くこの品を受持せば、功徳は彼《かれ》よりも最も勝れたりとなす」等云々《うんぬん》。

涅槃経《ねはんぎょう》に云《い》わく「この諸《もろもろ》の大乗方等経典《だいじょうほうどうきょうてん》も、また無量の功徳《くどく》を成就《じょうじゅ》すといえども、この経に比せんと欲するに、喩《たと》えとなすことを得ず。百倍千倍百千万、乃至算数《ないしさんじゅ》・譬喩《ひゆ》も及《およ》ぶこと能《あた》わざるところなり。善男子《ぜんなんし》よ。譬《たと》えば、牛より乳を出《い》だし、乳より酪《らく》を出だし、酪より生蘇《しょうそ》を出だし、生蘇より熟蘇《じゅくそ》を出だし、熟蘇より醍醐《だいご》を出だすに、醍醐は最上にして、もし服することあらば、衆病皆除《しゅびょうみなのぞ》こり、あらゆる諸の薬もことごとくその中に入《い》るがごとし。善男子よ。仏もまたかくのごとし。仏より十二部《じゅうにぶ》経《きょう》を出だし、十二部経より修多羅《しゅたら》を出だし、修多羅より方等経を出だし、方等経より般若波羅蜜《はんにゃはらみつ》を出だし、般若波羅蜜より大涅槃《だいねはん》を出だす。なお醍醐のごとし。醍醐と言うは、仏性《ぶっしょう》を喩う」等云々《うんぬん》。

これらの経文《きょうもん》を法華経の已今当《いこんとう》・六難九易《ろくなんくい》に相対《あいたい》すれば、月に星をならべ、九山《くせん》に須弥《しゅみ》を合わせたるにに《似》たり。しかれども、華厳宗《けごんしゅう》の澄観《ちょうかん》、法相《ほっそう》・三論《さんろん》・真言《しんごん》等の慈恩《じおん》・嘉祥《かじょう》・弘法《こうぼう》等の仏眼《ぶつげん》のごとくなる人、なおこの文にまど《惑》えり。いかにいわんや、盲眼《もうげん》のごとくなる当世《とうせい》の学者等、勝劣《しょうれつ》を弁《わきま》うべしや。黒白《こくびゃく》のごとくあき《明》らかに、須弥・芥子《けし》のごとくなる勝劣なおまど《惑》えり。いわんや、虚空《こくう》のごとくなる理《り》に迷わざるべしや。教《きょう》の浅深《せんじん》をしら《知》ざれば、理の浅深を弁うるもの《者》なし。

巻《かん》をへだ《隔》て文《もん》前後すれば、教門《きょうもん》の色弁《いろわきま》えがたければ、文を出《い》だして愚者《ぐしゃ》を扶《たす》けんとおもう。王に小王・大王、一切《いっさい》に少分・全分、五乳《ごにゅう》に全喩《ぜんゆ》・分喩《ぶんゆ》を弁うべし。六波羅蜜経《ろくはらみつきょう》は有情《うじょう》の成仏あって無性《むしょう》の成仏なし。いかにいわんや久遠実成《くおんじつじょう》をあか《明》さず。なお涅槃経《ねはんぎょう》の五味におよ《及》ばず。いかにいわんや、法華経の迹門《しゃくもん》・本門《ほんもん》にたい《対》すべしや。しかるに、日本の弘法大師《こうぼうだいし》、この経文《きょうもん》にまど《惑》い給《たま》いて、法華経を第四の熟蘇味《じゅくそみ》に入《い》れ給えり。第五の総持門《そうじもん》の醍醐味《だいごみ》すら涅槃経に及《およ》ばず。いかにし給いけるやらん。しかるを「震旦《しんたん》の人師《にんし》、諍《あらそ》って醍醐を盗《ぬす》む」と天台《てんだい》等を盗人《ぬすびと》とか《書》き給えり。「惜《お》しいかな、古賢《こけん》醍醐を嘗《な》めず」等と自歎《じたん》せられたり。

これらはさてお《置》く。我が一門の者のためにしる《記》す。他人は信ぜざれば、逆縁《ぎゃくえん》なるべし。一渧《いったい》をな《嘗》めて大海のしお《潮》をし《知》り、一花《いっか》を見て春を推《すい》せよ。万里《ばんり》をわた《渡》って宋《そう》に入《い》らずとも、三箇年《かねん》を経《へ》て霊山《りょうぜん》にいたらずとも、竜樹《りゅうじゅ》のごとく竜宮《りゅうぐう》に入らずとも、無著菩薩《むじゃくぼさつ》のごとく弥勒《みろく》菩薩にあわずとも、二所三会《にしょさんえ》に値《あ》わずとも、一代の勝劣《しょうれつ》はこれをし《知》れるなるべし。蛇《へび》は七日が内の洪水《こうずい》をしる、竜《りゅう》の眷属《けんぞく》なるゆえ。烏《からす》は年中の吉凶《きっきょう》をしれり、過去に陰陽師《おんみょうじ》なりしゆえ。鳥はと《飛》ぶ徳、人にすぐ《勝》れたり。日蓮は諸経《しょきょう》の勝劣をしること、華厳《けごん》の澄観《ちょうかん》、三論《さんろん》の嘉祥《かじょう》、法相《ほっそう》の慈恩《じおん》、真言《しんごん》の弘法《こうぼう》にすぐれたり。天台《てんだい》・伝教《でんぎょう》の跡《あと》をしの《偲》ぶゆえなり。彼《か》の人々は天台・伝教に帰《き》せさせ給《たま》わずば、謗法《ほうぼう》の失脱《とがのが》れさせ給《たも》うべしや。

当世《とうせい》日本国に第一に富《と》める者は日蓮なるべし。命は法華経にたてまつり、名をば後代《こうだい》に留《とど》むべし。大海の主《しゅ》となれば、諸《もろもろ》の河神《かしん》皆《みな》した《従》がう。須弥山《しゅみせん》の王に諸の山神《さんじん》したがわざるべしや。法華経の六《ろく》難九易《なんくい》を弁《わきま》うれば、一切経《いっさいきょう》よ《読》まざるにした《従》がうべし。

宝塔品《ほうとうほん》の三箇《か》の勅宣《ちょくせん》の上に、提婆品《だいばほん》に二箇の諫暁《かんぎょう》あり。提婆達多《だいばだった》は一闡提《いっせんだい》なり。天王如来《てんのうにょらい》と記《き》せらる。涅槃経《ねはんぎょう》四十巻《しじっかん》の現証《げんしょう》は、この品《ほん》にあり。善星《ぜんしょう》・阿闍世《あじゃせ》等の無量の五逆《ごぎゃく》・謗法《ほうぼう》の者の一《ひと》りをあ《挙》げ、頭《かしら》をあげ、万《よろず》をお《収》さめ、枝をした《従》がう。一切《いっさい》の五逆・七逆・謗法・闡提、天王如来にあら《表》われ了《お》わんぬ。毒薬変《へん》じて甘露《かんろ》となる。衆味《しゅみ》にすぐ《勝》れたり。竜女《りゅうにょ》が成仏、これ一人にはあらず。一切の女人《にょにん》の成仏をあらわす。法華経已前《いぜん》の諸《もろもろ》の小乗経《しょうじょうきょう》には女人の成仏をゆるさず。諸の大乗経《だいじょうきょう》には成仏・往生《おうじょう》をゆるすようなれども、あるいは改転《かいてん》の成仏にして一念三千《いちねんさんぜん》の成仏にあらざれば、有名無実《うみょうむじつ》の成仏・往生なり。「一を挙げて諸に例す」と申して、竜女が成仏は末代《まつだい》の女人の成仏・往生の道をふ《踏》みあ《開》けたるなるべし。

儒家《じゅか》の孝養は今生《こんじょう》にかぎる。未来の父母を扶《たす》けざれば、外家《げけ》の聖賢《せいけん》は有名無実《うみょうむじつ》なり。外道《げどう》は過《か》・未《み》をしれども父母を扶くる道なし。仏道《ぶつどう》こそ父母の後世《ごせ》を扶くれば、聖賢の名はあるべけれ。しかれども、法華経已前《いぜん》等の大小乗《だいしょうじょう》の経宗《きょうしゅう》は、自身の得道《とくどう》なおかな《叶》いがたし。いかにいわんや父母をや。ただ文《もん》のみあって義なし。今、法華経の時こそ、女人成仏《にょにんじょうぶつ》の時悲母《ひも》の成仏も顕《あらわ》れ、達多《だった》の悪人成仏《あくにんじょうぶつ》の時慈《じ》父《ぶ》の成仏も顕るれ。この経は内典《ないてん》の孝経《こうきょう》なり。二箇《か》のいさめ《諫》了《お》わんぬ。

已上《いじょう》、五箇《か》の鳳詔《ほうしょう》におどろき《驚》て、勧持品《かんじほん》の弘経《ぐきょう》あり。明鏡《みょうきょう》の経文《きょうもん》を出《い》だして当世《とうせい》の禅《ぜん》・律《りつ》・念仏者《ねんぶつしゃ》ならびに諸檀那《しょだんな》の謗法《ほうぼう》をしらしめん。

日蓮といいし者は、去年九月十二日子丑時《ねうしのとき》に頸《くび》はねられ《刎》ぬ。これは魂魄《こんぱく》、佐土国《さどのくに》にいたりて、返る年の二月、雪中にしるし《記》て有縁《うえん》の弟子《でし》へおくれ《送》ば、おそろしくておそろしからず。みん《見》人いかにお《怖》じぬらん。これは釈迦《しゃか》・多宝《たほう》・十方《じっぽう》の諸仏《しょぶつ》の未来日本国当世《とうせい》をうつし《映》給《たも》う明鏡《みょうきょう》なり。かたみ《形見》とも み《見》るべし。

勧持品《かんじほん》に云《い》わく「ただ願わくは慮《うらおも》いをなしたまわざれ。仏滅度《めつど》して後《のち》、恐怖悪世《くふあくせ》の中において、我らは当《まさ》に広く説くべし。諸《もろもろ》の無智《むち》の人の、悪口《あっく》・罵詈《めり》等し、および刀杖《とうじょう》を加《くわ》うる者有らん。我らは皆《みな》当に忍《しの》ぶべし。悪世の中の比丘《びく》は、邪智《じゃち》にして心諂曲《てんごく》に、いまだ得ざるを謂《おも》って得たりとなし、我慢《がまん》の心は充満《じゅうまん》せん。あるいは阿練若《あれんにゃ》に納衣《のうえ》にして空閑《くうげん》に在って、自《みずか》ら真《しん》の道《どう》を行《ぎょう》ずと謂って、人間《にんげん》を軽賤《きょうせん》する者有らん。利養《りよう》に貪著《とんじゃく》するが故に、白衣《びゃくえ》のために法を説いて、世の恭敬《くぎょう》するところとなること、六通《ろくつう》の羅漢《らかん》のごとくならん。この人は悪心を懐《いだ》き、常に世俗《せぞく》の事《じ》を念《おも》い、名を阿練若に仮《か》りて、好《この》んで我らが過《とが》を出《い》ださん○常に大衆《だいしゅ》の中に在って我らを毀《そし》らんと欲《ほっ》するが故に、国王・大臣・婆羅《ばら》門《もん》・居士《こじ》および余《よ》の比丘衆《びくしゅ》に向かって、誹謗《ひぼう》して我が悪を説いて『これ邪見《じゃけん》の人、外道《げどう》の論議を説く』と謂《い》わん○濁劫《じょっこう》悪世の中には、多く諸の恐怖《くふ》有らん。悪鬼《あっき》はその身に入《い》って、我を罵詈・毀辱《きにく》せん○濁世《じょくせ》の悪比丘《あくびく》は、仏の方便《ほうべん》、宜《よろ》しきに随《したが》って説きたもうところの法を知らず、悪口して顰蹙《ひんしゅく》し、しばしば擯出《ひんずい》せられん」等云々《うんぬん》。

記《き》の八に云《い》わく「文《もん》に三つあり。初めに一行《ぎょう》は通じて邪人《じゃにん》を明かす。即《すなわ》ち俗衆《ぞくしゅ》なり。次に一行は道《どう》門増上慢《もんぞうじょうまん》の者を明かす。三に七行は僭聖《せんしょう》増上慢の者を明かす。この三つの中《うち》、初めは忍《しの》ぶべし。次は前に過ぐ。第三は最も甚《はなは》だし。後々《のちのち》の者は転《うた》た識《し》り難《がた》きをもっての故に」等云々《うんぬん》。東春《とうしゅん》に智度法師《ちどほっし》云わく「初めに『諸《もろもろ》の』より下《しも》の五行は○第一に一偈は三業《さんごう》の悪を忍ぶ。これ外《げ》の悪人なり。次に『悪世《あくせ》』より下の一偈は、これ上慢《じょうまん》の出家《しゅっけ》の人なり。第三に『あるいは阿練若《あれんにゃ》に』より下の三偈は、即ちこれ出家の処《ところ》に一切《いっさい》の悪人を摂《おさ》む」等云々。また云わく「『常に大衆《だいしゅ》の中に在って』より下の両行は、公処《くじょ》に向かって法を毀り人を謗《ぼう》ず」等云々。

涅槃経《ねはんぎょう》の九に云《い》わく「善男子《ぜんなんし》よ。一闡提《いっせんだい》有って、羅漢《らかん》の像《かたち》を作《な》して空処《くうしょ》に住《じゅう》し、方等大乗経典《ほうどうだいじょうきょうてん》を誹《ひ》謗《ぼう》す。諸《もろもろ》の凡夫人《ぼんぷにん》見《み》已《お》わって、皆《みな》『真《しん》の阿羅漢《あらかん》にして、これ大菩薩《だいぼさつ》なり』と謂《い》わん」等云々《うんぬん》。また云わく「その時、この経《きょう》、閻浮提《えんぶだい》において当《まさ》に広く流布《るふ》すべし。この時、当に諸の悪比丘《あくびく》有って、この経を抄略《しょうりゃく》し、分かちて多分《たぶん》と作し、能《よ》く正法《しょうほう》の色香美味《しきこうみみ》を滅《めっ》すべし。この諸の悪人、またかくのごとき経典を読誦《どくじゅ》すといえども、如来《にょらい》の深密《じんみつ》の要義を滅除《めつじょ》して世間《せけん》の荘厳《しょうごん》の文飾《もんじき》・無義《むぎ》の語《ことば》を安置す。前《さき》を抄《と》って後《あと》に著《つ》け、後を抄って前に著け、前後を中に著け、中を前後に著けん。当に知るべし、かくのごとき諸の悪比丘は、これ魔《ま》の伴侶《ばんりょ》なり」等云々。

六巻の般泥洹経《はつないおんぎょう》に云《い》わく「阿羅漢《あらかん》に似たる一闡提《いっせんだい》にして悪業《あくごう》を行《ぎょう》ずるものと、一闡提に似たる阿羅漢にして慈心《じしん》を作《な》すものと有らん。羅漢に似たる一闡提有りとは、この諸《もろもろ》の衆生《しゅじょう》の方等《ほうどう》を誹謗《ひぼう》せるなり。一闡提に似たる阿羅漢とは、声聞《しょうもん》を毀呰《きし》して広く方等を説き、衆生に語って言わく『我、汝等《なんだち》とともにこれ菩薩《ぼさつ》なり。所以《ゆえん》はいかん。一切皆《いっさいみな》、如来の性《しょう》有るが故に』。しかるに、彼《か》の衆生は、一闡提なりと謂《おも》わん」等云々《うんぬん》。

涅槃経《ねはんぎょう》に云《い》わく「我《われ》涅槃して後《のち》乃至《ないし》正法滅《しょうほうめつ》して後、像法《ぞうほう》の中において、当《まさ》に比丘《びく》有るべし。律《りつ》を持《たも》つに似像《に》せて少しく経《きょう》を読誦《どくじゅ》し、飲食《おんじき》を貪嗜《とんし》してその身を長養《じょうよう》す○袈裟《けさ》を服《き》るといえども、なお猟師《りょうし》の細めに視《み》て徐《しず》かに行くがごとく、猫《ねこ》の鼠《ねずみ》を伺《うかが》うがごとし。常にこの言《ことば》を唱《とな》えん、『我、羅漢《らかん》を得たり』と○外には賢善《けんぜん》を現じ、内には貪嫉《とんしつ》を懐《いだ》く。唖法《あほう》を受けたる婆羅門《ばらもん》等のごとし。実《じつ》には沙門《しゃもん》にあらずして沙門の像《かたち》を現じ、邪見熾盛《じゃけんしじょう》にして正法を誹謗《ひぼう》せん」等云々《うんぬん》。

夫《そ》れ、鷲峰《じゅぶ》・双林《そうりん》の日月《にちがつ》、毘湛《びたん》・東春《とうしゅん》の明鏡《みょうきょう》に当世《とうせい》の諸宗《しょしゅう》ならびに国中《こくちゅう》の禅《ぜん》・律《りつ》・念仏者《ねんぶつしゃ》が醜面《しゅうめん》を浮《う》かべたるに、一分《いちぶん》もく《曇》もりなし。

妙法華経《みょうほけきょう》に云《い》わく「仏滅度《めつど》して後《のち》、恐怖悪世《くふあくせ》の中において」。安楽行品《あんらくぎょうほん》に云わく「後の悪世において」。また云わく「末世《まっせ》の中において」。また云わく「後の末世の法滅《めっ》せんと欲せん時において」。分別《ふんべつ》功徳品《くどくほん》に云わく「悪世末法《まっぽう》の時」。薬王品《やくおうほん》に云わく「後の五百歳」等云々《うんぬん》。正法華経《しょうほけきょう》の勧説品《かんぜつほん》に云わく「しかして後、末世に」。また云わく「しかして後来《ごらい》の末世に」等云々。添品法華経《てんぼんほけきょう》に云わく等。天台云《てんだいい》わく「像法《ぞうほう》の中《ちゅう》、南三北七《なんさんほくしち》は法華経の怨敵《おんてき》なり」。伝教《でんぎょう》云わく「像法の末《まつ》、南都六宗《なんとろくしゅう》の学者は法華《ほっけ》の怨敵なり」等云々《うんぬん》。彼《かれ》らの時は、いまだ分明《ふんみょう》ならず。

これは、教主釈尊《きょうしゅしゃくそん》・多宝仏《たほうぶつ》、宝塔《ほうとう》の中に日月《にちがつ》の並ぶがごとく、十方分身《じっぽうふんじん》の諸仏《しょぶつ》、樹下《じゅげ》に星を列《つら》ねたりし中にして、正法《しょうほう》一千年・像法《ぞうほう》一千年、二千年す《過》ぎて末法《まっぽう》の始めに法華経の怨敵《おんてき》三類あるべしと八十万億那由他《なゆた》の諸《もろもろ》の菩薩《ぼさつ》の定め給《たま》いし、虚妄《こもう》となるべしや。当世《とうせい》は如来《にょらい》の滅後《めつご》二千二百余年なり。大地は指《さ》さばはずる《外》とも、春は花はさかず《咲》とも、三類の敵人《てきじん》必ず日本国にあるべし。さるにては、たれたれ《誰々》の人々か三類の内なるらん、また誰人《たれびと》か法華経の行者《ぎょうじゃ》なりとさされ《指》たるらん、おぼつかなし。彼《か》の三類の怨敵に我ら入《い》りてやあるらん、また法華経の行者の内にてやあるらん、おぼつかなし。

周《しゅう》の第四昭王《しょうおう》の御宇《ぎょう》二十四年甲寅《きのえとら》四月八日の夜中に、天に五色《ごしき》の光気《こうき》南北に亘《わた》って昼のごとし。大地六種に震動《しんどう》し、雨ふらずして江河《こうが》・井池《せいち》の水まさり《増》、一切《いっさい》の草木《そうもく》に花さき《咲》菓《み》なり《生》たりけり。不思議なりしことなり。昭王大《おお》いに驚《おどろ》き、太史蘇由《たいしそゆう》占《うらな》って云《い》わく「西方《さいほう》に聖人《せいじん》生まれたり」。昭王問うて云わく「この国いかん」。答えて云わく「事なし。一千年の後《のち》に、彼《か》の聖言《せいげん》この国にわたって衆生《しゅじょう》を利すべし」。彼のわずかの外典《げてん》の、一毫《いちごう》もいまだ見思《けんじ》を断ぜざる者、しかれども一千年のことをしる《知》。はたして、仏教、一千一十五年と申せし後漢《ごかん》の第二明帝《めいてい》の永平《えいへい》十年丁卯年《ひのとうのとし》、仏法漢土《かんど》にわたる。

これは似るべくもなき釈迦《しゃか》・多宝《たほう》・十方分身《じっぽうふんじん》の仏の御前《みまえ》の諸《もろもろ》の菩薩《ぼさつ》の未来記なり。当世《とうせい》日本国に三類の法華経の敵人《てきじん》なかるべしや。

されば、仏、付法蔵経《ふほうぞうきょう》等に記して云《のたま》わく「我が滅後《めつご》に正法《しょうほう》一千年が間、我が正法を弘《ひろ》むべき人二十四人、次第《しだい》に相続すべし」。迦葉《かしょう》・阿難《あなん》等はさておきぬ、一百年の脇比丘《きょうびく》、六百年の馬鳴《めみょう》、七百年の竜樹菩薩《りゅうじゅぼさつ》等、一分《いちぶん》もたが《違》わずすで《既》に出《い》で給《たま》いぬ。このこと、いかんがむな《虚》しかるべき。このこと相違《そうい》せば、一経皆《いっきょうみな》相違すべし。いわゆる、舎利弗《しゃりほつ》が未来の華光如来《けこうにょらい》、迦葉の光明《こうみょう》如来も、皆妄説《もうせつ》となるべし。爾前《にぜん》返って一定《いちじょう》となって、永不成仏《ようふじょうぶつ》の諸声聞《しょしょうもん》なり。犬・野干《やかん》をば供養《くよう》すとも、阿難等をば供養すべからずとなん。いかんがせん、いかんがせん。

第一の「諸《もろもろ》の無智《むち》の人有らん」と云《い》うは、経文《きょうもん》の第二の「悪世《あくせ》の中の比丘《びく》」と第三の「納衣《のうえ》の比丘」の大檀那《だいだんな》等と見えたり。したがって妙楽大師《みょうらくだいし》は「俗衆《ぞくしゅ》」等云々《うんぬん》。東春《とうしゅん》に云わく「公処《くじょ》に向かって」等云々。

第二の法華経の怨敵《おんてき》は、経《きょう》に云《い》わく「悪世《あくせ》の中の比丘《びく》は、邪智《じゃち》にして心諂曲《てんごく》に、いまだ得ざるを謂《おも》って得たりとなし、我慢《がまん》の心は充満《じゅうまん》せん」等云々《うんぬん》。涅槃経《ねはんぎょう》に云わく「この時、当《まさ》に諸《もろもろ》の悪比丘有るべし乃至《ないし》この諸の悪人、またかくのごとき経典《きょうてん》を読誦《どくじゅ》すといえども、如来《にょらい》の深密《じんみつ》の要義を滅除《めつじょ》せん」等云々。止観《しかん》に云わく「もし信無くば、高く聖境《しょうきょう》を推《お》して、己《おの》が智分《ちぶん》にあらずとす。もし智無くば、増《ぞう》上慢《じょうまん》を起こし、己《おのれ》仏に均《ひと》しと謂う」等云々。

道綽禅師《どうしゃくぜんじ》が云《い》わく「二に理《り》は深く解《げ》は微《わず》かなるに由《よ》る」等云々《うんぬん》。法然《ほうねん》云わく「諸行《しょぎょう》は機《き》にあらず、時を失う」等云々。記《き》の十に云わく「恐《おそ》らくは、人謬《あやま》って解《げ》せる者、初心《しょしん》の功徳《くどく》の大《だい》なることを識《し》らずして、功《く》を上位に推《ゆず》り、この初心を蔑《あなど》る。故に、今、彼《か》の行《ぎょう》浅く功《く》深きことを示して、もって経力《きょうりき》を顕《あらわ》す」等云々。伝教大師《でんぎょうだいし》云わく「正像《しょうぞう》やや過ぎ已《お》わって、末法《まっぽう》はなはだ近きに有り。法華一乗《ほっけいちじょう》の機、今正《まさ》しくその時なり。何をもってか知ることを得《う》る。安楽行品《あんらくぎょうほん》に云わく『末世《まっせ》の法滅《めっ》せん時』となり」等云々。恵心《えしん》云わく「日本一州、円機純一《えんきじゅんいち》なり」等云々。

道綽《どうしゃく》と伝教《でんぎょう》と、法然《ほうねん》と恵心《えしん》と、いずれこれを信ずべしや。彼《かれ》は一切経《いっさいきょう》に証文《しょうもん》なし。これは正《まさ》しく法華経によれり。その上、日本国一同に叡山《えいざん》の大師《だいし》は受戒《じゅかい》の師なり。何《なん》ぞ、天魔《てんま》のつ《付》ける法然に心をよ《寄》せ、我が剃頭《ていず》の師をな《抛》げすつるや。法然智者《ちしゃ》ならば、何ぞこの釈《しゃく》を選択《せんちゃく》に載《の》せて和会《わえ》せざる。人の理《り》をか《隠》くせる者なり。第二の「悪世《あくせ》の中の比丘《びく》」と指《さ》さるるは、法然等の無戒《むかい》・邪見《じゃけん》の者なり。

涅槃経《ねはんぎょう》に云《い》わく「我らことごとく邪見《じゃけん》の人と名づく」等云々《うんぬん》。妙楽《みょうらく》云わく「自《みずか》ら三教《さんぎょう》を指して、皆《みな》邪見と名づく」等云々。止観《しかん》に云わく「大経《だいきょう》に云わく『これよりの前《さき》は我ら皆邪見の人と名づく』となり。邪《じゃ》あに悪にあらずや」等云々。弘決《ぐけつ》に云わく「邪は即《すなわ》ちこれ悪なり。この故に当《まさ》に知るべし、ただ円《えん》を善となす。また二つの意有り。一には順《したが》うをもって善となし、背《そむ》くをもって悪となす。相待《そうだい》の意なり○著《じゃく》するをもって悪となし、達《たっ》するをもって善となす。相待・絶待《ぜつだい》ともにすべからく悪を離《はな》るべし。円に著するすら、なお悪なり。いわんやまた余《よ》をや」等云々。

外道《げどう》の善悪は、小乗経《しょうじょうきょう》に対すれば皆悪道《みなあくどう》。小乗の善道《ぜんどう》、乃至四味三教《ないししみさんぎょう》は、法華経に対すれば皆邪《じゃ》悪《あく》。ただ法華《ほっけ》のみ正善《しょうぜん》なり。爾前《にぜん》の円は相待妙《そうだいみょう》。絶待妙《ぜつだいみょう》に対すればなお悪なり。前三教《ぜんさんぎょう》に摂《せっ》すればなお悪道なり。爾前のごとく彼《か》の経《きょう》の極理《ごくり》を行《ぎょう》ずる、なお悪道なり。いわんや、観経《かんぎょう》等の、なお華厳《けごん》・般若経《はんにゃきょう》等に及《およ》ばざる小法《しょうぼう》を本として法華経を観経に取り入《い》れて、還《かえ》って念仏《ねんぶつ》に対して閣抛閉捨《かくほうへいしゃ》せるは、法然《ほうねん》ならびに所化《しょけ》の弟子《でし》等・檀那《だんな》等は誹謗正法《ひぼうしょうぼう》の者にあらずや。

釈迦《しゃか》・多宝《たほう》・十方《じっぽう》の諸仏《しょぶつ》は、法をして久しく住《じゅう》せしめんが故に、ここに来至《らいし》したまえり。法然《ほうねん》ならびに日本国の念仏者《ねんぶつしゃ》等は、法華経は末法《まっぽう》に念仏より前《さき》に滅尽《めつじん》すべしと。あに三聖《さんしょう》の怨敵《おんてき》にあらずや。

第三は法華経に云《い》わく「あるいは阿練若《あれんにゃ》に納衣《のうえ》にして空閑《くうげん》に在って乃至《ないし》白衣《びゃくえ》のために法を説いて、世の恭敬《くぎょう》するところとなること、六通《ろくつう》の羅漢《らかん》のごときもの有らん」等云々《うんぬん》。六巻の般泥洹経《はつないおんぎょう》に云わく「羅漢に似たる一闡提《いっせんだい》にして悪業《あくごう》を行《ぎょう》ずるものと、一闡提に似たる阿羅漢《あらかん》にして慈心《じしん》を作《な》すものと有らん。羅漢に似たる一闡提有りとは、この諸《もろもろ》の衆生《しゅじょう》の方等《ほうどう》を誹謗《ひぼう》せるなり。一闡提に似たる阿羅漢とは、声聞《しょうもん》を毀呰《きし》して広く方等を説き、衆生に語って言わく『我、汝等《なんだち》とともにこれ菩薩《ぼさつ》なり。所以《ゆえん》はいかん。一切皆《いっさいみな》、如来の性《しょう》有るが故に』。しかるに、彼《か》の衆生は、一闡提なりと謂《おも》わん」等云々。涅槃経《ねはんぎょう》に云わく「我《われ》涅槃して後《のち》○像法《ぞうほう》の中において、当《まさ》に比丘《びく》有るべし。律《りつ》を持《たも》つに似《に》像せて少しく経典《きょうてん》を読誦《どくじゅ》し、飲食《おんじき》を貪嗜《とんし》してその身を長養《じょうよう》す○袈裟《けさ》を服《き》るといえども、なお猟師《りょうし》の細めに視《み》て徐《しず》かに行くがごとく、猫《ねこ》の鼠《ねずみ》を伺《うかが》うがごとし。常にこの言《ことば》を唱えん、『我、羅漢を得たり』と○外には賢《けん》善《ぜん》を現じ、内には貪嫉《とんしつ》を懐く。唖法《あほう》を受けたる婆羅門《ばらもん》等のごとし。実《じつ》には沙門《しゃもん》にあらずして沙門の像《かたち》を現じ、邪見熾盛《じゃけんしじょう》にして正法《しょうほう》を誹謗せん」等云々。妙楽《みょうらく》云わく「第三は最も甚《はなは》だし。後々《のちのち》の者は転《うた》た識《し》り難《がた》きをもっての故に」等云々。東春《とうしゅん》に云わく「第三に『あるいは阿練若に』より下《しも》の三偈《げ》は、即《すなわ》ちこれ出家《しゅっけ》の処《ところ》に一切の悪人を摂《おさ》む」等云々。

東春《とうしゅん》に「即《すなわ》ちこれ出家《しゅっけ》の処《ところ》に一切《いっさい》の悪人を摂《おさ》む」等とは、当世《とうせい》日本国には、いずれの処ぞや。叡山《えいざん》か、園城《おんじょう》か、東寺《とうじ》か、南都《なんと》か、建仁寺《けんにんじ》か、寿福寺《じゅふくじ》か、建長寺《けんちょうじ》か、よくよくたず《尋》ぬべし。延暦寺《えんりゃくじ》の出家の頭《こうべ》に甲冑《かっちゅう》をよろう《鎧》をさす《指》べきか。園城寺《おんじょうじ》の五分法身《ごぶんほっしん》の膚《はだえ》に鎧杖《がいじょう》を帯《たい》せるか。彼《かれ》らは、経文《きょうもん》に「納衣《のうえ》にして空閑《くうげん》に在り」と指すにはに《似》ず、「世の恭敬《くぎょう》するところとなること、六通《ろくつう》の羅漢《らかん》のごとくならん」と人おもわず、また「転《うた》た識《し》り難《がた》きが故に」というべしや。華洛《からく》には聖一《しょういち》等、鎌倉《かまくら》には良観《りょうかん》等ににた《似》り。人をあだ《怨》むことなかれ。眼《まなこ》あらば、経文に我が身をあわ《合》せよ。

止観《しかん》の第一に云《い》わく「止観の明静《みょうじょう》なることは、前代にいまだ聞かず」等云々《うんぬん》。弘《ぐ》の一に云わく「漢《かん》の明帝《めいてい》、夜夢《ゆめ》みしより陳朝《ちんちょう》に洎《およ》ぶまで○禅門《ぜんもん》に予《あず》かり廁《まじ》わって、衣鉢伝授《えはつでんじゅ》する者」等云々。補注《ほちゅう》に云わく「衣鉢伝授とは、達磨《だるま》を指す」等云々。止《し》の五に云わく「また一種の禅人《ぜんにん》乃至《ないし》盲《もう》・跛《は》の師・徒、二《ふた》りともに堕落《だらく》す」等云々。止の七に云わく「九つの意、世間《せけん》の文字《もんじ》の法師《ほっし》と共ならず。また事相《じそう》の禅《ぜん》師《じ》と共ならず。一種の禅師はただ観心《かんじん》の一意のみ有り。あるいは浅く、あるいは偽《いつわ》る。余《よ》の九つは全《まった》く無し。これ虚言《そらごと》にあらず。後賢《こうけん》、眼《まなこ》有らん者は、当《まさ》に証知《しょうち》すべきなり」。弘《ぐ》の七に云わく「『文字の法師』とは、内に観解《かんげ》無くしてただ法相《ほっそう》のみを構《かま》う。『事相の禅師』とは、境智《きょうち》を閑《なら》わずして鼻隔《びきゃく》に心を止《とど》むる乃至根本有漏定《こんぽんうろじょう》等なり。『一師はただ観心の一意のみ有り』等とは、これはしばらく与えて論をなす。奪《うば》えば則《すなわ》ち観解ともに闕《か》く。世間の禅人はひとえに理観《りかん》を尚《たっと》ぶ。既《すで》に教《きょう》を諳《そら》んぜざれば、観をもって経《きょう》を消《しょう》し、八邪八風《はちじゃはっぷう》を数えて丈六《じょうろく》の仏となし、五陰三毒《ごおんさんどく》を合《がっ》して名づけて八邪となし、六《ろく》入《にゅう》をもって六通《ろくつう》となし、四大《しだい》をもって四諦《したい》となす。かくのごとく経を解《げ》するは偽《ぎ》の中の偽なり。何の浅きをか論ずべけん」等云々。止観の七に云わく「昔、鄴《ぎょう》・洛《らく》の禅師、名は河海《かかい》に播《し》き、住《じゅう》するときんば四方雲《くも》のごとくに仰《あお》ぎ、去るときんば阡陌《せんぱく》群を成し、隠々轟々《いんいんごうごう》たり。また何の利益《りやく》か有る。臨終《りんじゅう》に皆悔《みなく》ゆ」等云々。弘《ぐ》の七に云わく「『鄴・洛の禅師』とは、『鄴』は相州《そうしゅう》に在り。即《すなわ》ち斉《せい》・魏《ぎ》の都《みやこ》する所なり。大いに仏法を興《おこ》す。禅祖《ぜんそ》の一《はじ》めなり、その地を王化《おうけ》す。時の人の意を護《まも》って、その名を出《い》ださず。『洛』は即ち洛陽《らくよう》なり」等云々。六巻の般泥洹経《はつないおんぎょう》に云わく「究竟《くきょう》の処《ところ》を見ずとは、彼《か》の一闡提《いっせんだい》の輩《やから》の究竟の悪業《あくごう》を見ざるなり」等云々。妙楽《みょうらく》云わく「第三は最も甚《はなは》だし。転《うた》た識《し》り難《がた》きが故に」等。

無眼《むげん》の者・一眼《いちげん》の者・邪見《じゃけん》の者は、末法《まっぽう》の始めの三類を見るべからず。一分《いちぶん》の仏眼《ぶつげん》を得《う》るもの《者》、これをしる《知》べし。「国王・大臣・婆羅門《ばらもん》・居士《こじ》に向かって」等云々《うんぬん》。東春《とうしゅん》に云《い》わく「公処《くじょ》に向かって法を毀《そし》り人を謗《ぼう》ず」等云々。夫《そ》れ、昔、像法《ぞうほう》の末《まつ》には護命《ごみょう》・修円《しゅえん》等、奏状《そうじょう》をささげ《捧》て伝教大師《でんぎょうだいし》を讒奏《ざんそう》す。今、末法の始めには良観《りょうかん》・然阿《ねんあ》等、偽書《ぎしょ》を注《しる》して将軍家《しょうぐんけ》にささぐ。あに三類の怨敵《おんてき》にあらずや。

当世《とうせい》の念仏者《ねんぶつしゃ》等、天台法華宗《てんだいほっけしゅう》の檀那《だんな》の国王・大臣・婆羅門《ばらもん》・居士《こじ》等に向かって云《い》わく「法華経は理《り》深く、我らは解微《げわず》かなり。法は至って深く、機《き》は至って浅し」等と申しうとむ《疎》るは、「高く聖境《しょうきょう》を推《お》して、己《おの》が智分《ちぶん》にあらずとす」の者にあらずや。禅宗《ぜんしゅう》云わく「法華経は月をさす指、禅宗は月なり。月をえ《得》て、指なにかせん。禅は仏の心、法華経は仏の言《みこと》なり。仏、法華経等の一切経《いっさいきょう》をとかせ給《たま》いて後《のち》、最後に一ふさ《房》の華《はな》をもって迦葉《かしょう》一人にさずく《授》。そのしるし《証》に、仏の御袈裟《おんけさ》を迦葉に付嘱《ふぞく》し、乃《ない》至《し》、付法蔵《ふほうぞう》の二十八・六祖までに伝《つた》う」等云々《うんぬん》。これらの大妄語《だいもうご》、国中《こくちゅう》を誑酔《おうすい》せしめてとし《年》ひさ《久》し。

また、天台真言《てんだいしんごん》の高僧《こうそう》等、名はその家にえ《得》たれども、我が宗《しゅう》にくらし《暗》。貪欲《とんよく》は深く、公家《くげ》・武家《ぶけ》をおそれて、この義を証伏《しょうぶく》し讃歎《さんだん》す。昔の多宝《たほう》・分身《ふんじん》の諸仏《しょぶつ》は、法華経の令法久住《りょうぼうくじゅう》を証明《しょうみょう》す。今の天台宗の碩徳《せきとく》は、理深解微《りじんげみ》を証伏せり。かるがゆえに、日本国にただ法華経の名のみあって、得道《とくどう》の人《ひと》一人もなし。誰《たれ》をか法華経の行者《ぎょうじゃ》とせん。

寺塔《じとう》を焼いて流罪《るざい》せらるる僧侶《そうりょ》はかず《数》をしら《知》ず。公家《くげ》・武家《ぶけ》に諛《へつら》ってにく《憎》まるる高僧これ多し。これらを法華経の行者《ぎょうじゃ》というべきか。

仏語《ぶつご》むなし《虚》からざれば、三類の怨敵《おんてき》すでに国中《こくちゅう》に充満《じゅうまん》せり。金言《きんげん》のやぶ《破》るべきかのゆえ《故》に、法華経の行者《ぎょうじゃ》なし。いかんがせん、いかんがせん。

そもそも、たれ《誰》やの人か衆俗《しゅぞく》に悪口《あっく》・罵詈《めり》せらるる。誰《たれ》の僧か刀杖《とうじょう》を加えらるる。誰の僧をか法華経のゆえに公家《くげ》・武家《ぶけ》に奏する。誰の僧か「しばしば擯出《ひんずい》せられん」と度々《たびたび》なが《流》さるる。日蓮より外《ほか》に日本国に取り出《い》ださんとするに人なし。

日蓮は法華経の行者《ぎょうじゃ》にあらず。天これをす《捨》て給《たも》うゆえに。誰《たれ》をか当世《とうせい》の法華経の行者として仏語《ぶつご》を実語《じつご》とせん。仏と提婆《だいば》とは身と影《かげ》のごとし。生々《しょうじょう》にはな《離》れず。聖徳太子《しょうとくたいし》と守屋《もりや》とは蓮華《れんげ》の華菓《けか》同時なるがごとし。法華経の行者あらば、必ず三類の怨敵《おんてき》あるべし。三類はすでにあり。法華経の行者は誰なるらん。求めて師とすべし。一眼《いちげん》の亀《かめ》の浮《う》き木《ぎ》に値《あ》うなるべし。

ある人云《い》わく、当世《とうせい》の三類はほぼ有るにに《似》たり。ただし法華経の行者《ぎょうじゃ》なし。汝《なんじ》を法華経の行者といわんとすれば、大いなる相違《そうい》あり。この経に云わく「天の諸《もろもろ》の童子《どうじ》は、もって給使《きゅうし》をなさん。刀杖《とうじょう》も加えず、毒《どく》も害すること能《あた》わじ」。また云わく「もし人、悪《にく》み罵《の》らば、口は則《すなわ》ち閉塞《へいそく》せん」等。また云わく「現世安穏《げんぜあんのん》にして、後《のち》に善処《ぜんしょ》に生《しょう》ぜん」等云々《うんぬん》。また「頭《こうべ》破《わ》れて七分《しちぶん》に作《な》ること、阿梨樹《ありじゅ》の枝のごとくならん」。また云わく「また現世において、その福報《ふくほう》を得《え》ん」等。また云わく「もしまたこの経典《きょうてん》を受持《じゅじ》せん者を見て、その過悪《かあく》を出《い》ださば、もしは実《じつ》にもあれ、もしは不実にもあれ、この人は現世に白癩《びゃくらい》の病《やまい》を得ん」等云々。

答えて云わく、汝《なんじ》が疑い大いに吉《よ》し。ついでに不審《ふしん》を晴らさん。不軽品《ふきょうほん》に云わく「悪口《あっく》・罵詈《めり》」等。また云《い》わく「あるいは杖木《じょうもく》・瓦石《がしゃく》をもって、これを打擲《ちょうちゃく》す」等云々《うんぬん》。涅槃経《ねはんぎょう》に云わく「もしは殺し、もしは害せん」等云々。法華経に云わく「しかもこの経は、如来《にょらい》の現《げん》に在《いま》すすらなお怨嫉《おんしつ》多し」等云々。仏は小指を提婆《だいば》にやぶられ、九横《くおう》の大難《だいなん》に値《あ》い給《たも》う。これは法華経の行者《ぎょうじゃ》にあらずや。不軽菩薩《ふきょうぼさつ》は一乗《いちじょう》の行者といわれまじきか。目連《もくれん》は竹杖《ちくじょう》に殺さる。法華経記別《きべつ》の後《のち》なり。付法蔵《ふほうぞう》の第十四の提婆《だいば》菩薩、第二十五の師子尊者《ししそんじゃ》の二人は人に殺されぬ。これらは法華経の行者にはあらざるか。竺《じく》の道生《どうしょう》は蘇山《そざん》に流されぬ。法道《ほうどう》は火印《かなやき》を面《かお》にや《焼》いて江南《こうなん》にうつ《移》さる。北野天神《きたのてんじん》、白居易《はくきょい》これらは法華経の行者ならざるか。

事の心を案ずるに、前生《ぜんしょう》に法華経誹謗《ひぼう》の罪なきもの今生《こんじょう》に法華経を行《ぎょう》ず、これを世間《せけん》の失《とが》によ《寄》せ、あるいは罪なきをあだ《怨》すれば、たちまちに現罰《げんばち》あるか。修羅《しゅら》が帝釈《たいしゃく》をい《射》る、金翅鳥《こんじちょう》の阿耨池《あのくち》に入《い》る等、必ず返って一時《いちじ》に損ずるがごとし。天台云《てんだいい》わく「今の我が疾苦《しっく》は皆《みな》過去に由《よ》る。今生の修福《しゅふく》は報《ほう》、将来に在り」等云々《うんぬん》。心地観経《しんじかんぎょう》に云わく「過去の因を知らんと欲《ほっ》せば、その現在の果を見よ。未来の果を知らんと欲せば、その現在の因を見よ」等云々。不軽品《ふきょうほん》に云わく「その罪は畢《お》え已《お》わって」等云々。不軽菩薩《ぼさつ》は、過去に法華経を謗《ぼう》じ給《たも》う罪身《み》に有るゆえに、瓦石《がしゃく》をかぼ《被》るとみ《見》えたり。

また、順次生《じゅんじしょう》に必ず地獄《じごく》に堕《お》つべき者は、重罪を造るとも現罰《げんばち》なし。一闡提人《いっせんだいにん》これなり。涅槃経《ねはんぎょう》に云《い》わく「迦葉菩薩《かしょうぼさつ》、仏に白《もう》して言《もう》さく『世尊《せそん》よ、仏の所説のごとく、大涅槃の光、一切衆生《いっさいしゅじょう》の毛孔《もうく》に入《い》る』と」等云々《うんぬん》。また云わく「迦葉菩薩、仏に白して言さく『世尊よ、いかんぞ、いまだ菩提心《ぼだいしん》を発《おこ》さざる者、菩提の因を得《え》ん』と」等云々。仏この問いを答えて云《のたま》わく「仏、迦葉に告げたまわく『もしこの大涅槃経を聞くことあって、我は菩提心を発すことを用いずと言《い》って正法《しょうほう》を誹謗《ひぼう》せん。この人、即時に夜の夢の中において羅刹《らせつ》の像《かたち》を見て心中《しんちゅう》に怖畏《ふい》す。羅刹語《かた》って言わく、咄《つたな》いかな、善《ぜん》男子《なんし》よ。汝《なんじ》今もし菩提心を発さずんば、当《まさ》に汝が命を断《た》つべしと。この人惶怖《おうふ》し、寤《さ》め已《お》わって、即《すなわ》ち菩提の心を発す○当に知るべし、この人はこれ大菩薩なり』と」等云々。いとう《甚》の大悪人ならざる者の正法を誹謗すれば、即時に夢みてひるがえる《翻》心生《しょう》ず。

また云《い》わく「枯木《こもく》・石山《しゃくせん》」等。また云わく「燋《い》れる種甘雨《かんう》に遇《あ》うといえども」等。また「明珠淤《みょうじゅお》泥《でい》」等。また云わく「人の手に創《きず》あるに、毒薬を捉《と》るがごとし」等。また云わく「大雨、空に住《じゅう》せず」等云々《うんぬん》。これらの多くの譬《たと》えあり。詮《せん》ずるところは、上品《じょうぼん》の一闡提人《いっせんだいにん》になりぬれば、順次生《じゅんじしょう》に必ず無《む》間獄《けんごく》に堕《お》つべきゆえに現罰《げんばち》なし。例せば、夏《か》の桀《けつ》・殷《いん》の紂《ちゅう》の世には天変《てんぺん》なし。重科《じゅうか》有って必ず世ほろ《滅》ぶべきゆえか。

また守護神《しゅごしん》この国をすつる《捨》ゆえに現罰《げんばち》なきか。謗法《ほうぼう》の世をば守護神すてて《捨》去り、諸天《しょてん》まぼる《守》べからず。かるがゆえに、正法《しょうほう》を行《ぎょう》ずるものにしるし《験》なし。還《かえ》って大難に値《あ》うべし。金光明経《こんこうみょうきょう》に云《い》わく「善《ぜん》業《ごう》を修《しゅ》する者は日々に衰滅《すいげん》す」等云々《うんぬん》。悪国・悪時これなり。つぶさには立正安国論《りっしょうあんこくろん》にかんがえ《勘》たるがごとし。

詮《せん》ずるところは、天もすて《捨》給《たま》え、諸難にもあえ《遭》、身命《しんみょう》を期《ご》とせん。身子《しんじ》が六十劫《こう》の菩薩《ぼさつ》の行《ぎょう》を退せし、乞眼《こつげん》の婆羅門《ばらもん》の責めを堪《た》えざるゆえ。久遠《くおん》・大通《だいつう》の者の三・五の塵《じん》をふる《経》、悪知識《あくちしき》に値《あ》うゆえなり。善に付け悪につけ、法華経をすつる《捨》は地獄《じごく》の業《ごう》なるべし。大願《だいがん》を立てん。日本国の位をゆずら《譲》ん、法華経をすてて観経《かんぎょう》等について後生《ごしょう》をごせ《期》よ、父母の頸《くび》を刎《は》ねん、念仏《ねんぶつ》申さずばなんどの種々の大難出来《しゅったい》すとも、智者《ちしゃ》に我が義やぶられ《破》ずば用いじとなり。その外《ほか》の大難、風の前の塵《ちり》なるべし。我《われ》日本の柱とならん、我日本の眼目とならん、我日本の大船《たいせん》とならん等とちかい《誓》し願いやぶるべからず。

疑って云《い》わく、いかにとして汝《なんじ》が流罪《るざい》・死罪等を過去の宿習《しゅくじゅう》としら《知》ん。

答えて云わく、銅鏡《どうきょう》は色形《しきぎょう》を顕《あらわ》す。秦王験偽《しんおうけんぎ》の鏡は現在の罪を顕す。仏法の鏡は過去の業因《ごういん》を現《あらわ》す。般泥洹経《はつないおんぎょう》に云わく「善男子《ぜんなんし》よ。過去にかつて無量の諸罪、種々の悪業《あくごう》を作るに、この諸《もろもろ》の罪報《ざいほう》は◯あるいは軽易《きょうい》せられ、あるいは形状醜陋《ぎょうじょうしゅうる》、衣服《えぶく》足らず、飲食麤疎《おんじきそそ》、財《たから》を求《もと》むるに利あらず、貧賤《ひんせん》の家・邪見《じゃけん》の家に生まれ、あるいは王難に遭《あ》い、および余《よ》の種々の人間《にんげん》の苦報《くほう》あらん。現世《げんぜ》に軽く受《う》くるは、これ護法《ごほう》の功徳力《くどくりき》に由《よ》るが故なり」等云々《うんぬん》。

この経文《きょうもん》、日蓮が身にあたかも符契《ふけい》のごとし。狐疑《こぎ》の氷とけ《解》ぬ。千万の難も由《よし》なし。一々《いちいち》の句を我が身にあわせ《合》ん。「あるいは軽易《きょうい》せらる」等云々《うんぬん》。法華経に云《い》わく「軽賤憎嫉《きょうせんぞうしつ》」等云々。二十余年が間の軽慢《きょうまん》せらる。「あるいは形状醜陋《ぎょうじょうしゅうる》」、また云わく「衣服《えぶく》足らず」、予《よ》が身なり。「飲食麤疎《おんじきそそ》」、予が身なり。「財《たから》を求《もと》むるに利あらず」、予が身なり。「貧賤《ひんせん》の家に生《う》まる」、予が身なり。「あるいは王難に遭《あ》う」等、この経文《きょうもん》、人疑《うたが》うべしや。法華経に云わく「しばしば擯出《ひんずい》せられん」。この経文に云わく

「種々」等云々。「これ護法《ごほう》の功徳力《くどくりき》に由《よ》るが故なり」等とは、摩訶止観《まかしかん》の第五に云わく「散善微弱《さんぜんみにゃく》なるは動《どう》ぜしむること能《あた》わず。今、止観を修《しゅ》して健病虧《ごんびょうか》けざれば、生死《しょうじ》の輪を動ず」等云々。また云わく「三障四魔《さんしょうしま》、紛然《ふんぜん》として競《きそ》い起こる」等云々。

我、無始《むし》よりこのかた、悪王と生まれて、法華経の行者《ぎょうじゃ》の衣食《えじき》・田畠《でんぱた》等を奪《うば》いとり《取》せしこと、かず《数》しら《知》ず。当世《とうせい》日本国の諸人《しょにん》の、法華経の山寺《さんじ》をたお《倒》すがごとし。また法華経の行者の頸《くび》を刎《は》ぬること、その数をしらず。これらの重罪、はた《果》せるもあり、いまだはた《果》さざるもあるらん。果たすも、余《よ》残《ざん》いまだつき《尽》ず。生死《しょうじ》を離《はな》るる時は、必ずこの重罪をけし《消》はて《果》て出離《しゅつり》すべし。功徳《くどく》は浅軽《せんきょう》なり、これらの罪は深重《じんじゅう》なり。権経《ごんきょう》を行《ぎょう》ぜしには、この重罪いまだおこら《起》ず。鉄《くろがね》を熱《や》くにいとう《甚》きたわ《鍛》ざれば、きず隠《かく》れてみえ《見》ず。度々《たびたび》せむれ《責》ば、きずあらわる《現》。麻《あさ》の子《み》をしぼる《搾》に、つよくせめ《責》ざれば、油少なきがごとし。

今、日蓮、強盛《ごうじょう》に国土の謗法《ほうぼう》を責《せ》むればこの大難の来《きた》るは、過去の重罪の今生《こんじょう》の護法《ごほう》に招き出《い》だせるなるべし。鉄《くろがね》の火に値《あ》わざれば黒し、火と合いぬれば赤し。木をもって急流をかけ《搔》ば、波《なみ》山のごとし。睡《ねむ》れる師子《しし》に手をつくれ《付》ば大いに吼《ほ》ゆ。

涅槃経《ねはんぎょう》に云《い》わく「譬《たと》えば貧女《ひんにょ》のごとし。居家《こけ》、救護《くご》の者有ることなく、加《くわ》うるにまた、病苦・飢渇《けかち》の逼《せ》むるところとなって、遊行《ゆぎょう》・乞丐《こつがい》す。他の客舎《きゃくしゃ》に止《とど》まり、寄って一子を生《しょう》ず。この客舎の主《しゅ》、駆《く》逐《ちく》して去らしむ。その産していまだ久しからず、この児《こ》を携《たずさ》え抱《いだ》いて他国に至らんと欲《ほっ》し、その中路《ちゅうろ》において、悪風雨《あくふうう》に遇《あ》って、寒苦《かんく》並び至り、多く蚊《か》・虻《あぶ》・蜂《はち》・螫《いらむし》・毒虫の唼《す》い食うところとなる。恒《ごう》河《が》に逕由《けいゆ》し児を抱いて渡《わた》る。その水漂疾《ひょうしつ》なれども、放《はな》ち捨てず。ここにおいて、母子ついにともに没《もっ》しぬ。かくのごとき女人《にょにん》は慈念《じねん》の功徳《くどく》もて命終《みょうじゅう》の後梵天《のちぼんてん》に生ず。文殊師利《もんじゅしり》よ。もし善男子《ぜんなんし》有って正法《しょうほう》を護《まも》らんと欲《ほっ》せば○彼《か》の貧女の恒河に在って子を愛念するがために身命《しんみょう》を捨《す》つるがごとくせよ。善男子よ。護法《ごほう》の菩薩《ぼさつ》もまた応《まさ》にかくのごとくなるべし。むしろ身命を捨てよ○かくのごときの人、解脱《げだつ》を求めずといえども、解脱に自《おの》ずから至ること、彼の貧女の梵天を求めざれども、梵天に自ずから至るがごとし」等云々《うんぬん》。

この経文《きょうもん》は、章安大師《しょうあんだいし》、三障《さんしょう》をもって釈《しゃく》し給《たま》えり。それをみるべし。「貧人《びんにん》」とは、法財《ほうざい》のな《無》きなり。「女人《にょにん》」とは、一分《いちぶん》の慈《じ》ある者なり。「客舎《きゃくしゃ》」とは、穢土《えど》なり。「一子」とは、法華経の信心、了《りょう》因《いん》の子なり。「舎《しゃ》の主《しゅ》、駆逐《くちく》す」とは、流罪《るざい》せらる。「その産していまだ久しからず」とは、いまだ信じてひさし《久》からず。「悪風」とは、流罪の勅宣《ちょくせん》なり。「蚊《か》・虻《あぶ》」等とは、「諸《もろもろ》の無智《むち》の人の、悪口《あっく》・罵《め》詈《り》等するもの有らん」なり。「母子共《とも》に没《もっ》す」とは、終《つい》に法華経の信心をやぶ《破》らずして頭《こうべ》を刎《は》ねらるなり。「梵天《ぼんてん》」とは、仏界《ぶっかい》に生《う》まるるをいうなり。

引業《いんごう》と申すは、仏界《ぶっかい》までかわ《変》らず。日本・漢土《かんど》の万国《ばんこく》の諸人《しょにん》を殺すとも、五逆《ごぎゃく》・謗法《ほうぼう》なければ、無《む》間地獄《けんじごく》には堕《お》ちず。余《よ》の悪道《あくどう》にして多歳《たさい》をふ《経》べし。色天《しきてん》に生《う》まるること、万戒《まんかい》を持《たも》てども万善《まんぜん》をす《修》すれども、散善《さんぜん》にては生まれず。また梵天王《ぼんてんのう》となること、有漏《うろ》の引業の上に慈悲《じひ》を加えて生《しょう》ずべし。今この貧女《ひんにょ》が子を念《おも》うゆえに梵天に生まるるは、常《つね》の性相《しょうそう》には相違《そうい》せり。章安《しょうあん》の二はあれども、詮《せん》ずるところは子を念う慈念《じねん》より外《ほか》のことなし。念を一境《いっきょう》にするは、定《じょう》に似たり。専《もっぱ》ら子を思うは、また慈悲にもにた《似》り。かるがゆえに、他事《たじ》なけれども天に生まるるか。

また仏にな《成》る道は、華厳《けごん》の唯心法界《ゆいしんほっかい》、三論《さんろん》の八不《はっぷ》、法相《ほっそう》の唯識《ゆいしき》、真言《しんごん》の五輪観《ごりんかん》等も実《じつ》には叶《かな》うべしともみ《見》えず。ただ天台《てんだい》の一念三千《いちねんさんぜん》こそ仏になるべき道とみゆれ。この一念三千も我ら一分《いちぶん》の慧解《えげ》もなし。しかれども、一代経々《きょうぎょう》の中にはこの経ばかり一念三千の玉《たま》をいだ《懐》けり。余経《よきょう》の理《り》は玉ににた《似》る黄《こう》石《せき》なり。沙《すな》をしぼ《搾》るに油なし、石女《しゃくにょ》に子のなきがごとし。諸経《しょきょう》は智者《ちしゃ》なお仏にならず、この経は愚人《ぐにん》も仏因《ぶついん》を種《う》うべし。「解脱《げだつ》を求めずとも、解脱に自《おの》ずから至る」等云々《うんぬん》。

我ならびに我が弟子《でし》、諸難ありとも疑う心なくば、自然《じねん》に仏界《ぶっかい》にいたるべし。天の加護《かご》なきことを疑わざれ。現世《げんぜ》の安穏《あんのん》ならざることをなげ《歎》かざれ。我が弟子に朝夕《ちょうせき》教えしかども、疑いをおこして皆《みな》す《捨》てけん。つたな《拙》き者のならい《習》は、約束せし事をまことの時はわする《忘》るなるべし。

妻子を不便《ふびん》とおもうゆえ、現身《げんしん》にわか《別》れんことをなげ《歎》くらん。多生曠劫《たしょうこうごう》にしたし《親》みし妻子には心とはな《離》れしか、仏道《ぶつどう》のためにはな《離》れしか。いつも同《おな》じわか《別》れなるべし。我、法華経の信心をやぶ《破》らずして、霊山《りょうぜん》にまい《詣》りて返ってみちび《導》けかし。

疑って云《い》わく、念仏者《ねんぶつしゃ》と禅宗《ぜんしゅう》等を無間《むけん》と申すは、諍《あらそ》う心あり。修羅道《しゅらどう》にや堕《お》つべかるらん。また法華経の安楽行品《あんらくぎょうほん》に云わく「楽《ねが》って人および経典《きょうてん》の過《とが》を説かざれ。また諸余《しょよ》の法師《ほっし》を軽慢《きょうまん》せざれ」等云々《うんぬん》。汝《なんじ》この経文《きょうもん》に相違《そうい》するゆえに、天にす《捨》てられたるか。

答えて云《い》わく、止観《しかん》に云わく「夫《そ》れ、仏に両説あり。一には摂《しょう》、二には折《しゃく》なり。安楽行《あんらくぎょう》に『長短を称《しょう》せざれ』というがごときは、これ摂の義なり。大経《だいきょう》に『刀杖《とうじょう》を執持《しゅうじ》し乃至《ないし》首を斬《き》れ』というは、これ折の義なり。与奪途《よだつみち》を殊《こと》にすといえども、ともに利益《りやく》せしむ」等云々《うんぬん》。

弘決《ぐけつ》に云《い》わく「『夫《そ》れ、仏に両説あり』等とは○『大経《だいきょう》に刀杖《とうじょう》を執持《しゅうじ》す』とは、第三に云わく『正《しょう》法《ほう》を護《まも》る者は、五戒《ごかい》を受けず、威儀《いぎ》を修《しゅ》せず』○『乃至《ないし》』より下《しも》の文《もん》は、仙予《せんよ》国王等の文なり。また『新医禁《いまし》めて云わく、もしさらになすことあらば、当《まさ》にその首を断《た》つべし』と、かくのごとき等の文、ならびにこれ破法《はほう》の人を折伏《しゃくぶく》す。一切《いっさい》の経論《きょうろん》この二つを出《い》でず」等云々《うんぬん》。

文句《もんぐ》に云《い》わく「問う。大経《だいきょう》には、国王に親付《しんぷ》し弓を持《じ》し箭《や》を帯《たい》し悪人を摧伏《ざいぶく》せよと明かす。この経は、『豪勢《ごうせい》を遠離《おんり》し、謙下《けんげ》し慈善《じぜん》せよ』と。剛柔碩《ごうにゅうおお》いに乖《そむ》けり。いかんぞ異《こと》ならざらん。答う。大経はひとえに折伏《しゃくぶく》を論ずれども、『一子地《いっしじ》に住《じゅう》す』と。何《なん》ぞかつて摂受《しょうじゅ》無からん。この経はひとえに摂受を明かせども、『頭破《こうべわ》れて七分《しちぶん》に作《な》る』と。折伏無きにあらず。各一端《おのおのいったん》を挙げて、時に適《かな》うのみ」等云々《うんぬん》。

涅槃経《ねはんぎょう》の疏《しょ》に云《い》わく「出家《しゅっけ》・在家《ざいけ》、法を護《まも》らんには、その元心《がんしん》の所為《しょい》を取り、事《じ》を棄《す》て理《り》を存《そん》して大教《だいきょう》を匡《たす》け弘《ひろ》む。故に『正法《しょうほう》を護持《ごじ》せんには』と言う。小節に拘《かかわ》らず。故に『威儀《いぎ》を修《しゅ》せず』と言う○昔の時は平らかにして法弘《ひろ》まる。応《まさ》に戒《かい》を持《たも》つべし。杖《つえ》を持つことなかれ。今の時は嶮《けん》にして法翳《か》くる。応に杖を持つべし。戒を持つことなかれ。今昔《こんじゃく》ともに嶮ならば、応にともに杖を持つべし。今昔ともに平らかならば、応にともに戒を持つべし。取捨宜《しゅしゃよろ》しきを得て、一向《いっこう》にすべからず」等云々《うんぬん》。

汝《なんじ》が不審《ふしん》をば、世間《せけん》の学者、多分《たぶん》は道理とおもう。いかに諫暁《かんぎょう》すれども、日蓮が弟子《でし》等もこのおも《思》いをす《捨》てず。一闡提人《いっせんだいにん》のごとくなるゆえに、まず天台《てんだい》・妙楽《みょうらく》等の釈《しゃく》をいだ《出》して、かれが邪難《じゃなん》をふせ《防》ぐ。

夫《そ》れ、摂受《しょうじゅ》・折伏《しゃくぶく》と申す法門《ほうもん》は、水火のごとし。火は水をいと《厭》う。水は火をにく《憎》む。摂受の者は折伏をわらう《笑》。折伏の者は摂受をかなしむ《悲》。

無智《むち》・悪人の国土に充満《じゅうまん》の時は、摂受《しょうじゅ》を前《さき》とす。安楽行品《あんらくぎょうほん》のごとし。邪智《じゃち》・謗法《ほうぼう》の者の多き時は、折伏《しゃくぶく》を前とす。常不軽品《じょうふきょうほん》のごとし。譬《たと》えば、熱き時に寒水を用い、寒き時に火をこのむ《好》がごとし。草《そう》木《もく》は日輪《にちりん》の眷属《けんぞく》、寒き月に苦をう《得》。諸水は月輪《げつりん》の所従《しょじゅう》、熱き時に本性《ほんしょう》を失う。

末法《まっぽう》に摂受《しょうじゅ》・折伏《しゃくぶく》あるべし。いわゆる悪国《あっこく》・破法《はほう》の両国《りょうごく》あるべきゆえなり。日本国の当世《とうせい》は悪国か破法の国かとしる《知》べし。

問《い》うて云わく、摂受《しょうじゅ》の時折伏《しゃくぶく》を行《ぎょう》ずると、折伏の時摂受を行ずると、利益《りやく》あるべしや。

答えて云わく、涅槃経《ねはんぎょう》に云わく「迦葉菩薩《かしょうぼさつ》、仏に白《もう》して言《もう》さく○『如来《にょらい》の法身《ほっしん》は金剛不壊《こんごうふえ》なり。しかるにいまだ所因《しょいん》を知ること能《あた》わず、いかん』。仏言《のたま》わく『迦葉よ。能《よ》く正法《しょうほう》を護持《ごじ》する因縁《いんねん》をもっての故に、この金剛身《こんごうしん》を成就《じょうじゅ》することを得たり。迦葉よ。我、正法を護持する因縁もて、今この金剛身を成就することを得たり。常住《じょうじゅう》にして壊《やぶ》れず。善男子よ。正法を護持せん者は、五戒《ごかい》を受けず、威《い》儀《ぎ》を修《しゅ》せず、応《まさ》に刀剣《とうけん》・弓箭《きゅうせん》を持《じ》すべし○かくのごとく種々に法を説くも、しかもなお師子吼《ししく》すること能わず○非法《ひほう》の悪人を降伏《ごうぶく》すること能わず、かくのごとき比丘《びく》、自利《じり》しおよび衆生《しゅじょう》を利すること能わず。当《まさ》に知るべし、この輩《やから》は懈怠《けたい》・懶惰《らんだ》なり。能く戒《かい》を持《たも》ち浄行《じょうぎょう》を守護《しゅご》すといえども、当に知るべし、この人は能くなすところなからん乃至《ないし》時に破戒《はかい》の者有ってこの語《ことば》を聞き已《お》わって、みな共に瞋恚《しんに》してこの法師《ほっし》を害せん。この説法の者、たといまた命終《みょうじゅう》すとも、なお持戒《じかい》・自利利他《りた》と名づく』と」等云々《うんぬん》。章安《しょうあん》云わく「取捨宜《しゅしゃよろ》しきを得て、一向《いっこう》にすべからず」等。天台《てんだい》云わく「時に適《かな》うのみ」等云々。

譬《たと》えば、秋の終わりに種子《たね》を下《お》ろし田畠《でんばた》をかえ《返》さんに、稲米《いねのよね》をうる《得》ことかた《難》し。

建仁年中《けんにんねんちゅう》に法然《ほうねん》・大日《だいにち》の二人出来《しゅったい》して、念仏宗《ねんぶつしゅう》・禅宗《ぜんしゅう》を興行《こうぎょう》す。法然云《い》わく「法華経は末法《まっぽう》に入《い》っては、いまだ一人も得《う》る者有らず、千の中に一《ひと》りも無し」等云々《うんぬん》。大日云わく「教外《きょうげ》に別伝す」等云々。この両義、国土に充満《じゅうまん》せり。天台真言《てんだいしんごん》の学者等、念仏・禅の檀那《だんな》をへつら《諂》い、おそる《恐》ること、犬の主《あるじ》にお《尾》をふ《振》り、ねずみの猫《ねこ》をおそ《恐》るるがごとし。国王・将軍にみやづか《宮仕》い、破仏法《はぶっぽう》の因縁《いんねん》、破国《はこく》の因縁を能《よ》く説き、能くかたるなり。天台真言の学者等、今生《こんじょう》には餓鬼道《がきどう》に堕《お》ち、後生《ごしょう》には阿鼻《あび》を招くべし。たとい山林にまじ《交》わって一念三千《いちねんさんぜん》の観《かん》をこ《凝》らすとも、空閑《くうげん》にして三密《さんみつ》の油をこぼさずとも、時《じ》機《き》をしらず摂折《しょうしゃく》の二門を弁《わきま》えずば、いかでか生死《しょうじ》を離《はな》るべき。

問うて云《い》わく、念仏者《ねんぶつしゃ》・禅宗《ぜんしゅう》等を責めて彼《かれ》らにあだ《怨》まれたる、いかなる利益《りやく》かあるや。

答えて云わく、涅槃経《ねはんぎょう》に云わく「もし善比丘《ぜんびく》あって、法を壊《やぶ》る者を見て、置いて、呵責《かしゃく》し駆遣《くけん》し挙《こ》処《しょ》せずんば、当《まさ》に知るべし、この人は仏法の中の怨《あだ》なり。もし能《よ》く駆遣し呵責し挙処せば、これ我が弟子《でし》、真《しん》の声聞《しょうもん》なり」等云々《うんぬん》。「仏法を壊乱《えらん》するは、仏法の中の怨なり。慈《じ》無くして詐《いつわ》り親しむは、これ彼《かれ》が怨なり。能く糾治《きゅうじ》せんは、これ護法《ごほう》の声聞、真の我が弟子なり。彼がために悪を除くは、即《すなわ》ちこれ彼が親なり。能く呵責せんは、これ我が弟子なり。駆遣せざらんは、仏法の中の怨なり」等云々。

夫《そ》れ、法華経の宝塔品《ほうとうほん》を拝見するに、釈迦《しゃか》・多宝《たほう》・十方分身《じっぽうふんじん》の諸仏《しょぶつ》の来集《らいじゅう》はなに《何》心《ごころ》ぞ。「法をして久しく住《じゅう》せしめんが故に、ここに来至《らいし》したまえり」等云々《うんぬん》。三仏の未来に法華経を弘《ひろ》めて未来の一切《いっさい》の仏子にあた《与》えんとおぼ《思》しめす御心《みこころ》の中をすい《推》するに、父母の一子の大苦《だいく》に値《あ》うを見るよりも強盛《ごうじょう》にこそみ《見》えたるを、法然《ほうねん》いたわし《労》ともおも《思》わで、末法《まっぽう》には法華経の門を堅《かた》く閉じて人を入《い》れじとせき《塞》、狂《きょう》児《じ》をたぼらか《誑》して宝をすて《捨》さするように、法華経を抛《なげう》てさせける心こそ無慚《むざん》に見え候《そうら》え。我が父母を人の殺さんに、父母につげ《告》ざるべしや。悪子の酔狂《すいきょう》して父母を殺すを、せい《制》せざるべしや。悪人、寺《じ》塔《とう》に火を放《はな》たんに、せいせざるべしや。一子の重病を灸《やいと》せざるべしや。日本の禅《ぜん》と念仏者《ねんぶつしゃ》とを見てせ《制》いせざるもの《者》は、かくのごとし。「慈《じ》無くして詐《いつわ》り親しむは、これ彼《かれ》が怨《あだ》なり」等云々。

日蓮は日本国の諸人《しょにん》にしゅ《主》うし《師》父母《親》なり。一切《いっさい》の天台宗《てんだいしゅう》の人は彼《かれ》らが大怨敵《だいおんてき》なり。「彼がために悪を除くは、即《すなわ》ちこれ彼が親なり」等云々《うんぬん》。無道心《むどうしん》の者、生死《しょうじ》をはなる《離》ることはなきなり。

教主釈尊《きょうしゅしゃくそん》の一切の外道《げどう》に大悪人と罵詈《めり》せられさせ給《たま》い、天台大師《てんだいだいし》の南北《なんぼく》ならびに得一《とくいつ》に「三寸《ずん》の舌もて五尺《しゃく》の身をたつ《断》」と、伝教大師《でんぎょう》の南京《なんきょう》の諸人《しょにん》に「最澄《さいちょう》いまだ唐都《とうと》を見ず」等といわ《言》れさせ給いし、皆《みな》、法華経のゆえなればはじ《恥》ならず。愚人《ぐにん》にほめ《褒》られたるは第一のはじ《恥》なり。日蓮が御勘気《ごかんき》をかぼ《被》れば、天台真言《しんごん》の法師《ほっし》等、悦《よろこ》ばしくやおもう《思》らん。かつはむざん《無慚》なり、かつはきかい《奇怪》なり。

夫《そ》れ、釈尊《しゃくそん》は娑婆《しゃば》に入《い》り、羅什《らじゅう》は秦《しん》に入り、伝教《でんぎょう》は尸那《しな》に入り、提婆《だいば》・師子《しし》は身をすつ《捨》。薬王《やくおう》は臂《ひじ》をやく《焼》。上宮《じょうぐう》は手の皮をはぐ《剝》。釈迦菩薩《しゃかぼさつ》は肉をうる《売》。楽法《ぎょうぼう》は骨を筆とす。天台《てんだい》云わく「時に適《かな》うのみ」等云々《うんぬん》。仏法は時によるべし。日蓮が流罪《るざい》は今生《こんじょう》の小苦なればなげか《歎》しからず。後生《ごしょう》には大楽《だいらく》をうく《受》べければ大いに悦《よろこ》ばし。

（006）

如来《にょらい》滅後《めつご》五五《ごのご》百歳《ひゃくさいに》始《はじむ》観心《かんじんの》本尊抄《ほんぞんしょう》

（観心本尊抄《かんじんのほんぞんしょう》）

文永《ぶんえい》10年（'73）4月25日　52歳

本朝沙門《ほんちょうしゃもん》日蓮撰《せん》す。

摩訶止観《まかしかん》第五に云《い》わく〈世間《せけん》と如是《にょぜ》と一《いち》なり。開合《かいごう》の異《い》なり〉

「夫《そ》れ、一心《いっしん》に十法界《じっぽうかい》を具《ぐ》す。一法界《いっぽうかい》にまた十法界を具すれば、百法界《ひゃっぽうかい》なり。一界に三十種の世間《せけん》を具すれば、百法界には即《すなわ》ち三千種の世間を具す。この三千、一念《いちねん》の心に在り。もし心無くんば已《や》みなん。介爾《けに》も心有らば、即ち三千を具す乃至《ないし》 ゆえに称《しょう》して不可思議境《ふかしぎきょう》となす。意《こころ》ここに在り」等云々《うんぬん》

〈ある本に云《い》わく「一界に三種の世間を具す」〉。

問うて曰《い》わく、玄義《げんぎ》に一念三千《いちねんさんぜん》の名目《みょうもく》を明かすや。

答えて曰わく、妙楽云《みょうらくい》わく「明かさず」。

問うて曰わく、文句《もんぐ》に一念三千《いちねんさんぜん》の名目《みょうもく》を明かすや。

答えて曰わく、妙楽云《みょうらくい》わく「明かさず」。

問うて曰わく、その妙楽《みょうらく》の釈《しゃく》いかん。

答えて曰わく、「ならびにいまだ一念三千《いちねんさんぜん》と云《い》わず」等云々《うんぬん》。

問うて曰わく、止観《しかん》の一・二・三・四等に一念三千《いちねんさんぜん》の名目《みょうもく》を明かすや。

答えて曰わく、これ無し。

問うて曰わく、その証《しょう》いかん。

答えて曰わく、妙楽云《みょうらくい》わく「故に、止観《しかん》の『正《まさ》しく観法《かんぽう》を明かす』に至って、ならびに三千《さんぜん》をもって指南となす」等云々《うんぬん》。

疑って云《い》わく、玄義《げんぎ》第二に云わく「また一法界《いっぽうかい》に九法界《くほうかい》を具《ぐ》すれば、百法界《ひゃっぽうかい》・千如是《せんにょぜ》あり」等云々《うんぬん》。文句《もんぐ》第一に云わく「一入《いちにゅう》に十法界《じっぽうかい》を具すれば、一界《いっかい》また十界《じっかい》なり。十界に各十如是《おのおのじゅうにょぜ》あれば、即《すなわ》ちこれ一千なり」等云々。観音玄《かんのんげん》に云わく「十法界交互《こうご》なれば、即ち百法界有り。千種の性相《しょうそう》、冥伏《みょうぶく》して心に在り。現前《げんぜん》せずといえども、宛然《おんねん》として具足《ぐそく》す」等云々。

問うて曰《い》わく、止観《しかん》の前《さき》の四に一念三千《いちねんさんぜん》の名目《みょうもく》を明かすや。

答えて曰わく、妙楽云《みょうらくい》わく「明かさず」。

問うて曰わく、その釈《しゃく》いかん。

答う。弘決《ぐけつ》第五に云《い》わく「もし正観《しょうがん》に望《のぞ》めば、全《まった》くいまだ行《ぎょう》を論ぜず。また二十五法に歴《へ》て事《じ》に約して解《げ》を生《しょう》ず。方《まさ》に能《よ》く正修《しょうしゅ》の方便《ほうべん》となすに堪《た》えたり。この故に、前《さき》の六は皆《みな》解に属す」等云々《うんぬん》。また云わく「故に、止観《しかん》の『正《まさ》しく観法《かんぽう》を明かす』に至って、ならびに三千《さんぜん》をもって指南となす。乃《すなわ》ちこれ終窮究竟《しゅうぐくきょう》の極説《ごくせつ》なり。故に、序《じょ》の中に『己心《こしん》の中に行《ぎょう》ずるところの法門《ほうもん》を説く』と云えり。良《まこと》に以《ゆえ》有るなり。請《こ》う、尋《たず》ね読まん者、心に異縁《いえん》無かれ」等云々。

夫《そ》れ、智者《ちしゃ》の弘法《ぐほう》三十年、二十九年の間は玄《げん》・文《もん》等の諸義を説いて五時八教《ごじはっきょう》・百界千如《ひゃっかいせんにょ》を明かし、前《さき》の五百余年の間の諸非《しょひ》を責め、ならびに天竺《てんじく》の論師《ろんじ》いまだ述べざるを顕《あらわ》す。章安大師《しょうあんだいし》云《い》わく「天竺の大論《だいろん》すら、なおその類《たぐ》いにあらず。震旦《しんたん》の人師《にんし》、何《なん》ぞ労《わずら》わしく語るに及《およ》ばん。これは誇耀《こよう》にあらず。法相《ほっそう》のしからしむるのみ」等云々《うんぬん》。はかないかな、天台《てんだい》の末学《まつがく》等、華厳《けごん》・真言《しんごん》の元祖《がんそ》の盗人《ぬすびと》に一念三千《いちねんさんぜん》の重宝《ちょうほう》を盗《ぬす》み取られて、還《かえ》って彼《かれ》らが門家《もんけ》と成りぬ。章安大師、兼《か》ねてこのことを知って、歎《なげ》いて言わく「この言《ことば》もし墜《お》ちなば、将来悲しむべし」云々。

問うて曰《い》わく、百界千如《ひゃっかいせんにょ》と一念三千《いちねんさんぜん》と差別いかん。

答えて曰わく、百界千如《ひゃっかいせんにょ》は有情界《うじょうかい》に限り、一念三千《いちねんさんぜん》は情《じょう》・非情《ひじょう》に亘《わた》る。

不審《ふしん》して云《い》わく、非情《ひじょう》に十如是《じゅうにょぜ》亘《わた》るならば、草木《そうもく》に心有って有情《うじょう》のごとく成仏すとなすべしや、いかん。

答えて曰《い》わく、このこと難信難解《なんしんなんげ》なり。天台《てんだい》の難信難解に二つ有り。一には教門《きょうもん》の難信難解、二には観門《かんもん》の難信難解なり。その教門の難信難解とは、一仏の所説において、爾前《にぜん》の諸経《しょきょう》には二乗《にじょう》と闡提《せんだい》とは未来に永く成仏せず、教主釈尊《きょうしゅしゃくそん》は始めて正覚《しょうがく》を成《じょう》ず。法華経迹本《しゃくほん》二門に来至《らいし》したまい、彼《か》の二説を壊《やぶ》る。一仏二言《いちぶつにごん》、水火なり。誰人《たれびと》かこれを信ぜん。これは教門の難信難解なり。

観門《かんもん》の難信難解《なんしんなんげ》とは、百界千如《ひゃっかいせんにょ》・一念三千《いちねんさんぜん》、非情《ひじょう》の上の色心《しきしん》二法・十如是《じゅうにょぜ》これなり。しかりといえども、木画《もくえ》の二像においては外典《げてん》・内典《ないてん》共にこれを許して本尊となす。その義においては天台一家《てんだいいっけ》より出《い》でたり。草木《そうもく》の上に色心の因果《いんが》を置かずんば、木画の像を本尊に恃《たの》み奉《たてまつ》ること無益《むやく》なり。

疑って云《い》わく、草木《そうもく》国土の上の十如是《じゅうにょぜ》の因果《いんが》の二法は、いずれの文《もん》に出《い》でたるや。

答えて曰《い》わく、止観《しかん》第五に云わく「国土世間《こくどせけん》、また十種の法を具《ぐ》す。ゆえに悪国土の相《そう》・性《しょう》・体《たい》・力《りき》等あり」云々《うんぬん》。釈籤《しゃくせん》第六に云わく「相はただ色《しき》のみに在り。性はただ心《しん》のみに在り。体・力・作《さ》・縁《えん》は、義《ぎ》、色心を兼《か》ね、因果《いんが》はただ心のみ、報《ほう》はただ色のみに在り」等云々。金錍論《こんぺいろん》に云わく「乃《すなわ》ちこれ一草・一木《もく》・一礫《りゃく》・一塵《じん》、各《おのおの》一仏性《ぶっしょう》、各一因果あり。縁・了《りょう》を具足《ぐそく》す」等云々。

問うて曰《い》わく、出処《しゅっしょ》既《すで》にこれを聞く。観心《かんじん》の心いかん。

答えて曰わく、観心《かんじん》とは、我が己心《こしん》を観《かん》じて十法界《じっぽうかい》を見る、これを観心と云《い》うなり。譬《たと》えば、他人の六根《ろっこん》を見るといえども、いまだ自面《じめん》の六根を見ざれば自具《じぐ》の六根を知らず、明鏡《みょうきょう》に向かうの時、始めて自具の六根を見るがごとし。たとい諸経《しょきょう》の中に所々《しょしょ》に六道《ろくどう》ならびに四聖《ししょう》を載《の》すといえども、法華経ならびに天台大師《てんだいだいし》述《の》ぶるところの摩訶止観《まかしかん》等の明鏡を見ざれば、自具の十界《じっかい》・百界千如《ひゃっかいせんにょ》・一念三千《いちねんさんぜん》を知らざるなり。

問うて曰《い》わく、法華経はいずれの文《もん》ぞ。天台《てんだい》の釈《しゃく》はいかん。

答えて曰わく、法華経第一の方便品《ほうべんぼん》に云《い》わく「衆生《しゅじょう》をして仏知見《ぶっちけん》を開かしめんと欲《ほっ》す」等云々《うんぬん》。これ九界所具《きゅうかいしょぐ》の仏界《ぶっかい》なり。寿量品《じゅりょうほん》に云わく「かくのごとく我は成仏してより已来《このかた》、はなはだ大いに久遠《くおん》なり。寿命《じゅみょう》は無量阿僧祇劫《むりょうあそうぎこう》にして、常住《じょうじゅう》にして滅《めっ》せず。諸《もろもろ》の善男子《ぜんなんし》よ。我は本菩薩《もとぼさつ》の道《どう》を行《ぎょう》じて、成《じょう》ぜしところの寿命は、今なおいまだ尽《つ》きず、また上《かみ》の数に倍せり」等云々。この経文《きょうもん》は仏界所具の九界なり。

経《きょう》に云《い》わく「提婆達多《だいばだった》乃至《ないし》天王如来《てんのうにょらい》」等云々《うんぬん》。地獄界所具《じごくかいしょぐ》の仏界《ぶっかい》なり。経に云わく「一に藍婆《らんば》と名づけ乃至　汝等《なんだち》はただ能《よ》く法華《ほっけ》の名《みな》を持つ者を護《まも》らんすら、福は量《はか》るべからず」等云々。これ餓鬼界《がきかい》所具の十界《じっかい》なり。経に云わく「竜女《りゅうにょ》乃至等正覚《とうしょうがく》を成《じょう》ず」等云々。これ畜生界《ちくしょうかい》所具の十界なり。経に云わく「婆稚阿修羅王《ばじあしゅらおう》乃至一偈《げ》一句を聞いて、阿耨多羅三藐三菩提《あのくたらさんみゃくさんぼだい》を得《う》べし」等云々。修羅界《しゅらかい》所具の十界なり。経に云わく「もし人、仏のための故に乃至皆《みな》すでに仏道《ぶつどう》を成じたり」等云々。これ人界《にんかい》所具の十界なり。経に云わく「大梵天王《だいぼんてんのう》乃至我らもまたかくのごとく、必ず当《まさ》に作仏《さぶつ》することを得べし」等云々。これ天界《てんかい》所具の十界なり。経に云わく「舎利弗《しゃりほつ》乃至華光《けこう》如来」等云々。これ声聞界《しょうもんかい》所具の十界なり。経に云わく「その縁覚《えんがく》を求《もと》むる者、比丘比丘尼《びくびくに》乃至合掌《がっしょう》し敬心《きょうしん》をもって、具足《ぐそく》の道《どう》を聞きたてまつらんと欲《ほっ》す」等云々。これ即《すなわ》ち縁覚界《えんがくかい》所具の十界なり。経に云わく「地涌千界《じゆせんがい》乃至真浄《しんじょう》の大法《だいほう》」等云々。これ即ち菩薩《ぼさつ》所具の十界なり。経に云わく「あるいは己身《こしん》を説き、あるいは他身《たしん》を説く」等云々。即ち仏界所具の十界なり。

問うて曰《い》わく、自他面《じためん》の六根《ろっこん》は共にこれを見る。彼此《ひし》の十界《じっかい》においてはいまだこれを見ず。いかんがこれを信ぜん。

答えて曰《い》わく、法華経法師品《ほっしほん》に云《い》わく「難信難解《なんしんなんげ》」。宝塔品《ほうとうほん》に云わく「六難九易《ろくなんくい》」等云々《うんぬん》。天台大師《し》云わく「二門ことごとく昔と反すれば、難信難解なり」。章安《しょうあん》大師云わく「仏これをもって大事となす。何《なん》ぞ解《げ》し易《やす》きことを得《う》べけんや」等云々。伝教《でんぎょう》大師云わく「この法華経は最もこれ難信難解なり。随自意《ずいじい》の故に」等云々。

夫《そ》れ、在世《ざいせ》の正機《しょうき》は過去の宿習《しゅくじゅう》厚きの上、教主釈尊《きょうしゅしゃくそん》・多宝仏《たほうぶつ》・十方分身《じっぽうふんじん》の諸仏《しょぶつ》、地涌千界《じゆせんがい》、文殊《もんじゅ》・弥勒《みろく》等、これを扶《たす》けて諫暁《かんぎょう》せしむるに、なお信ぜざる者これ有り。五千席を去り、人天《にんてん》移さる。いわんや正像《しょうぞう》をや。いかにいわんや末法《まっぽう》の初めをや。汝《なんじ》これを信ぜば、正法《しょうほう》にあらじ。

問うて曰《い》わく、経文《きょうもん》ならびに天台《てんだい》・章安《しょうあん》等の解釈《げしゃく》は疑網《ぎもう》無し。ただし、火をもって水と云《い》い、墨《すみ》をもって白しと云う。たとい仏説《ぶっせつ》たりといえども、信を取り難《がた》し。今しばしば他面を見るに、ただ人界《にんかい》のみに限って余界を見ず。自面《じめん》もまたかくのごとし。いかんが信心を立てんや。

答う。しばしば他面を見るに、ある時は喜び、ある時は瞋《いか》り、ある時は平らかに、ある時は貪《むさぼ》り現じ、ある時は癡《おろ》か現じ、ある時は諂曲《てんごく》なり。瞋るは地獄《じごく》、貪るは餓鬼《がき》、癡かは畜生《ちくしょう》、諂曲なるは修羅《しゅら》、喜ぶは天《てん》、平らかなるは人《にん》なり。他面の色法《しきほう》においては六道《ろくどう》共にこれ有り。四聖《ししょう》は冥伏《みょうぶく》して現ぜざれども、委細《いさい》にこれを尋《たず》ねばこれ有るべし。

問うて曰《い》わく、六道《ろくどう》においては、分明《ふんみょう》ならずといえども、ほぼこれを聞くに、これを備《そな》うるに似たり。四聖《ししょう》は全《まった》く見えざるはいかん。

答えて曰《い》わく、前《さき》には人界《にんかい》の六道《ろくどう》これを疑う。しかりといえども、強《し》いてこれを言って相似《そうじ》の言《ことば》を出《い》だせしなり。四聖《ししょう》もまたしかるべきか。試みに道理を添加《てんか》して万が一これを宣《の》べん。いわゆる、世《せ》間《けん》の無常《むじょう》は眼前《がんぜん》に有り。あに人界に二乗界《にじょうかい》無からんや。無顧《むこ》の悪人もなお妻子を慈愛《じあい》す。菩薩界《ぼさつかい》の一《いち》分《ぶん》なり。ただ仏界《ぶっかい》ばかり現じ難《がた》し。九界を具《ぐ》するをもって、強いてこれを信じ、疑惑《ぎわく》せしむることなかれ。法華経の文《もん》に人界を説いて云《い》わく「衆生《しゅじょう》をして仏知見《ぶっちけん》を開かしめんと欲《ほっ》す」。涅槃経《ねはんぎょう》に云わく「大乗《だいじょう》を学する者は、肉眼《にくげん》有りといえども、名づけて仏眼《ぶつげん》となす」等云々《うんぬん》。末代《まつだい》の凡夫《ぼんぷ》、出生《しゅっしょう》して法華経を信ずるは、人界に仏界を具足《ぐそく》するが故なり。

問うて曰《い》わく、十界互具《じっかいごぐ》の仏語分明《ぶつごふんみょう》なり。しかりといえども、我らが劣心《れっしん》に仏法界《ぶっぽうかい》を具《ぐ》すること、信を取り難《がた》きものなり。今時《こんじ》これを信ぜずんば、必ず一闡提《いっせんだい》と成らん。願わくは、大慈悲《だいじひ》を起こしてこれを信ぜしめ、阿鼻《あび》の苦を救護《くご》したまえ。

答えて曰《い》わく、汝既《なんじすで》に「ただ一大事《いちだいじ》の因縁《いんねん》」の経文《きょうもん》を見聞《けんもん》してこれを信ぜずんば、釈尊《しゃくそん》より已下《いげ》、四依《しえ》の菩薩《ぼさつ》ならびに末代《まつだい》の理即《りそく》の我ら、いかんが汝が不信を救護《くご》せんや。しかりといえども、試みにこれを言わん。仏に値《あ》いたてまつって覚《さと》らざる者の、阿難《あなん》等の辺にして得道《とくどう》する者これ有ればなり。

それ、機《き》に二つ有り。一には、仏を見たてまつり、法華《ほっけ》にて得道《とくどう》す。二には、仏を見たてまつらざれども、法華にて得道するなり。その上、仏教已前《いぜん》は、漢土《かんど》の道士《どうし》、月支《がっし》の外道《げどう》、儒教《じゅきょう》・四韋陀《しいだ》等をもって縁《えん》となして正見《しょうけん》に入《い》る者これ有り。また利根《りこん》の菩薩《ぼさつ》・凡夫《ぼんぷ》等の、華厳《けごん》・方等《ほうどう》・般若《はんにゃ》等の諸大《しょだい》乗経《じょうきょう》を聞きし縁をもって大通《だいつう》・久遠《くおん》の下種《げしゅ》を顕示《けんじ》する者多々《たた》なり。例せば、独覚《どっかく》の飛花落葉《ひけらくよう》のごとし。教外《きょうげ》の得道これなり。過去の下種結縁《けちえん》無き者にして権小《ごんしょう》に執著《しゅうじゃく》する者は、たとい法華経に値《あ》い奉《たてまつ》れども、小権の見《けん》を出《い》でず。自見《じけん》をもって正義《しょうぎ》となすが故に、還《かえ》って法華経をもって、あるいは小乗経《しょうじょうきょう》に同《どう》じ、あるいは華厳・大日経《だいにちきょう》等に同じ、あるいはこれを下《くだ》す。これらの諸師《しょし》は儒家《じゅか》・外道の賢聖《けんせい》より劣《おと》れる者なり。これらはしばらくこれを置く。

十界互具《じっかいごぐ》、これを立つるは、石中の火・木中の花、信じ難《がた》けれども、縁《えん》に値《あ》って出生《しゅっしょう》すればこれを信ず。人界所具《にんかいしょぐ》の仏界《ぶっかい》は水中の火・火中の水、最もはなは《甚》だ信じ難し。しかりといえども、竜火《りゅうか》は水より出《い》で、竜水《りゅうすい》は火より生《しょう》ぜず。心得《こころえ》られざれども、現証《げんしょう》有ればこれを用いる。既《すで》に人界の八界《はっかい》これを信ず。仏界何《なん》ぞこれを用いざらん。尭《ぎょう》・舜《しゅん》等の聖人《せいじん》のごときは、万民《ばんみん》において偏頗《へんぱ》無し。人界の仏界の一分《いちぶん》なり。不軽菩薩《ふきょうぼさつ》は見るところの人において仏身《ぶっしん》を見る。悉達太子《しったたいし》は人界より仏身を成《じょう》ず。これらの現証をもってこれを信ずべきなり。

問うて曰《い》わく、教主釈尊《きょうしゅしゃくそん》は〈これより堅固《けんご》にこれを秘す〉三惑已断《さんわくいだん》の仏なり。また十方世界《じっぽうせかい》の国主、一切《いっさい》の菩薩《ぼさつ》・二乗《にじょう》・人天《にんてん》等の主君なり。行《みゆき》の時は梵天《ぼんてん》左に在り、帝釈《たいしゃく》右に侍《はべ》り、四衆八部《ししゅはちぶ》後《しりえ》に従《したが》い、金剛《こんごう》前《さき》に導き、八万法蔵《はちまんほうぞう》を演説して、一切衆生《いっさいしゅじょう》を得脱《とくだつ》せしむ。かくのごとき仏陀《ぶっだ》、何をもって我ら凡夫《ぼんぷ》の己心《こしん》に住《じゅう》せしめんや。

また迹門《しゃくもん》・爾前《にぜん》の意をもってこれを論ずれば、教主釈尊《きょうしゅしゃくそん》は始成正覚《しじょうしょうがく》の仏なり。過去の因行《いんぎょう》を尋《たず》ね求《もと》むれば、あるいは能施太子《のうせたいし》、あるいは儒童菩薩《じゅどうぼさつ》、あるいは尸毘王《しびおう》、あるいは薩埵《さった》王子、あるいは三祇《さんぎ》百劫《ひゃっこう》、あるいは動逾塵劫《どうゆじんごう》、あるいは無量阿僧祇劫《むりょうあそうぎこう》、あるいは初発心時《しょほっしんじ》、あるいは三千塵点《じんてん》等の間、七万・五千・六千・七千等の仏を供養《くよう》し、劫を積み行満《ぎょうまん》じて、今、教主釈尊と成りたもう。かくのごとき因位《いんい》の諸行《しょぎょう》は皆《みな》、我らが己心所具《こしんしょぐ》の菩薩界《ぼさつかい》の功徳《くどく》なるか。

果位《かい》をもってこれを論ずれば、教主釈尊《きょうしゅしゃくそん》は始成正覚《しじょうしょうがく》の仏、四十余年の間、四教《しきょう》の色身《しきしん》を示現《じげん》し、爾《に》前《ぜん》・迹門《しゃくもん》・涅槃経《ねはんぎょう》等を演説して、一切衆生《いっさいしゅじょう》を利益《りやく》したもう。いわゆる、華蔵《けぞう》の時の十方台上《じっぽうだいじょう》の盧舎《るしゃ》那《な》、阿含経《あごんぎょう》の三十四心断結成道《だんけつじょうどう》の仏、方等《ほうどう》・般若《はんにゃ》の千仏等、大日《だいにち》・金剛頂《こんごうちょう》等の千二百余尊、ならびに迹門宝塔品《ほうとうほん》の四土色身《しどしきしん》。涅槃経の、あるいは丈六《じょうろく》と見、あるいは小身・大身と現じ、あるいは盧舎那と見、あるいは身虚空《こくう》に同《おな》じと見るとの四種の身。乃至《ないし》八十御入滅《ごにゅうめつ》したまいて舎利《しゃり》を留《とど》めて正像末《しょうぞうまつ》を利益《りやく》したもう。

　本門《ほんもん》をもってこれを疑わば、教主釈尊《きょうしゅしゃくそん》は五百塵点已前《じんてんいぜん》の仏なり。因位《いんい》もまたかくのごとし。それより已来《このかた》、十方世界《じっぽうせかい》に分身《ふんじん》し、一代聖教《いちだいしょうぎょう》を演説して、塵数《じんじゅ》の衆生《しゅじょう》を教化《きょうけ》したもう。本門の所化《しょけ》をもって迹門《しゃくもん》の所化に比校《ひきょう》すれば、一渧《いったい》と大海と、一塵《じん》と大山となり。本門の一菩薩《ぼさつ》を迹門の十方世界の文《もん》殊《じゅ》・観音《かんのん》等に対向すれば、猿猴《えんこう》をもって帝釈《たいしゃく》に比するになお及《およ》ばず。その外《ほか》、十方世界の断惑証果《だんわくしょうか》の二乗《にじょう》、ならびに梵天《ぼんてん》・帝釈《たいしゃく》・日月《にちがつ》・四天《してん》・四輪王《しりんおう》、乃至無間大城《ないしむけんだいじょう》の大火炎《だいかえん》等、これらは皆《みな》、我が一念《いちねん》の十界《じっかい》なるか、己心《こしん》の三千《さんぜん》なるか。仏説《ぶっせつ》たりといえども、これを信ずべからず。

　これをもってこれを思うに、爾前《にぜん》の諸経《しょきょう》は実事なり実語《じつご》なり。華厳経《けごんぎょう》に云《い》わく「究竟《くきょう》して虚妄《こもう》を離《はな》れ、染《ぜん》無きこと虚空《こくう》のごとし」。仁王経《にんのうきょう》に云わく「源《みなもと》を窮《きわ》め性《しょう》を尽《つ》くして、妙智存《みょうちそん》せり」。金剛般若《こんごうはんにゃ》経《きょう》に云わく「清浄《しょうじょう》の善のみ有り」。馬鳴菩薩《めみょうぼさつ》、起信論《きしんろん》に云わく「如来蔵《にょらいぞう》の中に清浄の功徳《くどく》のみ有り」。天親《てんじん》菩薩、唯識論《ゆいしきろん》に云わく「謂《い》わく、余《よ》の有漏《うろ》と劣《れつ》の無漏《むろ》との種《しゅ》は、金剛喩定《こんごうゆじょう》の現在前《げんざいぜん》する時、極円《ごくえん》明純浄《みょうじゅんじょう》の本識《ほんじき》を引く。彼《か》の依《え》にあらざるが故に、皆《みな》、永く棄捨《きしゃ》す」等云々《うんぬん》。爾前の経々《きょうぎょう》と法華経とこれを校量《きょうりょう》するに、彼の経々は無数なり。時説既《すで》に長し。一仏二言《いちぶつにごん》、彼《かれ》に付くべし。馬鳴菩薩は付法蔵《ふほうぞう》第十一にして仏記《ぶっき》これ有り。天親《てんじん》は千部の論師《ろんじ》にして四依《しえ》の大士《だいじ》なり。天台大師《てんだいだいし》は辺鄙《へんぴ》の小僧《しょうそう》にして一論をも宣《の》べず。誰《たれ》かこれを信ぜん。

　その上、多を捨て少に付くとも、法華経の文分明《もんふんみょう》ならば少し恃怙《じこ》有らんも、法華経の文にいずれの所にか十界互具《じっかいごぐ》・百界千如《ひゃっかいせんにょ》・一念三千《いちねんさんぜん》の分明なる証文《しょうもん》これ有りや。したがって経文《きょうもん》を開拓《かいたく》するに、「諸《しょ》法《ほう》の中の悪を断じたまえり」等云々《うんぬん》。天親《てんじん》菩薩《ぼさつ》の法華論《ほっけろん》、堅慧《けんえ》菩薩の宝性論《ほうしょうろん》に十界互具これ無く、漢《かん》土《ど》南北の諸大人師《しょだいにんし》、日本七寺《しちじ》の末師《まっし》の中にもこの義《ぎ》無し。ただ天台《てんだい》一人のみの僻見《びゃっけん》なり。伝教《でんぎょう》一人のみの謬伝《みょうでん》なり。故に、清涼国師《しょうりょうこくし》云《い》わく「天台の謬《あやま》りなり」。慧苑法師《えおんほっし》云わく「しかるに、天台は小乗《しょうじょう》を呼んで三蔵教《さんぞうきょう》となし、その名謬濫《みょうらん》するをもって」等云々。了洪《りょうこう》云わく「天台独《ひと》りいまだ華厳《けごん》の意を尽《つ》くさず」等云々。得一《とくいつ》云わく「咄《つたな》いかな智公《ちこう》よ。汝《なんじ》はこれ誰《た》が弟子《でし》ぞ。三寸《ずん》に足らざる舌根《ぜっこん》をもって、覆面舌《ふめんぜつ》の所説の教時を謗《ぼう》ず」等云々。弘法大師《こうぼうだいし》云わく「震旦《しんたん》の人師等、諍《あらそ》って醍醐《だいご》を盗《ぬす》んで各自《おのおのじ》宗《しゅう》に名づく」等云々。

夫《そ》れ、一念三千《いちねんさんぜん》の法門《ほうもん》は、一代の権実《ごんじつ》に名目《みょうもく》を削《けず》り、四依《しえ》の諸論師《しょろんじ》その義を載《の》せず。漢土《かんど》・日域《にちいき》の人師《にんし》もこれを用いず。いかんがこれを信ぜん。

答えて曰《い》わく、この難、最も甚《はなは》だし、最も甚だし。ただし、諸経《しょきょう》と法華《ほっけ》との相違《そうい》は経文《きょうもん》より事《こと》起こって分明《ふんみょう》なり。未顕《みけん》と已顕《いけん》と、証明《しょうみょう》と舌相《ぜっそう》と、二乗《にじょう》の成《じょう》・不《ふ》、始成《しじょう》と久成《くじょう》と等、これを顕《あらわ》す。諸論師《しょろんじ》のことは、天台大師《てんだいだいし》云わく「天親《てんじん》・竜樹《りゅうじゅ》、内に鑑《かんが》みるに冷然《れいねん》にして、外には時の宜《よろ》しきに適《かな》い、各《おのおの》権《かり》に拠《よ》るところあり。しかるに、人師《にんし》はひとえに解《げ》し、学者はいやしくも執《しゅう》し、ついに矢石《しせき》を興《おこ》し、各《おのおの》一辺を保って、大いに聖道《しょうどう》に乖《そむ》けり」等云々《うんぬん》。章安《しょうあん》大師云わく「天竺《てんじく》の大論《だいろん》すら、なおその類《たぐ》いにあらず。真旦《しんたん》の人師、何《なん》ぞ労《わずら》わしく語るに及《およ》ばん。これは誇耀《こよう》にあらず。法相《ほっそう》のしからしむるのみ」等云々。天親・竜樹・馬鳴《めみょう》・堅慧《けんえ》等は内鑑冷然《ないかんれいねん》たり。しかりといえども、時いまだ至らざるが故にこれを宣《の》べざるか。人師においては、天台已前《いぜん》は、あるいは珠《たま》を含《ふく》み、あるいは一向《いっこう》にこれを知らず。已後《いご》の人師は、あるいは初めにこれを破《は》して後《のち》に帰伏《きぶく》する人有り。あるいは一向用《もち》いざる者もこれ有り。

ただし、「諸法《しょほう》の中の悪を断じたまえり」の経文《きょうもん》を会《え》すべきなり。彼《かれ》は法華経に爾前《にぜん》を載《の》せたる経文なり。往《い》ってこれを見るに、経文分明《ふんみょう》に十界互具《じっかいごぐ》これを説く。いわゆる「衆生《しゅじょう》をして仏知見《ぶっちけん》を開かしめんと欲《ほっ》す」等云々《うんぬん》。天台《てんだい》この経文を承《う》けて云《い》わく「もし衆生に仏知見無くんば、何《なん》ぞ開《かい》を論ずるところあらん。当《まさ》に知るべし、仏の知見、衆生に蘊在《うんざい》することを」云々。章安大師《しょうあんだいし》云わく「衆生にもし仏の知見無くんば、何ぞ開悟《かいご》するところあらん。もし貧女《ひんにょ》に蔵《ぞう》無くんば、何ぞ示すところあらんや」等云々。

ただし、会《え》し難《がた》きところは、上《かみ》の教主釈尊《きょうしゅしゃくそん》等の大難なり。このことを仏遮会《しゃえ》して云《のたま》わく「已今当《いこんとう》の説に最もこれ難信難解《なんしんなんげ》なり」。次下《つぎしも》の「六難九易《ろくなんくい》」これなり。天台大師《てんだいだいし》云《い》わく「二門ことごとく昔と反すれば、難信難解なり。鋒《ほこ》に当たる難事なり」。章安《しょうあん》大師云わく「仏これをもって大事となす。何《なん》ぞ解《げ》し易《やす》きことを得《う》べけんや」。伝教《でんぎょう》大師云わく「この法華経は最もこれ難信難解なり。随自意《ずいじい》の故に」等云々《うんぬん》。

夫《そ》れ、仏より滅後《めつご》一千八百余年に至るまで、三国《さんごく》に経歴《きょうりゃく》して、ただ三人のみ有って始めてこの正法《しょうほう》を覚知せり。いわゆる、月支《がっし》の釈尊《しゃくそん》、真旦《しんたん》の智者大師《ちしゃだいし》、日域《にちいき》の伝教《でんぎょう》、この三人は内典《ないてん》の聖人《しょうにん》なり。

問うて曰《い》わく、竜樹《りゅうじゅ》・天親《てんじん》等はいかん。

答えて曰わく、これらの聖人《しょうにん》は知って言わざるの仁《じん》なり。あるいは迹門《しゃくもん》の一分《いちぶん》これを宣《の》べて、本門《ほんもん》と観心《かんじん》とを云《い》わず。あるいは機《き》有って時《とき》無きか、あるいは機と時と共にこれ無きか。天台《てんだい》・伝教《でんぎょう》已後《いご》はこれを知る者多々《たた》なり。二聖《にしょう》の智《ち》を用いるが故なり。いわゆる、三論《さんろん》の嘉祥《かじょう》、南三北七《なんさんほくしち》の百余人、華厳宗《けごんしゅう》の法蔵《ほうぞう》・清涼《しょうりょう》等、法相宗《ほっそうしゅう》の玄奘三蔵《げんじょうさんぞう》・慈恩大師《じおんだいし》等、真言宗《しんごんしゅう》の善無畏《ぜんむい》三蔵・金剛智《こんごうち》三蔵・不空《ふくう》三蔵等、律宗《りっしゅう》の道宣《どうせん》等、初めには反逆《ほんぎゃく》を存《そん》し、後《のち》には一向《いっこう》に帰伏《きぶく》せしなり。

ただし、初めの大難を遮《しゃ》せば、無量義経《むりょうぎきょう》に云《い》わく「譬《たと》えば、国王と夫人《ぶにん》の新たに王子を生《しょう》ぜんがごとし。もしは一日、もしは二日、もしは七日に至り、もしは一月、もしは二月、もしは七月に至り、もしは一歳、もしは二歳、もしは七歳に至り、また国事を領理《りょうり》すること能《あた》わずといえども、すでに臣民の宗敬《しゅうぎょう》するところとなり、諸《もろもろ》の大王の子をば、もって伴侶《ばんりょ》となさん。王および夫人は、愛心ひとえに重くして、常にともに語らん。所以《ゆえん》はいかん。稚小《ちしょう》なるをもっての故なり。善男子《ぜんなんし》よ。この持経《じきょう》者《しゃ》もまたかくのごとく、諸仏《しょぶつ》の国王とこの経の夫人と和合《わごう》して、共にこの菩薩《ぼさつ》の子を生ず。もし菩薩、この経のもしは一句、もしは一偈《げ》、もしは一転、もしは二転、もしは十、もしは百、もしは千、もしは万、もしは億万恒河沙《ごうがしゃ》無量《むりょう》無数《むしゅ》転ずるを聞くことを得《え》ば、また真理の極《ごく》を体《さと》ること能《あた》わずといえども乃至《ないし》すでに一切《いっさい》の四衆八部《ししゅはちぶ》の宗仰《しゅうごう》するところとなり、諸の大菩薩をば、もって眷属《けんぞく》となさん 乃至 常に諸仏の護念《ごねん》するところとなり、慈愛《じあい》にひとえに覆《おお》われん。新学なるをもっての故なり」等云々《うんぬん》。

普賢経《ふげんぎょう》に云《い》わく「この大乗経典《だいじょうきょうてん》は、諸仏《しょぶつ》の宝蔵《ほうぞう》なり。十方三世《じっぽうさんぜ》の諸仏の眼目《げんもく》なり。乃至《ないし》、三世の諸《もろもろ》の如来《にょらい》を出生《しゅっしょう》する種《たね》なり 乃至 汝《なんじ》は大乗を行《ぎょう》じて、仏種《ぶっしゅ》を断《た》たざれ」等云々《うんぬん》。また云わく「この方等経《ほうどうきょう》は、これ諸仏の眼《まなこ》なり。諸仏はこれに因《よ》って五眼《ごげん》を具《ぐ》することを得たまえり。仏の三種の身は、方等より生《しょう》ず。これ大法印《だいほういん》なり。涅槃海《ねはんかい》を印《いん》す。かくのごとき海中より能《よ》く三種の仏の清浄《しょうじょう》の身を生ず。この三種の身は、人天《にんてん》の福田《ふくでん》なり」等云々。

夫《そ》れ以《おも》んみれば、釈迦如来《しゃかにょらい》一代の顕密《けんみつ》・大小《だいしょう》の二教、華厳《けごん》・真言《しんごん》等の諸宗《しょしゅう》の依経《えきょう》、往《い》ってこれを勘《かんが》うるに、あるいは十方台葉《じっぽうだいよう》の毘盧遮那仏《びるしゃなぶつ》、大集《だいじゅう》の雲集《うんじゅう》の諸仏如来《しょぶつにょらい》、般若《はんにゃ》の染浄《ぜんじょう》の千仏示現《せんぶつじげん》、大日《だいにち》・金《こん》剛頂《ごうちょう》等の千二百尊、ただその近因近果《ごんいんごんか》のみを演説して、その遠因果《おんいんが》を顕《あらわ》さず。速疾頓成《そくしつとんじょう》これを説けども、三・五の遠化《おんけ》を亡失《もうしつ》し、化導《けどう》の始終跡《しじゅうあと》を削《けず》って見えず。華厳経《けごんぎょう》・大日経《だいにちきょう》等は、一往《いちおう》これを見るに別《べつ》・円《えん》・四蔵《しぞう》等に似たれども、再往《さいおう》これを勘うれば蔵《ぞう》・通《つう》二教に同《どう》じていまだ別・円にも及《およ》ばず。本有《ほんぬ》の三因《さんいん》これ無し。何をもってか仏の種子《しゅし》を定めん。

しかるに、新訳《しんやく》の訳者等、漢土《かんど》に来入《らいにゅう》するの日、天台《てんだい》の一念三千《いちねんさんぜん》の法門《ほうもん》を見聞《けんもん》して、あるいは自《みずか》ら持《たも》つところの経々《きょうぎょう》に添加《てんか》し、あるいは天竺《てんじく》より受持《じゅじ》するの由《よし》これを称《しょう》す。天台の学者等、あるいは自《じ》宗《しゅう》に同ずるを悦《よろこ》び、あるいは遠きを貴《たっと》んで近きを蔑《さげす》み、あるいは旧《ふる》きを捨てて新しきを取り、魔心《ましん》・愚心出来《ぐしんしゅったい》す。しかりといえども、詮《せん》ずるところは、一念三千の仏種《ぶっしゅ》にあらずんば、有情《うじょう》の成仏、木画《もくえ》二像の本尊は有名無実《うみょうむじつ》なり。

問うて曰《い》わく、上《かみ》の大難いまだその会通《えつう》を聞かず、いかん。

答えて曰わく、無量義経《むりょうぎきょう》に云《い》わく「いまだ六波羅蜜《ろくはらみつ》を修行することを得ずといえども、六波羅蜜は自然《じねん》に在前《ざいぜん》す」等云々《うんぬん》。法華経に云わく「具足《ぐそく》の道《どう》を聞きたてまつらんと欲《ほっ》す」等云々。涅槃経《ねはんぎょう》に云わく「薩《さ》とは具足に名づく」等云々。竜樹菩薩《りゅうじゅぼさつ》云わく「薩とは六なり」等云々。無依無得大乗四論玄《むえむとくだいじょうしろんげん》義記《ぎき》に云わく「沙《さ》とは訳して六と云う。胡法《こほう》には六をもって具足の義となすなり」。吉蔵《きちぞう》の疏《しょ》に云わく「沙とは翻《ほん》じて具足となす」。天台大師《てんだいだいし》云わく「薩とは梵語《ぼんご》、ここには妙と翻ず」等云々。私《わたくし》に会通《えつう》を加《くわ》えば本文《ほんもん》を黷《けが》すがごとし。しかりといえども、文の心は、釈尊《しゃくそん》の因行果徳《いんぎょうかとく》の二法は妙法蓮華経の五字に具足《ぐそく》す、我らこの五字を受持《じゅじ》すれば、自然《じねん》に彼《か》の因果《いんが》の功徳《くどく》を譲《ゆず》り与えたもう。四大声聞《しだいしょうもん》の領解《りょうげ》に云《い》わく「無上《むじょう》の宝珠《ほうしゅ》は、求めざるに自《おの》ずから得たり」云々《うんぬん》。我らが己心《こしん》の声聞界《しょうもんかい》なり。「我がごとく等しくして異《こと》なることなからしめん。我が昔の願いしところのごときは、今、すでに満足しぬ。一切衆生《いっさいしゅじょう》を化《け》して、皆仏道《みなぶつどう》に入《い》らしむ」。妙覚《みょうかく》の釈尊《しゃくそん》は我らが血肉《けつにく》なり。因果《いんが》の功徳《くどく》は骨髄《こつずい》にあらずや。

宝塔品《ほうとうほん》に云《い》わく「それ能《よ》くこの経法《きょうぼう》を護《まも》ることあらば、則《すなわ》ちこれ我および多宝《たほう》を供養《くよう》す乃至《ないし》また諸《もろもろ》の来《きた》りたまえる化仏《けぶつ》の諸の世界を荘厳《しょうごん》し光飾《こうじき》したもう者を供養す」等云々《うんぬん》。釈迦《しゃか》・多宝・十方《じっぽう》の諸《しょ》仏《ぶつ》は我が仏界《ぶっかい》なり。その跡《あと》を紹継《しょうけい》して、その功徳《くどく》を受得す。「須臾《しゅゆ》もこれを聞かば、即《すなわ》ち阿耨多羅三《あのくたらさん》藐三菩提《みゃくさんぼだい》を究竟《くきょう》することを得《う》」とは、これなり。

寿量品《じゅりょうほん》に云《い》わく「しかるに、我は実《じつ》に成仏してより已来《このかた》、無量無辺百千万億那由他劫《むりょうむへんひゃくせんまんおくなゆたこう》なり」等云々《うんぬん》。我らが己心《こしん》の釈尊《しゃくそん》は、五百塵点乃至所顕《じんてんないししょけん》の三身《さんじん》にして無始《むし》の古仏なり。経《きょう》に云わく「我は本菩《もとぼ》薩《さつ》の道《どう》を行《ぎょう》じて、成《じょう》ぜしところの寿命《じゅみょう》は、今なおいまだ尽《つ》きず、また上《かみ》の数に倍せり」等云々。我らが己心の菩薩等なり。地涌千界《じゆせんがい》の菩薩は己心の釈尊の眷属《けんぞく》なり。例せば、太公《たいこう》・周公旦《しゅうこうたん》等は周武《ぶ》の臣下、成王幼稚《せいおうようち》の眷属、武内大臣《たけうちのおとど》は神功皇后《じんぐうこうごう》の棟梁《とうりょう》、仁徳王子《にんとくおうじ》の臣下なるがごとし。上行《じょうぎょう》・無辺行《むへんぎょう》・浄《じょう》行《ぎょう》・安立行《あんりゅうぎょう》等は我らが己心の菩薩なり。

妙楽大師《みょうらくだいし》云《い》わく「当《まさ》に知るべし、身土《しんど》は一念《いちねん》の三千《さんぜん》なり。故に、成道《じょうどう》の時、この本理《ほんり》に称《かな》って、一身一念法界《ほうかい》に遍《あまね》し」等云々。

夫《そ》れ、始め寂滅道場《じゃくめつどうじょう》・華蔵世界《けぞうせかい》より沙羅林《しゃらりん》に終わるまで五十余年の間、華蔵・密厳《みつごん》・三変《さんぺん》・四見《しけん》等の三土《さんど》・四土《しど》は、皆《みな》、成劫《じょうこう》の上の無常《むじょう》の土《ど》に変化《へんげ》するところの方便《ほうべん》・実報《じっぽう》・寂光《じゃっこう》、安養《あんよう》・浄瑠璃《じょうるり》・密厳等なり。能変《のうへん》の教主涅槃《きょうしゅねはん》に入《い》りぬれば、所変《しょへん》の諸仏随《しょぶつしたが》って滅尽《めつじん》す。土もまたもってかくのごとし。今、本時《ほんじ》の娑婆世界《しゃばせかい》は、三災《さんさい》を離《はな》れ四劫《しこう》を出《い》でたる常住《じょうじゅう》の浄土《じょうど》なり。仏、既《すで》に過去にも滅《めっ》せず、未来にも生《しょう》ぜず、所化《しょけ》もって同体《どうたい》なり。これは即《すなわ》ち己心《こしん》の三千具足《さんぜんぐそく》、三種の世間《せけん》なり。迹門《しゃくもん》十四品《ほん》にはいまだこれを説かず。法華経の内においても時機《じき》未熟の故なるか。

この本門《ほんもん》の肝心《かんじん》・南無妙法蓮華経の五字においては、仏なお文殊《もんじゅ》・薬王《やくおう》等にもこれを付嘱《ふぞく》したまわず。いかにいわんや、その已下《いげ》をや。ただ地涌千界《じゆせんがい》を召《め》して、八品《はっぽん》を説いてこれを付嘱したもう。

その本尊の為体《ていたらく》は、本師《ほんし》の娑婆《しゃば》の上に宝塔空《ほうとうくう》に居《こ》し、塔中《とうちゅう》の妙法蓮華経の左右に釈迦牟尼仏《しゃかむにぶつ》・多宝《たほう》仏《ぶつ》、釈尊《しゃくそん》の脇士《きょうじ》たる上行《じょうぎょう》等の四菩薩《しぼさつ》、文殊《もんじゅ》・弥勒《みろく》等は四菩薩の眷属《けんぞく》として末座に居し、迹化《しゃっけ》・他方《たほう》の大小の諸《もろもろ》の菩薩は万民《ばんみん》の大地に処《しょ》して雲客月卿《うんかくげっけい》を見るがごとく、十方《じっぽう》の諸仏《しょぶつ》は大地の上に処したもう。迹仏《しゃくぶつ》・迹土《しゃくど》を表《ひょう》する故なり。

かくのごとき本尊は在世《ざいせ》五十余年にこれ無し。八年の間にもただ八品《はっぽん》に限る。正像《しょうぞう》二千年の間は、小乗《しょうじょう》の釈尊《しゃくそん》は迦葉《かしょう》・阿難《あなん》を脇士《きょうじ》となし、権大乗《ごんだいじょう》ならびに涅槃《ねはん》・法華経の迹門《しゃくもん》等の釈尊は文殊《もんじゅ》・普賢《ふげん》等をもって脇士となす。これらの仏をば正像に造り画《えが》けども、いまだ寿量《じゅりょう》の仏有《まし》まさず。末法《まっぽう》に来入《らいにゅう》して始めてこの仏像《ぶつぞう》出現せしむべきか。

問う。正像《しょうぞう》二千余年の間は四依《しえ》の菩薩《ぼさつ》ならびに人師《にんし》等、余仏《よぶつ》、小乗《しょうじょう》・権大乗《ごんだいじょう》・爾前《にぜん》・迹門《しゃくもん》の釈尊《しゃくそん》等の寺塔《じとう》を建立《こんりゅう》すれども、本門寿量品《ほんもんじゅりょうほん》の本尊ならびに四大菩薩《しだいぼさつ》をば三国《さんごく》の王臣ともにいまだ崇重《すうちょう》せざるの由《よし》、これを申す。このことほぼこれを聞くといえども、前代未聞《ぜんだいみもん》の故に耳目《じもく》を驚動《きょうどう》し心意を迷惑《めいわく》す。請《こ》う、重ねてこれを説け。委細《いさい》にこれを聞かん。

答えて曰《い》わく、法華経一部八巻二十八品《ぼん》、進んでは前四味《ぜんしみ》、退《しりぞ》いては涅槃経《ねはんぎょう》等の一代の諸経《しょきょう》、総じてこれを括《くく》るにただ一経なり。始め寂滅道場《じゃくめつどうじょう》より終わり般若経《はんにゃきょう》に至るまでは序分《じょぶん》なり。無量義経《むりょうぎきょう》・法華経・普賢経《ふげんぎょう》の十巻《じっかん》は正宗《しょうしゅう》なり。涅槃経等は流通分《るつうぶん》なり。

正宗十巻《しょうしゅうじっかん》の中において、また序《じょ》・正《しょう》・流通《るつう》有り。無量義経《むりょうぎきょう》ならびに序品《じょほん》は序分《じょぶん》なり。方便品《ほうべんぼん》より分《ふん》別功徳品《べつくどくほん》の十九行の偈《げ》に至るまでの十五品半は正宗分《しょうしゅうぶん》なり。分別功徳品の現在《げんざい》の四信《ししん》より普賢経《ふげんぎょう》に至るまでの十一品半と一巻は流通分《るつうぶん》なり。

また法華経等の十巻《じっかん》においても二経《きょう》有り。各《おのおの》、序《じょ》・正《しょう》・流通《るつう》を具《ぐ》するなり。無量義経《むりょうぎきょう》と序品《じょほん》は序分《じょぶん》なり。方便品《ほうべんぼん》より人記品《にんきほん》に至るまでの八品《はっぽん》は正宗分《しょうしゅうぶん》なり。法師品《ほっしほん》より安楽行品《あんらくぎょうほん》に至るまでの五品《ごほん》は流《る》通分《つうぶん》なり。その教主《きょうしゅ》を論ずれば、始成正覚《しじょうしょうがく》の仏にして、本無今有《ほんむこんぬ》の百界千如《ひゃっかいせんにょ》を説く。已今当《いこんとう》に超過《ちょうか》せる随自意《ずいじい》、難信難解《なんしんなんげ》の正法《しょうほう》なり。過去の結縁《けちえん》を尋《たず》ぬれば、大通十六《だいつうじゅうろく》の時、仏果《ぶっか》の下種《げしゅ》を下《くだ》し、進んでは華厳経《けごんぎょう》等の前四味《ぜんしみ》をもって助縁《じょえん》となして、大通の種子《しゅし》を覚知せしむ。これは仏の本意にあらず。ただ毒発《どくほつ》等の一分《いちぶん》なり。二乗《にじょう》・凡夫《ぼんぷ》等は、前四味を縁《えん》となし漸々《ぜんぜん》に法華《ほっけ》に来至《らいし》して種子を顕《あらわ》し、開顕《かいけん》を遂《と》ぐる機《き》これなり。また、在世《ざいせ》において始めて八品を聞く人天《にんてん》等、あるいは一句一偈《げ》等を聞いて下種となし、あるいは熟《じゅく》し、あるいは脱《だつ》し、あるいは普賢《ふげん》・涅槃《ねはん》等に至り、あるいは正像末《しょうぞうまつ》等に小《しょう》・権《ごん》等をもって縁となして法華に入《い》る。例せば、在世の前四味の者のごとし。

また、本門《ほんもん》十四品《ほん》の一経《いっきょう》に序《じょ》・正《しょう》・流通《るつう》有り。涌出品《ゆじゅっぽん》の半品《はんぼん》を序分《じょぶん》となし、寿量品《じゅりょうほん》と前後の二半と、これを正宗《しょうしゅう》となす。その余《よ》は流通分《るつうぶん》なり。その教主《きょうしゅ》を論ずれば、始成正覚《しじょうしょうがく》の釈尊《しゃくそん》にあらず。説くところの法門《ほうもん》もまた天地のごとし。十界久遠《じっかいくおん》の上に国土世間《こくどせけん》既《すで》に顕《あらわ》れ、一念三千《いちねんさんぜん》ほとんど竹膜《ちくまく》を隔《へだ》つ。また迹門《しゃくもん》ならびに前四味《ぜんしみ》・無量義経《むりょうぎきょう》・涅槃経《ねはんぎょう》等の三説はことごとく随他意《ずいたい》の易信易解《いしんいげ》、本門は三説の外《ほか》の難信難解《なんしんなんげ》・随自意《ずいじい》なり。

また、本門《ほんもん》において序《じょ》・正《しょう》・流通《るつう》有り。過去大通仏《だいつうぶつ》の法華経より、乃至《ないし》現在の華厳経《けごんぎょう》、乃至迹門《しゃくもん》十四品《ほん》、涅槃経《ねはんぎょう》等の一代五十余年の諸経《しょきょう》、十方三世《じっぽうさんぜ》の諸仏《しょぶつ》の微塵《みじん》の経々《きょうぎょう》は皆《みな》、寿量《じゅりょう》の序分《じょぶん》なり。一品《いっぽん》二《に》半《はん》よりの外《ほか》は小乗教《しょうじょうきょう》・邪教《じゃきょう》・未得道教《みとくどうきょう》・覆相教《ふそうきょう》と名づく。その機《き》を論ずれば、徳薄《とくはく》・垢重《くじゅう》・幼稚《ようち》・貧《びん》窮《ぐ》・孤露《ころ》にして禽獣《きんじゅう》に同ずるなり。

爾前《にぜん》・迹門《しゃくもん》の円教《えんぎょう》なお仏因《ぶついん》にあらず。いかにいわんや大日経《だいにちきょう》等の諸小乗経《しょしょうじょうきょう》をや。いかにいわんや華《け》厳《ごん》・真言《しんごん》等の七宗《しゅう》等の論師《ろんじ》・人師《にんし》の宗をや。与えてこれを論ずれば、前三教《ぜんさんぎょう》を出《い》でず。奪《うば》ってこれを云《い》わば、蔵《ぞう》・通《つう》に同《おな》じ。たとい法は甚深《じんじん》と称《しょう》すとも、いまだ種《しゅ》・熟《じゅく》・脱《だつ》を論ぜず。「還《かえ》って灰断《けだん》に同じ。化《け》に始終《しじゅう》無し」とは、これなり。譬《たと》えば、王女たりといえども、畜種《ちくしゅ》を懐妊《かいにん》すれば、その子なお旃陀《せんだ》羅《ら》に劣《おと》れるがごとし。これらはしばらくこれを閣《お》く。

迹門《しゃくもん》十四品《ほん》の正宗《しょうしゅう》の八品《はっぽん》は、一往《いちおう》これを見るに、二乗《にじょう》をもって正《しょう》となし、菩薩《ぼさつ》・凡夫《ぼんぷ》をもって傍《ぼう》となす。再往《さいおう》これを勘《かんが》うれば、凡夫・正像末《しょうぞうまつ》をもって正となす。正像末の三時《さんじ》の中にも、末法《まっぽう》の始めをもって正が中の正となす。

問うて曰《い》わく、その証《しょう》いかん。

答えて曰わく、法師品《ほっしほん》に云《い》わく「しかもこの経《きょう》は、如来《にょらい》の現《げん》に在《いま》すすらなお怨嫉《おんしつ》多し。いわんや滅《めつ》度《ど》して後《のち》をや」。宝塔品《ほうとうほん》に云わく「法をして久しく住《じゅう》せしむ乃至《ないし》来《きた》れるところの化仏《けぶつ》は当《まさ》にこの意《こころ》を知るべし」等。勧持《かんじ》・安楽《あんらく》等これを見るべし。迹門《しゃくもん》かくのごとし。

本門《ほんもん》をもってこれを論ずれば、一向《いっこう》に末法《まっぽう》の初めをもって正機《しょうき》となす。いわゆる、一往《いちおう》これを見る時は、久種《くしゅ》をもって下種《げしゅ》となし、大通《だいつう》・前四味《ぜんしみ》・迹門《しゃくもん》を熟《じゅく》となして、本門に至って等《とう》・妙《みょう》に登らしむ。再往《さいおう》これを見れば、迹門《しゃくもん》には似ず、本門は序《じょ》・正《しょう》・流通《るつう》ともに末法の始めをもって詮《せん》となす。在世《ざいせ》の本門《ほんもん》と末法《まっぽう》の初めは一同に純円《じゅんえん》なり。ただし、彼《かれ》は脱《だつ》、これは種《しゅ》なり。彼は一品二半《いっぽんにはん》、これはただ題目の五字なり。

問うて曰《い》わく、その証文《しょうもん》いかん。

答えて云《い》わく、涌出品《ゆじゅっぽん》に云わく「その時、他方《たほう》の国土《こくど》の諸《もろもろ》の来《きた》れる菩薩摩訶薩《ぼさつまかさつ》の八恒河沙《ごうがしゃ》の数に過ぎたるは、大衆《だいしゅ》の中において起立《きりゅう》し、合掌《がっしょう》し礼《らい》を作《な》して、仏に白《もう》して言《もう》さく『世尊《せそん》よ。もし我らに仏滅《めっ》して後《のち》において、娑婆世界《しゃばせかい》に在って、勤加精進《ごんかしょうじん》して、この経典《きょうてん》を護持《ごじ》・読誦《どくじゅ》・書写《しょしゃ》・供養《くよう》せんことを聴《ゆる》したまわば、当《まさ》にこの土《ど》において広くこれを説きたてまつるべし』。その時、仏は諸の菩薩摩《ぼさつま》訶薩衆《かさつしゅ》に告げたまわく『止《や》みね。善男子《ぜんなんし》よ。汝等《なんだち》がこの経を護持せんことを須《もち》いじ』と」等云々《うんぬん》。

法師《ほっし》より已下《いげ》の五品《ごほん》の経文《きょうもん》、前後水火なり。宝塔品《ほうとうほん》の末《まつ》に云《い》わく「大音声《だいおんじょう》をもって、あまねく四衆《ししゅ》に告げたまわく『誰《たれ》か能《よ》くこの娑婆国土《しゃばこくど》において、広く妙法華経《みょうほけきょう》を説かん』と」等云々《うんぬん》。たとい教主《きょうしゅ》一仏たりといえども、これを奨勧《しょうかん》したまわば、薬王《やくおう》等の大菩薩《だいぼさつ》、梵帝《ぼんたい》・日月《にちがつ》・四天《してん》等は重んずべきのところに、多宝仏《たほうぶつ》・十方《じっぽう》の諸仏《しょぶつ》、客仏《きゃくぶつ》となってこれを諫暁《かんぎょう》したもう。諸《もろもろ》の菩薩等は、この慇懃《おんごん》の付嘱《ふぞく》を聞いて「我は身命《しんみょう》を愛せず」の誓言《せいごん》を立つ。これらはひとえに仏意《ぶつい》に叶《かな》わんがためなり。しかるに、須臾《しゅゆ》の間に仏語相違《ぶつごそうい》して、過八恒沙《かはちごうじゃ》のこの土《ど》の弘経《ぐきょう》を制止したもう。進退これ谷《きわ》まれり。凡智《ぼんち》には及《およ》ばず。天台智者大師《てんだいちしゃだいし》、前三後三《ぜんさんごさん》の六釈《しゃく》を作ってこれを会《え》す。詮《せん》ずるところ、迹化《しゃっけ》・他方《たほう》の大菩薩《だいぼさつ》等に我が内証《ないしょう》の寿量品《じゅりょうほん》をもって授与すべからず。末法《まっぽう》の初めは謗法《ほうぼう》の国にして悪機《あっき》なるが故にこれを止《とど》め、地涌千界《ゆせんがい》の大菩薩を召《め》して、寿量品の肝心《かんじん》たる妙法蓮華経の五字をもって閻浮《えんぶ》の衆生《しゅじょう》に授与せしめたもうなり。また迹化の大衆《だいしゅ》は釈尊初発心《しゃくそんしょほっしん》の弟子《でし》にあらず等の故なり。天台大師云《い》わく「これ我が弟子、応《まさ》に我が法を弘《ひろ》むべし」。妙楽《みょうらく》云わく「子、父の法を弘む。世界の益《やく》有り」。輔正記《ふしょうき》に云わく「法これ久成《くじょう》の法なるをもっての故に、久成の人《にん》に付す」等云々《うんぬん》。

また弥勒菩薩《みろくぼさつ》疑請《ぎしょう》して云《い》わく、経《きょう》に云わく「我らは、また『仏の宜《よろ》しきに随《したが》って説きたもうところ、仏の出《い》だしたもうところの言《みこと》はいまだかつて虚妄《こもう》ならず。仏は、知《し》ろしめすところをば、みな通達《つうだつ》す』と信ずといえども、しかも諸《もろもろ》の新発意《しんぼっち》の菩薩は、仏滅《めっ》して後《のち》において、もしこの語《ことば》を聞かば、あるいは信受せずして、法を破《は》する罪業《ざいごう》の因縁《いんねん》を起こさん。しかり、世尊《せそん》よ。願わくは、ために解説《げせつ》して、我らが疑いを除きたまえ。および未来世《みらいせ》の諸の善男子《ぜんなんし》は、このことを聞き已《お》わりなば、また疑いを生《しょう》ぜじ」等云々《うんぬん》。文《もん》の意は、寿量《じゅりょう》の法門《ほうもん》は滅後《めつご》のためにこれを請《こ》うなり。

寿量品《じゅりょうほん》に云《い》わく「あるいは本心を失えるもの、あるいは失わざる者あり乃至《ないし》心を失わざる者は、この良薬《ろうやく》の色《しき》・香《こう》ともに好《よ》きを見て、即便《すなわ》ちこれを服するに、病《やまい》はことごとく除《のぞ》こり癒《い》えぬ」等云々《うんぬん》。久遠下種《くおんげしゅ》・大通結縁《だいつうけちえん》、乃至前四味《ないしぜんしみ》・迹門《しゃくもん》等の一切《いっさい》の菩薩《ぼさつ》・二乗《にじょう》・人天《にんてん》等の本門《ほんもん》において得道《とくどう》するものこれなり。経《きょう》に云わく「余《よ》の心を失える者は、その父の来《きた》れるを見て、また歓喜《かんぎ》し問訊《もんじん》して、病を治《じ》せんことを求索《もと》むといえども、しかもその薬を与《あた》うれども、あえて服せず。所以《ゆえん》はいかん。毒気は深く入《い》って、本心を失えるが故に、この好き色・香ある薬において、しかも美《うま》からずと謂《おも》えばなり乃至『我は今当《まさ》に方便《ほうべん》を設《もう》けて、この薬を服せしむべし』乃至『この好き良薬を、今留《とど》めてここに在《お》く。汝《なんじ》は取って服すべし。差《い》えじと憂《うれ》うることなかれ』。この教えを作《な》し已《お》わって、また他国に至り、使いを遣《つか》わして還《かえ》って告ぐ」等云々。分別功徳品《ふんべつくどくほん》に云わく「悪世末法《あくせまっぽう》の時」等云々。

問うて曰《い》わく、この経文《きょうもん》の「使いを遣《つか》わして還《かえ》って告ぐ」はいかん。

答えて曰わく、四依《しえ》なり。四依に四類有り。小乗《しょうじょう》の四依は、多分《たぶん》は正法《しょうほう》の前《さき》の五百年に出現す。大《だい》乗《じょう》の四依は、多分は正法の後《のち》の五百年に出現す。三に迹門《しゃくもん》の四依は、多分は像法《ぞうほう》一千年、少分は末法《まっぽう》の初めなり。四に本門《ほんもん》の四依の地涌千界《じゆせんがい》は、末法の始めに必ず出現すべし。今の「使いを遣《つか》わして還《かえ》って告ぐ」は地涌なり。「この好《よ》き良薬《ろうやく》」とは寿量品《じゅりょうほん》の肝要《かんよう》たる名《みょう》・体《たい》・宗《しゅう》・用《ゆう》・教《きょう》の南無妙法蓮華経これなり。この良薬をば仏なお迹化《しゃっけ》に授与したまわず。いかにいわんや他方《たほう》をや。

神力品《じんりきほん》に云《い》わく「その時、千世界微塵《せんせかいみじん》等の菩薩摩訶薩《ぼさつまかさつ》の地より涌出《ゆじゅつ》せる者は、皆《みな》仏前において、一心に合掌《がっしょう》して、尊顔《そんげん》を瞻仰《せんごう》して、仏に白《もう》して言《もう》さく『世尊《せそん》よ。我らは仏滅《めっ》して後《のち》、世尊の分身《ふんじん》の在《いま》すところの国土《こくど》・滅度《めつど》の処《ところ》において、当《まさ》に広くこの経《きょう》を説くべし』と」等云々《うんぬん》。天台《てんだい》云わく「ただ下方の発誓《ほっせい》のみを見たり」等云々。道暹《どうせん》云わく「付嘱《ふぞく》とは、この経をば、ただ下方踊出《ゆじゅつ》の菩薩のみに付す。何が故にしかる。法これ久成《くじょう》の法なるに由《よ》るが故に、久成の人《にん》に付す」等云々。夫《そ》れ、文殊師利《もんじゅしり》菩薩は東方金色世界《こんじきせかい》の不動仏《ふどうぶつ》の弟子《でし》、観音《かんのん》は西方無量寿仏《さいほうむりょうじゅぶつ》の弟子、薬王《やくおう》菩薩は日月浄明徳仏《にちがつじょうみょうとくぶつ》の弟子、普賢《ふげん》菩薩は宝威仏《ほういぶつ》の弟子なり。一往《いちおう》、釈尊《しゃくそん》の行化《ぎょうけ》を扶《たす》けんがために娑婆世界《しゃばせかい》に来入《らいにゅう》す。また爾前《にぜん》・迹門《しゃくもん》の菩薩なり。本法所持《ほんぽうしょじ》の人にあらざれば、末法《まっぽう》の弘法《ぐほう》に足らざるものか。

経《きょう》に云《い》わく「その時、世尊《せそん》は乃至《ないし》一切《いっさい》の衆《しゅ》の前に、大神力《だいじんりき》を現じたもう。広長舌《こうちょうぜつ》を出《い》だして、上梵《かみぼん》世《せ》に至らしむ乃至十方《じっぽう》の世界の衆《もろもろ》の宝樹の下《もと》、師子座《ししざ》の上の諸仏《しょぶつ》もまたかくのごとく、広長舌を出だしたもう」等云々《うんぬん》。夫《そ》れ、顕密二道《けんみつにどう》、一切の大《だい》・小乗経《しょうじょうきょう》の中に、釈迦《しゃか》・諸仏並《なら》び坐《ざ》し舌相梵天《ぜっそうぼんてん》に至る文《もん》これ無し。阿弥陀経《あみだきょう》の広長舌相三千《こうちょうぜっそうさんぜん》を覆《おお》うは有名無実《うみょうむじつ》なり。般若経《はんにゃきょう》の舌相三千、光を放《はな》って般若を説きしも全《まった》く証明《しょうみょう》にあらず。これは、皆《みな》、兼《けん》・帯《たい》の故に久遠《くおん》を覆相《ふそう》するが故なり。

かくのごとく十神力《じんりき》を現じて、地涌《じゆ》の菩薩《ぼさつ》に妙法の五字を嘱累《ぞくるい》して云《のたま》わく、経《きょう》に云《い》わく「その時、仏は上行《じょうぎょう》等の菩薩大衆《ぼさつだいしゅ》に告げたまわく『諸仏《しょぶつ》の神力は、かくのごとく無量無辺、不可思議なり。もし我この神力をもって、無量無辺百千万億阿僧祇劫《むりょうむへんひゃくせんまんおくあそうぎこう》において、嘱累のための故に、この経の功徳《くどく》を説かんに、なお尽《つ》くすこと能《あた》わじ。要《よう》をもってこれを言わば、如来《にょらい》の一切《いっさい》の所有《しょう》の法、如来の一切の自在の神力、如来の一切の秘要の蔵《ぞう》、如来の一切の甚深《じんじん》の事《じ》は、皆《みな》この経において宣示顕説《せんじけんぜつ》す』と」等云々《うんぬん》。天台《てんだい》云わく「『その時、仏は上行に告げたまわく』より下《しも》は、第三に結要付嘱《けっちょうふぞく》なり」云々。

伝教《でんぎょう》云わく「また神力品《じんりきほん》に云わく『要をもってこれを言わば、如来の一切の所有の法乃至《ないし》宣示顕説す』〈已上《いじょう》、経文《きょうもん》〉。明らかに知んぬ、果分《かぶん》の一切の所有の法、果分の一切の自在の神力、果分の一切の秘要の蔵、果分の一切の甚深の事は、皆法華《ほっけ》において宣示顕説するなり」等云々。

この十神力《じんりき》は、妙法蓮華経の五字をもって上行《じょうぎょう》・安立行《あんりゅうぎょう》・浄行《じょうぎょう》・無辺行《むへんぎょう》等の四大菩薩《しだいぼさつ》に授与したもうなり。前《さき》の五神力は在世《ざいせ》のため、後《のち》の五神力は滅後《めつご》のためなり。しかりといえども、再往《さいおう》これを論ずれば、一向《いっこう》に滅後のためなり。故に、次下《つぎしも》の文《もん》に云《い》わく「仏滅度《めつど》して後に、能《よ》くこの経《きょう》を持《たも》たんをもっての故に、諸仏《しょぶつ》は皆歓喜《みなかんぎ》して、無量の神力を現じたもう」等云々《うんぬん》。

次下《つぎしも》の嘱累品《ぞくるいほん》に云《い》わく「その時、釈迦牟尼仏《しゃかむにぶつ》は法座より起《た》って、大神力《だいじんりき》を現じたもう。右の手《みて》をもって、無量の菩薩摩訶薩《ぼさつまかさつ》の頂《いただき》を摩《な》でて乃至《ないし》『今もって汝等《なんだち》に付嘱《ふぞく》す』と」等云々《うんぬん》。地涌《じゆ》の菩薩をもって頭《かしら》となして、迹化《しゃっけ》・他方《たほう》、乃至梵釈《ないしぼんしゃく》・四天《してん》等にこの経《きょう》を嘱累したもう。「十方《じっぽう》より来《きた》りたまえる諸《もろもろ》の分身《ふんじん》の仏をして、各本土《おのおのほんど》に還《かえ》らしめんとして乃至『多宝仏《たほうぶつ》の塔《とう》は、還って故《もと》のごとくしたもうべし』と」等云々。薬王品《やくおうほん》已下《いげ》乃至涅槃経《ねはんぎょう》等は、地涌の菩薩去《さ》り了《お》わって、迹化の衆《しゅ》、他方の菩薩等のために重ねてこれを付嘱したもう。捃拾遺嘱《くんじゅういぞく》これなり。

疑って云《い》わく、正像《しょうぞう》二千年の間に地涌千界《じゆせんがい》、閻浮提《えんぶだい》に出現してこの経《きょう》を流通《るつう》するや。

答えて曰《い》わく、しからず。

驚《おどろ》いて云《い》わく、法華経ならびに本門《ほんもん》は、仏の滅後《めつご》をもって本《ほん》となして、まず地涌千界《じゆせんがい》にこれを授与す。何《なん》ぞ正像《しょうぞう》に出現してこの経《きょう》を弘通《ぐつう》せざるや。

答えて云《い》わく、宣《の》べず。

重ねて問うて云わく、いかん。

答う。これを宣《の》べず。

また重ねて問う。いかん。

答えて曰《い》わく、これを宣《の》ぶれば、一切世間《いっさいせけん》の諸人《しょにん》、威音王仏《いおんのうぶつ》の末法《まっぽう》のごとし。また我が弟子《でし》の中にも、ほぼこれを説かば、皆誹謗《みなひぼう》をなすべし。黙止《もくし》せんのみ。

求めて云《い》わく、説かずんば、汝《なんじ》、慳貪《けんどん》に堕《だ》せん。

答えて曰《い》わく、進退これ谷《きわ》まれり。試みにほぼこれを説かん。

法師品《ほっしほん》に云《い》わく「いわんや滅度《めつど》して後《のち》をや」。寿量品《じゅりょうほん》に云わく「今留《とど》めてここに在《お》く」。分別功徳品《ふんべつくどくほん》に云わく「悪世末法《あくせまっぽう》の時」。薬王品《やくおうほん》に云わく「後の五百歳、閻浮提《えんぶだい》に広宣流布《こうせんるふ》せん」。涅槃経《ねはんぎょう》に云わく「譬《たと》えば、七子《しちし》あり、父母平等《びょうどう》ならざるにあらざれども、しかも病者《びょうじゃ》において心則《すなわ》ちひとえに重きがごとし」等云々《うんぬん》。

已前《いぜん》の明鏡《みょうきょう》をもって仏意《ぶつい》を推知《すいち》するに、仏の世に出《い》ずるは霊山《りょうぜん》八年の諸人《しょにん》のためにあらず、正像末《しょうぞうまつ》の人のためなり。また正像二千年の人のためにあらず、末法《まっぽう》の始め予《よ》がごとき者のためなり。「しかも病者《びょうじゃ》において」と云《い》うは、滅後《めつご》の法華経誹謗《ひぼう》の者を指すなり。「今留《とど》めてここに在《お》く」とは、「この好《よ》き色《しき》・香《こう》ある薬において、しかも美《うま》からずと謂《おも》う」の者を指すなり。

地涌千界正像《じゆせんがいしょうぞう》に出《い》でざることは、正法《しょうほう》一千年の間は小乗《しょうじょう》・権大乗《ごんだいじょう》なり。機《き》・時《じ》共にこれ無く、四依《しえ》の大士《だいじ》、小《しょう》・権《ごん》をもって縁《えん》となして、在世《ざいせ》の下種《げしゅ》これを脱《だっ》せしむ。謗《ぼう》多くして熟益《じゅくやく》を破るべきが故にこれを説かず。例せば、在世の前四味《ぜんしみ》の機根《きこん》のごとし。像法《ぞうほう》の中《ちゅう》・末《まつ》に、観音《かんのん》・薬王《やくおう》、南岳《なんがく》・天台《てんだい》等と示現《じげん》し出現して、迹門《しゃくもん》をもって面《おもて》となし本門《ほんもん》をもって裏となして、百界千如《ひゃっかいせんにょ》・一念三千《いちねんさんぜん》その義を尽《つ》くせり。ただ理具《りぐ》のみを論じて、事行《じぎょう》の南無妙法蓮華経の五字ならびに本門の本尊、いまだ広くこれを行わず。詮《せん》ずるところ、円機《えんき》有って円時《えんじ》無きが故なり。

今、末法《まっぽう》の初め、小《しょう》をもって大《だい》を打ち、権《ごん》をもって実《じつ》を破《は》し、東西共にこれを失い、天地顚倒《てんどう》せり。迹化《しゃっけ》の四依《しえ》は隠《かく》れて現前《げんぜん》せず。諸天《しょてん》その国を棄《す》ててこれを守護《しゅご》せず。この時、地涌《じゆ》の菩薩《ぼさつ》始めて世に出現し、ただ妙法蓮華経の五字のみをもって幼稚《ようち》に服せしむ。「謗《ぼう》に因《よ》って悪に堕《お》つれば、必ず因って益《やく》を得《う》」とは、これなり。我が弟子《でし》、これを惟《おも》え。地涌千界《じゆせんがい》は教主釈尊《きょうしゅしゃくそん》の初発心《しょほっしん》の弟子《でし》なり。寂滅《じゃくめつ》道場《どうじょう》にも来《きた》らず、双林《そうりん》最後にも訪《とぶら》わず。不孝《ふこう》の失《とが》これ有り。迹門《しゃくもん》の十四品《ほん》にも来らず、本門《ほんもん》の六品《ろっぽん》には座を立つ。ただ八品《はっぽん》の間にのみ来還《らいげん》せり。かくのごとき高貴の大菩薩、三仏に約束してこれを受持《じゅじ》す。末法の初めに出《い》でたまわざるべきか。当《まさ》に知るべし、この四菩薩、折伏《しゃくぶく》を現ずる時は賢王《けんおう》と成って愚王《ぐおう》を誡責《かいしゃく》し、摂受《しょうじゅ》を行《ぎょう》ずる時は僧《そう》と成って正法《しょうほう》を弘持《ぐじ》す。

問うて曰《い》わく、仏の記文《きもん》はいかん。

答えて曰わく、「後《のち》の五百歳、閻浮提《えんぶだい》に広宣流布《こうせんるふ》せん」と。天台大師《てんだいだいし》、記して云《い》わく「後の五百歳、遠く妙道《みょうどう》に沾《うるお》わん」。妙楽《みょうらく》、記して云わく「末法《まっぽう》の初め、冥利《みょうり》無きにあらず」。伝教《でんぎょう》大師云わく「正像《しょうぞう》やや過ぎ已《お》わって、末法はなはだ近きに有り」等云々《うんぬん》。「末法はなはだ近きに有り」の釈《しゃく》は、我が時は正《まさ》しき時にあらずという意なり。伝教大師、日本にして末法の始めを記して云わく「代《よ》を語れば像《ぞう》の終わり末《まつ》の初め、地を尋《たず》ぬれば唐《とう》の東・羯《かつ》の西、人を原《たず》ぬれば則《すなわ》ち五濁《ごじょく》の生《しょう》・闘諍《とうじょう》の時なり。経《きょう》に云わく『なお怨嫉《おんしつ》多し。いわんや滅度《めつど》して後をや』。この言《ことば》、良《まこと》に以有《ゆえ》るなり」。

この釈《しゃく》に「闘諍《とうじょう》の時」云々《うんぬん》。今の自界叛逆《じかいほんぎゃく》・西海侵逼《さいかいしんぴつ》の二難を指すなり。この時、地涌千界《じゆせんがい》出現して、本門《ほんもん》の釈尊《しゃくそん》を脇士《きょうじ》となす一閻浮提《いちえんぶだい》第一の本尊この国に立つべし。月支《がっし》・震旦《しんたん》にいまだこの本尊有《ましま》さず。日本国の上宮《じょうぐう》、四天王寺《してんのうじ》を建立《こんりゅう》して、いまだ時来《きた》らざれば阿弥陀《あみだ》・他方《たほう》をもって本尊となす。聖武天皇《しょうむてんのう》、東大寺《とうだいじ》を建立す。華厳経《けごんぎょう》の教主《きょうしゅ》なり。いまだ法華経の実義を顕《あらわ》さず。伝教大師《でんぎょうだいし》ほぼ法華経の実義を顕示《けんじ》す。しかりといえども、時いまだ来らざるの故に、東方の鵝王《がおう》を建立して本門の四菩薩《しぼさつ》を顕さず。詮《せん》ずるところ、地涌千界のためにこれを譲《ゆず》り与えたもう故なり。この菩薩、仏勅《ぶっちょく》を蒙《こうむ》って近く大地の下に在り。正像《しょうぞう》にいまだ出現せず、末法《まっぽう》にもまた出《い》で来りたまわずんば、大妄語《だいもうご》の大士《だいじ》なり。三仏の未来記《みらいき》もまた泡沫《ほうまつ》に同《おな》じ。

これをもってこれを惟《おも》うに、正像《しょうぞう》に無き大地震《おおじしん》・大彗星《だいすいせい》等出来《しゅったい》す。これらは金翅鳥《こんじちょう》・修羅《しゅら》・竜神《りゅうじん》等の動変《どうへん》にあらず。ひとえに四大菩薩《しだいぼさつ》出現せしむべき先兆《せんちょう》なるか。天台《てんだい》云わく「雨の猛《たけ》きを見て竜《りゅう》の大《だい》なるを知り、華《はな》の盛《さか》んなるを見て池の深きを知る」等云々《うんぬん》。妙楽《みょうらく》云わく「智人《ちじん》は起《き》を知り、蛇《じゃ》は自《みずか》ら蛇を識《し》る」等云々。天《てん》晴れぬれば地《ち》明らかなり。法華《ほっけ》を識る者は世法《せほう》を得《う》べきか。

一念三千《いちねんさんぜん》を識《し》らざる者には、仏、大慈悲《だいじひ》を起こし、五字の内にこの珠《たま》を裹《つつ》み、末代幼稚《まつだいようち》の頸《くび》に懸《か》けしめたもう。四大菩薩《しだいぼさつ》のこの人を守護《しゅご》したまわんこと、太公《たいこう》・周公《しゅうこう》の文王《ぶんおう》を摂扶《しょうぶ》し、四皓《しこう》が恵帝《けいてい》に侍《じ》奉《ぶ》せしに異《こと》ならざるものなり。

文永《ぶんえい》十年太歳《たいさい》癸酉《みずのとり》卯月《うづき》二十五日　　日蓮これを註《しる》す。

(007) 観心本尊抄送状《かんじんのほんぞんしょうおくりじょう》

文永《ぶんえい》10年（'73）4月26日　52歳

富木常忍《ときじょうにん》

富木殿《ときどの》　　日蓮

帷《かたびら》一つ・墨《すみ》三挺《ちょう》・筆五管《かん》、給《た》び候《そうら》い了《お》わんぬ。観心《かんじん》の法門《ほうもん》少々これを注《しる》して、太田殿《おおたどの》・教信御房《きょうしんのごぼう》等に奉《たてまつ》る。このこと、日蓮が身に当たる大事なり。これを秘す。無二の志《こころざし》を見《み》ば、これを開拓《かいたく》せらるべきか。

この書は難多く答え少なし。未聞《みもん》のことなれば、人の耳目《じもく》これを驚動《きょうどう》すべきか。たとい他見に及《およ》ぶとも、三人四人座《ざ》を並べてこれを読むことなかれ。仏の滅後《めつご》二千二百二十余年、いまだこの書の心有らず。国難を顧《かえり》みず、五の五百歳を期《ご》してこれを演説す。乞《こ》い願わくは、一見《いっけん》を歴来《へきた》る輩《やから》は、師弟共に霊山浄土《りょうぜんじょうど》に詣《もう》でて三仏の顔貌《げんみょう》を拝見したてまつらん。恐々謹言《きょうきょうきんげん》。

文永《ぶんえい》十年太歳《たいさい》癸酉《みずのとり》卯月《うづき》二十六日　　日蓮　花押《かおう》

富木殿御返事《ときどののごへんじ》

(008)

法華取要抄《ほっけしゅようしょう》

文永《ぶんえい》11年（'74）5月24日　53歳
富木常忍《ときじょうにん》

扶桑沙門《ふそうしゃもん》日蓮これを述《の》ぶ。

夫《そ》れ以《おも》んみれば、月支西天《がっしさいてん》より漢土《かんど》・日本に渡来《とらい》するところの経論《きょうろん》、五千・七千余巻なり。その中の諸経論《しょきょうろん》の勝劣《しょうれつ》・浅深《せんじん》・難易《なんい》・先後は、自見《じけん》に任《まか》せてこれを弁ぜんとすれば、その分《ぶん》に及《およ》ばず。人に随《したが》い宗《しゅう》に依《よ》ってこれを知らんとすれば、その義紛紕《ふんぴ》す。

いわゆる、華厳宗《けごんしゅう》云《い》わく「一切経《いっさいきょう》の中にこの経第一」。法相宗《ほっそうしゅう》云わく「一切経の中に深密経《じんみつきょう》第一」。三論宗《さんろんしゅう》云わく「一切経の中に般若経《はんにゃきょう》第一」。真言宗《しんごんしゅう》云わく「一切経の中に大日《だいにち》の三部経《さんぶきょう》第一」。禅宗《ぜんしゅう》云わく、あるいは云わく「教内《きょうない》には楞伽経《りょうがきょう》第一」、あるいは云わく「首楞厳経《しゅりょうごんぎょう》第一」、あるいは云わく「教外別伝《きょうげべつでん》の宗《しゅう》なり」。浄土宗《じょうどしゅう》云わく「一切経の中に浄土三部経、末法《まっぽう》に入《い》っては機教相応《ききょうそうおう》して第一」。倶舎宗《くしゃしゅう》・成実宗《じょうじつしゅう》・律宗《りっしゅう》云わく「四阿含《しあごん》ならびに律論《りつろん》は仏説《ぶっせつ》なり。華厳経《けごんぎょう》・法華経等は仏説にあらず、外道《げどう》の経なり」。あるいは云わく、あるいは云わく。

しかるに、彼々《かれがれ》の宗々《しゅうじゅう》の元祖《がんそ》等、杜順《とじゅん》・智儼《ちごん》・法蔵《ほうぞう》・澄観《ちょうかん》、玄奘《げんじょう》・慈恩《じおん》、嘉祥《かじょう》・道朗《どうろう》、善無畏《ぜんむい》・金剛智《こんごうち》・不空《ふくう》、道宣《どうせん》・鑑真《がんじん》、曇鸞《どんらん》・道綽《どうしゃく》・善導《ぜんどう》、達磨《だるま》・慧可《えか》等なり。これらの三蔵《さんぞう》・大師《だいし》等は皆《みな》、聖人《しょうにん》なり賢人《けんじん》なり。智《ち》は日月《にちがつ》に斉《ひと》しく、徳は四海《しかい》に弥《わた》れり。その上、各々《おのおの》、経《きょう》・律《りつ》・論《ろん》に依《よ》り、たがいに証拠《しょうこ》有り。したがって、王臣国《くに》を傾《かたむ》け、土民これを仰《あお》ぐ。末世《まっせ》の偏学《へんがく》たとい是非《ぜひ》を加《くわ》うとも、人《ひと》信用するに至らず。

しかりといえども、宝山《ほうざん》に来《きた》り登って瓦石《がしゃく》を採取《さいしゅ》し、栴檀《せんだん》に歩み入《い》って伊蘭《いらん》を懐《いだ》き収めば、悔恨《けこん》有らん。故に、万人《ばんにん》の謗《そし》りを捨てて、みだりに取捨《しゅしゃ》を加《くわ》う。我が門弟《もんてい》、委細《いさい》にこれを尋討《じんとう》せよ。

夫《そ》れ、諸宗《しょしゅう》の人師《にんし》等、あるいは旧訳《くやく》の経論《きょうろん》を見て新訳《しんやく》の聖典を見ず、あるいは新訳の経論を見て旧訳を捨て置き、あるいは自宗《じしゅう》に執著《しゅうじゃく》し、曲げて己義《こぎ》に随《したが》い、愚見《ぐけん》を注《しる》し止《とど》めて後代《こうだい》にこれを加添《かてん》す。株杭《くいぜ》に驚《おどろ》き騒《さわ》いで兎《うさぎ》獣を尋《たず》ね求め、智《ち》、円扇《えんせん》に発《はっ》して、仰《あお》いで天月《てんげつ》を見る。非を捨て理《り》を取るは智人《ちじん》なり。

今、末《まつ》の論師《ろんじ》・本《ほん》の人師《にんし》の邪義《じゃぎ》を捨て置いて、専《もっぱ》ら本経《ほんきょう》・本論を引き見るに、五十余年の諸経《しょきょう》の中に、法華経第四の法師品《ほっしほん》の中の「已今当《いこんとう》」の三字、最も第一なり。諸《もろもろ》の論師・諸の人師、定めてこの経文《きょうもん》を見けるか。しかりといえども、あるいは相似《そうじ》の経文に狂《くる》い、あるいは本師《ほんし》の邪会《じゃえ》に執《しゅう》し、あるいは王臣等の帰依《きえ》を恐《おそ》るるか。

いわゆる、金光明経《こんこうみょうきょう》の「これ諸経《しょきょう》の王なり」、密厳経《みつごんぎょう》の「一切経《いっさいきょう》の中に勝《すぐ》れたり」、六波羅蜜経《ろくはらみつきょう》の「総持《そうじ》第一」、大日経《だいにちきょう》の「いかんが菩提《ぼだい》」、華厳経《けごんぎょう》の「能《よ》くこの経を信ずるは最もこれ難《かた》し」、般若経《はんにゃきょう》の「法性《ほっしょう》に会入《えにゅう》し、一事をも見ず」、大智度論《だいちどろん》の「般若波羅蜜《はんにゃはらみつ》は最も第一なり」、涅槃論《ねはんろん》の「今日《こんにち》、涅槃の理《り》は」等なり。

これらの諸文《しょもん》は法華経の「已今当《いこんとう》」の三字に相似《そうじ》せる文なり。しかりといえども、あるいは梵帝《ぼんたい》・四天《してん》等の諸経《しょきょう》に対当すればこれ諸経の王なり。あるいは小乗経《しょうじょうきょう》に相対《あいたい》すれば諸経の中の王なり。あるいは華厳《けごん》・勝鬘《しょうまん》等の経に相対すれば一切経《いっさいきょう》の中に勝《すぐ》れたり。全《まった》く五十余年の大小《だいしょう》・権実《ごんじつ》・顕密《けんみつ》の諸経に相対してこれ諸経の王の大王なるにあらず。詮《せん》ずるところは、所対《しょたい》を見て経々《きょうぎょう》の勝劣《しょうれつ》を弁《わきま》うべきなり。強敵《ごうてき》を臥《ふ》せ伏《ふく》して始めて大力《だいりき》を知見すとはこれなり。

その上、諸経《しょきょう》の勝劣《しょうれつ》は、釈尊《しゃくそん》一仏の浅深《せんじん》なり、全《まった》く多宝《たほう》・分身助言《ふんじんじょごん》を加《くわ》うるにあらず。私説をもって公事《くじ》に混《こん》ずることなかれ。

諸経《しょきょう》は、あるいは二乗《にじょう》・凡夫《ぼんぷ》に対揚《たいよう》して小乗経《しょうじょうきょう》を演説し、あるいは文殊《もんじゅ》・解脱月《げだつがつ》・金剛薩埵《こんごうさった》等に対向す。弘伝《ぐでん》の菩薩《ぼさつ》は、全《まった》く地涌千界《じゆせんがい》の上行《じょうぎょう》等にはあらず。

今、法華経と諸経《しょきょう》とを相対《あいたい》するに、一代に超過《ちょうか》すること二十種これ有り。その中、最要二つ有り。いわゆる三・五の二法なり。

三とは三千塵点劫《じんてんごう》なり。諸経《しょきょう》はあるいは釈尊《しゃくそん》の因位《いんい》を明かすこと、あるいは三祇《さんぎ》、あるいは動逾塵《どうゆじん》劫《ごう》、あるいは無量劫《むりょうこう》なり。梵王《ぼんのう》云《い》わく、この土《ど》には、二十九劫より已来《このかた》、知行《ちぎょう》の主《しゅ》なり。第六天《だいろくてん》・帝《たい》釈《しゃく》・四天王《してんのう》等も、もってかくのごとし。釈尊と梵王等と、始めは知行の先後これを諍論《じょうろん》す。しかりといえども、一指を挙げてこれを降伏《ごうぶく》してより已来《このかた》、梵天頭《ぼんてんこうべ》を傾《かたむ》け魔王《まおう》掌《たなごころ》を合わせ、三界《さんがい》の衆生《しゅじょう》をして釈尊に帰伏《きぶく》せしむる、これなり。

また諸仏《しょぶつ》の因位《いんい》と釈尊《しゃくそん》の因位とこれを糾明《きゅうめい》するに、諸仏の因位は、あるいは三祇《さんぎ》、あるいは五劫《こう》等なり。釈尊の因位は既《すで》に三千塵点劫《じんてんごう》より已来《このかた》、娑婆世界《しゃばせかい》の一切衆生《いっさいしゅじょう》の結縁《けちえん》の大士《だいじ》なり。この世界の六《ろく》道《どう》の一切衆生は、他土《たど》の他の菩薩《ぼさつ》に有縁《うえん》の者《もの》一人もこれ無し。法華経に云《い》わく「その時法《ほう》を聞きし者は、各《おのおの》諸仏の所《みもと》に在り」等云々《うんぬん》。天台《てんだい》云わく「西方《さいほう》は仏別《べつ》にして縁異《えんこと》なり。故に子父《しふ》の義成《じょう》ぜず」等云々。妙楽《みょうらく》云わく「弥陀《みだ》・釈迦《しゃか》の二仏既《すで》に殊《こと》なり○いわんや、宿昔《むかし》の縁別にして化導《けどう》同じからざるをや。結縁は生《しょう》のごとく、成熟《じょうじゅく》は養《よう》のごとし。生・養の縁異《こと》なれば、父子《ふし》成ぜず」等云々。当世《とうせい》日本国の一切衆生、弥陀の来迎《らいごう》を待つは、譬《たと》えば、牛の子に馬の乳を含《ふく》め、瓦《かわら》の鏡に天月《てんげつ》を浮《う》かべんがごとし。

また果位《かい》をもってこれを論ずれば、諸仏如来《しょぶつにょらい》、あるいは十劫《こう》・百劫・千劫已来《ごういらい》の過去の仏なり。教《きょう》主釈尊《しゅしゃくそん》は、既《すで》に五百塵点劫《じんてんごう》より已来《このかた》、妙覚果満《みょうかくかまん》の仏なり。大日如来《だいにちにょらい》・阿弥陀《あみだ》如来・薬師《やくし》如来等の尽十方《じんじっぽう》の諸仏《しょぶつ》は、我らが本師《ほんし》・教主釈尊《きょうしゅしゃくそん》の所従《しょじゅう》等なり。天月《てんげつ》の万水《ばんすい》に浮《う》かぶとはこれなり。華厳経《けごんぎょう》の十方の台上《だいじょう》の毘盧遮那《びるしゃな》、大日経《だいにちきょう》・金剛頂経《こんごうちょうきょう》の両界《りょうかい》の大日如来は、宝塔品《ほうとうほん》の多宝《たほう》如来の左右の脇《わき》なり。例せば、世の王の両臣のごとし。この多宝仏《たほうぶつ》も寿量品《じゅりょうほん》の教主釈尊の所従なり。この土《ど》の我ら衆生《しゅじょう》は、五百塵点劫《じんてんごう》より已来《このかた》、教主釈尊の愛子《あいし》なり。不孝《ふこう》の失《とが》によって今に覚知せずといえども、他方の衆生には似るべからず。有縁《うえん》の仏と結縁《けちえん》の衆生とは、譬《たと》えば天月の清水《せいすい》に浮かぶがごとく、無縁《むえん》の仏と衆生とは、譬えば聾者《ろうしゃ》の雷《いかずち》の声を聞き、盲者《もうしゃ》の日月《にちがつ》に向かうがごとし。

しかるに、ある人師《にんし》は釈尊《しゃくそん》を下《くだ》して大日如来《だいにちにょらい》を仰崇《ぎょうそう》し、ある人師は世尊《せそん》は無縁《むえん》なり阿弥陀《あみだ》は有縁《うえん》なりと。ある人師云《い》わく、小乗《しょうじょう》の釈尊と。あるいは華厳経《けごんぎょう》の釈尊と。あるいは法華経迹門《しゃくもん》の釈尊と。これらの諸師《しょし》ならびに檀那《だんな》等、釈尊を忘れて諸仏《しょぶつ》を取ることは、例せば、阿闍世太子《あじゃせたいし》の頻婆沙羅王《びんばしゃらおう》を殺し釈尊に背《そむ》いて提婆達多《だいばだった》に付きしがごときなり。二月十五日は釈尊御入滅《ごにゅうめつ》の日、乃至《ないし》十二月の十五日も三界《さんがい》の慈父《じぶ》の御遠忌《ごおんき》なり。善導《ぜんどう》・法然《ほうねん》・永観《ようかん》等の提婆達多に誑《たぶら》かされて、阿弥陀仏《あみだぶつ》の日と定め了《お》わんぬ。四月八日は世尊御誕生《ごたんじょう》の日なり。薬師仏《やくしぶつ》に取り了わんぬ。我が慈父の忌日《きにち》を他仏《たぶつ》に替《か》うるは孝養の者なるか、いかん。寿量品《じゅりょうほん》に云わく「我もまたこれ世の父」「狂子《おうじ》を治《じ》せんがための故に」等云々《うんぬん》。天台大師《てんだいだいし》云わく「本《もと》この仏に従《したが》って初めて道心《どうしん》を発《おこ》し、またこの仏に従って不退地《ふたいじ》に住《じゅう》す乃至なお百《ひゃく》川《せん》の応須《まさ》に海に潮《そそ》ぐべきがごとく、縁《えん》に牽《ひ》かれて応生《おうしょう》すること、またかくのごとし」等云々。

問うて曰《い》わく、法華経は誰人《たれびと》のためにこれを説くや。

答えて曰わく、方便品《ほうべんぼん》より人記品《にんきほん》に至るまでの八品《はっぽん》に二意有り。上《かみ》より下《しも》に向かって次第《しだい》にこれを読まば、第一は菩薩《ぼさつ》、第二は二乗《にじょう》、第三は凡夫《ぼんぷ》なり。安楽行《あんらくぎょう》より勧持《かんじ》・提婆《だいば》・宝塔《ほうとう》・法師《ほっし》と逆次《ぎゃくじ》にこれを読まば、滅後《めつご》の衆生《しゅじょう》をもって本《ほん》となす。在世《ざいせ》の衆生は傍《ぼう》なり。滅後をもってこれを論ぜば、正法《しょうほう》一千年・像法《ぞうほう》一千年は傍なり。末法《まっぽう》をもって正《しょう》となす。末法の中には、日蓮をもって正となすなり。

問うて曰《い》わく、その証拠《しょうこ》いかん。

答えて曰わく、「いわんや滅度《めつど》して後《のち》をや」の文《もん》これなり。

疑って云《い》わく、日蓮を正《しょう》となす正文《しょうもん》いかん。

答えて云わく、「諸《もろもろ》の無智《むち》の人の、悪口《あっく》・罵詈《めり》等し、および刀杖《とうじょう》を加《くわ》うる者有らん」等云々《うんぬん》。

問うて云わく、自讃《じさん》はいかん。

答えて曰《い》わく、喜び身に余るが故に、堪《た》え難《がた》くして自讃《じさん》するなり。

問うて曰わく、本門《ほんもん》の心いかん。

答えて曰わく、本門《ほんもん》において二つの心有り。一には、涌出品《ゆじゅっぽん》の略開近顕遠《りゃくかいごんけんのん》は、前四味《ぜんしみ》ならびに迹門《しゃくもん》の諸衆《しょしゅ》をして脱《だっ》せしめんがためなり。二には、涌出品の動執生疑《どうしゅうしょうぎ》より一半《いっぱん》、ならびに寿量品《じゅりょうほん》、分別功《ふんべつく》徳品《どくほん》の半品《はんぽん》、已上一品二半《いじょういっぽんにはん》を、広開近顕遠《こうかいごんけんのん》と名づく。一向《いっこう》に滅後《めつご》のためなり。

問うて曰《い》わく、略開近顕遠《りゃくかいごんけんのん》の心いかん。

答えて曰わく、文殊《もんじゅ》・弥勒《みろく》等の諸大菩薩《しょだいぼさつ》、梵天《ぼんてん》・帝釈《たいしゃく》・日月《にちがつ》・衆星《しゅしょう》・竜王《りゅうおう》等、初成道《しょじょうどう》の時より般若経《はんにゃきょう》に至る已来《このかた》は、一人も釈尊《しゃくそん》の御弟子《みでし》にあらず。これらの菩薩・天人《てんにん》は、初成道の時、仏いまだ説法したまわざるより已前《いぜん》に、不思議解脱《ふしぎげだつ》に住《じゅう》して、我《われ》と別《べつ》・円《えん》二教を演説す。釈尊その後《のち》に、阿含《あごん》・方《ほう》等《どう》・般若を宣説《せんぜつ》したもう。しかりといえども、全《まった》くこれらの諸人《しょにん》の得分《とくぶん》にあらず。既《すで》に別・円二教を知りぬれば、蔵《ぞう》・通《つう》をもまた知れり。勝《しょう》は劣《れつ》を兼《か》ぬる、これなり。委細《いさい》にこれを論ぜば、あるいは釈尊の師匠《ししょう》なるか。善知識《ぜんちしき》とはこれなり。釈尊に随《したが》うにあらず。法華経の迹門《しゃくもん》の八品《はっぽん》に来至《らいし》して、始めて未聞《みもん》の法を聞いて、これらの人々は弟子と成りぬ。舎利弗《しゃりほつ》・目連《もくれん》等は、鹿苑《ろくおん》より已来、初発心《しょほっしん》の弟子なり。しかりといえども、権法《ごんぽう》のみを許せり。今、法華経に来至して実法《じっぽう》を授与す。法華経本門《ほんもん》の略開近顕遠《りゃくかいごんけんのん》に来至して、華厳《けごん》よりの大菩薩・二乗《にじょう》・大梵天・帝釈・日月・四天《してん》・竜王等は、位妙覚《みょうかく》に隣《とな》り、また妙覚の位に入《い》るなり。もししかれば、今、我ら天に向かってこれを見れば、生身《しょうじん》の妙覚の仏、本位《ほんい》に居《こ》して衆生《しゅじょう》を利益《りやく》する、これなり。

問うて曰《い》わく、誰人《たれびと》のために広開近顕遠《こうかいごんけんのん》の寿量品《じゅりょうほん》を演説するや。

答えて曰わく、寿量品《じゅりょうほん》の一品《いっぽん》二半《にはん》は、始めより終わりに至るまで、正《まさ》しく滅後《めつご》の衆生《しゅじょう》のためなり。滅後の中には、末法今時《まっぽうこんじ》の日蓮等がためなり。

疑って云《い》わく、この法門《ほうもん》、前代にいまだこれを聞かず。経文《きょうもん》にこれ有りや。

答えて曰《い》わく、予《よ》が智《ち》、前賢《ぜんけん》に超《こ》えず。たとい経文《きょうもん》を引くといえども、誰人《たれびと》かこれを信ぜん。卞和《べんか》が啼泣《ていきゅう》、伍子胥《ごししょ》が悲傷《ひしょう》これなり。

しかりといえども、略開近顕遠《りゃくかいごんけんのん》・動執生疑《どうしゅうしょうぎ》の文《もん》に云《い》わく「しかも諸《もろもろ》の新発意《しんぼっち》の菩薩《ぼさつ》は、仏滅《めっ》して後《のち》において、もしこの語《ことば》を聞かば、あるいは信受せずして、法を破《は》する罪業《ざいごう》の因縁《いんねん》を起こさん」等云々《うんぬん》。文《もん》の心は、寿量品《じゅりょうほん》を説かずんば、末代《まつだい》の凡夫《ぼんぷ》、皆《みな》、悪道《あくどう》に堕《お》ちん等なり。寿量品に云わく「この好《よ》き良薬《ろうやく》を、今留《とど》めてここに在《お》く」等云々。文の心は、上《かみ》は過去のことを説くに似たるようなれども、この文をもってこれを案ずるに、滅後《めつご》をもって本《ほん》となす。まず先例を引くなり。

分別功徳品《ふんべつくどくほん》に云《い》わく「悪世末法《あくせまっぽう》の時」等云々《うんぬん》。神力品《じんりきほん》に云わく「仏滅度《めつど》して後《のち》に、能《よ》くこの経《きょう》を持《たも》たんをもっての故に、諸仏《しょぶつ》は皆歓喜《みなかんぎ》して、無量の神力を現じたもう」等云々。薬王品《やくおうほん》に云わく「我《われ》滅度して後、後の五百歳の中《うち》、閻浮提《えんぶだい》に広宣流布《こうせんるふ》して、断絶せしむることなけん」等云々。また云わく「この経《きょう》は則《すなわ》ちこれ閻浮提の人の病《やまい》の良薬《ろうやく》なり」等云々。涅槃経《ねはんぎょう》に云わく「譬《たと》えば、七子あり、父母平等《びょうどう》ならざるにあらざれども、しかも病者《びょうじゃ》において心即《すなわ》ちひとえに重きがごとし」等云々。七子の中の第一・第二は、一闡提《いっせんだい》・謗法《ほうぼう》の衆生《しゅじょう》なり。諸病の中には法華経を謗《ぼう》ずるが第一の重病なり。諸薬の中には南無妙法蓮華経は第一の良薬なり。

この一閻浮提《いちえんぶだい》は縦広《じゅうこう》七千由善那《ゆぜんな》、八万の国これ有り。正像《しょうぞう》二千年の間、いまだ広宣流布《こうせんるふ》せざる法華経を当世《とうせい》に当たって流布せしめずんば、釈尊《しゃくそん》は大妄語《だいもうご》の仏、多宝仏《たほうぶつ》の証明《しょうみょう》は泡沫《ほうまつ》に同じく、十方分身《じっぽうふんじん》の仏の助舌《じょぜつ》も芭蕉《ばしょう》のごとくならん。

疑って云《い》わく、多宝《たほう》の証明《しょうみょう》、十方《じっぽう》の助舌《じょぜつ》、地涌《じゆ》の涌出《ゆじゅつ》、これらは誰人《たれびと》のためぞや。

答えて曰《い》わく、世間《せけん》の情《じょう》に云わく、在世《ざいせ》のためと。日蓮云わく、舎利弗《しゃりほつ》・目犍《もっけん》等は、現在をもってこれを論ぜば、智慧《ちえ》第一・神通《じんずう》第一の大聖《だいしょう》なり。過去をもってこれを論ぜば、金竜陀仏《こんりゅうだぶつ》・青竜陀仏《しょうりゅうだぶつ》なり。未来をもってこれを論ぜば華光如来《けこうにょらい》、霊山《りょうぜん》をもってこれを論ぜば三惑頓尽《さんわくとんじん》の大菩薩《だいぼさつ》、本《ほん》をもってこれを論ぜば内秘外現《ないひげげん》の古菩薩《こぼさつ》なり。文殊《もんじゅ》・弥勒《みろく》等の大菩薩は過去の古仏、現在の応生《おうしょう》なり。梵帝《ぼんたい》・日月《にちがつ》・四天《してん》等は初成已前《しょじょういぜん》の大聖なり。その上、前四味《ぜんしみ》・四教《しきょう》、一言《いちごん》にこれを覚《さと》りぬ。仏の在世には一人においても無智《むち》の者これ無し。誰人《たれびと》の疑いを晴らさんがために多宝仏《たほうぶつ》の証明《しょうみょう》を借り、諸仏《しょぶつ》舌を出《い》だし、地涌《じゆ》の菩薩を召《め》さんや。方々《かたがた》もって謂《いわ》れなきことなり。したがって、経文《きょうもん》に「いわんや滅度《めつど》して後《のち》をや」「法をして久しく住《じゅう》せしむ」等云々《うんぬん》。これらの経文をもってこれを案ずるに、ひとえに我らがためなり。したがって、天台大師《てんだいだいし》当世《とうせい》を指して云わく「後の五百歳、遠く妙道《みょうどう》に沾《うるお》わん」。伝教《でんぎょう》大師当世を記して云わく「正像《しょうぞう》やや過ぎ已《お》わって、末法《まっぽう》はなはだ近きに有り」等云々。「末法太有近《まっぽうたうごん》（末法はなはだ近きに有り）」の五字は、我が世は法華経流布《るふ》の世にあらずという釈《しゃく》なり。

問うて云《い》わく、如来《にょらい》の滅後《めつご》二千余年、竜樹《りゅうじゅ》・天親《てんじん》・天台《てんだい》・伝教《でんぎょう》の残したまえるところの秘法は何物ぞや。

答えて曰《い》わく、本門《ほんもん》の本尊と戒壇《かいだん》と題目の五字となり。

問うて曰わく、正像《しょうぞう》等に何《なん》ぞ弘通《ぐつう》せざるや。

答えて曰わく、正像《しょうぞう》にこれを弘通《ぐつう》せば、小乗《しょうじょう》・権大乗《ごんだいじょう》・迹門《しゃくもん》の法門《ほうもん》、一時《いちじ》に滅尽《めつじん》すべきなり。

問うて曰わく、仏法を滅尽《めつじん》するの法、何《なん》ぞこれを弘通《ぐつう》せんや。

答えて曰わく、末法《まっぽう》においては大小《だいしょう》・権実《ごんじつ》・顕密《けんみつ》共に教《きょう》のみ有って得道《とくどう》無し。一閻浮提《いちえんぶだい》、皆《みな》、謗法《ほうぼう》となり了《お》わんぬ。

逆縁《ぎゃくえん》のためには、ただ妙法蓮華経の五字に限るのみ。例せば不軽品《ふきょうほん》のごとし。我が門弟《もんてい》は順縁《じゅんえん》なり。日本国は逆縁なり。

疑って云《い》わく、何《なん》ぞ広《こう》・略《りゃく》を捨てて要《よう》を取るや。

答えて曰《い》わく、玄奘三蔵《げんじょうさんぞう》は略《りゃく》を捨てて広《こう》を好《この》み、四十巻《しじっかん》の大品経《だいぼんぎょう》を六百巻と成す。羅什《らじゅう》三蔵は広を捨てて略を好み、千巻の大論《だいろん》を百巻と成せり。

日蓮は広《こう》・略《りゃく》を捨てて肝要《かんよう》を好《この》む。いわゆる、上行菩薩所伝《じょうぎょうぼさつしょでん》の妙法蓮華経の五字なり。「九方堙《きゅうほういん》が馬を相《そう》するの法は玄黄《げんこう》を略して駿逸《しゅんいつ》を取り、支道林《しどうりん》が経を講ずるには細科《さいか》を捨てて元意《がんい》を取る」等云々《うんぬん》。仏既《すで》に宝塔《ほうとう》に入《い》って二仏《にぶつ》座を並べ、分身来集《ふんじんらいじゅう》し、地涌《じゆ》を召し出《い》だし、肝要を取って末代《まつだい》に当てて五字を授与せんこと、当世《とうせい》異義有るべからず。

疑って云《い》わく、今世《こんぜ》にこの法を流布《るふ》せば、先相《せんそう》これ有りや。

答えて曰《い》わく、法華経に「如是相《にょぜそう》乃至《ないし》本末究竟等《ほんまつくきょうとう》」云々《うんぬん》。天台云《てんだいい》わく「蜘蛛《ちちゅ》掛《か》かって喜《よろこ》び事来《ごときた》り、鳱鵲《かんじゃく》鳴いて客人《きゃくじん》来る。小事すらなおもってかくのごとし。いかにいわんや大事をや」取意。

問うて曰《い》わく、もししからば、その相《そう》これ有りや。

答えて曰《い》わく、去《い》ぬる正嘉《しょうか》年中《ねんちゅう》の大地震《おおじしん》、文永《ぶんえい》の大彗星《だいすいせい》、それより已後《いご》、今に種々の大いなる天変《てんぺん》地夭《ちよう》、これらはこの先相《せんそう》なり。仁王経《にんのうきょう》の七難《しちなん》・二十九難・無量の難、金光明経《こんこうみょうきょう》・大集経《だいじっきょう》・守護経《しゅごきょう》・薬師《やくし》経《きょう》等の諸経《しょきょう》に挙《あ》ぐるところの諸難、皆《みな》これ有り。ただし、無きところは二・三・四・五の日出《い》ずる大難なり。しかるを、今年、佐渡国《さどのくに》の土民口《くちぐち》に云《い》わく「今年正月二十三日の申時《さるのとき》、西の方《かた》に二つの日出《しゅつ》現《げん》す」。あるいは云わく「三つの日出現す」等云々《うんぬん》。「二月五日には東方に明星《みょうじょう》二つ並び出ず。その中間は三寸《ずん》ばかり」等云々。この大難は日本国先代《せんだい》にもいまだこれ有らざるか。

最勝王経《さいしょうおうきょう》の王法正論品《おうぼうしょうろんぼん》に云《い》わく「変化《へんげ》の流星堕《りゅうせいお》ち、二つの日倶時《ぐじ》に出《い》で、他方の怨賊来《おんぞくきた》って、国人《こくじん》喪乱《そうらん》に遭《あ》わん」等云々《うんぬん》。首楞厳経《しゅりょうごんぎょう》に云わく「あるいは二つの日を見、あるいは両《ふた》つの月を見る」等。薬師経《やくしきょう》に云わく「日月薄蝕《にちがつはくしょく》の難」等云々。金光明経《こんこうみょうきょう》に云わく「彗星《すいせい》しばしば出で、両つの日並《なら》び現じ、薄蝕恒《つね》無し」。大集経《だいじっきょう》に云わく「仏法実《じつ》に隠没《おんもつ》すれば乃至《ないし》日月も明《みょう》を現ぜず」等。仁王経《にんのうきょう》に云わく「日月度《ど》を失い、時節返逆《ほんぎゃく》し、あるいは赤日《しゃくにち》出で、黒日《こくにち》出で、二・三・四・五の日《ひ》出で、あるいは日蝕《ひしょく》して光無く、あるいは日輪《にちりん》一重《じゅう》、二・三・四・五重の輪《りん》現ず」等云々。この日月等の難は、七難《しちなん》・二十九難・無量の諸難の中に第一の大悪難なり。

問うて曰《い》わく、これらの大中小の諸難は、何に因《よ》ってこれを起こすや。

答えて曰わく、最勝王経《さいしょうおうきょう》に云《い》わく「非法《ひほう》を行《ぎょう》ずる者を見て当《まさ》に愛敬《あいぎょう》を生《しょう》ずべし。善法《ぜんぼう》を行ずる人において苦楚《くそ》して治罰《じばつ》せん」等云々《うんぬん》。法華経に云わく、涅槃経《ねはんぎょう》に云わく。金光明経《こんこうみょうきょう》に云わく「悪人を愛敬し善人を治罰するに由《よ》るが故に、星宿《しょうしゅく》および風雨、皆《みな》、時をもって行われず」等云々。大集経《だいじっきょう》に云わく「仏法実《じつ》に隠没《おんもつ》すれば乃至《ないし》かくのごとき不善業《ふぜんごう》の悪王・悪比丘《あくびく》、我が正法《しょうほう》を毀壊《きえ》す」等。仁王経《にんのうきょう》に云わく「聖人《しょうにん》去らん時は、七難《しちなん》必ず起こらん」等。また云わく「法にあらず律《りつ》にあらずして比丘を繋縛《けばく》すること、獄囚《ごくしゅう》の法のごとくす。その時に当たって、法滅《めっ》せんこと久しからず」等。また云わく「諸《もろもろ》の悪比丘は、多く名利《みょうり》を求め、国王・太子・王子の前において、自《みずか》ら破仏法《はぶっぽう》の因縁《いんねん》、破国《はこく》の因縁を説かん。その王別《わきま》えずしてこの語《ことば》を信聴《しんちょう》せん」等云々。これらの明鏡《みょうきょう》を齎《も》って当時の日本国を引き向かうるに、天地を浮《う》かぶること、あたかも符契《ふけい》のごとし。眼《まなこ》有らん我が門弟《もんてい》はこれを見よ。当に知るべし、この国に悪比丘等有って、天子・王子・将軍等に向かって讒訴《ざんそ》を企《くわだ》て、聖人を失う世なり。

問うて曰《い》わく、弗舎蜜多羅王《ほっしゃみったらおう》・会昌天子《かいしょうてんし》・守屋《もりや》等は月支《がっし》・真旦《しんたん》・日本の仏法を滅失《めっしつ》し、提婆菩薩《だいばぼさつ》・師《し》子尊者《そんじゃ》等を殺害す。その時、何《なん》ぞこの大難を出《い》ださざるや。

答えて曰《い》わく、災難は人に随《したが》って大小有るべし。正像《しょうぞう》二千年の間の悪王・悪比丘《あくびく》等は、あるいは外《げ》道《どう》を用い、あるいは道士《どうし》を語らい、あるいは邪神《じゃしん》を信ず。仏法を滅失《めっしつ》すること大《だい》なるに似たれども、その科《とが》なお浅きか。今、当世《とうせい》の悪王・悪比丘の仏法を滅失するは、小《しょう》をもって大《だい》を打ち、権《ごん》をもって実《じつ》を失う。人心《じんしん》を削《けず》って身を失わず、寺塔《じとう》を焼き尽《つ》くさずして自然《じねん》にこれを喪《ほろ》ぼす。その失《とが》、前代に超過《ちょうか》せるなり。

我が門弟《もんてい》これを見て法華経を信用せよ。目を瞋《いか》らして鏡に向かえ。天瞋るは人に失有《とが》ればなり。二つの日並《なら》び出《い》ずるは、一国に二《ふた》りの国王並ぶ相《そう》なり。王と王との闘諍《とうじょう》なり。星の日月《にちがつ》を犯《おか》すは、臣の王を犯す相なり。日と日と競《きそ》い出ずるは、四天下《してんげ》一同の諍論《じょうろん》なり。明星《みょうじょう》並び出ずるは、太子と太子との諍論なり。

かくのごとく国土乱《みだ》れて後《のち》に上行《じょうぎょう》等の聖人《しょうにん》出現し、本門《ほんもん》の三つの法門《ほうもん》これを建立《こんりゅう》し、一《いち》四《し》天《てん》四《し》海《かい》一同に妙法蓮華経の広宣流布《こうせんるふ》疑いなきものか。

(009)

撰時抄《せんじしょう》

建治《けんじ》元年('75) 54歳
西山由比殿《にしやまゆいどの》

釈子《しゃくし》日蓮述《の》ぶ。

夫《そ》れ、仏法を学せん法は、必ずまず時をならう《習》べし。過去の大通智勝仏《だいつうちしょうぶつ》は出世《しゅっせ》し給《たま》いて十小劫《じっしょうこう》が間一経《いっきょう》も説き給わず。経に云《い》わく「一たび坐《ざ》して十小劫」。また云わく「仏は時いまだ至らずと知《し》ろしめして、請《しょう》を受けて黙然《もくねん》として坐したまえり」等云々《うんぬん》。今の教主釈尊《きょうしゅしゃくそん》は四十余年のほど法華経を説き給わず。経に云わく「説時《せつじ》のいまだ至らざるが故なり」と云々。老子《ろうし》は母の胎《はら》に処《しょ》して八十年、弥勒《みろく》菩薩《ぼさつ》は兜率《とそつ》の内院《ないいん》に籠《こ》もらせ給いて五十六億七千万歳をまち《待》給《たも》うべし。彼《か》の時鳥《ほととぎす》は春をおくり、鶏鳥《にわとり》は暁《あかつき》をまつ。畜生《ちくしょう》すら、なおかくのごとし。いかにいわんや、仏法を修行《しゅぎょう》せんに時を糾《ただ》さざるべしや。寂滅道場《じゃくめつどうじょう》の砌《みぎり》には、十方《じっぽう》の諸仏《しょぶつ》示現《じげん》し、一切《いっさい》の大菩薩《だいぼさつ》集会《しゅうえ》し給《たま》い、梵帝《ぼんたい》・四天《してん》は衣《ころも》をひるがえし《翻》、竜神八部《りゅうじんはちぶ》は掌《たなごころ》を合わせ、凡夫大根性《ぼんぷだいこんじょう》の者は耳をそばだて、生身得忍《しょうじんとくにん》の諸《もろもろ》の菩薩・解脱月《げだつがつ》等請《しょう》をなし給いしかども、世尊《せそん》は二乗作仏《にじょうさぶつ》・久遠実成《くおんじつじょう》を名字《みょうじ》をかくし《隠》、即身成仏《そくしんじょうぶつ》・一念三千《いちねんさんぜん》の肝心《かんじん》、その義を宣《の》べ給わず。これらはひとえにこれ、機《き》は有りしかども時の来《きた》らざれば、のべ《宣》させ給わず。経《きょう》に云《い》わく「説時《せつじ》のいまだ至らざるが故なり」等云々《うんぬん》。

霊山会上《りょうぜんえじょう》の砌《みぎり》には、閻浮《えんぶ》第一の不孝《ふこう》の人たりし阿闍世大王《あじゃせだいおう》座につらなり《列》、一代謗法《ほうぼう》の提婆達多《だいばだった》には天王如来《てんのうにょらい》と名をさずけ、五障《ごしょう》の竜女《りゅうにょ》は蛇身《じゃしん》をあらため《改》ずして仏になる《成》。決定性《けつじょうしょう》の成仏は燋《い》れる種の花さき《咲》果《み》《生》なり、久遠実成《くおんじつじょう》は、百歳の叟《おきな》、二十五の子となれるかとうたがう《疑》。一念三千《いちねんさんぜん》は九界即仏界《きゅうかいそくぶっかい》・仏界即九界と談ず。されば、この経《きょう》の一字は如意宝珠《にょいほうしゅ》なり。一句は諸仏《しょぶつ》の種子《しゅし》となる。これらは、機《き》の熟・不熟はさておきぬ、時の至れるゆえなり。経に云《い》わく「今正《まさ》しくこれその時なり。決定《けつじょう》して大乗《だいじょう》を説く」等云々《うんぬん》。

問うて云《い》わく、機《き》にあらざるに大法《だいほう》を授《さず》けられれば、愚人《ぐにん》は定めて誹謗《ひぼう》をなして悪道《あくどう》に堕《お》つるならば、あに説く者の罪にあらずや。

答えて云《い》わく、人路《みち》をつくる。路に迷う者あり。作る者の罪となるべしや。良医《ろうい》薬を病人にあたう《与》。病人嫌《きら》って服せずして死せば、良医の失《とが》となるか。

尋《たず》ねて云《い》わく、法華経の第二に云わく「無智《むち》の人の中にして、この経を説くことなかれ」。同じき第四に云わく「分布《ぶんぷ》してみだりに人に授与すべからず」。同じき第五に云わく「この法華経は、諸仏《しょぶつ》如来《にょらい》の秘密の蔵《ぞう》にして、諸経《しょきょう》の中において最もその上《かみ》に在り。長夜《じょうや》に守護《しゅご》して、みだりに宣説《せんぜつ》せず」等云々《うんぬん》。これらの経文《きょうもん》は、機《き》にあらずば説かざれというか、いかん。

今、反詰《はんきつ》して云《い》わく、不軽品《ふきょうほん》に云わく「しかもこの言《ことば》を作《な》さく『我は深く汝等《なんだち》を敬う』と」等云々《うんぬん》。「四衆《ししゅ》の中に、瞋恚《しんに》を生じて心不浄《ふじょう》なる者有って、悪口《あっく》・罵詈《めり》して言わく『この無智《むち》の比丘《びく》』と」。また云わく「衆人《しゅにん》はあるいは杖木《じょうもく》・瓦石《がしゃく》をもって、これを打擲《ちょうちゃく》す」等云々。勧持品《かんじほん》に云わく

「諸《もろもろ》の無智の人の、悪口・罵詈等し、および刀杖《とうじょう》を加《くわ》うる者有らん」云々。これらの経文《きょうもん》は、悪口・罵詈乃至《ないし》打擲すれどもと《説》かれて候《そうろう》は、説く人の失《とが》となりけるか。

求めて云《い》わく、この両説は水火なり。いかんが心《こころ》う《得》べき。

答えて云わく、天台《てんだい》云わく「時に適《かな》うのみ」。章安《しょうあん》云わく「取捨宜《しゅしゃよろ》しきを得て、一向《いっこう》にすべからず」等云々《うんぬん》。釈《しゃく》の心は、ある時は謗《ぼう》じぬべきにはしばらくとか《説》ず、ある時は謗ずとも強《し》いて説くべし、ある時は一機《いっき》は信ずべくとも万機《まんき》謗ずべくばと《説》くべからず、ある時は万機一同に謗ずとも強いて説くべし。

初成道《しょじょうどう》の時は、法慧《ほうえ》・功徳林《くどくりん》・金剛幢《こんごうどう》・金剛蔵《こんごうぞう》・文殊《もんじゅ》・普賢《ふげん》・弥勒《みろく》・解脱月《げだつがつ》等の大菩薩《だいぼさつ》、梵帝《ぼんたい》・四天《してん》等の凡夫大根性《ぼんぷだいこんじょう》の者かず《数》をしら《知》ず。鹿野苑《ろくやおん》の苑《その》には、倶隣《くりん》等の五人、迦葉《かしょう》等の二百五十人、舎利弗《しゃりほつ》等の二百五十人、八万の諸天《しょてん》。方等大会《ほうどうだいえ》の儀式《ぎしき》には、世尊《せそん》の慈父《じぶ》の浄飯大王《じょうぼんだいおう》ねんごろ《懇》に恋《こ》いせさせ給《たま》いしかば、仏、宮《みや》に入《い》らせ給いて観仏三昧経《かんぶつざんまいきょう》をとか《説》せ給い、悲母《ひも》の御《おん》ために忉利天《とうりてん》に九十日が間籠《こ》もらせ給いしには、摩耶経《まやきょう》をとかせ給《たも》う。慈父・悲母なんどには、いかなる秘法か惜《お》しませ給うべきなれども、法華経をば説かせ給《たま》わず。せんずる《詮》ところ、機《き》にはよらず、時いたら《至》ざれば、いかにもとか《説》せ給わぬにや。

問うて云《い》わく、いかなる時にか小乗《しょうじょう》・権経《ごんきょう》をとき《説》、いかなる時にか法華経を説くべきや。

答えて云わく、十信《じっしん》の菩薩《ぼさつ》より等覚《とうがく》の大士《だいじ》にいたるまで、時と機《き》とをば相知《あいし》りがたきことなり。いかにいわんや、我らは凡夫《ぼんぷ》なり。いかでか時機《じき》をしるべき。

求めて云《い》わく、すこしも知ることあるべからざるか。

答えて云わく、仏眼《ぶつげん》をかって《借》時機《じき》をかんがえよ《勘》。仏日《ぶつにち》をもって国をてらせ《照》。

問うて云わく、その心いかん。

答えて云わく、大集経《だいじっきょう》に、大覚世尊《だいかくせそん》、月蔵菩薩《がつぞうぼさつ》に対して未来の時を定め給《たま》えり。いわゆる、我滅度《めつど》して後《のち》の五百歳の中《うち》には解脱堅固《げだつけんご》、次の五百年には禅定《ぜんじょう》堅固〈已上《いじょう》、一千年〉、次の五百年には読誦多聞《どくじゅたもん》堅固、次の五百年には多造塔寺《たぞうとうじ》堅固〈已上、二千年〉、次の五百年には「我が法の中《なか》において闘諍言訟《とうじょうごんしょう》して白法隠没《びゃくほうおんもつ》せん」等云々《うんぬん》。

この五の五百歳、二千五百余年に人々の料簡《りょうけん》さまざまなり。漢土《かんど》の道綽禅師《どうしゃくぜんじ》が云《い》わく「正像《しょうぞう》二千、四箇《か》の五百歳には、小乗《しょうじょう》と大乗《だいじょう》との白法盛《びゃくほうさか》んなるべし。末法《まっぽう》に入《い》っては、彼らの白法皆消滅《みなしょうめつ》して、浄《じょう》土《ど》の法門《ほうもん》、念仏《ねんぶつ》の白法を修行《しゅぎょう》せん人ばかり生死《しょうじ》をはなる《離》べし」。日本国の法然《ほうねん》が料簡して云わく「今《いま》日本国に流布《るふ》する法華経・華厳経《けごんぎょう》ならびに大日経《だいにちきょう》、諸《もろもろ》の小乗経、天台《てんだい》・真言《しんごん》・律《りつ》等の諸宗《しょしゅう》は、大集経《だいじっきょう》の記文《きもん》の正像二千年の白法なり。末法に入っては彼らの白法は皆滅尽《めつじん》すべし。たとい行《ぎょう》ずる人ありとも、一人も生死をはなる《離》べからず。十住毘婆沙論《じゅうじゅうびばしゃろん》と曇鸞法師《どんらんほっし》の『難行道《なんぎょうどう》』、道綽の『いまだ一人も得《う》る者有らず』、善導《ぜんどう》の『千の中に一《ひと》りも無し』、これなり。彼らの白法隠没《おんもつ》の次には、浄土三部経《じょうどさんぶきょう》、弥《み》陀称名《だしょうみょう》の一行《ぎょう》ばかり大白法として出現すべし。これを行ぜん人々は、いかなる悪人・愚人《ぐにん》なりとも、『十は即《すなわ》ち十生《しょう》じ、百は即ち百生ず』『ただ浄土の一門のみ有って通入《つうにゅう》すべき路《みち》なり』とは、これなり。されば、後世《ごせ》を願わん人々は、叡山《えいざん》・東寺《とうじ》・園城《おんじょう》・七大寺《しちだいじ》等の日本一州の諸寺諸山の御帰依《ごきえ》をとどめ《止》

て、彼《か》の寺山《じさん》によせおける《寄置》田畠《でんばた》・郡郷《ぐんごう》をうばいとって《奪取》念仏堂《ねんぶつどう》につけ《付》ば、決定《けつじょう》して往生《おうじょう》せん。南無阿弥《なむあみ》陀仏《だぶつ》」とすすめ《勧》ければ、我が朝《ちょう》一同にその義になりて今に五十余年なり。日蓮これらの悪義を難《なん》じや《破》ぶることは、事《こと》ふり《古》候《そうら》いぬ。

彼《か》の大集経《だいじっきょう》の白法隠没《びゃくほうおんもつ》の時は、第五の五百歳、当世《とうせい》なることは疑いなし。ただし、彼の白法隠没の次には、法華経の肝心《かんじん》たる南無妙法蓮華経の大白法の、一閻浮提《いちえんぶだい》の内《うち》八万の国あり、その国々に八万の王あり、王々ごとに臣下ならびに万民《ばんみん》までも、今《いま》日本国に弥陀称名《みだしょうみょう》を四衆《ししゅ》の口々に唱《とな》うるがごとく広宣流布《こうせんるふ》せさせ給《たも》うべきなり。

問うて云《い》わく、その証文《しょうもん》いかん。

答えて云わく、法華経の第七に云わく「我滅度《めつど》して後《のち》、後の五百歳の中《うち》、閻浮提《えんぶだい》に広宣流布《こうせんるふ》して、断絶せしむることなかれ」等云々《うんぬん》。経文《きょうもん》は、大集経《だいじっきょう》の白法隠没《びゃくほうおんもつ》の次の時をとかせ《説》給《たも》うに、「広宣流布」と云々。同第六の巻に云わく「悪世末法《あくせまっぽう》の時、能《よ》くこの経を持《たも》たば」等云々。また第五の巻に云わく「後の末世《まっせ》の法滅《めっ》せんと欲《ほっ》せん時において」等。また第四の巻に云わく「しかもこの経は、如来《にょらい》の現《げん》に在《いま》すすらなお怨嫉《おんしつ》多し。いわんや滅度して後をや」。また第五の巻に云わく「一切世間《いっさいせけん》に怨《あだ》多くして信じ難《がた》し」。また第七の巻に、第五の五百歳・闘諍堅固《とうじょうけんご》の時を説いて云わく「悪魔《あくま》・魔民《まみん》・諸天《しょてん》・竜《りゅう》・夜叉《やしゃ》・鳩槃荼《くはんだ》等、その便りを得《え》ん」。大集経《だいじっきょう》に云わく「我が法の中において闘諍言訟《とうじょうごんしょう》せん」等云々。法華経の第五に云わく「悪世の中の比丘《びく》」。また云わく「あるいは阿練若《あれんにゃ》に有り」等云々。また云わく「悪鬼《あっき》はその身に入《い》る」等云々。

文《もん》の心は、第五の五百歳の時、悪鬼《あっき》の身に入《い》る大僧《だいそう》等、国中《こくちゅう》に充満《じゅうまん》せん。その時に智人《ちじん》一人出現せん。彼《か》の悪鬼の入る大僧等、時の王臣・万民《ばんみん》等を語らって悪口《あっく》・罵詈《めり》、杖木《じょうもく》・瓦礫《がりゃく》、流罪《るざい》・死罪に行《おこな》わん時、釈迦《しゃか》・多宝《たほう》・十方《じっぽう》の諸仏《しょぶつ》、地涌《じゆ》の大菩薩《だいぼさつ》らに仰《おお》せつけ《付》ば、大菩薩は梵帝《ぼんたい》・日月《にちがつ》・四天《してん》等に申しくだ《下》され、その時、天変地夭盛《てんぺんちようさか》んなるべし。国主等そのいさめ《諫》を用いずば、隣国《りんごく》におおせつけて彼々《かれがれ》の国々の悪王・悪比丘《あくびく》等をせめ《責》らるるならば、前代未聞《ぜんだいみもん》の大闘諍《だいとうじょう》、一閻浮提《いちえんぶだい》に起こるべし。その時、日月の照らすところの四天下《してんげ》の一切衆生《いっさいしゅじょう》、あるいは国をおしみ《惜》、あるいは身をおしむゆえに、一切の仏《ぶつ》菩薩《ぼさつ》にいのり《祈》をかく《掛》ともしるし《験》なくば、彼《か》のにくみ《憎》つる一《ひと》りの小僧《しょうそう》を信じて、無量の大僧等・八万の大王等・一切の万民、皆《みな》、頭《こうべ》を地につけ《付》掌《たなごころ》を合わせて、一同に南無妙法蓮華経ととなう《唱》べし。例せば、神力品《じんりきほん》の十神力の時、十方世界の一切衆生、一人もなく娑婆世界《しゃばせかい》に向かって大音声《だいおんじょう》をはなち《放》て、「南《な》無釈迦牟尼仏《むしゃかむにぶつ》・南無釈迦牟尼仏、南無妙法蓮華経・南無妙法蓮華経」と一同にさけび《叫》しがごとし。

問うて云《い》わく、経文《きょうもん》は分明《ふんみょう》に候《そうろう》。天台《てんだい》・妙楽《みょうらく》・伝教《でんぎょう》等の未来記《みらいき》の言《ことば》はありや。

答えて云わく、汝《なんじ》が不審逆《ふしんさか》さまなり。釈《しゃく》を引かん時こそ経論《きょうろん》はいかにとは不審せられたれ。経文《きょうもん》に分明《ふんみょう》ならば釈を尋《たず》ぬべからず。さて、釈の文《もん》経に相違《そうい》せば、経をすて《捨》て釈につく《付》べきか、いかん。

彼《かれ》云《い》わく、道理至極《しごく》せり。しかれども、凡夫《ぼんぷ》の習い、経《きょう》は遠し釈《しゃく》は近し。近き釈分明《ふんみょう》ならば、いますこし《少》信心をます《増》べし。

今云《い》わく、汝《なんじ》が不審《ふしん》ねんごろ《懇》なれば、少々釈《しゃく》をいだす《出》べし。天台大師《てんだいだいし》云わく「後《のち》の五百歳、遠く妙《みょう》道《どう》に沾《うるお》わん」。妙楽《みょうらく》大師云わく「末法《まっぽう》の初め、冥利《みょうり》無きにあらず」。伝教《でんぎょう》大師云わく「正像《しょうぞう》やや過ぎ已《お》わって、末法はなはだ近きに有り。法華一乗《ほっけいちじょう》の機《き》、今正《まさ》しくこれその時なり。何をもってか知ることを得《う》る。安楽行品《あんらくぎょうほん》に云わく『末世《まっせ》の法滅《めっ》せん時』となり」。また云わく「代《よ》を語れば則《すなわ》ち像《ぞう》の終わり末《まつ》の初め、地を尋《たず》ぬれば唐《とう》の東・羯《かつ》の西、人を原《たず》ぬれば則ち五濁《ごじょく》の生《しょう》・闘諍《とうじょう》の時なり。経《きょう》に云わく『なお怨嫉《おんしつ》多し。いわんや滅度《めつど》して後をや』。この言《ことば》、良《まこと》に以《ゆえ》有るなり」云々《うんぬん》。

夫《そ》れ、釈尊《しゃくそん》の出世《しゅっせ》は住劫《じゅうこう》第九の減《げん》、人寿《にんじゅ》百歳の時なり。百歳と十歳との中間、在世《ざいせ》五十年、滅後《めつご》二千年と一万年となり。その中間に、法華経の流布《るふ》の時二度あるべし。いわゆる、在世の八年、滅後には末法《まっぽう》の始めの五百年なり。しかるに、天台《てんだい》・妙楽《みょうらく》・伝教《でんぎょう》等は、すすん《進》では在世法華経《ほけきょう》の時にももれ《漏》させ給《たま》いぬ。退《しりぞ》いては滅後末法の時にも生まれさせ給わず。中間なることをなげ《歎》かせ給いて、末法の始めをこい《恋》させ給《たも》う御筆《おんふで》なり。例せば、阿私陀仙人《あしだせんにん》が悉達太子《しったたいし》の生まれさせ給《たま》いしを見て、悲しんで云《い》わく「現生《げんしょう》には九十にあまれ《余》り。太子の成道《じょうどう》を見るべからず。後生《ごしょう》には無色界《むしきかい》に生まれて五十年の説法の坐《ざ》にもつらなる《列》べからず。正像末《しょうぞうまつ》にも生《う》まるべからず」となげ《歎》きしがごとし。

道心《どうしん》あらん人々は、これを見きき《聞》て悦《よろこ》ばせ給《たま》え。正像《しょうぞう》二千年の大王よりも、後世《ごせ》をおもわ《思》ん人々は末法《まっぽう》の今の民にてこそあるべけれ。これを信ぜざらんや。彼《か》の天台座主《てんだいざす》よりも、南無妙法蓮華経と唱《とな》うる癩人《らいにん》とはなるべし。梁《りょう》の武帝《ぶてい》の願《がん》に云《い》わく「むしろ提婆達多《だいばだった》となって無間地獄《むけんじごく》には沈《しず》むとも、鬱《う》頭羅弗《ずらんほつ》とはならじ」と云々《うんぬん》。

問うて云《い》わく、竜樹《りゅうじゅ》・天親《てんじん》等の論師《ろんじ》の中にこの義ありや。

答えて云わく、竜樹《りゅうじゅ》・天親《てんじん》等は内心には存《ぞん》ぜさせ給《たも》うとはいえども、言《ことば》にはこの義を宣《の》べ給《たま》わず。

求めて云わく、いかなる故にか宣《の》べ給《たま》わざるや。

答えて云わく、多くの故あり。一には彼《か》の時には機《き》なし。二には時なし。三には迹化《しゃっけ》なれば付嘱《ふぞく》せられ給《たま》わず。

求めて云《い》わく、願わくは、このこと、よくよくき《聞》かんとおも《思》う。

答えて云わく、夫《そ》れ、仏の滅後《めつご》二月十六日よりは正法《しょうほう》の始めなり。迦葉尊者《かしょうそんじゃ》、仏の付嘱《ふぞく》をうけ《受》て二十年。次に阿難《あなん》尊者二十年。次に商那和修《しょうなわしゅ》二十年。次に優婆崛多《うばくった》二十年。次に提多迦《だいたか》二十年。已上《いじょう》一百年が間は、ただ小乗経《しょうじょうきょう》の法門《ほうもん》をのみ弘通《ぐつう》して、諸大乗経《しょだいじょうきょう》は名字《みょうじ》もなし。いかにいわんや、法華経をひろ《弘》むべしや。次には弥遮迦《みしゃか》・仏陀難提《ぶっだなんだい》・仏駄蜜多《ぶっだみった》・脇比丘《きょうびく》・富那奢《ふなしゃ》等の四・五人。前《さき》の五百余年が間は大乗経の法門少々出来《しゅったい》せしかども、とりたてて弘通し給《たま》わず。ただ小乗経を面《おもて》としてやみ《止》ぬ。已上、大集経《だいじっきょう》の先の五百年、解脱堅固《げだつけんご》の時なり。

正法《しょうほう》の後《のち》の六百年已後《いご》一千年が前、その中間《ちゅうげん》に馬鳴菩薩《めみょうぼさつ》・毘羅尊者《びらそんじゃ》・竜樹《りゅうじゅ》菩薩・提婆《だいば》菩薩・羅睺《らご》尊者・僧佉難提《そうぎゃなんだい》・僧佉耶奢《そうぎゃやしゃ》・鳩摩羅駄《くまらだ》・闍夜那《じゃやな》・盤陀《ばんだ》・摩奴羅《まぬら》・鶴勒夜那《かくろくやな》・師子《しし》等の十余人の人々、始めには外道《げどう》の家に入《い》り、次には小乗経《しょうじょうきょう》をきわめ《極》、後には諸大乗経《しょだいじょうきょう》をもって諸小乗経をさんざん《散々》に破《は》し失い給《たま》いき。これらの大士《だいじ》等は、諸大乗経をもって諸小乗経をば破せさせ給いしかども、諸大乗経と法華経の勝劣《しょうれつ》をば分明《ふんみょう》にかかせ《書》給わず。たとい勝劣をすこしかかせ《書》給いたるようなれども、本迹《ほんじゃく》の十妙《みょう》、二乗作仏《にじょうさぶつ》、久遠実成《くおんじつじょう》、已今当《いこんとう》の妙、百界千如《ひゃっかいせんにょ》・一念三千《いちねんさんぜん》の肝要《かんよう》の法門《ほうもん》は分明ならず。ただ、あるいは指をもって月をさす《指》がごとくし、あるいは文《もん》にあたり《当》てひとはし《一端》ばかりかかせ《書》給いて、化導《けどう》の始終《しじゅう》・

師弟の遠近《おんごん》・得道《とくどう》の有無《うむ》はすべて一分《いちぶん》もみえず。これらは正法の後の五百年、大集経《だいじっきょう》の禅定堅固《ぜんじょうけんご》の時にあたれり。

正法《しょうほう》一千年の後《のち》は、月氏《がっし》に仏法充満《じゅうまん》せしかども、あるいは小《しょう》をもって大《だい》を破《は》し、あるいは権経《ごんきょう》をもって実経《じっきょう》を隠没《おんもつ》し、仏法さまざまに乱れしかば、得道《とくどう》の人ようやく《漸》すく《少》なく、仏法につけて悪道《あくどう》に堕《お》つる者かず《数》をしら《知》ず。

正法《しょうほう》一千年の後《のち》、像法《ぞうほう》に入《い》って一十五年と申せしに、仏法東《ひがし》に流れて漢土《かんど》に入りにき。像法の前《さき》の五百年の内、始めの一百余年が間は漢土の道士《どうし》と月氏《がっし》の仏法と諍論《じょうろん》して、いまだ事さだまら《定》ず。たとい定まりたりしかども、仏法を信ずる人の心いまだふかから《深》ず。しかるに、仏法の中に大小《だいしょう》・権実《ごんじつ》・顕密《けんみつ》をわかつ《分》ならば、聖教《しょうぎょう》一同ならざる故、疑いおこり《起》て、かえりて外典《げてん》とともなう《伴》者もありぬべし。これらのおそれ《恐》あるかのゆえ《故》に、摩騰《まとう》・竺蘭《じくらん》は、自《みずか》らは知ってしかも大小を分けず権実をいわ《言》ずしてやみ《止》ぬ。

その後《のち》、魏《ぎ》・晋《しん》・宋《そう》・斉《せい》・梁《りょう》の五代が間、仏法の内に大小《だいしょう》・権実《ごんじつ》・顕密《けんみつ》をあらそい《争》しほどに、いずれこそ道理ともきこえ《聞》ずして、上一人《かみいちにん》より下万民《しもばんみん》にいたるまで不審《ふしん》すくなからず。南三北七《なんさんほくしち》と申して仏法十流にわかれ《分》ぬ。いわゆる、南には三時《さんじ》・四時《し》・五時、北には五時・半満《はんまん》・四宗《ししゅう》・五宗・六宗・二宗の大乗《だいじょう》・一音《いっとん》等、各々《おのおの》義を立てて、辺執《へんしゅう》水火なり。しかれども、大綱《たいこう》は一同なり。いわゆる「一代聖《いちだいしょう》教《ぎょう》の中には華厳経《けごんぎょう》第一、涅槃経《ねはんぎょう》第二、法華経第三なり。法華経は、阿含《あごん》・般若《はんにゃ》・浄名《じょうみょう》・思益《しやく》等の経々《きょうぎょう》に対すれば真実なり、了義経《りょうぎきょう》、正見《しょうけん》なり。しかりといえども、涅槃経に対すれば無常教《むじょうきょう》、不了義経《ふりょうぎきょう》、邪見《じゃけん》の経」等云々《うんぬん》。

漢《かん》より四百余年の末《すえ》、五百年に入《い》って、陳《ちん》・隋《ずい》二代に智顗《ちぎ》と申す小僧《しょうそう》一人あり。後《のち》には天台智者大師《てんだいちしゃだいし》と号したてまつる。南北の邪義《じゃぎ》をやぶ《破》りて、「一代聖教《いちだいしょうぎょう》の中には法華経第一、涅槃経《ねはんぎょう》第二、華厳経《けごんぎょう》は第三なり」等云々《うんぬん》。これ像法《ぞうほう》の前《さき》の五百歳、大集経《だいじっきょう》の読誦多聞堅固《どくじゅたもんけんご》の時にあいあた《相当》れり。

像法《ぞうほう》の後《のち》の五百歳は、唐《とう》の始め太宗皇帝《たいそうこうてい》の御宇《ぎょう》に、玄奘三蔵《げんじょうさんぞう》、月支《がっし》に入《い》って十九年が間、百三十箇《か》国《こく》の寺塔《じとう》を見聞《けんもん》して多くの論師《ろんじ》に値《あ》いたてまつりて、八万聖教《はちまんしょうぎょう》・十二部経《じゅうにぶきょう》の淵底《えんてい》を習いきわめ《極》しに、その中に二宗《しゅう》あり。いわゆる法相宗《ほっそうしゅう》・三論宗《さんろんしゅう》なり。この二宗の中に法相大乗《だいじょう》は、遠くは弥勒《みろく》・無著《むじゃく》、近くは戒賢論師《かいげんろんじ》に伝えて、漢土《かんど》にかえ《帰》りて太宗皇帝にさずけ《授》させ給《たも》う。この宗の心は「仏教は機《き》に随《したが》うべし。一乗《いちじょう》の機のためには三乗方便《さんじょうほうべん》・一乗真実《しんじつ》なり。いわゆる法華経等なり。三乗の機のためには三乗真実・一乗方便なり。いわゆる深密経《じんみつきょう》・勝鬘経《しょうまんぎょう》等これなり。天台智者《てんだいちしゃ》等はこの旨《むね》を弁《わきま》えず」等云々《うんぬん》。しかも太宗は賢王《けんおう》なり。当時、名を一天《いってん》にひびか《響》すのみならず、三皇《さんこう》にもこえ《超》五帝《ごてい》にも勝《すぐ》れたるよし《由》四海《しかい》にひびき、漢土を手ににぎ《握》るのみならず、高昌《こうしょう》・高麗《こうらい》等の一千八百余国をなびか《靡》し、内外《ないげ》を極《きわ》めたる王ときこえ《聞》し賢王の第一の御帰依《ごきえ》の僧《そう》なり。天台宗《てんだいしゅう》の学者の中にも頸《くび》をさしいだ《差出》す人《ひと》一人もなし。しかれば、法華経の実義すでに一国に隠没《おんもつ》しぬ。

同じき太宗《たいそう》の太子・高宗《こうそう》、高宗の継母《けいぼ》・則天皇后《そくてんこうごう》の御宇《ぎょう》に、法蔵法師《ほうぞうほっし》という者あり。法相宗《ほっそうしゅう》に天台《てんだい》宗《しゅう》のおそ《襲》わるるところを見て、前《さき》に天台の御時《おんとき》せめ《責》られし華厳経《けごんぎょう》を取り出《い》だして、一代の中には華厳第一、法華《ほっけ》第二、涅槃《ねはん》第三と立てけり。

太宗《たいそう》より第四代の玄宗皇帝《げんそうこうてい》の御宇《ぎょう》、開元《かいげん》四年・同八年に、西天印度《さいてんいんど》より善無畏三蔵《ぜんむいさんぞう》・金剛智《こんごうち》三蔵・不空《ふくう》三蔵、大日経《だいにちきょう》・金剛頂経《こんごうちょうきょう》・蘇悉地経《そしつじきょう》を持って渡《わた》り、真言宗《しんごんしゅう》を立つ。この宗の立義《りゅうぎ》に云《い》わく「教《きょう》に二種あり。一には釈迦《しゃか》の顕教《けんきょう》。いわゆる華厳《けごん》・法華《ほっけ》等なり。二には大日の密教《みっきょう》。いわゆる大日経等なり。法華経は顕教の第一なり。この経は大日の密教に対すれば極理《ごくり》は少し同じけれども、事相《じそう》の印契《いんげい》と真言とはたえて《絶》みえず《見》。三密相応《さんみつそうおう》せざれば、不了義経《ふりょうぎきょう》」等云々《うんぬん》。

已上《いじょう》、法相《ほっそう》・華厳《けごん》・真言《しんごん》の三宗《しゅう》一同に天台法華宗《てんだいほっけしゅう》をやぶれ《破》ども、天台大師程《だいしほど》の智人《ちじん》、法華宗の中になかりけるかのあいだ、内々《ないない》はいわれ《謂》なき由《よし》は存《ぞん》じけれども、天台のごとく公場《こうじょう》にして論ぜられざりければ、上《かみ》国王・大臣、下《しも》一切《いっさい》の人民にいたるまで、皆《みな》仏法に迷って衆生《しゅじょう》の得道《とくどう》みなとどまり《止》けり。

これらは像法《ぞうほう》の後《のち》の五百年の前《さき》の二百余年が内なり。

像法《ぞうほう》に入《い》って四百余年と申しけるに、百済国《ひゃくさいこく》より一切経《いっさいきょう》ならびに教主釈尊《きょうしゅしゃくそん》の木像《もくぞう》・僧尼《そうに》等、日本国にわたる《渡》。漢土《かんど》の梁《りょう》の末《まつ》、陳《ちん》の始めにあいあたる《相当》。日本には神武天皇《じんむてんのう》よりは第三十代、欽明天皇《きんめい》の御《ぎょ》宇《う》なり。欽明の御子《みこ》、用明《ようめい》の太子に上宮王子《じょうぐうおうじ》、仏法を弘通《ぐつう》し給《たも》うのみならず、ならびに法華経・浄名《じょうみょう》経《きょう》・勝鬘経《しょうまんぎょう》を鎮護国家《ちんごこっか》の法と定めさせ給《たま》いぬ。

その後《のち》、人王《にんのう》第三十七代に孝徳天皇《こうとくてんのう》の御宇《ぎょう》に、三論宗《さんろんしゅう》・成実宗《じょうじつしゅう》を、観勒僧正《かんろくそうじょう》、百済国《ひゃくさいこく》よりわたす《渡》。同じき御代《みよ》に道昭法師《どうしょうほっし》、漢土《かんど》より法相宗《ほっそうしゅう》・倶舎宗《くしゃしゅう》をわたす。人王第四十四代元正天皇《げんしょう》の御宇に、天竺《てんじく》より大日経《だいにちきょう》をわたしてありしかども、しかも弘通《ぐつう》せずして漢土へかえる《帰》。この僧《そう》をば善無畏三蔵《ぜんむいさんぞう》という。人王《にんのう》第四十五代に聖武《しょうむ》天皇の御宇に、審祥大徳《しんじょうだいとく》、新羅国《しんらこく》より華厳宗《けごんしゅう》をわたして、良弁僧正《ろうべんそうじょう》・聖武天皇にさずけ《授》たてまつりて、東大寺《とうだいじ》の大仏を立てさせ給《たま》えり。同じき御代に、大唐《だいとう》の鑑真和尚《がんじんわじょう》、天台《てんだい》宗《しゅう》と律宗《りっしゅう》をわたす。その中に律宗をば弘通し、小乗《しょうじょう》の戒場《かいじょう》を東大寺に建立《こんりゅう》せしかども、法華宗《ほっけしゅう》のことをば名字《みょうじ》をも申し出《い》ださせ給わずして入滅《にゅうめつ》し了《お》わんぬ。

その後《のち》、人王《にんのう》第五十代、像法《ぞうほう》八百年に相当《あいあ》たって、桓武天皇《かんむてんのう》の御宇《ぎょう》に、最澄《さいちょう》と申す小僧出来《しょうそうしゅったい》せり。後には伝教大師《でんぎょうだいし》と号したてまつる。始めには三論《さんろん》・法相《ほっそう》・華厳《けごん》・倶舎《くしゃ》・成実《じょうじつ》・律《りつ》の六宗《ろくしゅう》ならびに禅宗《ぜんしゅう》等を行表僧正《ぎょうひょうそうじょう》等に習学させ給《たま》いしほどに、我《われ》と立て給える国昌寺《こくしょうじ》、後には比叡山《ひえいざん》と号す、ここにして六宗の本経《ほんきょう》・本論と宗々《しゅうじゅう》の人師《にんし》の釈《しゃく》とを引き合わせ御《ご》らん《覧》ありしかば、彼《か》の宗々の人師の釈、依《よ》るところの経論《きょうろん》に相違《そうい》せること多き上、僻見《びゃっけん》多々にして、信受せん人、皆悪道《みなあくどう》に堕《お》ちぬべしとかんがえ《勘》させ給《たも》う。その上、法華経の実義は、宗々の人々、我も得たり我も得たりと自讃《じさん》ありしかども、その義なし。これを申すならば喧嘩出来《けんかしゅったい》すべし、もだ《黙》して申さずば仏誓《ぶっせい》にそむ《背》きなんとおも《思》いわずら《煩》わせ給《たま》いしかども、終《つい》に仏の誡《いまし》めをおそ《恐》れて桓武皇帝《こうてい》に奏し給いしかば、帝《みかど》このことをおどろ《驚》かせ給いて、六宗の碩学《せきがく》に召《め》し合わさせ給《たも》う。

彼《か》の学者等、始めは慢幢《まんどう》山のごとし。悪心毒蛇《どくじゃ》のようなりしかども、終《つい》に王の前にしてせめ《責》おと《落》され、六宗《ろくしゅう》・七寺《しちじ》、一同に御弟子《みでし》となりぬ。例せば、漢土《かんど》の南北の諸師《しょし》、陳殿《ちんでん》にして天台大師《てんだいだいし》にせめおとされて御弟子となりしがごとし。これはこれ円定《えんじょう》・円慧《えんえ》ばかりなり。その上、天台大師のいまだせ《責》め給《たま》わざりし小乗《しょうじょう》の別受戒《べつじゅかい》をせめおとし、六宗の八大徳《だいとく》に梵網経《ぼんもうきょう》の大乗別受戒《だいじょう》をさず《授》け給《たも》うのみならず、法華経の円頓《えんどん》の別受戒を叡山《えいざん》に建立《こんりゅう》せしかば、延暦《えんりゃく》円頓の別受戒は日本第一たるのみならず、仏の滅後《めつご》一千八百余年が間、身毒《しんどく》・尸那《しな》・一閻浮提《いちえんぶだい》にいまだなかりし霊山《りょうぜん》の大戒《だいかい》、日本国に始まる。されば、伝教大師《でんぎょうだいし》は、その功《こう》を論ずれば、竜樹《りゅうじゅ》・天親《てんじん》にもこえ《超》天台《てんだい》・妙楽《みょうらく》にも勝《すぐ》れておわします聖人《しょうにん》なり。されば、日本国の当世《とうせい》の東寺《とうじ》・園城《おんじょう》・七大寺《しちだいじ》、諸国の八宗《はっしゅう》、浄土《じょうど》・禅宗《ぜんしゅう》・律《りつ》等の諸僧《しょそう》等、誰人《たれびと》か伝教大師の円戒《えんかい》をそむく《背》べき。かの漢土九国《かんどきゅうこく》の諸僧等は、円定《えんじょう》・円慧《えんえ》は天台の弟子《でし》ににたれ《似》ども、円《えん》頓《どん》一同の戒場《かいじょう》は漢土になければ、戒においては弟子とならぬ者もありけん。この日本国は、伝教大師の御弟子《みでし》にあらざる者外道《げどう》なり、悪人なり。

しかれども、漢土《かんど》・日本の天台宗《てんだいしゅう》と真言《しんごん》の勝劣《しょうれつ》は、大師《だいし》、心中《しんちゅう》には存知《ぞんち》せさせ給《たま》いけれども、六宗《ろくしゅう》と天台宗とのごとく公場《こうじょう》にして勝負なかりけるゆえにや、伝教《でんぎょう》大師已後《いご》には、東寺《とうじ》・七寺《しちじ》・園城《おんじょう》の諸寺、日本一州一同に、真言宗は天台宗に勝《すぐ》れたりと上一人《かみいちにん》より下万人《しもばんにん》にいたる《至》までおぼしめし《思》おもえり。しかれば、天台法華宗《ほっけしゅう》は伝教大師の御時《おんとき》ばかりにぞありける。この伝教の御時は、像法《ぞうほう》の末《まつ》、大《だい》集経《じっきょう》の多造塔寺堅固《たぞうとうじけんご》の時なり。いまだ「我が法の中において闘諍言訟《とうじょうごんしょう》して白法隠没《びゃくほうおんもつ》せん」の時にはあ《当》たらず。

今、末法《まっぽう》に入《い》って二百余歳、大集経《だいじっきょう》の「我が法の中において闘諍言訟《とうじょうごんしょう》して白法隠没《びゃくほうおんもつ》せん」の時にあたれり。仏語《ぶつご》まこと《実》とならば、定めて一閻浮提《いちえんぶだい》に闘諍起こるべき時節なり。伝え聞く、漢土《かんど》は三百六十箇国《かこく》二百六十余州はすでに蒙古国《もうここく》に打ちやぶられ《破》ぬ。華洛《からく》すでにやぶられ《破》て、徽宗《きそう》・欽宗《きんそう》の両帝《りょうてい》、北《ほく》蕃《ばん》にいけどり《生捕》にせられて、韃靼《だったん》にして終《つい》にかくれ《隠》させ給《たま》いぬ。徽宗の孫・高宗皇帝《こうそうこうてい》は、長安《ちょうあん》をせめお《攻落》とされて、田舎《いなか》の臨安行在府《りんあんあんざいふ》におち《落》させ給いて、今に数年が間京《みやこ》を見ず。高麗《こうらい》六百余国も新羅《しんら》・百済《ひゃくさい》等の諸国等も、皆《みな》、大蒙古国の皇帝にせめ《攻》られぬ。今の日本国の壱岐《いき》・対馬《つしま》ならびに九国《きゅうこく》のごとし。闘諍堅固《けんご》の仏語、地に堕《お》ちず。あたかも、これ大海のしお《潮》の時をたが《違》えざるがごとし。

これをもって案ずるに、大集経《だいじっきょう》の白法隠没《びゃくほうおんもつ》の時に次《つ》いで、法華経の大白法の日本国ならびに一閻浮提《いちえんぶだい》に広宣流布《こうせんるふ》せんことも疑うべからざるか。彼《か》の大集経は仏説《ぶっせつ》の中の権大乗《ごんだいじょう》ぞかし。生死《しょうじ》をはなる《離》る道には法華経の結縁《けちえん》なき者のためには未顕真実《みけんしんじつ》なれども、六道《ろくどう》・四生《ししょう》・三世《さんぜ》のことを記し給《たま》いけるは寸分もたが《違》わざりけるにや。いかにいわんや、法華経は、釈尊《しゃくそん》は「要《かなら》ず当《まさ》に真実を説きたもうべし」となのら《名乗》せ給い、多宝仏《たほうぶつ》は「真実なり」と御判《ごはん》をそ《添》え、十方《じっぽう》の諸仏《しょぶつ》は広長舌《こうちょうぜつ》を梵天《ぼんてん》につけて「誠諦《じょうたい》」と指し示し、釈尊は重ねて無虚妄《むこもう》の舌を色究竟《しきくきょう》に付けさせ給いて、後《のち》の五百歳に一切《いっさい》の仏法の滅せん時、上行菩薩《じょうぎょうぼさつ》に妙法蓮華経の五字をもた《持》しめて、謗法《ほうぼう》・一闡提《いっせんだい》の白癩病《びゃくらいびょう》の輩《やから》の良薬とせんと、梵帝《ぼんたい》・日月《にちがつ》・四天《してん》・竜神《りゅうじん》等に仰《おお》せつ《付》けられし金言《きんげん》、虚妄なるべしや。大地は反覆《はんぷく》すとも、高山は頽落《たいらく》すとも、春の後に夏は来《きた》らずとも、日は東へかえ《還》るとも、月は地に落《お》つとも、このことは一定《いちじょう》なるべし。

このこと一定《いちじょう》ならば、闘諍堅固《とうじょうけんご》の時、日本国の王臣とならびに万民《ばんみん》等が、仏の御使《おんつか》いとして南無妙法蓮華経を流布《るふ》せんとするを、あるいは罵詈《めり》し、あるいは悪口《あっく》し、あるいは流罪《るざい》し、あるいは打擲《ちょうちゃく》し、弟子《でし》・眷属《けんぞく》等を種々の難にあ《遭》わする人々、いかでか安穏《あんのん》にては候《そうろう》べき。これをば愚癡《ぐち》の者は呪詛《じゅそ》すとおも《思》いぬべし。法華経をひろ《弘》むる者は、日本の一切衆生《いっさいしゅじょう》の父母なり。章安大師《しょうあんだいし》云《い》わく「彼《かれ》がために悪を除くは、即《すなわ》ちこれ彼が親なり」等云々《うんぬん》。されば、日蓮は、当帝《とうてい》の父母、念仏者《ねんぶつしゃ》・禅衆《ぜんしゅ》・真言師《しんごんし》等が師範《しはん》なり、また主君なり。しかるを、上一人《かみいちにん》より下万民《しもばんみん》にいた《至》るまであだ《怨》をなすをば、日月《にちがつ》いかでか彼《かれ》らの頂《いただき》を照らし給《たも》うべき。地神《ちじん》いかでか彼らの足を載《の》せ給うべき。提婆達多《だいばだった》は仏を打ちたてまつりしかば、大地揺動《ようどう》して火炎《かえん》いで《出》にき。檀弥羅王《だんみらおう》は師子尊者《ししそんじゃ》の頭《こうべ》を切りしかば、右の手、刀とともに落ちぬ。徽宗皇帝《きそうこうてい》は法道《ほうどう》が面《かお》にかなやき《火印焼》をやきて江南《こうなん》になが《流》せしかば、半年が内にえびす《夷》の手にかかり《掛》給《たま》いき。蒙古《もうこ》のせめ《責》もまたかくのごとくなるべし。たとい五天《ごてん》のつわ《兵》ものをあつ《集》めて鉄囲山《てっちせん》を城とせりとも、かなう《敵》べからず。必ず日本国の一切衆生《いっさいしゅじょう》、兵難《ひょうなん》に値《あ》うべし。

されば、日蓮が法華経の行者《ぎょうじゃ》にてあるなきかは、これにて見るべし。

教主釈尊《きょうしゅしゃくそん》、記して云《のたま》わく「末代悪世《まつだいあくせ》に法華経を弘通《ぐつう》するものを悪口《あっく》・罵詈《めり》等せん人は、我を一劫《いっこう》が間あだ《怨》せん者の罪にも百千万億倍すぎ《過》たるべし」ととか《説》せ給《たま》えり。しかるを、今の日本国の国主・万民《みん》等、がい《雅意》にまか《任》せて、父母・宿世《しゅくせ》の敵《かたき》よりもいたく《甚》にくみ《憎》、謀反《むほん》・殺害の者よりもつよく《強》せめ《責》ぬるは、現身《げんしん》にも大地われ《破》て入《い》り、天雷《てんらい》も身をさか《裂》ざるは不審《ふしん》なり。日蓮が法華経の行者《ぎょうじゃ》にてあらざるか。もししからば、おお《大》きになげか《歎》し。今生《こんじょう》には万人《ばんにん》にせめ《責》られて片時《かたとき》もやす《安》からず、後生《ごしょう》には悪道《あくどう》に堕《お》ちんことあさ《浅》ましとも申すばかりなし。

また、日蓮法華経《ほけきょう》の行者《ぎょうじゃ》ならずば、いかなる者の一乗《いちじょう》の持者《じしゃ》にてはあるべきぞ。法然《ほうねん》が「法華経をなげ《抛》す《捨》てよ」、善導《ぜんどう》が「千の中に一《ひと》りも無し」、道綽《どうしゃく》が「いまだ一人も得《う》る者あらず」と申すが法華経の行者にて候《そうろう》べきか。また弘法大師《こうぼうだいし》の云《い》わく「法華経を行《ぎょう》ずるは戯論《けろん》なり」とかか《書》れたるが法華経の行者なるべきか。経文《きょうもん》には「能《よ》くこの経を持《たも》つ」「能くこの経を説く」なんどこそとか《説》れて候《そうら》え。「よ《能》くと《説》く」と申すはいかなるぞと申すに、「諸経《しょきょう》の中において最もその上《かみ》に在り」と申して、「大日《だいにち》経《きょう》・華厳経《けごんぎょう》・涅槃経《ねはんぎょう》・般若経《はんにゃきょう》等に法華経はすぐ《勝》れて候《そうろう》なり」と申す者をこそ、経文には法華経の行者とはとか《説》れて候《そうら》え。もし経文のごとくならば、日本国に仏法わたって七百余年、伝教《でんぎょう》大師と日蓮とが外《ほか》は一人も法華経の行者はな《無》きぞかし。

いかにいかにとおも《思》うところに、「頭破《こうべわ》れて七分《しちぶん》に作《な》る」「口は則《すなわ》ち閉塞《へいそく》せん」のなかりけるは、道理にて候《そうら》いけるなり。これらは浅き罰《ばち》なり。ただ一人二人等のことなり。日蓮は閻浮《えんぶ》第一の法華経の行者《ぎょうじゃ》なり。これをそし《謗》り、これをあだ《怨》む人を結構《けっこう》せん人は、閻浮第一の大難にあ《遭》うべし。これは日本国をふり《震》ゆる《揺》がす正嘉《しょうか》の大地震《おおじしん》、一天《いってん》を罰《ばっ》する文永《ぶんえい》の大彗星《だいすいせい》等なり。

これらをみ《見》よ。仏滅度《めつど》の後《のち》、仏法を行《ぎょう》ずる者にあだ《怨》をなすといえども、今のごとくの大難は一度もなきなり。南無妙法蓮華経と一切衆生《いっさいしゅじょう》にすす《勧》めたる人《ひと》一人もなし。この徳は、たれ《誰》か一天《いってん》に眼《まなこ》を合わせ、四海《しかい》に肩《かた》をならぶ《並》べきや。

疑って云《い》わく、たとい正法《しょうほう》の時は仏の在世《ざいせ》に対すれば根機劣《こんきれつ》なりとも、像《ぞう》・末《まつ》に対すれば最上の上《じょう》機《き》なり。いかでか正法の始めに法華経をば用いざるべき。したがって、馬鳴《めみょう》・竜樹《りゅうじゅ》・提婆《だいば》・無著《むじゃく》等も正法一千年の内にこそ出現せさせ給《たま》え。天親菩薩《てんじんぼさつ》は千部の論師《ろんじ》、法華論《ほっけろん》を造って諸経《しょきょう》の中に第一の義を存《そん》す。真諦三蔵《しんだいさんぞう》の相伝《そうでん》に云わく「月支《がっし》に法華経を弘通《ぐつう》せる家、五十余家《け》。天親はその一《いち》なり」。已《い》上《じょう》、正法なり。

像法《ぞうほう》に入《い》っては、天台大師《てんだいだいし》像法の半《なか》ばに漢土《かんど》に出現して、玄《げん》と文《もん》と止《し》との三十巻《さんじっかん》を造って、法華経の淵底《えんてい》を極《きわ》めたり。像法の末《まつ》に伝教《でんぎょう》大師日本に出現して、天台大師の円慧《えんえ》・円定《えんじょう》の二法を我が朝《ちょう》に弘《ぐ》通《つう》せしむるのみならず、円頓《えんどん》の大戒場《だいかいじょう》を叡山《えいざん》に建立《こんりゅう》して日本一州皆《みな》同じく円戒《えんかい》の地になして、上一人《かみいちにん》より下万民《しもばんみん》まで延暦寺《えんりゃくじ》を師範《しはん》と仰《あお》がせ給《たも》うは、あに像法の時、法華経の広宣流布《こうせんるふ》にあらずや。

答えて云《い》わく、如来《にょらい》の教法《きょうほう》は必ず機《き》に随《したが》うということは、世間《せけん》の学者の存知《ぞんち》なり。しかれども、仏の教えはしか《然》らず。上根《じょうこん》・上智《じょうち》の人のために必ず大法《だいほう》を説くならば、初成道《しょじょうどう》の時なんぞ法華経をとか《説》せ給《たま》わざる。正法《しょうほう》の先の五百余年に大乗経《だいじょうきょう》を弘通《ぐつう》すべし。有縁《うえん》の人に大法を説かせ給《たも》うならば、浄飯《じょうぼん》大王《だいおう》・摩耶夫人《まやぶにん》に観仏三昧経《かんぶつざんまいきょう》・摩耶経《まやきょう》をとく《説》べからず。無縁《むえん》の悪人・謗法《ほうぼう》の者に秘法をあたえずば、覚徳比丘《かくとくびく》は無量の破戒《はかい》の者に涅槃経《ねはんぎょう》をさずく《授》べからず。不軽菩薩《ふきょうぼさつ》は誹謗《ひぼう》の四衆《ししゅ》に向かって、いかに法華経をば流通《るつう》せさせ給《たま》いしぞ。されば、機に随って法を説くと申すは、大いなる僻見《びゃっけん》なり。

問うて云《い》わく、竜樹《りゅうじゅ》・世親《せしん》等は法華経の実義をば宣《の》べ給《たま》わずや。

答えて云わく、宣《の》べ給《たま》わず。

問うて云わく、いかなる教えをかのべ《宣》給《たま》いし。

答えて云わく、華厳《けごん》・方等《ほうどう》・般若《はんにゃ》・大日経《だいにちきょう》等の権大乗《ごんだいじょう》、顕密《けんみつ》の諸経《しょきょう》をのべ《宣》させ給《たま》いて、法華経の法《ほう》門《もん》をば宣《の》べさせ給わず。

問うて云《い》わく、何をもってこれをしる《知》や。

答えて云わく、竜樹菩薩《りゅうじゅぼさつ》の造るところの論、三十万偈《げ》。しかれども、尽《つ》くして漢土《かんど》・日本にわたら《渡》ざれば、その心しり《知》がたしといえども、漢土にわたれる十住毘婆沙論《じゅうじゅうびばしゃろん》・中論《ちゅうろん》・大論《だいろん》等をもって天竺《てんじく》の論をも比知《ひち》してこれを知るなり。

疑って云《い》わく、天竺《てんじく》に残る論の中に、わた《渡》れる論よりも勝《すぐ》れたる論やあるらん。

答えて云わく、竜樹菩薩《りゅうじゅぼさつ》のことは私《わたくし》に申すべからず。仏記《しる》し給《たも》う。「我が滅後《めつご》に竜樹菩薩と申す人、南天竺《なんてんじく》に出《い》ずべし。彼《か》の人の所詮《しょせん》は中論《ちゅうろん》という論に有るべし」と。仏記し給うに随《したが》って、竜樹菩薩の流れ天竺に七十家《け》あり。七十人ともに大論師《だいろんじ》なり。彼の七十家の人々は、皆《みな》、中論を本《もと》とす。中論四巻二十七品の肝心《かんじん》は「因縁《いんねん》もて生《しょう》ずるところの法」の四句の偈《げ》なり。この四句の偈は華厳《けごん》・般若《はんにゃ》等の四教《しきょう》・三諦《さんたい》の法門《ほうもん》なり。いまだ法華開会《ほっけかいえ》の三諦をば宣《の》べ給《たま》わず。

疑って云《い》わく、汝《なんじ》がごとくに料簡《りょうけん》せる人ありや。

答えて云わく、天台《てんだい》云わく「中論《ちゅうろん》をもって相比《あいひ》することなかれ」。また云わく「天親《てんじん》・竜樹《りゅうじゅ》、内に鑑《かんが》みるに冷然《れいねん》にして、外には時の宜《よろ》しきに適《かな》う」等云々《うんぬん》。妙楽《みょうらく》云わく「もし破会《はえ》を論ぜば、いまだ法《ほっ》華《け》にしかざるが故に」云々。従義《じゅうぎ》云わく「竜樹・天親、いまだ天台にしかず」云々。

問うて云《い》わく、唐《とう》の末《まつ》に不空三蔵《ふくうさんぞう》、一巻の論をわた《渡》す。その名を菩提心論《ぼだいしんろん》とな《名》づく。竜猛菩薩《りゅうみょうぼさつ》の造なり云々《うんぬん》。弘法大師《こうぼうだいし》云わく「この論は竜猛千部の中の第一肝心《かんじん》の論」と云々。

答えて云《い》わく、この論、一部七丁《ちょう》あり。竜猛《りゅうみょう》の言《ことば》ならぬこと、処々《しょしょ》に多し。故に、目録にも、あるいは竜猛、あるいは不空《ふくう》と両方なり。いまだ事《こと》定まらず。その上、この論文《ろんもん》は一代を括《くく》れる論にもあらず。荒量《こうりょう》なることこれ多し。まず「唯真言《ただしんごん》の法の中にのみ」の肝心《かんじん》の文《もん》あやま《誤》りなり。その故は、文証《もんしょう》・現証《げんしょう》ある法華経の即身成仏《そくしんじょうぶつ》をばな《無》きになして、文証も現証もあと《跡》かた《形》もな《無》き真言経《しんごんきょう》に即身成仏を立てて候《そうろう》。また「唯」という「唯」の一字は第一のあやま《誤》りなり。事のてい《体》を見るに、不空三蔵《さんぞう》の私《わたくし》につくり《造》て候を、時の人におもく《重》せさせんがために事《こと》を竜猛によせ《寄》たるか。

その上、不空三蔵《ふくうさんぞう》は誤ること、かずおおし《数多》。いわゆる、法華経の観智《かんち》の儀軌《ぎき》に寿量品《じゅりょうほん》を阿弥陀仏《あみだぶつ》とかける眼《め》の前の大僻見《だいびゃっけん》、陀羅尼品《だらにほん》を神力品《じんりきほん》の次における《置》、嘱累品《ぞくるいほん》を経末《きょうまつ》に下《くだ》せる、これらはいうかい《言甲斐》なし。さるかと見れば、天台《てんだい》の大乗戒《だいじょうかい》を盗《ぬす》んで代宗皇帝《だいそうこうてい》に宣旨《せんじ》を申し、五台山《ごだいさん》の五寺に立てたり。しかもまた、真言《しんごん》の教相《きょうそう》には天台宗《てんだいしゅう》をすべしといえり。かたがた誑惑《おうわく》の事どもなり。他の人の訳ならば、用いることもありなん。この人の訳せる経論《きょうろん》は信ぜられず。総じて月支《がっし》より漢土《かんど》に経論をわたす《渡》人、旧訳《くやく》・新訳《しんやく》に一百八十六人なり。羅什《らじゅう》三蔵一人を除いては、いずれの人々も誤らざるはなし。その中に不空三蔵は殊《こと》に誤り多き上、誑惑の心顕《あらわ》なり。

疑って云《い》わく、何をもって知るぞや、羅什三蔵《らじゅうさんぞう》より外《ほか》の人々はあやまり《誤》なりとは。汝《なんじ》が禅宗《ぜんしゅう》・念《ねん》仏《ぶつ》・真言《しんごん》等の七宗《しゅう》を破るのみならず、漢土《かんど》・日本にわたる《渡》一切《いっさい》の訳者を用いざるか、いかん。

答えて云《い》わく、このことは余《よ》が第一の秘事なり。委細《いさい》には向かって問うべし。ただし、すこし申すべし。羅什三蔵《らじゅうさんぞう》の云わく「我漢土《かんど》の一切経《いっさいきょう》を見るに、皆梵語《みなぼんご》のごとくならず。いかでかこのことを顕《あらわ》すべき。ただし一《ひと》つの大願《だいがん》あり。身を不浄《ふじょう》になして妻《め》をたいす《帯》べし。舌ばかり清浄《しょうじょう》になして仏法に妄《もう》語《ご》せじ。我《われ》死なば必ずやく《焼》べし。焼かん時、舌焼くるならば、我が経をすてよ《捨》」と、常に高座にしてとかせ《説》給《たま》いしなり。上一人《かみいちにん》より下万民《しもばんみん》にいたるまで願《がん》じて云わく「願《ねが》わくは羅什三蔵より後《のち》に死せん」と。終《つい》に死し給《たも》う後、焼きたてまつりしかば、不浄の身は皆灰《はい》となりぬ。御舌《おんした》ばかり火中に青蓮《しょうれん》華生《げしょう》じてその上にあり。五色《ごしき》の光明《こうみょう》を放《はな》って夜は昼のごとく、昼は日輪《にちりん》の御光《おんひかり》をうばい《奪》給《たま》いき。さてこそ、一切の訳人《やくにん》の経々《きょうぎょう》は軽くなりて、羅什三蔵の訳し給える経々、殊《こと》に法華経は、漢土にはやすやす《易々》とひろ《弘》まり候《そうら》いしか。

疑って云《い》わく、羅什《らじゅう》已前《いぜん》はしかるべし。已後《いご》の善無畏《ぜんむい》・不空《ふくう》等は、いかん。

答えて云わく、已後《いご》なりとも、訳者の舌の焼くるをば、誤りありけりとしる《知》べし。されば、日本国に法相宗《ほっそうしゅう》のはやり《流行》たりしを伝教大師《でんぎょうだいし》責めさせ給いしには、「羅什三蔵《らじゅうさんぞう》は舌焼けず。玄奘《げんじょう》・慈恩《じおん》は舌焼けぬ」とせめ《責》させ給いしかば、桓武天皇《かんむてんのう》は道理とおぼし《思》て、天台法華宗《てんだいほっけしゅう》へはうつら《移》せ給いしなり。

涅槃経《ねはんぎょう》の第三・第九等をみ《見》まいらすれば、「我が仏法は月支《がっし》より他国へわたら《渡》んの時、多くの謬誤《みょうご》出来《しゅったい》して衆生《しゅじょう》の得道《とくどう》うすか《薄》るべし」ととか《説》れて候《そうろう》。されば、妙楽大師《みょうらくだいし》は「ならびに進退は人に在り。何《なん》ぞ聖旨《しょうし》に関《かか》わらん」とこそあそばされて候《そうら》え。今の人々、いかに経《きょう》のままに後世《ごせ》をねが《願》うとも、あやまれる《誤》経々《きょうぎょう》のままにねが《願》わば、得道もあるべからず。しかればとても仏の御《おん》とが《失》にはあらじとかか《書》れて候《そうろう》。仏教を習う法には、大小《だいしょう》・権実《ごんじつ》・顕密《けんみつ》はさておく、これこそ第一の大事にては候らめ。

疑って云《い》わく、正法《しょうほう》一千年の論師《ろんじ》の、内心には法華経の実義の顕密《けんみつ》の諸経《しょきょう》に超過《ちょうか》してあるよしをしろ《知》しめしながら、外には宣説《せんぜつ》せずしてただ権大乗《ごんだいじょう》ばかりを宣《の》べさせ給《たも》うことは、しかるべしとはおぼ《覚》えねども、その義はすこし《少》きこ《聞》え候《そうら》いぬ。像法《ぞうほう》一千年の半《なか》ばに天台智者大師《てんだいちしゃだいし》出現して、題目の妙法蓮華経の五字を玄義十巻《げんぎじっかん》一千枚にかき《書》つく《尽》し、文句《もんぐ》十巻には始め「かくのごときを我《われ》聞きき」より終わり「礼《らい》を作《な》して去りにき」にいたるまで、一字一句に因縁《いんねん》・約教《やっきょう》・本迹《ほんじゃく》・観心《かんじん》の四つの釈《しゃく》をならべ《並》て、また一千枚に尽《つ》くし給う。已上《いじょう》、玄義・文句の二十巻《にじっかん》には、一切経《いっさいきょう》の心を江河《こうが》として法華経を大海にたとえ《譬》、十方界《じっぽうかい》の仏法の露一渧《つゆいったい》も漏《も》らさず妙法蓮華経の大海に入《い》れさせ給《たま》いぬ。その上、天竺《てんじく》の大論《だいろん》の諸義一点ももら《漏》さず、漢土《かんど》の南北の十師《じっし》の義、破《は》すべきをばこれをは《破》し、取るべきをばこれを用いる。その上、止観《しかん》十巻を注《しる》して一代の観門《かんもん》を一念《いちねん》にすべ《統》、十界《じっかい》の依正《えしょう》を三千《さんぜん》につづめ《縮》たり。この書の文体《もんたい》は、遠くは月支《がっし》一千年の間の論師にも超《こ》え、近くは尸那《しな》五百年の人師《にんし》の釈にも勝《すぐ》れたり。

故に、三論宗《さんろんしゅう》の吉蔵大師《きちぞうだいし》、南北一百余人の先達《せんだつ》と長者《ちょうじゃ》らをすすめ《勧》て、天台大師《てんだいだいし》の講経《こうきょう》を聞かんとする状に云《い》わく「千年と五百、実《じつ》にまた今日《こんにち》に在り乃至《ないし》南岳《なんがく》の叡聖《えいしょう》、天台の明哲《みょうてつ》、昔は三業《さんごう》もて住持《じゅうじ》し、今は二尊紹係《しょうけい》す。あにただ甘露《かんろ》を震旦《しんたん》に灑《そそ》ぐのみならん。また当《まさ》に法鼓《ほっく》を天竺《てんじく》に震《ふる》うべし。生知《しょうち》の妙《みょう》悟《ご》は、魏晋《ぎしん》より以来にして、典籍《てんせき》・風謡《ふうよう》にも、実《まこと》に連類《れんるい》無し乃至禅衆《ぜんしゅ》一百余の僧《そう》とともに、智者《ちしゃ》大師を奉請《ぶじょう》す」等云々《うんぬん》。終南山《しゅうなんざん》の道宣律師《どうせんりっし》、天台大師を讃歎《さんだん》して云わく「法華《ほっけ》を照了《しょうりょう》すること高輝《こうき》の幽谷《ゆうこく》に臨《のぞ》むがごとく、摩訶衍《まかえん》を説くこと長風の大虚《たいきょ》に遊ぶに似たり。たとい文字《もんじ》の師千群万衆《せんぐんまんしゅ》あってしばしば彼《か》の妙弁《みょうべん》を尋《たず》ぬとも、能《よ》く窮《きわ》むる者無きなり乃至義は月を指すに同《おな》じ乃至宗《しゅう》は一極《いちごく》に帰《き》す」云々。華厳宗《けごんしゅう》の法蔵法師《ほうぞうほっし》、天台を讃《さん》して云わく「思禅師《しぜんじ》・智者等のごときは、神異《じんい》・感通《かんつう》は、迹《しゃく》、登位《とうい》に参《さん》じ、霊山《りょうぜん》の聴法《ちょうぼう》は、憶《おも》い今に在り」等云々。

真言宗《しんごんしゅう》の不空三蔵《ふくうさんぞう》・含光法師《がんこうほっし》等、師弟共に真言宗をす《捨》てて天台大師《てんだいだいし》に帰伏《きぶく》する物語に云《い》わく、高僧《こうそう》伝《でん》に云わく「不空三蔵と親《まのあた》り天竺《てんじく》に遊びたるに、かしこに僧《そう》有り。問うて曰《い》わく『大唐《だいとう》に天台の教《きょう》迹《しゃく》有り。最も邪正《じゃしょう》を簡《えら》び偏円《へんえん》を暁《あき》らむるに堪《た》えたり。能《よ》くこれを訳してこの土《ど》に将《も》ち至らしむべきや』と」等云々《うんぬん》。この物語は含光が妙楽大師《みょうらくだいし》にかたり給《たま》いしなり。妙楽大師、この物語を聞いて云わく

「あに中国に法を失ってこれを四維《しい》に求《もと》むるにあらずや。しかるにこの方《かた》に識《し》ることある者少なし。魯人《ろひと》のごとし」等云々。身毒国《しんどくこく》の中に天台三十巻《さんじっかん》のごとくなる大論《だいろん》あるならば、南天《なんてん》の僧、いかでか漢土《かんど》の天台の釈《しゃく》をねが《願》うべき。これあに、像法《ぞうほう》の中に法華経の実義顕《あらわ》れて、南閻浮提《なんえんぶだい》に広宣流布《こうせんるふ》するにあらずや。

答えて云《い》わく、正法《しょうほう》一千年、像法《ぞうほう》の前《さき》の四百年、已上《いじょう》仏の滅後《めつご》一千四百余年にいまだ論師《ろんじ》の弘通《ぐつう》し給《たま》わざる一代超過《いちだいちょうか》の円定《えんじょう》・円慧《えんえ》を漢土《かんど》に弘通し給《たも》うのみならず、その声《な》、月氏《がっし》までもきこ《聞》えぬ。法華経の広宣流布《こうせんるふ》にはにた《似》れども、いまだ円頓《えんどん》の戒壇《かいだん》を立てられず。小乗《しょうじょう》の威儀《いぎ》をもって円の慧《え》・定《じょう》に切りつけるは、すこし便りなきにに《似》たり。例せば、日輪《にちりん》の蝕《しょく》するがごとし、月輪《げつりん》のか《欠》けたるにに《似》たり。いかにいお《況》うや、天台大師《てんだいだいし》の御時《おんとき》は大集経《だいじっきょう》の読誦多聞堅固《どくじゅたもんけんご》の時にあ《相》いあ《当》たって、いまだ広宣流布の時にあらず。

問うて云《い》わく、伝教大師《でんぎょうだいし》は日本国の士《ひと》なり。桓武《かんむ》の御宇《ぎょう》に出世《しゅっせ》して、欽明《きんめい》より二百余年が間の邪義《じゃぎ》をなん《難》じやぶ《破》り、天台大師《てんだいだいし》の円慧《えんえ》・円定《えんじょう》をせん《撰》じ給《たも》うのみならず、鑑真和尚《がんじんわじょう》の弘通《ぐつう》せし日本の小乗《しょうじょう》の三処《さんしょ》の戒壇《かいだん》をなん《難》じやぶ《破》り、叡山《えいざん》に円頓《えんどん》の大乗別受戒《だいじょうべつじゅかい》を建立《こんりゅう》せり。この大事は仏の滅後《めつご》一千八百年が間の身毒《しんどく》・尸那《しな》・扶桑《ふそう》、乃至《ないし》一閻浮提《いちえんぶだい》第一の奇事《きじ》なり。内証《ないしょう》は竜樹《りゅうじゅ》・天台等にはあるいは劣《おと》るにもや、あるいは同じくもやあるらん。仏法の人をすべて一法となせることは、竜樹・天親《てんじん》にもこ《超》え、南岳《なんがく》・天台にもすぐ《勝》れて見えさせ給うなり。総じては、如来御入滅《にょらいごにゅうめつ》の後《のち》一千八百年が間、この二人こそ法華経の行者《ぎょうじゃ》にてはおわすれ。

故に、秀句《しゅうく》に云《い》わく「経《きょう》に云わく『もし須弥《しゅみ》を接《と》って、他方の無数《むしゅ》の仏土《ぶつど》に擲《な》げ置かんも、またいまだ難《かた》しとなさず乃至《ないし》もし仏滅《めっ》して後《のち》、悪世《あくせ》の中において、能《よ》くこの経を説かば、これは則《すなわ》ち難しとなす』と」等云々《うんぬん》。この経を釈《しゃく》して云わく「浅きは易《やす》く深きは難しとは、釈迦《しゃか》の所判《しょはん》なり。浅きを去って深きに就《つ》くは、丈夫《じょうぶ》の心なり。天台大師《てんだいだいし》は釈迦に信順し法華宗《ほっけしゅう》を助けて震旦《しんたん》に敷揚《ふよう》し、叡山《えいざん》の一《いっ》家《け》は天台に相承《そうじょう》し法華宗を助けて日本に弘通《ぐつう》す」云々。釈の心は、賢劫《げんごう》第九の減《げん》、人寿《にんじゅ》百歳の時より、如来在世《にょらいざいせ》五十年、滅後《めつご》一千八百余年が中間《ちゅうげん》に、高さ十六万八千由旬《ゆじゅん》・六百六十二万里《り》の金山《こんぜん》を、人有って五尺《しゃく》の小身の手をもって方《ほう》一寸二寸等の瓦礫《がりゃく》をにぎり《握》て一丁二丁までなぐる《投》がごとく、雀《すずめ》鳥のとぶ《飛》よりもはやく《速》鉄囲山《てっちせん》の外へなぐる《投》者はありとも、法華経を仏のとかせ《説》給《たま》いしように説かん人は末法《まっぽう》にはまれ《希》なるべし。天台大師・伝教大師《でんぎょうだいし》こそ仏説《ぶっせつ》に相似《そうじ》してとかせ《説》給いたる人にておわすれとなり。天竺《てんじく》の論師《ろんじ》は、いまだ法華経へゆき《行》つき《着》給わず。漢土《かんど》の天台已前《いぜん》の人師《にんし》は、あるいはすぎ《過》、あるいはたらず《足》。慈恩《じおん》・法蔵《ほうぞう》・善無畏《ぜんむい》等は、東を西といい、天を地と申せる人々なり。

これらは伝教大師《でんぎょうだいし》の自讃《じさん》にはあらず。去《い》ぬる延暦《えんりゃく》二十一年正月十九日、高雄山《たかおさん》に桓武皇帝《かんむこうてい》行幸《みゆき》なりて、六宗《ろくしゅう》・七大寺《しちだいじ》の碩徳《せきとく》たる善議《ぜんぎ》・勝猷《しょうゆう》・奉基《ほうき》・寵忍《ちょうにん》・賢玉《けんぎょく》・安福《あんぷく》・勤操《ごんぞう》・修円《しゅえん》・慈誥《じこう》・玄耀《げんよう》・歳光《さいこう》・道《どう》証《しょう》・光証《こうしょう》・観敏《かんびん》等の十有余人、最澄法師《さいちょうほっし》と召《め》し合わせられて宗論《しゅうろん》ありしに、あるいは一言《いちごん》に舌を巻いて二言三言に及《およ》ばず、皆《みな》一同に頭《こうべ》をかたぶけ《傾》、手をあざ《叉》う。三論《さんろん》の二蔵《にぞう》・三時《さんじ》・三転法輪《さんてんぼうりん》、法相《ほっそう》の三時・五性《ごしょう》、華厳宗《けごんしゅう》の四教《しきょう》・五教・根本枝末《こんぽんしまつ》・六相《ろくそう》・十玄《じゅうげん》、皆大綱《たいこう》をやぶら《破》る。例せば、大屋《だいおく》の棟梁《とうりょう》のお《折》れたるがごとし。十大徳《だいとく》の慢幢《まんどう》も倒《たお》れにき。

その時、天子《てんし》大いに驚《おどろ》かせ給《たま》いて、同じき二十九日に広世《ひろよ》・国道《くにみち》の両吏《りょうり》を勅使《ちょくし》として、重ねて七《しち》寺《じ》・六宗《ろくしゅう》に仰《おお》せ下《くだ》されしかば、各々《おのおの》帰伏《きぶく》の状を載《の》せて云《い》わく「ひそかに天台《てんだい》の玄疏《げんじょ》を見れば、総じて釈迦《しゃか》一代の教えを括《くく》ってことごとく《悉》その趣《おもむき》を顕《あらわ》すに通ぜざるところ無く、独《ひと》り諸宗《しょしゅう》に逾《こ》え、殊《こと》に一道を示す。その中の所説、甚深《じんじん》の妙理《みょうり》なり。七箇《か》の大寺、六宗の学生《がくしょう》、昔よりいまだ聞かざるところ、かつていまだ見ざるところなり。三論《さんろん》・法相《ほっそう》の久年《きゅうねん》の諍《あらそ》い渙焉《かんえん》として氷のごとく釈《と》け、照然《しょうぜん》として既《すで》に明らかなること、なお雲霧《うんむ》を披《ひら》いて三光《さんこう》を見るがごとし。聖徳《しょうとく》の弘化《ぐけ》より以降《このかた》、今に二百余年の間、講ずるところの経論《きょうろん》その数多し。彼此《ひし》、理《り》を争えども、その疑《うたが》いいまだ解けず。しかもこの最妙《さいみょう》の円《えん》宗《しゅう》なおいまだ闡揚《せんよう》せず。けだしもって、この間の群生《ぐんじょう》いまだ円味《えんみ》に応《かな》わざるか。伏《ふ》して惟《おも》んみれば、聖朝《せいちょう》久しく如来《にょらい》の付《ふ》を受け、深く純円《じゅんえん》の機《き》を結び、一妙《いちみょう》の義理《ぎり》始めて乃《すなわ》ち興顕《こうけん》し、六宗の学者初《はじ》めて至極《しごく》を悟《さと》る。この界の含霊《がんれい》、今より後《のち》、ことごとく妙円《みょうえん》の船に載《の》り、早く彼岸《ひがん》に済《わた》ることを得《う》と謂《い》いつべし乃至《ないし》善議《ぜんぎ》等、牽《ひ》かれて休運《きゅううん》に逢《あ》い、乃ち奇詞《きし》を閲《けみ》す。深く期《ご》するにあらざるよりは、何《なん》ぞ聖世《せいせい》に託《たく》せんや」等云々《うんぬん》。

彼《か》の漢土《かんど》の嘉祥《かじょう》等は、一百余人をあつめて天台大師《てんだいだいし》を聖人《しょうにん》と定めたり。今、日本の七寺《しちじ》二百余人は、伝教《でんぎょう》大師を聖人とごう《号》したてまつる。仏の滅後《めつご》二千余年に及《およ》んで、両国《りょうごく》に聖人二人出現せり。その上、天台大師未弘《みぐ》の円頓大戒《えんどんだいかい》を叡山《えいざん》に建立《こんりゅう》し給《たも》う。これあに像法《ぞうほう》の末《まつ》に法華経広宣流布《こうせんるふ》するにあらずや。

答えて云《い》わく、迦葉《かしょう》・阿難《あなん》等の弘通《ぐつう》せざる大法《だいほう》を馬鳴《めみょう》・竜樹《りゅうじゅ》・提婆《だいば》・天親《てんじん》等の弘通せること、前《さき》の難に顕《あらわ》れたり。また竜樹・天親等の流布《るふ》し残し給《たま》える大法を天台大師《てんだいだいし》の弘通し給《たも》うこと、また難にあら《顕》

われぬ。また天台智者《ちしゃ》大師の弘通し給《たま》わざる円頓《えんどん》の大戒《だいかい》を伝教《でんぎょう》大師の建立《こんりゅう》せさせ給《たも》うこと、また顕然《けんねん》なり。

ただし、詮《せん》と不審《ふしん》なることは、仏は説き尽《つ》くし給《たま》えども、仏の滅後《めつご》に迦葉《かしょう》・阿難《あなん》・馬鳴《めみょう》・竜樹《りゅうじゅ》・無《む》著《じゃく》・天親《てんじん》、乃至天台《ないしてんだい》・伝教《でんぎょう》のいまだ弘通《ぐつう》しましまさぬ最大の深秘《じんぴ》の正法《しょうほう》、経文《きょうもん》の面《おもて》に現前《げんぜん》なり。この深法《じんぽう》、今、末法《まっぽう》の始め五の五百歳に一閻浮提《いちえんぶだい》に広宣流布《こうせんるふ》すべきやのこと、不審極《きわ》まりなきなり。

問う。いかなる秘法ぞ。まず名をきき《聞》、次に義をきかんとおもう《思》。このこともし実事ならば、釈尊《しゃくそん》の二度世《よ》に出現し給《たも》うか、上行菩薩《じょうぎょうぼさつ》の重ねて涌出《ゆじゅつ》せるか。いそぎ《急》いそぎ慈悲《じひ》をたれ《垂》られよ。彼《か》の玄奘《げんじょう》三蔵《さんぞう》は六生《ろくしょう》を経《へ》て月氏《がっし》に入《い》って十九年、法華一乗《ほっけいちじょう》は方便教《ほうべんきょう》、小乗阿含経《しょうじょうあごんぎょう》は真実教《しんじつきょう》。不空《ふくう》三蔵は身毒《しんどく》に返って寿量品《じゅりょうほん》を阿弥陀仏《あみだぶつ》とかかれ《書》たり。これらは東を西という。日を月とあやまて《誤》り。身を苦しめてなに《何》かせん。心に染《そ》めてよう《用》なし。幸いに我ら末法《まっぽう》に生まれて、一歩をあゆま《歩》ずして三祇《さんぎ》をこえ《超》、頭《こうべ》を虎《とら》にかわ《飼》ずして無見頂相《むけんちょうそう》をえん《得》。

答えて云《い》わく、この法門《ほうもん》を申さんことは、経文《きょうもん》に候《そうら》えばやすか《易》るべし。ただし、この法門にはまず三つの大事あり。大海は広けれども死骸《しがい》をとどめ《留》ず。大地は厚けれども不孝《ふこう》の者をば載《の》せず。仏法には五逆《ごぎゃく》をたすけ《助》不孝をばすくう《救》。ただし、誹謗一闡提《ひぼういっせんだい》の者、持戒《じかい》にして大智《だいち》なるをばゆるさ《許》れず。

この三つのわざわい《禍》とは、いわゆる念仏宗《ねんぶつしゅう》と禅宗《ぜんしゅう》と真言宗《しんごんしゅう》となり。

一には、念仏宗《ねんぶつしゅう》は日本国に充満《じゅうまん》して四衆《ししゅ》の口《くち》あそび《遊》とす。二に、禅宗《ぜんしゅう》は三衣一鉢《さんねいっぱつ》の大慢《だいまん》の比丘《びく》の四《し》海《かい》に充満して一天《いってん》の明導《みょうどう》とおもえ《思》り。三に、真言宗《しんごんしゅう》はまた彼《かれ》らの二宗にはにる《似》べくもなし。叡山《えいざん》・東《とう》寺《じ》・七寺《しちじ》・園城《おんじょう》、あるいは官主《かんず》、あるいは御室《おむろ》、あるいは長吏《ちょうり》、あるいは検校《けんぎょう》なり。かの内侍所《ないしどころ》の神《しん》鏡燼灰《きょうじんかい》となししかども大日如来《だいにちにょらい》の宝印《ほういん》を仏鏡《ぶっきょう》とたの《恃》み、宝剣《ほうけん》大海に入《い》りしかども五大尊《ごだいそん》をもって国敵《こくてき》を切らんと思えり。これらの堅固《けんご》の心は、たとい劫石《こうしゃく》はひすらぐ《磷》とも、かたぶく《傾》べしとはみえ《見》ず。大地は反覆《はんぷく》すとも、疑心おこり《起》がたし。彼《か》の天台大師《てんだいだいし》の南北をせめ《責》給《たま》いし時も、この宗いまだわたら《渡》ず。この伝教大師《でんぎょう》の六宗《ろくしゅう》をしえたげ《虐》給いし時ももれ《漏》ぬ。かたがたの強敵《ごうてき》をまぬかれ《免》て、かえって大法《だいほう》をかすめ《掠》失う。その上、伝教大師の御弟子《みでし》・慈覚《じかく》大師、この宗をとりたて《取立》て、叡山の天台宗をかすめ《掠》おと《落》して一向《いっこう》真言宗になししかば、この人には誰《たれ》の人か敵《かたき》をなすべき。かかる僻見《びゃっけん》のたより《便》をえて、弘法《こうぼう》大師の邪義《じゃぎ》をもとがむる《咎》人もなし。安然和尚《あんねんかしょう》すこし弘法を難《なん》ぜんとせしかども、ただ華厳宗《けごんしゅう》のところばかりとがむる《咎》に《似》て、かえって法華経をば大日経《だいにちきょう》に対して沈《しず》めはて《果》ぬ。ただ世間《せけん》のたて《立》入《い》りの者のごとし。

問うて云《い》わく、この三宗《しゅう》の謬誤《みょうご》、いかん。

答えて云わく、浄土宗《じょうどしゅう》は斉《せい》の世に曇鸞法師《どんらんほっし》と申す者あり。本《もと》は三論宗《さんろんしゅう》の人。竜樹菩薩《りゅうじゅぼさつ》の十住毘婆沙《じゅうじゅうびばしゃ》論《ろん》を見て、難行道《なんぎょうどう》・易行道《いぎょうどう》を立てたり。道綽禅師《どうしゃくぜんじ》という者あり。唐《とう》の世の者。本は涅槃経《ねはんぎょう》をこうじ《講》けるが、曇鸞法師が浄土にうつる《移》筆を見て、涅槃経をすて《捨》て浄土にうつって、聖道《しょうどう》・浄土の二門を立てたり。また道綽が弟子《でし》、善導《ぜんどう》という者あり。雑行《ぞうぎょう》・正行《しょうぎょう》を立つ。

日本国に、末法《まっぽう》に入《い》って二百余年、後鳥羽院《ごとばいん》の御宇《ぎょう》に法然《ほうねん》というもの《者》あり。一切《いっさい》の道俗《どうぞく》をすすめ《勧》て云《い》わく「仏法は時機《じき》を本《ほん》とす。法華経・大日経《だいにちきょう》、天台《てんだい》・真言《しんごん》等の八宗《はっしゅう》・九宗、一代の大小《だいしょう》・顕密《けんみつ》・権実《ごんじつ》等の経宗等《きょうしゅう》は、上根《じょうこん》・上智《じょうち》の正像《しょうぞう》二千年の機《き》のためなり。末法に入っては、いかに功《く》をなして行《ぎょう》ずるともその益《やく》あるべからず。その上、弥陀念仏《みだねんぶつ》にまじ《雑》えて行ずるならば、念仏も往生《おうじょう》すべからず。これ、わたくしに申すにはあらず。竜樹菩薩《りゅうじゅぼさつ》・曇鸞法師《どんらんほっし》は『難行道《なんぎょうどう》』とな《名》づけ、道綽《どうしゃく》は『いまだ一人も得《う》る者有らず』ときら《嫌》い、善導《ぜんどう》は『千の中に一《ひと》りも無し』となづけたり。これらは他宗なれば御不審《ごふしん》もあるべし。恵心《えしん》の先徳《せんとく》にす《過》ぎさせ給える天台・真言の智者《ちしゃ》は、末代《まつだい》におわすべきか。かれ往生要集《おうじょうようしゅう》にか《書》かれたり。『顕密の教法《きょうほう》は予《よ》が死生《ししょう》をはな《離》るべき法にはあらず』と。また三論《さんろん》の永観《ようかん》が十因《じゅういん》等をみよ。されば、法華《ほっけ》・真言等をす《捨》てて一向《いっこう》に念仏せば『十は即《すなわ》ち十生《しょう》じ、百は即ち百生ず』なり」とすす《勧》めければ、叡山《えいざん》・東寺《とうじ》・園城《おんじょう》・七寺《しちじ》等、始めは諍論《じょうろん》するようなれども、往生要集の序《じょ》の詞《ことば》、道理かとみえければ、顕真座主《けんしんざす》落ちさせ給いて法然が弟子《でし》となる。

その上、たとい法然《ほうねん》が弟子《でし》とならぬ人々も、弥陀念仏《みだねんぶつ》は他仏《たぶつ》に に《似》るべくもなく口ずさみとし、心《こころ》よ《寄》せにおも《思》いければ、日本国皆《みな》一同に法然房《ほうねんぼう》の弟子と見えけり。この五十年が間、一天四海《いってんしかい》、一人もなく法然が弟子となる。法然が弟子となりぬれば、日本国一人もなく謗法《ほうぼう》の者となりぬ。譬《たと》えば、千人の子が一同に一人の親を殺害せば、千人共に五逆《ごぎゃく》の者なり。一人阿鼻《あび》に堕《お》ちなば、余人《よにん》堕ちざるべしや。結句《けっく》は、法然、流罪《るざい》をあだ《怨》みて悪霊《あくりょう》となって、我ならびに弟子等をとが《科》せし国主・山寺《さんじ》の僧《そう》等が身に入《い》って、あるいは謀反《むほん》をおこし、あるいは悪事をなして、皆、関東にほろ《滅》ぼされぬ。わずかにの《残》これる叡山《えいざん》・東寺《とうじ》等の諸僧《しょそう》は、俗男《ぞくなん》・俗女《ぞくにょ》にあなず《侮》らるること、猿猴《えんこう》の人にわら《笑》われ、俘囚《ふしゅう》が童子《どうじ》に蔑如《べつじょ》せらるるがごとし。

禅宗《ぜんしゅう》は、またこの便りを得て持斎《じさい》等となって人の眼《まなこ》を迷《まよ》わかし、たっと《尊》げなる気色《けしき》なれば、いかにひが《僻》ほうもん《法門》をいい《言》くる《狂》えども失《とが》ともおぼえ《覚》ず。「禅宗と申す宗は『教外《きょうげ》に別伝す』と申して、釈尊《しゃくそん》の一切経《いっさいきょう》の外《ほか》に迦葉尊者《かしょうそんじゃ》にひそか《密》にささやか《囁》せ給《たま》えり。されば、禅宗をしらずして一切経を習うものは、犬の雷《いかずち》をかむ《噛》がごとし。猿《さる》の月の影《かげ》をとる《取》ににた《似》り」云々《うんぬん》。この故に、日本国の中に不孝《ふこう》にして父母にすて《捨》られ、無礼《ぶれい》なる故に主君にかんどう《勘当》せられ、あるいは若《じゃく》なる法師《ほっし》等の学文《がくもん》にものうき《懶》、遊女のもの《物》ぐる《狂》わしき本性《ほんしょう》に叶《かな》える邪法《じゃほう》なるゆえに、皆《みな》一同に持斎《じさい》になりて国の百姓《ひゃくせい》をくらう《食》蝗虫《こうちゅう》となれり。しかれば、天は天眼《てんげん》をいから《怒》かし、地神《ちじん》は身をふるう《震》。

真言宗《しんごんしゅう》と申すは、上《かみ》の二つのわざわい《禍》にはにる《似》べくもなき大僻見《だいびゃっけん》なり。あらあら《粗々》これを申すべし。いわゆる大唐《だいとう》の玄宗皇帝《げんそうこうてい》の御宇《ぎょう》に、善無畏三蔵《ぜんむいさんぞう》・金剛智《こんごうち》三蔵・不空《ふくう》三蔵、大日経《だいにちきょう》・金剛頂経《こんごうちょうきょう》・蘇悉地経《そしつじきょう》を月支《がっし》よりわたす《渡》。この三経の説相分明《せっそうふんみょう》なり。その極理《ごくり》を尋《たず》ぬれば会二破二《えにはに》の一乗《いちじょう》、その相《そう》を論ずれば印《いん》と真言とばかりなり。なお華厳《けごん》・般若《はんにゃ》の三一相対《さんいちそうたい》の一乗にも及《およ》ばず、天台宗《てんだいしゅう》の爾前《にぜん》の別《べつ》・円程《えんほど》もなし。ただ蔵《ぞう》・通《つう》二教を面《おもて》とす。しかるを、善無畏三蔵おもわく「この経文《きょうもん》を顕《あらわ》にいい《言》出《い》だすほどならば、華厳・法相《ほっそう》にもおこ《痴》づかれ、天台宗にもわらわ《笑》れなん。大事として月支よりは持《たも》ち来《きた》りぬ。さてもだ《黙》せば本意にあらず」とやおもい《思》けん。天台宗の中に一行禅師《いちぎょうぜんじ》という僻人《びゃくにん》一人あり。これをかた《語》らいて、漢土《かんど》の法門《ほうもん》をかたらせけり。

一行阿闍梨《いちぎょうあじゃり》うち《打》ぬか《抜》れて、三論《さんろん》・法相《ほっそう》・華厳《けごん》等をあらあら《粗々》かたる《語》のみならず、天台宗《てんだいしゅう》の立てられけるよう《様》を申しければ、善無畏《ぜんむい》おもわく《思》、天台宗は天竺《てんじく》にして聞きしにもなおうち《打》すぐ《勝》れて、かさむ《嵩》べきよう《様》もなかりければ、善無畏、一行をうちぬいて《打抜》云《い》わく「わ僧《そう》は漢土《かんど》にはこざかしき《小賢》者にてありけり。天台宗は神妙《しんみょう》の宗なり。今、真言宗《しんごんしゅう》の天台宗にかさむ《嵩》ところは、印《いん》と真言とばかりなり」といいければ、一行さもやとおもい《思》ければ、善無畏三蔵《さんぞう》、一行にかたって《語》云わく「天台大師《だいし》の法華経に疏《しょ》をつくらせ《造》給《たま》えるごとく、大日経《だいにちきょう》の疏を造って真言を弘通《ぐつう》せんとおもう《思》。汝《なんじ》かき《書》なんや」といいければ、一行が云わく「やすう《易》候《そうろう》。ただし、いかようにかき《書》候べきぞ。天台宗はにくき《憎》宗なり。諸宗《しょしゅう》は我も我もとあらそい《争》をなせども、一切《いっさい》に叶《かな》わざること一つあり。いわゆる法華経の序分《じょぶん》に無量義経《むりょうぎきょう》と申す経をもって前《さき》四十余年の経々《きょうぎょう》をばその門を打ちふさぎ《塞》候《そうら》いぬ。法華経の法師品《ほっしほん》・神力品《じんりきほん》をもって後《のち》の経々をばまたふせ《防》がせぬ。肩《かた》をならぶ《並》経々をば今説《こんせつ》の文《もん》をもってせめ《責》候《そうろう》。大日経をば三説《さんせつ》の中にはいずくにかおき《置》候べき」と問いければ、その時に善無畏三蔵、大いに巧《たく》んで云わく「大日経に住心品《じゅうしんぼん》という品《ほん》あり。無量義経の四十余年の経々を打ちはらう《払》がごとし。大日経の入曼陀羅《にゅうまんだら》已下《いげ》の諸品《しょほん》は、漢土にては法華経・大日経とて二本なれども、天竺《てんじく》にては一経のごとし。釈迦仏《しゃかぶつ》は舎利弗《しゃりほつ》・弥勒《みろく》に向かって大日経を法華経となづけ《名》て印と真言とをすてて《捨》ただ理《り》ばかりをとける《説》を、羅什《らじゅう》三蔵これをわた《渡》す。天台大師これを見る。大日如来《にょらい》は法華経を大日経となづけて金剛薩埵《こんごうさった》に向かってとかせ《説》給《たも》う。これを大日経となづく。我、まのあたり天竺にしてこれを見る。されば、汝がかく《書》べきよう《様》は、大日経と法華経とをば水と乳とのように一味となすべし。もししからば、大日経は已今当《いこんとう》の三説をば皆《みな》法華経のごとくうちおとす《打落》べし。さて印と真言とは、心法《しんぽう》の一念三千《いちねんさんぜん》に荘厳《しょうごん》するならば、三密相応《さんみつそうおう》の秘法なるべし。三密相応するほどならば、天台宗は意密《いみつ》なり。真言は甲《こう》なる将軍の甲鎧《かぶとよろい》を帯《たい》して弓箭《ゆみや》を横たえ、大刀《たち》を腰《こし》にはける《佩》がごとし。天台宗は意密ばかりなれば、甲なる将軍の赤裸《あかはだか》なるがごとくならん」といいければ、一行阿闍梨はこのようにかき《書》けり。

漢土《かんど》三百六十箇国《かこく》には、このことを知る人なかりけるかのあいだ、始めには勝劣《しょうれつ》を諍論《じょうろん》しけれども、善無畏《ぜんむい》等は人《ひと》がら重し、天台宗《てんだいしゅう》の人々は軽かりけり。また天台大師《だいし》ほどの智《ち》ある者もなかりければ、ただ日々に真言宗《しんごんしゅう》になりてさてやみ《止》にけり。年ひさしく《久》なれば、いよいよ真言の誑惑《おうわく》の根、ふか《深》くかく《隠》れて候《そうら》いけり。

日本国の伝教大師《でんぎょうだいし》、漢土《かんど》にわたり《渡》て天台宗《てんだいしゅう》をわたし《渡》給《たま》いしついでに、真言宗《しんごんしゅう》をならべ《並》わたす《渡》。天台宗を日本の皇帝《こうてい》にさずけ《授》、真言宗を六宗《ろくしゅう》の大徳《だいとく》にならわせ《習》給《たも》う。ただし、六宗と天台宗の勝劣《しょうれつ》は、入《にっ》唐已前《とういぜん》に定めさせ給う。入唐已後《いご》には円頓《えんどん》の戒場《かいじょう》を立《た》ちょう立てじの論が計《はか》りなかりけるかのあいだ、敵《かたき》多くしては戒場の一事成《じょう》じがたしとやおぼしめし《思》けん、また末法《まっぽう》にせめ《責》させせんとやおぼし《思》けん、皇帝の御前《おんまえ》にしても論ぜさせ給《たま》わず。弟子《でし》等にもはかばかしくかたら《語》せ給わず。ただし、依憑集《えびょうしゅう》と申す一巻の秘書あり。七宗の人々の天台に落ちたるよう《様》をかかれ《書》て候文《そうろうふみ》なり。かの文の序《じょ》に真言宗の誑惑一筆《おうわくいっぴつ》みえ《見》て候。

弘法大師《こうぼうだいし》は、同じき延暦年中《えんりゃくねんちゅう》に御入唐《ごにっとう》、青竜寺《せいりゅうじ》の恵果《けいか》に値《あ》い給《たま》いて真言宗《しんごんしゅう》をならわせ《習》給えり。御帰《ごき》朝《ちょう》の後《のち》、一代の勝劣《しょうれつ》を判じ給いけるには「第一真言、第二華厳《けごん》、第三法華《ほっけ》」とかかれ《書》て候《そうろう》。この大師は、世間《せけん》の人々はもってのほかに重んずる人なり。ただし、仏法のことは、申すにおそれ《恐》あれども、もってのほかにあらき《粗》ことどもはんべり。

このことをあらあら《粗々》かんが《勘》えたるに、漢土《かんど》にわた《渡》らせ給《たま》いては、ただ真言《しんごん》の事相《じそう》の印《いん》・真言ばかり習いつた《伝》えて、その義理《ぎり》をくわ《詳》しくもさば《捌》くらせ給わざりけるほどに、日本にわたりて後《のち》、大いに世間《せけん》を見れば、天台宗《てんだいしゅう》もってのほかにかさ《嵩》みたりければ、我が重んずる真言宗ひろ《弘》めがたかりけるかのゆえに、本《もと》、日本国にして習いたりし華厳宗《けごんしゅう》をと《取》りいだ《出》して、法華経にまさ《勝》れるよし《由》を申しけり。

それも常《つね》の華厳宗に申すように申すならば人信ずまじとやおぼ《思》しめしけん、すこ《少》しいろ《色》をか《変》えて「これは、大日経《だいにちきょう》、竜猛菩薩《りゅうみょうぼさつ》の菩提心論《ぼだいしんろん》、善無畏《ぜんむい》等の実義なり」と大妄語《だいもうご》をひ《引》きそ《添》えたりけれども、天台宗の人々いと《甚》うとが《咎》め申すこととなし。

問うて云《い》わく、弘法大師《こうぼうだいし》の十住心論《じゅうじゅうしんろん》・秘蔵宝鑰《ひぞうほうやく》・二教論《にきょうろん》に云わく「かくのごとき乗々《じょうじょう》は、自乗《じじょう》に名を得《う》れども、後《のち》に望《のぞ》めば戯論《けろん》と作《な》る」。また云わく「無明《むみょう》の辺域《へんいき》にして明《みょう》の分位《ぶんい》にあらず」。また云わく「第四熟蘇味《じゅくそみ》なり」。また云わく「震旦《しんたん》の人師《にんし》等、諍《あらそ》って醍醐《だいご》を盗《ぬす》んで各自宗《おのおのじしゅう》に名づく」等云々《うんぬん》。これらの釈《しゃく》の心いかん。

答えて云《い》わく、予《よ》この釈《しゃく》におどろ《驚》いて一切経《いっさいきょう》ならびに大日《だいにち》の三部経《さんぶきょう》等をひらきみるに、華厳経《けごんぎょう》と大日経とに対すれば法華経は戯論《けろん》、六波羅蜜経《ろくはらみつきょう》に対すれば盗人《ぬすびと》、守護経《しゅごきょう》に対すれば無明《むみょう》の辺域《へんいき》と申す経《きょう》文《もん》は、一字一句も候《そうら》わず。このことは、いとはか《果》な《無》きことなれども、この三、四百余年に日本国のそこばくの智者《ちしゃ》どもの用いさせ給《たま》えば、定めてゆえ《故》あるかとおも《思》いぬべし。しばらくいとやす《易》きひが《僻》事《ごと》をあ《挙》げて、余事《よじ》のはかなきことをし《知》らすべし。

法華経を醍醐味《だいごみ》と称《しょう》することは、陳《ちん》・隋《ずい》の代《よ》なり。六波羅蜜経《ろくはらみつきょう》は唐《とう》の半《なか》ばに般若三蔵《はんにゃさんぞう》これをわた《渡》す。

六波羅蜜経の醍醐は陳・隋の世にはわた《渡》りてあらばこそ天台大師《てんだいだいし》は真言《しんごん》の醍醐をば盗《ぬす》ませ給《たま》わめ。傍《ぼう》例《れい》あり。日本の得一《とくいつ》が云《い》わく「天台大師は深密経《じんみつきょう》の三時教《さんじきょう》をやぶ《破》る。三寸《ずん》の舌をもって五尺《しゃく》の身をた《断》つべし」とののし《詈》りしを、伝教《でんぎょう》大師これをただ《糾》して云わく「深密経は唐の始め玄奘《げんじょう》これをわた《渡》す。天台は陳・隋の人、智者御入滅《ちしゃごにゅうめつ》の後数箇年《のちすうかねん》あって深密経わたれり、死して已後《いご》にわたれる経をば、いかでか破り給《たも》うべき」とせ《責》めさせ給《たま》いて候《そうら》いしかば、得一はつ《詰》まるのみならず、舌八つにさ《裂》けて死し候いぬ。

これは彼《かれ》にはにる《似》べくもなき悪口《あっく》なり。華厳《けごん》の法蔵《ほうぞう》、三論《さんろん》の嘉祥《かじょう》、法相《ほっそう》の玄奘《げんじょう》、天台《てんだい》等、乃至《ないし》南北の諸師《しょし》、後漢《ごかん》より已下《いげ》の三蔵《さんぞう》・人師《にんし》を皆《みな》おさ《押》えて、盗人《ぬすびと》とか《書》かれて候《そうろう》なり。その上、また法華経を醍《だい》醐《ご》と称《しょう》することは、天台等の私《わたくし》の言《ことば》にはあらず。仏、涅槃経《ねはんぎょう》に法華経を醍醐ととか《説》せ給《たま》い、天親菩薩《てんじんぼさつ》は法華経・涅槃経を醍醐とか《書》かれて候《そうろう》。竜樹《りゅうじゅ》菩薩は法華経を妙薬《みょうやく》とな《名》づけさせ給《たも》う。されば、法華経等を醍醐と申す人盗人《ぬすびと》ならば、釈迦《しゃか》・多宝《たほう》・十方《じっぽう》の諸仏《しょぶつ》・竜樹・天親等は盗人にておわすべきか。

弘法《こうぼう》の門人等、乃至《ないし》日本の東寺《とうじ》の真言師《しんごんし》、いかん。自眼《じげん》の黒白《こくびゃく》はつた《拙》なくして弁《わきま》えずとも、他の鏡をもって自禍《じか》をし《知》れ。この外《ほか》、法華経を戯論《けろん》の法とか《書》かること、大日経《だいにちきょう》・金剛頂経《こんごうちょうきょう》等にたし《確》かなる経文《きょうもん》をいだ《出》されよ。たとい彼々《かれがれ》の経々《きょうぎょう》に法華経を戯論ととか《説》れたりとも、訳者の誤ることもあるぞかし。よくよく思慮《しりょ》のあるべかりけるか。孔子《こうし》は九思一言《きゅうしいちげん》、周公旦《しゅうこうたん》は沐《ゆあみ》には三《み》たびにぎ《握》り、食《しょく》には三たびは《吐》かれけり。外書《げしょ》のはかなき世間《せけん》の浅き事を習う人すら、智人《ちじん》はこう候《そうろう》ぞかし。いかにかかるあ《浅》さましきことはありけるやらん。

かかる僻見《びゃっけん》の末《すえ》なれば、彼《か》の伝法院《でんぽういん》の本願《ほんがん》とごう《号》する正覚房《しょうがくぼう》が舎利講《しゃりこう》の式《しき》に云《い》わく「尊高なるものは不二摩訶衍《ふにまかえん》の仏なり。驢牛《ろご》の三身《さんじん》は車を扶《たす》くること能《あた》わず。秘奥《ひおう》なるものは両部曼陀羅《りょうぶまんだら》の教えなり。顕乗《けんじょう》の四法《しほう》は履《はきもの》を採《と》るに堪《た》えず」と云々《うんぬん》。「顕乗の四法」と申すは法相《ほっそう》・三論《さんろん》・華厳《けごん》・法華《ほっけ》の四人、「驢牛の三身」と申すは法華・華厳・般若《はんにゃ》・深密経《じんみつきょう》の教主《きょうしゅ》の四仏、これらの仏僧《ぶっそう》は、真言師《しんごんし》に対すれば正覚・弘法《こうぼう》の牛飼《うしか》い・履物取者《はきものとり》にもた《足》らぬほどのこととなりとか《書》いて候《そうろう》。

彼《か》の月氏《がっし》の大慢婆羅門《だいまんばらもん》は生知《しょうち》の博学。顕密二道《けんみつにどう》胸にうか《浮》べ、内外《ないげ》の典籍《てんせき》掌《たなごころ》ににぎ《握》る。されば、王臣頭《こうべ》をかたぶ《傾》け、万民師範《ばんみんしはん》と仰《あお》ぐ。あまりの慢心《まんしん》に「世間《せけん》に尊崇《そんすう》するものは大自在天《だいじざいてん》・婆藪天《ばすてん》・那羅《なら》延天《えんてん》・大覚世尊《だいかくせそん》、この四聖《ししょう》なり。我が座の四足にせん」と、座の足につく《作》りて坐《ざ》して法門《ほうもん》を申しけり。当時の真言師《しんごんし》が釈迦仏《しゃかぶつ》等の一切《いっさい》の仏をかきあつめて、灌頂《かんじょう》する時、敷《しき》まん《曼》だ《茶》ら《羅》とするがごとし。禅宗《ぜんしゅう》の法師《ほっし》等が云《い》わく「この宗は仏の頂《いただき》をふ《踏》む大法《だいほう》なり」というがごとし。しかるを、賢愛論師《けんあいろんじ》と申せし小僧《しょうそう》あり。彼《かれ》をただ《糾》すべきよ《由》し申せしかども、王臣万民これをもち《用》いず。結句《けっく》は大慢が弟子《でし》等・檀《だん》那《な》等に申しつけて、無量の妄語《もうご》をかまえて悪口《あっく》・打擲《ちょうちゃく》せしかども、すこしも命もお《惜》しまずののし《詈》りしかば、帝王《ていおう》、賢愛をにく《憎》みてつ《詰》めさせんとし給《たま》いしほどに、かえりて大慢がせ《責》められたりしかば、大王、天に仰ぎ地に伏《ふ》してなげ《歎》いての《宣》たまわく「朕《ちん》は、まのあたりこのことをき《聞》いて邪見《じゃけん》をは《晴》らしぬ。先王は、いかにこの者にたぼら《誑》かされて阿鼻地獄《あびじごく》におわすらん」と、賢愛論師の御足《みあし》にとりつきて悲《ひ》涙《るい》せさせ給いしかば、賢愛の御計《おんはか》らいとして大慢を驢《ろ》にの《乗》せて五竺《ごじく》に面《おもて》をさら《晒》し給いければ、いよいよ悪心盛《さか》んになりて現身《げんしん》に無間地獄《むけんじごく》に堕《お》ちぬ。今の世の真言と禅宗等とはこれにか《変》われりや。

漢土《かんど》の三階禅師《さんがいぜんじ》云《い》わく「教主釈尊《きょうしゅしゃくそん》の法華経は第一・第二階の正像《しょうぞう》の法門《ほうもん》なり。末代《まつだい》のためには我がつくれる普経《ふきょう》なり。法華経を今の世に行《ぎょう》ぜん者は十方《じっぽう》の大阿鼻獄《だいあびごく》に堕《お》つべし。末法《まっぽう》の根機《こんき》にあた《当》らざるゆえなり」と申して、六時《ろくじ》の礼懺《らいさん》、四時《しじ》の坐禅《ざぜん》、生身《しょうじん》の仏のごとくなりしかば、人多く尊《たっと》んで弟子《でし》万余人ありしかども、わずかの小女の法華経をよ《読》みしにせ《責》められて、当坐《とうざ》には音《こえ》を失い、後《のち》には大蛇《だいじゃ》になりて、そこばくの檀那《だんな》・弟子ならびに小女・処女等をの《呑》み食らいしなり。今の善導《ぜんどう》・法然《ほうねん》等が千《せん》中無一《ちゅうむいち》の悪義もこれにて候《そうろう》なり。

これらの三大事はすでに久しくなり候《そうら》えば、いや《卑》しむべきにはあらねども、申さば信ずる人もやありなん。

これよりも百千万億倍信《しん》じがたき最大の悪事はんべり。慈覚大師《じかくだいし》は伝教《でんぎょう》大師の第三の御弟子《みでし》なり。しかれども、上一人《かみいちにん》より下万民《しもばんみん》にいたるまで、伝教大師には勝《すぐ》れておわします人なりとおも《思》えり。この人、真言宗《しんごんしゅう》と法華宗《ほっけしゅう》の奥義《おうぎ》を極《きわ》めさせ給《たま》いて候《そうろう》が、「真言は法華経に勝れたり」とかか《書》せ給えり。しかるを、叡山《えいざん》三千人の大衆《だいしゅ》、日本一州の学者等、一同帰伏《きぶく》の宗義《しゅうぎ》なり。弘法《こうぼう》の門人等は、大師の法華経を華厳経《けごんぎょう》に劣《おと》るとかか《書》せ給えるは我がかた《方》ながらも少し強《こわ》きようなれども、慈覚大師の釈《しゃく》をもっておも《思》うに、真言宗の法華経に勝れたることは一定《いちじょう》なり。日本国にして真言宗を法華経に勝ると立つるをば叡山こそ強《こわ》がたき《敵》なりぬべかりつるに、慈覚をもって三千人の口をふさ《塞》ぎなば、真言宗はおもうごとし。されば、東寺《とうじ》第一のか《方》とうど《人》、慈覚大師にはすぐ《過》べからず。

例せば、浄土宗《じょうどしゅう》・禅宗《ぜんしゅう》は余国にてはひろ《広》まるとも、日本国にしては延暦寺《えんりゃくじ》のゆる《許》されなからんには無辺劫《むへんこう》はふ《経》とも叶《かな》うまじかりしを、安然和尚《あんねんかしょう》と申す叡山《えいざん》第一の古徳《ことく》、教時諍論《きょうじじょうろん》と申す文《ふみ》に九宗《しゅう》の勝劣《しょうれつ》を立てられたるに、「第一真言宗《しんごんしゅう》、第二禅宗《ぜんしゅう》、第三天台法華宗《てんだいほっけしゅう》、第四華厳宗《けごんしゅう》」等云々《うんぬん》。この大謬釈《だいみょうしゃく》につ《付》いて禅宗は日本国に充満《じゅうまん》して、すでに亡国とならんとはするなり。法然《ほうねん》が念仏宗《ねんぶつしゅう》のはやり《流行》て一国を失わんとする因縁《いんねん》は、恵心《えしん》の往生要集《おうじょうようしゅう》の序《じょ》よりはじ《始》まれり。「師子《しし》の身の中の虫の師子を食《は》む」と仏の記し給《たも》うはまこと《実》となるかなや。

伝教大師《でんぎょうだいし》は、日本国にして十五年が間、天台《てんだい》・真言《しんごん》等を自見《じけん》せさせ給《たも》う。生知《しょうち》の妙悟《みょうご》にて師なくしてさと《覚》らせ給《たま》いしかども、世間《せけん》の不審《ふしん》をはら《晴》さんがために漢土《かんど》に亘《わた》って天台・真言の二宗《しゅう》を伝え給いし時、彼《か》の土《ど》の人々はようよう《様々》の義ありしかども、我が心には法華《ほっけ》は真言にすぐ《勝》れたりとおぼ《思》しめししゆえに、真言宗の名字《みょうじ》をば削《けず》らせ給いて「天台宗の止観《しかん》・真言」等かか《書》せ給《たも》う。十二年の年分《ねんぶん》得度者《とくどしゃ》二人をおか《置》せ給《たま》い、重ねて止観院《しかんいん》に法華経・金光明経《こんこうみょうきょう》・仁王経《にんのうきょう》の三部を鎮護国家《ちんごこっか》の三部と定めて宣旨《せんじ》を申し下《くだ》し、永代《えいたい》、日本国の第一の重宝《ちょうほう》、神璽《しんじ》・宝剣《ほうけん》・内侍所《ないしどころ》とあが《崇》めさせ給いき。

叡山《えいざん》第一の座主《ざす》・義真和尚《ぎしんかしょう》、第二の座主・円澄大師《えんちょうだいし》まではこの義相違《そうい》なし。第三の慈覚大師《じかくだいし》御入唐《ごにっとう》。漢土《かんど》にわた《渡》りて十年が間、顕密二道《けんみつにどう》の勝劣《しょうれつ》を八箇《か》の大徳《だいとく》にならい《習》つたう《伝》。また天台宗《てんだいしゅう》の人々、広修《こうしゅ》・維蠲《ゆいけん》等にならわ《習》せ給《たま》いしかども、心の内におぼ《思》しけるは「真言宗《しんごんしゅう》は天台宗には勝《すぐ》れたりけり。我が師・伝教大師《でんぎょう》は、いまだこのことをばくわしく《詳》習わせ給わざりけり。漢土に久しくもわた《渡》らせ給わざりける故に、この法門《ほうもん》はあら《粗》うち《打》にみ《見》おわしけるや」とおぼ《思》して、日本国に帰朝《きちょう》し叡山東塔《とうとう》の止観院《しかんいん》の西に総持院《そうじいん》と申す大講堂《だいこうどう》を立て、御本尊は金剛界《こんごうかい》の大日如来《だいにちにょらい》、この御前《みまえ》にして大日経《だいにちきょう》の善無畏《ぜんむい》の疏《しょ》を本《もと》として、金剛頂経《こんごうちょうきょう》の疏七巻、蘇悉地経《そしつじきょう》の疏七巻、已上《いじょう》十四巻をつくる《造》。

この疏《しょ》の肝心《かんじん》の釈《しゃく》に云《い》わく「教《きょう》に二種有り。一は顕示教《けんじきょう》。謂《い》わく三乗教《さんじょうきょう》なり。世俗《せぞく》と勝義《しょうぎ》といまだ円融《えんゆう》せざるが故に。二は秘密教《ひみつきょう》。謂わく一乗教《いちじょうきょう》なり。世俗と勝義と一体にして融《ゆう》ずるが故に。秘密教の中にまた二種有り。一には理秘密《りひみつ》の教。謂わく華厳《けごん》・般若《はんにゃ》・維摩《ゆいま》・法華《ほっけ》・涅槃《ねはん》等なり。ただ世俗と勝義との不二《ふに》を説くのみにして、いまだ真言《しんごん》・密印《みついん》の事《じ》を説かざるが故に。二には事理倶密《じりくみつ》の教。謂わく大日経《だいにちきょう》・金剛頂経《こんごうちょうきょう》・蘇悉地経《そしつじきょう》等なり。また世俗と勝義との不二を説き、また真言・密印の事を説くが故に」等云々《うんぬん》。釈の心は、法華経と真言の三部との勝劣《しょうれつ》を定めさせ給《たも》うに、「真言の三部経《さんぶきょう》と法華経とは、所詮《しょせん》の理《り》は同じく一念三千《いちねんさんぜん》の法門《ほうもん》なり。しかれども、密印と真言等の事法《じほう》は、法華経にはか《欠》けてお《在》わせず。法華経は理秘密、真言の三部経は事理倶密なれば、天地雲泥《うんでい》なり」とか《書》かれたり。しかも、「この筆は私《わたくし》の釈にはあらず、善無畏三蔵《ぜんむいさんぞう》の大日経の疏の心なり」とお《思》ぼせども、なおなお二宗の勝劣不審《ふしん》にやありけん、はたまた他人の疑いをさ《散》んぜんとやおぼしけん、大師《だいし》〈慈覚《じかく》なり〉の伝《でん》に云わく「大師、二経の疏を造り、功《く》を成しおわって、中心に独《ひと》り謂《おも》えらく『この疏、仏意《ぶつい》に通ずるや否《いな》や。もし仏意に通ぜずんば、世に流伝《るでん》せじ』。よって仏像の前《みまえ》に安置し、七日七夜《しちにちしちや》、翹企《ぎょうき》することを深誠《じんじょう》にして、勤修《ごんじゅ》して祈請《きしょう》す。五日の五更《こう》に至って夢みらく、正午に当たって日輪《にちりん》を仰《あお》ぎ見て、弓をもってこれを射《い》る。その箭《や》、日輪に当たって、日輪即《すなわ》ち転動《てんどう》す。夢覚《さ》めての後《のち》、深く悟《さと》る。『仏意に通達《つうだつ》せり。後世《こうせい》に伝《つた》うべし』と」等云々。

慈覚大師《じかくだいし》は、本朝《ほんちょう》にしては伝教《でんぎょう》・弘法《こうぼう》の両家《りょうけ》を習いきわ《極》め、異朝《いちょう》にしては八大徳《だいとく》ならびに南天《なんてん》の宝《ほう》月三蔵《がつさんぞう》等に十年が間《あいだ》最大事の秘法をきわめさせ給《たま》える上、二経《きょう》の疏《しょ》をつくり《造》了《お》わんぬ。重ねて本尊に祈請《きしょう》をなすに、智慧《ちえ》の矢すでに中道《ちゅうどう》の日輪《にちりん》にあたり《当》てうち《打》おどろ《驚》かせ給い、歓喜《かんき》のあまりに仁明天皇《にんみょうてんのう》に宣旨《せんじ》を申しそえ《添》させ給い、天台座主《てんだいざす》を真言《しんごん》の官主《かんず》となし、真言の鎮護国家《ちんごこっか》の三部とて、今に四百余年が間、碩学稲麻《せきがくとうま》のごとし。渇仰竹葦《かつごうちくい》に同《おな》じ。されば、桓武《かんむ》・伝教等の日本国建立《こんりゅう》の寺塔《じとう》は、一宇《う》もなく真言の寺となりぬ。公家《くげ》も武家《ぶけ》も一同に真言師《しんごんし》を召《め》して師匠《ししょう》とあおぎ《仰》、官をなし、寺をあずけ《預》た《給》ぶ。仏事《ぶつじ》の木画《もくえ》の開眼供養《かいげんくよう》は、八宗《はっしゅう》一同に大日仏眼《だいにちぶつげん》の印《いん》・真言なり。

疑って云《い》わく、法華経を真言《しんごん》に勝《すぐ》ると申す人は、この釈《しゃく》をばいかんがせん。用いるべきか、またす《捨》つべきか。

答う。仏の未来を定めて云《のたま》わく「法に依《よ》って人《にん》に依らざれ」。竜樹菩薩《りゅうじゅぼさつ》云《い》わく「修多羅《しゅたら》に依るは白《びゃく》論《ろん》なり。修多羅に依らざるは黒論《こくろん》なり」。天台《てんだい》云わく「また修多羅と合わば、録《ろく》してこれを用いる。文《もん》無く義《ぎ》無ければ信受すべからず」。伝教大師《でんぎょうだいし》云わく「仏説《ぶっせつ》に依憑《えびょう》せよ。口伝《くでん》を信ずることなかれ」等云々《うんぬん》。これらの経《きょう》・論《ろん》・釈《しゃく》のごときんば、夢を本《もと》にはすべからず。ただつい《突》さし《指》て法華経と大日経《だいにちきょう》との勝劣《しょうれつ》を分明《ふんみょう》に説きたらん経・論の文《もん》こそたいせち《大切》に候《そうら》わめ。

ただし、印《いん》・真言《しんごん》なくば木画《もくえ》の像の開眼《かいげん》のこと、これまたおこ《痴》のことなり。真言のなかりし已前《いぜん》には、木画の開眼はなかりしか。天竺《てんじく》・漢土《かんど》・日本には真言宗已前《しんごんしゅういぜん》の木画の像は、あるいは行き、あるいは説法し、あるいは御物言《おんものい》いあり。印・真言をもって仏を供養《くよう》せしよりこのかた、利生《りしょう》もかたがた失《う》せたるなり。これは常《つね》の論談の義なり。この一事においては、ただし、日蓮は分明《ふんみょう》の証拠《しょうこ》を余所《よそ》に引くべからず。慈覚大師《じかくだいし》の御釈《おんしゃく》を仰《あお》いで信じて候《そうろう》なり。

問うて云《い》わく、いかにと信ぜらるるや。

答えて云わく、この夢の根源は、真言《しんごん》は法華経に勝《すぐ》ると造り定めての御《おん》ゆめ《夢》なり。この夢吉夢《きちむ》ならば、慈覚大師《じかくだいし》の合わせさせ給《たま》うがごとく真言勝《すぐ》るべし。ただし、日輪《にちりん》を射《い》るとゆめ《夢》にみたるは、吉夢なりというべきか。内典《ないてん》五千・七千余巻、外典《げてん》三千余巻の中に、日を射るとゆめ《夢》に見て吉夢なる証拠《しょうこ》をうけ《承》たまわるべし。

少々これより出《い》だし申さん。阿闍世王《あじゃせおう》は天より月落《お》つとゆめ《夢》にみて、耆婆大臣《ぎばだいじん》に合わせさせ給《たま》いしかば、大臣合わせて云《い》わく「仏の御入滅《ごにゅうめつ》なり」。須抜多羅《しゅばっだら》、天より日落《お》つとゆめ《夢》にみる。我《われ》とあわせ《合》て云わく「仏の御入滅なり」。修羅《しゅら》は帝釈《たいしゃく》と合戦《かっせん》の時、まず日月《にちがつ》をいたて《射》まつる。夏の桀《けつ》・殷《いん》の紂《ちゅう》と申せし悪王は、常に日をいて《射》身をほろぼし《滅》国をやぶる《破》。摩耶夫人《まやぶにん》は、日をはらむ《孕》とゆめ《夢》にみて悉達太《しったたい》子《し》をうませ《生》給《たも》う。かるがゆえに仏のわらわ《童》な《名》をば日種《にっしゅ》という。日本国と申すは、天照太神《てんしょうだいじん》の日天《にってん》にしてましますゆえ《故》なり。されば、このゆめ《夢》は天照太神・伝教大師《でんぎょうだいし》・釈迦仏《しゃかぶつ》・法華経をいたて《射》まつれる矢にてこそ二部の疏《しょ》は候《そうろう》なれ。日蓮は愚癡《ぐち》の者なれば経論《きょうろん》もしらず《知》。ただ「この夢をもって法華経に真言《しんごん》すぐれ《勝》たりと申す人は、今生《こんじょう》には国をほろぼし《亡》家を失い、後生《ごしょう》にはあび《阿鼻》地獄《じごく》に入《い》るべし」とはし《知》りて候。

今、現証《げんしょう》あるべし。日本国と蒙古《もうこ》との合戦《かっせん》に一切《いっさい》の真言師《しんごんし》の調伏《じょうぶく》を行い候《そうら》えば、日本かち《勝》て候《そうろう》ならば、真言はいみじかりけりとおもい《思》候《そうら》いなん。ただし、承久《じょうきゅう》の合戦にそこばくの真言師のいのり《祈》候いしが、調伏せられ給《たま》いし権大夫殿《ごんのだいぶどの》はかたせ《勝》給い、後鳥羽院《ごとばいん》は隠岐国《おきのくに》へ、御子《みこ》の天子は佐渡《さど》の島々《しまじま》へ調伏しやりまいらせ候いぬ。結句《けっく》は野干《やかん》のなき《鳴》の身におう《負》なるように、「還《かえ》って本人に著《つ》きなん」の経文《きょうもん》にすこし《少》もたがわ《違》ず。叡山《えいざん》の三千人、かまくら《鎌倉》にせめ《攻》られて一同にしたが《従》いはて《果》ぬ。

しかるに、今はかまくら《鎌倉》の世さかん《盛》なるゆえに、東寺《とうじ》・天台《てんだい》・園城《おんじょう》・七寺《しちじ》の真言師《しんごんし》等と、ならびに自立《じりゅう》をわすれたる法華宗《ほっけしゅう》の謗法《ほうぼう》の人々、関東におちくだり《落下》て、頭《こうべ》をかたぶけ《傾》、ひざ《膝》をかがめ《屈》、ようよう《様々》に武士の心をとりて、諸寺諸山の別当《べっとう》となり長吏《ちょうり》となりて、王位を失いし悪法をとりいだし《取出》て国土《こくど》安穏《あんのん》といの《祈》れば、将軍家《しょうぐんけ》ならびに所従《しょじゅう》の侍已下《さむらいいげ》は国土の安穏なるべきことなんめりとうちおもい《打思》てあるほどに、法華経を失う大禍《たいか》の僧《そう》どもを用いらるれば、国定めてほろび《亡》なん。

亡国のかなし《悲》さ、亡身《ぼうしん》のなげか《歎》しさに、身命《しんみょう》をすて《捨》てこのことをあらわ《顕》すべし。国主世《よ》を持《たも》つべきならば、あやし《怪》とおもい《思》てたずね《尋》べきところに、ただざんげん《讒言》のことば《言葉》のみ用いて、ようよう《様々》のあだ《怨》をなす。しかるに、法華経守護《しゅご》の梵天《ぼんてん》・帝釈《たいしゃく》・日月《にちがつ》・四天《してん》・地神《ちじん》等は、古《いにしえ》の謗法《ほうぼう》をば不思議とはおぼ《思》せども、これをしれ《知》る人なければ、一子《いっし》の悪事のごとくうちゆるし《打許》ていつわり《偽》おろか《愚》なる時もあり、また、すこしつみしら《抓知》する時もあり。今は謗法を用いたるだに不思議なるに、まれまれ《希々》諫暁《かんぎょう》する人を、かえりてあだ《怨》をなす。一日二日、一月《ひとつき》二月、一年二年ならず、数年に及《およ》ぶ。彼《か》の不軽菩薩《ふきょうぼさつ》の杖木《じょうもく》の難に値《あ》いしにもすぐれ《勝》、覚徳比丘《かくとくびく》の殺害に及びしにもこえ《超》たり。しかるあいだ、梵釈《ぼんしゃく》の二王・日月・四天・衆星《しゅしょう》・地神等、ようよう《様々》にいかり《怒》、度々《たびたび》いさめ《諫》らるれども、いよいよあだ《怨》をなすゆえに、天の御《おん》計《はか》らいとして、隣国《りんごく》の聖人《しょうにん》におおせつけ《仰付》られてこれをいましめ《戒》、大鬼神《だいきじん》を国に入《い》れて人の心をたぼら《誑》

かし、自界反逆《じかいほんぎゃく》せしむ。吉凶《きっきょう》につけて瑞《ずい》大なれば難多《おお》かるべきことわり《理》にて、仏の滅後《めつご》二千二百三十余年が間、いで《出》ざる大長星《だいちょうせい》、いまだふら《震》ざる大地《おおじ》しん《震》出来《しゅったい》せり。

漢土《かんど》・日本に智慧《ちえ》すぐれ才能いみじき聖人《しょうにん》は度々《たびたび》ありしかども、いまだ日蓮ほど法華経のかとうど《方人》して国土に強敵《ごうてき》多くもうけ《設》たる者なきなり。まず眼前《がんぜん》の事をもって日蓮は閻浮《えんぶ》第一の者としる《知》べし。

仏法、日本にわたって七百余年、一切経《いっさいきょう》は五千・七千、宗《しゅう》は八宗《はっしゅう》・十宗《じっしゅう》、智人《ちじん》は稲麻《とうま》のごとし、弘《ぐ》通《つう》は竹葦《ちくい》ににた《似》り。しかれども、仏には阿弥陀仏《あみだぶつ》、諸仏《しょぶつ》の名号《みょうごう》には弥陀の名号ほどひろ《広》まりておわするは候《そうら》わず。この名号を弘通する人は、恵心《えしん》は往生要集《おうじょうようしゅう》をつくる《造》。日本国三分《さんぶん》が一《いち》は一同の弥陀念仏《みだねんぶつ》者《しゃ》。永観《ようかん》は十因《じゅういん》と往生講《おうじょうこう》の式《しき》をつくる《造》。扶桑《ふそう》三分が二分《にぶん》は一同の念仏者。法然《ほうねん》せんちゃく《選択》をつくる《造》。本朝《ほんちょう》一同の念仏者。しかれば、今の弥陀の名号を唱《とな》うる人々は、一人が弟子《でし》にはあらず。この念仏と申すは、双観経《そうかんぎょう》・観経《かんぎょう》・阿弥陀経《あみだきょう》の題名《だいみょう》なり。権大乗経《ごんだいじょうきょう》の題目の広宣流布《こうせんるふ》するは、実大乗経《じつだいじょうきょう》の題目の流布せんずる序《じょ》にあらずや。心あらん人は、これをすいし《推》ぬべし。権経《ごんきょう》流布せば実経《じっきょう》流布すべし。権経の題目流布せば、実経の題目また流布すべし。欽明《きんめい》より当帝《とうてい》にいたるまで七百余年、いまだきかず《聞》、いまだ見ず、南無妙法蓮華経と唱えよと他人をすすめ《勧》、我《われ》と唱えたる智人《ちじん》なし。日出《い》でぬれば星かく《隠》る。賢王《けんおう》来《きた》れば愚王《ぐおう》ほろぶ《滅》。実経流布せば権経のとどまり《止》、智人《ちじん》南無妙法蓮華経と唱えば愚人《ぐにん》のこれに随《したが》わんこと、影《かげ》と身と、声と響《ひび》きとのごとくならん。

日蓮は日本第一の法華経の行者《ぎょうじゃ》なること、あえて疑いなし。これをもってすいせ《推》よ。漢土《かんど》・月支《がっし》にも一閻浮提《いちえんぶだい》の内にも、肩《かた》をならぶる《並》者は有るべからず。

問うて云《い》わく、正嘉《しょうか》の大地《おおじ》しん《震》、文永《ぶんえい》の大彗星《だいすいせい》は、いかなることによって出来《しゅったい》せるや。

答えて云わく、天台《てんだい》云わく「智人《ちじん》は起《き》を知り、蛇《じゃ》は自《みずか》ら蛇を識《し》る」等云々《うんぬん》。

問うて云わく、心いかん。

答えて云わく、上行菩薩《じょうぎょうぼさつ》の大地より出現し給《たま》いたりしをば、弥勒《みろく》菩薩・文殊師利《もんじゅしり》菩薩・観世音《かんぜおん》菩薩・薬王《やくおう》菩薩等の四十一品《ぼん》の無明《むみょう》を断ぜし人々も、元品《がんぽん》の無明を断ぜざれば愚人《ぐにん》といわれて、寿量品《じゅりょうほん》の南無妙法蓮華経の末法《まっぽう》に流布《るふ》せんずるゆえにこの菩薩を召《め》し出《い》だされたるとは、しら《知》ざりしということなり。

問うて云《い》わく、日本・漢土《かんど》・月支《がっし》の中にこのことを知る人あるべしや。

答えて云わく、見思《けんじ》を断尽《だんじん》し四十一品《ぼん》の無明《むみょう》を尽《つ》くせる大菩薩《だいぼさつ》だにも、このことをしら《知》せ給《たま》わず。いかにいおう《況》や、一毫《いちごう》の惑《わく》をも断ぜぬ者どもの、このことを知るべきか。

問うて云《い》わく、智人《ちじん》なくば、いかでかこれを対治《たいじ》すべき。例せば、病《やまい》の所起《しょき》を知らぬ人の病人を治《じ》すれば、人必ず死す。この災《わざわ》いの根源を知らぬ人々がいのり《祈》をなさば、国まさに亡《ほろ》びんこと疑いなきか。あらあさ《浅》ましや、あらあさましや。

答えて云《い》わく、蛇《じゃ》は七日が内の大雨をしり《知》、烏《からす》は年中の吉凶《きっきょう》をしる《知》。これ則《すなわ》ち大竜《だいりゅう》の所従《しょじゅう》、また久《きゅう》学《がく》のゆえか。

日蓮は凡夫《ぼんぷ》なり。このことをしる《知》べからずといえども、汝等《なんだち》にほぼこれをさとさん《論》。彼《か》の周《しゅう》の平王《へいおう》の時、禿《かぶろ》にして裸《はだか》なる者出現せしを、辛有《しんゆう》といいし者うらなって《占》云《い》わく「百年が内に世ほろびん《滅》」。

同じき幽王《ゆうおう》の時、山川《さんせん》くずれ《崩》、大地ふるい《震》き。白陽《はくよう》という者勘《かん》えていわく「十二年の内に、大王事《こと》に値《あ》わせ給《たも》うべし」。今の大地震《おおじしん》・大長星《だいちょうせい》等は、国主《こくしゅ》日蓮をにく《憎》みて亡国の法たる禅宗《ぜんしゅう》と念仏者《ねんぶつしゃ》と真言《しんごん》師《し》をかとうど《方人》せらるれば、天いか《怒》らせ給いていだ《出》させ給《たも》うところの災難なり。

問うて云《い》わく、なにをもってかこれを信ぜん。

答えて云わく、最勝王経《さいしょうおうきょう》に云わく「悪人を愛敬《あいぎょう》し善人を治罰《じばつ》するに由《よ》るが故に、星宿《しょうしゅく》および風雨、皆《みな》、時をもって行われず」等云々《うんぬん》。この経文《きょうもん》のごときんば、この国に悪人のあるを王臣これを帰依《きえ》すということ疑いなし。また、この国に智人《ちじん》あり、国主これをにく《憎》みてあだ《怨》すということもまた疑いなし。また云わく「三十三天の衆《しゅ》、みな忿怒《ふんぬ》の心を生《しょう》ず。変怪《へんげ》あって、流星堕《りゅうせいお》ち、二の日倶時《ぐじ》に出《い》で、他方の怨賊来《おんぞくきた》って、国人喪乱《こくじんそうらん》に遭《あ》わん」等云々。すでにこの国に天変《てんぺん》あり、地夭《ちよう》あり、他国よりこれをせ《責》む。三十三天の御《おん》いか《怒》りあること、また疑いなきか。仁王経《にんのうきょう》に云わく「諸《もろもろ》の悪比丘《あくびく》は、多く名《みょう》利《り》を求め、国王・太子・王子の前において、自《みずか》ら破仏法《はぶっぽう》の因縁《いんねん》、破国《はこく》の因縁を説かん。その王別《わきま》えずしてこの語《ことば》を信聴《しんちょう》せん」等云々。また云わく「日月度《にちがつ》を失い、時節反逆《ほんぎゃく》し、あるいは赤日《しゃくにち》出で、あるいは黒日《こくにち》出で、二・三・四・五の日《ひ》出で、あるいは日蝕《ひしょく》して光無く、あるいは日輪《にちりん》一重《じゅう》、二重、四・五重の輪《りん》現ず」等云々。

文《もん》の心は、悪比丘《あくびく》等国《くに》に充満《じゅうまん》して、国王・太子・王子等をたぼらかし《誑》て、破仏法《はぶっぽう》・破国《はこく》の因縁《いんねん》をと《説》かば、その国の王等この人にたぼらかされ《誑》ておぼすよう《思様》「この法こそ持仏法《じぶっぽう》の因縁、持国《じこく》の因縁」とおもい《思》、この言《ことば》をおさめ《納》て行うならば、日月《にちがつ》に変あり、大風と大雨と大火等出来《しゅったい》し、次には内賊《ないぞく》と申して親類より大兵乱《だいひょうらん》おこり《起》、我がかとうど《方人》しぬべき者をば皆《みな》打ち失って、後《のち》には他国にせめ《責》られて、あるいは自殺し、あるいはいけどり《生捕》にせられ、あるいはこう《降》人《にん》となるべし。これひとえに、仏法をほろぼし《滅》、国をほろぼす《亡》故なり。

守護経《しゅごきょう》に云《い》わく「彼《か》の釈迦牟尼如来《しゃかむににょらい》のあらゆる教法《きょうほう》は、一切《いっさい》の天魔《てんま》・外道《げどう》・悪人・五通《ごつう》の神仙《しんせん》、皆《みな》乃至《ないし》少分をも破壊《はえ》せず。しかるに、この名相《みょうそう》の諸《もろもろ》の悪沙門《あくしゃもん》、みな毀滅《きめつ》して余り有ることなからしむ。須弥山《しゅみせん》は、たとい三千界《さんぜんかい》の中の草木《そうもく》を尽《つ》くして薪《たきぎ》となし長時《ちょうじ》に焚焼《ぶんしょう》すとも、一毫《いちごう》も損ずることなきに、もし劫火《ごうか》起こって火《ひ》内より生《しょう》ぜば、須臾《しゅゆ》に焼滅《しょうめつ》して灰燼《かいじん》をも余《あま》すことなきがごとし」等云々《うんぬん》。蓮華面《れんげめん》経《ぎょう》に云わく「仏、阿難《あなん》に告げたまわく、譬《たと》えば、師子《しし》の命終《みょうじゅう》せんに、もしは空、もしは地、もしは水、もしは陸のあらゆる衆生《しゅじょう》、あえて師子の身の肉を食らわず、ただ師子のみ自《みずか》ら諸の虫を生じて、自ら師子の肉を食らうがごとし。阿難よ。我が仏法は余《よ》の能《よ》く壊《やぶ》るにあらず、これ我が法の中の諸の悪比《あくび》丘《く》、我が三大阿僧祇劫《さんだいあそうぎこう》に行《ぎょう》を積み勤苦《ごんく》し集《あつ》むるところの仏法を破らん」等云々。

経文《きょうもん》の心は、過去の迦葉仏《かしょうぶつ》、釈迦如来《しゃかにょらい》の末法《まっぽう》のことを訖哩枳王《きりきおう》にかたら《語》せ給《たも》う。釈迦如来の仏法をばいかなるもの《者》かうしな《失》うべき。大族王《だいぞくおう》の五天《ごてん》の堂舎《どうしゃ》を焼き払《はら》い、十六大国《じゅうろくだいこく》の僧尼《そうに》を殺せし、漢土《かんど》の武宗皇帝《ぶそうこうてい》の九国《きゅうこく》の寺塔《じとう》四千六百余所を消滅《しょうめつ》せしめ、僧尼二十六万五百人を還俗《げんぞく》せし等のごとくなる悪人等は、釈迦の仏法をば失うべからず。三衣《さんね》を身にまとい《纏》、一鉢《いっぱつ》を頸《くび》にかけ《懸》、八万法蔵《はちまんほうぞう》を胸にうかべ《浮》、十二部経《じゅうにぶきょう》を口にずうせん《誦》僧侶《そうりょ》が、彼《か》の仏法を失うべし。譬《たと》えば、須弥山《しゅみせん》は金《こがね》の山なり、三千大千世界《さんぜんだいせんせかい》の草木《そうもく》をもって四天《してん》・六欲《ろくよく》に充満《じゅうまん》してつみこめ《積込》て、一年・二年・百千万億年が間やく《焼》とも、一分《いちぶん》も損ずべからず。しかるを、劫火《ごうか》おこ《起》らん時、須弥の根より豆ばかりの火いで《出》て、須弥山をやく《焼》のみならず、三千大千世界をやき《焼》失うべし。

もし仏記《ぶっき》のごとくならば、十宗《じっしゅう》・八宗《はっしゅう》、内典《ないてん》の僧《そう》等が仏教の須弥山《しゅみせん》をば焼き払《はら》うべきにや。小乗の倶舎《くしゃ》・成実《じょうじつ》・律僧《りっそう》等が大乗《だいじょう》をそねむ《嫉》胸の瞋恚《しんに》は炎なり。真言《しんごん》の善無畏《ぜんむい》等、禅宗《ぜんしゅう》の三階《さんがい》等、浄土宗《じょうどしゅう》の善導《どう》等は、仏教の師子《しし》の肉より出来《しゅったい》せる蝗虫《こうちゅう》の比丘《びく》なり。伝教大師《でんぎょうだいし》は三論《さんろん》・法相《ほっそう》・華厳《けごん》等の日本の碩徳《せきとく》等を六虫とかか《書》せ給《たま》えり。日蓮は真言・禅宗・浄土等の元祖《がんそ》を三虫となづ《名》く。また天台宗《てんだいしゅう》の慈覚《じかく》・安《あん》然《ねん》・恵心《えしん》等は、法華経・伝教大師の師子の身の中の三虫なり。

これらの大謗法《だいほうぼう》の根源をただ《糾》す日蓮にあだ《怨》をなせば、天神《てんじん》もおし《惜》み、地祇《ちぎ》もいか《怒》らせ給《たま》いて、災夭《さいよう》も大いに起こるなり。されば心《こころ》う《得》べし。一閻浮提《いちえんぶだい》第一の大事を申すゆえに、最第一の瑞相《ずいそう》これおこ《起》れり。

あわ《哀》れなるかなや、なげ《歎》かしきかなや、日本国の人、皆無間大城《みなむけんだいじょう》に堕《お》ちんことよ。悦《よろこ》ばしきかなや、楽しきかなや、不肖《ふしょう》の身として今度心田《しんでん》に仏種《ぶっしゅ》をうえ《植》たる。いま《今》にしもみ《見》よ。大蒙古国《だいもうここく》、す《数》万艘《そう》の兵船《ひょうせん》をうか《浮》べて日本国をせ《責》めば、上一人《かみいちにん》より下万民《しもばんみん》にいたるまで、一切《いっさい》の仏寺、一切の神寺《じんじ》をばなげす《投捨》てて、各々《おのおの》声をつる《連》べて「南無妙法蓮華経、南無妙法蓮華経」と唱え、掌《たなごころ》を合わせて「たす《助》け給《たま》え、日蓮の御房《ごぼう》、日蓮の御房」とさけ《叫》び候《そうら》わんずるにや。

例せば、月支《がっし》の大族王《だいぞくおう》は幼日王《ようにちおう》に掌《たなごころ》をあわせ、日本の宗盛《むねもり》はかじわら《梶原》をうやま《敬》う。大慢《だいまん》のものは敵《かたき》に随《したが》うという、このことわ《理》りなり。彼《か》の軽毀《きょうき》大慢の比丘《びく》等は、始めには杖木《じょうもく》をととの《調》えて不軽菩薩《ふきょうぼさつ》を打ちしかども、後《のち》には掌をあわせて失《とが》をくゆ《悔》。提婆達多《だいばだった》は釈尊《しゃくそん》の御身《おんみ》に血をいだし《出》しかども、臨終《りんじゅう》の時には「南無《なむ》」と唱えたりき。「仏《ぶつ》」とだに申したりしかば地獄《じごく》には堕《お》つべからざりしを、業《ごう》ふか《深》くしてただ「南無」とのみとなえ《唱》て「仏」とはいわず。今、日本国の高僧《こうそう》等も「南無日蓮聖人《しょうにん》」ととなえ《唱》んとすとも「南無」ばかりにてやあらんずらん。ふびん《不便》、ふびん。

外典《げてん》に云《い》わく「未萠《みぼう》をしる《知》を聖人《しょうにん》という」。内典《ないてん》に云わく「三世《さんぜ》を知るを聖人という」。

余《よ》に三度のこうみょう《高名》あり。

一には、去《い》にし文応《ぶんおう》元年太歳庚申《たいさいかのえさる》七月十六日に、立正安国論《りっしょうあんこくろん》を最明寺殿《さいみょうじどの》に奏したてまつりし時、宿屋入道《やどやのにゅうどう》に向かって云《い》わく「禅宗《ぜんしゅう》と念仏宗《ねんぶつしゅう》とを失い給《たも》うべしと申させ給《たま》え。このことを御用《おんもち》いなきならば、この一門より事《こと》おこり《起》て他国にせめ《責》られさせ給《たも》うべし」。

二には、去《い》にし文永《ぶんえい》八年九月十二日申時《さるのとき》に、平左衛門尉《へいのさえもんのじょう》に向かって云《い》わく「日蓮は日本国の棟梁《とうりょう》なり。予《よ》を失うは日本国の柱橦《はしら》を倒《たお》すなり。只今《ただいま》に自界反逆難《じかいほんぎゃくなん》とてどしうち《同士打》して、他国侵逼難《たこくしんぴつなん》とてこの国の人々他国に打ち殺さるるのみならず、多くいけどり《生捕》にせらるべし。建長寺《けんちょうじ》・寿福寺《じゅふくじ》・極楽寺《ごくらくじ》・大《だい》仏《ぶつ》・長楽寺《ちょうらくじ》等の一切《いっさい》の念仏者《ねんぶつしゃ》・禅僧《ぜんそう》等が寺塔《じとう》をばやきはらい《焼払》て、彼《かれ》らが頸《くび》をゆいのはま《由比浜》にて切らずば、日本国必ずほろ《亡》ぶべし」と申し候《そうら》い了《お》わんぬ。

第三には、去年文永《ぶんえい》十一年四月八日、左衛門尉《さえもんのじょう》に語って云《い》わく「王地に生まれたれば身をば随《したが》えられたてまつるようなりとも、心をば随えられたてまつるべからず。念仏《ねんぶつ》の無間獄《むけんごく》、禅《ぜん》の天魔《てんま》の所為《しょい》なることは疑いなし。殊《こと》に真言宗《しんごんしゅう》がこの国土の大いなるわざわい《禍》にては候《そうろう》なり。大蒙古《だいもうこ》を調伏《じょうぶく》せんこと、真言師《しんごんし》には仰《おお》せ付けらるべからず。もし大事を真言師調伏するならば、いよいよいそ《急》いでこの国ほろ《亡》ぶべし」と申せしかば、頼綱《よりつな》問うて云わく「いつごろか、よ《寄》せ候《そうろう》べき」。予《よ》、言わく「経文《きょうもん》にはいつ《何時》とはみ《見》え候《そうら》わねども、天の御《み》けしき《気色》いか《怒》りすく《少》なからず。きゅう《急》に見えて候《そうろう》。よも今年はすご《過》し候《そうら》わじ」と語りたりき。

この三つの大事は日蓮が申したるにはあらず。ただひとえに、釈迦如来《しゃかにょらい》の御神《おんたましい》、我が身に入《い》りか《替》わらせ給《たま》いけるにや。我が身ながらも悦《よろこ》び身にあま《余》る。法華経の一念三千《いちねんさんぜん》と申す大事の法門《ほうもん》はこれなり。経《きょう》に云《い》わく「いわゆる諸法《しょほう》の如是相《にょぜそう》」と申すは何事《なにごと》ぞ。十如是《じゅうにょぜ》の始めの相《そう》如是が第一の大事にて候《そうら》えば、仏は世にい《出》でさせ給《たも》う。「智人《ちじん》は起《き》をし《知》る。蛇《じゃ》はみずから蛇をし《知》る」とは、これなり。衆流《しゅる》あつ《集》まりて大海となる。微塵《みじん》つ《積》もりて須弥山《しゅみせん》となれり。日蓮が法華経を信じ始めしは、日本国には一渧《いったい》一微塵のごとし。法華経を二人・三人・十人・百千万億人唱《とな》え伝《つた》うるほどならば、妙覚《みょうかく》の須弥山ともなり、大涅槃《だいねはん》の大海ともなるべし。仏にな《成》る道は、これよりほかに、またもと《求》むることなかれ。

問うて云《い》わく、第二の文永《ぶんえい》八年九月十二日の御勘気《ごかんき》の時は、いかにとして、我をそん《損》ぜば自他のい《戦》くさおこ《起》るべしとはし《知》り給《たも》うや。

答う。大集経《だいじっきょう》五十に云《い》わく「もしまた、諸《もろもろ》の刹利《せつり》国王にして諸の非法《ひほう》を作《な》し、世尊《せそん》の声聞《しょうもん》の弟子《でし》を悩乱《のうらん》し、もしはもって毀罵《きめ》し、刀杖《とうじょう》もて打斫《ちょうしゃく》し、および衣鉢《えはつ》・種々の資具《しぐ》を奪《うば》い、もしは他の給施《きゅうせ》に留難《るなん》を作《な》す者有らば、我らは彼《かれ》をして自然《じねん》に卒《にわ》かに他方の怨敵《おんてき》を起こさしめ、および自界の国土にもまた兵起《ひょうき》・飢疫《きえき》・飢饉《ききん》・非時の風雨・闘諍言訟《とうじょうごんしょう》・譏謗《きぼう》あらしめ、またその王をして久しからずしてまた当《まさ》に己《おの》が国を亡失《もうしつ》すべからしむ」等云々《うんぬん》。

夫《そ》れ、諸経《しょきょう》に諸文《しょもん》多しといえども、この経文《きょうもん》は身にあた《当》り時にのぞ《臨》んで殊《こと》に尊《たっと》くおぼ《覚》うるゆえに、これをせん《撰》じいだ《出》す。この経文に「我ら」とは、梵王《ぼんのう》と帝釈《たいしゃく》と第六天《だいろくてん》の魔王《まおう》と日月《にちがつ》と四天《してん》等の三界《さんがい》の一切《いっさい》の天竜《てんりゅう》等なり。これらの上主《じょうしゅ》、仏前に詣《けい》して誓《ちか》って云《い》わく「仏の滅後《めつご》、正法《しょうほう》・像法《ぞうほう》・末代《まつだい》の中に正法を行《ぎょう》ぜん者を邪法《じゃほう》の比丘《びく》等が国主にうった《訴》えば、王に近きもの、王に心よ《寄》せなる者、我がたっと《尊》しとおも《思》う者のいうことなれば、理不尽《りふじん》に是非《ぜひ》を糾《ただ》さず彼《か》の智人《ちじん》をさんざんとはじ《恥》におよ《及》ばせなんどせば、その故《ゆえ》ともなく、その国ににわかに大兵乱《だいひょうらん》出現し、後《のち》には他国にせ《責》めらるべし。その国主もう《失》せ、その国もほろ《亡》びなんず」ととか《説》れて候《そうろう》。いた《痛》いとかゆ《痒》きとは、これなり。

予《よ》が身には今生《こんじょう》にはさせる失《とが》なし。ただ国をたす《助》けんがため、生国《しょうごく》の恩をほう《報》ぜんと申せしを、御《おん》用《もち》いなからんこそ本意にあらざるに、あまつさえ召《め》し出《い》だして、法華経の第五の巻を懐中《かいちゅう》せるをと《取》りい《出》だしてさん《散》ざん《々》とさいな《苛》み、結句《けっく》はこうじ《小路》をわた《渡》しなんどせしかば、申したりしなり。「日月《にちがつ》、天に処《しょ》し給《たま》いながら、日蓮が大難にあ《遭》うを今度かわ《代》らせ給わずば、一つには、日蓮が法華経の行者《ぎょうじゃ》ならざるか、たちまちに邪見《じゃけん》をあらた《改》むべし。もし日蓮、法華経の行者ならば、たちまちに国にしる《験》しを見せ給え。もししからずば、今の日月等は釈迦《しゃか》・多宝《たほう》・十方《じっぽう》の仏をたぶら《誑》かし奉《たてまつ》る大妄語《だいもうご》の人なり。提婆《だいば》が虚誑罪《こおうざい》、倶伽利《くぎゃり》が大妄語にも百千万億倍す《過》ぎさせ給える大妄語の天なり」と声をあげて申せしかば、たちまちに出来《しゅったい》せる自界反逆難《じかいほんぎゃくなん》なり。

されば、国土いた《甚》くみだ《乱》れれば、我が身はいう《言》にかいなき凡夫《ぼんぷ》なれども、御経《おんきょう》を持《たも》ちまいらせ候分《そうろうぶん》斉《ざい》は、当世《とうせい》には日本第一の大人《だいにん》なりと申すなり。

問うて云《い》わく、慢煩悩《まんぼんのう》は七慢《しちまん》・九《く》慢・八慢あり。汝《なんじ》が大慢は、仏教に明かすところの大慢にも百千万億倍すぐれたり。彼《か》の徳光論師《とくこうろんじ》は弥勒菩薩《みろくぼさつ》を礼《らい》せず。大慢婆羅門《ばらもん》は四聖《ししょう》を座とせり。大天《だいてん》は凡夫《ぼんぷ》にして阿羅漢《あらかん》となのる《名乗》。無垢《むく》論師が五天《ごてん》第一といい《言》し。これらは皆《みな》、阿鼻《あび》に堕《お》ちぬ。無間《むけん》の罪人なり。汝いかでか一閻浮提《いちえんぶだい》第一の智人《ちじん》となのる《名乗》。地獄《じごく》に堕ちざるべしや。おそろし《恐》、おそろし。

答えて云《い》わく、汝《なんじ》は七慢《しちまん》・九《く》慢・八慢等をばしれ《知》りや。大覚世尊《だいかくせそん》は三界《さんがい》第一となのら《名乗》せ給《たも》う。一切《いっさい》の外道《げどう》が云わく「只今《ただいま》、天に罰《ばっ》せらるべし。大地われ《破》て入《い》りなん」。日本国の七寺《しちじ》三百余人が云わく「最澄法師《さいちょうほっし》は大天《だいてん》が蘇生《そせい》か、鉄腹《てっぷく》が再誕《さいたん》か」等云々《うんぬん》。しかりといえども、天も罰せず、かえって左右《そう》を守護《しゅご》し、地もわれ《破》ず、金剛《こんごう》のごとし。伝教大師《でんぎょうだいし》は叡山《えいざん》を立てて一切衆生《いっさいしゅじょう》の眼目となる。結句《けっく》、七大《しちだい》寺《じ》は落ちて弟子《でし》となり、諸国は檀那《だんな》となる。されば、現《げん》に勝《すぐ》れたるを勝れたりということは、慢に《似》て大功徳《だいくどく》となりけるか。

伝教大師《でんぎょうだいし》云《い》わく「天台法華宗《てんだいほっけしゅう》の諸宗《しょしゅう》に勝《すぐ》るることは、宗《しゅう》とするところの経《きょう》に拠《よ》るが故に、自讃毀他《じさんきた》ならず」等云々《うんぬん》。法華経第七に云わく「衆山《しゅせん》の中に須弥山《しゅみせん》はこれ第一なり。この法華経もまたかくのごとく、諸経《しょきょう》の中において、最もこれその上《かみ》なり」等云々。この経文《きょうもん》は、已説《いせつ》の華厳《けごん》・般若《はんにゃ》・大日経《だいにちきょう》等、今説《こんせつ》の無量義経《むりょうぎきょう》、当説《とうせつ》の涅槃経《ねはんぎょう》等の五千・七千、月支《がっし》・竜宮《りゅうぐう》・四王天《しおうてん》・忉利天《とうりてん》・日月《にちがつ》の中の一切経《いっさいきょう》、尽《じん》十方界《じっぽうかい》の諸経は、土山《どせん》・黒山《こくせん》・小鉄囲山《しょうてっちせん》・大鉄囲山《だいてっちせん》のごとし。日本国にわた《渡》らせ給《たま》える法華経は須弥《しゅみ》山《せん》のごとし。

また云《い》わく「能《よ》くこの経典《きょうてん》を受持《じゅじ》することあらん者もまたかくのごとく、一切衆生《いっさいしゅじょう》の中において、またこれ第一なり」等云々《うんぬん》。この経文《きょうもん》をもって案ずるに、華厳経《けごんぎょう》を持《たも》てる普賢菩薩《ふげんぼさつ》・解脱月《げだつがつ》菩薩等・竜樹《りゅうじゅ》菩薩・馬鳴《めみょう》菩薩・法蔵大師《ほうぞうだいし》・清涼国師《しょうりょうこくし》・則天皇后《そくてんこうごう》・審祥大徳《しんじょうだいとく》・良弁僧正《ろうべんそうじょう》・聖武天皇《しょうむてんのう》、深密《じんみつ》・般若経《はんにゃきょう》を持てる勝義生《しょうぎしょう》菩薩・須菩提尊者《しゅぼだいそんじゃ》・嘉祥《かじょう》大師・玄奘三蔵《げんじょうさんぞう》・太宗《たいそう》・高宗《こうそう》・観勒《かんろく》・道昭《どうしょう》・孝徳《こうとく》天皇、真言宗《しんごんしゅう》の大《だい》日経《にちきょう》を持てる金剛薩埵《こんごうさった》・竜猛《りゅうみょう》菩薩・竜智《りゅうち》菩薩・引生王《いんじょうおう》・善無畏《ぜんむい》三蔵・金剛智《こんごうち》三蔵・不空《ふくう》三蔵・玄宗《げんそう》・代《だい》宗《そう》・恵果《けいか》・弘法《こうぼう》大師・慈覚《じかく》大師、涅槃経《ねはんぎょう》を持ちし迦葉童子《かしょうどうじ》菩薩・五十二類・曇無讖《どんむしん》三蔵・光宅寺法雲《こうたくじほううん》・南三北七《なんさんほくしち》の十師《じっし》等よりも、末代悪世《まつだいあくせ》の凡夫《ぼんぷ》の、一戒《かい》も持たず、一闡提《いっせんだい》のごとくに人には思われたれども、経文のごとく已今当《いこんとう》にすぐ《勝》れて法華経より外《ほか》は仏にな《成》る道なしと強盛《ごうじょう》に信じて、しかも一分《いちぶん》の解《げ》なからん人々は、彼《かれ》らの大聖《だいしょう》には百千億倍のまさ《勝》りなりと申す経文なり。

彼《か》の人々は、あるいは彼の経々《きょうぎょう》にしばらく人を入《い》れて法華経へうつ《移》さんがためなる人もあり。あるいは彼の経に著《じゃく》をなして法華経へ入らぬ人もあり。あるいは彼の経々に留《とど》まるのみならず、彼の経々を深く執《しゅう》するゆえに、法華経を彼の経に劣《おと》るという人もあり。されば、今、法華経の行者《ぎょうじゃ》は心《こころ》う《得》べし。「譬《たと》えば、一切《いっさい》の川流江河《せんるこうが》の諸水の中に、海はこれ第一なるがごとく、法華経を持《たも》つ者もまたかくのごとし。また衆《もろもろ》の星の中に月天子《がってんし》は最もこれ第一なるがごとく、法華経を持つ者もまたかくのごとし」等と御心《おんこころ》え《得》あるべし。当世《とうせい》日本国の智人《ちじん》等は衆《もろもろ》の星のごとし、日蓮は満月のごとし。

問うて云《い》わく、古《いにしえ》かくのごとくい《言》える人ありや。

答えて云わく、伝教大師《でんぎょうだいし》の云わく「当《まさ》に知るべし、他宗《たしゅう》の依《よ》るところの経《きょう》はいまだ最もこれ第一ならず。その能《よ》く経を持《たも》つ者もまたいまだ第一ならず。天台法華宗《てんだいほっけしゅう》の持つところの経は最もこれ第一なるが故に、能く法華を持つ者もまた衆生《しゅじょう》の中に第一なり。すでに仏説《ぶっせつ》に拠《よ》る。あに自歎《じたん》ならんや」等云々《うんぬん》。夫《そ》れ、驥《き》の尾につけるだに《蜱》の一日に千里《り》を飛ぶといい《言》、輪王《りんおう》に随《したが》える劣夫《れっぷ》の須臾《しゅゆ》に四天下《してんげ》をめ《巡》ぐるというをば難《なん》ずべしや、疑うべしや。「あに自歎ならんや」の釈《しゃく》は肝《きも》にめい《銘》ずるか。もししからば、法華経を経のごとくに持つ人は、梵王《ぼんのう》にもすぐれ《勝》、帝釈《たいしゃく》にもこえ《超》たり。修羅《しゅら》を随えば須弥山《しゅみせん》をもにない《担》ぬべし。竜《りゅう》をせめ《責》つかわ《使》ば大海をもくみ《汲》ほし《干》ぬべし。

伝教大師《でんぎょうだいし》云わく「讃《ほ》むる者は福を安明《あんみょう》に積み、謗《そし》る者は罪を無間《むけん》に開く」等云々《うんぬん》。法華経に云わく「経《きょう》を読誦《どくじゅ》し書持《しょじ》することあらん者を見て、軽賤憎嫉《きょうせんぞうしつ》して、結恨《けっこん》を懐《いだ》かん乃至《ないし》その人は命終《みょうじゅう》して、阿《あ》鼻獄《びごく》に入《い》らん」等云々。教主釈尊《きょうしゅしゃくそん》の金言《きんげん》まこと《実》ならば、多宝仏《たほうぶつ》の証明《しょうみょう》たがわ《違》ずば、十方《じっぽう》の諸仏《しょぶつ》の舌相《ぜっそう》一定《いちじょう》ならば、今《いま》、日本国の一切衆生《いっさいしゅじょう》無間地獄《むけんじごく》に堕《お》ちんこと疑うべしや。法華経の八の巻に云わく「もし後《のち》の世においてこの経典《きょうてん》を受持《じゅじ》・読誦せば乃至願うところは虚《むな》しからじ。また現世《げんぜ》において、その福報《ふくほう》を得《え》ん」。また云わく「もしこれを供養《くよう》し讃歎《さんだん》することあらば、当《まさ》に今世《こんぜ》において現《げん》の果報《かほう》を得《う》べし」等云々。この二つの文《もん》の中に「亦於現世得其福報《やくおげんぜとくごふくほう》（また現世において、その福報を得ん）」の八字、「当《とう》於今世得現果報《おこんぜとくげんかほう》（当に今世において現の果報を得べし）」の八字、已上《いじょう》十六字の文むなし《虚》くして日蓮今生《こんじょう》に大果報なくば、如来《にょらい》の金言は提婆《だいば》が虚言《そらごと》に同じく、多宝の証明は倶伽利《くぎゃり》が妄語《もうご》に異《こと》ならじ。謗法《ほうぼう》の一切衆生も阿鼻地獄に堕つべからず。三世《さんぜ》の諸仏もまし《在》まさざるか。

されば我が弟子《でし》等、心みに法華経のごとく身命《しんみょう》もおし《惜》まず修行《しゅぎょう》して、この度《たび》仏法を心みよ。南無妙法蓮華経、南無妙法蓮華経。

そもそも、この法華経の文《もん》に「我は身命《しんみょう》を愛せず、ただ無上道《むじょうどう》を惜《お》しむのみ」。涅槃経《ねはんぎょう》に云《い》わく「譬《たと》えば、王使のよく談論して方便《ほうべん》に巧《たく》みなるもの、命《めい》を他国に奉《たてまつ》るに、むしろ身命を喪《うしな》うとも、終《つい》に王の説くところの言教《ごんきょう》を匿《かく》さざるがごとく、智者《ちしゃ》もまたしかなり。凡夫《ぼんぷ》の中において身命を惜しまず、かならず『大乗方等《だいじょうほうどう》の如来《にょらい》秘蔵《ひぞう》には、一切衆生《いっさいしゅじょう》に皆仏性《みなぶっしょう》有り』と宣説《せんぜつ》すべし」等云々《うんぬん》。

いかようなることのあるゆえに、身命《しんみょう》をすつ《捨》るまでにてあるやらん。委細《いさい》にうけ《承》たまわり候《そうら》わん。

答えて云《い》わく、予《よ》が初心《しょしん》の時の存念《ぞんねん》は「伝教《でんぎょう》・弘法《こうぼう》・慈覚《じかく》・智証《ちしょう》等の勅宣《ちょくせん》を給《たま》わって漢土《かんど》にわたり《渡》しことの『我は身命《しんみょう》を愛せず』にあた《当》れるか。玄奘三蔵《げんじょうさんぞう》の漢土より月氏《がっし》に入《い》りしに、六生《ろくしょう》が間《あいだ》身命をほろぼ《滅》しし、これ等か。雪山童子《せっせんどうじ》の半偈《はんげ》のために身をなげ《投》、薬王菩薩《やくおうぼさつ》の七万二千歳が間臂《ひじ》をやき《焼》しことか」なんどおもい《思》しほどに、経文《きょうもん》のごときんば、これらにはあらず。

経文《きょうもん》に「我は身命《しんみょう》を愛せず」と申すは、上《かみ》に三類の敵人《てきじん》をあげ《挙》て、彼《かれ》らがのりせめ《罵責》刀杖《とうじょう》に及《およ》んで身命をうばう《奪》ともとみえ《見》たり。また涅槃経《ねはんぎょう》の文《もん》に「むしろ身命を喪《うしな》うとも」等ととかれ《説》て候《そうろう》は、次下《つぎしも》の経文に云《い》わく「一闡提《いっせんだい》有って、羅漢《らかん》の像《かたち》を作《な》して空処《くうしょ》に住《じゅう》し、方等経典《ほうどうきょうてん》を誹謗《ひぼう》す。諸《もろもろ》の凡夫人《ぼんぷにん》見已《お》わって、皆《みな》『真《しん》の阿羅漢《あらかん》にして、これ大菩薩《だいぼさつ》なり』と謂《い》わん」等云々《うんぬん》。彼《か》の法華経の文《もん》に第三の敵人を説いて云わく「あるいは阿練若《あれんにゃ》に納衣《のうえ》にして空閑《くうげん》に在って乃至《ないし》世の恭敬《くぎょう》するところとなること、六通《ろくつう》の羅漢のごときもの有らん」等云々。般泥洹経《はつないおんぎょう》に云わく「羅漢に似たる一闡提にして悪業《あくごう》を行《ぎょう》ずるもの有らん」等云々。これらの経文は、正法《しょうほう》の強敵《ごうてき》と申すは、悪王・悪臣よりも、外道《げどう》・魔王《まおう》よりも、破戒《はかい》の僧侶《そうりょ》よりも、持戒《じかい》・有智《うち》の大僧《だいそう》の中に大謗法《だいほうぼう》の人あるべし。されば、妙楽大師《みょうらくだいし》かいて《書》云わく「第三は最も甚《はなは》だし。後々《のちのち》の者は転《うた》た識《し》り難《がた》きをもっての故に」等云々。

法華経の第五の巻に云《い》わく「この法華経は、諸仏如来《しょぶつにょらい》の秘密の蔵《ぞう》にして、諸経《しょきょう》の中において最もその上《かみ》に在り」等云々《うんぬん》。この経文《きょうもん》に「最在其上《さいざいごじょう》（最もその上に在り）」の四字あり。されば、この経文のごときんば、法華経を一切経《いっさいきょう》の頂《いただき》にありと申すが、法華経の行者《ぎょうじゃ》にてはあるべきか。

しかるをまた、国王に尊重《そんちょう》せらるる人々あまた《数多》ありて「法華経にまさり《勝》ておわする経々《きょうぎょう》まします」と申す人にせめあい《責合》候《そうら》わん時、かの人は王臣等御帰依《ごきえ》あり、法華経の行者《ぎょうじゃ》は貧道《ひんどう》なるゆえに国こぞってこれをいやし《卑》み候わん時、不軽菩薩《ふきょうぼさつ》のごとく賢愛論師《けんあいろんじ》がごとく申しつ《強》おらば、身命《しんみょう》に及《およ》ぶべし。これが第一の大事なるべしとみえて候《そうろう》。

このことは今の日蓮が身にあた《当》れり。予《よ》が分斉《ぶんざい》として、弘法大師《こうぼうだいし》・慈覚大師《じかく》・善無畏三蔵《ぜんむいさんぞう》・金剛智《こんごうち》三蔵・不空《ふくう》三蔵なんどを「法華経の強敵《ごうてき》なり。経文《きょうもん》まこと《実》ならば無間地獄《むけんじごく》は疑いなし」なんど申すは、裸形《らぎょう》にして大火に入《い》るはやす《易》し、須弥山《しゅみせん》を手にとってなげ《投》んはやすし、大石《たいせき》を負って大海をわた《渡》らんはやすし、日本国にしてこの法門《ほうもん》を立てんは大事なるべし云々《うんぬん》。

霊山浄土《りょうぜんじょうど》の教主釈尊《きょうしゅしゃくそん》、宝浄世界《ほうじょうせかい》の多宝仏《たほうぶつ》、十方分身《じっぽうふんじん》の諸仏《しょぶつ》、地涌千界《じゆせんがい》の菩薩《ぼさつ》等、梵釈《ぼんしゃく》・日月《にちがつ》・四天《してん》等、冥《みょう》にか《加》し顕《けん》に助け給《たま》わずば、一時一日《いちじいちにち》も安穏《あんのん》なるべしや。

(010)

報恩抄《ほうおんしょう》

建治《けんじ》2年（'76）7月21日　55歳
浄顕房《じょうけんぼう》・義浄房《ぎじょうぼう》

日蓮これを撰《せん》す。

夫《そ》れ、老狐《ろうこ》は塚《つか》をあと《後》にせず、白亀《はくき》は毛宝《もうほう》が恩をほうず《報》。畜生《ちくしょう》すら、かくのごとし。いおうや《況》人倫《じんりん》をや。されば、古《いにしえ》の賢者《けんじゃ》・予譲《よじょう》といいし者は剣《つるぎ》をのみ《呑》て智伯《ちはく》が恩にあて《当》て、こう《弘》演《えん》と申せし臣下は腹をさい《割》て衛《えい》の懿公《いこう》が肝《きも》を入《い》れたり。いかにいおうや《況》、仏教をならわ《習》ん者の、父母・師匠《ししょう》・国恩をわす《忘》るべしや。

この大恩をほうぜ《報》んには、必ず仏法をならい《習》きわめ《極》智者《ちしゃ》とならで叶《かな》うべきか。譬《たと》えば、衆盲《しゅもう》をみち《導》びかんには生盲《しょうもう》の身にては橋河《きょうが》をわたし《渡》がたし、方《ほう》・風《ふう》を弁《わきま》えざらん大舟《おおぶね》は諸商を導いて宝山《ほうざん》にいた《至》るべしや。仏法を習い極《きわ》めんとおも《思》わば、いとま《暇》あらずば叶うべからず。いとま《暇》あらんとおも《思》わば、父母・師匠《ししょう》・国主等に随《したが》っては叶うべからず。是非《ぜひ》につけて、出離《しゅつり》の道《どう》をわきま《弁》えざらんほどは、父母・師匠等の心に随うべからず。この義は、諸人《しょにん》おも《思》わく、顕《けん》にもはずれ《外》冥《みょう》にも叶うまじとおも《思》う。しかれども、外典《げてん》の孝経《こうきょう》にも、父母・主君に随わずして忠臣《ちゅうしん》・孝人《こうじん》なるよう《様》もみ《見》えたり。内典《ないてん》の仏経《ぶっきょう》に云《い》わく「恩を棄《す》てて無為《むい》に入《い》るは、真実に恩を報ずる者なり」等云々《うんぬん》。比干《ひかん》が王に随わずして賢人《けんじん》のな《名》をとり《取》、悉達太子《しったたいし》の浄飯大王《じょうぼんだいおう》に背《そむ》きて三界《さんがい》第一の孝《こう》となりし、これなり。

かくのごとく存《ぞん》じて、父母・師匠《ししょう》等に随《したが》わずして仏法をうかがい《窺》しほどに、一代聖教《いちだいしょうぎょう》をさとる《覚》べき明鏡《みょうきょう》十あり。いわゆる、倶舎《くしゃ》・成実《じょうじつ》・律宗《りっしゅう》・法相《ほっそう》・三論《さんろん》・真言《しんごん》・華厳《けごん》・浄土《じょうど》・禅宗《ぜんしゅう》・天台法華宗《てんだいほっけしゅう》なり。この十宗《じっしゅう》を明師《みょうし》として一切経《いっさいきょう》の心をしる《知》べし。世間《せけん》の学者等おもえ《思》り、この十の鏡はみな正直《しょうじき》に仏道《ぶつどう》の道を照らせりと。

小乗《しょうじょう》の三宗《しゅう》は、しばらくこれをおく《置》。民の消息の、是非《ぜひ》につけて他国へわたる《渡》に用なきがごとし。大乗《だいじょう》の七鏡《しちきょう》こそ生死《しょうじ》の大海をわたりて浄土《じょうど》の岸につく《着》大船《たいせん》なれば、これを習いほどいて《解》我がみ《身》も助け、人をもみちびかん《導》とおもい《思》て習いみる《見》ほどに、大乗の七宗いずれもいずれも自讃《じさん》あり。「我が宗こそ一代の心はえ《得》たれ、えたれ」等云々《うんぬん》。いわゆる、華厳宗《けごんしゅう》の杜順《とじゅん》・智儼《ちごん》・法蔵《ほうぞう》・澄観《ちょうかん》等、法相宗《ほっそうしゅう》の玄《げん》奘《じょう》・慈恩《じおん》・智周《ちしゅう》・智昭《ちしょう》等、三論宗《さんろんしゅう》の興皇《こうおう》・嘉祥《かじょう》等、真言宗《しんごんしゅう》の善無畏《ぜんむい》・金剛智《こんごうち》・不空《ふくう》・弘法《こうぼう》・慈覚《じかく》・智証《ちしょう》等、禅宗《ぜんしゅう》の達磨《だるま》・慧可《えか》・慧能《えのう》等、浄土宗《じょうどしゅう》の道綽《どうしゃく》・善導《ぜんどう》・懐感《えかん》・源空《げんくう》等、これらの宗々《しゅうじゅう》、みな本経《ほんきょう》・本論によりて、我も我も、一切経《いっさいきょう》をさとれ《覚》り、仏意《ぶつい》をきわめ《極》たりと云々。

彼《か》の人々云《い》わく「一切経《いっさいきょう》の中には華厳経《けごんぎょう》第一なり。法華経・大日経《だいにちきょう》等は臣下のごとし」。真言宗《しんごんしゅう》云わく「一切経の中には大日経第一なり。余経《よきょう》は衆星《しゅしょう》のごとし」。禅宗《ぜんしゅう》が云わく「一切経の中には楞伽《りょうが》経《きょう》第一なり」。乃至《ないし》、余宗《よしゅう》かくのごとし。しかも上《かみ》に挙《あ》ぐる諸師《しょし》は、世間《せけん》の人々各々《おのおの》おもえ《思》り。諸天《しょてん》の帝釈《たいしゃく》をうやまい《敬》、衆星の日月《にちがつ》に随《したが》うがごとし。

我ら凡夫《ぼんぷ》は、いずれの師々なりとも信ずるならば不足あるべからず、仰《あお》いでこそ信ずべけれども、日蓮が愚案《ぐあん》はれ《晴》がたし。世間《せけん》をみるに、各々《おのおの》我も我もといえども、国主はただ一人なり。二人となれば国土おだやか《穏》ならず。家に二《ふた》りの主《あるじ》あれば、その家必ずやぶる《破》。一切経《いっさいきょう》もまた、かくのごとくやあるらん。いずれの経にてもおわせ、一経《いっきょう》こそ一切経の大王にてはおわすらめ。しかるに、十宗《じっしゅう》・七宗まで各々諍論《じょうろん》して随《したが》わず。国に七人・十人の大王ありては万民《ばんみん》おだやか《穏》ならじ。いかんがせんと疑うところに、一つの願《がん》を立つ。我、八宗・十宗に随わじ。天台大師《てんだいだいし》の専《もっぱ》ら経文《きょうもん》を師として一代の勝劣《しょうれつ》をかんがえ《勘》しがごとく一切経を開きみる《見》に、涅槃経《ねはんぎょう》と申す経に云《い》わく「法に依《よ》って人《にん》に依らざれ」等云々《うんぬん》。「法に依って」と申すは一切経、「人に依らざれ」と申すは、仏を除き奉《たてまつ》って外《ほか》の普賢菩薩《ふげんぼさつ》・文《もん》殊師利《じゅしり》菩薩乃至《ないし》上《かみ》にあぐる《挙》ところの諸《もろもろ》の人師《にんし》なり。この経にまた云わく「了義経《りょうぎきょう》に依って不了義経《ふりょうぎきょう》に依らざれ」等云々。この経に指すところ、「了義経」と申すは法華経、「不了義経」と申すは華厳《けごん》経《ぎょう》・大日経《だいにちきょう》・涅槃経等の已今当《いこんとう》の一切経なり。されば、仏の遺言《ゆいごん》を信ずるならば、専ら法華経を明鏡《みょうきょう》として一切経の心をばしる《知》べきか。

したがって、法華経の文《もん》を開き奉《たてまつ》れば、「この法華経は、諸経《しょきょう》の中において最もその上《かみ》に在り」等云々《うんぬん》。この経文《きょうもん》のごとくば、須弥山《しゅみせん》の頂《いただき》に帝釈《たいしゃく》の居《お》るがごとく、輪王《りんおう》の頂に如意宝珠《にょいほうしゅ》のあるがごとく、衆木《しゅもく》の頂に月のやどる《宿》がごとく、諸仏《しょぶつ》の頂上に肉髻《にくけい》の住《じゅう》せるがごとく、この法華経は華厳経《けごんぎょう》・大《だい》日経《にちきょう》・涅槃経《ねはんぎょう》等の一切経《いっさいきょう》の頂上の如意宝珠なり。されば、専《もっぱ》ら論師《ろんじ》・人師《にんし》をすて《捨》て経文に依《よ》るならば、大日経・華厳経等に法華経の勝《すぐ》れ給《たま》えることは、日輪《にちりん》の青天に出現せる時、眼《まなこ》あきらか《明》なる者の天地を見るがごとく、高下宛然《こうげおんねん》なり。

また大日経《だいにちきょう》・華厳経《けごんぎょう》等の一切経《いっさいきょう》をみ《見》るに、この経文《きょうもん》に相似《そうじ》の経文、一字一点もなし。あるいは小乗《しょうじょう》経《きょう》に対して勝劣《しょうれつ》をと《説》かれ、あるいは俗諦《ぞくたい》に対して真諦《しんたい》をと《説》き、あるいは諸《もろもろ》の空《くう》・仮《け》に対して中道《ちゅうどう》をほ《讃》めたり。譬《たと》えば、小国の王が我が国の臣下に対して大王というがごとし。法華経は諸王に対して大王等と云々《うんぬん》。

ただし、涅槃経《ねはんぎょう》ばかりこそ法華経に相似《そうじ》の経文《きょうもん》は候《そうら》え。されば、天台已前《てんだいいぜん》の南北の諸師《しょし》は迷惑《めいわく》して、法華経は涅槃経に劣《おと》ると云々《うんぬん》。されども、専《もっぱ》ら経文を開き見るには、無量義経《むりょうぎきょう》のごとく華厳《けごん》・阿含《あごん》・方等《ほうどう》・般若《はんにゃ》等の四十余年の経々《きょうぎょう》をあ《挙》げて、涅槃経に対して、我がみ《身》勝《すぐ》るとと《説》いて、また法華経に対する時は「この経、世に出《い》ずるは乃至《ないし》法華《ほっけ》の中の八千の声聞《しょうもん》の記別《きべつ》を授《さず》かることを得て大菓実《だいかじつ》を成《じょう》ずるがごとし。秋収冬蔵《しゅうしゅうとうぞう》して、さらに所作《しょさ》無きがごとし」等と云々。我《われ》と涅槃経は法華経には劣るとと《説》ける経文なり。こう経文は分明《ふんみょう》なれども、南北の大智《だいち》の諸人《しょにん》の迷ってありし経文なれば、末代《まつだい》の学者能《よ》く能く眼《まなこ》をと《留》どむべし。この経文は、ただ法華経・涅槃経の勝劣《しょうれつ》のみならず、十方世界《じっぽうせかい》の一切経《いっさいきょう》の勝劣をもし《知》りぬべし。しかるを、経文にこそ迷うとも、天台・妙楽《みょうらく》・伝教大師《でんぎょうだいし》の御《ご》り《料》ょうけ《簡》んの後《のち》は、眼あらん人々はし《知》りぬべきことぞかし。しかれども、天台宗《てんだいしゅう》の人たる慈覚《じかく》・智証《ちしょう》すら、なおこの経文にく《暗》らし。い《況》おうや余宗《よしゅう》の人々をや。

ある人疑《うたが》って云《い》わく、漢土《かんど》・日本にわ《渡》たりたる経々《きょうぎょう》にこそ法華経に勝《すぐ》れたる経はおわせずとも、月《がっ》氏《し》・竜宮《りゅうぐう》・四王《しおう》・日月《にちがつ》・忉利天《とうりてん》・都率天《とそつてん》なんどには恒河沙《ごうがしゃ》の経々ましますなれば、その中に法華経に勝れさせ給《たも》う御経《おんきょう》やましますらん。

答えて云《い》わく、一《いち》をもって万《まん》を察せよ。「庭戸《ていこ》を出《い》でずして天下《てんか》をしる《知》」とは、これなり。癡人《ちにん》が疑って云わく「我らは南天を見て東西北の三空を見ず。彼《か》の三方の空にこの日輪《にちりん》より別の日やましま《在》すらん。山を隔《へだ》てて煙《けむり》の立つを見て火を見ざれば、煙は一定《いちじょう》なれども火にてやなかるらん」。かくのごとくいわん《言》者は一闡提《いっせんだい》の人としる《知》べし。生盲《しょうもう》にことならず《異》。

法華経の法師品《ほっしほん》に、釈迦如来《しゃかにょらい》、金口《こんく》の誠言《じょうごん》をもって五十余年の一切経《いっさいきょう》の勝劣《しょうれつ》を定めて云《のたま》わく「我が説くところの経典《きょうてん》は無量千万億にして、已《すで》に説き、今説き、当《まさ》に説くべし。しかもその中において、この法華経は最もこれ難信難解《なんしんなんげ》なり」等云々《うんぬん》。この経文《きょうもん》は、ただ釈迦如来一仏の説なりとも、等覚已《とうがくい》下《げ》は仰《あお》いで信ずべき上、多宝仏《たほうぶつ》東方より来《きた》って「真実なり」と証明《しょうみょう》し、十方《じっぽう》の諸仏《しょぶつ》集まって釈迦仏《しゃかぶつ》と同じく広長舌《こうちょうぜつ》を梵天《ぼんてん》に付け給《たま》いて後《のち》、各々《おのおの》国々へ還《かえ》らせ給いぬ。「已今当《いこんとう》」の三字は、五十年ならびに十方三世《さんぜ》の諸仏の御経《おんきょう》一字一点ものこさず《残》引き載《の》せて法華経に対して説かせ給いて候《そうろう》なり。十方の諸仏この座にして御判形《ごはんぎょう》を加えさせ給い、各々また自国に還らせ給いて我が弟子《でし》等に向かわせ給いて「法華経に勝《すぐ》れたる御経あり」と説かせ給わば、その所化《しょけ》の弟子等信用すべしや。

また、我は見ざれば、月氏《がっし》・竜宮《りゅうぐう》・四天《してん》・日月《にちがつ》等の宮殿《くでん》の中に法華経に勝《すぐ》れさせ給《たま》いたる経《きょう》やおわしますらんと疑いをなす。されば、梵釈《ぼんしゃく》・日月・四天・竜王《りゅうおう》は法華経の御座《みざ》にはなかりけるか。もし、日月等の諸天《しょてん》、「法華経に勝れたる御経《おんきょう》まします。汝《なんじ》はしらず《知》」と仰《おお》せあるならば、大誑惑《だいおうわく》の日月なるべし。日蓮責《せ》めて云《い》わく「日月は虚空《こくう》に住《じゅう》し給えども、我らが大地に処《しょ》するがごとくして堕落《だらく》し給わざることは、上品《じょうぼん》の不妄語戒《ふもうごかい》の力ぞかし。法華経に勝れたる御経ありと仰せある大妄語あるならば、恐《おそ》らくは、いまだ壊劫《えこう》にいたらざるに大地の上にどうとおち《落》候《そうら》わんか。無間大城《むけんだいじょう》の最下《さいげ》の堅鉄《けんてつ》にあらずばとどま《留》りがたからんか。大妄語の人は須臾《しゅゆ》も空《くう》に処して四天下《してんげ》を廻《めぐ》り給《たも》うべからず」とせめ《責》たてまつるべし。

しかるを、華厳宗《けごんしゅう》の澄観《ちょうかん》等、真言宗《しんごんしゅう》の善無畏《ぜんむい》・金剛智《こんごうち》・不空《ふくう》、弘法《こうぼう》・慈覚《じかく》・智証《ちしょう》等の大智《だいち》の三蔵大師《さんぞうだいし》等、「華厳経《けごんぎょう》・大日経《だいにちきょう》等は法華経に勝《すぐ》れたり」と立て給《たも》うは、我らが分斉《ぶんざい》には及《およ》ばぬことなれども、大道理のおす《推》ところは、あに諸仏《しょぶつ》の大怨敵《だいおんてき》にあらずや。提婆《だいば》・瞿伽梨《くぎゃり》もものならず。大天《だいてん》・大慢《だいまん》、外《ほか》にもと《求》むべからず。かの人々を信ずる輩《やから》は、おそろし《恐》、おそろし。

問うて云《い》わく、華厳《けごん》の澄観《ちょうかん》、三論《さんろん》の嘉祥《かじょう》、法相《ほっそう》の慈恩《じおん》、真言《しんごん》の善無畏乃至弘法《ぜんむいないしこうぼう》・慈覚《じかく》・智証《ちしょう》等を仏の敵《かたき》とのたもう《宣》か。

答えて云《い》わく、これ大いなる難なり。仏法に入《い》って第一の大事なり。愚眼《ぐげん》をもって経文《きょうもん》を見るには、法華経に勝《すぐ》れたる経《きょう》ありといわん人は、たといいかなる人なりとも、謗法《ほうぼう》は免《まぬか》れじと見えて候《そうろう》。しかるを、経文のごとく申すならば、いかでかこの諸人仏敵《しょにんぶってき》たらざるべき。もしまた恐《おそ》れをなして指し申さずば、一切経《いっさいきょう》の勝劣空《しょうれつむな》しかるべし。またこの人々を恐れて末《すえ》の人々を仏敵といわんとすれば、彼《か》の宗々《しゅうじゅう》の末の人々の云わく「法華経に大日経《だいにちきょう》をまさ《勝》りたりと申すは、我私《われわたくし》の計《はか》らいにはあらず、祖《そ》師《し》の御義《おんぎ》なり。戒行《かいぎょう》の持破《じは》、智慧《ちえ》の勝劣、身の上下はありとも、学ぶところの法門《ほうもん》はたが《違》うことなし」と申せば、彼の人々にとが《失》なし。また、日蓮これを知りながら人々を恐れて申さずば、「むしろ身命《しんみょう》を喪《うしな》うとも、教えを匿《かく》さざれ」の仏陀《ぶっだ》の諫暁《かんぎょう》を用いぬ者となりぬ。いかんがせん。いわ《言》んとすれば世《せ》間《けん》おそろし《恐》、止《とど》めんとすれば仏の諫暁のがれ《脱》がたし。進退ここに谷《きわ》まれり。

むべ《宜》なるかなや、法華経の文《もん》に云《い》わく「しかもこの経は、如来《にょらい》の現《げん》に在《いま》すすらなお怨嫉《おんしつ》多し。いわんや滅度《めつど》して後《のち》をや」。また云わく「一切世間《いっさいせけん》に怨《あだ》多くして信じ難《がた》し」等云々《うんぬん》。

釈迦仏《しゃかぶつ》を摩耶夫人《まやぶにん》はらま《孕》せ給いたりければ、第六天《だいろくてん》の魔王《まおう》、摩耶夫人の御腹《おんはら》をとおし《通》見て、我らが大怨敵《だいおんてき》、法華経と申す利剣《りけん》をはらみたり、事の成《じょう》ぜぬ先にいかにしてか失うべき。第六天の魔王、大医と変じて浄飯王宮《じょうぼんおうぐう》に入《い》り、御産安穏《ごさんあんのん》の良薬《ろうやく》を持《たも》ち候《そうろう》大医ありとののしり《詈》て、毒を后《きさき》にまいらせつ《進》。初生《しょしょう》の時は石をふらし《降》、乳に毒をまじえ《混》、城を出《い》でさせ給いしには黒き毒蛇《どくじゃ》と変じて道にふさがり《塞》、乃至提婆《ないしだいば》・瞿伽利《くぎゃり》・波瑠璃王《はるりおう》・阿闍世王《あじゃせおう》等の悪人の身に入って、あるいは大石《たいせき》をなげ《投》て仏の御身《おんみ》より血をいだし《出》、あるいは釈子《しゃくし》をころし《殺》、あるいは御弟子《みでし》等を殺す。これらの大難は皆《みな》、遠くは法華経を仏世尊《ぶつせそん》に説かせまいらせじとたばかり《謀》し「如来《にょらい》の現《げん》に在《いま》すすらなお怨嫉《おんしつ》多し」の大難ぞかし。これらは遠き難なり。近き難には、舎利弗《しゃりほつ》・目連《もくれん》・諸大菩薩《しょだいぼさつ》等も四十余年が間は法華経の大怨敵《だいおんてき》の内ぞかし。「いわんや滅度《めつど》して後《のち》をや」と申して、未来の世にはまたこの大難よりもすぐれ《勝》ておそろしき《恐》大難あるべしととかれ《説》て候《そうろう》。仏だにも忍《しの》びがたかりける大難をば、凡夫《ぼんぷ》はいかでか忍ぶべき。いおうや《況》、在世《ざいせ》より大いなる大難にてあるべかんなり。いかなる大難か、提婆《だいば》が長《たけ》三丈《じょう》広さ一丈六尺《しゃく》の大石《たいせき》、阿《あ》闍世王《じゃせおう》の酔象《すいぞう》にはすぐ《過》べきとはおもえ《思》ども、彼《かれ》にも過《す》ぐるべく候なれば、小失《しょうしつ》なくとも大難に度々《たびたび》値《あ》う人をこそ滅後《めつご》の法華経の行者《ぎょうじゃ》とはしり《知》候《そうら》わめ。

付法蔵《ふほうぞう》の人々は四依《しえ》の菩薩《ぼさつ》、仏の御使《おんつかい》なり。提婆菩薩《だいばぼさつ》は外道《げどう》に殺され、師子尊者《ししそんじゃ》は檀弥羅王《だんみらおう》に頭《こうべ》を刎《は》ねられ、仏陀密多《ぶつだみった》・竜樹菩薩《りゅうじゅぼさつ》等は赤き幡《はた》を七年・十二年さし《指》とお《通》す。馬鳴《めみょう》菩薩は金銭《きんせん》三億がかわ《代》りとなり、如意論師《にょいろんじ》はおもい《思》じに《死》に死す。これらは正法《しょうほう》一千年の内なり。

像法《ぞうほう》に入《い》って五百年、仏の滅後《めつご》一千五百年と申せし時、漢土《かんど》に一人の智人《ちじん》あり。始めは智顗《ちぎ》、後《のち》には智者大師《ちしゃだいし》とごう《号》す。法華経の義をありのままに弘通《ぐつう》せんと思い給《たま》いしに、天台已前《てんだいいぜん》の百千万の智者しな《品》じな《々》に一代を判ぜしかども、詮《せん》じて十流となりぬ。いわゆる南三北七《なんさんほくしち》なり。十流ありしかども、一流をもって最とせり。いわゆる南三の中の第三の光宅寺《こうたくじ》の法雲法師《ほううんほっし》これなり。

この人は一代の仏教を五つにわかつ《分》。その五つの中に三経《きょう》をえらび《選》いだす《出》。いわゆる華厳経《けごんぎょう》・涅槃《ねはん》経《ぎょう》・法華経なり。一切経《いっさいきょう》の中には華厳経第一、大王のごとし。涅槃経第二、摂政《せっしょう》・関白《かんぱく》のごとし。第三法華経は公卿《くぎょう》等のごとし。これより已下《いげ》は万民《ばんみん》のごとし。この人は本《もと》より智慧《ちえ》かしこき上、慧観《えかん》・慧厳《えごん》・僧柔《そうじゅう》・慧次《えじ》なんど申せし大智者《だいちしゃ》より習い伝え給《たま》えるのみならず、南北の諸師《しょし》の義をせめ《責》やぶり《破》、山林にまじわり《交》て法華経・涅槃経・華厳経の功《く》をつもり《積》し上、梁《りょう》の武帝《ぶてい》召《め》し出《い》だして内裏《だいり》の内に寺を立て、光宅寺《こうたくじ》となづけ《名》てこの法師《ほっし》をあがめ《崇》給《たも》う。

法華経をこうぜ《講》しかば、天より花ふる《下》こと在世《ざいせ》のごとし。天監《てんかん》五年に大旱魃《だいかんばつ》ありしかば、この法雲《ほううん》法師《ほっし》を請《しょう》じ奉《たてまつ》って法華経を講ぜさせまいらせしに、薬草喩品《やくそうゆほん》の「其雨普等《ごうふとう》、四方倶下《しほうくげ》（その雨はあまねく等しくして、四方にともに下《くだ》る）」と申す二句を講ぜさせ給《たま》いし時、天より甘雨《かんう》下りたりしかば、天子、御感《ぎょかん》のあまりに現《げん》に僧正《そうじょう》になしまいらせて、諸天《しょてん》の帝釈《たいしゃく》につかえ《仕》、万民《ばんみん》の国王をおそるる《畏》がごとく我《われ》とつかえ《仕》給いし上、ある人夢みらく、この人は過去の灯明仏《とうみょうぶつ》の時より法華経をこうずる《講》人なり。

法華経の疏《しょ》四巻あり。この疏に云《い》わく「この経《きょう》いまだ碩然《じゃくねん》ならず」。また云わく「異《い》の方便《ほうべん》」等云々《うんぬん》。正《まさ》しく、法華経はいまだ仏理《ぶつり》をきわめ《極》ざる経と書かれて候《そうろう》。この人の御義《おんぎ》、仏意《ぶつい》に相叶《あいかな》い給《たま》いければこそ、天より花も下《ふ》り雨もふり候《そうら》いけらめ。かかるいみじきことにて候いしかば、漢土《かんど》の人、さては法華経は華厳経《けごんぎょう》・涅槃経《ねはんぎょう》には劣《おと》るにてこそあるなれと思いし上、新羅《しんら》・百済《ひゃくさい》・高麗《こうらい》・日本までこの疏ひろ《広》まりて、大体一同の義にて候いしに、法雲法師御死去《ほううんほっしごしきょ》ありていくばく《幾》ならざるに、梁《りょう》の末《まつ》、陳《ちん》の始めに智顗《ちぎ》法師と申す小僧出来《しょうそうしゅったい》せり。

南岳大師《なんがくだいし》と申せし人の御弟子《みでし》なりしかども、師の義も不審《ふしん》にありけるかのゆえに、一切経蔵《いっさいきょうぞう》に入《い》って度々《たびたび》御《ご》らん《覧》ありしに、華厳経《けごんぎょう》・涅槃経《ねはんぎょう》・法華経の三経に詮《せん》じいだし《出》、この三経の中に殊《こと》に華厳経を講じ給《たま》いき。別して礼文《らいもん》を造って日々に功《く》をなし給いしかば、世間《せけん》の人おもわく《思》、この人も華厳経を第一とおぼす《思》かと見えしほどに、法雲法師《ほううんほっし》が一切経の中に「華厳第一、涅槃第二、法華《ほっけ》第三」と立てたるがあまり《余》に不審なりける故に、ことに華厳経を御らん《覧》ありけるなり。

かくて、一切経《いっさいきょう》の中に「法華《ほっけ》第一、涅槃《ねはん》第二、華厳《けごん》第三」と見定めさせ給《たま》いてなげき《歎》給《たも》うよう《様》は、「如来《にょらい》の聖教《しょうぎょう》は漢土《かんど》にわたれ《渡》ども、人を利益《りやく》することなし。かえりて一切衆生《いっさいしゅじょう》を悪道《あくどう》に導くこと、人《にん》師《し》の誤りによれり。例せば、国の長《おさ》とある人、東を西といい《言》、天を地といい《言》いだし《出》ぬれば、万民《ばんみん》はかくのごとくに心《こころ》う《得》べし。後《のち》にいやしき《卑》者出来《しゅったい》して、『汝等《なんだち》が西は東、汝等が天は地なり』といわば《言》、もちうる《用》ことなき上、我が長《おさ》の心に叶《かな》わんがために、今の人をのり《罵》うち《打》なんどすべし。いかんがせん」とはおぼせ《思》しかども、さてもだす《黙》べきにあらねば、「光宅寺《こうたくじ》の法雲法師《ほううんほっし》は謗法《ほうぼう》によって地獄《じごく》に堕《お》ちぬ」とののしらせ《訇》給う。その時、南北の諸師《しょし》、はち《蜂》のごとく蜂起《ほうき》し、からす《烏》のごとく烏合《うごう》せり。

智顗法師《ちぎほっし》をば、頭《こうべ》をわる《破》べきか国をおう《追》べきかなんど申せしほどに、陳主《ちんしゅ》これをきこし《聞》めして、南北の数人に召《め》し合わせて、我《われ》と列座してきか《聞》せ給《たま》いき。法雲法師《ほううん》が弟子《でし》等、慧栄《えよう》・法歳《はっさい》・慧曠《えこう》・慧晒《えごう》なんど申せし僧正《そうじょう》・僧都《そうず》已上《いじょう》の人々百余人なり。各々悪口《おのおのあっく》を先《さき》とし、眉《まゆ》をあげ《上》眼《まなこ》をいからかし《怒》、手をあげ拍子《ひょうし》をたたく《叩》。しかれども、智顗法師は末座に坐《ざ》して、色《いろ》を変ぜず言《ことば》を誤らず、威儀《いぎ》しずか《静》にして、諸僧《しょそう》の言を一々《いちいち》に牒《ちょう》をとり《取》、言《こと》ごとにせめ《責》かえす《返》。おし《押》かえし《返》て難《なん》じて云《い》わく「そもそも法雲法師の御義《おんぎ》に『第一華厳《けごん》、第二涅槃《ねはん》、第三法華《ほっけ》』と立てさせ給いける証文《しょうもん》はいずれの経《きょう》ぞ。慥《たし》かに明らかなる証文を出《い》ださせ給え」とせめ《責》しかば、各々頭《こうべ》をうつぶせ《俯》、色を失って一言《いちごん》の返事なし。

重ねてせめ《責》て云《い》わく「無量義経《むりょうぎきょう》に正《まさ》しく『次に方等十二部経《ほうどうじゅうにぶきょう》・摩訶般若《まかはんにゃ》・華厳海空《けごんかいくう》を説いて』等云々《うんぬん》。仏、我《われ》と華厳経《けごんぎょう》の名をよびあげ《呼上》て、無量義経に対して『いまだ真実を顕《あらわ》さず』と打ち消し給《たも》う。法華経に劣《おと》って候《そうろう》無量義経に、華厳経はせめ《責》られて候。いかに心《こころ》え《得》させ給《たま》いて華厳経をば一代第一とは候《そうら》いけるぞ。各々御師《おのおのおんし》の御《おん》か《方》とうど《人》せんとおぼさ《思》ば、この経文《きょうもん》をやぶり《破》て、これに勝《すぐ》れたる経文を取り出《い》だして、御師の御義《おんぎ》を助け給え」とせめ《責》たり。

また、「涅槃経《ねはんぎょう》を法華経に勝《すぐ》ると候《そうら》いけるは、いかなる経文《きょうもん》ぞ。涅槃経の第十四には華厳《けごん》・阿含《あごん》・方《ほう》等《どう》・般若《はんにゃ》をあげ《挙》て、涅槃経に対して勝劣《しょうれつ》は説かれて候《そうら》えども、まったく法華経と涅槃経との勝劣はみ《見》えず。次上《つぎかみ》の第九の巻に法華経と涅槃経との勝劣分明《ふんみょう》なり。いわゆる、経文に云《い》わく『この経、世に出《い》ずるは乃至《ないし》法華《ほっけ》の中の八千の声聞《しょうもん》の記別《きべつ》を受《う》くることを得て大菓実《だいかじつ》を成《じょう》ずるがごとし。秋収冬蔵《しゅうしゅうとうぞう》して、さらに所作《しょさ》無きがごとし』等云々《うんぬん》。経文《きょうもん》明らかに諸経《しょきょう》をば春夏と説かせ給《たま》い、涅槃経《ねはんぎょう》と法華経とをば菓実の位とは説かれて候《そうら》えども、法華経をば秋収冬蔵の大菓実の位、涅槃経をば秋の末・冬の始めの捃拾《くんじゅう》の位と定め給いぬ。この経文、正《まさ》しく法華経には我が身劣《おと》ると承伏《しょうぶく》し給いぬ。法華経の文《もん》には『已《すで》に説き、今説き、当《まさ》に説くべし』と申して、この法華経は前《さき》と並びとの経々《きょうぎょう》に勝れたるのみならず、後《のち》に説かん経々にも勝るべしと仏《ほとけ》定め給《たも》う。すでに教主釈尊《きょうしゅしゃくそん》かく定め給《たま》いぬれば疑うべきにあらねども、我が滅後《めつご》はいかんがと疑いおぼし《思》て東方宝浄世界《ほうじょうせかい》の多宝仏《たほうぶつ》を証人《しょうにん》に立て給いしかば、多宝仏大地《だいち》よりおどり《踊》出でて『妙法華経《みょうほけきょう》は、皆《みな》これ真実なり』と証《しょう》し、十方分身《じっぽうふんじん》の諸仏《しょぶつ》重ねてあつまら《集》せ給い、広長舌《こうちょうぜつ》を大梵天《だいぼんてん》に付け、また教主釈尊も付け給《たも》う。しかして後、多宝仏は宝浄世界へかえり《帰》、十方の諸仏各々本土《おのおのほんど》にかえら《帰》せ給《たま》いて後、多宝・分身の仏もおわせざらんに、教主釈尊涅槃経《ねはんぎょう》をとい《説》て『法華経に勝る』と仰《おお》せあらば、御弟子《みでし》等は信ぜさせ給《たも》うべしや」とせめ《責》しかば、日月《にちがつ》の大光明《だいこうみょう》の修羅《しゅら》の眼《まなこ》を照らすがごとく、漢王《かんおう》の剣《つるぎ》の諸侯《しょこう》の頸《くび》にかかり《懸》しがごとく、両眼をとじ《閉》、一頭《いっとう》を低《た》れたり。天台大師《てんだいだいし》の御気色《みけしき》は、師子王《ししおう》の狐兎《こと》の前に吼《ほ》えたるがごとし。鷹《たか》・鷲《わし》の鳩《はと》・雉《きじ》をせめ《責》たるにに《似》たり。

かくのごとくありしかば、さては法華経は華厳経《けごんぎょう》・涅槃経《ねはんぎょう》にもすぐれ《勝》てありけりと震旦《しんたん》一国に流布《るふ》するのみならず、かえりて五天竺《ごてんじく》までも聞こえ、「月氏《がっし》の大小《だいしょう》の諸論も智者大師《ちしゃだいし》の御義《おんぎ》には勝《すぐ》れず。教主釈尊《きょうしゅしゃくそん》両度出現しましますか。仏教二度あらわれ《顕》ぬ」とほめ《讃》られ給《たま》いしなり。

その後《のち》、天台大師《てんだいだいし》も御入滅《ごにゅうめつ》なりぬ。陳《ちん》・隋《ずい》の世も代わって唐《とう》の世となりぬ。章安《しょうあん》大師も御入滅なりぬ。天台の仏法ようやく《漸》習い失《う》せしほどに、唐《とう》の太宗《たいそう》の御宇《ぎょう》に玄奘三蔵《げんじょうさんぞう》といいし人、貞観《じょうがん》三年に始めて月氏《がっし》に入《い》り同十九年にかえ《帰》りしが、月氏の仏法尋《たず》ね尽《つ》くして法相宗《ほっそうしゅう》と申す宗をわたす。

この宗《しゅう》は天台宗《てんだいしゅう》と水火なり。しかるに、天台の御覧《ごらん》なかりし深密経《じんみつきょう》・瑜伽論《ゆがろん》・唯識論《ゆいしきろん》等をわたして「法華経は一切経《いっさいきょう》には勝《すぐ》れたれども、深密経には劣《おと》る」という。しかるを、天台は御覧なかりしかば、天台の末学《まつがく》等は智慧《ちえ》の薄《うす》きかのゆえに、さもやとおも《思》う。また太宗《たいそう》、賢王《けんおう》なり。玄奘《げんじょう》の御帰依《ごきえ》あさ《浅》からず。いうべきことありしかども、いつものことなれば、時の威《い》をおそ《恐》れて申す人なし。法華経を打ちかえ《返》して「三乗真実《さんじょうしんじつ》・一乗方便《いちじょうほうべん》・五性各別《ごしょうかくべつ》」と申せしことは、心《こころ》う《憂》かりしことなり。天竺《てんじく》よりはわ《渡》たれども、月氏《がっし》の外道《げどう》が漢土《かんど》にわたれるか。「法華経は方便、深密経は真実」とい《言》いしかば、釈迦《しゃか》・多宝《たほう》・十方《じっぽう》の諸仏《しょぶつ》の誠言《じょうごん》もかえりて虚《むな》しくなり、玄奘・慈恩《じおん》こそ時の生身《しょうじん》の仏にてはありしか。

その後《のち》、則天皇后《そくてんこうごう》の御宇《ぎょう》に、前《さき》に天台大師《てんだいだいし》にせ《責》められし華厳経《けごんぎょう》にまた重ねて新訳《しんやく》の華厳経わたりしかば、さき《前》のいきどお《憤》りをはた《果》さんがために、新訳の華厳をもって天台にせめられし旧訳《くやく》の華厳経を扶《たす》けて、華厳宗《けごんしゅう》と申す宗を法蔵法師《ほうぞうほっし》と申す人立てぬ。この宗は、華厳経をば「根本法輪《こんぽんほうりん》」、法華経をば「枝末《しまつ》法輪」と申すなり。南北は「一華厳、二涅槃《ねはん》、三法華《ほっけ》」、天台大師は「一法華、二涅槃、三華厳」。今の華厳宗は「一華厳、二法華、三涅槃」等云々《うんぬん》。

その後《のち》、玄宗皇帝《げんそうこうてい》の御宇《ぎょう》に、天竺《てんじく》より善無畏三蔵《ぜんむいさんぞう》、大日経《だいにちきょう》・蘇悉地経《そしつじきょう》をわ《渡》たす。金剛智《こんごうち》三蔵、金剛《こんごう》頂経《ちょうきょう》をわたす。また金剛智三蔵の弟子《でし》あり、不空《ふくう》三蔵なり。この三人は、月氏《がっし》の人、種姓《すじょう》も高貴なる上、人《ひと》がらも漢土《かんど》の僧《そう》にに《似》ず、法門《ほうもん》もな《何》にとはし《知》らず後漢《ごかん》より今にい《至》たるまでなかりし印《いん》と真言《しんごん》という事《じ》をあ《相》いそ《添》いてゆゆしかりしかば、天子こ《頭》うべをか《傾》たぶけ、万民《ばんみん》掌《たなごころ》をあ《合》わす。

この人々の義にいわく「華厳《けごん》・深密《じんみつ》・般若《はんにゃ》・涅槃《ねはん》・法華経等の勝劣《しょうれつ》は顕教《けんきょう》の内、釈迦如来《しゃかにょらい》の説の分《ぶん》なり。今の大日経《だいにちきょう》等は大日法王《ほうおう》の勅言《ちょくげん》なり。彼《か》の経々《きょうぎょう》は民の万言《ばんげん》、この経は天子の一言《いちげん》なり。華厳経《けごんぎょう》・涅槃経《ねはんぎょう》等は大日経には梯《はし》を立てても及《およ》ばず、ただ法華経ばかりこそ大日経には相似《そうじ》の経なれ。されども、彼の経は釈迦如来の説、民の正言《せいげん》。この経は天子の正言なり。言《ことば》は似たれども、人《ひと》がら雲泥《うんでい》なり。譬《たと》えば、濁水《じょくすい》の月と清水《せいすい》の月のごとし。月の影《かげ》は同じけれども、水に清濁《せいだく》あり」なんど申しければ、この由尋《よしたず》ね顕《あらわ》す人もなし。諸宗皆《しょしゅうみな》落ち伏《ふ》して真言宗《しんごんしゅう》にかたぶ《傾》きぬ。善無畏《ぜんむい》・金剛智《こんごうち》死去の後《のち》、不《ふ》空三蔵《くうさんぞう》また月氏《がっし》にかえ《帰》りて菩提心論《ぼだいしんろん》と申す論をわた《渡》し、いよいよ真言宗盛《さか》りなりけり。

ただし、妙楽大師《みょうらくだいし》という人あり。天台《てんだい》大師よりは二百余年の後《のち》なれども、智慧《ちえ》かしこ《賢》き人にて天台の所釈《しょしゃく》を見明《みあき》らめてありしかば、「天台の釈の心は、後にわた《渡》れる深密経《じんみつきょう》・法相宗《ほっそうしゅう》、また始めて漢土《かんど》に立てたる華厳宗《けごんしゅう》、大日経《だいにちきょう》・真言宗《しんごんしゅう》にも法華経は勝《すぐ》れさせ給《たま》いたりけるを、あるいは智《ち》のおよ《及》ばざるか、あるいは人を畏《おそ》るるか、あるいは時の王威《おうい》をおず《怖》るるかの故にいわ《言》ざりけるか。こうてあるならば、天台の正義《しょうぎ》すでに失《う》せなん。また陳《ちん》・隋已前《ずいいぜん》の南北が邪義《じゃぎ》にも勝れたり」とおぼ《思》して、三十巻《さんじっかん》の末文《まつもん》を造り給《たも》う。いわゆる弘決《ぐけつ》・釈籤《しゃくせん》・疏記《しょき》これなり。この三十巻の文《ふみ》は、本書の重《かさ》なれるをけず《削》りよわ《弱》きをたす《助》くるのみならず、天台大師の御時《おんとき》なかりしかば御責《おんせ》めにものが《逃》れてあるような法相宗と華厳宗と真言宗とを、一時《いちじ》にとり《取》ひし《拉》がれたる書なり。

また日本国には、人王《にんのう》第三十代欽明天皇《きんめいてんのう》の御宇《ぎょう》十三年壬申《みずのえさる》十月十三日に、百済国《ひゃくさいこく》より一切経《いっさいきょう》・釈迦《しゃか》仏《ぶつ》の像をわた《渡》す。また用明《ようめい》天皇の御宇に、聖徳太子《しょうとくたいし》、仏法をよみはじめ、和気妹子《わけのいもこ》と申す臣下を漢土《かんど》につかわ《遣》して、先生《せんじょう》の所持の一巻の法華経をとりよせ給《たま》いて持経《じきょう》と定め、その後《のち》、人王《にんのう》第三十七代に孝徳《こうとく》天皇の御宇に三論宗《さんろんしゅう》・華厳宗《けごんしゅう》・法相宗《ほっそうしゅう》・倶舎宗《くしゃしゅう》・成実宗《じょうじつしゅう》わたる《渡》。人王四十五代に聖武《しょうむ》天皇の御宇に律宗《りっしゅう》わたる。已上六宗《いじょうろくしゅう》なり。孝徳より人王第五十代の桓武《かんむ》天皇にいたるまでは十四代一百二十余年が間は、天台《てんだい》・真言《しんごん》の二宗なし。

桓武《かんむ》の御宇《ぎょう》に最澄《さいちょう》と申す小僧《しょうそう》あり。山階寺《やましなでら》の行表僧正《ぎょうひょうそうじょう》の御弟子《みでし》なり。法相宗《ほっそうしゅう》を始めとして六宗《ろくしゅう》を習いきわめ《極》ぬ。しかれども、仏法いまだ極《きわ》めたりともおぼえ《覚》ざりしに、華厳宗《けごんしゅう》の法蔵法師《ほうぞうほっし》が造りたる起《き》信論《しんろん》の疏《しょ》を見給《たも》うに、天台大師《てんだいだいし》の釈《しゃく》を引きのせ《載》たり。この疏こそ子細ありげなれ。この国に渡《わた》りたるか、またいまだわたら《渡》ざるかと不審《ふしん》ありしほどに、ある人にとい《問》しかば、その人の云《い》わく「大唐《だいとう》の揚《よう》州竜興寺《しゅうりゅうこうじ》の僧《そう》・鑑真和尚《がんじんわじょう》は、天台の末学《まつがく》、道暹律師《どうせんりっし》の弟子。天宝《てんぽう》の末《すえ》に日本国にわたり《渡》給《たま》いて小乗の戒《かい》を弘通《ぐつう》せさせ給いしかども、天台の御釈《おんしゃく》持《も》ち来《きた》りながらひろめ《弘》給わず。人王《にんのう》第四十五代聖武天皇《しょうむてんのう》の御宇なり」とかたる《語》。その書を見《み》んと申されしかば、取り出《い》だして見せまいらせしかば、一返御《いっぺんご》らん《覧》ありて生死《しょうじ》の酔《よ》いをさまし《覚》つ。この書をもって六宗の心を尋《たず》ねあきらめ《明》しかば、一々《いちいち》に邪見《じゃけん》なることあらわれ《顕》ぬ。たちまちに願《がん》を発《おこ》して云わく「日本国の人、皆謗法《みなほうぼう》の者の檀越《だんおつ》たるか。天下一定《てんかいちじょう》乱れなんず」とおぼし《思》て六宗を難《なん》ぜられしかば、七大寺《しちだいじ》・六宗の碩学蜂起《せきがくほうき》して、京中烏合《きょうじゅううごう》し、天下みなさわ《騒》ぐ。七大寺・六宗の諸人《しょにん》等、悪心強盛《ごうじょう》なり。

しかるを、去《い》ぬる延暦《えんりゃく》二十一年正月十九日に天皇高雄寺《たかおでら》に行幸《ぎょうこう》あって、七寺《しちじ》の碩徳《せきとく》十四人、善議《ぜんぎ》・勝猷《しょうゆう》・奉基《ほうき》・寵忍《ちょうにん》・賢玉《けんぎょく》・安福《あんぷく》・勤操《ごんぞう》・修円《しゅえん》・慈誥《じこう》・玄耀《げんよう》・歳光《さいこう》・道証《どうしょう》・光証《こうしょう》・観敏《かんびん》等十有余人を召《め》し合わす。華厳《けごん》・三論《さんろん》・法相《ほっそう》等の人々、各々《おのおの》我が宗《しゅう》の元祖《がんそ》が義にたがわ《違》ず。最澄上人《さいちょうしょうにん》は六宗《ろくしゅう》の人々の所立《しょりゅう》一々《いちいち》に牒《ちょう》を取って、本経《ほんきょう》・本論ならびに諸経《しょきょう》・諸論に指し合わせてせめ《責》しかば、一言《いちごん》も答えず、口をして鼻のごとくになりぬ。天皇おどろ《驚》き給いて委細《いさい》に御《おん》たずね《尋》ありて、重ねて勅宣《ちょくせん》を下《くだ》して十四人をせめ《責》給いしかば、承伏《しょうぶく》の謝表《しゃひょう》を奉《たてまつ》りたり。その書に云《い》わく「七箇《か》の大寺、六宗の学匠《がくしょう》乃至《ないし》初めて至《し》極《ごく》を悟《さと》る」等云々《うんぬん》。また云わく「聖徳《しょうとく》の弘化《ぐけ》より以降《このかた》、今に二百余年の間、講ずるところの経論《きょうろん》その数多し。彼此《ひし》、理《り》を争えども、その疑《うたが》いいまだ解けず。しかもこの最妙《さいみょう》の円宗《えんしゅう》なおいまだ闡揚《せんよう》せず」等云々。また云わく「三論・法相の久年《きゅうねん》の諍《あらそ》い渙焉《かんえん》として氷のごとく解け、照然《しょうぜん》として既《すで》に明らかなること、なお雲霧《うんむ》を披《ひら》いて三光《さんこう》を見るがごとし」云々。

最澄和尚《さいちょうかしょう》、十四人が義を判じて云《い》わく「各一軸《おのおのいちじく》を講ず。法鼓《ほっく》を深壑《しんがく》に振《ふ》るうに、賓主《ひんしゅ》は三乗《さんじょう》の路《みち》に徘徊《はいかい》し、義旗《ぎき》を高峰《こうほう》に飛ばすに、長幼は三有《さんう》の結《けつ》を摧破《ざいは》す。なおいまだ歴劫《りゃっこう》の轍《てつ》を改めず、白牛《びゃくご》を門外《もんげ》に混《こん》ず。あに善《よ》く初発《しょほつ》の位に昇《のぼ》り、阿荼《あだ》を宅内に悟《さと》らんや」等云々《うんぬん》。広世《ひろよ》・真綱《まつな》二人の臣下《しんか》云わく「霊山《りょうぜん》の妙法を南岳《なんがく》に聞き、総持《そうじ》の妙悟《みょうご》を天台《てんだい》に闢《ひら》く。一乗《いちじょう》の権滞《ごんたい》を慨《いた》み三諦《さんたい》の未顕《みけん》を悲しむ」等云々。また十四人云わく「善議《ぜんぎ》等、牽《ひ》かれて休運《きゅううん》に逢《あ》い、乃《すなわ》ち奇詞《きし》を閲《けみ》す。深く期《ご》するにあらざるよりは、何《なん》ぞ聖世《せいせい》に託《たく》せんや」等云々。

この十四人は、華厳宗《けごんしゅう》の法蔵《ほうぞう》・審祥《しんじょう》、三論宗《さんろんしゅう》の嘉祥《かじょう》・観勒《かんろく》、法相宗《ほっそうしゅう》の慈恩《じおん》・道昭《どうしょう》、律宗《りっしゅう》の道宣《どうせん》・鑑真《がんじん》等の漢土《かんど》・日本の元祖《がんそ》等の法門《ほうもん》、瓶《かめ》はかわれ《替》ども水は一なり。しかるに十四人、彼《か》の邪義《じゃぎ》をすて《捨》て伝《でん》教《ぎょう》の法華経に帰伏《きぶく》しぬる上は、誰《たれ》の末代《まつだい》の人か「華厳・般若《はんにゃ》・深密経《じんみつきょう》等は法華経に超過《ちょうか》せり」と申すべきや。小乗《しょうじょう》の三宗はまた彼の人々の所学なり。大乗《だいじょう》の三宗破《やぶ》れぬる上は、沙汰《さた》のかぎりにあらず。しかるを、今に子細を知らざる者、六宗《ろくしゅう》はいまだ破られずとおも《思》えり。譬《たと》えば、盲人《もうじん》が天の日月《にちがつ》を見ず、聾人《ろうじん》が雷《いかずち》の音をきか《聞》ざるがゆえに、天には日月なし、空に声なしとおも《思》うがごとし。真言宗《しんごんしゅう》と申すは、日本人王《にんのう》第四十四代と申せし元正天皇《げんしょうてんのう》の御宇《ぎょう》に、善無畏三蔵《ぜんむいさんぞう》、大日経《だいにちきょう》をわた《渡》して弘通《ぐつう》せずして漢土《かんど》へかえ《帰》る。また玄昉《げんぼう》等、大日経の義釈《ぎしゃく》十四巻をわたす。また東大寺《とうだいじ》の得清大徳《とくせいだいとく》わたす。これらを伝教大師《でんぎょうだいし》御《ご》らん《覧》ありてありしかども、大日経・法華経の勝劣《しょうれつ》いかんがとおぼ《思》しけるほどに、かたがた不審《ふしん》ありし故、去《い》ぬる延暦《えんりゃく》二十三年七月御入唐《ごにっとう》。西明寺《さいみょうじ》の道邃和尚《どうずいかしょう》、仏隴寺《ぶつろうじ》の行満《ぎょうまん》等に値《あ》い奉《たてまつ》って止観円頓《しかんえんどん》の大戒《だいかい》を伝受し、霊感寺《れいかんじ》の順暁和尚《じゅんぎょうわじょう》に値い奉って真言を相伝《そうでん》し、同じき延暦二十四年六月に帰朝《きちょう》して桓武《かんむ》天皇に御対面《ごたいめん》。宣旨《せんじ》を下《くだ》して六宗《ろくしゅう》の学匠《がくしょう》に止観・真言を習わしめ、同じく七大寺《しちだいじ》におか《置》れぬ。

真言《しんごん》・止観《しかん》の二宗《しゅう》の勝劣《しょうれつ》は漢土《かんど》に多くの子細あれども、また大日経《だいにちきょう》の義釈《ぎしゃく》には「理同事勝《りどうじしょう》」とか《書》きたれども、伝教大師《でんぎょうだいし》は「善無畏三蔵《ぜんむいさんぞう》のあやまり《誤》なり。大日経は法華経には劣《おと》りたり」と知《し》ろしめして、八宗《はっしゅう》とはせさせ給《たま》わず、真言宗の名をけずり《削》て法華宗《ほっけしゅう》の内に入《い》れ七宗となし、大日経をば法華天台宗《てんだいしゅう》の傍依《ぼうえ》の経《きょう》となして、華厳《けごん》・大品般若《だいぼんはんにゃ》・涅槃《ねはん》等の例とせり。

しかれども、大事の円頓《えんどん》の大乗別受戒《だいじょうべつじゅかい》の大戒壇《だいかいだん》を我が国に立《た》ちょう立てじの諍論《じょうろん》がわずら《煩》わしきによってや、真言《しんごん》・天台《てんだい》二宗《しゅう》の勝劣《しょうれつ》は弟子《でし》にも分明《ふんみょう》におしえ《教》給《たま》わざりけるか。ただし、依憑集《えひょうしゅう》と申す文《ふみ》に、正《まさ》しく真言宗は法華《ほっけ》天台宗の正義《しょうぎ》を偸《ぬす》みとりて大日経《だいにちきょう》に入《い》れて理同《りどう》とせり。されば、彼《か》の宗は天台宗に落ちたる宗なり。い《況》おうや、不空三蔵《ふくうさんぞう》は、善無畏《ぜんむい》・金剛智《こんごうち》入滅《にゅうめつ》の後《のち》、月氏《がっし》に入《い》ってありしに、竜智菩薩《りゅうちぼさつ》に値《あ》い奉《たてまつ》りし時、「月氏には仏意《ぶつい》をあき《明》らめたる論釈《ろんしゃく》なし。漢土《かんど》に天台という人の釈こそ邪《じゃ》正《しょう》をえら《簡》び偏円《へんえん》をあき《明》らめたる文にては候なれ。あなかしこ、あなかしこ。月氏へ渡《わた》し給え」とね《懇》んごろにあつら《誂》えしことを、不空の弟子・含光《がんこう》といいし者が妙楽大師《みょうらくだいし》にかた《語》れるを記《き》の十の末《まつ》に引き載《の》せられて候を、この依憑集に取り載せて候。法華経に大日経は劣《おと》るとしろ《知》しめすこと、伝教大師《でんぎょうだいし》の御心顕然《みこころけんねん》なり。

されば、釈迦如来《しゃかにょらい》・天台大師《てんだいだいし》・妙楽《みょうらく》大師・伝教《でんぎょう》大師の御心《みこころ》は、一同に大日経《だいにちきょう》等の一切経《いっさいきょう》の中には法華経はす《勝》ぐれたりということは分明《ふんみょう》なり。また真言宗《しんごんしゅう》の元祖《がんそ》という竜樹菩薩《りゅうじゅぼさつ》の御心もかくのごとし。大智度論《だいちどろん》を能《よ》く能く尋《たず》ぬるならば、このこと分明なるべきを、不空《ふくう》があやま《誤》れる菩提心論《ぼだいしんろん》に皆人《みなひと》ばか《化》されて、このことに迷惑《めいわく》せるか。

また石淵《いわぶち》の勤操僧正《ごんぞうそうじょう》の御弟子《みでし》に空海《くうかい》という人あり。後《のち》には弘法大師《こうぼうだいし》とごう《号》す。去《い》ぬる延暦《えんりゃく》二十三年五月十二日に御入唐《ごにっとう》。漢土《かんど》にわたりては金剛智《こんごうち》・善無畏《ぜんむい》の両三蔵《さんぞう》の第三の御弟子・恵果和尚《けいかわじょう》といいし人に両界《りょうかい》を伝受。大同《だいどう》二年十月二十二日に御帰朝《ごきちょう》。平城天皇《へいぜいてんのう》の御宇《ぎょう》なり。桓武《かんむ》天皇は御ほう《崩》ぎょ《御》。平城天皇に見参《げんざん》し御用《おんもち》いありて御帰依《ごきえ》他《ほか》にこと《異》なりしかども、平城ほど《程》もなく嵯峨《さが》に世をと《取》られさせ給《たま》いしかば、弘法ひき《引》入《い》れてありしほどに、伝教大師《でんぎょうだいし》は嵯峨天皇の弘仁《こうにん》十三年六月四日御入滅《ごにゅうめつ》。同じき弘仁十四年より弘法大師、王の御師《おんし》となり、真言宗《しんごんしゅう》を立てて東寺《とうじ》を給わり、真言和尚とごう《号》し、これより八宗《はっしゅう》始まる。

一代の勝劣《しょうれつ》を判じて云《い》わく「第一真言《しんごん》・大日経《だいにちきょう》、第二華厳《けごん》、第三は法華《ほっけ》・涅槃《ねはん》」等云々《うんぬん》。「法華経は阿含《あごん》・方等《ほうどう》・般若《はんにゃ》等に対すれば真実の経《きょう》なれども、華厳経《けごんぎょう》・大日経に望《のぞ》むれば戯論《けろん》の法なり。教主釈尊《そん》は仏なれども、大日如来《にょらい》に向かうれば無明《むみょう》の辺域《へんいき》と申して皇帝《こうてい》と俘囚《ふしゅ》とのごとし。天台大師《てんだいだいし》は盗人《ぬすびと》なり。真言の醍醐《だいご》を盗《ぬす》んで法華経を醍醐という《言》」なんどかかれ《書》しかば、法華経はいみじとおもえ《思》ども、弘法《こうぼう》大師にあい《遭》ぬれば物のかず《数》にもあらず。

天竺《てんじく》の外道《げどう》はさて置きぬ、漢土《かんど》の南北が法華経は涅槃経《ねはんぎょう》に対すれば邪見《じゃけん》の経《きょう》といい《言》しにもすぐれ《勝》、華厳宗《けごんしゅう》が法華経は華厳経《けごんぎょう》に対すれば枝末教《しまつきょう》と申せしにもこえ《超》たり。例せば、彼《か》の月氏《がっし》の大慢婆羅門《だいまんばらもん》が大自在天《だいじざいてん》・那羅延天《ならえんてん》・婆籔天《ばすてん》・教主釈尊《きょうしゅしゃくそん》の四人を高座の足につくりて、その上にのぼって邪法《じゃほう》を弘《ひろ》めしがごとし。伝教大師《でんぎょうだいし》御存生《ごぞんしょう》ならば、一言《いちごん》は出《い》だされべかりけることなり。また義真《ぎしん》・円澄《えんちょう》・慈覚《じかく》・智証《ちしょう》等も、いかに御不審《ごふしん》はなかりけるやらん。天下《てんか》第一の大凶《だいきょう》なり。

慈覚大師《じかくだいし》は去《い》ぬる承和《じょうわ》五年に御入唐《ごにっとう》。漢土《かんど》にして十年が間、天台《てんだい》・真言《しんごん》の二宗《しゅう》をならう《習》。法華《ほっけ》・大《だい》日経《にちきょう》の勝劣《しょうれつ》を習いしに、法全《はっせん》・元政《げんじょう》等の八人の真言師《しんごんし》には、法華経と大日経は理同事勝《りどうじしょう》等云々《うんぬん》。天台宗の志遠《しおん》・広修《こうしゅ》・維蠲《ゆいけん》等に習いしには、大日経は方等部《ほうどうぶ》の摂《しょう》等云々。同じき承和《じょうわ》十三年九月十日に御《ご》帰朝《きちょう》。嘉祥《かしょう》元年六月十四日、宣旨《せんじ》下《くだ》る。法華・大日経等の勝劣は漢土にしてしり《知》がたかりけるかのゆえに、金剛頂経《こんごうちょうきょう》の疏《しょ》七巻・蘇悉地経《そしつじきょう》の疏七巻、已上《いじょう》十四巻、この疏の心は、大日経・金剛頂経・蘇悉地経の義と法華経の義は、その所詮《しょせん》の理《り》は一同なれども事相《じそう》の印《いん》と真言とは真言の三部経《さんぶきょう》すぐれ《勝》たりと云々。これはひとえに善無畏《ぜんむい》・金剛智《こんごうち》・不空《ふくう》の造りたる大日経の疏の心のごとし。

しかれども、我が心になお不審《ふしん》やのこ《残》りけん、また心にはと《解》けてんげれども人の不審をはら《晴》さんとやおぼ《思》しけん、この十四巻の疏《しょ》を御本尊の御前《みまえ》にさし《差》おき《置》て御祈請《ごきしょう》ありき。「かくは造って候《そうら》えども、仏意《ぶっい》計《はか》りがたし。大日《だいにち》の三部やすぐ《勝》れたる、法華経の三部やまさ《勝》れる」と御祈念《ごきねん》ありしかば、五日と申す五更《こう》にたちまちに夢想《むそう》あり。青天に大日輪《だいにちりん》かか《懸》り給《たま》えり。矢をもってこれを射《い》ければ、矢飛んで天にのぼ《上》り、日輪の中に立ちぬ。日輪動転《どうてん》してすでに地に落ちんとすとおも《思》いてうち《打》さめ《覚》ぬ。悦《よろこ》んで云《い》わく「我吉夢《きちむ》あり。法華経に真言勝《しんごんすぐ》れたりと造りつるふみ《書》は、仏意に叶《かな》いけり」と悦ばせ給いて、宣旨《せんじ》を申し下《くだ》し日本国に弘通《ぐつう》あり。しかも宣旨の心に云わく「ついに知んぬ、天台《てんだい》の止観《しかん》と真言の法とは、義理冥《みょう》に符《あ》えり」等云々《うんぬん》。祈請のごときんば、大日経《だいにちきょう》に法華経は劣《れつ》なるようなり。宣旨を申し下すには、法華経と大日経とは同《おな》じ等云々。

智証大師《ちしょうだいし》は本朝《ほんちょう》にしては義真和尚《ぎしんかしょう》・円澄《えんちょう》大師・別当《べっとう》・慈覚《じかく》等の弟子《でし》なり。顕密《けんみつ》の二道は大体この国にして学し給《たま》いけり。天台《てんだい》・真言《しんごん》の二宗《しゅう》の勝劣《しょうれつ》の御不審《ごふしん》に漢土《かんど》へは渡《わた》り給いけるか。去《い》ぬる仁寿《にんじゅ》二年に御入唐《ごにっとう》。漢土にしては真言宗は法全《はっせん》・元政《げんじょう》等になら《習》わせ給い、大体大日経《だいにちきょう》と法華経とは理同事勝《りどうじしょう》、慈覚の義のごとし。天台宗は良諝《りょうしょ》和尚になら《習》い給《たも》う。真言・天台の勝劣、大日経は華厳《けごん》・法華《ほっけ》等には及《およ》ばず等云々《うんぬん》。七年が間《あいだ》漢土に経《へ》て、去ぬる貞観《じょうがん》元年五月十七日御帰朝《ごきちょう》。大日経の指帰《しき》に云《い》わく「法華すらなお及《およ》ばず。いわんや自余《じよ》の教えをや」等云々《うんぬん》。この釈《しゃく》は、法華経は大日経には劣《おと》る等云々。また授決集《じゅけつしゅう》に云わく「真言・禅門《ぜんもん》乃至《ないし》もし華厳・法華・涅槃《ねはん》等の経に望《のぞ》めば、これ摂引門《しょういんもん》なり」等云々。普賢経《ふげんきょう》の記《き》、論の記に云わく「同《おな》じ」等云々。貞観八年丙戌《ひのえいぬ》四月二十九日壬申《みずのえさる》、勅宣《ちょくせん》を申し下《くだ》して云わく「聞くならく、真言・止観《しかん》両教の宗《しゅう》、同じく醍醐《だいご》と号し、ともに深秘《じんぴ》と称《しょう》す」等云々。また六月三日の勅宣に云わく「先師既《せんしすで》に両業《りょうごう》を開いて、もって我が道《どう》となす。代々の座主相承《ざすそうじょう》して兼《か》ね伝えざることなし。在後の輩《やから》あに旧迹《きゅうせき》に乖《そむ》かんや。聞くならく、山上の僧《そう》等専《もっぱ》ら先師の義に違《たが》いて偏執《へんしゅう》の心を成す。ほとんど余風を扇揚《せんよう》し旧業《くごう》を興隆《こうりゅう》するを顧《かえり》みざるに似たり。およそ、その師資《しし》の道、一つを闕《か》いても不可なり。伝弘《でんぐ》の勤め、いずくんぞ兼備《けんび》せざらんや。今より以後、よろしく両教に通達《つうだつ》するの人を延暦寺《えんりゃくじ》の座主となすをもって、立てて恒例《こうれい》となすべし」云々。

されば、慈覚《じかく》・智証《ちしょう》の二人は伝教《でんぎょう》・義真《ぎしん》の御弟子《みでし》。漢土《かんど》にわた《渡》りてはまた天台《てんだい》・真言の明師《みょうし》に値《あ》ってありしかども、二宗《しゅう》の勝劣《しょうれつ》は思い定めざりけるか。あるいは真言はすぐ《勝》れ、あるいは法華《ほっけ》すぐれ、あるいは理同事勝《りどうじしょう》等云々《うんぬん》。宣旨《せんじ》を申し下《くだ》すには、二宗の勝劣を論ぜん人は違勅《いちょく》の者といましめ《戒》られたり。これらは皆《みな》、自語相違《じごそうい》といい《言》ぬべし。他宗の人はよも用いじとみ《見》えて候《そうろう》。

ただし、「二宗斉等《さいとう》とは、先師《せんし》・伝教大師《でんぎょうだいし》の御義《おんぎ》」と宣旨《せんじ》に引き載《の》せられたり。そもそも伝教大師いずれの書にか《書》かれて候《そうろう》ぞや。このことよ《能》くよく尋《たず》ぬべし。

慈覚《じかく》・智証《ちしょう》と日蓮とが伝教大師《でんぎょうだいし》の御事《おんこと》を不審《ふしん》申すは、親に値《あ》っての年あらそ《争》い、日天《にってん》に値い奉《たてまつ》っての目《め》くら《比》べにては候《そうら》えども、慈覚・智証の御《おん》かとうど《方人》をせさせ給《たま》わん人々は、分明《ふんみょう》なる証文《しょうもん》をかま《構》えさせ給《たも》うべし。詮《せん》ずるところは信をと《取》らんがためなり。玄奘三蔵《げんじょうさんぞう》は月氏《がっし》の婆沙論《ばしゃろん》を見たりし人ぞかし。天竺《てんじく》にわた《渡》らざりし宝法師《ほうほっし》にせ《責》められにき。法護三蔵《ほうごさんぞう》は印度《いんど》の法華経をば見たれども、嘱累《ぞくるい》の先後をば、漢土《かんど》の人みね《見》ども誤りといい《言》しぞかし。たとい、慈覚、伝教大師に値い奉って習い伝えたりとも、智証、義真和尚《ぎしんかしょう》に口決《くけつ》せりというとも、伝教・義真の正文《しょうもん》に相違《そうい》せば、あに不審を加えざらん。

伝教大師《でんぎょうだいし》の依憑集《えひょうしゅう》と申す文《ふみ》は、大師第一の秘書なり。彼《か》の書の序《じょ》に云《い》わく「新来の真言家《しんごんけ》は則《すなわ》ち筆授の相承《そうじょう》を泯《ほろ》ぼし、旧到《くとう》の華厳家《けごんけ》は則ち影響《ようごう》の軌範《きはん》を隠《かく》す。沈空《ちんぐう》の三論宗《さんろんしゅう》は弾呵《だんか》の屈恥《くっち》を忘れて称心《しょうしん》の酔《すい》を覆《おお》い、著有《じゃくう》の法相《ほっそう》は撲陽《ぼくよう》の帰依《きえ》を非《なみ》して青竜《せいりゅう》の判経《はんぎょう》を撥《はら》う」等。乃至《ないし》「謹《つつし》んで依憑集一巻を著《あらわ》して同我《どうが》の後哲《こうてつ》に贈《おく》る。その時、興《おこ》ること日本の第五十二葉《よう》、弘仁《こうにん》の七丙申歳《ひのえさるのとし》なり」云々《うんぬん》。次下《つぎしも》の正宗《しょうしゅう》に云わく「天竺《てんじく》の名僧《めいそう》、大唐天台《だいとうてんだい》の教迹《きょうしゃく》最も邪正《じゃしょう》を簡《えら》ぶに堪《た》えたりと聞いて、渇仰《かつごう》して訪問す」云々。次下に云わく「あに中国に法を失ってこれを四維《しい》に求《もと》むるにあらずや。しかるに、この方《かた》に識《し》ることある者少なし。魯人《ろひと》のごとし」等云々。この書は法相・三論・華厳・真言の四宗をせめて《責》候文《そうろうふみ》なり。天台・真言の二宗、同一味《どういつみ》ならば、いかでかせめ《責》候べき。しかも不空三蔵《ふくうさんぞう》等をば「魯人のごとし」なんどかかれて《書》候。善無畏《ぜんむい》・金剛智《こんごうち》・不空の真言宗いみじくば、いかでか魯人と悪口《あっく》あるべき。また天竺の真言が、天台宗に同じきも、また勝《すぐ》れたるならば、天竺の名僧いかでか不空にあつらえ《誂》、中国に正法《しょうほう》なしとはいう《言》べき。

それはいかにもあれ、慈覚《じかく》・智証《ちしょう》の二人は、言《ことば》は伝教大師《でんぎょうだいし》の御弟子《みでし》とはなのら《名乗》せ給《たま》えども、心は御弟子にあらず。その故は、この書に云《い》わく「謹《つつし》んで依憑集《えひょうしゅう》一巻を著《あらわ》して同我《どうが》の後哲《こうてつ》に贈《おく》る」等云々《うんぬん》。「同我」の二字は、真言宗《しんごんしゅう》は天台宗《てんだいしゅう》に劣《おと》るとならい《習》てこそ、同我にてはあるべけれ。我《われ》と申し下《くだ》さるる宣旨《せんじ》に云わく「専《もっぱ》ら先師《せんし》の義に違《たが》いて偏執《へんしゅう》の心を成す」等云々。また云わく「およそ、その師資《しし》の道、一つを闕《か》いても不可なり」等云々。この宣旨のごとくならば、慈覚・智証こそ専ら先師にそむ《背》く人にては候《そうら》え。

こうせめ《責》候《そうろう》もおそれ《恐》にては候《そうら》えども、これをせめ《責》ずば大日経《だいにちきょう》・法華経の勝劣《しょうれつ》やぶれ《破》なんと存《ぞん》じて、いのち《命》をまと《的》にかけ《懸》てせめ候《そうろう》なり。この二人の人々の弘法大師《こうぼうだいし》の邪義《じゃぎ》をせめ候《そうら》わざりけるは、最も道理にて候いけるなり。

されば、粮米《ろうまい》をつくし《尽》人をわずらわかし《煩》て漢土《かんど》へわたら《渡》せ給《たま》わんよりは、本師《ほんし》・伝教大師《でんぎょうだいし》の御義《おんぎ》をよくよくつく《尽》させ給《たも》うべかりけるにや。されば、叡山《えいざん》の仏法は、ただ伝教大師・義真和尚《ぎしんかしょう》・円澄《えんちょう》大師三代ばかりにてやありけん。天台座主《てんだいざす》すでに真言《しんごん》座主にうつり《移》ぬ。名と所領とは天台山《てんだいさん》、そのぬし《主》は真言師《しんごんし》なり。されば、慈覚《じかく》大師・智証《ちしょう》大師は「已今当《いこんとう》」の経文《きょうもん》をやぶ《破》らせ給う人なり。「已今当」の経文をやぶらせ給うは、あに釈迦《しゃか》・多宝《たほう》・十方《じっぽう》の諸仏《しょぶつ》の怨敵《おんてき》にあらずや。

弘法大師《こうぼうだいし》こそ第一の謗法《ほうぼう》の人とおも《思》うに、これはそれにはに《似》るべくもなき僻事《ひがごと》なり。その故は、水火・天地なることは、僻事なれども人用《もち》いることなければ、その僻事成《じょう》ずることなし。弘法大師の御《おん》義《ぎ》はあまり僻事なれば、弟子《でし》等も用いることなし。事相《じそう》ばかりはその門家《もんけ》なれども、その教相《きょうそう》の法門《ほうもん》は弘法の義い《言》いにくきゆえ《故》に、善無畏《ぜんむい》・金剛智《こんごうち》・不空《ふくう》・慈覚《じかく》・智証《ちしょう》の義にてあるなり。慈覚・智証の義こそ「真言《しんごん》と天台《てんだい》とは理同《りどう》なり」なんど申せば、皆人《みなひと》さもやとおも《思》う。こうおもうゆえに、事勝《じしょう》の印《いん》と真言とについて、天台宗《てんだいしゅう》の人々、画像《えぞう》・木像《もくぞう》の開眼《かいげん》の仏事《ぶつじ》をねら《狙》わんがために、日本一同に真言宗におち《落》て、天台宗は一人もなきなり。

例せば、法師《ほっし》と尼《あま》と、黒と青とはまがい《紛》ぬべければ、眼《まなこ》くらき《暗》人はあやまつ《過》ぞかし。僧《そう》と男と、白と赤とは目くらき人も迷わず。いおうや《況》眼あきらか《明》なる者をや。慈覚《じかく》・智証《ちしょう》の義は、法師と尼と、黒と青とがごとくなるゆえに、智人《ちじん》も迷い愚人《ぐにん》もあやまり《誤》候《そうら》いて、この四百余年が間は、叡山《えいざん》・園城《おんじょう》・東寺《とうじ》・奈良《なら》、五畿七道《ごきしちどう》、日本一州、皆謗法《みなほうぼう》の者となりぬ。

そもそも法華経の第五に「文殊師利《もんじゅしり》よ。この法華経は、諸仏如来《しょぶつにょらい》の秘密の蔵《ぞう》にして、諸経《しょきょう》の中において最もその上《かみ》に在り」云々《うんぬん》。この経文《きょうもん》のごとくならば、法華経は大日経《だいにちきょう》等の一切経《いっさいきょう》の頂上に住《じゅう》し給《たも》う正法《しょうほう》なり。さるにては、善無畏《ぜんむい》・金剛智《こんごうち》・不空《ふくう》・弘法《こうぼう》・慈覚《じかく》・智証《ちしょう》等は、この経文をばいかんが会通《えつう》せさせ給うべき。法華経の第七に云《い》わく「能《よ》くこの経典《きょうてん》を受持《じゅじ》することあらん者もまたかくのごとく、一切衆生《いっさいしゅじょう》の中において、またこれ第一なり」等云々。この経文のごとくならば、法華経の行者《ぎょうじゃ》は、川流江河《せんるこうが》の中の大海、衆山《しゅせん》の中の須弥山《しゅみせん》、衆星《しゅしょう》の中の月天《がってん》、衆明《しゅみょう》の中の大日天《だいにってん》、転輪王《てんりんおう》・帝釈《たいしゃく》・諸王の中の大梵王《だいぼんのう》なり。

伝教大師《でんぎょうだいし》の秀句《しゅうく》と申す書に云《い》わく「この経《きょう》もまたかくのごとく乃至《ないし》諸《もろもろ》の経法《きょうぼう》の中に、最もこれ第一なり。能《よ》くこの経典《きょうてん》を受持《じゅじ》することあらん者もまたかくのごとく、一切衆生《いっさいしゅじょう》の中において、またこれ第一なり〈已上《いじょう》、経文《きょうもん》なり〉」と引き入《い》れさせ給《たま》いて、次下《つぎしも》に云わく「天台《てんだい》、法華玄《ほっけげん》に云わく等云々《うんぬん》〈已上、玄の文〉」とかかせ《書》給いて、上《かみ》の心を釈《しゃく》して云わく「当《まさ》に知るべし、他宗《たしゅう》の依《よ》るところの経はいまだ最もこれ第一ならず。その能く経を持《たも》つ者もまたいまだ第一ならず。天台法華宗《ほっけしゅう》の持つところの法華経は最もこれ第一なるが故に、能く法華を持つ者もまた衆生の中に第一なり。すでに仏説《ぶっせつ》に拠《よ》る。あに自歎《じたん》ならんや」等云々。次下に譲《ゆず》る釈に云わく「委曲《いきょく》の依憑《えびょう》、つぶさに別巻に有るなり」等云々。依《え》憑集《びょうしゅう》に云わく「今、吾《わ》が天台大師、法華経を説き法華経を釈すること、群《ぐん》に特秀《どくしゅう》し唐《とう》に独歩《どっぽ》す。明らかに知んぬ、如来《にょらい》の使いなり。讃《ほ》むる者は福を安明《あんみょう》に積み、謗《そし》る者は罪を無間《むけん》に開く」等云々。

法華経・天台《てんだい》・妙楽《みょうらく》・伝教《でんぎょう》の経釈《きょうしゃく》の心のごとくならば、今、日本国には法華経の行者《ぎょうじゃ》は一人もなきぞかし。月氏《がっし》には教主釈尊《きょうしゅしゃくそん》、宝塔品《ほうとうほん》にして一切《いっさい》の仏をあつめ《集》させ給《たま》いて大地の上に居《こ》せしめ、大日如《だいにちにょ》来《らい》ばかり宝塔の中の南の下座《しもざ》にすえ《据》奉《たてまつ》って、教主釈尊は北の上座《かみざ》につかせ《着》給《たも》う。この大日如来は大《だい》日経《にちきょう》の胎蔵界《たいぞうかい》の大日、金剛頂経《こんごうちょうきょう》の金剛界《こんごうかい》の大日の主君なり。両部《りょうぶ》の大日如来を郎従《ろうじゅう》等と定めたる多宝《たほう》仏《ぶつ》の上座に、教主釈尊居《こ》せさせ給う。これ即《すなわ》ち法華経の行者なり。天竺《てんじく》かくのごとし。漢土《かんど》には陳帝《ちんてい》の時、天台大師《てんだいだいし》、南北にせめ《責》かち《勝》て、現身《げんしん》に大師となる。「群《ぐん》に特秀《どくしゅう》し唐《とう》に独歩《どっぽ》す」という、これなり。日本国には伝教大師、六宗《ろくしゅう》にせめかちて、日本の始め第一の根本《こんぽん》大師となり給う。

月氏《がっし》・漢土《かんど》・日本にただ三人ばかりこそ「一切衆生《いっさいしゅじょう》の中において、またこれ第一」にては候《そうら》え。されば、秀句《しゅうく》に云《い》わく「浅きは易《やす》く深きは難《かた》しとは、釈迦《しゃか》の所判《しょはん》なり。浅きを去って深きに就《つ》くは、丈《じょう》夫《ぶ》の心なり。天台大師《てんだいだいし》は釈迦に信順し法華宗《ほっけしゅう》を助けて震旦《しんたん》に敷揚《ふよう》し、叡山《えいざん》の一家《いっけ》は天台に相承《そうじょう》し法華宗を助けて日本に弘通《ぐつう》す」等云々《うんぬん》。

仏の滅後《めつご》一千八百余年が間に法華経の行者《ぎょうじゃ》、漢土《かんど》に一人、日本に一人、已上《いじょう》二人、釈尊《しゃくそん》を加え奉《たてまつ》って已上三人なり。外典《げてん》に云《い》わく、聖人《せいじん》は一千年に一《ひと》たび出《い》で、賢人《けんじん》は五百年に一たび出ず。黄河《こうが》は涇《けい》・渭《い》ながれ《流》をわけ《分》て、五百年には半《なか》ば河《かわ》すみ《清》、千年には共に清《す》むと申すは、一定《いちじょう》にて候《そうら》いけり。

しかるに、日本国は、叡山《えいざん》ばかりに伝教大師《でんぎょうだいし》の御時《おんとき》法華経の行者《ぎょうじゃ》ましましけり。義真《ぎしん》・円澄《えんちょう》は第一・第二の座主《ざす》なり。第一の義真ばかり伝教大師ににた《似》り。第二の円澄は、半《なか》ばは伝教の御弟子《みでし》、半ばは弘法《こうぼう》の弟子なり。第三の慈覚《じかく》大師は、始めは伝教大師の御弟子ににた《似》り。御年《おんとし》四十にて漢土《かんど》にわた《渡》りてより、名は伝教の御弟子、その跡《あと》をばつ《継》がせ給《たま》えども、法門《ほうもん》は全《まった》く御弟子にはあらず。しかれども、円頓《えんどん》の戒《かい》ばかりはまた御弟子ににた《似》り。蝙蝠鳥《へんぷくちょう》のごとし。鳥にもあらず、ねずみにもあらず。梟鳥《きょうちょう》禽《きん》、破鏡獣《はけいじゅう》のごとし。法華経の父を食らい、持者《じしゃ》の母をか《嚙》めるなり。日をい《射》るとゆめ《夢》にみ《見》し、これなり。されば、死去の後《のち》は墓《はか》な《無》くてや《止》みぬ。

智証《ちしょう》の門家《もんけ》・園城寺《おんじょうじ》と慈覚《じかく》の門家・叡山《えいざん》と、修羅《しゅら》と悪竜《あくりゅう》と、合戦《かっせん》ひま《隙》なし。園城寺をや《焼》き、叡山をやく。智証大師《だいし》の本尊の慈氏菩薩《じしぼさつ》もやけぬ。慈覚大師の本尊・大講堂《だいこうどう》もやけぬ。現身《げんしん》に無間地獄《むけんじごく》をか《感》んぜり。ただ中堂《ちゅうどう》ばかりのこ《残》れり。

弘法大師《こうぼうだいし》もまた跡《あと》なし。弘法大師云《い》わく「東大寺《とうだいじ》の受戒《じゅかい》せざらん者をば、東寺《とうじ》の長者《ちょうじゃ》とすべからず」等、御《おん》いまし《戒》めの状あり。しかれども、寛平法王《かんぴょうほうおう》、仁和寺《にんなじ》を建立《こんりゅう》して、東寺の法師《ほっし》をうつ《移》して、「我が寺には叡山《えいざん》の円頓戒《えんどんかい》を持《たも》たざらん者をば住《じゅう》せしむべからず」と宣旨分明《せんじふんみょう》なり。されば、今の東寺の法師は、鑑真《がんじん》が弟子《でし》にもあらず、弘法の弟子にもあらず。戒は伝教《でんぎょう》の御弟子《みでし》なり。また伝教の御弟子にもあらず、伝教の法華経を破失《はしつ》す。

去《い》ぬる承和《じょうわ》二年三月二十一日に死去ありしかば、公家《くげ》より遺体《いたい》をはほら《葬》せ給《たも》う。その後《のち》、誑惑《おうわく》の弟子《でし》等集まって、「御入定《ごにゅうじょう》」と云々《うんぬん》。あるいは「かみ《髪》をそ《剃》りてまいらするぞ」とい《言》い、あるいは「三鈷《さんこ》をかんど《漢土》よりなげ《投》たり」といい、あるいは「日輪《にちりん》、夜中に出《い》でたり」といい、あるいは「現身《げんしん》に大日《だいにち》如来《にょらい》となり給う」といい、あるいは「伝教大師《でんぎょうだいし》に十八道《じゅうはちどう》をおしえ《教》まいらせたり」といいて、師の徳をあげ《挙》て智慧《ちえ》にかえ《代》、我が師の邪義《じゃぎ》を扶《たす》けて王臣を誑惑するなり。

また高野山《こうやさん》に本寺・伝法院《でんぽういん》といいし二つの寺あり。本寺は弘法《こうぼう》のたて《立》たる大塔《だいとう》、大日如来《だいにちにょらい》なり。伝法院と申すは正覚房《しょうがくぼう》が立てたる金剛界《こんごうかい》の大日なり。この本末《ほんまつ》の二寺、昼夜《ちゅうや》に合戦《かっせん》あり。例せば叡山《えいざん》・園城《おんじょう》のごとし。

誑惑《おうわく》のつもり《積》て日本に二つの禍《わざわ》いの出現せるか。糞《ふん》を集めて栴檀《せんだん》となせども、焼く時はただ糞のか《香》なり。大妄語《だいもうご》を集めて仏とごう《号》すれども、ただ無間大城《むけんだいじょう》なり。尼犍《にけん》が塔《とう》は数年が間利生《りしょう》広大なりしかども、馬鳴菩薩《めみょうぼさつ》の礼《らい》をうけ《受》てたちまちにくずれ《崩》ぬ。鬼弁婆羅門《きべんばらもん》がとばり《帷》は多年《たねん》人をたぼらかせ《誑》しかども、阿湿縛窶沙《あしゅばくしゃ》菩薩にせめ《責》られてやぶれ《破》ぬ。拘留外道《くるげどう》は石となって八百年、陳那《じんな》菩薩にせめられて水となりぬ。道士《どうし》は漢土《かんど》をたぼらかす《誑》こと数百年、摩騰《まとう》・竺蘭《じくらん》にせめられて仙経《せんきょう》もやけ《焼》ぬ。趙高《ちょうこう》が国をとり《取》し、王莽《おうもう》が位をうばい《奪》しがごとく、法華経の位をとって《取》大日経《だいにちきょう》の所領とせり。法王《ほうおう》すでに国に失《う》せぬ。人王《にんのう》あに安穏《あんのん》ならんや。

日本国は慈覚《じかく》・智証《ちしょう》・弘法《こうぼう》の流れなり。一人として謗法《ほうぼう》ならざる人はなし。ただし、事の心を案ずるに、大荘厳仏《だいしょうごんぶつ》の末《まつ》、一切明王仏《いっさいみょうおうぶつ》の末法《まっぽう》のごとし。威音王仏《いおんのうぶつ》の末法には、改悔《かいげ》ありしすら、なお千劫《ごう》阿鼻地獄《あびじごく》に堕《お》つ。いかにいお《況》うや、日本国の真言師《しんごんし》・禅宗《ぜんしゅう》・念仏者《ねんぶつしゃ》等は一分《いちぶん》の廻心《えしん》なし。「かくのごとく展転《てんでん》して、無数劫《むしゅこう》に至らん」、疑いなきものか。

かかる謗法《ほうぼう》の国なれば、天もすて《捨》ぬ。天すつれば、ふる《古》き守護《しゅご》の善神《ぜんじん》もほこら《祠》をやい《焼》て寂光《じゃっこう》の都へかえり《帰》給《たま》いぬ。ただ日蓮ばかり留《とど》まり居《い》て告げ示せば、国主これをあだみ《怨》、数百人の民に、あるいは罵詈《めり》、あるいは悪口《あっく》、あるいは杖木《じょうもく》、あるいは刀剣《とうけん》、あるいは宅々《いえいえ》ごとにせき《塞》、あるいは家々ごとにおう《追》。それにかなわ《叶》ねば、我《われ》と手をくだ《下》して二度まで流罪《るざい》あり。去《い》ぬる文永《ぶんえい》八年九月の十二日には頸《くび》を切らんとす。

最勝王経《さいしょうおうきょう》に云《い》わく「悪人を愛敬《あいぎょう》し善人を治罰《じばつ》するに由《よ》るが故に、他方の怨賊来《おんぞくきた》って、国人喪乱《こくじんそうらん》に遭《あ》わん」等云々《うんぬん》。大集経《だいじっきょう》に云《い》わく「もしまた、諸《もろもろ》の刹利《せつり》国王にして諸の非法《ひほう》を作《な》し、世尊《せそん》の声聞《しょうもん》の弟子《でし》を悩乱《のうらん》し、もしはもって毀罵《きめ》し、刀杖《とうじょう》もて打斫《ちょうしゃく》し、および衣鉢《えはつ》・種々の資具《しぐ》を奪《うば》い、もしは他の給施《きゅうせ》に留難《るなん》を作《な》す者有らば、我らは彼《かれ》をして自然《じねん》に卒《にわ》かに他方の怨敵《おんてき》を起こさしめ、および自界の国土にもまた兵起《ひょうき》・病疫《びょうえき》・飢饉《ききん》・非時の風雨・闘諍言訟《とうじょうごんしょう》あらしめ、またその王をして久しからずしてまた当《まさ》に己《おの》が国を亡失《もうしつ》すべからしむ」等云々。

これらの文《もん》のごときは、日蓮この国になくば、仏は大妄語《だいもうご》の人、阿鼻地獄《あびじごく》はいかで脱《のが》れ給《たも》うべき。去《い》ぬる文永《ぶんえい》八年九月十二日、平左衛門《へいのさえもん》ならびに数百人に向かって云《い》わく「日蓮は日本国のはしら《柱》なり。日蓮を失うほどならば、日本国のはしらをたおす《倒》になりぬ」等云々《うんぬん》。この経文《きょうもん》に、智人《ちじん》を国主等、もしは悪僧《あくそう》等がざんげん《讒言》により、もしは諸人《しょにん》の悪口《あっく》によって失《とが》にあつる《当》ならば、にわかにいくさ《戦》おこ《起》り、また大風ふか《吹》せ、他国よりせむ《責》べし等云々。去ぬる文永九年二月のどしいくさ《同士戦》、同じき十一年の四月の大風、同じき十月に大蒙古《だいもうこ》の来《きた》りしは、ひとえに日蓮がゆえにあらずや。いおう《況》や、前《さき》よりこれをかんが《勘》えたり。誰《たれ》の人か疑うべき。

弘法《こうぼう》・慈覚《じかく》・智証《ちしょう》の誤りならびに禅宗《ぜんしゅう》と念仏宗《ねんぶつしゅう》とのわざわい《禍》あい《相》おこ《起》りて、逆風に大波おこ《起》り、大《おお》地震《じしん》のかさ《重》なれるがごとし。されば、ようや《漸》く国おとろ《衰》う。太政入道《だいじょうのにゅうどう》が国をおさ《押》え、承久《じょうきゅう》に王位つ《尽》きは《果》てて、世東《あずま》にうつ《移》りしかども、ただ国中《こくちゅう》のみだ《乱》れにて他国のせ《責》めはなかりき。

彼《かれ》は謗法《ほうぼう》の者は国に充満《じゅうまん》せりといえどもささ《障》え顕《あらわ》す智人《ちじん》なし。かるがゆえになの《斜》めなりき。譬《たと》えば、師子《しし》のねぶ《眠》れるは手をつ《付》けざればほ《吼》えず、はや《迅》き流れは櫓《ろ》をささ《支》えざれば波たか《高》からず、盗人《ぬすびと》はと《止》めざればいか《怒》らず、火は薪《たきぎ》を加えざればさか《盛》んならず。謗法はあれども、あらわ《顕》す人なければ、国もお《穏》だやかなるにに《似》たり。例せば、日本国に仏法わた《渡》りはじ《始》めて候《そうら》いしに、始めはなに《何》事《ごと》もなかりしかども、守屋《もりや》仏をや《焼》き僧《そう》をいまし《戒》め堂塔《どうとう》をや《焼》きしかば、天より火の雨ふ《降》り、国にほうそう《疱瘡》おこ《起》り、兵乱《ひょうらん》つ《続》づきしがごとし。

これは、それにはにる《似》べくもなし。謗法《ほうぼう》の人々も国に充満《じゅうまん》せり。日蓮が大義《たいぎ》も強くせ《責》めか《懸》かる。修《しゅ》羅《ら》と帝釈《たいしゃく》と、仏と魔王《まおう》との合戦《かっせん》にもおと《劣》るべからず。

金光明経《こんこうみょうきょう》に云《い》わく「時に隣国《りんごく》の怨敵《おんてき》かくのごとき念《おも》いを興《おこ》さん。『当《まさ》に四兵《しひょう》を具《ぐ》して彼《か》の国土を壊《やぶ》るべし』と」等云々《うんぬん》。また云わく「時に王見已《みお》わって、即《すなわ》ち四兵を厳《ととの》え彼の国に発向《はっこう》し、ために討罰《とうばつ》せんと欲《ほっ》す。我らその時、当《まさ》に眷属《けんぞく》たる無量無辺の薬叉《やくしゃ》・諸神《しょじん》と、各《おのおの》形を隠《かく》してために護助《ごじょ》を作《な》し、彼の怨敵をして自然《じねん》に降伏《ごうぶく》せしむべし」等云々。最勝王経《さいしょうおうきょう》の文《もん》またかくのごとし。大集経《だいじっきょう》云々、仁王《にんのう》経《きょう》云々。これらの経文《きょうもん》のごときんば、正法《しょうほう》を行《ぎょう》ずるものを国主あだ《怨》み、邪法《じゃほう》を行ずる者のかとうど《方人》せば、大梵天王《だいぼんてんのう》・帝釈《たいしゃく》・日月《にちがつ》・四天《してん》等、隣国《りんごく》の賢王《けんおう》の身に入《い》りかわり《替》てその国をせむ《責》べしとみゆ《見》。例せば、訖利多王《きりたおう》を雪山下王《せっせんげおう》のせめ、大族王《だいぞくおう》を幼日王《ようにちおう》の失いしがごとし。訖利多王と大族王とは、月氏《がっし》の仏法を失いし王ぞかし。漢土《かんど》にも仏法をほろぼし《滅》し王、みな賢王にせめ《責》られぬ。

これは彼《かれ》にはにる《似》べくもなし。仏法のかとうど《方人》なるようにて仏法を失う法師《ほっし》のかとうど《方人》をするゆえ《故》に、愚者《ぐしゃ》はすべてしらず《知》、智者《ちしゃ》なんども常《つね》の智人《ちじん》はしり《知》がたし。天も下劣《げれつ》の天人《てんにん》は知らずもやあらん。されば、漢土《かんど》・月氏《がっし》のいにしえ《古》のみだれ《乱》よりも大《おお》きなるべし。

法滅尽経《ほうめつじんぎょう》に云《い》わく「吾般泥洹《われはつないおん》して後《のち》、五逆濁世《ごぎゃくじょくせ》に魔道興盛《まどうこうじょう》し、魔は沙門《しゃもん》と作《な》って吾《わ》が道《どう》を壊乱《えらん》せん乃至《ないし》悪人転《うた》た多くして海中の沙《すな》のごとし。善者はなはだ少なくして、もしは一、もしは二ならん」云々《うんぬん》。涅槃経《ねはんぎょう》に云わく「かくのごとき等の涅槃経典《きょうてん》を信ずるものは、爪上《そうじょう》の土のごとく乃至この経を信ぜざるものは、十方界《じっぽうかい》のあらゆる地《じ》の土のごとし」等云々。この経文は予が肝に染みぬ。

当世《とうせい》日本国には「我も法華経を信じたり、信じたり」。諸人《しょにん》の語《ことば》のごときんば、一人も謗法《ほうぼう》の者なし。この経文《きょうもん》には「末法《まっぽう》に謗法の者は十方《じっぽう》の地《じ》の土、正法《しょうほう》の者は爪上《そうじょう》の土」等云々《うんぬん》。経文と世間《せけん》とは水火なり。世間の人云《い》わく「日本国には日蓮一人ばかり謗法の者」等云々。また経文には天地せり。法滅尽経《ほうめつじんぎょう》には「善者は一・二人ならん」、涅槃経《ねはんぎょう》には「信ずる者は爪上の土」等云々。経文のごとくならば、日本国はただ日蓮一人こそ「爪上の土」「一・二人」にては候《そうら》え。経文をや用いるべき、世間をか用いるべき。

問うて云《い》わく、涅槃経《ねはんぎょう》の文《もん》には「涅槃経の行者《ぎょうじゃ》は爪上《そうじょう》の土」等云々《うんぬん》。汝《なんじ》が義には「法華経」等云々、いかん。

答えて云《い》わく、涅槃経《ねはんぎょう》に云わく「法華《ほっけ》の中のごとし」等云々《うんぬん》。妙楽大師《みょうらくだいし》云わく「大経自《だいきょうみずか》ら法華を指して極《ごく》となす」等云々。大経と申すは涅槃経なり。涅槃経には法華経を極と指して候《そうろう》なり。しかるを、涅槃宗《ねはんしゅう》の人の涅槃経を法華経に勝《すぐ》ると申せしは、主《しゅ》を所従《しょじゅう》といい、下郎《げろう》を上郎《じょうろう》といいし人なり。涅槃経をよ《読》むと申すは、法華経をよむを申すなり。譬《たと》えば、賢人《けんじん》は、国主を重んずる者をば、我をさぐ《下》れども悦《よろこ》ぶなり。涅槃経は、法華経を下げて我をほ《讃》むる人をば、あながちに敵《かたき》とにく《憎》ませ給《たも》う。

この例《ためし》をもって知るべし。華厳経《けごんぎょう》・観経《かんぎょう》・大日経《だいにちきょう》等をよ《読》む人も、法華経を劣《おと》るとよむは、彼々《かれがれ》の経々《きょうぎょう》の心にはそむ《背》くべし。これをもって知るべし。法華経をよむ人の、この経をば信ずるようなれども諸経《しょきょう》にても得道《とくどう》なるとおも《思》うは、この経をよまぬ人なり。

例せば、嘉祥大師《かじょうだいし》は法華玄《ほっけげん》と申す文十巻《ふみじっかん》造って法華経をほ《讃》めしかども、妙楽《みょうらく》かれ《彼》をせ《責》めて云《い》わく「毀《そし》りその中に在り。いかんぞ弘讃《ぐさん》と成さん」等云々《うんぬん》。法華経をやぶ《破》る人なり。されば、嘉祥は落ちて天台《てんだい》につか《仕》いて法華経をよ《読》まず。「我経《きょう》をよむならば、悪道《あくどう》まぬか《免》れがたし」とて、七年まで身を橋とし給《たま》いき。慈恩大師《じおんだいし》は玄賛《げんざん》と申して法華経をほ《讃》むる文《ふみ》十巻あり。伝教大師《でんぎょうだいし》せ《責》めて云わく「法華経を讃《ほ》むといえども、還《かえ》って法華《ほっけ》の心を死《ころ》す」等云々。これらをもっておも《思》うに、法華経をよ《読》み讃歎《さんだん》する人々の中に、無間地獄《むけんじごく》は多く有るなり。

嘉祥《かじょう》・慈恩《じおん》すでに一乗誹謗《いちじょうひぼう》の人ぞかし。弘法《こうぼう》・慈覚《じかく》・智証《ちしょう》、あに法華経蔑如《べつじょ》の人にあらずや。嘉祥大師《かじょうだいし》のごとく、講を廃《はい》し衆《しゅ》を散じて身を橋となせしも、なおや已前《いぜん》の法華経誹謗《ひぼう》の罪やき《消》えざるらん。不軽軽毀《ふきょうきょうき》の者は不軽菩薩《ぼさつ》に信伏随従《しんぷくずいじゅう》せしかども、重罪いまだのこり《残》て千劫阿鼻《ごうあび》に堕《お》ちぬ。されば、弘法《こうぼう》・慈覚《じかく》・智証《ちしょう》等は、たといひるがえす《翻》心ありとも、なお法華経をよむ《読》ならば重罪きえ《消》がたし。いおうや《況》、ひるがえる《翻》心なし。また法華経を失い、真言教《しんごんきょう》を昼夜《ちゅうや》に行い、朝暮《ちょうぼ》に伝法《でんぼう》せしをや。

世親菩薩《せしんぼさつ》・馬鳴《めみょう》菩薩は、小《しょう》をもって大《だい》を破《は》せる罪をば、舌を切らんとこそせしか。世親菩薩は仏説《ぶっせつ》なれども阿含経《あごんぎょう》をばたわぶれ《戯》にも舌の上におかじ《置》とちかい《誓》、馬鳴菩薩は懺悔《さんげ》のために起信論《きしんろん》をつくり《造》て小乗《しょうじょう》をやぶり《破》給《たま》いき。嘉祥大師《かじょうだいし》は天台《てんだい》大師を請《しょう》じ奉《たてまつ》って、百余人の智者《ちしゃ》の前にして五体を地になげ《投》、遍身《へんしん》にあせ《汗》をながし《流》、紅《くれない》のなんだ《涙》をながし《流》て、「今よりは弟子《でし》を見《み》じ。法華経をこうぜ《講》じ。弟子の面《おもて》をまぼり《守》法華経をよみ《読》たてまつれば、我が力のこの経《きょう》を知るににたり《似》」とて、天台よりも高僧《こうそう》・老僧《ろうそう》にておわせしが、わざと人のみる《見》とき、おい《負》まいらせて河をこえ《越》、こうざ《高座》にちかづき《近》て、せなか《背中》にのせ《乗》まいらせて高座にのぼせ《登》たてまつり、結句《けっく》、御臨終《ごりんじゅう》の後《のち》には隋《ずい》の皇帝《こうてい》にまいらせ《参》給いて、小児《しょうに》が母におくれ《後》たるがごとくに足をすり《摺》てなき《泣》給いしなり。

嘉祥大師《かじょうだいし》の法華玄《ほっけげん》を見るに、いとう《甚》法華経を謗《ぼう》じたる疏《しょ》にはあらず。ただし、法華経と諸大乗経《しょだいじょうきょう》とは門は浅深《せんじん》あれども心は一つとかき《書》てこそ候《そうら》え。これが謗法《ほうぼう》の根本にて候《そうろう》か。華厳《けごん》の澄観《ちょうかん》も真言《しんごん》の善無畏《ぜんむい》も、大日経《だいにちきょう》と法華経とは理《り》は一つとこそかかれ《書》て候《そうら》え。嘉祥とが《失》あらば、善無畏も脱《のが》れがたし。

されば、善無畏三蔵《ぜんむいさんぞう》は中天《ちゅうてん》の国主なり。位をすて《捨》て他国にいたり《至》、殊勝《しゅしょう》・招提《しょうだい》の二人にあい《会》て法華経をうけ《受》、百千の石の塔《とう》を立てしかば、法華経の行者《ぎょうじゃ》とこそみえ《見》しか。しかれども、大日経《だいにちきょう》を習いしよりこのかた、法華経を大日経に劣《おと》るとやおもい《思》けん、始めはいとう《甚》その義もなかりけるが、漢土《かんど》にわたりて玄宗皇帝《げんそうこうてい》の師となりぬ。天台宗《てんだいしゅう》をそねみ《嫉》思う心つき《付》給《たま》いけるかのゆえに、たちまちに頓死《とんし》して、二人の獄卒《ごくそつ》に鉄《くろがね》の縄《なわ》七つつけ《付》られて閻魔王宮《えんまおうぐう》にいたり《至》ぬ。命いまだつき《尽》ずといい《言》てかえされ《帰》しに、法華経謗法《ほうぼう》とやおもい《思》けん、真言《しんごん》の観念《かんねん》・印《いん》・真言等をばなげすて《投捨》て、法華経の「今この三界《さんがい》は」の文《もん》を唱えて、縄も切れ、かえされ《帰》給いぬ。また雨のいのり《祈》をおおせ《仰》つけ《付》られたりしに、たちまちに雨は下《ふ》りたりしかども、大風吹《ふ》いて国をやぶる《破》。結句《けっく》死し給いてありしには、弟子《でし》等集まって臨終《りんじゅう》いみじきよう《様》をほめ《讃》しかども、無間大城《むけんだいじょう》に堕《お》ちにき。

問うて云《い》わく、何をもってかこれをしる《知》。

答えて云わく、彼《か》の伝を見るに、云わく「今畏《い》の遺形《いぎょう》を観《み》るに、漸《よう》く縮小を加え、黒皮隠々《いんいん》として骨それ露《あらわ》なり」等云々《うんぬん》。彼の弟子《でし》等は死後に地獄《じごく》の相《そう》の顕《あらわ》れたるをしら《知》ずして徳をあぐ《挙》などおもえ《思》ども、かき《書》あらわせ《著》る筆は畏が失《とが》をかけ《書》り。死してありければ、身ようやく《漸》つづまり《縮》ちいさく《小》、皮はくろ《黒》し、骨あらわ《露》なり等云々。人死して後色《のちいろ》の黒きは地獄の業《ごう》と定《さだ》むることは、仏陀《ぶっだ》の金言《きんげん》ぞかし。善《ぜん》無畏三蔵《むいさんぞう》の地獄の業はなに《何》事《ごと》ぞ。幼少にして位をすて《捨》ぬ。第一の道心《どうしん》なり。月氏《がっし》五十余箇国《かこく》を修行《しゅぎょう》せり。慈悲《じひ》の余りに漢土《かんど》にわたれ《渡》り。天竺《てんじく》・震旦《しんたん》・日本、一閻浮提《いちえんぶだい》の内に真言《しんごん》を伝え、鈴《れい》をふる《振》。この人の徳にあらずや。いかにして地獄に堕《お》ちけると、後生《ごしょう》をおもわ《思》ん人々は御尋《おんたず》ねあるべし。

また金剛智三蔵《こんごうちさんぞう》は南天竺《なんてんじく》の大王の太子なり。金剛頂経《こんごうちょうきょう》を漢土《かんど》にわたす《渡》。その徳、善無畏《ぜんむい》のごとし。また互《たが》いに師となれり。しかるに、金剛智三蔵、勅宣《ちょくせん》によって雨の祈《いの》りありしかば、七日が中《うち》に雨下《ふ》る。天子《てんし》大いに悦《よろこ》ばせ給《たも》うほどに、たちまちに大風吹《ふ》き来《きた》る。王臣等きょう《興》さめ《醒》給《たま》いき。使いをつけて追わせ給いしかども、とこうのべ《述》て留《と》まりしなり。結句《けっく》は姫宮《ひめみや》の御死去《ごしきょ》ありしに、いのり《祈》をなすべしとて、身《み》の代《しろ》に殿上《てんじょう》の二《ふた》りの女子《おなご》七歳になりしを薪《たきぎ》につめ《詰》こめ《込》て焼き殺せしことこそ、無慙《むざん》にはおぼ《覚》ゆれ。しかれども、姫宮もいき《生》かえ《返》り給わず。

不空三蔵《ふくうさんぞう》は金剛智《こんごうち》と月支《がっし》より御《おん》とも《供》せり。これらのことを不審《ふしん》とやおもい《思》けん、畏《い》と智《ち》と入滅《にゅうめつ》の後《のち》、月氏に還《かえ》って竜智《りゅうち》に値《あ》い奉《たてまつ》り、真言《しんごん》を習いなお《直》し天台宗《てんだいしゅう》に帰伏《きぶく》してありしが、心ばかりは帰れども、身はかえ《帰》ることなし。雨の御《おん》いのり《祈》うけ《承》たまわりたりしが、三日と申すに雨下《ふ》る。天子悦《よろこ》ばせ給《たま》いて、我《われ》と御布施《おんふせ》ひか《引》せ給う。須臾《しゅゆ》ありしかば、大風落《お》ち下《くだ》って内裏《だいり》をも吹きやぶ《破》り、雲客月卿《うんかくげっけい》の宿所《しゅくしょ》、一《いっ》所《しょ》もあるべしともみえ《見》ざりしかば、天子大《おお》いに驚《おどろ》いて宣旨《せんじ》なりて「風をとど《止》めよ」。しばらくありてはまた吹き、また吹きせしほどに、数日が間や《止》むことなし。結句《けっく》は使いをつけて追ってこそ風もや《止》みてありしか。

この三人の悪風は、漢土《かんど》・日本の一切《いっさい》の真言師《しんごんし》の大風なり。さにてあるやらん、去《い》ぬる文永《ぶんえい》十一年四月十二日の大風は、阿弥陀堂《あみだどう》の加賀法印《かがほういん》、東寺《とうじ》第一の智者《ちしゃ》の雨のいのり《祈》に吹《ふ》きたりし逆風なり。善《ぜん》無畏《むい》・金剛智《こんごうち》・不空《ふくう》の悪法をすこしもたが《違》えず伝えたりけるか。心《こころ》にく《憎》し、心にくし、心にくし。

弘法大師《こうぼうだいし》は、去《い》ぬる天長《てんちょう》元年の二月大旱魃《だいかんばつ》のありしに、先には守敏《しゅびん》祈雨《きう》して七日が内に雨を下《ふ》らす。ただ京中《きょうじゅう》にふ《下》りて田舎《いなか》にそそ《注》がず。次に弘法承《う》け取って一七日《いちしちにち》に雨気《あまけ》なし。二七日《にしちにち》に雲なし。三七日《さんしちにち》と申せしに、天子より和気真綱《わけのまつな》を使者として御幣《ごへい》を神泉苑《しんせんえん》にまいら《進》せたりしかば、雨下《ふ》ること三日、これをば弘法大師ならびに弟子《でし》等この雨をうば《奪》いと《取》り、我が雨として今に四百余年、弘法の雨という。

慈覚《じかく》大師の夢に日輪《にちりん》をいし《射》と、弘法大師の大妄語《だいもうご》に云《い》わく「弘仁《こうにん》九年春、大疫《だいえき》をいのり《祈》しかば、夜中に大日輪《だいにちりん》出現せり」と云々《うんぬん》。成劫《じょうこう》より已来《このかた》、住劫《じゅうこう》の第九の減、已上《いじょう》二十九劫が間に、日輪夜中に出《い》ずということなし。

慈覚大師《じかくだいし》は夢に日輪《にちりん》をいる《射》という。内典《ないてん》五千・七千、外典《げてん》三千余巻に、日輪をいる《射》とゆめ《夢》にみる《見》は吉夢《きちむ》ということ有りやいなや。修羅《しゅら》は帝釈《たいしゃく》をあだみ《怨》て日天《にってん》をいたてまつる《射》。その矢かえり《反》て我が眼《まなこ》にたつ《立》。殷《いん》の紂王《ちゅうおう》は日天を的《まと》にいて《射》身を亡《ほろ》ぼす。日本の神武天皇《じんむてんのう》の御時《おんとき》、度美長《とみのおさ》と五瀬命《いつせのみこと》と合戦《かっせん》ありしに、命《みこと》の手に矢たつ《立》。命の云《い》わく「我はこれ日天《ひのかみ》の子孫《うまご》なり。日に向かい奉《たてまつ》って弓をひく《引》ゆえに、日天のせめ《責》をこうぼれ《被》り」と云々《うんぬん》。阿闍世王《あじゃせおう》は仏に帰《き》しまいらせて、内裏《だいり》に返ってぎょしん《御寝》なりしが、おどろいて諸臣に向かって云わく「日輪、天より地に落《お》つとゆめ《夢》にみる《見》」。諸臣云わく「仏の御入滅《ごにゅうめつ》か」と云々。須跋陀羅《しゅばっだら》がゆめ《夢》、またかくのごとし。

我が国は殊《こと》にいむ《忌》べきゆめ《夢》なり。神をば天照《てんしょう》という。国をば日本という。また教主釈尊《きょうしゅしゃくそん》をば日種《にっしゅ》と申す。摩耶夫人《まやぶにん》、日をはらむ《孕》とゆめ《夢》にみて、もうけ《儲》給《たま》える太子なり。慈覚大師《じかくだいし》は大日如来《だいにちにょらい》を叡山《えいざん》に立てて釈迦仏《しゃかぶつ》をすて《捨》て、真言《しんごん》の三部経《さんぶきょう》をあがめ《崇》て法華経の三部の敵《かたき》となりしゆえに、この夢出現せり。

例せば、漢土《かんど》の善導《ぜんどう》が、始めは密州《みっしゅう》の明勝《みょうしょう》といいし者に値《あ》って法華経をよみ《読》たりしが、後《のち》には道綽《どうしゃく》に値って法華経をすて《捨》て観経《かんぎょう》に依《よ》って疏《しょ》をつくり、法華経をば「千の中に一《ひと》りも無し」、念仏《ねんぶつ》をば「十は即《すなわ》ち十生《しょう》じ、百は即ち百生ず」と定めて、この義を成《じょう》ぜんがために阿弥陀仏《あみだぶつ》の御前《みまえ》にして祈誓《きせい》をなす、「仏意《ぶつい》に叶《かな》うやいなや」。「毎夜、夢の中に常に一りの僧《そう》有って、来《きた》って指授《しじゅ》す」と云々《うんぬん》。乃至《ないし》「一《もっぱ》ら経法《きょうぼう》のごとくせよ」。乃至「観念法門経《かんねんほうもんぎょう》」等云々。法華経には「もし法を聞くことあらば、一《ひと》りとして成仏せざることなけん」。善導は「千の中に一りも無し」等云々。法華経と善導とは水火なり。善導は、観経をば「十は即ち十生じ、百は即ち百生ず」。無量義経《むりょうぎきょう》に云《い》わく、観経は「いまだ真実を顕《あらわ》さず」等云々。無量義経と楊柳房《ようりゅうぼう》とは天地なり。これを阿弥陀仏の僧《そう》と成って来って「真《まこと》なり」と証《しょう》するは、あに真事《まこと》ならんや。そもそも阿弥陀仏は法華経の座に来って舌をば出《い》だし給《たま》わざりけるか。観音《かんのん》・勢至《せいし》は法華経の座にはなかりけるか。

これをもっておも《思》え、慈覚大師《じかくだいし》の御夢《おんゆめ》はわざわい《禍》なり。

問うて云《い》わく、弘法大師《こうぼうだいし》の心経秘鍵《しんぎょうひけん》に云わく「時に弘仁《こうにん》九年春、天下大疫《てんかだいえき》す。ここに皇帝自《こうていみずか》ら黄金を筆端《ひったん》に染《そ》め、紺紙《こんし》を爪掌《そうしょう》に握《にぎ》って、般若心経《はんにゃしんぎょう》一巻を書写《しょしゃ》し奉《たてまつ》りたもう。予《よ》、講読の撰《せん》に範《のっと》り、経《きょう》旨《し》の宗《しゅう》を綴《つづ》る。いまだ結願《けちがん》の詞《ことば》を吐《は》かざるに、蘇生《そせい》の族途《やからみち》に彳《たたず》み、夜変《へん》じて日光赫々《かっかく》たり。これ愚《ぐ》身《しん》の戒徳《かいとく》にあらず。金輪《こんりん》の御信力《ごしんりき》のなすところなり。ただ神舎《じんしゃ》に詣《もう》でん輩《やから》のみ、この秘鍵を誦《じゅ》し奉れ。昔、予、鷲峰説法《じゅぶせっぽう》の筵《むしろ》に陪《ばい》して、親《まのあた》りその深文《じんもん》を聞きたてまつる。あにその義に達せざらんや」等云々《うんぬん》。

また孔雀経音義《くじゃくきょうおんぎ》に云《い》わく「弘法大師帰朝《こうぼうだいしきちょう》の後《のち》、真言宗《しんごんしゅう》を立てんと欲《ほっ》す。諸宗朝庭《しょしゅうちょうてい》に群集して即身成《そくしんじょう》仏《ぶつ》の義を疑う。大師、智拳印《ちけんいん》を結んで南方に向かうに、面門《めんもん》にわかに開いて金色《こんじき》の毘盧遮那《びるしゃな》と成る。即便《すなわ》ち本体に還帰《げんき》す。入我《にゅうが》・我入《がにゅう》のこと、即身頓証《そくしんとんしょう》の疑い、この日釈然《しゃくねん》たり。しかるに真言・瑜伽《ゆが》の宗、秘密曼荼羅《ひみつまんだら》の道《どう》、彼《か》の時よりして建立《こんりゅう》す」。また云わく「この時に諸宗の学徒、大師に帰《き》して始めて真言を得て請益《しょうやく》し習学す。三論《さんろん》の道昌《どうしょう》、法相《ほっそう》の源仁《げんにん》、華厳《けごん》の道雄《どうおう》、天台《てんだい》の円澄《えんちょう》等、皆《みな》その類《たぐ》いなり」。

弘法大師伝《こうぼうだいしでん》に云《い》わく「帰朝泛舟《きちょうはんしゅう》の日、発願《ほつがん》して云わく『我が学ぶところの教法《きょうほう》、もし感応《かんのう》の地有らば、この三鈷《さんこ》その処《ところ》に到《いた》るべし』。よって、日本の方《かた》に向かって三鈷を抛《な》げ上《あ》ぐ。遥《はる》かに飛んで雲に入《い》る。十月に帰朝す」云々《うんぬん》。また云わく「高野山《こうやさん》の下《もと》に入定《にゅうじょう》の所を占《し》む乃至《ないし》彼《か》の海上の三鈷、今新たにここに在り」等云々。

この大師《だいし》の徳《とく》無量なり。その両・三を示す、かくのごとくの大徳あり。いかんがこの人を信ぜずして、かえって阿鼻地獄《あびじごく》に堕《お》つといわんや。

答えて云《い》わく、予《よ》も仰《あお》いで信じ奉《たてまつ》ること、かくのごとし。ただし、古《いにしえ》の人々も不可思議の徳ありしかども、仏法の邪正《じゃしょう》はそれにはよ《依》らず。外道《げどう》が、あるいは恒河《ごうが》を耳に十二年留《とど》め、あるいは大海をすい《吸》ほし《干》、あるいは日月《にちがつ》を手ににぎり《握》、あるいは釈子《しゃくし》を牛羊《ごよう》となしなんどせしかども、いよいよ大慢《だいまん》をおこし《起》て生死《しょうじ》の業《ごう》とこそなりしか。これをば、天台《てんだい》云わく「名利《みょうり》を邀《もと》め、見愛《けんあい》を増す」とこそ釈《しゃく》せられて候《そうら》え。光宅《こうたく》がたちまちに雨を下《ふ》らし、須臾《しゅゆ》に花を感ぜしをも、妙楽《みょうらく》は「感応《かんのう》かくのごときも、なお理《り》に称《かな》わず」とこそか《書》かれて候え。されば、天台大師《だいし》の法華経をよ《読》みて須臾に甘雨《かんう》を下らせ、伝《でん》教大師《ぎょうだいし》の三日が内に甘露《かんろ》の雨をふ《下》らしておわせしも、それをもって仏意《ぶつい》に叶《かな》うとはおお《仰》せられず。弘《こう》法大師《ぼうだいし》いかなる徳ましますとも、法華経を戯論《けろん》の法と定め、釈迦仏《しゃかぶつ》を無明《むみょう》の辺域《へんいき》とか《書》かせ給《たま》える御《おん》ふ《筆》では、智慧《ちえ》かしこ《賢》からん人は用いるべからず。

いかにいおうや《況》、上《かみ》にあげ《挙》られて候《そうろう》徳どもは不審《ふしん》あることなり。「弘仁《こうにん》九年の春、天下大疫《てんかだいえき》す」等云々《うんぬん》。春は九十日、いずれの月、いずれの日ぞ〈これ一〉。また弘仁九年には大疫ありけるか〈これ二〉。また「夜変《へん》じて日光赫々《かっかく》たり」と云々。このこと第一の大事なり。弘仁九年は嵯峨天皇《さがてんのう》の御宇《ぎょう》なり。左史《さし》・右史《うし》の記《き》に載《の》せたりや〈これ三〉。たとい載せたりとも、信じがたきことなり。成劫《じょうこう》二十劫・住劫《じゅうこう》九劫、已上《いじょう》二十九劫が間に、いまだ無き天変《てんぺん》なり。夜中に日輪《にちりん》の出現せることいかん。また如来《にょらい》一代の聖教《しょうぎょう》にもみえず《見》。未来に夜中に日輪出《い》ずべしとは、三皇五帝《さんこうごてい》、三墳五典《さんぷんごてん》にも載せず。仏経《ぶっきょう》のごときんば、滅劫《げんこう》にこそ二つの日、三つの日、乃至《ないし》七つの日は出ずべしとは見《み》ゆれども、かれは昼のことぞかし。夜、日《ひ》出現せば、東西北の三方はいかん。たとい内外《ないげ》の典に記せずとも、現《げん》に弘仁九年の春、いずれの月、いずれの日、いずれの夜《よ》の、いずれの時に日出《い》ずという公家《くげ》・諸家《しょけ》・叡山《えいざん》等の日記あるならば、すこし信ずるへん《辺》もや。次下《つぎしも》に「昔、予《よ》、鷲峰説法《じゅぶせっぽう》の筵《むしろ》に陪《ばい》して、親《まのあた》りその深文《じんもん》を聞きたてまつる」等云々。この筆を人に信ぜさせしめんがためにかまえ《構》出だす大妄語《だいもうご》か。されば、霊山《りょうぜん》にして「法華経は戯論《けろん》、大日経《だいにちきょう》は真実」と仏の説き給《たま》いけるを、阿難《あなん》・文殊《もんじゅ》が誤って妙法華経《みょうほけきょう》をば真実とかける《書》か、いかん。いうにかいなき婬女《いんにょ》、破戒《はかい》の法師《ほっし》等が歌をよみ《詠》て雨《ふ》らす雨を三七日《さんしちにち》まで下《ふ》らさざりし人は、かかる徳あるべしや〈これ四〉。

孔雀経音義《くじゃくきょうおんぎ》に云《い》わく「大師《だいし》、智拳印《ちけんいん》を結んで南方に向かうに、面門《めんもん》にわかに開いて金色《こんじき》の毘盧遮那《びるしゃな》と成る」等云々《うんぬん》。これまたいずれの王、いずれの年時《ねんじ》ぞ。漢土《かんど》には建元《けんげん》を初めとし、日本には大宝《たいほう》を初めとして、緇素《しそ》の日記、大事には必ず年号のあるか。これほどの大事に、いかでか王も臣も年号も日時もなきや。

また次に云《い》わく「三論《さんろん》の道昌《どうしょう》、法相《ほっそう》の源仁《げんにん》、華厳《けごん》の道雄《どうおう》、天台《てんだい》の円澄《えんちょう》」等云々《うんぬん》。そもそも円澄は寂《じゃっ》光大師《こうだいし》、天台第二の座主《ざす》なり。その時何《なん》ぞ第一の座主・義真《ぎしん》、根本の伝教大師《でんぎょうだいし》をば召《め》さざりけるや。円澄は天台第二の座主、伝教大師の御弟子《みでし》なれども、また弘法大師《こうぼうだいし》の弟子なり。弟子を召さんよりは、三論・法相・華厳よりは、天台の伝教・義真の二人を召すべかりけるか。しかもこの日記に云わく「真言《しんごん》・瑜伽《ゆが》の宗、秘密曼荼羅《ひみつまんだら》、彼《か》の時よりして建立《こんりゅう》す」等云々。この筆は伝教・義真の御存生《ごぞんしょう》かとみ《見》ゆ。弘法は平城天皇《へいぜいてんのう》の大同《だいどう》二年より弘仁《こうにん》十三年までは盛《さか》んに真言をひろめ《弘》し人なり。その時はこの二人現《げん》におわします。また義真は天長《てんちょう》十年までおわせしかば、その時まで弘法の真言はひろ《広》まらざりけるか。かたがた不審《ふしん》あり。孔雀経《くじゃくきょう》の疏《しょ》は、弘法の弟子・真済《しんぜい》が自記なり。信じがたし。また邪見《じゃけん》の者か。公家《くげ》・諸家《しょけ》・円澄の記をひか《引》るべきか。また道昌・源仁・道雄の記を尋《たず》ぬべし。

「面門《めんもん》にわかに開いて金色《こんじき》の毘盧遮那《びるしゃな》と成る」等云々《うんぬん》。面門とは口なり。口の開けたりけるか、眉《み》間《けん》開くとか《書》かんとしけるが、誤って面門とかけるか。ぼう《謀》書《しょ》をつくるゆえに、かかるあやまり《誤》あるか。

「大師《だいし》、智拳印《ちけんいん》を結んで南方に向かうに、面門《めんもん》にわかに開いて金色《こんじき》の毘盧遮那《びるしゃな》と成る」等云々《うんぬん》。涅《ね》槃経《はんぎょう》の五に云《い》わく「迦葉《かしょう》、仏に白《もう》して言《もう》さく『世尊《せそん》よ。我《われ》今この四種の人に依《よ》らず。何をもっての故に。瞿師羅経《くしらきょう》の中のごとし。仏、瞿師羅のために説きたまわく、もし天《てん》・魔《ま》・梵《ぼん》、破壊《はえ》せんと欲《ほっ》するがために変じて仏の像《かたち》となり、三十二相八十種好《さんじゅうにそうはちじっしゅこう》を具足《ぐそく》し荘厳《しょうごん》し、円光一尋《いちじん》にして面部《めんぶ》円満なること、なお月の盛明《じょうみょう》なるがごとく、眉間《みけん》の毫相《ごうそう》白きこと珂雪《かせつ》に踰《こ》え乃至《ないし》左の脇《わき》より水を出《い》だし、右の脇より火を出だす』と」等云々。また六の巻に云わく「仏、迦葉に告げたまわく『我般涅槃《はつねはん》して乃至後《のち》、この魔波旬《まはじゅん》漸《ようや》く当《まさ》に我が正法《しょうぼう》を沮壊《そえ》すべし乃至《ないし》化《け》して阿羅漢《あらかん》の身および仏の色身《しきしん》と作《な》り、魔王《まおう》この有漏《うろ》の形をもって無漏《むろ》の身と作し、我が正法を壊《やぶ》らん』と」等云々。

弘法大師《こうぼうだいし》は法華経を華厳経《けごんぎょう》・大日経《だいにちきょう》に対して「戯論《けろん》」等云々《うんぬん》。しかも仏身《ぶっしん》を現ず。これ涅槃経《ねはんぎょう》には「魔《ま》、有漏《うろ》の形をもって仏となって、我が正法《しょうぼう》をやぶらん」と記し給《たも》う。涅槃経の「正法」は法華経なり。故に、経の次下《つぎしも》の文に云《い》わく「久しくすでに成仏す」。また云わく「法華《ほっけ》の中のごとし」等云々。釈迦《しゃか》・多宝《たほう》・十方《じっぽう》の諸仏《しょぶつ》は、一切経《いっさいきょう》に対して「法華経は真実、大日経等の一切経は不真実」等云々。弘法大師は仏身を現じて、華厳経・大日経に対して「法華経は戯論」等云々。仏説《ぶっせつ》まこと《実》ならば、弘法は天魔《てんま》にあらずや。

また三鈷《さんこ》のこと、殊《こと》に不審《ふしん》なり。漢土《かんど》の人の日本に来《きた》ってほり《掘》いだ《出》すとも信じがたし。已前《いぜん》に人をや《遣》つかわしてうず《埋》みけん。いおう《況》や、弘法《こうぼう》は日本の人。かかる誑乱《おうらん》その数多し。

これらをもって仏意《ぶつい》に叶《かな》う人の証拠《しょうこ》とはしり《知》がたし。

されば、この真言《しんごん》・禅宗《ぜんしゅう》・念仏《ねんぶつ》等ようやく《漸》こうなり来《きた》るほどに、人王《にんのう》第八十二代尊成《たかひら》・隠岐法皇《おきのほうおう》、権大夫殿《ごんのだいぶどの》を失わんと年ごろはげませ《励》給《たま》いけるゆえに、国主なれば、なにとなくとも師子王《ししおう》の兎《うさぎ》を伏《ふく》するがごとく、鷹《たか》の雉《きじ》を取るようにこそあるべかりし上、叡山《えいざん》・東寺《とうじ》・園城《おんじょう》・奈良七大寺《ならしちだいじ》・天照太神《てんしょうだいじん》・正《しょう》八幡《はちまん》・山王《さんのう》・賀茂《かも》・春日《かすが》等に数年が間、あるいは調伏《じょうぶく》、あるいは神に申させ給いしに、二日三日だにもささえ《支》かねて、佐渡国《さどのくに》・阿波国《あわのくに》・隠岐国《おきのくに》等にながし《流》失《う》せて、終《つい》にかくれ《隠》させ給いぬ。調伏の上首《じょうしゅ》・

御室《おむろ》は、ただ東寺をかえ《替》らるるのみならず、眼《まなこ》のごとくあい《愛》せさせ給いし第一の天童・勢多伽《せいたか》が頸《くび》切られたりしかば、調伏のしるし《験》還著於本人《げんじゃくおほんにん》のゆえとこそ見え候《そうら》え。これはわずかのことなり。この後《のち》定めて、日本の国臣・万民《ばんみん》一人もなく、乾《かわ》ける草を積んで火を放《はな》つがごとく、大山のくずれ《崩》て谷をう《埋》むるがごとく、我が国他国《たこく》にせめ《責》らるること出来《しゅったい》すべし。

　このこと、日本国の中にただ日蓮一人ばかりしれ《知》り。いい《言》いだ《出》すならば、殷《いん》の紂王《ちゅうおう》の比干《ひかん》が胸をさ《裂》きしがごとく、夏《か》の桀王《けつおう》の竜逢《りゅうほう》が頸《くび》を切りしがごとく、檀弥羅王《だんみらおう》の師子尊者《ししそんじゃ》が頸を刎《は》ねしがごとく、竺《じく》の道生《どうしょう》が流されしがごとく、法道三蔵《ほうどうさんぞう》のかなやき《火印》をや《焼》かれしがごとくならんずらんとは、かね《予》て知りしかども、法華経には「我は身命《しんみょう》を愛せず、ただ無上道《むじょうどう》を惜《お》しむのみ」ととか《説》れ、涅槃経《ねはんぎょう》には「むしろ身命を喪《うしな》うとも教えを匿《かく》さざれ」といさめ《諫》給《たま》えり。今度《こんど》命をおし《惜》むならば、いつの世にか仏にな《成》るべき、またいかなる世にか父母・師匠《ししょう》をもすくい《救》奉《たてまつ》るべきと、ひとえにおもい《思》切って申し始めしかば、案にたがわ《違》ず、あるいは所をおい《追》、あるいはのり《罵》、あるいはうた《打》れ、あるいは疵《きず》をこうぶる《被》ほどに、去《い》ぬる弘長《こうちょう》元年辛酉《かのととり》五月十二日に御勘気《ごかんき》をこうぶり《被》て伊豆国伊東《いずのくにいとう》になが《流》されぬ。また同じき弘長三年癸亥《みずのとい》二月二十二日にゆり《許》ぬ。

　その後《のち》、いよいよ菩提心強盛《ぼだいしんごうじょう》にして申せば、いよいよ大難かさなる《重》こと、大風に大波の起こるがごとし。昔の不軽菩薩《ふきょうぼさつ》の杖木《じょうもく》のせめ《責》も我が身につみ《抓》しら《知》れたり。覚徳比丘《かくとくびく》が歓喜仏《かんぎぶつ》の末《まつ》の大難もこれには及《およ》ばじとおぼ《覚》ゆ。日本六十六箇国《かこく》・島二つの中に、一日片時《かたとき》もいずれの所にすむ《住》べきよう《様》もなし。古《いにしえ》は二百五十戒《かい》を持《たも》って忍辱《にんにく》なること羅云《らうん》のごとくなる持戒《じかい》の聖人《しょうにん》も、富楼那《ふるな》のごとくなる智者《ちしゃ》も、日蓮に値《あ》いぬれば悪口《あっく》をはく《吐》。正直《しょうじき》にして魏徴《ぎちょう》・忠仁公《ちゅうじんこう》のごとくなる賢者《けんじゃ》等も、日蓮を見ては理《り》をま《曲》げて非とおこな《行》う。いおう《況》や、世間《せけん》の常《つね》の人々は、犬のさる《猿》をみ《見》たるがごとく、猟師《りょうし》が鹿《しか》をこめ《籠》たるにに《似》たり。日本国の中に一人として「故こそあるらめ」という人なし。道理なり。人ごとに念仏《ねんぶつ》を申す。人に向かうごとに念仏は無間《むけん》に堕《お》つというゆえに。人ごとに真言《しんごん》を尊《たっと》む。真言は国をほろぼ《亡》す悪法という。国主は禅宗《ぜんしゅう》を尊む。日蓮は天魔《てんま》の所為《しょい》というゆえに。我《われ》と招けるわざわい《禍》なれば、人ののる《罵》をもとが《咎》めず。とがむとても一人ならず。打つをもいた《痛》まず。本《もと》より存《ぞん》ぜしがゆえに。こう、いよいよ身もおし《惜》まずせめ《責》しかば、禅僧《ぜんそう》数百人・念仏者《ねんぶつしゃ》数千人・真言師《しんごんし》百千人、あるいは奉行《ぶぎょう》につき、あるいはきり《切》人《びと》につき、あるいはきり《切》女房《にょうぼう》につき、あるいは後家尼御前《ごけあまごぜん》等について無尽《むじん》のざんげん《讒言》をなせしほどに、最後には「天下《てんか》第一の大事。日本国を失わんと呪詛《じゅそ》する法師《ほっし》なり。故最明寺殿《こさいみょうじどの》・極楽寺殿《ごくらくじどの》を無間地獄《むけんじごく》に堕ちたりと申す法師なり。御尋《おんたず》ねあるまでもなし。ただ須臾《しゅゆ》に頸《くび》をめ《召》せ。弟子《でし》等をばまた、あるいは頸を切り、あるいは遠国《おんごく》につか《遣》わし、あるいは籠《ろう》に入《い》れよ」と、尼《あま》ごぜん《御前》たちいか《怒》らせ給《たま》いしかば、そのままに行われけり。

去《い》ぬる文永《ぶんえい》八年辛未《かのとひつじ》九月十二日の夜《よ》は相模国《さがみのくに》たつ《竜》の口《くち》にて切らるべかりしが、いかにしてやありけん、その夜はの《延》びて依智《えち》というところへつ《着》きぬ。また十三日の夜はゆ《許》りたりととどめ《轟》きしが、またいかにやありけん、さど《佐渡》の国までゆく。今日《きょう》切る、あす切るとい《言》いしほどに、四箇年《かねん》というに、結句《けっく》は去ぬる文永十一年太歳甲戌《たいさいきのえいぬ》二月の十四日にゆ《許》りて、同じき三月二十六日に鎌倉《かまくら》へ入《い》る。同じき四月の八日、平左衛門尉《へいのさえもんのじょう》に見参《げんざん》して、ようよう《様々》のこと申したりし中に、「今年は蒙古《もうこ》は一定《いちじょう》よす《寄》べし」と申しぬ。同じき五月の十二日にかまくら《鎌倉》をいで《出》てこの山に入れり。これはひとえに父母の恩・師匠《ししょう》の恩・三宝《さんぼう》の恩・国の恩をほう《報》ぜんがために身をやぶ《破》り命をす《捨》つれども、破れざれば、さてこそ候《そうら》え。また賢人《けんじん》の習い、「三度国《くに》をいさ《諫》むるに、用いずば山林にまじわ《交》れ」ということは、定まれるれい《例》なり。この功徳《くどく》は、定めて上《かみ》は三宝《さんぼう》より下《しも》は梵天《ぼんてん》・帝釈《たいしゃく》・日月《にちがつ》までもしろ《知》しめしぬらん。父母も故道善房《こどうぜんぼう》の聖霊《しょうりょう》も扶《たす》かり給うらん。ただし疑い念《おも》うことあり。目連尊者《もくれんそんじゃ》は扶けんとおも《思》いしかども、母の青提《しょうだい》女《にょ》は餓鬼道《がきどう》に堕《お》ちぬ。大覚世尊《だいかくせそん》の御子《みこ》なれども、善星比丘《ぜんしょうびく》は阿鼻地獄《あびじごく》へ堕ちぬ。これは力のままにすく《救》わんとおぼ《思》せども、自業自得果《じごうじとくか》のへん《辺》はすく《救》いがたし。

故道善房《こどうぜんぼう》は、いと《甚》う弟子《でし》なればにく《憎》しとはおぼ《思》せざりけるらめども、きわ《極》めて臆病《おくびょう》なりし上、清澄《きよすみ》をはな《離》れじと執《しゅう》せし人なり。地頭景信《じとうかげのぶ》がおそ《恐》ろしといい、提婆《だいば》・瞿伽利《くぎゃり》にこと《異》ならぬ円智《えんち》・実城《じつじょう》が上と下とに居《い》ておど《脅》せしをあながちにおそ《恐》れて、いと《愛》おしとおも《思》うとしごろ《年来》の弟子等をだにもす《捨》てられし人なれば、後生《ごしょう》はいかんがと疑う。ただし、一つの冥加《みょうが》には、景信と円智・実城とがさき《先》にゆ《逝》きしこそ一つのたす《助》かりとはおも《思》えども、彼《かれ》らは法華経の十羅刹《じゅうらせつ》のせ《責》めをかぼ《被》りてはや《早》く失《う》せぬ。後《のち》にすこし信ぜられてありしは、いさかい《諍》の後のちぎりき《乳切木》なり。ひる《昼》のともしび《灯》なに《何》かせん。その上いかなることあれども、子・弟子なんどいう者は不便《ふびん》なる者ぞかし。力なき人にもあらざりしが、さど《佐渡》の国までゆ《行》きしに一度もとぶら《訪》われざりしことは、信じたるにはあらぬぞかし。

それにつけてもあさ《浅》ましければ、彼《か》の人の御死去《ごしきょ》とき《聞》くには、火にも入《い》り水にも沈《しず》み、はし《走》りた《立》ちてもゆ《行》いて御《おん》はか《墓》をもたた《叩》いて経《きょう》をも一巻読誦《どくじゅ》せんとこそおも《思》えども、賢人《けんじん》のなら《習》い、心には遁世《とんせい》とはおも《思》わねども、人は遁世とこそおも《思》うらんに、ゆえもなくはし《走》り出《い》ずるならば、末《すえ》もとお《通》らずと人おもうべし。されば、いかにおもうとも、まい《参》るべきにあらず。ただし各々《おのおの》二人は日蓮が幼少の師匠《ししょう》にておわします。勤操僧正《ごんぞうそうじょう》・行表《ぎょうひょう》僧正の伝教大師《でんぎょうだいし》の御師《おんし》たりしが、かえりて御弟子《みでし》とならせ給《たま》いしがごとし。日蓮が景信《かげのぶ》にあだ《怨》まれて清澄山《きよすみやま》を出でしに、お《追》いてしの《忍》び出でられたりしは、天下《てんか》第一の法華経の奉公《ほうこう》なり。後生《ごしょう》は疑いおぼ《思》すべからず。

問うて云《い》わく、法華経一部八巻二十八品《ぽん》の中に、何物か肝心《かんじん》なる。

答えて云わく、華厳経《けごんぎょう》の肝心《かんじん》は大方広仏華厳経《だいほうこうぶつけごんぎょう》、阿含経《あごんぎょう》の肝心は仏説中阿含経《ぶっせつちゅうあごんぎょう》、大集経《だいじっきょう》の肝心は大《だい》方等大集経《ほうどうだいじっきょう》、般若経《はんにゃきょう》の肝心は摩訶般若波羅蜜経《まかはんにゃはらみつきょう》、双観経《そうかんぎょう》の肝心は仏説無量寿経《ぶっせつむりょうじゅきょう》、観経《かんぎょう》の肝心は仏説観《ぶっせつかん》無量寿経《むりょうじゅきょう》、阿弥陀経《あみだきょう》の肝心は仏説阿弥陀経《ぶっせつあみだきょう》、涅槃経《ねはんぎょう》の肝心は大般涅槃経《だいはつねはんぎょう》。かくのごとくの一切経《いっさいきょう》は皆《みな》、如是我聞《にょぜがもん》の上《かみ》の題目その経の肝心なり。大は大につけ、小は小につけて、題目をもって肝心とす。大日経《だいにちきょう》・金剛頂経《こんごうちょうきょう》・蘇悉地経《そしつじきょう》等も、またまたかくのごとし。仏もまたかくのごとし。大日如来《にょらい》・日月灯明仏《にちがつとうみょうぶつ》・燃灯仏《ねんとうぶつ》・大通仏《だいつうぶつ》・雲雷音王仏《うんらいおんのうぶつ》、これらもまた名の内にその仏の種々の徳をそな《具》えたり。今の法華経も、またもってかくのごとし。如是我聞の上の妙法蓮華経の五字は、即《すなわ》ち一部八巻の肝心、またまた一切経の肝心、一切の諸《もろもろ》の仏《ぶつ》・菩薩《ぼさつ》・二乗《にじょう》・天《てん》・人《にん》・修羅《しゅら》・竜神《りゅうじん》等の頂上の正法《しょうほう》なり。

問うて云《い》わく、南無妙法蓮華経と心もし《知》らぬ者の唱《とな》うると、南無大方広仏華厳経《なむだいほうこうぶつけごんぎょう》と心もしらぬ者の唱うると、斉等《さいとう》なりや、浅深《せんじん》の功徳《くどく》差別せりや。

答えて云《い》わく、浅深《せんじん》等あり。

疑って云わく、その心いかん。

答えて云わく、小河《しょうが》は露《つゆ》と涓《しずく》と井《い》と渠《みぞ》と江《え》とをば収《おさ》むれども、大河をおさめ《収》ず。大河は露乃至《ないし》小河を摂《おさ》むれども、大海をおさめず。阿含経《あごんぎょう》は井江《せいこう》等・露涓《ろけん》をおさめたる小河のごとし。方等経《ほうどうきょう》・阿弥陀《あみだ》経《きょう》・大日経《だいにちきょう》・華厳経《けごんぎょう》等は小河をおさむる大河なり。法華経は露涓・井江・小河・大河・天雨《てんう》等の一切《いっさい》の水を一滞《いったい》ももら《漏》さぬ大海なり。譬《たと》えば、身の熱き者の大寒水の辺《ほとり》にいね《寝》つればすずし《涼》く小水の辺に臥《ふ》しぬれば苦しきがごとし。五逆《ごぎゃく》・謗法《ほうぼう》の大一闡提人《だいいっせんだいにん》、阿含・華厳・観経《かんぎょう》・大日経等の小水の辺にては大罪の大熱さん《散》じがたし。法華経の大雪山《だいせっせん》の上に臥しぬれば、五逆・誹謗《ひぼう》・一闡提等の大熱たちまちに散ずべし。されば、愚者《ぐしゃ》は必ず法華経を信ずべし。各々経々《おのおのきょうぎょう》の題目は易《やす》きこと同《おな》じといえども、愚者《ぐしゃ》と愚者との唱《とな》うる功徳《くどく》は天地雲泥《うんでい》なり。譬えば、大綱《おおづな》は大力《だいりき》も切りがたし、小力《しょうりき》なれども小刀《しょうとう》をもてばたやす《容易》くこれをき《切》る。譬えば、堅石《けんせき》をば鈍刀《どんとう》をもてば大力も破《わ》りがたし、利剣《りけん》をもてば小力も破りぬべし。譬えば、薬はし《知》らねども服すれば病《やまい》や《止》みぬ、食《じき》は服すれども病やまず。譬えば、仙薬《せんやく》は命をの《延》べ、凡薬《ぼんやく》は病をいや《癒》せども命をのべず。

疑って云《い》わく、二十八品《ぼん》の中にいずれか肝心《かんじん》なる。

答えて云わく、あるいは云わく、品々皆事《ほんぼんみなじ》に随《したが》って肝心《かんじん》なり。あるいは云わく、方便品《ほうべんぼん》・寿量品《じゅりょうほん》肝心なり。あるいは云わく、方便品肝心なり。あるいは云わく、寿量品肝心なり。あるいは云わく、開《かい》示悟入《じごにゅう》肝心なり。あるいは云わく、実相《じっそう》肝心なり。

問うて云《い》わく、汝《なんじ》が心いかん。

答う。南無妙法蓮華経肝心《かんじん》なり。

その証《しょう》いかん。

答えて云《い》わく、阿難《あなん》・文殊《もんじゅ》等、「如是我聞《にょぜがもん》」等云々《うんぬん》。

問うて曰《い》わく、心いかん。

答えて云《い》わく、阿難《あなん》と文殊《もんじゅ》とは、八年が間、この法華経の無量の義を一句一偈《げ》一字も残さず聴聞《ちょうもん》してありしが、仏の滅後《めつご》に結集《けつじゅう》の時、九百九十九人の阿羅漢《あらかん》が筆を染《そ》めてありしに、妙法蓮華経とかか《書》せて、次に「如是我聞《にょぜがもん》」と唱えさせ給《たま》いしは、妙法蓮華経の五字は一部八巻二十八品《ぼん》の肝心《かんじん》にあらずや。されば、過去の灯明仏《とうみょうぶつ》の時より法華経をこう《講》ぜし光宅寺《こうたくじ》の法雲法師《ほううんほっし》は、「『如是』とは、将《まさ》に所聞《しょもん》を伝えんとす。前題に一部を挙《あ》ぐるなり」等云々《うんぬん》。霊山《りょうぜん》にまのあたり《親》きこしめし《聞》てありし天台大師《てんだいだいし》は、『如是』とは、所聞の法体《ほったい》なり」等云々。章安大師《しょうあんだいし》云わく「記者釈《しゃく》して曰《い》わく、けだし、序王《じょおう》とは経《きょう》の玄意《げんい》を叙《の》ぶ。玄意は文《もん》の心を述《の》ぶ」等云々。この釈に「文の心」とは、題目は法華経の心なり。妙《みょう》楽《らく》大師云わく「一代の教法《きょうほう》を収め、法華《ほっけ》の文の心を出《い》だす」等云々。

天竺《てんじく》は七十箇国《かこく》なり。総名《そうみょう》は月氏国《がっしこく》。日本は六十箇国、総名は日本国。月氏の名の内に七十箇国、乃至人畜《ないしにんちく》・珍宝《ちんぽう》みな《皆》あり。日本と申す名の内に六十六箇国あり。出羽《でわ》の羽《は》も奥州《おうしゅう》の金《こがね》も、乃至国《くに》の珍宝・人畜、乃至寺塔《じとう》も神社も、みな日本と申す二字の名の内に摂《おさ》まれり。天眼《てんげん》をもっては、日本と申す二字を見て六十六国乃至人畜等をみる《見》べし。法眼《ほうげん》をもっては、人畜等のここに死し、かしこに生《う》まるをもみる《見》べし。譬《たと》えば、人の声をきい《聞》て体《たい》をしり《知》、跡《あと》をみて大小をしる。蓮《はちす》をみて池の大小を計《はか》り、雨をみて竜《りゅう》の分斉《ぶんざい》をかんがう《考》。これはみな《皆》一《いち》に一切《いっさい》の有ることわり《理》なり。

阿含経《あごんぎょう》の題目には大旨一切《おおむねいっさい》はあるようなれども、ただ小釈迦《しょうしゃか》一仏のみありて他仏《たぶつ》なし。華厳経《けごんぎょう》・観《かん》経《ぎょう》・大日経《だいにちきょう》等にはまた一切有るようなれども、二乗《にじょう》を仏になすよう《様》と久遠実成《くおんじつじょう》の釈迦仏《しゃかぶつ》なし。例せば、花さい《咲》て菓《み》なら《生》ず、雷《いかずち》なっ《鳴》て雨ふら《下》ず、鼓《つづみ》あって音なし、眼《まなこ》あって物をみ《見》ず、女人《にょにん》あって子をうま《産》ず、人あって命なし、また神《たましい》なし。大日の真言《しんごん》、薬師《やくし》の真言、阿弥陀《あみだ》の真言、観音《かんのん》の真言等、またかくのごとし。彼《か》の経々《きょうぎょう》にしては大王・須弥山《しゅみせん》・日月《にちがつ》・良薬《ろうやく》・如意珠《にょいしゅ》・利剣《りけん》等のようなれども、法華経の題目に対すれば、雲泥《うんでい》の勝劣《しょうれつ》なるのみならず、皆各々当体《みなおのおのとうたい》の自用《じゆう》を失う。例せば、衆星《しゅしょう》の光の一つの日輪《にちりん》にうばわれ《奪》、諸《もろもろ》の鉄《くろがね》の一つの磁石《じしゃく》に値《あ》って利性《りせい》のつき《尽》、大剣《だいけん》の小火に値って用を失い、牛乳《ごにゅう》・驢乳《ろにゅう》等の師子王《ししおう》の乳に値って水となり、衆狐《しゅこ》が術《じゅつ》一犬に値って失い、狗犬《くけん》が小虎《しょうこ》に値って色《いろ》を変ずるがごとし。

南無妙法蓮華経と申せば、南無阿弥陀仏《なむあみだぶつ》の用《ゆう》も、南無大日真言《なむだいにちしんごん》の用も、観世音菩薩《かんぜおんぼさつ》の用も、一切《いっさい》の諸仏《しょぶつ》・諸経《しょきょう》・諸菩薩の用、皆《みな》ことごとく妙法蓮華経の用に失わる。彼《か》の経々《きょうぎょう》は妙法蓮華経の用を借らずば、皆いたずら《徒》のもの《物》なるべし。当時眼前《がんぜん》のことわり《理》なり。日蓮が南無妙法蓮華経と弘《ひろ》むれば、南無阿弥陀仏の用は月のかくる《欠》がごとく、塩のひる《干》がごとく、秋冬の草のかるる《枯》がごとく、氷の日天《にってん》にとくる《解》がごとくなりゆくをみよ《見》。

問うて云《い》わく、この法実《まこと》にいみじくば、など、迦葉《かしょう》・阿難《あなん》・馬鳴《めみょう》・竜樹《りゅうじゅ》・無著《むじゃく》・天親《てんじん》・南岳《なんがく》・天台《てんだい》・妙《みょう》楽《らく》・伝教《でんぎょう》等は、善導《ぜんどう》が南無阿弥陀仏《なむあみだぶつ》とすすめ《勧》て漢土《かんど》に弘通《ぐつう》せしがごとく、恵心《えしん》・永観《ようかん》・法然《ほうねん》が日本国を皆《みな》阿弥陀仏になしたるがごとく、すすめ《勧》給《たま》わざりけるやらん。

答えて云《い》わく、この難は古《いにしえ》の難なり。今ははじめ《始》たるにはあらず。馬鳴《めみょう》・竜樹菩薩《りゅうじゅぼさつ》等は仏の滅後《めつご》六百年・七百年等の大論師《だいろんじ》なり。この人々世《よ》にいで《出》て大乗経《だいじょうきょう》を弘通《ぐつう》せしかば、諸々《もろもろ》の小乗《しょうじょう》の者疑《うたが》って云わく「迦葉《かしょう》・阿難《あなん》等は、仏の滅後二十年・四十年住寿《じゅうじゅ》し給《たま》いて正法《しょうほう》をひろめ《弘》給いしは、如来《にょらい》一代の肝《かん》心《じん》をこそ弘通し給いしか。しかるに、この人々はただ苦《く》・空《くう》・無常《むじょう》・無我《むが》の法門《ほうもん》をこそ詮《せん》とし給いしに、今、馬鳴・竜樹等かしこし《賢》というとも、迦葉・阿難等にはすぐ《過》べからず〈これ一〉。迦葉は仏にあい《会》まいらせて解《さと》りをえ《得》たる人なり。この人々は仏にあい《会》たてまつらず〈これ二〉。外道《げどう》は常《じょう》・楽《らく》・我《が》・浄《じょう》と立てしを、仏世《よ》に出《い》でさせ給いて苦・空・無常・無我と説かせ給いき。このものどもは常・楽・我・浄といえ《言》り。されば、仏も御入滅《ごにゅうめつ》なりぬ。迦葉等もかくれ《隠》させ給いぬれば、第六天《だいろくてん》の魔王《まおう》がこのものどもが身に入《い》りかわり《替》て仏法をやぶり《破》外道の法となさんとするなり。されば、仏法のあだ《怨》をば、頭《こうべ》をわ《破》れ、頸《くび》をきれ《斬》、命をたて《断》、食《じき》を止《とど》めよ、国を追え」と諸《もろもろ》の小乗の人々申せしかども、馬鳴・竜樹等はただ一・二人なり。昼夜《ちゅうや》に悪口《あっく》の声をきき《聞》、朝暮《ちょうぼ》に杖木《じょうもく》をこうぶり《被》しなり。しかれども、この二人は仏の御使《おんつか》いぞかし。正《まさ》しく摩耶経《まやきょう》には六百年に馬鳴出《い》でて、七百年に竜樹出でんと説かれて候《そうろう》。その上、楞伽経《りょうがきょう》等にも記せられたり。また付法蔵経《ふほうぞうきょう》には申すにおよば《及》ず。されども諸の小乗のものどもは用いず。ただ、理不尽《りふじん》にせめ《責》しなり。「如来《にょらい》の現《げん》に在《いま》すすらなお怨嫉《おんしつ》多し。いわんや滅度《めつど》して後《のち》をや」の経文《きょうもん》は、この時にあたり《当》て少しつみ《抓》しら《知》れけり。提婆《だいば》菩薩の外道にころ《殺》され、師子尊者《ししそんじゃ》の頸をきら《斬》れし。このことをもっておもい《思》やら《遣》せ給え。

また仏の滅後《めつご》一千五百余年にあたりて、月氏《がっし》よりは東に漢土《かんど》という国あり。陳《ちん》・隋《ずい》の代《よ》に天台大師《てんだいだいし》出世《しゅっせ》す。この人の云《い》わく「如来《にょらい》の聖教《しょうぎょう》に大《だい》あり小《しょう》あり、顕《けん》あり密《みつ》あり、権《ごん》あり実《じつ》あり。迦葉《かしょう》・阿難《あなん》等は一向《いっこう》に小を弘《ひろ》め、馬鳴《めみょう》・竜樹《りゅうじゅ》・無著《むじゃく》・天親《てんじん》等は権大乗《ごんだいじょう》を弘めて、実大乗《じつだいじょう》の法華経をば、あるいはただ指をさして義をかくし《隠》、あるいは経《きょう》の面《おもて》をのべ《述》て始中終《しちゅうじゅう》をのべず。あるいは迹門《しゃくもん》をのべて本門《ほんもん》をあらわさ《顕》ず。あるいは本迹《ほんじゃく》あって観心《かんじん》なし」といい《言》しかば、南三北七《なんさんほくしち》の十流が末《すえ》数千万人、時をつくり、どっとわらう《笑》。「世の末になるままに不思議の法師《ほっし》も出現せり。時にあたり《当》て我らを偏執《へんしゅう》する者はありとも、後漢《ごかん》の永平《えいへい》十年丁卯歳《ひのとうのとし》より今《いま》陳・隋にいたるまでの三蔵《さんぞう》・人師《にんし》二百六十余人を、『ものもしら《物知》ず』と申す上、『謗法《ほうぼう》の者なり、悪道《あくどう》に堕《お》つ』という者出来《しゅったい》せり。あまりのものぐるわしさ《物狂》に、法華経を持《も》て来《きた》り給《たま》える羅什三蔵《らじゅうさんぞう》をも、ものしらぬ《物知》者と申すなり。漢土はさてもおけ《置》、月氏の大論師《だいろんじ》の竜樹・天親等の数百人の四依《しえ》の菩薩《ぼさつ》もいまだ実義をのべ給わずというなり。これをころし《殺》たらん人は、鷹《たか》をころしたるものなり。鬼《おに》をころすにもすぐ《過》べし」とののしり《詈》き。

また妙楽大師《みょうらくだいし》の時、月氏《がっし》より法相《ほっそう》・真言《しんごん》わたり、漢土《かんど》に華厳宗《けごんしゅう》の始まりたりしをとかくせめ《責》しかば、これもまたさわぎ《騒》しなり。

日本国には、伝教大師《でんぎょうだいし》、仏の滅後《めつご》一千八百年にあたりていで《出》させ給《たま》い、天台《てんだい》の御釈《おんしゃく》を見て、欽明《きんめい》より已来《このかた》二百六十余年が間の六宗《ろくしゅう》をせめ《責》給いしかば、「在世《ざいせ》の外道《げどう》、漢土《かんど》の道士《どうし》、日本に出現せり」と謗《ぼう》ぜし上、「仏の滅後一千八百年が間、月氏《がっし》・漢土・日本になかりし円頓《えんどん》の大戒《だいかい》を立てん」という《言》のみならず、「西国《さいごく》の観音寺《かんのんじ》の戒壇《かいだん》、東国下野《とうごくしもつけ》の小野寺《おのでら》の戒壇、中国大和国《ちゅうごくやまとのくに》の東大寺《とうだいじ》の戒壇は、同じく小《しょう》乗臭糞《じょうしゅうふん》の戒なり。瓦石《がしゃく》のごとし。それを持《たも》つ法師《ほっし》等は、野干《やかん》・猿猴《えんこう》等のごとし」とありしかば、「あら不思議や、法師ににたる《似》大蝗虫《だいこうちゅう》、国に出現せり。仏教の苗一時《なえいちじ》にうせ《失》なん。殷《いん》の紂《ちゅう》・夏《か》の桀《けつ》、法師となりて日本に生まれたり。後周《こうしゅう》の宇文《うぶん》・唐《とう》の武宗《ぶそう》、二《ふた》たび世に出現せり。仏法もただ今失《う》せぬべし、国もほろび《亡》なん」と。「大乗《だいじょう》・小乗《しょうじょう》の二類の法師《ほっし》出現せば、修羅《しゅら》と帝釈《たいしゃく》と、項羽《こうう》と高祖《こうそ》と一国に並べるなるべし」と、諸人《しょにん》手をたたき《叩》、舌をふるう《振》。「在世には仏と提婆《だいば》が二つの戒壇ありて、そこばくの人々死にき。されば、『他宗にはそむく《背》べし。我が師・天台大師の立て給わざる円頓の戒壇を立つべし』という不思議さよ。あらおそろし《恐》、あらおそろし」とののしり《詈》あえりき。

されども経文分明《きょうもんふんみょう》にありしかば、叡山《えいざん》の大乗戒壇《だいじょうかいだん》すでに立てさせ給《たま》いぬ。されば、内証《ないしょう》は同じけれども、法の流布《るふ》は、迦葉《かしょう》・阿難《あなん》よりも馬鳴《めみょう》・竜樹《りゅうじゅ》等はすぐれ《勝》、馬鳴等よりも天台《てんだい》はすぐれ、天台よりも伝教《でんぎょう》は超《こ》えさせ給いたり。世末《すえ》になれば、人の智《ち》はあさく《浅》仏教は深くなることなり。例せば、軽病《きょうびょう》には凡薬《ぼんやく》、重病《じゅうびょう》には仙薬《せんやく》、弱き人には強きかとうど《方人》有って扶《たす》くる、これなり。

問うて云《い》わく、天台《てんだい》・伝教《でんぎょう》の弘通《ぐつう》し給《たま》わざる正法《しょうほう》ありや。

答えて云わく、有り。

求めて云わく、何物ぞや。

答えて云わく、三つあり。末法《まっぽう》のために仏留《とど》め置き給《たも》う。迦葉《かしょう》・阿難《あなん》等、馬鳴《めみょう》・竜樹《りゅうじゅ》等、天台《てんだい》・伝教《でんぎょう》等の弘通《ぐつう》せさせ給《たま》わざる正法《しょうほう》なり。

求めて云《い》わく、その形貌《ぎょうみょう》いかん。

答えて云わく、一には、日本乃至《ないし》一閻浮提《いちえんぶだい》一同に、本門《ほんもん》の教主釈尊《きょうしゅしゃくそん》を本尊とすべし。いわゆる宝塔《ほうとう》の内の釈迦《しゃか》・多宝《たほう》、外《ほか》の諸仏《しょぶつ》ならびに上行《じょうぎょう》等の四菩薩《しぼさつ》、脇士《きょうじ》となるべし。二には、本門の戒壇《かいだん》。三には、日本乃至漢土《かんど》・月氏《がっし》・一閻浮提に、人ごとに有智《うち》・無智《むち》をきらわず《嫌》一同に他事《たじ》をすて《捨》て南無妙法蓮華経と唱《とな》うべし。このこといまだひろま《広》らず。一閻浮提の内に仏の滅後《めつご》二千二百二十五年が間、一人も唱えず。日蓮一人、南無妙法蓮華経・南無妙法蓮華経等と声もおしまず《惜》唱うるなり。

例せば、風に随《したが》って波の大小あり、薪《たきぎ》によって火の高下《こうげ》あり、池に随って蓮《はちす》の大小あり、雨の大小は竜《りゅう》による。根ふか《深》ければ枝しげ《繁》し、源《みなもと》遠ければ流れながし《長》という、これなり。周《しゅう》の代《よ》の七百年は文王《ぶんおう》の礼孝《れいこう》による。秦《しん》の世ほどもなし、始皇《しこう》の左道《さどう》なり。

日蓮が慈悲曠大《じひこうだい》ならば、南無妙法蓮華経は万年の外《ほか》未来までもながる《流》べし。日本国の一切衆生《いっさいしゅじょう》の盲《もう》目《もく》をひら《開》ける功徳《くどく》あり。無間地獄《むけんじごく》の道をふさ《塞》ぎぬ。この功徳は、伝教《でんぎょう》・天台《てんだい》にも超《こ》え、竜樹《りゅうじゅ》・迦葉《かしょう》にもすぐれ《勝》たり。極楽《ごくらく》百年の修行《しゅぎょう》は穢土《えど》の一日の功《く》に及《およ》ばず。正像《しょうぞう》二千年の弘通《ぐつう》は末法《まっぽう》の一時《いちじ》に劣《おと》るか。これひとえに、日蓮が智《ち》のかしこき《賢》にはあらず、時のしからしむるのみ。春は花さき《咲》、秋は菓《このみ》なる《生》。夏はあたたか《暖》に、冬はつめたし《冷》。時のしからしむるにあらずや。

「我滅度《めつど》して後《のち》、後の五百歳の中《うち》、閻浮提《えんぶだい》に広宣流布《こうせんるふ》して、断絶して悪魔《あくま》・魔民《まみん》・諸天《しょてん》・竜《りゅう》・夜叉《やしゃ》・鳩槃荼《くはんだ》等にその便りを得しむることなかれ」等云々《うんぬん》。この経文《きょうもん》もしむなしく《虚》なるならば、舎利弗《しゃりほつ》は華《け》光如来《こうにょらい》とならじ、迦葉尊者《かしょうそんじゃ》は光明如来《こうみょうにょらい》とならじ、目犍《もっけん》は多摩羅跋栴檀香仏《たまらばっせんだんこうぶつ》とならじ、阿難《あなん》は山海慧自《せんがいえじ》在通王仏《ざいつうおうぶつ》とならじ、摩訶波闍波提比丘尼《まかはじゃはだいびくに》は一切衆生喜見仏《いっさいしゅじょうきけんぶつ》とならじ、耶輸陀羅《やしゅだら》は具足千万光相仏《ぐそくせんまんこうそうぶつ》とならじ。三千塵点《じんてん》も戯論《けろん》、五百塵点も妄語《もうご》となりて、恐《おそ》らくは教主釈尊《きょうしゅしゃくそん》は無間地獄《むけんじごく》に堕《お》ち、多宝仏《たほうぶつ》は阿《あ》鼻《び》の炎《ほのお》にむせび《咽》、十方《じっぽう》の諸仏《しょぶつ》は八大地獄《はちだいじごく》を栖《すみか》とし、一切の菩薩《ぼさつ》は一百三十六の苦をうく《受》べし。いかでか、その義あるべき。その義なくば、日本国は一同の南無妙法蓮華経なり。

されば、花は根にかえり《帰》、真味《しんみ》は土にとどまる《留》。この功徳《くどく》は故道善房《こどうぜんぼう》の聖霊《しょうりょう》の御身《おんみ》にあつまる《集》べし。南無妙法蓮華経、南無妙法蓮華経。

建治《けんじ》二年太歳丙子《たいさいひのえね》七月二十一日、これを記す。

甲州波木井郷蓑歩岳《こうしゅうはきいのごうみのぶのたけ》より安房国東条郡清澄山《あわのくにとうじょうのこおりきよすみさん》、浄顕房《じょうけんぼう》・義城房《ぎじょうぼう》の本《もと》に送り奉《たてまつ》る。

建治《けんじ》2年('76)7月26日　55歳
浄顕房《じょうけんぼう》

(011)

報恩抄送文《ほうおんしょうおくりぶみ》

御状《ごじょう》給《た》び候《そうら》い畢《お》わんぬ。

親疎《しんそ》となく、法門《ほうもん》と申すは、心に入《い》れぬ人にはいわ《言》ぬことにて候《そうろう》ぞ。御心得候《おんこころえそうら》え。

御本尊図《ず》して進《まい》らせ候《そうろう》。この法華経は、仏の在世《ざいせ》よりも仏の滅後《めつご》、正法《しょうほう》よりも像法《ぞうほう》、像法よりも末法《まっぽう》の初めには、次第《しだい》に怨敵《おんてき》強くなるべき由《よし》をだにも御心《おんこころ》え《得》あるならば、日本国にこれより外《ほか》に法華経の行者《ぎょうじゃ》なし。これを皆人存《みなひとぞん》じ候《そうら》いぬべし。

　道善御房《どうぜんのごぼう》の御死去《ごしきょ》の由《よし》、去《い》ぬる月ほぼ承《うけたまわ》り候《そうろう》。自身早々《そうそう》と参上し、この御房をもやがてつか《遣》わすべきにて候《そうら》いしが、自身は内心は存《そん》せずといえども、人目《ひとめ》には遁世《とんせい》のように見えて候えば、なにとなくこの山を出《い》でず候《そうろう》。この御房は、また内々《ないない》人の申し候《そうら》いしは、「宗論《しゅうろん》やあらんずらん」と申せしゆえに、十方《じっぽう》にわか《分》ちて経論《きょうろん》等を尋《たず》ねしゆえに、国々の寺々へ人をあまた《数多》つか《遣》わして候《そうろう》に、この御房はするが《駿河》の国へつかわして当時こそ来《きた》って候《そうら》え。

　またこの文《ふみ》は随分《ずいぶん》大事の大事どもをかき《書》て候《そうろう》ぞ。詮《せん》なからん人々にきか《聞》せなば、あし《悪》かりぬべく候。また、たといさなくとも、あまた《数多》になり候《そうら》わば、ほかざま《外様》にもきこ《聞》え候いなば、御《おん》ため、またこのため、安穏《あんのん》ならず候わんか。

　御《おん》まえ《前》と義城房《ぎじょうぼう》と二人、この御房《ごぼう》をよみて《読手》として、嵩《かさ》がもり《森》の頂《いただき》にて二・三遍《べん》、また故道善御房《こどうぜんのごぼう》の御《おん》はか《墓》にて一遍《いっぺん》よ《読》ませさせ給《たま》いては、この御房にあず《預》けさせ給いて、つね《常》に御聴聞《ごちょうもん》候《そうら》え。たびたび《度々》になり候《そうろう》ならば、心《こころ》づ《付》かせ給《たも》うこと候《そうら》いなん。恐々謹言《きょうきょうきんげん》。

七月二十六日　　　　日蓮　花押《かおう》

清澄御房《きよすみのごぼう》

(012)

四《し》信《しん》五《ご》品《ほん》抄《しょう》

建治《けんじ》3年（'77）4月10日　56歳
富木常忍《ときじょうにん》

青鳧《せいふ》一結《ひとゆい》、送り給《た》び候《そうら》い了《お》わんぬ。

今来《こんらい》の学者一同の御存知《ごぞんち》に云《い》わく「在世《ざいせ》・滅後《めつご》異《こと》なりといえども、法華《ほっけ》を修行《しゅぎょう》するには必ず三学《さんがく》を具《ぐ》す。一つを欠いても成《じょう》ぜず」云々《うんぬん》。

余《よ》また年来《としごろ》この義を存《そん》するところ、一代聖教《いちだいしょうぎょう》はしばらくこれを置く、法華経に入《い》ってこの義を見聞《けんもん》するに、序《じょ》・正《しょう》の二段はしばらくこれを置く、流通《るつう》の一段は末法《まっぽう》の明鏡《みょうきょう》なり、もっとも依用《えゆう》となすべし。しかして、流通において二つ有り。一には、いわゆる迹門《しゃくもん》の中の法師《ほっし》等の五品《ごほん》なり。二には、いわゆる本門《ほんもん》の中の分別功徳《ふんべつくどく》の半品《はんぼん》より経《きょう》を終わるまで十一品《ぽん》半《はん》なり。この十一品半と五品と合わせて十六品半、この中に末法に入って法華《ほっけ》を修行《しゅぎょう》する相貌分明《そうみょうふんみょう》なり。これになお事行《ことゆ》かずんば、普賢経《ふげんぎょう》・涅槃経《ねはんぎょう》等を引き来《きた》ってこれを糾明《きゅうめい》せんに、その隠《かく》れなきか。

その中に、分別功徳品《ふんべつくどくほん》の四信《ししん》と五品《ごほん》とは、法華《ほっけ》を修行《しゅぎょう》するの大要《たいよう》、在世《ざいせ》・滅後《めつご》の亀鏡《ききょう》なり。荊渓《けいけい》云わく「一念信解《いちねんしんげ》とは、即《すなわ》ちこれ本門立行《ほんもんりゅうぎょう》の首《はじめ》なり」云々《うんぬん》。その中に現在《げんざい》の四信の初めの一念信解と滅後の五品の第一の初随喜《しょずいき》と、この二処《にしょ》は一同に百界千如《ひゃっかいせんにょ》・一念三千《いちねんさんぜん》の宝篋《ほうきょう》、十方三世《じっぽうさんぜ》の諸仏《しょぶつ》の出《い》ずる門なり。
天台《てんだい》・妙楽《みょうらく》の二《ふた》りの聖賢《しょうけん》、この二処《にしょ》の位を定《さだ》むるに、三つの釈《しゃく》有り。いわゆる、あるいは相似《そうじ》・十《じっ》信《しん》・鉄輪《てつりん》の位、あるいは観行五品《かんぎょうごほん》の初品《しょほん》の位にして未断見思《みだんけんじ》、あるいは名字即《みょうじそく》の位なり。止観《しかん》にその不定《ふじょう》を会《え》して云《い》わく「仏意《ぶつい》知り難《がた》し。機《き》に赴《おもむ》いて異説す。これを借りて開解《かいげ》せば、何《なん》ぞ労《わずら》わしく苦《ねんご》ろに諍《あらそ》わん」云々《うんぬん》等。

予《よ》が意《い》に云わく、三つの釈《しゃく》の中《うち》、名字即《みょうじそく》は経文《きょうもん》に叶《かな》うか。滅後《めつご》の五品《ごほん》の初めの一品《いっぽん》を説いて云わく「しかも毀呰《きし》せずして、随喜《ずいき》の心を起こす」。もしこの文《もん》、相似《そうじ》・五品に渡《わた》らば、「しかも毀呰せずして」の言《ことば》は便《びん》ならざるか。なかんずく寿量品《じゅりょうほん》の「失心《しっしん》、不失心《ふしっしん》」等は、皆《みな》、名字即なり。涅槃経《ねはんぎょう》に「もしは信ずるも、もしは信ぜざるも乃至《ないし》熙連《きれん》」とあり。これを勘《かんが》えよ。また「一念信解《いちねんしんげ》」の四字の中の「信」の一字は四信《ししん》の初めに居《こ》し、「解」の一字は後《のち》に奪《うば》わるるが故なり。もししからば、無解有信《むげうしん》は四信の初位《しょい》に当たる。経に第二信を説いて云わく「略解言趣《りゃくげごんしゅ》」云々《うんぬん》。記《き》の九に云わく「ただ初信《しょしん》のみを除く。初めは解《げ》無きが故に」。したがって、次下《つぎしも》の随喜品《ずいきほん》に至って、上《かみ》の初随喜《しょずいき》を重ねてこれを分《ふん》明《みょう》にす。五十人これ皆展転《てんでん》して劣《おと》るなり。第五十人に至って二つの釈有り。一には、謂《い》わく「第五十人は初随喜の内なり」。二には、謂わく「第五十人は初随喜の外《ほか》なり」というは名字即なり。「教《きょう》いよいよ実《じつ》なれば位いよいよ下《ひく》し」という釈は、この意なり。四味三教《しみさんぎょう》よりも円教《えんぎょう》は機《き》を摂《おさ》め、爾前《にぜん》の円教よりも法華経は機を摂め、迹門《しゃくもん》よりも本門《ほんもん》は機を尽《つ》くすなり。「教弥実位弥下《きょうみじついみげ》（教いよいよ実なれば位いよいよ下し）」の六字、心を留《とど》めて案ずべし。

問う。末法《まっぽう》に入《い》って初心《しょしん》の行者《ぎょうじゃ》、必ず円の三学《さんがく》を具《ぐ》するや不《いな》や。

答えて曰《い》わく、この義《ぎ》大事たるが故に、経文《きょうもん》を勘《かん》え出《い》だして貴辺に送付す。いわゆる五品《ごほん》の初《しょ》・二・三品《ぼん》には、仏正《まさ》しく戒《かい》・定《じょう》の二法を制止して、一向《いっこう》に慧《え》の一分《いちぶん》に限る。慧また堪《た》えざれば、信をもって慧に代え、信の一字を詮《せん》となす。不信は一闡提《いっせんだい》・謗法《ほうぼう》の因、信は慧の因、名字即《みょうじそく》の位なり。天台云《てんだいい》わく「もし相似《そうじ》の益《やく》ならば、生《しょう》を隔《へだ》つるも忘れず。名字・観行《かんぎょう》の益ならば、生を隔つれば即《すなわ》ち忘れ、あるいは忘れざるも有り。忘《わす》るる者も、もし知識《ちしき》に値《あ》わば宿善還《しゅくぜんかえ》って生ず、もし悪友に値わば則《すなわ》ち本心を失う」云々《うんぬん》。恐《おそ》らくは、中古の天台宗《てんだいしゅう》の慈覚《じかく》・智証《ちしょう》の両大師《だいし》も、天台・伝教《でんぎょう》の善知識《ぜんちしき》に違背《いはい》して、心は無畏《むい》・不空《ふくう》等の悪友に遷《うつ》れり。末代《まつだい》の学者、恵心《えしん》の往生要集《おうじょうようしゅう》の序《じょ》に狂惑《おうわく》せられて、法華《ほっけ》の本心を失い、弥陀《みだ》の権門《ごんもん》に入《い》る。退大取小《たいだいしゅしょう》の者なり。過去をもってこれを惟《おも》うに、未来無数劫《むしゅこう》を経《ふ》るも、三《さん》悪道《あくどう》に処《しょ》せん。「もし悪友に値わば則ち本心を失う」とは、これなり。

問うて曰《い》わく、その証《しょう》いかん。

答えて曰わく、止観《しかん》の第六に云《い》わく「前教《ぜんきょう》にその位を高くする所以《ゆえん》は、方便《ほうべん》の説なればなり。円教《えんぎょう》の位下《ひく》きは、真実の説なればなり」。弘決《ぐけつ》に云わく「『前教』より下《しも》は、正《まさ》しく権実《ごんじつ》を判ず。教《きょう》いよいよ実《じつ》なれば位いよいよ下《ひく》く、教いよいよ権《ごん》なれば位いよいよ高きが故に」。また記《き》の九に云わく「位を判ずとは、観境《かんきょう》いよいよ深く実位いよいよ下きを顕《あらわ》す」云々《うんぬん》。他宗《たしゅう》はしばらくこれを置く、天台《てんだい》一門の学者等、何《なん》ぞ「実位いよいよ下し」の釈《しゃく》を閣《さしお》いて恵心僧都《えしんそうず》の筆を用いるや。畏《い》・智《ち》・空《くう》と覚《かく》・証《しょう》とのことは、追ってこれを習え。大事なり、大事なり、一閻浮提《いちえんぶだい》第一の大事なり。心有らん人は聞いて後《のち》に我を外《うと》め。

問うて云《い》わく、末代初心《まつだいしょしん》の行者《ぎょうじゃ》に、何物をか制止するや。

答えて曰《い》わく、檀《だん》・戒《かい》等の五度《ごど》を制止して一向《いっこう》に南無妙法蓮華経と称《とな》えしむるを、一念信解《いちねんしんげ》・初随喜《しょずいき》の気分《けぶん》となすなり。これ則《すなわ》ちこの経《きょう》の本意なり。

疑って云《い》わく、この義いまだ見聞《けんもん》せず。心を驚《おどろ》かし、耳を迷わす。明らかに証文《しょうもん》を引いて、請《こ》う、苦《ねんご》ろにこれを示せ。

答えて曰《い》わく、経《きょう》に云《い》わく「我がためにまた塔寺《とうじ》を起《た》て、および僧坊《そうぼう》を作り、四事《しじ》をもって衆僧《しゅそう》を供養《くよう》することを須《もち》いず」。この経文《きょうもん》、明らかに初心《しょしん》の行者《ぎょうじゃ》に檀《だん》・戒《かい》等の五度《ごど》を制止する文《もん》なり。

疑って云《い》わく、汝《なんじ》が引くところの経文《きょうもん》は、ただ寺塔《じとう》と衆僧《しゅそう》とばかりを制止して、いまだ諸《もろもろ》の戒《かい》等に及《およ》ばざるか。

答えて曰《い》わく、初めを挙げて後《のち》を略す。

問うて曰わく、何をもってこれを知らん。

答えて曰わく、次下《つぎしも》の第四品《ほん》の経文《きょうもん》に云《い》わく「いわんや、また人有って、能《よ》くこの経《きょう》を持《たも》ち、兼《か》ねて布施《ふせ》・持戒《じかい》等を行《ぎょう》ぜんをや」云々《うんぬん》。経文分明《ふんみょう》に初《しょ》・二・三品《ぼん》の人には檀《だん》・戒《かい》等の五度《ごど》を制止し、第四品《ほん》に至って始めてこれを許す。後《のち》に許すをもって知んぬ、初めは制することを。

問うて曰《い》わく、経文《きょうもん》、一往《いちおう》、相似《あいに》たり。はたまた疏釈《しょしゃく》有りや。

答えて曰わく、汝《なんじ》が尋《たず》ぬるところの釈《しゃく》とは、月氏《がっし》の四依《しえ》の論か、はたまた漢土《かんど》・日本の人師《にんし》の書か。

本《ほん》を捨てて末《まつ》を尋ね、体《たい》を離《はな》れて影《かげ》を求め、源《みなもと》を忘れて流れを貴《たっと》ぶ。分明《ふんみょう》なる経文《きょうもん》を閣《さしお》いて、論釈《ろんしゃく》を請《こ》い尋ぬ。本経《ほんきょう》に相違《そうい》する末釈《まっしゃく》有らば、本経を捨てて末釈に付くべきか。

しかりといえども、好《この》みに随《したが》ってこれを示さん。文句《もんぐ》の九に云《い》わく「初心《しょしん》は縁《えん》に紛動《ふんどう》せられて正業《しょうごう》を修《しゅ》するを妨《さまた》げんことを畏《おそ》る。直《ただ》ちに専《もっぱ》らこの経《きょう》を持《たも》つは、即《すなわ》ち上供養《じょうくよう》なり。事《じ》を廃《はい》して理《り》を存《そん》するは、益《やく》するところ弘多《ぐた》なり」。この釈《しゃく》に「縁」と云うは、五度《ごど》なり。初心の者兼《か》ねて五度を行《ぎょう》ずれば、正業の信を妨《さまた》ぐるなり。譬《たと》えば、小船《しょうせん》に財《たから》を積んで海を渡《わた》るに、財とともに没《ぼっ》するがごとし。「直ちに専らこの経を持つ」と云うは、一経《いっきょう》に亘《わた》るにあらず。専ら題目を持って余文《よもん》を雑《まじ》えず。なお一経の読誦《どくじゅ》をも許さず。いかにいわんや五度をや。「事を廃して理を存す」と云うは、戒《かい》等の事を捨てて、題目の理を専らにす云々《うんぬん》。「益するところ弘多なり」とは、初心の者、諸行《しょぎょう》と題目とを並び行ずれば、益するところ全《まった》く失う云々。

文句《もんぐ》に云《い》わく「問う。もししからば、経《きょう》を持《たも》つは即《すなわ》ちこれ第一義戒《だいいちぎかい》なり。何が故《ゆえ》ぞまた能《よ》く戒を持つ者と言うや。答う。これは初品《しょほん》を明かす。応《まさ》に後《のち》をもって難を作《な》すべからず」等云々《うんぬん》。当世《とうせい》の学者、この釈《しゃく》を見ずして、末代《まつだい》の愚人《ぐにん》をもって南岳《なんがく》・天台《てんだい》の二聖《にしょう》に同ず。誤りの中の誤りなり。

妙楽《みょうらく》重ねてこれを明かして云《い》わく「『問う。もししからば』とは、もし事《じ》の塔《とう》および色身《しきしん》の骨《こつ》を須《もち》いずんば、また応《まさ》に事の戒《かい》を持つことを須いず、乃至《ないし》事の僧《そう》を供養《くよう》することを須いざるべしやとなり」等云々《うんぬん》。伝教大師《でんぎょうだいし》云わく「二百五十戒たちまちに捨て畢《お》わんぬ」。ただ教大師《きょうだいし》一人のみに限るにあらず、鑑真《がんじん》の弟子《でし》の如宝《にょほう》・道忠《どうちゅう》ならびに七大寺《しちだいじ》等一同に捨て了《お》わんぬ。また、教大師、未来を誡《いまし》めて云わく「末法《まっぽう》の中に持戒《じかい》の者有らば、これ怪異《けい》なり。市《いち》に虎《とら》有るがごとし。これ誰《たれ》か信ずべき」云々。

問う。汝《なんじ》、何《なん》ぞ、一念三千《いちねんさんぜん》の観門《かんもん》を勧進《かんじん》せず、ただ題目ばかりを唱えしむるや。

答えて曰《い》わく、日本の二字に六十六国を摂《おさ》め尽《つ》くして、人《にん》・畜《ちく》・財《ざい》一つも残らず。月氏《がっし》の両字にあに七十箇国《かこく》無からんや。妙楽《みょうらく》云《い》わく「略して経題《きょうだい》を挙《あ》ぐるに、玄《げん》に一部を収《おさ》む」。また云わく「略して界《かい》・如《にょ》を挙ぐるに、つぶさに三千を摂《おさ》む」。文殊師利菩薩《もんじゅしりぼさつ》・阿難尊者《あなんそんじゃ》、三会《さんえ》八年の間の仏語《ぶつご》、これを挙げて妙法蓮華経と題し、次下《つぎしも》に領解《りょうげ》して云わく「かくのごときを我《われ》聞きき」云々《うんぬん》。

問う。その義を知らざる人、ただ南無妙法蓮華経とのみ唱《とな》うるに、義を解《げ》する功徳《くどく》を具《そな》うや不《いな》や。

答う。小児《しょうに》、乳を含《ふく》むに、その味を知らざれども自然《じねん》に身を益《やく》す。耆婆《ぎば》が妙薬《みょうやく》、誰《たれ》か弁《わきま》えてこれを服せん。水心《こころ》無けれども火を消す。火物《もの》を焼くに、あに覚《さと》り有らんや。竜樹《りゅうじゅ》・天台《てんだい》皆《みな》この意なり。重ねて示すべし。

問う。何が故《ゆえ》ぞ題目に万法《ばんぽう》を含《ふく》むや。

答う。章安《しょうあん》云《い》わく「けだし、序王《じょおう》とは経《きょう》の玄意《げんい》を叙《の》ぶ。経の玄意は文《もん》の心を述《の》ぶ。文の心は迹本《しゃくほん》に過ぎたるはなし」。妙楽《みょうらく》云わく「法華《ほっけ》の文の心を出《い》だして諸教《しょきょう》の所以《ゆえん》を弁ず」云々《うんぬん》。濁水《じょくすい》心無けれども、月を得て自《おの》ずから清《す》めり。草木《そうもく》雨を得《う》るに、あに覚《さと》り有って花《はなさ》かんや。妙法蓮華経の五字は、経文にあらず、その義にあらず、ただ一部の意なるのみ。初心《しょしん》の行者《ぎょうじゃ》、その心を知らざれども、しかもこれを行《ぎょう》ずるに、自然《じねん》に意に当たるなり。

問う。汝《なんじ》が弟子《でし》、一分《いちぶん》の解《げ》無くして、ただ一口《ひとくち》南無妙法蓮華経と称《とな》うるものは、その位いかん。

答う。この人は、ただ四味三教《しみさんぎょう》の極位《ごくい》ならびに爾前《にぜん》の円人《えんにん》に超過《ちょうか》するのみにあらず、はたまた真言《しんごん》等の諸宗《しょしゅう》の元祖《がんそ》、畏《い》・儼《ごん》・恩《おん》・蔵《ぞう》・宣《せん》・摩《ま》・導《どう》等に勝出《しょうしゅつ》すること百千万億倍なり。

請《こ》う、国中《こくちゅう》の諸人《しょにん》、我が末弟《まってい》等を軽《かろ》んずることなかれ。進んで過去を尋《たず》ぬれば、八十万億劫供養《こうくよう》せし大菩薩《だいぼさつ》なり。あに熙連一恒《きれんいちごう》の者にあらずや。退《しりぞ》いて未来を論ずれば、八十年の布施《ふせ》に超過《ちょうか》して五十の功徳《くどく》を備《そな》うべし。天子の襁褓《むつき》に纏《まと》われ、大竜《だいりゅう》の始めて生《しょう》ずるがごとし。蔑如《べつじょ》することなかれ、蔑如することなかれ。

妙楽《みょうらく》云《い》わく「もし悩乱《のうらん》する者は頭七分《こうべしちぶん》に破《わ》れ、供養《くよう》することあらん者は福十号《じゅうごう》に過《す》ぐ」。優陀延王《うだえんおう》は賓豆盧尊者《びんずるそんじゃ》を蔑如《べつじょ》して七年の内に身を喪失《そうしつ》し、相州《そうしゅう》は日蓮を流罪《るざい》して百日の内に兵乱《ひょうらん》に遇《あ》えり。経《きょう》に云わく「もしまたこの経典《きょうてん》を受持《じゅじ》せん者を見て、その過悪《かあく》を出《い》ださば、もしは実《じつ》にもあれ、もしは不実にもあれ、この人は現世《げんぜ》に白癩《びゃくらい》の病《やまい》を得《え》ん乃至《ないし》諸《もろもろ》の悪重病あるべし」。また云わく「当《まさ》に世々《せぜ》に眼《まなこ》無かるべし」等云々《うんぬん》。明心《みょうしん》と円智《えんち》とは現《げん》に白癩を得、道阿弥《どうあみ》は無眼《むげん》の者と成りぬ。国中《こくちゅう》の疫病《えきびょう》は「頭七分に破る」なり。罰《ばち》をもって徳を惟《おも》うに、我が門人《もんじん》等は「福十号に過ぐ」疑いなきものなり。

夫《そ》れ、人王《にんのう》三十代欽明《きんめい》の御宇《ぎょう》に始めて仏法渡《わた》りしより以来《このかた》、桓武《かんむ》の御宇に至るまで、二十代二百余年の間、六宗《ろくしゅう》有りといえども、仏法いまだ定まらず。ここに、延暦年中《えんりゃくねんちゅう》に一《ひと》りの聖人《しょうにん》有って、この国に出現せり。いわゆる伝教大師《でんぎょうだいし》これなり。この人、先より弘通《ぐつう》せる六宗を糾明《きゅうめい》して七寺《しちじ》を弟子《でし》となし、ついに叡山《えいざん》を建てて本寺となし、諸寺を取って末寺となす。日本の仏法ただ一門のみなり。王法《おうぼう》も二《ふた》つにあらず。法定《さだ》まり国清《す》めり。その功《く》を論ぜば、源《みなもと》、「已今当《いこんとう》」の文《もん》より出《い》でたり。

その後《のち》、弘法《こうぼう》・慈覚《じかく》・智証《ちしょう》の三大師《さんだいし》、事を漢土《かんど》に寄せて「大日《だいにち》の三部は法華経に勝《すぐ》る」と謂《い》い、あまつさえ教大師《きょうだいし》の削《けず》るところの真言宗《しんごんしゅう》の宗の一字、これを副《そ》えて八宗《はっしゅう》と云々《うんぬん》。三人一同に勅宣《ちょくせん》を申し下《くだ》して日本に弘通《ぐつう》し、寺ごとに法華経の義を破る。これひとえに、「已今当《いこんとう》」の文《もん》を破らんとして、釈迦《しゃか》・多宝《たほう》・十方《じっぽう》の諸仏《しょぶつ》の大怨敵《だいおんてき》と成りぬ。しかる後、仏法漸《ようや》く廃《すた》れ、王法次第《おうぼうしだい》に衰《おとろ》え、天照太神《てんしょうだいじん》・正八幡《しょうはちまん》等の久住《くじゅう》の守護神《しゅごしん》は力を失い、梵帝《ぼんたい》・四天《してん》は国を去って、すでに亡国と成らんとす。情《こころ》有らん人、誰《たれ》か傷《いた》み嗟《なげ》かざらんや。詮《せん》ずるところ、三大師の邪法《じゃほう》の興《おこ》る所は、いわゆる東寺《とうじ》と叡山《えいざん》の総持院《そうじいん》と園城寺《おんじょうじ》との三所《さんしょ》なり。禁止《きんじ》せずんば、国土の滅亡《めつぼう》と衆生《しゅじょう》の悪道《あくどう》と疑いなきものか。予《よ》ほぼこの旨《むね》を勘《かんが》え国主に示すといえども、あえて叙用《じょよう》無し。悲しむべし、悲しむべし。

(013)

下山御消息《しもやまごしょうそく》

建治《けんじ》3年（'77）6月　56歳
下山光基《しもやまみつもと》

「例時《れいじ》においては、もっとも阿弥陀経《あみだきょう》を読まるべきか」等云々《うんぬん》。

このことは、仰《おお》せ候《そうら》わぬ已前《いぜん》より、親父《しんぷ》の代官といい、私《わたくし》の計《はか》らいと申し、この四・五年が間は退転《たいてん》なく例時《れいじ》には阿弥陀経《あみだきょう》を読み奉《たてまつ》り候いしが、去年の春の末《すえ》夏の始めより、阿弥陀経を止《とど》めて、一向《いっこう》に法華経の内、自我偈読誦《じがげどくじゅ》し候《そうろう》。また同じくは一部を読み奉らんとはげ《励》み候。これまたひとえに現当《げんとう》の御祈禱《ごきとう》のためなり。

ただし、阿弥陀経《あみだきょう》・念仏《ねんぶつ》を止《とど》めて候《そうろう》ことは、この日比《ひごろ》、日本国に聞こえさせ給《たも》う日蓮聖人《しょうにん》、去《い》ぬる文永《ぶんえい》十一年の夏の比《ころ》、同じき甲州飯野御牧《こうしゅういいのみまき》の波木井郷《はきいのごう》の内、身延《みのぶ》の嶺《みね》と申す深山に御隠居《ごいんきょ》せさせ給《たま》い候《そうら》えば、さるべき人々御法門承《ごほうもんうけたまわ》るべきの由《よし》候えども、御制止《ごせいし》ありて入《い》れられず。おぼろけの強縁《ごうえん》ならではか《叶》ないがたく候いしに、ある人見参《げんざん》の候《そうろう》と申し候いしかば、信じまいらせ候わんりよう《料》には参り候わず、ものの様《よう》をも見候わんために、閑所《かんじょ》より忍《しの》んで参り、御庵室《ごあんじち》の後《うし》ろに隠《かく》れ、人々の御《ご》不審《ふしん》について、あらあら御法門とか《説》せ給い候いき。

法華経と大日経《だいにちきょう》・華厳《けごん》・般若《はんにゃ》・深密《じんみつ》・楞伽《りょうが》・阿弥陀経《あみだきょう》等の経々《きょうぎょう》の勝劣《しょうれつ》・浅深《せんじん》等を先《さき》として説き給《たま》いし

を承《うけたまわ》り候《そうら》えば、法華経と阿弥陀経等の勝劣は、一重《いちじゅう》二重のみならず、天地雲泥《てんちうんでい》に候いけり。譬《たと》えば、帝釈《たいしゃく》と猿猴《えんこう》と、鳳凰《ほうおう》と烏鵲《かささぎ》と、大山と微塵《みじん》と、日月《にちがつ》と蛍炬《ほたるび》等の高下《こうげ》・勝劣なり。彼々《かれがれ》の経文《きょうもん》と法華経とを引き合わせて、たくらべ《比》させ給いしかば、愚人《ぐにん》も弁《わきま》えつべし。白々《はくはく》なり、赤々《せきせき》なり。されば、この法門《ほうもん》は大体人《ひと》も知れり。始めておどろく《驚》べきにあらず。

また、仏法を修行《しゅぎょう》する法は、必ず経々《きょうぎょう》の大小《だいしょう》・権実《ごんじつ》・顕密《けんみつ》を弁《わきま》うべき上、よくよく時を知り機《き》を鑑《かんが》みて申すべきことなり。しかるに、当世《とうせい》日本国は、人ごとに、阿《あ》みだ《弥陀》経《きょう》ならびに弥陀《みだ》の名号《みょうごう》等を本《ほん》として、法華経を忽諸《こっしょ》し奉《たてまつ》る。世間《せけん》に智者《ちしゃ》と仰《あお》がるる人々、我も我も時機《じき》を知れり時機を知れりと存《ぞん》ぜられげに候《そうら》えども、小善をもって大善を打ち奉り、権経《ごんきょう》をもって実経《じっきょう》を失うとが《失》は、小善還《かえ》って大悪となる、薬変《へん》じて毒となる、親族還って怨敵《おんてき》と成るがごとし。難治《なんじ》の次第《しだい》なり。

また、仏法には賢《かしこ》げなるようなる人なれども、時により機《き》により国により先後の弘通《ぐつう》によることを弁《わきま》えざれば、身心《しんしん》を苦しめて修行《しゅぎょう》すれども験《しるし》なきことなり。たとい一向《いっこう》に小乗流布《しょうじょうるふ》の国には大乗《だいじょう》をば弘通することはあれども、一向大乗の国には小乗経《しょうじょうきょう》をあながちにいむ《忌》ことなり。しいて《強》これを弘通すれば、国もわずらい《煩》、人も悪道《あくどう》まぬかれ《免》がたし。

また、初心《しょしん》の人には二法を並べて修行《しゅぎょう》せしむることをゆるさ《許》ず。月氏《がっし》の習いには、一向小乗《いっこうしょうじょう》の寺の者は王路《おうろ》を行かず、一向大乗《だいじょう》の僧《そう》は左右の路《みち》をふむ《踏》ことなし。井《い》の水、河の水、同じく飲むことなし。いかにいわんや一房《いちぼう》に栖《す》みなんや。されば、法華経に、初心の一向大乗の寺を仏説《と》き給《たも》うに「ただ楽《ねが》って大乗経典《きょうてん》を受持《じゅじ》するのみにして、乃至《ないし》、余経《よきょう》の一偈《げ》をも受けざれ」。また云《い》わく「また声聞《しょうもん》を求《もと》むる比丘《びく》・比丘尼《びくに》・優婆塞《うばそく》・優婆夷《うばい》に親近《しんごん》せざれ」。また云わく「また問訊《もんじん》せざれ」等云々《うんぬん》。たとい親《しん》父《ぶ》たれども、一向小乗の寺に住《じゅう》する比丘・比丘尼をば、一向大乗の寺の子息これを礼拝《らいはい》せず親近せず。いかにいわんや、その法を修行せんや。大小兼行《だいしょうけんぎょう》の寺は、後心《ごしん》の菩薩《ぼさつ》なり。

今、日本国は、最初に仏法の渡《わた》って候《そうら》いし比《ころ》は大小雑行《だいしょうぞうぎょう》にて候いしが、人王《にんのう》四十五代聖武天皇《しょうむてんのう》の御《ぎょ》宇《う》に、唐《とう》の揚州竜興寺《ようしゅうりゅうこうじ》の鑑真和尚《がんじんわじょう》と申せし人、漢土《かんど》より我が朝《ちょう》に法華経・天台宗《てんだいしゅう》を渡し給《たま》いてありしが、円機未熟《えんきみじゅく》とやおぼし《思》けん、この法門《ほうもん》をば己心《こしん》に収めて口にも出《い》だし給わず、大唐《だいとう》の終南山《しゅうなんざん》の豊徳《ぶとく》寺《じ》の道宣律師《どうせんりっし》の小乗戒《しょうじょうかい》を日本国の三所《さんしょ》に建立《こんりゅう》せり。これひとえに法華宗《ほっけしゅう》の流布《るふ》すべき方便《ほうべん》なり。大乗《だいじょう》出現の後《のち》には肩《かた》を並べて行《ぎょう》ぜよとにはあらず。例せば、儒家《じゅか》の本師《ほんし》たる孔子《こうし》・老子《ろうし》等の三聖《さんせい》は、仏の御使《おんつか》いとして漢土に遣《つか》わされて、内典《ないてん》の初門《しょもん》に礼楽文《れいがくぶん》を諸人《しょにん》に教えたりき。止観《しかん》に経《きょう》を引いて云《い》わく「我、三聖を遣わして、彼《か》の震旦《しんたん》を化《け》す」等云々《うんぬん》。妙楽大師《みょうらくだいし》云わく「礼楽前《さき》に馳《は》せて、真道《しんどう》後に啓《ひら》く」と云々。仏は大乗の初門にしばらく小乗戒を説き給いしかども、時すぎ《過》ぬれば禁《いまし》めて云わく、涅《ね》槃経《はんぎょう》に云わく「もし人有って如来《にょらい》は無常《むじょう》なりと言わん。いかんぞ、この人、舌堕落《だらく》せざらん」等云々。

その後《のち》、人王《にんのう》第五十代桓武天皇《かんむてんのう》の御宇《ぎょう》に、伝教大師《でんぎょうだいし》と申せし聖人《しょうにん》出現せり。始めには華厳《けごん》・三論《さんろん》・法相《ほっそう》・倶舎《くしゃ》・成実《じょうじつ》・律《りつ》の六宗《ろくしゅう》を習い極《きわ》め給《たも》うのみならず、達磨宗《だるましゅう》の淵底《えんでい》を探《さぐ》り究《きわ》め給《たま》い、あまつさえ、いまだ日本国に弘通《ぐつう》せざる天台《てんだい》・真言《しんごん》の二宗をも尋《たず》ね顕《あらわ》して、浅深《せんじん》・勝劣《しょうれつ》を心中《しんちゅう》に究竟《くきょう》し給えり。去《い》ぬる延暦《えんりゃく》二十一年正月十九日に、桓武皇帝《こうてい》、高雄寺《たかおでら》に行幸《みゆき》なり給い、南都七大寺《なんとしちだいじ》の長者《ちょうじゃ》の善議《ぜんぎ》・勤操《ごんぞう》等の十四人を教大師《きょうだいし》に召《め》し合わせて、六宗と法華宗《ほっけしゅう》との勝劣を糾明《きゅうめい》せられしに、六宗の碩学《せきがく》、宗々《しゅうじゅう》ごとに、「我が宗は一代超過《いちだいちょうか》」の由《よし》各々《おのおの》に立て申されしかども、教大師の一言《いちごん》に万事《ばんじ》破れ畢《お》わんぬ。その後、皇帝重《かさ》ねて口宣《こうせん》す。和気広世《わけのひろよ》を御使《おんつか》いとして諫責《かんせき》せられしかば、七大寺・六宗の碩学《せきがく》一同に謝表《しゃひょう》を奉《たてまつ》り畢わんぬ。一十四人の表に云《い》わく「この界《かい》の含霊《がんれい》、今より後、ことごとく妙円《みょうえん》の船に載《の》り、早く彼岸《ひがん》に済《わた》ることを得《う》」云々《うんぬん》。教大師云わく「二百五十戒《かい》たちまちに捨て畢わんぬ」云々。また云わく「正像《しょうぞう》やや過ぎ已《お》わって、末法《まっぽう》はなはだ近きに有り」。また云わく「一乗《いちじょう》の家にはすべて用いず」。また云わく「穢食《えじき》をもって宝器《ほうき》に置くことなかれ」。また云わく「仏世《ぶっせ》の大羅漢《だいらかん》すでにこの呵責《かしゃく》を被《こうむ》れり。滅後《めつご》の小蚊虻何《しょうぶんぼうなん》ぞこれに随《したが》わざらん」云々。

これまた私《わたくし》の責めにはあらず。法華経には「正直《しょうじき》に方便《ほうべん》を捨てて、ただ無上道《むじょうどう》を説くのみ」云々《うんぬん》。涅槃経《ねはんぎょう》には「邪見《じゃけん》の人」等云々。「邪見」「方便」と申すは、華厳《けごん》・大日経《だいにちきょう》・般若経《はんにゃきょう》・阿弥陀経《あみだきょう》等の四十余年の経々《きょうぎょう》なり。「捨てて」とは、天台《てんだい》云《い》わく「廃《す》つるなり」。また云わく「謗《ぼう》とは背《そむ》くなり」。「正直」の初心《しょしん》の行者《ぎょうじゃ》の法華経を修行《しゅぎょう》する法は、上《かみ》に挙《あ》ぐるところの経々・宗々《しゅうじゅう》を抛《なげう》って、一向《いっこう》に法華経を行《ぎょう》ずるが真《まこと》の正直の行者にては候《そうろう》なり。しかるを、初心の行者、深位《じんい》の菩薩《ぼさつ》のように彼々《かれがれ》の経々と法華経とを並べて行ずれば、不正直《ふしょうじき》の者となる。世間《せけん》の法にも、賢人《けんじん》は二君に仕《つか》えず、貞女《ていじょ》は両夫に嫁《とつ》がずと申す、これなり。

また私《わたくし》に異義を申すべきにあらず。如来《にょらい》は未来を鑑《かんが》みさせ給《たま》いて、我が滅後正法《めつごしょうほう》一千年・像法《ぞうほう》一千年・末法《まっぽう》一万年が間、我が法門《ほうもん》を弘通《ぐつう》すべき人々ならびに経々《きょうぎょう》を、一々《いちいち》にきり《切》あて《当》られて候《そうろう》。しかるに、これを背《そむ》く人世《よ》に出来《しゅったい》せば、たとい智者《ちしゃ》・賢王《けんおう》なりとも用いるべからず。いわゆる「我が滅後の次の日より正法五百年の間は、一向小乗経《いっこうしょうじょうきょう》を弘通すべし。迦葉《かしょう》・阿難《あなん》、乃至富那奢《ないしふなしゃ》等の十余人なり。後《のち》の五百年には権大乗経《ごんだいじょうきょう》の内華厳《けごん》・方等《ほうどう》・深密《じんみつ》・般若《はんにゃ》・大日経《だいにちきょう》・観経《かんぎょう》・阿《あ》みだ《弥陀》経《きょう》等を、弥勒《みろく》菩薩《ぼさつ》・文殊師利《もんじゅしり》菩薩・馬鳴《めみょう》菩薩・竜樹《りゅうじゅ》菩薩・無著《むじゃく》菩薩・天親《てんじん》菩薩等の四依《しえ》の大菩薩等の大論師《だいろんじ》弘通すべし」と云々《うんぬん》。これらの大論師は、法華経の深義《じんぎ》を知《し》ろしめさざるにあらず。しかれども、法華経流布《るふ》の時も来《きた》らざる上、釈尊《しゃくそん》よりも仰《おお》せ付けられざる大法《だいほう》なれば、心には存《そん》して口に宣《の》べ給わず。ある時は、ほぼ口に囀《さえず》るようなれども、実義をば一向に隠《かく》して演《の》べ給わず。

像法《ぞうほう》一千年の内に入《い》りぬれば、月氏《がっし》の仏法漸《ようや》く漢土《かんど》・日本に渡《わた》り来《きた》る。世尊《せそん》、眼前《がんぜん》に薬王《やくおう》菩薩《ぼさつ》等の迹化《しゃっけ》・他方《たほう》の大菩薩に、法華経の半分、迹門《しゃくもん》十四品《ほん》を譲《ゆず》り給《たも》う。これはまた、地涌《じゆ》の大菩薩、末法《まっぽう》の初めに出現せさせ給《たま》いて、本門寿量品《ほんもんじゅりょうほん》の肝心《かんじん》たる南無妙法蓮華経の五字を、一閻浮提《いちえんぶだい》の一切衆生《いっさいしゅじょう》に唱えさせ給《たも》うべき先序《せんじょ》のためなり。いわゆる迹門弘通《ぐつう》の衆《しゅ》は、南岳《なんがく》・天台《てんだい》・妙楽《みょうらく》・伝教《でんぎょう》等これなり。

今の時は、世すでに上行菩薩《じょうぎょうぼさつ》等の御出現《ごしゅつげん》の時剋《じこく》に相当《あいあ》たれり。しかるに、余《よ》、愚眼《ぐげん》をもってこれを見るに、先相《せんそう》すでにあら《顕》われたるか。

しかるに、諸宗《しょしゅう》の依《よ》るところの華厳《けごん》・大日《だいにち》・阿《あ》みだ《弥陀》経《きょう》等は、その流布《るふ》の時を論ずれば、正法《しょうほう》一千年の内、後《のち》の五百年、乃至像法《ないしぞうほう》の始めの諍論《じょうろん》の経々《きょうぎょう》なり。しかるに、人師《にんし》等、経々の浅深《せんじん》・勝劣《しょうれつ》等に迷《めい》惑《わく》するのみならず、仏の譲《ゆず》り状《じょう》をもわす《忘》れ、時機《じき》をも勘《かんが》えず、みだりに宗々《しゅうじゅう》を構え、像《ぞう》・末《まつ》の行《ぎょう》となせり。例せば、白蔵《はくぞう》に種《たね》を下《お》ろして玄冬《げんとう》に穀《こく》をもとめ、下弦《かげん》に満月を期《ご》し、夜中に日輪《にちりん》を尋《たず》ぬるがごとし。

いかにいわんや、律宗《りっしゅう》なんど申す宗は一向小乗《いっこうしょうじょう》なり。月氏《がっし》には正法《しょうほう》一千年の前《さき》の五百年の小法《しょうぼう》、また日本国にては、像法《ぞうほう》の中比《なかごろ》、法華経・天台宗《てんだいしゅう》の流布《るふ》すべき前に、しばらく機《き》を調養《じょうよう》せんがためなり。例せば、日出《い》でんとて明星《みょうじょう》前に立ち、雨下《ふ》らんとて雲まずおこ《起》るがごとし。日出で雨下って後《のち》の星・雲はなに《何》かせん。しかるに、今は時過ぎぬ。また末法《まっぽう》に入《い》ってこれを修行《しゅぎょう》せば、重病に軽薬《きょうやく》を授《さず》け、大石《たいせき》を小船《しょうせん》に載《の》するがごとし。修行せば、身は苦しく、暇《いとま》は入って験《しるし》なく、花のみ開いて菓《み》なからん。故に、教大師《きょうだいし》、像法の末《まつ》に出現して、法華経の迹門《しゃくもん》の戒《かい》・定《じょう》・慧《え》の三つが内、その中の円頓《えんどん》の戒壇《かいだん》を叡山《えいざん》に建立《こんりゅう》し給《たま》いし時、二百五十戒たちまちに捨て畢《お》わんぬ。したがって、また鑑真《がんじん》の末《すえ》の南都《なんと》七大《しちだい》寺《じ》の一十四人・三百余人も加判《かはん》して大乗《だいじょう》の人となり、一国挙《こぞ》って小律儀《しょうりつぎ》を捨て畢わんぬ。その授戒《じゅかい》の書を見るべし。分明《ふんみょう》なり。

しかるを、今、邪智《じゃち》の持斎《じさい》の法師《ほっし》等、昔捨《す》てし小乗経《しょうじょうきょう》を取り出《い》だして、一戒《かい》もたも《持》たぬ名ばかりなる二百五十戒の法師原《ほっしばら》有って、公家《くげ》・武家《ぶけ》を誑惑《おうわく》して国師《こくし》とののし《詈》る。あまつさえ、我慢《がまん》を発《おこ》して大《だい》乗戒《じょうかい》の人を破戒《はかい》・無戒《むかい》とあなず《侮》る。例せば、狗犬《くけん》が師子《しし》を吠《ほ》え、猿猴《えんこう》が帝釈《たいしゃく》をあなずるがごとし。今の律宗《りっしゅう》の法師原は、世間《せけん》の人々には持戒《じかい》・実語《じつご》の者のようには見《み》ゆれども、その実《じつ》を論ずれば、天下《てんか》第一の大不実の者なり。その故は、彼《かれ》らが本文《ほんもん》とする四分律《しぶんりつ》・十誦律《じゅうじゅりつ》等の文《もん》は、大小乗《だいしょうじょう》の中には一向《いっこう》小乗、小乗の中にも最下《さいげ》の小律《しょうりつ》なり。在世《ざいせ》には十二年の後《のち》、方等《ほうどう》大乗へうつ《移》るほどのしばらくのやす《休》めこと《言》ば《葉》、滅後《めつご》には正法《しょうほう》の前《さき》の五百年は一向小乗の寺なり。これまた一向大乗の寺の毀謗《きぼう》となさんがためなり。されば、日本国には像法《ぞうほう》の半《なか》ばに鑑真《がんじん》和尚《わじょう》、大乗の手習いとし給《たも》う。教大師《きょうだいし》、彼《か》の宗《しゅう》を破《は》し給《たま》いて、人をば天台宗《てんだいしゅう》へとりこし《取越》、宗をば失うべしといえども、後に事の由《よし》を知らしめんがために、我が大乗の弟子《でし》を遣《つか》わしてたすけおき《助置》給《たも》う。しかるに、今の学者等はこの由を知らずして、六宗《ろくしゅう》は本《もと》より破れずしてありとおもえり《思》。はかなし、はかなし。

また一類の者等、天台《てんだい》の才学《さいかく》をもって見れば我が律宗《りっしゅう》は幼弱《ようにゃく》なる故に、漸々《ぜんぜん》に梵網経《ぼんもうきょう》へうつり《移》ぬ。結句《けっく》は、法華経の大戒《だいかい》を我が小律《しょうりつ》に盗《ぬす》み入《い》れて、還《かえ》って円頓《えんどん》の行者《ぎょうじゃ》を破戒《はかい》・無戒《むかい》と咲《わら》えば、国主は当時の形貌《ぎょうみょう》の貴《たっと》げなる気色《けしき》にたぼらか《誑》され給《たま》いて、天台宗の寺に寄せたる田畠《でんぱた》等を奪《うば》い取って彼《かれ》らにあ《与》たえ、万民《ばんみん》はまた一向大乗《いっこうだいじょう》の寺の帰依《きえ》を抛《なげう》って彼《か》の寺にうつる《移》。手ずから火をつけ《付》ざれども日本一国の大乗の寺を焼き失い、抜目鳥《ばつもくちょう》にあらざれども一切衆生《いっさいしゅじょう》の眼《まなこ》を抜《ぬ》きぬ。仏の記し給《たも》う「阿羅漢《あらかん》に似たる闡提《せんだい》」とは、これなり。

涅槃経《ねはんぎょう》に云《い》わく「我《われ》涅槃して後《のち》、無量百歳、四道《しどう》の聖人《しょうにん》ことごとくまた涅槃せん。正法滅《しょうほうめっ》して後、像法《ぞうほう》の中において、当《まさ》に比丘《びく》有るべし。律《りつ》を持《たも》つに似像《に》せて少しく経《きょう》を読誦《どくじゅ》し、飲食《おんじき》を貪嗜《とんし》してその身を長養《じょうよう》す乃至《ないし》袈裟《けさ》を服《き》るといえども、なお猟師《りょうし》の細めに視《み》て徐《しず》かに行くがごとく、猫《ねこ》の鼠《ねずみ》を伺《うかが》うがごとし。外には賢善《けんぜん》を現じ、内には貪嫉《とんしつ》を懐《いだ》く。啞法《あほう》を受けたる婆羅門《ばらもん》等のごとし。実《じつ》には沙門《しゃもん》にあらずして沙門の像《かたち》を現じ、邪見熾盛《じゃけんしじょう》にして正法を誹謗《ひぼう》せん」等云々《うんぬん》。この経文《きょうもん》に世尊《せそん》未来を記し置き給《たも》う。

そもそも、釈尊《しゃくそん》は、我らがためには賢父《けんぷ》たる上、明師《みょうし》なり、聖主《しょうじゅ》なり。一身に三徳《さんとく》を備《そな》え給《たま》える仏の、仏眼《ぶつげん》をもって未来悪世《あくせ》を鑑《かんが》み給いて記し置き給《たも》う記文《きもん》に云《のたま》わく「我涅槃《ねはん》して後《のち》、無量百歳」云々《うんぬん》。

仏の滅後《めつご》二千年已後《いご》と見えぬ。また「四道《しどう》の聖人《しょうにん》ことごとくまた涅槃せん」云々。付法蔵《ふほうぞう》の二十四人を指すか。「正法滅《しょうほうめつ》して後」等云々。像末《ぞうまつ》の世と聞こえたり。「当《まさ》に比丘《びく》有るべし。律《りつ》を持《たも》つに似《に》像せて」等云々《うんぬん》。今、末法《まっぽう》の代《よ》に比丘《びく》の似像《じぞう》を撰《えら》び出《い》ださば、日本国には誰《たれ》の人をか引き出だして、大覚世尊《だいかくせそん》をば不妄語《ふもうご》の人とし奉《たてまつ》るべき。俗男《ぞくなん》・俗女《ぞくにょ》・比丘尼《びくに》をば、この経文《きょうもん》に載《の》せたることなし。ただ比丘ばかりなり。比丘は日本国に数を知らず。しかれども、その中に三衣一鉢《さんねいっぱつ》を身に帯《たい》せねば、似像と定めがたし。ただ持斎《じさい》の法師《ほっし》ばかり相似《あいに》たり。一切《いっさい》の持斎の中には、次下《つぎしも》の文に「律を持つ」ととけ《説》り。律宗《りっしゅう》より外《ほか》はまた脱《のが》れぬ。次下の文に「少しく経を読誦《どくじゅ》し」云々。相州鎌倉《そうしゅうかまくら》の極楽寺《ごくらくじ》の良観房《りょうかんぼう》にあらずば、誰《たれ》を指し出だして経文をたすけ奉るべき。

次下《つぎしも》の文に「なお猟師《りょうし》の細めに視《み》て徐《しず》かに行くがごとく、猫《ねこ》の鼠《ねずみ》を伺《うかが》うがごとし。外には賢善《けんぜん》を現じ、内には貪嫉《とんしつ》を懐《いだ》く」等云々《うんぬん》。両火房《りょうかぼう》にあらずば、誰《たれ》をか三衣一鉢《さんねいっぱつ》の猟師・伺猫《しびょう》として仏説《ぶっせつ》を信ずべき。哀《あわ》れなるかな、当時の俗男《ぞくなん》・俗女《ぞくにょ》・比丘尼《びくに》等・檀那《だんな》等が、山の鹿《しか》・家の鼠となりて、猟師・猫に似たる両火房に伺われ、たぼら《誑》かされて、今生《こんじょう》には守護国土《しゅごこくど》の天照太神《てんしょうだいじん》・正八幡《しょうはちまん》等にすてられ、他国の兵軍《へいぐん》にやぶ《破》られて、猫の鼠を捺《お》さえ取るがごとく、猟師の鹿を射死《いころ》すがごとし。俗男・武士等は射《い》伏《ふ》せ切り伏せられ、俗女は捺さえ取られて他国へおもむ《趣》かん。王昭君《おうしょうくん》・楊貴妃《ようきひ》がごとくになりて、後《ご》生《しょう》には無間大城《むけんだいじょう》に一人もなく趣《おもむ》くべし。

しかるを、余《よ》このことを見る故に、彼《かれ》が檀那《だんな》等が大悪心をおそれず強盛《ごうじょう》にせ《責》むる故に、両火房《りょうかぼう》、内々諸方《ないないしょほう》に讒言《ざんげん》を企《くわだ》てて余が口を塞《ふさ》がんとはげ《励》みしなり。

また経《きょう》に云《い》わく「汝《なんじ》を供養《くよう》せば、三悪道《さんあくどう》に堕《お》つ」等云々《うんぬん》。在世《ざいせ》の阿羅漢《あらかん》を供養せし人、なお三悪道まぬかれ《免》がたし。いかにいわんや、滅後《めつご》の狂惑《おうわく》の小律《しょうりつ》の法師原《ほっしばら》をや。小戒《しょうかい》の大科《たいか》をば、これをもって知んぬべし。あるいはまた驢乳《ろにゅう》にも譬《たと》えたり、還《かえ》って糞《ふん》となる。あるいは狗犬《くけん》にも譬えたり、大乗《だいじょう》の人の糞を食す。あるいは猿猴《えんこう》、あるいは瓦礫《がりゃく》と云々。しかれば、時を弁《わきま》えず機《き》をしらず《知》して小乗戒《しょうじょうかい》を持《たも》てば、大乗の障《さわ》りとなる。破れば、また必ず悪果《あっか》を招く。その上、今の人々、小律の者どもは、大《だい》乗戒《じょうかい》を小乗戒に盗《ぬす》み入《い》れ、驢乳に牛乳《ごにゅう》を入れて大乗の人をあざむく《欺》大偸盗《だいちゅうとう》の者、大謗法《だいほうぼう》の者。そのとが《失》を論ずれば、提婆達多《だいばだった》も肩《かた》を並べがたく、瞿伽利尊者《くぎゃりそんじゃ》が足も及《およ》ばざる閻浮《えんぶ》第一の大悪人なり。帰依《きえ》せん国土、安穏《あんのん》なるべしや。

余《よ》このことを見るに、自身だにも弁《わきま》えなばさてこそあるべきに、日本国に智者《ちしゃ》とおぼしき人々《ひとびと》一人も知らず、国すでにやぶれ《破》なんとす。その上、仏の諫暁《かんぎょう》を重んずる上、一分《いちぶん》の慈悲《じひ》にもよおされ《催》て、国に代《か》わって身命《しんみょう》を捨てて申せども、国主等彼《かれ》にたぼらかされ《誑》て、用いる人《ひと》一人もなし。譬《たと》えば、熱《ねっ》鉄《てつ》に冷水を投げ、睡眠《すいみん》の師子《しし》に手を触《ふ》るるがごとし。

ここに両火房《りょうかぼう》と申す法師《ほっし》あり。身には三衣《さんね》を皮のごとくはなつ《放》ことなし。一鉢《いっぱつ》は両眼をまぼる《守》がごとし。二百五十戒堅《かいかた》く持《たも》ち、三千の威儀《いぎ》をととのえ《整》たり。世間《せけん》の無智《むち》の道俗《どうぞく》、国主よりはじめ《始》て万民《ばんみん》にいたる《至》まで、地蔵尊者《じぞうそんじゃ》の伽羅陀山《からだせん》より出現せるか、迦葉尊者《かしょうそんじゃ》の霊山《りょうぜん》より下来《げらい》するかと疑う。余《よ》、法華経の第五の巻の勧持品《かんじほん》を拝見したてまつれば、末代《まつだい》に入《い》って法華経の大怨敵《だいおんてき》三類有るべし、その第三の強敵《ごうてき》はこの者かと見畢《お》わんぬ。便宜《びんぎ》あらば、国敵《こくてき》をせめ《責》て、彼《かれ》が大慢《だいまん》を倒《たお》して仏法の威験《いげん》をあらわさんと思うところに、両火房常《つね》に高座にして歎《なげ》いて云《い》わく「日本国の僧尼《そうに》には二百五十戒・五百戒、男女《なんにょ》には五戒・八斎戒《はっさいかい》等を一同に持たせんと思うに、日蓮がこの願《がん》の障《さわ》りとなる」と云々《うんぬん》。

余《よ》、案じて云《い》わく「現証《げんしょう》に付いて事を切らん」と思うところに、彼《かれ》常に雨を心に任《まか》せて下《ふ》らす由《よし》、披露《ひろう》あり。古《いにしえ》もまた雨をもって得失をあらわす例《ためし》これ多し。いわゆる伝教大師《でんぎょうだいし》と護命《ごみょう》と、守敏《しゅびん》と弘法《ぼう》と等なり。ここに「両火房《りょうかぼう》、上《かみ》より祈雨《きう》の御《おん》いのりを仰《おお》せ付けられたり」と云々《うんぬん》。ここに、両火房祈雨《きう》あり。去《い》ぬる文永《ぶんえい》八年六月十八日より二十四日なり。ここに、使いを極楽寺《ごくらくじ》へ遣《つか》わす。「年来《としごろ》の御歎《おんなげ》きこれなり。七日が間にもし一雨《いちう》も下《ふ》らば、御弟子《みでし》となりて二百五十戒つぶさに持《たも》たん上に、『念仏無間地獄《ねんぶつむけんじごく》と申すこと、ひがよみ《僻読》なりけり』と申すべし。余だにも帰伏《きぶく》し奉《たてまつ》らば、我が弟子等をはじめて日本国大体《だいたい》かたぶき《傾》候《そうら》いなん」と云々《うんぬん》。七日が間に三度の使いをつかわす。しかれども、いかんがしたりけん、一雨も下らざるの上、頽風《たいふう》・飄風《ひょうふう》・旋風《せんぷう》・暴風等の八風、十二時《じゅうにとき》にやむ《止》ことなし。あまつさえ、二七日《にしちにち》まで一雨も下らず、風もやむことなし。されば、このことは何事ぞ。和泉式部《いずみしきぶ》といいし色好《いろごの》み、能因法師《のういんほっし》と申せし無戒《むかい》の者、これは彼《か》の両火房がいむ《忌》ところの三十一字《みそひともじ》ぞかし。彼の月氏《がっし》の大盗賊《だいとうぞく》、「南無仏《なむぶつ》」と称《しょう》せしかば、天頭《てんず》を得たり。彼の両火房ならびに諸僧《しょそう》等の二百五十戒、真言《しんごん》・法華《ほっけ》の小法《しょうぼう》・大法《だいほう》の数百人の仏法の霊験《れいげん》、いかなれば、婬女《いんにょ》等の誑言《きょうげん》、大盗人《おおぬすびと》が称仏《しょうぶつ》には劣《おと》るらんとあやしき《怪》ことなり。これをもって彼《かれ》らが大科《たいか》をばしらる《知》べきに、さはなくして、還《かえ》って讒言《ざんげん》をもちいらるる《用》は、実《まこと》とはおぼえ《覚》ず。詮《せん》ずるところは、日本国亡国《ぼうこく》となるべき期来《ごきた》るか。

また祈雨《きう》のことは、たとい雨を下《ふ》らせりとも、雨の形貌《ぎょうみょう》をもって祈《いの》る者の賢《けん》・不賢《ふけん》を知ることあり。

雨種々なり。あるいは天の雨、あるいは竜《りゅう》の雨、あるいは修羅《しゅら》の雨、あるいは麤《そう》雨、あるいは甘雨《かんう》、あるいは雷雨《らいう》等あり。今の祈雨はすべて一雨《いちう》も下《ふ》らざる上、二七日《にしちにち》が間、前《さき》よりはるか《遥》に超過《ちょうか》せる大《だい》旱魃《かんばつ》・大悪風、十二時《じゅうにとき》に止《とど》まることなし。両火房真《りょうかぼうまこと》の人ならば、たちまちに邪見《じゃけん》をもひるがえし《翻》、跡《あと》をも山林にかくす《隠》べきに、その義なくして、面《おもて》を弟子檀那《でしだんな》等にさらす《晒》上、あまつさえ、讒言《ざんげん》を企《くわだ》て日蓮が頸《くび》をきら《斬》せまいらせんと申す上、あずかる《預》人の国まで状を申し下《くだ》して種をたん《断》とする大悪人なり。しかるを、無智《むち》の檀那等は恃怙《じこ》して、現世《げんぜ》には国をやぶり《破》、後生《ごしょう》には無間地獄《むけんじごく》に堕《お》ちなんことの不便《ふびん》さよ。

起世経《きせきょう》に云《い》わく「諸《もろもろ》の衆生《しゅじょう》有って放逸《ほういつ》をなし、清浄《しょうじょう》の行《ぎょう》を汚《けが》すが故に、天、雨を下《ふ》らさず」。また云わく「不如法《ふにょほう》あり。慳貪《けんどん》・嫉妬《しっと》・邪見《じゃけん》・顛倒《てんどう》なるが故に、天則《すなわ》ち雨を下らさず」。また経律異相《きょうりついそう》に云わく「五事《ごじ》有って雨無し。一・二・三、〈これを略す〉四には雨師婬乱《うしいんらん》、五には国王理治《おさ》めず、雨師瞋《いか》るが故に、雨《あめふ》らず」云々《うんぬん》。これらの経文《きょうもん》の亀鏡《ききょう》をもって両火房《りょうかぼう》が身に指し当てて見よ。少しもくもり《曇》なからん。一には名は持戒《じかい》ときこゆれ《聞》ども実《じつ》には放逸なるか、二には慳貪なるか、三には嫉妬なるか、四には邪見なるか、五には婬乱なるか。この五つにはすぐ《過》べからず。

また、この経《きょう》は両火房《りょうかぼう》一人には限るべからず。昔をかがみ《鑑》、今をもしれ《知》。弘法大師《こうぼうだいし》の祈雨《きう》の時、二《に》七日《しちにち》の間、一雨《いちう》も下《ふ》らざりしもあやしき《怪》ことなり。しかるを、誑惑《おうわく》の心強盛《ごうじょう》なりし人なれば、天子の御祈雨《ごきう》の雨を盗《ぬす》み取って「我が雨」と云々《うんぬん》。善無畏三蔵《ぜんむいさんぞう》・金剛智三蔵《こんごうちさんぞう》・不空《ふくう》三蔵の祈雨の時も、小雨《しょうう》は下りたりしかども、三師ともに大風連々《れんれん》と吹《ふ》いて、勅使《ちょくし》をつけ《付》ておわれ《追》しあさまし《浅》さと、天台大師《てんだい》・

伝教《でんぎょう》大師の須臾《しゅゆ》と三日が間に帝釈《たいしゃく》雨を下らして小風も吹かざりしも、たっと《尊》くぞおぼ《覚》ゆる、たっとくぞおぼゆる。

法華経に云《い》わく「あるいは阿練若《あれんにゃ》に納衣《のうえ》にして空閑《くうげん》に在って乃至《ないし》利養《りよう》に貪著《とんじゃく》するが故に、白衣《びゃくえ》のために法を説いて、世の恭敬《くぎょう》するところとなること、六通《ろくつう》の羅漢《らかん》のごときもの有らん」。また云わく「常に大衆《だいしゅ》の中に在って我らを毀《そし》らんと欲するが故に、国王・大臣・婆羅門《ばらもん》・居士《こじ》および余《よ》の比丘衆《びくしゅ》に向かって、誹謗《ひぼう》して我が悪を説いて乃至悪鬼《あっき》はその身に入《い》って、我を罵詈《めり》・毀辱《きにく》せん」。また云わく「濁世《じょくせ》の悪比丘《あくびく》は、仏の方便《ほうべん》、宜《よろ》しきに随《したが》って説きたもうところの法を知らず、悪口《あっく》して顰蹙《ひんしゅく》し、しばしば擯出《ひんずい》せられん」等云々《うんぬん》。涅槃経《ねはんぎょう》に云わく「一闡提《いっせんだい》有って、羅漢の像《かたち》を作《な》して空処《くうしょ》に住《じゅう》し、方等《ほうどう》大乗経典《だいじょうきょうてん》を誹謗す。諸《もろもろ》の凡夫人《ぼんぷにん》見已《お》わって、皆《みな》『真《しん》の阿羅漢《あらかん》にして、これ大菩薩《だいぼさつ》なり』と謂《い》わん」等云々。

今、予《よ》、法華経と涅槃経《ねはんぎょう》との仏鏡《ぶっきょう》をもって、当時の日本国を浮《う》かべてその影《かげ》をみるに、誰《たれ》の僧《そう》か国主に六通《ろくつう》の羅漢《らかん》のごとくたっと《尊》まれて、しかも、法華経の行者《ぎょうじゃ》を讒言《ざんげん》して頸《くび》をきら《斬》せんとせし。また、いずれの僧か万民《ばんみん》に大菩薩《だいぼさつ》とあお《仰》がれたる。誰の智者《ちしゃ》か、法華経の故に度々処々《たびたびしょしょ》を追われ、頸をきられ、弟子《でし》を殺され、両度まで流罪《るざい》せられて最後に頸に及《およ》ばんとせし。眼《まなこ》無く耳無きの人は除く。眼有り耳有らん人は経文《きょうもん》を見聞《けんもん》せよ。今の人々は、人ごとに経文を「我もよ《読》む、我も信じたり」という。ただにく《憎》むところは日蓮ばかりなり。経文を信ずるならば、たしかにの《載》せたる強敵《ごうてき》を取り出《い》だして、経文を信じてよ《読》むしるし《証》とせよ。もししからずんば、経文のごとく読誦《どくじゅ》する日蓮をいか《怒》れるは、経文をいかれるにあらずや。仏の使いをかろ《軽》しむるなり。

今の代《よ》の両火房《りょうかぼう》が法華経の第三の強敵《ごうてき》とならずば、釈尊《しゃくそん》は大妄語《だいもうご》の仏、多宝《たほう》・十方《じっぽう》の諸仏《しょぶつ》は不実の証明《しょうみょう》なり。また経文《きょうもん》まこと《実》ならば、御帰依《ごきえ》の国主は、現在には守護《しゅご》の善神《ぜんじん》にすて《捨》られ、国は他の有《う》となり、後生《ごしょう》には阿鼻地獄《あびじごく》疑いなし。しかるに、彼《かれ》らが大悪法を尊《たっと》ばるる故に、理不尽《りふじん》の政道出来《しゅったい》す。彼《か》の国主の僻見《びゃっけん》の心を推《すい》するに、「日蓮は阿弥陀仏《あみだぶつ》の怨敵《おんてき》、父母の建立《こんりゅう》の堂塔《どうとう》の讐敵《しゅうてき》なれば、たとい政道をまげ《曲》たりとも、仏意《ぶつい》には背《そむ》かじ。天神《てんじん》もゆる《許》し給《たも》うべし」とおも《思》わるるか。はかなし、はかなし。委細《いさい》にかた《語》るべけれども、これは小事なれば申さず。心有らん者は、推《お》して知んぬべし。

上《かみ》に書き挙《あ》ぐるより雲泥《うんでい》大事なる日本第一の大科《たいか》、この国に出来《しゅったい》して年久《ひさ》しくなるあいだ、この国既《すで》に梵釈《ぼんしゃく》・日月《にちがつ》・四天大王《してんだいおう》等の諸天《しょてん》にも捨てられ、守護《しゅご》の諸大善神《しょだいぜんじん》も還《かえ》って大怨敵《だいおんてき》となり、法華経《ほけきょう》守護の梵帝《ぼんたい》等、隣国《りんごく》の聖人《しょうにん》に仰《おお》せ付けて日本国を治罰《じばつ》し、仏前の誓状《せいじょう》を遂《と》げんとおぼ《思》しめすことあり。

夫《そ》れ、正像《しょうぞう》の古《いにしえ》は、世濁世《じょくせ》に入《い》るといえども、始めなりしかば、国土さしも乱れず、聖賢《しょうけん》も間々《まま》出現し、福徳の王臣も絶えざりしかば、政道も曲がることなし。万民《ばんみん》も直《なお》しかりし故に、小科を対治《たいじ》せんがために、三皇《さんこう》・五帝《ごてい》・三王《さんおう》・三聖《さんせい》等出現して墳典《ふんてん》を作って代《よ》を治《じ》す。世しばらく治《おさ》まりたりしかども、漸々《ぜんぜん》にすえ《末》になるままに、聖賢も出現せず、福徳の人もすく《少》なければ、三災《さんさい》は多大にして七《しち》難《なん》先代に超過《ちょうか》せしかば、外典及《げてんおよ》びがたし。その時、治《ち》を代えて内典《ないてん》を用いて世を治《じ》す。したがって、世しばらくはおさ《治》まる。されども、また世末《すえ》になるままに、人の悪は日々に増長し政道は月々に衰滅《すいげん》するかの故に、また三災七難《さんさいしちなん》先よりいよいよ増長して、小乗戒《しょうじょうかい》等の力験《しるし》なかりしかば、その時治《ち》をか《代》

えて小乗の戒等を止《とど》めて大乗《だいじょう》を用《もち》ゆ。大乗また叶《かな》わねば、法華経の円頓《えんどん》の大戒壇《だいかいだん》を叡山《えいざん》に建立《こんりゅう》して代《よ》を治《おさ》めたり。いわゆる、伝教大師《でんぎょうだいし》、日本三所《さんしょ》の小乗戒ならびに華厳《けごん》・三論《さんろん》・法相《ほっそう》の三大乗を破失《はしつ》せし、これなり。

この大師《だいし》は、六宗《ろくしゅう》をせめ《責》落とさせ給《たも》うのみならず、禅宗《ぜんしゅう》をも習い極《きわ》め、あまつさえ、日本国にいまだひろ《広》まらざりし法華宗《ほっけしゅう》・真言宗《しんごんしゅう》をも勘《かんが》え出《い》だして勝劣《しょうれつ》鏡をかけ、顕密《けんみつ》の差別、黒白《こくびゃく》なり。しかれども、世間《せけん》の疑いを散じがたかりしかば、去《い》ぬる延暦年中《えんりゃくねんちゅう》に御入唐《ごにっとう》。漢土《かんど》の人々も他事《たじ》には賢《かしこ》かりしかども、法華経・大日経《だいにちきょう》、天台《てんだい》・真言の二宗の勝劣・浅深《せんじん》は分明《ふんみょう》に知らせ給《たま》わざりしかば、御帰朝《ごきちょう》の後《のち》、本《もと》の御存知《ごぞんち》のごとく、妙楽《みょうらく》大師の記《き》の十の不空三蔵《ふくうさんぞう》の改悔《かいげ》の言《ことば》を含光《がんこう》がかたり《語》しを引き載《の》せて、天台勝《すぐ》れ真言劣《おと》るなる明証《みょうしょう》を依憑集《えびょうしゅう》に定め給《たも》う。

あまつさえ、真言宗《しんごんしゅう》の宗の一字を削《けず》り給《たも》う。その故は、善無畏《ぜんむい》・金剛智《こんごうち》・不空《ふくう》の三人、一行阿闍梨《いちぎょうあじゃり》をたぼらかし《誑》て、本《もと》はなき《無》大日経《だいにちきょう》に天台《てんだい》の己証《こしょう》の一念三千《いちねんさんぜん》の法門《ほうもん》を盗《ぬす》み入《い》れて、人の珍宝《ちんぽう》を我が有《う》とせる大狂惑《だいおうわく》の者なりと心得給《こころえたま》えり、例せば、澄観法師《ちょうかんほっし》が天台大師《だいし》の十法成乗《じっぽうじょうじょう》の観法《かんぼう》を華厳経《けごんぎょう》に盗み入れて、還《かえ》って天台宗を末教《まっきょう》と下《くだ》せしがごとしと御存知《ごぞんち》あって、宗の一字を削って「叡山《えいざん》はただ七宗たるべし」と云々《うんぬん》。

しかるを、弘法大師《こうぼうだいし》と申せし天下《てんか》第一の自讃毀他《じさんきた》の大妄語《だいもうご》の人、教大師御入滅《きょうだいしごにゅうめつ》の後《のち》、対論なくして公家《くげ》をかすめ《掠》たてまつりて八宗《はっしゅう》と申し立てぬ。しかれども、本師《ほんし》の跡《あと》を紹継《しょうけい》する人々は叡山《えいざん》はただ七宗にてこそあるべきに、教大師の第三の弟子《でし》・慈覚《じかく》大師と、叡山第一の座主義真和尚《ざすぎしんかしょう》の末弟子《まつでし》・智証《ちしょう》大師と、この二人は漢土《かんど》に渡《わた》り給《たま》いし時、日本国にて一国の大事と諍論《じょうろん》せしことなれば、天台《てんだい》・真言《しんごん》の碩学《せきがく》等に値《あ》い給《たも》うごとに勝劣《しょうれつ》・浅深《せんじん》を尋《たず》ね給う。しかるに、その時の明匠《めいしょう》等も、あるいは真言宗勝《しんごんしゅうすぐ》れ、あるいは天台宗《てんだいしゅう》勝れ、あるいは二宗斉等《さいとう》、あるいは「理《り》は同じく事《じ》は異《こと》なり」とい《言》えども、ともに慥《たし》かの証文《しょうもん》をば出《い》ださず。二宗の学者等、しかしながら胸臆《くおく》の言《げん》なり。しかるに、慈覚大師は学極《がくきわ》めずして帰朝《きちょう》して疏《しょ》十四巻を作れり。いわゆる金剛頂経《こんごうちょうきょう》の疏七巻・蘇悉地経《そしつじきょう》の疏七巻なり。この疏の為体《ていたらく》は、「法華経と大日経《だいにちきょう》等の三部経《さんぶきょう》とは、理は同じく事は異なり」等云々《うんぬん》。この疏の心は、大日経の疏と義釈《ぎしゃく》との心を出だすか。なお不審《ふしん》あ《明》きらめがたかりけるかの故に、本尊の御前《みまえ》に疏を指し置いて「この疏、仏意《ぶつい》に叶《かな》えりやい《否》なや」と祈《き》せ《請》いせしところに、夢に日輪《にちりん》を射《い》ると云々。う《打》ちお《驚》どろきて「吉夢《きちむ》なり。真言勝《すぐ》れたること疑いなし」とおもいて、宣旨《せんじ》を申し下《くだ》す。日本国に弘通《ぐつう》せんとし給《たま》いしが、ほどなく疫病《えきびょう》や《病》みて四箇月《かげつ》と申せしかば、跡《あと》もなくう《失》せ給いぬ。

　しかるに、智証大師《ちしょうだいし》は慈覚《じかく》の御《おん》ためにも御弟子《みでし》なりしかば、遺言《ゆいごん》に任《まか》せて宣旨《せんじ》を申し下《くだ》し給《たも》う。いわゆる、「真言《しんごん》・法華斉等《ほっけさいとう》なり。譬《たと》えば、鳥の二つの翼《つばさ》、人の両目《りょうもく》のごとし」、また「叡山《えいざん》も八宗《はっしゅう》なるべし」と云々《うんぬん》。この両人は、身は叡山の雲の上に臥《ふ》すといえども、心は東寺里中《とうじりちゅう》の塵《ちり》にま《交》じわる。本《ほん》師《し》の遺跡《ゆいせき》を紹継《しょうけい》するようにて、還《かえ》って聖人《しょうにん》の正義《しょうぎ》を忽諸《こっしょ》し給《たま》えり。法華経の「諸経《しょきょう》の中において最もその上《かみ》に在り」の「上」の字をう《打》ちか《返》えして大日経《だいにちきょう》の下《しも》に置き、まず大師の怨敵《おんてき》となるのみならず、存外《ぞんがい》に釈迦《しゃか》・多宝《たほう》・十方分身《じっぽうふんじん》・大日如来《にょらい》等の諸仏《しょぶつ》の讐敵《しゅうてき》となり給《たも》う。されば、慈覚大師の夢に日輪《にちりん》を射《い》ると見しはこれなり。仏法の大科《たいか》これよりはじまる。日本国亡国《ぼうこく》となるべき先兆《せんちょう》なり。

棟梁《とうりょう》たる法華経、既《すで》に大日経《だいにちきょう》の椽梠《てんりょ》となりぬ。王法《おうぼう》も下剋上《げこくじょう》して王位も臣下に随《したが》うべかりしを、その時また一類の学者有って堅《かた》くこの法門《ほうもん》を諍論《じょうろん》せし上、座主《ざす》も両方を兼《か》ねて、事《こと》いまだきれ《切》ざりしかば、世もたちまちにほろび《滅》ずありけるか。例せば、外典《げてん》に云《い》わく「大国には諍臣《そうしん》七人、中国には五人、小国には三人諍論《そうろん》すれば、たとい政道に謬誤《みょうご》出来《しゅったい》すれども国破《やぶ》れず乃至《ないし》家に諫《いさ》むる子あれば、不義におちず」と申すがごとし。仏家《ぶっけ》もまたかくのごとし。天台《てんだい》・真言《しんごん》の勝劣《しょうれつ》・浅深《せんじん》事きれ《切》ざりしかば、少々の災難は出来せしかども、青天にも捨てられず黄地《こうち》にも犯《おか》されず、一国の内のことにてありしほどに、人王《にんのう》七十七代後白河《ごしらかわ》の法皇《ほうおう》の御宇《ぎょう》に当たって、天台座主《ざす》・明雲《みょううん》、伝教大師《でんぎょうだいし》の止観院《しかんいん》の法華経の三部を捨てて、慈覚《じかく》大師の総持院《そうじいん》の大日経の三部に付き給《たも》う。天台山は名ばかりにて、真言の山になり、法華経の所領は大日経の地となる。天台と真言と、座主と大衆《だいしゅ》と、敵対《てきたい》あるべき序《ついで》なり。国また王と臣と諍論して、王は臣に随うべき序なり。一国乱《みだ》れて他国に破らるべき序なり。しかれば、明雲は義仲《よしなか》に殺されて、院も清盛《きよもり》にしたが《随》いられ給う。

しかれども、公家《くげ》も叡山《えいざん》も共にこの故としら《知》ずして世静《しず》かならずすぐる《過》ほどに、災難次第《しだい》に増長して、人王《にんのう》八十二代隠岐法皇《おきのほうおう》の御宇《ぎょう》に至って、一災《いっさい》起これば二災起こると申して、禅宗《ぜんしゅう》・念仏宗《ねんぶつしゅう》起こり合いぬ。善導房《ぜんどうぼう》は、法華経は末代《まつだい》には「千の中に一《ひと》りも無し」とかき《書》、法然《ほうねん》は「捨閉閣抛《しゃへいかくほう》」と云々《うんぬん》。禅宗は、法華経を失わんがために、「教外《きょうげ》に別伝し、文字《もんじ》を立てず」とののしる《訇》。この三つの大悪法、鼻を並べて一国に出現せしが故に、この国すでに梵釈《ぼんしゃく》二天《にてん》・日月《にちがつ》・四王《しおう》に捨てられ奉《たてまつ》り、守護《しゅご》の善神《ぜんじん》も還《かえ》って大怨敵《だいおんてき》とならせ給《たも》う。しかれば、相伝《そうでん》の所従《しょじゅう》に責め随《したが》えられて、主上《しゅじょう》・上皇《じょうこう》共に夷島《えびすじま》に放《はな》たれ給《たま》い、御返《おんかえ》りなくしてむ《虚》なしき島の塵《ちり》となり給《たも》う。

詮《せん》ずるところは、実経《じっきょう》の所領を奪《うば》い取って権経《ごんきょう》たる真言《しんごん》の知行《ちぎょう》となせし上、日本国の万民《ばんみん》等、禅《ぜん》宗《しゅう》・念仏宗《ねんぶつしゅう》の悪法を用いし故に、天下《てんか》第一、先代未聞《せんだいみもん》の下剋上出来《げこくじょうしゅったい》せり。しかるに、相州《そうしゅう》は、謗法《ほうぼう》の人ならぬ上、文武き《極》わめ尽《つ》くせし人なれば、天許《ゆる》し国主となす。したがって、世しばらく静かなりき。しかれども、また、先に王法《おうぼう》を失いし真言、漸《ようや》く関東に落ち下《くだ》る。存外《ぞんがい》に崇重《すうちょう》せらるる故に、鎌倉《かまくら》また還《かえ》って大謗法《だいほうぼう》・一闡提《いっせんだい》の官僧《かんそう》・禅僧《ぜんそう》・念仏僧《ねんぶつそう》の檀那《だんな》と成って、新寺を建立《こんりゅう》して旧寺《きゅうじ》を捨《す》つる故に、天神《てんじん》は眼《まなこ》を瞋《いか》らしてこの国を睨《にら》め、地神《ちじん》は憤《いきどお》りを含《ふく》んで身を震《ふる》う。長星《ちょうせい》は一天《いってん》に覆《おお》い、地震《じしん》は四海《しかい》を動かす。

余《よ》これらの災夭《さいよう》に驚《おどろ》いて、ほぼ内典《ないてん》五千・七千、外典《げてん》三千等を引き見るに、先代にも希《まれ》なる天変地《てんぺんち》夭《よう》なり。しかれども、儒者《じゅしゃ》の家には記せざれば知ることなし。仏法は自迷《じめい》なればこ《心》ころえ《得》ず。この災夭は、常《つね》の政道の相違《そうい》と世間《せけん》の謬誤《みょうご》より出来《しゅったい》せるにあらず、定めて仏法より事《こと》起こるかと勘《かんが》えなしぬ。

まず、大地震《おおじしん》に付いて去《い》ぬる正嘉《しょうか》元年に書を一巻注《しる》したりしを、故最明寺入道殿《こさいみょうじのにゅうどうどの》に奉《たてまつ》る。御尋《おんたず》ねもなく、御用《おんもち》いもなかりしかば、「国主の御用いなき法師《ほっし》なれば、あ《過》やまちたりとも科《とが》あらじ」とやお《思》もいけん、念仏者《ねんぶつしゃ》ならびに檀那《だんな》等、また、さるべき人々も同意したるとぞ聞こえし。夜中に日蓮が小庵《しょうあん》に数千人押《お》し寄せて殺害せんとせしかども、いかんがしたりけん、その夜《よ》の害もま《免》ぬかれぬ。しかれども、心を合わせたることなれば寄せたる者も科なくて、大事の政道を破る。「日蓮が生きたる、不思議なり」とて、伊豆国《いずのくに》へ流しぬ。

されば、人のあまりににく《憎》きには、我がほろぶ《滅》べきとが《科》をもかえりみ《顧》ざるか、御式目《ごしきもく》をも破らるるか。御起請文《ごきしょうもん》を見るに、梵釈《ぼんしゃく》・四天《してん》・天照太神《てんしょうだいじん》・正八幡《しょうはちまん》等を書きのせ《載》たてまつる。余《よ》、存外《ぞんがい》の法門《ほうもん》を申さば、子細を弁《わきま》えられずば、日本国の御帰依《ごきえ》の僧《そう》等に召《め》し合わせられて、それになお事ゆかずば、漢土《かんど》・月氏《がっし》までも尋《たず》ねらるべし。それに叶《かな》わずば、子細ありなんとて、しばらくま《待》たるべし。子細も弁えぬ人々が、身のほろぶ《滅》べきを指しおき《置》て、大事の起請を破らるること、心《こころ》え《得》られず。

自讃《じさん》には似たれども、本文《ほんもん》に任《まか》せて申す。余《よ》は、日本国の人々には上《かみ》は天子より下《しも》は万民《ばんみん》にいたるまで三つの故あり。一には父母なり、二には師匠《ししょう》なり、三には主君の御使《おんつか》いなり。経《きょう》に云《い》わく「即《すなわ》ち如来《にょらい》の使いなり」。また云わく「眼目《げんもく》なり」。また云わく「日月《にちがつ》なり」。章安大師《しょうあんだいし》云わく「彼《かれ》がために悪を除くは、則《すなわ》ちこれ彼が親なり」等云々《うんぬん》。しかるに、謗法《ほうぼう》・一闡提《いっせんだい》の国敵《こくてき》の法師原《ほっしばら》が讒言《ざんげん》を用いて、その義を弁《わきま》えず、左右《そう》なく国の大事たる政道を曲げらるるは、わざとわざわい《災》をまね《招》かるるか。はかなし、はかなし。しかるに、事《こと》しず《静》まりぬれば、科《とが》なきことは恥《は》ずかしきかの故に、ほどなく召《め》し返されしかども、故最明寺入道殿《こさいみょうじのにゅうどうどの》もまた早くかくれ《隠》させ給《たま》いぬ。

当御時《とうおんとき》に成って、あるいは身に疵《きず》をかぶり《被》、あるいは弟子《でし》を殺され、あるいは所々《しょしょ》を追い、あるいはやど《宿》をせめ《攻》しかば、一日片時《かたとき》も地上に栖《す》むべき便りなし。これにつけても、仏は「一切世間《いっさいせけん》に怨《あだ》多くして信じ難《がた》し」と説き置き給う。諸《もろもろ》の菩薩《ぼさつ》は「我は身命《しんみょう》を愛せず、ただ無上道《むじょうどう》を惜《お》しむのみ」と誓《ちか》えり。「刀杖瓦石《とうじょうがしゃく》を加《くわ》う」「しばしば擯出《ひんずい》せられん」の文《もん》に任《まか》せて、流罪《るざい》せられ、刀《かたな》のさき《先》にかかりなば、法華経一部よみ《読》まいらせたるにこそとおも《思》いきり《切》て、わざと不軽《ふきょう》菩薩のごとく、覚徳比丘《かくとくびく》のように、竜樹《りゅうじゅ》菩薩・提婆《だいば》菩薩・仏陀密多《ぶっだみった》・師子尊者《ししそんじゃ》のごとく、いよいよ強盛《ごうじょう》に申しはる《張》。

今度、法華経の大怨敵《だいおんてき》を見て、経文《きょうもん》のごとく、父母・師匠《ししょう》・朝敵《ちょうてき》・宿世《しゅくせ》の敵《かたき》のごとく散々《さんざん》に責《せ》むるならば、定めて万人《ばんにん》もいかり《怒》、国主も讒言《ざんげん》を収めて、流罪《るざい》し、頸《くび》にも及《およ》ばんずらん。その時、仏前にして誓状《せいじょう》せし梵釈《ぼんしゃく》・日月《にちがつ》・四天《してん》の願《がん》をもはたさせ《果》たてまつり、「法華経の行者《ぎょうじゃ》をあだまん《怨》ものを須臾《しゅゆ》ものがさじ《逃》」と起請《きしょう》せしを、身にあてて《当》心みん。釈尊《しゃくそん》・多宝《たほう》・十方分身《じっぽうふんじん》の諸仏《しょぶつ》の、あるいは共に宿《しゅく》し、あるいは衣《ころも》を覆《おお》われ、あるいは守護《しゅご》せんとねんごろ《懇》に説かせ給《たま》いしをも、実《まこと》か虚言《そらごと》かと知って信心をも増長せんと退転《たいてん》なくはげみ《励》しほどに、案にたがわず《違》、去《い》ぬる文永《ぶんえい》八年九月十二日、すべて一分《いちぶん》の科《とが》もなくして佐土国《さどのくに》へ流罪せらる。外には遠流《おんる》と聞こえしかども、内には頸を切ると定めぬ。

余《よ》、また、兼《か》ねてこのことを推《すい》せし故に、弟子《でし》に向かって云《い》わく「我が願《がん》、既《すで》に遂《と》げぬ。悦《よろこ》び身に余れり。人身《じんしん》は受けがたくして破れやすし。過去遠々劫《おんのんごう》より由《よし》なきことには身をば失いしかども、法華経のために命をすてたる《捨》ことはなし。我、頸《くび》を刎《は》ねられて、師子尊者《ししそんじゃ》が絶えたる跡《あと》を継《つ》ぎ、天台《てんだい》・伝教《でんぎょう》の功《く》にも超《こ》え、付法蔵《ふほうぞう》の二十五人に一《ひと》りを加えて二十六人となり、不軽菩薩《ふきょうぼさつ》の行《ぎょう》にも越《こ》えて釈迦《しゃか》・多宝《たほう》・十方《じっぽう》の諸仏《しょぶつ》にいかがせんとなげか《歎》せまいらせん」と思いし故に、言《ことば》をもおしまず《惜》、已前《いぜん》にありしこと、後《のち》にあるべきことの様《よう》を平金吾《へいのきんご》に申し含《ふく》めぬ。この語《ことば》しげけれ《繁》ば、委細《いさい》にはかかず《書》。

そもそも、日本国の国主となりて、万事《ばんじ》を心に任《まか》せ給《たま》えり。何事も両方を召《め》し合わせてこそ勝負を決《けっ》し御成敗《ごせいばい》をなす人の、いかなれば、日蓮一人に限って、諸僧《しょそう》等に召し合わせずして大科《たいか》に行《おこな》わるるらん。これひとえに、ただ事《ごと》にあらず。たとい日蓮は大科の者なりとも、国は安穏《あんのん》なるべからず。御《ご》式目《しきもく》を見るに、五十一箇条《かじょう》を立てて、終わりに起請文《きしょうもん》を書き載《の》せたり。第一・第二は神事《しんじ》・仏事《ぶつじ》、乃《ない》至《し》五十一等云々《うんぬん》。神事・仏事の肝要《かんよう》たる法華経を手ににぎ《握》れる者を、讒人《ざんにん》等に召し合わせられずして、彼《かれ》らが申すままに頸《くび》に及《およ》ぶ。しかれば、他事《たじ》の中にもこの起請文に相違《そうい》する政道は有るらめども、これは第一の大事なり。日蓮がにく《憎》さに国をかえ《変》身を失わんとせらるるか。魯《ろ》の哀公《あいこう》が忘《わす》るることの第一なることを記せらるるには、「移宅《わたまし》に妻をわす《忘》る」と云々《うんぬん》。孔子《こうし》云《い》わく「身をわするる者あり。国主と成って政道を曲《ま》ぐる、これなり」云々。はたまた国主はこのことを委細《いさい》には知らせ給《たま》わざるか。いかに知らせ給わずとのべ《述》らるるとも、法華経の大怨敵《だいおんてき》と成り給いぬる重科は脱《のが》るべしや。

多宝《たほう》・十方《じっぽう》の諸仏《しょぶつ》の御前《みまえ》にして、教主釈尊《きょうしゅしゃくそん》の申《もう》し口《ぐち》として末代当世《まつだいとうせい》のことを説かせ給《たま》いしかば、諸《もろもろ》の菩薩《ぼさつ》記して云《い》わく「悪鬼《あっき》はその身に入《い》って、我を罵詈《めり》・毀辱《きにく》せん乃至《ないし》しばしば擯出《ひんずい》せられん」等云々《うんぬん》。また四仏《しぶつ》・釈尊の説くところの最勝王経《さいしょうおうきょう》に云わく「悪人を愛敬《あいぎょう》し善人を治罰《じばつ》するに由《よ》るが故に乃至他方の怨賊来《おんぞくきた》って、国人喪乱《こくじんそうらん》に遭《あ》わん」等云々。たとい日蓮をば軽賤《きょうせん》せさせ給《たも》うとも、教主釈尊の金言《きんげん》、多宝・十方の諸仏の証明《しょうみょう》は空《むな》しかるべからず。一切《いっさい》の真言師《しんごんし》・禅宗《ぜんしゅう》・念仏者《ねんぶつしゃ》等の謗法《ほうぼう》の悪比《あくび》丘《く》をば前《さき》より御帰依《ごきえ》ありしかども、その大科《たいか》を知らせ給《たま》わねば、少し天も許し善神《ぜんじん》もすて《捨》てざりけるにや。しかるを、日蓮が出現して、一切の人を恐《おそ》れず、身命《しんみょう》を捨てて指し申さば、賢《けん》なる国主ならば子細を聞き給《たも》うべきに、聞きもせず用いられざるだにも不思議なるに、あまつさえ頸《くび》に及《およ》ばんとせしことは存外《ぞんがい》の次第《しだい》なり。

しかれば、大悪人を用いる大科《たいか》、正法《しょうほう》の大善人を恥辱《ちじょく》する大罪、二悪鼻《はな》を並べてこの国に出現せり。譬《たと》えば、修羅《しゅら》を恭敬《くぎょう》し日天《にってん》を射奉《いたてまつ》るがごとし。故に、前代未聞《ぜんだいみもん》の大事この国に起こるなり。これまた先例なきにあらず。夏《か》の桀王《けつおう》は竜逢《りゅうほう》が頭《こうべ》を刎《は》ね、殷《いん》の紂王《ちゅうおう》は比干《ひかん》が胸をさき《裂》、二世王《にせいおう》は李斯《りし》を殺し、優陀延王《うだえんおう》は賓頭盧尊者《びんずるそんじゃ》を蔑如《べつじょ》し、檀弥羅王《だんみらおう》は師子尊者《ししそんじゃ》の頸《くび》をきる《斬》。武王《ぶおう》は慧遠法師《えおんほっし》と諍論《じょうろん》し、憲宗王《けんそうおう》は白居易《はくきょい》を遠流《おんる》し、徽宗皇帝《きそうこうてい》は法道三蔵《ほうどうさんぞう》の面《かお》に火印《かなやき》をさす《差》。これらは皆《みな》、諫暁《かんぎょう》を用いざるのみならず、還《かえ》って怨《あだ》を成せし人々、現世《げんぜ》には国を亡《ほろ》ぼし身を失い、後生《ごしょう》には悪道《あくどう》に堕《お》つ。これまた人をあなずり《侮》、讒言《ざんげん》を納《い》れて理《り》を尽《つ》くさざりし故なり。

しかるに、去《い》ぬる文永《ぶんえい》十一年二月に佐土国《さどのくに》より召《め》し返されて、同四月の八日に平金吾《へいのきんご》に対面してありし時、理不尽《りふじん》の御勘気《ごかんき》の由《よし》、委細《いさい》に申し含《ふく》めぬ。また「恨《うら》むらくは、この国すでに他国に破れんことのあさましさよ《浅》」と歎《なげ》き申せしかば、金吾が云《い》わく「いずれの比《ころ》か大蒙古《だいもうこ》は寄せ候《そうろう》べき」と問いしかば、「経文《きょうもん》には分明《ふんみょう》に年月を指したることはなけれども、天の御気色《みけしき》を拝見し奉《たてまつ》るに、もっての外《ほか》にこの国を睨《にら》みさせ給《たも》うか。今年は一定《いちじょう》寄せぬと覚《おぼ》う。もし寄《よ》するならば、一人も面《おもて》を向かう者あるべからず。これまた天の責めなり。日蓮をばわどのばら《和殿原》が用いぬものなれば、力及《およ》ばず。あなかしこ、あなかしこ。真言師《しんごんし》等に調伏《じょうぶく》行わせ給うべからず。もし行わするほどならば、いよいよ悪《あ》しかるべき」由、申し付けて、さて帰ってありしに、上下共に先のごとく用いざりげにある上、本《もと》より存知《ぞんち》せり、「国恩を報ぜんがために三度までは諫暁《かんぎょう》すべし。用いずば、山林に身を隠《かく》さん」とおもいし《思》なり。また上古《じょうこ》の本文《ほんもん》にも「三度のいさめ《諫》用いずば去れ」という。本文に任《まか》せて、しばらく山中《さんちゅう》に罷《まか》り入《い》りぬ。その上は、国主の用い給《たま》わざらんに、それ已下《いげ》に法門《ほうもん》申して何かせん。申したりとも、国もたす《助》かるまじ。人もまた仏にな《成》るべしともおぼ《覚》えず。

また「念仏無間地獄《ねんぶつむけんじごく》、阿弥陀経《あみだきょう》を読むべからず」と申すことも、私《わたくし》の言《ことば》にはあらず。夫《そ》れ、弥陀《みだ》念仏《ねんぶつ》と申すは、源《みなもと》、釈迦如来《しゃかにょらい》の五十余年の説法の内、前《さき》四十余年の内の阿弥陀経等の三部経《さんぶきょう》より出《しゅつ》来《たい》せり。しかれども、「如来の金言《きんげん》なれば、定めて真実にてこそあるらめ」と信ずるところに、後《のち》八年の法華経の序分《じょぶん》たる無量義経《むりょうぎきょう》に、仏、法華経を説かせ給《たま》わんために、まず四十余年の経々《きょうぎょう》ならびに年紀等をつぶさに数えあげて、「いまだ真実を顕《あらわ》さず乃至《ないし》終《つい》に無上菩提《むじょうぼだい》を成《じょう》ずることを得ず」と、そこばくの経々ならびに法門《ほうもん》をただ一言《いちごん》に打ち消し給《たも》うこと、譬《たと》えば、大水の小火をけ《消》し、大風の衆《もろもろ》の草木《そうもく》の露《つゆ》を落とすがごとし。しかる後に、正宗《しょうしゅう》の法華経の第一巻に至って、「世尊《せそん》は法久《ひさ》しくして後、要《かなら》ず当《まさ》に真実を説きたもうべし」、また云《い》わく「正直《しょうじき》に方便《ほうべん》を捨てて、ただ無上道《むじょうどう》を説くのみ」と説き給う。譬えば、闇夜《やみよ》に大月輪《だいげつりん》の出現し、大塔《だいとう》を立てて後、足代《あししろ》を切り捨《す》つるがごとし。

しかる後《のち》、実義を定めて云《い》わく「今この三界《さんがい》は、皆《みな》これ我が有《う》なり。その中の衆生《しゅじょう》は、ことごとくこれ吾《わ》が子なり。しかるに今この処《ところ》は、諸《もろもろ》の患難《げんなん》多し。ただ我《われ》一人のみ、能《よ》く救護《くご》をなす。また教《きょう》詔《しょう》すといえども、信受せず乃至《ないし》経《きょう》を読誦《どくじゅ》し書持《しょじ》することあらん者を見て、軽賤憎嫉《きょうせんぞうしつ》して、結恨《けっこん》を懐《いだ》かん。その人は命終《みょうじゅう》して、阿鼻獄《あびごく》に入《い》らん」等云々《うんぬん》。経文《きょうもん》の次第《しだい》、普通の性相《しょうそう》の法には似ず。常には五《ご》逆《ぎゃく》・七逆の罪人こそ阿鼻地獄《あびじごく》とは定めて候《そうろう》に、これはさにては候《そうら》わず。在世《ざいせ》・滅後《めつご》の一切衆生《いっさいしゅじょう》、阿弥《あみ》陀経《だきょう》等の四十余年の経々《きょうぎょう》を堅《かた》く執《しゅう》して法華経へうつ《移》らざらんと、たとい法華経へ入るとも本執《ほんしゅう》を捨てずして彼々《かれがれ》の経々を法華経に並べて修行《しゅぎょう》せん人と、また自執《じしゅう》の経々を法華経に勝《すぐ》れたりといわ《言》ん人と、法華経を法のごとく修行すとも法華経の行者《ぎょうじゃ》を恥辱《ちじょく》せん者と、これらの諸人《しょにん》を指しつめ《詰》て、「その人は命終して、阿鼻獄に入らん」と定めさせ給《たま》いしなり。

このことは、ただ釈迦《しゃか》一仏の仰《おお》せなりとも、外道《げどう》にあらずば疑うべきにてはあらねども、已今当《いこんとう》の諸経《しょきょう》の説に色《いろ》をかえ《変》て重きことをあらわ《表》さんがために、宝浄世界《ほうじょうせかい》の多宝如来《たほうにょらい》は、自《みずか》らはるばる来給《きたま》いて証人《しょうにん》とならせ給《たも》う。釈迦如来の先判《せんぱん》たる大日経《だいにちきょう》・阿弥陀経《あみだきょう》・念仏《ねんぶつ》等を堅《かた》く執《しゅう》して後《のち》の法華経へ入《い》らざらん人々は入阿鼻獄《にゅうあびごく》は一定《いちじょう》なりと証明《しょうみょう》し、また阿弥陀仏《あみだぶつ》等の十方《じっぽう》の諸仏《しょぶつ》は、各々《おのおの》の国々を捨てて霊《りょう》山《ぜん》・虚空会《こくうえ》に詣《もう》で給《たま》い、宝樹下《ほうじゅげ》に坐《ざ》して広長舌《こうちょうぜつ》を出《い》だし大梵天《だいぼんてん》に付け給《たも》うこと、無量無辺の虹《にじ》の虚空に立ちたらんがごとし。

心は、四十余年の中の観経《かんぎょう》・阿弥陀経《あみだきょう》・悲華経《ひけきょう》等に、法蔵比丘《ほうぞうびく》等の諸《もろもろ》の菩薩《ぼさつ》、四十八願《しじゅうはちがん》等を発《おこ》して凡夫《ぼんぷ》を九品《くほん》の浄土《じょうど》へ来迎《らいごう》せんと説くことは、しばらく法華経已前《いぜん》のやす《休》め言《ことば》なり。実《じつ》には、彼々《かれがれ》の経々《きょうぎょう》の文《もん》のごとく十方西方《じっぽうさいほう》への来迎はあるべからず。実《まこと》とおも《思》うことなかれ。釈迦仏《しゃかぶつ》の今説《と》き給《たも》うがごとし。実《じつ》には、釈迦・多宝《たほう》・十方の諸仏《しょぶつ》、寿量品《じゅりょうほん》の肝要《かんよう》たる南無妙法蓮華経の五字を信ぜしめんがためなりと出《い》だし給う広長舌《こうちょうぜつ》なり。我らと釈迦仏とは同《おな》じ程《ほど》の仏なり。釈迦仏は天月《てんげつ》のごとし、我らは水中の影《かげ》の月なり。釈迦仏の本土《ほんど》は実には娑婆世界《しゃばせかい》なり。天月動《うご》き給《たま》わずば、我らもうつ《移》るべからず。この土に居住《こじゅう》して法華経の行者《ぎょうじゃ》を守護《しゅご》せんこと、臣下が主上《しゅじょう》を仰《あお》ぎ奉《たてまつ》らんがごとく、父母の一子を愛するがごとくならんと出だし給《たも》う舌なり。

その時、阿弥陀仏《あみだぶつ》の一・二の弟子《でし》、観音《かんのん》・勢至《せいし》等は、阿弥陀仏の塩梅《えんばい》なり、双翼《そうよく》なり、左右《そう》の臣なり、両目《りょうもく》のごとし。しかるに、極楽世界《ごくらくせかい》よりはるばると御供《おんとも》し奉《たてまつ》りたりしが、無量義経《むりょうぎきょう》の時、仏の阿弥《あみ》陀経《だきょう》等の四十八願《しじゅうはちがん》等は「いまだ真実を顕《あらわ》さず」、乃至《ないし》法華経にて「一に阿弥陀と名づく」と名をあげて、これらの法門《ほうもん》は真実ならずと説き給《たま》いしかば、実《まこと》とも覚えざりしに、阿弥陀仏正《まさ》しく来《きた》って合点《がってん》し給いしをうち見て、「さては、我らが念仏者《ねんぶつしゃ》等を九品《くほん》の浄土《じょうど》へ来迎《らいごう》の蓮台《れんだい》と合掌《がっしょう》の印《いん》とは、虚《むな》しかりけり」と聞き定めて、「さては、我らも本土《ほんど》に還《かえ》って何かせん」とて、八万・二万の菩薩《ぼさつ》のうちに入《い》り、あるいは観音品《かんのんぼん》に「娑婆《しゃば》世界に遊ぶ」と申して、「この土《ど》の法華経の行者《ぎょうじゃ》を守護《しゅご》せん」とねん《懇》ごろに申せしかば、日本国より近き一閻浮提《いちえんぶだい》の内、南方補陀落山《ふだらくせん》と申す小所を、釈迦仏《しゃかぶつ》より給わって宿所《しゅくしょ》と定め給《たも》う。

阿弥陀仏《あみだぶつ》は左右《そう》の臣下たる観音《かんのん》・勢至《せいし》に捨てられて西方《さいほう》世界へは還《かえ》り給《たま》わず、「この世界に留《とど》まって法華経の行者《ぎょうじゃ》を守護《しゅご》せん」とありしかば、この世界の内、欲界《よっかい》第四の兜率天《とそつてん》、弥勒菩薩《みろくぼさつ》の所領の内、四十九院の一院を給わって、阿弥陀院と額《がく》を打っておわするとこそうけたまわ《承》れ。

その上、阿弥陀経《あみだきょう》には、仏、舎利弗《しゃりほつ》に対して凡夫《ぼんぷ》の往生《おうじょう》すべきよう《様》を説き給《たも》う。「舎利弗、舎利弗」また「舎利弗、舎利弗」と、二十余所までいく《幾》ばくもなき経におよ《呼》び給《たま》いしは、かまびすしかりしことぞかし。しかれども、四紙一巻が内、すべて舎利弗等の諸声聞《しょしょうもん》の往生・成仏を許さず、法華経に来《きた》ってこそ始めて華光如来《けこうにょらい》・光明《こうみょう》如来とは記《き》せられ給いしか。一閻浮提《いちえんぶだい》第一の大智者《だいちしゃ》たる舎利弗すら、浄《じょう》土《ど》の三部経《さんぶきょう》にて往生・成仏の跡《あと》をけずる《削》。まして末代《まつだい》の牛羊《ごよう》のごとくなる男女《なんにょ》、彼々《かれがれ》の経々《きょうぎょう》にて生死《しょうじ》を離《はな》れなんや。

この由《よし》を弁《わきま》えざる末代《まつだい》の学者等、ならびに法華経を修行《しゅぎょう》する初心《しょしん》の人々、かたじけなく阿弥陀経《あみだきょう》を読み念仏《ねんぶつ》を申して、あるいは法華経に鼻を並べ、あるいは後《のち》にこれを読んで法華経の肝心《かんじん》とし、功徳《くどく》を阿弥陀経等にあつらえ《誂》て西方《さいほう》へ回向《えこう》し往生《おうじょう》せんと思うは、譬《たと》えば、飛竜《ひりゅう》が驢馬《ろば》を乗り物とし、師子《しし》が野干《やかん》をたのみ《頼》たるか。はたまた、日輪《にちりん》出現の後の衆星《しゅしょう》の光、大雨の盛《さか》んなる時の小露《しょうろ》なり。故に、教大師《きょうだいし》云《い》わく「白牛《びゃくご》を賜《たま》う朝《あした》には、三車《さんしゃ》を用いず。家業《けごう》を得《う》る夕べには、何《なん》ぞ除糞《じょふん》を須《もち》いん。故に、経《きょう》に云わく『正直《しょうじき》に方便《ほうべん》を捨てて、ただ無上道《むじょうどう》を説くのみ』と」。また云わく「日出《い》でぬれば星隠《かく》れ、巧《たく》みを見て拙《つたな》きを知る」云々《うんぬん》。

法華経《ほけきょう》出現の後《のち》は、已今当《いこんとう》の諸経《しょきょう》の捨てらるることは勿論《もちろん》なり。たとい修行《しゅぎょう》すとも、法華経の所従《しょじゅう》にてこそあるべきに、今の日本国の人々、道綽《どうしゃく》が「いまだ一人も得《う》る者有らず」、善導《ぜんどう》が「千の中に一《ひと》りも無し」、恵心《えしん》が往生要集《おうじょうようしゅう》の序《じょ》、永観《ようかん》が十因《じゅういん》、法然《ほうねん》が捨閉閣抛《しゃへいかくほう》等を堅《かた》く信じて、あるいは法華経を抛《なげう》って一向《いっこう》に念仏《ねんぶつ》を申す者もあり、あるいは念仏を本《ほん》として助けに法華経を持《たも》つ者もあり、あるいは弥陀念仏《みだねんぶつ》と法華経とを鼻を並べて左右《そう》に念じて二行《ぎょう》と行ずる者もあり、あるいは念仏と法華経とは一法《いっぽう》の二名《みょう》なりと思って行ずる者もあり。

これらは、皆《みな》、教主釈尊《きょうしゅしゃくそん》の御屋敷《おんやしき》の内に居《こ》して、師主《ししゅ》をば指し置き奉《たてまつ》って、阿弥陀堂《あみだどう》を釈迦如来《しゃかにょらい》の御所領《ごしょりょう》の内に国ごとに郷《ごう》ごとに家々ごとに並べ立て、あるいは一万二万、あるいは七万返《べん》、あるいは一生の間一向《いっこう》に修行《しゅぎょう》して、主師親《しゅししん》をわすれ《忘》たるだに不思議なるに、あまつさえ、親父《しんぷ》たる教主釈尊の御誕生《ごたんじょう》・御入滅《ごにゅうめつ》の両日を奪《うば》い取って、十五日は阿弥陀仏《あみだぶつ》の日、八日は薬師仏《やくしぶつ》の日等云々《うんぬん》。一仏誕入《たんにゅう》の両日を、東西二仏の死生《ししょう》の日となせり。これあに不孝《ふこう》の者にあらずや、逆路《ぎゃくろ》・七逆《しちぎゃく》の者にあらずや。人ごとにこの重科《じゅうか》有って、しかも人ごとに我が身は科《とが》なしとおも《思》えり。無慚無愧《むざんむき》の一闡提人《いっせんだいにん》なり。法華経の第二の巻に主《しゅ》と親と師との三つの大事を説き給《たま》えり。一経《いっきょう》の肝心《かんじん》ぞかし。その経文《きょうもん》に云《い》わく「今この三界《さんがい》は、皆《みな》これ我が有《う》なり。その中の衆生《しゅじょう》は、ことごとくこれ吾《わ》が子なり。しかるに今この処《ところ》は、諸《もろもろ》の患難《げんなん》多し。ただ我《われ》一人のみ、能《よ》く救護《くご》をなす」等云々《うんぬん》。またこの経に背《そむ》く者を文《もん》に説いて云わく「また教詔《きょうしょう》すといえども、信受せず乃至《ないし》その人は命終《みょうじゅう》して、阿鼻獄《あびごく》に入《い》らん」等云々。

されば、念仏者《ねんぶつしゃ》が本師《ほんし》の導公《どうこう》は「その中の衆生《しゅじょう》」の外《ほか》か。「ただ我《われ》一人のみ」の経文《きょうもん》を破って、「千の中に一《ひと》りも無し」といい《言》し故に、現身《げんしん》に狂人《おうにん》と成って楊柳《ようりゅう》に登って身を投げ、堅土《かたつち》に落ちて死にかねて、十四日より二十七日まで十四日が間、顚倒《てんどう》し狂死《おうし》し畢《お》わんぬ。また真言宗《しんごんしゅう》の元祖《がんそ》、善無畏三蔵《ぜんむいさんぞう》・金剛智《こんごうち》三蔵・不空《ふくう》三蔵等は、親父《しんぷ》を兼《か》ねたる教主釈尊法王《きょうしゅしゃくそんほうおう》を立て下《くだ》して大日他仏《だいにちたぶつ》をあがめ《崇》し故に、善無畏三蔵は閻魔王《えんまおう》のせめ《責》にあずか《与》るのみならず、また無間地獄《むけんじごく》に堕《お》ちぬ。汝等《なんだち》このこと疑いあらば、眼前《がんぜん》に閻魔堂《えんまどう》の画《え》を見よ。金剛智・不空のことはしげ《繁》ければか《書》かず。また禅宗《ぜんしゅう》の三階信行禅師《さんがいしんぎょうぜんじ》は法華経等の一代聖教《いちだいしょうぎょう》をば別教《べっきょう》と下す。我が作れる経をば普経《ふきょう》と崇重《すうちょう》せし故に、四依《しえ》の大士《だいじ》のごとくなりしかども、法華経の持者《じしゃ》の優婆夷《うばい》にせめ《責》られてこえ《声》を失い、現身に大蛇《だいじゃ》となり、数十人の弟子《でし》を呑《の》み食らう。

今、日本国の人々は、たとい法華経を持《たも》ち釈尊《しゃくそん》を釈尊と崇重《すうちょう》し奉《たてまつ》るとも、真言宗《しんごんしゅう》・禅宗《ぜんしゅう》・念仏者《ねんぶつしゃ》をあが《崇》むるならば、無間地獄《むけんじごく》はまぬか《免》れがたし。いかにいわんや、三宗の者どもを日月《にちがつ》のごとく渇仰《かつごう》し、我が身にも念仏を事《こと》とせん者をや。心あらん人々は、念仏・阿弥陀経《あみだきょう》等をば、父母・師・君の宿《しゅく》世《せ》の敵《かたき》よりもい《忌》むべきものなり。例せば、逆臣《ぎゃくしん》が旗《はた》をば官兵《かんぺい》は指すことなし。寒食《かんしょく》の祭には火をい《忌》むぞかし。されば、古《いにしえ》の論師《ろんじ》・天親菩薩《てんじんぼさつ》は小乗経《しょうじょうきょう》を舌の上に置かじと誓《ちか》い、賢者《けんじゃ》たりし吉蔵大師《きちぞうだいし》は法華経をだに読み給《たま》わず。これらは、もと小乗経をもって大乗経《だいじょうきょう》を破失《はしつ》し、法華経をもって天台大師《てんだいだいし》を毀謗《きぼう》し奉《たてまつ》りし謗法《ほうぼう》の重罪を消滅《しょうめつ》せんがためなり。今、日本国の人々は、一人もなく、不軽軽毀《ふきょうきょうき》のごとく、苦岸《くがん》・勝意《しょうい》等のごとく、一国万人《ばんにん》、皆《みな》無間地獄に堕《お》つべき人々ぞかし。仏の涅槃経《ねはんぎょう》に記して「末法《まっぽう》には、法華経誹謗《ひぼう》の者は大地微塵《みじん》よりもおお《多》かるべし」と記し給いし、これなり。

しかるに、今、法華経の行者《ぎょうじゃ》出現せば、一国万人《ばんにん》、皆《みな》、法華経の読誦《どくじゅ》を止《や》めて吉蔵大師《きちぞうだいし》の天台大師《てんだいだいし》に随《したが》うがごとく身を肉橋《にっきょう》となし、不軽軽毀《ふきょうきょうき》の還《かえ》って不軽菩薩《ぼさつ》に信伏随従《しんぶくずいじゅう》せしがごとく仕《つか》うるとも、一日二日、一月《ひとつき》二月、一年二年、一生が間には法華経誹謗《ひぼう》の重罪はなおし滅《めっ》しがた《難》かるべきに、その義はなくして、当世《とうせい》の人々は四衆《ししゅ》ともに一慢《まん》をおこ《起》せり。いわゆる「念仏者《ねんぶつしゃ》は法華経をす《捨》てて念仏を申す。日蓮は、法華経を持《たも》つといえども念仏を恃《たの》まず。我らは、念仏をも持ち法華経をも信ず。戒《かい》をも持ち一切《いっさい》の善を行《ぎょう》ず」等云々《うんぬん》。これらは、野兎《やと》が跡《あと》を隠《かく》し、金鳥《きんちょう》が頭《かしら》を穴に入《い》れ、魯人《ろひと》が孔子《こうし》をあな《侮》ずり、善星《ぜんしょう》が仏をおど《脅》せしにこと《異》ならず。鹿《しか》・馬《うま》迷いやすく、鷹《たか》・鳩《はと》変じがたきものなり。はかなし、はかなし。

当時は予《よ》が古《いにしえ》申せしことの漸《ようや》く合うかの故に、心中《しんちゅう》には「いかんせん」とは思うらめども、年来《としごろ》あまりに法にすぎ《過》てそしり《謗》悪口《あっく》せしことがたちまちに翻《ひるがえ》りがたくて信ずる由《よし》をせず。しかも、蒙古《もうこ》はつより《強》ゆく。いかんせんと宗盛《むねもり》・義朝《よしとも》がようになげ《歎》くなり。あわれ、人は心はあるべきものかな。孔子《こうし》は九思《きゅうし》一言《いちげん》、周公旦《しゅうこうたん》は浴する時は三度にぎ《握》り、食する時は三度吐《は》き給《たも》う。賢人《けんじん》はかくのごとく用意をなすなり。世間《せけん》の法にも「ほう《法》にすぎ《過》ばあやし《怪》め」というぞかし。国を治《じ》する人なんどが、人の申せばとて、委細《いさい》にも尋《たず》ねずして左右《そう》なく科《とが》に行われしは、あわれくや《悔》しかるらんに、夏の桀王《けつおう》が湯《とう》王《おう》に責められ、呉王《ごおう》が越王《えつおう》に生《い》けど《捕》りにせられし時は、賢者《けんじゃ》の諫暁《かんぎょう》を用いざりしことを悔《く》い、阿闍世《あじゃせ》王《おう》が悪瘡《あくそう》身に出《い》で他国に襲《おそ》われし時は、提婆《だいば》を眼《め》に見《み》じ耳に聞かじと誓《ちか》い、乃至《ないし》宗盛がいくさ《戦》にまけ《負》義経《よしつね》に生けどられて鎌倉《かまくら》に下《くだ》されて面《おもて》をさら《晒》せし時は、東大寺《とうだいじ》を焼き払《はら》わせ山王《さんのう》の御輿《みこし》を射奉《いたてまつ》りしことを歎《なげ》きしなり。

今の世もまた一分《いちぶん》もたが《違》うべからず。日蓮を賤《いや》しみ、諸僧《しょそう》を貴《たっと》び給《たも》う故に、自然《じねん》に法華経の強敵《ごうてき》と成り給うことを弁《わきま》えず。政道に背《そむ》いて行《おこな》わるるあいだ、梵釈《ぼんしゃく》・日月《にちがつ》・四天《してん》・竜王《りゅうおう》等の大怨敵《だいおんてき》と成り給う。法華経守護《しゅご》の釈迦《しゃか》・多宝《たほう》・十方分身《じっぽうふんじん》の諸仏《しょぶつ》、地涌千界《じゆせんがい》、迹化他方《しゃっけたほう》、二聖二天《にしょうにてん》、十羅刹女《じゅうらせつにょ》・鬼子母《きしも》神《じん》、他国の賢王《けんおう》の身に入《い》り易《か》わって国主を罰《ばっ》し国を亡《ぼう》ぜんとするを知らず。真《まこと》の天のせめ《責》にてだにもあるならば、たとい鉄囲山《てっちせん》を日本国に引き回《めぐ》らし、須弥山《しゅみせん》を蓋《おお》いとして十方世界の四天王《してんのう》を集めて波《なみ》際《ぎわ》に立て並べてふせ《防》がするとも、法華経の敵《かたき》となり、教主釈尊《きょうしゅしゃくそん》より大事なる行者《ぎょうじゃ》を、法華経の第五の巻をもって日蓮が頭《こうべ》を打ち、十巻《じっかん》共に引き散らして散々《さんざん》に踏《ふ》みたりし大禍《たいか》は、現当二世《げんとうにせ》にのが《脱》れがたくこそ候《そうら》わんずらめ。日本守護《しゅご》の天照太神《てんしょうだいじん》・正八幡《しょうはちまん》等も、いかでか、かかる国をばたす《助》け給うべき。

いそぎ《急》いそぎ治罰《じばつ》を加えて自《みずか》らの科《とが》を脱《のが》れんとこそはげみ《励》給うらめ。おそく《遅》科に行うあいだ、日本国の諸神ども四天大王《してんだいおう》にいましめ《戒》られてやあるらん。知り難《がた》きことなり。

教大師《きょうだいし》云わく「ひそかに以《おも》んみれば、菩薩《ぼさつ》は国の宝なること法華経に載《の》す。大乗《だいじょう》の利他《りた》は摩訶衍《まかえん》の説なり。弥天《みてん》の七難《しちなん》は、大乗経《だいじょうきょう》にあらずんば、何をもってか除くとせん。未然《みねん》の大災は、菩薩僧《ぼさつそう》にあらずんば、あに冥滅《みょうめつ》することを得《え》んや」等云々《うんぬん》。しかるを、今、大蒙古国《だいもうここく》を調伏《じょうぶく》する公家《くげ》・武家《ぶけ》の日記を見るに、あるいは五大尊《ごだいそん》、あるいは七仏薬師《しちぶつやくし》、あるいは仏眼《ぶつげん》、あるいは金輪《きんりん》等云々。これらの小《しょう》法《ぼう》は大災を消すべしや。「還《かえ》って本人に著《つ》きなん」と成って、国たちまちに亡《ほろ》びなんとす。

あるいは日吉《ひえ》の社《やしろ》にして法華《ほっけ》の護摩《ごま》を行うといえども、不空三蔵《ふくうさんぞう》が誤れる法を本《もと》として行うあいだ、祈禱《きとう》の儀《ぎ》にあらず。また今の高僧《こうそう》等は、あるいは東寺《とうじ》の真言《しんごん》、あるいは天台《てんだい》の真言なり。東寺は弘法大師《こうぼうだいし》、天台は慈覚《じかく》・智証《ちしょう》なり。この三人は上《かみ》に申すがごとく大謗法《だいほうぼう》の人々なり。それより已外《いげ》の諸僧《しょそう》等は、あるいは東大寺《とうだいじ》の戒壇《かいだん》の小乗《しょうじょう》の者なり。叡山《えいざん》の円頓戒《えんどんかい》は、また慈覚の謗法に曲げられぬ。彼《か》の円戒《えんかい》も、迹門《しゃくもん》の大戒《だいかい》なれば、今の時の機《き》にあらず。かたがた叶《かな》うべきことにはあらず。只今《ただいま》、国土やぶれ《破》なん。後悔《こうかい》さき《先》にたた《立》じ。不便《ふびん》、不便と語り給《たま》いしを、千万が一を書き付けて参らせ候《そうろう》。

ただし、身も下賤《げせん》に生まれ、心も愚《おろ》かに候《そうら》えば、このことは道理かとは承《うけたまわ》り候えども、国主も御《おん》用《もち》いなきかの故に、鎌倉《かまくら》にてはいかんが候いけん、不審《ふしん》に覚え候《そうろう》。返す返すも愚意《ぐい》に存《ぞん》じ候は、これ程《ほど》の国の大事をば、いかに御尋《おんたず》ねもなくして両度の御勘気《ごかんき》には行われけるやらんと聞《き》こしめしほど《解》かせ給《たま》わぬ人々の、あるいは道理とも、あるいは僻事《ひがごと》とも仰《おお》せあるべきこととは覚え候《そうら》わず。また、この身に阿弥陀経《あみだきょう》を読み候わぬも、しかしながら、御《おん》ため、また父母のためにて候《そうろう》。ただ理不尽《りふじん》に読むべき由《よし》を仰せを蒙《こうむ》り候《そうら》わば、その時重《かさ》ねて申すべく候《そうろう》。いかにも聞こしめさずしてうしろ《後》の推《すい》義《ぎ》をなさん人々の仰せをば、たとい身は随《したが》うように候《そうら》えども、心は一向《いっこう》に用いまいらせ候《そうろう》まじ。また恐《おそ》れにて候《そうら》えども、兼《か》ねてつみ《抓》しら《知》せまいらせ候《そうろう》。この御房《ごぼう》はただ一人おわします。もしやの御事《おんこと》の候《そうら》わん時は、御後悔《ごこうかい》や候わんずらん。「世間《せけん》の人々の用いねば」とは、一旦《いったん》のおろか《愚》のことなり。上《かみ》の御用《おんもち》いあらん時は、誰人《たれびと》か用いざるべきや。その時はまた用いたりとも何かせん。人を信じて法を信ぜず。

また世間《せけん》の人々の思って候《そうろう》は、親には子は是非《ぜひ》に随《したが》うべしと。君臣・師弟もかくのごとし。これらは、外典《げてん》をも弁《わきま》えず内典《ないてん》をも知らぬ人々の邪推《じゃすい》なり。外典の孝経《こうきょう》には、子父《しふ》・臣君諍《あらそ》うべき段もあり。内典には「恩を棄《す》てて無為《むい》に入《い》るは、真実に恩を報ずる者なり」と仏《ほとけ》定め給《たま》いぬ。悉達太子《しったたいし》は閻《えん》浮《ぶ》第一の孝子《こうし》なり。父の王の命《めい》を背《そむ》いてこそ、父母をば引導《いんどう》し給いしか。比干《ひかん》が親父《しんぷ》・紂王《ちゅうおう》を諫暁《かんぎょう》して胸をほら《掘》れてこそ、賢人《けんじん》の名をば流せしか。賤《いや》しみ給《たも》うとも、小法師《こぼうし》が諫暁を用い給《たま》わずば、現当《げんとう》の御歎《おんなげ》きなるべし。これは親のために読みまいらせ候《そうら》わぬ阿弥陀経《あみだきょう》にて候えば、いかにも当時は叶《かな》うべしとはおぼえ《覚》候わず。恐々《きょうきょう》、申し上げ候《そうろう》。

建治《けんじ》三年六月　日　　僧日永《そうにちえい》

下山兵庫五郎殿《しもやまのひょうごごろうどの》御返事《ごへんじ》

(014)

本尊問答抄《ほんぞんもんどうしょう》

弘安《こうあん》元年（'78）9月　57歳
浄顕房《じょうけんぼう》

問うて云《い》わく、末代悪世《まつだいあくせ》の凡夫《ぼんぷ》は何物をもって本尊と定《さだ》むべきや。

答えて云わく、法華経の題目をもって本尊とすべし。

問うて云わく、いずれの経文《きょうもん》、いずれの人師《にんし》の釈《しゃく》にか出《い》でたるや。

答う。法華経の第四の法師品《ほっしほん》に云わく「薬王《やくおう》よ。いたるところにて、もしは説き、もしは読み、もしは誦《じゅ》し、もしは書き、もしは経巻《きょうがん》の住《じゅう》するところの処《ところ》には、皆応《みなまさ》に七宝《しっぽう》の塔《とう》を起《た》て、極《きわ》めて高広厳《こうこうごん》飾《じき》ならしむべし。また舎利《しゃり》を安んずることを須《もち》いず。所以《ゆえん》はいかん。この中には、すでに如来《にょらい》の全身有《いま》せばなり」等云々《うんぬん》。涅槃経《ねはんぎょう》の第四の如来性品《にょらいしょうほん》に云わく「また次に、迦葉《かしょう》よ、諸仏《しょぶつ》の師とするところは、いわゆる法なり。この故に、如来は恭敬《くぎょう》・供養《くよう》す。法常《つね》なるをもっての故に、諸仏もまた常なり」云々。

天台大師《てんだいだいし》、法華三昧《ほっけざんまい》に云《い》わく「道場の中において、好《よ》き高座を敷《し》き、法華経一部を安置せよ。またいまだ必ずしも形像《ぎょうぞう》・舎利《しゃり》ならびに余《よ》の経典《きょうてん》を安んずることを須《もち》いず。ただ法華経一部のみを置け」等云々。

疑って云《い》わく、天台大師《てんだいだいし》の摩訶止観《まかしかん》の第二の四種三昧《ししゅざんまい》の御本尊は阿弥陀仏《あみだぶつ》なり。不空三蔵《ふくうさんぞう》の法華経の観智《かんち》の儀軌《ぎき》は、釈迦《しゃか》・多宝《たほう》をもって法華経の本尊とせり。汝《なんじ》、何《なん》ぞこれらの義に相違《そうい》するや。

答えて云《い》わく、これ私《わたくし》の義にあらず。上《かみ》に出《い》だすところの経文《きょうもん》ならびに天台大師《てんだいだいし》の御釈《おんしゃく》なり。ただし、摩訶止観《まかしかん》の四種三昧《ししゅざんまい》の本尊は阿弥陀仏《あみだぶつ》とは、彼《かれ》は常坐《じょうざ》・常行《じょうぎょう》・非行非坐《ひぎょうひざ》の三種の本尊は阿弥陀仏なり。文殊問経《もんじゅもんぎょう》・般舟三昧経《はんじゅざんまいきょう》・請観音経《しょうかんのんぎょう》等による。これは爾前《にぜん》の諸経《しょきょう》の内、未顕真実《みけんしんじつ》の経なり。半《はん》行半坐《ぎょうはんざ》三昧には二つあり。一には方等経《ほうどうきょう》の七仏・八菩薩《ぼさつ》等を本尊とす。彼《か》の経による。二には法華経の釈迦《しゃか》・多宝《たほう》等を引き奉《たてまつ》れども、法華《ほっけ》三昧をもって案ずるに、法華経を本尊とすべし。不空三蔵《ふくうさんぞう》の法華儀軌《ほっけぎき》は、宝塔品《ほうとうほん》の文《もん》によれり。これは法華経の教主《きょうしゅ》を本尊とす。法華経の正意《しょうい》にはあらず。上《かみ》に挙《あ》ぐるところの本尊は、釈迦《しゃか》・多宝《たほう》・十方《じっぽう》の諸仏《しょぶつ》の御本尊、法華経の行者《ぎょうじゃ》の正意《しょうい》なり。

問うて云《い》わく、日本国に十宗《じっしゅう》あり。いわゆる倶舎《くしゃ》・成実《じょうじつ》・律《りつ》・法相《ほっそう》・三論《さんろん》・華厳《けごん》・真言《しんごん》・浄土《じょうど》・禅《ぜん》・法《ほっ》華宗《けしゅう》なり。この宗は、皆《みな》本尊まちまちなり。いわゆる倶舎・成実・律の三宗は劣応身《れつおうじん》の小釈迦《しょうしゃか》なり。法相・三論の二宗は大釈迦仏《だいしゃかぶつ》を本尊とす。華厳宗《けごんしゅう》は台上《だいじょう》のるさな《盧舎那》報身《ほうしん》の釈迦如来《にょらい》。真言宗は大日《だいにち》如来。浄土宗は阿弥陀仏《あみだぶつ》。禅宗にも釈迦を用いたり。何《なん》ぞ天台宗《てんだいしゅう》に独《ひと》り法華経を本尊とするや。

答う。彼《かれ》らは仏を本尊とするに、これは経《きょう》を本尊とす。その義あるべし。

問う。その義、いかん。仏と経《きょう》といずれか勝《すぐ》れたるや。

答えて云《い》わく、本尊とは勝《すぐ》れたるを用いるべし。例せば儒家《じゅか》には三皇五帝《さんこうごてい》を用いて本尊とするがごとく、仏家《ぶっけ》にもまた釈迦《しゃか》をもって本尊とすべし。

問うて云《い》わく、しからば、汝《なんじ》、いかんぞ、釈迦《しゃか》をもって本尊とせずして、法華経の題目を本尊とするや。

答う。上《かみ》に挙《あ》ぐるところの経釈《きょうしゃく》を見給《たま》え。私《わたくし》の義にはあらず。釈尊《しゃくそん》と天台《てんだい》とは、法華経を本尊と定め給えり。末代《まつだい》今の日蓮も、仏と天台とのごとく、法華経をもって本尊とするなり。その故は、法華経は釈尊の父母、諸仏《しょぶつ》の眼目なり。釈迦《しゃか》・大日《だいにち》、総じて十方《じっぽう》の諸仏は、法華経より出生《しゅっしょう》し給えり。故に今、能生《のうしょう》をもって本尊とするなり。

問う。その証拠《しょうこ》、いかん。

答う。普賢経《ふげんぎょう》に云《い》わく「この大乗経典《だいじょうきょうてん》は、諸仏《しょぶつ》の宝蔵《ほうぞう》なり。十方三世《じっぽうさんぜ》の諸仏の眼目《げんもく》なり。三世の諸《もろもろ》の如来《にょらい》を出生《しゅっしょう》する種なり」等云々《うんぬん》。また云わく「この方等経《ほうどうきょう》は、これ諸仏の眼《まなこ》なり。諸仏はこれに因《よ》って五眼《ごげん》を具《ぐ》することを得たまえり。仏の三種の身は、方等より生《しょう》ず。これ大法印《だいほういん》なり。涅槃海《ねはんかい》を印《いん》す。かくのごとき海中より能《よ》く三種の仏の清浄《しょうじょう》の身を生ず。この三種の身は、人天《にんてん》の福田《ふくでん》、応供《おうぐ》の中の最なり」等云々。これらの経文《きょうもん》は、仏は所生《しょしょう》、法華経は能生《のうしょう》。仏は身なり、法華経は神《たましい》なり。しからば則《すなわ》ち木像《もくぞう》・画像《えぞう》の開眼供養《かいげんくよう》はただ法華経にかぎるべし。しかるに、今、木画《もくえ》の二像をもうけ《設》て、大日仏眼《だいにちぶつげん》の印と真言《しんごん》とをもって開眼供養をなすは、もっとも逆なり。

問うて云《い》わく、法華経を本尊とすると、大日如来《だいにちにょらい》を本尊とすると、いずれか勝《すぐ》るるや。

答う。弘法大師《こうぼうだいし》・慈覚《じかく》大師・智証《ちしょう》大師の御義《おんぎ》のごとくならば、大日如来《だいにちにょらい》はすぐれ《勝》、法華経は劣《おと》るなり。

問う。その義、いかん。

答う。弘法大師《こうぼうだいし》の秘蔵宝鑰《ひぞうほうやく》の十住心《じゅうじゅうしん》に云《い》わく「第八法華《ほっけ》、第九華厳《けごん》、第十大日経《だいにちきょう》」等云々《うんぬん》。これは浅きより深きに入《い》る。慈覚《じかく》大師の金剛頂経《こんごうちょうきょう》の疏《しょ》、蘇悉地経《そしつじきょう》の疏、智証《ちしょう》大師の大日経指帰《だいにちきょうしき》等に云わく「大日経第一、法華経第二」等云々。

問う。汝《なんじ》が意、いかん。

答う。釈迦如来《しゃかにょらい》・多宝仏《たほうぶつ》、総じて十方《じっぽう》の諸仏《しょぶつ》の御評定《ごひょうじょう》に云《のたま》わく「已今当《いこんとう》の一切経《いっさいきょう》の中に法華《ほっけ》は最もこれ第一なり」云々《うんぬん》。

問う。今、日本国中《にほんこくじゅう》の天台《てんだい》・真言《しんごん》等の諸僧《しょそう》ならびに王臣・万民《ばんみん》疑って云《い》わく「日蓮法師《ほっし》めは弘法《こうぼう》・慈覚《じかく》・智証大師《ちしょうだいし》等に勝《すぐ》るべきか」。いかん。

答う。日蓮、反詰《はんきつ》して云《い》わく、弘法《こうぼう》・慈覚《じかく》・智証大師《ちしょうだいし》等は、釈迦《しゃか》・多宝《たほう》・十方《じっぽう》の諸仏《しょぶつ》に勝《すぐ》るべきか〈これ一〉。

今、日本国の王より民までも、教主釈尊《きょうしゅしゃくそん》の御子《みこ》なり。釈尊の最後の御遺言《ごゆいごん》に云《のたま》わく「法に依《よ》って人《にん》に依らざれ」等云々《うんぬん》。「法華《ほっけ》は最も第一なり」と申すは法に依るなり。しかるに、三大師《さんだいし》等に勝《すぐ》るべしやとのたもう《宣》諸僧《しょそう》・王臣・万民乃至所従《ばんみんないししょじゅう》、牛馬等にいたるまで、不孝《ふこう》の子にあらずや〈これ二〉。

問う。弘法大師《こうぼうだいし》は法華経を見給《たま》わずや。

答う。弘法大師《こうぼうだいし》、一切経《いっさいきょう》を読み給《たま》えり。その中に法華経・華厳経《けごんぎょう》・大日経《だいにちきょう》の浅深《せんじん》・勝劣《しょうれつ》を読み給《たも》うに、法華経を読み給う様《よう》に云《い》わく「文殊師利《もんじゅしり》よ。この法華経は、諸仏如来《しょぶつにょらい》の秘密の蔵《ぞう》にして、諸経《しょきょう》の中において最もその下《しも》に在り」。また読み給う様に云わく「薬王《やくおう》よ。今汝《なんじ》に告ぐ。我が説くところの諸経、しかもこの経の中において、法華《ほっけ》は最も第三なり」云々《うんぬん》。また慈覚《じかく》・智証《ちしょう》大師の読み給う様に云わく「諸経の中において最もその中に在り」。また「最もこれ第二なり」等云々。

釈迦如来《しゃかにょらい》・多宝仏《たほうぶつ》・大日《だいにち》如来・一切《いっさい》の諸仏《しょぶつ》、法華経を一切経《いっさいきょう》に相対《あいたい》して説いてのたま《宣》わく「法華《ほっけ》は最も第一なり」。また説いて云《のたま》わく「法華は最もその上《かみ》に在り」云々《うんぬん》。詮《せん》ずるところ、釈迦・十方《じっぽう》の諸仏と、慈覚《じかく》・弘法《こうぼう》等の三大師《さんだいし》と、いずれを本《もと》とすべきや。ただ、事《こと》を日蓮によ《寄》せて、釈迦・十方の諸仏には永く背《そむ》いて三大師を本とすべきか、いかん。

問う。弘法大師《こうぼうだいし》は讃岐国《さぬきのくに》の人、勤操僧正《ごんぞうそうじょう》の弟子《でし》なり。三論《さんろん》・法相《ほっそう》の六宗《ろくしゅう》を極《きわ》む。去《い》ぬる延暦《えんりゃく》二十三年五月、桓武天皇《かんむてんのう》の勅宣《ちょくせん》を帯びて漢土《かんど》に入《い》り、順宗皇帝《じゅんそうこうてい》の勅によって青竜寺《せいりゅうじ》に入って、恵果和尚《けいかわじょう》に真言《しんごん》の大法《だいほう》を相承《そうじょう》し給《たま》えり。恵果和尚は、大日如来《だいにちにょらい》よりは七代になり給《たも》う。人はか《替》われども、法門《ほうもん》はおなじ。譬《たと》えば、瓶《かめ》の水をなお瓶にうつ《移》すがごとし。大日如来と金剛薩埵《こんごうさった》・竜猛《りゅうみょう》・竜智《りゅうち》・金剛智《こんごうち》・不空《ふくう》・恵果・弘法との瓶は異《こと》なれども、伝《つた》うるところの智水《ちすい》は同じき真言なり。

この大師《だいし》、彼《か》の真言《しんごん》を習って、三千の波濤《はとう》をわた《渡》りて日本国に付き給《たも》うに、平城《へいぜい》・嵯峨《さが》・淳和《じゅんな》の三帝《てい》にさず《授》け奉《たてまつ》る。去《い》ぬる弘仁《こうにん》十四年正月十九日に東寺《とうじ》を建立《こんりゅう》すべき勅《ちょく》を給《たま》わって、真言の秘法を弘《ぐ》通《つう》し給《たも》う。しかれば、五畿七道《ごきしちどう》、六十六箇国《かこく》・二つの島にいたるまでも、鈴《れい》をとり杵《しょ》をにぎる人、たれかこの人の末流にあらざるや。

また、慈覚大師《じかくだいし》は、下野国《しもつけのくに》の人、広智菩薩《こうちぼさつ》の弟子《でし》なり。大同《だいどう》三年、御歳《おんとし》十五にして伝教《でんぎょう》大師の御《み》弟《で》子《し》となりて、叡山《えいざん》に登って十五年の間、六宗《ろくしゅう》を習い、法華《ほっけ》・真言《しんごん》の二宗を習い伝《つた》う。承和《じょうわ》五年御入《ごにっ》唐《とう》、漢土《かんど》の会昌天子《かいしょうてんし》の御宇《ぎょう》なり。法全《はっせん》・元政《げんじょう》・義真《ぎしん》・法月《ほうがつ》・宗叡《しゅうえい》・志遠《しおん》等の天台《てんだい》・真言の碩学《せきがく》に値《あ》い奉《たてまつ》って、顕密《けんみつ》の二道を習い極《きわ》め給《たも》う。その上、殊《こと》に真言の秘教は十年の間、功《く》を尽《つ》くし給う。大日如来《だいにちにょらい》よりは九代なり。嘉祥《かしょう》元年、仁明天皇《にんみょうてんのう》の御師《おんし》なり。仁寿《にんじゅ》・斉衡《さいこう》に金剛頂経《こんごうちょうきょう》・蘇悉地経《そしつじきょう》の二経の疏《しょ》を造り、叡山に総持院《そうじいん》を建立《こんりゅう》して第三の座主《ざす》となり給う。天台の真言、これよりはじ《始》まる。

また智証大師《ちしょうだいし》は、讃岐国《さぬきのくに》の人、天長《てんちょう》四年、御年《おんとし》十四、叡山《えいざん》に登り、義真和尚《ぎしんかしょう》の御弟子《みでし》となり給《たも》う。日本国にては義真・慈覚《じかく》・円澄《えんちょう》・別当《べっとう》等の諸徳《しょとく》に八宗《はっしゅう》を習い伝え、去《い》ぬる仁寿《にんじゅ》元年に文徳天皇《もんとくてんのう》の勅《ちょく》を給《たま》わって漢土《かんど》に入《い》り、宣宗皇帝《せんそうこうてい》の大中年中《だいちゅうねんちゅう》に、法全《はっせん》・良諝《りょうしょ》和尚等の諸大師に七年の間顕密《けんみつ》の二教習《なら》い極《きわ》め給いて、去ぬる天安《てんあん》二年に御帰朝《ごきちょう》。文徳・清和《せいわ》等の皇帝の御師《おんし》なり。いずれも、現《げん》のため当《とう》のため、月のごとく日のごとく、代々《だいだい》の明主《めいしゅ》、時々《じじ》の臣民、信仰《しんこう》余り有り、帰依《きえ》怠《おこた》りな《無》し。故に、愚癡《ぐち》の一切《いっさい》、ひとえに信ずるばかりなり。

誠《まこと》に、「法に依《よ》って人《にん》に依らざれ」の金言《きんげん》を背《そむ》かざるの外《ほか》は、いかでか、仏によらずして弘法《こうぼう》等の人によるべきや。詮《せん》ずるところ、その心いかん。

答う。夫《そ》れ、教主釈尊《きょうしゅしゃくそん》の御入滅《ごにゅうめつ》一千年の間、月氏《がっし》に仏法の弘通《ぐつう》せし次第《しだい》は、先の五百年は小乗《しょうじょう》、後《のち》の五百年は大乗《だいじょう》。小大《しょうだい》・権実《ごんじつ》の諍《あらそ》いはありしかども、顕密《けんみつ》の定めはかすか《微》なりき。像法《ぞうほう》に入《い》って十五年と申せしに、漢土《かんど》に仏法渡《わた》る。始めは儒道《じゅどう》と釈教《しゃっきょう》と諍論《じょうろん》して定めがたかりき。されども、仏法ようやく《漸》弘通《ぐつう》せしかば、小大《しょうだい》・権実《ごんじつ》の諍論いでき《出来》たる。されども、いた《甚》くの相違《そうい》もなかりしに、漢土に仏法渡って六百年、玄宗皇帝《げんそうこうてい》の御宇《ぎょう》、善無畏《ぜんむい》・金剛智《こんごうち》・不空《ふくう》の三三蔵《さんさんぞう》、月氏《がっし》より入り給《たま》いて後《のち》、真言宗《しんごんしゅう》を立てしかば、華厳《けごん》・法華《ほっけ》等の諸宗《しょしゅう》はもっての外《ほか》にくだ《下》されき。上一人《かみいちにん》より下万《しもばん》民《みん》に至るまで、「真言には法華経は雲泥《うんでい》なり」と思いしなり。その後、徳宗《とくそう》皇帝の御宇に、妙楽大師《みょうらくだいし》と申す人、「真言は法華経にあながち《強》におとり《劣》たり」とおぼしめ《思》ししかども、いたく《甚》立つることもなかりしかば、法華・真言の勝劣《しょうれつ》を弁《わきま》える人なし。

日本国は人王《にんのう》三十代欽明《きんめい》の御時《おんとき》、百済国《ひゃくさいこく》より仏法始《はじ》めて渡《わた》りたりしかども、始めは神と仏との諍論《じょうろん》こわく《強》して三十余年はすぎ《過》にき。

三十四代推古天皇《すいこてんのう》の御宇《ぎょう》に、聖徳太子《しょうとくたいし》始めて仏法を弘通《ぐつう》し給《たも》う。恵灌《えかん》・観勒《かんろく》の二《ふた》りの上人《しょうにん》、百済国《ひゃくさいこく》よりわた《渡》りて三論宗《さんろんしゅう》を弘《ひろ》め、孝徳《こうとく》の御宇に、道昭《どうしょう》、禅宗《ぜんしゅう》をわたす。天武《てんむ》の御宇に、新羅国《しんらこく》の智鳳《ちほう》、法《ほっ》相宗《そうしゅう》をわたす。第四十四代元正《げんしょう》天皇の御宇に、善無畏三蔵《ぜんむいさんぞう》、大日経《だいにちきょう》をわたす。しかれども弘《ひろ》めず。聖《しょう》武《む》の御宇に、審祥大徳《しんじょうだいとく》・良弁僧正《ろうべんそうじょう》等、華厳宗《けごんしゅう》をわたす。人王《にんのう》四十六代孝謙《こうけん》天皇の御宇に、唐代《とうだい》の鑑真《がんじん》和尚《わじょう》、律宗《りっしゅう》と法華宗《ほっけしゅう》をわたす。律《りつ》をばひろめ《弘》、法華をば弘めず。

第五十代桓武天皇《かんむてんのう》の御宇《ぎょう》に、延暦《えんりゃく》二十三年七月、伝教大師《でんぎょうだいし》、勅《ちょく》を給《たま》わって漢土《かんど》に渡《わた》り、妙楽《みょうらく》大師の御弟子《みでし》道邃《どうずい》・行満《ぎょうまん》に値《あ》い奉《たてまつ》って法華宗《ほっけしゅう》の定《じょう》・慧《え》を伝え、道宣律師《どうせんりっし》に菩薩戒《ぼさつかい》を伝え、順暁和尚《じゅんぎょうわじょう》と申せし人に真言《しんごん》の秘教を習い伝えて、日本国に帰り給いて「真言・法華《ほっけ》の勝劣《しょうれつ》は、漢土の師のおしえ《教》によっては定め難《がた》し」と思《おぼ》しめしければ、ここにして、大日経《だいにちきょう》と法華経と、彼《か》の釈《しゃく》とこの釈とを引き並べて勝劣を判じ給いしに、「大日経は法華経に劣《おと》りたるのみならず、大日経の疏《しょ》は天台《てんだい》の心をとりて我が宗《しゅう》に入《い》れたりけり」と勘《かんが》え給えり。

その後《のち》、弘法大師《こうぼうだいし》、真言経《しんごんきょう》を下《くだ》されけることを遺恨《いこん》とや思《おぼ》しめしけん、真言宗《しんごんしゅう》を立てんとたばかり《謀》て、「法華経は大日経《だいにちきょう》に劣《おと》るのみならず、華厳経《けごんぎょう》に劣れり」と云々《うんぬん》。あわれ、慈覚《じかく》・智証《ちしょう》、叡山《えいざん》・園城《おんじょう》にこの義をゆるさずば《許》、弘法大師の僻見《びゃっけん》は日本国にひろまら《広》ざらまし。彼《か》の両大師、華厳・法華《ほっけ》の勝劣《しょうれつ》をばゆるさ《許》ねど、法華・真言の勝劣をば永く弘法大師に同心せしかば、存外《ぞんがい》に本《もと》の伝教《でんぎょう》大師の大怨敵《だいおんてき》となる。

その後《のち》、日本国の諸碩徳《しょせきとく》等、各《おのおの》智慧《ちえ》高くあるなれども、彼《か》の三大師《さんだいし》にこえ《超》ざれば、今に四百余年の間、日本一同に「真言《しんごん》は法華経に勝《すぐ》れけり」と定め畢《お》わんぬ。たまたま天台宗《てんだいしゅう》を習える人々も、真言は法華《ほっけ》に及《およ》ばざるの由存《よしぞん》せども、天台の座主《ざす》・御室《おむろ》等の高貴におそれ《恐》て申すことなし。あるはまた、その義をもわきまえ《弁》ぬかのゆえに、からく《辛》して同《どう》の義をいえば、一向《いっこう》真言師は、「さること、おもい《思》もよらず」とわらうなり。

しかれば、日本国中《にほんこくじゅう》に数十万の寺社あり。皆《みな》、真言宗《しんごんしゅう》なり。たまたま法華宗《ほっけしゅう》を並ぶとも、真言は主《しゅ》のごとく、法華は所従《しょじゅう》のごとくなり。もしは兼学《けんがく》の人も、心中《しんちゅう》は一同に真言なり。座主《ざす》・長吏《ちょうり》・検校《けんぎょう》・別当《べっとう》、一向《いっこう》に真言たるうえ、上《かみ》に好《この》むところ下《しも》皆したが《従》うことなれば、一人ももれ《漏》ず真言師《しんごんし》なり。されば、日本国、あるいは口には法華経《ほけきょう》最第一とはよめ《読》ども、心は最第二・最第三なり。あるいは身《しん》・口《く》・意《い》共に最第二・三なり。三業相応《さんごうそうおう》して最第一と読める法華経の行者《ぎょうじゃ》は、四百余年が間《あいだ》一人もなし。まして「能持此経《のうじしきょう》」の行者は、あるべしともおぼえ《覚》ず。「如来現在《にょらいげんざい》・猶多怨嫉《ゆたおんしつ》・況滅度後《きょうめつどご》」の衆生《しゅじょう》は、上一人《いちにん》より下万民《ばんみん》にいたるまで法華経の大怨敵《だいおんてき》なり。

しかるに、日蓮は東海道十五箇国《かこく》の内、第十二に相当《あいあ》たる安房国長狭郡東条郷片海《あわのくにながさのこおりとうじょうのごうかたうみ》の海人《あま》が子なり。生年《しょうねん》十二、同じき郷の内、清澄寺《せいちょうじ》と申す山にまかり《罷》登り住《じゅう》しき。遠国《おんごく》なるうえ、寺とはな《名》づけて候《そうら》えども、修学《しゅがく》の人なし。しかるに、随分《ずいぶん》諸国を修行《しゅぎょう》して学問し候いしほどに、我が身は不肖《ふしょう》なり、人はおしえず。十宗《じっしゅう》の元起《がんき》・勝劣《しょうれつ》たやすくわきまえ《弁》がたきところに、たまたま仏菩薩《ぶつぼさつ》に祈請《きしょう》して、一《いっ》切《さい》の経論《きょうろん》を勘《かん》えて十宗に合わせたるに、倶舎宗《くしゃしゅう》は、浅近《せんごん》なれども一分《いちぶん》は小乗経《しょうじょうきょう》に相当するに似たり。成実宗《じょうじつしゅう》は、大小兼雑《だいしょうけんぞう》して謬誤《みょうご》あり。律宗《りっしゅう》は、本《もと》は小乗、中比《なかごろ》は大乗《だいじょう》、今は一向《いっこう》に大乗宗とおもえり。また伝教大師《でんぎょうだいし》の律宗あり。別に習うことなり。

法相宗《ほっそうしゅう》は、源《みなもと》、権大乗経《ごんだいじょうきょう》の中の浅近《せんごん》の法門《ほうもん》にてありけるが、次第《しだい》に増長して権実《ごんじつ》と並び、結句《けっく》は彼《か》の宗々《しゅうじゅう》を打ち破らんと存《ぞん》ぜり。譬《たと》えば、日本国の将軍、将門《まさかど》・純友《すみとも》等のごとし。下《しも》に居《い》て上《かみ》を破る。

三論宗《さんろんしゅう》もまた権大乗《ごんだいじょう》の空《くう》の一分《いちぶん》なり。これも「我は実大乗《じつだいじょう》」とおもえり。

華厳宗《けごんしゅう》は、また権大乗《ごんだいじょう》と云《い》いながら余宗《よしゅう》にまさ《勝》れり。譬《たと》えば、摂政《せっしょう》・関白《かんぱく》のごとし。しかれども、法華経を敵《かたき》となして立つる宗なる故に、臣下の身をもって大王に順ぜんとするがごとし。

浄土宗《じょうどしゅう》と申すも、権大乗《ごんだいじょう》の一分《いちぶん》なれども、善導《ぜんどう》・法然《ほうねん》がたばかり《謀》かしこ《賢》くして、諸経《しょきょう》をば上げ観経《かんぎょう》をば下《くだ》し、正像《しょうぞう》の機《き》をば上げ末法《まっぽう》の機をば下して、末法の機に相叶《あいかな》える念仏《ねんぶつ》を取り出《い》だして機をもって経《きょう》を打ち、一代の聖教《しょうぎょう》を失って念仏の一門を立てたり。譬《たと》えば、心かしこ《賢》くして身は卑《いや》しき者が、身を上げて心はかなきものを敬って、賢人《けんじん》をうしな《失》うがごとし。

禅宗《ぜんしゅう》と申すは、「一代聖教《いちだいしょうぎょう》の外《ほか》に真実の法有り」と云々《うんぬん》。譬《たと》えば、おやを殺して子を用い、主《しゅ》を殺せる所従《しょじゅう》の、しかもその位につ《即》けるがごとし。

真言宗《しんごんしゅう》と申すは、一向《いっこう》に大妄語《だいもうご》にて候《そうろう》が、深くその根源をかく《隠》して候《そうら》えば、浅機《せんき》の人あらわ《顕》しがたし。一向に誑惑《おうわく》せられて数年を経《へ》て候《そうろう》。まず天竺《てんじく》に真言宗と申す宗なし。しかるに「有り」と云々《うんぬん》。その証拠《しょうこ》を尋《たず》ぬべきなり。詮《せん》ずるところ、大日経《だいにちきょう》ここにわた《渡》れり。法華経に引き向かえてその勝劣《しょうれつ》これを見るところに、大日経は法華経より七重下劣《しちじゅうげれつ》の経なり。証拠は、彼《か》の経、この経に分明《ふんみょう》なり〈ここにこれを引かず〉。しかるを、あるいは云《い》わく「法華経に三重《さんじゅう》の主君」、あるいは「二重の主君なり」と云々。もっての外《ほか》の大僻見《だいびゃっけん》なり。譬《たと》えば、劉聡《りゅうそう》が下劣の身として愍帝《びんてい》に馬の口をとらせ、趙高《ちょうこう》が民の身として横しまに帝位につ《即》きしがごとし。また彼の天竺の大慢婆羅門《だいまんばらもん》が釈尊《しゃくそん》を床《とこ》として坐《ざ》せしがごとし。漢土《かんど》にも知る人なく、日本にも、あや《怪》しめずして、すでに四百余年をおく《送》れり。

かくのごとく仏法の邪正《じゃしょう》乱れしかば、王法《おうぼう》も漸《ようや》く尽《つ》きぬ。結句《けっく》は、この国、他国にやぶ《破》られて亡国となるべきなり。このこと日蓮独《ひと》り勘《かんが》え知れる故に、仏法のため、王法のため、諸経《しょきょう》の要文《ようもん》を集めて一巻の書を造る。よって故最明寺入道殿《こさいみょうじのにゅうどうどの》に奉《たてまつ》る。立正安国論《りっしょうあんこくろん》と名づけき。その書にくわしく申したれども、愚人《ぐにん》は知り難《がた》し。詮《せん》ずるところ、現証《げんしょう》を引いて申すべし。

そもそも人王《にんのう》八十二代隠岐法皇《おきのほうおう》と申す王有《ましま》しき。去《い》ぬる承久《じょうきゅう》三年太歳辛巳《たいさいかのとみ》五月十五日、伊賀太郎判《いがのたろうほう》官光季《がんみつすえ》を打ち捕《と》りまします。鎌倉《かまくら》の義時《よしとき》をう《打》ち給《たま》わんとての門出《かどで》なり。やがて五畿七道《ごきしちどう》の兵《つわもの》を召《め》して、相州《そうしゅう》鎌倉の権大夫《ごんのだいぶ》義時を打ち給わんとし給うところに、還《かえ》って義時にま《負》け給《たま》いぬ。結句《けっく》、我が身は隠岐国《おきのくに》になが《流》され、太子二人は佐渡国《さどのくに》・阿波国《あわのくに》にながされ給《たも》う。公卿《くぎょう》七人はたちまちに頸《くび》をは《刎》ねられてき。これはいかにとしてまけ《負》給《たま》いけるぞ。国王の身として民のごとくなる義時を打ち給わんは、鷹《たか》の雉《きじ》をとり《捕》、猫《ねこ》の鼠《ねずみ》を食《は》むにてこそあるべけれ。これは猫のねずみにくらわれ《食》、鷹の雉にとられ《捕》たるようなり。

しかのみならず、調伏《じょうぶく》、力を尽《つ》くせり。いわゆる、天台座主《てんだいざす》・慈円僧正《じえんそうじょう》、真言《しんごん》の長者《ちょうじゃ》、仁和寺《にんなじ》の御《お》室《むろ》、園城寺《おんじょうじ》の長吏《ちょうり》、総じて七大寺《しちだいじ》・十五大寺、智慧《ちえ》・戒行《かいぎょう》は日月《にちがつ》のごとく、秘法は弘法《こうぼう》・慈覚《じかく》等の三《さん》大師《だいし》の心中《しんちゅう》の深密《じんみつ》の大法《だいほう》、十五壇《じゅうごだん》の秘法なり。五月十九日より六月の十四日にいたるまで、あせ《汗》をな《流》がし、なずき《脳》をくだき《砕》て行《おこな》いき。

最後には、御室《おむろ》、紫宸殿《ししんでん》にして、日本国にわたり《渡》ていまだ三度までも行わぬ大法《だいほう》、六月八日始めてこれを行うほどに、同じき十四日に、関東の兵軍《へいぐん》、宇治《うじ》・勢多《せた》をおしわたし《押渡》て洛陽《らくよう》に打ち入《い》って、三院を生《い》け取《ど》り奉《たてまつ》って、九重《ここのえ》に火を放《はな》って一時《いちじ》に焼失す。三院をば三国《さんごく》へ流罪《るざい》し奉りぬ。また公卿《くぎょう》七人は、たちまちに頸《くび》をきる《斬》。しかのみならず、御室の御所《ごしょ》に押《お》し入って、最愛の弟子《でし》の小児《しょうに》・勢多伽《せいたか》と申せしをせめいだし《責出》て、終《つい》に頸をきり《斬》にき。御室堪《た》えずして思い死《じ》に給《たま》い畢《おわ》んぬ。母も死に、童《わらべ》も死ぬ。すべてこのいのり《祈》をたのみ《恃》し人、いく《幾》千万ということをしらず《知》死ににき。たまたまいきたる《生》もかい《甲斐》なし。御室、祈りを始め給いし六月八日より、同じき十四日まで、なか《中》をかぞう《数》れば、七日に満《まん》じける日なり。

この十五壇《じゅうごだん》の法と申すは、一字金輪《いちじきんりん》・四天王《してんのう》・不動《ふどう》・大威徳《だいいとく》・転法輪《てんぼうりん》・如意輪《にょいりん》・愛染王《あいぜんおう》・仏眼《ぶつげん》・六字《ろくじ》・金剛童子《こんごうどうじ》・尊星王《そんしょうおう》・太元《たいげん》・守護経《しゅごきょう》等の大法《だいほう》なり。この法の詮《せん》は、国敵《こくてき》・王敵となる者を降伏《ごうぶく》して、命を召《め》し取って、その魂《たましい》を密厳浄土《みつごんじょうど》へつかわ《遣》すという法なり。その行者《ぎょうじゃ》の人々もまた軽からず。天台座《てんだいざ》主《す》・慈円《じえん》、東寺《とうじ》、御室《おむろ》、三井《みい》の常住院《じょうじゅういん》の僧正《そうじょう》等の四十一人、ならびに伴僧《ばんそう》等三百余人なり云々《うんぬん》。

法といい、行者《ぎょうじゃ》といい、また代《よ》も上代《じょうだい》なり。いかにとしてまけ《負》給《たま》いけるぞ。たといかつ《勝》ことこそなくとも、即時にまけ《負》おわりて、かかるはじ《恥》にあい《遭》たりけること、いかなるゆえ《故》ということを、余人《よにん》いまだしら《知》ず。国主として民を討《う》たんこと、鷹《たか》の鳥をとら《捕》んがごとし。たといまけ《負》給《たも》うとも、一年二年、十年二十年もささう《支》べきぞかし。五月十五日におこり《起》て六月十四日にまけ《負》給《たま》いぬ。わずかに三十余日なり。権大夫殿《ごんのだいぶどの》はこのこと兼《か》ねてしら《知》ねば、祈禱《きとう》もなし、かまえ《構》もなし。

しかるに、日蓮、小智《しょうち》をもって勘《かんが》えたるに、その故あり。いわゆる彼《か》の真言《しんごん》の邪法《じゃほう》の故なり。僻事《ひがごと》は、一人なれども万国《ばんこく》のわずらい《煩》なり。一人として行《ぎょう》ずとも、一国二国やぶれ《破》ぬべし。いわんや三百余人をや。国主とともに法華経の大怨敵《だいおんてき》となりぬ。いかでかほろび《亡》ざらん。かかる大悪法、とし《年》をへ《経》て、ようやく《漸》関東におち《落》下《くだ》って、諸堂の別当《べっとう》・供僧《ぐそう》となり、連々《れんれん》と行ぜり。本《もと》より辺域《へんいき》の武士なれば、教法《きょうほう》の邪正《じゃしょう》をば知らず。ただ三宝《さんぽう》をばあがむ《崇》べきこととばかり思うゆえに、自然《じねん》としてこれを用いきたりて、ようやく《漸》年数を経《ふ》るほどに、今《いま》他国のせめ《責》をこうむ《被》って、この国すでにほろび《亡》なんとす。関東八箇国《かこく》のみならず、叡山《えいざん》・東寺《とうじ》・園城《おんじょう》・七寺《しちじ》等の座主《ざす》・別当、皆《みな》、関東の御《おん》はから《計》いとなりぬるゆえに、隠岐法皇《おきのほうおう》のごとく、大悪法の檀那《だんな》と成り定まり給《たま》いぬるなり。

国主となることは、大小、皆《みな》、梵王《ぼんのう》・帝釈《たいしゃく》・日月《にちがつ》・四天《してん》の御《おん》はから《計》いなり。法華経の怨敵《おんてき》となり定まり給《たま》わば、たちまちに治罰《じばつ》すべきよし《由》を誓《ちか》い給えり。したがって、人王《にんのう》八十一代安徳天皇《あんとくてんのう》に太政入《だいじょうのにゅう》道《どう》の一門与力《よりき》して、兵衛佐頼朝《ひょうえのすけよりとも》を調伏《じょうぶく》せんがために、叡山《えいざん》を氏寺《うじでら》と定め、山王《さんのう》を氏神《うじがみ》とたのみ《恃》しかども、安徳は西海《さいかい》に沈《しず》み、明雲《みょううん》は義仲《よしなか》に殺さる。一門皆一時《みないちじ》にほろび《滅》畢《お》わんぬ。第二度なり。今度は第三度にあたる《当》なり。

日蓮がいさめ《諫》を御用《おんもち》いなくて、真言《しんごん》の悪法をもって大蒙古《だいもうこ》を調伏《じょうぶく》せらるれば、日本国還《かえ》って調伏せられなん。「還って本人に著《つ》きなん」と説けりと申すなり。しからば則《すなわ》ち、罰《ばち》をもって利生《りしょう》を思うに、法華経にすぎ《過》たる仏になる《成》大道《だいどう》はなかるべきなり。現世《げんぜ》の祈禱《きとう》は、兵衛佐殿《ひょうえのすけどの》、法華経を読誦《どくじゅ》する現証《げんしょう》なり。

この道理を存《ぞん》ぜることは、父母と師匠《ししょう》との御恩《ごおん》なれば、父母はすでに過去《かこ》し給《たま》い畢《お》わんぬ。故道善《こどうぜんの》御房《ごぼう》は師匠にておわしましましかども、法華経の故に地頭《じとう》におそれ《恐》給いて、心中《しんちゅう》には不便《ふびん》とおぼし《思》つらめども、外にはかたき《敵》のようににくみ《憎》給いぬ。後《のち》にはすこし信じ給いたるようにきこえ《聞》しかども、臨《りん》終《じゅう》にはいかにやおわしけん、おぼつかなし。地獄《じごく》までは、よもおわせじ。また生死《しょうじ》をはなるる《離》ことはあるべしともおぼえ《覚》ず。中有《ちゅうう》にやただよい《漂》ましますらんとなげ《歎》かし。

貴辺は、地頭《じとう》のいかり《怒》し時、義城房《ぎじょうぼう》とともに清澄寺《せいちょうじ》を出《い》でておわせし人なれば、何《なに》となくとも、これを法華経の御奉公《ごほうこう》とおぼし《思》めして、生死《しょうじ》をはなれ《離》させ給《たも》うべし。

この御本尊は、世尊《せそん》説きおか《置》せ給《たま》いて後《のち》、二千二百三十余年が間、一閻浮提《いちえんぶだい》の内にいまだひろめ《弘》たる人候《そうら》わず。漢土《かんど》の天台《てんだい》、日本の伝教《でんぎょう》、ほぼしろし《知》めして、いささかひろめ《弘》させ給わず。当時こそひろまら《広》せ給《たも》うべき時にあたりて候え。経《きょう》には上行《じょうぎょう》・無辺行《むへんぎょう》等こそ出《い》でてひろめ《弘》させ給うべしと見えて候えども、いまだ見えさせ給《たま》わず。日蓮はその人に候わねども、ほぼこころえ《心得》て候えば、地涌《じゆ》の菩薩《ぼさつ》の出でさせ給《たも》うまでの口ずさみにあらあら《粗々》申して、況滅度後《きょうめつどご》のほこさき《矛先》に当たり候《そうろう》なり。願わくは、この功徳《くどく》をもって、父母と師匠《ししょう》と一切衆生《いっさいしゅじょう》に回向《えこう》し奉《たてまつ》らんと祈請仕《きしょうつかまつ》り候。

その旨《むね》をしら《知》せまいらせんがために、御不審《ごふしん》を書きおくり《送》まいらせ候《そうろう》に、他事《たじ》をすて《捨》て、この御本尊の御前《みまえ》にして、一向《いっこう》に後世《ごせ》をいのら《祈》せ給《たま》い候《そうら》え。またこれより申さんと存《ぞん》じ候《そうろう》。いかにも御房《ごぼう》たち、はから《計》い申させ給え。

日蓮　花押《かおう》

(015)

一生成仏抄《いっしょうじょうぶつしょう》

建長《けんちょう》7年（'55）　34歳
（富木常忍《ときじょうにん》）

夫《そ》れ、無始《むし》の生死《しょうじ》を留《とど》めて、この度決定《たびけつじょう》して無上菩提《むじょうぼだい》を証《しょう》せんと思わば、すべからく衆生本有《しゅじょうほんぬ》の妙《みょう》理《り》を観《かん》ずべし。衆生本有の妙理とは、妙法蓮華経これなり。故に、妙法蓮華経と唱えたてまつれば、衆生本有の妙理を観ずるにてあるなり。

文理真正《もんりしんしょう》の経王《きょうおう》なれば、文字即実相《もんじそくじっそう》なり、実相即妙法なり。ただ詮《せん》ずるところは、一心法界《いっしんほうかい》の旨《むね》を説き顕《あらわ》すを妙法と名づく。故に、この経を「諸仏《しょぶつ》の智慧《ちえ》」とは云《い》うなり。一心法界の旨とは、十界三《じっかいさん》千《ぜん》の依正《えしょう》・色心《しきしん》・非情草木《ひじょうそうもく》・虚空刹土《こくうせつど》、いずれも除かずちり《塵》も残らず一念《いちねん》の心に収めて、この一念の心、法界に遍満《へんまん》するを指して、万法《ばんぽう》とは云うなり。この理《り》を覚知するを、一心法界とも云うなるべし。

ただし、妙法蓮華経と唱え持《たも》つというとも、もし己心《こしん》の外《ほか》に法ありと思わば、全《まった》く妙法にあらず、麤法《そほう》なり。麤法は今経《こんきょう》にあらず。今経にあらざれば、方便《ほうべん》なり、権門《ごんもん》なり。方便・権門の教えならば、成仏の直道《じきどう》にあらず。成仏の直道にあらざれば、多生曠劫《たしょうこうごう》の修行《しゅぎょう》を経《へ》て成仏すべきにあらざる故に、一生成仏叶《かな》いがたし。故に、妙法と唱え蓮華《れんげ》と読まん時は、我が一念《いちねん》を指して妙法蓮華経と名づくるぞと深く信心を発《おこ》すべきなり。

すべて一代八万の聖教《しょうぎょう》、三世《さんぜ》十方《じっぽう》の諸《もろもろ》の仏菩薩《ぶつぼさつ》も、我が心の外《ほか》に有りとはゆめゆめ思うべからず。しかれば、仏教を習うといえども、心性《しんしょう》を観《かん》ぜざれば、全《まった》く生死《しょうじ》を離《はな》るることなきなり。もし心外《しんげ》に道《どう》を求めて万行万善《まんぎょうまんぜん》を修《しゅ》せんは、譬《たと》えば、貧窮《びんぐ》の人、日夜《にちや》に隣《となり》の財《たから》を計《かぞ》えたれども、半銭《はんせん》の得分《とくぶん》もなきがごとし。

しかれば、天台《てんだい》の釈《しゃく》の中には「もし心を観《かん》ぜざれば、重罪滅《めっ》せず」とて、もし心を観ぜざれば、無量の苦行《くぎょう》となると判ぜり。故に、かくのごときの人をば、「仏法を学して外道《げどう》となる」と恥《は》じしめられたり。ここをもって、止観《しかん》には「仏教を学すといえども、還《かえ》って外見《げけん》に同ず」と釈せり。しかるあいだ、仏の名《みな》を唱え、経巻《きょうがん》をよみ《読》、花をちらし《散》、香《こう》をひねる《拈》までも、皆《みな》、我が一念《いちねん》に納めたる功徳《くどく》・善根《ぜんこん》なりと信心を取るべきなり。

これによって、浄名経《じょうみょうきょう》の中には「諸仏《しょぶつ》の解脱《げだつ》を衆生《しゅじょう》の心行《しんぎょう》に求めば、衆生即菩提《しゅじょうそくぼだい》なり、生死即涅槃《しょうじそくねはん》なり」と明かせり。また「衆生の心けがるれ《汚》ば土《ど》もけがれ、心清ければ土も清し」とて、浄土《じょうど》といい穢土《えど》というも、土に二つの隔《へだ》てなし、ただ我らが心の善悪によると見えたり。衆生というも仏というも、またかくのごとし。迷う時は衆生と名づけ、悟《さと》る時をば仏と名づけたり。譬《たと》えば、闇鏡《あんきょう》も磨《みが》きぬれば玉《たま》と見《み》ゆるがごとし。只今《ただいま》も、一念無明《いちねんむみょう》の迷心《めいしん》は磨かざる鏡なり。これを磨かば、必ず法性真如《ほっしょうしんにょ》の明鏡《みょうきょう》と成るべし。

深く信心を発《おこ》して、日夜朝暮《にちやちょうぼ》にまた懈《おこた》らず磨《みが》くべし。いかようにしてか磨くべき。ただ南無妙法蓮華経と唱えたてまつるを、これをみがく《磨》とはいうなり。

そもそも、妙《みょう》とは何という心ぞや。ただ我が一念《いちねん》の心不思議《ふしぎ》なるところを妙とは云《い》うなり。不思議とは、心も及《およ》ばず語《ことば》も及ばずということなり。しかればすなわち、起こるところの一念の心を尋《たず》ね見れば、有りと云わんとすれば色《いろ》も質《かたち》もなし。また無しと云わんとすれば様々《ようよう》に心起こる。有りと思うべきにあらず、無しと思うべきにもあらず。有無《うむ》の二つの語《ことば》も及ばず、有無の二つの心も及ばず。有無にあらずして、しかも有無に遍《へん》して、中道一実《ちゅうどういちじつ》の妙体《みょうたい》にして不思議なるを妙とは名づくるなり。この妙なる心を名づけて法ともいうなり。この法門《ほうもん》の不思議をあらわ《表》すに、譬《たと》えを事法《じほう》にかたど《象》りて蓮華《れんげ》と名づく。一心を妙と知りぬればまた転じて余心《よしん》をも妙法と知るところを、妙経《みょうきょう》とはいうなり。しかればすなわち、善悪に付いて起こり起こるところの念心《ねんしん》の当体《とうたい》を指して、これ妙法の体と説き宣《の》べたる経王《きょうおう》なれば、成仏の直道《じきどう》とはいうなり。

この旨《むね》を深く信じて妙法蓮華経と唱えば、一生成仏さらに疑いあるべからず。故に、経文《きょうもん》には「我滅度《めつど》して後《のち》において、応《まさ》にこの経を受持《じゅじ》すべし。この人は仏道《ぶつどう》において、決定《けつじょう》して疑いあることなけん」とのべ《宣》たり。ゆめゆめ不審《ふしん》をなすべからず。あなかしこ、あなかしこ。一生成仏の信心、南無妙法蓮華経、南無妙法蓮華経。

日蓮　花押《かおう》

（016）

主師親御書《しゅししんごしょ》

建長《けんちょう》7年（'55）　34歳

釈迦仏《しゃかぶつ》は、我らがためには、主《しゅ》なり、師なり、親なり。一人してすく《救》い護《まも》ると説き給《たま》えり。阿弥陀《あみだ》仏《ぶつ》は、我らがためには、主ならず、親ならず、師ならず。しかれば、天台大師《てんだいだいし》これを釈《しゃく》して曰《い》わく「西方《さいほう》は仏別《べつ》にして縁異《えんこと》なり。仏別なるが故に隠顕《おんけん》の義成《じょう》ぜず、縁異なるが故に子父《しふ》の義成ぜず。またこの経《きょう》の首末《しゅまつ》に全《まった》くこの旨《むね》無し。眼《まなこ》を閉じて穿鑿《せんさく》せよ」と。

実《まこと》なるかな、釈迦仏《しゃかぶつ》は中天竺《ちゅうてんじく》の浄飯大王《じょうぼんだいおう》の太子として、十九の御年《おんとし》、家を出《い》で給《たま》いて、檀特山《だんどくせん》と申す山に籠《こ》もらせ給い、高峰《たかね》に登っては妻木《つまぎ》をとり、深谷《しんこく》に下《くだ》っては水を結び、難行苦行《なんぎょうくぎょう》して御年三十と申せしに仏にな《成》らせ給いて一代聖教《いちだいしょうぎょう》を説き給いしに、上《うわ》べには華厳《けごん》・阿含《あごん》・方等《ほうどう》・般若《はんにゃ》等の種々の経々《きょうぎょう》を説かせ給えども、内心には法華経を説かばやとおぼ《思》しめされしかども、衆生《しゅじょう》の機根《きこん》まちまちにして一種ならざるあいだ、仏の御心《みこころ》をば説き給わで、人の心に随《したが》い万《よろず》の経を説き給えり。

かくのごとく、四十二年がほどは心苦しく思《おぼ》しめししかども、今、法華経に至って、「我が願《がん》、既《すで》に満足しぬ。我がごとくに衆生《しゅじょう》を仏になさん」と説き給《たま》えり。久遠《くおん》より已来《このかた》、あるいは鹿《しか》となり、あるいは熊《くま》となり、ある時は鬼神《きじん》のために食われ給えり。かくのごとき功徳《くどく》をば、法華経を信じたらん衆生は、「これ真《しん》の仏子《ぶっし》なり」とて、「これ実《じつ》の我が子なり。この功徳をこの人に与えん」と説き給えり。これほどに思しめしたる親の釈迦仏《しゃかぶつ》をばないがしろ《蔑》に思いなして、「ただ一大事《いちだいじ》をもって」と説き給える法華経を信ぜざらん人は、いかでか仏になる《成》べきや。能《よ》く能く心を留《とど》めて案ずべし。

二の巻に云《い》わく「もし人信ぜずして、この経《きょう》を毀謗《きぼう》せば、則《すなわ》ち一切世間《いっさいせけん》の仏種《ぶっしゅ》を断ぜん乃至《ないし》余経《よきょう》の一偈《げ》をも受けざれ」と。文《もん》の心は、仏にならんためには、ただ法華経を受持《じゅじ》せんことを願って、余経の一偈一句をも受けざれと。三の巻に云わく「飢《う》えたる国より来《きた》って、たちまちに大王の膳《ぜん》に遇《あ》うがごとし」と。文の心は、飢えたる国より来って、たちまちに大王の膳にあえ《遇》り。心は、「犬・野干《やかん》の心を致《いた》すとも、迦葉《かしょう》・目連《もくれん》等の小乗《しょうじょう》の心をば起こさざれ。破《わ》れたる石は合うとも、枯《か》れ木《き》に花はさく《咲》とも、二乗《にじょう》は仏になる《成》べからず」と仰《おお》せられしかば、須菩提《しゅぼだい》は茫然《ぼうぜん》として手の一鉢《いっぱつ》をなげ《投》、迦葉は涕《たい》泣《きゅう》の声大千界《だいせんかい》を響《ひび》かすと申して歎《なげ》き悲しみしが、今、法華経に至って、迦葉尊者《そんじゃ》は光明如来《こうみょうにょらい》の記別《きべつ》を授《さず》かりしかば、目連・須菩提・摩訶迦旃延《まかかせんねん》等はこれを見て、「我らも定めて仏になるべし。飢えたる国より来って、たちまちに大王の膳にあえる《遇》がごとし」と喜びし文なり。

我ら衆生《しゅじょう》、無始曠劫《むしこうごう》より已来《このかた》、妙法蓮華経の如意宝珠《にょいほうしゅ》を片時《かたとき》も相離《あいはな》れざれども、無明《むみょう》の酒にたぼら《誑》かされて、衣《ころも》の裏《うち》にかけ《繫》たりとしら《知》ずして、少なきを得て足りぬと思いぬ。南無妙法蓮華経とだに唱え奉《たてまつ》りたらましかば速《すみ》やかに仏に成るべかりし衆生どもの、五戒十善《ごかいじゅうぜん》等のわずかなる戒をもって、あるいは天に生まれて大梵天《だいぼんてん》・帝釈《たいしゃく》の身と成っていみじきことと思い、ある時は人に生まれて諸《もろもろ》の国王・大臣・公卿《くぎょう》・殿上人《てんじょうびと》等の身と成って、これ程《ほど》のたのしみ《楽》なしと思い、少なきを得て足りぬと思い、悦《よろこ》びあえり。これを仏は、「夢の中のさかえ《栄》、まぼろし《幻》のたのしみ《楽》なり。ただ法華経を持《たも》ち奉り、速やかに仏になる《成》べし」と説き給《たま》えり。

また、四の巻に云《い》わく「しかもこの経《きょう》は、如来《にょらい》の現《げん》に在《いま》すすらなお怨嫉《おんしつ》多し。いわんや滅度《めつど》して後《のち》をや」云々《うんぬん》。釈迦仏《しゃかぶつ》は、師子頬王《ししきょうおう》の孫、浄飯王《じょうぼんおう》には嫡子《ちゃくし》なり。十善《じゅうぜん》の位をすて《捨》、五天竺《ごてんじく》第一なりし美女・耶輸多羅女《やしゅだらにょ》をふりすてて、十九の御年出家《おんとししゅっけ》して勤め行い給《たま》いしかば、三十の御年成道《じょうどう》し御坐《おわ》しまして、三十二相八十種好《さんじゅうにそうはちじっしゅこう》の御形《おんかたち》にて、御幸《みゆき》なる時は、大梵天王《だいぼんてんのう》・帝釈《たいしゃく》左右に立ち、多聞《たもん》・持国《じこく》等の四《し》天王《てんのう》先後囲繞《いにょう》せり。法を説き給《たも》う御時《おんとき》は、四弁八音《しべんはっとん》の説法は祇園精舎《ぎおんしょうじゃ》に満ち、三智五眼《さんちごげん》の徳は四海《しかい》にしけり《敷》。しかれば、いずれの人か仏を悪《にく》むべき。なれども、なお怨嫉するもの多し。まして滅度の後、一毫《いちごう》の煩悩《ぼんのう》をも断ぜず少しの罪をも弁《わきま》えざらん法華経の行者《ぎょうじゃ》を悪み嫉《そね》む者多からんことは、雲霞《うんか》のごとくならんと見えたり。しからば則《すなわ》ち、末代悪世《まつだいあくせ》にこの経をありのままに説く人には敵《かたき》多からんと説かれて候《そうろう》に、世間《せけん》の人々、我も持《たも》ちたり我も読み奉《たてまつ》り行《ぎょう》じ候に、敵なきは、仏の虚言《そらごと》か、法華経の実《まこと》ならざるか。また実の御経《おんきょう》ならば、当世《とうせい》の人々、経をよみまいらせ候は虚《そら》よみ《読》か、実の行者にてはなきか、いかん。能《よ》く能く心得《こころう》べきことなり。明《あき》らむべきものなり。

四の巻に、多宝如来《たほうにょらい》は、釈迦牟尼仏御年《しゃかむにぶつおんとし》三十にして仏に成り給《たも》うに、初めには華厳経《けごんぎょう》と申す経《きょう》を実《じつ》報華王《ぼうけおう》のみぎり《砌》にして、別円頓大《べつえんとんだい》の法輪《ほうりん》、法慧《ほうえ》・功徳林《くどくりん》・金剛幢《こんごうどう》・金剛蔵《こんごうぞう》の四菩薩《ぼさつ》に対して三七日《さんしちにち》の間説《と》き給《たま》いしにも来《きた》り給わず。その二乗《にじょう》の機根叶《きこんかな》わざりしかば、瓔珞細軟《ようらくさいなん》の衣《ころも》をぬぎすて、麤弊垢膩《そへいくに》の衣を着、波羅奈国鹿野苑《はらなこくろくやおん》に趣《おもむ》いて、十二年の間生滅四諦《しょうめつしたい》の法門《ほうもん》を説き給いしに、阿若倶隣《あにゃくくりん》等の五人証果《しょうか》し、八万の諸天《しょてん》は無生忍《むしょうにん》を得たり。次に欲《よく》・色《しき》二界《にかい》の中間《ちゅうげん》、大宝坊《だいほうぼう》の儀式《ぎしき》、浄名《じょうみょう》の御室《おんしつ》には三万二千の牀《とこ》を立て、般若《はんにゃ》・白鷺池《びゃくろち》の辺《ほとり》、十六会《え》の儀式、尽浄虚融《じんじょうこゆう》の旨《むね》をのべ《宣》給いしにも来り給わず。法華経にも、一の巻乃至《ないし》四の巻の人記品《にんきほん》までも来り給わず、宝塔品《ほうとうほん》に至って初めて来り給えり。

釈迦仏《しゃかぶつ》、先《さき》四十余年の経《きょう》を我《われ》と虚事《そらごと》と仰《おお》せられしかば、人用《もち》いることなく、法華経を真実なりと説かせ給《たま》えども、「仏というは無虚妄《むこもう》の人とて永く虚言《そらごと》し給わずと聞きしに、一日ならず二日ならず、一月《ひとつき》ならず二月ならず、一年二年ならず、四十余年の程《ほど》まで虚言したりと仰せられしかば、またこの経を実《まこと》と説き給《たも》うも、虚言にやあらんずらん」と不審《ふしん》をなししかば、この不審、釈迦仏一人しては、舎利弗《しゃりほつ》を始め、事《こと》はれ《晴》がたかりしに、この多宝仏《たほうぶつ》、宝浄世界《ほうじょうせかい》よりはるばると来《きた》らせ給《たま》いて、「法華経は、皆《みな》これ真実なり」と証明《しょうみょう》し給いしに、先の四十余年の経を虚言と仰せらるること、実の虚言に定まるなり。

また、法華経より外《ほか》の一切経《いっさいきょう》を空《そら》に浮《う》かべて、文々句々《もんもんくく》、阿難尊者《あなんそんじゃ》のごとく覚《さと》り、富楼那《ふるな》の弁舌《べんぜつ》のごとくに説くとも、それを難事とせず。また、須弥山《しゅみせん》と申す山は、十六万八千由旬《ゆじゅん》の金山《こんぜん》にて候《そうろう》を、他方世界へつぶて《礫》になぐ《投》る者ありとも、難事には候《そうら》わじ。仏滅度《めつど》して後《のち》、当世《とうせい》・末代悪世《まつだいあくせ》に法華経をありのままに能《よ》く説かん、これを難《かた》しとすと説かせ給《たま》えり。五天竺《ごてんじく》第一の大力《だいりき》なりし提婆達多《だいばだった》も、長《たけ》三丈《じょう》五尺《しゃく》、広さ一丈二尺の石をこそ仏になげ《投》かけ《掛》て候いしか。また漢土《かんど》第一の大力、楚《そ》の項羽《こうう》と申せし人も、九石《こくい》入りの釜《かま》に水満《み》ち候いしをこそひさげ《提》候いしか。それにこれは、「須弥山《しゅみせん》をばなぐ《投》る者は有りとも、この経を説のごとく読み奉《たてまつ》らん人は有りがたし」と説かれて候《そうろう》に、人ごとにこの経をよみ《読》書き説き候。経文《きょうもん》を虚言《そらごと》に成して、当世《とうせい》の人々を皆《みな》法華経の行者《ぎょうじゃ》と思うべきか。能く能く御心得《おんこころえ》あるべきことなり。

五の巻の提婆品《だいばほん》に云《い》わく「もし善男子《ぜんなんし》・善女人《ぜんにょにん》有って、妙法華経《みょうほけきょう》の提婆達多品《だいばだったほん》を聞いて、浄心《じょうしん》に信《しん》敬《ぎょう》して、疑惑《ぎわく》を生《しょう》ぜずんば、地獄《じごく》・餓鬼《がき》・畜生《ちくしょう》に堕《お》ちずして、十方《じっぽう》の仏前に生ぜん」と。この品には二つの大事あり。

一には、提婆達多《だいばだった》と申すは、阿難尊者《あなんそんじゃ》には兄、斛飯王《こくぼんおう》には嫡子《ちゃくし》、師子頬王《ししきょうおう》には孫、仏にはいとこ《従兄弟》にてありしが、仏は一閻浮提《いちえんぶだい》第一の道心者《どうしんじゃ》にてましまししに、怨《あだ》をなして、「我はまた閻浮提第一の邪《じゃ》見《けん》・放逸《ほういつ》の者とならん」と誓《ちか》って、万《よろず》の悪人を語らって仏に怨をなして、三逆罪《さんぎゃくざい》を作《な》して、現身《げんしん》に大地破《わ》れて無間大城《むけんだいじょう》に堕《お》ちて候《そうら》いしを、天王如来《てんのうにょらい》と申す記別《きべつ》を授《さず》けらるる品《ほん》にて候《そうろう》。しかれば、善男子《ぜんなんし》と申すは、男この経《きょう》を信じまいらせて聴聞《ちょうもん》するならば、提婆達多程《ほど》の悪人だにも仏になる《成》。まして末《まつ》代《だい》の人は、たとい重罪なりとも、多分《たぶん》は十悪《じゅうあく》をすぎ《過》ず。まして深く持《たも》ち奉《たてまつ》る人、仏にならざるべきや。

二には、娑竭羅竜王《しゃがらりゅうおう》のむすめ竜女《りゅうにょ》と申す八歳のくちなわ《蛇》、仏に成りたる品《ほん》にて候《そうろう》。このことめず《珍》らしく貴《たっと》きことにて候。その故は、華厳経《けごんぎょう》には「女人《にょにん》は地獄《じごく》の使いなり。能《よ》く仏の種子《しゅし》を断《た》つ。外面《げめん》は菩薩《ぼさつ》に似て、内心は夜叉《やしゃ》のごとし」と。文《もん》の心は、女人は地獄の使い、よく仏の種をたつ《断》、外面は菩薩に似たれども、内心は夜叉のごとしと云《い》えり。また云わく「一度《ひとたび》女人を見る者は、よく眼《まなこ》の功徳《くどく》を失う。たとい大蛇《だいじゃ》をば見るとも、女人を見るべからず」と云い、またある経《きょう》には「あらゆる三千界《さんぜんかい》の男子《なんし》の諸《もろもろ》の煩悩《ぼんのう》を合わせ集めて、一人の女人の業障《ごうしょう》となす」と。三千大千世界《さんぜんだいせんせかい》にあらゆる男子の諸の煩悩を取り集めて女人一人の罪とすと云えり。ある経には「三世《さんぜ》の諸仏《しょぶつ》の眼は脱《ぬ》けて大地に堕《お》つとも、女人は仏に成るべからず」と説き給《たま》えり。しかるに、この品の意は、人《にん》・畜《ちく》をいわば畜生《ちくしょう》たる竜女だにも仏に成れり。まして我らは形《かた》のごとく人間《にんげん》の果報《かほう》なり。彼《か》の果報にはまさ《勝》れり。いかでか仏にならざるべきやと思《おぼ》しめすべきなり。

中にも、「三悪道《さんあくどう》におち《堕》ず」と説かれて候《そうろう》。

その地獄《じごく》と申すは、八寒《はっかん》・八熱《はちねつ》、乃至《ないし》八大《はちだい》地獄の中に、初め浅き等活《とうかつ》地獄を尋《たず》ぬれば、この一閻浮提《いちえんぶだい》の下《した》一千由旬《ゆじゅん》なり。その中の罪人は、互《たが》いに常に害心をいだけり。もしたまたま相見《あいみ》れば、猟師《りょうし》が鹿《しか》にあえるがごとし。各々《おのおの》鉄《くろがね》の爪《つめ》をもって、互いにつか《摑》みさ《裂》く。血肉《けつにく》皆尽《みなつ》きて、ただ残って骨のみあり。あるいは獄卒《ごくそつ》、棒をもって頭《こうべ》よりあなうら《足裏》に至るまで皆打ちくだ《砕》く。身も破れくだけて、なお沙《すな》のごとし。焦熱《しょうねつ》なんど申すは、譬《たと》えんかた《方》なき苦なり。鉄城《てつじょう》四方に回《めぐ》って門を閉じたれば、力士《りきし》も開きがたく、猛火《みょうか》高くのぼって金翅《こんじ》のつばさ《翼》もかけ《翔》るべからず。

餓鬼道《がきどう》と申すは、その住処《じゅうしょ》に二つあり。一には地の下五百由旬《ゆじゅん》の閻魔王宮《えんまおうぐう》にあり。二には人天《にんてん》の中にもまじわれり。その相《そう》、種々なり。あるいは腹は大海のごとく、のんど《喉》は鍼《はり》のごとくなれば、明けても暮れても食すともあ《飽》くべからず。まして五百生《しょう》・七百生なんど飲食《おんじき》の名をだにもき《聞》かず。あるいは己《おのれ》が頭《こうべ》をくだ《砕》きて脳《なずき》を食するもあり、あるいは一夜《いちや》に五人の子を生んで夜の内に食するもあり。万《ばん》菓《か》、林に結べり。取らんとすれば、ことごとく剣《つるぎ》の林となり。万水《ばんすい》、大海に流れ入《い》りぬ。飲まんとすれば、猛火《みょうか》となる。いかにしてか、この苦をまぬか《免》るべき。

次に畜生道《ちくしょうどう》と申すは、その住所に二つあり。根本は大海に住《じゅう》す。枝末《しまつ》は人天《にんてん》に雑《まじ》われり。短き物は長き物にのま《呑》れ、小さき物は大《だい》なる物に食らわれ、互《たが》いに相食《あいは》んでしばらくもやす《休》むことなし。あるいは鳥獣《ちょうじゅう》と生まれ、あるいは牛馬と成っても重き物をおお《負》せられ、西へ行かんと思えば東へや《遣》られ、東へ行かんとすれば西へやらる。山野に多くある水と草をのみ思って、余《よ》は知るところなし。

しかるに、善男子《ぜんなんし》・善女人《ぜんにょにん》、この法華経を持《たも》ち、南無妙法蓮華経と唱え奉《たてまつ》らば、この三罪を脱《のが》るべしと説き給《たま》えり。何事か、これにしかん。たのもしきかな、たのもしきかな。

また、五の巻に云《い》わく「我は大乗《だいじょう》の教えを闡《ひら》いて、苦の衆生《しゅじょう》を度脱《どだつ》せん」と。心は、「われ《我》大乗の教えをひらいて《闡》」と申すは、法華経を申す。「苦の衆生」とは何《なん》ぞや。地獄《じごく》の衆生にもあらず、餓鬼《がき》道《どう》の衆生にもあらず、ただ女人《にょにん》を指して、「苦の衆生」と名づけたり。五障《ごしょう》・三従《さんじゅう》と申して、三つし《従》たがう事有って、五つの障《さわ》りあり。竜女《りゅうにょ》、「我、女人の身を受けて、女人の苦をつみ《抓》しれ《知》り。しかれば、余《よ》をば知るべからず、女人を導かん」と誓《ちか》えり。南無妙法蓮華経、南無妙法蓮華経。

日蓮　花押《かおう》

(017)

一代聖教大意《いちだいしょうぎょうたいい》

正嘉《しょうか》2年('58)2月14日　37歳

四教《しきょう》

一には三蔵教《さんぞうきょう》、二には通教《つうぎょう》、三には別教《べっきょう》、四には円教《えんぎょう》なり。

始めに三蔵教《さんぞうきょう》とは、阿含経《あごんぎょう》の意なり。この経《きょう》の意は、六道《ろくどう》より外《ほか》を明かさず、ただ六道〈地《じ》・餓《が》・畜《ちく》・修《しゅ》・人《にん》・天《てん》〉の内の因果《いんが》の道理を明かす。ただし、正報《しょうほう》は十界《じっかい》を明かすなり。地・餓・畜・修・人・天・声《しょう》聞《もん》・縁覚《えんがく》・菩薩《ぼさつ》・仏《ぶつ》なり。依報《えほう》が六つにてあれば、六界《ろっかい》と申すなり。この教えの意は、六道より外を明かさざれば、三界《さんがい》より外に浄土《じょうど》と申す生処《しょうじょ》ありと云《い》わず。また三世《さんぜ》に仏は次第《しだい》次第に出世《しゅっせ》すとは云えども、横に十方《じっぽう》に並べて仏有りとも云わず。

三蔵《さんぞう》とは、一には経蔵《きょうぞう》〈また云《い》わく定蔵《じょうぞう》〉、二には律蔵《りつぞう》〈また云わく戒蔵《かいぞう》〉、三には論蔵《ろんぞう》〈また云わく慧蔵《えぞう》〉なり。ただし、経《きょう》・律《りつ》・論《ろん》の定《じょう》・戒《かい》・慧《え》、戒・定・慧、慧・定・戒ということあるなり。戒蔵とは、五戒《ごかい》・八戒・十戒・十善戒《じゅうぜんかい》・二百五十戒・五百戒なり。定蔵とは、味禅《みぜん》〈定の名なり〉・浄禅《じょうぜん》・無漏禅《むろぜん》なり。慧蔵とは、苦《く》・空《くう》・無常《むじょう》・無我《むが》の智慧《ちえ》なり。

戒《かい》・定《じょう》・慧《え》の勝劣《しょうれつ》というは、ただ上《かみ》の戒ばかりを持《たも》つ者は、三界《さんがい》の内の欲界《よっかい》の人《にん》・天《てん》に生《しょう》を受《う》くる凡夫《ぼんぷ》なり。ただ上の定ばかりを修《しゅ》する人は、戒を持たざれども、定の力に依《よ》って上の戒を具《ぐ》するなり。この定の内に、味禅《みぜん》・浄禅《じょうぜん》は、三界の内、色界《しきかい》・無色界《むしきかい》へ生《しょう》ず。無漏禅《むろぜん》は、声聞《しょうもん》・縁覚《えんがく》と成って見思《けんじ》を断じ尽《つ》くし、灰身滅智《けしんめっち》するなり。慧はまた苦《く》・空《くう》・無常《むじょう》・無我《むが》と我が色心《しきしん》を観《かん》ずれば、上の戒・定を自然《じねん》に具足《ぐそく》して、声聞・縁覚とも成るなり。故に、戒より定は勝《すぐ》れ、定より慧は勝れたり。しかれども、この三蔵教《さんぞうきょう》の意は、戒が本体にてあるなり。されば、阿含経《あごんぎょう》を総結《そうけつ》する遺教経《ゆいきょうぎょう》には戒を説けるなり。

この教えの意は、依報《えほう》には六界《ろっかい》、正報《しょうほう》には十界《じっかい》を明かせども、依報に随《したが》って、六界を明かす経《きょう》と名づくるなり。また正報に十界を明かせども、縁覚《えんがく》・菩薩《ぼさつ》・仏《ほとけ》も声聞《しょうもん》の覚《さと》りを過ぎざれば、ただ声聞教《しょうもんきょう》と申す。されば、仏も菩薩も縁覚も灰身滅智《けしんめっち》する教えなり。

声聞《しょうもん》について七賢《しちげん》・七聖《しちしょう》の位あり。六道《ろくどう》は凡夫《ぼんぷ》なり。

七賢《しちげん》　智《ち》ということなり
- 三賢《さんげん》
  - 一、五停心《ごじょうしん》
  - 二、別想念処《べっそうねんじょ》
  - 三、総想念処《そうそうねんじょ》
- 四善根《しぜんこん》
  - 一、煖法《なんぼう》
  - 二、頂法《ちょうぼう》
  - 三、忍法《にんぼう》
  - 四、世第一法《せだいいっぽう》

この七賢《しちげん》の位は、六道《ろくどう》の凡夫《ぼんぷ》より賢《かしこ》く、生死《しょうじ》を厭《いと》い、煩悩《ぼんのう》を具《ぐ》しながら煩悩を発《おこ》さざる賢き人なり。

例せば、外典《げてん》の許由《きょゆう》・巣父《そうほ》がごとし。

五停心《ごじょうしん》

- 一、数息《すそく》―息を数えて散乱《さんらん》を治《じ》す
- 二、不浄《ふじょう》―身の不浄を観《かん》じて貪欲《とんよく》を治す
- 三、慈悲《じひ》―慈悲を観じて嫉妬《しっと》を治す
- 四、因縁《いんねん》―十二因縁を観じて愚癡《ぐち》を治す
- 五、界方便《かいほうべん》―地《ち》・水《すい》・火《か》・風《ふう》・空《くう》・識《しき》の六界《ろっかい》を観じて障道《しょうどう》を治す

　また云《い》わく「念仏《ねんぶつ》」と

別想念処《べっそうねんじょ》に四つ

- 一、身《しん》―外道《げどう》は身を浄《じょう》と云《い》い、仏は不浄《ふじょう》と説きたもう
- 二、受《じゅ》―外道は三界《さんがい》を楽《らく》と云い、仏は苦《く》と説きたもう
- 三、心《しん》―外道は心を常《じょう》と云い、仏は無常《むじょう》と説きたもう
- 四、法《ほう》―外道は一切衆生《いっさいしゅじょう》に我《が》有りと云い、仏は無我《むが》と説きたもう

外道《げどう》は常《じょう》〈心《しん》〉・楽《らく》〈受《じゅ》〉・我《が》〈法《ほう》〉・浄《じょう》〈身《しん》〉、仏は苦《く》・不浄《ふじょう》・無常《むじょう》・無我《むが》と説く

総想念処《そうそうねんじょ》―先の苦《く》・不浄《ふじょう》・無常《むじょう》・無我《むが》を修練《しゅれん》して観《かん》ずるなり

煖法《なんぼう》―智慧《ちえ》の火、煩悩《ぼんのう》の籬《まがき》を蒸《む》せば、煙《けむり》の立つなり。故に煖法と云《い》う

頂法《ちょうぼう》―山の頂に登って四方を見るに曇《くも》り無きがごとし。世間《せけん》・出世間《しゅっせけん》の因果《いんが》の道理を委《くわ》しく知って闇《くら》きこと無きに譬《たと》えたるなり。始め五停心《ごじょうしん》よりこの

頂法に至るまでは退位《たいい》と申して、悪縁《あくえん》に値《あ》えば悪道《あくどう》に堕《お》つ。しかれども、
この頂法の善根《ぜんこん》は失《う》せずと習うなり

忍法《にんぼう》――この位に入《い》る人は永く悪道《あくどう》に堕《お》ちず

世第一法《せだいいっぽう》――この位に至るまでは賢人《けんじん》なり。但今《ただいま》、聖人《しょうにん》と成るべきなり

七聖《しょう》に三つ　正《しょう》ということなり

- 一、見道《けんどう》に二つ
  - 随信行《ずいしんぎょう》――鈍根《どんこん》
  - 随法行《ずいほうぎょう》――利根《りこん》
- 二、修道《しゅどう》に三つ
  - 一、信解《しんげ》――鈍根
  - 二、見得《けんとく》――利根
  - 三、身証《しんしょう》――利《り》・鈍《どん》に亘《わた》る
- 三、無学道《むがくどう》に二つ　阿羅漢《あらかん》
  - 慧解脱《えげだつ》――鈍
  - 倶解脱《くげだつ》――利

見思《けんじ》の煩悩《ぼんのう》を断ずる者を聖《しょう》と云《い》う。この聖人《しょうにん》に三道《どう》あり。

見道《けんどう》とは、見思《けんじ》の内の見惑《けんわく》を断じ尽《つ》くす。この見惑を尽くす人をば、初果《しょか》の聖者《しょうじゃ》と申す。この人は、欲界《よっかい》の人《にん》・天《てん》には生《う》まるれども、永く地《じ》・餓《が》・畜《ちく》・修《しゅ》の四悪趣《しあくしゅ》には堕《お》ちず。天台《てんだい》云《い》わく「見惑を破るが故に、四悪趣を離《はな》る」文《もん》。この人は、いまだ思惑《しわく》を断ぜざれば、貪《とん》・瞋《じん》・癡《ち》身に有り。貪欲《とんよく》ある故に、妻

を帯《たい》す。しかれども、他人の妻を犯《おか》さず。瞋恚《しんに》あれども、ものを殺さず。鋤《すき》をもって地をすけ《耕》ば、虫自然《じねん》に四寸去る。愚癡《ぐち》なる故に、我が身初果の聖者と知らず。婆沙論《ばしゃろん》に云わく「初果の聖者は、妻を八十一度一夜《いちや》に犯す」取意。天台《てんだい》の解釈《げしゃく》に云わく「初果、地を耕《す》くに虫四寸離《はな》る。道共《どうぐ》の力なり」。

第四果《だいしか》の聖者《しょうじゃ》・阿羅漢《あらかん》を無学《むがく》と云《い》い、また不生《ふしょう》と云う。永く見思《けんじ》を断じ尽《つ》くして、三界六道《さんがいろくどう》にこの生《しょう》の尽きて後《のち》、生ずべからず。見思の煩悩《ぼんのう》の無きが故なり。

またこの教えの意は、三界六道《さんがいろくどう》より外《ほか》に処《ところ》を明かさざれば、外の生処《しょうじょ》有りと知らず、身に煩悩《ぼんのう》有りと知らず。また、生因《しょういん》なく、ただ灰身滅智《けしんめっち》と申して、身も心もうせ《失》、虚空《こくう》のごとく成るべしと習う。法華経にあらずば永く仏になる《成》べからずと云《い》うは、二乗《にじょう》これなり。

この教えの修行《しゅぎょう》の時節は、声聞《しょうもん》は、三生《しょう》〈鈍根《どんこん》〉・六十劫《こう》〈利根《りこん》〉なり。また一類の最上利根《りこん》の声聞は、一生の内に阿羅漢《あらかん》の位に登ることあり。縁覚《えんがく》は、四生〈鈍根〉・百劫〈利根〉なり。菩薩《ぼさつ》は、一向凡夫《いっこうぼんぷ》にて見思《けんじ》を断ぜず、しかも、四弘誓願《しぐせいがん》を発《おこ》し、六度万行《ろくどまんぎょう》を修《しゅ》し、三僧祇《そうぎ》・百大劫を経《へ》て、三蔵教《さんぞうきょう》の仏と成る。仏と成る時、始めて見思を断じ尽《つ》くすなり。

見惑《けんわく》とは、一には身見《しんけん》〈また云《い》わく、我見《がけん》〉、二には辺見《へんけん》〈断見《だんけん》・常見《じょうけん》〉、三には邪見《じゃけん》〈また云わく、撥無見《はつむけん》と〉、四には見取見《けんじゅけん》〈また云わく、劣《おと》れるを勝《すぐ》ると謂《おも》う見《けん》と〉、五には戒禁取見《かいごんじゅけん》〈また云わく、因にあらざるを因と計《け》し、道《どう》にあらざるを道と計する見と〉なり。見惑は八十八有れども、この五つが本《もと》にてあるなり。思惑《しわく》とは、一には貪《とん》、二には瞋《しん》、三には癡《ち》、四には慢《まん》なり。思惑は八十一有れども、この四つが本にてあるなり。

この法門《ほうもん》は、阿含経四十巻《あごんぎょうしじっかん》・婆沙論《ばしゃろん》二百巻・正理論《しょうりろん》・顕宗論《けんしゅうろん》・倶舎論《くしゃろん》につぶさに明かせり。別して倶《く》舎宗《しゃしゅう》と申す宗有り。また諸《もろもろ》の大乗《だいじょう》にこの法門少々明《あ》かしたることあり。謂《い》わく、方等部《ほうどうぶ》の経《きょう》、涅槃《ねはん》経《ぎょう》等なり。ただし、華厳《けごん》・般若《はんにゃ》・法華《ほっけ》にはこの法門無し。

次に通教《つうぎょう》〈大乗《だいじょう》の始めなり〉。また戒《かい》・定《じょう》・慧《え》の三学《さんがく》あり。この教えのおきて《掟》、大旨《たいし》は六道《ろくどう》を出《い》でず。少分利根《りこん》なる菩薩《ぼさつ》、六道より外《ほか》に推《お》し出だすことあり。声聞《しょうもん》・縁覚《えんがく》・菩薩、共に一つ法門《ほうもん》を習い、見《けん》思《じ》を三人共に断ず。しかれども声聞・縁覚、灰身滅智《けしんめっち》の意《おも》いに入《い》る者もあり、入らざる者もあり。

この教えに十地《じゅうじ》あり。

十地《じゅうじ》
- 一、乾慧地《けんねじ》――三賢《さんげん》
- 二、性地《しょうじ》――四善根《しぜんこん》
  - （一・二）――賢人《けんじん》
- 三、八人地《はちにんじ》――聖人《しょうにん》見道《けんどう》の位
- 四、見地《けんじ》――初果《しょか》の聖人
  - （三・四）――見惑《けんわく》を断ず
- 五、薄地《はくじ》
- 六、離欲地《りよくじ》
  - （五・六・七）――思惑《しわく》を断ず
- 七、已弁地《いべんじ》――阿羅漢《あらかん》――見思《けんじ》を断じ尽《つ》くす
- 八、辟支仏地《ひゃくしぶつじ》――見思を尽くす
- 九、菩薩地《ぼさつじ》
- 十、仏地《ぶつじ》――見思を断じ尽くす

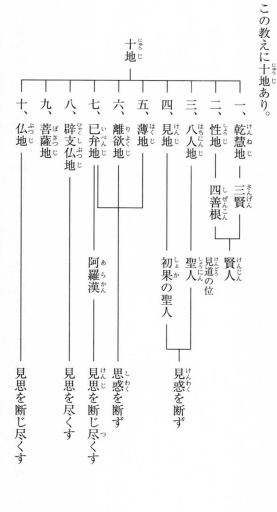

この通教《つうぎょう》の法門《ほうもん》は、別して一経《いっきょう》に限らず、方等経《ほうどうきょう》・般若経《はんにゃきょう》・心経《しんぎょう》・観経《かんぎょう》・阿弥陀経《あみだきょう》・双観経《そうかんぎょう》・金剛般《こんごうはん》若経《にゃきょう》等の経に散在せり。

この通教《つうぎょう》の修行《しゅぎょう》の時節は、動逾塵劫《どうゆじんごう》を経《へ》て仏に成ると習うなり。また一類の疾《と》く成るという辺もあり。

已上《いじょう》、上《かみ》の蔵《ぞう》・通《つう》二教には、六道《ろくどう》の凡夫《ぼんぷ》本《もと》より仏性《ぶっしょう》ありとも談ぜず、始めて修《しゅ》すれば声聞《しょうもん》・縁覚《えんがく》・菩薩《ぼさつ》・仏《ほとけ》とおもい《思》おもいに成ると談ずる教えなり。

次に別教《べっきょう》。また戒《かい》・定《じょう》・慧《え》の三学《さんがく》を談ず。

この教えはただ菩薩《ぼさつ》ばかりにて、声聞《しょうもん》・縁覚《えんがく》を雑《まじ》えず。

菩薩戒《ぼさつかい》とは、三聚浄戒《さんじゅじょうかい》なり。五戒《ごかい》、八戒、十戒・十善戒《じゅうぜんかい》、二百五十戒、五百戒、梵網《ぼんもう》の五十八の戒、瓔珞《ようらく》の十無尽戒《じゅうむじんかい》、華厳《けごん》の十戒、涅槃経《ねはんぎょう》の自行《じぎょう》の五支戒《ごしかい》・護他《ごた》の十戒、大論《だいろん》の十戒、これらは皆《みな》、菩薩の三聚浄戒の内、摂律儀戒《しょうりつぎかい》なり。

摂善法戒《しょうぜんぼうかい》とは、八万四千の法門《ほうもん》を摂《せっ》す。饒益有情戒《にょうやくうじょうかい》とは、四弘誓願《しぐせいがん》なり。定《じょう》とは、観《かん》・練《れん》・薫《くん》・修《じゅ》の四種の禅定《ぜんじょう》なり。慧《え》とは、心生十界《しんしょうじっかい》の法門なり。

五十二位《ごじゅうにい》を立つ。

五十二位《ごじゅうにい》とは、一には十信《じっしん》、二には十住《じゅうじゅう》、三には十行《じゅうぎょう》、四には十回向《じゅうえこう》、五には十地《じゅうじ》、等覚《とうがく》〈一つの位なり〉、妙覚《みょうかく》〈一つの位〉、已上《いじょう》、五十二位なり。

五十二位《ごじゅうにい》
- 十信《じっしん》 ― 退位《たいい》 ― 凡夫菩薩《ぼんぷぼさつ》。いまだ見思《けんじ》を断ぜず
- 十住《じゅうじゅう》・十行《じゅうぎょう》・十回向《じゅうえこう》 ― 不退位《ふたいい》 ― 見思・塵沙《じんじゃ》を断ぜる菩薩
- 十地《じゅうじ》・等覚《とうがく》 ― 無明《むみょう》を断ぜる菩薩
- 妙覚《みょうかく》 ― 無明を断じ尽《つ》くせる仏

この教えは大乗《だいじょう》なり。戒《かい》・定《じょう》・慧《え》を明かす。戒は前の蔵《ぞう》・通《つう》二教に似ず、尽未来際《じんみらいさい》の戒、金剛法戒《こんごうほうかい》なり。

この教えの菩薩《ぼさつ》は、三悪道《さんあくどう》をば恐《おそ》ろしとせず、二乗《にじょう》の道《どう》を三悪道と云《い》う。地《じ》・餓《が》・畜《ちく》等の三悪道は仏の種子《しゅし》を断ぜず、二乗の道は仏の種子を断ず。大荘厳論《だいしょうごんろん》に云《い》わく「つねに地獄《じごく》に処《お》るといえども、大菩提《だいぼだい》を障《さ》えず。もし自利《じり》の心を起こさば、これ大菩提の障《さわ》りなり」。この教えの習いは、真《まこと》の悪道とは三無為《むい》の火阬《かきょう》なり、真の悪人とは二乗を立つるなり。されば、「悪をば造るとも、二乗の戒をば持《たも》たじ」と談ず。

故に、大般若経《だいはんにゃきょう》に云《い》わく「もし菩薩《ぼさつ》、たとい恒河沙劫《ごうがしゃこう》に妙《みょう》なる五欲《ごよく》を受《う》くとも、菩薩戒《ぼさつかい》においてはなお犯《ぼん》と名づけず。もし一念《いちねん》に二乗《にじょう》の心を起こさば、即《すなわ》ち名づけて犯となす」文《もん》。この文に「妙なる五欲」とは、色《しき》・声《しょう》・香《こう》・味《み》・触《そく》の五欲なり。色欲とは青黛《せいたい》・珂雪《かせつ》・白歯《はくし》等、声とは糸竹管絃《しちくかんげん》、香とは

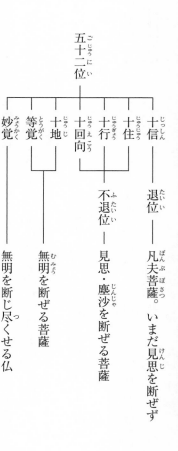

なつ《懐》かしきか《香》おり、味とは猪鹿《ちょろく》等の味、触とは耎《やわ》らかなる膚《はだえ》等なり。ここに恒河沙劫に著《じゃく》すとも菩薩戒は破れず、一念の二乗の心を起こすに菩薩戒は破ると云える文《もん》なり。太賢《たいけん》、古迹《こしゃく》に云わく「貪《とん》に汚《けが》さるといえども、大心尽《だいしんつ》きず。無余《むよ》の犯《ぼん》無きが故に、無犯《むぼん》と名づく」文。二乗界《にじょうかい》に趣《おもむ》くを、菩薩の破《は》とは申すなり。

華厳《けごん》・般若《はんにゃ》・方等《ほうどう》、総じて爾前《にぜん》の経《きょう》には、あながちに二乗《にじょう》をきら《嫌》うなり。定《じょう》・慧《え》これを略す。梵網経《ぼんもうきょう》に云《い》わく「戒《かい》をば謂《い》って平地となし、定をば謂って室宅《しったく》となし、智慧《ちえ》をば灯明《とうみょう》となす」文《もん》。

この菩薩戒《ぼさつかい》は、人《にん》・畜《ちく》・黄門《おうもん》・二形《ふたなり》の四種を嫌《きら》わず、ただ一種の菩薩戒を授《さず》く。この教えの意は、五十二位《ごじゅうにい》を一々《いちいち》の位《くらい》に多倶低劫《たくていこう》を経《へ》て、衆生界《しゅじょうかい》を尽《つ》くして仏に成るべし。一人として一生に仏に成るもの無し。また一行《ぎょう》をもって仏に成ることなし。一切行《いっさいぎょう》を積んで仏と成る。微塵《みじん》を積んで須弥山《しゅみせん》と成るがごとし。

華厳《けごん》・方等《ほうどう》・般若《はんにゃ》・梵網《ぼんもう》・瓔珞《ようらく》等の経《きょう》にこの旨分明《むねふんみょう》なり。ただし、二乗界《にじょうかい》のこの戒《かい》を受《う》くることを嫌う。妙楽《みょうらく》、釈《しゃく》して云《い》わく「あまねく法華已前《ほっけいぜん》の諸教《しょきょう》を尋《たず》ぬるに、実《じつ》に二乗作仏《にじょうさぶつ》の文《もん》無し」文。

次に円教《えんぎょう》。この円教に二つ有り。一には爾前《にぜん》の円《えん》、二には法華涅槃《ほっけねはん》の円なり。爾前の円に五十二位《ごじゅうにい》、また戒《かい》・定《じょう》・慧《え》あり。

爾前《にぜん》の円《えん》とは、華厳経《けごんぎょう》の法界唯心《ほっかいゆいしん》の法門《ほうもん》。文《もん》に云《い》わく「初発心《しょほっしん》の時、便《すなわ》ち正覚《しょうがく》を成《じょう》ず」。また云わく「円満修多羅《えんまんしゅたら》」文。浄名経《じょうみょうきょう》に云わく「我《が》無く造《ぞう》無く受者《じゅしゃ》無けれども、善悪の業《ごう》、敗亡《はいもう》せず」文。般《はん》若経《にゃきょう》の「初発心より即《すなわ》ち道場に坐《ざ》す」の文《もん》。観経《かんぎょう》の「韋提希《いだいけ》、ただちに即ち無生法忍《むしょうぼうにん》を得《う》」の文。梵《ぼん》網経《もうきょう》に云わく「衆生《しゅじょう》、仏戒《ぶっかい》を受《う》くれば、位大覚位《だいかくい》に同《どう》じ、即ち諸仏《しょぶつ》の位《くらい》に入《い》り、真《しん》にこれ諸仏の子なり」文。これは皆《みな》、爾前の円の証文《しょうもん》なり。

この教えの意は、また五十二位《ごじゅうにい》を明かす。名は別教《べっきょう》の五十二位のごとし。ただし、義はかわ《変》れり。その故は、五十二位互《たが》いに具《ぐ》して、浅深《せんじん》も無く、勝劣《しょうれつ》も無し。凡夫《ぼんぷ》も、位《くらい》を経《へ》ずとも仏にも成る。また往生《おうじょう》するなり。煩悩《ぼんのう》も断ぜざれども仏に成るに障《さわ》り無く、一善一戒《かい》をもっても仏に成る。少々開会《かいえ》の法門《ほうもん》を説く処《ところ》もあり。いわゆる浄名経《じょうみょうきょう》には凡夫を会《え》す。煩悩《ぼんのう》・悪法も皆《みな》会す。ただし、二乗《にじょう》を会せず。般若経《はんにゃきょう》の中には、二乗の学するところの法門をば開会して、二乗の人と悪人をば開会せず。観経《かんぎょう》等の経《きょう》に「凡夫、一毫《いちごう》の煩悩《ぼんのう》をも断ぜずして往生す」と説くは、皆、爾前《にぜん》の円教《えんぎょう》の意なり。法華経の円教は、後《のち》に至って書くべし。

已上《いじょう》、四教《しきょう》。

次に五時《ごじ》

五時《ごじ》とは、一には華厳経《けごんぎょう》〈結経《けっきょう》は梵網経《ぼんもうきょう》〉。別《べつ》・円《えん》二教を説く。二には阿含《あごん》〈結経は遺教経《ゆいきょうぎょう》〉。ただ三蔵教《さんぞうきょう》の小乗《しょうじょう》の法門《ほうもん》を説く。三には方等経《ほうどうきょう》。宝積経《ほうしゃくきょう》・観経《かんぎょう》等にして説時《せつじ》を知らざる大乗経《だいじょうきょう》なり〈結経は瓔珞経《ようらくきょう》〉。ただし、蔵《ぞう》・通《つう》・別・円の四教《しきょう》を皆《みな》説く。四には般若経《はんにゃきょう》〈結経は仁王経《にんのうきょう》〉。通教《つうぎょう》・別教《べっきょう》・円教《えんぎょう》の後三教《ごさんぎょう》を説く。三蔵教を説かず。

華厳経《けごんぎょう》は三七日《さんしちにち》の間の説、阿含経《あごんぎょう》は十二年の説、方等《ほうどう》・般若《はんにゃ》は三十年の説。已上《いじょう》、華厳より般若に至るまでは四十二年なり。山門《さんもん》の義には、方等は説時《せつじ》定まらず説処《せっしょ》定まらず、般若経三十年と申す。寺門《じもん》の義には、方等十六年、般若十四年と申す。秘蔵の大事の義には、方等・般若は説時三十年、ただし方等は前《さき》、般若は後《のち》と申すなり。

仏は十九出家《しゅっけ》、三十成道《じょうどう》と定《さだ》むることは、大論《だいろん》に見えたり。一代聖教《いちだいしょうぎょう》五十年と申すことは、涅槃経《ねはんぎょう》に見えたり。法華経已前《いぜん》四十二年と申すことは、無量義経《むりょうぎきょう》に見えたり。法華経八箇年《かねん》と申すことは、涅槃経の五十年の文《もん》と無量義経の四十二年の文の間を勘《かんが》うれば八箇年なり。已上《いじょう》、十九出家、三十成道、五十年の転法輪《てんぼうりん》、八十入滅《にゅうめつ》と定むべし。

これらの四十二年の説教は、皆《みな》、法華経の汲引《きゅういん》の方便《ほうべん》なり。その故は、無量義経《むりょうぎきょう》に云《い》わく「我は先に道場《どうじょう》菩提樹《ぼだいじゅ》の下《もと》に端坐《たんざ》すること六年にして、阿耨多羅三藐三菩提《あのくたらさんみゃくさんぼだい》を成《じょう》ずることを得たり○方便力《ほうべんりき》をもって、四十余年にはいまだ真実を顕《あらわ》さず○初めに四諦《したい》〈阿含経《あごんぎょう》なり〉を説いて、次に方等十二部経《ほうどうじゅうにぶきょう》・摩訶般若《まかはんにゃ》・華厳海空《けごんかいくう》を説く」文《もん》。

私《わたくし》に云《い》わく、説の次第《しだい》に順ずれば、華厳《けごん》・阿含《あごん》・方等《ほうどう》・般若《はんにゃ》・法華涅槃《ほっけねはん》なり。法門《ほうもん》の浅深《せんじん》の次第を列《つら》ねば、阿含・方等・般若・華厳・法華涅槃と列ぬべし。されば、法華経・涅槃経《ねはんぎょう》には、かくのごとく見えたり。

華厳宗《けごんしゅう》と申す宗は、智儼法師《ちごんほっし》・法蔵《ほうぞう》法師・澄観《ちょうかん》法師等の人師《にんし》、華厳経《けごんぎょう》に依《よ》って立てたり。倶舎宗《くしゃしゅう》・成実宗《じょうじつしゅう》・律宗《りっしゅう》は、宝《ほう》法師・光《こう》法師・道宣《どうせん》等の人師、阿含経《あごんぎょう》に依って立てたり。法相宗《ほっそうしゅう》と申す宗は、玄《げん》奘三蔵《じょうさんぞう》・慈恩《じおん》法師等、方等部《ほうどうぶ》の内に上生経《じょうしょうきょう》・下生経《げしょうきょう》・成仏経《じょうぶつきょう》・深密経《じんみつきょう》・解深密経《げじんみっきょう》・瑜伽論《ゆがろん》・唯識論《ゆいしきろん》等の経論《きょうろん》に依って立てたり。三論宗《さんろんしゅう》と申す宗は、般若経《はんにゃきょう》・百論《ひゃくろん》・中論《ちゅうろん》・十二門論《じゅうにもんろん》・大論《だいろん》等の経論に依って、吉蔵大師《きちぞうだいし》立て給《たま》えり。

華厳宗《けごんしゅう》と申すは、華厳と法華《ほっけ》・涅槃《ねはん》は同じく円教《えんぎょう》と立つ。余《よ》は皆劣《みなおと》ると云《い》うなるべし。法相宗《ほっそうしゅう》には、深密《じんみつ》・解深密経《げじんみっきょう》と華厳・般若《はんにゃ》・法華・涅槃は同《おな》じ程《ほど》の経と云う。三論宗《さんろんしゅう》とは、般若経《はんにゃきょう》と華厳・法華・涅槃は同じ程の経なり、ただし、法相の依経《えきょう》と諸《もろもろ》の小乗経《しょうじょうきょう》とは劣るなりと立つ。

これらは、皆《みな》、法華已前《ほっけいぜん》の諸経《しょきょう》に依《よ》って立てたる宗《しゅう》なり。爾前《にぜん》の円《えん》を極《ごく》として立てたる宗どもなり。宗々《しゅうじゅう》の人々の諍《あらそ》いは有れども、経々《きょうぎょう》に依って勝劣《しょうれつ》を判ぜん時は、いかにも法華経は勝《すぐ》れたるべきなり。人師《にんし》の釈《しゃく》をもって勝劣を論ずることなし。

五には、法華経と申すは、開経《かいきょう》には無量義経《むりょうぎきょう》〈一巻〉、法華経八巻、結経《けっきょう》には普賢経《ふげんぎょう》〈一巻〉。上《かみ》の四《し》教《きょう》・四時《しじ》の経論《きょうろん》を書き挙《あ》ぐることは、この法華経を知らんがためなり。法華経の習いとしては、前《さき》の諸経《しょきょう》を習わずしては永く心を得《う》ることなきなり。爾前《にぜん》の諸経は、一経一経を習うに、また余経《よきょう》を沙汰《さた》せざれども苦しからず。故に、天台《てんだい》の御釈《おんしゃく》に云《い》わく「もし余経を弘《ひろ》むるには、教相《きょうそう》を明かさざれども、義《ぎ》において傷《そこな》うことなし。もし法華《ほっけ》を弘むるには、教相を明かさずんば、文義闕《もんぎか》くることあり」文《もん》。法華経に云わく「種々の道《どう》を示すといえども、それ実《じつ》には仏乗《ぶつじょう》のためなり」文。「種々の道」と申すは、爾前の一切《いっさい》諸経なり。「仏乗のため」とは、法華経のために一切の経をば説くと申す文なり。

問う。諸経《しょきょう》のごときは、あるいは菩薩《ぼさつ》のため、あるいは人《にん》・天《てん》のため、あるいは声聞《しょうもん》・縁覚《えんがく》のため、機《き》に随《したが》って法門《ほうもん》もかわり、益《やく》もかわる。この経はいかなる人のためぞや。

答う。この経《きょう》は相伝《そうでん》にあらずんば知り難《がた》し。悪人・善人、有智《うち》・無智《むち》、有戒《うかい》・無戒《むかい》、男子《なんし》・女人《にょにん》、四《し》趣《しゅ》・八部《はちぶ》、総じて十界《じっかい》の衆生《しゅじょう》のためなり。いわゆる、悪人は提婆達多《だいばだった》・妙荘厳王《みょうしょうごんのう》・阿闍世王《あじゃせおう》、善人は韋提希《いだいけ》等の人《にん》・天《てん》の人。有智は舎利弗《しゃりほつ》、無智は須利槃《しゅりはん》どく《特》。有戒は声聞《しょうもん》・菩薩《ぼさつ》、無戒は竜《りゅう》・畜《ちく》なり。女人は竜女《りゅうにょ》なり。総じて十界の衆生、円《えん》の一法を覚《さと》るなり。このことを知らずして、学者、「法華経は我ら凡夫《ぼんぷ》のためにはあらず」と申す。仏意《ぶつい》恐《おそ》れあり。

この経《きょう》に云《い》わく「一切《いっさい》の菩薩《ぼさつ》の阿耨多羅三藐三菩提《あのくたらさんみゃくさんぼだい》は、皆《みな》この経に属せり」と文《もん》。この文の菩薩とは、九界の衆生《しゅじょう》、善人・悪人、女人《にょにん》・男子《なんし》、三蔵教《さんぞうきょう》の声聞《しょうもん》・縁覚《えんがく》・菩薩、通教《つうぎょう》の三乗《さんじょう》、別教《べっきょう》の菩薩、爾《に》前《ぜん》の円教《えんぎょう》の菩薩、皆この経の力にあらずんば仏に成るまじと申す文なり。またこの経に云わく「薬王《やくおう》よ。多く人有って在家《ざいけ》・出家《しゅっけ》にて菩薩の道《どう》を行《ぎょう》ぜんに、もしこの法華経を見《けん》・聞《もん》・読《どく》・誦《じゅ》・書《しょ》・持《じ》・供《く》養《よう》することを得《う》ること能《あた》わずんば、当《まさ》に知るべし、この人はいまだ善《よ》く菩薩の道を行ぜず。もしこの経典《きょうてん》を聞くことを得ることあらば、乃《すなわ》ちよく菩薩の道を行ず」。この文は、顕然《けんねん》に権教《ごんきょう》の菩薩の三祇《さんぎ》百劫《ひゃっこう》・動逾塵劫《どうゆじんごう》・無量阿僧祇劫《むりょうあそうぎこう》の間の六度万行《ろくどまんぎょう》・四弘誓願《しぐせいがん》は、この経に至らざれば、菩薩の行にはあらず、善根《ぜんこん》を修《しゅ》したるにもあらずという文なり。また菩薩の行無ければ、仏にも成らざることも顕然なり。

天台《てんだい》・妙楽《みょうらく》の末代《まつだい》の凡夫《ぼんぷ》を勧進《かんじん》する文《もん》。文句《もんぐ》に云《い》わく「好堅《こうけん》、地《じ》に処《しょ》して牙《め》すでに百囲《ひゃくい》せり。頻伽《びんが》、轂《かいご》に在って、声衆鳥《しゅちょう》に勝《すぐ》れたり」一文。

この文《もん》は、法華経の五十展転《ごじってんでん》の第五十《だいごじゅう》の功徳《くどく》を釈《しゃく》する文なり。仏苦《ねんご》ろに五十展転にて説き給《たも》うこと、権教《ごんきょう》の多劫《たこう》の修行《しゅぎょう》また大聖《だいしょう》の功徳よりも、この経《きょう》の須臾《しゅゆ》の結縁《けちえん》、愚人《ぐにん》の随喜《ずいき》の百千万億勝《すぐ》れたること経に見えつれば、この意を大師《だいし》譬《たと》えをもって顕《あらわ》し給《たま》えり。好堅樹《こうけんじゅ》と申す木は、一日に百囲《ひゃくい》にて高くお《生》う。頻伽《びんが》と申す鳥は、幼きだも諸《もろもろ》の大小の鳥の声に勝れたり。権教の修行の久しきに諸の草木《そうもく》の遅《おそ》く生長《しょうちょう》するを譬え、法華《ほっけ》の行《ぎょう》の速《すみ》やかに仏に成ることを一日に百囲なるに譬う。権教の大小の聖《ひじり》をば諸鳥《しょちょう》に譬え、法華の凡夫《ぼんぷ》のはかなきを鷇《かいご》の声の衆鳥《しゅちょう》に勝るるに譬う。

妙楽大師《みょうらくだいし》、重ねて釈《しゃく》して云《い》わく「恐《おそ》らくは、人謬《あやま》って解《げ》せる者、初心《しょしん》の功徳《くどく》の大《だい》なることを測《はか》らずして、功《く》を上位に推《ゆず》り、この初心を蔑《あなど》る。故に、今、彼《か》の行《ぎょう》浅く功《く》深きことを示して、もって経力《きょうりき》を顕《あらわ》す」文《もん》。末代《まつだい》の愚者《ぐしゃ》、「法華経は深理《じんり》にしていみじけれども、我が機《き》に叶《かな》わず」と云って、法を挙げ機を下《くだ》して退する者を釈する文なり。

また、妙楽大師《みょうらくだいし》、末代《まつだい》にこの法の捨てられんことを歎《なげ》いて云《い》わく「この円頓《えんどん》を聞いて崇重《すうちょう》せざるは、良《まこと》に近代に大乗《だいじょう》を習う者の雑濫《ぞうらん》に由《よ》るが故なり。いわんや、像末《ぞうまつ》は情澆《うす》く信心寡薄《かはく》にして、円頓の教法蔵《くら》に溢《み》ち函《はこ》に盈《み》つれども、しばらくも思惟《しゆい》せず、便《すなわ》ち冥目《みょうもく》に至る。いたずらに生《しょう》じ、いたずらに死す。一《いっ》に何《なん》ぞ痛ましきや。ある人云わく『聞いて行《ぎょう》ぜずんば、汝《なんじ》において何ぞ預からん』。これはいまだ深く久遠《くおん》の益《やく》を知らず。善住天子経《ぜんじゅうてんしきょう》のごとくんば、『文殊《もんじゅ》は舎利弗《しゃりほつ》に告ぐ。法を聞き謗《ぼう》を生じて地獄《じごく》に堕《お》つるは、恒沙《ごうじゃ》の仏を供養《くよう》する者に勝《すぐ》る。地獄に堕つといえども、地獄より出《い》でて還《かえ》って法を聞くことを得《う》』と。これは、仏を供《く》し法を聞かざる者をもって校量《きょうりょう》とせり。聞いて謗を生ずる、なお遠種《おんしゅ》となる。いわんや、聞いて思惟し、勤めて修習《しゅじゅう》せんをや」。

また云《い》わく「一句も神《たましい》に染《そ》めぬれば、ことごとく彼岸《ひがん》を資《たす》く。思惟《しゆい》・修習《しゅじゅう》すれば、永く舟航《しゅうこう》に用《ゆう》たり。随喜《ずいき》・見聞《けんもん》すれば、つねに主伴《しゅばん》となる。もしは取《しゅ》、もしは捨《しゃ》、耳に経《へ》て縁《えん》と成り、あるいは順《じゅん》、あるいは違《い》、終《つい》にこれに因《よ》って脱《だっ》す」文《もん》。私《わたくし》に云わく「もしは取、もしは捨」「あるいは順、あるいは違」の文は、肝《きも》に銘《めい》ずるなり。

法華翻経後記《ほっけほんぎょうごき》〈釈僧肇《しゃくそうじょう》記す〉に云《い》わく「什《じゅう》〈羅什三蔵《らじゅうさんぞう》なり〉、姚興《ようこう》〈王《おう》〉に対《こた》えて曰《い》わく『予《よ》、昔天竺国《てんじくこく》に在りし時、あまねく五竺《ごじく》に遊んで大乗《だいじょう》を尋討《じんとう》し、大師《だいし》・須梨耶蘇摩《しゅりやそま》に従《したが》って理味《りみ》を餐受《さんじゅ》す。頂《いただき》を摩《な》でてこの経《きょう》を嘱累《ぞくるい》して言わく、仏日《ぶつにち》西に隠《かく》れ、遺光《いこう》東北を照らす。この典《ふみ》、東北の諸国に有縁《うえん》なり。汝《なんじ》、慎《つつし》んで伝弘《でんぐ》せよと』と」文《もん》。私《わたくし》に云わく、天竺よりは、この日本は東北の州《くに》なり。

恵心《えしん》の一乗要決《いちじょうようけつ》に云《い》わく「日本一州、円機純熟《えんきじゅんじゅく》せり。朝野《ちょうや》・遠近《えんきん》同じく一乗に帰《き》し、緇素《しそ》・貴賤《きせん》ことごとく成仏を期《ご》す。ただ一師等あって、もし信受せずんば、権《ごん》とやせん、実《じつ》とやせん。権ならば貴《たっと》ぶべし。浄名《じょうみょう》に云わく『衆《もろもろ》の魔事《まじ》を覚知して、その行《ぎょう》に随《したが》うを示す。善力方便《ぜんりきほうべん》をもって、意に随って皆度《みなど》す』。実ならば憐《あわ》れむべし。この経《きょう》に云わく『当来世《とうらいせ》の悪人は、仏の一乗を説きたもうを聞いて、迷惑《めいわく》して信受せず。法を破《は》して悪道《あくどう》に堕《お》ちん』と」文《もん》。

妙法蓮華経

妙《みょう》は、玄義《げんぎ》〈天台《てんだい》〉に云《い》わく「言うところの妙《みょう》とは、妙は不可思議に名づくるなり」。また云わく「秘密の奥蔵《おうぞう》を発《ひら》く。これを称《しょう》して妙となす」。また云わく「妙とは、最勝修多羅《さいしょうしゅたら》、甘露《かんろ》の門なり。故に妙と言うなり」。

法は、玄義《げんぎ》に云《い》わく「言うところの法とは、十界十如《じっかいじゅうにょ》、権実《ごんじつ》の法なり」。また云わく「権実の正軌《しょうき》を示す。故に号して法となす」。

蓮華《れんげ》は、玄義《げんぎ》に云《い》わく「蓮華とは、権実《ごんじつ》の法に譬《たと》うるなり」。また云わく「久遠《くおん》の本果《ほんが》を指す。これを喩《たと》うるに蓮《はちす》をもってす。不二《ふに》の円道《えんどう》に会《え》す。これを譬うるに華《はな》をもってす」文《もん》。

経《きょう》は、玄義《げんぎ》に云《い》わく「声、仏事《ぶつじ》をなす。これを称して経となす」文《もん》。

私《わたくし》に云わく、法華已前《ほっけいぜん》の諸経《しょきょう》に、小乗《しょうじょう》は心生《しょう》ずれば六界《ろっかい》、心滅《めっ》すれば四界《しかい》なり。通教《つうぎょう》もってかくのごとし。爾前《にぜん》の別《べつ》・円《えん》の二教は、心生《しんしょう》の十界《じっかい》なり。小乗の意は、六道四生《ろくどうししょう》の苦楽は衆生《しゅじょう》の心より生ずと習う。されば、心滅《めっ》すれば、六道の因果《いんが》は無きなり。大乗《だいじょう》の心は、心より十界を生ず。華厳経《けごんぎょう》に云わく「心は工《たく》みなる画師《えし》の種々の五陰《ごおん》を造るがごとく、一切世間《いっさいせけん》の中に法として造らざることなし」文《もん》。「種々の五陰」とは、十界の五陰なり。仏界《ぶっかい》をも心法《しんぽう》をも造ると習う。心が過去・現在・未来の十方《じっぽう》の仏と顕《あらわ》ると習うなり。華厳経に云わく「もし人、三世《さんぜ》の一切の仏を了知《りょうち》せんと欲《ほっ》せば、応当《まさ》にかくのごとく観《かん》ずべし、心は諸《もろもろ》の如来《にょらい》を造ると」。

法華已前《ほっけいぜん》の経《きょう》のおきて《掟》は、上品《じょうぼん》の十悪《じゅうあく》は地獄《じごく》の引業《いんごう》、中品《ちゅうぼん》の十悪は餓鬼《がき》の引業、下品《げぼん》の十悪は畜生《ちくしょう》の引業、五常《ごじょう》は修羅《しゅら》の引業、三帰五戒《さんきごかい》は人《にん》の引業、三帰十善《じゅうぜん》は六欲天《ろくよくてん》の引業なり。有漏《うろ》の坐禅《ざぜん》は色《しき》界《かい》・無色界《むしきかい》の引業、五戒《ごかい》・八戒・十戒・十善戒《じゅうぜんかい》・二百五十戒・五百戒の上に苦《く》・空《くう》・無常《むじょう》・無我《むが》の観《かん》は声《しょう》聞《もん》・縁覚《えんがく》の引業、五戒・八戒乃至《ないし》三聚浄戒《さんじゅじょうかい》の上に六度《ろくど》・四弘《しぐ》の菩提心《ぼだいしん》を発《おこ》すは菩薩《ぼさつ》なり、仏界《ぶっかい》の引業なり。蔵《ぞう》・通《つう》二教には、仏性《ぶっしょう》の沙汰《さた》なし。ただ菩薩の発心《ほっしん》を仏性という。別《べつ》・円《えん》の二教には、衆生《しゅじょう》に仏性を論ず。ただし、別教《べっきょう》の意は、二乗《にじょう》に仏性を論ぜず。爾前《にぜん》の円教《えんぎょう》は、別教に附《ふ》して二乗の仏性の沙汰《さた》無し。これらは皆《みな》、麤法《そほう》なり。

今の妙法とは、これらの十界《じっかい》を互《たが》いに具《ぐ》すと説く時、妙法と申す。十界互具《ごぐ》と申すことは、十界の内に、一界に余《よ》の九界を具し、十界互いに具すれば百法界《ひゃっぽうかい》なり。玄義《げんぎ》の二に云《い》わく「一法界《いっぽうかい》有って九《く》法界《ほうかい》を具すれば、即《すなわ》ち百法界有り」文《もん》。法華経とは別のことなし。十界の因果《いんが》は爾前《にぜん》の経に明かす。今は十界の因果互具をおきて《掟》たるばかりなり。

爾前《にぜん》の経《きょう》の意は、菩薩《ぼさつ》をば仏に成るべし、声聞《しょうもん》は仏に成るまじなんど説けば、菩薩は悦《よろこ》び、声聞はなげき《歎》、人天《にんてん》等はおもい《思》もかけずなんどある経も有り。あるいは二乗《にじょう》は見思《けんじ》を断じて六道《ろくどう》を出《い》でんと念《おも》い、菩薩はわざと煩悩《ぼんのう》を断ぜず六道に生まれて衆生《しゅじょう》を利益《りやく》せんと念う。あるいは菩薩の頓悟成仏《とんごじょうぶつ》を見、あるいは菩薩の多倶低劫《たくていこう》の修行《しゅぎょう》を見、あるいは凡夫往生《ぼんぶおうじょう》の旨《むね》を説けば菩薩・声聞のためにはあらずと見て、人の不成仏は我が不成仏、人の成仏は我が成仏、凡夫の往生は我が往生、聖人《しょうにん》の見思断《けんじだん》は我ら凡夫の見思断とも知らずして、四十二年は過ぎしなり。

しかるを、今の経《きょう》にして十界互具《じっかいごぐ》を談ずる時、声聞《しょうもん》の自調自度《じじょうじど》の身に菩薩界《ぼさつかい》を具《ぐ》すれば、六度万行《ろくどまんぎょう》も修《しゅ》せず多倶低劫《たくていこう》も経《へ》ぬ声聞が、諸《もろもろ》の菩薩のからく《辛》して修したりし無量無辺の難行道《なんぎょうどう》が声聞に具するあいだ、おもわ《思》ざる外《ほか》に、声聞が菩薩と云《い》われ、人をせむる《責》獄卒《ごくそつ》、慳貪《けんどん》なる凡夫《ぼんぶ》もまた菩薩と云わる。仏もまた因位《いんい》に居《こ》して菩薩界に摂《おさ》められ、妙覚《みょうかく》ながら等覚《とうがく》なり。薬草喩品《やくそうゆほん》に声聞を説いて云わく「汝等《なんだち》が行《ぎょう》ずるところは、これ菩薩の道《どう》なり」。また我ら六度をも行ぜざるが六度満足の菩薩なる文《もん》。経に云わく「いまだ六波羅蜜《ろくはらみつ》を修行《しゅぎょう》することを得ずといえども、六波羅蜜は自然《じねん》に在前《ざいぜん》す」。我ら一戒《かい》をも受けざるが持戒《じかい》の者と云わるる文。経に云わく「これは則《すなわ》ち勇猛《ゆうみょう》なり。これは則ち精進《しょうじん》なり。これを戒を持《たも》ち、頭陀《ずだ》を行ずる者と名づく」文。

問うて云《い》わく、諸経《しょきょう》にも、悪人の仏に成るは、華厳経《けごんぎょう》の調達《じょうだつ》の授記《じゅき》、普超経《ふちょうきょう》の闍王《じゃおう》の授記、大集経《だいじっきょう》の婆藪天子《ばすてんし》の授記。また女人《にょにん》の仏に成るは、胎経《たいきょう》の釈《しゃく》・女《にょ》の成仏。畜生《ちくしょう》の仏に成るは、阿含経《あごんぎょう》の鴿雀《こうじゃく》の授記。二乗《にじょう》の仏に成るは、方等《ほうどう》だらに《陀羅尼》経《きょう》、首楞厳経《しゅりょうごんぎょう》等なり。菩薩《ぼさつ》の仏に成るは、華厳経等。具縛《ぐばく》の凡夫《ぼんぷ》の往生《おうじょう》は、観経《かんぎょう》の下品下生《げぼんげしょう》等。女人の女身《にょしん》を転ずるは、双観経《そうかんぎょう》の四十八願《しじゅうはちがん》の中の三十五の願。これらは法華経の二乗・竜女《りゅうにょ》・提婆《だいば》・菩薩の授記にいかなるかわりめ《変目》かある。また、たといかわりめ《変目》はありとも、諸経にても成仏はうたがい《疑》なし、いかん。

答う。予《よ》の習い伝《つた》うるところの法門《ほうもん》、この答えに顕《あらわ》るべし。この答えに、法華経の諸経《しょきょう》に超過《ちょうか》し、また諸経の成仏を許し許さずは聞こうべし。秘蔵の故に顕露《けんろ》に書かず。

問うて曰《い》わく、妙法を一念三千《いちねんさんぜん》と云《い》うこと、いかん。

答えて曰わく、天台大師《てんだいだいし》、この法門《ほうもん》を覚《さと》り給《たま》いて後《のち》、玄義十巻《げんぎじっかん》・文句《もんぐ》十巻・覚意三昧《かくいざんまい》・小止観《しょうしかん》・浄名《じょうみょう》疏《しょ》・四念処《しねんじょ》・次第禅門《しだいぜんもん》等の多くの法門を説き給いしかども、この一念三千《いちねんさんぜん》をば談義《だんぎ》し給わず。ただ十《じっ》界《かい》・百界《ひゃっかい》・千如《せんにょ》の法門ばかりにておわしまししなり。御年《おんとし》五十七の夏四月の比《ころ》、荊州《けいしゅう》の玉泉寺《ぎょくせんじ》と申す処《ところ》にて、御弟子《みでし》・章安大師《しょうあん》と申す人に説きかせ《聞》給いし止観《しかん》十巻あり。上《かみ》の四帖《じょう》になおおしみ《惜》給いて、ただ六即《ろくそく》・四種三昧《ししゅざんまい》等ばかりの法門にてありしに、五の巻より十境十乗《じっきょうじゅうじょう》を立てて一念三千の法門は書き給えり。これを妙楽大師《みょうらく》、末代《まつだい》の人に勧進《かんじん》してのたまわく《宣》「ならびに三千をもって指南となす○請《こ》う、尋《たず》ね読まん者、心に異縁《いえん》無かれ」文《もん》。六十巻・三千丁《ちょう》の多くの法門も由《よし》無し。ただこの初めの二・三行《ぎょう》を意得《こころう》べきなり。

止観《しかん》〈天台《てんだい》〉に云《い》わく「夫《そ》れ、一心に十法界《じっぽうかい》を具《ぐ》す。一法界《いっぽうかい》にまた十法界を具すれば、百法界《ひゃっぽうかい》なり。一界《いっかい》に三十種の世間《せけん》を具すれば、百法界には即《すなわ》ち三千種の世間を具す。この三千、一念《いちねん》の心に在り」文《もん》。妙楽承《みょうらくう》け、釈《しゃく》して云わく「当《まさ》に知るべし、身土《しんど》は一念の三千なり。故に、成道《じょうどう》の時、この本理《ほんり》に称《かな》って、一身一念法界《ほうかい》に遍《あまね》し」文。

日本の伝教大師《でんぎょうだいし》、比叡山《ひえいざん》の立ちし時、根本中堂《こんぽんちゅうどう》の地を引き給《たま》いし時、地中より舌八つある鑰《かぎ》を引き出《い》だしたりき。この鑰をもって入唐《にっとう》の時に、天台大師《てんだい》より第七代、妙楽《みょうらく》大師の御弟子《みでし》・道邃和尚《どうずいかしょう》に値《あ》い奉《たてまつ》って天台の法門《ほうもん》を伝えし時、天機秀発《てんきしゅほつ》の人たりしあいだ、道邃和尚悦《よろこ》んで天台の造り給える十五の経蔵《きょうぞう》を開き見せしめ給いしに、十四を開いて一蔵を開かず。その時、伝教大師云《い》わく「師、この一蔵を開き給え」と請《こ》い給いしに、邃《すい》和尚云わく「この一蔵は開くべき鑰《かぎ》無し。天台大師自《みずか》ら世に出《い》でて開き給《たも》うべし」云々《うんぬん》。その時、伝教大師、日本より随身《ずいしん》の鑰をもって開き給《たま》いしに、この経蔵開《ひら》きたりしかば、経蔵の内より、光、室に満ちたりき。その光の本《もと》を尋《たず》ぬれば、この一念三千《いちねんさんぜん》の文《もん》より光を放《はな》ちたりしなり。ありがたかりしことなり。その時、邃和尚は返って伝教大師を礼拝《らいはい》し給いき。

「天台大師の後身《ごしん》」云々。よって、天台の経蔵の所釈《しょしゃく》は、遺《のこ》り無く日本に亘《わた》りしなり。天台大師の御《ご》自筆《じひつ》の観音経《かんのんぎょう》、章安《しょうあん》大師の自筆の止観《しかん》、今《いま》比叡山の根本中堂に収めたり。

四性計《ししょうけ》
- 一、自性《じしょう》――自力《じりき》――迦毘羅外道《かびらげどう》
- 二、他性《たしょう》――他力《たりき》――漚楼僧伽外道《うるそうぎゃ》
- 三、共性《ぐうしょう》――共力《ぐうりき》――勒娑婆外道《ろくしゃば》
- 四、無因性《むいんしょう》―無因力《むいんりき》―自然外道《じねん》

外道《げどう》に三人あり。一には仏法外《ぶっぽうげ》の外道〈九十五種の外道〉、二に附仏法《ふぶっぽう》の外道〈小乗《しょうじょう》〉、三には学仏法成《がくぶっぽうじょう》の外道〈妙法を知らざる大乗《だいじょう》の外道なり〉。

今の法華経は、自力《じりき》も定めて自力にあらず。十界《じっかい》の一切衆生《いっさいしゅじょう》を具《ぐ》する自《じ》なるが故に。我が身に本《もと》より、自の仏界《ぶっかい》、一切衆生の他の仏界、我が身に具せり。されば、今、仏に成るに、新仏にあらず。また他力《たりき》も定めて他力にあらず。他仏《たぶつ》も我ら凡夫《ぼんぷ》の自《みずか》ら具せるが故に。また他仏が我らがごとくの自《じ》に現同《げんどう》するなり。共《ぐう》と無因《むいん》は略す。

法華経已前《いぜん》の諸経《しょきょう》は、十界互具《じっかいごぐ》を明かさざれば、仏に成らんと願うには必ず九界を厭《いと》う。九界を仏《ぶっ》界《かい》に具《ぐ》せざるが故なり。されば、必ず悪を滅《めっ》し煩悩《ぼんのう》を断じて仏には成ると談ず。凡夫《ぼんぷ》の身を仏に具すと云《い》わざるが故に。されば、人天《にんてん》・悪人の身をば失って仏に成ると申す。これをば、妙楽大師《みょうらくだいし》は厭離《えんり》断九《だんく》の仏と名づく。されば、爾前《にぜん》の経の人々は、仏の九界の形を現《あらわ》すは、ただ仏の不思議の神変《じんぺん》と思い、仏の身に九界が本《もと》よりありて現ずるとは云わず。

されば、実《じつ》をもってさぐり《探》給《たも》うに、法華已前《ほっけいぜん》にはただ権者《ごんじゃ》の仏のみ有って、実の凡夫《ぼんぷ》が仏に成りたりけることは無きなり。煩悩《ぼんのう》を断じ九界を厭《いと》って仏に成らんと願うは、実には九界を離《はな》れたる仏無き故に、往生《おうじょう》したる実の凡夫も無し。人界《にんかい》を離れたる菩薩界《ぼさつかい》無き故に。ただ法華の仏の、爾前《にぜん》にして十界《かい》の形を現《あらわ》して、所化《しょけ》とも能化《のうけ》とも、悪人とも善人とも外道《げどう》とも云《い》いしなり。実の悪人・善人・外道・凡夫は、方便《ほうべん》の権《ごん》を行《ぎょう》じて真実の教えとうち《打》思いなしてすぎ《過》しほどに、法華経に来《きた》って、「方便にてありけり。実には見思《けんじ》・無明《むみょう》も断ぜざりけり。往生もせざりけり」なんど覚知するなり。

一念三千《いちねんさんぜん》は別に委《くわ》しく書くべし。

この経には二妙《みょう》あり。釈《しゃく》に云《い》わく「この経はただ二妙のみを論ず」。一には相待妙《そうだいみょう》、二には絶待妙《ぜつだいみょう》なり。相待妙の意は、前《さき》の四時《しじ》の一代聖教《いちだいしょうぎょう》に法華経を対して爾前《にぜん》とこれを嫌《きら》い、爾前をば当分《とうぶん》と云い法華《ほっけ》を跨節《かせつ》と申す。絶待妙の意は、一代聖教は法華なりと開会《かいえ》す。

また法華経に二つのことあり。一には所開《しょかい》、二には能開《のうかい》なり。開示悟入《かいじごにゅう》の文《もん》、あるいは「皆《みな》すでに仏道《ぶつどう》を成《じょう》じたり」等の文、一部八巻二十八品《ぽん》六万九千三百八十四字、一々《いちいち》の字の下に皆妙《みょう》の文字《もんじ》あるべし。これ能開の妙なり。この法華経は、知らずして習い談ずるものは、ただ爾前《にぜん》の経《きょう》の利益《りやく》なり。

阿含経開会《あごんぎょうかいえ》の文《もん》は、経《きょう》に云《い》わく「我がこの九部《くぶ》の法《ほう》は、衆生《しゅじょう》に随順《ずいじゅん》して説く。大乗《だいじょう》に入《い》ることを本《ほん》となす」云々《うんぬん》。華厳経《けごんぎょう》開会の文に云わく「一切世間《いっさいせけん》の天《てん》・人《にん》および阿修羅《あしゅら》は、皆謂《みなおも》えり。今の釈迦《しゃか》牟尼仏《むにぶつ》は」等の文。般若経《はんにゃきょう》開会の文は、安楽行品《あんらくぎょうほん》の十八空《じゅうはっくう》の文。観経《かんぎょう》等の往生安楽《おうじょうあんらく》開会の文は、「ここにおいて命終《みょうじゅう》して、即《すなわ》ち安楽世界に往《ゆ》く」等の文。散善《さんぜん》開会の文は、「一《ひと》たび南無仏《なむぶつ》と称《とな》えば、皆すでに仏道《ぶつどう》を成《じょう》じたり」の文《もん》。一切衆生《いっさいしゅじょう》開会の文は、「今この三界《さんがい》は、皆これ我が有《う》なり。その中の衆生は、ことごとくこれ吾《わ》が子なり」。外典《げてん》開会の文は、「もし俗間《ぞっけん》の経書《きょうしょ》、治世《じせ》の語言《ごごん》、資生《ししょう》の業《ごう》等を説かんも、皆正法《しょうほう》に順ぜん」文。兜率《とそつ》開会の文、人天《にんてん》の開会するところの文、しげき《繁》ゆえにいだ《出》さず。

この経を意得《こころえ》ざる人は、経の文《もん》にこの経を読んで、人天《にんてん》に生《しょう》ずと説く文を見、あるいは兜率《とそつ》・忉利《とうり》なんどにいたる《至》文を見、あるいは安養《あんよう》に生ずる文を見て、「穢土《えど》において法華《ほっけ》を行《ぎょう》ぜば、経はいみじけれども、行者《ぎょうじゃ》、不退地《ふたいじ》に至らざれば、穢土にして流転《るてん》し、久しく五十六億七千万歳の晨《あした》を期《ご》し、あるいは人《にん》・畜《ちく》等に生まれて隔生《きゃくしょう》する間、自《みずか》らの苦しみ限り無し」なんど云々《うんぬん》。あるいは「自力《じりき》の修行《しゅぎょう》なり。難行道《なんぎょうどう》なり」等云々。これは、恐《おそ》らくは爾前《にぜん》・法華の二途《にと》を知らずして、自身癡《おろ》かの闇《やみ》に迷うのみにあらず、一切衆生《いっさいしゅじょう》の仏眼《ぶつげん》これを閉《と》ずる人なり。

兜率《とそつ》を勧《すす》めたることは、小乗経《しょうじょうきょう》に多し。少しは大乗経《だいじょうきょう》にも勧めたり。西方《さいほう》を勧めたることは、大乗経に多し。これらは皆所開《みなしょかい》の文なり。法華《ほっけ》の意は、兜率に即して「十方仏土《じっぽうぶつど》の中《うち》」、西方に即して「十方仏土の中」、人天《にんてん》に即して「十方仏土の中」云々《うんぬん》。法華経は、悪人に対しては、十界《じっかい》の悪を説けば悪人五眼《ごげん》を具《ぐ》しなんどすれば、悪人のきわまり《極》を救い、女人《にょにん》に即して十界を談ずれば、十界皆女人なることを談ず。いずれにも法華円実《えんじつ》の菩提心《ぼだいしん》を発《おこ》さん人は、迷いの九界へ業力《ごうりき》に引かるることなきなり。

この意を存《ぞん》じ給《たま》いけるやらん、法然上人《ほうねんしょうにん》も、一向念仏《いっこうねんぶつ》の行者《ぎょうじゃ》ながら、選択《せんちゃく》と申す文《ふみ》には、雑行《ぞうぎょう》・難《なん》行道《ぎょうどう》には法華《ほっけ》・大日経《だいにちきょう》等をば除きたる処《ところ》も有り。委《くわ》しく見よ。また恵心《えしん》の往生要集《おうじょうようしゅう》にも、法華経を除きたり。たとい法然上人・恵心、法華経を雑行・難行道、末代《まつだい》の機《き》に叶《かな》わずと書き給《たも》うとも、日蓮は全《まった》くもちい《用》べからず。一代聖教《いちだいしょうぎょう》のおきて《掟》に違《たが》い、三世十方《さんぜじっぽう》の仏陀《ぶっだ》の誠言《じょうごん》に違《い》する故に。いおうや《況》、そのぎ《義》無し。しかるに、後《のち》の人々の消息に、法華経を難行道、経《きょう》はいみじけれども末代の機に叶わず、謗《ぼう》ぜばこそ罪にてもあらめ、浄土《じょうど》に過《わた》って法華経をば覚《さと》るべしと云々《うんぬん》。日蓮が心は、いかにもこのことはひが《僻》事《ごと》と覚《おぼ》ゆるなり。こう申すもひが事にやあるらん。能《よ》く能く智人《ちじん》に習うべし。

正嘉《しょうか》二年二月十四日　日蓮撰《せん》す。

(018)

一《いち》念《ねん》三《さん》千《ぜん》理《り》事《じ》

正嘉《しょうか》2年（'58）37歳

十二因縁図《じゅうにいんねんず》

問う。流転《るてん》の十二因縁《じゅうにいんねん》とは何らぞや。

答う。一には無明《むみょう》。倶舎《くしゃ》に云《い》わく「宿惑《しゅくわく》の位は無明なり」文《もん》。無明とは、昔愛欲《あいよく》の煩悩《ぼんのう》起こりしを云うなり。男は父に瞋《いか》りを成して母に愛を起こす。女は母に瞋りを成して父に愛を起こすなり。倶舎の第九に見えたり。

二には行《ぎょう》。倶舎《くしゃ》に云《い》わく「宿《むかし》の諸業《しょごう》を行と名づく」文《もん》。昔の造業《ぞうごう》を行とは云うなり。業《ごう》に二つ有り。

一には牽引《けんいん》の業なり。我らが正《まさ》しく生《しょう》を受《う》くべき業を云うなり。二には円満の業なり。余《よ》の一切《いっさい》の造業なり。いわゆる足を折り手を切る先業《せんごう》を云うなり。これは円満の業なり。

三には識《しき》。倶舎《くしゃ》に云《い》わく「識とは、正《まさ》しく生《しょう》を結《けっ》する蘊《うん》なり」文《もん》。正しく母の腹の中に入《い》る時の五《ご》蘊《うん》なり。五蘊とは、色《しき》・受《じゅ》・想《そう》・行《ぎょう》・識《しき》なり。また五陰《ごおん》とも云うなり。

四には名色《みょうしき》。倶舎《くしゃ》に云《い》わく「六処《ろくしょ》の前は名色なり」文《もん》。

五には六処《ろくしょ》。倶舎《くしゃ》に云わく「眼等の根《こん》を生《しょう》ずるより三和の前は六処なり」文《もん》。六処とは、眼《げん》・耳《に》・鼻《び》・舌《ぜつ》・身《しん》・意《い》の六根出来《ろっこんしゅったい》するを云うなり。

六には触《そく》。倶舎《くしゃ》に云《い》わく「三受の因の異《こと》なるにおいて、いまだ了知《りょうち》せざるを触と名づく」文《もん》。火は熱《あつ》しとも知らず、水は寒しとも知らず、刀は人を切る物とも知らざる時なり。

七には受《じゅ》。倶舎《くしゃ》に云《い》わく「婬愛《いんあい》の前に在るは受なり」文《もん》。寒熱を知って、いまだ婬欲《いんよく》を発《おこ》さざる時なり。

八には愛《あい》。倶舎《くしゃ》に云《い》わく「資具《しぐ》と婬《いん》とを貪《むさぼ》るは愛なり」文《もん》。女人《にょにん》を愛して婬欲《いんよく》等を発《おこ》すを云うなり。

九には取《しゅ》。倶舎《くしゃ》に云わく「諸《もろもろ》の境界《きょうがい》を得《え》んがためにあまねく馳求《ちぐ》するを取と名づく」文《もん》。今世《こんぜ》に有る時、世間《せけん》を営んで他人の物を貪《むさぼ》り取る時を云うなり。

十には有《う》。倶舎《くしゃ》に云《い》わく「有は、正《まさ》しく能《よ》く当《とう》の有の果を牽《ひ》く業《ごう》を造るを謂《い》う」文《もん》。未来にまたかくのごとく生《しょう》を受《う》くべき業を造るを有とは云うなり。

十一には生《しょう》。倶舎《くしゃ》に云《い》わく「当《とう》の有《う》を結《けっ》するを生と名づく」文《もん》。未来に正《まさ》しく生を受けて母の腹に入《い》る時を云うなり。
十二には老死《ろうし》。倶舎《くしゃ》に云《い》わく「当《とう》の受《じゅ》に至るまでは老死なり」文《もん》。生老死《しょうろうし》を受《う》くるを老死・憂悲《うひ》・苦悩《くのう》とは云うなり。

問う。十二因縁《じゅうにいんねん》を三世《さんぜ》両重に分別《ふんべつ》する方《かた》、いかん。

答う。無明《むみょう》と行《ぎょう》とは、過去の二因なり。識《しき》と名色《みょうしき》と六入《ろくにゅう》と触《そく》と受《じゅ》とは、現在の五果なり。愛《あい》と取《しゅ》と有《う》とは、現在の三因なり。生《しょう》と老死《ろうし》とは、未来の両果なり。私《わたくし》の略頌《りゃくじゅ》に云《い》わく、過去の二因〈無明・行〉、現在の五果〈識・名色・六入・触・受〉、現在の三因〈愛・取・有〉、未来の両果〈生・老死〉と。

問う。十二因縁流転《じゅうにいんねんるてん》の次第《しだい》、いかん。

答う。無明《むみょう》は行《ぎょう》に縁《えん》たり。行は識《しき》に縁たり。識は名色《みょうしき》に縁たり。名色は六入《ろくにゅう》に縁たり。六入は触《そく》に縁たり。触は受《じゅ》に縁たり。受は愛《あい》に縁たり。愛は取《しゅ》に縁たり。取は有《う》に縁たり。有は生《しょう》に縁たり。生は老死《ろうし》・憂悲《うひ》・苦悩《くのう》に縁たり。これその生死海《しょうじかい》に流転《るてん》する方《かた》なり。かくのごとくして凡夫《ぼんぷ》とは成るなり。

問う。還滅《げんめつ》の十二因縁《じゅうにいんねん》の様《よう》、いかん。

答う。無明滅《むみょうめつ》すれば則《すなわ》ち行《ぎょう》滅す。行滅すれば則ち識《しき》滅す。識滅すれば則ち名色《みょうしき》滅す。名色滅すれば則ち六入《ろくにゅう》滅す。六入滅すれば則ち触《そく》滅す。触滅すれば則ち受《じゅ》滅す。受滅すれば則ち愛《あい》滅す。愛滅すれば則ち取《しゅ》滅す。取滅すれば則ち有《う》滅す。有滅すれば則ち生《しょう》滅す。生滅すれば則ち老死《ろうし》・憂悲《うひ》・苦悩《くのう》滅す。これその還滅《げんめつ》の様《よう》なり。仏は、還《かえ》って煩悩《ぼんのう》を失って行く方《かた》なり。

私《わたくし》に云《い》わく、中夭《ちゅうよう》の人には十二因縁《じゅうにいんねん》つぶさにこれ無し。また天上にもつぶさにはこれ無く、また無色界《むしきかい》にもつぶさにはこれ無し。

一念三千理事《いちねんさんぜんりじ》

十如是《じゅうにょぜ》とは、「如是相《にょぜそう》」は身なり〈玄《げん》の二に云《い》わく「相はもって外に拠《よ》る。覧《み》て別《わか》つべし」文《もん》。籤《せん》の六に云わく「相はただ色《しき》のみに在り」文〉。「如是性《にょぜしょう》」は心なり〈玄の二に云わく「性はもって内に拠《よ》る。自分改めず」文。籤の六に云わく「性はただ心《しん》のみに在り」文〉。「如是体《にょぜたい》」は身と心となり〈玄の二に云わく「主質《しゅぜつ》を名づけて体となす」文〉。「如是《にょぜ》力《りき》」は身と心となり〈止《し》に云わく「力は堪任《かんにん》を用《ゆう》となす」文〉。「如是作《にょぜさ》」は身と心となり〈止に云わく「建立《こんりゅう》を作と名づく」文〉。「如是因《にょぜいん》」は心なり〈止に云わく「因とは果を招くを因となす。また名づけて業《ごう》となす」文〉。「如是《にょぜ》縁《えん》」〈止に云わく「縁とは縁由《えんゆ》なり。業を助《たす》く」文〉。「如是果《にょぜか》」〈止に云わく「果とは剋獲《こくぎゃく》を果となす」文〉。「如是報《にょぜほう》」〈止に云わく「報とは酬因《しゅういん》を報と曰《い》う」文〉。「如是本末究竟等《にょぜほんまつくきょうとう》」〈玄の二に云わく「初めの相を本となし、後《のち》の報を末となす」文〉。

三種世間《せけん》とは、五陰《ごおん》世間〈止《し》に云《い》わく「十種《じっしゅ》の陰《おん》・界《かい》、不同をもっての故に、五陰世間と名づくるなり」文《もん》〉、衆生《しゅじょう》世間〈止に云わく「十界《じっかい》の衆生、いずくんぞ異《こと》ならざるを得《え》ん。故に衆生世間と名づくるなり」文〉、国土《こくど》世間〈止に云わく「十種の所居《しょご》、通じて国土世間と称す」文〉。

五陰《ごおん》とは、新訳《しんやく》には五蘊《ごうん》と云《い》うなり。陰とは聚集《じゅじゅう》の義なり。一に色陰《しきおん》。五色《ごしき》これなり。二に受陰《じゅおん》。領納《りょうのう》これなり。三に想陰《そうおん》。倶舎《くしゃ》に云わく「想は像を取るを体《たい》となす」文《もん》。四に行陰《ぎょうおん》。造作《ぞうさ》これ行なり。五に識陰《しきおん》。了別《りょうべつ》これ識なり。止《し》の五に婆沙《ばしゃ》を引いて云わく「識はまず了別し、次に受は領納し、想は相貌《そうみょう》を取り、行は違従《いじゅう》を起こし、色は行に由《よ》って感ず」。

百界千如《ひゃっかいせんにょ》・三千世間《さんぜんせけん》のこと

十界互具《じっかいごぐ》、即《すなわ》ち百界《ひゃっかい》と成るなり。

地獄《じごく》	衆生世間《しゅじょうせけん》十如是《じゅうにょぜ》	五陰《ごおん》世間十如是	国土《こくど》世間十如是	地の下の赤鉄《しゃくてつ》
餓鬼《がき》	衆生世間十如是	五陰世間十如是	国土世間十如是	地の下
畜生《ちくしょう》	衆生世間十如是	五陰世間十如是	国土世間十如是	水・陸・空
修羅《しゅら》	衆生世間十如是	五陰世間十如是	国土世間十如是	海の畔《ほとり》と底
人《にん》	衆生世間十如是	五陰世間十如是	国土世間十如是	須弥《しゅみ》の四州《ししゅう》
天《てん》	衆生世間十如是	五陰世間十如是	国土世間十如是	宮殿《くでん》
声聞《しょうもん》	衆生世間十如是	五陰世間十如是	国土世間十如是	同居土《どうごど》
縁覚《えんがく》	衆生世間十如是	五陰世間十如是	国土世間十如是	同居土
菩薩《ぼさつ》	衆生世間十如是	五陰世間十如是	国土世間十如是	同居・方便《ほうべん》・実報《じっぽう》
仏《ぶつ》	衆生世間十如是	五陰世間十如是	国土世間十如是	寂光土《じゃっこうど》

止観《しかん》の五に云《い》わく「心、縁《えん》と合《がっ》すれば、則《すなわ》ち三種の世間《せけん》、三千《さんぜん》の性相《しょうそう》、皆《みな》心より起こる」文《もん》。

弘《ぐ》の五に云わく「故に、止観《しかん》の『正《まさ》しく観法《かんぼう》を明かす』に至って、ならびに三千《さんぜん》をもって指南となす。乃《すなわ》ちこれ終窮究竟《しゅうぐくきょう》の極説《ごくせつ》なり。故に、序《じょ》の中に『己心《こしん》の中に行《ぎょう》ずるところの法門《ほうもん》を説く』と云えり。

良《まこと》に以《ゆえ》有るなり。請《こ》う、尋《たず》ね読まん者、心に異縁《いえん》無かれ」文《もん》。また云わく「妙境《みょうきょう》の一念三千《いちねんさんぜん》を明かさずんば、いかんぞ一《いち》に一切《いっさい》を摂《おさ》むることを識《し》るべけん。三千は一念の無明《むみょう》を出《い》でず。この故に、ただ苦因苦果《くいんくか》のみ有り」文。また云わく「一切の諸業《しょごう》は、十界《じっかい》・百界千如《ひゃっかいせんにょ》・三千世間《さんぜんせけん》を出でざるなり」文。籤《せん》の二に云《い》わく「仮《け》は即《すなわ》ち衆生《しゅじょう》、実《じつ》は即ち五陰《ごおん》、および国土、即ち三世間《さんせけん》なり。千の法は皆《みな》三なり。故に三千《さんぜん》有り」文《もん》。弘《ぐ》の五に云わく「一念《いちねん》の心において、十界《じっかい》に約せずんば、事《じ》を収《おさ》むること遍《あまね》からず。三諦《さんたい》に約せずんば、理《り》を摂《おさ》むること周《あまね》からず。十如《じゅうにょ》を語らずんば、因果《いんが》備《そな》わらず。三世間無《な》くんば、依正《えしょう》尽《つ》きず」文。記《き》の一に云わく「もし三千にあらずんば、摂むること則《すなわ》ち遍からず。もし円心《えんしん》にあらずんば、三千を摂めず」文。

玄《げん》の二に云《い》わく「ただし衆生法《しゅじょうほう》ははなはだ広く、仏法ははなはだ高し。初学において難《かた》しとなす。心《しん》は則《すなわ》ち易《やす》しとなす」文《もん》。弘《ぐ》の五に云わく「初めに華厳《けごん》を引くは、『心《こころ》は工《たく》みなる画師《えし》の種々の五陰《ごおん》を造るがごとく、一切世界《いっさいせかい》の中に法として造らざることなし。心のごとく仏もまたしかなり。仏のごとく衆生もしかなり。心、仏および衆生、この三つは差別無し。もし人、三世《さんぜ》の一切の仏を知らんと欲《ほっ》求せば、応当《まさ》にかくのごとく観《かん》ずべし、心は諸《もろもろ》の如来《にょらい》を造ると』と」。金錍論《こんぺいろん》に云わく「実相《じっそう》は必ず諸法《しょほう》、諸法は必ず十如《じゅうにょ》、十如は必ず十界《じっかい》、十界は必ず身土《しんど》なり」文。

三身釈《さんじんしゃく》のこと

まず法身《ほっしん》とは、大師《だいし》、大経《だいきょう》を引いて「一切《いっさい》の世諦《せたい》は、もし如来《にょらい》においては即《すなわ》ちこれ第一義諦《だいいちぎたい》なり。

衆生顛倒《しゅじょうてんどう》して仏法にあらずと謂《おも》えり」と釈《しゃく》せり。しからば則《すなわ》ち、自他・依正《えしょう》・魔界仏界《まかいぶっかい》・染浄《ぜんじょう》・因果《いんが》は異《こと》なれども、ことごとく皆諸仏《みなしょぶつ》の法身《ほっしん》に乖《そむ》くことにあらざれば、善星比丘《ぜんしょうびく》が不信なりしも楞伽王《りょうがおう》の信心に同じく、般若蜜外道《はんにゃみつげどう》が意の邪見《じゃけん》なりしも須達長者《すだつちょうじゃ》が正見《しょうけん》に異ならず。即ち知んぬ、この法身の本《もと》は衆生の当体《とうたい》なり。十方諸仏《じっぽう》の行願《ぎょうがん》は、実《まこと》に法身を証《しょう》するなり。

次に報身《ほうしん》とは、大師云《だいしい》わく「法如々《ほうにょにょ》の智《ち》、如々真実の道《どう》に乗じ、来《きた》って妙覚《みょうかく》を成《じょう》ず。智、如《にょ》の理《り》に称《かな》う。理に従《したが》って『如』と名づけ、智に従って『来《らい》』と名づく。即《すなわ》ち報身如来《にょらい》なり。盧舎那《るしゃな》と名づけ、ここには浄満《じょうまん》と翻《ほん》ず」と釈《しゃく》せり。これは如々法性《ほっしょう》の智、如々真実の道に乗じて、妙覚究竟《みょうかくくきょう》の理智《りち》、法《ほう》界《かい》と冥合《みょうごう》したる時、理を如と名づく。智は来なり。

(019)

十如是事《じゅうにょぜじ》

正嘉《しょうか》2年('58)　37歳

我が身が三身即一《さんじんそくいち》の本覚《ほんがく》の如来《にょらい》にてありけることを、今経《こんきょう》に説いて云《い》わく「如是相《にょぜそう》・如是性《しょう》・如是体《たい》・如是力《りき》・如是作《さ》・如是因《いん》・如是縁《えん》・如是果《か》・如是報《ほう》・如是本末究竟等《ほんまつくきょうとう》」文《もん》。

初めに「如是相《にょぜそう》」とは、我が身の色形《しきぎょう》に顕《あらわ》れたる相を云《い》うなり。これを応身如来《おうじんにょらい》とも、または解脱《げだつ》とも、または仮諦《けたい》とも云うなり。次に「如是性《にょぜしょう》」とは、我が心性《しんしょう》を云うなり。これを報身《ほうしん》如来とも、または般若《はんにゃ》とも、または空諦《くうたい》とも云うなり。三に「如是体《にょぜたい》」とは、我がこの身体なり。これを法身《ほっしん》如来とも、または中道《ちゅうどう》とも法性《ほっしょう》とも寂滅《じゃくめつ》とも云うなり。されば、この三如是を三身《さんじん》如来とは云うなり。この三如是が三身如来にておわしましけるをよそ《余所》に思いへだて《隔》つるが、はや我が身の上にてありけるなり。かく知りぬるを、法華経をさと《覚》れる人とは申すなり。

この三如是《にょぜ》を本《ほん》として、これよりのこり《残》の七つの如是はいで《出》て、十如是《じゅうにょぜ》とは成りたるなり。この十如是が、百界《ひゃっかい》にも千如《せんにょ》にも三千世間《さんぜんせけん》にも成りたるなり。かくのごとく多くの法門《ほうもん》と成って八万法蔵《はちまんほうぞう》と云《い》わるれども、すべてただ一つの三諦《さんたい》の法にて、三諦より外《ほか》には法門なきことなり。

その故は、百界《ひゃっかい》というは仮諦《けたい》なり。千如《せんにょ》というは空諦《くうたい》なり。三千《さんぜん》というは中諦《ちゅうたい》なり。空《くう》と仮《け》と中《ちゅう》とを三諦《さんたい》ということなれば、百界・千如・三千世間《さんぜんせけん》まで多くの法門《ほうもん》と成りたりといえども、ただ一つの三諦にてあることなり。

されば、始めの三如是《にょぜ》の三諦《さんたい》と終わりの七如是の三諦とは、ただ一つの三諦にて、始めと終わりと、我が一身の中の理《り》にて、ただ一《ひと》つ物《もの》にて不可思議なりければ、「本《ほん》と末《まつ》とは究竟《くきょう》して等《ひと》し」とは説き給《たま》えるなり、これを「如是本末究竟等《にょぜほんまつくきょうとう》」とは申したるなり。始めの三如是を本とし終わりの七如是を末として十の如是にてあるは、我が身の中の三諦にてあるなり。この三諦を三身如来《さんじんにょらい》とも云《い》えば、我が心身より外《ほか》には善悪に付けてかみすじ《髪筋》ばかりの法もなきものを。されば、我が身がやがて三身即一《さんじんそくいち》の本覚《ほんがく》の如来にてはありけることなり。

これをよそ《余所》に思うを、衆生《しゅじょう》とも迷いとも凡夫《ぼんぷ》とも云《い》うなり。これを我が身の上と知りぬるを、如来《にょらい》とも覚《さと》りとも聖人《しょうにん》とも智者《ちしゃ》とも云うなり。こう解《さと》り、明らかに観《かん》ずれば、この身頓《やが》て今生《こんじょう》の中《うち》に本覚《ほんがく》の如来を顕《あらわ》して、即身成仏《そくしんじょうぶつ》とはいわ《言》るるなり。譬《たと》えば、春夏、田を作りうえ《植》つれば、秋冬は蔵《くら》に収めて心のままに用いるがごとし。春より秋をまつ《待》ほどは久しきようなれども、一年の内に待ち得《う》るがごとく、この覚りに入《い》って仏を顕すほどは久しきようなれども、一生の内に顕して我が身が三身即一《さんじんそくいち》の仏となり《成》ぬるなり。

この道《どう》に入《い》りぬる人にも上中下の三根《さんこん》はあれども、同じく一生の内に顕《あらわ》すなり。上根《じょうこん》の人は、聞くところにて覚《さと》りを極《きわ》めて顕す。中根《ちゅうこん》の人は、もしは一日、もしは一月、もしは一年に顕すなり。下根《げこん》の人は、のび《延》ゆく所なくてつま《詰》りぬれば、一生の内に限りたることなれば、臨終《りんじゅう》の時に至って、諸《もろもろ》のみ《見》えつる夢も覚《さ》めてうつつ《現》になりぬるがごとく、只今《ただいま》までみ《見》つるところの生死妄想《しょうじもうぞう》の邪思《ひがおも》い、ひがめ《僻目》の理《ことわり》はあと《跡》と形《かた》もなくなりて、本覚《ほんがく》のうつつの覚《さと》りにかえりて法界《ほうかい》をみれば、皆寂光《みなじゃっこう》の極楽《ごくらく》にて、日《ひ》来賤《ごろいや》しと思いし我がこの身が、三身即一《さんじんそくいち》の本覚の如来《にょらい》にてあるべきなり。秋のいね《稲》には早《わせ》と中《なかて》と晩《おくて》との三つのいね有れども、一年が内に収むるがごとく、これも上中下の差別ある人なれども、同じく一生の内に諸仏《しょぶつ》如来と一体不二《いったいふに》に思い合わせてあるべきことなり。

「妙法蓮華経の体《たい》のいみじくおわしますは、いかようなる体にておわしますぞ」と尋《たず》ね出《い》だしてみれば、我が心性《しんしょう》の八葉《はちよう》の白蓮華《びゃくれんげ》にてありけることなり。されば、我が身の体性《たいしょう》を妙法蓮華経とは申しけることなれば、経《きょう》の名にてはあらずして、はや我が身の体にてありけると知りぬれば、我が身頓《やが》て法華経にて、法華経は我が身の体をよび顕《あらわ》し給《たま》いける仏の御言《みこと》にてこそありければ、やがて我が身三《さん》身即一《じんそくいち》の本覚《ほんがく》の如来《にょらい》にてあるものなり。

かく覚《さと》りぬれば、無始《むし》より已来《このかた》、今まで思いならわ《習》しひが《僻》思いの妄想《もうぞう》は、昨日《きのう》の夢を思いやるがごとく、あとかた《跡形》もなく成りぬることなり。

これを信じて一遍《いっぺん》も南無妙法蓮華経と申せば、法華経を覚《さと》って如法《にょほう》に一部をよみ《読》奉《たてまつ》るにてあるなり。十遍は十部、百遍は百部、千遍《べん》は千部を如法によみ奉るにてあるべきなり。かく信ずるを如説修《にょせつしゅ》行《ぎょう》の人とは申すなり。南無妙法蓮華経。

（020）

一念三千法門《いちねんさんぜんほうもん》

正嘉《しょうか》2年（'58）37歳

法華経の余経《よきょう》に勝《すぐ》れたること、いかなることぞ。この経に一心三観《いっしんさんがん》・一念三千《いちねんさんぜん》ということあり。薬《やく》王菩薩《おうぼさつ》、漢土《かんど》に出世《しゅっせ》して天台大師《てんだいだいし》と云《い》われ、この法門《ほうもん》を覚《さと》り給《たま》いしかども、まず玄義十巻《げんぎじっかん》・文句《もんぐ》十巻・覚意三昧《かくいざんまい》・小止観《しょうしかん》・浄名疏《じょうみょうしょ》・四念処《しねんじょ》・次第禅門《しだいぜんもん》等の多くの法門を説きしかども、この一念三千の法門をば談じ給わず。百界千如《ひゃっかいせんにょ》の法門ばかりなり。御年《おんとし》五十七の夏四月の比《ころ》、荊州玉泉寺《けいしゅうぎょくせんじ》と申す処《ところ》にて、御《み》弟子《でし》・章安《しょうあん》大師に教え給《たも》う止観と申す文《ふみ》十巻あり。上《かみ》四帖《じょう》になお秘し給《たま》いて、ただ六即《ろくそく》・四種三昧《ししゅざんまい》等ばかりなり。五の巻《まき》に至って十境十乗《じっきょうじゅうじょう》・一念三千の法門を立て、「夫《そ》れ、一心に具《ぐ》す」等云々《うんぬん》。これより二百年の後《のち》に、妙楽《みょうらく》大師釈《しゃく》して云わく「当《まさ》に知るべし、身土《しんど》は一念の三千なり。故に、成道《じょうどう》の時、この本理《ほんり》に称《かな》って、一身一念法界《ほうかい》に遍《あまね》し」云々。この一念三千・一心三観の法門は、法華経の一の巻の十如是《じゅうにょぜ》より起これり。文《もん》の心は、百界千如・三千世間《さんぜんせけん》云々。

さて一心三観《いっしんさんがん》と申すは、余宗《よしゅう》は「如是《にょぜ》」とあそばす。これ僻事《ひがごと》にて二義かけ《欠》たり。天台《てんだい》・南岳《なんがく》の御《おん》義《ぎ》を知らざる故なり。されば、当宗《とうしゅう》には天台の所釈《しょしゃく》のごとく三遍《べん》読むに功徳《くどく》まさる《勝》。

第一に「是相如《ぜそうにょ》（この相は如なり）」と、相《そう》・性《しょう》・体《たい》・力《りき》以下《いげ》の十を「如」と云《い》う。「如」というは空《くう》の義なるが故に、十法界《じっぽうかい》、皆空諦《みなくうたい》なり。これを読み観《かん》ずる時は、我が身即《すなわ》ち報身如来《ほうしんにょらい》なり。八万四千または般若《はんにゃ》とも申す。第二に「如是相《にょぜそう》（かくのごとき相）」。これ我が身の色形《しきぎょう》に顕《あらわ》れたる相なり。これ皆仮《け》なり。相・性・体・力以下の十なれば、十法界皆仮諦《けたい》と申して仮の義なり。これを読み観ずる時は、我が身即ち応身《おうじん》如来なり。または解脱《げだつ》とも申す。第三に「相如是《そうにょぜ》（相は是に如す）」と云うは、中道《ちゅうどう》と申して仏の法身《ほっしん》の形なり。これを読み観ずる時は、我が身即ち法身如来なり。または中道とも法性《ほっしょう》とも涅槃《ねはん》とも寂滅《じゃくめつ》とも申す。

この三つを法《ほっ》・報《ぽう》・応《おう》の三身《さんじん》とも、空《くう》・仮《け》・中《ちゅう》の三諦《さんたい》とも、法身《ほっしん》・般若《はんにゃ》・解脱《げだつ》の三徳《さんとく》とも申す。この三身如来《さんじんにょらい》全《まった》く外《ほか》になし。我が身即《すなわ》ち三徳究竟《くきょう》の体《たい》にて、三身即一身《さんじんそくいっしん》の本覚《ほんがく》の仏なり。これをしる《知》を、如来とも聖人《しょうにん》とも悟《さと》りとも云《い》う。知らざるを、凡夫《ぼんぷ》とも衆生《しゅじょう》とも迷いとも申す。

十界《じっかい》の衆生《しゅじょう》、各《おのおの》互《たが》いに十界を具足《ぐそく》す。合《がっ》すれば百界《ひゃっかい》なり。百界に各々十如《おのおのじゅうにょ》を具《ぐ》すれば、千如なり。この千如是《せんにょぜ》に衆生世間《しゅじょうせけん》・国土《こくど》世間・五陰《ごおん》世間を具すれば、三千《さんぜん》なり。百界と顕《あらわ》れたる色相《しきそう》は、皆《みな》総じて仮《け》の義なれば、仮諦《けたい》の一なり。千如は、総じて空《くう》の義なれば、空諦《くうたい》の一なり。三千世間は、総じて法身《ほっしん》の義なれば、中道《ちゅうどう》の一なり。法門《ほうもん》多しといえども、ただ三諦《さんたい》なり。この三諦を、三身如来《さんじんにょらい》とも三《さん》徳究竟《とくくきょう》とも申すなり。

始めの三如是《さんにょぜ》は、本覚《ほんがく》の如来《にょらい》なり。終わりの七如是と一体にして無二無別なれば、「本末究竟等《ほんまつくきょうとう》」とは申すなり。「本」と申すは仏性《ぶっしょう》、「末」と申すは未顕《みけん》の仏、九界の名なり。「究竟等」と申すは、妙覚《みょうかく》究竟の如来と理即《りそく》の凡夫《ぼんぷ》なる我らと差別無きを、「究竟等」とも「平等大慧《びょうどうだいえ》の法華経」とも申すなり。

始めの三如是《さんにょぜ》は、本覚《ほんがく》の如来《にょらい》なり。本覚の如来を悟《さと》り出《い》だし給《たま》える妙覚《みょうかく》の仏なれば、我らは妙覚の父母なり。仏は我らが生むところの子なり。止《し》の一に云《い》わく「止は則《すなわ》ち仏の母、観《かん》は即《すなわ》ち仏の父なり」云々《うんぬん》。譬《たと》えば、人《ひと》十人あらんずるが、面々に蔵々《くらぐら》に宝をつみ《積》、我が蔵に宝のあることを知らず、かつえ《餓》死し、こごえ《凍》死す。あるいは一人、この中にかしこき《賢》人ありて、悟り出だすがごとし。九人は終《つい》に知らず。しかるに、あるいは教えられて食し、あるいはくくめられて《含》食するがごとし。弘《ぐ》の一に「止観《しかん》の二字は、正《まさ》しく聞体《もんたい》を示す」と。聞かざる者は、「本末究竟等《ほんまつくきょうとう》」もいたずらか。

子なれども、親にまさる《勝》こと多し。重華《ちょうか》はかたくな《頑》わしき父を敬って賢人《けんじん》の名を得たり。沛公《はいこう》は帝王と成って後《のち》も、その父を拝す。その敬われし父をば全《まった》く王といわず、敬いし子をば王と仰《あお》ぐがごとし。それ、仏は子なれども、賢《かしこ》くましまして悟《さと》り出《い》だし給《たま》えり。凡夫《ぼんぷ》は親なれども、愚癡《ぐち》にしていまだ悟らず。委《くわ》しき義を知らざる人、「毘盧《びる》の頂上をふむ《踏》」なんど悪口《あっく》す。大いなる僻事《ひがごと》なり。

一心三観《いっしんさんがん》に付いて、次第《しだい》の三観、不次第《ふしだい》の三観ということあり。委《くわ》しく申すに及《およ》ばず候《そうろう》。この三観を心得《こころえ》すまし《澄》成就《じょうじゅ》したるところを、華厳経《けごんぎょう》に「三界《さんがい》は、ただ一心なり」云々《うんぬん》。天台《てんだい》は「諸水、海に入《い》る」とのぶ《述》。仏と我らと総じて一切衆生《いっさいしゅじょう》、理性一《りしょういち》にてへだて《隔》なきを、平等大慧《びょうどうだいえ》と云《い》うなり。「平等」と書いては、「おしなべて」と読む。

この一心三観《いっしんさんがん》・一念三千《いちねんさんぜん》の法門《ほうもん》、諸経《しょきょう》にたえて《絶》これ無し。法華経に遇《あ》わざれば、いかでか成仏すべきや。余経《よきょう》には六界《ろっかい》・八界《はっかい》より十界《じっかい》を明かせども、さらに具《ぐ》を明かさず。法華経は念々《ねんねん》に一心三観・一念三千の謂《いわ》れを観《かん》ずれば、我が身本覚《ほんがく》の如来《にょらい》なること悟《さと》り出《い》だされ、無明《むみょう》の雲晴《は》れて法性《ほっしょう》の月明《あき》らかに、妄想《もうぞう》の夢醒《さ》めて本覚の月輪《げつりん》いさぎよく《潔》、父母の生むところの肉身、煩悩具縛《ぼんのうぐばく》の身、即《すなわ》ち本有常住《ほんぬじょうじゅう》の如来となるべし。これを即身成仏《そくしんじょうぶつ》とも、煩悩即菩提《ぼんのうそくぼだい》とも、生死即涅槃《しょうじそくねはん》とも申す。この時、法界《ほうかい》を照らし見れば、ことごとく中道《ちゅうどう》の一理にて、仏も衆生《しゅじょう》も一《いち》なり。されば、天台《てんだい》の所釈《しょしゃく》に「一色一香《いっしきいっこう》も中道にあらざることなし」と釈し給《たま》えり。この時は、十方世界皆寂光浄土《じっぽうせかいみなじゃっこうじょうど》にて、いずれの処《ところ》をか弥陀《みだ》・薬師《やくし》等の浄土とは云《い》わん。ここをもって法華経に「この法は法位《ほうい》に住《じゅう》して、世間《せけん》の相《そう》は常住なり」と説き給《たも》う。

さては経《きょう》をよまずとも心地《しんじ》の観念《かんねん》ばかりにて成仏すべきかと思いたれば、一念三千《いちねんさんぜん》の観念も一心三観《いっしんさんがん》の観法《かんぼう》も、妙法蓮華経の五字に納まれり。妙法蓮華経の五字は、また我らが一心に納まって候《そうら》いけり。天台《てんだい》の所釈《しょしゃく》に「この妙法蓮華経は本地甚深《ほんじじんじん》の奥蔵《おうぞう》、三世《さんぜ》の如来《にょらい》の証得《しょうとく》したもうところなり」と釈したり。さて、この妙法蓮華経を唱《とな》うる時、心中《しんちゅう》の本覚《ほんがく》の仏顕《あらわ》る。我らが身と心をば蔵《くら》に譬《たと》え、妙《みょう》の一字を印《いん》に譬えたり。天台の御釈《おんしゃく》に「秘密の奥蔵を発《ひら》く。これを称《しょう》して妙となす。権実《ごんじつ》の正軌《しょうき》を示す。故に号して法となす。久遠《くおん》の本果《ほんが》を指す。これを喩《たと》うるに蓮《はちす》をもってす。不二《ふに》の円道《えんどう》に会《え》す。これを譬うるに華《はな》をもってす。声、仏事《ぶつじ》をなす。これを称して経となす」と釈し給《たも》う。また「妙とは不可思議の法を褒美《ほうび》するなり。また妙とは十界《じっかい》・十如《じゅうにょ》・権実の法なり」云々《うんぬん》。

「経《きょう》の題目を唱《とな》うると観念《かんねん》と一《いち》なること、心得《こころえ》がたし」と愚癡《ぐち》の人は思い給《たも》うべし。されども、天《てん》台《だい》、止《し》の二に「而於説黙《におせつもく》」と云《い》えり。説とは経、黙とは観念なり。また、四教義《しきょうぎ》の一に云わく「ただ功《く》の唐捐《とうえん》ならざるのみにあらず、また能《よ》く理《り》に契《かな》うの要《よう》なるかな」云々《うんぬん》。天台大師《てんだいだいし》と申すは、薬王菩《やくおうぼ》薩《さつ》なり。この大師、「説而観而《せつにかんに》」と釈《しゃく》し給う。元より、天台の所釈《しょしゃく》に、因縁《いんねん》・約教《やっきょう》・本迹《ほんじゃく》・観心《かんじん》の四種の御釈《おんしゃく》あり。四種の重を知らずして一《ひと》しな《品》を見たる人、一向《いっこう》本迹をむね《旨》とし、一向観心を面《おもて》とす。

法華経に法《ほう》・譬《ひ》・因縁《いんねん》ということあり。法説《ほっせつ》の段に至って、諸仏出世《しょぶつしゅっせ》の本懐《ほんかい》、一切衆生成仏《いっさいしゅじょうじょうぶつ》の直道《じきどう》と定《さだ》む。我のみならず一切衆生直至道場《じきしどうじょう》の因縁なりと定め給《たま》いしは、題目なり。されば天台《てんだい》、玄《げん》の一に「衆善《しゅぜん》の小行《しょうぎょう》を会《え》して、広大の一乗《いちじょう》に帰《き》す」と。「広大」と申すは、残らず引導《いんどう》し給《たも》うを申すなり。たとい釈尊《しゃくそん》一人本懐と宣《の》べ給うとも等覚《とうがく》以下《いげ》は仰《あお》いでこの経を信ずべし。いわんや、諸仏出世の本懐なり。

禅宗《ぜんしゅう》は「観心《かんじん》を本懐《ほんかい》と仰《あお》ぐ」とあれども、それは四種の一面なり。一念三千《いちねんさんぜん》・一心三観《いっしんさんがん》等の観心ばかり法華経の肝心《かんじん》なるべくば、題目に十如是《じゅうにょぜ》を置くべきところに、題目に妙法蓮華経と置かれたる上は、子細に及《およ》ばず。また当世《とうせい》の禅宗は、「教外《きょうげ》に別伝す」と云《い》い給《たも》うかと思えば、また捨てられたる円覚経《えんがくきょう》等の文《もん》を引かるる上は、実経《じっきょう》の文において御綺《おんいろ》えに及ぶべからず候《そうろう》。智者《ちしゃ》は読誦《どくじゅ》に観念《かんねん》をも並ぶべし。愚者《ぐしゃ》は題目ばかりを唱《とな》うとも、この理《り》に会《かな》うべし。

この妙法蓮華経とは、我らが心性《しんしょう》、総じては一切衆生《いっさいしゅじょう》の心性、八葉《はちよう》の白蓮華《びゃくれんげ》の名なり。これを教え給《たも》う仏の御詞《みこと》なり。無始《むし》より以来《このかた》、我が身中の心性に迷って生死《しょうじ》を流転《るてん》せし身、今この経《きょう》に値《あ》い奉《たてまつ》って三身即一《さんじんそくいち》の本覚《ほんがく》の如来《にょらい》を唱《とな》うるに顕《あらわ》れて現世《げんぜ》にその内証成仏《ないしょうじょうぶつ》するを、即身成仏《そくしんじょうぶつ》と申す。死すれば光を放《はな》つ。これ外用《げゆう》の成仏と申す。「来世《らいせ》に作仏《さぶつ》することを得《え》ん」とは、これなり。

「略して経題《きょうだい》を挙《あ》ぐるに、玄《げん》に一部を収《おさ》む」とて、一遍《いっぺん》は一部なり云々《うんぬん》。妙法蓮華経と唱《とな》うる時、心性《しんしょう》の如来顕《にょらいあらわ》る。耳にふれし類《たぐ》いは、無量阿僧祇劫《むりょうあそうぎこう》の罪を滅《めっ》す。一念《いちねん》も随喜《ずいき》する時、即身成仏《そくしんじょうぶつ》す。たとい信ぜざれども、種《しゅ》と成り、熟《じゅく》と成り、必ずこれに依《よ》って成仏す。妙楽大師《みょうらくだいし》云《い》わく「もしは取《しゅ》、もしは捨《しゃ》、耳に経《へ》て縁《えん》と成り、あるいは順《じゅん》、あるいは違《い》、終《つい》にこれに因《よ》って脱《だっ》す」云々。日蓮云わく「もしは取、もしは捨、あるいは順、あるいは違」の文《もん》、肝《きも》に銘《めい》ずる詞《ことば》なり。法華経に「もし法を聞くことあらば」等と説かれたるは、これか。既《すで》に「聞くことあらば」と説かれたり。観念《かんねん》ばかりにて成仏すべくば、「もし法を観《かん》ずることあらば」と説かるべし。ただ天台《てんだい》の御料簡《ごりょうけん》に十如是《じゅうにょぜ》と云うは十界《じっかい》なり。この十界は、一念より事《こと》起こり十界の衆生《しゅじょう》は出《い》で来《きた》りけり。この十如是というは、妙法蓮華経にてありけり。

この娑婆《しゃば》世界《せかい》は耳根得道《にこんとくどう》の国なり。以前に申すごとく、「当《まさ》に知るべし、身土《しんど》」云々《うんぬん》。一切衆生《いっさいしゅじょう》の身に百界千如《ひゃっかいせんにょ》・三千世間《さんぜんせけん》を納《おさ》むる謂《いわ》れを明かすが故に、これを耳に触《ふ》るる一切衆生は功徳《くどく》を得《う》る衆生なり。一切衆生と申すは、草木《そうもく》・瓦礫《がりゃく》も一切衆生の内なるか〈有情《うじょう》・非情《ひじょう》〉。そもそも草木は何《なん》ぞ。金錍《こんぺい》論《ろん》に云《い》わく「一草《そう》・一木《もく》・一礫《りゃく》・一塵《じん》、各《おのおの》一仏性《ぶっしょう》、各一因果《いんが》あり。縁《えん》・了《りょう》を具足《ぐそく》す」等云々。法師品《ほっしほん》の始めに云わく「無量の諸天《しょてん》・竜王《りゅうおう》・夜叉《やしゃ》・乾闥婆《けんだっば》・阿修羅《あしゅら》・迦楼羅《かるら》・緊那羅《きんなら》・摩睺羅伽《まごらが》、人《にん》と非人《ひにん》、および比丘《びく》・比丘尼《びくに》、妙法華経《みょうほけきょう》の一偈《げ》一句を聞いて、乃至一念《ないしいちねん》も随喜《ずいき》せば、我は皆《みな》ために阿耨多羅三藐《あのくたらさんみゃく》三菩提《さんぼだい》の記を授《さず》く」云々。非人とは、総じて人界《にんかい》の外《ほか》、一切有情界《うじょうかい》とて心あるものなり。いわんや人界をや。

法華経の行者《ぎょうじゃ》は、如説修行《にょせつしゅぎょう》せば、必ず一生の中《うち》に一人も残らず成仏すべし。譬《たと》えば、春夏、田を作るに、早《わせ》・晩《おくて》あれども、一年の中には必ずこれを納《おさ》む。法華《ほっけ》の行者も、上《じょう》・中《ちゅう》・下根《げこん》あれども、必ず一生の中に証得《しょうとく》す。玄《げん》の一に云《い》わく「上・中・下根、皆記別《みなきべつ》を与《あた》う」云々《うんぬん》。

観心《かんじん》ばかりにて成仏せんと思う人は、一方かけ《欠》たる人なり。いわんや、教外別伝《きょうげべつでん》の坐禅《ざぜん》をや。法師《ほっし》品《ほん》に云《い》わく「薬王《やくおう》よ。多く人有って在家《ざいけ》・出家《しゅっけ》にて菩薩《ぼさつ》の道《どう》を行《ぎょう》ぜんに、もしこの法華経を見《けん》・聞《もん》・読《どく》・誦《じゅ》・書《しょ》・持《じ》・供養《くよう》することを得《う》ること能《あた》わずんば、当《まさ》に知るべし、この人はいまだ善《よ》く菩薩の道を行ぜず。もしこの経典《きょうてん》を聞くことを得ることあらば、乃《すなわ》ちよく菩薩の道を行ず」云々《うんぬん》。観心ばかりにて成仏すべくんば、いかでか「見・聞・読・誦」と云わんや。この経《きょう》は専《もっぱ》ら「聞」をもって本《ほん》となす。

およそこの経《きょう》は、悪人・女人《にょにん》・二乗《にじょう》・闡提《せんだい》を簡《きら》わず。故に、「皆成仏道《かいじょうぶつどう》」とも云《い》い、また「平等大《びょうどうだい》慧《え》」とも云う。善悪不二《ふに》・邪正一如《じゃしょういちにょ》と聞くところに、やがて内証成仏《ないしょうじょうぶつ》す。故に、即身成仏《そくしんじょうぶつ》と申す。一生に証得《しょうとく》するが故に、一生妙覚《いっしょうみょうかく》と云う。義を知らざる人なれども、唱《とな》うれば、ただ仏と仏とのみ悦《よろこ》び給《たも》う。「我は即《すなわ》ち歓喜《かんぎ》す。諸仏《しょぶつ》もまたしかなり」云々《うんぬん》。百千合わせたる薬も口にのま《飲》ざれば病《やまい》愈《い》えず、蔵《くら》に宝を持《も》てども開くことをしら《知》ずしてかつえ《飢》、懐《ふところ》に薬を持っても飲まんことをしら《知》ずして死するがごとし。如意宝珠《にょいほうしゅ》という玉《たま》は、五百弟子品《ごひゃくでしほん》のこの経の徳もまたかくのごとし。

観心《かんじん》を並べて読めば申すに及《およ》ばず。観念《かんねん》せずといえども、始めに申しつるごとく「所謂諸法如是相《しょいしょほうにょぜそう》如云々《にょうんぬん》」と読む時は、如は空《くう》の義なれば、我が身の先業《せんごう》にうく《受》るところの相《そう》・性《しょう》・体《たい》・力《りき》、その具《ぐ》するところの八十八使《し》の見惑《けんわく》、八十一品《ぼん》の思惑《しわく》、その空は報身如来《ほうしんにょらい》なり。「所謂諸法如是相云々」とよめ《読》ば、これ仮《け》の義なれば、我がこの身、先業によって受けたる相・性・体・力云々。その具したる塵沙《じんじゃ》の惑ことごとく即身応身《そくしんおうじん》如来なり。「所謂諸法如是」と読む時は、これ中道《ちゅうどう》の義に順じて、業《ごう》によって受《う》くるところの相・性等云々。それに随《したが》いたる無明皆退《むみょうみなしりぞ》いて、即身法身《ほっしん》の如来と心を開く。この十如《じゅうにょ》是《ぜ》、三転によま《読》るること、三身即一身《さんじんそくいっしん》・一身即三身の義なり。三つに分かるれども一つなり。一つに定まれども三つなり。

(021)

十法界事《じっぽうかいじ》

正元《しょうげん》元年（'59）38歳

二乗《にじょう》、三界《さんがい》を出《い》でざれば、即《すなわ》ち十法界《じっぽうかい》の数量を失う云々《うんぬん》。

問う。十界互具《じっかいごぐ》を知らざる者、六道流転《ろくどうるてん》の分段《ぶんだん》の生死《しょうじ》を出離《しゅつり》して、変易《へんにゃく》の土《ど》に生《しょう》ずべきか。

答う。二乗《にじょう》は既《すで》に見思《けんじ》を断じ、三界《さんがい》の生因《しょういん》無し。底《なに》に由《よ》ってか界内《かいない》の土《ど》に生《しょう》ずることを得《え》ん。この故に、二乗永《なが》く六道《ろくどう》に生ぜず。故に、玄《げん》の第二に云《い》わく「夫《そ》れ、変易《へんにゃく》に生ずるに、則《すなわ》ち三種有り。三《さん》蔵《ぞう》の二乗、通教《つうぎょう》の三乗《さんじょう》、別教《べっきょう》の三十心《さんじっしん》なり」已上《いじょう》。かくのごとき等の人は、皆《みな》、通惑《つうわく》を断じ、変易の土に生ずることを得て、界内の分段《ぶんだん》の不浄《ふじょう》の国土に生ぜず。

難《なん》じて云《い》わく、小乗《しょうじょう》の教えは、ただこれ心生《しんしょう》の六道《ろくどう》を談ずるのみにして、これ心具《しんぐ》の六界《ろっかい》を談ずるにあらず。この故に、二乗《にじょう》は六界を顕《あらわ》さず、心具を談ぜず。いかんぞ、ただ六界の見思《けんじ》を断ずるのみにして六道を出《い》ずべきや。故に、寿量品《じゅりょうほん》に「一切世間《いっさいせけん》の天《てん》・人《にん》・阿修羅《あしゅら》」と云うは、爾前《にぜん》・迹門《しゃくもん》両教の二乗、三教《さんぎょう》の菩薩《ぼさつ》、ならびに五時《ごじ》の円人《えんにん》を皆《みな》「天・人・修羅」と云う。あに未断見思《みだんけんじ》の人と云うにあらずや。

答う。十界互具《じっかいごぐ》とは、法華《ほっけ》の淵底《えんでい》、この宗《しゅう》の沖微《ちゅうび》なり。四十余年の諸経《しょきょう》の中には、これを秘して伝えず。ただし、四十余年の諸《もろもろ》の経教《きょうぎょう》の中に、無数の凡夫《ぼんぷ》、見思《けんじ》を断じて無漏《むろ》の果《か》を得《え》、能《よ》く二種の涅槃《ねはん》の無為《むい》を証《しょう》し、塵数《じんじゅ》の菩薩《ぼさつ》、通《つう》・別《べつ》の惑《わく》を断じ、頓《とみ》に二種の生死《しょうじ》の縛《ばく》を超《こ》ゆ。無量義経《むりょうぎきょう》の中に四十余年の諸経を挙げて「いまだ真実を顕《あらわ》さず」と説くといえども、しかもなお爾前《にぜん》の三乗《さんじょう》の益《やく》を許す。法華の中において「正直《しょうじき》に方便《ほうべん》を捨《す》つ」と説くといえども、なお「諸の菩薩の記《き》を授《さず》かって作仏《さぶつ》するを見る」と説く。かくのごとき等の文《もん》、爾前の説において当分《とうぶん》の益を許すにあらずや。

ただし、爾前《にぜん》の諸経《しょきょう》に二事を説かず。謂《い》わく、実の円仏《えんぶつ》無く、また久遠実成《くおんじつじょう》を説かず。故に、等覚《とうがく》の菩薩《ぼさつ》に至るまで近成《ごんじょう》を執《しゅう》する思い有り。この一辺において、天《てん》・人《にん》と同じく能迷《のうめい》の門を挙げ、生《しょう》死《じ》・煩悩《ぼんのう》一時《いちじ》に断壊《だんえ》することを証《しょう》せず。故に、ただ「いまだ真実を顕《あらわ》さず」とのみ説けり。六界《ろっかい》の互《ご》具《ぐ》を明かさざるが故に出《い》ずべからずとは、この難はなはだ不可なり。六界互具せば、即《すなわ》ち十界《じっかい》互具すべし。何となれば、権果《ごんか》の心生《しんしょう》とは、六凡《ろくぼん》の差別なり。心生を観《かん》ずるに、何《なん》ぞ四聖《ししょう》の高下《こうげ》無からんや。

第三重の難に云《い》わく、立つるところの義、誠《まこと》に道理有るに似たれども、委《くわ》しく一代聖教《いちだいしょうぎょう》の前後を撿《かんが》うるに、法華本門《ほっけほんもん》ならびに観心《かんじん》の智慧《ちえ》を起こさざれば、円仏《えんぶつ》と成らず。故に、実《じつ》の凡夫《ぼんぷ》にして、権果《ごんか》をも得ず。所以《ゆえん》は、彼《か》の外道《げどう》、五天竺《ごてんじく》に出《い》でて四顛倒《してんどう》を立つ。如来《にょらい》世に出でて、四顛倒を破《は》せんがために、苦《く》・空《くう》等を説く。これ則《すなわ》ち外道の迷情《めいじょう》を破せんがためなり。この故に、外道の我見《がけん》を破して無我《むが》に住《じゅう》するは、火を捨ててもって水に随《したが》うがごとし。堅《かた》く無我を執《しゅう》して、見思《けんじ》を断じ六道《ろくどう》を出ずると謂《おも》えるは、これ迷いの根本なり。故に、色心倶滅《しきしんくめつ》の見《けん》に住す。大集《だいじゅう》等の経々《きょうぎょう》に「断《だん》・常《じょう》の二見」と説くは、これなり。例せば、有漏《うろ》外道の自《みずか》らは得道《とくどう》すと念《おも》えども、無漏智《むろち》に望《のぞ》めば、いまだ三界《さんがい》を出でざるがごとし。仏教に値《あ》わずして三界を出ずるといわば、この処《ことわり》有ることなし。

小乗《しょうじょう》の二乗《にじょう》もまたまたかくのごとし。鹿苑施小《ろくおんせしょう》の時、外道《げどう》の我《が》を離《はな》れて、無我《むが》の見《けん》に住《じゅう》す。この情《じょう》を改めずして四十余年、草庵《そうあん》に止宿《ししゅく》するの思い、しばらくも離るる時無し。また大乗《だいじょう》の菩薩《ぼさつ》において、心生《しんしょう》の十界《じっかい》を談ずといえども、しかも心具《しんぐ》の十界を論ぜず。またある時は、九界の色心《しきしん》を断じ尽《つ》くして、仏界《ぶっかい》の一理に進む。この故に自《みずか》ら念《おも》わく「三惑《さんわく》を断じ尽くして変易《へんにゃく》の生《しょう》を離れ、応《まさ》に寂光《じゃっこう》に生ずべし」。しかるに、九界を滅《めっ》すれば、これ則《すなわ》ち断見《だんけん》なり。進んで仏界に昇《のぼ》れば、即《すなわ》ち常見《じょうけん》となす。九界の色心の常住《じょうじゅう》を滅せんと欲《おも》うは、あに九法界《くほうかい》に迷惑《めいわく》するにあらずや。

また妙楽大師《みょうらくだいし》云《い》わく「ただ心を観《かん》ずと言うのみならば、則《すなわ》ち理《り》に称《かな》わず」文《もん》。この釈《しゃく》の意は、小乗《しょうじょう》の観心《かんじん》は小乗の理に称わざるのみ。また天台《てんだい》、文句《もんぐ》の第九に云わく「七方便《しちほうべん》は、ならびに究竟《くきょう》の滅《めつ》にあらず」已上《いじょう》。この釈は、これ爾前《にぜん》の前の三教《さんぎょう》の菩薩《ぼさつ》も実《じつ》には成仏せずと云えるなり。

ただし、「いまだ真実を顕《あらわ》さず」と説くといえども三乗《さんじょう》の得道《とくどう》を許し、「正直《しょうじき》に方便《ほうべん》を捨《す》つ」と説くといえどもしかも「諸《もろもろ》の菩薩《ぼさつ》の記《き》を授《さず》かって作仏《さぶつ》するを見る」と云《い》うは、天台宗《てんだいしゅう》において三種の教《きょう》相《そう》有り。第二の化導《けどう》の始終《しじゅう》の時、過去世《かこせ》において法華結縁《ほっけけちえん》の輩《やから》有り。爾前《にぜん》の中においてしばらく法華のために三乗当分《とうぶん》の得道を許す。いわゆる種《しゅ》・熟《じゅく》・脱《だつ》の中の熟益《じゅくやく》の位なり。これはなお迹門《しゃくもん》の説なり。本門《ほんもん》・観心《かんじん》の時は、これ実義にあらず、一往《いちおう》許すのみ。その実義を論ずれば、如来久遠《にょらいくおん》の本《ほん》に迷い一《いち》念三千《ねんさんぜん》を知らざれば、永く六道《ろくどう》の流転《るてん》を出《い》ずべからず。故に、釈《しゃく》に云わく「円乗《えんじょう》の外《ほか》を名づけて外道《げどう》となす」文《もん》。また「諸の善男子《ぜんなんし》よ。小法《しょうぼう》を楽《ねが》える徳薄《とくはく》・垢重《くじゅう》の者」と説く。もししからば、経釈《きょうしゃく》共に道理《どうり》必然なり。

答う。執難《しゅうなん》有りといえども、その義は不可なり。所以《ゆえん》は、如来《にょらい》の説教は機《き》に備《そな》わって虚《むな》しからず。ここをもって、頓《とん》等の四教《しきょう》、蔵《ぞう》等の四教は、八機《はっき》のために設《もう》くるところにして、得益《とくやく》無きにあらず。故に、無量義経《むりょうぎきょう》には「この故に衆生《しゅじょう》は得道《とくどう》差別す」と説く。誠《まこと》に知んぬ、「終《つい》に無上菩提《むじょうぼだい》を成《じょう》ずることを得ず」と説くといえども、しかも三法四果《さんぼうしか》の益《やく》無きにあらず。ただこれ速疾頓成《そくしつとんじょう》と歴劫迂回《りゃっこううえ》との異《い》なるのみ。これ一向《いっこう》に得道無きにあらざるなり。

この故に、あるいは三明六通《さんみょうろくつう》も有り。あるいは普現色身《ふげんしきしん》の菩薩《ぼさつ》も有り。たとい、一心三観《いっしんさんがん》を修《しゅ》して、もって同体の三惑《さんわく》を断ぜずとも、既《すで》に析智《しゃくち》をもって見思《けんじ》を断ず。何《なん》ぞ二十五有《う》を出《い》でざらん。この故に、解釈《げしゃく》に云《い》わく「もし衆生《しゅじょう》に遇《あ》って小乗《しょうじょう》を修せしめば、我は則《すなわ》ち慳貪《けんどん》に堕《だ》せん。この事《じ》は不可となす。ただ二十五有を出ずるのみ」已上《いじょう》。当《まさ》に知るべし、「この事は不可となす」と説くといえども、しかも出界《しゅっかい》有り。ただこれ不思議の空《くう》を観《かん》ぜざるが故に不思議の空智《くうち》を顕《あらわ》さずといえども、何ぞ小分の空《くう》解《げ》を起こさざらん。もし空智をもって見思を断ぜずと云わば、開善《かいぜん》の無声聞《むしょうもん》の義に同ずるにあらずや。

いわんや、今経《こんきょう》は正直捨権《しょうじきしゃごん》・純円一実《じゅんえんいちじつ》の説なり。諸《もろもろ》の爾前《にぜん》の声聞《しょうもん》の得益《とくやく》を挙げて、「諸の漏《ろ》すでに尽《つ》き、また煩悩《ぼんのう》無し」と説き、また「実《じつ》に阿羅漢《あらかん》を得て、もしこの法を信ぜずんば、この処《ことわり》有ることなけん」と云《い》い、また「三百由旬《ゆじゅん》を過ぎ、一城を化作《けさ》す」と説く。もし諸の声聞全《まった》く凡夫《ぼんぷ》に同ぜば、五百由旬《ゆじゅん》一歩も行くべからず。また云《い》わく「自《みずか》ら得《う》るところの功徳《くどく》において、滅度《めつど》の想《おも》いを生《しょう》じて、当《まさ》に涅槃《ねはん》に入《い》るべし。我は余国において作仏《さぶつ》して、さらに異名《いみょう》有らん。この人は滅度の想いを生じて、涅槃に入るといえども、彼《か》の土《ど》において、仏の智慧《ちえ》を求め、この経《きょう》を聞くことを得《え》ん」已上《いじょう》。この文《もん》、既《すで》に証果《しょうか》の羅漢《らかん》、法華《ほっけ》の座に来《きた》らずして無余《むよ》涅槃に入り、方便土《ほうべんど》に生じて法華を説くを聞くと見えたり。もししからば、既《すで》に方便土に生じて、何《なん》ぞ見思《けんじ》を断ぜざらん。この故に、天台《てんだい》・妙楽《みょうらく》も「彼の土に聞くことを得ん」と釈《しゃく》す。また爾前《にぜん》の菩薩《ぼさつ》において、「始め我が身を見、我が説くところを聞き、即《すなわ》ち皆《みな》信受して、如来《にょらい》の慧《え》に入りき」と説く。故に知んぬ、爾前の諸《もろもろ》の菩薩、三惑《さんわく》を断除《だんじょ》して仏慧《ぶつえ》に入ることを。故に、解釈《げしゃく》に云わく「初後《しょご》の仏慧、円頓《えんどん》の義は斉《ひと》し」已上。あるいは云わく「故に、始終《しじゅう》を挙《あ》ぐるに、意は仏慧に在り」。もし、これらの説相《せっそう》、経釈《きょうしゃく》共に非義《ひぎ》ならば、「正直《しょうじき》に権《ごん》を捨《す》つ」の説、「ただ一大事《いちだいじ》をもって」の文《もん》、「妙法華経《みょうほけきょう》は、皆《みな》これ真実なり」の証誠《しょうじょう》、皆もって無益《むやく》なり。「皆これ真実なり」の言《みこと》は、あに一部八巻に亘《わた》るにあらずや。釈迦《しゃか》・多宝《たほう》・十方分身《じっぽうふんじん》の「舌相《ぜっそう》は梵天《ぼんてん》に至る」の神力《じんりき》、三世諸仏《さんぜしょぶつ》の誠諦不虚《じょうたいふこ》の証誠、空《むな》しく泡沫《ほうまつ》に同ぜん。

ただし、小乗《しょうじょう》の断常《だんじょう》の二見《けん》に至っては、しばらく大乗《だいじょう》に対して小乗をもって外道《げどう》に同ず。小益《しょうやく》無きにあらざるなり。また「七方便《しちほうべん》は、ならびに究竟《くきょう》の滅《めつ》にあらず」の釈《しゃく》、あるいはまた「ただ心を観《かん》ずと言うのみならば、則《すなわ》ち理《り》に称《かな》わず」とは、またこれ円実《えんじつ》の大益《だいやく》に対して七方便の益を下《くだ》して、「ならびに究竟の滅にあらず」「即《すなわ》ち理に称わず」と釈するなり。

第四重の難に云《い》わく、法華本門《ほっけほんもん》の観心《かんじん》の意をもって一代聖教《いちだいしょうぎょう》を按《あん》ずるに、菴羅果《あんらか》を取って掌中《しょうちゅう》に捧《ささ》ぐるがごとし。所以《ゆえん》はいかん。迹門《しゃくもん》の大教《だいきょう》起これば爾前《にぜん》の大教亡《ぼう》じ、本門の大教起これば迹門・爾前亡じ、観心の大教起これば本迹《ほんじゃく》・爾前共《とも》に亡ず。これはこれ如来《にょらい》の説くところの聖教、浅きより深きに至って次第《しだい》に迷いを転ずるなり。

しかれども、如来《にょらい》の説は一人のためにせず。この大道《だいどう》を説いて迷情《めいじょう》除かずんば、生死《しょうじ》出《い》で難《がた》し。もし爾前《にぜん》の中に八教《はっきょう》有りとは、頓《とん》は則《すなわ》ち華厳《けごん》、漸《ぜん》は則ち三味《さんみ》、秘密と不定《ふじょう》とは前四味《ぜんしみ》に亘《わた》る。蔵《ぞう》は則ち阿含《あごん》・方等《ほうどう》に亘る。通《つう》はこれ方等・般若《はんにゃ》、円《えん》・別《べつ》はこれ則ち前四味の中に鹿苑《ろくおん》の説を除く。かくのごとく八機《はっき》各々《おのおの》不同なれば、教説もまた異《こと》なり。四教《しきょう》の教主《きょうしゅ》またこれ不同なれば、当教の機根《きこん》、余仏を知らず。故に、解釈《げしゃく》に云《い》わく「各々《おのおの》仏独《ひと》りその前に在《ましま》すと見る」已上《いじょう》。

人天《にんてん》は五戒十善《ごかいじゅうぜん》、二乗《にじょう》は四諦《したい》・十二《じゅうに》、菩薩《ぼさつ》は六度《ろくど》にして三祇百劫《さんぎひゃっこう》あるいは動逾塵劫《どうゆじんごう》あるいは無量阿僧祇劫《むりょうあそうぎこう》、円教《えんぎょう》の菩薩は「初発心《しょほっしん》の時、便《すなわ》ち正覚《しょうがく》を成《じょう》ず」。明らかに知んぬ、機根《きこん》別《べつ》なるが故に、説教もまた別なり。教え別なるが故に、行《ぎょう》もまた別なり。行別なるが故に、得果《とっか》も別なり。これ則《すなわ》ち各《おのおの》別の得益《とくやく》にして不同なり。しかるに、今、法華方便品《ほっけほうべんぽん》に「衆生《しゅじょう》をして仏知見《ぶっちけん》を開かしめんと欲《ほっ》す」と説きたもう。その時、八機《はっき》ならびに悪趣《あくしゅ》の衆生、ことごとく皆《みな》同じく釈迦如来《しゃかにょらい》と成り、互《たが》いに五眼《ごげん》を具《ぐ》し、一界に十界《じっかい》を具し、十界に百界を具せり。

この時、爾前《にぜん》の諸経《しょきょう》を思惟《しゆい》するに、諸経の諸仏《しょぶつ》は自界《じかい》の二乗《にじょう》を、二乗もまた菩薩界《ぼさつかい》を具《ぐ》せず。三界《さんがい》の人天《にんてん》のごときは、成仏の望《のぞ》み絶えて、二乗・菩薩の断惑即《だんわくすなわ》ちこれ自身の断惑なりと知らず。三乗《さんじょう》・四乗《しじょう》の智慧《ちえ》は四悪趣《しあくしゅ》を脱《のが》るるに似たりといえども、互《たが》いに界々《かいがい》を隔《へだ》つ。しかも皆《みな》これ一体なり。昔の経《きょう》は、二乗はただ自界の見思《けんじ》を断除《だんじょ》すると思って、六界《ろっかい》の見思を断ずることを知らず。菩薩もまたかくのごとし。自界の三惑《さんわく》を断じ尽《つ》くさんと欲《ほっ》すといえども、六界・二乗の三惑を断ずることを知らず。真実に証《しょう》する時は、一衆生《しゅじょう》即ち十衆生、十衆生即ち一衆生なり。もし六界の見思を断ぜずんば、二乗の見思を断ずべからず。

かくのごとく説くといえども、迹門《しゃくもん》はただ九界の情を改め十界互具《じっかいごぐ》を明かすが故に、即《すなわ》ち円仏《えんぶつ》と成るなり。爾前当分《にぜんとうぶん》の益《やく》を嫌《きら》うことなきが故に、「三界《さんがい》の諸《もろもろ》の漏《ろ》すでに尽《つ》き」「三百由旬《ゆじゅん》を過ぎ」「始め我が身を見る」と説けり。

また爾前入滅《にぜんにゅうめつ》の二乗《にじょう》は、実《じつ》には見思《けんじ》を断ぜず、故に、六界《ろっかい》を出《い》でずといえども、迹門《しゃくもん》は二乗作仏《にじょうさぶつ》が本懐《ほんかい》なり。故に「彼《か》の土《ど》において、この経《きょう》を聞くことを得《え》ん」と説く。既《すで》に「彼の土に聞くことを得ん」と云《い》う。故に知んぬ、爾前の諸経《しょきょう》には方便土《ほうべんど》無し。故に、実には実報《じっぽう》ならびに常寂光《じょうじゃっこう》も無し。菩《ぼ》薩《さつ》の成仏を明かさんが故に、実報・寂光を仮立《けりゅう》す。しかれども、菩薩に二乗を具《ぐ》す。二乗成仏せずんば、菩薩も成仏すべからざるなり。衆生無辺誓願度《しゅじょうむへんせいがんど》も満《まん》ぜず、二乗の沈空尽滅《ちんぐうじんめつ》は、即《すなわ》ちこれ菩薩の沈空尽滅なり。凡夫《ぼんぷ》、六道《ろくどう》を出でざれば、二乗も六道を出ずべからず。なお下劣《げれつ》の方便土を明かさず。いわんや、勝《すぐ》れたる実報・寂光を明かさんや。実に見思を断ぜば、何《なん》ぞ方便を明かさざらん。菩薩、実に実報・寂光に至らば、何ぞ方便土に至ること無からん。ただ「無明《むみょう》を断ず」と云うが故に、仮に実報・寂光を立つといえども、上《かみ》の二土無きが故に、同居《どうご》の中において影現《ようげん》の実報・寂光を仮立す。しかるに、この「三百由旬《ゆじゅん》」は、実には三界《さんがい》を出ずることなし。

迹門《しゃくもん》にはただこれ始覚《しかく》の十界互具《じっかいごぐ》を説いて、いまだ必ずしも本覚本有《ほんがくほんぬ》の十界互具を明かさず。故に、所化《しょけ》の大衆《だいしゅ》、能化《のうけ》の円仏《えんぶつ》、皆《みな》これことごとく始覚なり。もししからば、本無今有《ほんむこんぬ》の失《とが》何《なん》ぞ免《まぬか》るることを得《え》んや。当《まさ》に知るべし、四教《しきょう》の四仏則《すなわ》ち円仏と成るは、しばらく迹門の所談なり。この故に無始《むし》の本仏を知らず。故に無始無終《むしむしゅう》の義欠《か》けて具足《ぐそく》せず。また無始の色心常住《しきしんじょうじゅう》の義《ぎ》無し。ただし「この法は法位《ほうい》に住《じゅう》して」と説くことは、未来《みらい》常住にして、これ過去常《かこじょう》にあらざるなり。本有の十界互具を顕《あらわ》さざれば、本有の大乗菩薩界《だいじょうぼさつかい》無きなり。故に知んぬ、迹門の二乗《にじょう》はいまだ見思《けんじ》を断ぜず、迹門の菩薩はいまだ無明《むみょう》を断ぜず、六道《ろくどう》の凡夫《ぼんぷ》は本有の六界《ろっかい》に住せざれば、有名無実《うみょうむじつ》なり。

故に、涌出品《ゆじゅっぽん》に至って爾前《にぜん》・迹門《しゃくもん》の無明《むみょう》を断ぜる菩薩《ぼさつ》を、「五十小劫《ごじっしょうこう》、半日のごとしと謂《おも》わしむ」と説く。これ則《すなわ》ち寿量品《じゅりょうほん》の久遠円仏《くおんえんぶつ》の非長非短《ひちょうひたん》にして不二《ふに》の義に迷うが故なり。爾前・迹門の断惑《だんわく》とは、外道《げどう》の有漏断《うろだん》の退すれば起こるがごとし。いまだ久遠《くおん》を知らざるをもって惑者《わくしゃ》の本《もと》となすなり。故に、四十一品断《ぼんだん》の弥勒《みろく》は、本門立行《ほんもんりゅうぎょう》の発起《ほっき》・影響《ようごう》・当機《とうき》・結縁《けちえん》の地涌千界《じゆせんがい》の衆《しゅ》を知らず。既《すで》に一分《いちぶん》の無始《むし》の無明を断じて十界《じっかい》の一分《いちぶん》の無始の法性《ほっしょう》を得《う》れば、何《なん》ぞ等覚《とうがく》の菩薩を知らざらん。たとい等覚の菩薩を知らざるも、いかでか当機・結縁の衆を知らざらん。「いまし一人をも識《し》らず」の文《もん》は、最も「いまだ三惑《さんわく》をも断ぜず」の故か。ここをもって、本門に至っては則ち爾前・迹門において随他意《ずいたい》の釈《しゃく》を加え、また天《てん》・人《にん》・修羅《しゅら》に摂《おさ》め、「五欲《ごよく》に貪著《とんじゃく》す」「妄見《もうけん》の網《あみ》の中に」「凡夫《ぼんぷ》は顛倒《てんどう》せるがために」と説き、釈の文《もん》には「我、道場に坐《ざ》して一法をも得ず」と云《い》う。蔵《ぞう》・通《つう》両仏の見思断《けんじだん》も別《べつ》・円《えん》二仏の無明断《むみょうだん》も、ならびに皆《みな》、見思・無明を断ぜず。故に随他意と云う。所化《しょけ》の衆生《しゅじょう》、三惑を断ずと謂《おも》えるは、これ実《じつ》の断にあらず。

答えの文《もん》に「開善《かいぜん》の無声聞《むしょうもん》の義に同ず」とは、汝《なんじ》もまた光宅《こうたく》の有声聞《うしょうもん》の義に同ずるか。天台《てんだい》は有無《うむ》共に破《は》すなり。開善は爾前《にぜん》において無声聞と判じ、光宅は法華《ほっけ》において有声聞と判ず。故に有無共に難有り。天台は「爾前には則《すなわ》ち有り、今経《こんきょう》には則ち無し。所化《しょけ》の執情《しゅうじょう》には則ち有り、長者《ちょうじゃ》の見《けん》には則ち無し」。かくのごときの破《は》の文、皆《みな》これ爾前・迹門相対《しゃくもんそうたい》の釈《しゃく》にて、有無共に今の難にはあらざるなり。ただし、「七方便《しちほうべん》は、ならびに究竟《くきょう》の滅《めつ》にあらず」また「ただ心を観《かん》ずと言うのみならば、則《すなわ》ち理《り》に称《かな》わず」との釈《しゃく》は、円益《えんやく》に対し当分《とうぶん》の益を下《くだ》して「ならびに究竟の滅にあらず」「即《すなわ》ち理に称わず」と云《い》うなりといわば、金錍論《こんぺいろん》の「ひとえに清浄《しょうじょう》の真如《しんにょ》を指すは、なお小《しょう》の真《しん》を失えり。仏性《ぶっしょう》いずくんぞ在らん」という釈をば、いかんが会《え》すべき。ただし、この「なお小の真を失えり」の釈は常には出《い》だすべからず。最も秘蔵すべし。

ただし、「妙法蓮華経は、皆《みな》これ真実なり」の文《もん》をもって、迹門《しゃくもん》において爾前《にぜん》の得道《とくどう》を許すが故に爾前得道の義《ぎ》有りというは、これはこれ迹門を爾前に対して真実と説くか。しかもいまだ久遠実成《くおんじつじょう》を顕《あらわ》さず。これ則《すなわ》ち彼《か》の「いまだ真実を顕さず」の分域《ぶんいき》なり。ゆえに、無量義経《むりょうぎきょう》に大荘厳《だいしょうごん》等の菩薩《ぼさつ》の四十余年の得益《とくやく》を挙《あ》ぐるを、仏答えたもうに、「いまだ真実を顕さず」の言《みこと》をもってす。また涌出品《ゆじゅっぽん》の中に弥勒《みろく》疑って云《い》わく「如来《にょらい》は太子たりし時、釈《しゃく》の宮《みや》を出《い》でて、伽耶城《がやじょう》を去ること遠からず乃至《ないし》四十余年を過ぎたり」已上《いじょう》。仏答えて云《のたま》わく「一切世間《いっさいせけん》の天《てん》・人《にん》および阿修羅《あしゅら》は、皆、今の釈迦牟尼仏《しゃかむにぶつ》は釈《しゃく》氏《し》の宮を出でて、伽耶城を去ること遠からず、三菩提《さんぼだい》を得たまえりと謂《おも》えり。我は実《じつ》に成仏してより以《この》来《かた》」已上。「我は実に成仏してより」とは、寿量品《じゅりょうほん》已前《いぜん》を「いまだ真実を顕さず」と云うにあらずや。

この故に、記《き》の九に云《い》わく「『昔の七方便《しちほうべん》』より『誠諦《じょうたい》』に至るまでは、七方便の権《ごん》と言うは、しばらく昔の権に寄《よ》す。もし果門《かもん》に対せば、権実《ごんじつ》ともにこれ随他意《ずいたい》なり」已上《いじょう》。この釈《しゃく》は明らかに知んぬ、迹門《しゃくもん》をもなお随他意と云うなり。

寿量品《じゅりょうほん》の「皆実《みなじつ》にして虚《むな》しからず」を、天台釈《てんだいしゃく》して云《い》わく「円頓《えんどん》の衆生《しゅじょう》に約せば、迹本《しゃくほん》二門において一実一虚《いちじついっこ》なり」已上《いじょう》。記《き》の九に云わく「故に知んぬ、迹《しゃく》の実は本《ほん》においてなお虚《こ》なることを」已上。迹門既《しゃくもんすで》に虚なること、論に及《およ》ぶべからず。

ただし、「皆《みな》これ真実なり」とは、もし本門《ほんもん》に望《のぞ》むれば迹《しゃく》はこれ虚《こ》なりといえども、一座の内において虚実《こじつ》を論ずるが故に、本迹《ほんじゃく》両門ともに真実と言うなり。例せば、迹門法説《しゃくもんほっせつ》の時の譬説《ひせつ》・因縁《いんねん》の二周も、この一座において聞知《もんち》せざること無きが故に、名づけて顕《けん》となすがごとし。記《き》の九に云《い》わく「もし方便《ほうべん》の教えならば、二門ともに虚なり。因門開《いんもんかい》し竟《お》わって果門《かもん》に望むれば、則《すなわ》ち一実一虚《いちじついっこ》なり。本門顕《あらわ》れ竟われば、則ち二種ともに実なり」已上《いじょう》。この釈《しゃく》の意は、本門いまだ顕れざる以前は、本門に対すればなお迹門をもって名づけて虚となす。もし本門顕《あらわ》れ已《お》わりぬれば、迹門の仏因《ぶついん》は即《すなわ》ち本門の仏果《ぶっか》なるが故に、天月《てんげつ》・水月本有《すいげつほんぬ》の法と成って、本迹ともに三世常住《さんぜじょうじゅう》と顕るるなり。一切衆生《いっさいしゅじょう》の始《し》覚《かく》を名づけて迹門の円因《えんいん》と言い、一切衆生の本覚《ほんがく》を名づけて本門の円果《えんか》となす。「一円因を修《しゅ》して、一円果を感ず」とは、これなり。

かくのごとく法門《ほうもん》を談ずるの時、迹門《しゃくもん》・爾前《にぜん》は、もし本門顕《ほんもんあらわ》れずんば六道《ろくどう》を出《い》でず。何《なん》ぞ九界を出でんや。

（022）

爾前二乗菩薩不作仏事《にぜんにじょうぼさつふさぶつじ》

正元《しょうげん》元年（'59）38歳

問うて云《い》わく、二乗《にじょう》の永不成仏《ようふじょうぶつ》の教えに菩薩《ぼさつ》の作仏《さぶつ》を許すべしや。

答えて云わく、楞伽経《りょうがきょう》第二に云わく「『大慧《だいえ》よ。何者か無性乗《むしょうじょう》なる。謂《い》わく一闡提《いっせんだい》なり。大慧よ。一闡提とは涅槃《ねはん》の性《しょう》無し。何をもっての故に。解脱《げだつ》の中において信心を生《しょう》ぜず、涅槃に入《い》らず。大慧よ。一闡提とは二種あり。何らをか二つとなす。一には一切《いっさい》の善根《ぜんこん》を焚焼《ぶんしょう》す。二には一切衆生《いっさいしゅじょう》を憐愍《れんみん》して一切衆生界《いっさいしゅじょうかい》を尽《つ》くさんとの願《がん》を作《な》す。大慧よ。いかんが一切の善根を焚焼する。謂わく、菩薩蔵《ぼさつぞう》を謗《ぼう》じてかくのごときの言《ことば》を作す。彼《かれ》は修多羅《しゅたら》・毘尼《びに》・解脱に随順《ずいじゅん》する説にあらずと。諸《もろもろ》の善根を捨《す》つ。この故に涅槃を得ず。大慧よ。衆生を憐愍して衆生界を尽くさんとの願を作す者、これを菩薩となす。大慧よ。菩薩は方便《ほうべん》もて願を作す。もし諸の衆生、涅槃に入らずんば、我もまた涅槃に入らじと。この故に菩薩摩訶薩《ぼさつまかさつ》は涅槃に入らず。大慧よ。これを二種の一闡提と名づく。涅槃の性《しょう》無し。この義をもっての故に、決定《けつじょう》して一闡提の行《ぎょう》を取る』。大慧菩薩、仏に白《もう》して言《もう》さく『世尊《せそん》よ。この二種の一闡提、何らの一闡提か常に涅槃に入らざる』。仏、大慧に告げたまわく『菩薩摩訶薩の一闡提は常に涅槃に入らず。何をもっての故に。よく一切諸法《しょほう》は本来《ほんらい》涅槃なりと知るをもって、この故に涅槃に入らず。一切の善根を捨つる闡提にはあらず。何をもっての故に。大慧よ。彼《か》の一切の善根を捨つる闡提は、もし諸仏《しょぶつ》・善知識《ぜんちしき》等に値《あ》いたてまつらば、菩提心《ぼだいしん》を発《おこ》し、諸の善根を生じて、便《すなわ》ち涅槃を証《しょう》す』と」等云々《うんぬん》。

この経文《きょうもん》に「もし諸《もろもろ》の衆生《しゅじょう》、涅槃《ねはん》に入《い》らずんば、我もまた涅槃に入らじ」等云々《うんぬん》。前四味《ぜんしみ》の諸経《しょきょう》に二乗作仏《にじょうさぶつ》を許さず。これをもってこれを思うに、四味の諸経の四教《しきょう》の菩薩《ぼさつ》も作仏《さぶつ》有り難《がた》きか。華厳経《けごんぎょう》に云《い》わく「衆生界尽《しゅじょうかいつ》きざれば、我が願《がん》もまた尽きず」等云々。一切《いっさい》の菩薩必ず四弘誓願《しぐせいがん》を発《おこ》すべし。その中の衆生無辺誓願度《しゅじょうむへんせいがんど》の願これを満《まん》ぜざれば、無上菩提誓願証《むじょうぼだいせいがんしょう》の願また成《じょう》じ難し。これをもってこれを案ずるに、「四十余年」の文《もん》二乗に限れば、菩薩の願また成じ難きか。

問うて云《い》わく、二乗《にじょう》の成仏これ無ければ菩薩《ぼさつ》の成仏もこれ無きの正《まさ》しき証文《しょうもん》、いかん。

答えて云わく、涅槃経《ねはんぎょう》三十六に云わく「仏性《ぶっしょう》はこれ衆生《しゅじょう》に有りと信ずといえども、必ずしも一切《いっさい》みなこれ有るにはあらずとす。この故に名づけて信不具足《しんふぐそく》となす」〈三十六本の三十二〉。この文《もん》のごとくんば、先四味《せんしみ》の諸《もろもろ》の菩薩《ぼさつ》は皆、一闡提《いっせんだい》の人なり。二乗作仏《にじょうさぶつ》を許さざるは、二乗の作仏を成《じょう》ぜざるのみにあらず、はたまた菩薩の作仏もこれを許さざるものなり。これをもってこれを思うに、「四十余年」の文、二乗作仏を許さずんば、菩薩の成仏もまたこれ無きものなり。

一乗要決《いちじょうようけつ》の中《ちゅう》に云《い》わく「涅槃経《ねはんぎょう》三十六に云わく『仏性《ぶっしょう》はこれ衆生《しゅじょう》に有りと信ずといえども、必ずしも一切《いっさい》みなこれ有るにはあらずとす。この故に名づけて信不具足《しんふぐそく》となす』〈三十六本の三十二〉。第三十一に説《と》かく『一切衆生および一闡提《いっせんだい》ことごとく仏性有りと信ずるを、菩薩《ぼさつ》の十法《じっぽう》の中の第一の信心具《ぐ》足《そく》と名づく』〈三十六本の第三十〉。『一切衆生ことごとく仏性有り』と明かすは、これ少分にあらず。もしなお堅《かた》く少分の一切なりと執《しゅう》せば、ただ経《きょう》に違《い》するのみにあらず、また信不具なり。何に因《よ》ってか、楽《ねが》って一闡提と作《な》るや。これに由《よ》って、応《まさ》に全分の有性《うしょう》を許すべし。理《り》また応に一切の成仏を許すべし○慈恩《じおん》、心経玄賛《しんぎょうげんざん》に云わく『大悲《だいひ》の辺に約すれば、常に闡提となる。大智《だいち》の辺に約すれば、また当《まさ》に作仏《さぶつ》すべし』。宝公《ほうこう》云わく『大悲闡提は、これ前経《ぜんきょう》の所説なり。前説をもって後説を難《なん》ずべからざるなり』。諸師《しょし》の釈意《しゃくい》、大途《たいと》これに同《おな》じ」文《もん》。

金錍《こんぺい》の註《ちゅう》に云《い》わく「境《きょう》は謂《い》わく四諦《したい》なり。百界三千《ひゃっかいさんぜん》の生死《しょうじ》は即《すなわ》ち苦なり。この生死即ちこれ涅槃《ねはん》なりと達するを、衆生無辺誓願度《しゅじょうむへんせいがんど》と名づく。百界三千に三惑《さんわく》を具足《ぐそく》す。この煩悩《ぼんのう》即ちこれ菩提《ぼだい》なりと達するを、煩悩無辺誓願断《ぼんのうむへんせいがんだん》と名づく。生死即ち涅槃にして円《えん》の仏性《ぶっしょう》を証《しょう》するは、即ち仏道無上誓願成《ぶつどうむじょうせいがんじょう》なり。惑《わく》即ち菩提にして般若《はんにゃ》にあらざること無きは、即ち法門無尽誓願知《ほうもんむじんせいがんち》なり。惑《わく》・智《ち》は無二《むに》にして、生《しょう》・仏《ぶつ》は体同《たいおな》じ。苦《く》・集《じゅう》はただ心《しん》のみにして、四弘《しぐ》は融摂《ゆうしょう》す。一即一切《いちそくいっさい》、この言《ことば》に徴《しるし》有り」文《もん》。

慈覚大師《じかくだいし》、速証仏位集《そくしょうぶついしゅう》に云《い》わく「第一に、ただ今経《こんきょう》の力用《りきゆう》のみ仏の下化衆生《げけしゅじょう》の願《がん》を満たすが故に、世に出《い》でてこれを説く。いわゆる諸仏《しょぶつ》の因位《いんい》の四弘《しぐ》の願とは、利生《りしょう》・断惑《だんわく》・知法《ちほう》・作仏《さぶつ》なり。しかるに、因円果満《いんえんかまん》なれば、後《のち》の三つの願は満《まん》ず。利生の一願は、はなはだこれ満じ難《がた》し。彼《か》の華厳《けごん》の力、十界皆仏道《じっかいみなぶつどう》を成《じょう》ずること能《あた》わず。阿含《あごん》・方等《ほうどう》・般若《はんにゃ》もまたしかなり。後番《ごばん》の五味《ごみ》、皆成仏道《かいじょうぶつどう》の本懐《ほんかい》なること能わず。今この妙経《みょうきょう》は、十界皆《みな》仏道を成ずること分明《ふんみょう》なり。彼の達多《だった》、無間《むけん》に堕《お》つるに天王仏《てんのうぶつ》の記を授《さず》かり、竜女《りゅうにょ》成仏し、十羅刹女《じゅうらせつにょ》も仏道を悟《さと》り、阿修羅《あしゅら》も成仏の総記を受け、人《にん》・天《てん》・二乗《にじょう》・三《さん》教《ぎょう》の菩薩《ぼさつ》も円妙《えんみょう》の仏道に入《い》る。経《きょう》に云わく『我が昔の願いしところのごときは、今、すでに満足しぬ。一切衆生《いっさいしゅじょう》を化《け》して、皆《みな》仏道に入らしむ』云々《うんぬん》。衆生界尽《しゅじょうかいつ》きざるが故にいまだ仏道に入らざる衆生有りといえども、しかも十界皆《みな》成仏することと、ただ今経の力にのみ在り。故に利生の本懐なり」云々。

また云《い》わく「第一に妙経《みょうきょう》の大意《たいい》を明かせば、諸仏《しょぶつ》はただ一大事《いちだいじ》の因縁《いんねん》をもっての故に世に出現し、『一切衆生《いっさいしゅじょう》ことごとく仏性《ぶっしょう》有り』と説きたまい、法を聞き観行《かんぎょう》するに、皆当《みなまさ》に作仏《さぶつ》すべし。そもそも、仏、何の因縁をもって『十界《じっかい》の衆生ことごとく三因仏性《さんいんぶっしょう》有り』と説きたもうや。天親菩薩《てんじんぼさつ》、仏性論縁《ぶっしょうろんえん》起分《ぎぶん》の第一に云わく『如来《にょらい》は、五種の過失を除き、五種の功徳《くどく》を生《しょう》ぜんがための故に、一切衆生ことごとく仏性有りと説きたもう』已上《いじょう》。謂《い》わく、五種の過失とは、一には下劣心《げれつしん》、二には高慢心《こうまんしん》、三には虚妄《こもう》の執《しゅう》、四には真法《しんぽう》を謗《ぼう》ず、五には我執《がしゅう》を起こす。五種の功徳とは、一には正勤《しょうごん》、二には恭敬《くぎょう》、三には般若《はんにゃ》、四には闍那《じゃな》、五には大悲《だいひ》なり。生ずることなしと疑うが故に大菩提心《だいぼだいしん》を発《おこ》すこと能《あた》わざるを下劣心と名づけ、我に性《しょう》有って能《よ》く菩提心を発すと謂《おも》えるを高慢と名づけ、一切法《いっさいほう》の無我《むが》なる中において有我《うが》の執を作《な》すを虚妄の執と名づけ、一切諸法《しょほう》の清浄《しょうじょう》の智慧《ちえ》・功徳を違謗《いぼう》するを真法を謗ずと名づけ、意ただ己《おのれ》を存《そん》するのみにして一切衆生を憐《あわ》れむことを欲《ほっ》せざるを我執を起こすと名づく。この五つに翻対《ほんたい》して、定めて性有りと知って菩提心を発す」。

日蓮　花押《かおう》

（023）

守護国家論《しゅごこっかろん》

正元《しょうげん》元年（'59）　38歳

夫《そ》れ以《おも》んみれば、たまたま十方微塵《じっぽうみじん》の三悪《さんあく》の身を脱《のが》れて、希《まれ》に閻浮《えんぶ》日本の爪上《そうじょう》の生《しょう》を受《う》く。また閻浮日域《にちいき》の爪上の生を捨てて十方微塵の三悪の身を受けんこと、疑いなきものなり。しかるに、生を捨てて悪趣《あくしゅ》に堕《お》つる縁《えん》は一つにあらず。あるいは妻子・眷属《けんぞく》の哀憐《あいれん》により、あるいは殺生《せっしょう》・悪逆《あくぎゃく》の重業《じゅうごう》により、あるいは国主と成って民衆の歎《なげ》きを知らざるにより、あるいは法の邪正《じゃしょう》を知らざるにより、あるいは悪師を信ずるによる。この中において、世間《せけん》の善悪は眼前《がんぜん》に在り。愚人《ぐにん》もこれを弁《わきま》うべし。仏法の邪正、師の善悪においては、証果《しょうか》の聖人《しょうにん》すら、なおこれを知らず。いわんや末代《まつだい》の凡夫《ぼんぷ》においてをや。

しかのみならず、仏日西山《ぶつにちせいざん》に隠《かく》れ余光東域《とういき》を照らしてより已来《このかた》、四依《しえ》の慧灯《えとう》は日に減じ、三蔵《さんぞう》の法《ほう》流《る》は月に濁《にご》る。実教《じっきょう》に迷える論師《ろんじ》は真理の月に雲を副《そ》え、権経《ごんきょう》に執《しゅう》する訳者は実経《じっきょう》の珠《たま》を砕《くだ》いて権経の石と成す。いかにいわんや、震旦《しんたん》の人師《にんし》の宗義《しゅうぎ》、その誤り無からんや。いかにいわんや、日本辺土《へんど》の末学《まつがく》、誤りは多く実《まこと》は少なきものか。したがって、その教えを学する人、数は竜鱗《りゅうりん》よりも多けれども、得道《とくどう》の者は麟角《りんかく》よりも希《まれ》なり。あるいは権教《ごんきょう》に依《よ》るが故に、あるいは時機不相応《じきふそうおう》の教えに依るが故に、あるいは凡聖《ぼんしょう》の教えを弁《わきま》えざるが故に、あるいは権実《ごんじつ》二教を弁えざるが故に、あるいは権教を実教と謂《おも》うによるが故に、あるいは位の高下《こうげ》を知らざるが故なり。凡夫《ぼんぷ》の習い、仏法に就《つ》いて生死《しょうじ》の業《ごう》を増すこと、その縁《えん》は一つにあらず。

中昔《なかむかし》、邪智《じゃち》の上人《しょうにん》有って、末代《まつだい》の愚人《ぐにん》のために一切《いっさい》の宗義《しゅうぎ》を破《は》して選択集《せんちゃくしゅう》一巻を造る。名を鸞《らん》・綽《しゃく》・導《どう》の三師に仮《か》りて一代を二門に分かち、実経《じっきょう》を録《ろく》して権経《ごんきょう》に入《い》れ、法華《ほっけ》・真言《しんごん》の直道《じきどう》を閉じて浄《じょう》土《ど》三部の隘路《あいろ》を開く。また浄土三部の義にも順《しだが》わずして権実《ごんじつ》の謗法《ほうぼう》を成し、永く四聖《ししょう》の種《しゅ》を断じて阿《あ》鼻《び》の底に沈《しず》むべき僻見《びゃっけん》なり。しかるに、世人《せじん》これに順うこと、譬《たと》えば大風の小樹の枝を吹《ふ》くがごとく、門弟《もんてい》この人を重んずること、天衆《てんしゅ》の帝釈《たいしゃく》を敬うに似たり。

この悪義を破らんがために、また多くの書有り。いわゆる浄土決疑抄《じょうどけつぎしょう》・弾選択《だんせんちゃく》・摧邪輪《ざいじゃりん》等なり。この書を造る人、皆《みな》、碩徳《せきとく》の名一天《いってん》に弥《わた》るといえども、恐《おそ》らくは、いまだ選択集《せんちゃくしゅう》の謗法《ほうぼう》の根源を顕《あらわ》さず。故に、還《かえ》って悪法の流布《るふ》を増す。譬《たと》えば、盛《さか》んなる旱魃《かんばつ》の時に小雨を降らせば草木《そうもく》いよいよ枯《か》れ、兵《つわ》者《もの》を打つ刻《とき》に弱兵《じゃくへい》を先んずれば強敵《ごうてき》ますます力を得《う》るがごとし。

予《よ》このことを歎《なげ》くあいだ、一巻の書を造って選択集《せんちゃくしゅう》の謗法《ほうぼう》の縁起《えんぎ》を顕《あらわ》し、名づけて守護国家論《しゅごこっかろん》と号す。願わくは、一切《いっさい》の道俗《どうぞく》、一時《いちじ》の世事《せじ》を止《とど》めて永劫《えいごう》の善苗《ぜんびょう》を種《う》えよ。今、経論《きょうろん》をもって邪正《じゃしょう》を直《ただ》す。信《しん》・謗《ぼう》は仏説《ぶっせつ》に任《まか》せ、あえて自義を存《そん》することなし。

分かちて七門となす。一には如来《にょらい》の経教《きょうぎょう》において権実《ごんじつ》二教を定《さだ》むることを明かし、二には正像末《しょうぞうまつ》の興廃《こうはい》を明かし、三には選択集《せんちゃくしゅう》の謗法《ほうぼう》の縁起《えんぎ》を明かし、四には謗法の者を対治《たいじ》すべき証文《しょうもん》を出《い》だすことを明かし、五には善知識《ぜんちしき》ならびに真実の法には値《あ》い難《がた》きことを明かし、六には法華《ほっけ》・涅槃《ねはん》に依《よ》る行者《ぎょうじゃ》の用心を明かし、七には問いに随《したが》って答《こた》うることを明かす。

大文《だいもん》の第一に、如来《にょらい》の経教《きょうぎょう》において権実《ごんじつ》二教を定《さだ》むることを明かさば、これにおいて四つ有り。一には大部《だいぶ》の経の次第《しだい》を出だして流類《るるい》を摂《おさ》むることを明かし、二には諸経《しょきょう》の浅深《せんじん》を明かし、三には大小《だいしょう》乗《じょう》を定むることを明かし、四にはしばらく権《ごん》を捨てて実《じつ》に就《つ》くべきことを明かす。

第一に、大部《だいぶ》の経《きょう》の次第《しだい》を出《い》だして流類《るるい》を摂《おさ》むることを明かさば、

問うて云《い》わく、仏は最初にいかなる経《きょう》を説きたもうや。

答えて云わく、華厳経《けごんぎょう》なり。

問うて云わく、その証《しょう》いかん。

答えて云わく、六十華厳経《けごんぎょう》の離世間浄眼品《りせけんじょうげんぼん》に云わく「かくのごときを我《われ》聞きき。一時《いちじ》、仏、摩竭提《まかだい》国寂滅道場《こくじゃくめつどうじょう》に在《いま》して、始めて正覚《しょうがく》を成《じょう》ず」。

法華経の序品《じょほん》に、放光瑞《ほうこうずい》の時、弥勒菩薩《みろくぼさつ》、十方世界《じっぽうせかい》の諸仏《しょぶつ》の五時《ごじ》の次第《しだい》を見る時、文殊師利《もんじゅしり》菩薩に問うて云《い》わく「また諸仏・聖主師子《しょうじゅしし》、経典《きょうてん》の微妙《みみょう》第一なるを演説したまいて、その声《みこえ》は清浄《しょうじょう》に、柔軟《にゅうなん》の音《みこえ》を出《い》だして、諸《もろもろ》の菩薩を教えたもうこと、無数億万《むしゅおくまん》なるを睹《み》る」。また方便品《ほうべんぼん》に仏自《みずか》ら初成道《しょじょうどう》の時を説いて云《のたま》わく「我は始め道場に坐《ざ》し、樹《じゅ》を観《かん》じまた経行《きょうぎょう》す乃至《ないし》その時に諸の梵王《ぼんのう》および諸の天帝《てんたい》釈《しゃく》、護世《ごせ》の四天王《してんのう》および大自在天《だいじざいてん》、ならびに余《よ》の諸の天衆《てんしゅ》、眷属《けんぞく》百千万は、恭敬《くぎょう》・合掌《がっしょう》し礼《らい》して、我

に法輪《ほうりん》を転ぜんことを請《しょう》ず」。これらの説は、法華経に華厳経《けごんぎょう》の時を指す文《もん》なり。故に、華厳経の第一に云わく「毘沙門天王《びしゃもんてんのう》略月天子《がってんし》略日天子《にってんし》略釈提桓因《しゃくだいかんいん》略大梵《だいぼん》略摩醯首羅《まけいしゅら》等略」已上《いじょう》。涅槃経《ねはんぎょう》に華厳経《けごんぎょう》の時を説いて云《い》わく「既《すで》に成道《じょうどう》し已《お》わって梵天勧請《ぼんてんかんじょう》すらく『ただ願わくは、如来《にょらい》よ、当《まさ》に衆生《しゅじょう》のために広く甘露《かんろ》の門を開きたもうべし』乃至《ないし》梵王《ぼんのう》また言《もう》さく『世尊《せそん》よ。一切衆生《いっさいしゅじょう》におよそ三種有り。いわゆる利根《りこん》・中根《ちゅうこん》・鈍根《どんこん》なり。利根は能《よ》く受《う》く。ただ願わくはために説きたまえ』。仏言《のたま》わく『梵王よ。諦《あき》らかに聴《き》け、諦らかに聴け。我は今当《まさ》に一切衆生のために甘露の門を開くべし』と」。また三十三に華厳経の時を説いて云《のたま》わく「十二部経《じゅうにぶきょう》・修多羅《しゅたら》の中の微細《みさい》の義を、我は先にすでに諸《もろもろ》の菩薩《ぼさつ》のために説くがごとし」。

かくのごとき等の文《もん》は、皆《みな》、諸仏《しょぶつ》世に出《い》でたまいて、一切経《いっさいきょう》の初めには必ず華厳経《けごんぎょう》を説きたもう証《しょう》文《もん》なり。

問うて云《い》わく、無量義経《むりょうぎきょう》に云わく「初めに四諦《したい》を説いて乃至《ないし》次に方等十二部経《ほうどうじゅうにぶきょう》・摩訶般若《まかはんにゃ》・華厳海《けごんかい》空《くう》を説く」。この文《もん》のごとくんば、般若経《はんにゃきょう》の後《のち》に華厳経《けごんぎょう》を説くと。相違《そうい》いかん。

答えて云《い》わく、浅深《せんじん》の次第《しだい》なるか、あるいは後分《ごぶん》の華厳経《けごんぎょう》なるか。法華経の方便品《ほうべんぼん》に一代の次第浅深を列《つら》ねて云わく「余乗《よじょう》〈華厳経なり〉の、もしは二〈般若経《はんにゃきょう》なり〉、もしは三〈方等経《ほうどうきょう》なり〉有ることなし」と、この意なり。

問うて云《い》わく、華厳経《けごんぎょう》の次に、いずれの経を説きたもうや。

答えて曰《い》わく、阿含経《あごんぎょう》を説きたもうなり。

問うて云《い》わく、何をもってこれを知るや。

答えて云わく、法華経の序品《じょほん》に華厳経《けごんぎょう》の次の経《きょう》を説いて云わく「もし人、苦に遭《あ》って、老《ろう》・病《びょう》・死《し》を厭《いと》わば、ために涅槃《ねはん》を説く」。方便品《ほうべんぼん》に云わく「即《すなわ》ち波羅奈《はらな》に趣《おもむ》く乃至《ないし》五比丘《びく》のために説きぬ」。涅《ね》槃経《はんぎょう》に華厳経の次の経を定めて云わく「即ち波羅奈国《はらなこく》において正法輪《しょうほうりん》を転じて中道《ちゅうどう》を宣説《せんぜつ》す」。これらの経文《きょうもん》は、華厳経より後《のち》に阿含経《あごんぎょう》を説くなり。

問うて云《い》わく、阿含経《あごんぎょう》の後《のち》に、いずれの経《きょう》を説きたもうや。

答えて曰《い》わく、方等経《ほうどうきょう》なり。

問うて云《い》わく、何をもってこれを知るや。

答えて云わく、無量義経《むりょうぎきょう》に云わく「初めに四諦《したい》を説いて乃至《ないし》次に方等十二部経《ほうどうじゅうにぶきょう》を説く」。涅槃経《ねはんぎょう》に云わく「修多羅《しゅたら》より方等を出《い》だす」。

問うて云《い》わく、「方等《ほうどう》」とは天竺《てんじく》の語《ことば》なり、ここには大乗《だいじょう》と云う。華厳《けごん》・般若《はんにゃ》・法華《ほっけ》・涅槃《ねはん》等は、皆《みな》、大乗方等なり。何《なん》ぞ独《ひと》り方等部《ほうどうぶ》に限って方等の名を立つるや。

答えて曰《い》わく、実《じつ》には華厳《けごん》・般若《はんにゃ》・法華《ほっけ》等は、皆《みな》、方等《ほうどう》なり。しかりといえども、今、方等部《ほうどうぶ》において別して方等の名を立つることは、私《わたくし》の義にあらず、無量義経《むりょうぎきょう》・涅槃経《ねはんぎょう》の文《もん》に顕然《けんねん》たり。阿含《あごん》の証果《しょうか》は一向小乗《いっこうしょうじょう》なり。次に大乗《だいじょう》を説く。方等より已後《いご》をば皆《みな》大乗と云《い》うといえども、大乗の始めなるが故に、初めなるによって方等部を方等と云うなり。例せば、十八界《じゅうはっかい》の十半《じっぱん》は色《しき》なりといえども初めなるによって色境《しききょう》の名を立つるがごとし。

問うて曰《い》わく、方等部《ほうどうぶ》の諸経《しょきょう》の後《のち》に、いずれの経を説きたもうや。

答えて曰わく、般若経《はんにゃきょう》なり。

問うて曰わく、何をもってこれを知るや。

答えて曰わく、涅槃経《ねはんぎょう》に云《い》わく「方等《ほうどう》より般若《はんにゃ》を出《い》だす」。

問うて曰わく、般若経《はんにゃきょう》の後《のち》には、いずれの経を説きたもうや。

答えて曰わく、無量義経《むりょうぎきょう》なり。

問うて曰わく、何をもってこれを知るや。

答えて曰わく、仁王経《にんのうきょう》に云《い》わく「二十九年の中《うち》」。無量義経《むりょうぎきょう》に云わく「四十余年」。

問うて曰わく、無量義経《むりょうぎきょう》には般若経《はんにゃきょう》の後《のち》に華厳経《けごんぎょう》を列《つら》ね、涅槃経《ねはんぎょう》には般若経の後に涅槃経を列ぬ。今立《た》つるところの次第《しだい》は般若経の後に無量義経を列ぬ。相違《そうい》いかん。

答えて曰《い》わく、涅槃経《ねはんぎょう》第十四の文《もん》を見るに、涅槃経より已前《いぜん》の諸経《しょきょう》を列《つら》ねて涅槃経に対して勝劣《しょうれつ》を論じ、しかも法華経を挙げず。第九の巻において、法華経は涅槃経より已前なりとこれを定めたもう。法華経の序品《じょほん》を見るに、無量義経《むりょうぎきょう》は法華経の序分《じょぶん》なり。無量義経には般若《はんにゃ》の次に華厳経《けごんぎょう》を列ぬれども、華厳経を初時に遣《や》れば般若経の後《のち》は無量義経なり。

問うて曰《い》わく、無量義経《むりょうぎきょう》の後《のち》に、いずれの経を説きたもうや。

答えて曰わく、法華経を説きたもうなり。

問うて曰わく、何をもってこれを知るや。

答えて曰わく、法華経の序品《じょほん》に云《い》わく「諸《もろもろ》の菩薩《ぼさつ》のために、大乗経《だいじょうきょう》の、無量義《むりょうぎ》と名づけ、菩薩を教《おし》うる法にして、仏の護念《ごねん》したもうところを説きたもう。仏はこの経を説き已《お》わって、結跏趺坐《けっかふざ》し、無《む》量義処三昧《りょうぎしょざんまい》に入《い》りたもう」。

問うて曰《い》わく、法華経の後《のち》に、いずれの経《きょう》を説きたもうや。

答えて曰わく、普賢経《ふげんぎょう》を説きたもうなり。

問うて曰わく、何をもってこれを知るや。

答えて曰わく、普賢経《ふげんぎょう》に云《い》わく「却《さ》って後三月《のちみつき》あって、我は当《まさ》に般涅槃《はつねはん》すべし乃至《ないし》如来《にょらい》は昔、耆闍《ぎしゃ》崛山《くっせん》、および余《よ》の住処《じゅうしょ》において、すでに広く一実《いちじつ》の道《どう》を分別《ふんべつ》せしかども、今この処《ところ》において」。

問うて曰《い》わく、普賢経《ふげんぎょう》の後《のち》に、いずれの経《きょう》を説きたもうや。

答えて曰わく、涅槃経《ねはんぎょう》を説きたもうなり。

問うて曰わく、何をもってこれを知るや。

答えて曰わく、普賢経《ふげんぎょう》に云《い》わく「却《さ》って後三月《のちみつき》あって、我は当《まさ》に般涅槃《はつねはん》すべし」。涅槃経《ねはんぎょう》三十に云わく「如来《にょらい》は、何が故《ゆえ》ぞ二月に涅槃したもうや」。また云わく「如来は初生《しょしょう》・出家《しゅっけ》・成道《じょうどう》・転妙法輪《てんみょうほうりん》、皆《みな》八日をもってしたもう。何《なん》ぞ仏の涅槃独《ひと》り十五日なるや」。

大部《だいぶ》の経《きょう》、大概《おおむね》かくのごとし。これより已外《いげ》の諸《もろもろ》の大小乗経《だいしょうじょうきょう》は次第不定《しだいふじょう》なり。あるいは阿含経《あごんぎょう》より已後《いご》に華厳経《けごんぎょう》を説き、法華経より已後に方等《ほうどう》・般若《はんにゃ》を説く。皆《みな》、義類をもってこれを収めて一処《いっしょ》に置くべし。

第二に、諸経《しょきょう》の浅深《せんじん》を明かさば、

無量義経《むりょうぎきょう》に云《い》わく「初めに四諦《したい》〈阿含《あごん》〉を説いて、次に方等十二部経《ほうどうじゅうにぶきょう》・摩訶般若《まかはんにゃ》・華厳海空《けごんかいくう》を説いて、菩薩《ぼさつ》の歴劫修行《りゃっこうしゅぎょう》を宣説《せんぜつ》す」。また云わく「四十余年にはいまだ真実を顕《あらわ》さず」。また云わく「無量義経は、尊《そん》にして過上《かじょう》無し」。これらの文《もん》のごとくんば、四十余年の諸経《しょきょう》は無量義経に劣《おと》ること疑いなきものなり。

問うて曰《い》わく、密厳経《みつごんぎょう》に云《い》わく「一切経《いっさいきょう》の中に勝《すぐ》れたり」。大雲経《だいうんぎょう》に云わく「諸経《しょきょう》の転輪聖王《てんりんじょうおう》なり」。金光明経《こんこうみょうきょう》に云わく「諸経の中の王なり」。これらの文《もん》を見るに、諸大乗経《しょだいじょうきょう》の常《つね》の習いなり。何《なん》ぞ、一《いち》文《もん》を瞻《み》て、無量義経《むりょうぎきょう》は四十余年の諸経に勝ると云うや。

答えて云《い》わく、教主釈尊《きょうしゅしゃくそん》、もし諸経《しょきょう》において互《たが》いに勝劣《しょうれつ》を説かずんば、大小乗《だいしょうじょう》の差別、権実《ごんじつ》の不同有るべからず。もし実《じつ》に差別無きに互いに差別・浅深《せんじん》等を説かば、諍論《じょうろん》の根源、悪業起罪《あくごうきざい》の因縁《いんねん》なり。爾前《にぜん》の諸経《しょきょう》の第一は、縁《えん》に随《したが》って不定《ふじょう》なり。あるいは小乗《しょうじょう》の諸経に対して第一、あるいは報身《ほうしん》の寿《じゅ》を説くに諸経の第一、あるいは俗諦《ぞくたい》・真諦《しんたい》・中諦《ちゅうたい》等を説くに第一なり、と。一切《いっさい》の第一にはあらず。今の無量義経《むりょうぎきょう》のごときは、四十余年の諸経に対して第一なり。

問うて云《い》わく、法華経と無量義経《むりょうぎきょう》と、いずれか勝《すぐ》れたるや。

答えて云わく、法華経勝《すぐ》れたり。

問うて云わく、何をもってこれを知るや。

答えて云わく、無量義経《むりょうぎきょう》には、いまだ二乗作仏《にじょうさぶつ》と久遠実成《くおんじつじょう》とを明かさず。故に法華経に嫌《きら》われて今《こん》説《せつ》の中に入《い》るなり。

問うて云《い》わく、法華経と涅槃経《ねはんぎょう》と、いずれか勝《すぐ》れたるや。

答えて云わく、法華経勝《すぐ》れたるなり。

問うて曰《い》わく、何をもってこれを知るや。

答えて曰《い》わく、涅槃経《ねはんぎょう》に自《みずか》ら「法華《ほっけ》の中のごとし」等と説き「さらに所作《しょさ》無し」と云《い》い、法華経に当説《とうせつ》を指して難信難解《なんしんなんげ》と云わざるが故なり。

問うて云《い》わく、涅槃経《ねはんぎょう》の文《もん》を見るに、涅槃経已前《いぜん》をば「皆邪見《みなじゃけん》なり」と云う、いかん。

答えて云わく、法華経は如来《にょらい》の出世《しゅっせ》の本懐《ほんかい》なるが故に「今、すでに満足しぬ」「今正《まさ》しくこれその時なり」「しかるに、善男子《ぜんなんし》よ、我は実《じつ》に成仏してより已来《このかた》」等と説く。ただし、諸経《しょきょう》の勝劣《しょうれつ》においては、仏自《みずか》ら「我が説くところの経典《きょうてん》は無量千万億なり」と挙げ了《お》わって「已《すで》に説き、今説き、当《まさ》に説くべし」等と説く時、多宝仏《たほうぶつ》、地より涌現《ゆげん》して「皆《みな》これ真実なり」と定め、分身《ふんじん》の諸仏《しょぶつ》は舌相《ぜっそう》を梵《ぼん》天《てん》に付けたもう。かくのごとく諸経と法華経との勝劣を定め了わんぬ。この外《ほか》は釈迦《しゃか》如来一仏の説くところなれば、先後の諸経に対して法華経の勝劣を論ずべきにあらず。故に、涅槃経《ねはんぎょう》に諸経を嫌《きら》う中に法華経を入《い》れず。法華経は諸経に勝《すぐ》るる由《よし》、これを顕《あらわ》すが故なり。ただし、「邪見《じゃけん》」の文《もん》に至っては、法華経を覚知せざる一類の人、涅槃経を聞いて悟《さと》りを得《う》るが故に、迦葉童子《かしょうどうじ》自身ならびに所引《しょいん》を指して、涅槃経より已前《いぜん》を「邪見」等と云うなり。経の勝劣を論ずるにはあらず。

第三に、大小乗《だいしょうじょう》を定《さだ》むることを明かさば、

問うて曰《い》わく、大小乗《だいしょうじょう》の差別いかん。

答えて云《い》わく、常途《じょうず》の説のごとくんば、阿含部《あごんぶ》の諸経《しょきょう》は小乗《しょうじょう》なり。華厳《けごん》・方等《ほうどう》・般若《はんにゃ》・法華《ほっけ》・涅槃《ねはん》等は大乗《だいじょう》なり。あるいは六界《ろっかい》を明かすは小乗、十界《じっかい》を明かすは大乗なり。その外《ほか》、法華経に対して実義を論ずる時、法華経より外の四十余年の諸大乗経《しょだいじょうきょう》は皆《みな》小乗にして、法華経は大乗なり。

問うて云《い》わく、諸宗《しょしゅう》に亘《わた》って、我が拠《よ》るところの経《きょう》を実大乗《じつだいじょう》と謂《い》い、余宗《よしゅう》の拠るところの経を権大《ごんだい》乗《じょう》と云うこと、常《つね》の習いなり。末学《まつがく》においては是非《ぜひ》定め難《がた》し。いまだ法華経に対して諸大乗経《しょだいじょうきょう》を小乗《しょうじょう》と称《しょう》することを聞知《もんち》せず。証文《しょうもん》いかん。

答えて云《い》わく、宗々《しゅうじゅう》の立義《りゅうぎ》、互《たが》いに是非《ぜひ》を論ず。なかんずく末法《まっぽう》において、世間《せけん》・出世《しゅっせ》について非を先《さき》とし、是《ぜ》を後《のち》とす。自《みずか》ら是非を知らざるは愚者《ぐしゃ》の歎《なげ》くべきところなり。ただし、しばらく我らが智《ち》をもって四十余年の現文《げんもん》を看《み》るに、この文を破《は》する文無ければ、人の是非を信用すべからざるなり。その上、法華経に対して諸大乗経《しょだいじょうきょう》を小乗《しょうじょう》と称《しょう》することは、自答を存《そん》すべきにあらず。法華経の方便品《ほうべんぼん》に云わく「仏は自ら大乗に住《じゅう》したまえり乃至《ないし》自ら無上道《むじょうどう》・大乗平等の法を証《しょう》して、もし小乗をもって乃至《ないし》一人をも化《け》せば、我は則《すなわ》ち慳貪《けんどん》に堕《だ》せん。この事《じ》は不可となす」。この文の意は、法華経より外《ほか》の諸経《しょきょう》を皆《みな》小乗と説けるなり。また寿量品《じゅりょうほん》に云わく「小法《しょうぼう》を楽《ねが》う」。これらの文は、法華経より外の四十余年の諸経をば皆小乗と説けるなり。天台《てんだい》・妙楽《みょうらく》の釈《しゃく》において四十余年の諸経を小乗と釈すとも、他師これを許すべからず。故に、ただ経文《きょうもん》を出《い》だすなり。

第四に、しばらく権経《ごんきょう》を閣《さしお》いて実経《じっきょう》に就《つ》くことを明かさば、問うて曰《い》わく、証文《しょうもん》いかん。

答えて曰わく、十の証文《しょうもん》有り。法華経に云《い》わく「ただ楽《ねが》って大乗経典《だいじょうきょうてん》を受持《じゅじ》するのみにして、乃《ない》至《し》、余経《よきょう》の一偈《げ》をも受けざれ」〈これ一〉。

涅槃経《ねはんぎょう》に云《い》わく「了義経《りょうぎきょう》に依《よ》って不了義経《ふりょうぎきょう》に依らざれ」〈四十余年をば不了義経と云う〉〈これ二〉。

法華経に云《い》わく「この経《きょう》は持《たも》ち難《がた》し。もししばらくも持たば、我は即《すなわ》ち歓喜《かんぎ》す。諸仏《しょぶつ》もまたしかなり。かくのごときの人は、諸仏の歎《ほ》めたもうところなり。これは則《すなわ》ち勇猛《ゆうみょう》なり。これは則ち精進《しょうじん》なり。これを戒《かい》を持《たも》ち、頭陀《ずだ》を行《ぎょう》ずる者と名づく」〈末代《まつだい》においては、四十余年の持戒《じかい》無し。ただ法華経を持つを持戒となす〉〈これ三〉。

涅槃経《ねはんぎょう》に云《い》わく「乗《じょう》において緩《かん》なる者は乃《すなわ》ち名づけて緩となす。戒《かい》において緩なる者は名づけて緩となさず。菩薩摩訶薩《ぼさつまかさつ》よ。この大乗《だいじょう》において心懈慢《けまん》せずんば、これを奉戒《ぶかい》と名づく。正法《しょうほう》を護《まも》らんがために、大乗の水をもって自《みずか》ら澡浴《そうよく》す。この故に、菩薩は破戒《はかい》を現ずといえども、名づけて緩となさず」〈この文《もん》は、法華経の戒を流通《るつう》する文なり〉〈これ四〉。

法華経第四に云《い》わく「妙法華経《みょうほけきょう》乃至《ないし》皆《みな》これ真実なり」〈この文《もん》は、多宝《たほう》の証明《しょうみょう》なり〉〈これ五〉。

法華経第八の普賢菩薩《ふげんぼさつ》の誓《ちか》いに云《い》わく「如来滅《にょらいめっ》して後《のち》において、閻浮提《えんぶだい》の内に、広く流布《るふ》せしめて、断絶せざらしめん」〈これ六〉。

法華経第七に云《い》わく「我滅度《めつど》して後《のち》、後の五百歳の中《うち》、閻浮提《えんぶだい》に断絶せしむることなけん」〈釈迦如《しゃかにょ》来《らい》の誓《ちか》いなり〉〈これ七〉。

法華経第四に多宝《たほう》ならびに十方諸仏《じっぽうしょぶつ》の来集《らいじゅう》の意趣《いしゅ》を説いて云《い》わく「法をして久しく住《じゅう》せしめんが故に、ここに来至《らいし》したまえり」〈これ八〉。

法華経第七に法華経を行《ぎょう》ずる者の住処《じゅうしょ》を説いて云《い》わく「如来滅《にょらいめっ》して後《のち》において、応当《まさ》に一心に受持《じゅじ》・読《どく》・誦《じゅ》・解説《げせつ》・書写《しょしゃ》し、説のごとく修行《しゅぎょう》すべし。在るところの国土に乃至《ないし》もし経巻《きょうがん》の住《じゅう》するところの処《ところ》ならば、もしは園中《おんちゅう》においても、もしは林中においても、もしは樹《じゅ》の下《もと》においても、もしは僧坊《そうぼう》においても、もしは白衣《びゃくえ》の舎《いえ》にても、もしは殿堂《でんどう》に在っても、もしは山谷曠野《せんごくこうや》にても、この中に皆応《みなまさ》に塔《とう》を起《た》てて供養《くよう》すべし。所以《ゆえん》はいかん。当《まさ》に知るべし、この処は即《すなわ》ちこれ道場なればなり。諸仏《しょぶつ》はここにおいて阿耨多羅三藐三菩提《あのくたらさんみゃくさんぼだい》を得たもう」〈これ九〉。

法華経の流通《るつう》たる涅槃経《ねはんぎょう》の第九に云《い》わく「我《われ》涅槃して後《のち》、正法《しょうほう》いまだ滅《めっ》せず。八十年を余《あま》す。その時、この経《きょう》、閻浮提《えんぶだい》において当《まさ》に広く流布《るふ》すべし。この時、当に諸《もろもろ》の悪比丘《あくびく》有って、この経を抄掠《しょうりゃく》し、分かちて多分《たぶん》と作《な》し、能《よ》く正法の色香味美《しきこうみみ》を滅すべし。この諸の悪人、またかくのごとき経典《きょうてん》を読誦《どくじゅ》すといえども、如来《にょらい》の深密《じんみつ》の要義を滅除《めつじょ》して世間《せけん》の荘厳《しょうごん》の文飾《もんじき》・無義《むぎ》の語《ことば》を安置す。前《さき》を抄《と》って後《あと》に著《つ》け、後を抄って前に著け、前後を中に著け、中を前後に著けん。当に知るべし、かくのごとき諸の悪比丘は、これ魔《ま》の伴侶《ばんりょ》なり乃至《ないし》譬《たと》えば牧牛女《もくごにょ》の多く水を乳に加《くわ》うるがごとく、諸の悪比丘もまたかくのごとし。雑《まじ》うるに世語《せご》をもってし、錯《あやま》ってこの経を定《さだ》む。多くの衆生《しゅじょう》をして正説《しょうせつ》・正写《しょうしゃ》・正《しょう》取《しゅ》・尊重《そんちょう》・讃歎《さんだん》・供養《くよう》・恭敬《くぎょう》することを得ざらしむ。この悪比丘は、利養《りよう》のための故に、この経を広宣《こうせん》流布《るふ》すること能《あた》わず。分流《ぶんる》すべきところ、少なきこと言うに足らず。彼《か》の牧牛の貧窮《びんぐ》の女人《にょにん》、展転《てんでん》して乳を売り、乃至糜《かゆ》と成すに乳味《にゅうみ》無きがごとし。この大乗《だいじょう》経典の大涅槃経もまたかくのごとし。展転して薄淡《はくたん》にして気味有ることなし。気味無しといえども、なお余経《よきょう》に勝《すぐ》ることこれ一千倍なること、彼の乳味の諸の苦味《くみ》より千倍勝るとなすがごとし。何をもっての故に。この大乗経典の大涅槃経は声聞《しょうもん》の経において最も上首《じょうしゅ》となせばなり」〈これ十〉。

問うて云《い》わく、不了義経《ふりょうぎきょう》を捨てて了義経に就《つ》けば、大円覚修多羅了義経《だいえんがくしゅたらりょうぎきょう》・大仏頂如来密因修証了義《だいぶっちょうにょらいみっちんしゅしょうりょうぎ》経《きょう》、かくのごとき諸大乗経《しょだいじょうきょう》は皆《みな》、了義経なり。依用《えゆう》となすべきや。

答えて曰《い》わく、了義《りょうぎ》・不了義《ふりょうぎ》は、所対《しょたい》に随《したが》って不同なり。二乗《にじょう》・菩薩《ぼさつ》等の所説の不了義に対すれば、一代の仏説《ぶっせつ》は皆《みな》了義なり。仏説について、また小乗経《しょうじょうきょう》は不了義、大乗経《だいじょうきょう》は了義なり。大乗について、また四十余年の諸経《しょきょう》は不了義経、法華《ほっけ》・涅槃《ねはん》・大日経《だいにちきょう》等は了義経なり。しかるに、円覚《えんがく》・大仏頂《だいぶっちょう》等の諸経は、小乗および歴劫修行《りゃっこうしゅぎょう》の不了義経に対すれば了義経なり。法華経のごとき了義にはあらざるなり。

問うて曰《い》わく、華厳《けごん》・法相《ほっそう》・三論《さんろん》等の、天台《てんだい》・真言《しんごん》より以外《いげ》の諸宗《しょしゅう》の高祖《こうそ》、各《おのおの》その依憑《えびょう》の経々《きょうぎょう》に依《よ》って、その経々の深義《じんぎ》を極《きわ》めんと欲す。これしかるべしや、いかん。

答えて云《い》わく、華厳宗《けごんしゅう》のごときは、華厳経《けごんぎょう》に依《よ》って諸経《しょきょう》を判じて華厳経の方便《ほうべん》となすなり。法相宗《ほっそうしゅう》のごときは、阿含《あごん》・般若《はんにゃ》等を卑《いや》しめ、華厳・法華《ほっけ》・涅槃《ねはん》をもって深密経《じんみつきょう》に同《どう》じて同《おな》じく中道教《ちゅうどうきょう》と立つといえども、また法華・涅槃は一類の一乗《いちじょう》を説くが故に不了義経《ふりょうぎきょう》なり、深密経には五性各別《ごしょうかくべつ》を存《そん》するが故に了義経と立つるなり。三論宗《さんろんしゅう》のごときは、二蔵《にぞう》を立てて一代を摂《おさ》め、大乗《だいじょう》において浅深《せんじん》を論ぜず。しかるに般若経《はんにゃきょう》をもって依憑《えびょう》となす。これらの諸宗《しょしゅう》の高祖《こうそ》、多分《たぶん》は四依《しえ》の菩薩《ぼさつ》なるか。定めて所《しょ》存《ぞん》有らん。是非《ぜひ》に及《およ》ばず。

しかりといえども、自身の疑いを晴らさんがために、しばらく人師《にんし》の異解《いげ》を閣《さしお》いて諸宗《しょしゅう》の依憑《えびょう》の経々《きょうぎょう》を開き見るに、華厳経《けごんぎょう》は旧訳《くやく》は五十・六十、新訳《しんやく》は八十・四十なり。その中に、法華《ほっけ》・涅槃《ねはん》のごとく一代聖教《いちだいしょうぎょう》を集めて方便《ほうべん》となす文《もん》無し。四乗《しじょう》を説くといえども、その中の仏乗《ぶつじょう》において十界互具《じっかいごぐ》・久遠実成《くおんじつじょう》を説かず。ただし、人師に至っては五教《ごきょう》を立てて、先の四教《しきょう》に諸経《しょきょう》を収めて華厳経の方便となす。

法相宗《ほっそうしゅう》のごときは、三時教《さんじきょう》を立つる時、法華《ほっけ》等をもって深密経《じんみつきょう》に同ずといえども、深密経五巻を開き見るに、全《まった》く法華等をもって中道《ちゅうどう》の内に入《い》れず。

三論宗《さんろんしゅう》のごときは、二蔵《にぞう》を立つる時、菩薩蔵《ぼさつぞう》において華厳《けごん》・法華《ほっけ》等を収めて般若経《はんにゃきょう》に同ずといえども、新古の大般若経《だいはんにゃきょう》を開き見るに、全《まった》く大般若をもって法華・涅槃《ねはん》に同ずる文《もん》無し。「華厳は頓教《とんぎょう》、法華は漸教《ぜんきょう》」等とは、人師《にんし》の意楽《いぎょう》にして仏説《ぶっせつ》にあらざるなり。

法華経のごときは、序分《じょぶん》の無量義経《むりょうぎきょう》に、たしかに四十余年の年限を挙げ、華厳《けごん》・方等《ほうどう》・般若《はんにゃ》等の大《だい》部《ぶ》の諸経《しょきょう》の題名《だいみょう》を呼んで「いまだ真実を顕《あらわ》さず」と定め、正宗《しょうしゅう》の法華経に至って一代の勝劣《しょうれつ》を定《さだ》むる時「我が説くところの経典《きょうてん》は無量千万億にして、已《すで》に説き、今説き、当《まさ》に説くべし」の金言《きんげん》を吐《は》いて「しかもその中において、この法華経は最もこれ難信難解《なんしんなんげ》なり」と説きたもう時、多宝如来《たほうにょらい》、地より涌出《ゆじゅつ》して「妙法華経《みょうほけきょう》乃至《ないし》皆《みな》これ真実なり」と証誠《しょうじょう》し、分身《ふんじん》の諸仏《しょぶつ》、十方《じっぽう》よりことごとく一処《いっしょ》に集まって舌を梵天《ぼんてん》に付けたもう。

今この義をもって余推察を加《くわ》うるに、唐土《とうど》・日本に渡《わた》れるところの五千・七千余巻の諸経《しょきょう》、以外《いげ》の天竺《てんじく》・竜宮《りゅうぐう》・四王天《しおうてん》・過去の七仏等の諸経、ならびに阿難《あなん》の未結集《みけつじゅう》の経、十方世界《じっぽうせかい》の塵《ちり》に同ずる諸経の、勝劣《しょうれつ》・浅深《せんじん》・難易《なんい》、掌中《しょうちゅう》に在り。「無量千万億」の中に、あに釈迦如来《しゃかにょらい》の説くところの諸経漏《も》らすべけんや。已説《いせつ》・今説《こんせつ》・当説《とうせつ》の年限に入《い》らざる諸経これ有るべきや。願わくは末代《まつだい》の諸人《しょにん》、しばらく諸宗《しょしゅう》の高祖《こうそ》の弱文《にゃくもん》・無義《むぎ》を閣《さしお》いて、釈迦・多宝《たほう》・十方の諸仏《しょぶつ》の強文《ごうもん》・有義《うぎ》を信ずべし。いかにいわんや、諸宗の末学《まつがく》の偏執《へんしゅう》を先《さき》となし末代の愚者《ぐしゃ》の人師《にんし》を本《ほん》となして経論《きょうろん》を抛《なげう》つ者に依憑《えびょう》すべきや。故に、法華《ほっけ》の流通《るつう》たる双林《そうりん》最後の涅槃経《ねはんぎょう》に、仏、迦葉童子菩薩《かしょうどうじぼさつ》に遺言《ゆいごん》して言《のたま》わく「法に依って人《にん》に依らざれ。義《ぎ》に依って語《ご》に依らざれ。智《ち》に依って識《しき》に依らざれ。了義経《りょうぎきょう》に依って不了義経《ふりょうぎきょう》に依らざれ」云々《うんぬん》。

予《よ》、世間《せけん》を見聞《けんもん》するに、自宗《じしゅう》の人師《にんし》をもって「三昧発得《さんまいほっとく》・智慧《ちえ》第一」と称《たた》うれども、無徳の凡夫《ぼんぷ》にして実経《じっきょう》に依《よ》って法門《ほうもん》を信ぜしめず、不了義《ふりょうぎ》の観経《かんぎょう》等をもって時機相応《じきそうおう》の教えと称え、了義の法華《ほっけ》・涅槃《ねはん》を閣《さしお》き譏《そし》って理深解微《りじんげみ》の失《とが》を付く。如来《にょらい》の遺言《ゆいごん》に背《そむ》いて「人《にん》に依《よ》って法に依らざれ。語《ご》に依って義《ぎ》に依らざれ。識《しき》に依って智《ち》に依らざれ。不了義経《ふりょうぎきょう》に依って了義経に依らざれ」と談ずるにあらずや。請《こ》い願わくは、心有らん人は思惟《しゆい》を加えよ。

如来《にょらい》の入滅《にゅうめつ》は既《すで》に二千二百余の星霜《せいそう》を送れり。文殊《もんじゅ》・迦葉《かしょう》・阿難《あなん》、経《きょう》を結集《けつじゅう》してより已後《いご》、四依《しえ》の菩薩《ぼさつ》は重ねて世に出《い》でて、論を造り、経の意を申《の》ぶ。末《まつ》の論師《ろんじ》に至って漸《ようや》く誤り出来《しゅったい》す。また訳者においても、梵漢《ぼんかん》にいまだ達せざる者、権教《ごんきょう》の宿習《しゅくじゅう》の人有って、実《じつ》の経論《きょうろん》の義を曲げて権《ごん》の経論の義を存《そん》せり。これに就《つ》いて、また唐土《とうど》の人師《にんし》は、過去の権教の宿習の故に権の経論心《こころ》に叶《かな》うあいだ、実の経論を用いず。あるいは少し自義に違《たが》う文《もん》有れば、理《り》を曲げて会通《えつう》を構え、もって自身の義に叶わしむ。たとい後《のち》に道理と念《おも》うといえども、あるいは名利《みょうり》により、あるいは檀那《だんな》の帰依《きえ》によって、権宗《ごんしゅう》を捨てて実宗《じっしゅう》に入《い》らず。世間の道俗《どうぞく》、また無智《むち》の故に理非《りひ》を弁《わきま》えず、ただ人《にん》に依《よ》って法に依らず。たとい悪法たりといえども、多人《たにん》の邪義《じゃぎ》に随《したが》って一人の実説に依らず。

しかるに、衆生《しゅじょう》の機《き》、多くは流転《るてん》に随《したが》う。たとい出離《しゅつり》を求《もと》むとも、また多分《たぶん》は権経《ごんきょう》に依《よ》る。ただ恨《うら》むらくは悪業《あくごう》の身、善に付け悪に付け生死《しょうじ》を離《はな》れ難《がた》きのみ。しかりといえども、今の世の一切《いっさい》の凡夫《ぼんぷ》、たとい今生《こんじょう》を損ずといえども、上《かみ》に出《い》だすところの涅槃経《ねはんぎょう》第九の文《もん》に依って、しばらく法華《ほっけ》・涅槃《ねはん》を信ぜよ。その故は、世間《せけん》の浅きことすら、展転《てんでん》多き時は、虚《きょ》は多く実《じつ》は少なし。いわんや仏法の深義《じんぎ》においてをや。如来《にょらい》の滅後《めつご》二千余年の間、仏経《ぶっきょう》に邪義《じゃぎ》を副《そ》え来《きた》れり。万《まん》に一《いち》も正義《しょうぎ》無きか。一代の聖《しょう》教《ぎょう》、多分は誤り有るか。ゆえに、心地観経《しんじかんぎょう》の法爾無漏種子《ほうにむろしゅうじ》、正法華経《しょうほけきょう》の嘱累《ぞくるい》の経末《きょうまつ》、婆沙論《ばしゃろん》の一十六字、摂論《しょうろん》の識《しき》を八・九に分かつ、法華論《ほっけろん》と妙法華経《みょうほけきょう》との相違《そうい》、涅槃論《ねはんろん》の「法華は煩悩《ぼんのう》の汚《けが》すところなり」の文、法相宗《ほっそうしゅう》の定性《じょうしょう》・無性《むしょう》の不成仏、摂論宗《しょうろんしゅう》の法華経の「一《ひと》たび南無《なむ》と称《とな》う」の別時意趣《べつじいしゅ》、これらは皆《みな》、訳者・人師《にんし》の誤りなり。この外《ほか》に、また四十余年の経々《きょうぎょう》において多くの誤り有るか。たとい法華・涅槃において誤り有るも誤り無きも、四十余年の諸経《しょきょう》を捨てて法華・涅槃に随うべし。その証《しょう》、上に出だし了《お》わんぬ。いわんや、誤り有る諸経において信心を致《いた》す者、生死を離るべしや。

大文《だいもん》の第二に、正像末《しょうぞうまつ》について仏法の興廃《こうはい》有ることを明かさば、これについて二つ有り。一には爾《に》前《ぜん》四十余年の内の諸経《しょきょう》と浄土三部経《じょうどさんぶきょう》との末法《まっぽう》における久住《くじゅう》・不久住《ふくじゅう》を明かす。二には法華《ほっけ》・涅槃《ねはん》と浄土三部経ならびに諸経との久住・不久住を明かす。

第一に、爾前《にぜん》四十余年の内の諸経《しょきょう》と浄土三部経《じょうどさんぶきょう》との末法《まっぽう》における久住《くじゅう》・不久住《ふくじゅう》を明かさば、

問うて云《い》わく、如来《にょらい》の教法《きょうほう》は、大小・浅深《せんじん》・勝劣《しょうれつ》を論ぜず、ただ時機《じき》に依《よ》ってこれを行《ぎょう》ぜば、定めて利益《りやく》有るべきなり。しかるに、賢劫《げんごう》・大術《だいじゅつ》・大集《だいじゅう》等の諸経《しょきょう》を見るに、仏の滅後《めつご》二千余年已後《いご》は仏法皆滅《みなめっ》して、ただ教《きょう》のみ有って行《ぎょう》・証《しょう》有るべからず。したがって、伝教大師《でんぎょうだいし》の末法灯明記《まっぽうとうみょうき》を開くに「我が延暦《えんりゃく》二十年辛巳《かのとみ》まで一千七百五十歳なり」〈一説なり〉。延暦二十年より已後、また四百五十余歳なり。既《すで》に末法《まっぽう》に入《い》れり。たとい教法有りといえども、行・証無けん。しかるにおいては、仏法を行ずる者、万が一も得道《とくどう》有り難《がた》きか。しかるに、双観経《そうかんぎょう》の「当来の世、経道滅尽《きょうどうめつじん》せんに、我慈悲《じひ》・哀愍《あいみん》をもって、特《ひと》りこの経のみを留《とど》めて、止住《しじゅう》せんこと百歳ならん。それ衆生《しゅじょう》有ってこの経に値《あ》わば、意《こころ》の願うところに随《したが》って皆得度《とくど》すべし」等の文《もん》を見るに、釈迦如来《しゃかにょらい》一代の聖教《しょうぎょう》皆滅尽して後《のち》、ただ特《ひと》り双観経の念仏《ねんぶつ》のみを留めて衆生を利益すべしと見え了《お》わんぬ。

この意趣《いしゅ》に依《よ》って、ほぼ浄土家《じょうどけ》の諸師《しょし》の釈《しゃく》を勘《かんが》うるに、その意無きにあらず。道綽禅師《どうしゃくぜんじ》は「当今末《とうこんまっ》法《ぽう》はこれ五濁悪世《ごじょくあくせ》なり。ただ浄土の一門のみ有って通入《つうにゅう》すべき路《みち》なり」と書き、善導和尚《ぜんどうおしょう》は「万年《まんねん》に三宝滅《さんぼうめっ》し、この経《きょう》のみ住《じゅう》すること百年なり」と宣《の》べ、慈恩大師《じおんだいし》は「末法万年に余経《よきょう》ことごとく滅し、弥陀《みだ》の一教のみ、物《もつ》を利することひとえに増《ま》さん」と定め、日本国の叡山《えいざん》の先徳《せんとく》・恵心僧都《えしんそうず》は、一代《いちだい》

聖教《しょうぎょう》の要文《ようもん》を集めて末代《まつだい》の指南を教《おし》うる往生要集《おうじょうようしゅう》の序《じょ》に云《い》わく「夫《そ》れ、往生極楽《ごくらく》の教行《きょうぎょう》は、濁世《じょくせ》末代の目足《もくそく》なり。道俗《どうぞく》・貴賤《きせん》、誰《たれ》か帰《き》せざる者あらん。ただし、顕密《けんみつ》の教法《きょうほう》、その文《もん》、一つにあらず。事《じ》理《り》の業因《ごういん》、その行《ぎょう》これ多し。利智《りち》・精進《しょうじん》の人はいまだ難《かた》しとなさず、予《よ》がごとき頑魯《がんろ》の者、あにあえてせんや」。乃至《ないし》、次下《つぎしも》に云わく「なかんずく念仏《ねんぶつ》の教えは、多く末代に経道滅尽《きょうどうめつじん》して後《のち》の濁悪《じょくあく》の衆《しゅ》生《じょう》を利《り》する計《はか》らいなり」。総じて諸宗《しょしゅう》の学者もこの旨《むね》を存《そん》すべし。殊《こと》に天台一宗《てんだいいっしゅう》の学者、誰《たれ》かこの義に背《そむ》くべけんや、いかん。

答えて云《い》わく、爾前《にぜん》四十余年の経々《きょうぎょう》は各《おのおの》時機《じき》に随《したが》って興廃《こうはい》有るが故に、多分《たぶん》は浄土三部経《じょうどさんぶきょう》より已《い》前《ぜん》に滅尽《めつじん》有るべきか。諸経《しょきょう》においては多く三乗現身《さんじょうげんしん》の得道《とくどう》を説くが故に、末代《まつだい》においては現身得道の者これ少なし。十方《じっぽう》の往生《おうじょう》浄土は、多くは末代の機《き》に蒙《こうむ》らしむ。これについて、西方極楽《さいほうごくらく》は娑婆《しゃば》に隣《りん》近《ごん》なるが故に、最下《さいげ》の浄土なるが故に、日輪《にちりん》東に出《い》で西に没《ぼっ》するが故に、諸経に多くこれを勧《すす》む。したがって、浄土の祖師《そし》のみ独《ひと》りこの義を勧むるにあらず、天台《てんだい》・妙楽《みょうらく》等もまた爾前の経に依《よ》る日はしばらくこの筋《すじ》有り。また独り人師《にんし》のみにあらず、竜樹《りゅうじゅ》・天親《てんじん》もこの意有り。これ一義なり。また仁王《にんのう》経《きょう》等のごときは、浄土三部経よりなお久しく、末法万年《まっぽうまんねん》の後《のち》、八千年住《じゅう》すべしとなり。故に、爾前の諸経においては一定《いちじょう》なるべからず。

第二に、法華《ほっけ》・涅槃《ねはん》と浄土三部経《じょうどさんぶきょう》との久住《くじゅう》・不久住《ふくじゅう》を明かさば、

問うて云《い》わく、法華《ほっけ》・涅槃《ねはん》と浄土三部経《じょうどさんぶきょう》と、いずれか先に滅《めっ》すべきや。

答えて云わく、法華《ほっけ》・涅槃《ねはん》より已前《いぜん》に浄土三部経《じょうどさんぶきょう》は滅《めっ》すべきなり。

問うて云わく、何をもってこれを知るや。

答えて云わく、無量義経《むりょうぎきょう》に四十余年の大部《だいぶ》の諸経《しょきょう》を挙げ了《お》わって「いまだ真実を顕《あらわ》さず」と云うが故に、双観経《そうかんぎょう》等の「特《ひと》りこの経《きょう》のみを留《とど》む」の言《ことば》は皆《みな》、方便《ほうべん》なり虚妄《こもう》なり。華厳《けごん》・方等《ほうどう》・般若《はんにゃ》・観経《かんぎょう》等の速疾《そくしつ》・歴劫《りゃっこう》の往生《おうじょう》・成仏は、無量義経の実義をもってこれを撿《かんが》うるに、「無量無辺不可思議阿僧祇《むりょうむへんふかしぎあそうぎ》劫《こう》を過《す》ぐるとも、終《つい》に無上菩提《むじょうぼだい》を成《じょう》ずることを得ず乃至《ないし》険逕《けんきょう》を行くに、留難《るなん》多きが故なり」の経なり。往生・成仏ともに別時意趣《べつじいしゅ》なり。大集《だいじゅう》・双観経等の住滅《じゅうめつ》の先後は皆、随宜《ずいぎ》の一説なり。法華経に来《きた》らざるより前は、彼《か》の外道《げどう》の説に同《おな》じ。譬《たと》えば、江河《こうが》の大海に趣《おもむ》かず、民臣《みんしん》の大王に随《したが》わざるがごとし。身を苦しめ行《ぎょう》を作《な》すとも、法華《ほっけ》・涅槃《ねはん》に至らずんば一分《いちぶん》の利益《りやく》無く、有因無果《ういんむか》の外道なり。在《ざい》世《せ》・滅後《めつご》、ともに教《きょう》有って人《にん》無く、行《ぎょう》有って証《しょう》無きなり。諸木《しょもく》は枯《か》るといえども松柏《しょうはく》は萎《しぼ》まず、衆草《しゅそう》は散るといえども菊竹《きくちく》は変ぜず。法華経もまたかくのごとし。釈尊《しゃくそん》の三説《さんせつ》、多宝《たほう》の証明《しょうみょう》、諸仏《しょぶつ》の舌相《ぜっそう》、ひとえに令法久住《りょうぼうくじゅう》に在るが故なり。

問うて云《い》わく、諸経滅尽《しょきょうめつじん》の後《のち》、特《ひと》り法華経のみ留《とど》まるべき証文《しょうもん》いかん。

答えて云わく、法華経の法師品《ほっしほん》に釈尊自《しゃくそんみずか》ら流通《るつう》せしめて云《のたま》わく「我が説くところの経典《きょうてん》は無量千万億にして、已《すで》に説き、今説き、当《まさ》に説くべし。しかもその中において、この法華経は最もこれ難信難《なんしんなん》解《げ》なり」云々《うんぬん》。文《もん》の意は、一代五十年の已《い》・今《こん》・当《とう》の三説《さんせつ》において最第一の経《きょう》なり。八万聖教《はちまんしょうぎょう》の中に殊《こと》に未来に留《とど》めんと欲して説きたまいしなり。故に、次の品《ほん》に多宝如来《たほうにょらい》は地より涌出《ゆじゅつ》し、分身《ふんじん》の諸仏《しょぶつ》は十方《じっぽう》より一処《いっしょ》に来集《らいじゅう》し、釈迦《しゃか》如来は諸仏を御使《おんつか》いとして八方の四百万億那由他《なゆた》の世界に充満《じゅうまん》せる菩《ぼ》薩《さつ》・二乗《にじょう》・人天《にんてん》・八部《はちぶ》等を責めて「多宝如来ならびに十方の諸仏、涌出・来集の意趣《いしゅ》は、ひとえに令法《りょうぼう》久住《くじゅう》のためなり。各《おのおの》三説の諸経滅尽《しょきょうめつじん》の後《のち》、たしかに未来の五濁《ごじょく》・難信《なんしん》の世界においてこの経を弘《ひろ》めんと誓言《せいごん》を立てよ」と云《のたま》える時に、二万の菩薩、八十万億那由他の菩薩、各誓状《せいじょう》を立てて云《い》わく「我は身命《しんみょう》を愛せず、ただ無上道《むじょうどう》を惜《お》しむのみ」。千世界の微塵《みじん》の菩薩、文殊《もんじゅ》等、皆《みな》誓《ちか》って云わく「我らは仏滅《めつ》して後において乃至《ないし》当《まさ》に広くこの経を説くべし」云々。その後、仏十喩《じゅうゆ》を挙げたもう。その第一の喩《たと》えは、川流江河《せんるこうが》をもって四十余年の諸経に譬《たと》え、法華経をもって大海に譬う。末代濁悪《まつだいじょくあく》の無慙《ざん》・無愧《むき》の大旱魃《だいかんばつ》の時、四味《しみ》の川流江河は竭《つ》くといえども、法華経の大海は減少せず等と説き了《お》わって、次下《つぎしも》に正《まさ》しく説いて云《のたま》わく「我滅度《めつど》して後、後の五百歳の中《うち》、閻浮提《えんぶだい》に広宣流布《こうせんるふ》して、断絶せしむることなけん」と定め了わんぬ。

つらつら文《もん》の次第《しだい》を案ずるに、「我滅度《めつど》して後《のち》」の次の「後」の字は、四十余年の諸経滅尽《しょきょうめつじん》の後の「後」の字なり。故に、法華経の流通《るつう》たる涅槃経《ねはんぎょう》に云《い》わく「応《まさ》に無上《むじょう》の仏法をもって諸《もろもろ》の菩薩《ぼさつ》に付すべし。諸の菩薩は、よくかくのごとき法宝《ほうほう》を問答すれば、則《すなわ》ち無量千世《せんぜ》に久住《くじゅう》し増益熾盛《ぞうやくしじょう》にして衆生《しゅじょう》を利安《りあん》することを得《う》るをもってなり」已上《いじょう》。これらの文のごとくんば、法華《ほっけ》・涅槃は無量百歳にも絶《た》ゆべからざる経《きょう》なり。この義を知らざる世間《せけん》の学者は、大集権門《だいじゅうごんもん》の「五の五百歳」の文をもってこの経に同《どう》じ、浄土三部経《じょうどさんぶきょう》より已前《いぜん》に滅尽すべしと立義《りゅうぎ》を存《そん》して、一経《いっきょう》の先後・起尽《きじん》を忘れたるなり。

問うて云《い》わく、上《かみ》に挙《あ》ぐるところの曇鸞《どんらん》・道綽《どうしゃく》・善導《ぜんどう》・恵心《えしん》等の諸師《しょし》は、皆《みな》、法華《ほっけ》・真言《しんごん》等の諸経《しょきょう》において末代不相応《まつだいふそうおう》の釈《しゃく》を作る。これに依《よ》って、源空《げんくう》ならびに所化《しょけ》の弟子《でし》、法華・真言等をもって雑行《ぞうぎょう》と立て、難行道《なんぎょうどう》と疎《うと》み、行者《ぎょうじゃ》をば群賊《ぐんぞく》・悪衆《あくしゅ》・悪見《あっけん》の人等と罵《の》り、あるいは祖父が履《くつ》に類し〈聖光房《しょうこうぼう》の語《ことば》〉、あるいは絃歌《げんか》等にも劣《おと》ると云う〈南無房《なむぼう》の語〉。その意趣《いしゅ》を尋《たず》ぬれば、ひとえに時機《じき》不相応の義を存《そん》するが故なり。これらの人師《にんし》の釈をば、いかにこれを会《え》すべきや。

答えて云《い》わく、釈迦如来《しゃかにょらい》一代五十年の説教、一仏の金言《きんげん》において、権実《ごんじつ》二教を分かち、権経《ごんきょう》を捨てて実経《じっきょう》に入《い》らしむる仏語顕然《ぶつごけんねん》たり。ここにおいて「もしただ仏乗《ぶつじょう》を讃《ほ》むるのみならば、衆生《しゅじょう》は苦に没《もっ》す」の道理を恐《おそ》れ、しばらく四十二年の権経を説くといえども、「もし小乗《しょうじょう》をもって乃至《ないし》一人をも化《け》せば、我は則《すなわ》ち慳貪《けんどん》に堕《だ》せん」の失《とが》を脱《のが》れんがために、「大乗《だいじょう》に入ることを本《ほん》となす」の義を存《そん》し、本意を遂《と》げ、法華経を説きたもう。

しかるに、涅槃経《ねはんぎょう》に至って、我滅度《めつど》せば必ず四依《しえ》を出《い》だして権実《ごんじつ》二教を弘通《ぐつう》せしめんと約束し了《お》わんぬ。故に、竜樹菩薩《りゅうじゅぼさつ》は如来《にょらい》の滅後《めつご》八百年に世に出で、十住毘婆沙《じゅうじゅうびばしゃ》等の権論《ごんろん》を造って華厳《けごん》・方等《ほうどう》・般《はん》若《にゃ》等の意を宣《の》べ、大論《だいろん》を造って般若・法華《ほっけ》の差別を分かち、天親《てんじん》菩薩は如来の滅後九百年に世に出で、倶舎論《くしゃろん》を造って小乗《しょうじょう》の意を宣べ、唯識論《ゆいしきろん》を造って方等部《ほうどうぶ》の意を宣べ、最後に仏性論《ぶっしょうろん》を造って法華・涅槃の意を宣べ、了教《りょうきょう》・不了教《ふりょうきょう》を分かちて、あえて仏の遺言《ゆいごん》に違《たが》わず。末《すえ》の論師《ろんじ》ならびに訳者の時に至っては、一向《いっこう》に権経《ごんきょう》に執《しゅう》するが故に、実経《じっきょう》を会《え》して権経に入《い》れ、権実雑乱《ぞうらん》の失出来《とがしゅったい》せり。また人師《にんし》の時に至っては、各《おのおの》依憑《えびょう》の経をもって本《ほん》となすが故に、余経《よきょう》をもって権経となす。これよりいよいよ仏意《ぶつい》に背《そむ》く。

しかるに、浄土《じょうど》の三師においては、鸞《らん》・綽《しゃく》の二師は十住毘婆沙論《じゅうじゅうびばしゃろん》に依《よ》って難易《なんい》・聖浄《しょうじょう》の二道を立つ。

もし本論に違《い》して法華《ほっけ》・真言《しんごん》等をもって難易の内に入《い》れば、信用に及《およ》ばじ。したがって、浄土論註《じょうどろんちゅう》ならびに安楽集《あんらくしゅう》を見るに、多分《たぶん》は本論の意に違《たが》わず。善導和尚《ぜんどうおしょう》はまた浄土三部経《さんぶきょう》に依って弥陀称名《みだしょうみょう》等の一行一願《いちぎょういちがん》の往生《おうじょう》を立つる時、梁《りょう》・陳《ちん》・隋《ずい》・唐《とう》の四代の摂論師《しょうろんじ》は総じて一代聖教《いちだいしょうぎょう》をもって別時意趣《べつじいしゅ》と定《さだ》む。善導和尚の存念《ぞんねん》に違《い》するが故に、摂論師を破《は》する時、彼《か》の人を群賊《ぐんぞく》等に譬《たと》う。順次《じゅんじ》往生の功徳《くどく》を賊《ぬす》むが故に。その所行《しょぎょう》を雑行《ぞうぎょう》と称《しょう》す。必ず万行《まんぎょう》をもって往生の素懐《そかい》を遂《と》ぐるが故に。この人を責《せ》むる時に千中無一《せんちゅうむいち》と嫌《きら》えり。この故に、善導和尚も雑行の言《ことば》の中にあえて法華・真言等を入れず。

日本国の源信僧都《げんしんそうず》は、また叡山《えいざん》第十八代の座主《ざす》・慈恵大師《じえだいし》の御弟子《みでし》なり。多くの書を造れることは、皆《みな》、法華《ほっけ》を弘《ひろ》めんがためなり。しかるに、往生要集《おうじょうようしゅう》を造る意は、爾前《にぜん》四十余年の諸経《しょきょう》において往生・成仏の二義有り。成仏の難行《なんぎょう》に対して往生易行《いぎょう》の義を存《そん》し、往生の業《ごう》の中において菩提心観念《ぼだいしんかんねん》の念仏《ねんぶつ》をもって最上となす。故に、大文《だいもん》第十の問答料簡《もんどうりょうけん》の中、第七の諸行勝劣門《しょぎょうしょうれつもん》においては、念仏をもって最勝となし、次下《つぎしも》に爾前最勝の念仏をもって法華経の一念信解《いちねんしんげ》の功徳《くどく》に対して勝劣を判ずる時、一念信解の功徳は念仏三昧《ざんまい》より勝《すぐ》ること百千万倍なりと定めたまえり。当《まさ》に知るべし、往生要集の意は、爾前最上の念仏をもって法華最下《さいげ》の功徳に対して、人をして法華経に入《い》らしめんがために造るところの書なり。故に、往生要集の後《のち》に一乗要決《いちじょうようけつ》を造って自身の内証《ないしょう》を述《の》ぶる時、法華経をもって本意となすなり。

しかるに、源空《げんくう》ならびに所化《しょけ》の衆《しゅ》、この義を知らざるが故に、法華《ほっけ》・真言《しんごん》をもって三師ならびに源《げん》信破《しんは》するところの難《なん》・聖《しょう》・雑《ぞう》ならびに往生要集《おうじょうようしゅう》の序《じょ》の顕密《けんみつ》の中に入《い》れて、三師ならびに源信を法華・

真言の謗法《ほうぼう》の人と作《な》す。その上、日本国の一切《いっさい》の道俗《どうぞく》を化《け》して、法華・真言において時機《じき》不相応《ふそうおう》の旨《むね》を習わしめ、在家《ざいけ》・出家《しゅっけ》の諸人《しょにん》において法華・真言の結縁《けちえん》を留《とど》む。あに、仏の記したもうところの「悪世《あくせ》の中の比丘《びく》は、邪智《じゃち》にして心諂曲《てんごく》なり」の人にあらずや。また「則《すなわ》ち一切世間《いっさいせけん》の仏種《ぶっしゅ》を断ぜん」の失《とが》を免《まぬか》るべけんや。

その上、山門《さんもん》・寺門《じもん》・東寺《とうじ》・天台《てんだい》ならびに日本国中《にほんこくじゅう》に法華《ほっけ》・真言《しんごん》等を習う諸人《しょにん》を「群賊《ぐんぞく》」「悪衆《あくしゅ》」「悪《あっ》見《けん》の人」等に譬《たと》うる源空《げんくう》が重罪、いずれの劫《こう》にかその苦果《くか》を経《へ》尽《つ》くすべきや。法華経の法師品《ほっしほん》に持経《じきょう》者《しゃ》を罵る罪を説いて云《い》わく「もし悪人有って、不善の心をもって、一劫《いっこう》の中において、現《げん》に仏前において、常に仏を毀罵《きめ》せば、その罪はなお軽し。もし人、一つの悪言《あくごん》をもって、在家《ざいけ》・出家《しゅっけ》の法華経を読誦《どくじゅ》する者を毀呰《きし》せば、その罪ははなはだ重し」〈已上《いじょう》、経文《きょうもん》〉。一人の持者《じしゃ》を罵る罪すら、なおかくのごとし。いわんや書を造り、日本国の諸人をして罵らしむる罪をや。いかにいわんや、この経を千中《せんちゅう》無一《むいち》と定めて、法華経を行《ぎょう》ずる人に疑いを生《しょう》ぜしむる罪をや。いかにいわんや、この経を捨てて観経《かんぎょう》等の権経《ごんきょう》に遷《うつ》らしむる謗法《ほうぼう》の罪をや。願わくは、一切《いっさい》の源空が所化《しょけ》の四衆《ししゅ》よ、頓《とみ》に選択集《せんちゃくしゅう》の邪法《じゃほう》を捨ててたちまちに法華経に遷り、今度阿鼻《あび》の炎《ほのお》を脱《のが》れよ。

問うて云《い》わく、正《まさ》しく源空《げんくう》が法華経を誹謗《ひぼう》する証文《しょうもん》いかん。

答えて云わく、法華経の第二に云わく「もし人信ぜずして、この経《きょう》を毀謗《きぼう》せば、則《すなわ》ち一切世間《いっさいせけん》の仏《ぶっ》種《しゅ》を断ぜん」〈経文《きょうもん》〉。不信の相貌《そうみょう》は、人をして法華経を捨てしむればなり。故に、天親菩薩《てんじんぼさつ》の仏性論《ぶっしょうろん》の第一にこの文《もん》を釈《しゃく》して云わく「もし大乗《だいじょう》に憎背《ぞうはい》せば、これはこれ一闡提《いっせんだい》の因なり。衆生《しゅじょう》をしてこの法を捨てしむるがための故に」〈論文《ろんもん》〉。謗法《ほうぼう》の相貌は、この法を捨てしむるが故なり。選択集《せんちゃくしゅう》は人をして法華経を捨てしむる書にあらずや。闍《かく》・抛《ほう》の二字は仏性論《ぶっしょうろん》の「憎背」の二字にあらずや。

また法華経誹謗《ひぼう》の相貌《そうみょう》は、四十余年の諸経《しょきょう》のごとく小善《しょうぜん》の成仏をもって別時意趣《べつじいしゅ》と定《さだ》むる等なり。故に、天台《てんだい》、釈《しゃく》して云《い》わく「もし小善の成仏を信ぜずんば、則《すなわ》ち世間《せけん》の仏種《ぶっしゅ》を断ずるなり」。妙楽《みょうらく》重ねてこの義を宣《の》べて云わく「この経《きょう》はあまねく六道《ろくどう》の仏種を開く。もしこの経を謗《ぼう》ぜば、義《ぎ》、断《だん》に当たるなり」。釈迦《しゃか》・多宝《たほう》・十方《じっぽう》の諸仏《しょぶつ》・天親《てんじん》・天台・妙楽の意のごとくんば、源空《げんくう》は謗法《ほうぼう》の者なり。詮《せん》ずるところ、選択集《せんちゃくしゅう》の意は、人をして法華《ほっけ》・真言《しんごん》を捨てしめんと定めて書き了《お》わんぬ。謗法の義、疑いなきものなり。

大文《だいもん》の第三に、選択集《せんちゃくしゅう》の謗法《ほうぼう》の縁起《えんぎ》を出《い》ださば、

問うて云《い》わく、いずれの証拠《しょうこ》をもって源空《げんくう》を謗法《ほうぼう》の者と称《しょう》するや。

答えて云わく、選択集《せんちゃくしゅう》の現文《げんもん》を見るに、一代聖教《いちだいしょうぎょう》をもって二つに分かつ。一には聖道《しょうどう》・難行《なんぎょう》・雑行《ぞうぎょう》、二には浄土《じょうど》・易行《いぎょう》・正行《しょうぎょう》なり。その中に、聖《しょう》・難《なん》・雑《ぞう》というは、華厳《けごん》・阿含《あごん》・方等《ほうどう》・般若《はんにゃ》・法華《ほっけ》・涅槃《ねはん》・大日経《だいにちきょう》等なり〈取意〉。浄《じょう》・易《い》・正《しょう》というは、浄土三部経《じょうどさんぶきょう》の称名念仏《しょうみょうねんぶつ》等なり〈取意〉。聖・難・雑の失《とが》を判ずるには、末代《まつだい》の凡夫《ぼんぷ》これを行《ぎょう》ぜば「百の時に希《まれ》に一・二を得《え》、千の時に希に三・五を得ん」、あるいは「千の中に一《ひと》りも無し」、あるいは「群賊《ぐんぞく》・悪衆《あくしゅ》・邪見《じゃけん》・悪見《あっけん》・邪雑《じゃぞう》の人」等と定《さだ》むるなり。浄・易・正の得《とく》を判ずるには、末代の凡夫これを行ぜば「十は即《すなわ》ち十生《しょう》じ、百は即ち百生ぜん」等なり。謗法《ほうぼう》

の邪義《じゃぎ》これなり。

問うて云《い》わく、一代聖教《いちだいしょうぎょう》を聖道《しょうどう》・浄土《じょうど》、難行《なんぎょう》・易行《いぎょう》、正行《しょうぎょう》・雑行《ぞうぎょう》と分かち、その中に難《なん》・聖《しょう》・雑《ぞう》をもって時機不相応《じきふそうおう》と称《しょう》することは、ただ源空《げんくう》一人の新義にあらず。曇鸞《どんらん》・道綽《どうしゃく》・善導《ぜんどう》の三師の義なり。これまたこれらの人師《にんし》の私《わたくし》の案にあらず。その源《みなもと》は竜樹菩薩《りゅうじゅぼさつ》の十住毘婆沙論《じゅうじゅうびばしゃろん》より出《い》でたり。もし源空を謗法《ほうぼう》の者と称せば、竜樹菩薩ならびに三師を謗法の者と称するにあらずや。

答えて云《い》わく、竜樹菩薩《りゅうじゅぼさつ》ならびに三師の意は、法華已前《ほっけいぜん》の四十余年の経々《きょうぎょう》において難易《なんい》等の義を存《ぞん》す。しかるに、源空《げんくう》より已来《このかた》、竜樹ならびに三師の難行《なんぎょう》等の語《ことば》を借りて、法華・真言《しんごん》等をもって難《なん》・雑《ぞう》等の内に入《い》れぬ。所化《しょけ》の弟子《でし》、師の失《とが》を知らずして、この邪義《じゃぎ》をもって正義《しょうぎ》と存《ぞん》じ、この国に流布《るふ》せしむるが故に、国中《こくちゅう》の万民《ばんみん》ことごとく法華・真言等において時機不相応《じきふそうおう》の想《おも》いを作《な》す。その上、世《せ》間《けん》を貪《むさぼ》る天台《てんだい》・真言の学者、世の情《じょう》に随《したが》わんがために、法華・真言等において時機不相応の悪言《あくごん》を吐《は》いて選択集《せんちゃくしゅう》の邪義を扶《たす》け、一旦《いったん》の欲心《よくしん》によって釈迦《しゃか》・多宝《たほう》ならびに十方諸仏《じっぽうしょぶつ》の御評定《ごひょうじょう》の「法をして久しく住《じゅう》せしめん」「閻浮提《えんぶだい》に広宣流布《こうせんるふ》せん」の誠言《じょうごん》を壊《やぶ》り、一切衆生《いっさいしゅじょう》をして一切の三世十方《さんぜじっぽう》の諸仏の舌を切る罪を得せしむ。ひとえにこれ、「悪世《あくせ》の中の比丘《びく》は、邪智《じゃち》にして心諂曲《てんごく》に、いまだ得ざるを謂《おも》って得たりとなし乃至《ないし》悪鬼《あっき》その身に入って、仏の方便《ほうべん》、宜《よろ》しきに随って説きたもうところの法を知らず」の故なり。

問うて云《い》わく、竜樹菩薩《りゅうじゅぼさつ》ならびに三師は法華《ほっけ》・真言《しんごん》等をもって難《なん》・聖《しょう》・雑《ぞう》の内に入《い》れざるを、源空《げんくう》私《ひそか》にこれを入るとは、何をもってこれを知るや。

答えて云《い》わく、遠く余処《よしょ》に証拠《しょうこ》を尋《たず》ぬべきにあらず。即《すなわ》ち選択集《せんちゃくしゅう》にこれ見えたり。

問うて云わく、その証文《しょうもん》、いかん。

答えて云わく、選択集《せんちゃくしゅう》の第一篇《ぺん》に云わく「道綽禅師《どうしゃくぜんじ》、聖道《しょうどう》・浄土《じょうど》の二門を立てて、聖道を捨て正《まさ》しく浄土に帰《き》するの文《もん》」と約束し了《お》わって、次下《つぎしも》に安楽集《あんらくしゅう》を引いて私《わたくし》の料簡《りょうけん》の段に云わく「初めに聖《しょう》道門《どうもん》とは、これについて二つ有り。一には大乗《だいじょう》、二には小乗《しょうじょう》なり。大乗の中について顕密《けんみつ》・権実《ごんじつ》等の不同有りといえども、今この集の意はただ顕大《けんだい》および権大《ごんだい》のみを存《そん》す。故に、歴劫迂回《りゃっこううえ》の行《ぎょう》に当たる。これに準《じゅん》じてこれを思うに、応《まさ》に密大《みつだい》および実大《じつだい》をも存すべし」已上《いじょう》。選択集の文なり。この文の意は、道綽禅師の安楽集の意は法華已前《ほっけいぜん》の大小乗経《だいしょうじょうきょう》において聖道・浄土の二門を分かつといえども、我私《われわたくし》に法華・真言《しんごん》等の実大・密大をもって四十余年の権大乗《ごんだいじょう》に同《どう》じて聖道門と称《しょう》す。「準之思之《じゅんししし》(これに準じてこれを思うに)」の四字これなり。この意に依《よ》るが故に、また曇鸞《どんらん》の難易《なんい》の二道を引く時、私に法華・真言をもって難行道《なんぎょうどう》の中に入《い》れ、善導和尚《ぜんどうおしょう》の正雑《しょうぞう》二行《ぎょう》を分かつ時も、また私に法華・真言をもって雑行《ぞうぎょう》の内に入る。総じて、選択集の十六段に亘《わた》って無量の謗法《ほうぼう》を作《な》す根源は、ひとえにこの四字より起こる。誤れるかな、畏《おそ》ろしきかな。

ここに、源空《げんくう》の門弟《もんてい》、師の邪義《じゃぎ》を救って云《い》わく、諸宗《しょしゅう》の常《つね》の習い、たとい経論《きょうろん》の証文《しょうもん》無しといえども、義類の同じきを聚《あつ》めて一処《いっしょ》に置く。しかるに選択集《せんちゃくしゅう》の意は、法華《ほっけ》・真言《しんごん》等を集めて雑行《ぞうぎょう》の内に入《い》れ、正行《しょうぎょう》に対してこれを捨《す》つ。ひとえに経《きょう》の法体《ほったい》を嫌《きら》うにあらず。ただ風勢《ふぜい》無き末代《まつだい》の衆生《しゅじょう》を常没《じょうもつ》の凡夫《ぼんぷ》と定め、この機《き》に易行《いぎょう》の法を撰《えら》ぶ時、称名《しょうみょう》の念仏《ねんぶつ》をもってその機に当て、易行の法をもって諸教《しょきょう》に勝《すぐ》ると立つ。権実《ごんじつ》・浅深《せんじん》等の勝劣《しょうれつ》を詮《せん》ずるにあらず。雑行と云うも、嫌って雑《ぞう》と云うにあらず。雑と云うは、不純を雑と云う。その上、諸《もろもろ》の経論ならびに諸師《しょし》もこの意無きにあらず。故に、叡山《えいざん》の先徳《せんとく》の往生要集《おうじょうようしゅう》の意、ひとえにこの義なり。

ゆえに、往生要集《おうじょうようしゅう》の序《じょ》に云《い》わく「顕密《けんみつ》の教法《きょうほう》、その文《もん》、一つにあらず。事理《じり》の業因《ごういん》、その行《ぎょう》これ多し。利智《りち》・精進《しょうじん》の人はいまだ難《かた》しとなさず、予《よ》がごとき頑魯《がんろ》の者、あにあえてせんや。この故に念仏《ねんぶつ》の一門に依《よ》る」云々《うんぬん》。この序の意は、恵心先徳《えしんのせんとく》も法華《ほっけ》・真言《しんごん》等を破《は》するにあらず、ただひとえに我ら頑魯の者の機《き》に当《あ》つ。法華・真言は聞き難《がた》く行じ難きが故なり、我が身鈍根《どんこん》なるが故なり。あえて法《ほっ》体《たい》を嫌《きら》うにはあらず。その上、序より已外《いげ》、正宗《しょうしゅう》に至るまで、十門有り。大文《だいもん》第八の門に述べて云わく「今、念仏を勧《すす》むることは、これ余《よ》の種々の妙行《みょうぎょう》を遮《しゃ》するにあらず。ただこれ男女《なんにょ》・貴賤《きせん》の、行住《ぎょうじゅう》坐臥《ざが》を簡《えら》ばず、時《じ》・処《しょ》・諸縁《しょえん》を論ぜず、これを修《しゅ》するに難《かた》からず、乃至臨終《ないしりんじゅう》に往生を願求《がんぐ》するに、その便宜《びんぎ》を得《う》ること、念仏にしかざればなり」已上《いじょう》。これらの文を見るに、源空《げんくう》の選択集《せんちゃくしゅう》と源信《げんしん》の往生要集と一巻・三巻の不同有りといえども、一代聖教《いちだいしょうぎょう》の中には易行《いぎょう》を撰《えら》んで末代《まつだい》の愚人《ぐにん》を救わんと欲《ほっ》する意趣《いしゅ》はただ同じことなり。源空上人《しょうにん》、法華・真言を難行《なんぎょう》と立てて悪道《あくどう》に堕《お》つれば、恵心先徳もまたこの失《とが》を免《まぬか》るべからず、いかん。

答えて云《い》わく、汝《なんじ》、師の謗法《ほうぼう》の失《とが》を救わんがために、事を源信《げんしん》の往生要集《おうじょうようしゅう》に寄せて、謗法の上にいよいよ重罪を招く者なり。その故は、釈迦如来《しゃかにょらい》五十年の説教に、総じて先《さき》四十二年の意を無量義経《むりょうぎきょう》に定めて云わく「険逕《けんきょう》を行くに、留難《るなん》多きが故なり」。無量義経より已後《いご》を定めて云わく「大直道《だいじきどう》を行くに、留難無きが故なり」。仏自《みずか》ら難易勝劣《なんいしょうれつ》の二道を分かちたまえり。仏より外《ほか》、等覚《とうがく》より已下末代《いげまつだい》の凡師《ぼんし》に至るまで、自義をもって難易の二道を分かちてこの義に背《そむ》く者は、外道《げどう》・魔王《まおう》の説に同じきか。したがって、四依《しえ》の大士《だいじ》たる竜樹菩薩《りゅうじゅぼさつ》の十住毘婆沙論《じゅうじゅうびばしゃろん》には、法華《ほっけ》より已前《いぜん》において難易の二道を分かち、あえて四十余年より已後の経《きょう》において難行《なんぎょう》の義を存《そん》せず。その上、もし修《しゅ》し易《やす》きをもって易《い》行《ぎょう》と定めば、法華経の五十展転《ごじってんでん》の行は称名念仏《しょうみょうねんぶつ》より行じ易きこと百千万億倍なり。もしまた勝《しょう》をもって易行と定めば、分別功徳品《ふんべつくどくほん》に爾前《にぜん》四十余年の八十万億劫《こう》の間の檀《だん》・戒《かい》・忍《にん》・進《しん》・念仏三昧《ざんまい》等の先の五《ご》波羅蜜《はらみつ》の功徳をもって法華経の一念信解《いちねんしんげ》の功徳に比するに、一念信解の功徳は念仏三昧等の先の五波羅蜜に勝《すぐ》るること百千万億倍なり。難易勝劣と謂《い》い、行浅功深《ぎょうせんくじん》と謂い、観経《かんぎょう》等の念仏三昧を法華経に比するに、難行の中の極難行《ごくなんぎょう》、勝劣の中の極劣《ごくれつ》なり。

その上、悪人・愚人《ぐにん》を扶《たす》くること、また教《きょう》の浅深《せんじん》に依《よ》る。阿含《あごん》十二年の戒門《かいもん》には、現身《げんしん》に四重《しじゅう》・五《ご》逆《ぎゃく》の者に得道《とくどう》を許さず。華厳《けごん》・方等《ほうどう》・般若《はんにゃ》・双観経《そうかんぎょう》等の諸経《しょきょう》は、阿含経《あごんぎょう》より教え深き故に勧門《かんもん》の時は重罪の者を摂《おさ》むといえども、なお戒門の日は七逆《しちぎゃく》の者に現身の受戒《じゅかい》を許さず。しかりといえども、決《けつ》定性《じょうしょう》の二乗《にじょう》、無性《むしょう》の闡提《せんだい》においては、戒《かい》・勧《かん》共にこれを許さず。法華《ほっけ》・涅槃《ねはん》等には、ただ五逆・七逆・謗法《ほうぼう》の者を摂むるのみにあらず、また定性《じょうしょう》・無性をも摂む。なかんずく、末法《まっぽう》においては、常没《じょうもつ》の闡提これ多し。あに観経《かんぎょう》等の四十余年の諸経においてこれを扶くべけんや。無性の常没、決定性の二乗は、ただ法華・涅槃等に限れり。四十余年の経に依る人師《にんし》は、彼《か》の経の機《き》と取る。この人はいまだ教《きょう》相《そう》を知らざるが故なり。

ただし往生要集《おうじょうようしゅう》は、一往序文《いちおうじょぶん》を見る時は、法華《ほっけ》・真言《しんごん》等をもって顕密《けんみつ》の内に入《い》れてほとんど末代《まつだい》の機《き》に叶《かな》わずと書くといえども、文《もん》に入って委細《いさい》に一部三巻の始末《しまつ》を見るに、第十の問答料簡《もんどうりょうけん》の下《しも》に正《まさ》しく諸行《しょぎょう》の勝劣《しょうれつ》を定《さだ》むる時、観仏三昧《かんぶつざんまい》・般舟《はんじゅ》三昧・十住毘婆沙論《じゅうじゅうびばしゃろん》・宝積《ほうしゃく》・大集《だいじゅう》等の爾前《にぜん》の経論《きょうろん》を引いて、一切《いっさい》の万行《まんぎょう》に対して念仏《ねんぶつ》三昧をもって王《おう》三昧と立て了《お》わんぬ。最後に一つの問答有り。爾前の禅《ぜん》定《じょう》・念仏三昧をもって法華経の一念信解《いちねんしんげ》に対するに、百千万億倍劣《おと》ると定む。復問《ふくもん》を通ずる時、念仏三昧を万行に勝《すぐ》ると云《い》うは爾前の当分《とうぶん》なりと云々《うんぬん》。

当《まさ》に知るべし、恵心《えしん》の意は往生要集《おうじょうようしゅう》を造って末代《まつだい》の愚機《ぐき》を調《ととの》えて法華経に入《い》れんがためなり。例せば、仏の四十余年の経《きょう》をもって権機《ごんき》を調えて法華経に入れたもうがごとし。故に、最後に一乗要決《いちじょうようけつ》を造る。その序《じょ》に云《い》わく「諸乗《しょじょう》の権実《ごんじつ》は古来の諍《あらそ》いなり。ともに経論《きょうろん》に拠《よ》って互《たが》いに是非《ぜひ》を執《しゅう》す。余《よ》、寛弘丙午歳《かんこうひのえうまのとし》の冬十月、病中に歎《なげ》いて曰《い》わく、仏法に遇《あ》うといえども、仏意《ぶつい》を了《りょう》せず。もし終《つい》に手を空《むな》しゅうせば、後悔何《こうかいなん》ぞ追わん。ここに経論の文義《もんぎ》、賢哲《けんてつ》の章疏《しょうしょ》、あるいは人をして尋《たず》ねしめ、あるいは自《みずか》ら思択《しちゃく》し、全《まった》く自宗《じしゅう》・他宗《たしゅう》の偏党《へんとう》を捨てて専《もっぱ》ら権智《ごんち》・実智《じっち》の深奥《しんおう》を探《さぐ》るに、ついに一乗真実《いちじょうしんじつ》の理《り》、五乗方便《ごじょうほうべん》の説を得《う》る者なり。既《すで》に今生《こんじょう》の蒙《もう》を開けば、何ぞ夕死《せきし》の恨《うら》みを遺《のこ》さん」已上《いじょう》。この序の意はひとえに恵心の本意を顕《あらわ》すなり。自宗・他宗の偏党を捨《す》つる時、浄土《じょうど》の法門《ほうもん》を捨てざらんや。一乗真実の理を得る時、専《もっぱ》ら法華経に依《よ》るにあらずや。

源信僧都《げんしんそうず》は永観《えいかん》二年甲申《きのえさる》の冬十一月、往生要集《おうじょうようしゅう》を造り、寛弘《かんこう》二年丙午《ひのえうま》の冬十月の比《ころ》、一乗要決《いちじょうようけつ》を作る。その中間二十余年なり。権《ごん》を先にし実《じつ》を後《のち》にす。あたかも仏のごとく、また竜樹《りゅうじゅ》・天親《てんじん》・天台《てんだい》等のごとし。汝《なんじ》、往生要集を便りとして師の謗法《ほうぼう》の失《とが》を救わんと欲《ほっ》すれども、あえてその義類に似ず。義類の同じきをもって一処《いっしょ》に聚《あつ》むとならば、何らの義類同じきや。華厳経《けごんぎょう》のごときは、二乗界《にじょうかい》を隔《へだ》つるが故に十界互具《じっかいごぐ》無し。方等《ほうどう》・般若《はんにゃ》の諸経《しょきょう》は、また十界互具を許さず。観経《かんぎょう》等の往生極楽《ごくらく》もまた、方《ほう》便《べん》の往生なり。成仏・往生ともに法華経のごとき往生にあらず、皆《みな》、別時意趣《べつじいしゅ》の往生・成仏なり。

その上、源信僧都《げんしんそうず》の意は、四威儀《しいぎ》に行じ易《やす》きが故に念仏《ねんぶつ》をもって易行《いぎょう》と云《い》い、四威儀に行じ難《がた》きが故に法華《ほっけ》をもって難行《なんぎょう》と称《しょう》せば、天台《てんだい》・妙楽《みょうらく》の釈《しゃく》を破《は》する人なり。所以《ゆえん》は、妙楽大師《だいし》は末代《まつだい》の鈍者《どんしゃ》・無智《むち》の者等の法華経を行ずるに、普賢菩薩《ふげんぼさつ》ならびに多宝《たほう》・十方《じっぽう》の諸仏《しょぶつ》を見奉《たてまつ》るを易行と定めて云わく「散心《さんしん》に法華を誦《じゅ》し、禅三昧《ぜんざんまい》に入《い》らず、坐立行《ざりゅうぎょう》に一心に法華の文字《もんじ》を念ず」已上《いじょう》。この釈の意趣《いしゅ》は末代の愚者《ぐしゃ》を摂《おさ》めんがためなり。「散心」とは定心《じょうしん》に対する語なり。「法華を誦す」とは、八巻・一巻・一字・一句・一偈《げ》・題目、一心一念随喜《いっしんいちねんずいき》の者、五十展転《ごじってんでん》等なり。「坐立行」とは四威儀を嫌《きら》わざるなり。「一心」とは定《じょう》の一心にあらず、理《り》の一心にあらず、散心の中の一心なり。「法華の文字を念ず」とは、この経は諸経《しょきょう》の文字に似ず、一字を誦すといえども、八万宝蔵《ほうぞう》の文字を含《ふく》み、一切《いっさい》諸仏の功徳《くどく》を納《おさ》むるなり。

天台大師《てんだいだいし》、玄義《げんぎ》の八に云《い》わく「手に巻《かん》を執《と》らざれども常にこの経《きょう》を読み、口に言声《ごんしょう》無けれどもあまねく衆典《しゅてん》を誦《じゅ》し、仏説法《せっぽう》せざれどもつねに梵音《ぼんのん》を聞き、心に思惟《しゆい》せざれどもあまねく法界《ほうかい》を照らす」已上《いじょう》。この文《もん》の意は、手に法華経一部八巻を執らざれども、この経を信ずる人は昼夜十二時《ちゅうやじゅうにとき》の持経者《じきょうしゃ》なり。口に読経《どきょう》の声を出《い》ださざれども、法華経を信ずる者は、日々《ひび》、時々《じじ》、念々《ねんねん》に一切経《いっさいきょう》を読む者なり。

仏の入滅《にゅうめつ》は既《すで》に二千余年を経《へ》たり。しかりといえども、法華経を信ずる者の許《もと》に仏の音声《おんじょう》を留《とど》めて、時々《じじ》、刻々《こっこく》、念々《ねんねん》に、我《われ》死せざる由《よし》を聞かしむ。心に一念三千《いちねんさんぜん》を観《かん》ぜざれども、あまねく十方法界《じっぽうほうかい》を照らすものなり。これらの徳はひとえに法華経を行《ぎょう》ずる者に備《そな》わるなり。この故に、法華経を信ずる者は、たとい臨終《りんじゅう》の時、心に仏を念ぜず、口に経《きょう》を誦《じゅ》せず、道場に入《い》らざれども、心無くして法界を照らし、音《こえ》無くして一切経《いっさいきょう》を誦し、巻軸《かんじく》を取らずして法華経八巻を拳《にぎ》る徳これ有り。これあに、権教《ごんきょう》の念仏者《ねんぶつしゃ》の臨終正念《りんじゅうしょうねん》を期《ご》して十念《じゅうねん》の念仏を唱えんと欲する者に百千万倍勝《すぐ》るるの易行《いぎょう》にあらずや。

故に、天台大師《てんだいだいし》、文句《もんぐ》の十に云《い》わく「すべて諸教《しょきょう》に勝《すぐ》るるが故に、随喜功徳品《ずいきくどくほん》と言う」。妙楽《みょうらく》大師は、法華経は諸経《しょきょう》より浅機《せんき》を取れども、人師《にんし》この義を弁《わきま》えざるが故に法華経の機を深く取ることを破《は》して云わく「恐《おそ》らくは、人謬《あやま》って解《げ》せる者、初心《しょしん》の功徳《くどく》の大《だい》なることを測《はか》らずして、功《く》を上位に推《ゆず》り、この初心を蔑《あなど》る。故に、今、彼《か》の行《ぎょう》浅く功《く》深きことを示して、もって経力《きょうりき》を顕《あらわ》す」已上《いじょう》。「もって経力を顕す」の釈《しゃく》の意趣《いしゅ》は、法華経は観経《かんぎょう》等の権経《ごんきょう》に勝れたるが故に、行浅く功深し。浅機を摂《おさ》むるが故なり。もし恵心先徳《えしんのせんとく》、法華経をもって念仏《ねんぶつ》より難行《なんぎょう》と定めて、愚者《ぐしゃ》・頑魯《がんろ》の者を摂めずと云わば、恐らくは逆路伽耶陀《ぎゃくろかやだ》の罪を招かざらんや。また「恐らくは、人謬《あやま》って解す」の内に入《い》らざらんや。

総じて天台《てんだい》・妙楽《みょうらく》の三大部の本末《ほんまつ》の意には、法華経は諸経《しょきょう》に漏《も》れたる愚者《ぐしゃ》・悪人《あくにん》・女人《にょにん》・常没闡提《じょうもつせんだい》等を摂《おさ》めたもう。他師は、仏意《ぶつい》を覚《さと》らざるが故に、法華経を諸経に同《どう》じ、あるいは地《じ》・住《じゅう》の機《き》を取り、あるいは凡夫《ぼんぷ》においても別時意趣《べつじいしゅ》の義を存《そん》す。これらの邪義《じゃぎ》を破《は》して、人天《にんてん》・四悪《しあく》をもって法華経の機と定《さだ》む。就類《じゅるい》・相対《そうたい》をもって過去の善悪を収《おさ》む。「人天に生《しょう》ずる人、あに過去の五戒十善《ごかいじゅうぜん》無からんや」等と定め了《お》わんぬ。もし恵心《えしん》この義に背《そむ》かば、あに天台宗《てんだいしゅう》を知れる人ならんや。

しかるに、源空《げんくう》、深くこの義に迷うが故に、往生要集《おうじょうようしゅう》において僻見《びゃっけん》を起こし、自《みずか》ら失《あやま》ち他をも誤るものなり。たまたま宿善《しゅくぜん》有って実教《じっきょう》に入《い》りながら、一切衆生《いっさいしゅじょう》を化《け》して権教《ごんきょう》に還《かえ》らしめ、あまつさえ実教を破《は》せしむ。あに悪師にあらずや。彼《か》の久遠下種《くおんげしゅ》、大通結縁《だいつうけちえん》の者の、五百・三千の塵点《じんてん》を経《ふ》るがごときは、法華《ほっけ》の大教を捨てて爾前《にぜん》の権小《ごんしょう》に遷《うつ》るが故に、後《のち》には権経《ごんきょう》をも捨てて六道《ろくどう》に回《めぐ》りぬ。不軽軽《ふきょうきょう》毀《き》の衆《しゅ》は、千劫阿鼻地獄《せんごうあびじごく》に堕《お》つ。権師《ごんし》を信じ、実経《じっきょう》を弘《ひろ》むる者に誹謗《ひぼう》を作《な》したるが故なり。しかるに、源空は、我が身ただ実経を捨てて権経に入るのみにあらず、人を勧《すす》めて実経を捨てて権経に入らしめ、また権人《ごんにん》をして実経に入らしめず。あまつさえ実経の行者《ぎょうじゃ》を罵《の》るの罪、永劫《えいごう》にも浮《う》かび難《がた》からんか。

問うて云《い》わく、十住毘婆沙論《じゅうじゅうびばしゃろん》は一代の通論なり。難易《なんい》の二道の内に、何《なん》ぞ法華《ほっけ》・真言《しんごん》・涅槃《ねはん》を入《い》れざるや。

答えて云《い》わく、一代の諸大乗経《しょだいじょうきょう》において、華厳経《けごんぎょう》のごときは初頓《しょとん》・後分《ごぶん》有り。初頓の華厳は二乗《にじょう》の成《じょう》・不成《ふじょう》を論ぜず。方等部《ほうどうぶ》の諸経《しょきょう》には、一向《いっこう》に二乗・無性闡提《むしょうせんだい》の成仏を斥《きら》う。般若部《はんにゃぶ》の諸経もこれに同《おな》じ。総じて四十余年の諸大乗経の意は、法華《ほっけ》・涅槃《ねはん》・大日経《だいにちきょう》等のごとくには二乗・無性の成仏を許さず。これらをもってこれを勘《かんが》うるに、爾前《にぜん》・法華の相違《そうい》は水火《すいか》のごとし。

滅後《めつご》の論師《ろんじ》たる竜樹《りゅうじゅ》・天親《てんじん》もまた、ともに千部の論師なり。造るところの論に通別《つうべつ》の二論有り。通論においてもまた二つ有り。四十余年の通論と一代五十年の通論となり。その差別を分かつに、決定《けつじょう》性《しょう》の二乗《にじょう》・無性闡提《むしょうせんだい》の成《じょう》・不成《ふじょう》をもって論の権実《ごんじつ》を定《さだ》むるなり。しかるに、大論《だいろん》は、竜樹菩薩《ぼさつ》の造、羅什三蔵《らじゅうさんぞう》の訳なり。般若経《はんにゃきょう》に依《よ》る時は二乗作仏《にじょうさぶつ》を許さず、法華経に依れば二乗作仏を許す。十住毘婆《じゅうじゅうびば》沙論《しゃろん》もまた竜樹菩薩の造、羅什三蔵の訳なり。この論にもまた二乗作仏を許さず。これをもって知んぬ、法華已前《ほっけいぜん》の諸大乗経《しょだいじょうきょう》の意を申《の》べたる論なることを。

問うて云《い》わく、十住毘婆沙論《じゅうじゅうびばしゃろん》のいずれの処《ところ》に、二乗作仏《にじょうさぶつ》を許さざる文《もん》、出《い》でたるや。

答えて云わく、十住毘婆沙論《じゅうじゅうびばしゃろん》〈竜樹菩薩《りゅうじゅぼさつ》造、羅什《らじゅう》訳〉の第五に云わく「もし声聞地《しょうもんじ》および辟支仏地《ひゃくしぶつじ》に堕《お》ちなば、これを菩薩《ぼさつ》の死と名づく。則《すなわ》ち一切《いっさい》の利《り》を失う。もし地獄《じごく》に堕つとも、かくのごとき畏《おそ》れを生《しょう》ぜじ。もし二乗地《にじょうじ》に堕ちなば、則ち大怖畏《だいふい》となす。地獄の中に堕つとも、畢竟《ひっきょう》して仏に至ることを得《う》。もし二乗地に堕ちなば、畢竟して仏道《ぶつどう》を遮《さえぎ》る」已上《いじょう》。この文《もん》、二乗作仏を許さず。あたかも浄名《じょうみょう》等の「仏法の中において、もって敗種《はいしゅ》のごとし」の文のごとし。

問うて云《い》わく、大論《だいろん》は般若経《はんにゃきょう》に依《よ》って二乗作仏《にじょうさぶつ》を許さず法華経に依って二乗作仏を許す文《もん》、いかん。

答えて曰《い》わく、大論《だいろん》〈竜樹菩薩《りゅうじゅぼさつ》造、羅什三蔵《らじゅうさんぞう》訳〉の一百に云わく「問うて曰わく、さらにいずれの法か甚深《じんじん》にして般若《はんにゃ》に勝《すぐ》れたるもの有って、般若をもって阿難《あなん》に嘱累《ぞくるい》し、余経《よきょう》をもって菩薩に嘱累するや。答えて曰わく、般若波羅蜜《はらみつ》は秘密の法にあらず。しかるに、法華《ほっけ》等の諸経《しょきょう》は阿羅漢《あらかん》の受決作仏《じゅけつさぶつ》を説く。ゆえに大菩薩能《よ》く受けて持用《じゆう》す。譬《たと》えば、大薬師《だいやくし》の能く毒をもって薬となすがごとし」。また九十三に云わく「阿羅漢の成仏は、論義者《ろんぎしゃ》の知るところにあらず。ただ仏のみ能く了《りょう》したもう」已上《いじょう》。これらの文《もん》をもってこれを思うに、論師《ろんじ》の権実《ごんじつ》はあたかも仏の権実のごとし。しかるを、権経《ごんきょう》に依《よ》る人師《にんし》、みだりに法華等をもって観経《かんぎょう》等の権説《ごんせつ》に同《どう》じ、法華・涅槃《ねはん》等の義を仮《か》りて浄土三部経《じょうどさんぶきょう》の徳と作《な》し、決《けつ》定性《じょうしょう》の二乗《にじょう》、無性闡提《むしょうせんだい》、常没《じょうもつ》等の往生《おうじょう》を許す。権実雑乱《ぞうらん》の失脱《とがのが》れ難《がた》し。例せば、外典《げてん》の儒者《じゅしゃ》の内典《ないてん》を賊《ぬす》んで外典を荘《かざ》るがごとし。謗法《ほうぼう》の失免《まぬか》れ難きか。

仏、自《みずか》ら権実《ごんじつ》を分かちたもう。その詮《せん》を探《さぐ》るに、決定性《けつじょうしょう》の二乗《にじょう》、無性有情《むしょううじょう》の成《じょう》・不成《ふじょう》これなり。しかるに、この義を弁《わきま》えざる訳者、爾前《にぜん》の経々《きょうぎょう》を訳する時、二乗の作仏《さぶつ》、無性の成仏を許す。この義を知る訳者は、爾前の経を訳する時、二乗の作仏、無性の成仏を許さず。これによって、仏意《ぶっい》を覚《さと》らざる人師《にんし》も、また爾前の経において決定性・無性の成仏を明かすと見て、法華《ほっけ》と爾前と同《おな》じとの思いを作《な》し、あるいは爾前の経において決定・無性を嫌《きら》う文《もん》を見て、この義をもって了義経《りょうぎきょう》となし、法華・涅槃《ねはん》をもって不了義経《ふりょうぎきょう》となす。共に仏意を覚らず、権実二経に迷えり。これらの誤りを出《い》ださば、ただ源空《げんくう》一人のみに限るにあらず。天竺《てんじく》の論師《ろんじ》ならびに訳者より唐土《とうど》の人師に至るまで、その義《ぎ》有り。いわゆる、地論師《じろんじ》・摂論師《しょうろんじ》の一代の別時意趣《べつじいしゅ》、善導《ぜんどう》・懐感《えかん》の法華経の「一《ひと》たび南無仏《なむぶつ》と称《とな》う」の別時意趣、これらは皆《みな》、権実を弁えざるが故に出来《しゅったい》するところの誤りなり。論を造る菩薩《ぼさつ》、経を訳する訳者、三昧発得《さんまいほっとく》の人師、なおもってかくのごとし。いかにいわんや末代《まつだい》の凡師《ぼんし》においてをや。

問うて云《い》わく、汝《なんじ》、末学《まつがく》の身として、何《なん》ぞ論師《ろんじ》ならびに訳者・人師《にんし》を破《は》するや。

答えて云わく、あえてこの難を致《いた》すことなかれ。摂論師《しょうろんじ》ならびに善導《ぜんどう》等の釈《しゃく》は、権実《ごんじつ》二教を弁《わきま》えずしてみだりに法華経をもって別時意趣《べつじいしゅ》と立つるが故に、天台《てんだい》・妙楽《みょうらく》の釈と水火を作《な》すあいだ、しばらく人師《にんし》の相違《そうい》を閣《さしお》いて経論《きょうろん》に付いて是非《ぜひ》を撿《かんが》うる時、権実の二教は仏説《ぶっせつ》より出《い》でたり。天親《てんじん》・竜樹《りゅうじゅ》重ねてこれを定《さだ》む。この義に順ずる人師をばしばらくこれを仰《あお》ぎ、この義に順ぜざる人師をばしばらくこれを用いず。あえて自義をもって是非を定むるにあらず、ただ相違を出だすばかりなり。

大文《だいもん》の第四に、謗法《ほうぼう》の者を対治《たいじ》すべき証文《しょうもん》を出《い》ださば、これに二つ有り。一には仏法をもって国王・大臣ならびに四衆《ししゅ》に付嘱《ふぞく》することを明かし、二には正《まさ》しく謗法の人の王地に処《お》るをば対治すべき証文を明かす。

第一に、仏法をもって国王・大臣ならびに四衆《ししゅ》に付嘱《ふぞく》することを明かさば、

仁王経《にんのうきょう》に云《い》わく「仏、波斯匿王《はしのくおう》に告げたまわく乃至《ないし》この故に諸《もろもろ》の国王に付嘱《ふぞく》して、比丘《びく》・比丘尼《びくに》・清信男《しょうしんなん》・清信女《しょうしんにょ》に付嘱せず。何をもっての故に。王の威力《いりき》無きが故に乃至この経の三宝《さんぼう》をば、諸の国王・四部《しぶ》の弟子《でし》に付嘱す」已上《いじょう》。大集経《だいじっきょう》二十八に云わく「もし国王有って、我が法の滅《めつ》せんを見て、捨てて擁護《おうご》せずんば、無量世《むりょうせ》において施《せ》・戒《かい》・慧《え》を修《しゅ》すとも、ことごとく滅失《めっしつ》して、その国《くに》三種の不《ふ》祥《しょう》の事《こと》を出《い》ださん乃至命終《みょうじゅう》して、大地獄《だいじごく》に生《しょう》ぜん」已上。

仁王経《にんのうきょう》の文《もん》のごとくんば、仏法をもってまず国王に付嘱《ふぞく》し、次に四衆《ししゅ》に及《およ》ぼす。王位に居《い》る君、国を治《おさ》むる臣は、仏法をもって先《さき》となし国を治むべきなり。大集経《だいじっきょう》の文のごとくんば、王臣等、仏道《ぶつどう》のために無量劫《むりょうこう》の間、頭目《とうもく》等の施《せ》を施し八万の戒行《かいぎょう》を持《たも》ち無量の仏法を学ぶといえども、国に流布《るふ》するところの法の邪正《じゃしょう》を直《ただ》さざれば、国中《こくちゅう》に大風・旱魃《かんばつ》・大雨の三災《さんさい》起こって万民《ばんみん》をして逃脱《ちょうだつ》せしめ、王臣定《さだ》めて三悪《さんあく》に堕《お》ちん。

また双林《そうりん》最後の涅槃経《ねはんぎょう》の第三に云《い》わく「今、正法《しょうほう》をもって諸王・大臣・宰相《さいしょう》・比丘《びく》・比丘尼《びくに》・優婆《うば》塞《そく》・優婆夷《うばい》に付嘱《ふぞく》す乃至《ないし》法を護《まも》らざる者をば、禿居士《とくこじ》と名づく」。また云わく「善男子《ぜんなんし》よ。正法を護《ご》持《じ》せん者は、五戒《ごかい》を受けず、威儀《いぎ》を修《しゅ》せず、応《まさ》に刀剣《とうけん》・弓箭《きゅうせん》・鉾槊《むさく》を持《じ》すべし」。また云わく「五戒を受けざれども、ために正法を護るを乃《すなわ》ち大乗《だいじょう》と名づく。正法を護る者は、応当《まさ》に刀剣器杖《きじょう》を執持《しゅうじ》すべし」云々《うんぬん》。

四十余年の内にも梵網《ぼんもう》等の戒《かい》のごとくんば、国王・大臣の諸人《しょにん》等も一切《いっさい》の刀杖《とうじょう》・弓箭《きゅうせん》・矛斧《むふ》・闘戦《とうせん》の具《ぐ》を畜《たくわ》うることを得ず。もしこれを畜えば、定めて現身《げんしん》に国王の位・比丘比丘尼《びくびくに》の位を失い、後生《ごしょう》は三悪道《さんあくどう》の中に堕《お》つべしと定め了《お》わんぬ。しかるに、今の世は道俗《どうぞく》を択《えら》ばず、弓箭・刀杖を帯《たい》せり。梵《ぼん》網経《もうきょう》の文《もん》のごとくんば、必ず三悪道に堕ちんこと疑いなきものなり。涅槃経《ねはんぎょう》の文無くんば、いかにしてかこれを救わん。また涅槃経の先後の文のごとくんば、弓箭・刀杖を帯して悪法の比丘を治《じ》し正法《しょうほう》の比丘を守護《しゅご》せば、先世《せんぜ》の四重五逆《しじゅうごぎゃく》を滅《めっ》して必ず無上道《むじょうどう》を証《しょう》せんと定《さだ》む。

また金光明経《こんこうみょうきょう》の第六に云《い》わく「もし人有って、その国土において、この経《きょう》有りといえども、いまだかつて流布《るふ》せしめず、捨離《しゃり》の心を生《しょう》じて聴聞《ちょうもん》せんことを楽《ねが》わず、また供養《くよう》・尊重《そんちょう》・讃歎《さんだん》せず。四部《しぶ》の衆《しゅ》・持経《じきょう》の人を見て、また尊重乃至《ないし》供養すること能《あた》わず。ついに、我らおよび余《よ》の眷属《けんぞく》の無量の諸天《しょてん》をして、この甚深《じんじん》の妙法を聞くことを得ず、甘露《かんろ》の味に背《そむ》き、正法《しょうほう》の流れを失い、威光《いこう》および勢力《せいりき》有ることなからしむ。悪趣《あくしゅ》を増長して人天《にんてん》を損減し、生死《しょうじ》の河に墜《お》ちて、涅槃《ねはん》の路《みち》に乖《そむ》かん。世尊《せそん》よ。我ら四王ならびに諸《もろもろ》の眷属および薬叉《やくしゃ》等、かくのごとき事《じ》を見て、その国土を捨てて擁護《おうご》の心無けん。ただ我らのみこの王を捨棄《しゃき》するにあらず、また無量の国土を守護《しゅご》する諸大善神《しょだいぜんじん》有らんも、みな捨て去らん。既《すで》に捨離し已《お》われば、その国、当《まさ》に種々の災禍《さいか》有って国位を喪失《そうしつ》すべし。一切《いっさい》の人衆《にんしゅ》、皆《みな》善心無く、ただ繋縛《けばく》・殺害・瞋諍《しんじょう》のみ有って、たがいに讒諂《ざんてん》し、枉《ま》げて辜《つみ》無きに及《およ》ぼさん。疫病《えきびょう》流行し、彗星《すいせい》しばしば出《い》で、両日《りょうじつ》並び現じ、薄蝕《はくしょく》恒《つね》無く、黒白《こくびゃく》の二虹《にこう》不祥《ふしょう》の相《そう》を表《あらわ》し、星流れ地動き、井《い》の内に声を発《おこ》し、暴雨・悪風、時節に依《よ》らず、常に飢饉《ききん》に遭《あ》って苗実《みょうじつ》成らず、多く他方の怨賊《おんぞく》有って国内を侵掠《しんりゃく》し、人民《にんみん》は諸の苦悩《くのう》を受け、土地に楽しむところの処《ところ》有ることなけん」已上《いじょう》。

この経文《きょうもん》を見るに、世間《せけん》の安穏《あんのん》を祈《いの》るとも国に三災《さんさい》起こるは、悪法流布《るふ》する故なりと知るべし。しかるに、当世《とうせい》は随分《ずいぶん》国土の安穏を祈るといえども、去《い》ぬる正嘉《しょうか》元年には大地大《おお》いに動き、同二年に大雨・大風苗実《みょうじつ》を失えり。定めて国を喪《ほろ》ぼす悪法この国に有るかと勘《かんが》うるなり。

選択集《せんちゃくしゅう》のある段に云《い》わく「第一に読誦雑行《どくじゅぞうぎょう》とは、上《かみ》の観経《かんぎょう》等の往生浄土《おうじょうじょうど》の経《きょう》を除いてより已外《いげ》、大《だい》小《しょう》・顕密《けんみつ》の諸経《しょきょう》において受持《じゅじ》・読誦するを、ことごとく読誦雑行と名づく」と書き了《お》わって、次に書いて云わく「次に二行の得失を判ずれば、法華《ほっけ》・真言《しんごん》等の雑行は失《しつ》、浄土三部経《さんぶきょう》は得《とく》なり」。次下《つぎしも》に善導和尚《ぜんどうおしょう》の往生礼讃《おうじょうらいさん》の「十即十生《じっそくじっしょう》、百即百生《ひゃくそくひゃくしょう》」「千中無一《せんちゅうむいち》」の文《もん》を書き載《の》せて云わく「私《わたくし》に云わく、この文を見るに、いよいよすべからく雑《ぞう》を捨てて専を修《しゅ》すべし。あに百即百生の専修正行《せんじゅしょうぎょう》を捨てて、堅《かた》く千中無一の雑修《ぞうしゅ》雑行を執《しゅう》せんや。行者《ぎょうじゃ》能《よ》くこれを思量《しりょう》せよ」已上《いじょう》。これらの文を見るに、世間《せけん》の道俗《どうぞく》あに諸経を信ずべけんや。

次下《つぎしも》にまた書いて、法華経等の雑行《ぞうぎょう》と念仏《ねんぶつ》の正行《しょうぎょう》との勝劣難易《しょうれつなんい》を定めて云《い》わく「一には勝劣の義、二には難易の義なり。初めに勝劣の義とは、念仏はこれ勝、余行《よぎょう》はこれ劣なり。次に難易の義とは、念仏は修《しゅ》し易《やす》く、諸行《しょぎょう》は修し難《がた》し」と。また次下に法華《ほっけ》・真言《しんごん》等の失《しつ》を定めて云わく「故に知んぬ、諸行は機《き》にあらず、時を失う。念仏往生《おうじょう》のみ機に当たり、時を得たり」。また次下に法華・真言等の雑行の門を閉じて云わく「随他《ずいた》の前にはしばらく定散《じょうさん》の門を開くといえども、随自《ずいじ》の後《のち》には還《かえ》って定散の門を閉《と》ず。一たび開いてより以後永《なが》く閉じざるは、ただこれ念仏の一門のみなり」已上《いじょう》。

最後の本懐《ほんかい》に云《い》わく「夫《そ》れ、速《すみ》やかに生死《しょうじ》を離《はな》れんと欲《ほっ》せば、二種の勝法《しょうほう》の中に、しばらく聖道門《しょうどうもん》を閣《さしお》いて、選んで浄土門《じょうどもん》に入《い》れ。浄土門に入らんと欲せば、正《しょう》・雑《ぞう》の二行《ぎょう》の中に、しばらく諸《もろもろ》の雑《ぞう》行《ぎょう》を抛《なげう》って、選んで応《まさ》に正行《しょうぎょう》に帰《き》すべし」已上《いじょう》。

門弟《もんてい》、この書を伝えて日本六十余州に充満《じゅうまん》するが故に、門人、世間《せけん》の無智《むち》の者に語って云《い》わく「上《しょう》人《にん》は智慧《ちえ》第一の身としてこの書を造り、真実の義を定め、法華《ほっけ》・真言《しんごん》の門を閉じて後《のち》に開く文《もん》無く、抛《なげう》って後に還《かえ》って取る文無し」等と立つるあいだ、世間の道俗《どうぞく》一同に頭《こうべ》を傾《かたむ》け、その義を訪《たず》ぬる者には仮字《かな》をもって選択《せんちゃく》の意を宣《の》べ、あるいは法然《ほうねん》上人の物語を書くあいだ、法華・真言において難を付けて、あるいは去年の暦《こよみ》、祖父の履《くつ》に譬《たと》え、あるいは法華経を読むは管絃《かんげん》より劣《おと》るとす。

かくのごとき悪書、国中《こくちゅう》に充満《じゅうまん》するが故に、法華《ほっけ》・真言《しんごん》等国《くに》に在りといえども聴聞《ちょうもん》せんことを楽《ねが》わず、たまたま行《ぎょう》ずる人有りといえども尊重《そんちょう》を生《しょう》ぜず。一向念仏《いっこうねんぶつ》の者は、法華等の結縁《けちえん》を作《な》すをば往生《おうじょう》の障《さわ》りと成ると云《い》うが故に、捨離《しゃり》の意を生ず。この故に、諸天《しょてん》、妙法を聞くことを得ず、法味《ほうみ》を嘗《な》めざれば、威光勢力《いこうせいりょく》有ることなし。四天王《してんのう》ならびに眷属《けんぞく》はこの国を捨て、日本国守護《しゅご》の善神《ぜんじん》も捨離し已《お》わんぬ。故に、正嘉《しょうか》元年に大地大《おお》いに震《ふる》い、同二年に春の大雨苗《なえ》を失い、夏の大旱魃草木《だいかんばつそうもく》を枯《か》らし、秋の大風菓実《かじつ》を失い、飢渇《けかち》たちまちに起こって万民《ばんみん》をして逃脱《ちょうだつ》せしむること、金光明経《こんこうみょうきょう》の文《もん》のごとし。あに選択集《せんちゃくしゅう》の失《とが》にあらずや。仏語虚《ぶつごむな》しからざるが故に、悪法の流布《るふ》有って、既《すで》に国に三災《さんさい》起これり。しかるに、この悪義を対治《たいじ》せずんば、仏の説くところの三悪《さんあく》を脱《のが》るべけんや。

しかるに、近年より、予《よ》、「我は身命《しんみょう》を愛せず、ただ無上道《むじょうどう》を惜《お》しむのみ」の文《もん》を瞻《み》るあいだ、雪山《せっせん》・常啼《じょうたい》の心を起こし、命を大乗《だいじょう》の流布《るふ》に替《か》え、強言《ごうごん》を吐《は》いて云《い》わく「選択集《せんちゃくしゅう》を信じて後世《ごせ》を願わんの人は、無間地獄《むけんじごく》に堕《お》つべし」。その時法然上人《ほうねんしょうにん》の門弟《もんてい》、選択集における上《かみ》に出《い》だすところの悪義を隠《かく》し、あるいは諸行往生《しょぎょうおうじょう》と立て、あるいは選択集において法華《ほっけ》・真言《しんごん》等を破らざる由《よし》を称《しょう》し、あるいは在俗《ざいぞく》において選択集の邪義《じゃぎ》を知らしめざらんがために、妄語《もうご》を構えて云わく「日蓮は、念仏《ねんぶつ》を称《とな》うる人は三悪道《さんあくどう》に堕ちんと云う」。

問うて云《い》わく、法然上人《ほうねんしょうにん》の門弟《もんてい》、諸行往生《しょぎょうおうじょう》を立つるに失《とが》有りや否《いな》や。

答えて曰《い》わく、法然上人《ほうねんしょうにん》の門弟《もんてい》と称《しょう》して諸行往生《しょぎょうおうじょう》を立つるは、逆路伽耶陀《ぎゃくろかやだ》の者なり。当世《とうせい》もまた、諸行往生の義を立て、しかも内心には一向《いっこう》に念仏《ねんぶつ》往生の義を存《そん》し、外には諸行不謗《ふぼう》の由《よし》を聞かしむるなり。そもそも、この義を立つる者は、選択集《せんちゃくしゅう》の法華《ほっけ》・真言《しんごん》等において失《とが》を付けし捨閉閣抛《しゃへいかくほう》・群賊《ぐんぞく》・邪見《じゃけん》・悪見《あっけん》・邪雑人《じゃぞうにん》・千中無一《せんちゅうむいち》等の語《ことば》を見ざるや否《いな》や。

第二に、正《まさ》しく謗法《ほうぼう》の人の王地に処《お》るをば対治《たいじ》すべき証文《しょうもん》を出《い》ださば、涅槃経《ねはんぎょう》第三に云《い》わく「懈怠《けたい》にして戒《かい》を破《は》し正法《しょうほう》を毀《そし》る者をば、王者・大臣・四部《しぶ》の衆《しゅ》は応当《まさ》に苦治《くじ》すべし。善男子《ぜんなんし》よ。この諸《もろもろ》の国王および四部の衆は、当《まさ》に罪有るべきや不《いな》や。不なり、世尊《せそん》よ。善男子よ、この諸の国王および四部の衆は、なお罪有ることなし」。また第十二に云わく「我往昔《むかし》を念《おも》うに、閻浮提《えんぶだい》において大国の王と作《な》り、名づけて仙予《せんよ》と曰《い》いき。大乗経典《だいじょうきょうてん》を愛念し敬重《きょうじゅう》し、その心純《じゅん》善《ぜん》にして、麤悪《そあく》・嫉妬《しっと》・慳悋《けんりん》有ることなし乃至《ないし》善男子よ。我はその時において心に大乗を重んず。婆羅《ばら》門《もん》の方等《ほうどう》を誹謗《ひぼう》するを聞き、聞き已《お》わって即時にその命根《みょうこん》を断ず。善男子よ。この因縁《いんねん》をもって、これより已来《このかた》、地獄《じごく》に堕《お》ちず」已上《いじょう》。

問うて云《い》わく、梵網経《ぼんもうきょう》の文《もん》を見るに、比丘《びく》等の四衆《ししゅ》を誹謗《ひぼう》するは波羅夷罪《はらいざい》なり。しかるに、源空《げんくう》が謗法《ほうぼう》の失《とが》を顕《あらわ》すは、あに阿鼻《あび》の業《ごう》にあらずや。

答えて曰《い》わく、涅槃経《ねはんぎょう》の文《もん》に云《い》わく「迦葉菩薩《かしょうぼさつ》、世尊《せそん》に言《もう》さく『如来《にょらい》よ。何が故《ゆえ》ぞ彼《かれ》は当《まさ》に阿鼻《あび》地《じ》獄《ごく》に堕《お》つべしと記《き》するや』と。『善男子《ぜんなんし》よ。善星比丘《ぜんしょうびく》は多く眷属《けんぞく》有り。皆《みな》、善星はこれ阿羅漢《あらかん》なり、これ道果《どうか》を得《え》つと謂《おも》えり。我、彼が悪邪《あくじゃ》の心を壊《やぶ》らんと欲《ほっ》するが故に、彼《か》の善星は放逸《ほういつ》をもっての故に地獄に堕ちんと記す』と」已上《いじょう》。この文に「放逸」とは、謗法《ほうぼう》の名なり。源空《げんくう》もまた、彼の善星のごとく、謗法をもっての故に無間《むけん》に堕つ。所化《しょけ》の衆《しゅ》、この邪義《じゃぎ》を知らざるが故に、源空をもって一切《いっさい》智人《ちじん》と号し、あるいは勢至《せいし》菩薩、あるいは善導《ぜんどう》の化身《けしん》なりと云う。彼の悪邪の心を壊らんがための故に、謗法の根源を顕《あらわ》す。

梵網経《ぼんもうきょう》の説は謗法《ほうぼう》の者の外《ほか》の四衆《ししゅ》なり。仏誡《いまし》めて云《のたま》わく「謗法の人を見てその失《とが》を顕《あらわ》さざれば、仏《ぶつ》弟子《でし》にあらず」。故に涅槃経《ねはんぎょう》に云《い》わく「我《われ》涅槃して後《のち》、その方面に随《したが》い、持戒《じかい》の比丘《びく》有らん。威儀《いぎ》具足《そく》し正法《しょうほう》を護持《ごじ》し、法を壊《やぶ》る者を見て即《すなわ》ち能《よ》く駆遣《くけん》し呵責《かしゃく》し徴治《ちょうじ》せん。当《まさ》に知るべし、この人は福を得《え》んこと無量にして称計《しょうけ》すべからず」。また云わく「もし善比丘《ぜんびく》あって、法を壊る者を見て、置いて、呵責し駆遣し挙処《こしょ》せずんば、当に知るべし、この人は仏法の中の怨《あだ》なり。もし能く駆遣し呵責し挙処せば、これ我が弟子、真の声聞《しょうもん》なり」已上《いじょう》。

予《よ》、仏弟子《ぶつでし》の一分《いちぶん》に入《い》らんがために、この書を造り、謗法《ほうぼう》の失《とが》を顕《あらわ》し、世間《せけん》に流布《るふ》す。願わくは十《じっ》方《ぽう》の仏陀《ぶっだ》、この書において力を副《そ》え、大悪法の流布を止《とど》め、一切衆生《いっさいしゅじょう》の謗法を救わしめたまえ。

大文《だいもん》の第五に、善知識《ぜんちしき》ならびに真実の法には値《あ》い難《がた》きことを明かさば、これについて三つ有り。一には受け難き人身《じんしん》、値い難き仏法なることを明かし、二には受け難き人身を受け値い難き仏法に値うといえども、悪知識《あくちしき》に値うが故に三悪道《さんあくどう》に堕《お》つることを明かし、三には正《まさ》しく末代凡夫《まつだいぼんぷ》のための善知識を明かす。

第一に、受け難《がた》き人身《じんしん》、値《あ》い難き仏法なることを明かさば、
涅槃経《ねはんぎょう》三十三に云《い》わく「その時、世尊《せそん》は、地の少しの土を取ってこれを爪上《そうじょう》に置いて、迦葉《かしょう》に告げて言《のたま》わく『この土多しや、十方世界《じっぽうせかい》の地《じ》の土多しや』。『世尊よ。爪上の土は十方のあらゆる土に比せざるなり』と。『善男子《ぜんなんし》よ。人有って、身を捨てて還《かえ》って人身《じんしん》を得《え》、三悪《さんあく》の身を捨てて人身を受《う》くることを得《え》、諸根完《しょこんまった》く具《ぐ》して中国に生まれ、正信《しょうしん》を具足《ぐそく》して能《よ》く道《どう》を修《しゅ》習《じゅう》し、道を修習し已《お》わって能く正道《しょうどう》を修《しゅ》し、正道を修し已わって能く解脱《げだつ》を得《え》、解脱を得已わって能

く涅槃に入《い》るは爪上の土のごとく、人身を捨て已わって三悪の身を得、三悪の身を捨てて三悪の身を得、諸根具《ぐ》せずして辺地に生《しょう》じ、邪倒《じゃとう》の見《けん》を信じ、邪道《じゃどう》を修習し、解脱・常楽《じょうらく》の涅槃を得ざるは十方《じっぽう》界《かい》のあらゆる地の土のごとし』と」〈已上《いじょう》、経文《きょうもん》〉。

この文《もん》は、多く法門《ほうもん》を集めて一具《いちぐ》となせり。人身《じんしん》を捨てて還《かえ》って人身を受《う》くるは爪上《そうじょう》の土のごとく、人身を捨てて三悪道《さんあくどう》に堕《お》つるは十方《じっぽう》の土のごとし。三悪《さんあく》の身を捨てて人身を受くるは爪上の土のごとく、三悪の身を捨てて還って三悪の身を得《う》るは十方の土のごとし。人身を受くるは十方の土のごとく、人身を受けて六根《ろっこん》欠けざるは爪上の土のごとし。人身を受けて六根欠けざれども辺地に生《しょう》ずるは十方の土のごとく、中国に生ずるは爪上の土のごとし。中国に生ずるは十方の土のごとく、仏法に値《あ》うは爪上の土のごとし。

また云《い》わく「一闡提《いっせんだい》と作《な》らず、善根《ぜんこん》を断ぜず、かくのごとき等の涅槃経典《ねはんきょうてん》を信ずるは、爪上《そうじょう》の土のごとし乃至《ないし》一闡提と作《な》って、諸《もろもろ》の善根を断じ、この経を信ぜざる者は、十方界《じっぽうかい》のあらゆる地《じ》の土のごとし」〈已上《いじょう》、経文《きょうもん》〉。この文《もん》のごとくんば、法華《ほっけ》・涅槃を信ぜずして一闡提と作《な》るは十方の土のごとく、法華・涅槃を信ずるは爪上の土のごとし。この経文を見て、いよいよ感涙《かんるい》押《お》さえ難《がた》し。

今、日本国の諸人《しょにん》を見聞《けんもん》するに、多分《たぶん》は権教《ごんきょう》を行《ぎょう》ず。たとい身《み》・口《くち》には実教《じっきょう》を行ずといえども、心にはまた権教を存《そん》す。故に、天台大師《てんだいだいし》、摩訶止観《まかしかん》の五に云《い》わく「その癡鈍《ちどん》なる者は、毒気《どっけ》深く入《い》って本心を失うが故に、既《すで》にそれ信ぜざれば、則《すなわ》ち手に入らず乃至《ないし》大罪聚《だいざいじゅ》の人なり乃至たとい世を厭《いと》う者も下劣《げれつ》の乗《じょう》を翫《もてあそ》び、枝葉《しよう》に攀附《はんぷ》し、狗《いぬ》の作務《さむ》に狎《な》れ、獼猴《みこう》を敬って帝釈《たいしゃく》となし、瓦礫《がりゃく》を崇《あが》めてこれ明珠《みょうじゅ》なりとす。この黒闇《こくあん》の人、あに道《どう》を論ずべけんや」已上《いじょう》。源空《げんくう》ならびに所化《しょけ》の衆《しゅ》、深く三毒《さんどく》の酒に酔《よ》って大通結縁《だいつうけちえん》の本心を失う。法華《ほっけ》・涅槃《ねはん》において不信の思いを作《な》し、一闡提《いっせんだい》と作《な》り、観経《かんぎょう》等の下劣の乗に依《よ》って方便《ほうべん》・称名《しょうみょう》等の瓦礫を翫《もてあそ》び、法然房《ほうねんぼう》の獼猴《みこう》を敬って智慧《ちえ》第一の帝釈と思い、法華・涅槃の如意珠《にょいしゅ》を捨てて如来《にょらい》の聖教《しょうぎょう》を褊《さみ》するは、権実《ごんじつ》二教を弁《わきま》えざるが故なり。

故に、弘決《ぐけつ》の第一に云《い》わく「この円頓《えんどん》を聞いて崇重《すうちょう》せざるは、良《まこと》に近代に大乗《だいじょう》を習う者の雑濫《ぞうらん》に由《よ》るが故なり」。大乗において権実《ごんじつ》二教を弁《わきま》えざるを「雑濫」と云うなり。故に、末代《まつだい》において法華経を信ずる者は爪上《そうじょう》の土のごとく、法華経を信ぜずして権教《ごんきょう》に堕落《だらく》する者は十方《じっぽう》の微塵《みじん》のごとし。故に、妙楽歎《みょうらくなげ》いて云わく「像末《ぞうまつ》は情澆《うす》く信心寡薄《かはく》にして、円頓の教法蔵《くら》に溢《あふ》れ函《はこ》に盈《み》つれども、しばらくも思惟《しゆい》せず、便《すなわ》ち瞑目《みょうもく》に至る。いたずらに生《しょう》じ、いたずらに死す。一《いっ》に何《なん》ぞ痛ましきや」已上《いじょう》。この釈《しゃく》は、ひとえに妙楽大師《だいし》、権者《ごんじゃ》たるのあいだ、遠く日本国の当代を鑑《かんが》みて記し置くところの未来記なり。

問うて云《い》わく、法然上人《ほうねんしょうにん》の門弟《もんてい》の内にも、一切経蔵《いっさいきょうぞう》を安置し法華経を行《ぎょう》ずる者有り。何《なん》ぞ皆謗法《みなほうぼう》の者と称《しょう》せんや。

答えて曰《い》わく、一切経《いっさいきょう》を開き見て法華経を読むは、難行道《なんぎょうどう》の由《よし》を称《しょう》し、選択集《せんちゃくしゅう》の悪義を扶《たす》けんがためなり。経論《きょうろん》を開くに付いていよいよ謗法《ほうぼう》を増すこと、例せば、善星《ぜんしょう》が十二部経《じゅうにぶきょう》、提婆達多《だいばだった》が六万蔵《ぞう》のごとし。智者《ちしゃ》の由を称するは、自身を重くし悪法を扶けんがためなり。

第二に、受け難《がた》き人身《じんしん》を受け値《あ》い難き仏法に値うといえども、悪知識《あくちしき》に値うが故に三悪道《さんあくどう》に堕《お》つることを明かさば、仏蔵経《ぶつぞうきょう》に云《い》わく「大荘厳仏《だいしょうごんぶつ》の滅後《めつご》に五比丘《びく》あり。一人は正道《しょうどう》を知って多億《たおく》の人を度《ど》し、四人は邪見《じゃけん》に住《じゅう》す。この四人、命終《みょうじゅう》の後、阿鼻地獄《あびじごく》に堕《お》つ。仰《あお》ぎ臥《ふ》し、伏《うつぶ》しに臥し、左脇《ひだりわき》に臥し、右脇《みぎわき》に臥すこと、各《おのおの》九百万億歳なり乃至《ないし》もしは在家《ざいけ》・出家《しゅっけ》のこの人に親近《しんごん》せしもの、ならびに諸《もろもろ》の檀越《だんおつ》、およそ六百四万億の人あり。この四師とともに《共》生《しょう》じともに《共》死して、大地獄に在って諸の焼煮《しょうしゃ》を受《う》く。大劫《だいこう》もし尽《つ》けば、この四悪人および六百四万億の人、この阿鼻地獄より他方の大地獄の中に転生《てんしょう》す」已上《いじょう》。

涅槃経《ねはんぎょう》三十三に云《い》わく「その時に城中に一《ひと》りの尼乾《にけん》有り、名づけて苦得《くとく》と曰《い》う乃至《ないし》善星《ぜんしょう》、苦得に問う。答えて曰わく『我は食吐鬼《じきとき》の身を得たり。善星よ。諦《あき》らかに聴《き》け』乃至その時、善星は即《すなわ》ち我が所《もと》に還《かえ》ってかくのごとき言《ことば》を作《な》す。『世尊《せそん》よ。苦得尼乾は命終《みょうじゅう》の後《のち》に三十三天に生《しょう》ぜり』乃至その時、如来《にょらい》は即ち迦葉《かしょう》とともに善星の所に往《ゆ》きたもう。善星比丘《びく》は遥《はる》かに我が来《きた》るを見、見已《お》わって即ち悪《あく》邪《じゃ》の心を生ず。悪心をもっての故に、生身《しょうじん》にして陥《お》ち入《い》って阿鼻地獄《あびじごく》に堕《お》つ」已上《いじょう》。

善星比丘《ぜんしょうびく》は仏の菩薩《ぼさつ》たりし時の子なり。仏に随《したが》い奉《たてまつ》り、出家《しゅっけ》して十二部経《じゅうにぶきょう》を受け、欲界《よっかい》の煩悩《ぼんのう》を壊《やぶ》り、四禅定《しぜんじょう》を獲得《かくとく》せり。しかりといえども、悪知識《あくちしき》たる苦得外道《くとくげどう》に値《あ》い、仏法の正義《しょうぎ》を信ぜざるによって、出家の受戒《じゅかい》・十二部経の功徳《くどく》を失い、生身《しょうじん》に阿鼻地獄《あびじごく》に堕《お》つ。苦岸《くがん》等の四比丘に親近《しんごん》せし六百四万億の人は、四師とともに十方《じっぽう》の大阿鼻地獄を経《ふ》。今の世の道俗《どうぞく》は、選択集《せんちゃくしゅう》を貴《たっと》ぶが故に、源空《げんくう》の影像《ようぞう》を拝して一切経《いっさいきょう》は難行《なんぎょう》なりとの邪義《じゃぎ》を読む。例せば、尼乾《にけん》の所化《しょけ》の弟子《でし》、尼乾の遺骨《いこつ》を礼《らい》して三悪道《さんあくどう》に堕ちしがごとし。願わくは、今の世の道俗、選択集の邪正《じゃしょう》を知って後《のち》に供養《くよう》・恭敬《くぎょう》を致《いた》せ。しからずんば、定めて後悔《こうかい》有らん。

故に、涅槃経《ねはんぎょう》に云《い》わく「菩薩摩訶薩《ぼさつまかさつ》は、悪象《あくぞう》等においては心に怖畏《ふい》無く、悪知識《あくちしき》においては怖畏の心を生《しょう》ず。何をもっての故に。この悪象等はただ能《よ》く身を壊《やぶ》るのみにして、心を壊ること能《あた》わず、悪知識は二つともに壊るが故に。この悪象等はただ一身を壊るのみにして、悪知識は無量の善身、無量の善心を壊る。この悪象等はただ能く不浄《ふじょう》の臭《くさ》き身を破壊《はえ》するのみにして、悪知識は能く浄身《じょうしん》および浄心《じょうしん》を壊る。この悪象等は能く肉身を壊り、悪知識は法身《ほっしん》を壊る。悪象に殺されては三趣《さんしゅ》に至らず、悪友に殺されては必ず三趣に至る。この悪象等はただ身の怨《あだ》となるのみにして、悪知識は善法《ぜんぽう》の怨とならん。この故に、菩薩は、常に当《まさ》に諸《もろもろ》の悪知識を遠離《おんり》すべし」已上《いじょう》。

請《こ》い願わくは、今の世の道俗《どうぞく》、たといこの書を邪義《じゃぎ》なりと思うといえども、しばらくこの念を抛《なげう》って十住毘婆沙論《じゅうじゅうびばしゃろん》を開き、その難行《なんぎょう》の内に法華経の入《にゅう》・不入《ふにゅう》を撿《かんが》え、選択集《せんちゃくしゅう》の「準之思之《じゅんししし》」の四字を案じて後《のち》に、是非《ぜひ》を致《いた》せ。謬《あやま》って悪知識《あくちしき》を信じ、邪法《じゃほう》を習い、この生《しょう》を空《むな》しゅうすることなかれ。

第三に、正《まさ》しく末代《まつだい》の凡夫《ぼんぷ》のための善知識《ぜんちしき》を明かさば、

問うて云《い》わく、善財童子《ぜんざいどうじ》は五十余の知識《ちしき》に値《あ》いき。その中に普賢《ふげん》・文殊《もんじゅ》・観音《かんのん》・弥勒《みろく》等有り。常啼《じょうたい》・班足《はんぞく》・妙荘厳《みょうしょうごん》・阿闍世《あじゃせ》等は、曇無竭《どんむかつ》・普明《ふみょう》・耆婆《ぎば》・二子《にし》・夫人《ぶにん》に値い奉《たてまつ》って生死《しょうじ》を離《はな》れたり。これらは皆《みな》、大聖《だいしょう》なり。仏、世を去っての後《のち》、かくのごときの師を得《う》ること難《かた》しとなす。滅後《めつご》においてまた竜《りゅう》樹《じゅ》・天親《てんじん》も去りぬ。南岳《なんがく》・天台《てんだい》にも値わず。いかにしてか生死を離るべきや。

答えて曰《い》わく、末代《まつだい》において真実の善知識《ぜんちしき》有り。いわゆる法華《ほっけ》・涅槃《ねはん》これなり。

問うて云《い》わく、人をもって善知識《ぜんちしき》となすは常《つね》の習いなり。法をもって知識となす証《しょう》有りや。

答えて云わく、人をもって知識《ちしき》となすは常《つね》の習いなり。しかりといえども、末代《まつだい》において真《まこと》の知識無ければ、法をもって知識となすに多くの証《しょう》有り。摩訶止観《まかしかん》に云わく「あるいは知識に従《したが》い、あるいは経巻《きょうがん》に従い、上《かみ》に説くところの一実《いちじつ》の菩提《ぼだい》を聞く」已上《いじょう》。この文《もん》の意は、経巻をもって善知識《ぜんちしき》となす。

法華経に云《い》わく「もし法華経の閻浮提《えんぶだい》に行《おこな》わるるを受持《じゅじ》することあらば、応《まさ》にこの念を作《な》すべし、『皆《みな》これ普賢《ふげん》の威神《いじん》の力なり』と」已上《いじょう》。この文《もん》の意は、末代《まつだい》の凡夫《ぼんぷ》、法華経を信ずるは普賢の善知《ぜんち》識《しき》の力なり。

また云《い》わく「もしこの法華経を受持《じゅじ》・読誦《どくじゅ》し、正憶念《しょうおくねん》し、修習《しゅじゅう》し書写《しょしゃ》することあらば、当《まさ》に知るべし、この人は則《すなわ》ち釈迦牟尼仏《しゃかむにぶつ》を見る。仏の口よりこの経典《きょうてん》を聞くがごとし。当に知るべし、この人は釈迦牟尼仏を供養《くよう》す」已上《いじょう》。この文《もん》を見るに、法華経は釈迦牟尼仏なり。法華経を信ぜざる人の前には釈迦牟尼仏入滅《にゅうめつ》を取り、この経を信ずる者の前には滅後《めつご》たりといえども仏の在世《ざいせ》なり。

また云《い》わく「もし我《われ》成仏して、滅度《めつど》するの後《のち》、十方《じっぽう》の国土において、法華経を説く処《ところ》有らば、我《わ》が塔廟《とうみょう》はこの経《きょう》を聴《き》かんがための故に、その前に涌現《ゆげん》して、証明《しょうみょう》をなさん」已上《いじょう》。この文《もん》の意は、我ら法華《ほっけ》の名号《みょうごう》を唱《とな》うれば、多宝如来《たほうにょらい》は本願《ほんがん》の故に必ず来《きた》りたもう。

また云《い》わく「諸仏《しょぶつ》の十方《じっぽう》の世界に在《いま》して説法したもうを、ことごとく一処《いっしょ》に還《かえ》し集めたもう」已上《いじょう》。釈迦《しゃか》・多宝《たほう》・十方《じっぽう》の諸仏・普賢菩薩《ふげんぼさつ》等は、我らが善知識《ぜんちしき》なり。もしこの義に依《よ》らば、我らはまた宿善《しゅくぜん》、善財《ぜんざい》・常啼《じょうたい》・班足《はんそく》等にも勝《すぐ》れたり。彼《かれ》は権経《ごんきょう》の知識に値《あ》い、我らは実経《じっきょう》の知識に値えばなり。彼は権経の菩薩に値い、我らは実経の仏菩薩に値い奉《たてまつ》ればなり。
涅槃経《ねはんぎょう》に云《い》わく「法に依《よ》って人《にん》に依らざれ。智《ち》に依って識《しき》に依らざれ」已上《いじょう》。「法に依って」と云うは、法華《ほっけ》・涅槃《ねはん》の常住《じょうじゅう》の法なり。「人に依らざれ」とは、法華・涅槃に依らざる人なり。たとい仏菩薩《ぶつぼさつ》たりといえども、法華・涅槃に依らざる仏菩薩は善知識《ぜんちしき》にあらず。いわんや、法華・涅槃に依らざる論師《ろんじ》・訳者・人師《にんし》においてをや。「智に依って」とは、仏に依る。「識に依らざれ」とは、等覚《とうがく》より已下《いげ》なり。

今の世の世間《せけん》の道俗《どうぞく》、源空《げんくう》の謗法《ほうぼう》の失《とが》を隠《かく》さんがために、徳を天下《てんか》に挙げて権化《ごんげ》なりと称《しょう》す。依用《えゆう》すべからず。外道《げどう》は、五通《ごつう》を得て能《よ》く山を傾《かたむ》け海を竭《つ》くすとも、神通《じんずう》無き阿含経《あごんぎょう》の凡夫《ぼんぷ》に及《およ》ばず。羅漢《らかん》を得《え》、六通《ろくつう》を現ずる二乗《にじょう》は、華厳《けごん》・方等《ほうどう》・般若《はんにゃ》の凡夫に及ばず。華厳・方等・般若の等覚《とうがく》の菩薩《ぼさつ》も、法華経の名字《みょうじ》・観行《かんぎょう》の凡夫に及ばず。たとい神通・智慧《ちえ》有りといえども、権教《ごんきょう》の善知識《ぜんちしき》をば用いるべからず。

我ら常没《じょうもつ》の一闡提《いっせんだい》の凡夫《ぼんぷ》の法華経を信ぜんと欲《ほっ》するは、仏性《ぶっしょう》を顕《あらわ》さんがための先表《せんぴょう》なり。故に、妙楽大師《みょうらくだいし》云《い》わく「内薫《ないくん》にあらざるよりは、何《なん》ぞ能《よ》く悟《さと》りを生《しょう》ぜん。故に知んぬ、悟りを生ずること、力は真如《しんにょ》に在り。故に、冥薫《みょうくん》をもって外護《げご》となすなり」已上《いじょう》。法華経より外《ほか》の四十余年の諸経《しょきょう》には、十界互具《じっかいごぐ》無し。十界互具を説かざれば、内心の仏界《ぶっかい》を知らず。内心の仏界を知らざれば、外《そと》の諸仏《しょぶつ》も顕れず。故に、四十余年の権行《ごんぎょう》の者は仏を見ず。たとい仏を見るといえども、他仏《たぶつ》を見るなり。二乗《にじょう》は自仏《じぶつ》を見ざるが故に成仏無し。爾前《にぜん》の菩薩《ぼさつ》もまた、自身の十界互具を見ざれば、二乗界《にじょうかい》の成仏を見ず。

故に、衆生《しゅじょう》無辺《むへん》誓願《せいがん》度《ど》の願《がん》も満足せず。故に、菩薩も仏を見ず。凡夫もまた、十界互具を知らざるが故に、自身の仏界も顕れず。故に、阿弥陀如来《あみだにょらい》の来迎《らいごう》もなく、諸仏如来の加護《かご》もなし。譬《たと》えば、盲人《もうじん》の自身の影《かげ》を見ざるがごとし。

今、法華経に至って九界の仏界《ぶっかい》を開くが故に、四十余年の菩薩《ぼさつ》・二乗《にじょう》・六凡《ろくぼん》、始めて自身の仏界を見る。この時、この人の前に始めて仏《ぶつ》・菩薩・二乗立ちたもう。この時に二乗・菩薩始めて成仏し、凡夫《ぼんぷ》も始めて往生《おうじょう》す。この故に、在世《ざいせ》・滅後《めつご》の一切衆生《いっさいしゅじょう》の誠《まこと》の善知識《ぜんちしき》は、法華経これなり。常途《じょうず》の天台宗《だいしゅう》の学者は、爾前《にぜん》においては当分《とうぶん》の得道《とくどう》を許せども、自義においてはなお当分の得道を許さず。しかりといえども、この書においてはその義を尽《つ》くさず。略してこれを記せば、追ってこれを記せん。

大文《だいもん》の第六に、法華《ほっけ》・涅槃《ねはん》に依《よ》る行者《ぎょうじゃ》の用心を明かさば、一代教門《きょうもん》の勝劣《しょうれつ》・浅深《せんじん》・難易《なんい》等においては、先の段に既《すで》にこれを出《い》だす。この一段においては、一向《いっこう》に後世《ごせ》を念《おも》う末代《まつだい》の常没《じょうもつ》の五逆《ごぎゃく》・謗法《ほうぼう》・一闡提《いっせんだい》等の愚人《ぐにん》のためにこれを注《しる》す。略して三つ有り。一には在家《ざいけ》の諸人《しょにん》、正法《しょうほう》を護持《ごじ》するをもって生死《しょうじ》を離《はな》れ、悪法を持《たも》つによって三悪道《さんあくどう》に堕《お》つべきことを明かし、二にはただ法華経の名字《みょうじ》ばかりを唱えて三悪道を離るべきことを明かし、三には涅槃経《ねはんぎょう》は法華経のための流通《るつう》と成ることを明かす。

第一に、在家《ざいけ》の諸人《しょにん》、正法《しょうほう》を護持《ごじ》するをもって生死《しょうじ》を離《はな》れ、悪法を持《たも》つによって三悪道《さんあくどう》に堕《お》つべきことを明かさば、

涅槃経《ねはんぎょう》第三に云《い》わく「仏、迦葉《かしょう》に告げたまわく『能《よ》く正法《しょうほう》を護持《ごじ》する因縁《いんねん》をもっての故に、この金《こん》

剛身《ごうしん》を成就《じょうじゅ》することを得たり』と」。また云わく「時に国王有り。名づけて有徳《うとく》と曰《い》う乃至《ないし》護法《ごほう》のための故に乃至この破戒《はかい》の諸《もろもろ》の悪比丘《あくびく》と極《きわ》めて共に戦闘《せんとう》す乃至王、この時において法を聞くことを得《え》已《お》わって、心大《おお》いに歓喜《かんぎ》し、ついで即《すなわ》ち命終《みょうじゅう》して阿閦仏《あしゅくぶつ》の国に生《しょう》ず」已上《いじょう》。この文《もん》のごとくんば、在《ざい》家《け》の諸人《しょにん》、別の智行《ちぎょう》無しといえども、謗法《ほうぼう》の者を対治《たいじ》する功徳《くどく》によって生死《しょうじ》を離《はな》るべきなり。

問うて云《い》わく、在家《ざいけ》の諸人《しょにん》、仏法を護持《ごじ》すべき様《よう》、いかん。

答えて曰《い》わく、涅槃経《ねはんぎょう》に云わく「もし衆生《しゅじょう》有って財物《ざいもつ》に貪著《とんじゃく》せば、我当《まさ》に財《たから》を施《ほどこ》し、しかして後《のち》、この大涅槃経をもってこれを勧《すす》め読ましむべし乃至《ないし》先に愛語《あいご》をもってその意に随《したが》い、しかして後、漸《よう》く当にこの大乗《だいじょう》大涅槃経をもってこれを勧め読ましむべし。もし凡庶《ぼんしょ》の者ならば、当に威勢《いせい》をもってこれに逼《せま》って読ましむべし。もし憍慢《きょうまん》なる者ならば、我当《まさ》にそれがために僕使《ぼくし》と作《な》り、その意に随順《ずいじゅん》し、それをして歓喜《かんぎ》せしむべし。しかして後、また当に大涅槃をもってこれを教導《きょうどう》すべし。もし大乗《だいじょう》経《きょう》を誹謗《ひぼう》する者有らば、当に勢力《せいりき》をもってこれを摧《くだ》いて伏《ふく》せしめ、既《すで》に摧伏《ざいぶく》し已《お》わって、しかして後、勧めて大涅槃を読ましむべし。もし大乗経を愛楽《あいぎょう》する者有らば、我躬《みずか》ら当に往《い》って恭敬《くぎょう》・供養《くよう》・尊《そん》重《ちょう》・讃歎《さんだん》すべし」已上《いじょう》。

問うて云《い》わく、今の世の道俗《どうぞく》、ひとえに選択集《せんちゃくしゅう》に執《しゅう》して、法華《ほっけ》・涅槃《ねはん》においては自身不相応《ふそうおう》の念を作《な》すのあいだ、護惜建立《ごしゃくこんりゅう》の心無く、たまたま邪義《じゃぎ》の由《よし》を称《しょう》する人有らば、念仏誹謗《ねんぶつひぼう》の者と称して悪名《あくみょう》を天下《てんか》に雨《ふ》らす。これらはいかん。

答えて曰《い》わく、自答を存《そん》すべきにあらず。仏自《みずか》らこのことを記して云《のたま》わく、仁王経《にんのうきょう》に云《い》わく「大王よ。我滅度《めつど》して後《のち》、未来世《みらいせ》の中の四部《しぶ》の弟子《でし》、諸《もろもろ》の小国の王・太子・王子乃《すなわ》ちこれ住持《じゅうじ》して三宝《さんぼう》を護《まも》る者、転《うた》たさらに三宝を滅《めっ》し破《は》せんこと、師子《しし》身中の虫の自ら師子を食《は》むがごとし。外道《げどう》にはあらざるなり。多く我が仏法を壊《やぶ》り、大罪過《だいざいか》を得《え》ん。正教衰薄《しょうぎょうすいはく》し、民に正行《しょうぎょう》無く、漸《ようや》く悪をなすをもって、その寿《じゅ》日に減じて百歳に至らん。人、仏教を壊らば、また孝子《こうし》無く、六親《ろくしん》不和にして天神《てんじん》も祐《たす》けず、疾疫《しつえき》・悪鬼《あっき》、日に来《きた》って侵害《しんがい》し、災怪《さいけ》首尾し、連禍《れんか》縦横《じゅうおう》し、死して地獄《じごく》・餓鬼《がき》・畜生《ちくしょう》に入《い》らん」。また次下《つぎしも》に云わく「大王よ。未来世の中の諸の小国の王、四部の弟子、自らこの罪を作るは、破国《はこく》の因縁《いんねん》なり乃至《ないし》諸の悪比丘《あくびく》は、多く名利《みょうり》を求め、国王・太子・王子の前において、自ら破仏法《はぶっぽう》の因縁、破国の因縁を説かん。その王別《わきま》えずしてこの語《ことば》を信聴《しんちょう》し乃至その時に当たって正法将《しょうほうまさ》に滅せんとすること久しからず」已上《いじょう》。

余《よ》、選択集《せんちゃくしゅう》を見るに、あえてこの文《もん》の未来記に違《たが》わず。選択集は法華《ほっけ》・真言《しんごん》等の正法《しょうほう》を定めて雑《ぞう》行《ぎょう》・難行《なんぎょう》と云《い》い、末代《まつだい》の我らにおいては時機相応《じきそうおう》せず、これを行《ぎょう》ずる者は千中無一《せんちゅうむいち》にして、仏還《かえ》って法華等を説くといえども、法華・真言の諸行《しょぎょう》の門を閉じて念仏《ねんぶつ》の一門を開く。末代においてこれを行ずる者を「群賊《ぐんぞく》」等と定め、当世《とうせい》の一切《いっさい》の道俗《どうぞく》をしてこの書を信じ、この義をもって如来《にょらい》の金言《きんげん》と思わしむ。この故に、世間《せけん》の道俗に仏法建立《こんりゅう》の意無く、法華・真言の正法の法水《ほっすい》たちまちに竭《つ》き、天人《てんにん》減少して三悪《さんあく》日に増長す。ひとえに、選択集の悪法の催《もよお》すところ、起こすところの邪見《じゃけん》なり。

この経文《きょうもん》に仏記《しる》して「我滅度《めつど》して後《のち》」と云《のたま》えるは、正法《しょうほう》の末《すえ》八十年、像法《ぞうほう》の末八百年、末法《まっぽう》の末八千年なり。選択集《せんちゃくしゅう》の出《い》ずる時は、像法の末・末法の始めなれば、八百年の内なり。仁王経《にんのうきょう》に記《き》するところの時節に当たれり。「諸《もろもろ》の小国の王」とは、日本国の王なり。中《ちゅう》・下品《げぼん》の善は粟散王《ぞくさんおう》これなり。「師子《しし》身中の虫のごとし」とは、仏弟子《ぶつでし》の源空《げんくう》これなり。「諸の悪比丘《あくびく》」とは、所化《しょけ》の衆《しゅ》これなり。「破仏法《はぶっぽう》の因縁《いんねん》、破国《はこく》の因縁を説く」とは、上《かみ》に挙《あ》ぐるところの選択集の語《ことば》これなり。「その王別《わきま》えずしてこの語を信聴《しんちょう》す」とは、今の世の道俗《どうぞく》、邪義《じゃぎ》を弁《わきま》えずしてみだりにこれを信ずるなり。

請《こ》い願わくは、道俗《どうぞく》、法の邪正《じゃしょう》を分別《ふんべつ》して、その後正法《のちしょうほう》に付いて後世《ごせ》を願え。今度人身《じんしん》を失い、三《さん》悪道《あくどう》に堕《お》ちて後に後悔《こうかい》すとも、何《なん》ぞ及《およ》ばん。

第二に、ただ法華《ほっけ》の題目ばかりを唱えて三悪道《さんあくどう》を離《はな》るべきことを明かさば、

法華経の第五に云《い》わく「文殊師利《もんじゅしり》よ。この法華経は無量の国の中において、乃至名字《ないしみょうじ》をも聞くことを得《う》べからず」。第八に云わく「汝等《なんだち》はただ能《よ》く法華《ほっけ》の名《みな》を受持《じゅじ》せん者を擁護《おうご》せんすら、福は量《はか》るべからず」。提婆品《だいばほん》に云わく「妙法華経《みょうほけきょう》の提婆達多品《だいばだったほん》を聞いて、浄心《じょうしん》に信敬《しんぎょう》して、疑惑《ぎわく》を生《しょう》ぜずんば、地獄《じごく》・餓鬼《がき》・畜生《ちくしょう》に堕《お》ちず」。大般涅槃経名字功徳品《だいはつねはんぎょうみょうじくどくほん》に云わく「もし善男子《ぜんなんし》・善女人《ぜんにょにん》有って、この経《きょう》の名《みな》を聞いて悪趣《あくしゅ》に生ぜば、この処《ことわり》有ることなけん」〈涅槃経は法華経の流通《るつう》なるが故に、これを引く〉。

問うて云《い》わく、ただ法華経の題目を聞くといえども、解心《げしん》無くんば、いかにして三悪趣《さんあくしゅ》を脱《のが》れんや。

答えて云わく、法華経流布《るふ》の国に生まれて、この経《きょう》の題名《だいみょう》を聞き信を生《しょう》ずるは、宿善《しゅくぜん》の深厚《じんこう》なるによれり。たとい今生《こんじょう》は悪人・無智《むち》なりといえども、必ず過去の宿善有るが故に、この経の名《みな》を聞いて信を致《いた》す者なり。故に悪道《あくどう》に堕《お》ちず。

問うて云《い》わく、過去の宿善《しゅくぜん》とはいかん。

答えて曰《い》わく、法華経の第二に云《い》わく「もしこの経法《きょうぼう》を信受することあらば、この人はすでにかつて、過去の仏を見たてまつりて、恭敬《くぎょう》・供養《くよう》し、またこの法を聞けり」。法師品《ほっしほん》に云わく「また如来《にょらい》滅度《めつど》するの後《のち》に、もし人有って妙法華経《みょうほけきょう》の乃至《ないし》一偈《げ》一句を聞いて、一念《いちねん》も随喜《ずいき》せば乃至 当《まさ》に知るべし、この諸人《しょにん》等は、すでにかつて十万億の仏を供養せしなり」。流通《るつう》たる涅槃経《ねはんぎょう》に云わく「もし衆生《しゅじょう》有って、熙連河沙《きれんがしゃ》等の諸仏《しょぶつ》において菩提心《ぼだいしん》を発《おこ》さば、乃《すなわ》ち能《よ》くこの悪世《あくせ》において、かくのごとき経典《きょうてん》を受持《じゅじ》して誹謗《ひぼう》を生《しょう》ぜず。善男子《ぜんなんし》よ。もし能く一恒河沙《ごうがしゃ》等の諸仏世尊《しょぶつせそん》において菩提心を発すことあらば、しかる後に乃ち能く悪世の中において、この法を謗《ぼう》ぜず、この典《ふみ》を愛敬《あいぎょう》せん」〈已上《いじょう》、経文《きょうもん》〉。

これらの文《もん》のごとくんば、たとい先に解心《げしん》無くとも、この法華経を聞いて謗《ぼう》ぜざるは、大善の所生《しょしょう》なり。夫《そ》れ、三悪《さんあく》の生《しょう》を受《う》くるは大地の微塵《みじん》より多く、人間《にんげん》の生を受くるは爪上《そうじょう》の土より少なし。乃至《ないし》、四十余年の諸経《しょきょう》に値《あ》うは大地の微塵よりも多く、法華《ほっけ》・涅槃《ねはん》に値うは爪上の土より少なし。上《かみ》に挙《あ》ぐるところの涅槃経《ねはんぎょう》の三十三の文《もん》を見るべし。たとい一字一句なりといえども、この経《きょう》を信ずるは宿縁《しゅくえん》多幸なり。

問うて云《い》わく、たとい法華経を信ずといえども悪縁《あくえん》に随《したが》わば、何《なん》ぞ三悪道《さんあくどう》に堕《お》ちざらんや。

答えて曰《い》わく、解心《げしん》無き者、権教《ごんきょう》の悪知識《あくちしき》に遇《あ》って実教《じっきょう》を退せば、悪師《あくし》を信ずる失《とが》によって、必ず三悪道《さんあくどう》に堕《お》つべきなり。彼《か》の不軽軽毀《ふきょうきょうき》の衆《しゅ》は権人《ごんにん》なり。大通結縁《だいつうけちえん》の者の三千塵点《じんてん》を歴《へ》しは、法華経を退して権教に遷《うつ》りしが故なり。法華経を信ずるの輩《やから》は、法華経の信を捨てて権人に随《したが》わんより外《ほか》は、世間の悪業《あくごう》においては法華《ほっけ》の功徳《くどく》に及《およ》ばざるが故に、三悪道に堕つべからざるなり。

問うて云《い》わく、日本国は法華《ほっけ》・涅槃有縁《ねはんうえん》の地なりや否《いな》や。

答えて云わく、法華経第八に云わく「如来滅《にょらいめっ》して後《のち》において、閻浮提《えんぶだい》の内に、広く流布《るふ》せしめて、断絶せざらしめん」。七の巻に云わく「閻浮提に広宣流布《こうせんるふ》して、断絶せしむることなけん」。涅槃経《ねはんぎょう》第九に云わく「この大乗経典《だいじょうきょうてん》大涅槃経もまたかくのごとし。南方の諸《もろもろ》の菩薩《ぼさつ》のための故に、当《まさ》に広く流布すべし」〈已上《いじょう》、経文《きょうもん》〉。三千世界《さんぜんせかい》広しといえども、仏自《みずか》ら法華《ほっけ》・涅槃をもって南方を流布の処《ところ》と定《さだ》む。南方の諸国の中においては、日本国は殊《こと》に法華経の流布すべき処なり。

問うて云《い》わく、その証《しょう》いかん。

答えて曰《い》わく、肇公《じょうこう》の法華翻経後記《ほっけほんぎょうごき》に云《い》わく、羅什三蔵《らじゅうさんぞう》、須利耶蘇摩《しゅりやそま》三蔵に値《あ》い奉《たてまつ》って法華経を授《さず》かる時の語《ことば》に云わく「仏日西山《ぶつにちせいざん》に隠《かく》れ、遺耀《いよう》東北を照らす。この典《ふみ》、東北の諸国に有縁《うえん》なり。汝《なんじ》、慎《つつし》んで伝弘《でんぐ》せよ」已上《いじょう》。「東北」とは、日本なり。西南の天竺《てんじく》より東北は、日本を指すなり。故に、恵心《えしん》、一乗要決《いちじょうようけつ》に云わく「日本一州、円機純一《えんきじゅんいち》なり。朝野《ちょうや》・遠近《えんきん》同じく一乗に帰《き》し、緇素《しそ》・貴賤《きせん》ことごとく成仏を期《ご》す」已上。願わくは、日本国の今の世の道俗《どうぞく》、選択集《せんちゃくしゅう》の久習《くじゅう》を捨てて法華・涅槃《ねはん》の現《げん》文《もん》に依《よ》り、肇公・恵心の日本の記を恃《たの》んで法華修行《しゅぎょう》の安心《あんじん》を企《くわだ》てよ。

問うて云《い》わく、法華経修行《しゅぎょう》の者、いずれの浄土《じょうど》を期《ご》すべきや。

答えて曰《い》わく、法華経二十八品《ぽん》の肝心《かんじん》たる寿量品《じゅりょうほん》に云《い》わく「我は常にこの娑婆世界《しゃばせかい》に在り」。また云わく「我は常にここに住《じゅう》す」。また云わく「我がこの土《ど》は安穏《あんのん》なり」文《もん》。この文のごとくんば、本《ほん》地久成《じくじょう》の円仏はこの世界に在《いま》せり。この土を捨てていずれの土を願うべきや。故に、法華経修行《しゅぎょう》の者の住するところの処《ところ》を浄土《じょうど》と思うべし。何《なん》ぞ煩《わずら》わしく他処《たしょ》を求めんや。故に、神力品《じんりきほん》に云わく「もし経巻《きょうがん》の住するところの処ならば、もしは園中《おんちゅう》においても、もしは林中においても、もしは樹《じゅ》の下《もと》においても、もしは僧坊《そうぼう》においても、もしは白衣《びゃくえ》の舎《いえ》にても、もしは殿堂《でんどう》に在っても、もしは山谷曠野《せんごくこうや》にても乃至《ないし》当《まさ》に知るべし、この処は即《すなわ》ちこれ道場なり」。涅槃経《ねはんぎょう》に云わく「善男子《ぜんなんし》よ。この大涅槃微妙《だいねはんみみょう》の経典《きょうてん》の流布《るふ》するところの処は、当に知るべし、その地は即ちこれ金剛《こんごう》なり。この中の諸人《しょにん》もまた金剛のごとし」已上《いじょう》。法華《ほっけ》・涅槃を信ずる行者《ぎょうじゃ》は、余処《よしょ》を求《もと》むべきにあらず。この経を信ずる人の住するところの処は、即ち浄土なり。

問うて云《い》わく、華厳《けごん》・方等《ほうどう》・般若《はんにゃ》・阿含《あごん》・観経《かんぎょう》等の諸経《しょきょう》を見るに、兜率《とそつ》・西方《さいほう》・十方《じっぽう》の浄土《じょうど》を勧《すす》む。その上、法華経の文《もん》を見るに、また兜率・西方・十方の浄土を勧む。何《なん》ぞ、これらの文に違《い》して、ただこの瓦礫《がりゃく》・荊棘《きょうこく》の穢土《えど》を勧むるや。

答えて曰《い》わく、爾前《にぜん》の浄土《じょうど》は久遠実成《くおんじつじょう》の釈迦如来《しゃかにょらい》の現《あらわ》すところの浄土にして、実《じつ》には皆穢土《みなえど》なり。法華経はまた方便《ほうべん》・寿量《じゅりょう》の二品《ほん》なり。寿量品に至って実《じつ》の浄土を定《さだ》むる時、この土《ど》は即《すなわ》ち浄土と定め了《お》わんぬ。ただし、兜率《とそつ》・安養《あんよう》・十方《じっぽう》の難に至っては、爾前《にぜん》の名目《みょうもく》を改めずして、この土において兜率・安養等の名を付く。例せば、この経《きょう》に三乗《さんじょう》の名有りといえども、三乗有らざるがごとし。「さらに観経《かんぎょう》等を指すを須《もち》いざるなり」の釈《しゃく》の意これなり。法華経に結縁《けちえん》無き衆生《しゅじょう》の当世《とうせい》に西方浄土《さいほうじょうど》を願うは、瓦礫《がりゃく》の土を楽《ねが》うこれなり。法華経を信ぜざる衆生は、誠《まこと》に分添《ぶんてん》の浄土《じょうど》無きものなり。

第三に、涅槃経《ねはんぎょう》は法華経流通《るつう》のためにこれを説きたもうことを明かさば、問うて云《い》わく、光宅《こうたく》の法雲法師《ほううんほっし》ならびに道場の慧観《えかん》等の碩徳《せきとく》は、法華経をもって第四時《だいしじ》の経《きょう》と定め、無常《むじょう》の熟蘇味《じゅくそみ》と立つ。天台智者大師《てんだいちしゃだいし》は法華《ほっけ》・涅槃《ねはん》は同味なりと立つといえども、また捃拾《くんじゅう》の義を存《そん》す。二師共に権化《ごんげ》なり、互《たが》いに徳行《とくぎょう》を具《ぐ》せり。いずれを正《しょう》として我らが迷心《めいしん》を晴らすべきや。

答えて曰《い》わく、たとい論師《ろんじ》・訳者たりといえども、仏の教えに違《い》して、権実《ごんじつ》二教を判ぜずんば、しばらく疑いを加《くわ》うべし。いかにいわんや、唐土《とうど》の人師《にんし》たる天台《てんだい》・南岳《なんがく》・光宅《こうたく》・慧観《えかん》・智儼《ちごん》・嘉祥《かじょう》・善導《ぜんどう》等の釈《しゃく》においてをや。たとい末代《まつだい》の学者たりといえども、「法に依《よ》って人《にん》に依らざれ」の義を存《そん》して、本経《ほんきょう》・本論に違《たが》わずんば、信用を加うべし。

問うて云《い》わく、涅槃経《ねはんぎょう》の第十四巻を開きたるに、五十年の諸大乗経《しょだいじょうきょう》を挙げて前四味《ぜんしみ》に譬《たと》え、涅槃経をもって醍醐味《だいごみ》に譬う。諸大乗経は涅槃経より劣《おと》ること百千万倍なりと定め了《お》わんぬ。その上、迦葉《かしょう》童子《どうじ》の領解《りょうげ》に云わく「我、今日《こんにち》より始めて正見《しょうけん》を得たり。これよりの前は我らことごとく邪見《じゃけん》の人と名づく」と。この文《もん》の意は、涅槃経より已前《いぜん》の法華《ほっけ》等の一切《いっさい》の衆典《しゅてん》を皆《みな》「邪見」と云うなり。当《まさ》に知るべし、法華経は邪見の経《きょう》にして、いまだ正見の仏性《ぶっしょう》を明《あき》らめざるなり。故に、天親菩薩《てんじんぼさつ》の涅槃論《ねはんろん》に諸経《しょきょう》と涅槃との勝劣《しょうれつ》を定《さだ》むる時、法華経をもって般若経《はんにゃきょう》に同《どう》じて、同じく第四時《だいしじ》に摂《おさ》めたり。あに正見の涅槃経をもって邪見の法華経の流通《るつう》とせんや、いかん。

答えて曰《い》わく、法華経の現文《げんもん》を見るに、仏の本懐《ほんかい》残すことなし。方便品《ほうべんぼん》に云《い》わく「今正《まさ》しくこれその時なり」。寿量品《じゅりょうほん》に云わく「毎《つね》に自《みずか》らこの念を作《な》す。何をもってか衆生《しゅじょう》をして、無上道《むじょうどう》に入《い》り、速《すみ》やかに仏身《ぶっしん》を成就《じょうじゅ》することを得《え》しめんと」。神力品《じんりきほん》に云わく「要《よう》をもってこれを言わば、如来《にょらい》の一切《いっさい》の所有《しょう》の法乃至《ないし》皆《みな》この経《きょう》において宣示顕説《せんじけんぜつ》す」已上《いじょう》。これらの現文は、釈迦如来《しゃかにょらい》の内証《ないしょう》は皆この経に尽《つ》くしたもう。その上、多宝《たほう》ならびに十方《じっぽう》の諸仏《しょぶつ》、来集《らいじゅう》の庭において、釈迦如来の已今当《いこんとう》の語《ことば》を証《しょう》し、法華経のごとき経無しと定め了《お》わんぬ。しかるに、多宝・諸仏、本土《ほんど》に還《かえ》って後《のち》に、ただ釈迦一仏のみ異変を存《そん》して、還って涅槃経《ねはんぎょう》を説いて法華経を卑《いや》しめば、誰人《たれびと》かこれを信ぜん。深くこの義を存せよ。したがって涅槃経の第九を見るに、法華経を流通《るつう》して説いて云わく「この経、世に出《い》ずるは、彼《か》の菓実《かじつ》の利益《りやく》するところ多く一切を安楽ならしむるがごとく、能《よ》く衆生をして仏性《ぶっしょう》を見せしむ。法華《ほっけ》の中の八千の声聞《しょうもん》の記別《きべつ》を授《さず》かることを得て大菓実を成《じょう》ずるがごとし。秋収冬蔵《しゅうしゅうとうぞう》して、さらに所作《しょさ》なきがごとし」。

この文《もん》のごとくんば、法華経もし邪見《じゃけん》ならば、涅槃経《ねはんぎょう》もあに邪見にあらずや。法華経は大収《だいしゅう》、涅槃経は捃拾《くんじゅう》なりと見え了《お》わんぬ。涅槃経は自《みずか》ら法華経より劣《おと》るの由《よし》を称《しょう》す。法華経の当説《とうせつ》の文、あえて相違《そうい》なし。ただし、迦葉《かしょう》の領解《りょうげ》ならびに第十四の文は、法華経を下《くだ》す文にあらず。迦葉、自身ならびに所化《しょけ》の衆《しゅ》、今《いま》始めて法華経に説くところの常住仏性《じょうじゅうぶっしょう》・久遠実成《くおんじつじょう》を覚《さと》るが故に、我が身を指して、これより已前《いぜん》は邪見なりと云《い》う。法華経より已前の無量義経《むりょうぎきょう》に嫌《きら》うところの諸経《しょきょう》を、涅槃経に重ねてこれを挙げて嫌うなり。法華経を嫌うにはあらざるなり。また涅槃論《ねはんろん》に至っては、これらの論は書き付くるがごとく、天親菩薩《てんじんぼさつ》の造、菩提流支《ぼだいるし》の訳なり。法華論《ほっけろん》もまた、天親菩薩の造、菩提流支の訳なり。経文《きょうもん》に違《い》することこれ多し。涅槃論もまた本経《ほんぎょう》に違す。当《まさ》に知るべし、訳者の誤りなり。信用に及《およ》ばず。

問うて云《い》わく、先の教えに漏《も》れたる者を、後《のち》の教えにこれを承《う》け取って得道《とくどう》せしむるを流通《るつう》と称《しょう》せば、阿含経《あごんぎょう》は華厳経《けごんぎょう》の流通と成るべしや。乃至《ないし》、法華経は前四味《ぜんしみ》の流通と成るべしや、いかん。

答えて曰《い》わく、前四味《ぜんしみ》の諸経《しょきょう》は菩薩《ぼさつ》・人天《にんてん》等の得道《とくどう》を許すといえども、決定性《けつじょうしょう》の二乗《にじょう》、無性闡提《むしょうせんだい》の成仏を許さず。その上、仏意《ぶつい》を探《さぐ》って実《じつ》をもってこれを撿《かんが》うるに、また菩薩・人天等の得道もなし。十界互具《じっかいごぐ》を説かざるが故に。久遠実成《くおんじつじょう》なきが故に。

問うて云《い》わく、証文《しょうもん》いかん。

答えて云わく、法華経方便品《ほうべんぼん》に云わく「もし小乗《しょうじょう》をもって乃至《ないし》一人をも化《け》せば、我は則《すなわ》ち慳貪《けんどん》に堕《だ》せん。この事《じ》は不可となす」已上《いじょう》。この文《もん》の意は、今選択集《せんちゃくしゅう》の邪義《じゃぎ》を破《は》せんがために余事《よじ》をもって詮《せん》となさざるが故に、爾前得道《にぜんとくどう》の有無《うむ》の実義はこれを出《い》ださず。追ってこれを撿《かんが》えん。ただし、四十余年の諸経《しょきょう》は実《じつ》には凡夫《ぼんぷ》の得道無きが故に、法華経は爾前の流通《るつう》とはならず。法華経において十界互具《じっかいごぐ》・久遠実成《くおんじつじょう》を顕《あらわ》し了《お》わんぬ。故に涅槃経《ねはんぎょう》は法華経のために流通と成るなり。

大文《だいもん》の第七に、問いに随《したが》って答えば、

もし末代《まつだい》の愚人《ぐにん》、上《かみ》の六門によって万が一も法華経を信ぜば、権宗《ごんしゅう》の諸人《しょにん》、あるいは自惑《じわく》により、あるいは偏執《へんしゅう》によって、法華経の行者《ぎょうじゃ》を破《は》せんがために、多く四十余年ならびに涅槃《ねはん》等の諸経《しょきょう》を引いてこれを難《なん》ぜん。しかるに、権教《ごんきょう》を信ずる人はこれ多く、あるいは威勢《いせい》により、あるいは世間《せけん》の資縁《しえん》により、人の意に随《したが》って世路《せろ》を亘《わた》らんがために、あるいは権教には学者多く、実教《じっきょう》には智者《ちしゃ》少なし、是非《ぜひ》について万が一も実教を信ずる者あるべからず。この故に、この一段を撰《えら》んで権人《ごんにん》の邪難《じゃなん》を防《ふせ》がん。

問うて云《い》わく、諸宗《しょしゅう》の学者難《なん》じて云わく「華厳経《けごんぎょう》は報身如来《ほうしんにょらい》の説くところなり。七処八会《しちしょはちえ》、皆《みな》、頓《とん》極《ごく》・頓証《とんしょう》の法門《ほうもん》なり。法華経は応身《おうじん》如来の説くところなり。教主既《きょうしゅすで》に優劣《ゆうれつ》有れば、法門において何《なん》ぞ浅深《せんじん》無からん。したがって対告衆《たいごうしゅ》も法慧《ほうえ》・功徳林《くどくりん》・金剛幢《こんごうどう》等なり。永く二乗《にじょう》を雑《まじ》えず。法華経は舎利《しゃり》弗《ほつ》等をもって対告衆となす」〈華厳宗《けごんしゅう》の難〉。

法相宗《ほっそうしゅう》のごときは解深密経《げじんみっきょう》等をもって依憑《えびょう》となし、難を加えて云《い》わく「解深密経は文殊《もんじゅ》・観音《かんのん》等をもって対告衆《たいごうしゅ》となす。勝義生菩薩《しょうぎしょうぼさつ》の領解《りょうげ》には、一代を有《う》・空《くう》・中《ちゅう》と詮《せん》ず。その中《なか》の中《ちゅう》とは、華厳《けごん》・法《ほっ》華《け》・涅槃《ねはん》・深密《じんみつ》等なり。法華経の信解品《しんげほん》の五時《ごじ》の領解は、四大声聞《しだいしょうもん》なり。菩薩と声聞との勝劣《しょうれつ》は天地なり」。

浄土宗《じょうどしゅう》のごときは道理を立てて云《い》わく「我らは法華《ほっけ》等の諸経《しょきょう》を誹謗《ひぼう》するにあらず。彼《かれ》らの諸経は正《しょう》には大人《だいにん》のため、傍《ぼう》には凡夫《ぼんぷ》のためなり。断惑証理《だんわくしょうり》、理深《りじん》の教えにして、末代《まつだい》の我らこれを行《ぎょう》ずるに、千人の中に一人も彼《か》の機《き》に当たらず。在家《ざいけ》の諸人《しょにん》、多分《たぶん》は文字《もんじ》を見ず。また華厳《けごん》・法相《ほっそう》等の名を聞かず。いわんや、その義を知らんや。浄土宗の意は、我ら凡夫はただ口に任《まか》せて六字の名号《みょうごう》を称《とな》うれば、現在に阿弥陀如来《あみだにょらい》は二十五の菩薩《ぼさつ》等を遣《つか》わし、身に影《かげ》の随《したが》うがごとく百重千重《ひゃくじゅうせんじゅう》に行者《ぎょうじゃ》を囲繞《いにょう》してこれを守りたもう。故に、現世《げんぜ》には七難《しちなん》は即《すなわ》ち滅《めっ》し七福《しちふく》は即ち生《しょう》じ、乃至《ないし》、臨終《りんじゅう》の時は必ず来迎《らいごう》あって、観音《かんのん》の蓮台《れんだい》に乗じ、須臾《しゅゆ》の間に浄土に至り、業《ごう》に随って蓮華《れんげ》開け、法華経を聞いて実相《じっそう》を覚《さと》る。

何《なん》ぞ煩《わずら》わしく穢土《えど》において余行《よぎょう》を行じて何の詮《せん》か有る。ただ万事《ばんじ》を抛《なげう》って一向《いっこう》に名号を称えよ」云々《うんぬん》。

禅宗《ぜんしゅう》等の人云《い》わく「一代聖教《いちだいしょうぎょう》は月を指す指なり。天地・日月《にちがつ》等も汝等《なんだち》が妄心《もうしん》より出《い》でたり。十方《じっぽう》の浄土《じょうど》も執心《しゅうしん》の影像《ようぞう》なり。釈迦《しゃか》・十方の仏陀《ぶっだ》は汝《なんじ》が覚心《かくしん》の変ずるところなり。文字《もんじ》に執《しゅう》する者は株《くいぜ》を守る愚人《ぐにん》なり。我が達磨大師《だるまだいし》は文字を立てず、方便《ほうべん》を仮《か》らず。一代聖教の外《ほか》に、仏、迦葉《かしょう》に印《いん》してこの法を伝《つた》う。法華経等はいまだ真実を宣《の》べず」已上《いじょう》。

これらの諸宗《しょしゅう》の難、一《いち》にあらず。いかんぞ法華経の信心を壊《やぶ》らざるべきや。

答えて云《い》わく、法華経の行者《ぎょうじゃ》は心中《しんちゅう》に「四十余年」「已今当《いこんとう》」「皆《みな》これ真実なり」「法に依《よ》って人《にん》に依らざれ」等の文《もん》を存《そん》し、しかも外《そと》に語《ことば》にこれを出《い》ださず、難に随《したが》ってこれを問うべし。「そもそも立つるところの宗義《しゅうぎ》はいずれの経《きょう》に依るや」と。彼《かれ》、経を引かば、引くに随ってまたこれを尋《たず》ねよ。「一代五十年の間の説の中に法華経より先か、後《のち》か、同時なるか、また先後不定《ふじょう》なるか」と。もし「先」と答えば、「いまだ真実を顕《あらわ》さず」の文をもってこれを責めよ。あえて彼の経の説相《せっそう》を尋ぬることなかれ。「後」と答えば、「当説《とうせつ》」の文をもってこれを責めよ。「同時」と答えば、「今説《こんせつ》」の文をもってこれを責めよ。「不定」と答えば、「不定の経は大部《だいぶ》の経にあらず。一時一会《いちじいちえ》の説にして、また物の数にあらず。その上、不定といえども三説《さんせつ》を出でず」と。

たとい百千万の義を立つといえども、「四十余年」等の文《もん》を載《の》せて虚妄《こもう》と称《しょう》せざるより外《ほか》は用いるべからず。仏の遺言《ゆいごん》に「不了義経《ふりょうぎきょう》に依《よ》らざれ」と云《い》うが故なり。また智儼《ちごん》・嘉祥《かじょう》・慈恩《じおん》・善導《ぜんどう》等を引いて徳を立てて難《なん》ずといえども、法華《ほっけ》・涅槃《ねはん》に違《い》する人師《にんし》においては用いるべからず。「法に依って人《にん》に依らざれ」の金言《きんげん》を仰《あお》ぐが故なり。

また法華経を信ぜん愚者《ぐしゃ》のために、二種の信心を立つ。一には仏に就《つ》いて信を立て、二には経《きょう》に就いて信を立つ。

仏に就《つ》いて信を立つとは、権宗《ごんしゅう》の学者来《きた》り難《なん》じて云《い》わん。「善導和尚《ぜんどうおしょう》は三昧発得《さんまいほっとく》の人師《にんし》にして、本《ほん》地弥陀《じみだ》の化身《けしん》なり。慈恩大師《じおんだいし》は十一面観音《じゅういちめんかんのん》の化身にして、また筆端《ひったん》より舎利《しゃり》を雨《ふ》らす。これらの諸人《しょにん》は皆彼々《みなかれがれ》の経々《きょうぎょう》に依《よ》って皆証《しょう》有り。何《なん》ぞ、汝《なんじ》、彼《か》の経に依らず、また彼の師の義を用いざるや」と。

答えて曰《い》わく、汝《なんじ》聞け。一切《いっさい》の権宗《ごんしゅう》の大師《だいし》・先徳《せんとく》ならびに舎利弗《しゃりほつ》・目連《もくれん》、普賢《ふげん》・文殊《もんじゅ》・観音《かんのん》、乃至《ないし》、阿弥陀《あみだ》・薬師《やくし》・釈迦如来《しゃかにょらい》、我らの前に集まって説いて「法華経は汝等《なんだち》が機《き》に叶《かな》わず。念仏《ねんぶつ》等の権経《ごんきょう》の行《ぎょう》を修《しゅ》して往生《おうじょう》を遂《と》げ、後《のち》に法華経を覚《さと》れ」と云《い》わん。かくのごとき説を聞くといえども、あえて用いるべからず。

その故は、四十余年の諸《もろもろ》の経《きょう》には法華経の名字《みょうじ》を呼ばず。いずれの処《ところ》にか機《き》の堪《かん》・不堪《ふかん》を論ぜん。法華経においては釈迦《しゃか》・多宝《たほう》・十方《じっぽう》の諸仏《しょぶつ》、一処《いっしょ》に集まって撰定《せんてい》して云《のたま》わく「法をして久しく住《じゅう》せしむ」「如来滅《にょらいめっ》して後《のち》において、閻浮提《えんぶだい》の内に、広く流布《るふ》せしめて、断絶せざらしめん」。この外《ほか》に今仏《こんぶつ》出来《しゅったい》して法華経を末代不相応《まつだいふそうおう》と定《さだ》むれば、既《すで》に法華経に違《い》す。知んぬ、この仏は涅槃経《ねはんぎょう》に出《い》だすところの滅後《めつご》の魔仏《まぶつ》なり。これを信用すべからず。その已下《いげ》の菩薩《ぼさつ》・声聞《しょうもん》・比丘《びく》等は、また言論《ごんろん》するに及《およ》ばず。これらは不審《ふしん》なし。涅槃経に記《き》するところの滅後の魔の変ずるところの菩薩等なり。その故は、法華経の座は三千大千世界《さんぜんだいせんせかい》の外、四百万億阿僧祇《あそうぎ》の世界なり。その中に充満《じゅうまん》せる菩薩・二乗《にじょう》・人《にん》天《てん》・八部《はちぶ》等、皆《みな》、如来《にょらい》の告勅《ごうちょく》を蒙《こうむ》り、各々《おのおの》の在るところの国土に法華経を弘《ひろ》むべき由《よし》、これを願《がん》じぬ。善導《ぜんどう》等もし権者《ごんじゃ》ならば、何《なん》ぞ竜樹《りゅうじゅ》・天親《てんじん》等のごとく権教《ごんきょう》を弘めて後に法華経を弘めざるや、法華経の告勅の数に入《い》らざるや、何《なん》ぞ仏のごとく権教を弘めて後に法華経を弘めざるや。もしこの義なくんば、たとい仏たりといえども、これを信ずべからず。今は法華経の中の仏を信ず。故に、仏に就《つ》いて信を立つと云《い》うなり。

問うて云《い》わく、釈迦如来《しゃかにょらい》の説くところを他仏《たぶつ》これを証《しょう》するを実《まこと》の説と称《しょう》せば、何《なん》ぞ阿弥陀経《あみだきょう》を信ぜざるや。

答えて云《い》わく、阿弥陀経《あみだきょう》においては法華経のごとき証明《しょうみょう》無きが故に、これを信ぜず。

問うて云わく、阿弥陀経《あみだきょう》を見るに、釈迦如来《しゃかにょらい》の説くところの一日七日の念仏《ねんぶつ》を、六方の諸仏《しょぶつ》、舌を出《い》だし三千を覆《おお》ってこれを証明《しょうみょう》せり。何《なん》ぞ証明無しと云うや。

答えて云《い》わく、阿弥陀経《あみだきょう》においては全《まった》く法華経のごとき証明《しょうみょう》無し。ただ釈迦《しゃか》一仏、舎利弗《しゃりほつ》に向かって説いて言《のたま》わく「我《われ》一人阿弥陀経を説くのみにあらず、六方の諸仏《しょぶつ》、舌を出《い》だし三千を覆《おお》って、阿弥陀経を説く」と云《のたも》うといえども、これらは釈迦一仏の説なり。あえて諸仏来《きた》りたまわず。これらの権《ごん》文《もん》は、四十余年の間は教主《きょうしゅ》も権仏《ごんぶつ》の始覚《しかく》の仏なり。仏権《ごん》なるが故に、所説もまた権なり。故に四十余年の権仏の説はこれを信ずべからず。今の法華《ほっけ》・涅槃《ねはん》は、久遠実成《くおんじつじょう》の円仏《えんぶつ》の実説なり。十界互具《じっかいごぐ》の実《じつ》言《ごん》なり。また多宝《たほう》・十方《じっぽう》の諸仏来《きた》ってこれを証明したもう。故にこれを信ずべし。阿弥陀経の説は、無量義経《むりょうぎきょう》の「いまだ真実を顕《あらわ》さず」の語《ことば》に壊《やぶ》れ了《お》わんぬ。全《まった》く釈迦一仏の語にして諸仏の証明にはあらざるなり。

二には経《きょう》に就《つ》いて信を立つとは、無量義経《むりょうぎきょう》に四十余年の諸経《しょきょう》を挙げて云《い》わく「いまだ真実を顕《あらわ》さず」。涅槃経《ねはんぎょう》に云わく「如来《にょらい》には虚妄《こもう》の言《ことば》無しといえども、もし衆生《しゅじょう》、虚妄の説に因《よ》って法利《ほうり》を得《う》と知らば、宜《よろ》しきに随《したが》って方便《ほうべん》して、則《すなわ》ちためにこれを説きたもう」。また云わく「了義経《りょうぎきょう》に依《よ》って不《ふ》了義経《りょうぎきょう》に依らざれ」已上《いじょう》。かくのごとき文《もん》、一つにあらず。皆《みな》、四十余年の自説の諸経を、虚妄・方便・不了義経・魔説《ませつ》と称《しょう》す。これ皆、人をしてその経を捨てて法華《ほっけ》・涅槃に入《い》らしめんがためなり。しかるに何の恃《たの》み有って、妄語《もうご》の経を留《とど》めて行儀《ぎょうぎ》を企《くわだ》て、得道《とくどう》を期《ご》するや。今、権教《ごんきょう》の情執《じょうしゅう》を捨てて、ひとえに実経《じっきょう》を信ず。故に、経に就いて信を立つと云うなり。

問うて云《い》わく、善導和尚《ぜんどうおしょう》も人《にん》に就《つ》いて信を立て、行《ぎょう》に就いて信を立つ。何の差別あらんや。

答えて曰《い》わく、彼《かれ》は阿弥陀経《あみだきょう》等の三部に依《よ》ってこれを立て、一代の経《きょう》において了義経《りょうぎきょう》・不了義経《ふりょうぎきょう》を分かたずしてこれを立つ。故に、法華《ほっけ》・涅槃《ねはん》の義に対してこれを難《なん》ずる時は、その義壊《やぶ》れ了《お》わんぬ。

(024)

災難興起由来《さいなんこうきゆらい》

正元《しょうげん》2年('60)2月上旬《じょうじゅん》　39歳

答えて曰《い》わく、しかなり。謂《おも》えらく、夏《か》の桀《けつ》・殷《いん》の紂《ちゅう》・周《しゅう》の幽《ゆう》等の世これなり。

難《なん》じて云《い》わく、彼《か》の時、仏法《ぶっぽう》無し。故に、また謗法《ほうぼう》の者無し。何に依《よ》るが故に国を亡《ほろ》ぼすや。

答えて曰《い》わく、黄帝《こうてい》・孔子《こうし》等、治国《ちこく》の作方《さほう》は五常《ごじょう》をもってす。愚王《ぐおう》有って礼教《れいきょう》を破るが故に、災難出来《しゅったい》するなり。

難《なん》じて云《い》わく、もししからば、今の世の災難、五常《ごじょう》を破るに依《よ》るとならば、何《なん》ぞ必ずしも選択流布《せんちゃくるふ》の失《とが》と云わんや。

答えて曰《い》わく、仏法いまだ漢土《かんど》に渡《わた》らざる前には、黄帝《こうてい》等、五常《ごじょう》をもって国を治《おさ》む。その五常は、仏法を渡して後《のち》にこれを見れば、即《すなわ》ち五戒《ごかい》なり。老子《ろうし》・孔子《こうし》等もまた、仏遠く未来を鑑《かんが》み、国土に和し、仏法を信ぜしめんがために、遣《つか》わすところの三聖《さんせい》なり。夏《か》の桀《けつ》・殷《いん》の紂《ちゅう》・周《しゅう》の幽《ゆう》等、五常を破って国を亡《ほろ》ぼすは、即《すなわ》ち五戒を破るに当たるなり。

また、人身《じんしん》を受けて国主と成るは、必ず五戒十善《ごかいじゅうぜん》による。外典《げてん》は浅近《せんごん》なるが故に過去の修因《しゅいん》・未来の得果《とっか》を論ぜずといえども、五戒十善を持《たも》って国王と成る。故に、人有って五常《ごじょう》を破れば、上《かみ》に天変《てんぺん》しきりに顕《あらわ》れ、下《しも》に地妖《ちよう》、まま侵《おか》すものなり。

故に、今の世の変災《へんさい》もまた、国中《こくちゅう》の上下万人《じょうげばんにん》、多分《たぶん》は選択集《せんちゃくしゅう》を信ずるが故なり。弥陀仏《みだぶつ》より外《ほか》の他《た》仏《ぶつ》・他経《たきょう》において拝信《はいしん》を至《いた》す者においては、面《おもて》を背《そむ》けて礼儀《れいぎ》を至さず、言《ことば》を吐《は》いて随喜《ずいき》の心無し。故に、国土において、人民、殊《こと》に礼儀を破り、道俗《どうぞく》、禁戒《ごんかい》を犯《おか》す。例せば、阮籍《げんせき》に習う者は礼儀を亡《ほろ》ぼし、元嵩《げんすう》に随《したが》う者は仏法を破るがごときなり。

問うて曰《い》わく、何をもってか、これを知る、仏法いまだ漢土《かんど》に渡《わた》らざるより已前《いぜん》の五常《ごじょう》は仏教の中の五戒《ごかい》たることを。いかん。

答えて曰《い》わく、金光明経《こんこうみょうきょう》に云《い》わく「一切世間《いっさいせけん》のあらゆる善論は、皆《みな》この経に因《よ》る」。法華経に云わく「もし俗間《ぞっけん》の経書《きょうしょ》、治世《じせ》の語言《ごごん》、資生《ししょう》等を説かんも、皆正法《しょうほう》に順ぜん」。普賢経《ふげんぎょう》に云わく「正法もて国を治め、人民《にんみん》を邪枉《じゃおう》せず。これを第三の懺悔《さんげ》を修《しゅ》すと名づく」。涅槃経《ねはんぎょう》に云わく「一切世間の外《げ》道《どう》の経書は、皆これ仏説《ぶっせつ》にして外道の説にあらず」。

止観《しかん》に云《い》わく「もし深く世法《せほう》を識《し》らば、即《すなわ》ちこれ仏法なり」。弘決《ぐけつ》に云わく「礼楽前《れいがくさき》に駆《は》せて、真道後《のち》に啓《ひら》く」。

広釈《こうしゃく》に云《い》わく「仏、三人を遣《つか》わして、しばらく真旦《しんたん》を化《け》す。五常《ごじょう》はもって五戒《ごかい》を開くの方《ほう》なり。昔、大宰《たいさい》、孔子《こうし》に問うて云わく『三皇五帝《さんこうごてい》は、これ聖人《せいじん》なるか』。孔子答えて云わく『聖人にあらず』。また問う『夫子《ふうし》はこれ聖人なるか』。また答う『あらざるなり』。また問う『もししからば、誰《たれ》かこれ聖人なる』。答えて云わく『吾《われ》聞く、西方《さいほう》に聖《ひじり》有り、釈迦《しゃか》と号す』と」文《もん》。

周書異記《しゅうしょいき》に云《い》わく「周《しゅう》の昭王《しょうおう》二十四年甲寅歳《きのえとらのとし》四月八日、江河泉池《こうがせんち》、忽然《こつねん》として泛漲《はんちょう》し、井水《せいすい》、ならびに皆溢《みなあふ》れ出《い》ず。宮殿人舎《きゅうでんじんしゃ》・山川大地《さんせんだいち》、ことごとく震動《しんどう》す。その夜《よ》、五色《ごしき》の光気《こうき》有り。入《い》って太微《たいび》を貫《つらぬ》き、四方に遍《へん》して、ことごとく青紅色《せいこうしょく》と作《な》る。昭王、太史蘇由《たいしそゆう》に問うて曰《い》わく『これ何の怪《かい》ぞや』。蘇由対《こた》えて曰わく『大聖人《だいせいじん》有り、西方《さいほう》に生《う》まる。故にこの瑞《ずい》を現ず』。昭王曰わく『天下《てんか》においていかん』。蘇由曰わく『即時には化《け》無し。一千年の外《ほか》、声教《しょうぎょう》この土《ど》に被及《ひきゅう》せん』。昭王、即《すなわ》ち人を遣《つか》わして、石を鐫《ほ》ってこれを記し、西郊天祠《せいこうてんし》の前に埋《うず》む。穆王《ぼくおう》五十二年壬申歳《みずのえさるのとし》二月十五日、平旦《へいたん》に暴風たちまちに起こって、人舎を発損《はっそん》し、樹木を傷折《しょうせつ》し、山川大地みな震動《しんどう》す。午後、天陰《くも》り雲黒《くろ》し。西方に白虹《はっこう》十二道あり。南北に通過して、連夜滅《めっ》せず。穆王、太史扈多《こた》に問う『これ何の徴《しるし》ぞや』。対《こた》えて曰わく『西方に聖人有り。滅度《めつど》の衰相現《すいそうあらわ》るるのみ』と」已上《いじょう》。

今、これを勘《かんが》うるに、金光明経《こんこうみょうきょう》に「一切世間《いっさいせけん》のあらゆる善論は、皆《みな》この経に因《よ》る」と。仏法いまだ漢土《かんど》に渡《わた》らざれば、まず黄帝等《こうていとう》、玄女《げんにょ》に五常《ごじょう》を習う。即《すなわ》ち玄女の五常に源《もと》づいて、久遠《くおん》の仏教を習い、黄帝、国を治めしむ。機《き》いまだ熟さざれば、五戒《ごかい》を説くも、過去・未来を知らず、ただ現在に国を治め、至孝《しこう》・至忠《しちゅう》もて身を立つるばかりなり。余《よ》の経文《きょうもん》も、もってまたかくのごとし。

また周書異記《しゅうしょいき》等は、仏法いまだ真旦《しんたん》に被《こうむ》らざる已前《いぜん》一千余年に、人、西方《さいほう》に仏有ること、これを知る。いかにいわんや、老子《ろうし》は殷《いん》の時に生まれ、周《しゅう》の列王《れつおう》の時に有り。孔子《こうし》また老子の弟子《でし》、顔回《がんかい》また孔子の弟子なり。あに、周の第四の昭王《しょうおう》、第五の穆王《ぼくおう》の時、蘇由《そゆう》・扈多《こた》記すところの「一千年の外《ほか》、声教《しょうぎょう》この土に被及《ひきゅう》せん」の文《もん》を知らざらんや。

また、内典《ないてん》をもってこれを勘《かんが》うるに、仏たしか《確》にこれを記したもう。「我、三聖《さんせい》を遣《つか》わして、彼《か》の真旦《しんたん》を化《け》す」と。仏、漢土《かんど》に仏法を弘《ひろ》めんがために、まず三菩薩《ぼさつ》を漢土に遣わし、諸人《しょにん》に五常《ごじょう》を教え、仏経《ぶっきょう》の初門《しょもん》となす。

これらの文《もん》をもってこれを勘《かんが》うるに、仏法已前《いぜん》の五常《ごじょう》は仏教の内の五戒《ごかい》と知る。

疑って云《い》わく、もししからば、何《なん》ぞ、選択集《せんちゃくしゅう》を信ずる謗法《ほうぼう》の者の中に、この難に値《あ》わざる者これ有るや。

答えて曰《い》わく、業力《ごうりき》は不定《ふじょう》なり。現世《げんぜ》に謗法《ほうぼう》を作《な》し、今世《こんぜ》に報《ほう》有るは、即《すなわ》ち法華経に云《い》わく「この人は現世に白癩《びゃくらい》の病《やまい》を得ん乃至《ないし》諸《もろもろ》の悪重病あるべし」。仁王経《にんのうきょう》に云わく「人、仏教を壊《やぶ》らば、また孝《こう》子《し》無く、六親《ろくしん》不和にして天神《てんじん》も祐《たす》けず、疾疫《しつえき》・悪鬼《あっき》、日に来《きた》って侵害《しんがい》し、災怪《さいけ》首尾し、連禍《れんか》あらん」。涅槃経《ねはんぎょう》に云わく「もしこの経典《きょうてん》を信ぜざること有らば〇もしは臨終《りんじゅう》の時、荒乱《こうらん》し、刀兵競《とうひょうきそ》い起こり、帝王《ていおう》の暴虐《ぼうぎゃく》、怨家《おんけ》の讐隙《しゅうげき》の侵逼《しんぴつ》するところとならん」已上《いじょう》。順現業《じゅんげんごう》なり。

法華経に云《い》わく「もし人信ぜずして、この経を毀謗《きぼう》せば〇その人は命終《みょうじゅう》して、阿鼻獄《あびごく》に入《い》らん」、仁王経《にんのうきょう》に云わく「人、仏教を壊《やぶ》らば〇死して地獄《じごく》・餓鬼《がき》・畜生《ちくしょう》に入らん」已上《いじょう》。順次生業《じゅんじしょうごう》なり。順後《じゅんご》業《ごう》等はこれを略す。

疑って云《い》わく、もししからば、法華《ほっけ》・真言《しんごん》等の諸大乗経《しょだいじょうきょう》を信ずる者、何《なん》ぞこの難に値《あ》うや。

答えて曰《い》わく、金光明経《こんこうみょうきょう》に云《い》わく「枉《ま》げて辜《つみ》無きに及《およ》ぼさん」。法華経に云わく「横しまにその殃《わざわ》いに羅《かか》らん」等云々《うんぬん》。止観《しかん》に云わく「似解《じげ》の位は、因の疾少軽《しつしょうきょう》なれば道心転《どうしんうた》た熟すれども、果の疾なお重ければ衆災《しゅさい》を免《まぬか》れず」。記《き》に云わく「もし過・現の縁《えん》浅からば、微苦《びく》もまた徴《しるし》無し」已上《いじょう》。これらの文《もん》をもってこれを案ずるに、法華《ほっけ》・真言《しんごん》等を行ずる者も、いまだ位《くらい》深からず、縁浅くして、口に誦《とな》うれどもその義を知らず、一向《いっこう》に名利《みょうり》のためにこれを読み、先生《せんじょう》の謗法《ほうぼう》の罪いまだ尽《つ》きずして、外に法華等を行じて内に選択《せんちゃく》の意を存《そん》し、心に存せずといえども、世情に叶《かな》わんがために、在俗《ざいぞく》に向かって法華経は末代《まつだい》に叶い難《がた》き由《よし》を称《しょう》すれば、この災難を免れ難きか。

問うて曰《い》わく、いかなる秘術をもって、速《すみ》やかにこの災難を留《とど》むべきや。

答えて曰わく、還《かえ》って謗法《ほうぼう》の書ならびに学ぶところの人を治《じ》すべし。もししからずんば、無尽《むじん》の祈《き》請《しょう》有りといえども、ただ費《つい》えのみ有って験《しるし》無からんか。

問うて曰《い》わく、いかんが対治《たいじ》すべき。

答えて曰わく、治方《じほう》また経《きょう》にこれ有り。大集経《だいじっきょう》に云《い》わく「もしは未来世《みらいせ》の有信《うしん》の諸王、もしは四姓《ししょう》等、むしろ如法《にょほう》の比丘《びく》一人を護《まも》り、無量の諸《もろもろ》の悪比丘《あくびく》を護らざれ。能《よ》く法を護持《ごじ》せば、当《まさ》に知るべし、この人は、乃至《ないし》、十方諸仏世尊《じっぽうしょぶつせそん》の大檀越《だいだんおつ》なり」文《もん》。涅槃経《ねはんぎょう》に云わく「仏言《のたま》わく『ただ一人のみを除いて余《よ》の一切《いっさい》に施《ほどこ》せ○正法《しょうほう》を誹謗《ひぼう》し、この重業《じゅうごう》を造る○ただかくのごとき一闡提《いっせんだい》の輩《やから》のみを除いてその余の者に施さば、一切讃歎《さんだん》せん』と」已上《いじょう》。この文《もん》より外《ほか》にもまた治方《じほう》有り。つぶさに載《の》するに暇《いとま》あらず。

しかるに、当世《とうせい》の道俗《どうぞく》、多く謗法《ほうぼう》の一闡提《いっせんだい》の人に帰《き》して讃歎《さんだん》・供養《くよう》を加《くわ》うるあいだ、たまたま謗法の語《ことば》を学せざる者をば、還《かえ》って謗法の者と称《しょう》して怨敵《おんてき》と作《な》す。諸人《しょにん》、この由《よし》を知らざるが故に、正法《しょうほう》の者を還って謗法の者と謂《おも》えり。これひとえに、法華経勧持品《かんじほん》に記すところの「悪世《あくせ》の中の比丘《びく》は、邪智《じゃち》にして心諂曲《てんごく》に○好《この》んで我らが過《とが》を出《い》ださん○国王・大臣・婆羅門《ばらもん》・居士《こじ》に向かって○誹謗《ひぼう》して我が悪を説いて『これ邪見《じゃけん》の人、外道《げどう》の論議を説く』と謂《い》わん」の文《もん》のごとし。仏の讃歎するところの世の中の福田《ふくでん》を捨てて、誡《いまし》むるところの一闡提において讃歎・供養を加うるが故に、いよいよ貪欲《とんよく》の心盛《さか》んに、謗法の音《こえ》天下《てんか》に満《み》てり。あに災難《さいなん》起こらざらんや。

問うて曰《い》わく、謗法《ほうぼう》の者において供養《くよう》を留《とど》め苦治《くじ》を加《くわ》うるに、罪有りや不《いな》や。

答えて曰《い》わく、涅槃経《ねはんぎょう》に云《い》わく「今、無上《むじょう》の正法《しょうほう》をもって諸王・大臣・宰相《さいしょう》・比丘《びく》・比丘尼《びくに》に付嘱《ふぞく》す○正法を毀《そし》る者をば、王者・大臣・四部《しぶ》の衆《しゅ》は応当《まさ》に苦治《くじ》すべし○なお罪有ることなし」已上《いじょう》。一切衆生《いっさいしゅじょう》、螻蟻蚊虻《ろうぎぶんぼう》に至るまで必ず小善《しょうぜん》有れども、謗法《ほうぼう》の人に小善無し。故に、施《せ》を留《とど》めて苦治《くじ》を加《くわ》うるなり。

問うて曰《い》わく、汝《なんじ》、僧形《そうぎょう》をもって比丘《びく》の失《とが》を顕《あらわ》す。あに「四衆《ししゅ》を謗《ぼう》ぜざれ」と「三宝《さんぼう》を謗ぜざれ」との二つの重戒《じゅうかい》を破るにあらずや。

答えて曰《い》わく、涅槃経《ねはんぎょう》に云《い》う「もし善比丘《ぜんびく》あって、法を壊《やぶ》る者を見て、置いて、呵責《かしゃく》し駆遣《くけん》し挙処《こしょ》せずんば、当《まさ》に知るべし、この人は仏法の中の怨《あだ》なり。もし能《よ》く駆遣し呵責し挙処せば、これ我が弟《で》子《し》、真《しん》の声聞《しょうもん》なり」已上《いじょう》の文《もん》を守ってこれを記す。

もしこの記《き》、自然《じねん》に国土に流布《るふ》せしむる時、一度高覧《こうらん》を経《へ》ん人、必ずこの旨《むね》を存《そん》すべきか。もししからずんば、大集《だいじゅう》ならびに仁王経《にんのうきょう》の「もし国王有って、我が法の滅《めっ》せんを見て、捨てて擁護《おうご》せずんば

○その国の内に三種の不祥《ふしょう》を出《い》ださん乃至《ないし》命終《みょうじゅう》して、大地獄《だいじごく》に生《しょう》ぜん」「もし王の福尽《つ》きん時○七難《しちなん》必ず起こらん」の責めを免《まぬか》れ難《がた》きか。この文《もん》のごとくんば、しばらく万事《ばんじ》を閣《さしお》いて、まずこの災難起こるの由《よし》を慥《たし》かむべきか。もししからずんば、仁王経の「国土乱《みだ》れん時はまず鬼神《きじん》乱る。鬼神乱るるが故に万民《ばんみん》乱る」の文を見よ。当時、鬼神の乱れ、万民の乱れ有り。また、当《まさ》に国土乱るべし。愚勘《ぐかん》かくのごとし。取捨《しゅしゃ》は人の意に任《まか》す。

正元《しょうげん》二年太歳庚申《たいさいかのえさる》二月上旬《じょうじゅん》、これを勘《かんが》う。

(025)

災難対治抄《さいなんたいじしょう》

正元《しょうげん》2年（'60）2月　39歳

国土に起こる大地震《おおじしん》・非時の大風・大飢饉《だいききん》・大疫病《だいえきびょう》・大兵乱《だいひょうらん》等の種々の災難の根源を知って対治《たいじ》を加《くわ》うべき勘文《かんもん》。

金光明経《こんこうみょうきょう》に云《い》わく「もし人有って、その国土において、この経《きょう》有りといえども、いまだかつて流布《るふ》せしめず、捨離《しゃり》の心を生《しょう》じて聴聞《ちょうもん》せんことを楽《ねが》わず、また供養《くよう》・尊重《そんちょう》・讃歎《さんだん》せず。四部《しぶ》の衆《しゅ》・持経《じきょう》の人を見て、また尊重乃至《ないし》供養すること能《あた》わず。ついに、我らおよび余《よ》の眷属《けんぞく》の無量の諸天《しょてん》をして、この甚深《じんじん》の妙法を聞くことを得ず、甘露《かんろ》の味に背《そむ》き、正法《しょうほう》の流れを失い、威光《いこう》および勢力《せいりき》有ることなからしむ。悪趣《あくしゅ》を増長して人天《にんてん》を損減し、生死《しょうじ》の河に墜《お》ちて、涅槃《ねはん》の路《みち》に乖《そむ》かん。世尊《せそん》よ。我ら四王ならびに諸《もろもろ》の眷属および薬叉《やくしゃ》等、かくのごとき事《じ》を見て、その国土を捨てて擁護《おうご》の心無けん。ただ我らのみこの王を捨棄《しゃき》するにあらず、必ず無量の国土を守護《しゅご》する諸大善神《しょだいぜんじん》有らんも、みな捨て去らん。既《すで》に捨離し已《お》われば、その国、当《まさ》に種々の災禍《さいか》有って国位を喪失《そうしつ》すべし。一切《いっさい》の人衆《にんしゅ》、皆《みな》善心無く、ただ繋縛《けばく》・殺害・瞋諍《しんじょう》のみ有って、たがいに讒諂《ざんてん》し、枉《ま》げて辜《つみ》無きに及《およ》ぼさん。疫病《えきびょう》流行し、彗星《すいせい》しばしば出《い》で、両日《りょうじつ》並び現じ、薄蝕《はくしょく》恒《つね》無く、黒白《こくびゃく》の二虹《にこう》不祥《ふしょう》の相《そう》を表《あらわ》し、星流れ地動き、井《い》の内に声を発《おこ》し、暴雨・悪風、時節に依《よ》らず、常に飢饉《ききん》に遭《あ》って苗実《みょうじつ》成らず、多く他方の怨賊《おんぞく》有って国内を侵掠《しんりゃく》し、人民《にんみん》は諸の苦悩《くのう》を受け、土地に楽しむところの処《ところ》有ることなけん」文《もん》。

大集経《だいじっきょう》に云《い》わく「もし国王有って、我が法の滅《めっ》せんを見て、捨てて擁護《おうご》せずんば、無量世《むりょうせ》において施《せ》・戒《かい》・慧《え》を修《しゅ》すとも、ことごとく滅失《めっしつ》して、その国の内に三種の不祥《ふしょう》の事を出《い》ださん乃至《ないし》命終《みょうじゅう》して、大地獄《だいじごく》に生《しょう》ぜん」。

仁王経《にんのうきょう》に云《い》わく「大王よ。国土乱《みだ》れん時はまず鬼神《きじん》乱る。鬼神乱るるが故に万民《ばんみん》乱る」文《もん》。また云わく「大王よ。我、今五眼《ごげん》もて明らかに三世《さんぜ》を見るに、一切《いっさい》の国王は皆《みな》過去の世に五百の仏に侍《つか》うるによって帝王主《ていおうしゅ》となることを得たり。ここをもって、一切の聖人《しょうにん》・羅漢《らかん》、しかもために彼《か》の国土の中に来生《らいしょう》して大利益《だいりやく》を作《な》さん。もし王の福尽《つ》きん時は、一切の聖人、皆、ために捨て去らん。もし一切の聖人去らん時は、七難《しちなん》必ず起こらん」。

仁王経《にんのうきょう》に云《い》わく「大王よ。吾《わ》が今化《け》するところ、百億の須弥《しゅみ》、百億の日月《にちがつ》あり。一々《いちいち》の須弥に四天下《げ》有り。その南閻浮提《なんえんぶだい》に十六の大国、五百の中国、十千の小国有り。その国土の中に七つの畏《おそ》るべき難有り。一切《いっさい》の国王、この難のための故に○いかなるを難となす。日月度《ど》を失い、時節返逆《ほんぎゃく》し、あるいは赤日出《しゃくにちい》で、黒日《こくにち》出で、二・三・四・五の日《ひ》出で、あるいは日蝕《ひしょく》して光無く、あるいは日輪《にちりん》一重《じゅう》、二・三・四・五重の輪《りん》現ずるを○一の難となすなり。二十八宿《しゅく》度を失い、金星・彗星《すいせい》・輪星・鬼星《きせい》・火星・水星・風星・刀星《とうせい》・南斗《なんじゅ》・北斗《ほくと》・五鎮《ごちん》の大星・一切の国主星・三公星・百官星、かくのごとき諸星、各々《おのおの》変現するを○二の難となすなり。大火国《くに》を焼き、万姓焼尽《ばんせいしょうじん》せん。あるいは鬼火《きか》・竜火《りゅうか》・天火・山神火《さんじんか》・

人火《にんか》・樹木火・賊火《ぞくか》あらん。かくのごとき変怪《へんげ》を〇三の難となすなり。大水百姓《ひゃくせい》を漂没《ひょうもつ》し、時節返逆して、冬雨《あめふ》り、夏雪ふり、冬時《とうじ》に雷電辟礰《らいでんへきれき》あり。六月に氷《こおり》・霜《しも》・雹《ひょう》を雨《ふ》らし、赤水《しゃくすい》・黒水《こくすい》・青水《しょうすい》を雨らし、土山《どせん》・石山《しゃくせん》を雨らし、沙《すな》・礫《つぶて》・石《いし》を雨らす。江河《こうが》逆《さか》さまに流れ、山を浮《う》かべ、石を流す。かくのごとき変の時を〇四の難となすなり。大風万姓《ばんせい》を吹《ふ》き殺し、国土の山河・樹木、一時《いちじ》に滅没《めつもつ》し、非時の大風・黒風《こくふう》・赤風《しゃくふう》・青風《しょうふう》・天風・地風《じふう》・火風・水風あらん。かくのごとき変の時を〇五の難となすなり。天地・国土亢陽《こうよう》し、炎火洞然《どうねん》して百草亢旱《こうかん》し、五穀《ごこく》登《みの》らず、土地赫燃《かくねん》して万姓滅尽《めつじん》せん。かくのごとき変の時を〇六の難となすなり。四方の賊来《ぞくきた》って国を侵《おか》し、内外《ないげ》の賊起こり、火賊・水賊・風賊・鬼賊《きぞく》あって百姓荒乱《こうらん》し、刀兵《とうひょう》の劫《こう》起こらん。かくのごとき怪《け》の時を〇七の難となすなり」。

法華経に云《い》わく「百由旬《ゆじゅん》の内に諸《もろもろ》の衰患《すいげん》無からしむ」。

涅槃経《ねはんぎょう》に云わく「この大涅槃微妙《だいねはんみみょう》の経典《きょうてん》流布《るふ》するところの処《ところ》は、当《まさ》に知るべし、その地は即《すなわ》ちこれ金剛《こんごう》なり。この中の諸人《しょにん》もまた金剛のごとし」。

仁王経《にんのうきょう》に云《い》わく「この経は常に千の光明《こうみょう》を放《はな》って、千里《り》の内に七難《しちなん》をして起こらざらしむ」。また云わく「諸《もろもろ》の悪比丘《あくびく》は、多く名利《みょうり》を求め、国王・太子・王子の前において、自《みずか》ら破仏法《はぶっぽう》の因縁《いんねん》、破国《はこく》の因縁を説かん。その王別《わきま》えずしてこの語《ことば》を信聴《しんちょう》し、横しまに法制を作って仏戒《ぶっかい》に依《よ》らず。これを破仏・破国の因縁となす」。

今これを勘《かんが》うるに、法華経に云《い》わく「百由旬《ゆじゅん》の内に諸《もろもろ》の衰患《すいげん》無からしむ」。仁王経《にんのうきょう》に云わく「千里《り》の内に七難《しちなん》をして起こらざらしむ」。涅槃経《ねはんぎょう》に云わく「当《まさ》に知るべし、その地は即《すなわ》ちこれ金剛《こんごう》なり。

この中の諸人《しょにん》もまた金剛のごとし」文《もん》。

疑って云《い》わく、今この国土に種々の災難起こることを見聞《けんもん》す。いわゆる、建長《けんちょう》八年八月より正元《しょうげん》二年二月に至るまで、大地震《おおじしん》・非時の大風・大飢饉《だいききん》・大疫病《だいえきびょう》等、種々の災難連々《れんれん》として今に絶えず。大体《だいたい》国土の人数尽《つ》くべきに似たり。これによって種々の祈請《きしょう》を致《いた》す人これ多しといえども、その験《しるし》無きか。正直捨方便《しょうじきしゃほうべん》・多宝証明《たほうしょうみょう》・諸仏出舌《しょぶつすいぜつ》の法華経の文《もん》の「百由旬《ゆじゅん》の内に」、双林《そうりん》最後の遺言《ゆいごん》の涅槃経《ねはんぎょう》の「その地は金剛《こんごう》なり」の文、七難不起《しちなんふき》の仁王経《にんのうきょう》の「千里《り》の内に」の文、皆《みな》、虚妄《こもう》に似たり。いかん。

答えて曰《い》わく、今愚案《ぐあん》をもってこれを勘《かんが》うるに、上《かみ》に挙《あ》ぐるところの諸大乗経《しょだいじょうきょう》、国土に在り。しかも祈請《きしょう》を成《じょう》ぜずして災難起こることは、少しその故《ゆえ》有るか。

いわゆる、金光明経《こんこうみょうきょう》に云《い》わく「その国土において、この経《きょう》有りといえども、いまだかつて流布《るふ》せしめず、捨離《しゃり》の心を生《しょう》じて聴聞《ちょうもん》せんことを楽《ねが》わず○我ら四王○みな捨て去らん○その国に当《まさ》に種々の災禍《さいか》有るべし」。大集経《だいじっきょう》に云わく「もし国王有って、我が法の滅《めっ》せんを見て、捨てて擁護《おうご》せずんば○その国の内に三種の不祥《ふしょう》を出《い》ださん」。仁王経《にんのうきょう》に云わく「仏戒《ぶっかい》に依《よ》らず。これを破仏《はぶつ》・破国《はこく》の因縁《いんねん》となす○もし一切《いっさい》の聖人《しょうにん》去らん時は、七難《しちなん》必ず起こらん」已上《いじょう》。

これらの文《もん》をもってこれを勘《かんが》うるに、法華経等の諸大乗経《しょだいじょうきょう》、国中《こくちゅう》に在りといえども、一切《いっさい》の四衆《ししゅ》、捨離《しゃり》の心を生《しょう》じて、聴聞《ちょうもん》し供養《くよう》する志《こころざし》を起こさざるが故に、国中の守護《しゅご》の善神《ぜんじん》、一切の聖人《しょうにん》この国を捨てて去り、守護の善神・聖人等無《な》きが故に出来《しゅったい》するところの災難なり。

問うて曰《い》わく、国中《こくちゅう》の諸人《しょにん》、諸大乗経《しょだいじょうきょう》において捨離《しゃり》の心を生《しょう》じて供養《くよう》する志《こころざし》を生ぜざることは、何の故よりこれ起こるや。

答えて曰《い》わく、仁王経《にんのうきょう》に云《い》わく「諸《もろもろ》の悪比丘《あくびく》は、多く名利《みょうり》を求め、国王・太子・王子の前において、自《みずか》ら破仏法《はぶっぽう》の因縁《いんねん》、破国《はこく》の因縁を説かん。その王別《わきま》えずしてこの語《ことば》を信聴《しんちょう》し、横しまに法制を作って仏戒《ぶっかい》に依《よ》らず」。法華経に云わく「悪世《あくせ》の中の比丘は、邪智《じゃち》にして心諂曲《てんごく》に、いまだ得ざるを謂《おも》って得たりとなし、我慢《がまん》の心は充満《じゅうまん》せん○この人は悪心を懐《いだ》き○国王・大臣・婆羅門《ばらもん》・居士《こじ》および余《よ》の諸の比丘に向かって、誹謗《ひぼう》して我が悪を説いて『これ邪見《じゃけん》の人、外道《げどう》の論議を説く』と謂《い》わん○悪鬼《あっき》はその身に入《い》る」等云々《うんぬん》。

これらの文《もん》をもってこれを思うに、諸《もろもろ》の悪比丘《あくびく》、国中《こくちゅう》に充満《じゅうまん》して、破国《はこく》・破仏法《はぶっぽう》の因縁《いんねん》を説く。国王ならびに国中の四衆《ししゅ》、弁《わきま》えずして信聴《しんちょう》を加《くわ》うるが故に、諸大乗経《しょだいじょうきょう》において捨離《しゃり》の心を生《しょう》ずるなり。

問うて曰《い》わく、諸《もろもろ》の悪比丘《あくびく》等、国中《こくちゅう》に充満《じゅうまん》して破国《はこく》・破仏戒《はぶっかい》等の因縁《いんねん》を説くことは、仏弟子《ぶつでし》の中に出来《しゅったい》すべきか、外道《げどう》の中に出来すべきか。

答えて曰《い》わく、仁王経《にんのうきょう》に云《い》わく「三宝《さんぼう》を護《まも》る者、転《うた》たさらに三宝を滅《めっ》し破《は》せんこと、師子《しし》身中の虫の自《みずか》ら師子を食《は》むがごとし。外道《げどう》にはあらず」文《もん》。この文のごとくんば、仏弟子《ぶつでし》の中において破国《はこく》・破仏法《はぶっぽう》の者出来《しゅったい》すべきか。

問うて曰《い》わく、諸《もろもろ》の悪比丘《あくびく》、正法《しょうほう》を壊《やぶ》るに相似《そうじ》の法をもってこれを破らんか、はたまた悪法をもってこれを破らんか。

答えて曰《い》わく、小乗《しょうじょう》をもって権大乗《ごんだいじょう》を破《は》し、権大乗をもって実大乗《じつだいじょう》を破し、師弟共に謗法《ほうぼう》・破国《はこく》の因縁《いんねん》を知らざるが故に、破仏戒《はぶっかい》・破国の因縁を成して三悪道《さんあくどう》に堕《お》つるなり。

問うて曰《い》わく、その証拠《しょうこ》いかん。

答えて曰わく、法華経に云《い》わく「仏の方便《ほうべん》、宜《よろ》しきに随《したが》って説きたもうところの法を知らず、悪口《あっく》して顰蹙《ひんしゅく》し、しばしば擯出《ひんずい》せられん」。涅槃経《ねはんぎょう》に云わく「我《われ》涅槃して後《のち》、当《まさ》に百千無量の衆生《しゅじょう》有って誹《ひ》謗《ぼう》してこの大涅槃を信ぜざるべし○三乗《さんじょう》の人もまたかくのごとく、無上《むじょう》の大涅槃経を憎悪《ぞうお》せん」已上《いじょう》。

勝意比丘《しょういびく》の喜根菩薩《きこんぼさつ》を謗《そし》って三悪道《さんあくどう》に堕《お》ち、尼思仏《にしぶつ》等の不軽菩薩《ふきょう》を打って阿鼻《あび》の炎《ほのお》を招くも、皆《みな》、大小《だいしょう》・権実《ごんじつ》を弁《わきま》えざるよりこれ起これり。十悪五逆《じゅうあくごぎゃく》は、愚者《ぐしゃ》皆罪《つみ》たることを知るが故に、たやすく破《は》国《こく》・破仏法《はぶっぽう》の因縁《いんねん》を成《じょう》ぜず。故に、仁王経《にんのうきょう》に云《い》わく「その王別《わきま》えずしてこの語《ことば》を信聴《しんちょう》す」。涅槃経《ねはんぎょう》に云わく「もし四重《しじゅう》を犯《おか》し五逆罪《ごぎゃくざい》を作り、自《みずか》ら定めてかくのごとき重事を犯すと知れども、心に初めより怖畏《ふい》・懺悔《さんげ》無く、あえて発露《ほつろ》せず」已上《いじょう》。これらの文《もん》のごとくんば、謗法《ほうぼう》は、自他共に子細を知らざるが故に、重罪を成して国を破《は》し仏法を破するなり。

問うて曰《い》わく、もししからば、この国土において権教《ごんきょう》をもって人の意を取り、実教《じっきょう》を失う者これ有るか、いかん。

答えて曰《い》わく、しかなり。

問うて曰わく、その証拠《しょうこ》いかん。

答えて曰わく、法然上人所造《ほうねんしょうにんしょぞう》等の選択集《せんちゃくしゅう》これなり。今、その文《もん》を出《い》だして上《かみ》の経文《きょうもん》に合わせ、その失《とが》を露顕《ろけん》せしめん。もし対治《たいじ》を加《くわ》えば、国土を安穏《あんのん》ならしむべきか。

選択集《せんちゃくしゅう》に云《い》わく「道綽禅師《どうしゃくぜんじ》、聖道《しょうどう》・浄土《じょうど》の二門を立てて、聖道を捨て正《まさ》しく浄土に帰《き》するの文《もん》○初めに聖道門《しょうどうもん》とは、これについて二つ有り。一には大乗《だいじょう》、二には小乗《しょうじょう》なり。大乗の中について顕密《けんみつ》・権《ごん》実《じつ》等の不同有りといえども、今この集の意はただ顕大《けんだい》および権大《ごんだい》のみを存《そん》す。故に、歴劫迂廻《りゃっこううえ》の行《ぎょう》に当たる。これに準《じゅん》じてこれを思うに、応《まさ》に密大《みつだい》および実大《じつだい》をも存すべし。しからば則《すなわ》ち、今の真言《しんごん》・仏心《ぶっしん》・天台《てんだい》・華厳《けごん》・三論《さんろん》・法相《ほっそう》・地論《じろん》・摂論《しょうろん》、これらの八家《はっけ》の意、正しくここに在るなり○曇鸞法師《どんらんほっし》、往生論註《おうじょうろんちゅう》に云わく『謹《つつし》んで竜樹菩薩《りゅうじゅぼさつ》の十住毘婆沙《じゅうじゅうびばしゃ》を案ずるに云わく、菩薩、阿毘跋致《あびばっち》を求《もと》むるに、二種の道《どう》有り。一には難行道《なんぎょうどう》、二には易行道《いぎょうどう》なり』○この中《うち》、難行道とは、即《すなわ》ちこれ聖道門なり。易行道とは、即ちこれ浄土門《じょうどもん》なり○浄土宗《じょうどしゅう》の学者、まず、すべからくこの旨《むね》を知るべし。たとい先より聖道門を学ぶ人なりといえども、もし浄土門においてその志《こころざし》有らば、すべからく聖道を棄《す》てて浄土に帰《き》すべし」文。

また云《い》わく「善導和尚《ぜんどうおしょう》、正《しょう》・雑《ぞう》の二行《ぎょう》を立てて、雑行《ぞうぎょう》を捨て正行《しょうぎょう》に帰《き》するの文《もん》。第一に読誦《どくじゅ》雑行とは、上《かみ》の観経《かんぎょう》等の往生浄土《おうじょうじょうど》の経《きょう》を除いてより已外《いげ》、大小乗《だいしょうじょう》・顕密《けんみつ》の諸経《しょきょう》において受持《じゅじ》し読誦するを、ことごとく読誦雑行と名づく○第三に礼拝《らいはい》雑行とは、上の弥陀《みだ》を礼拝するを除いてより已外、一切《いっさい》の諸余《しょよ》の仏菩薩《ぶつぼさつ》等および諸《もろもろ》の世天《せてん》等において礼拝し恭敬《くぎょう》するを、ことごとく礼拝雑行と名づく○私《わたくし》に云わく、この文を見るに、すべからく雑を捨てて専《せん》を修《しゅ》すべし。あに百即百生《ひゃくそくひゃくしょう》の専修《せんじゅ》正行を捨てて、堅《かた》く千中無一《せんちゅうむいち》の雑修《ぞうしゅ》雑行を執《しゅう》せんや。行者《ぎょうじゃ》能《よ》くこれを思量《しりょう》せよ」と。

また云《い》わく「貞元入蔵録《じょうげんにゅうぞうろく》の中に、始め大般若経《だいはんにゃきょう》六百巻より法常住経《ほうじょうじゅうきょう》に終わるまでの顕密《けんみつ》の大乗経《だいじょうきょう》、総じて六百三十七部二千八百八十三巻なり。皆《みな》すべからく『大乗を読誦《どくじゅ》す』の一句に摂《おさ》むべし○当《まさ》に知るべし。随他《ずいた》の前にはしばらく定散《じょうさん》の門を開くといえども、随自《ずいじ》の後《のち》には還《かえ》って定散の門を閉《と》ず。一たび開いてより以後永《なが》く閉じざるは、ただこれ念仏《ねんぶつ》の一門のみなり」文《もん》。また最後結句《けっく》の結文《けつもん》に云《い》わく「夫《そ》れ、速《すみ》やかに生死《しょうじ》を離《はな》れんと欲せば、二種の勝法《しょうほう》の中に、しばらく聖道門《しょうどうもん》を閣《さしお》いて、選んで浄土門《じょうどもん》に入《い》れ。浄土門に入らんと欲せば、正《しょう》・雑《ぞう》の二行の中に、しばらく諸《もろもろ》の雑行《ぞうぎょう》を抛《なげう》って、選んで応《まさ》に正行《しょうぎょう》に帰《き》すべし」〈已上《いじょう》、選択集《せんちゃくしゅう》の文《もん》なり〉。

今これを勘《かんが》うるに、日本国中《にほんこくじゅう》の上下万人《じょうげばんにん》、深く法然上人《ほうねんしょうにん》を信じてこの書を拚《もてあそ》ぶ。故に、無智《むち》の道《どう》俗《ぞく》、この書の中の捨閉閣抛《しゃへいかくほう》の字を見て、浄土三部経《じょうどさんぶきょう》・阿弥陀仏《あみだぶつ》より外《ほか》の諸経《しょきょう》・諸仏菩薩《しょぶつぼさつ》・諸天善神《しょてんぜんじん》等において捨閉閣抛等の思いを作《な》し、彼《か》の仏経《ぶっきょう》等において供養《くよう》・受持《じゅじ》等の志《こころざし》を起こさず、還《かえ》って捨《しゃ》離《り》の心を生《しょう》ず。故に、古《いにしえ》の諸大師《しょだいし》等の建立《こんりゅう》せしところの鎮護国家《ちんごこっか》の道場零落《れいらく》せしむといえども、護《ご》惜《しゃく》建立の心無し。護惜建立の心無きが故にまた読誦《どくじゅ》供養の音《こえ》絶え、守護《しゅご》の善神も法味《ほうみ》を嘗《な》めざるが故に国を捨てて去り、四依《しえ》の聖人《しょうにん》も来《きた》らざるなり。ひとえに、金光明《こんこうみょう》・仁王《にんのう》等の「一切《いっさい》の聖人去らん時は、七難《しちなん》必ず起こらん」「我ら四王、みな捨て去らん。既《すで》に捨離し已《お》われば、その国に当《まさ》に種々の災《さい》禍《か》有るべし」の文《もん》に当たれり。あに「諸《もろもろ》の悪比丘《あくびく》は、多く名利《みょうり》を求《もと》む」「悪世《あくせ》の中の比丘は、邪智《じゃち》にして心諂曲《てんごく》なり」の人にあらずや。

疑って云《い》わく、国土において選択集《せんちゃくしゅう》を流布《るふ》せしむるによって災難起こると云わば、この書無き已前《いぜん》には国中《こくちゅう》において災難無かりしか。

答えて曰《い》わく、彼《か》の時もまた災難有り。云《い》わく、五常《ごじょう》を破り仏法を失う者これ有る故に。いわゆる周《しゅう》の宇文《うぶん》・元嵩《げんすう》等これなり。

難《なん》じて云《い》わく、今の世の災難、五常《ごじょう》を破るが故にこれ起こるといわば、何《なん》ぞ必ずしも選択集流布《せんちゃくしゅうるふ》の失《とが》に依《よ》らんや。

答えて曰《い》わく、仁王経《にんのうきょう》に云《い》わく「大王よ。未来の世の中に諸《もろもろ》の小国王、四部《しぶ》の弟子《でし》○諸の悪比丘《あくびく》○横しまに法制を作って仏戒《ぶっかい》に依《よ》らず○また仏像の形、仏塔《ぶっとう》の形を造作《ぞうさく》することを聴《ゆる》さず○七難《しちなん》必ず起こらん」。金光明経《こんこうみょうきょう》に云わく「また供養《くよう》・尊重《そんちょう》・讃歎《さんだん》せず○その国に当《まさ》に種々の災禍《さいか》有るべし」。涅《ね》槃経《はんぎょう》に云わく「無上《むじょう》の大涅槃経を憎悪《ぞうお》せん」等云々《うんぬん》。あに、弥陀《みだ》より外《ほか》の諸仏《しょぶつ》・諸経《しょきょう》等を供養・礼拝《らいはい》・讃歎するを、ことごとく雑行《ぞうぎょう》と名づくるに当たらざらんや。

難《なん》じて云《い》わく、仏法已前《いぜん》、国において災難有り。何《なん》ぞ謗法《ほうぼう》の者の故ならんや。

答えて曰《い》わく、仏法已前《いぜん》に五常《ごじょう》をもって国を治《おさ》むるは、遠く仏誓《ぶっせい》をもって国を治むるなり。礼儀《れいぎ》を破るは仏の出《い》だしたまえる五戒《ごかい》を破るなり。

問うて曰《い》わく、その証拠《しょうこ》いかん。

答えて曰わく、金光明経《こんこうみょうきょう》に云《い》わく「一切世間《いっさいせけん》のあらゆる善論は、皆《みな》この経に因《よ》る」。法華経に云わく「もし俗間《ぞっけん》の経書《きょうしょ》、治世《じせ》の語言《ごごん》、資生《ししょう》の業《ごう》等を説かんも、皆正法《しょうほう》に順ぜん」。普賢経《ふげんぎょう》に云わく「正法もて国を治め、人民《にんみん》を邪枉《じゃおう》せず。これを第三の懺悔《さんげ》を修《しゅ》すと名づく」。涅槃経《ねはんぎょう》に云わく「一切世間の外道《げどう》の経書は、皆これ仏説《ぶっせつ》にして外道の説にあらず」。止観《しかん》に云わく「もし深く世法《せほう》を識《し》らば、即《すなわ》ちこれ仏法なり」。弘決《ぐけつ》に云わく「礼楽前《れいがくさき》に駆《は》せて、真道後《のち》に啓《ひら》く」。広釈《こうしゃく》に云わく「仏、三人を遣《つか》わして、しばらく真旦《しんたん》を化《け》す。五常《ごじょう》はもって五戒《ごかい》を開くの方《ほう》なり。昔、大宰《たいさい》、孔子《こうし》に問うて云わく『三《さん》皇五帝《こうごてい》は、これ聖人《せいじん》なるか』。孔子答えて云わく『聖人にあらず』。また問う『夫子《ふうし》はこれ聖人なるか』。また答う『あらざるなり』。また問う『もししからば、誰《たれ》かこれ聖人なる』。答えて云わく『吾《われ》聞く、西方《さいほう》に聖《ひじり》有り、釈迦《しゃか》と号す』」と」文《もん》。

これらの文《もん》をもってこれを勘《かんが》うるに、仏法已前《いぜん》の三皇五帝《さんこうごてい》の五常《ごじょう》をもって国を治め、夏《か》の桀《けつ》・殷《いん》の紂《ちゅう》・周《しゅう》の幽《ゆう》等の礼儀《れいぎ》を破って国を喪《ほろ》ぼすは、遠く仏誓《ぶっせい》の持破《じは》に当たるなり。

疑って云《い》わく、もししからば、法華《ほっけ》・真言《しんごん》等の諸大乗経《しょだいじょうきょう》を信ずる者は、何《なん》ぞこの難に値《あ》えるや。

答えて曰《い》わく、金光明経《こんこうみょうきょう》に云《い》わく「枉《ま》げて辜《つみ》無きに及《およ》ぼさん」。法華経に云わく「横しまにその殃《わざわ》いに羅《かか》らん」等云々《うんぬん》。これらの文《もん》をもってこれを推《すい》するに、法華《ほっけ》・真言《しんごん》等を行《ぎょう》ずる者も、いまだ位《くらい》深からずして信心薄《うす》し。口に誦《じゅ》すれどもその義を知らずして、一向《いっこう》に名利《みょうり》のためにこれを誦す。先生《せんじょう》の謗法《ほうぼう》の失《とが》いまだ尽《つ》きずして、外に法華等を行《ぎょう》じ内に選択《せんちゃく》の心を存《そん》す。この災難の根源等を知らざれば、この難を免《まぬか》れ難《がた》きか。

疑って云《い》わく、もししからば、何《なん》ぞ、選択集《せんちゃくしゅう》を信ずる謗法《ほうぼう》の者の中に、この難に値《あ》わざる者これ有りや。

答えて曰《い》わく、業力《ごうりき》は不定《ふじょう》なり。

順現業《じゅんげんごう》は、法華経に云《い》わく「この人は現世《げんぜ》に白癩《びゃくらい》の病《やまい》を得《え》ん乃至《ないし》諸《もろもろ》の悪重病あるべし」。仁王経《にんのうきょう》に云わく「人、仏教を壊《やぶ》らば、また孝子《こうし》無く、六親《ろくしん》不和にして天神《てんじん》も祐《たす》けず、疾疫《しつえき》・悪鬼《あっき》、日に来《きた》って侵害《しんがい》し、災怪《さいけ》首尾し、連禍《れんか》あらん」。涅槃経《ねはんぎょう》に云わく「もしこの経典《きょうてん》を信ぜざること有らば○もしは臨終《りんじゅう》の時、荒乱《こうらん》し、刀兵競《とうひょうきそ》い起こり、帝王《ていおう》の暴虐《ぼうぎゃく》、怨家《おんけ》の讐隙《しゅうげき》の侵逼《しんぴつ》するところとならん」已上《いじょう》。順次生業《じゅんじしょうごう》は、法華経に云《い》わく「もし人信ぜずして、この経《きょう》を毀謗《きぼう》せば○その人は命終《みょうじゅう》して、阿鼻獄《あびごく》に入《い》らん」。仁王経《にんのうきょう》に云わく「人、仏教を壊《やぶ》らば○死して地獄《じごく》・餓鬼《がき》・畜生《ちくしょう》に入らん」已上《いじょう》。順後業《じゅんごごう》等はこれを略す。

問うて曰《い》わく、いかにして速《すみ》やかにこの災難を留《とど》むべきや。

答えて曰わく、還《かえ》って謗法《ほうぼう》の者を治《じ》すべし。もししからずんば、無尽《むじん》の祈請《きしょう》有りといえども、災難を留《とど》むべからざるなり。

問うて曰《い》わく、いかんが対治《たいじ》すべき。

答えて曰わく、治方《じほう》また経《きょう》にこれ有り。涅槃経《ねはんぎょう》に云《い》わく「仏言《のたま》わく『ただ一人のみを除いて余《よ》の一《いっ》切《さい》に施《ほどこ》せ○正法《しょうほう》を誹謗《ひぼう》し、この重業《じゅうごう》を造る○ただかくのごとき一闡提《いっせんだい》の輩《やから》のみを除いてその余に施さば、一切讃歎《さんだん》せん』と」已上《いじょう》。この文《もん》のごとくんば、施《せ》を留《とど》めて対治《たいじ》すべしと見えたり。この外《ほか》にもまた治方これ多し。つぶさに出《い》だすに暇《いとま》あらず。

問うて曰《い》わく、謗法《ほうぼう》の者において供養《くよう》を留《とど》め、苦治《くじ》を加《くわ》うるは罪有りや不《いな》や。

答えて曰わく、涅槃経《ねはんぎょう》に云《い》わく「今、無上《むじょう》の正法《しょうほう》をもって諸王・大臣・宰相《さいしょう》・比丘《びく》・比丘尼《びくに》に付嘱《ふぞく》す○正法を毀《そし》る者をば、王者・大臣・四部《しぶ》の衆《しゅ》は応当《まさ》に苦治《くじ》すべし○なお罪有ることとなし」已上《いじょう》。

問うて曰《い》わく、汝《なんじ》、僧形《そうぎょう》をもって比丘《びく》の失《とが》を顕《あらわ》すは罪業《ざいごう》にあらずや。

答えて曰わく、涅槃経《ねはんぎょう》に云《い》わく「もし善比丘《ぜんびく》あって、法を壊《やぶ》る者を見て、置いて、呵責《かしゃく》し駆遣《くけん》し挙《こ》処《しょ》せずんば、当《まさ》に知るべし、この人は仏法の中の怨《あだ》なり。もし能《よ》く駆遣し呵責し挙処せば、これ我が弟子《でし》、真《しん》の声聞《しょうもん》なり」已上《いじょう》。予《よ》、この文《もん》を見るが故に「仏法の中の怨なり」との責めを免《まぬか》れんがために、見聞《けんもん》を憚《はばか》らずして法然上人《ほうねんしょうにん》ならびに所化《しょけ》の衆《しゅ》等の阿鼻大城《あびだいじょう》に堕《お》つべき由《よし》を称《とな》う。

この道理を聞き解《ほど》く道俗《どうぞく》の中に、少々廻心《えしん》の者有り。もし一度高覧《こうらん》を経《へ》ん人、上《かみ》に挙《あ》ぐるところのごとくこれを行《ぎょう》ぜずんば、大集経《だいじっきょう》の文《もん》の「もし国王有って、我が法の滅《めっ》せんを見て、捨てて擁護《おうご》せずんば、無量世《むりょうせ》において施《せ》・戒《かい》・慧《え》を修《しゅ》すとも、ことごとく滅失《めっしつ》して、その国の内に三種の不祥《ふしょう》を出《い》ださん乃至《ないし》命終《みょうじゅう》して、大地獄《だいじごく》に生《しょう》ぜん」との記《き》の文を免《まぬか》れ難《がた》きか。仁王経《にんのうきょう》に云《い》わく「もし王の福尽《つ》きん時○七難《しちなん》必ず起こらん」。この文に云わく「無量世において施・戒・慧を修すとも、ことごとく滅失す」等云々《うんぬん》。この文を見るに、しばらく万事《ばんじ》を閣《さしお》いて、まずこの災難の起こる由《よし》を勘《かんが》うべきか。もししからざれば、いよいよまた重ねて災難これ起こらんか。

愚勘《ぐかん》かくのごとし。取捨《しゅしゃ》は人の意に任《まか》す。

（026）

十法界明因果抄《じっぽうかいみょういんがしょう》

文応《ぶんおう》元年（'60）4月21日　39歳

沙門《しゃもん》日蓮撰《せん》す。

八十華厳経《けごんぎょう》六十九に云《い》わく「普賢道《ふげんどう》に入《い》ることを得て、十法界《じっぽうかい》を了知《りょうち》す」。法華経第六に云わく「地獄声《じごくしょう》、畜生声《ちくしょうしょう》、餓鬼声《がきしょう》、阿修羅声《あしゅらしょう》、比丘声《びくしょう》・比丘尼声《びくにしょう》〈人道《にんどう》〉、天声《てんしょう》〈天道《てんどう》〉、声聞声《しょうもんしょう》、辟支仏声《ひゃくしぶつしょう》、菩薩声《ぼさつしょう》、仏声《ぶっしょう》」〈已上《いじょう》、十法界《じっぽうかい》の名目《みょうもく》なり〉。

第一に地獄界《じごくかい》とは、観仏三昧経《かんぶつざんまいきょう》に云《い》わく「五逆罪《ごぎゃくざい》を造り、因果《いんが》を撥無《はつむ》し、大乗《だいじょう》を誹謗《ひぼう》し、四重禁《しじゅうごん》を犯《おか》し、虚《むな》しく信施《しんせ》を食するの者、この中に堕《お》つ」〈阿鼻《あび》地獄なり〉。正法念経《しょうぼうねんぎょう》に云わく「殺《せつ》・盗《とう》・婬欲《いんよく》・飲酒《おんじゅ》・妄語《もうご》の者、この中に堕つ」〈大叫喚《だいきょうかん》地獄なり〉。正法念経に云わく「昔、酒をもって人に与えて酔《よ》わしめ已《お》わって、調戯《じょうげ》してこれを翫《もてあそ》び、彼《かれ》をして羞恥《しゅうち》せしむるの者、この中に堕つ」〈叫喚地獄なり〉。正法念経に云わく「殺生《せっしょう》・偸盗《ちゅうとう》・邪婬《じゃいん》の者、この中に堕つ」〈衆合《しゅごう》地獄なり〉。涅槃経《ねはんぎょう》に云わく「殺に三種有り。謂《い》わく下《げ》・中《ちゅう》・上《じょう》なり。下とは、蟻子《ありのこ》乃至《ないし》一切《いっさい》の畜生《ちくしょう》なり乃至下殺《げせつ》の因縁《いんねん》をもって地獄に堕ち乃至つぶさに下の苦を受《う》く」文《もん》。

問うて云《い》わく、十悪五逆《じゅうあくごぎゃく》等を造って地獄《じごく》に堕《お》つることは、世間《せけん》の道俗皆《どうぞくみな》これを知れり。謗法《ほうぼう》によって地獄に堕つることは、いまだその相貌《そうみょう》を知らず、いかん。

答えて云《い》わく、堅慧菩薩《けんえぼさつ》造、勒那摩提《ろくなまだい》訳の究竟一乗宝性論《くきょういちじょうほうしょうろん》に云わく「楽《ねが》って小法《しょうぼう》を行《ぎょう》じて法および法師《ほっし》を謗《ぼう》じ〇如来《にょらい》の教えを識《し》らず、説くこと修多羅《しゅたら》に乖《そむ》くも、これ真実義と言う」文《もん》。この文のごとくんば、小乗《しょうじょう》を信じて真実義と云い、大乗《だいじょう》を知らざるは、これ謗法《ほうぼう》なり。天親《てんじん》菩薩説、真諦三蔵《しんだいさんぞう》訳の仏性論《ぶっしょうろん》に云わく「もし大乗に憎背《ぞうはい》せば、これはこれ一闡提《いっせんだい》の因なり。衆生《しゅじょう》をしてこの法を捨てしむるがための故に」文。この文のごとくんば、大小流布《だいしょうるふ》の世に一向《いっこう》に小乗を弘《ひろ》め、自身も大乗に背《そむ》き、人においても大乗を捨てしむる、これを謗法と云うなり。天台大師《てんだいだいし》、梵網経《ぼんもうきょう》の疏《しょ》に云わく「謗《ぼう》はこれ乖《け》背《はい》の名なり。綷《すべ》てこれ解《げ》は理《り》に称《かな》わず、言《ことば》は実《じつ》に当たらずして、異解《いげ》して説く者を、皆《みな》名づけて謗となすなり。己《おの》が宗《しゅう》に乖《そむ》くが故に罪を得《う》」文。

法華経の譬喩品《ひゆほん》に云《い》わく「もし人信ぜずして、この経《きょう》を毀謗《きぼう》せば、則《すなわ》ち一切世間《いっさいせけん》の仏種《ぶっしゅ》を断ぜん乃至《ないし》その人は命終《みょうじゅう》して、阿鼻獄《あびごく》に入《い》らん」文《もん》。この文の意は、小乗《しょうじょう》の三賢已前《さんげんいぜん》、大乗《だいじょう》の十信《じっしん》已前、末《まつ》代《だい》の凡夫《ぼんぶ》の十悪《じゅうあく》・五逆《ごぎゃく》・不孝父母《ふこうふぼ》・女人《にょにん》等を嫌《きら》わず、これらは法華経の名字《みょうじ》を聞いて、あるいは題名《だいみょう》を唱え、一字・一句・四句・一品《ぽん》・一巻・八巻等を受持《じゅじ》し読誦《どくじゅ》し、乃至また上《かみ》のごとく行《ぎょう》ぜん人を随喜《ずいき》し讃歎《さんだん》する人は、法華経よりの外《ほか》の一代聖教《いちだいしょうぎょう》を深く習い義理に達し堅《かた》く大小乗の戒《かい》を持《たも》てる大菩薩《だいぼさつ》のごとき者より勝《すぐ》れて、往生《おうじょう》・成仏を遂《と》ぐべしと説くを信ぜずして、還《かえ》って、法華経は地《じ》・住已上《じゅういじょう》の菩薩のため、あるいは上根《じょうこん》・上智《じょうち》の凡夫のためにして、愚人《ぐにん》・悪人・女人・末代の凡夫等のためにはあらずと言わん者は、即《すなわ》ち一切衆生《いっさいしゅじょう》の成仏の種を断じて、阿鼻獄に入るべしと説ける文なり。

涅槃経《ねはんぎょう》に云《い》わく「仏の正法《しょうほう》において永く護惜建立《ごしゃくこんりゅう》の心無し」文《もん》。この文の意は、この大涅槃経の大《だい》法世間《ほうせけん》に滅尽《めつじん》せんを惜《お》しまざる者は、即《すなわ》ちこれ誹謗《ひぼう》の者なり。天台大師《てんだいだいし》、法華経の怨敵《おんてき》を定めて云わく「聞くことを喜ばざる者を怨《あだ》となす」文。

謗法《ほうぼう》は多種なり。大小流布《だいしょうるふ》の国に生まれて、一向《いっこう》に小乗《しょうじょう》の法を学んで身を治め、大乗《だいじょう》に遷《うつ》らざるは、これ謗法なり。また華厳《けごん》・方等《ほうどう》・般若《はんにゃ》等の諸大乗経《しょだいじょうきょう》を習える人も、諸経《しょきょう》と法華経と等同《とうどう》の思いを作《な》し、人をして等同の義を学ばしめ、法華経に遷らざるは、これ謗法なり。また、たまたま円機《えんき》有る人の法華経を学ぶをも、我が法に付けて世利を貪《むさぼ》らんがために、汝《なんじ》が機《き》は法華経に当たらざる由《よし》を称《しょう》して、この経を捨てて権経《ごんきょう》に遷らしむるは、これ大謗法なり。これらのごときは皆《みな》、地獄《じごく》の業《ごう》なり。

人間《にんげん》に生《しょう》ずること、過去の五戒《ごかい》は強く三悪道《さんあくどう》の業因《ごういん》は弱きが故に、人間に生ずるなり。また当世《とうせい》の人も、五逆《ごぎゃく》を作る者は少なく、十悪《じゅうあく》は盛《さか》んにこれを犯《おか》す。また、たまたま後世《ごせ》を願う人の、十悪を犯さずして善人のごとくなるも、自然《じねん》に愚癡《ぐち》の失《とが》によって、身《しん》・口《く》は善《よ》けれども意《い》は悪《あ》しき師を信ず。ただ我のみこの邪法《じゃほう》を信ずるにあらず、国を知行《ちぎょう》する人、人民を聳《すす》めて我が邪法に同ぜしめ、妻子・眷属《けんぞく》・所従《しょじゅう》の人をもってまた聳め従《したが》え、我が行《ぎょう》を行《ぎょう》ぜしむ。故に、正法《しょうほう》を行ぜしむる人において結縁《けちえん》を作《な》さず、また民《たみ》・所従等においても随喜《ずいき》の心を至《いた》さしめず。故に、自他共に謗法《ほうぼう》の者と成って、善を修《しゅ》し悪を止《とど》むるがごとき人も自然《じねん》に阿鼻地獄《あびじごく》の業を招くこと、末法《まっぽう》において多分《たぶん》これ有るか。

阿難尊者《あなんそんじゃ》は、浄飯王《じょうぼんおう》の甥《おい》、斛飯王《こくぼんおう》の太子、提婆達多《だいばだった》の舎弟《おとうと》、釈迦如来《しゃかにょらい》の従子《いとこ》なり。如来に仕《つか》え奉《たてまつ》ること二十年、覚意三昧《かくいざんまい》を得て、一代聖教《いちだいしょうぎょう》を覚《さと》れり。仏入滅《にゅうめつ》して後《のち》、阿闍世王《あじゃせおう》、阿難に帰依《きえ》し奉る。

仏の滅後《めつご》四十年の比《ころ》、阿難尊者一つの竹林《ちくりん》の中に至るに、一《ひと》りの比丘《びく》有り。一つの法句《ほっく》の偈《げ》を誦《じゅ》して云《い》わく「もし人生《しょう》じて百歳なりとも、水の潦涸《ろうかく》を見ずんば、生じて一日にしてこれを睹見《とけん》することを得《え》んにはしかず」已上《いじょう》。阿難この偈を聞き、比丘に語って云わく「これ仏説《ぶっせつ》にあらず。汝《なんじ》、修行《しゅぎょう》すべからず」。その時に比丘、阿難に問うて云わく「仏説はいかん」。阿難、答えて云わく「『もし人《ひと》生じて百歳なりとも、生滅《しょうめつ》の法を解《げ》せずんば、生じて一日にしてこれを解了《げりょう》することを得んにはしかず』已上。この文《もん》、仏説なり。汝が唱《とな》うるところの偈は、この文を謬《あやま》りたるなり」。その時に比丘、この偈を得て本師《ほんし》の比丘に語る。本師云わく「我《われ》汝に教《おし》うるところの偈は、真《まこと》の仏説なり。阿難が唱うるところの偈は仏説にあらず。阿難、年老衰《ろうすい》して言錯謬《ことばしゃくみょう》多し。信ずべからず」。この比丘、また阿難の偈を捨てて本《もと》の謬《あやま》りたる偈を唱う。阿難、また竹林に入《い》ってこれを聞くに、我《わ》が教うるところの偈にあらず。重ねてこれを語るに、比丘、信用せざりき等云々《うんぬん》。

仏の滅後《めつご》四十年にさえ、既《すで》に謬《あやま》り出来《しゅったい》せり。いかにいわんや、仏の滅後既《すで》に二千余年を過ぎたり。仏法、天竺《てんじく》より唐土《とうど》に至り、唐土より日本に至る。論師《ろんじ》・三蔵《さんぞう》・人師《にんし》等伝来《でんらい》せり。定めて謬り無き法は万が一なるか。いかにいわんや、当世《とうせい》の学者、偏執《へんしゅう》を先《さき》となして我慢《がまん》を挿《はさ》み、火を水と諍《あらそ》い、これを糾《ただ》さず。たまたま仏の教えのごとく教えを宣《の》ぶる学者をも、これを信用せず。故に、謗法《ほうぼう》ならざる者は、万が一なるか。

第二に餓鬼道《がきどう》とは、正法念経《しょうぼうねんぎょう》に云《い》わく「昔財《たから》を貪《むさぼ》って屠殺《とさつ》せるの者、この報《むく》いを受《う》く」。また云わく「丈夫《じょうぶ》自《みずか》ら美食を噉《く》らい妻《め》・子に与えず、あるいは婦人自《みずか》ら食して夫《おとこ》・子に与えざりしは、この報いを受く」。また云わく「名利《みょうり》を貪《むさぼ》らんがために不浄説法《ふじょうせっぽう》せるの者、この報いを受く」。また云わく「昔酒《さけ》を酤《う》るに水を加えたる者、この報いを受く」。また云わく「もし人労して少《わず》かなる物を得たるを、誑惑《おうわく》して取り用いけるの者、この報いを受く」。また云わく「昔行路《ぎょうろ》の人の病苦あって疲極《ひごく》せるに、その売れるを欺《あざむ》き取り、直《あたい》を与《あた》うること薄少《はくしょう》なりしの者、この報いを受く」。また云わく「昔刑《けい》獄《ごく》を典主《つかさど》り、人の飲食《おんじき》を取りしの者、この報いを受く」。また云わく「昔陰涼樹《おんりょうじゅ》を伐《き》り、および衆僧《しゅそう》の園林《おんりん》を伐りしの者、この報いを受く」文《もん》。

法華経に云《い》わく「もし人信ぜずして、この経《きょう》を毀謗《きぼう》せば○常に地獄《じごく》に処《しょ》すること、園観《おんかん》に遊ぶがごとく、余《よ》の悪道《あくどう》に在ること、己《おの》が舎宅《しゃたく》のごとし」文《もん》。慳貪《けんどん》・偸盗《ちゅうとう》等の罪によって餓鬼道《がきどう》に堕《お》つることは、世人《せじん》知り易《やす》し。慳貪等無き諸《もろもろ》の善人も、謗法《ほうぼう》により、また謗法の人に親近《しんごん》し、自然《じねん》にその義を信ずるによって餓鬼道に堕つることは、智者《ちしゃ》にあらずんば、これを知らず。能《よ》く能く恐《おそ》るべきか。

第三に畜生道《ちくしょうどう》とは、愚癡《ぐち》・無慚《むざん》にして、いたずらに信施《しんせ》の他物を受けてこれを償《つぐな》わざるの者、この報《むく》いを受くるなり。法華経に云《い》わく「もし人信ぜずして、この経を毀謗《きぼう》せば○当《まさ》に畜生に堕《お》つべし」文《もん》〈已上《いじょう》、三悪道《さんあくどう》なり〉。

第四に修羅道《しゅらどう》とは、止観《しかん》の一に云《い》わく「もしその心、念々《ねんねん》に常に彼《かれ》に勝《まさ》らんことを欲《ほっ》し、耐《た》えざれば人を下《くだ》し、他を軽《かろ》しめ、己《おのれ》を珍《たっと》ぶこと、鵄《とび》の高く飛んで下し視《み》るがごとし。しかも、外には仁《じん》・義《ぎ》・礼《れい》・智《ち》・信《しん》を揚《あ》げて下品《げぼん》の善心を起こし、阿修羅《あしゅら》の道《どう》を行《ぎょう》ずるなり」文《もん》。

第五に人道《にんどう》とは、報恩経《ほうおんぎょう》に云《い》わく「三帰五戒《さんきごかい》は人《にん》に生《う》まる」文《もん》。

第六に天道《てんどう》とは二つ有り。欲天《よくてん》には十善《じゅうぜん》を持《たも》って生《う》まる。色《しき》・無色天《むしきてん》には、下地《げじ》は麤《そ》・苦《く》・障《しょう》、上《じょう》地《じ》は静《じょう》・妙《みょう》・離《り》の六行観《ろくぎょうかん》をもって生まる。

問《い》うて云わく、六道《ろくどう》の生因《しょういん》はかくのごとし。そもそも、同じき時に五戒《ごかい》を持《たも》って人界《にんかい》の生《しょう》を受《う》くるに、何《なん》ぞ、生盲《しょうもう》・聾《ろう》・瘖瘂《おんあ》・矬陋《ざる》・攣躄《れんびゃく》・背傴《はいう》・貧窮《びんぐ》・多病《たびょう》・瞋恚《しんに》等、無量の差別有りや。

答えて云《い》わく、大論《だいろん》に云わく「もしは衆生《しゅじょう》の眼《まなこ》を破り、もしは衆生の眼を屈り、もしは正見《しょうけん》の眼を破り、罪福《ざいふく》無しと言わん。この人死して地獄《じごく》に堕《お》ち、罪畢《お》わって人となり、生まれてより盲《もう》なり。もしはまた仏塔《ぶっとう》の中の火珠《かしゅ》および諸《もろもろ》の灯明《とうみょう》を盗《ぬす》む。かくのごとき等の種々の先世《せんぜ》の業《ごう》の因縁《いんねん》もて眼を失うなり○聾《ろう》とは、これ先世の因縁は、師父の教訓をば受けず、行《ぎょう》ぜず、しかも反《かえ》って瞋恚《しんに》す。この罪をもっての故に聾となる。また次に衆生の耳を截《き》り、もしは衆生の耳を破り、もしは仏塔・僧塔《そうとう》、諸の善人、福田《ふくでん》の中の犍稚《けんち》・鈴《れい》・貝《ばい》および鼓《つづみ》を盗むが故に、この罪を得《う》。先世に他の舌を截り、あるいはその口を塞《ふさ》ぎ、あるいは悪薬を与えて語ることを得《え》ざらしめ、あるいは師の教え、父母の教勅《きょうちょく》を聞き、その語《ことば》を断《た》つ○世に生まれて人となり、唖《あ》にして言うこと能《あた》わず○先世に他の坐禅《ざぜん》を破り、坐禅の舎《いえ》を破り、諸の呪術《じゅじゅつ》をもって人を呪《じゅ》して、瞋《いか》らせ闘諍《とうじょう》・婬欲《いんよく》あらしむ。今世《こんぜ》に諸の結使厚重《けっしこうじゅう》なること、婆羅門《ばらもん》の、その稲田《いなだ》を失い、その婦《つま》また死して、即時に狂発《おうほつ》し、裸形《らぎょう》にして走りしがごとし○先世に仏・阿羅漢《あらかん》・辟支仏《ひゃくしぶつ》の食《じき》および父母・所親《しょしん》の食を奪えば、仏世《ぶっせ》に値《あ》うといえども、なお飢渇《けかち》す。罪の重きをもっての故なり○先世に好《この》んで鞭杖《べんじょう》・拷掠《ごうりゃく》・閉繫《へいけい》を行じ、種々に悩《なや》ますが故に、今世に病《やまい》を得《う》○先世に他の身を破り、その頭《こうべ》を截り、その手足《しゅそく》を斬《き》り、種々の身分《しんぶん》を破り、あるいは仏像を壊《やぶ》り、仏像の鼻および諸の賢聖《けんしょう》の形像《ぎょうぞう》を毀《やぶ》り、あるいは父母の形像を破る。この罪をもっての故に、形を受《う》くるに多く具足《ぐそく》せず。また次に不善法《ふぜんぽう》の報《むく》い、身を受くること醜陋《しゅる》なり」文《もん》。

法華経に云《い》わく「もし人信ぜずして、この経《きょう》を毀謗《きぼう》せば○もし人となることを得《え》ば、諸根《しょこん》は闇鈍《あんどん》にして、盲《もう》・聾《ろう》・背傴《はいう》ならん○口の気《いき》常に臭《くさ》く、鬼魅《きみ》に著《じゃく》せられん。貧窮《びんぐ》・下賤《げせん》にして、人の使うところとなり、多病・痟瘦《しょうしゅ》にして、依怙《えこ》するところ無く○もしは他の叛逆《ほんぎゃく》し、抄劫《しょうこう》し窃盗《せっとう》せん。かくのごとき等の罪は、横しまにその殃《わざわ》いに羅《か》からん」文《もん》。

また八の巻に云《い》わく「もしまたこの経典《きょうてん》を受持《じゅじ》せん者を見て、その過悪《かあく》を出《い》ださば、もしは実《じつ》にもあれ、もしは不実にもあれ、この人は現世《げんぜ》に白癩《びゃくらい》の病《やまい》を得《え》ん。もしこれを軽笑《きょうしょう》することあらば、当《まさ》に世々《せぜ》に牙歯《げし》疎欠《そけつ》、醜唇《しゅじゅん》・平鼻《びょうび》、手脚繚戻《しゅきゃくりょうらい》し、眼目角睞《げんもくかくらい》に、身体臭穢《しゅえ》にして、悪瘡《あくそう》・膿血《のうけつ》、水腹《すいふく》・短気《たんけ》、諸《もろもろ》の悪重病あるべし」文《もん》。

問うて云《い》わく、いかなる業《ごう》を修《しゅ》する者か六道《ろくどう》に生《しょう》じて、その中の王と成るや。

答えて云わく、大乗《だいじょう》の菩薩戒《ぼさつかい》を持《たも》ってこれを破る者は、色界《しきかい》の梵王《ぼんのう》・欲界《よっかい》の魔王《まおう》・帝釈《たいしゃく》・四輪王《しりんおう》・禽獣王《じゅうおう》・閻魔王《えんまおう》等と成るなり。

心地観経《しんじかんぎょう》に云《い》わく「諸王の受《う》くるところの諸《もろもろ》の福楽《ふくらく》は、往昔《おうじゃく》かつて三つの浄戒《じょうかい》を持《たも》ち、戒徳薫修《かいとくくんじゅ》して招き感ずるところにして、人天《にんてん》の妙果《みょうか》、王の身を獲《う》○中品《ちゅうぼん》に菩薩戒《ぼさつかい》を受持《じゅじ》すれば、福徳自在の転《てん》輪王《りんおう》として、心の所作《しょさ》に随《したが》ってことごとく成《じょう》じ、無量の人天ことごとく遵奉《じゅんぶ》す。下《げ》の上品《じょうぼん》に持てば、大鬼王《だいきおう》として一切《いっさい》の非人《ひにん》ことごとく率伏《そつぶく》す。戒品《かいほん》を受持して欠犯《けつぼん》すといえども、戒の勝《すぐ》るるに由《よ》るが故に、王となることを得《う》。下《げ》の中品《ちゅうぼん》に持てば、禽獣《きんじゅう》の王として一切の飛走皆帰伏《ひそうみなきぶく》す。清浄《しょうじょう》の戒において欠犯《けつぼん》有るも、戒の勝るるに由るが故に、王となることを得。下の下品《げぼん》に持てば、琰魔王《えんまおう》として地獄《じごく》の中に処《しょ》して常に自在なり。禁戒《ごんかい》を毀《やぶ》り悪道《あくどう》に生《しょう》ずといえども、戒の勝るるが故に、王となることを得○もし如来《にょらい》の戒を受けざることあらば、終《つい》に野干《やかん》の身をも得《う》ること能《あた》わず。いかにいわんや、能《よ》く人天の中の最勝の快楽《けらく》を感じて王位に居《こ》せんをや」文《もん》。

安然和尚《あんねんかしょう》、広釈《こうしゃく》に云《い》わく「菩薩《ぼさつ》の大戒《だいかい》は、持《たも》てば法王《ほうおう》と成り、犯《おか》しても世王と成る。しかも戒の失《う》せざること、譬《たと》えば、金銀《こんごん》を器《うつわ》となすに、用いるに貴《たっと》く、器を破って用いざれども、宝は失せざるがごとし」。また云わく「無量寿観《むりょうじゅかん》に云わく『劫初《こっしょ》より已来《このかた》、八万の王有ってその父を殺害す。これは則《すなわ》ち菩薩戒《ぼさつかい》を受けて国王と作《な》るといえども、今、殺《せつ》の戒を犯して皆地獄《みなじごく》に堕《お》つ。犯すも、戒の力もて王と作《な》る』。大仏頂経《だいぶっちょうきょう》に云わく『発心《ほっしん》の菩薩、罪を犯せども、しばらく天神地祇《てんじんちぎ》と作《な》る』。大随求《だいずいぐ》に云わく『天帝《てんたい》命尽《つ》きて、たちまち驢《ろ》の腹に入《い》れども、随求の力に由《よ》って、還《かえ》って天上に生《しょう》ず』。尊勝《そんしょう》に云わく『善住天子《ぜんじゅうてんし》、死後、七返応《しちへんまさ》に畜生《ちくしょう》の身に堕つべきを、尊勝の力に由って、還って天の報《むく》いを得たり』。昔、国王有り、千車もて水を運び、仏塔《ぶっとう》の焼くるを救う。自《みずか》ら憍心《きょうしん》を起こして阿修羅王《あしゅらおう》と作《な》る。昔、梁《りょう》の武帝《ぶてい》、五百の袈裟《けさ》を須弥山《しゅみせん》の五百の羅漢《らかん》に施《ほどこ》す。誌公《しこう》云わく『往《い》って施すに、五百に一《ひと》りを欠く』。衆《しゅ》云わく『罪を犯して、しばらく人王《にんのう》と作《な》る』。即《すなわ》ち武帝これなり。昔、国王有り、民を治《おさ》むること等しからず。今天王《てんのう》と作《な》れども、大鬼王《だいきおう》となる。即ち東南西の三天王これなり。拘留孫《くるそん》の末《まつ》に、菩薩と成って発誓《ほっせい》し、現《げん》に北方の毘沙門《びしゃもん》と作《な》る、これなり」云々《うんぬん》。

これらの文《もん》をもってこれを思うに、小乗戒《しょうじょうかい》を持《たも》って破る者は六道《ろくどう》の民と作《な》り、大乗戒《だいじょうかい》を破る者は六道の王と成り、持つ者は仏と成る、これなり。

第七に声聞道《しょうもんどう》とは、この界の因果《いんが》をば、阿含《あごん》の小乗《しょうじょう》の十二年の経《きょう》に分明《ふんみょう》にこれを明かせり。諸大乗《しょだいじょう》経《きょう》においても、大に対せんがために、またこれをば明かせり。

声聞《しょうもん》において四種有り。一には優婆塞《うばそく》、俗男《ぞくなん》なり。五戒《ごかい》を持《たも》って苦《く》・空《くう》・無常《むじょう》・無我《むが》の観《かん》を修《しゅ》し、自調自度《じじょうじど》の心強くして、あえて化他《けた》の意無く、見思《けんじ》を断じ尽《つ》くして阿羅漢《あらかん》と成る。かくのごとくする時、自然《じねん》に髪《かみ》を剃《そ》るに自《おの》ずから落《お》つ。二には優婆夷《うばい》、俗女《ぞくにょ》なり。五戒を持って髪を剃るに自ずから落つること、男のごとし。三には比丘僧《びくそう》なり。二百五十戒《かい》〈具足戒なり《ぐそくかい》〉を持って苦・空・無常・無我の観を修し、見思を断じて阿羅漢と成る。かくのごとくするの時、髪を剃らざれども生《は》えず。四には比丘《びく》尼《に》なり。五百戒を持つ。余《よ》は比丘のごとし。

一代諸経《いちだいしょきょう》に列座せる舎利弗《しゃりほつ》・目連《もくれん》等のごとき声聞《しょうもん》これなり。永く六道《ろくどう》に生《しょう》ぜず。また仏菩薩《ぶつぼさつ》とも成らず。灰身滅智《けしんめっち》し、決定《けつじょう》して仏に成らざるなり。

小乗戒《しょうじょうかい》の手本たる尽形寿《じんぎょうじゅ》の戒は、一度依身《えしん》を壊《やぶ》れば、永く戒の功徳《くどく》無し。上品《じょうぼん》を持《たも》てば二乗《にじょう》と成り、中《ちゅう》・下《げ》を持てば人天《にんてん》に生《しょう》じて民となり、これを破れば三悪道《さんあくどう》に堕《お》ちて罪人と成るなり。安然和尚《あんねんかしょう》、広《こう》釈《しゃく》に云《い》わく「三善《さんぜん》の世戒《せかい》は、因《いん》生じて果を感じ、業尽《ごうつ》きて悪に堕つ。譬《たと》えば、楊葉《ようよう》の、秋至《いた》れば金《こがね》に似たれども、秋去れば地に落《お》つるがごとし。二乗の小戒は、持つ時は果拙《つたな》く、破る時は永く捨《す》つ。譬えば、瓦器《がき》の、完《まった》きも用いるに卑《いや》しく、もし破れば永く失《う》するがごとし」文《もん》。

第八に縁覚道《えんがくどう》とは二つ有り。一には部行独覚《ぶぎょうどっかく》。仏前に在って声聞《しょうもん》のごとく小乗《しょうじょう》の法を習い、小乗の戒《かい》を持《たも》ち、見思《けんじ》を断じて永不成仏《ようふじょうぶつ》の者と成る。二には麟喩《りんゆ》独覚。無仏《むぶつ》の世に在って飛花落葉《ひけらくよう》を見て苦《く》・空《くう》・無常《むじょう》・無我《むが》の観《かん》を作《な》し、見思を断じて永不成仏の身と成る。戒もまた声聞のごとし。

この声聞《しょうもん》・縁覚《えんがく》を二乗《にじょう》とは云《い》うなり。

第九に菩薩界《ぼさつかい》とは、六道《ろくどう》の凡夫《ぼんぷ》の中において、自身を軽《かろ》んじ他人を重んじ、悪をもって己《おのれ》に向け、善をもって他に与えんと念《おも》う者有り。仏、この人のために、諸《もろもろ》の大乗経《だいじょうきょう》において菩薩戒《ぼさつかい》を説きたまえり。この菩薩戒において三つ有り。一には摂善法戒《しょうぜんぼうかい》なり。いわゆる八万四千の法門《ほうもん》を習い尽《つ》くさんと願う。二には饒益有情戒《にょうやくうじょうかい》なり。一切衆生《いっさいしゅじょう》を度《ど》しての後《のち》に自《みずか》ら成仏せんと欲《ほっ》する、これなり。三には摂律儀戒《しょうりつぎかい》なり。一切の諸戒をことごとく持《たも》たんと欲する、これなり。華厳経《けごんぎょう》の心を演《の》ぶる梵網経《ぼんもうきょう》に云《い》わく「仏、諸の仏子《ぶっし》に告げて言《のたま》わく『十重の波羅提木叉《はらだいもくしゃ》有り。もし菩薩戒を受けてこの戒を誦《じゅ》せずんば、菩薩にあらず、仏種《ぶっしゅ》の子にあらず。我もまたかくのごとく誦す。一切の菩薩はすでに学し、一切の菩薩は当《まさ》に学すべく、一切の菩薩は今《いま》学す』と」文《もん》。

菩薩《ぼさつ》というは、二乗《にじょう》を除いて一切《いっさい》の有情《うじょう》なり。小乗《しょうじょう》のごときは、戒《かい》に随《したが》って異《こと》なるなり。菩薩戒はしからず。一切の有心《うしん》に必ず十重禁《じゅうじゅうごん》等を授《さず》く。一戒を持《たも》つを一分《いちぶん》の菩薩と云《い》い、つぶさに十分《じゅうぶん》を受《う》くるを具足《ぐそく》の菩薩と名づく。故に、瓔珞経《ようらくきょう》に云わく「一分の戒を受くることあれば一分の菩薩と名づけ、乃至《ないし》二分《ぶん》・三分・四分、十分なるを具足の受戒《じゅかい》という」文《もん》。

問うて云《い》わく、二乗《にじょう》を除く文《もん》、いかん。

答えて云《い》わく、梵網経《ぼんもうきょう》に菩薩戒《ぼさつかい》を列《つら》ねて云わく「もし仏戒《ぶっかい》を受《う》くる者は、国王・王子・百官・宰相《さいしょう》・比丘《びく》・比丘尼《びくに》・十八梵天《ぼんてん》・六欲天子《ろくよくてんし》・庶民《しょみん》・黄門《おうもん》・婬男《いんなん》・婬女《いんにょ》・奴婢《ぬひ》・八部《はちぶ》・鬼神《きじん》・金剛神《こんごうしん》・畜生《ちくしょう》、乃至変化人《ないしへんげにん》にもあれ、ただ法師《ほっし》の語《ことば》のみを解せば、ことごとく戒を受得す。皆《みな》第一清浄《しょうじょう》の者と名づく」文《もん》。この中において二乗《にじょう》無きなり。方等部《ほうどうぶ》の結経《けっきょう》たる瓔珞経《ようらくきょう》にもまた二乗《にじょう》無し。

問うて云《い》わく、二乗《にじょう》の持《たも》つところの不殺生戒《ふせっしょうかい》と菩薩《ぼさつ》の持つところの不殺生戒と、差別いかん。

答えて云わく、持《たも》つところの戒《かい》の名は同《おな》じといえども、持つ様《よう》ならびに心念《しんねん》永く異《こと》なるなり。故に戒の功徳《くどく》もまた浅深《せんじん》あり。

問うて云《い》わく、異《こと》なる様《よう》、いかん。

答えて云わく、二乗《にじょう》の不殺生戒《ふせっしょうかい》は、永く六道《ろくどう》に還《かえ》らんと思わず。故に化導《けどう》の心無し。また仏菩薩《ぶつぼさつ》と成らんと思わず、ただ灰身滅智《けしんめっち》の思いを成すなり。譬《たと》えば、木を焼き灰《はい》となしての後《のち》に一塵《いちじん》も無きがごとし。故に、この戒をば瓦器《がき》に譬う。破れて後、用いることなきが故なり。菩薩はしからず。饒益《にょうやく》有情戒《うじょうかい》を発《おこ》してこの戒を持《たも》つが故に、機《き》を見て五逆《ごぎゃく》・十悪《じゅうあく》を造り同じく犯《おか》せども、この戒は破れず。還《かえ》っていよいよ戒体《かいたい》を全《まった》くす。故に、瓔珞経《ようらくきょう》に云わく「犯すこと有れども、失《う》せず、未来際《みらいさい》を尽《つ》くす」文《もん》。故に、この戒をば金銀《こんごん》の器《うつわ》に譬う。完《まった》くして、持つ時も破る時も、永く失せざるが故なり。

問うて云《い》わく、この戒《かい》を持《たも》つ人は、幾劫《いくこう》を経《へ》てか成仏するや。

答えて云わく、瓔珞経《ようらくきょう》に云わく「いまだ住《じゅう》に上《のぼ》らざる前○もしは一劫《いっこう》二劫三劫乃至《ないし》十劫を経《へ》て、初《しょ》住《じゅう》の位の中に入《い》ることを得《う》」文《もん》。文の意は、凡夫《ぼんぷ》においてこの戒《かい》を持《たも》つを、信位《しんい》の菩薩《ぼさつ》と云う。しかりといえども、一劫二劫乃至《ないし》十劫の間は六道《ろくどう》に沈輪《じんりん》し、十劫を経て不退《ふたい》の位に入り、永く六道の苦を受けざるを、不退の菩薩と云う。いまだ仏に成らず、還《かえ》って六道に入れども、苦無きなり。

第十に仏界《ぶっかい》とは、菩薩《ぼさつ》の位において四弘誓願《しぐせいがん》を発《おこ》すをもって戒《かい》となす。三僧祇《そうぎ》の間、六度万行《ろくどまんぎょう》を修《しゅ》し、見思《けんじ》・塵沙《じんじゃ》・無明《むみょう》の三惑《さんわく》を断じ尽《つ》くして仏と成る。故に、心地観経《しんじかんぎょう》に云《い》わく「三僧企耶大劫《そうぎやだいこう》の中につぶさに百千の諸《もろもろ》の苦行《くぎょう》を修し、功徳《くどく》円満して法界《ほうかい》に遍《あまね》く、十地究竟《じゅうじくきょう》して三身《さんじん》を証《しょう》す」文《もん》。因位《いんい》において諸の戒を持《たも》ち、仏果《ぶっか》の位に至って仏身《ぶっしん》を荘厳《しょうごん》す。三十二相八十種好《さんじゅうにそうはちじっしゅこう》は、即《すなわ》ちこの戒の功徳の感ずるところなり。ただし、仏果の位に至れば、戒体《かいたい》失《う》す。譬《たと》えば、花の果《み》と成って花の形無きがごとし。故に、天台《てんだい》、梵網経疏《ぼんもうきょうしょ》に云わく「仏果に至って乃《すなわ》ち廃《はい》す」文。

問うて云《い》わく、梵網経《ぼんもうきょう》等の大乗戒《だいじょうかい》は、現身《げんしん》に七逆《しちぎゃく》を造れると、ならびに決定性《けつじょうしょう》の二乗《にじょう》とを許すや。

答えて云わく、梵網経《ぼんもうきょう》に云わく「もし戒《かい》を受けんと欲《ほっ》する時は、師、応《まさ》に問うて言うべし。『汝《なんじ》、現身《げんしん》に七逆《しちぎゃく》の罪を作らずや』と。菩薩《ぼさつ》の法師《ほっし》は、七逆の人のために現身に戒を受けしむることを得ず」文《もん》。この文のごとくんば、七逆の人は現身に受戒《じゅかい》を許さず。大般若経《だいはんにゃきょう》に云わく「もし菩薩、たとい恒河沙劫《ごうがしゃこう》に妙《みょう》なる五欲を受《う》くとも、菩薩戒においてはなお犯《ぼん》と名づけず。もし一念《いちねん》に二乗《にじょう》の心を起こさば、即《すなわ》ち名づけて犯となす」文。大荘厳論《だいしょうごんろん》に云わく「つねに地獄《じごく》に処《お》るといえども、大菩提《だいぼだい》を障《さ》えず。もし自利《じり》の心を起こさば、これ大菩提の障《さわ》りなり」文。これらの文のごとくんば、六凡《ろくぼん》においては菩薩戒を授《さず》け、二乗においては制止を加《くわ》うるものなり。二乗戒を嫌《きら》うは、二乗の持《たも》つところの五《ご》戒《かい》・八戒・十戒・十善戒《じゅうぜんかい》・二百五十戒等を嫌うにあらず。彼《か》の戒は菩薩も持つべし。ただ二乗の心念《しんねん》を嫌うなり。

夫《そ》れ以《おも》んみれば、戒《かい》を持《たも》つは、父母・師僧《しそう》・国王・主君・一切衆生《いっさいしゅじょう》・三宝《さんぼう》の恩を報ぜんがためなり。父母は養育の恩深し。一切衆生は互《たが》いに相助《あいたす》くる恩重し。国王は正法《しょうほう》をもって世を治《おさ》むれば、自他安穏《じたあんのん》なり。これによって、善を修《しゅ》すれば恩重し。主君もまた、彼《か》の恩を蒙《こうむ》って父母・妻子・眷属《けんぞく》・所従《しょじゅう》・牛馬等を養う。たといしからずといえども、一身を顧《かえり》みる等の恩これ重し。師はまた、邪道《じゃどう》を閉じ、正道《しょうどう》に趣《おもむ》かしむる等の恩これ深し。仏恩《ぶつおん》は言うに及《およ》ばず。かくのごとき無量の恩分これ有り。しかるに、二乗《にじょう》は、これらの報恩皆《みな》欠けたり。故に、一念《いちねん》も二乗の心を起こすは、十悪五逆《じゅうあくごぎゃく》に過ぎたり。一念も菩薩の心を起こすは、一切諸仏《しょぶつ》の後心《ごしん》の功徳《くどく》を起こせるなり。已上《いじょう》、四十余年の間の大小乗《だいしょうじょう》の戒なり。

法華経の戒《かい》と言うは、二つ有り。一には相待妙《そうだいみょう》の戒、二には絶待妙《ぜつだいみょう》の戒なり。

まず相待妙《そうだいみょう》の戒《かい》とは、四十余年の大小乗《だいしょうじょう》の戒と法華経の戒と相対《あいたい》して、爾前《にぜん》を麤戒《そかい》と云《い》い法華経を妙戒《みょうかい》と云って、諸経《しょきょう》の戒をば、未顕真実《みけんしんじつ》の戒、歴劫修行《りゃっこうしゅぎょう》の戒、決定性《けつじょうしょう》の二乗《にじょう》の戒と嫌《きら》うなり。法華経の戒は、真実の戒、速疾頓成《そくしつとんじょう》の戒、二乗の成仏を嫌わざる戒等なり。相対して麤《そ》・妙《みょう》を論ずるを相待妙の戒と云うなり。

問うて云《い》わく、梵網経《ぼんもうきょう》に云わく「衆生《しゅじょう》、仏戒《ぶっかい》を受《う》くれば、即《すなわ》ち諸仏《しょぶつ》の位に入《い》る。位、大覚《だいかく》に同《どう》じ已《お》わって、真《しん》にこれ諸仏の子なり」文《もん》。華厳経《けごんぎょう》に云わく「初発心《しょほっしん》の時、便《すなわ》ち正覚《しょうがく》を成《じょう》ず」文。大品経《だいぼんぎょう》に云わく「初発心の時、即《すなわ》ち道場に坐《ざ》す」文。これらの文のごとくんば、四十余年の大乗戒《だいじょうかい》において、法華経のごとく速疾頓成《そくしつとんじょう》の戒有り。何《なん》ぞただ歴劫修行《りゃっこうしゅぎょう》の戒なりと云うや。

答えて云《い》わく、これにおいて二義有り。

一義に云わく、四十余年の間において、歴劫修行《りゃっこうしゅぎょう》の戒《かい》と速疾頓成《そくしつとんじょう》の戒と有り。法華経においては、ただ一つの速疾頓成の戒のみ有り。その中において、四十余年の間の歴劫修行の戒においては法華経の戒に劣《おと》るといえども、四十余年の間の速疾頓成の戒においては法華経の戒に同《おな》じ。故に、上《かみ》に出《い》だすところの「衆生《しゅじょう》、仏戒《ぶっかい》を受《う》くれば、即《すなわ》ち諸仏《しょぶつ》の位に入《い》る」等の文《もん》は、法華経の「須臾《しゅゆ》もこれを聞かば、即ち究竟《くきょう》することを得《う》」の文にこれ同じ。ただし、無量義経《むりょうぎきょう》に四十余年の経を挙げて歴劫修行等と云えるは、四十余年の内の歴劫修行の戒ばかりを嫌《きら》うなり。速疾頓成の戒をば嫌わざるなり。

一義に云《い》わく、四十余年の間の戒《かい》は一向《いっこう》に歴劫修行《りゃっこうしゅぎょう》の戒、法華経の戒は速疾頓成《そくしつとんじょう》の戒なり。ただし、上《かみ》に出《い》だすところの四十余年の諸経《しょきょう》の速疾頓成の戒においては、凡夫地《ぼんぷじ》より速疾頓成するにあらず。凡夫地より無量の行《ぎょう》を成《じょう》じて、無量劫《むりょうこう》を経《へ》、最後において凡夫地より即身成仏《そくしんじょうぶつ》す。故に、最後に従《したが》って速疾頓成とは説くなり。委悉《いしつ》にこれを論ずれば、歴劫修行の所摂《しょしょう》なり。故に、無量義経《むりょうぎきょう》には総じて四十余年の経を挙げて、仏、無量義経の速疾頓成に対して、「菩薩《ぼさつ》の歴劫修行を宣説《せんぜつ》す」と嫌《きら》いたまえり。大荘厳《だいしょうごん》菩薩、この義を承《う》けて領解《りょうげ》して云わく「無量無辺不可思議阿僧祇劫《むりょうむへんふかしぎあそうぎこう》を過《す》ぐるとも、終《つい》に無上菩提《むじょうぼだい》を成ずることを得ず。何をもっての故に。菩提の大直道《だいじきどう》を知らざるが故に、険逕《けんきょう》を行くに、留難《るなん》多きが故なり」乃至《ないし》「大直道を行くに、留難無きが故なり」文《もん》。もし四十余年の間に、無量義経・法華経のごとく速疾頓成の戒これ有らば、仏みだりに四十余年の実義を隠したもうの失《とが》これ有り云々《うんぬん》。

二義の中に後《のち》の義を作《な》すは、存知《ぞんち》の義なり。相待妙《そうだいみょう》の戒《かい》これなり。

次に、絶待妙《ぜつだいみょう》の戒《かい》とは、法華経においては別の戒無し。爾前《にぜん》の戒、即《すなわ》ち法華経の戒なり。その故は、爾前の人天《にんてん》の楊葉戒《ようようかい》、小乗《しょうじょう》の阿含経《あごんぎょう》の二乗《にじょう》の瓦器戒《がきかい》、華厳《けごん》・方等《ほうどう》・般若《はんにゃ》・観経《かんぎょう》等の歴劫《りゃっこう》菩薩《ぼさつ》の金銀戒《こんごんかい》の行者《ぎょうじゃ》、法華経に至って互《たが》いに和会《わえ》して一同と成る。ゆえに、人天の楊葉戒の人は、二乗の瓦器、菩薩の金銀戒を具《ぐ》し、菩薩の金銀戒に人天の楊葉、二乗の瓦器を具す。余《よ》はもって知んぬべし。

三悪道《さんあくどう》の人は、現身《げんしん》において戒《かい》無し。過去において人天《にんてん》に生まれし時、人天の楊葉《ようよう》、二乗《にじょう》の瓦器《がき》、菩薩《ぼさつ》の金銀戒《こんごんかい》を持《たも》ち、退して三悪道に堕《お》つ。しかりといえども、その功徳《くどく》、いまだ失《う》せずしてこれ有り。三悪道の人、法華経に入《い》る時、その戒これを起こすが故に、三悪道にもまた十界《じっかい》を具《ぐ》す。故に、爾前《にぜん》の十界の人、法華経に来至《らいし》すれば、皆持戒《みなじかい》なり。故に、法華経に云《い》わく「これを戒を持つと名づく」文《もん》。安然和尚《あんねんかしょう》、広釈《こうしゃく》に云わく「法華《ほっけ》に云わく『能《よ》く法華を説く、これを戒を持つと名づく』と」文。爾前経《にぜんきょう》のごとく師に随《したが》って戒を持たず、ただこの経を信ずるが即《すなわ》ち持戒なり。爾前の経には十界互具《じっかいごぐ》を明かさず。故に、菩薩、無量劫《むりょうこう》を経《へ》て修行《しゅぎょう》すれども、二乗・人天等の余戒《よかい》の功徳無く、ただ一界の功徳を成《じょう》ず。故に、一界の功徳をもって成仏を遂《と》げず。故に、一界の功徳もまた成ぜず。

爾前《にぜん》の人、法華経に至りぬれば、余界の功徳《くどく》を一界に具《ぐ》す。故に、爾前の経即《きょうすなわ》ち法華経なり。法華経即ち爾前の経なり。法華経は爾前の経を離《はな》れず、爾前の経は法華経を離れず。これを妙法と言う。

この覚《さと》り起こって後《のち》は、行者《ぎょうじゃ》、阿含《あごん》の小乗経《しょうじょうきょう》を読むとも、即ち一切《いっさい》の大乗経《だいじょうきょう》を読誦《どくじゅ》し法華経を読む人なり。故に、法華経に云《い》わく「声聞《しょうもん》の法を決了《けつりょう》して、これ諸経《しょきょう》の王なり」文《もん》。阿含経《あごんぎょう》即ち法華経という文なり。「一仏乗《いちぶつじょう》において分別《ふんべつ》して三を説きたもう」文。華厳《けごん》・方等《ほうどう》・般若《はんにゃ》即ち法華経という文なり。「もし俗間《ぞっけん》の経書《きょうしょ》、治世《じせ》の語言《ごごん》、資生《ししょう》の業《ごう》等を説かんも、皆正法《みなしょうほう》に順ぜん」文。一切の外道《げどう》・老《ろう》子《し》・孔子《こうし》等の経は即ち法華経という文なり。

梵網経《ぼんもうきょう》等の権大乗《ごんだいじょう》の戒《かい》と法華経の戒とに多くの差別有り。一には、彼《か》の戒は二乗《にじょう》・七逆《しちぎゃく》の者を許さず。二には、戒の功徳《くどく》に仏果《ぶっか》を具《ぐ》せず。三には、彼《かれ》は歴劫修行《りゃっこうしゅぎょう》の戒なり。かくのごとき等の多くの失《とが》有り。法華経においては、二乗・七逆の者を許す上、博地《はくじ》の凡夫《ぼんぷ》、一生の中《うち》に仏位《ぶつい》に入り妙覚《みょうかく》に至って因果《いんが》の功徳を具するなり。

正元《しょうげん》二年 庚申《かのえさる》 四月二十一日　　日蓮　花押《かおう》

(027)

同一鹹味御書《どういっかんみごしょ》

弘長《こうちょう》元年（’61） 40歳

夫《そ》れ、味に六種あり。一には淡《うす》き、二には鹹《しわはゆ》き、三には辛《から》き、四には酸《す》き、五には甘《あま》き、六には苦《にが》きなり。百味の餚膳《こうぜん》を調《ととの》うといえども、一つの鹹《しお》の味なければ、大王の膳とならず。山海の珍物《ちんもつ》も、鹹なければ気味なし。

大海に八つの不思議あり。一には漸々《ぜんぜん》に転《うた》た深し。二には深くして底を得難《がた》し。三には同《おな》じ一つの鹹《しお》の味なり。四には潮《しお》限りを過ぎず。五には種々の宝蔵《ほうぞう》有り。六には大身《だいしん》の衆生《しゅじょう》、中に在って居住《こじゅう》す。七には死屍《しし》を宿《とど》めず。八には万流《まんる》・大雨、これを収めて不増不減なり。

「漸々《ぜんぜん》に転《うた》た深し」とは、法華経は、凡夫無解《ぼんぷむげ》より聖人有解《しょうにんうげ》に至るまで、皆仏道《みなぶつどう》を成《じょう》ずるに譬《たと》うるなり。「深くして底を得難《がた》し」とは、法華経は唯仏与仏《ゆいぶつよぶつ》の境界《きょうがい》にして、等覚已下《とうがくいげ》は極《きわ》むることなきが故なり。「同《おな》じ一つの鹹《しお》の味なり」とは、諸河《しょが》に鹹なきは諸教《しょきょう》に得道《とくどう》なきに譬う。諸河の水、大海に入《い》って鹹となるは、諸教の機類《きるい》、法華経に入って仏道を成ずるに譬う。「潮《しお》限りを過ぎず」とは、妙法を持《たも》つ人、むしろ身命《しんみょう》を失《しっ》するとも不退転《ふたいてん》を得《う》るに譬う。「種々の宝蔵《ほうぞう》有り」とは、諸《もろもろ》の仏菩薩《ぶつぼさつ》の万行万善《まんぎょうまんぜん》、諸波羅蜜《しょはらみつ》の功徳《くどく》、妙法に納まるに譬う。「大身《だいしん》の衆生《しゅじょう》の居住《こじゅう》するところの処《ところ》」とは、仏菩薩、大智慧《だいちえ》あるが故に、大身の衆生と名づく。大身・大心《だいしん》・大荘厳《だいしょうごん》・大調伏《だいじょうぶく》・大説法《だいせっぽう》・大勢《だいせい》・大神通《だいじんずう》・大《だい》慈《じ》・大悲《だいひ》、おのずから《自》法華経より生《しょう》ずるが故なり。「死屍《しし》を宿《とど》めず」とは、永く謗法《ほうぼう》・一闡提《いっせんだい》を離《はな》るるが故なり。「不増不減」とは、法華《ほっけ》の意は一切衆生《いっさいしゅじょう》の仏性《ぶっしょう》は同一の性《しょう》なるが故なり。

蔓草《つるくさ》漬《つ》けたる桶瓶《とうびょう》の中の鹹《しお》は、大海の鹹に随《したが》って満ち干《ひ》ぬ。禁獄《きんごく》を被《こうむ》る法華《ほっけ》の持者《じしゃ》は桶瓶の中の鹹のごとく、火宅《かたく》を出《い》で給《たま》える釈迦如来《しゃかにょらい》は大海の鹹のごとし。法華の持者を禁《いまし》むるは、釈迦如来を禁むるなり。梵釈《ぼんしゃく》・四天《してん》もいかんが驚《おどろ》き給わざらん。十羅刹女《じゅうらせつにょ》の「頭七分《こうべしちぶん》に破《わ》れん」の誓《ちか》い、この時にあらずんば、いずれの時か果たし給うべき。頻婆娑羅王《びんばしゃらおう》を禁獄せし阿闍世《あじゃせ》、早く現身《げんしん》に大悪瘡《だいあくそう》を感得しき。法華の持者を禁獄する人、何《なん》ぞ現身に悪瘡を感ぜざらんや。

日蓮　花押《かおう》

（028）

教《きょう》機《き》時《じ》国抄《こくしょう》

弘長《こうちょう》2年（'62）2月10日　41歳

本朝沙門《ほんちょうしゃもん》日蓮これを註《しる》す。

一に教《きょう》とは、釈迦如来《しゃかにょらい》の説くところの一切《いっさい》の経《きょう》・律《りつ》・論《ろん》、五千四十八巻四百八十帙《ちつ》、天竺《てんじく》に流布《るふ》することと一千年。仏の滅後《めつご》一千一十五年に当たって、震旦国《しんたんこく》に仏経渡《ぶっきょうわた》る。後漢《ごかん》の孝明皇帝《こうめいこうてい》の永平《えいへい》十年丁卯《ひのとう》より唐《とう》の玄宗《げんそう》皇帝の開元《かいげん》十八年庚午《かのえうま》に至る六百六十四歳の間に、一切経《いっさいきょう》渡り畢《お》わんぬ。

この一切《いっさい》の経《きょう》・律《りつ》・論《ろん》の中に、小乗《しょうじょう》・大乗《だいじょう》、権経《ごんきょう》・実経《じっきょう》、顕教《けんきょう》・密教《みっきょう》あり。これらを弁《わきま》うべし。この名目《みょうもく》は、論師《ろんじ》・人師《にんし》よりも出《い》でず、仏説《ぶっせつ》より起こる。十方世界《じっぽうせかい》の一切衆生《いっさいしゅじょう》、一人も無くこれを用いるべし。これを用いざる者は外道《げどう》と知るべきなり。阿含経《あごんぎょう》を小乗と説くことは、方等《ほうどう》・般若《はんにゃ》・法華《ほっけ》・涅《ね》槃《はん》等の諸大乗経《しょだいじょうきょう》より出でたり。法華経には「一向《いっこう》に小乗を説いて法華経を説かざれば、仏慳貪《けんどん》に堕《だ》すべし」と説きたもう。涅槃経《ねはんぎょう》には「一向に小乗経を用いて仏を無常《むじょう》なりと云《い》わん人は、舌口中《こうちゅう》に爛《ただ》るべし」云々《うんぬん》。

二に機《き》とは、仏教を弘《ひろ》むる人は必ず機根《きこん》を知るべし。舎利弗尊者《しゃりほっそんじゃ》は、金師《こんし》に不浄観《ふじょうかん》を教え浣衣《かんえ》の者には数息観《すそくかん》を教《おし》うるあいだ、九十日を経《へ》て、化《け》するところの弟子《でし》、仏法を一分《いちぶん》も覚《さと》らずして還《かえ》って邪見《けん》を起こし、一闡提《いっせんだい》と成り畢《お》わんぬ。仏は、金師に数息観を教え浣衣の者に不浄観を教えたもう。故に、須臾《しゅゆ》の間に覚ることを得たり。智慧《ちえ》第一の舎利弗すら、なお機を知らず。いかにいわんや、末代《まつだい》の凡師《ぼんし》は、機を知り難《がた》し。ただし、機を知らざる凡師は、化するところの弟子に一向《いっこう》に法華経を教うべし。

問うて云《い》わく、「無智《むち》の人の中にして、この経《きょう》を説くことなかれ」との文《もん》は、いかん。

答えて云わく、機《き》を知るは智人《ちじん》の説法することなり。また謗法《ほうぼう》の者に向かっては、一向《いっこう》に法華経を説くべし。毒鼓《どっく》の縁《えん》と成さんがためなり。例せば不軽菩薩《ふきょうぼさつ》のごとし。また、智者《ちしゃ》と成るべき機と知れば、必ずまず小乗《しょうじょう》を教え、次に権大乗《ごんだいじょう》を教え、後《のち》に実大乗《じつだいじょう》を教《おし》うべし。愚者《ぐしゃ》と知れば、必ずまず実大乗を教うべし。信《しん》・謗《ぼう》共に下種《げしゅ》となればなり。

三に時とは、仏教を弘《ひろ》めん人は必ず時を知るべし。

譬《たと》えば、農人《のうにん》の秋冬に田を作るに、種と地と人の功労とは違《たが》わざれども、一分《いちぶん》も益無《やく》く、還《かえ》って損す。一段《たん》を作る者は少損なり。一町《ちょう》二町等の者は大損なり。春夏に耕作すれば、上・中・下に随《したが》って、皆分々《みなぶんぶん》に益有るがごとし。仏法もまたかくのごとし。時を知らずして法を弘《ひろ》めば、益無き上、還って悪道《あくどう》に堕《お》つるなり。仏世《よ》に出《い》でたまいて必ず法華経を説かんと欲《ほっ》するに、たとい機《き》有れども時無きが故に、四十余年にはこの経を説きたまわず。故に、経に云《い》わく「説時《せつじ》のいまだ至らざるが故なり」等云々《うんぬん》。

仏の滅後《めつご》の次の日より正法《しょうほう》一千年は、持戒《じかい》の者は多く破戒《はかい》の者は少なし。正法一千年の次の日より像法《ぞうほう》一千年は、破戒の者は多く無戒《むかい》の者は少なし。像法一千年の次の日より末法《まっぽう》一万年は、破戒の者は少なく無戒の者は多し。正法には、破戒・無戒を捨てて持戒の者を供養《くよう》すべし。像法には、無戒を捨てて破戒の者を供養すべし。末法には、無戒の者を供養すること仏のごとくすべし。ただし、法華経を謗《ぼう》ぜん者をば、正像末《しょうぞうまつ》の三時《さんじ》に亘《わた》って、持戒の者をも無戒の者をも破戒の者をも、共に供養すべからず。供養すれば、必ず国に三災七難《さんさいしちなん》起こり、供養せん者も必ず無間大城《むけんだいじょう》に堕《お》つべきなり。法華経の行者《ぎょうじゃ》の権経《ごんきょう》を謗ずるは、主君・親・師の、所従《しょじゅう》・子息・弟子《でし》等を罰《ばっ》するがごとし。権経の行者の法華経を謗ずるは、所従・子息・弟子等の、主君・親・師を罰するがごとし。また当世《とうせい》は、末法に入《い》って二百一十余年なり。権経・念仏《ねんぶつ》等の時か、法華経の時か、能《よ》く能く時刻を勘《かんが》うべきなり。

四に国とは、仏教は必ず国によってこれを弘《ひろ》むべし。国には、寒国・熱国、貧国・富国、中国・辺国、大国・小国、一向偸盗国《いっこうちゅうとうこく》・一向殺生国《せっしょうこく》・一向不孝国《ふこうこく》等これ有り。また一向小乗《しょうじょう》の国、一向大乗《だいじょう》の国、大小兼学《だいしょうけんがく》の国もこれ有り。しかるに、日本国は、一向小乗の国か、一向大乗の国か、大小兼学の国なるか、能《よ》く能くこれを勘《かんが》うべし。

五に教法流布《きょうほうるふ》の先後とは、いまだ仏法渡《わた》らざる国には、いまだ仏法を聴《き》かざる者あり。既《すで》に仏法渡れる国には、仏法を信ずる者あり。必ず先に弘《ひろ》まれる法を知って、後《のち》の法を弘むべし。先に小乗《しょうじょう》・権《ごん》大乗《だいじょう》弘まれば、後に必ず実大乗《じつだいじょう》を弘むべし。先に実大乗弘まれば、後に小乗・権大乗を弘むべからず。瓦礫《がりゃく》を捨てて金珠《こんじゅ》を取るべし。金珠を捨てて瓦礫を取ることなかれ已上《いじょう》。

この五義《ごぎ》を知って仏法を弘《ひろ》めば、日本国の国師《こくし》と成るべきか。

いわゆる、法華経は一切経《いっさいきょう》の中の第一の経王《きょうおう》なりと知るは、これ教《きょう》を知る者なり。ただし、光宅《こうたく》の法雲《ほううん》、道場の慧観《えかん》等は「涅槃経《ねはんぎょう》は法華経に勝《すぐ》れたり」と。清涼山《しょうりょうざん》の澄観《ちょうかん》、高野《こうや》の弘法《こうぼう》等は「華厳経《けごんぎょう》・大日経《だいにちきょう》等は法華経に勝れたり」と。嘉祥寺《かじょうじ》の吉蔵《きちぞう》、慈恩寺《じおんじ》の基法師《きほっし》等は「般若《はんにゃ》・深密《じんみつ》等の二経は法華経に勝れたり」という。天台山《てんだいさん》の智者大師《ちしゃだいし》ただ一人のみ、一切経の中に法華経を勝れたりと立つるのみにあらず、「法華経に勝れたる経これ有りと云《い》わん者を諫暁《かんぎょう》せよ。止《や》まずんば、現世《げんぜ》に舌口中《こうちゅう》に爛《ただ》れ、後生《ごしょう》は阿鼻地獄《あびじごく》に堕《お》つべし」等云々《うんぬん》。これらの相違《そうい》を能《よ》く能くこれを弁《わきま》えたる者は、教を知れる者なり。

当世《とうせい》の千万の学者等一々《いちいち》に、これに迷えるか。もししからば、教《きょう》を知れる者これ少なきか。教を知れる者これ無ければ、法華経を読む者これ無し。法華経を読む者これ無ければ、国師《こくし》たる者無きなり。国師たる者無ければ、国中《こくちゅう》の諸人《しょにん》、一切経《いっさいきょう》の大小《だいしょう》・権実《ごんじつ》・顕密《けんみつ》の差別に迷って、一人においても生死《しょうじ》を離《はな》るる者これ無く、結句《けっく》は謗法《ほうぼう》の者と成り、法によって阿鼻地獄《あびじごく》に堕《お》つる者は大地の微塵《みじん》よりも多く、法によって生死を離るる者は爪上《そうじょう》の土よりも少なし。恐《おそ》るべし、恐るべし。

日本国の一切衆生《いっさいしゅじょう》は、桓武皇帝《かんむこうてい》より已来《このかた》四百余年、一向《いっこう》に法華経の機《き》なり。例せば、霊山《りょうぜん》八箇年《かねん》の純円《じゅんえん》の機たるがごとし〈天台大師《てんだいだいし》・聖徳太子《しょうとくたいし》・鑑真和尚《がんじんわじょう》・根本大師《こんぽんだいし》・安然和尚《あんねんかしょう》・恵心《えしん》等の記《き》、これ有り〉。これ機を知れる者なり。しかるに、当世《とうせい》の学者云《い》わく「日本国は一向に称名念仏《しょうみょうねんぶつ》の機なり」等云々《うんぬん》。例せば、舎利《しゃり》弗《ほつ》の、機に迷って所化《しょけ》の衆《しゅ》を一闡提《いっせんだい》と成せしがごとし。

日本国の当世《とうせい》は、如来《にょらい》の滅後《めつご》二千二百一十余年、後《のち》の五百歳に当たって、妙法蓮華経広宣流布《こうせんるふ》の時刻なり。これ、時を知れるなり。しかるに、日本国の当世の学者、あるいは法華経を抛《なげう》って一向《いっこう》に称《しょう》名念仏《みょうねんぶつ》を行《ぎょう》じ、あるいは小乗《しょうじょう》の戒律《かいりつ》を教えて叡山《えいざん》の大僧《だいそう》を蔑《あなど》り、あるいは教外《きょうげ》を立てて法華《ほっけ》の正法《しょうほう》を軽《かろ》しむ。これらは時に迷える者か。例せば、勝意比丘《しょういびく》が喜根菩薩《きこんぼさつ》を謗《ぼう》じ、徳光論師《とくこうろんじ》が弥勒《みろく》菩薩を蔑って、阿鼻《あび》の大苦《だいく》を招きしがごとし。

日本国は一向《いっこう》法華経の国なり。例せば、舎衛国《しゃえこく》の一向大乗《だいじょう》なりしがごとし。また天竺《てんじく》には、一向小《しょう》乗《じょう》の国、一向大乗の国、大小兼学《だいしょうけんがく》の国もこれ有り。日本国は一向大乗の国なり。大乗の中にも法華経の国たるべきなり〈瑜伽論《ゆがろん》・肇公《じょうこう》の記《き》・聖徳太子《しょうとくたいし》・伝教大師《でんぎょうだいし》・安然《あんねん》等の記、これ有り〉。これ、国を知れる者なり。しかるに、当世《とうせい》の学者、日本国の衆生《しゅじょう》に一向に小乗の戒律《かいりつ》を授《さず》け、一向に念仏者《ねんぶつしゃ》等と成すは、「譬《たと》えば、宝器《ほうき》に穢食《えじき》を入《い》れたるがごとし」等云々《うんぬん》〈宝器の譬えは、伝教大師の守護章《しゅごしょう》に在り〉。

日本国には、欽明天皇《きんめいてんのう》の御宇《ぎょう》に仏法百済国《ひゃくさいこく》より渡《わた》り始めしより桓武《かんむ》天皇に至るまで、二百四十余年の間、この国に小乗《しょうじょう》・権大乗《ごんだいじょう》のみ弘《ひろ》まり、法華経《ほけきょう》有りといえども、その義いまだ顕《あらわ》れず。例せば、震《しん》旦国《たんこく》に法華経渡って三百余年の間、法華経有りといえども、その義いまだ顕れざりしがごとし。桓武天皇の御宇に伝教大師《でんぎょうだいし》有《まし》まして、小乗・権大乗の義を破《は》して法華経の実義を顕せしより已来《このかた》、また異義《いぎ》無く、純一《じゅんいつ》に法華経を信ず。たとい華厳《けごん》・般若《はんにゃ》・深密《じんみつ》・阿含《あごん》の大小《だいしょう》の六宗《ろくしゅう》を学する者も、法華経をもって所詮《しょせん》となす。いわんや天台《てんだい》・真言《しんごん》の学者をや。いかにいわんや在家《ざいけ》の無智《むち》の者をや。例せば、崑《こん》崙山《ろんざん》に石無く、蓬萊山《ほうらいさん》に毒無きがごとし。

建仁《けんにん》より已来《このかた》今に五十余年の間、大日《だいにち》・仏陀《ぶっだ》、禅宗《ぜんしゅう》を弘《ひろ》め、法然《ほうねん》・隆寛《りゅうかん》、浄土宗《じょうどしゅう》を興《おこ》し、実大乗《じつだいじょう》を破《は》して権宗《ごんしゅう》に付き、一切経《いっさいきょう》を捨てて教外《きょうげ》を立つ。譬《たと》えば、珠《たま》を捨てて石を取り、地を離《はな》れて空《そら》に登るがごとし。これは教法流布《きょうほうるふ》の先後を知らざる者なり。

仏誡《いまし》めて云《のたま》わく「悪象《あくぞう》に値《あ》うとも、悪知識《あくちしき》に値わざれ」等云々《うんぬん》。法華経の勧持品《かんじほん》に「後《のち》の五百歳・二千余年に当たって、法華経の敵人《てきじん》に三類有るべし」と記し置きたまえり。当世《とうせい》は後の五百歳に当たれり。日蓮、仏語《ぶつご》の実否《じっぴ》を勘《かんが》うるに、三類の敵人これ有り。これを隠《かく》せば、法華経の行者《ぎょうじゃ》にあらず。これを顕《あらわ》せば、身命《しんみょう》をば定めて喪《うしな》わんか。

法華経第四に云《い》わく「しかもこの経は、如来《にょらい》の現《げん》に在《いま》すすらなお怨嫉《おんしつ》多し。いわんや滅度《めつど》して後《のち》をや」等云々《うんぬん》。同じく第五に云わく「一切世間《いっさいせけん》に怨《あだ》多くして信じ難《がた》し」。また云わく「我は身命《しんみょう》を愛せず、ただ無上道《むじょうどう》を惜《お》しむのみ」。同第六に云わく「自《みずか》ら身命を惜しまず」云々。涅槃経《ねはんぎょう》第九に云わく「譬《たと》えば、王使のよく談論して方便《ほうべん》に巧《たく》みなるもの、命《めい》を他国に奉《たてまつ》るに、むしろ身命を喪《うしな》うとも、終《つい》に王の説くところの言教《ごんきょう》を匿《かく》さざるがごとく、智者《ちしゃ》もまたしかなり。凡夫《ぼんぷ》の中において身命を惜しまず、かならず大乗方等《だいじょうほうどう》を宣説《せんぜつ》すべし」云々。章安大師《しょうあんだいし》釈《しゃく》して云わく「『むしろ身命を喪うとも、教えを匿さず』とは、身は軽く法は重し。身を死《ころ》して法を弘《ひろ》む」等云々。

これらの本文《ほんもん》を見れば、三類の敵人《てきじん》を顕《あらわ》さずんば、法華経の行者《ぎょうじゃ》にあらず。これを顕すは、法華経の行者なり。しかれども、必ず身命《しんみょう》を喪《うしな》わんか。例せば師子尊者《ししそんじゃ》・提婆菩薩《だいばぼさつ》等のごとくならん云々《うんぬん》。

二月十日　　日蓮　花押《かおう》

(029)

顕《けん》謗《ぼう》法《ほう》抄《しょう》

弘長《こうちょう》2年（'62） 41歳

本朝沙門《ほんちょうしゃもん》日蓮撰《せん》す。

第一に八大地獄《はちだいじごく》の因果《いんが》を明かし、第二に無間地獄《むけんじごく》の因果の軽重《きょうじゅう》を明かし、第三に問答料簡《もんどうりょうけん》を明かし、第四に行者弘経《ぎょうじゃぐきょう》の用心を明かす。

第一に八大地獄《はちだいじごく》の因果《いんが》を明かさば、

第一に等活地獄《とうかつじごく》とは、この閻浮提《えんぶだい》の地の下《した》一千由旬《ゆじゅん》にあり。この地獄は、縦広斉等《じゅうこうさいとう》にして一万由旬なり。この中の罪人は、たがいに害心をいだ《抱》く。もしたまたま相見《あいみ》れば、犬と猿《さる》とのあ《会》えるがごとし。各《おのおの》鉄《くろがね》の爪《つめ》をもって互《たが》いにつか《摑》みさ《裂》く。血肉既《けつにくすで》に尽《つ》きぬれば、ただ骨のみあり。あるいは獄卒《ごくそつ》手に鉄《てつ》杖《じょう》を取って、頭《こうべ》より足にいたるまで皆《みな》打ちくだ《砕》く。身体くだけて沙《すな》のごとし。あるいは利刀《りとう》をもって分々《ぶんぶん》に肉をさく。しかれども、またよみがえ《蘇》り、よみがえりするなり。この地獄の寿命《じゅみょう》は、人間《にんげん》の昼《ちゅう》夜《や》五十年をもって第一四王天《しおうてん》の一日一夜《いちや》として、四王天の天人《てんにん》の寿命五百歳なり。四王天の五百歳をこの等活地獄の一日一夜として、その寿命五百歳なり。

この地獄《じごく》の業因《ごういん》をいわば、ものの命をたつ《断》もの、この地獄に堕《お》つ。螻《けら》・蟻《あり》・蚊《か》・虻《あぶ》等の小虫を殺せる者も、懺悔《さんげ》なければ、必ずこの地獄に堕つべし。譬《たと》えば、はり《針》なれども水の上におけ《置》ば沈《しず》まざることなきがごとし。また懺悔すれども、懺悔の後《のち》に重ねてこの罪を作れば、後の懺悔にはこの罪きえ《消》がたし。譬えば、ぬすみをして獄《ごく》に入《い》りぬるもの《者》の、しばらく経《へ》て後に御免《ごめん》を蒙《こうむ》って獄を出《い》ずれども、また重ねて盗《ぬす》みをして獄に入りぬれば、出ずることゆる《許》されがた《難》きがごとし。されば、当世《とうせい》の日本国の人は、上一人《かみいちにん》より下万民《しもばんみん》に至るまで、この地獄《じごく》をまぬか《免》るる人は一人もあ《有》りがた《難》かるべし。いかに持戒《じかい》のおぼえ《覚》をとれる持律《じりつ》の僧《そう》たりとも、蟻《あり》・蝨《しらみ》なんどを殺さず、蚊《か》・虻《あぶ》をあやま《過》たざるべきか。いわんや、その外《ほか》、山野《さんや》の鳥《とり》・鹿《しか》、江海《こうかい》の魚鱗《いろくず》を日々に殺すものをや。いかにいわんや、牛・馬・人等を殺す者をや。

第二に黒縄地獄《こくじょうじごく》とは、等活《とうかつ》地獄の下にあり。縦広《じゅうこう》は等活地獄のごとし。獄卒《ごくそつ》、罪人をとらえて熱鉄《ねってつ》の地にふせ《伏》て、熱鉄の縄《なわ》をもって身にすみ《墨》うって《打》、熱鉄の斧《おの》をもって縄に随《したが》ってきり《切》さき《裂》けずる《削》。また鋸《のこぎり》をもってひく《引》。また左右に大いなる鉄《くろがね》の山あり。山の上に鉄の幢《はたほこ》を立て、鉄の縄をはり《張》、罪人に鉄の山をおおせ《負》て縄の上よりわたす《渡》。縄より落ちてくだけ《砕》、あるいは鉄のかなえ《鼎》に堕《お》とし入《い》れてに《煮》らる。この苦は上《かみ》の等活地獄の苦よりも十倍なり。人間《にんげん》の一百歳は、第二の忉利天《とうりてん》の一日一夜《いちや》なり。その寿《じゅ》一千歳なり。この天の寿一千歳を一日一夜として、この第二の地獄の寿命《じゅみょう》一千歳なり。

殺生《せっしょう》の上に、偸盗《ちゅうとう》とてぬすみ《盗》をかさね《重》たるもの《者》、この地獄《じごく》におつ《堕》。当世《とうせい》の偸盗のもの、もの《物》をぬすむ上、物の主《しゅ》を殺すもの、この地獄に堕《お》つべし。

第三に衆合地獄《しゅごうじごく》とは、黒縄《こくじょう》地獄の下にあり。縦広《じゅうこう》は上《かみ》のごとし。多くの鉄《くろがね》の山、二つずつ相向《あいむ》かえり。牛頭《ごず》・馬頭《めず》等の獄卒《ごくそつ》、手に棒《ぼう》を取って罪人を駆《か》って山の間に入《い》らしむ。この時、両《ふた》つの山迫《せま》り来《きた》って合わせ押《お》す。身体くだけて、血《ち》流れて地にみつ《満》。また種々の苦あり。人間《にんげん》の二百歳を第三の夜《や》摩天《まてん》の一日一夜《いちや》として、この天の寿《じゅ》二千歳なり。この天の寿を一日一夜として、この地獄の寿命《じゅみょう》二千歳なり。

殺生《せっしょう》・偸盗《ちゅうとう》の罪の上に、邪婬《じゃいん》とて他人のつま《妻》を犯《おか》す者、この地獄《じごく》の中に堕《お》つべし。しかるに、当世《とうせい》の僧尼士女《そうにじにょ》、多分《たぶん》はこの罪を犯す。殊《こと》に僧にこの罪多し。士女は各々互《おのおのたが》いにまぼり《守》、また人目《ひとめ》をつまざる故に、この罪をおかさず。僧は一人ある故に婬欲《いんよく》ともしきところに、もし有身《みごも》らば父ただされ《糾》あらわれ《顕》ぬべきゆえに、独《ひと》りある女人《にょにん》をおかさず。もしやかくる《隠》ると他人の妻をうかがい《窺》、ふかくかくれ《隠》んとおもう《思》なり。当世のほかとうと《尊》げなる僧の中に、ことにこの罪また多くあるらんとおぼゆ《覚》。

されば、多分は、当世とうと《尊》げなる僧、この地獄に堕つべし。

第四に叫喚地獄《きょうかんじごく》とは、衆合《しゅごう》の下にあり。縦広前《じゅうこうさき》に同《おな》じ。獄卒《ごくそつ》、悪声《あくしょう》を出《い》だして、弓箭《ゆみや》をもって罪人をいる《射》。また鉄《くろがね》の棒《ぼう》をもって頭《こうべ》を打って、熱鉄《ねってつ》の地をはしら《走》しむ。あるいは熱鉄のいり《煎》だな《棚》に、う《打》ちかえし《返》うち《打》かえし《返》この罪人をあぶる《焙》。あるいは口を開けて、わける《沸》銅《あかがね》のゆ《湯》を入《い》るれば、五臓やけて下より直《ただ》ちに出ず。寿命《じゅみょう》をいわば、人間《にんげん》の四百歳を第四の都率天《とそつてん》の一日一夜《いちや》とす。また都率天の寿《じゅ》四千歳なり。都率天の四千歳の寿を一日一夜として、この地獄の寿命四千歳なり。

この地獄《じごく》の業因《ごういん》をいわば、殺生《せっしょう》・偸盗《ちゅうとう》・邪婬《じゃいん》の上に、飲酒《おんじゅ》とて酒のむもの、この地獄に堕《お》つべし。

当世《とうせい》の比丘《びく》・比丘尼《びくに》・優婆塞《うばそく》・優婆夷《うばい》の四衆《ししゅ》の大酒《おおざけ》なる者、この地獄の苦免《まぬか》れがたきか。大論《だいろん》には、酒に三十六の失《とが》をいだし《出》、梵網経《ぼんもうきょう》には、「酒杯《しゅはい》をすすめ《勧》る者、五百生《ごひゃくしょう》に手なき身と生《う》まる」ととかせ《説》給《たも》う。人師《にんし》の釈には、「みみずてい《蚯蚓体》の者となる」とみえたり。いわんや、酒をうり《売》て人にあたえ《与》たる者をや。いかにいわんや、酒に水を入《い》れてうる《売》ものをや。当世の在家《ざいけ》の人々、この地獄の苦まぬかれ《免》がたし。

第五に大叫喚地獄《だいきょうかんじごく》とは、叫喚の下にあり。縦広前《じゅうこうさき》に同《おな》じ。その苦の相《そう》は、上《かみ》の四つの地獄の諸《もろもろ》の苦に十倍して重くこれをうく《受》。寿命《じゅみょう》の長短を云《い》わば、人間《にんげん》の八百歳は第五の化楽天《けらくてん》の一日一夜《いちや》なり。この天の寿《じゅ》八千歳なり。この天の八千歳を一日一夜として、この地獄の寿命八千歳なり。殺生《せっしょう》・偸盗《ちゅうとう》・邪婬《じゃいん》・飲酒《おんじゅ》の重罪の上に、妄語《もうご》とてそらごと《虚言》せる者、この地獄《じごく》に堕《お》つべし。当世《とうせい》の諸《しょ》人《にん》は、たとい賢人《けんじん》・上人《しょうにん》なんどいわるる《言》人々も、妄語せざる時はありとも、妄語をせざる日はあるべからず。たとい日はありとも、月はあるべからず。たとい月はありとも、年はあるべからず。たとい年はありとも、一期生《いちごしょう》妄語せざる者はあるべからず。もししからば、当世の諸人、一人もこの地獄をまぬかれ《免》がたきか。

第六に焦熱地獄《しょうねつじごく》とは、大叫喚《だいきょうかん》地獄の下にあり。縦広前《じゅうこうさき》におなじ。この地獄に種々の苦あり。もしこの地獄の豆ばかりの火を閻浮提《えんぶだい》におけ《置》らんに、一時《いちじ》にやけ《焼》尽《つ》きなん。いわんや、罪人の身の耎《やわ》らかなることわた《綿》のごとくなるをや。この地獄の人は、前《さき》の五つの地獄の火を見ること雪のごとし。譬《たと》えば、人間《にんげん》の火の、薪《たきぎ》の火よりも鉄銅の火の熱きがごとし。寿命《じゅみょう》の長短は、人間の千六百歳を第六の他化天《たけてん》の一日一夜《いちや》として、この天の寿《じゅ》一万六千歳なり。この天の一万六千歳を一日一夜として、この地獄の寿命一万六千歳なり。

業因《ごういん》を云《い》わば、殺生《せっしょう》・偸盗《ちゅうとう》・邪婬《じゃいん》・飲酒《おんじゅ》・妄語《もうご》の上、邪見《じゃけん》とて因果《いんが》なしという者、この中に堕《お》つべし。邪見とは、ある人云わく「人飢《う》えて死ぬれば、天に生《う》まるべし」等云々《うんぬん》。総じて、因果をしらぬ者を邪見と申すなり。世間《せけん》のほう《法》には、慈悲《じひ》なき者を邪見の者という。当世《とうせい》の人々、この地獄《じごく》を免《まぬか》れがたきか。

第七に大焦熱地獄《だいしょうねつじごく》とは、焦熱の下にあり。縦広前《じゅうこうさき》のごとし。前の六つの地獄の一切《いっさい》の諸苦に十倍して重く受《う》くるなり。その寿命《じゅみょう》は半中劫《はんちゅうこう》なり。

業因《ごういん》を云《い》わば、殺生《せっしょう》・偸盗《ちゅうとう》・邪婬《じゃいん》・飲酒《おんじゅ》・妄語《もうご》・邪見《じゃけん》の上に、浄戒《じょうかい》の比丘尼《びくに》をおか《犯》せる者、この中に堕《お》つべし。また比丘、酒をもって不邪婬戒《ふじゃいんかい》を持《たも》てる婦女《ふにょ》をたぼら《誑》かし、あるいは財物《ざいもつ》をあたえて犯《おか》せる者、この中に堕つべし。当世《とうせい》の僧《そう》の中に多くこの重罪あるなり。大悲経《だいひきょう》の文《もん》に「末代《まつだい》には士女《じにょ》は多くは天に生《しょう》じ、僧尼《そうに》は多くは地獄《じごく》に堕つべし」ととか《説》れたるは、これてい《体》のことか。心あらん人々は、はず《恥》べし、はずべし。

総じて、上《かみ》の七大地獄《しちだいじごく》の業因《ごういん》は、諸経論《しょきょうろん》をもって勘《かんが》え当世《とうせい》日本国の四衆《ししゅ》にあ《当》て見るに、この七大地獄をはな《離》るべき人を見ず、またき《聞》かず。涅槃経《ねはんぎょう》に云《い》わく「末代《まつだい》に入《い》って、人間《にんげん》に生《しょう》ぜん者は、爪上《そうじょう》の土のごとし。三悪道《さんあくどう》に堕《お》つるものは、十方世界《じっぽうせかい》の微塵《みじん》のごとし」と説かれたり。もししからば、我らが父母・兄弟等の死ぬる人は、皆《みな》、上の七大地獄にこそ堕ち給《たま》いては候《そうろう》らめ。あさ《浅》ましともいうばかりなし。竜《りゅう》と蛇《じゃ》と鬼神《きじん》と、仏《ぶつ》・菩薩《ぼさつ》・聖人《しょうにん》をば、いまだ見ず、ただおと《音》にのみこれをきく《聞》。当世に上の七大地獄の業を造らざるものをば、いまだ見ず、またおと《音》にもきか《聞》ず。

しかるに、我が身よりはじめて一切衆生《いっさいしゅじょう》、七大地獄《しちだいじごく》に堕《お》つべしとおもえ《思》る者一人もなし。たとい言《ことば》には堕つべきよし《由》をさえ《囀》ずれども、心には堕つべしともおもわ《思》ず。また僧尼士女《そうにじにょ》、地獄の業《ごう》をば犯《おか》すとはおもえ《思》ども、あるいは地蔵菩薩《じぞうぼさつ》等の菩薩を信じ、あるいは阿弥陀仏《あみだぶつ》等の仏を恃《たの》み、あるいは種々の善根《ぜんこん》を修《しゅ》したる者もあり。皆《みな》おもわ《思》く「我はかかる善根をもて《持》れば」なんどうち《打》おもい《思》て、地獄をもおじ《怖》ず。

あるいは宗々《しゅうじゅう》を習える人々は、各々《おのおの》の智分《ちぶん》をたのみ《恃》て、また地獄《じごく》の因をおじ《怖》ず。しかるに、仏菩薩《ぶつぼさつ》を信じたるも、愛子《あいし》・夫婦《ふうふ》なんどをあいし《愛》父母・主君なんどをうやまう《敬》には、雲泥《うんでい》なり。仏菩薩等をばかろく《軽》おもえ《思》るなり。されば、当世《とうせい》の人々の「仏菩薩を恃《たの》みぬれば、宗々を学したれば、地獄の苦はまぬかれ《免》なん」なんどおもえ《思》るは、僻案《びゃくあん》にや。心あらん人々は、よくよくはかり《量》おもう《思》べきか。

第八に大阿鼻地獄《だいあびじごく》とは、または無間地獄《むけんじごく》と申すなり。欲界《よっかい》の最底、大焦熱地獄《だいしょうねつじごく》の下にあり。この地獄は縦広八万由旬《じゅうこうはちまんゆじゅん》なり。外に七重《しちじゅう》の鉄《くろがね》の城あり。地獄の極苦《ごっく》は、しばらくこれを略す。前《さき》の七大《しちだい》地獄ならびに別処《べっしょ》の一切《いっさい》の諸苦をもって一分《いちぶん》として、大阿鼻地獄の苦一千倍勝《すぐ》れたり。この地獄の罪人は、大焦熱地獄の罪人を見ること、他化自在天《たけじざいてん》の楽しみのごとし。この地獄の香《か》のくさ《臭》さを人かぐ《嗅》ならば、四天下《してんげ》・欲界の六天《ろくてん》の天《てん》・人《にん》、皆《みな》し《死》しなん。されども、出山《しゅっせん》・没山《もっせん》と申す山、この地獄の臭《くさ》き気をおさえて人間《にんげん》へ来《きた》らせざるなり。故に、この世界の者死せずと見えぬ。もし、仏、この地獄の苦をつぶさに説かせ給《たま》わば、人聴《き》いて血をは《吐》いて死すべき故に、くわしく仏説《と》き給わずとみ《見》えたり。

この無間地獄《むけんじごく》の寿命《じゅみょう》の長短は一中劫《いっちゅうこう》なり。一中劫と申すは、この人寿《にんじゅ》無量歳なりしが、百年に一寿を減じ、また百年に一寿を減ずるほどに、人寿十歳の時に減ずるを一減と申す。また十歳より百年に一寿を増《ぞう》し、また百年に一寿を増するほどに、八万歳に増するを一増と申す。この一増一減のほどを小劫として、二十の増減を一中劫とは申すなり。この地獄に堕《お》ちたる者、これ程《ほど》久しく無間地獄に住《じゅう》して、大苦《だいく》をう《受》くるなり。

業因《ごういん》を云《い》わば、五逆罪《ごぎゃくざい》を造る人、この地獄《じごく》に堕《お》つべし。五逆罪と申すは、一に殺父《せっぷ》、二に殺母《せつも》、三に殺阿羅漢《せつあらかん》、四に出仏身血《すいぶっしんけつ》、五に破和合僧《はわごうそう》なり。今の世には仏ましまさず。しかれば出仏身血あるべからず。和合僧なければ、破和合僧なし。阿羅漢なければ、殺阿羅漢これなし。ただ殺父・殺母の罪のみありぬべし。しかれども、王法《おうぼう》のいまし《戒》めきび《厳》しくあるゆえに、この罪お《犯》かしがたし。もししからば、当世《とうせい》には阿鼻《あび》地獄に堕つべき人すくなし。ただし、相似《そうじ》の五逆罪これあり。木画《もくえ》の仏像《ぶつぞう》・堂塔《どうとう》等をやき《焼》、かの仏像等の寄進の所をうば《奪》いとり、率兜婆《そとば》等をきり《切》やき《焼》、智人《ちじん》を殺しなんどするもの多し。これらは大阿鼻地獄の十六の別処《べっしょ》に堕つべし。されば、当世の衆生《しゅじょう》、十六の別処に堕つるもの多きか。また、謗法《ほうぼう》の者、この地獄に堕つべし。

第二に無間地獄《むけんじごく》の因果《いんが》の軽重《きょうじゅう》を明かさば、

問うて云《い》わく、五逆罪《ごぎゃくざい》より外《ほか》の罪によりて、無間地獄《むけんじごく》に堕《お》ちんことあるべしや。

答えて云わく、誹謗正法《ひぼうしょうほう》の重罪なり。

問うて云わく、証文《しょうもん》いかん。

答えて云わく、法華経第二に云わく「もし人信ぜずして、この経を毀謗《きぼう》せば乃至《ないし》その人は命終《みょうじゅう》して、阿鼻獄《あびごく》に入《い》らん」等云々《うんぬん》。この文《もん》に、謗法《ほうぼう》は阿鼻地獄《じごく》の業《ごう》と見えたり。

問うて云《い》わく、五逆《ごぎゃく》と謗法《ほうぼう》と、罪の軽重《きょうじゅう》いかん。

答えて云わく、大品経《だいぼんぎょう》に云わく「舎利弗《しゃりほつ》、仏に白《もう》して言《もう》さく『世尊《せそん》よ。五逆罪《ごぎゃくざい》と破法罪《はほうざい》と相似《あいに》るや』。仏、舎利弗に告げたまわく『応《まさ》に相似ると言うべからず。所以《ゆえん》はいかん。もし般若波羅蜜《はんにゃはらみつ》を破らば、則《すなわ》ちこれ十方諸仏《じっぽうしょぶつ》の一切智《いっさいち》・一切種智《いっさいしゅち》を破る。仏宝《ぶっぽう》を破るが故に、法宝《ほうぼう》を破るが故に、僧宝《そうぼう》を破るが故に。三宝《さんぼう》を破るが故に、則ち世間《せけん》の正見《しょうけん》を破る。世間の正見を破れば○則ち無量無辺阿僧祇《むりょうむへんあそうぎ》の罪を得《う》。無量無辺阿僧祇の罪を得已《えお》われば、則ち無量無辺阿僧祇の憂苦《うく》を受《う》く』と」文《もん》。

また云《い》わく「破法《はほう》の業因縁《ごういんねん》集まるが故に、無量百千万億歳《むりょうひゃくせんまんおくさい》、大地獄《だいじごく》の中に堕《お》つ。この破法人《はほうにん》の輩《やから》、一大地獄より一大地獄に至る。もし劫火《ごうか》起こる時は、他方の大地獄の中に至る。かくのごとく十方《じっぽう》に遍《あまね》く、彼《か》の間に劫火起こるが故にかしこより死し、破法の業因縁いまだ尽《つ》きざるが故にこの間の大地獄の中に還来《げんらい》す」等云々《うんぬん》。

法華経第七に云《い》わく「四衆《ししゅ》の中に、瞋恚《しんに》を生《しょう》じて心不浄《ふじょう》なる者有って、悪口《あっく》・罵詈《めり》して言わく『この無智《むち》の比丘《びく》』と。あるいは杖木《じょうもく》・瓦石《がしゃく》をもって、これを打擲《ちょうちゃく》す乃至《ないし》千劫《せんごう》、阿鼻地獄《あびじごく》において、大苦《だいく》悩《のう》を受《う》く」等云々《うんぬん》。この経文《きょうもん》の心は、法華経の行者《ぎょうじゃ》を悪口しおよび杖《つえ》をもって打擲せるもの、その後に懺悔《さんげ》せりといえども、罪いまだ滅《めっ》せずして、千劫、阿鼻地獄に堕《お》ちたりと見えぬ。懺悔《さんげ》せる謗法《ほうぼう》の罪すら、五逆罪《ごぎゃくざい》に千倍せり。いわんや、懺悔せざらん謗法においては、阿鼻地獄《あびじごく》を出《い》ずる期《ご》かた《難》かるべし。故に、法華経第二に云《い》わく「経《きょう》を読誦《どくじゅ》し書持《しょじ》することあらん者を見て、軽賤《きょうせん》憎嫉《ぞうしつ》して、結恨《けっこん》を懐《いだ》かん乃至《ないし》その人は命終《みょうじゅう》して、阿鼻獄《あびごく》に入《い》らん。一劫《こう》を具足《ぐそく》して、劫尽《つ》きなば、さらに生まれん。かくのごとく展転《てんでん》して、無数劫《むしゅこう》に至らん」等云々《うんぬん》。

第三に問答料簡《もんどうりょうけん》を明かさば、

問うて云《い》わく、五逆罪《ごぎゃくざい》と謗法罪《ほうぼうざい》との軽重《きょうじゅう》はしん《知》ぬ。謗法《ほうぼう》の相貌《そうみょう》いかん。

答えて云わく、天台智者大師《てんだいちしゃだいし》の梵網経《ぼんもうきょう》の疏《しょ》に云わく「謗《ぼう》とは背《そむ》くなり」等云々《うんぬん》。法に背くが謗法《ほうぼう》にてはあるか。天親《てんじん》の仏性論《ぶっしょうろん》に云わく「もし憎背《ぞうはい》せば」等云々。この文《もん》の心は、正法《しょうほう》を人に捨てさするが謗法にてあるなり。

問うて云《い》わく、委細《いさい》に相貌《そうみょう》をしら《知》んとおもう《思》。あらあら《粗々》しめす《示》べし。

答えて云わく、涅槃経《ねはんぎょう》第五に云わく「もし人有って如来《にょらい》は無常《むじょう》なりと言わば、いかんぞ、この人、舌堕落《だらく》せざらん」等云々《うんぬん》。この文《もん》の心は、仏を無常といわん人は舌堕落すべしと云々。

問うて云《い》わく、諸《もろもろ》の小乗経《しょうじょうきょう》に、仏を無常《むじょう》と説かるる上、また化《け》するところの衆《しゅ》、皆《みな》無常と談じき。もししからば、仏ならびに化するところの衆の舌、堕落《だらく》すべしや。

答えて云《い》わく、小乗経《しょうじょうきょう》の仏を小乗経の人が無常《むじょう》とき《説》談《だん》ずるは、舌ただれ《爛》ざるか。大乗経《だいじょうきょう》に向かって仏を無常と談じ、小乗経に対して大乗経を破《は》するが、舌は堕落《だらく》するか。これをもっておもう《思》に、お《己》のれが依経《えきょう》には随《したが》えども依経よりすぐれ《勝》たる経を破するは、破法《はほう》となるか。もしからば、たとい観《かん》経《ぎょう》・華厳経《けごんぎょう》等の権大乗経《ごんだいじょうきょう》の人々、依《よ》るところの経の文《もん》のごとく修行《しゅぎょう》すとも、かの経にすぐれたる経々《きょうぎょう》に随わず、またすぐれざる由《よし》を談ぜば、謗法《ほうぼう》となるべきか。されば、観経等の経のごとく法をえ《得》たりとも、観経等を破せる経の出来《しゅったい》したらん時その経に随わずば、破法となるべきか。小乗経をもってな《擬》ぞらえて心《こころ》う《得》べし。

問うて云《い》わく、双観経《そうかんぎょう》等に「乃至十念《ないしじゅうねん》するに、即《すなわ》ち往生《おうじょう》することを得《え》ん」なんどと《説》かれて候《そうろう》が、彼《か》のきょう《教》の教えのごとく十念申して往生すべきを、後《のち》の経《きょう》をもって申しやぶ《破》らば、謗法《ほうぼう》にては候まじきか。

答えて云《い》わく、仏、観経《かんぎょう》等の四十余年の経々《きょうぎょう》を束《つか》ねて「未顕真実《みけんしんじつ》」と説かせ給《たま》いぬれば、この経文《きょうもん》に随《したが》って、「『乃至十念《ないしじゅうねん》するに、即《すなわ》ち往生《おうじょう》することを得《え》ん』等は、実《じつ》には往生しがたし」と申す。この経文なくば、謗法《ほうぼう》となるべし。

問うて云《い》わく、ある人云わく「無量義経《むりょうぎきょう》の『四十余年にはいまだ真実を顕《あらわ》さず』の文《もん》は、あえて四十余年の一切《いっさい》の経々《きょうぎょう》ならびに文々句々《もんもんくく》を、皆《みな》『未顕真実《みけんしんじつ》』と説き給《たも》うにはあらず。ただ四十余年の経々に、処々《しょしょ》に決定性《けつじょうしょう》の二乗《にじょう》を『永く成仏せず』ときら《嫌》わせ給《たま》い、釈迦如来《しゃかにょらい》を『始めて正覚《しょうがく》を成《じょう》ず』と説き給いしを、その言《ことば》ばかりをさ《指》して『未顕真実』とは申すなり。あえて余事《よじ》にはあらず。しかるを、みだりに『四十余年』の文を見て、観経《かんぎょう》等の凡夫《ぼんぷ》のために九品往生《くほんおうじょう》なんどを説きたるを、みだりに『往生はなきことなり』なんど押《お》し申す。あにおそ《恐》ろしき謗法《ほうぼう》の者にあらずや」なんど申すは、いかに。

答えて云《い》わく、この料簡《りょうけん》は、東土《とうど》の得一《とくいつ》が料簡に似たり。得一が云わく「『未顕真実《みけんしんじつ》』とは、決定性《しょう》の二乗《にじょう》を、仏、爾前《にぜん》の経《きょう》にして『永く成仏せず』ととか《説》れしを、『未顕真実』とは嫌《きら》わるるなり。前四味《ぜんしみ》の一切《いっさい》には亘《わた》るべからず」と申しき。伝教大師《でんぎょうだいし》は、前四味に亘って、文々句々《もんもんくく》に「未顕真実」と立て給《たま》いき。されば、この料簡は古《いにしえ》の謗法《ほうぼう》の者の料簡に似たり。

ただし、しばらく汝等《なんだち》が料簡《りょうけん》に随《したが》って尋《たず》ね明《あき》らめん。問う。「法華已前《ほっけいぜん》に二乗作仏《にじょうさぶつ》を嫌《きら》いけるを、今『未顕真実《みけんしんじつ》』という」とならば、まず決定性《けつじょうしょう》の二乗を仏の「永く成仏せず」ととか《説》せ給《たま》いし処々《しょしょ》の経文《きょうもん》ばかりは、「未顕真実」の仏の妄語《もうご》なりと承伏《しょうぶく》せさせ給《たも》うか。さては仏の妄語は勿論《もちろん》なり。もししからば、妄語の人の申すことは、有無《うむ》共に用いぬことにてあるぞかし。「決定性の二乗は永く成仏せず」の語《ことば》ばかり妄語となり、もし余《よ》の菩薩《ぼさつ》・凡夫《ぼんぷ》の往生《おうじょう》・成仏等は実語《じつご》となるべきならば、信用しがたきことなり。譬《たと》えば、東方を西方《さいほう》と妄語し申さん人は、西方を東方と申すべし。「二乗は永く成仏せず」と説く仏は、余の菩薩の成仏をゆ《許》るすも、また妄語にあらずや。五乗《ごじょう》はただ一仏性《いちぶっしょう》なり。二乗の仏性をかく《隠》し、菩薩・凡夫の仏性をあら《顕》わすは、返って菩薩・凡夫の仏性をかくすなり。ある人云《い》わく「『四十余年にはいまだ真実を顕《あらわ》さず』とは、成仏の道ばかり未顕真実《みけんしんじつ》なり。往生《おうじょう》等は未顕真実にはあらず」。

また難《なん》じて云《い》わく、四十余年が間の説の成仏を「未顕真実《みけんしんじつ》」と承伏《しょうぶく》せさせ給《たま》わば、双観経《そうかんぎょう》に云う

「正覚《しょうがく》を取らじ」「成仏してより已来《このかた》、およそ十劫《こう》を歴《ふ》」等の文《もん》は「未顕真実」と承伏せさせ給《たも》うか。もしからば、四十余年の経々《きょうぎょう》にして法蔵比丘《ほうぞうびく》の阿弥陀仏《あみだぶつ》にな《成》り給《たま》わずば、法蔵比丘の成仏すでに妄語《もうご》なり。もし成仏妄語ならば、いずれの仏か行者《ぎょうじゃ》を迎《むか》え給《たも》うべきや。

また、かれ、この難を通じて云《い》わく、「四十余年が間は成仏はなし。阿弥陀仏《あみだぶつ》は今の成仏にはあらず、過去の成仏なり」等云々《うんぬん》。

今難《なん》じて云《い》わく、今日《こんにち》の四十余年の経々《きょうぎょう》にして実《じつ》の凡夫《ぼんぷ》の成仏を許されずば、過去遠々劫《おんのんごう》の四十余年の権経《ごんきょう》にても成仏叶《かな》いがたきか。三世《さんぜ》の諸仏《しょぶつ》の説法の儀式《ぎしき》、皆《みな》同じきが故なり。

あるいは云《い》わく「『疾《と》く無上菩提《むじょうぼだい》を成《じょう》ずることを得ず』とと《説》かるれば、四十余年の経々《きょうぎょう》にては疾くこそ仏にはな《成》らねども、遅《おそ》く劫《こう》を経《へ》てはな《成》るか」。難《なん》じて云《い》わく、次下《つぎしも》の大荘厳菩薩《だいしょうごんぼさつ》等の領解《りょうげ》に云わく「不可思議無量無辺阿僧祇劫《ふかしぎむりょうむへんあそうぎこう》を過《す》ぐるとも、終《つい》に無上菩提《むじょうぼだい》を成《じょう》ずることを得ず」等と云々《うんぬん》。この文《もん》のごとくならば、劫《こう》を経《へ》ても、爾前《にぜん》の経《きょう》ばかりにては成仏はか《難》たきか。

あるいは云《い》う。華厳宗《けごんしゅう》の料簡《りょうけん》に云わく「四十余年の内には、華厳経《けごんぎょう》ばかりは入《い》るべからず。華厳経にすでに往生《おうじょう》・成仏これあり。なんぞ華厳経を行《ぎょう》じて往生・成仏をと《遂》げざらん」。

答えて云《い》わく、「四十余年の内に華厳経《けごんぎょう》入《い》るべからず」とは、華厳宗《けごんしゅう》の人師《にんし》の義なり。無量義経《むりょうぎきょう》には、正《まさ》しく四十余年の内に「華厳海空《けごんかいくう》」と名目《みょうもく》を呼び出《い》だして、四十余年の内にか《数》ずえ入れられたり。人師《にんし》を本《もと》とせば、仏に背《そむ》くになりぬ。

問うて云《い》わく、法華経をはなれ《離》て往生《おうじょう》・成仏をとげ《遂》ずば、仏世《よ》に出《い》でさせ給《たま》いては、ただ法華経ばかりをこそ説かせ給わめ。なんぞわずら《煩》わしく四十余年の経々《きょうぎょう》を説かせ給《たも》うや。

答えて云《い》わく、この難は仏自《みずか》ら答え給《たま》えり。「もしただ仏乗《ぶつじょう》を讃《ほ》むるのみならば、衆生《しゅじょう》は苦に没《もっ》し、法を破《は》して信ぜざるが故に、三悪道《さんあくどう》に墜《お》ちなん」等の経文《きょうもん》これなり。

問うて云《い》わく、いかなれば、爾前《にぜん》の経《きょう》をば衆生謗《しゅじょうぼう》ぜざるや。

答えて云《い》わく、爾前《にぜん》の経々《きょうぎょう》は万差《ばんさ》なれども、束《つか》ねてこれを論ずれば、随他意《ずいたい》と申して衆生《しゅじょう》の心をと《説》かれてはんべり。故に違《い》することなし。譬《たと》えば、水に石をなぐる《投》にあらそう《争》ことなきがごとし。またしなじな《品々》の説教はんべれども、九界の衆生の心を出《い》でず。衆生の心は皆《みな》、善につけ悪につけて、迷いを本《もと》とするゆえに、仏にはなら《成》ざるか。

問うて云《い》わく、衆生謗《しゅじょうぼう》ずべきゆえに、仏、最初に法華経をと《説》き給《たま》わずして四十余年の後《のち》に法華経をとき給わば、汝《なんじ》、なんぞ当世《とうせい》に権経《ごんきょう》をばと《説》かずして左右《そう》なく法華経をといて、人に謗をなさせて悪道《あくどう》に堕《お》とすや。

答えて云《い》わく、仏在世《ざいせ》には、仏、菩提樹《ぼだいじゅ》の下《もと》に坐《ざ》し給《たま》いて機《き》をかがみ《鑑》給《たも》うに、「当時、法華経を説くならば、衆生謗《しゅじょうぼう》じて悪道《あくどう》に堕《お》ちぬべし。四十余年すぎて後《のち》にと《説》かば、謗ぜずして、初住不退《しょじゅうふたい》、乃至《ないし》妙覚《みょうかく》にのぼ《登》りぬべし」と知見しましましき。末代濁世《まつだいじょくせ》には、当機《とうき》にして初住《しょじゅう》の位に入《い》るべき人は、万に一人もあり《有》がた《難》かるべし。また、能化《のうけ》の人も仏にあらざれば、機《き》をかがみ《鑑》んことも、これかた《難》し。されば、逆縁《ぎゃくえん》・順縁《じゅんえん》のためにまず法華経を説くべしと、仏ゆるし給《たま》えり。ただし、また滅後《めつご》なりとも、当機衆《とうきしゅ》になりぬべきものには、まず権経《ごんきょう》をとく《説》こともあるべし。

また、悲を先《さき》とする人は、まず権経《ごんきょう》をとく《説》べし。不軽菩薩《ふきょうぼさつ》のごとし。また末代《まつだい》の凡夫《ぼんぷ》は、なにとなくとも悪道《あくどう》を免《まぬか》れんことはかたかる《難》べし。同じく悪道に堕《お》つるならば、法華経を謗《ぼう》ぜさせて堕とすならば世間《せけん》の罪をもって堕ちたるにはにる《似》べからず。「法を聞き謗を生《しょう》じて地獄《じごく》に堕つるは、恒沙《ごうじゃ》の仏を供養《くよう》する者に勝《すぐ》る」等の文《もん》のごとし。この文の心は、法華経をぼう《謗》じて地獄に堕ちたるは、釈迦仏・阿弥陀仏《あみだぶつ》等の恒河沙《ごうがしゃ》の仏を供養し帰依《きえ》・渇《かつ》仰《ごう》する功徳《くどく》には、百千万倍すぎ《過》たりとかれ《説》たり。

問うて云《い》わく、上《かみ》の義のごとくならば、華厳《けごん》・法相《ほっそう》・三論《さんろん》・真言《しんごん》・浄土《じょうど》等の祖師《そし》は、みな謗法《ほうぼう》に堕《だ》すべきか。華厳宗《けごんしゅう》には「華厳経《けごんぎょう》は法華経には雲泥超過《うんでいちょうか》せり」。法相・三論もて、かくのごとし。真言宗には、日本国に二つの流れあり。東寺《とうじ》の真言は「法華経は華厳経におとれ《劣》り。いかにいわんや大日経《だいにちきょう》においてをや」。天台《てんだい》の真言には「大日経と法華経とは、理《り》は斉等《さいとう》なり。印《いん》・真言等は超過せり」と云々《うんぬん》。これらは皆悪道《みなあくどう》に堕《お》つべしや。

答えて云《い》わく、宗《しゅう》をたて《立》経々《きょうぎょう》の勝劣《しょうれつ》を判ずるに、二つの義あり。一は似破《じは》、二は能破《のうは》なり。一に似破とは、他の義は吉《よ》しとおもえ《思》ども、これをはす《破》。かの正義《しょうぎ》を分明《ふんみょう》にあらわさ《顕》んがためか。二に能破とは、実《じつ》に他人の義の勝《すぐ》れたるをば弁《わきま》えずして、迷って我が義すぐれ《勝》たりとおもい《思》て、心中《しんちゅう》よりこれを破《は》するをば能破という。されば、彼《か》の宗々《しゅうじゅう》の祖師《そし》に、似破・能破の二つの義あるべし。心中には法華経は諸経《しょきょう》に勝れたりと思えども、しばらく違《い》して法華経の義を顕《あらわ》さんとおもい《思》て、これをはする《破》ことあり。提婆達多《だいばだった》・阿闍世王《あじゃせおう》・諸《もろもろ》の外道《げどう》が仏のかたき《敵》となりて仏徳《ぶっとく》を顕《あらわ》し、後《のち》には仏に帰《き》せしがごとし。また実《じつ》の凡夫《ぼんぷ》が仏のかたきとなりて悪道《あくどう》に堕《お》つることこれ多し。

されば、諸宗《しょしゅう》の祖師《そし》の中に回心《えしん》の筆をかか《書》ずば、謗法《ほうぼう》の者、悪道《あくどう》に堕《お》ちたりとしる《知》べし。三論《さんろん》の嘉《か》祥《じょう》、華厳《けごん》の澄観《ちょうかん》、法相《ほっそう》の慈恩《じおん》、東寺《とうじ》の弘法《こうぼう》等は、回心の筆これあるか。よくよく尋《たず》ねなら《習》うべし。

問うて云《い》わく、まことに今度生死《しょうじ》をはなれ《離》んとおもわ《思》んに、なにものをかいとい《厭》、なにものをか願うべきや。

答う。諸《もろもろ》の経文《きょうもん》には女人《にょにん》等をいとう《厭》べしとみえ《見》たれども、双林《そうりん》最後の涅槃経《ねはんぎょう》に云《い》わく「菩薩《ぼさつ》は、この身に無量の過患《かげん》の具足充満《ぐそくじゅうまん》すと見るといえども、涅槃経を受持《じゅじ》せんと欲《ほっ》せんがための故に、なおよく将護《しょうご》して乏少《ぼうしょう》ならしめず。菩薩は、悪象《あくぞう》等においては心に恐怖《くふ》なく、悪知識《あくちしき》においては怖畏《ふい》の心を生《しょう》ず。何をもっての故に。この悪象等はただ能《よ》く身を壊《やぶ》るのみにして、心を壊ること能《あた》わず、悪知識は二つともに壊るが故に。悪象のごときはただ一身を壊るのみにして、悪知識は無量の身、無量の善心を壊る。悪象に殺されては三趣《さんしゅ》に至らず、悪友に殺されては必ず三趣に至る」等云々《うんぬん》。この経文《きょうもん》の心は、後世《ごせ》を願わん人は一切《いっさい》の悪縁《あくえん》を恐《おそ》るべし、一切の悪縁よりは悪知識をおそる《恐》べしとみえ《見》たり。

されば、大荘厳仏《だいしょうごんぶつ》の末《まつ》の四《よ》たりの比丘《びく》は、自《みずか》ら悪法を行《ぎょう》じて十方《じっぽう》の大阿鼻地獄《だいあびじごく》を経《ふ》るのみならず、六百四万億人の檀那《だんな》等をも十方の地獄に堕《お》としぬ。鴦崛摩羅《おうくつまら》は、摩尼跋陀《まにばつだ》が教えに随《したが》って九百九十九人の指をきり、結句《けっく》、母ならびに仏をがい《害》せんとぎ《擬》す。善星比丘《ぜんしょうびく》は、仏の御子《みこ》、十二部経《じゅうにぶきょう》を受持《じゅじ》し、四禅定《しぜんじょう》をえ《得》、欲界《よっかい》の結《けつ》を断じたりしかども、苦得外道《くとくげどう》の法を習って、生身《しょうじん》に阿鼻地獄に堕ちぬ。提婆《だいば》が六万蔵《ぞう》・八万蔵を暗《そら》にしたりしかども、外道の五法《ごほう》を行じて、現《げん》に無間《むけん》に堕ちにき。阿闍世王《あじゃせおう》の父を殺し母を害せんと擬《ぎ》せし、大象《だいぞう》を放《はな》って仏をうしない《失》たてまつらんとせしも、悪師《あくし》・提婆が教えなり。倶伽利比丘《くぎゃりびく》が舎利弗《しゃりほつ》・目連《もくれん》をそしり《謗》て生身に阿鼻に堕《だ》せし、大族王《だいぞくおう》の五竺《ごじく》の仏法僧《ぶっぽうそう》をほろぼせ《滅》し、大族王の舎弟《しゃてい》は加湿弥羅国《かしゅみらこく》の王となりて健駄羅国《けんだらこく》の率都婆《そとば》・寺塔《じとう》一千六百所をうしない《失》し、金耳国王《こんにこくおう》の仏法をほろぼせ《滅》し、波瑠璃王《はるりおう》の九千九十万人の人をころして血ながれて池をなせし、設賞迦王《せっしょうかおう》の仏法を滅《ほろ》ぼし菩提樹《ぼだいじゅ》をきり《切》根をほり《掘》し、周《しゅう》の宇文王《うぶんおう》の四千六百余所の寺院を失い二十六万六百余の僧尼《そうに》を還俗《げんぞく》せしめし、これらは皆、悪師を信じ、悪鬼《あっき》その身に入《い》りし故なり。

問うて云《い》わく、天竺《てんじく》・震旦《しんたん》は、外道《げどう》が仏法をほろぼし、小乗《しょうじょう》が大乗《だいじょう》をやぶる《破》とみえ《見》たり。この日本国もしかるべきか。

答えて云《い》わく、月支《がっし》・尸那《しな》には外道《げどう》あり、小乗《しょうじょう》あり。この日本国には外道なし、小乗の者なし。紀《き》伝博士《でんはかせ》等これあれども、仏法の敵《かたき》となるものこれなし。小乗の三宗《しゅう》これあれども、彼《か》の宗を用いて生《しょう》死《じ》をはなれ《離》んとおもわ《思》ず、ただ大乗《だいじょう》を心《こころ》う《得》る才覚《さいかく》とおもえり。

ただし、この国には大乗《だいじょう》の五宗《しゅう》のみこれあり。人々皆《みな》おもえ《思》らく、彼《か》の宗々《しゅうじゅう》にして生死《しょうじ》をはなる《離》べしとおもう《思》故に、あらそい《争》も多くいでき《出》たり、また檀那《だんな》の帰依《きえ》も多くあるゆえに、利養《りよう》の心もふかし《深》。

第四に行者《ぎょうじゃ》仏法を弘《ひろ》むる用心を明かさば、

夫《そ》れ、仏法をひろ《弘》めんとおも《思》わんものは、必ず五義《ごぎ》を存《そん》して正法《しょうほう》をひろむべし。五義とは、一には教《きょう》、二には機《き》、三には時《じ》、四には国《こく》、五には仏法流布《るふ》の前後なり。

第一に教《きょう》とは、如来《にょらい》一代五十年の説教は大小《だいしょう》・権実《ごんじつ》・顕密《けんみつ》の差別あり。

華厳宗《けごんしゅう》には五教《ごきょう》を立てて一代をおさ《収》め、その中には華厳・法華《ほっけ》を最勝とし、華厳・法華の中に華厳《けごん》経《ぎょう》をもって第一とす。南三北七《なんさんほくしち》ならびに華厳宗の祖師《そし》、日本国の東寺《とうじ》の弘法大師《こうぼうだいし》この義なり。

法相宗《ほっそうしゅう》は三時《さんじ》に一代をおさ《収》め、その中に深密《じんみつ》・法華経を一代の聖教《しょうぎょう》にすぐ《勝》れたりとす。深密・法華《ほっけ》の中に、法華経は了義経《りょうぎきょう》の中の不了義経《ふりょうぎきょう》、深密経《じんみつきょう》は了義経の中の了義経なり。

三論宗《さんろんしゅう》にまた二蔵三時《にぞうさんじ》を立つ。三時の中の第三の中道教《ちゅうどうきょう》とは、般若《はんにゃ》・法華《ほっけ》なり。般若・法華の中には般若最第一なり。

真言宗《しんごんしゅう》には日本国に二つの流れあり。東寺流《とうじりゅう》は、弘法大師《こうぼうだいし》、十住心《じゅうじゅうしん》を立て、第八法華《ほっけ》・第九華厳《けごん》・第十真言。法華経は大日経《だいにちきょう》に劣《おと》るのみならず、なお華厳経《けごんぎょう》に下《くだ》るなり。天台《てんだい》の真言は、慈覚《じかく》大師等、大日経と法華経とは広《こう》・略《りゃく》の異《い》、法華経は理秘密《りひみつ》、大日経は事理倶密《じりくみつ》なり。

浄土宗《じょうどしゅう》には、聖道《しょうどう》・浄土、難行《なんぎょう》・易行《いぎょう》、雑行《ぞうぎょう》・正行《しょうぎょう》を立てたり。浄土の三部経《さんぶきょう》より外《ほか》の法華経等の一切経《いっさいきょう》は、難行・聖道・雑行なり。

禅宗《ぜんしゅう》には二つの流れあり。一流は、一切経《いっさいきょう》・一切の宗《しゅう》の深義《じんぎ》は禅宗なり。一流は、如来《にょらい》一代の聖教《しょうぎょう》は皆言説《みなごんぜつ》、如来の口輪《くりん》の方便《ほうべん》なり。禅宗は如来の意密《いみつ》、言説におよばず教外《きょうげ》の別伝なり。

倶舎宗《くしゃしゅう》・成実宗《じょうじつしゅう》・律宗《りっしゅう》は小乗宗《しょうじょうしゅう》なり。天竺《てんじく》・震旦《しんたん》には小乗宗の者、大乗《だいじょう》を破《は》することこれ多し。日本国にはその義なし。

問うて云《い》わく、諸宗《しょしゅう》の異義区《まちまち》なり。一々《いちいち》にその謂《いわ》れありて、得道《とくどう》をなる《成》べきか。また、諸宗、皆《みな》謗法《ほうぼう》となりて、一宗ばかり正義《しょうぎ》となるべきか。

答えて云《い》わく、異論・相違《そうい》ありといえども、皆得道《みなとくどう》なるか。仏の滅後《めつご》四百年にあたりて、健駄羅国《けんだらこく》の迦弐色迦王《かにしかおう》、仏法を貴《たっと》み、一夏《いちげ》、僧《そう》を供《く》し仏法をといし《問》に、一々《いちいち》の僧、異義《いぎ》多し。この王不審《ふしん》して云わく「仏説《ぶっせつ》は定めて一《いち》ならん」と。終《つい》に脇尊者《きょうそんじゃ》に問う。尊者答えて云わく「金杖《こんじょう》を折って種々の物につくるに、形は別なれども金杖は一なり。形の異《こと》なるをば諍《あらそ》うといえども、金《こがね》たることをあらそわ《諍》ず。門々不同なれば、いりかど《入門》をば諍えども、入《い》る理《り》は一なり」等云々《うんぬん》。また求那跋摩《ぐなばつま》云わく「諸論各端《おのおのたん》を異《こと》にすれども、修行《しゅぎょう》せば理に二無し。偏執《へんしゅう》せば是非《ぜひ》有り。達《たっ》せば違諍《いじょう》無し」等云々。また、五百羅漢《らかん》の真因各異《おのおの》なれども、同じく聖理《しょうり》をえたり。大論《だいろん》の四悉檀《ししつだん》の中の対治《たいじ》悉檀、摂論《しょうろん》の四意趣《しいしゅ》の中の衆生意楽意趣《しゅじょういぎょう》、これらは、この善を嫌《きら》いこの善をほむ《讃》。檀《だん》・戒《かい》・進《しん》等、一々にそしり《謗》一々にほむる、皆《みな》得道をなる《成》。これらをもってこれを思うに、護法《ごほう》・清弁《しょうべん》のあらそい、智光《ちこう》・戒賢《かいげん》の空《くう》・中《ちゅう》、南《なん》三北七《さんほくしち》の頓《とん》・漸《ぜん》・不定《ふじょう》、一時《いちじ》・二時・三時・四時《し》・五時、四宗・五宗《しゅう》・六宗、天台《てんだい》の五時・華厳《けごん》の五教《ごきょう》、真言教《しんごんきょう》の東寺《とうじ》・天台の諍い、浄土宗《じょうどしゅう》の聖道《しょうどう》・浄土、禅宗《ぜんしゅう》の教外《きょうげ》・教内《きょうない》、入《い》り門《かど》は差別せりというとも、実理《じつり》に入ることはただ一なるべきか。

難《なん》じて云《い》わく、「華厳《けごん》の五教《ごきょう》、法相《ほっそう》・三論《さんろん》の三時《さんじ》、禅宗《ぜんしゅう》の教外《きょうげ》、浄土宗《じょうどしゅう》の難行《なんぎょう》・易行《いぎょう》、南三北七《なんさんほくしち》の五《ご》時《じ》等、門はことなり《異》といえども、入《い》る理《り》は一《いち》にして皆仏意《みなぶつい》に叶《かな》い謗法《ほうぼう》とならず」といわば、謗法ということあるべからざるか。謗法とは、法に背《そむ》くということなり。法に背くと申すは、小乗《しょうじょう》は小乗経《しょうじょうきょう》に背き、大乗《だいじょう》は大乗経《だいじょうきょう》に背く。法に背かば、あに謗法とならざらん。謗法とならば、なんぞ苦果《くか》をまね《招》かざらん。この道理にそむく。これひとつ。

大般若経《だいはんにゃきょう》に云《い》わく「般若を謗《ぼう》ずる者は、十方《じっぽう》の大阿鼻地獄《だいあびじごく》に堕《お》つべし」。法華経に云わく「もし人信ぜずして乃至《ないし》その人は命終《みょうじゅう》して、阿鼻獄《あびごく》に入《い》らん」。涅槃経《ねはんぎょう》に云わく「世に難治《なんじ》の病《やまい》三つあり。一には四重《しじゅう》、二には五逆《ごぎゃく》、三には謗大乗《ぼうだいじょう》なり」。これらの経文《きょうもん》あにむな《虚》しかるべき。これらは証文《しょうもん》なり。

されば、無垢論師《むくろんじ》・大慢婆羅門《だいまんばらもん》・熙連禅師《きれんぜんじ》・嵩霊法師《すうりょうほっし》等は、正法《しょうほう》を謗《ぼう》じて、現身《げんしん》に大阿鼻地獄《だいあびじごく》に堕《お》ち、舌口中《こうちゅう》に爛《ただ》れたり。これは現証《げんしょう》なり。

天親菩薩《てんじんぼさつ》は小乗《しょうじょう》の論を作って諸大乗経《しょだいじょうきょう》をはし《破》き。後《のち》に無著《むじゃく》菩薩に対して、この罪を懺悔《さんげ》せんがために舌を切らんとく《悔》い給《たま》いき。謗法《ほうぼう》もし罪とならずば、いかんが千部の論師《ろんじ》、懺悔をいたすべき。闡提《せんだい》とは天竺《てんじく》の語《ことば》、ここには不信と翻《ほん》ず。不信とは、「一切衆生悉有仏性《いっさいしゅじょうしつうぶっしょう》を信ぜざるは、闡提の人」と見えたり。不信とは謗法の者なり。恒河《ごうが》の七種の衆生の第一は、一闡提《いっせんだい》謗法、常没《じょうもつ》の者なり。第二は、五逆《ごぎゃく》謗法、常没等の者なり。あに謗法をおそ《恐》れざらん。

答えて云《い》わく、謗法《ほうぼう》とは、ただ由《よし》なく仏法を謗《ぼう》ずるを謗法というか。我が宗《しゅう》をたて《立》んがために余法を謗ずるは、謗法にあらざるか。摂論《しょうろん》の四意趣《しいしゅ》の中の衆生意楽《しゅじょういぎょう》意趣とは、たとい人ありて一生の間《あいだ》一善をも修《しゅ》せず、ただ悪を作る者あり、しかるに、小縁《しょうえん》にあいて、いずれの善にてもあれ一善を修せんと申す。これは随喜《ずいき》・讃歎《さんだん》すべし。また善人あり、一生の間ただ一善を修す。しかるを、他の善へう《移》

つさんがために、そのぜん《善》をそし《謗》る。「一事の中において、あるいは呵《せ》め、あるいは讃《ほ》む」という、これなり。大論《だいろん》の四悉檀《ししつだん》の中の対治《たいじ》悉檀、またこれおな《同》じ。浄名経《じょうみょうきょう》の弾呵《だんか》と申すは、阿含経《あごんぎょう》の時ほ《讃》めし法をそし《謗》るなり。

　これらをもっておも《思》うに、あるいは衆生《しゅじょう》多く小乗《しょうじょう》の機《き》あれば大乗《だいじょう》を謗《そし》って小乗経《しょうじょうきょう》に信心をま《増》し、あるいは衆生多く大乗の機なれば小乗経をそし《謗》りて大乗経に信心をあつ《厚》くす。あるいは衆生弥陀仏《みだぶつ》に縁《えん》あれば諸仏《しょぶつ》をそしりて弥陀に信心をま《増》さしめ、あるいは衆生多く地蔵《じぞう》に縁あれば諸《もろもろ》の菩薩をそしりて地蔵をほ《讃》む。あるいは衆生多く華厳経《けごんぎょう》に縁あれば諸経《しょきょう》をそしりて華厳経をほむ。あるいは衆生大般《だいはん》若経《にゃきょう》に縁あれば諸経をそしりて大般若経をほむ。あるいは衆生法華経《ほけきょう》、あるいは衆生大日経《だいにちきょう》等、同じく心《こころ》う《得》べし。機を見て、あるいは讃《ほ》め、あるいは毀《そし》る。共に謗法《ほうぼう》とならず。しかるを、機をし《知》らざる者、みだりに、あるいは讃め、あるいは呰《そし》るは、謗法となるべきか。例せば、華厳宗《けごんしゅう》・三論《さんろん》・法相《ほっそう》・天台《てんだい》・真言《しんごん》・禅《ぜん》・浄土《じょうど》等の諸師《しょし》の諸経をは《破》して我が宗《しゅう》を立つるは、謗法とならざるか。

　難《なん》じて云《い》わく、宗《しゅう》を立つるに諸経《しょきょう》・諸宗《しょしゅう》を破《は》し、仏菩薩《ぶつぼさつ》を讃《ほ》むるに仏菩薩を破し、他の善根《ぜんこん》を修《しゅ》せしめんがためにこの善根をは《破》する、く《苦》るしからずば、阿含《あごん》等の諸《もろもろ》の小乗経《しょうじょうきょう》に華厳経《けごんぎょう》等の諸大乗経《しょだいじょうきょう》をは《破》したる文《もん》ありや。華厳経に法華《ほっけ》・大日経《だいにちきょう》等の諸大乗経をはしたる文、これありや。

　答えて云《い》わく、阿含《あごん》の小乗経《しょうじょうきょう》に諸大乗経《しょだいじょうきょう》をは《破》したる文《もん》はなけれども、華厳経《けごんぎょう》には二乗《にじょう》・大乗・一乗をあげて二乗・大乗をは《破》し、涅槃経《ねはんぎょう》には諸大乗経をあげて涅槃経に対してこれをは《破》す。密厳経《みつごんぎょう》には「一切経《いっさいきょう》の中の王なり」とと《説》き、無量義経《むりょうぎきょう》には「四十余年にはいまだ真実を顕《あらわ》さず」ととか《説》れ、阿弥《あみ》陀経《だきょう》には念仏《ねんぶつ》に対して諸経《しょきょう》を「小善根《しょうぜんこん》」と《説》かる。これらの例、一《いち》にあらず。故にまた、彼《か》の経々《きょうぎょう》による人師《にんし》、皆《みな》この義を存《そん》せり。これらをもって思うに、宗《しゅう》を立つる方《かた》は、我が宗に対して諸経を破《は》するはく《苦》るしからざるか。

難《なん》じて云《い》わく、華厳経《けごんぎょう》には小乗《しょうじょう》・大乗《だいじょう》・一乗《いちじょう》とあ《挙》げ、密厳経《みつごんぎょう》には「一切経《いっさいきょう》の中の王なり」と《説》かれ、涅槃経《ねはんぎょう》には「この諸《もろもろ》の大乗」とあ《挙》げ、阿弥陀経《あみだきょう》には念仏《ねんぶつ》に対して諸経《しょきょう》を「小善根《しょうぜんこん》」とはと《説》かれたれども、無量義経《むりょうぎきょう》のごとく、四十余年と年限を指して、その間の大部《だいぶ》の諸経、阿含《あごん》・方等《ほうどう》・般若《はんにゃ》・華厳等の名をよびあげて勝劣《しょうれつ》をと《説》けること、これなし。涅槃経の「この諸の大乗」の文《もん》ばかりこそ、双林《そうりん》最後の経《きょう》として「この諸の大乗」と《説》かれたれば、涅槃経には一切経は嫌《きら》わるかとお《覚》ぼうれども、「この諸の大乗経」と挙げて、次下《つぎしも》に諸大乗経を列《つら》ねたるに、十二部《じゅうにぶ》・修多羅《しゅたら》・方等・般若等とあげたり。無量義経・法華経をば載《の》せず。ただし、無量義経に挙《あ》ぐるところは、四十余年の阿含・方等・般若・華厳経をあげたり。いまだ法華経・涅槃経の勝劣はみえず。密厳に「一切経の中の王なり」とはあげたれども、一切経をあぐる中に華厳・勝鬘《しょうまん》等の諸経の名をあげて「一切経の中の王なり」と《説》く故に、法華経等とはみえず。阿弥陀経の「小善根」は、時節もなし、小善根の相貌《そうみょう》もみえず。た《誰》れかし《知》る、小乗経を小善根というか、また人天《にんてん》の善根を小善根というか、また観経《かんぎょう》・双観経《そうかんぎょう》の説くところの諸善を小善根というか。いまだ一代を念仏に対して小善根というとはき《聞》こえず。また大日経《だいにちきょう》・六波羅蜜経《ろくはらみつきょう》等の諸の秘教の中にも、一代の一切経を嫌《きら》ってその経をほ《讃》めたる文はなし。

ただし、無量義経《むりょうぎきょう》ばかりこそ、前《さき》四十余年の諸経《しょきょう》を嫌《きら》い法華経一経《いっきょう》に限って、已説《いせつ》の四十余年、今《こん》説《せつ》の無量義経、当説《とうせつ》の未来にとく《説》べき涅槃経《ねはんぎょう》を嫌って、法華経ばかりをほめ《讃》たり。釈迦如来《しゃかにょらい》、過去・現在・未来の三世《さんぜ》の諸仏《しょぶつ》、世にいで《出》給《たま》いて各々一切経《おのおのいっさいきょう》を説き給《たも》うに、いずれの仏も法華経第一なり。例せば、上郎《じょうろう》・下郎《げろう》は不定《ふじょう》なり。田舎《いなか》にしては百姓《ひゃくせい》・郎従《ろうじゅう》等は侍《さむらい》を上郎という。洛陽《らくよう》にして源平《げんぺい》等已下《いげ》を下郎という。三家《さんけ》を上郎という。また主《しゅ》を王といわば、百姓も宅中《たくちゅう》の王なり。地頭《じとう》・領家《りょうけ》等また村・郷《さと》・郡《こおり》・国の王なり。しかれども大王にはあらず。

小乗経《しょうじょうきょう》には無為涅槃《むいねはん》の理《り》、王《おう》なり。小乗の戒《かい》・定《じょう》等に対して、智慧《ちえ》は王なり。諸大乗経《しょだいじょうきょう》には中道《ちゅうどう》の理、王なり。また華厳経《けごんぎょう》は円融相即《えんゆうそうそく》の王、般若経《はんにゃきょう》は空理《くうり》の王、大集経《だいじっきょう》は守護正法《しゅごしょうほう》の王、薬師経《やくしきょう》は薬師如来《にょらい》の別願《べつがん》を説く経《きょう》の中の王、双観経《そうかんぎょう》は阿弥陀仏《あみだぶつ》の四十八願《しじゅうはちがん》を説く経の中の王、大日経《だいにちきょう》は印《いん》・真言《しんごん》を説く経の中の王、一代一切経《いっさいきょう》の王にはあらず。法華経は真諦《しんたい》・俗諦《ぞくたい》、空《くう》・仮《け》・中《ちゅう》、印・真言、無為の理、十二大願《じゅうにだいがん》、四十八願、一切諸経《しょきょう》の説くところの所詮《しょせん》の法門《ほうもん》の大王なり。これは教《きょう》をしれ《知》る者なり。

しかるを、善無畏《ぜんむい》・金剛智《こんごうち》・不空《ふくう》・法蔵《ほうぞう》・澄観《ちょうかん》・慈恩《じおん》・嘉祥《かじょう》・南三北七《なんさんほくしち》・曇鸞《どんらん》・道綽《どうしゃく》・善導《ぜんどう》・達磨《だるま》等の我が立つるところの依経《えきょう》を一代第一といえるは、教《きょう》をしら《知》ざる者なり。ただし、一切《いっさい》の人師《にんし》の中には、天台智者大師《てんだいちしゃだいし》一人、教をしれる人なり。曇鸞・道綽等の聖道《しょうどう》・浄土《じょうど》、難行《なんぎょう》・易行《いぎょう》、正行《しょうぎょう》・雑行《ぞうぎょう》は、源《みなもと》、十住毘婆沙論《じゅうじゅうびばしゃろん》に依《よ》る。彼《か》の本論に難行の内に法華《ほっけ》・真言《しんごん》等を入ると謂《おも》うは僻案《びゃくあん》なり。論主《ろんしゅ》の心と、論の始中終《しちゅうじゅう》をしらざる失《とが》あり。慈恩が深密経《じんみつきょう》の三時《さんじ》に一代をおさめたること、また本経《ほんきょう》の三時に一切経《いっさいきょう》の摂《おさ》まらざることをしら《知》ざる失あり。法蔵・澄観等が、五教《ごきょう》に一代をおさむ《摂》る中に法華経・華《け》厳経《ごんぎょう》を円教《えんぎょう》と立て、また華厳経は法華経に勝《すぐ》れたりとおもえ《思》るは、依るところの華厳経に二乗作仏《にじょうさぶつ》・

久遠実成《くおんじつじょう》をあか《明》さざるに記小《きしょう》・久成《くじょう》ありとおもい、華厳よりも超過《ちょうか》の法華経を我が経に劣《おと》ると謂うは、僻見《びゃっけん》なり。三論《さんろん》の嘉祥の二蔵《にぞう》等、また法華経に般若経《はんにゃきょう》すぐれ《勝》たりとおも《思》うことは、僻案なり。善無畏等の大日経《だいにちきょう》は法華経に勝れたりという、法華経の心をしら《知》ざるのみならず、大日経をもしら《知》ざる者なり。

問うて云《い》わく、これら皆謗法《みなほうぼう》ならば、悪道《あくどう》に堕《お》ちたるか、いかん。

答えて云わく、謗法《ほうぼう》に上・中・下・雑《ぞう》の謗法あり。慈恩《じおん》・嘉祥《かじょう》・澄観《ちょうかん》等が謗法は、上・中の謗法か。その上、自身も謗法としれ《知》るかのあいだ、悔《く》い還《かえ》す筆これあるか。また他師をは《破》するに二つあり。能《のう》破《は》・似破《じは》これなり。教《きょう》はまさ《勝》りとしれ《知》ども、是非《ぜひ》をあらわ《顕》さんがために法をは《破》す。これは似破なり。能破とは、実《じつ》にまされる経《きょう》を劣《おと》れるとおも《思》うてこれをは《破》す。これは悪《あく》能破なり。また現《げん》におと《劣》れるをは《破》す。これ善《ぜん》能破なり。

ただし、脇尊者《きょうそんじゃ》の金杖《こんじょう》の譬《たと》えは、小乗経《しょうじょうきょう》は多しといえども、同じく苦《く》・空《くう》・無常《むじょう》・無我《むが》の理《り》なり。諸人《しょにん》同じくこの義を存《そん》して十八部・二十部相諍論《あいじょうろん》あれども、ただ門の諍《あらそ》いにて理の諍いにはあらず。故に、共に謗法《ほうぼう》とならず。外道《げどう》が小乗経を破《は》するは、外道の理は常住《じょうじゅう》なり、小乗経の理は無常なり空なり。故に、外道が小乗経をは《破》するは謗法となる。大乗経《だいじょうきょう》の理は中道《ちゅうどう》なり、小乗経は空なり。小乗経の者の大乗経をは《破》するは謗法となる。大乗経の者が小乗経をはするは破法《はほう》とならず。諸大乗経《しょだいじょうきょう》の中の理《り》は未開会《みかいえ》の理、いまだ記小《きしょう》・久成《くじょう》これなし。法華経の理は開会の理、記小・久成これあり。諸大乗経の者が法華経をは《破》するは、謗法《ほうぼう》となるべし。法華経の者の諸大乗経を謗《ぼう》ずるは、謗法となるべからず。大日経《だいにちきょう》・真言宗《しんごんしゅう》は、未開会にして記小・久成なくば、法華経已前《いぜん》なり。開会にして記小・久成を許さば、涅槃経《ねはんぎょう》とおなじ。ただし、善無畏三蔵《ぜんむいさんぞう》・金剛智《こんごうち》・不空《ふくう》・一行《いちぎょう》等の性悪《しょうあく》の法《ほう》門《もん》・一念三千《いちねんさんぜん》の法門は、天台智者《てんだいちしゃ》の法門をぬ《盗》すめるか。もししからば、善無畏等の謗法は似破《じは》か、また雑謗法《ぞうほうぼう》か。五百羅漢《らかん》の真因は、小乗《しょうじょう》の十二因縁《じゅうにいんねん》のことなり。無明《むみょう》・行《ぎょう》等を縁《えん》として空理《くうり》に入《い》ると見えたり。門は諍《あらそ》えども、謗法とならず。摂論《しょうろん》の四意趣《しいしゅ》、大論《だいろん》の四悉檀《ししつだん》等は、無著菩薩《むじゃくぼさつ》・竜樹《りゅうじゅ》菩薩、滅《めつ》後《ご》の論師《ろんじ》として法華経をもって一切経《いっさいきょう》の心をえ《得》て、四悉・四意趣等を用いて爾前《にぜん》の経々《きょうぎょう》の意を判ずるなり。未開会の四意趣・四悉檀と開会の四意趣・四悉檀を同《どう》ぜば、あに謗法にあらずや。これらをよくよくし《知》るは、教《きょう》をしれる者なり。

四句あり。一に「信じて解《げ》せず」、二に「解して信ぜず」、三に「また信じまた解す」、四に「信ずるにあらず解するにあらず」。

問うて云《い》わく、「信じて解《げ》せず」の者は謗法《ほうぼう》なるか。

答えて云わく、法華経に云わく「信をもって入《い》ることを得たり」等云々《うんぬん》。涅槃経《ねはんぎょう》の九に云わく。

難《なん》じて云わく、涅槃経《ねはんぎょう》三十六に云わく「我、契経《かいきょう》の中において説く。二種の人有り、仏法僧《ぶっぽうそう》を謗《ぼう》ず。一には、不信にして瞋恚《しんに》の心の故に。二には、信ずといえども義を解《げ》せざるが故に。善男子《ぜんなんし》よ。もし人信心《しんじん》あって智慧《ちえ》有ることなきは、この人は則《すなわ》ち能《よ》く無明《むみょう》を増長す。もし智慧有って信心有ることなきは、この人は則ち能く邪見《じゃけん》を増長す。善男子よ。不信の人は、瞋恚の心の故に、説いて仏法僧の宝有ることなしと言わん。信ずる者にして慧《え》無きは、顛倒《てんどう》して義を解《げ》するが故に、法を聞く者をして仏法僧を謗ぜしむ」等云々《うんぬん》。この二人の中には「信じて解せず」の者を謗法《ほうぼう》と説く、いかん。

答えて云《い》わく、この「信じて解《げ》せず」の者は、涅槃経《ねはんぎょう》の三十六に、恒河《ごうが》の七種の衆生《しゅじょう》の第二の者を説くなり。この第二の者は、涅槃経の「一切衆生《いっさいしゅじょう》ことごとく仏性《ぶっしょう》有り」の説を聞いてこれを信ずといえども、また不信の者なり。

問うて云《い》わく、いかんぞ、信ずといえども不信なるや。

答えて云わく、「一切衆生《いっさいしゅじょう》ことごとく仏性《ぶっしょう》有り」の説を聞いてこれを信ずといえども、また心を爾《に》前《ぜん》の経《きょう》に寄《よ》する一類の衆生をば、無仏性《むぶっしょう》の者と云うなり。これ「信じて信ぜず」の者なり。

問うて云《い》わく、証文《しょうもん》いかん。

答えて云わく、恒河《ごうが》第二の衆生《しゅじょう》を説いて云わく、経《きょう》に云わく「かくのごとき大涅槃経《だいねはんぎょう》を聞くことを得て信心を生《しょう》ずる、これを名づけて出《しゅつ》となす」。また云わく「仏性《ぶっしょう》はこれ衆生に有りと信ずといえども、必ずしも一切《いっさい》みなこれ有るにはあらずとす。この故に名づけて信不具足《しんふぐそく》となす」文《もん》。この文のごとくんば、口には涅槃を信ずといえども、心に爾前《にぜん》の義を存《そん》する者なり。またこの第二の人を説いて云わく「信ずる者にして慧《え》無きは、顛倒《てんどう》して義を解《げ》するが故に」等云々《うんぬん》。「顛倒して義を解す」とは、実経《じっきょう》の文《もん》を得て権経《ごんきょう》の義を覚《さと》る者なり。

問うて云《い》わく、「信じて解《げ》せず」のものの得道《とくどう》の文《もん》いかん。

答えて云《い》わく、涅槃経《ねはんぎょう》の三十二に云わく「この菩提《ぼだい》の因はまた無量なりといえども、もし信心を説かば、すでに摂《おさ》め尽《つ》くす」文《もん》。九に云わく「この経《きょう》を聞き已《お》わって、ことごとく菩提の因縁《いんねん》と作《な》る。

法声《ほっしょう》・光明《こうみょう》、毛孔《もうく》に入《い》る者は、必定《ひつじょう》して当《まさ》に阿耨多羅三藐三菩提《あのくたらさんみゃくさんぼだい》を得《う》べし」等云々《うんぬん》。法華経に云わく「信をもって入ることを得《え》たり」等云々。

問うて云《い》わく、「解《げ》して信ぜず」の者はいかん。

答う。恒河《ごうが》の第一の者なり。

問うて云《い》わく、証文《しょうもん》いかん。

答えて云わく、涅槃経《ねはんぎょう》の三十六に第一を説いて云わく「人有って、この大涅槃経を聞く。『如来《にょらい》は常住《じょうじゅう》にして変易《へんにゃく》有ることなく、常楽我浄《じょうらくがじょう》なり。終《つい》に畢竟《ひっきょう》して涅槃に入《い》るにあらず。一切衆生《いっさいしゅじょう》ことごとく仏性《ぶっしょう》有り。一闡提《いっせんだい》の人、方等経《ほうどうきょう》を謗《ぼう》じ五逆罪《ごぎゃくざい》を作《な》し四重禁《しじゅうごん》を犯《おか》すとも、必ず当《まさ》に菩提《ぼだい》の道《どう》を成《じょう》ずることを得《う》べし。須陀洹《しゅだおん》の人、斯陀含《しだごん》の人、阿那含《あなごん》の人、阿羅漢《あらかん》の人、辟支仏《ひゃくしぶつ》等、必ず当に阿耨多羅三藐三菩提《あのくたらさんみゃくさんぼだい》を成ずることを得べし』と。この語《ことば》を聞き已《お》わって、不信の心を生《しょう》ず」等云々《うんぬん》。

問うて云《い》わく、この文《もん》には「不信」と見えたり、「解《げ》して信ぜず」とは見えず、いかん。

答えて云わく、第一の結文《けつもん》に云わく「もし智慧《ちえ》有って信心有ることなきは、この人は則《すなわ》ち能《よ》く邪見《じゃけん》を増長す」文《もん》。

（030）

持妙法華問答抄《じみょうほっけもんどうしょう》

弘長《こうちょう》3年（'63）　42歳

そもそも、希《まれ》に人身《じんしん》をうけ《受》、たまたま仏法をきけ《聞》り。しかるに、法に浅深《せんじん》あり人に高下《こうげ》ありと云《い》えり。いかなる法を修行《しゅぎょう》してか、速《すみ》やかに仏になり《成》候《そうろう》べき。願わくは、その道《どう》を聞かんと思う。

答えて云《い》わく、家々に尊勝あり、国々に高貴あり。皆《みな》その君を貴《たっと》み、その親を崇《あが》むといえども、あに国王にまさる《勝》べきや。ここに知んぬ、大小《だいしょう》・権実《ごんじつ》は家々の諍《あらそ》いなれども、一代聖教《いちだいしょうぎょう》の中には法華独《ほっけひと》り勝《すぐ》れたり。これ、頓証菩提《とんしょうぼだい》の指南、直至道場《じきしどうじょう》の車輪なり。

疑って云《い》わく、人師《にんし》は経論《きょうろん》の心を得て釈《しゃく》を作る者なり。しからば則《すなわ》ち、宗々《しゅうじゅう》の人師、面々各々《めんめんかっかく》に、教門《きょうもん》をしつらい《設》、釈を作り義を立てて菩提《ぼだい》を証得《しょうとく》せんと志《こころざ》す。何《なん》ぞ虚《むな》しかるべきや。しかるに、法《ほっ》華独《けひと》り勝《すぐ》ると候《そうら》わば、心せばく《狭》こそ覚え候え。

答えて云《い》わく、法華独《ほっけひと》りいみじと申すが心せばく《狭》候《そうら》わば、釈尊程《しゃくそんほど》心せばき人は世に候わじ。何《なん》ぞ誤りの甚《はなは》だしきや。しばらく一経《いっきょう》・一流《いちりゅう》の釈を引いて、その迷いをさとら《覚》せん。

無量義経《むりょうぎきょう》に云《い》わく「種々に法を説きき。種々に法を説くことは、方便力《ほうべんりき》をもってす。四十余年にはいまだ真実を顕《あらわ》さず」云々《うんぬん》。この文《もん》を聞いて、大荘厳《だいしょうごん》等の八万人の菩薩《ぼさつ》、一同に「無量無辺不可思議《むりょうむへんふかしぎ》阿僧祇劫《あそうぎこう》を過《す》ぐとも、終《つい》に無上菩提《むじょうぼだい》を成《じょう》ずることを得ず」と領解《りょうげ》し給《たま》えり。この文の心は、華厳《けごん》・阿《あ》含《ごん》・方等《ほうどう》・般若《はんにゃ》の四十余年の経《きょう》に付いて、いかに念仏《ねんぶつ》を申し禅宗《ぜんしゅう》を持《たも》って仏道《ぶつどう》を願い、無量無辺不可思議阿僧祇劫を過ぐるとも、無上菩提を成ずることを得《え》じと云えり。

しかのみならず、方便品《ほうべんぼん》には「世尊《せそん》は法久《ひさ》しくして後《のち》、要《かなら》ず当《まさ》に真実を説きたもうべし」ととき《説》、また「ただ一乗《いちじょう》の法のみ有り。二無くまた三無し」と説いて、この経《きょう》ばかりまこと《実》なりと云《い》い、また二の巻には「ただ我《われ》一人のみ、能《よ》く救護《くご》をなす」と教え、「ただ楽《ねが》って大乗経典《だいじょうきょうてん》を受持《じゅじ》するのみにして、乃至《ないし》、余経《よきょう》の一偈《げ》をも受けざれ」と説き給《たま》えり。文《もん》の心は、ただわれ《我》一人して、よくすくいまも《救護》ることをなす。法華経をうけたもたん《受持》ことをねがい《願》て、余経の一偈をもうけ《受》ざれと見えたり。また云わく「もし人信ぜずして、この経を毀謗《きぼう》せば、則《すなわ》ち一切世間《いっさいせけん》の仏種《ぶっしゅ》を断ぜん乃至その人は命終《みょうじゅう》して、阿鼻獄《あびごく》に入《い》らん」と云々《うんぬん》。この文の心は、もし人この経を信ぜずしてこの経にそむか《背》ば、則ち一切世間の仏のたね《種》をたつ《断》ものなり。その人は、命おわら《終》ば無間地獄《むけんじごく》に入るべしと説き給えり。これらの文をうけて、天台《てんだい》は「『はた、魔《ま》の仏と作《な》るにあらずや』の詞《ことば》、正《まさ》しくこの文によれり」と判じ給えり。

ただ人師《にんし》の釈《しゃく》ばかりを憑《たの》んで仏説《ぶっせつ》によらずば、何《なん》ぞ仏法という名を付くべきや。言語道断《ごんごどうだん》の次第《しだい》なり。これによって智証大師《ちしょうだいし》は「経《きょう》に大小なく理《り》に偏円《へんえん》なしと云《い》って一切《いっさい》人によら《依》ば、仏説無用《むよう》なり」と釈し給《たま》えり。天台《てんだい》は「もし深く所以《ゆえん》有り、また修多羅《しゅたら》と合わば、録《ろく》してこれを用いる。文《もん》無く義《ぎ》無ければ信受すべからず」と判じ給えり。また云わく「文証《もんしょう》無ければ、ことごとくこれ邪《じゃ》の謂《い》いなり」とも云えり。いかが心得《こころう》べきや。

問うて云《い》わく、人師《にんし》の釈《しゃく》はさも候《そうろう》べし。爾前《にぜん》の諸経《しょきょう》に「この経は第一」とも説き、「諸経の王」とも宣《の》べたり。もししからば、仏説《ぶっせつ》なりとも用いるべからず候か、いかん。

答えて云《い》わく、たとい「この経《きょう》は第一」とも「諸経《しょきょう》の王」とも申し候《そうら》え、皆《みな》これ権教《ごんきょう》なり。その語《ことば》によ《依》るべからず。これによって、仏は「了義経《りょうぎきょう》によ《依》りて不了義経《ふりょうぎきょう》によらざれ」と説き、妙楽大師《みょうらくだいし》は「たとい経有って『諸経の王』と云うとも、『已今当《いこんとう》の説《せつ》に最もこれ第一なり』とは云わず。兼《けん》・但《たん》・対《たい》・帯《たい》なること、その義《ぎ》知るべし」と釈《しゃく》し給《たま》えり。この釈の心は、たとい経ありて「諸経の王」とは云うとも、「前《さき》に説きつる経にも、後《のち》に説かんずる経にも、この経はまさ《勝》れり」と云わずば方便《ほうべん》の経とし《知》れという釈なり。されば、爾前《にぜん》の経の習いとして、今《いま》説く経より後にまた経を説くべき由《よし》を云わざるなり。ただ法華経ばかりこそ、最後の極説《ごくせつ》なるが故に、「已今当の中にこの経独《ひと》り勝《すぐ》れたり」と説かれて候え。されば、釈には「ただ法華《ほっけ》に至って、前教《ぜんきょう》の意を説いて今教《こんきょう》の意を顕《あらわ》す」と申して、法華経にて如来《にょらい》の本意も教化《きょうけ》の儀式《ぎしき》も定まりたりと見えたり。これによって天台《てんだい》は「如来成道《じょうどう》してより四十余年には、いまだ真実を顕さず。法華に始めて真実を顕す」と云えり。この文《もん》の心は、如来、世に出《い》でさせ給いて四十余年が間は真実の法をば顕さず、法華経に始めて仏にな《成》る実《まこと》の道《どう》を顕し給えりと釈し給えり。

問うて云《い》わく、「已今当《いこんとう》の中に法華経勝《すぐ》れたり」と云うことは、さも候《そうろう》べし。ただし、ある人師《にんし》の云わく「『四十余年にはいまだ真実を顕《あらわ》さず』と云うは、法華経にて仏にな《成》る声聞《しょうもん》のためなり。爾前《にぜん》の得益《とくやく》の菩薩《ぼさつ》のためには、『いまだ真実を顕さず』と云うべからず」という義をば、いかが心《こころ》得《え》候べきや。

答えて云《い》わく、「法華経は二乗《にじょう》のためなり、菩薩《ぼさつ》のためにあらず。されば、『いまだ真実を顕《あらわ》さず』と云うこと、二乗に限るべし」と云うは、徳一大師《とくいつだいし》の義か。これは法相宗《ほっそうしゅう》の人なり。このことを伝教《でんぎょう》大師破《は》し給《たも》うに、「現在の麤食者《そじきしゃ》は、偽章《ぎしょう》数巻を作って、法を謗《ぼう》じ人《にん》を謗ず。何《なん》ぞ地獄《じごく》に堕《お》ちざらんや」と破し給《たま》いしかば、徳一大師は、その語《ことば》に責められて、舌八つにさけ《裂》てう《失》せ給いき。

『いまだ真実を顕《あらわ》さず』とは、二乗《にじょう》のためなり」と云《い》わば、最も理《り》を得たり。その故は、如来布教《にょらいふきょう》の元旨《がんし》は、元《もと》より二乗のためなり。一代の化儀《けぎ》、三周《さんしゅう》の善巧《ぜんぎょう》、しかしながら二乗を正意《しょうい》とし給《たま》えり。されば、華厳経《けごんぎょう》には「地獄《じごく》の衆生《しゅじょう》は仏になる《成》とも、二乗は仏になるべからず」と嫌《きら》い、方等《ほうどう》には「高《たか》峰《ね》に蓮《はちす》の生《お》いざるように、二乗は仏の種をいり《煎》たり」と云われ、般若《はんにゃ》には「五逆罪《ごぎゃくざい》の者は仏になるべし、二乗は叶《かな》うべからず」と捨てらる。かかるあさ《浅》ましき捨て者の仏になる《成》をもって、如来の本意とし、法華経の規模《きぼ》とす。

これによって天台《てんだい》云《い》わく「華厳《けごん》・大品《だいぼん》もこれを治《じ》すること能《あた》わず。ただ法華《ほっけ》のみ有って、能《よ》く無学《むがく》をして、還《かえ》って善根《ぜんこん》を生《しょう》じ、仏道《ぶつどう》を成《じょう》ずることを得せしむ。ゆえに妙《みょう》と称《しょう》す。また、闡提《せんだい》は心有り。なお作仏《さぶつ》すべし。二乗《にじょう》は智《ち》を滅《めっ》す。心《こころ》生ずべからず。法華能《よ》く治《じ》す。また称して妙となす」云々《うんぬん》。この文《もん》の心は委《くわ》しく申すに及《およ》ばず。誠《まこと》に知んぬ、華厳《けごん》・方等《ほうどう》・大品《だいぼん》等の法薬《ほうやく》も二乗の重病をばいや《癒》さず。また三悪道《さんあくどう》の罪人をも菩薩《ぼさつ》ぞと爾前《にぜん》の経《きょう》にはゆる《許》せども、二乗をばゆるさず。これによって妙楽大師《みょうらくだいし》は「余趣《よしゅ》を実《じつ》に会《え》すること、諸経《しょきょう》にあるいは有れども、二乗は全《まった》く無し。故に、菩薩に合《がっ》し、二乗に対す。難《かた》きに従《したが》って説けばなり」と釈《しゃく》し給《たま》えり。

しかのみならず、「二乗《にじょう》の作仏《さぶつ》は一切衆生《いっさいしゅじょう》の成仏を顕《あらわ》す」と天台《てんだい》は判じ給《たま》えり。修羅《しゅら》が大海を渡《わた》らんをば、これ難《かた》しとやせん。嬰児《えいじ》の力士《りきし》を投げん、何《なん》ぞたやす《容易》しとせん。しからば則《すなわ》ち、仏性《ぶっしょう》の種ある者は仏になる《成》べしと爾前《にぜん》にも説けども、いまだ焦種《しょうしゅ》の者作仏《さぶつ》すべしとは説かず。かかる重病をたやすくいやす《癒》は、独《ひと》り法華《ほっけ》の良薬《ろうやく》なり。ただすべからく汝《なんじ》仏にならんと思わば、慢《まん》のはたほこ《幢》をたおし《倒》、忿《いか》りの杖《つえ》をすて《捨》て、ひとえに一乗《いちじょう》に帰《き》すべし。名聞名利《みょうもんみょうり》は今生《こんじょう》のかざり《飾》、我慢偏執《がまんへんしゅう》は後生《ごしょう》のほだし《絆》なり。ああ、恥《は》ずべし恥ずべし、恐《おそ》るべし恐るべし。

問うて云《い》わく、一《いち》をもって万《まん》を察することなれば、あらあら《粗々》法華《ほっけ》のいわれ《謂》を聞くに、耳目《じもく》始めて明らかなり。ただし、法華経をばいかように心得候《こころえそうら》いてか、速《すみ》やかに菩提《ぼだい》の岸に到《いた》るべきや。伝え聞く、一念三千《いちねんさんぜん》の大虚《たいきょ》には慧日《えにち》くもる《曇》ことなく一心三観《いっしんさんがん》の広池《こうじ》には智水《ちすい》にごる《濁》ことなき人こそ、その修行《しゅぎょう》に堪《た》えたる機《き》にて候《そうろう》なれ。しかるに、南都《なんと》の修学《しゅがく》に臂《ひじ》をくたす《腐》ことなかりしかば、瑜伽《ゆが》・唯識《ゆいしき》にもくら《暗》らし。北嶺《ほくれい》の学文《がくもん》に眼《まなこ》をさらさ《曝》ざりしかば、止観《しかん》・玄義《げんぎ》にも迷えり。天台《てんだい》・法相《ほっそう》の両宗《りょうしゅう》は、ほとぎ《瓮》を蒙《こうむ》って壁《かべ》に向かえるがごとし。されば法華の機には既《すで》にもれ《漏》て候にこそ、いかんがし候べき。

答えて云《い》わく、「利智《りち》・精進《しょうじん》にして観法修行《かんぼうしゅぎょう》するのみ法華《ほっけ》の機《き》ぞ」と云って無智《むち》の人を妨《さまた》ぐるは、当世《とうせい》の学者の所行《しょぎょう》なり。これ還《かえ》って愚癡《ぐち》・邪見《じゃけん》の至りなり。「一切衆生皆成仏道《いっさいしゅじょうかいじょうぶつどう》」の教えなれば、上《じょう》根《こん》・上機《じょうき》は観念観法《かんねんかんぼう》もしかるべし、下根《げこん》・下機《げき》はただ信心肝要《かんよう》なり。されば、経《きょう》には「浄心《じょうしん》に信敬《しんぎょう》して、疑惑《ぎわく》を生《しょう》ぜずんば、地獄《じごく》・餓鬼《がき》・畜生《ちくしょう》に堕《お》ちずして、十方《じっぽう》の仏前に生ぜん」と説き給《たま》えり。いかにも、信じて次の生《しょう》の仏前を期《ご》すべきなり。

譬《たと》えば、高き岸の下に人ありて登ることあたわ《能》ざらんに、また岸の上に人ありて縄《なわ》をおろして、「この縄にとりつか《取付》ば、我《われ》岸の上に引き登《のぼ》さん」と云《い》わんに、引く人の力を疑い、縄の弱からんことをあ《危》やぶみて、手を納めてこれをとら《取》ざらんがごとし。いかでか岸の上に登ることをう《得》べき。もし、その詞《ことば》に随《したが》いて手をのべ《伸》これをとらえば、即《すなわ》ち登ることをう《得》べし。「唯我《ゆいが》一人《いちにん》、能為救護《のういくご》（ただ我《われ》一人のみ、能《よ》く救護をなす）」の仏の御力《おんちから》を疑い、「以信得入《いしんとくにゅう》」の法華経の教えの縄をあ《危》やぶみて、「決定無有疑《けつじょうむうぎ》」の妙法を唱え奉《たてまつ》らざらんは、力及《およ》ばず、菩提《ぼだい》の岸に登ること難《かた》かるべし。不信の者は「堕在泥梨《だざいないり》」の根元《こんげん》なり。されば、経《きょう》には「疑いを生《しょう》じて信ぜずんば、則《すなわ》ち当《まさ》に悪道《あくどう》に堕《お》つべし」と説かれたり。受けがたき人身《じんしん》をうけ、値《あ》いがたき仏法にあいて、いかでか虚《むな》しくて候《そうろう》べきぞ。同じく信を取るならば、また大小《だいしょう》・権実《ごんじつ》のある中に、諸仏出世《しょぶつしゅっせ》の本意、衆生《しゅじょう》成仏の直道《じきどう》の一乗《いちじょう》をこそ信ずべけれ。

持《たも》つところの御経《おんきょう》の諸経《しょきょう》に勝《すぐ》れてましませば、能《よ》く持つ人もまた諸人《しょにん》にまさ《勝》れり。ここをもって経に云《い》わく「能くこの経を持つ者は、一切衆生《いっさいしゅじょう》の中において、またこれ第一なり」と説き給《たま》えり。大聖《だいしょう》の金言《きんげん》疑いなし。しかるに、人、この理《り》をしら《知》ず見ずして名聞《みょうもん》・狐疑《こぎ》・偏執《へんしゅう》を致《いた》せるは、堕獄《だごく》の基《もとい》なり。ただ願わくは、経を持ち、名を十方《じっぽう》の仏陀《ぶっだ》の願海《がんかい》に流し、誉《ほま》れを三世《さんぜ》の菩薩《ぼさつ》の慈天《じてん》に施《ほどこ》すべし。しかれば、法華経を持ち奉《たてまつ》る人は、天竜八部《てんりゅうはちぶ》・諸大菩薩《しょだいぼさつ》をもって我が眷属《けんぞく》とする者なり。しかのみならず、因身《いんしん》の肉団に果満《かまん》の仏眼《ぶつげん》を備《そな》え、有為《うい》の凡膚《ぼんぷ》に無為《むい》の聖衣《しょうえ》を着《き》ぬれば、三途《さんず》に恐《おそ》れなく、八《はち》難《なん》に憚《はばか》りなし。七方便《しちほうべん》の山の頂《いただき》に登りて九法界《くほうかい》の雲を払《はら》い、無垢地《むくじ》の園に花開け、法性《ほっしょう》の空に月明《あき》らかならん。「是人於仏道《ぜにんおぶつどう》、決定無有疑《けつじょうむうぎ》」の文《もん》、憑《たの》みあり。「唯我一人《ゆいがいちにん》、能為救護《のういくご》」の説、疑いなし。「一念信解《いちねんしんげ》」の功徳《くどく》は五波羅蜜《ごはらみつ》の行《ぎょう》に越《こ》え、「五十展転《ごじってんでん》」の随喜《ずいき》は八十年の布施《ふせ》に勝《すぐ》れたり。「頓証菩提《とんしょうぼだい》」の教えは遥《はる》かに群典《ぐんてん》に秀《ひい》で、「顕本遠寿《けんぽんおんじゅ》」の説は永く諸乗《しょじょう》に絶えたり。ここをもって、八歳の竜女《りゅうにょ》は大海より来《きた》って経力《きょうりき》を刹那《せつな》に示し、本化《ほんげ》の上行《じょうぎょう》は大地より涌出《ゆじゅつ》して仏寿《ぶつじゅ》を久遠《くおん》に顕《あらわ》す。言語道断《ごんごどうだん》の経王《きょうおう》、心行所滅《しんぎょうしょめつ》の妙法なり。

しかるに、この理《ことわり》をいるかせ《忽》にして余経《よきょう》にひとし《等》むるは、謗法《ほうぼう》の至り、大罪の至極《しごく》なり。譬《たと》えを取るに物なし。仏の神変《じんぺん》にても、何《なん》ぞこれを説き尽《つ》くさん。菩薩《ぼさつ》の智力《ちりき》にても、いかでか、これを量《はか》るべき。されば、譬喩品《ひゆほん》に云《い》わく「もしその罪を説かば、劫《こう》を窮《きわ》むとも尽きじ」と云えり。文《もん》の心は、法華経を一度もそむ《背》ける人の罪をば、劫を窮むとも説き尽くし難《がた》しと見えたり。しかるあいだ、三世《さんぜ》の諸仏《しょぶつ》の化導《けどう》にももれ《漏》、恒沙《ごうじゃ》の如来《にょらい》の法門《ほうもん》にも捨てられ、冥《くら》きより冥きに入《い》って、阿鼻大城《あびだいじょう》の苦《く》患《げん》いかでか免《まぬか》れん。誰《たれ》か心あらん人、長劫《じょうこう》の悲しみを恐《おそ》れざらんや。

ここをもって、経《きょう》に云《い》わく「経を読誦《どくじゅ》し書持《しょじ》することあらん者を見て、軽賤憎嫉《きょうせんぞうしつ》して、結恨《けっこん》を懐《いだ》かん。その人は命終《みょうじゅう》して、阿鼻獄《あびごく》に入《い》らん」云々《うんぬん》。文《もん》の心は、法華経をよ《読》みたも《持》たん者を見て、かろ《軽》しめ、いや《賤》しみ、にく《憎》み、そね《嫉》み、うら《恨》みをむす《結》ばん、その人は、命おわ《終》りて阿鼻大城《だいじょう》に入らんと云えり。大聖《だいしょう》の金言《きんげん》、誰《たれ》かこれを恐《おそ》れざらんや。「正直《しょうじき》に方便《ほうべん》を捨《す》つ」の明文《みょうもん》、あにこれを疑うべきや。しかるに、人皆経文《みなきょうもん》に背《そむ》き、世ことごとく法理に迷えり。汝《なんじ》、何《なん》ぞ悪友の教えに随《したが》わんや。されば、邪師《じゃし》の法を信じ受《う》くる者を名づけて、毒を飲む者なりと天台《てんだい》は釈《しゃく》し給《たま》えり。汝、能《よ》くこれを慎《つつし》むべし、これを慎むべし。

つらつら世間《せけん》を見るに、法をば貴《たっと》しと申せども、その人をば万人《ばんにん》これを悪《にく》む。汝《なんじ》、能《よ》く能く法の源《みなもと》に迷えり。いかにと云《い》うに、一切《いっさい》の草木《そうもく》は地より出生《しゅっしょう》せり。これをもって思うに、一切の仏法もまた人によりて弘《ひろ》まるべし。これによって、天台《てんだい》は「仏世《ぶっせ》すらなお人をもって法を顕《あらわ》す。末代《まつだい》いずくんぞ法は貴けれども人は賤《いや》しと云わんや」とこそ釈《しゃく》して御坐《おわ》しまし候《そうら》え。されば、持《たも》たるる法だに第一ならば、持つ人随《したが》って第一なるべし、しからば則《すなわ》ち、その人を毀《そし》るは、その法を毀るなり。その子を賤しむるは、即《すなわ》ちその親を賤しむなり。ここに知んぬ、当世《とうせい》の人は詞《ことば》と心とすべてあ《合》わず。孝経《こうきょう》をもってその親を打つがごとし。あに冥《みょう》の照覧《しょうらん》恥《は》ずかしからざらんや。地獄《じごく》の苦しみ、恐《おそ》るべし恐るべし、慎《つつし》むべし慎むべし。上根《じょうこん》に望《のぞ》めても卑下《ひげ》すべからず、下根《げこん》を捨てざるは本懐《ほんかい》なり。下根に望めても憍慢《きょうまん》ならざれ、上根ももる《漏》ることあり、心をいた《致》さざるが故に。

およそ、その里ゆかしけれども、道た《絶》え縁《えん》なきには通う心もおろそか《疎》に、その人恋しけれども、憑《たの》めず契《ちぎ》らぬには待つ思いもなおざりなるように、彼《か》の月卿雲客《げっけいうんかく》に勝《すぐ》れたる霊山浄土《りょうぜんじょうど》の行きやす《易》きにも、いまだゆ《行》かず、「我《われ》は即《すなわ》ちこれ父なり」の柔軟《にゅうなん》の御《おん》すがた見奉《たてまつ》るべきをも、いまだ見奉らず。これ誠《まこと》に、袂《たもと》をくた《腐》し胸をこが《焦》す歎《なげ》きならざらんや。

暮れ行く空の雲の色、有明方《ありあけがた》の月の光までも、心をもよおす思いなり。事《こと》にふれおり《折》につけても後《ご》世《せ》を心にかけ、花の春、雪の朝《あした》も、これを思い、風さわぎ村雲《むらくも》まよう夕べにも忘《わす》るる隙《ひま》なかれ。出《い》ずる息は入《い》る息をまたず。いかなる時節ありてか「毎自作是念《まいじさぜねん》」の悲願《ひがん》を忘れ、いかなる月日ありてか

「無一不成仏《むいちふじょうぶつ》」の御経《おんきょう》を持《たも》たざらん。昨日《きのう》が今日《きょう》になり、去年の今年となることも、これ期《ご》するところの余命にはあらざるをや。すべて過ぎにし方《かた》をかぞえて年の積もるをば知るといえども、今行《ゆ》く末《すえ》において、一日片時《かたとき》も誰《たれ》か命の数に入るべき。臨終《りんじゅう》すでに今にありとは知りながら、我慢偏執《がまんへんしゅう》・名聞《みょうもん》利養《りよう》に著《じゃく》して妙法を唱え奉《たてまつ》らざらんことは、志《こころざし》の程《ほど》無下《むげ》にかい《甲斐》なし。さこそは、「皆成仏道《かいじょうぶつどう》」の御《み》法《のり》とは云《い》いながら、この人いかでか仏道にものう《物憂》からざるべき。色《いろ》なき人の袖《そで》には、そぞろに月のや《宿》どることかは。

また命すでに一念《いちねん》にすぎざれば、仏は一念随喜《ずいき》の功徳《くどく》と説き給《たま》えり。もしこれ二念三念を期《ご》すと云《い》わば、平等大慧《びょうどうだいえ》の本誓《ほんぜい》、頓教《とんぎょう》・一乗《いちじょう》・皆成仏《かいじょうぶつ》の法とは云わるべからず。流布《るふ》の時は末世《まっせ》・法滅《ほうめつ》に及《およ》び、機《き》は五逆《ごぎゃく》・謗法《ほうぼう》をも納めたり。故に、「頓証菩提《とんしょうぼだい》」の心におきて《掟》られて、狐疑《こぎ》・執著《しゅうじゃく》の邪見《じゃけん》に身を任《まか》することなかれ。

生涯《しょうがい》いく《幾》ばくならず。思えば一夜《いちや》のかり《仮》の宿を忘れて、いくばくの名利《みょうり》をか得《え》ん。また得たりとも、これ夢の中の栄《さか》え、珍しからぬ楽しみなり。ただ先世《せんぜ》の業因《ごういん》に任《まか》せて営むべし。世間《せけん》の無常《むじょう》をさ《覚》とらんことは、眼《まなこ》に遮《さえぎ》り、耳にみ《満》てり。雲とやなり、雨とやなりけん。昔の人はただ名をのみきく《聞》。露《つゆ》とや消え、煙《けむり》とや登りけん。今の友もまたみえ《見》ず。我いつまでか三笠《みかさ》の雲と思うべき。春の花の風に随《したが》い、秋の紅葉《もみじ》の時雨《しぐれ》に染《そ》まる。これ皆《みな》、なが《永》らえぬ世の中のため《例》しなれば、法華経には「世は皆牢固《ろうこ》ならざること、水沫泡焔《すいまつほうえん》のごとし」とすす《勧》めたり。

「何をもってか衆生《しゅじょう》をして無上道《むじょうどう》に入《い》ることを得《え》しめん」の御心《みこころ》のそこ《底》、順縁《じゅんえん》・逆縁《ぎゃくえん》の御《おん》こと《言》のは《葉》

すでに本懐《ほんかい》なれば、しばらくも持《たも》つ者もまた本意にかな《叶》いぬ。また本意に叶《かな》わば、仏の恩を報ずるなり。悲母《ひも》深重《じんじゅう》の経文《きょうもん》心安《やす》ければ、「ただ我《われ》一人のみ」の御苦《おんくる》しみも、かつがつ《且々》やす《休》み給《たも》うらん。釈迦《しゃか》一仏の悦《よろこ》び給うのみならず、諸仏出世《しょぶつしゅっせ》の本懐なれば、十方三世《じっぽうさんぜ》の諸仏も悦び給うべし。「我は即《すなわ》ち歓《かん》喜《ぎ》す。諸仏もまたしかなり」と説かれたれば、仏悦び給うのみならず、神も即ち随喜《ずいき》し給うなるべし。伝教大師《でんぎょうだいし》これを講じ給《たま》いしかば、八幡大菩薩《はちまんだいぼさつ》は紫《むらさき》の袈裟《けさ》を布施《ふせ》し、空也上人《くうやしょうにん》これを読み給いしかば、松尾大明神《まつおのだいみょうじん》は寒風をふせ《防》がせ給《たも》う。

されば、「七難即滅《しちなんそくめつ》、七福即生《しちふくそくしょう》（七難は即《すなわ》ち滅《めっ》し、七福は即ち生ぜん）」と祈《いの》らんにも、この御経《おんきょう》第一なり。「現世安穏《げんぜあんのん》」と見えたればなり。他国侵逼難《たこくしんぴつなん》、自界叛逆難《じかいほんぎゃくなん》の御祈禱《ごきとう》にも、この妙典《みょうてん》に過ぎたるはなし。「百由旬《ゆじゅん》の内に諸《もろもろ》の衰患《すいげん》無からしむ」と説かれたればなり。

しかるに、当世《とうせい》の御祈禱《ごきとう》はさか《逆》さまなり。先代流布《せんだいるふ》の権教《ごんきょう》なり。末代《まつだい》流布の最上真実の秘法にあらざるなり。譬《たと》えば、去年の暦《こよみ》を用い、烏《からす》を鵜《う》につか《使》わんがごとし。これひとえに、権教の邪師《じゃし》を貴《たっと》んで、いまだ実教《じっきょう》の明師《みょうし》に値《あ》わせ給《たま》わざる故なり。惜《お》しいかな、文《ぶん》・武《ぶ》の卞和《べんか》があら玉《たま》、いずくにか納めけん。嬉《うれ》しいかな、釈尊出世《しゃくそんしゅっせ》の髻《もとどり》の中の明珠《みょうじゅ》、今度我《わ》が身に得たることよ。十方諸仏《じっぽうしょぶつ》の証誠《しょうじょう》としているかせ《忽》ならず。さこそは「一切世間《いっさいせけん》に怨《あだ》多くして信じ難《がた》し」と知りながら、いかでか一分《いちぶん》の疑心を残して、「決定《けつじょう》して疑いあることなけん」の仏にならざらんや。

過去遠々《おんのん》の苦しみは、いたずらにのみこそう《受》け こ《来》しか。などか、しばらく不変常住《ふへんじょうじゅう》の妙因《みょういん》をうえ《植》ざらん。未来永々《ようよう》の楽しみはかつがつ《且々》心を養うとも、しい《強》てあながちに電光朝露《でんこうちょうろ》の名利《みょうり》をば貪《むさぼ》るべからず。「三界《さんがい》は安きことなし、なお火宅《かたく》のごとし」は如来《にょらい》の教え、「ゆえに諸法《しょほう》は幻《まぼろし》のごとく化《け》のごとし」は菩薩《ぼさつ》の詞《ことば》なり。寂光《じゃっこう》の都ならずば、いずくも皆《みな》苦なるべし。本覚《ほんがく》の栖《すみか》を離《はな》れて、何事か楽しみなるべき。

願わくは、「現世安穏《げんぜあんのん》、後生善処《ごしょうぜんしょ》」の妙法を持《たも》つのみこそ、ただ今生《こんじょう》の名聞《みょうもん》、後世《ごせ》の弄引《ろういん》なるべけれ。すべからく、心を一《いっ》にして南無妙法蓮華経と我も唱え他をも勧《すす》めんのみこそ、今生人界《にんかい》の思い出なるべき。南無妙法蓮華経、南無妙法蓮華経。

日蓮　花押《かおう》

(031)

女人成仏抄《にょにんじょうぶつしょう》

文永《ぶんえい》2年（'65）　44歳

提婆品《だいばほん》に云《い》わく「仏は諸《もろもろ》の比丘《びく》に告げたまわく『未来世《みらいせ》の中に乃至《ないし》蓮華《れんげ》に化生《けしょう》せん』と」等云々《うんぬん》。この提婆品に二箇《か》の諫暁《かんぎょう》あり。いわゆる、達多《だった》の弘経《ぐきょう》・釈尊《しゃくそん》の成道《じょうどう》を明かし、また文殊《もんじゅ》の通経《つうきょう》・竜女《りゅうにょ》の作仏《さぶつ》を説く。されば、この品《ほん》を長安宮《ちょうあんきゅう》に一品《いっぽん》切り留《とど》めて、二十七品《ほん》を世に流布《るふ》するあいだ、秦《しん》の代《よ》より梁《りょう》の代に至るまで七代の間の王は、二十七品の経《きょう》を講読す。その後《のち》、満法師《まんほっし》といいし人、この品《ほん》法華経になき由《よし》を読み出《い》だされ候《そうら》いて後、長安城《ちょうあんじょう》より尋《たず》ね出だし、今は二十八品《ぽん》にて弘《ひろ》まらせ給《たも》う。

さて、この品《ほん》に浄心信敬《じょうしんしんぎょう》の人のことを云《い》うに、一には「三悪道《さんあくどう》に堕《お》ちず」、二には「十方《じっぽう》の仏前に生《しょう》ぜん」、三には「生ずるところの処《ところ》にて、常にこの経《きょう》を聞かん」、四には「もし人天《にんてん》の中に生ぜば、勝妙《しょうみょう》の楽《らく》を受けん」、五には「もし仏前に在らば、蓮華《れんげ》に化生《けしょう》せん」となり。しかるに、一切衆生《いっさいしゅじょう》は、法性真如《ほっしょうしんにょ》の都を迷い出《い》でて妄想顛倒《もうぞうてんどう》の里に入《い》りしより已来《このかた》、身《しん》・口《く》・意《い》の三業《さんごう》になすところ、善根《ぜんこん》は少なく悪業《あくごう》は多し。されば、経文《きょうもん》には「一人一日の中《うち》に八億四千念あり。念々《ねんねん》の中に作《な》すところは、皆《みな》これ三途《さんず》の業《ごう》なり」等云々《うんぬん》。我ら衆生、三界《さんがい》二十五有《う》のちまた《巷》に輪回《りんね》せしこと鳥の林に移るがごとく、死しては生じ生じては死し、車の場《にわ》に回《めぐ》るがごとく、始め終わりもなく、死し生ずる悪業深重《じんじゅう》の衆生なり。

ここをもって、心地観経《しんじかんぎょう》に云《い》わく「有情《うじょう》の輪回《りんね》して六道《ろくどう》に生《しょう》ずること、なお車輪の始終《しじゅう》無きがごとし。あるいは父母となり、男女《なんにょ》となり、生々世々《しょうじょうせぜ》互《たが》いに恩有り」等云々《うんぬん》。法華経二の巻に云わく「三《さん》界《がい》は安きことなし、なお火宅《かたく》のごとし。衆苦《しゅく》は充満《じゅうまん》す」云々。涅槃経《ねはんぎょう》二十二に云わく「菩薩摩訶薩《ぼさつまかさつ》、諸《もろもろ》の衆生《しゅじょう》を観《かん》ずるに、色《しき》・香《こう》・味《み》・触《そく》の因縁《いんねん》のための故に、昔無量無数劫《むりょうむしゅこう》より以来《このかた》、常に苦悩《くのう》を受く。一々《いちいち》の衆生、一劫の中に積《い》むところの身の骨は王舎城《おうしゃじょう》の毘富羅山《びふらせん》のごとく、飲むところの乳汁《にゅうじゅう》は四海《しかい》の水のごとく、身より出だすところの血は四海の水より多く、父母・兄弟・妻子・眷属《けんぞく》の命終《みょうじゅう》に涕泣《たいきゅう》して出だすところの目涙《なみだ》は四大海《しだいかい》の水より多し。地の草木《そうもく》を尽《つ》くして四寸の籌《かずとり》となして、もって父母を数《かぞ》うるも、また尽くすこと能《あた》わじ。無量劫《むりょうこう》より已来《このかた》、あるいは地獄《じごく》・畜生《ちくしょう》・餓鬼《がき》に在って受くるところの行苦《ぎょうく》は称計《しょうけ》すべからず。また一切衆生《いっさいしゅじょう》の骸骨《がいこつ》をや」云々。

かくのごとく、いたずらに命を捨《す》つるところの骸骨《がいこつ》は、毘富羅山《びふらせん》よりも多し。恩愛《おんあい》あわれみの涙《なみだ》は四大海《しだいかい》の水よりも多けれども、仏法のためには一骨をもなげ《投》ず。一句一偈《げ》を聴聞《ちょうもん》して一滴《てき》の涙をもお《落》とさぬゆえに、三界《さんがい》の籠樊《ろうはん》を出《い》でずして、二十五有《う》のちまた《巷》に流転《るてん》する衆生《しゅじょう》にて候《そうろう》なり。しかるあいだ、いかにとして三界《さんがい》を離《はな》るべきと申すに、仏法修行《しゅぎょう》の功力《くりき》によって、無明《むみょう》のやみ《闇》はれ《晴》て法性真如《ほっしょうしんにょ》の覚《さと》りを開くべく候《そうろう》。さては仏法はいかなるをか修行して生死《しょうじ》を離るべきぞと申すに、ただ一乗《いちじょう》妙法にてあるべく候。されば、恵心僧都《えしんそうず》、七箇日《しちかにち》賀茂《かも》に参籠《さんろう》して、「生死を出離《しゅつり》するはいかなる教えにてか候べき」と祈請《きしょう》申され候《そうら》いしに、明神《みょうじん》の御託宣《ごたくせん》に云《い》わく「釈迦《しゃか》の説教は一乗に留《とど》まり、諸仏《しょぶつ》の成道《じょうどう》は妙法に在り。菩薩《ぼさつ》の六度《ろくど》は蓮華《れんげ》に在り。二乗《にじょう》の得道《とくどう》はこの経《きょう》に在り」云々《うんぬん》。普賢経《ふげんぎょう》に云わく「この大乗経典《だいじょうきょうてん》は、諸仏の宝蔵《ほうぞう》なり。十方三世《じっぽうさんぜ》の諸仏の眼目《げんもく》なり。三世の諸《もろもろ》の如来《にょらい》を出生《しゅっしょう》する種なり」云々。

この経《きょう》より外《ほか》はすべて成仏の期《ご》有るべからず候《そうろう》上、ことさら女人成仏《にょにんじょうぶつ》のことは、この経より外はさらにゆるされ《許》ず。結句《けっく》、爾前《にぜん》の経にてはおびただしく《夥》嫌《きら》われたり。されば、華厳経《けごんぎょう》に云《い》わく「女人は地獄《じごく》の使いなり。能《よ》く仏の種子《しゅし》を断《た》つ。外面《げめん》は菩薩《ぼさつ》に似て、内心は夜叉《やしゃ》のごとし」云々《うんぬん》。銀色女経《ごんじきにょきょう》に云わく「三世《さんぜ》の諸仏《しょぶつ》の眼《まなこ》は大地に堕落《だらく》すとも、法界《ほうかい》の諸《もろもろ》の女人は永く成仏の期《ご》無し」云々。あるいはまた、女人には五障三従《ごしょうさんじゅう》の罪深しと申す。それは、内典《ないてん》には五障を明かし、外典《げてん》には三従を教えたり。その三従とは、少《わか》くしては父母に従《したが》い、盛《さか》んにしては夫に従い、老いては子に従う。一期《いちご》、身を心に任《まか》せず。されば、栄啓期《えいけいき》が三楽《さんらく》を歌いし中にも、女人と生まれざるをもって一楽とす。天台大師《てんだいだいし》云わく「他経《たきょう》はただ菩薩にのみ記《き》して二乗《にじょう》に記せず。ただ男にのみ記して女に記せず」とて、全《まった》く余《よ》経《きょう》には女人の授記《じゅき》これなしと釈《しゃく》せり。

その上、釈迦《しゃか》・多宝《たほう》の二仏、塔中《とうちゅう》に並坐《びょうざ》し給《たま》いし時、文殊《もんじゅ》、妙法を弘《ひろ》めんために海中に入《い》り給いて仏前に帰り参り給いしかば、宝浄世界《ほうじょうせかい》の多宝仏《たほうぶつ》の御弟子《みでし》・智積菩薩《ちしゃくぼさつ》は竜女《りゅうにょ》の成仏を難《なん》じて云《い》わく「我は釈迦如来《にょらい》を見たてまつるに、無量劫《むりょうこう》において、難行苦行《なんぎょうくぎょう》し、功《く》を積み徳を累《かさ》ねて、菩薩の道《どう》を求《もと》むること、いまだかつて止息《しそく》したまわず。三千大千世界《さんぜんだいせんせかい》を観《み》るに、乃至芥子《ないしけし》のごときばかりも、これ菩薩の身命《しんみょう》を捨てたもうところにあらざることあることなし。衆生《しゅじょう》のための故なり」等云々《うんぬん》。

いわゆる、智積《ちしゃく》・文殊《もんじゅ》、再三《さいさん》問答いたし給《たも》う間は、八万の菩薩《ぼさつ》、万二千の声聞《しょうもん》等、いずれも耳をす《澄》まして御聴聞《ごちょうもん》ばかりにて、一口《ひとくち》の御助言《ごじょごん》に及《およ》ばず。しかるに、智慧《ちえ》第一の舎利弗《しゃりほつ》、文殊のことをば難《なん》ずることなし。多くの故《ゆえ》をもって竜女《りゅうにょ》を難ぜらる。ゆえに、「女人《にょにん》は垢穢《くえ》にして、これ法器《ほうき》にあらず」と小乗《しょうじょう》・権教《ごんきょう》の意をもって難ぜられ候《そうら》いしかば、文殊「竜女成仏の有無《うむ》の現証《げんしょう》は、今、仏前にして見え候《そうろう》べし」と仰《おお》せられ候《そうら》いしに、案にたが《違》わず、八歳の竜女、蛇身《じゃしん》をあらため《改》ずして仏前に参詣《さんけい》し、「価直三千大千世界《けじきさんぜんだいせんせかい》」と説かれて候如意宝珠《そうろうにょいほうしゅ》を仏に奉《たてまつ》りしに、仏悦《よろこ》んでこれを請《う》け取り給《たま》いしかば、この時、智積菩薩も舎利弗も不審《ふしん》を開き、女人成仏の路《みち》をふ《踏》みわ《分》け候。されば、女人成仏の手本、これより起こって候。委細《いさい》は五の巻の経文《きょうもん》これを読むべく候。

伝教大師《でんぎょうだいし》、秀句《しゅうく》に云《い》わく「能化《のうけ》の竜女《りゅうにょ》に歴劫《りゃっこう》の行《ぎょう》無く、所化《しょけ》の衆生《しゅじょう》も歴劫の行無し。能化・所化ともに歴劫無し。妙法経力《みょうほうきょうりき》もて即身成仏《そくしんじょうぶつ》す」。天台《てんだい》、疏《しょ》に云わく「智積《ちしゃく》は別教《べっきょう》に執《しゅう》して疑いをなす。竜女は円《えん》を明かして疑いを釈《と》く。身子《しんじ》は三蔵《さんぞう》の権《ごん》を挟《はさ》んで難《なん》ず。竜女は一実《いちじつ》をもって疑いを除く」。海《かい》竜王経《りゅうおうきょう》に云わく「竜女作仏《さぶつ》し、国土をば光明国《こうみょうこく》と号し、名をば無垢証如来《むくしょうにょらい》と号す」云々《うんぬん》。法華《ほっけ》已前《いぜん》の諸経《しょきょう》のごときは、たとい人中《にんちゅう》・天上の女人《にょにん》なりというとも、成仏の思い絶《た》たるべし。しかるに竜女、畜生道《ちくしょうどう》の衆生として戒緩《かいかん》の姿を改めずして即身成仏せしことは、不思議なり。これを始めとして、釈《しゃく》尊《そん》の姨母《いも》・摩訶波闍波提比丘尼《まかはじゃはだいびくに》等、勧持品《かんじほん》にして一切衆生喜見《いっさいしゅじょうきけん》如来と授記《じゅき》を被《こうむ》り、羅睺羅《らごら》の母・耶輸《やしゅ》陀羅女《だらにょ》も、眷属《けんぞく》の比丘尼とともに具足千万光相《ぐそくせんまんこうそう》如来と成り、鬼道《きどう》の女人たる十羅刹女《じゅうらせつにょ》も成仏す。しかれば、なお殊《こと》に女性《にょしょう》の御信仰《ごしんこう》あるべき御経《おんきょう》にて候《そうろう》。

そもそも、この経《きょう》の一文《もん》一句を読み一字一点を書く、なお生死《しょうじ》を出離《しゅつり》し大菩提《だいぼだい》を証《しょう》するの因なり。しかれば、彼《か》の字に結縁《けちえん》せし者、なお炎魔《えんま》の庁より帰され、六十四字を書きし人は、その父を天上へ送る。いかにいわんや、阿鼻《あび》の依正《えしょう》は極聖《ごくしょう》の自心に処《しょ》す。地獄《じごく》・天宮皆《てんぐうみな》これ果地《かじ》の如来《にょらい》なり。毘盧《びる》の身土《しんど》は凡下《ぼんげ》の一念《いちねん》を逾《こ》えず。遮那《しゃな》の覚体《かくたい》も衆生《しゅじょう》の迷妄《めいもう》を出《い》でず。妙文《みょうもん》は霊山浄土《りょうぜんじょうど》に増し、六万九千の露点《ろてん》は紫磨金《しまこん》の輝光《きこう》を副《そ》え給《たも》うべし。殊《こと》に過去聖霊《しょうりょう》は、御存生《ごぞんしょう》の時より御信心他《ごしんじんほか》に異《こと》なる御事《おんこと》なりしかば、今日《こんにち》、講経《こうきょう》の功力《くりき》によって仏前に生《しょう》を受け、仏果菩提《ぶっかぼだい》の勝因《しょういん》に登り給うべし云々《うんぬん》。南無妙法蓮華経、南無妙法蓮華経。

(032)

薬王品得意抄《やくおうほんとくいしょう》

文永《ぶんえい》2年（'65）　44歳

この薬王品《やくおうほん》の大意《たいい》とは、この薬王品は、第七の巻、二十八品《ぽん》の中には第二十三の品《ほん》なり。この第一の巻に序品《じょほん》・方便品《ほうべんぽん》の二品《ほん》有り。序品は二十八品の序なり。方便品より人記品《にんきほん》に至るまでの八品《ぽん》は、正《しょう》には二乗作仏《にじょうさぶつ》を明かし、傍《ぼう》には菩薩《ぼさつ》・凡夫《ぼんぷ》の作仏を明かす。法師《ほっし》・宝塔《ほうとう》・提婆《だいば》・勧持《かんじ》・安楽《あんらく》の五品《ほん》は、上《かみ》の八品を末代《まつだい》の凡夫の修行《しゅぎょう》すべき様《よう》を説くなり。また涌出品《ゆじゅっぽん》は寿量品《じゅりょうほん》の序なり。分別功徳品《ふんべつくどくほん》より十二品《ほん》は、正には寿量品を末代《まつだい》の凡夫の行《ぎょう》ずべき様を、傍には方便品等の八品《ぽん》を修行すべき様を説くなり。しかれば、この薬王品は、方便品等の八品ならびに寿量品を修行すべき様を説きし品《ほん》なり。

この品《ほん》に十の喩《たと》え有り。第一は大海の譬《たと》えなり。まず第一の譬えをほぼ申すべし。この南閻浮提《なんえんぶだい》に二千五百の河あり、西倶耶尼《さいくやに》に五千の河あり、総じてこの四天下《してんげ》に二万五千九百の河あり。あるいは四十里《り》乃至《ないし》百里・一里・一町《ちょう》・一尋《ひとひろ》等の河これ有り。しかりといえども、この諸河《しょが》は総じて深浅《しんせん》のこと大海に及《およ》ばず。法華已前《ほっけいぜん》の華厳経《けごんぎょう》・阿含経《あごんぎょう》・方等経《ほうどうきょう》・般若経《はんにゃきょう》・深密経《じんみつきょう》・阿弥陀経《あみだきょう》・涅槃経《ねはんぎょう》・大日経《だいにちきょう》・金剛頂経《こんごうちょうきょう》・蘇悉地経《そしつじきょう》・密厳経《みつごんきょう》等の釈迦如来《しゃかにょらい》の説くところの一切経《いっさいきょう》、大日如来の説くところの一切経、阿弥陀如来の説くところの一切経、薬師《やくし》如来の説くところの一切経、過去・現在・未来の三世諸仏《さんぜしょぶつ》の説くところの一切経の中に、法華経第一なり。譬えば、諸経《しょきょう》は大河・中河・小河等のごとし、法華経は大海のごとし等と説くなり。

河に勝《すぐ》れて、大海に十の徳有り。一に大海は漸次《ぜんじ》に深し、河はしからず。二に大海は死屍《しし》を留《とど》めず、河はしからず。三に大海は本《もと》の名字《みょうじ》を失う、河はしからず。四に大海は一味なり、河はしからず。五に大海は宝《たから》等有り、河はしからず。六に大海は極《きわ》めて深し、河はしからず。七に大海は広大無量なり、河はしからず。八に大海は大身の衆生《しゅじょう》等有り、河はしからず。九に大海は潮《しお》の増減《ぞうげん》有り、河はしからず。十に大海は大雨・大河を受けて盈溢《えいいつ》無し、河はしからず。

この法華経には十の徳有り。諸経《しょきょう》には十の失《とが》有り。この経は漸次深多《ぜんじじんた》にして五十展転《ごじってんでん》なり。諸経にはなお一《いち》も無し、いわんや、二・三・四乃至《ないし》五十展転をや。河は深けれども大海の浅きに及《およ》ばず。諸経は、一字・一句・十念《じゅうねん》等をもって十悪五逆《じゅうあくごぎゃく》等の悪機《あっき》を摂《おさ》むといえども、いまだ一字一句の随喜《ずいき》五十展転には及ばざるなり。この経《きょう》の大海は死屍《しし》を留《とど》めずとは、法華経に背《そむ》く謗法《ほうぼう》の者は、極善《ごくぜん》の人なりといえども、なおこれを捨《す》つ。いかにいわんや、悪人なるの上、謗法をなさん者をや。たとい諸経を謗《ぼう》ずといえども、法華経に背かざれば必ず仏道《ぶつどう》を成《じょう》ず。たとい一切経《いっさいきょう》を信ずといえども、法華経に背かば、必ず阿鼻大城《あびだいじょう》に堕《お》つ。

乃至《ないし》、第八に大海は大身の衆生《しゅじょう》等ありというは、大海には摩竭大魚《まかつだいぎょ》等、大身の衆生これ有り。無間《むけん》地獄《じごく》と申すは縦広八万由旬《じゅうこうはちまんゆじゅん》なり。五逆《ごぎゃく》の者、無間地獄に堕《お》ちては一人にて必ず充満《じゅうまん》す。この地獄の衆生は五逆の者、大身の衆生なり。諸経《しょきょう》の小河・大河の中には摩竭大魚これ無し。法華経の大海にはこれ有り。五逆の者、仏道《ぶつどう》を成《じょう》ず。これ実《じつ》には諸経にこれ無し。諸経にこれ有りと云《い》うといえども、実には「未顕真実《みけんしんじつ》」なり。故に、一代聖教《いちだいしょうぎょう》を諳《そら》んぜし天台智者大師《てんだいちしゃだいし》、釈《しゃく》して云わく「他経《たきょう》は、ただ菩薩《ぼさつ》にのみ記《き》して二乗《にじょう》に記せず。ただ善にのみ記して悪に記せず乃至《ないし》今経《こんきょう》は皆《みな》記す」等云々《うんぬん》。余《よ》はしばらくこれを略す。

第二には山に譬《たと》う。十宝山《じっぽうせん》等とは、山の中には須弥山《しゅみせん》第一なり。十宝山とは、一には雪山《せっせん》、二には香山《こうせん》、三には軻梨羅山《かりらせん》、四には仙聖山《せんしょうせん》、五には由乾陀山《ゆけんだせん》、六には馬耳山《めにせん》、七には尼民陀羅山《にみんだらせん》、八には斫伽羅山《しゃからせん》、九には宿慧山《しゅくえせん》、十には須弥山なり。先の九山《くせん》とは諸経諸山《しょきょうしょせん》のごとし。ただし、一々《いちいち》に財《たから》あり。須弥山は衆財《しゅざい》を具《ぐ》して、その財《たから》に勝《すぐ》れたり。例せば、世間《せけん》の金《こがね》の閻浮檀金《えんぶだんごん》に及《およ》ばざるがごとし。華厳経《けごんぎょう》の法界唯心《ほっかいゆいしん》、般若《はんにゃ》の十八空《じゅうはっくう》、大日経《だいにちきょう》の五相成身《ごそうじょうしん》、観経《かんぎょう》の往生《おうじょう》より、法華経の即身成仏《そくしんじょうぶつ》勝れたるなり。

須弥山《しゅみせん》は金色《こんじき》なり。一切《いっさい》の牛馬・人天《にんてん》・衆鳥《しゅちょう》等、この山に依《よ》れば、必ず本《もと》の色《いろ》を失って金色なり。余山《よせん》はしからず。一切の諸経《しょきょう》は法華経に依れば本の色を失う。例せば、黒色《こくしょく》の物の日月《にちがつ》の光に値《あ》えば色を失うがごとし。諸経の往生《おうじょう》・成仏等の色は、法華経に値えば必ずその義を無《うしな》う。

第三には月に譬《たと》う。衆星《しゅしょう》は、あるいは半里《り》、あるいは一里、あるいは八里、あるいは十六里には過ぎず。月は八百余里なり。衆星は光有りといえども、月に及《およ》ばず。たとい百千万億乃至《ないし》一四天下《いちしてんげ》・三《さん》千大千《ぜんだいせん》・十方世界《じっぽうせかい》の衆星これを集《あつ》むとも、一つの月の光に及ばず。いかにいわんや、一つの星、月の光に及ぶべきや。華厳経《けごんぎょう》・阿含経《あごんぎょう》・方等《ほうどう》・般若《はんにゃ》・涅槃経《ねはんぎょう》・大日経《だいにちきょう》・観経《かんぎょう》等の一切《いっさい》の経《きょう》これを集むとも、法華経の一字に及ばざらん。

一切衆生《いっさいしゅじょう》の心中《しんちゅう》の見思《けんじ》・塵沙《じんじゃ》・無明《むみょう》の三惑《さんわく》ならびに十悪五逆《じゅうあくごぎゃく》等の業《ごう》は暗夜のごとし。華厳経《けごんぎょう》等の一《いっ》切経《さいきょう》は闇夜《やみよ》の星のごとし。法華経は闇夜の月のごとし。法華経を信ずれども、深く信ぜざる者は、半月の闇夜を照らすがごとし。深く信ずる者は、満月の闇夜を照らすがごとし。月無くしてただ星のみ有る夜《よ》には、強力《ごうりき》の者・かたましき者なんどは行歩《ぎょうふ》すといえども、老骨《ろうこつ》の者・女人《にょにん》なんどは行歩に叶《かな》わず。満月の時は、女人・老骨なんども、あるいは遊宴《ゆうえん》のため、あるいは人に値《あ》わんがごとき、行歩自在なり。諸経《しょきょう》には、菩薩《ぼさつ》・大根性《だいこんじょう》の凡夫《ぼんぷ》はたとい得道《とくどう》なるとも、二乗《にじょう》・凡夫・悪人・女人乃至末代《ないしまつだい》の老骨の懈怠《けたい》・無戒《むかい》の人々は、往生《おうじょう》・成仏不定《ふじょう》なり。法華経はしからず。二乗・悪人・女人等、なお仏に成る。いかにいわんや、菩薩・大根性の凡夫をや。また月は、よい《宵》よりも暁《あかつき》は光まさり、春夏よりも秋冬は光あり。法華経は正像《しょうぞう》二千年よりも、末法《まっぽう》には殊《こと》に利生《りしょう》有るべし。

問うて云《い》わく、証文《しょうもん》いかん。

答えて云わく、道理顕然《けんねん》なり。その上、次下《つぎしも》の文《もん》に云わく「我滅度《めつど》して後、後《のち》の五百歳の中《うち》、閻浮《えんぶ》提《だい》に広宣流布《こうせんるふ》して、断絶せしむることなけん」等云々《うんぬん》。この経文《きょうもん》に、二千年の後、南閻浮提《なんえんぶだい》に広宣流布すべしと《説》かれて候《そうろう》は、第三の月の譬《たと》えの意なり。この意を根本伝教大師《こんぽんでんぎょうだいし》、釈《しゃく》して云わく「正像《しょうぞう》やや過ぎ已《お》わって、末法《まっぽう》はなはだ近きに有り。法華一乗《ほっけいちじょう》の機《き》、今正《まさ》しくこれその時なり」等云々。正《しょう》法《ほう》千年も、像法《ぞうほう》千年も、法華経の利益《りやく》、諸経《しょきょう》にこれ勝《すぐ》るべし。しかりといえども、月の光の、春夏の正像二千年より、末法の秋冬に至って光の勝るがごとし。

第四の譬《たと》えは日の譬えなり。星の中に月の出《い》でたるは、星の光には月の光は勝《すぐ》るとも、いまだ星の光を消さず。日中には星の光消《き》ゆるのみにあらず、また月の光も奪《うば》って光を失う。爾前《にぜん》は星のごとく、法華経の迹門《しゃくもん》は月のごとし、寿量品《じゅりょうほん》は日のごとし。寿量品の時は迹門の月いまだ及《およ》ばず。いかにいわんや爾前の星をや。夜は星の時・月の時も衆務《しゅむ》を作《な》さず。夜暁《あ》けて必ず衆務を作す。爾前・迹門はなお生死《しょうじ》を離《はな》れ難《がた》し。本門《ほんもん》寿量品に至って必ず生死を離るべし。余《よ》の六譬《ろっぴ》これを略す。

この外《ほか》にまた多くの譬《たと》えこの品《ほん》に有り。その中に、「渡《わた》りに船を得たるがごとし」と。この譬えの意は、生死《しょうじ》の大海には、爾前《にぜん》の経《きょう》は、あるいは筏《いかだ》、あるいは小船《しょうせん》なり。生死の此岸《しがん》より生死の彼《か》の岸には付くといえども、生死の大海を渡り、極楽《ごくらく》の彼岸《ひがん》にはとず《届》きがたし。例せば、世間《せけん》の小船等が筑《つく》紫《し》より坂東《ばんどう》に至り、鎌倉《かまくら》よりい《江》の島《しま》なんどへとず《届》けども、唐土《とうど》へ至らず。唐船《からふね》は必ず日本国より震旦《しんたん》国《こく》に至るに障《さわ》り無きなり。また云《い》わく「貧しきに宝を得たるがごとし」等云々《うんぬん》。爾前の国は貧国《ひんこく》なり。爾前の人は餓鬼《がき》なり。法華経は宝の山なり。人は富《と》める人なり。

問うて云《い》わく、爾前《にぜん》は貧国《ひんこく》という証文《しょうもん》いかん。

答えて云わく、授記品《じゅきほん》に云わく「飢《う》えたる国より来《きた》って、たちまちに大王の膳《ぜん》に値《あ》うがごとし」等云々《うんぬん》。

女人《にょにん》の往生《おうじょう》・成仏の段。

経文《きょうもん》に云《い》わく「もし如来滅《にょらいめつ》して後《のち》、後の五百歳の中《うち》に、もし女人《にょにん》有って、この経典《きょうてん》を聞いて、説のごとく修行《しゅぎょう》せば、ここにおいて命終《みょうじゅう》して、即《すなわ》ち安楽世界の阿弥陀仏《あみだぶつ》の大菩薩衆《だいぼさつしゅ》に囲遶《いにょう》せらるる住処《じゅうしょ》に往《い》って、蓮華《れんげ》の中の宝座《ほうざ》の上に生《しょう》ず」等云々《うんぬん》。

問うて曰《い》わく、この経《きょう》、この品《ほん》に殊《こと》に女人《にょにん》の往生《おうじょう》を説く。何の故か有るや。

答えて曰わく、仏意《ぶっい》測《はか》りがたし。この義、決《けっ》し難《がた》きか。ただし、一つの料簡《りょうけん》を加《くわ》えば、女人《にょにん》は衆罪《しゅざい》の根本、破国《はこく》の源《みなもと》なり。故に、内外典《ないげてん》に多くこれを禁《いまし》む。その中に、外典をもってこれを論ぜば、三従《さんじゅう》あり。三従と申すは、三つしたがうというなり。一には幼《よう》にしては父母に従《したが》う。嫁《か》しては夫に従う。老いては子に従う。この三障《さんしょう》有って世間《せけん》に自在ならず。内典をもってこれを論ぜば、五障《ごしょう》有り。五障とは、一には六道輪回《ろくどうりんね》の間、男子《なんし》のごとく大梵天王《だいぼんてんのう》と作《な》らず。二には帝釈《たいしゃく》と作らず。三には魔王《まおう》と作らず。四には転輪聖王《てんりんじょうおう》と作らず。五には常に六道《ろくどう》に留《とど》まって三界《さんがい》を出《い》でて仏に成らず〈超日明三昧《ちょうにちみょうざんまい》経《きょう》の文《もん》なり〉。銀色女経《ごんじきにょきょう》に云《い》わく「三世《さんぜ》の諸仏《しょぶつ》の眼《まなこ》は大地に堕落《だらく》すとも、法界《ほうかい》の諸《もろもろ》の女人は永く成仏の期《ご》無し」等云々《うんぬん》。

ただし、凡夫《ぼんぷ》すら賢王《けんおう》・聖人《しょうにん》は妄語《もうご》せず。はんよき《樊於期》といいし者は、けいか《荊軻》に頸《くび》をあたえ、きさつ《季札》と申せし人は、徐君《じょくん》が塚《つか》に剣《つるぎ》をかけ《懸》たりき。これ、約束を違《たが》えず、妄語無き故なり。いかにいわんや、声聞《しょうもん》・菩薩《ぼさつ》・仏《ほとけ》をや。仏は昔凡夫《ぼんぷ》にましましし時、小乗経《しょうじょうきょう》を習い給《たま》いし時、五戒《ごかい》を受け始め給いき。五戒の中の第四の不妄語《ふもうご》の戒を固く持《たも》ち給いき。財《たから》を奪《うば》われ命をほろぼ《滅》されし時も、この戒をやぶらず。大乗経《だいじょうきょう》を習い給いし時、また十重禁戒《じゅうじゅうごんかい》を持ち、その十重禁戒の中の第四の不妄語戒を持ち給いき。この戒を堅《かた》く持って、無量劫《むりょうこう》これを破りたまわず。終《つい》にこの戒の力によって仏身《ぶっしん》を成《じょう》じ、三十二相《さんじゅうにそう》の中に広長舌相《こうちょうぜっそう》を得たまえり。

この舌、うすく《薄》ひろく《広》ながし《長》。あるいは面《おもて》におおい《覆》、あるいは髪際《かみぎわ》にいたり《至》、あるいは梵天《ぼんてん》にいたる。舌の上に五つの画《え》あり。印文《いんもん》のごとし。その舌の色は赤銅《しゃくどう》のごとし。舌の下に二つの珠《たま》あり。甘《かん》露《ろ》を涌出《ゆじゅつ》す。これ不妄語戒《ふもうごかい》の徳の至《いた》すところなり。仏この舌をもって、「三世《さんぜ》の諸仏《しょぶつ》の御眼《おんまなこ》を大地に堕《お》とすとも、法界《ほうかい》の女人《にょにん》は仏になる《成》べからず」ととかれ《説》しかば、一切《いっさい》の女人はいかなる世にも仏にはならせ《成》給《たも》うまじきとこそおぼえ《覚》て候《そうら》え。さるにては、女人の御身《おんみ》を受けさせ給《たま》いては、たといきさき《后》・さんこう《三后》の位にそなわり《備》てもなにか《何》はすべき。善根《ぜんこん》・仏事《ぶつじ》をなしてもよしなし《由無》とこそおぼえ《覚》候え。しかるを、この法華経の薬王品《やくおうほん》に女人の往生《おうじょう》をゆるされ候いぬること、また不思議に候《そうろう》。彼《か》の経《きょう》の妄語か、この経の妄語か、いかにも一方は妄語たるべきか。もしまた一方妄語ならば、一仏に二《に》言《ごん》あり。信じ難《がた》きことなり。

ただし、無量義経《むりょうぎきょう》の「四十余年にはいまだ真実を顕《あらわ》さず」、涅槃経《ねはんぎょう》の「如来《にょらい》には虚妄《こもう》の言《ことば》無しといえども、もし衆生《しゅじょう》、虚妄の説に因《よ》ると知《し》ろしめさば」の文《もん》をもってこれを思わば、仏は女人《にょにん》は往生《おうじょう》・成仏すべからずと説かせ給《たま》いけるは、妄語《もうご》と聞こえたり。妙法華経《みょうほけきょう》の文に「世尊《せそん》は法久《ひさ》しくして後《のち》、要《かなら》ず当《まさ》に真実を説きたもうべし」「妙法華経乃至《ないし》皆《みな》これ真実なり」と申す文をもってこれを思うには、女人の往生・成仏は決定《けつじょう》せりと説かるる法華経の文は、実語《じつご》・不妄語戒《ふもうごかい》と見えたり。

世間《せけん》の賢人《けんじん》も、ただ一人ある子が、不思議なる時、あるいは失《とが》有る時は、永く子たるべからざるの理《り》、起請《きしょう》を書き、あるいは誓言《せいごん》を立つるとも、終《つい》の命終《みょうじゅう》の時に臨《のぞ》んでこれを許す。しかりといえども、賢人にあらずとは云《い》わず。また妄語《もうご》せし者とも云わず。

仏もまたまたかくのごとし。爾前《にぜん》四十余年が間は、菩薩《ぼさつ》の得道《とくどう》、凡夫《ぼんぷ》の得道、善人《ぜんにん》・男子《なんし》等の得道は許すようなれども、二乗《にじょう》・悪人《あくにん》・女人《にょにん》なんどの得道はこれを許されず。あるいはまた許さるるに《似》たることもあり。いまだ定めがたかりしを、仏の説教四十二年すでにすぎて御年《おんとし》七十二、摩竭提国王《まかだいこくおう》舎城《しゃじょう》の耆舎崛山《ぎしゃくっせん》と申す山にして法華経をと《説》かせ給《たも》うとおぼ《思》せし時、まず無量義経《むりょうぎきょう》と申せし経を説かせ給う。無量義経の文《もん》に云《い》わく「四十余年」云々《うんぬん》。

(033)

法華経題目抄《ほけきょうだいもくしょう》

(妙《みょう》の三義《さんぎ》の事《こと》)

文永《ぶんえい》3年('66)1月6日 45歳

根本大師門人日蓮《こんぽんだいしもんじんにちれん》撰《せん》す。

南無妙法蓮華経

問うて云《い》わく、法華経の意をもし《知》らず、ただ南無妙法蓮華経とばかり、五字七字に限って一日に一《いっ》遍《ぺん》、一月《ひとつき》乃至《ないし》一年・十年・一期生《いちごしょう》の間にただ一遍なんど唱えても、軽重《きょうじゅう》の悪に引かれずして四悪趣《しあくしゅ》におもむ《赴》かず、ついに不退《ふたい》の位《くらい》にい《至》たるべしや。

答えて云《い》わく、しかるべきなり。

問うて云わく、「火、火」といえ《言》ども、手にとら《取》ざればやけ《焼》ず、「水、水」といえ《言》ども、口にのま《飲》ざれば水のほし《欲》さもやま《止》ず。ただ南無妙法蓮華経と題目ばかりを唱《とな》うとも、義趣《ぎしゅ》をさとら《覚》ずば、悪趣《あくしゅ》をまぬか《免》れんこと、いかがあるべかるらん。

答えて云《い》わく、師子《しし》の筋《すじ》を琴《こと》の絃《げん》として一度奏《そう》すれば余《よ》の絃ことごとくきれ《切》、梅子《うめのみ》のすき《酸》声をきけ《聞》ば口につたまり《唾溜》うるおう《潤》。世間《せけん》の不思議すら、かくのごとし。いわんや、法華経の不思議をや。小乗《しょうじょう》の四諦《したい》の名ばかりをさやずる《囀》鸚鵡《おうむ》、なお天《てん》に生《しょう》ず。三帰《さんき》ばかりを持《たも》つ人、大魚《たいぎょ》の難をまぬか《免》る。いかにいわんや、法華経の題目は八万聖教《はちまんしょうぎょう》の肝心《かんじん》、一切諸仏《いっさいしょぶつ》の眼目なり。なんじ《汝》ら《等》、これをとなえ《唱》て四悪趣《しあくしゅ》をはなる《離》べからずと疑うか。

正直捨方便《しょうじきしゃほうべん》の法華経には「信をもって入《い》ることを得たり」と云《い》い、双林《そうりん》最後の涅槃経《ねはんぎょう》には「この菩提《ぼだい》の因はまた無量なりといえども、もし信心を説かば、則《すなわ》ちすでに摂《おさ》め尽《つ》くす」等云々《うんぬん》。

夫《そ》れ、仏道《ぶつどう》に入《い》る根本は信をもって本とす。五十二位の中には十信《じっしん》を本とす。十信の位には信心初めなり。たといさとり《解》なけれども信心あらん者は、鈍根《どんこん》も正見《しょうけん》の者なり。たといさとり《解》あれども信心なき者は、誹謗《ひぼう》・闡提《せんだい》の者なり。

善星比丘《ぜんしょうびく》は二百五十戒《かい》を持《たも》ち、四禅定《しぜんじょう》を得《え》、十二部経《じゅうにぶきょう》を諳《そら》にせし者。提婆達多《だいばだった》は六万・八万の宝蔵《ほうぞう》をおぼえ《覚》、十八変《じゅうはっぺん》を現ぜしかども、これらは有解無信《うげむしん》の者。今に阿鼻大城《あびだいじょう》にありと聞く。迦葉《かしょう》・舎利弗《ほつ》等は無解有信《むげうしん》の者なり。仏に授記《じゅき》を蒙《こうむ》って、華光如来《けこうにょらい》・光明如来《こうみょうにょらい》といわれき。仏説《と》いて云《のたま》わく「疑いを生《しょう》じて信ぜずんば、即《すなわ》ち当《まさ》に悪道《あくどう》に堕《お》つべし」等云々《うんぬん》。これらは有解無信の者を説き給《たも》う。

しかるに、今の代《よ》に世間《せけん》の学者の云《い》わく「ただ信心ばかりにて解《げ》する心なく、南無妙法蓮華経と唱《とな》うるばかりにて、いかでか悪趣《あくしゅ》をまぬかる《免》べき」等云々《うんぬん》。この人々は、経文《きょうもん》のごとくならば、阿鼻《あび》大城《じょう》まぬかれ《免》がたし。

されば、させる解《さと》りなくとも、南無妙法蓮華経と唱《とな》うるならば、悪道《あくどう》をまぬかる《免》べし。譬《たと》えば蓮華《れんげ》は日に随《したが》って回《めぐ》る。蓮《はちす》に心なし。芭蕉《ばしょう》は雷《いかずち》によりて増長す。この草に耳なし。我らは蓮華と芭蕉とのごとく、法華経の題目は日輪《にちりん》と雷とのごとし。犀《さい》の生角《いきつの》を身に帯《たい》して水に入《い》りぬれば、水五尺《しゃく》、身に近づかず。栴檀《せんだん》の一葉《いちよう》開きぬれば、四十由旬《ゆじゅん》の伊蘭《いらん》を変ず。我らが悪業《あくごう》は伊蘭と水とのごとく、法華経の題目は犀の生角と栴檀の一葉とのごとし。金剛《こんごう》は堅固《けんご》にして一切《いっさい》の物に破られず。されども羊《ひつじ》の角《つの》と亀《かめ》の甲《こう》に破らる。尼倶類樹《にくるじゅ》は大鳥《おおとり》にも枝おれ《折》ざれども、か《蚊》のまつげ《睫》にすくう《巣》しょうりょう《鷦鷯》鳥《ちょう》に枝おれぬ。我らが悪業は金剛のごとし、尼倶類樹のごとし。法華経の題目は羊の角のごとく、しょうりょう鳥のごとし。琥珀《こはく》は塵《ちり》をとり《取》、磁石《じしゃく》は鉄《くろがね》をすう《吸》。我らが悪業は塵と鉄とのごとく、法華経の題目は琥珀と磁石とのごとし。かくおもい《思》て、常に南無妙法蓮華経と唱えさせ給《たも》うべし。

法華経の第一の巻に云《い》わく「無量無数劫《むりょうむしゅこう》にも、この法を聞くこともまた難《かた》し」。第五の巻に云わく「この法華経は無量の国の中において、乃至名字《ないしみょうじ》をも聞くことを得《う》べからず」等云々《うんぬん》。法華経の御名《みな》をきく《聞》ことは、おぼろけにもありがたき《有難》ことなり。されば、須仙多仏《しゅせんたぶつ》・多宝仏《たほうぶつ》は、世にいで《出》させ給《たま》いたりしかども、法華経の御名をだにもとき《説》給わず。釈迦如来《しゃかにょらい》は、法華経のために世にいで《出》させ給いたりしかども、四十二年が間は名をひ《秘》してかた《語》りいだ《出》さざりしかども、仏の御年《おんとし》七十二と申せし時、はじめて妙法蓮華経ととな《唱》えいだ《出》させ給いたりき。しかりといえども、摩訶尸那《まかしな》・日本等の辺国《へんごく》の者は御名をもきか《聞》ざりき。一千一十余年すぎて三百五十余年に及《およ》びてこそ、わずかに御名ばかりをば聞きたりしか。

されば、この経《きょう》に値《あ》いたてまつることをば、三千年に一度花《はな》さ《咲》く優曇華《うどんげ》、無量無辺劫《むりょうむへんこう》に一度値《あ》うなる一眼《いちげん》の亀《かめ》にもたと《譬》えたり。大地の上に針を立てて、大梵天王宮《だいぼんてんのうぐう》より芥子《けし》をな《投》ぐるに、針のさき《先》に芥子のつら《貫》ぬかれたるよりも、法華経の題目に値うことはかた《難》し。この須弥山《しゅみせん》に針を立てて、かの須弥山より大風つよ《強》く吹《ふ》く日いと《糸》をわた《渡》さんに、いた《至》りてはり《針》の穴にいと《糸》のさき《先》のい《入》りたらんよりも、法華経の題目に値い奉《たてまつ》ることかた《難》し。されば、この経の題目をとな《唱》えさせ給《たま》わんには、おぼ《思》しめすべし、生盲《しょうもう》の始めて眼《まなこ》あ《開》きて父母等をみ《見》んよりもうれ《嬉》しく、強きかたき《敵》にとら《捕》れたる者の、ゆる《許》されて妻子を見るよりもめずら《珍》しとおぼ《思》すべし。

問うて云《い》わく、題目ばかりを唱《とな》うる証文《しょうもん》これありや。

答えて云わく、妙法華経《みょうほけきょう》の第八に云わく「法華《ほっけ》の名《みな》を受持《じゅじ》せん者、福は量《はか》るべからず」。正法華経《しょうほけきょう》に云わく「もしこの経を聞いて、名号《みょうごう》を宣持《せんじ》せば、徳は量るべからず」。添品法華経《てんぽんほけきょう》に云わく「法華の名《みな》を受持せん者、福は量るべからず」等云々《うんぬん》。これらの文《もん》は、題目ばかりを唱《とな》うる福、計《はか》るべからずとみ《見》えぬ。一部八巻二十八品《ぽん》を受持・読誦《どくじゅ》し、随喜《ずいき》・護持《ごじ》等するは広《こう》なり。方便品《ほうべんぽん》・寿量品《じゅりょうほん》等を受持し、乃至《ないし》護持するは略《りゃく》なり。ただ一四句偈《いちしくげ》、乃至題目ばかりを唱《とな》え、となう《唱》る者を護持するは要《よう》なり。広・略・要の中には題目は要の内なり。

問うて云《い》わく、妙法蓮華経の五字には、いくばく《幾》の功徳《くどく》をかおさめ《納》たるや。

答えて云わく、大海は衆流《しゅる》を納めたり。大地は有情《うじょう》・非情《ひじょう》を持《たも》てり。如意宝珠《にょいほうしゅ》は万財《まんざい》を雨《ふ》らし、梵《ぼん》王《のう》は三界《さんがい》を領す。妙法蓮華経の五字、またかくのごとし。一切《いっさい》の九界の衆生《しゅじょう》ならびに仏界《ぶっかい》を納《おさ》む。十《じっ》界《かい》を納むれば、また十界の依報《えほう》の国土を収《おさ》む。

まず、妙法蓮華経の五字に一切《いっさい》の法を納《おさ》むることをいわば、経《きょう》の一字は諸経《しょきょう》の中の王なり。一切の群経《ぐんきょう》を納む。仏世《よ》に出《い》でさせ給《たま》いて、五十余年の間、八万聖教《はちまんしょうぎょう》を説きおかせ《置》給いき。仏は人寿《にんじゅ》百歳の時壬申歳《みずのえさるのとし》、二月十五日の夜半に御入滅《ごにゅうめつ》あり。その後《のち》、四月八日より七月十五日に至るまで一夏《いちげ》九旬《くじゅん》の間、一千人の阿羅漢《あらかん》、結集堂《けつじゅうどう》にあつまり《集》て一切経《いっさいきょう》をかきおかせ《書置》給いき。その後、正法《しょうほう》一千年の間は、五天竺《ごてんじく》に一切経ひろまらせ《広》給いしかども、震旦国《しんたんこく》には渡《わた》らず。像法《ぞうほう》に入《い》って一十五年と申せしに、後《ご》漢《かん》の孝明皇帝《こうめいこうてい》・永平《えいへい》十年丁卯歳《ひのとうのとし》、仏経《ぶっきょう》始めて渡って唐《とう》の玄宗《げんそう》皇帝・開元《かいげん》十八年庚午歳《かのえうまのとし》に至るまで、渡れる訳者一百七十六人、持《も》ち来《きた》る経《きょう》・律《りつ》・論《ろん》一千七十六部五千四十八巻四百八十帙《ちつ》。これ皆《みな》、法華経の経の一字の眷属《けんぞく》の修多羅《しゅたら》なり。

まず、妙法蓮華経の以前四十余年の間の経《きょう》の中に、大方広仏華厳経《だいほうこうぶつけごんぎょう》と申す経まします。竜宮城《りゅうぐうじょう》には三本あり。上本は十三世界微塵数《じゅうさんせかいみじんじゅ》の品《ほん》。中本は四十九万八千八百偈《げ》。下本は十万偈四十八品《ぼん》。この三本の外《ほか》に震旦《しんたん》・日本にはわずかに八十巻《はちじっかん》・六十巻等あり。阿含《あごん》の小乗経《しょうじょうきょう》、方等《ほうどう》・般若《はんにゃ》の諸大乗経《しょだいじょうきょう》等、大日経《だいにちきょう》は、梵本《ぼんぼん》には阿嚩囉訶佉《あばらかきゃ》の五字ばかりを三千五百の偈をもってむすべり《結》。いわんや、余《よ》の諸尊の種子《しゅじ》・尊形《そんぎょう》・三摩耶《さんまや》、その数をしら《知》ず。しかるに、漢土《かんど》にはただわずかに六巻・七巻なり。涅槃経《ねはんぎょう》は双林《そうりん》最後の説、漢土にはただ四十巻《しじっかん》、これも梵本これ多し。これらの諸経《しょきょう》は皆《みな》、釈迦如来《しゃかにょらい》の説くところの法華経の眷属《けんぞく》の修多羅《しゅたら》なり。この外《ほか》、過去の七仏・千仏、遠々劫《おんのんごう》の諸仏《しょぶつ》の所説、現在十方《じっぽう》の諸仏の説経《せっきょう》、皆、法華経の経の一字の眷属なり。

されば、薬王品《やくおうほん》に、仏、宿王華菩薩《しゅくおうけぼさつ》に対して云《のたま》わく「譬《たと》えば、一切《いっさい》の川流江河《せんるこうが》の諸水の中に海はこれ第一《だいいち》、衆山《しゅせん》の中に須弥山《しゅみせん》はこれ第一、衆《もろもろ》の星の中に月天子《がってんし》は最もこれ第一なるがごとし」等云々《うんぬん》。妙楽大師《みょうらくだいし》、釈《しゃく》して云《い》わく「已今当《いこんとう》の説《せつ》に最もこれ第一なり」等云々。この経《きょう》の一字の中に十方法界《じっぽうほうかい》の一切経《いっさいきょう》を納めたり。譬《たと》えば、如意宝珠《にょいほうしゅ》の一切の財《たから》を納め、虚空《こくう》の万象《ばんしょう》を含《ふく》めるがごとし。経の一字は一代に勝《すぐ》る故に、妙法蓮華の四字もまた八万法蔵《はちまんほうぞう》に超過《ちょうか》するなり。

妙《みょう》とは、法華経に云《い》わく「方便《ほうべん》の門を開いて、真実の相《そう》を示す」。章安大師《しょうあんだいし》、釈《しゃく》して云わく「秘密の奥蔵《おうぞう》を発《ひら》く。これを称《しょう》して妙となす」。妙楽《みょうらく》大師、この文《もん》を受けて云わく「発《ほっ》とは開《かい》なり」等云々《うんぬん》。妙と申すことは、開ということなり。

世間《せけん》に、財《たから》を積める蔵《くら》に鑰《かぎ》なければ、開くことかた《難》し。開かざれば、蔵の内の財を見ず。華厳経《けごんぎょう》は、仏説《と》き給《たま》いたりしかども、経を開く鑰をば、仏彼《か》の経に説き給わず。阿含《あごん》・方等《ほうどう》・般若《はんにゃ》・観経《かんぎょう》等の四十余年の経々《きょうぎょう》も、仏説き給いたりしかども、彼の経々の意をば開き給わず。門を閉じておかせ給いたりしかば、人、彼の経々をさと《覚》る者一人もなかりき。たといさと《覚》れりとおも《思》いしも、僻見《びゃっけん》にてありしなり。しかるに、仏、法華経を説かせ給いて、諸経《しょきょう》の蔵を開かせ給いき。この時に四十余年の九界の衆生《しゅじょう》、始めて諸経の蔵の内の財をば見《み》し《知》りたりしなり。譬《たと》えば、大地の上に人畜《にんちく》・草木《そうもく》等あれども、日月《にちがつ》の光なければ、眼《まなこ》ある人も人畜・草木の色《いろ》かたち《形》をし《知》らず、日月い《出》で給《たま》いてこそ、始めてこれをばし《知》ることには候《そうら》え。爾前《にぜん》の諸経《しょきょう》は長夜《じょうや》のやみ《闇》のごとし。法華経の本迹《ほんじゃく》二門は日月のごとし。諸《もろもろ》の菩薩《ぼさつ》の二目《ふため》ある、二乗《にじょう》の眇目《びょうもく》なる、凡夫《ぼんぷ》の盲目《もうもく》なる、闡提《せんだい》の生盲《しょうもう》なる、共に爾前《にぜん》の経々《きょうぎょう》にてはいろ《色》かたち《形》をばわ《弁》きまえずありしほどに、法華経の時、迹門《しゃくもん》の月輪《げつりん》始めて出《い》で給いし時、菩薩の両眼先《さき》にさ《覚》とり、二乗の眇目次《つぎ》にさとり、凡夫の盲目次に開き、生盲の一闡提《いっせんだい》、未来に眼《まなこ》の開くべき縁《えん》を結ぶ。これひとえに妙《みょう》の一字の徳なり。

迹門《しゃくもん》十四品《ほん》の一妙《みょう》、本門《ほんもん》十四品の一妙、合わせて二妙。迹門の十妙、本門の十妙、合わせて二十妙。迹門の三十妙、本門の三十妙、合わせて六十妙。迹門の四十妙、本門の四十妙、観心《かんじん》の四十妙、合わせて百二十重の妙なり。六万九千三百八十四字、一々《いちいち》の字の下に一つの妙あり。総じて六万九千三百八十四の妙あり。妙とは、天竺《てんじく》には薩《さ》と云《い》い、漢土《かんど》には妙と云う。

妙《みょう》とは具《ぐ》の義なり。具とは円満の義なり。法華経の一々の文字《もんじ》、一字一字に余《よ》の六万九千三百八十四字を納めたり。譬《たと》えば、大海の一滴《いったい》の水に一切《いっさい》の河《かわ》の水を納め、一つの如意宝珠《にょいほうしゅ》の芥子《けし》ばかりなるが一切の如意宝珠の財《たから》を雨《ふ》らすがごとし。

譬《たと》えば、秋冬枯《か》れたる草木《そうもく》の、春夏の日に値《あ》って、枝葉《えだは》・華菓《はなみ》出来《しゅったい》するがごとし。爾前《にぜん》の秋冬の草木のごとくなる九界の衆生《しゅじょう》、法華経の妙《みょう》の一字の春夏の日輪《にちりん》にあ《値》いたてまつりて、菩提心《ぼだいしん》の華《はな》さ《咲》き、成仏・往生《おうじょう》の菓《み》な《生》る。竜樹菩薩《りゅうじゅぼさつ》、大論《だいろん》に云《い》わく「譬えば、大薬師《だいやくし》の能《よ》く毒をもって薬となすがごとし」

云々《うんぬん》。この文《もん》は、大論に法華経の妙の徳を釈《しゃく》する文なり。妙楽大師《みょうらくだいし》、釈して云わく「治《じ》し難《がた》きを能く治す。ゆえに妙と称《しょう》す」等云々。総じて成仏・往生のなりがたき者四人あり。第一には決定性《けつじょうしょう》の二《に》乗《じょう》、第二には一闡提人《いっせんだいにん》、第三には空心《くうしん》の者、第四には謗法《ほうぼう》の者なり。これらを法華経において仏にならせ給《たも》う故に、法華経を妙とは云うなり。

提婆達多《だいばだった》は、斛飯王《こくぼんおう》の第一の太子、浄飯王《じょうぼんおう》にはおい《甥》、阿難尊者《あなんそんじゃ》がこのかみ《兄》、教主釈尊《きょうしゅしゃくそん》にはいとこ《従兄弟》、南閻浮提《なんえんぶだい》にかろ《軽》からざる人なり。須陀比丘《しゅだびく》を師として出家《しゅっけ》し、阿難尊者に十八変《じゅうはっぺん》をなら《習》い、外道《げどう》の六万蔵《ぞう》、仏の八万蔵を胸にうか《浮》べ、五法《ごほう》を行《ぎょう》じて、ほとんど仏よりも尊《たっと》きけしき《気色》なり。両頭を立てて破《は》僧罪《そうざい》を犯《おか》さんために、象頭山《ぞうずせん》に戒壇《かいだん》を築き、仏弟子《ぶつでし》を招きと《取》り、阿闍世太子《あじゃせたいし》をかたら《語》いて云《い》わく「我は仏を殺して新仏《しんぶつ》となるべし。太子は父の王を殺して新王となり給《たま》え」。阿闍世太子、すでに父の王を殺せしかば、提婆達多はまた仏をうかが《窺》い、大石《たいせき》をもちて仏の御身《おんみ》より血をいだ《出》し、阿羅漢《あらかん》たる華《け》色比丘尼《しきびくに》を打ちころ《殺》し、五逆《ごぎゃく》の内たる三逆をつぶさにつく《作》る。その上、瞿伽利尊者《くぎゃりそんじゃ》を弟子とし、阿闍世王を檀那《だんな》とたの《頼》み、五天竺《ごてんじく》・十六の大国・五百の中国等の一逆・二逆・三逆等をつくれる者、皆《みな》、提婆が一類にあらざることこれなし。たと《譬》えば、大海の諸河《しょが》をあつ《集》め、大山の草木《そうもく》をあつめたるがごとし。智慧《ちえ》の者は舎利弗《しゃりほつ》にあつまり、神通《じんずう》の者は目連《もくれん》にしたが《従》い、悪人は提婆にかたら《語》いしなり。

されば、厚さ十六万八千由旬《ゆじゅん》、その下に金剛《こんごう》の風輪《ふうりん》ある大地すでにわれ《破》て、生身《しょうじん》に無間大城《むけんだいじょう》に堕《お》ちにき。第一の弟子・瞿伽梨《くぎゃり》も、また生身に地獄《じごく》に入《い》る。旃遮婆羅門女《せんしゃばらもんにょ》もおち《堕》にき。波瑠璃王《はるりおう》もおちぬ。善星比丘《ぜんしょうびく》もおち《堕》ぬ。またこれらの人々の生身に堕ちしをば、五天竺《ごてんじく》・十六の大国・五百の中国・十千の小国の人々も、皆《みな》これをみ《見》る。六欲《ろくよく》・四禅《しぜん》・色《しき》・無色《むしき》・梵王《ぼんのう》・帝釈《たいしゃく》・第六天《だいろくてん》の魔王《まおう》も、閻魔法王《えんまほうおう》等も、皆、御覧《ごらん》ありき。三千大千世界《さんぜんだいせんせかい》・十方法界《じっぽうほうかい》の衆生《しゅじょう》も、皆、聞きしなり。

されば、大地微塵劫《だいちみじんごう》はす《過》ぐとも、無間大城《むけんだいじょう》を出《い》ずべからず。劫石《こうしゃく》はひ《磷》すらぐとも、阿鼻《あび》大城の苦はつ《尽》きじとこそ思い合いたりしに、法華経の提婆品《だいばほん》にして、教主釈尊《きょうしゅしゃくそん》の昔の師・天王如来《てんのうにょらい》と記《き》し給《たも》うことこそ不思議にお《覚》ぼゆれ。爾前《にぜん》の経々実《きょうぎょうじつ》ならば法華経は大妄語《だいもうご》、法華経実《じつ》ならば爾前の諸経《しょきょう》は大虚誑《だいこおう》罪《ざい》なり。提婆が三逆《さんぎゃく》をつぶさに犯《おか》してその外《ほか》無量の重罪を作りし、天王如来となる。いわんや、二逆・一逆等の諸《もろもろ》の悪人の得道《とくどう》疑いなきこと、譬《たと》えば、大地をか《返》えすに草木《そうもく》等のかえるがごとく、堅石《けんせき》をわ《破》る者軟草《なんそう》をわるがごとし。故に、この経《きょう》をば妙《みょう》と云《い》う。

女人《にょにん》をば内外典《ないげてん》にこれをそ《謗》しり、三皇五帝《さんこうごてい》の三墳五典《さんぷんごてん》に諂曲《てんごく》の者と定《さだ》む。されば、「災《わざわ》いは三女より起こる」と云《い》えり。国の亡《ほろ》び人の損ずる源《みなもと》は、女人を本《もと》とす。内典の中には、初成道《しょじょうどう》の大法《だいほう》たる華厳経《けごんぎょう》には「女人は地獄《じごく》の使いなり。能《よ》く仏の種子《しゅし》を断《た》つ。外面《げめん》は菩薩《ぼさつ》に似て、内心は夜叉《やしゃ》のごとし」と云い、双林《そうりん》最後の大涅槃経《だいねはんぎょう》には「一切《いっさい》の江河《こうが》必ず回曲《えこく》有り。一切の女人必ず諂曲《てんごく》有り」と。また云わく「あらゆる三千界《さんぜんかい》の男子《なんし》の諸《もろもろ》の煩悩《ぼんのう》を合わせ集めて、一人の女人の業障《ごうしょう》となす」等云々《うんぬん》。

大華厳経《だいけごんぎょう》の文《もん》に「能《よ》く仏の種子《しゅし》を断《た》つ」と説かれて候《そうろう》は、女人《にょにん》は仏にな《成》るべき種子をい《焦》れり。譬《たと》えば、大旱魃《だいかんばつ》の時、虚空《こくう》の中に大雲お《起》こり大雨を大地に下《ふ》らすに、か《枯》れたるがごとくなる無量無辺の草木《そうもく》、花さ《咲》き菓《み》な《生》る。しかりといえども、い《焦》れる種《たね》はお《生》いずして、結句《けっく》、雨し《繁》げければく《朽》ちう《失》するがごとし。仏は大雲のごとく、説教は大雨のごとく、か《枯》れたるがごとくなる草木を一切衆生《いっさいしゅじょう》に譬えたり。

仏教の雨に潤《うるお》い、五戒《ごかい》・十善《じゅうぜん》・禅定《ぜんじょう》等の功徳《くどく》を修《しゅ》するは、花さき《咲》菓なる《生》がごとし。雨ふれどもいり《焦》たる種のお《生》いず、かえりてくち《朽》う《失》するは、女人の仏教にあいて生死《しょうじ》をはなれ《離》ずして、かえりて仏法を失い、悪道《あくどう》に堕《お》つるに譬うべし。これを「能く仏の種子を断つ」とは申すなり。涅槃経《ねはんぎょう》の文《もん》に「一切《いっさい》の江河《こうが》のまがれる《曲》がごとく、女人《にょにん》もまたまがれり」と説かれたるは、水はやわ《軟》らかなる物なれば、石山なんどのこわき《強》物にさえ《障》られて水のさき《先》ひるむ《怯》ゆえに、あれへこれへ行くなり。女人もまたかくのごとし。女人の心をば水に譬《たと》えたり。心よわく《弱》して水のごとくなり。道理と思うことも、男のこわき《強》心に値《あ》いぬれば、せかれ《塞》てよし《由》なき方《かた》へおもむく《赴》。また、水にえがく《描》にとどま《留》らざるがごとし。女人は不信を体《たい》とするゆえに、只今《ただいま》さあるべしと見ることも、またしばらくあれば、あらぬさま《様》になるなり。仏と申すは正直《しょうじき》を本《もと》とす。故に、まがれる《曲》女人は仏にな《成》るべからず。五障三《ごしょうさん》従《じゅう》と申して、五つのさわり《障》、三つしたがう《従》事あり。されば銀色女経《ごんじきにょきょう》には「三世《さんぜ》の諸仏《しょぶつ》の眼《まなこ》は大地に落《お》つとも、女人は仏になるべからず」と説かれ、大論《だいろん》には「清風《せいふう》はとる《取》といえども、女人の心はとりがたし」と云《い》えり。

　かくのごとく諸経《しょきょう》に嫌《きら》われたりし女人《にょにん》を、文殊師利菩薩《もんじゅしりぼさつ》の妙《みょう》の一字を説き給《たま》いしかば、たちまちに仏にな《成》りき。あまりに不審《ふしん》なりし故に、宝浄世界《ほうじょうせかい》の多宝仏《たほうぶつ》の第一の弟子《でし》・智積《ちしゃく》菩薩、釈迦如来《しゃかにょらい》の御弟《みで》子《し》の智慧《ちえ》第一の舎利弗尊者《しゃりほつそんじゃ》、四十余年の大小乗経《だいしょうじょうきょう》の経文《きょうもん》をもって竜女《りゅうにょ》の仏になるまじき由《よし》を難《なん》ぜしかども、終《つい》に叶《かな》わず仏になりにき。初成道《しょじょうどう》の「能《よ》く仏の種子《しゅし》を断《た》つ」、双林《そうりん》最後の「一切《いっさい》の江河《こうが》必ず回《え》曲《こく》有り」の文《もん》も破れぬ。銀色女経《ごんじきにょきょう》ならびに大論《だいろん》の亀鏡《ききょう》も空《むな》しくなりぬ。智積・舎利弗は舌を巻いて口を閉じ、人天大会《にんてんだいえ》は歓喜《かんき》せしあまりに掌《たなごころ》を合わせたりき。これひとえに妙の一字の徳なり。

この南閻浮提《なんえんぶだい》の内に二千五百の河あり。一々《いちいち》に皆《みな》まが《曲》れり。南閻浮提の女人《にょにん》の心のまが《曲》れるがごとし。ただし娑婆耶《しゃばや》と申す河あり。縄《なわ》を引きはえ《延》たるがごとくして、直《ただ》ちに西海《さいかい》に入《い》る。法華経を信ずる女人、またまたかくのごとく、直ちに西方浄土《さいほうじょうど》へ入るべし。これ妙《みょう》の一字の徳なり。

妙《みょう》とは蘇生《そせい》の義なり。蘇生と申すは、よみがえ《蘇》る義なり。譬《たと》えば、黄鵠《こうこく》の子死せるに、鶴《つる》の母「子《し》安《あん》」となけ《鳴》ば、死せる子還《かえ》って活《よみがえ》り、鴆鳥《ちんちょう》水に入《い》れば、魚蚌《ぎょぼう》ことごと《悉》く死す。犀《さい》の角《つの》これにふる《触》れば、死せる者皆《みな》よみがえ《蘇》るがごとく、爾前《にぜん》の経々《きょうぎょう》にて仏種《ぶっしゅ》をいり《焦》て死せる二乗《にじょう》・闡提《せんだい》・女人《にょにん》等、妙の一字を持《たも》ちぬれば、いれ《焦》る仏種も還って生《しょう》ずるがごとし。天台云《てんだいい》わく「闡提は心有り。なお作仏《さぶつ》すべし。二乗は智《ち》を滅《めっ》す。心《こころ》生ずべからず。法華《ほっけ》能《よ》く治《じ》す。また称《しょう》して妙となす」。妙楽云《みょうらくい》わく「ただ大とのみ云って妙と名づけざることは、一には有心《うしん》は治し易《やす》く、無心《むしん》は治し難《がた》し。治し難きを能く治す。ゆえに妙と称す」等云々《うんぬん》。これらの文《もん》の心は、大方広仏華厳経《だいほうこうぶつけごんぎょう》・大集経《だいじっきょう》・大品経《だいぼんぎょう》・大涅槃経《だいねはんぎょう》等は題目に大の字のみありて妙の字なし。ただ生ける者を治して死せる者をば治せず。法華経は死せる者をも治するが故に妙と云う釈《しゃく》なり。

されば、諸経《しょきょう》にしては、仏にな《成》る者も仏になるべからず。その故は、法華《ほっけ》は仏になりがたき者すらなお仏になりぬ。なりやすき者は云《い》うにや及《およ》ぶという道理《どうり》立ちぬれば、法華経をとか《説》れて後《のち》は、諸経におもむ《赴》く人《ひと》一人もあるべからず。しかるに、正像《しょうぞう》二千年過ぎて末法《まっぽう》に入《い》って、当世《とうせい》の衆生《しゅじょう》の成仏・往生《おうじょう》のとげ《遂》がたきことは、在世《ざいせ》の二乗《にじょう》・闡提《せんだい》等にも百千万億倍すぎ《過》たる衆生の、観経《かんぎょう》等の四十余年の経々《きょうぎょう》によりて生死《しょうじ》をはなれん《離》と思うは、はかなし、はかなし。女人《にょにん》は在世・正像末《しょうぞうまつ》、総じて一切《いっさい》の諸《しょ》仏《ぶつ》の一切経《いっさいきょう》の中に、法華経をはなれて仏になる《成》べからず。霊山《りょうぜん》の聴衆《ちょうしゅ》、道場開悟《どうじょうかいご》たる天台智者大師《てんだいちしゃだいし》、定めて云《い》わく「他経《たきょう》は、ただ男にのみ記《き》して女に記せず。今経《こんきょう》は皆《みな》記す」等云々《うんぬん》。釈迦如来《しゃかにょらい》・多宝仏《たほうぶつ》・十方諸仏《じっぽうしょぶつ》の御前《みまえ》にして、摩竭提国王舎城《まかだいこくおうしゃじょう》の艮《うしとら》、鷲《わし》の山と申す所にて、八箇年《かねん》の間説《と》き給《たま》いし法華経を、智者大師まのあたり《目当》聞《き》こしめしけるに、我《われ》五十余年の一代聖教《いちだいしょうぎょう》を説きおく《置》ことは皆、衆生利益《しゅじょうりやく》のためなり。ただし、その中に四十二年の経々《きょうぎょう》には「女人《にょにん》、仏になる《成》べからず」と説きたまいしなり。今、法華経にして「女人、仏に成るととく《説》」となのらせ《名乗》給いしを、仏の滅後《めつご》一千五百余年に当たって、鷲の山より東北十万八千里《り》の山海をへだてて《隔》摩訶尸那《まかしな》と申す国あり、震旦国《しんたんこく》これなり。この国に仏の御使《おんつか》いに出《い》でさせ給い、天台智者大師となのりて《名乗》、「女人は法華経をはなれて《離》仏になるべからず」と定めさせ給いぬ。

尸那国《しなこく》より三千里《り》をへだてて《隔》東方に国あり、日本国となづけ《名》たり。天台大師《てんだいだいし》、御入滅《ごにゅうめつ》二百余年と申せしに、この国に生まれて伝教大師《でんぎょうだいし》となのらせ《名乗》給《たま》いて、秀句《しゅうく》と申す書を造り給いしに、「能化《のうけ》・所化《しょけ》ともに歴劫《りゃっこう》無し。妙法経力《みょうほうきょうりき》もて即身成仏《そくしんじょうぶつ》す」と、竜女《りゅうにょ》が成仏を定め置き給いたり。しかるに、当世《とうせい》の女人《にょにん》は即身成仏こそかたから《難》め、往生極楽《おうじょうごくらく》は法華《ほっけ》を憑《たの》まば疑いなし。譬《たと》えば、江河《こうが》の大海に入《い》るよりもたやすく《容易》、雨の空より落《お》つるよりもはやく《速》あるべきことなり。

しかるに、日本国の一切《いっさい》の女人《にょにん》は、南無妙法蓮華経とは唱えずして、女人の往生《おうじょう》・成仏をとげ《遂》ざる双観《そうかん》・観経《かんぎょう》等によりて、弥陀《みだ》の名号《みょうごう》を一日に六万返《べん》・十万返なんどとなうる《称》は、仏の名号なれば巧《たく》み

なるには に《似》たれども、女人不成仏・不往生の経《きょう》によれる故に、いたずらに他の財《たから》を数えたる女人なり。これひとえに悪知識《あくちしき》にた《誑》ぼらかされたるなり。されば、日本国の一切の女人の御《おん》かたき《敵》は、虎狼《ころう》よりも、山賊《さんぞく》・海賊《かいぞく》よりも、父母の敵《かたき》・とわり《遊女》等よりも、法華経をばおしえ《教》ずして念仏《ねんぶつ》等をおしう《教》るこそ、一切の女人の御かたき《敵》なれ。

南無妙法蓮華経と一日に六万・十万・千万等も唱えて後《のち》に、暇《いとま》あらば時々弥陀《みだ》等の諸仏《しょぶつ》の名号《みょうごう》をも口ずさみなるように申し給《たま》わんこそ法華経を信ずる女人《にょにん》にてはあるべきに、当世《とうせい》の女人は、一期《いちご》の間弥陀の名号をばしきりにとなえ《称》、念仏《ねんぶつ》の仏事《ぶつじ》をばひま《隙》なくおこない《行》、法華経をばつやつや唱えず、供《く》養《よう》せず。あるいはわずかに法華経を持経者《じきょうしゃ》によま《読》すれども、念仏者《ねんぶつしゃ》をば父母・兄弟なんどのようにおも《思》いなし、持経者をば所従《しょじゅう》・眷属《けんぞく》よりもかろく《軽》おもえ《思》り。かくして、しかも法華経を信ずる由《よし》をなの《名乗》るなり。そもそも浄徳夫人《じょうとくぶにん》は、二人の太子の出家《しゅっけ》を許して法華経をひろめ《弘》させ、竜女《りゅうにょ》は、「我は大乗《だいじょう》の教えを闡《ひら》いて、苦の衆生《しゅじょう》を度脱《どだつ》せん」とこそ誓《ちか》いしが、全《まった》く他経《たきょう》ばかりを行《ぎょう》じてこの経を行ぜじとは誓わず。今の女人はひとえに他経を行じて法華経を行ずる方《かた》をしら《知》ず。とくとく《疾》心をひるがえ《翻》すべし、心をひるがえすべし。南無妙法蓮華経、南無妙法蓮華経。

文永《ぶんえい》三年丙寅《ひのえとら》正月六日　　日蓮　花押《かおう》

(034)

聖愚問答抄《しょうぐもんどうしょう》 上

文永《ぶんえい》5年（'68） 47歳

夫《そ》れ、生《しょう》を受けしより死を免《まぬか》れざる理《ことわり》は、賢《かしこ》き御門《みかど》より卑《いや》しき民に至るまで人ごとにこれを知るといえども、実《まこと》にこれを大事としこれを歎《なげ》く者、千万人に一人も有りがた《難》し。無常《むじょう》の現起《げんき》するを見ては疎《うと》きをば恐《おそ》れ親しきをば歎くといえども、先立《さきだ》つははか《果》な《無》く留《とど》まるはかしこ《賢》きように思って、昨日《きのう》は彼《か》のわざ《業》今日《きょう》はこのこととて、いたずらに世間《せけん》の五欲《ごよく》にほだ《絆》されて、白駒《はっく》のかげ《影》過ぎやすく羊《ひつじ》の歩み近づくことをし《知》らずして、空《むな》しく衣食《えじき》の獄《ごく》につながれ、いたずらに名利《みょうり》の穴にお《堕》ち、三途《さんず》の旧里《ふるさと》に帰り六道《ろくどう》のちまた《巷》に輪回《りんね》せんこと、心有らん人、誰《たれ》か歎かざらん、誰か悲しまざらん。

ああ、老少不定《ろうしょうふじょう》は娑婆《しゃば》の習い、会者定離《えしゃじょうり》は浮《う》き世《よ》のことわり《理》なれば、始めて驚《おどろ》くべきにあらねども、正嘉《しょうか》の初め世を早《はよ》うせし人のありさまを見るに、あるいは幼き子をふり《振》すて《捨》、あるいは老いたる親を留《とど》めお《置》き、いまだ壮年《そうねん》の齢《よわい》にて黄泉《こうせん》の旅に趣《おもむ》く心の中《うち》、さこそ悲しかるらめ。行くもか《悲》なしみ、留まるもか《悲》なしむ。彼《か》の楚王《そおう》が神女《しんじょ》に伴《ともな》いし、情《なさ》けを一片の朝《あした》の雲に残し、劉氏《りゅうし》が仙客《せんきゃく》に値《あ》いし、思いを七世《しちせい》の後胤《こういん》に慰《なぐさ》む。予《よ》がごとき者、底《なに》に縁《よ》って愁《うれ》いを休めん。「かかる山左《やまがつ》のい《卑》やしき心なれば、身にはな思いのな《無》かれかし」と云《い》いけん人の古事《ふるごと》さえ思い出《い》でられて、末《すえ》の代《よ》のわすれ《忘》がた《形》み《見》にもとて、難波《なにわ》のもしお《藻塩》草《ぐさ》をかきあつめ、水《みず》くき《茎》のあと《跡》を形《かた》のごとくしる《記》しおく《置》なり。

悲しいかな、痛ましいかな。我ら無始《むし》より已来《このかた》、無明《むみょう》の酒に酔《よ》って六道四生《ろくどうししょう》に輪回《りんね》して、ある時は焦熱《しょうねつ》・大焦熱の炎《ほのお》にむせび《咽》、ある時は紅蓮《ぐれん》・大紅蓮の氷にとじ《閉》られ、ある時は餓鬼《がき》の飢渇《けかち》の悲しみに値《あ》って五百生《しょう》の間飲食《おんじき》の名をも聞かず。ある時は畜生《ちくしょう》の残害《ざんがい》の苦しみをうけて、小さきは大《おお》きなるにのまれ《呑》、短きは長きにまかる《巻》。これを残害の苦と云《い》う。ある時は修羅《しゅら》の闘諍《とうじょう》の苦をうけ、ある時は人《にん》間《げん》に生まれて八苦《はっく》をうく《受》。生《しょう》・老《ろう》・病《びょう》・死《し》・愛別離苦《あいべつりく》・怨憎会苦《おんぞうえく》・求不得苦《ぐふとっく》・五盛陰苦《ごじょうおんく》等なり。ある時は天上《てんじょう》に生まれて五衰《ごすい》をうく。かくのごとく三界《さんがい》の間を車輪のごとく回《めぐ》り、父子の中にも、親の親たる、子の子たることをさとら《覚》ず。夫婦《ふうふ》の会い遇《あ》えるも、会い遇いたることをしら《知》ず。迷えることは羊《よう》目《もく》に等しく、暗きことは狼眼《ろうげん》に同《おな》じ。我を生みたる母の由来《ゆらい》をもしら《知》ず、生《しょう》を受けたる我が身も、死の終わりをしらず。

ああ、受け難《がた》き人界《にんかい》の生《しょう》をうけ《受》、値《あ》い難き如来《にょらい》の聖教《しょうぎょう》に値い奉《たてまつ》れり。一眼《いちげん》の亀《かめ》の浮《う》き木《ぎ》の穴にあ《遇》えるがごとし。今度もし生死《しょうじ》のきずな《絆》をきら《切》ず、三界《さんがい》の籠樊《ろうはん》を出《い》でざらんこと、かなし《悲》かるべし、かなしかるべし。

ここに、ある智人来《ちじんきた》って示して云《い》わく、汝《なんじ》が歎《なげ》くところ実《まこと》にしかなり。かくのごとく無常《むじょう》のことわ《理》りを思い知り善心を発《おこ》す者は、麟角《りんかく》よりも希《まれ》なり。このことわりを覚《さと》らずして悪心を発す者は、牛毛《ぎゅうもう》よりも多し。汝早く生死《しょうじ》を離《はな》れ菩提心《ぼだいしん》を発さんと思わば、吾《われ》最第一の法を知れり。志《こころざし》あらば、汝がためにこれを説いて聞かしめん。

その時、愚人《ぐにん》座より起《た》って掌《たなごころ》を合わせて云《い》わく、我は日来外典《ひごろげてん》を学し風月に心をよ《寄》せて、いまだ仏教ということを委細《いさい》にしらず。願わくは上人《しょうにん》、我がためにこれを説き給《たま》え。

その時、上人《しょうにん》の云《い》わく、汝《なんじ》、耳を伶倫《れいりん》が耳に寄せ、目を離朱《りしゅ》が眼《まなこ》にか《借》って、心をし《静》ずめて我が教えをきけ。汝がためにこれを説かん。

夫《そ》れ、仏教は八万の聖教《しょうぎょう》多けれども、諸宗《しょしゅう》の父母たること、戒律《かいりつ》にはしかず。されば、天竺《てんじく》には世《せ》親《しん》・馬鳴《めみょう》等の薩埵《さった》、唐土《とうど》には慧曠《えこう》・道宣《どうせん》といいし人、これを重んず。我が朝《ちょう》には人皇《にんのう》四十五代聖武天《しょうむてん》皇《のう》の御宇《ぎょう》に、鑑真和尚《がんじんわじょう》この宗《しゅう》と天台宗《てんだいしゅう》と両宗《りょうしゅう》を渡《わた》して、東大寺《とうだいじ》の戒壇《かいだん》これを立つ。しかしてより已来《このかた》当世《とうせい》に至るまで、崇重《すうちょう》年旧《ふ》り尊貴《そんき》日に新たなり。なかんずく極楽寺《ごくらくじ》の良観上人《りょうかんしょうにん》は、上一人《かみいちにん》より下万民《しもばんみん》に至るまで、生身《しょうじん》の如来《にょらい》とこれを仰《あお》ぎ奉《たてまつ》る。彼《か》の行儀《ぎょうぎ》を見るに、実《まこと》にもってしかなり。飯島《いいじま》の津《つ》にて六浦《むつら》の関米《せきまい》を取っては諸国の道を作り、七道《しちどう》に木戸《きど》をか《構》まえて人別《にんべつ》の銭《ぜに》を取っては諸河《しょが》に橋を渡す。慈悲《じひ》は如来に斉《ひと》しく、徳行《とくぎょう》は先達《せんだつ》に越《こ》えたり。汝《なんじ》、早く生死《しょうじ》を離《はな》れんと思わば、五戒《ごかい》・二百五十戒を持《たも》ち、慈悲をふ《深》かくして物の命を殺さずして、良観上人のごとく、道を作り橋を渡せ。これ第一の法なり。汝持たんや否《いな》や。

愚人《ぐにん》いよいよ掌《たなごころ》を合わせて云《い》わく、能《よ》く能く持《たも》ち奉《たてまつ》らんと思う。つぶさに我がためにこれを説き給《たま》え。そもそも、五戒《ごかい》・二百五十戒ということは、我らいまだ存知《ぞんち》せず。委細《いさい》にこれを示し給え。

智人《ちじん》云《い》わく、汝《なんじ》は無下《むげ》に愚《おろ》かなり。五戒《ごかい》・二百五十戒ということをば、孩児《おさなご》もこれをし《知》る。しかれども、汝がためにこれを説かん。五戒とは、一には不殺生戒《ふせっしょうかい》、二には不偸盗戒《ふちゅうとうかい》、三には不妄語戒《ふもうごかい》、四には不邪淫戒《ふじゃいんかい》、五には不飲酒戒《ふおんじゅかい》、これなり。二百五十戒のことは多きあいだ、これを略す。

その時に愚人《ぐにん》、礼拝《らいはい》・恭敬《くぎょう》して云《い》わく、我、今日《きょう》より深くこの法を持《たも》ち奉《たてまつ》るべし。

ここに予《よ》が年来の知音《ちいん》、ある所に隠居《いんきょ》せる居士《こじ》一人あり。予が愁歎《しゅうたん》を訪《とぶら》わんために来《きた》れるが、始めには往事渺茫《おうじびょうぼう》として夢に似たることをかたり《語》、終わりには行《ゆ》く末《すえ》の冥々《めいめい》として弁《わきま》え難《がた》きことを談ず。貴辺鬱《うつ》を散じ思いをのべて後《のち》、予に問うて云《い》わく、そもそも人の世に有る、誰《たれ》か後生《ごしょう》を思わざらん。貴辺いかなる仏法をか持《たも》って出離《しゅつり》をねがい、また亡者《もうじゃ》の後世《ごせ》をも訪い給《たも》うや。

予《よ》答えて云《い》わく、一日《いちじつ》、ある上人《しょうにん》来《きた》って、我がために五戒《ごかい》・二百五十戒を授《さず》け給《たま》えり。実《まこと》にもって心肝《しんかん》にそみ《染》て貴《たっと》し。我《われ》深く良観《りょうかん》上人のごとく、及《およ》ばぬ身にも、わろき《悪》道を作り、深き河には橋をわた《渡》さんと思えるなり。

その時、居士《こじ》示して云《い》わく、汝《なんじ》が道心貴《どうしんたっと》きに似て愚《おろ》かなり。今談ずるところの法は、浅ましき小乗《しょうじょう》の法なり。されば、仏は則《すなわ》ち八種の喩《たと》えを設《もう》け、文殊《もんじゅ》はまた十七種の差別を宣《の》べたり。あるいは蛍火《ほたるび》・日光の喩えを取り、あるいは水精《すいしょう》・瑠璃《るり》の喩えあり。ここをもって三国《さんごく》の人師《にんし》も、その破文《はもん》一つにあらず。

次に行者《ぎょうじゃ》の尊重《そんちょう》のこと、必ず人の敬うによって法の貴《たっと》きにあらず。されば、仏は、「法に依《よ》って人《にん》に依らざれ」と定め給《たま》えり。我《われ》伝え聞く、上古《じょうこ》の持律《じりつ》の聖者《しょうじゃ》の振る舞いは、殺《せつ》を言い収《しゅう》を言うには知《ち》浄《じょう》の語《ことば》有り、行雲廻雪《こううんかいせつ》には死屍《しし》の想《おも》いを作《な》す。しかるに、今の律僧《りっそう》の振る舞いを見るに、布絹《ふけん》・財宝をたくわえ、利銭《りせん》・借《か》り請《う》けを業《なりわい》とす。教行既《きょうぎょうすで》に相違《そうい》せり。誰《たれ》かこれを信受せん。

次に道を作り橋を渡《わた》すこと、還《かえ》って人の歎《なげ》きなり。飯島《いいじま》の津《つ》にて六浦《むつら》の関米《せきまい》を取る。諸人《しょにん》の歎きこれ多し。諸国七道《しちどう》の木戸《きど》、これも、旅人《たびびと》のわずら《煩》い、ただこのことに在り。眼前《がんぜん》のことなり。汝《なんじ》見ざるや否《いな》や。

愚人色《ぐにんいろ》を作《な》して云《い》わく、汝《なんじ》が智分《ちぶん》をもって上人《しょうにん》を謗《ぼう》じ奉《たてまつ》り、その法を誹《そし》ること、謂《いわ》れ無し。知って云うか、愚《おろ》かにして云うか。おそろ《恐》し、おそろし。

その時、居士《こじ》笑って云《い》わく、ああおろ《愚》かなり、おろかなり。彼《か》の宗《しゅう》の僻見《びゃっけん》をあらあら《粗々》申すべし。そもそも教《きょう》に大小《だいしょう》有り、宗《しゅう》に権実《ごんじつ》を分かてり。鹿苑施小《ろくおんせしょう》の昔は化城《けじょう》の戸《と》ぼそに導くといえども、鷲峰開《じゅぶかい》顕《けん》の筵《むしろ》にはその得益《とくやく》さらにこれ無し。

その時、愚人茫然《ぐにんぼうぜん》として居士《こじ》に問うて云《い》わく、文証《もんしょう》・現証実《げんしょうまこと》にもってしかなり。さて、いかなる法を持《たも》ってか生死《しょうじ》を離《はな》れ速《すみ》やかに成仏せんや。

居士《こじ》示して云《い》わく、我在俗《ざいぞく》の身なれども、深く仏道《ぶつどう》を修行《しゅぎょう》して、幼少より多くの人師《にんし》の語《ことば》を聞き、ほぼ経教《きょうぎょう》をも開き見るに、末代《まつだい》我らがごとくなる無悪不造《むあくふぞう》のためには、念仏往生《ねんぶつおうじょう》の教えにしくはなし。されば、恵心僧都《えしんそうず》は「夫《そ》れ、往生極楽《ごくらく》の教行《きょうぎょう》は、濁世《じょくせ》末代の目足《もくそく》なり」と云い、法然上人《ほうねんしょうにん》は諸経《しょきょう》の要文《ようもん》を集めて一向専修《いっこうせんじゅ》の念仏を弘《ひろ》め給《たも》う。中にも、弥陀《みだ》の本願《ほんがん》は諸仏超過《しょぶつちょうか》の崇重《すうちょう》なり。始め無三悪《むさんあく》趣《しゅ》の願《がん》より終わり得三法忍《とくさんぼうにん》の願に至るまで、いずれも悲願《ひがん》めでたけれども、第十八の願、殊《こと》に我らがために殊勝《しゅしょう》なり。また十悪《じゅうあく》・五逆《ごぎゃく》をもきら《嫌》わず、一念《いちねん》・多念《たねん》をもえら《簡》ばず。されば、上一人《かみいちにん》より下万《しもばん》民《みん》に至るまで、この宗《しゅう》をもてなし給うこと、他に異《こと》なり。また往生の人それいく《幾》ばくぞや。

その時、愚人《ぐにん》云《い》わく、実《まこと》に、小を恥《は》じて大を慕《した》い浅きを去って深きに就《つ》くは、仏教の理《ことわり》のみにあらず、世間《せけん》にもこれ法なり。我《われ》早く彼《か》の宗《しゅう》にうつ《移》らんと思う。委細《いさい》に彼の旨《むね》を語り給《たま》え。彼の仏の悲《ひ》願《がん》の中に「五逆《ごぎゃく》・十悪《じゅうあく》をも簡《えら》ばず」と云える五逆とは何《なん》らぞや、十悪とはいかん。

智人《ちじん》の云《い》わく、五逆《ごぎゃく》とは、父を殺し、母を殺し、阿羅漢《あらかん》を殺し、仏身《ぶっしん》より血を出《い》だし、和合僧《わごうそう》を破《は》す、これを五逆と云うなり。十悪《じゅうあく》とは、身に三つ、口に四つ、意に三つなり。身に三つとは殺《せっ》・盗《とう》・婬《いん》、口に四つとは妄語《もうご》・綺語《きご》・悪口《あっく》・両舌《りょうぜつ》、意に三つとは貪《とん》・瞋《じん》・癡《ち》、これを十悪と云うなり。

愚人云《ぐにんい》わく、我、今解《げ》しぬ。今日《きょう》よりは他力往生《たりきおうじょう》に憑《たの》みを懸《か》くべきなり。

ここに愚人《ぐにん》また云わく、もっての外盛《ほかさか》んにいみじき密宗《みっしゅう》の行人《ぎょうにん》あり。これも予《よ》が歎《なげ》きを訪《とぶら》わんがために来臨《らいりん》して、始めには狂言《きょうげん》・綺語《きご》のことわり《理》を示し、終わりには顕密二宗《けんみつにしゅう》の法門《ほうもん》を談じて、予に問うて云わく、そもそも汝《なんじ》は、いかなる仏法をか修行《しゅぎょう》し、いかなる経論《きょうろん》をか読誦《どくじゅ》し奉《たてまつ》るや。予答えて云わく、我、一日《いちじつ》、ある居士《こじ》の教えによって、浄土《じょうど》の三部経《さんぶきょう》を読み奉り、西方極楽《さいほうごくらく》の教主《きょうしゅ》に憑《たの》みを深く懸《か》くるなり。

行者云《ぎょうじゃい》わく、仏教に二種有り。一には顕教《けんきょう》、二には密教《みっきょう》なり。顕教の極理《ごくり》は密教の初門《しょもん》にも及《およ》ばず云々《うんぬん》。汝《なんじ》が執心《しゅうしん》の法を聞けば、釈迦《しゃか》の顕教なり。我が持《たも》つところの法は、大日覚王《だいにちかくおう》の秘法なり。実《まこと》に三界《さんがい》の火宅《かたく》を恐《おそ》れ寂光《じゃっこう》の宝台《ほうだい》を願わば、すべからく顕教をすて《捨》て密教につく《付》べし。

愚人驚《ぐにんおどろ》いて云《い》わく、我いまだ顕密二道《けんみつにどう》ということを聞かず。いかなるを顕教《けんきょう》と云い、いかなるを密《みっ》教《きょう》と云えるや。

行者云《ぎょうじゃい》わく、予《よ》はこれ頑愚《がんぐ》にして、あえて賢《けん》を存《そん》せず。しかりといえども、今、一・二の文《もん》を挙げて汝《なんじ》が矇昧《もうまい》を挑《かか》げん。顕教《けんきょう》とは、舎利弗《しゃりほつ》等の請《こ》いによって応身如来《おうじんにょらい》の説き給《たも》う諸教《しょきょう》なり。密教《みっきょう》とは、自受法楽《じじゅほうらく》のために、法身大日如来《ほっしんだいにち》の金剛薩埵《こんごうさった》を所化《しょけ》として説き給うところの大日経《だいにちきょう》等の三部なり。

愚人《ぐにん》云《い》わく、実《まこと》にもってしかなり。先非《せんぴ》をひるがえ《翻》して、賢《かしこ》き教えに付き奉《たてまつ》らんと思うなり。またここに、萍《うきくさ》のごとく諸州を回《めぐ》り、蓬《よもぎ》のごとく県々《けんけん》に転ずる非人《ひにん》の、それとも知らず来《きた》り、門の柱に寄り立って含笑《ほくそえ》み、語ることなし。あやしみをなしてこれを問うに、始めには云《い》うことなし。後《のち》に強《し》いて問いを立つる時、彼《かれ》が云わく「月蒼々《そうそう》として風忙々《ぼうぼう》たり」と。形質《なりかたち》常に異《こと》に、言語《ごんご》また通ぜず。その至極《しごく》を尋《たず》ぬれば、当世《とうせい》の禅法《ぜんぼう》これなり。予《よ》、彼《か》の人の有《あ》り様《さま》を見、その言語を聞いて仏道《ぶつどう》の良因《ろういん》を問う時、非人云わく、修多羅《しゅたら》の教えは月をさす指、教網《きょうもう》はこれ言語にとどこお《滞》る妄事《もうじ》なり。我が心の本分《ほんぶん》におちつ《落着》かんと出《い》で立つ法は、その名を禅と云うなり。

愚人《ぐにん》云《い》わく、願わくは、我《われ》聞かんと思う。

非人云わく、実《まこと》にその志《こころざし》深くば、壁《かべ》に向かい坐禅《ざぜん》して、本心《ほんしん》の月を澄《す》ましめよ。ここをもって、西天《さいてん》には二十八祖系《けい》乱れず、東土《とうど》には六祖の相伝《そうでん》明白なり。汝《なんじ》これを悟《さと》らずして教網《きょうもう》にかかる。不《ふ》便《びん》、不便。「是心即仏《ぜしんそくぶつ》、即心是仏《そくしんぜぶつ》」なれば、この身の外《ほか》に、さらにいずくにか仏あらんや。

愚人《ぐにん》この語《ことば》を聞いてつくづくと諸法《しょほう》を観《かん》じ、閑《しず》かに義理を案じて云《い》わく、仏教万差《ばんさ》にして、理非明《りひあき》らめ難《がた》し。宜《むべ》なるかな、常啼《じょうたい》は東に請《こ》い、善財《ぜんざい》は南に求め、薬王《やくおう》は臂《ひじ》を焼き、楽法《ぎょうぼう》は皮を剝《は》ぐ。善知《ぜんち》識実《しきまこと》に値《あ》い難し。あるいは教内《きょうない》と談じ、あるいは教外《きょうげ》と云う。このことわり《理》を思うに、いまだ淵底《えんでい》を究《きわ》めず法水《ほっすい》に臨《のぞ》む者は深淵《しんえん》の思いを懐《いだ》き、人師《にんし》を見る族《やから》は薄氷《はくひょう》の心を成せり。ここをもって金言《きんげん》には、「法に依《よ》って人《にん》に依らざれ」と定め、また爪上《そうじょう》の土の譬《たと》えあり。もし仏法の真偽《しんぎ》をしる《知》人あらば、尋《たず》ねて師とすべし。求めて崇《あが》むべし。

夫《そ》れ、人界《にんかい》に生《しょう》を受《う》くるを天上の糸にたとえ《譬》、仏法の視聴《しちょう》は浮《う》き木《ぎ》の穴に類《たぐ》いせり。身を軽くして法を重くすべしと思うによって衆山《しゅせん》に攀《よ》じ、歎《なげ》きに引かれて諸寺を回《めぐ》る。足に任《まか》せて一つの巌窟《がんくつ》に至るに、後《しりえ》には青山《せいざん》峨々《がが》として松風常楽我浄《しょうふうじょうらくがじょう》を奏し、前には碧水湯々《へきすいしょうしょう》として岸うつ《打》波四徳波羅蜜《しとくはらみつ》を響《ひび》かす。深谷《しんこく》に開敷《かいふ》せる花も中道実相《ちゅうどうじっそう》の色《いろ》を顕《あらわ》し、広野《こうや》に綻《ほころ》ぶる梅《うめ》も界如三千《かいにょさんぜん》の薫《かお》りを添《そ》う。言語道断《ごんごどうだん》・心行所滅《しんぎょうしょめつ》せり。謂《い》いつべし、商山《しょうざん》の四皓《しこう》の所居《しょご》とも。また知らず、古仏経行《こぶつきょうぎょう》の迹《あと》なるか。景雲朝《けいうんあした》に立ち、霊光《れいこう》夕べに現ず。ああ、心をもって計《はか》るべからず、詞《ことば》をもって宣《の》ぶべからず。予《よ》この砌《みぎり》に沈吟《ちんぎん》とさまよい《彷》、彷徨《ほうこう》とたちもとおり《立回》、徙倚《しい》とたたずむ《佇》。この処《ところ》に忽然《こつねん》として一《ひと》りの聖人坐《しょうにんいま》す。その行儀《ぎょうぎ》を拝すれば、法華読誦《ほっけどくじゅ》の声深く心肝《しんかん》に染《そ》みて、閑窓《かんそう》の戸《と》ぼそを伺《うかが》えば、玄義《げんぎ》の牀《とこ》に臂《ひじ》をくたす《腐》。

ここに聖人《しょうにん》、予《よ》が求法《ぐほう》の志《こころざし》を酌《く》み知って詞《ことば》を和《やわ》らげ、予に問うて云《い》わく、汝《なんじ》なにによって、この深山の窟《いわや》に至れるや。

予《よ》答えて云《い》わく、生《しょう》をかろく《軽》して法をおもく《重》する者なり。

聖人《しょうにん》問うて云わく、その行法《ぎょうほう》いかん。

予《よ》答えて云《い》わく、本《もと》より我は、俗塵《ぞくじん》に交わっていまだ出離《しゅつり》を弁《わきま》えず。たまたま善知識《ぜんちしき》に値《あ》って、始めには律《りつ》、次には念仏《ねんぶつ》・真言《しんごん》ならびに禅《ぜん》、これらを聞くといえども、いまだ真偽《しんぎ》を弁《わきま》えず。

聖人云《しょうにんい》わく、汝《なんじ》が詞《ことば》を聞くに、実《まこと》にもってしかなり。身をかろく《軽》して法をおもく《重》するは先聖《せんしょう》の教え、予《よ》が存《そん》するところなり。そもそも上《かみ》は非想《ひそう》の雲の上《うえ》、下《しも》は那落《ならく》の底までも、生《しょう》を受けて死をまぬかる《免》

る者やはある。しかれば、外典《げてん》のいやしき《卑》おしえ《教》にも「朝《あした》に紅顔《こうがん》有って世路《せろ》に誇《ほこ》るとも、夕べには白骨となって郊原《こうげん》に朽《く》ちぬ」と云えり。雲上《うんじょう》に交わって、雲のびんずら《鬢》あざやか《鮮》に、雪のたもと《袂》をひる《翻》がえすとも、その楽しみをおもえば《思》、夢の中の夢なり。山のふもと《麓》、蓬《よもぎ》がもとはつい《終》の栖《すみか》なり。玉の台《うてな》、錦《にしき》の帳《とばり》も、後世《ごせ》の道にはなにか《何》せん。小野小町《おののこまち》・衣通姫《そとおりひめ》が花の姿も無常《むじょう》の風にちり《散》、樊噲《はんかい》・張良《ちょうりょう》が武芸に達せしも獄卒《ごくそつ》の杖《つえ》をかなしむ。されば、心ありし古人の云わく「あわれなり鳥《とり》べ《辺》の山の夕煙《ゆうけむり》おくる《送》人とてとまる《留》べきかは」。「末《すえ》のつゆ《露》本《もと》のしずく《滴》や世の中のおくれ《後》さきだつ《先立》ためし《例》なるらん」。先亡後滅《せんぼうこうめつ》の理《ことわり》、始めて驚《おどろ》くべきにあらず。願《ねご》うても願《ねが》うべきは仏道《ぶつどう》、求めても求《もと》むべきは経教《きょうぎょう》なり。そもそも、汝が云うところの法門《ほうもん》をきけば、あるいは小乗《しょうじょう》、あるいは大乗《だいじょう》、位の高下《こうげ》はしばらくこれを置く、還《かえ》って悪道《あくどう》の業《ごう》たるべし。

ここに、愚人《ぐにん》、驚《おどろ》いて云《い》わく、如来《にょらい》一代の聖教《しょうぎょう》はいずれも衆生《しゅじょう》を利せんがためなり。始め七処八会《しちしょはちえ》の筵《むしろ》より終わり跋提河《ばつだいが》の儀式《ぎしき》まで、いずれか釈尊《しゃくそん》の所説ならざる。たとい一分《いちぶん》の勝劣《しょうれつ》をば判ずとも、何《なん》ぞ悪道《あくどう》の因と云うべきや。

聖人云《しょうにんい》わく、如来《にょらい》一代の聖教《しょうぎょう》に、権《ごん》有り実《じつ》有り、大《だい》有り小《しょう》有り、また顕密《けんみつ》二道相分《あいわ》かち、その品《しな》一つにあらず。すべからく、その大途《たいと》を示して汝《なんじ》が迷いを悟《さと》らしめん。

夫《そ》れ、三界《さんがい》の教主《きょうしゅ》・釈尊《しゃくそん》は、十九歳にして伽耶城《がやじょう》を出《い》でて、檀特山《だんどくせん》に籠《こ》もって難行苦行《なんぎょうくぎょう》し、三十成《じょう》道《どう》の刻《きざ》みに三惑頓《さんわくとみ》に破《は》し、無明《むみょう》の大夜《だいや》ここに明けしかば、すべからく本願《ほんがん》に任《まか》せて一乗《いちじょう》妙法蓮華経を宣《の》ぶべしといえども、機縁万差《きえんばんさ》にしてその機《き》仏乗《ぶつじょう》に堪《た》えず。しかれば、四十余年に所被《しょひ》の機縁を調《ととの》えて、後《のち》八箇年《かねん》に至って出世《しゅっせ》の本懐《ほんかい》たる妙法蓮華経を説き給《たま》えり。

しかれば、仏の御年《おんとし》七十二歳にして、序分《じょぶん》の無量義経《むりょうぎきょう》に説き定めて云《のたま》わく「我は先に道場菩提樹《どうじょうぼだいじゅ》の下《もと》に端坐《たんざ》すること六年にして、阿耨多羅三藐三菩提《あのくたらさんみゃくさんぼだい》を成《じょう》ずることを得たり。仏眼《ぶつげん》をもって一切《いっさい》の諸法《しょほう》を観《かん》ずるに、宣説《せんぜつ》すべからず。所以《ゆえん》はいかん。諸《もろもろ》の衆生《しゅじょう》の性欲《しょうよく》の不同なることを知ればなり。性欲は不同なれば、種々に法を説きき。種々に法を説くことは、方便力《ほうべんりき》をもってす。四十余年にはいまだ真実を顕《あらわ》さず」文《もん》。この文の意は、仏の御年三十にして寂滅道場《じゃくめつどうじょう》菩提樹の下に坐して、仏眼をもって一切衆生《いっさいしゅじょう》の心根《こころね》を御覧《ごらん》ずるに、衆生成仏の直道《じきどう》たる法華経をば説くべからず。ここをもって、空拳《くうけん》を挙げて嬰児《えいじ》をすかす《嗛》がごとく、様々《ようよう》のたばかり《謀》をもって、四十余年が間はいまだ真実を顕さずと年紀をさして、青天に日輪《にちりん》の出《い》で暗夜に満月のかかるがごとく説き定めさせ給《たま》えり。

この文《もん》を見て、何《なん》ぞ、同《おな》じ信心をもって、仏の虚事《そらごと》と説かるる法華已前《ほっけいぜん》の権教《ごんきょう》に執著《しゅうじゃく》して、めずら《珍》しからぬ三界《さんがい》の故宅《こたく》に帰るべきや。されば、法華経の一の巻の方便品《ほうべんぼん》に云《い》わく「正直《しょうじき》に方便を捨てて、ただ無上道《むじょうどう》を説くのみ」文。この文の意は、前《さき》四十二年の経々《きょうぎょう》、汝《なんじ》が語るところの念仏《ねんぶつ》・真言《しんごん》・禅《ぜん》・律《りつ》を正直に捨てよとなり。この文明白《めいはく》なる上、重ねていましめ《禁》て、第二の巻の譬喩品《ひゆほん》に云わく「ただ楽《ねが》って大乗経典《だいじょうきょうてん》を受持《じゅじ》するのみにして、乃至《ないし》、余経《よきょう》の一偈《げ》をも受けざれ」文。この文の意は、年紀かれこれ煩《わずら》わし、詮《せん》ずるところ、法華経より自余《じよ》の経をば一偈をも受《う》くべからずとなり。しかるに、八宗《はっしゅう》の異義蘭菊《らんぎく》に、道俗形《どうぞくかたち》を異《こと》にすれども、一同に法華経をば崇《あが》むる由《よし》を云う。されば、これらの文をばいかが弁《わきま》えたる。正直に捨てよと云って余経の一偈をも禁《いまし》むるに、あるいは念仏、あるいは真言、あるいは禅、あるいは律、これ余経にあらずや。

今この妙法蓮華経とは、諸仏出世《しょぶつしゅっせ》の本意、衆生《しゅじょう》成仏の直道《じきどう》なり。されば、釈尊《しゃくそん》は付嘱《ふぞく》を宣《の》べ、多宝《たほう》は証明《しょうみょう》を遂《と》げ、諸仏は舌相《ぜっそう》を梵天《ぼんてん》に付けて「皆《みな》これ真実なり」と宣《の》べ給《たま》えり。この経《きょう》は、一字も諸仏の本懐《ほんかい》、一点も多生《たしょう》の助けなり。一言《いちごん》一語も虚妄《こもう》あるべからず。この経の禁《いまし》めを用いざる者は、諸仏の舌をきり、賢聖《けんしょう》をあざむく人にあらずや。その罪実《まこと》に怖《おそ》るべし。されば、二の巻に云《い》わく「もし人信ぜずして、この経を毀謗《きぼう》せば、則《すなわ》ち一切世間《いっさいせけん》の仏種《ぶっしゅ》を断ぜん」文《もん》。この文の意は、もし人この経の一偈《げ》一句をも背《そむ》かん人は、過去・現在・未来、三世十方《さんぜじっぽう》の仏を殺さん罪と定《さだ》む。経教《きょうぎょう》の鏡をもって当《とう》世《せい》にあて《当》みる《見》に、法華経をそむ《背》かぬ人は実《まこと》にもって有りがたし。

事《こと》の心を案ずるに、不信の人なお無間《むけん》を免《まぬか》れず。いわんや、念仏《ねんぶつ》の祖師《そし》・法然上人《ほうねんしょうにん》は、法華経をもって念仏に対して「抛《なげう》てよ」と云々《うんぬん》。五千・七千の経教《きょうぎょう》に、いずれの処《ところ》にか法華経を抛てよと云《い》う文《もん》ありや。三昧発得《さんまいほっとく》の行者《ぎょうじゃ》・生身《しょうじん》の弥陀仏《みだぶつ》とあが《崇》むる善導和尚《ぜんどうおしょう》、五種の雑行《ぞうぎょう》を立てて、法華経をば「千の中に一《ひと》りも無し」とて千人持《たも》つとも一人も仏にな《成》るべからずと立てたり。経文《きょうもん》には、「もし法を聞くことあらば、一りとして成仏せざることなけん」と談じて、この経を聞けば、十界《じっかい》の依正《えしょう》、皆仏道《みなぶつどう》を成《じょう》ずと見えたり。ここをもって、五逆《ごぎゃく》の調達《じょうだつ》は天王如来《てんのうにょらい》の記別《きべつ》に予《あず》かり、非器《ひき》・五障《ごしょう》の竜女《りゅうにょ》も南方に頓覚成道《とんがくじょうどう》を唱《とな》う。いわんやまた、蛣蜣《きっこう》の六即《ろくそく》を立てて機《き》を漏《も》らすことなし。善導の言《ことば》と法華経の文と、実《まこと》にもって天地雲泥《うんでい》せり。いずれに付くべきや。なかんずくその道理を思うに、諸仏《しょぶつ》・衆経《しゅきょう》の怨《おん》敵《てき》、聖僧《しょうそう》・衆人《しゅにん》の讐敵《しゅうてき》なり。経文のごとくならば、いかでか無間《むけん》を免《まぬか》るべきや。

ここに愚人《ぐにん》色《いろ》を作《な》して云《い》わく、汝賤《なんじいや》しき身をもってほしいままに莠言《ゆうげん》を吐《は》く。悟《さと》って言うか、迷って言うか、理非弁《りひわきま》え難《がた》し。忝《かたじけな》くも善導和尚《ぜんどうおしょう》は弥陀善逝《みだぜんぜい》の応化《おうけ》、あるいは勢至菩薩《せいしぼさつ》の化身《けしん》と云えり。法然上人《ほうねんしょうにん》もまたしかなり。善導の後身《ごしん》といえり。上古《じょうこ》の先達《せんだつ》たる上、行徳秀発《ぎょうとくしゅほつ》し、解了《げりょう》底を極《きわ》めたり。何《なん》ぞ悪道《あくどう》に堕《お》ち給《たも》うと云うや。

聖人云《しょうにんい》わく、汝《なんじ》が言《ことば》しかなり。予《よ》も仰《あお》いで信を取ること、かくのごとし。ただし、仏法はあながちに人の貴賤《きせん》には依《よ》るべからず、ただ経文《きょうもん》を先《さき》とすべし。身の賤《いや》しきをもって、その法を軽《かろ》んずることなかれ。「有人楽生悪死《うにんぎょうしょうおし》。有人楽死悪生《うにんぎょうしおしょう》（人有って生を楽《ねが》い死を悪《にく》む。人有って死を楽い生を悪む）」の十二字を唱えし毘摩大国《びまだいこく》の狐《きつね》は、帝釈《たいしゃく》の師と崇《あが》められ、「諸行無常《しょぎょうむじょう》」等の十六字を談ぜし鬼神《きじん》は、雪山童子《せっせんどうじ》に貴《たっと》まる。これ必ず狐と鬼神との貴きにあらず。ただ法を重んずる故なり。

されば、我らが慈父《じぶ》・教主釈尊《きょうしゅしゃくそん》、双林《そうりん》最後の御遺言《ごゆいごん》・涅槃経《ねはんぎょう》の第六には、「法に依《よ》って人《にん》に依らざれ」とて、普賢《ふげん》・文殊《もんじゅ》等の等覚已還《とうがくいげん》の大薩埵《だいさった》、法門《ほうもん》を説き給《たも》うとも、経文《きょうもん》を手に把《と》らずば用いざれとなり。天台大師《てんだいだいし》云わく「修多羅《しゅたら》と合わば、録《ろく》してこれを用いる。文《もん》無く義《ぎ》無ければ信受すべからず」文。釈《しゃく》の意は、経文に明らかならんを用いよ、文証《もんしょう》無からんをば捨てよとなり。伝教大師《でんぎょうだいし》云わく「仏説《ぶっせつ》に依《え》憑《ひょう》せよ。口伝《くでん》を信ずることなかれ」文。前《さき》の釈と同意なり。竜樹菩薩《りゅうじゅぼさつ》云わく「修多羅に依るは白論《びゃくろん》なり。修多羅に依らざるは黒論《こくろん》なり」文。意は、経の中にも法華已前《ほっけいぜん》の権教《ごんきょう》をすて《捨》てこの経につけ《付》よとなり。経文にも論文《ろんもん》にも、法華に対して諸余《しょよ》の経典《きょうてん》を捨てよと云うこと分明《ふんみょう》なり。しかるに、開元《かいげん》の録《ろく》に挙《あ》ぐるところの五千・七千の経巻《きょうがん》に、「法華経を捨てよ、乃至抛《ないしなげう》てよ」と嫌《きら》うことも、また雑行《ぞうぎょう》に摂《おさ》めて「これを捨てよ」と云う経文も全《まった》く無し。されば、慥《たし》かの経文を勘《かんが》え出《い》だして、善導《ぜんどう》・法然《ほうねん》の無間《むけん》の苦を救わるべし。

今の世の念仏《ねんぶつ》の行者《ぎょうじゃ》、俗男《ぞくなん》・俗女《ぞくにょ》、経文《きょうもん》に違《い》するのみならず、また師の教えにも背《そむ》けり。

五種の雑行《ぞうぎょう》とて念仏《ねんぶつ》申さん人のすつ《捨》べき日記、善導《ぜんどう》の釈《しゃく》これ有り。その雑行とは、選択《せんちゃく》に云《い》わく「第一に読誦《どくじゅ》雑行とは、上《かみ》の観経《かんぎょう》等の往生浄土《おうじょうじょうど》の経《きょう》を除いてより已外《いげ》、大小乗《だいしょうじょう》・顕密《けんみつ》の諸経《しょきょう》において受持《じゅじ》・読誦するを、ことごとく読誦雑行と名づく乃至《ないし》第三に礼拝《らいはい》雑行とは、上の弥陀《みだ》を礼拝するを除いてより已外、一切《いっさい》の諸余《しょよ》の仏菩薩《ぶつぼさつ》等および諸《もろもろ》の世天《せてん》において礼拝・恭敬《くぎょう》するを、ことごとく礼拝雑行と名づく。第四に称名《しょうみょう》雑行とは、上の弥陀の名号《みょうごう》を称《とな》うるを除いてより已外、自余《じよ》の一切の仏菩薩等および諸の世天等の名号を称うるを、ことごとく称名雑行と名づく。第五に讃歎供養《さんだんくよう》雑行とは、上の弥陀仏を除いてより已外、一切の諸余の仏菩薩等および諸の世天等において讃歎・供養するを、ことごとく讃歎供養雑行と名づく」文《もん》。

この釈《しゃく》の意《こころ》は、第一の読誦雑行《どくじゅぞうぎょう》とは、念仏《ねんぶつ》申さん道俗《どうぞく》・男女《なんにょ》、読むべき経《きょう》あり、読むまじき経ありと定めたり。読むまじき経は、法華経・仁王経《にんのうきょう》・薬師経《やくしきょう》・大集経《だいじっきょう》・般若心経《はんにゃしんぎょう》・転女成仏経《てんにょじょうぶつきょう》・北斗寿命《ほくとじゅみょう》経《きょう》、ことさらうち《打》任《まか》せて諸人《しょにん》読まるる八巻の中《うち》の観音経《かんのんぎょう》、これらの諸経《しょきょう》を一句一偈《げ》も読むならば、たとい念仏を志《こころざ》す行者《ぎょうじゃ》なりとも、雑行に摂《おさ》められて往生《おうじょう》すべからず云々《うんぬん》。予《よ》、愚眼《ぐげん》をもって世を見るに、たとい念仏申す人なれども、この経々《きょうぎょう》を読む人は、多く師弟敵対《していてきたい》して七逆罪《しちぎゃくざい》と成りぬ。

また第三の礼拝雑行《らいはいぞうぎょう》とは、念仏《ねんぶつ》の行者《ぎょうじゃ》は弥陀三尊《みださんぞん》より外《ほか》は、上《かみ》に挙《あ》ぐるところの諸仏菩薩《しょぶつぼさつ》・諸天善《しょてんぜん》神《じん》を礼《らい》するをば、礼拝雑行と名づけ、またこれを禁ず。しかるを、日本は神国《しんこく》として伊弉諾《いざなぎ》・伊弉冉《いざなみ》の尊《みこと》この国を作り、天照太神垂迹《てんしょうだいじんすいじゃく》し御坐《おわ》しまして、御裳濯河《みもすそがわ》の流れ久しくして今にたえず《絶》。あに、この国に生《しょう》を受けてこの邪義《じゃぎ》を用《もち》ゆべきや。また普天《ふてん》の下《もと》に生まれて三光《さんこう》の恩を蒙《こうむ》りながら、誠《まこと》に日《にち》月《がつ》・星宿《しょうしゅく》を破《は》すること、もっとも恐《おそ》れ有り。

また第四の称名雑行《しょうみょうぞうぎょう》とは、念仏《ねんぶつ》申さん人は、唱《とな》うべき仏菩薩《ぶつぼさつ》の名《みな》あり、唱うまじき仏菩薩の名あり。唱うべき仏菩薩の名とは、弥陀三尊《みださんぞん》の名号《みょうごう》、唱うまじき仏菩薩の名号とは、釈迦《しゃか》・薬師《やくし》・大日《だいにち》等の諸仏《しょぶつ》、地蔵《じぞう》・普賢《ふげん》・文殊《もんじゅ》・日月星《にちがつしょう》、二所《にしょ》と三島《みしま》と熊野《くまの》と羽黒《はぐろ》と天照太神《てんしょうだいじん》と八幡大菩薩《はちまんだいぼさつ》と、これらの名を一遍《いっぺん》も唱えん人は、念仏を十万遍《べん》・百万遍申したりとも、この仏菩薩・日月神《にちがつじん》等の名を唱うる過《とが》によって、無間《むけん》にはおつ《堕》とも、往生《おうじょう》すべからずと云々《うんぬん》。我世間《せけん》を見るに、念仏を申す人も、これらの諸仏菩薩・諸天善神《しょてんぜんじん》の名を唱うる故に、これまた師の教えに背《そむ》けり。

第五の讃歎供養雑行《さんだんくようぞうぎょう》とは、念仏《ねんぶつ》申さん人は、供養すべき仏は弥陀三尊《みださんぞん》を供養せん外《ほか》は、上《かみ》に挙《あ》ぐるところの仏菩薩《ぶつぼさつ》・諸天善神《しょてんぜんじん》に香華《こうげ》のすこし《少》をも供養せん人は、念仏の功《く》は貴《たっと》けれどもこの過《とが》によって雑行に摂《せっ》すとこれをきらう《嫌》。しかるに、世を見るに、社壇《しゃだん》に詣《もう》でては幣帛《へいはく》を捧《ささ》げ、堂舎《どうしゃ》に臨《のぞ》んでは礼《らい》拝《はい》を致《いた》す。これまた師の教えに背《そむ》けり。汝《なんじ》もし不審《ふしん》ならば、選択《せんちゃく》を見よ。その文《もん》明白なり。

また善導和尚《ぜんどうおしょう》、観念法門経《かんねんほうもんぎょう》に云《い》わく「酒肉五辛《しゅにくごしん》、誓《ちか》って発願《ほつがん》して手に捉《と》らざれ、口に喫《は》まざれ。もしこの語《ことば》に違《い》せば、即《すなわ》ち身《しん》・口《く》ともに悪瘡《あくそう》を着けんと願ぜよ」文《もん》。この文の意は、念仏《ねんぶつ》申さん男《なん》・女《にょ》・尼《あま》・法師《ほっし》は、酒を飲まざれ、魚鳥《ぎょちょう》を食わざれ、その外《ほか》にら《韮》・ひる《蒜》等の五つのからく《辛》くさき《臭》物を食わざれ、これを持《たも》たざる念仏者《ねんぶつしゃ》は、今生《こんじょう》には悪瘡《あくそう》身に出《い》で、後生《ごしょう》には無間《むけん》に堕《お》つべしと云々《うんぬん》。しかるに、念仏申す男・女・尼・法師、この誡《いまし》めをかえりみ《顧》ず、ほしいままに酒をのみ、魚鳥《ぎょちょう》を食らうこと、剣《つるぎ》を飲む譬《たと》えにあらずや。

ここに愚人《ぐにん》云《い》わく、誠《まこと》にこれこの法門《ほうもん》を聞くに、念仏《ねんぶつ》の法門実《まこと》に往生《おうじょう》すといえども、その行儀《ぎょうぎ》、修《しゅ》行《ぎょう》し難《がた》し。いわんや、彼《か》の憑《たの》むところの経論《きょうろん》は、皆《みな》もって権説《ごんせつ》なり。往生すべからざるの条、分明《ふんみょう》なり。ただし、真言《しんごん》を破《は》することは、その謂《いわ》れ無し。夫《そ》れ、大日経《だいにちきょう》とは大日覚王《だいにちかくおう》の秘法なり。大日如来《にょらい》より系も乱れず善無畏《ぜんむい》・不空《ふくう》これを伝え、弘法大師《こうぼうだいし》は日本に両界《りょうかい》の曼陀羅《まんだら》を弘《ひろ》め、尊高三十七尊、秘《ひ》奥《おう》なるものなり。しかるに、顕教《けんきょう》の極理《ごくり》は、なお密教《みっきょう》の初門《しょもん》にも及《およ》ばず。ここをもって、後唐院《ごとういん》は「法華《ほっけ》すらなお及ばず。いわんや自余《じよ》の教えをや」と釈《しゃく》し給《たま》えり。このこと、いかんが心《こころ》う《得》べきや。

聖人《しょうにん》示して云《い》わく、予《よ》も始めは大日《だいにち》に憑《たの》みを懸《か》けて密宗《みっしゅう》に志《こころざし》を寄《よ》す。しかれども、彼《か》の宗の最底を見るに、その立義《りゅうぎ》もまた謗法《ほうぼう》なり。汝《なんじ》が云うところの高野《こうや》の大師《だいし》は、嵯峨天皇《さがてんのう》の御宇《ぎょう》の人師《にんし》なり。しかるに、皇帝《こうてい》より仏法の浅深《せんじん》を判釈《はんじゃく》すべき由《よし》の宣旨《せんじ》を給《たま》わって、十住心論《じゅうじゅうしんろん》十巻《じっかん》これを造る。この書広博《こうはく》なるあいだ、要《よう》を取って三巻にこれを縮め、その名を秘蔵宝鑰《ひぞうほうやく》と号す。始め異生羝羊心《いしょうていようしん》より終わり秘密荘厳心《ひみつしょうごんしん》に至るまで十に分別《ふんべつ》し、第八法華《ほっけ》・第九華厳《けごん》・第十真言《しんごん》と立てて、「法華は華厳にも劣《おと》れば、大日経《だいにちきょう》には三重《さんじゅう》の劣《れつ》」と判じて、「かくのごとき乗々《じょうじょう》は、自乗《じじょう》に仏の名を得《う》れども、後《のち》に望《のぞ》めば戯論《けろん》と作《な》る」と書いて、法華経を「狂言《きょうげん》・綺語《きご》」と云い、釈尊《しゃくそん》をば「無明《むみょう》に迷える仏」と下《くだ》せり。よって、伝法院《でんぼういん》を建立《こんりゅう》せし弘法《こうぼう》の弟子《でし》・正覚房《しょうがくぼう》は「法華経は大日経のはきもの《履》とり《取》に及ばず、釈迦仏《しゃかぶつ》は大日如来《にょらい》の牛飼いにも足らず」と書けり。

汝《なんじ》、心を静めて聞け。一代の五千・七千の経教《きょうぎょう》、外典《げてん》三千余巻にも、「法華経は戯論《けろん》、三重《さんじゅう》の劣《れつ》、華厳経《けごんぎょう》にも劣《おと》り、釈尊《しゃくそん》は無明《むみょう》に迷える仏にて大日如来《だいにちにょらい》の牛飼いにも足らず」と云《い》う慥《たし》かなる文《もん》ありや。たといさる文有りというとも、能《よ》く能く思案あるべきか。

経教《きょうぎょう》は西天《さいてん》より東土《とうど》に洎《およ》ぼす時、訳者の意楽《いぎょう》に随《したが》って経論《きょうろん》の文不定《もんふじょう》なり。さて後秦《こうしん》の羅什三蔵《らじゅうさんぞう》は、「我漢土《かんど》の仏法を見るに、多く梵本《ぼんぽん》に違《い》せり。我《わ》が訳するところの経、もし誤りなくば、我《われ》死して後《のち》、身は不《ふ》浄《じょう》なれば焼くるというとも、舌ばかりは焼けざらん」と常に説法し給《たま》いしに、焼き奉《たてまつ》る時、御身《おんみ》は皆《みな》骨となるといえども、御舌《おんした》ばかりは青蓮華《しょうれんげ》の上に光明《こうみょう》を放《はな》って日輪《にちりん》を映奪《ようだつ》し給いき。有り難《がた》きことなり。さてこそ、ことさら彼《か》の三蔵の訳するところの法華経は、唐土《とうど》にやすやすと弘《ひろ》まらせ給いしか。しかれば、延暦寺《えんりゃくじ》の根本大師《こんぽんだいし》、諸宗《しょしゅう》を責め給いしには、「法華《ほっけ》を訳する三蔵は舌の焼けざる験《しるし》あり。汝等《なんだち》が依経《えきょう》は皆誤れり」と破《は》し給《たも》うはこれなり。涅槃経《ねはんぎょう》にも「我が仏法は他国へ移らん時、誤り多かるべし」と説き給《たま》えば、経文《きょうもん》にたとい「法華経はいたずらごと」、釈尊《しゃくそん》をば「無明《むみょう》に迷える仏なり」とありとも、権教《ごんきょう》・実教《じっきょう》、大乗《だいじょう》・小乗《しょうじょう》、説時《せつじ》の前後、訳者、能《よ》く能く尋《たず》ぬべし。いわゆる、老子《ろうし》・孔子《こうし》は九思一言《きゅうしいちげん》・三思一言、周公旦《しゅうこうたん》は食するに三度吐《は》き沐《ゆあみ》するに三度にぎる。外典《げてん》のあさき《浅》、なおかくのごとし。いわんや、内典《ないてん》の深義《じんぎ》を習わん人をや。その上、この義、経論に迹形《あとかた》もなし。「人を毀《そし》り、法を謗《ぼう》じては、悪道《あくどう》に堕《お》つべし」とは、弘法大師《こうぼうだいし》の釈《しゃく》なり。必ず地獄《じごく》に堕ちんこと、疑いなきものなり。

ここに愚人《ぐにん》、茫然《ぼうぜん》とほれ《惚》、忽然《こつねん》となげ《歎》いて、やや久《ひさ》しゅうして云《い》わく、この大師《だいし》は内外《ないげ》の明鏡《みょうきょう》、衆《しゅ》人《にん》の導師《どうし》たり。徳行《とくぎょう》世に勝《すぐ》れ、名誉《めいよ》あまねく聞こえて、あるいは唐土《とうど》より三鈷《さんこ》を八万余里《り》の海上をな《投》ぐるに即《すなわ》ち日本に至り、あるいは心経《しんぎょう》の旨《むね》をつづるに蘇生《そせい》の族途《やからみち》に彳《たたず》む。しかれば、この人ただ人《びと》にあらず、大聖権化《だいしょうごんげ》の垂迹《すいじゃく》なり。仰《あお》いで信を取らんにはしかじ。

聖人云《しょうにんい》わく、予《よ》も始めはしかなり。ただし、仏道《ぶつどう》に入《い》って理非《りひ》を勘《かんが》え見るに、仏法の邪正《じゃしょう》は必ず得《とく》通自在《つうじざい》にはよらず。ここをもって、仏は「法に依《よ》って人《にん》に依らざれ」と定め給《たま》えり。前《さき》に示すがごとし。彼《か》の阿伽陀仙《あがだせん》は恒河《ごうが》を片耳にたたえ《湛》て十二年、耆菟仙《ぎぬせん》は一日の中《うち》に大海をす《吸》いほ《干》す。張階《ちょうかい》は霧《きり》を吐《は》き、欒巴《らんぱ》は雲を吐く。しかれども、いまだ仏法の是非《ぜひ》を知らず、因果《いんが》の道理をも弁《わきま》えず。異朝《いちょう》の法《ほう》雲法師《うんほっし》は講経勤修《こうきょうごんじゅ》の砌《みぎり》に須臾《しゅゆ》に天華《てんげ》をふら《降》せしかども、妙楽大師《みょうらくだいし》は、「感応《かんのう》かくのごときも、なお理《り》に称《かな》わず」とて、いまだ仏法をばしら《知》ずと破《は》し給《たも》う。

夫《そ》れ、この法華経と申すは、已今当《いこんとう》の三説《さんせつ》を嫌《きら》って、已前《いぜん》の経《きょう》をば「いまだ真実を顕《あらわ》さず」と打ち破り、肩《かた》を並《なら》ぶる経をば「今説《こんせつ》」の文《もん》をもってせめ《責》、已後《いご》の経をば「当説《とうせつ》」の文をもって破る。実《まこと》に三説第一の経なり。

第四の巻に云《い》わく「薬王《やくおう》よ。今汝《なんじ》に告ぐ。我が説くところの経典《きょうてん》、しかもこの経の中において、法《ほっ》華《け》は最も第一なり」文《もん》。この文の意は、霊山会上《りょうぜんえじょう》に薬王菩薩《ぼさつ》と申せし菩薩に仏告《つ》げて云《のたま》わく、始め華《け》厳《ごん》より終わり涅槃経《ねはんぎょう》に至るまで、無量無辺の経、恒河沙《ごうがしゃ》等の数多し。その中には今の法華経《ほけきょう》最第一と説かれたり。しかるを、弘法大師《こうぼうだいし》は一の字を三と読まれたり。同巻に云わく「我は仏道《ぶつどう》のために、無量の土《ど》において、始めより今に至るまで、広く諸経《しょきょう》を説く。しかもその中において、この経は第一なり」。この文の意は、また釈尊《しゃくそん》無量の国土にして、あるいは名字《みょうじ》を替《か》え、あるいは年紀を不同になし、種々の形を現《あらわ》して説くところの諸経の中には、この法華経を第一と定められたり。同じき第五の巻には「最もその上《かみ》に在り」と宣《の》べて、大日経《だいにちきょう》・金剛頂経《こんごうちょうきょう》等の無量の経の頂《いただき》にこの経は有るべしと説かれたるを、弘法大師は「最もその下《しも》に在り」と謂《い》えり。

釈尊《しゃくそん》と弘法《こうぼう》と、法華経と宝鑰《ほうやく》とは、実《まこと》にもって相違《そうい》せり。釈尊を捨て奉《たてまつ》って弘法に付くべきか、また弘法を捨てて釈尊に付き奉るべきか。また経文《きょうもん》に背《そむ》いて人師《にんし》の言《ことば》に随《したが》うべきか、人師の言を捨てて金言《きんげん》を仰《あお》ぐべきか、用捨《ようしゃ》心に有るべし。

また第七の巻の薬王品《やくおうほん》に十喩《ゆ》を挙げて教えを歎《たん》ずるに、第一は水の譬《たと》えなり。江河《こうが》を諸経《しょきょう》に譬え、大海を法華《ほっけ》に譬えたり。しかるを、「大日経《だいにちきょう》は勝《すぐ》れたり、法華は劣《おと》れり」と云《い》う人は、即《すなわ》ち「大海は小河よりもすく《少》なし」と云わん人なり。しかるに、今の世の人は、海の諸河《しょが》に勝ることをば知るといえども、法華経の第一なることをば弁《わきま》えず。第二は山の譬えなり。衆山《しゅせん》を諸経に譬え、須弥山《しゅみせん》を法華に譬えたり。須弥山は上下十六万八千由旬《ゆじゅん》の山なり。いずれの山か肩《かた》を並ぶべき。法華経を「大日経に劣る」と云う人は、「富士山《ふじさん》は須弥山より大《だい》なり」と云わん人なり。第三は星月《せいげつ》の譬えなり。諸経を星に譬え、法華経を月に譬う。月と星とはいずれ勝《まさ》りたりと思えるや。乃至《ないし》、次下《つぎしも》には、「この経《きょう》もまたかくのごとく、一切《いっさい》の如来《にょらい》の所説、もしは菩薩《ぼさつ》の所説、もしは声聞《しょうもん》の所説、諸《もろもろ》の経法《きょうぼう》の中に、最もこれ第一なり」とて、この法華経はただ釈尊《しゃくそん》一代の第一と説き給《たも》うのみにあらず、大日《だいにち》および薬《やく》師《し》・阿弥陀《あみだ》等の諸仏《しょぶつ》、普賢《ふげん》・文殊《もんじゅ》等の菩薩の一切の説くところの諸経の中に、この法華経第一と説けり。されば、もしこの経に勝りたりと云う経有らば、外道《げどう》・天魔《てんま》の説と知るべきなり。

その上、大日如来《だいにちにょらい》というは、久遠実成《くおんじつじょう》の教主釈尊《きょうしゅしゃくそん》、四十二年和光同塵《わこうどうじん》してその機《き》に応ずる時、三身《さんじん》即一《そくいち》の如来しばらく毘盧遮那《びるしゃな》と示せり。この故に、開顕実相《かいけんじっそう》の前には、釈迦《しゃか》の応化《おうけ》と見えたり。ここをもって普賢経《ふげんぎょう》には「釈迦牟尼仏《しゃかむにぶつ》は、毘盧遮那遍一切処《びるしゃなへんいっさいしょ》と名づけたてまつる。その仏の住処《じゅうしょ》は、常寂光《じょうじゃっこう》と名づく」と説けり。今、法華経は、十界互具《じっかいごぐ》・一念三千《いちねんさんぜん》・三諦即是《さんたいそくぜ》・四土不二《しどふに》と談ず。その上に一代聖教《いちだいしょうぎょう》の骨髄《こつずい》たる二乗作仏《にじょうさぶつ》・久遠実成は今経《こんきょう》に限れり。汝《なんじ》語るところの大日経《だいにちきょう》・金剛頂経《こんごうちょうきょう》等の三部の秘経にこれらの大事ありや。善無畏《ぜんむい》・不空《ふくう》等、これらの大事の法門《ほうもん》を盗《ぬす》み取って、己《おの》が経の眼目とせり。本経《ほんきょう》・本論には迹形《あとかた》もなき誑惑《おうわく》なり。急ぎ急ぎこれを改《あらた》むべし。

そもそも大日経《だいにちきょう》とは、四教含蔵《しきょうごんぞう》して尽形寿戒《じんぎょうじゅかい》等を明かせり。唐土《とうど》の人師《にんし》は天台所立《てんだいしょりゅう》の第三時《だいさんじ》・方等部《ほうどうぶ》の経《きょう》なりと定めたる権教《ごんきょう》なり。あさ《浅》まし、あさまし。汝《なんじ》、実《まこと》に道心《どうしん》あらば、急いで先非《せんぴ》を悔《く》ゆべし。夫《そ》れ以《おも》んみれば、この妙法蓮華経は一代の観門《かんもん》を一念《いちねん》にすべ《統》、十界《じっかい》の依正《えしょう》を三千につづめ《縮》たり。

聖愚問答抄《しょうぐもんどうしょう》 下

ここに愚人《ぐにん》いささか和《やわ》らいで云《い》わく、経文《きょうもん》は明鏡《みょうきょう》なり、疑慮《ぎりょ》をいたす《致》に及《およ》ばず。ただし、法華経は三説に秀《ひい》で一代に超《こ》ゆるといえども、言説《ごんぜつ》に拘《かかわ》らず経文に留《とど》まらざる我らが心の本分《ほんぶん》の禅《ぜん》の一法にはしくべからず。およそ万法《ばんぽう》を払遣《ほっけん》して言語《ごんご》の及ばざるところを、禅法《ぜんぼう》とは名づけたり。

されば、跋提河《ばつだいが》の辺《ほとり》、沙羅林《しゃらりん》の下《もと》にして、釈尊《しゃくそん》、金棺《きんかん》より御足《みあし》を出《い》だし拈華微笑《ねんげみしょう》して、この法門《ほうもん》を迦葉《かしょう》に付嘱《ふぞく》ありしより已来《このかた》、天竺《てんじく》二十八祖系《けい》乱れず、唐土《とうど》には六祖次第《しだい》に弘通《ぐつう》せり。達磨《だるま》は西天《さいてん》にしては二十八祖の終わり、東土《とうど》にしては六祖の始めなり。相伝《そうでん》をう《失》しなわず、教網《きょうもう》に滞《とどこお》るべからず。ここをもって大梵天王問仏決疑経《だいぼんてんのうもんぶつけつぎきょう》に云《い》わく「吾《われ》に正法眼蔵《しょうぼうげんぞう》、涅槃《ねはん》の妙心《みょうしん》、実相無相《じっそうむそう》、微妙《みみょう》の法門《ほうもん》有り。教外《きょうげ》に別伝し、文字《もんじ》を立てず、摩訶迦葉《まかかしょう》に付嘱す」とて、迦葉にこの禅《ぜん》の一法をば教外に伝《つた》うと見えたり。

すべて修多羅《しゅたら》の経教《きょうぎょう》は月をさす指、月を見て後《のち》は指何かはせん。心の本分《ほんぶん》、禅《ぜん》の一理を知って後は、仏教に心を留《とど》むべしや。されば古人云《い》わく「十二部経《じゅうにぶきょう》はすべてこれ閑文字《かんもんじ》」と云々《うんぬん》。よって、この宗《しゅう》の六祖・慧能《えのう》の壇経《だんきょう》を披見《ひけん》するに、実《まこと》にもってしかなり。言下《げんか》に契会《かいえ》して後は、教《きょう》は何かせん。この理いかんが弁《わきま》えんや。

聖人《しょうにん》示して云《い》わく、汝《なんじ》まず法門《ほうもん》を置いて道理を案ぜよ。そもそも、我、一代の大途《たいと》を伺《うかが》わず十宗《じっしゅう》の淵底《えんでい》を究《きわ》めずして、国を諫《いさ》め人を教《おし》うべきか。汝が談ずるところの禅《ぜん》は、我最前《さいぜん》に習い極《きわ》めてその至《し》極《ごく》を見るに、はなはだもって僻事《ひがごと》なり。禅に三種あり。いわゆる、如来禅《にょらいぜん》と教禅《きょうぜん》と祖師禅《そしぜん》となり。汝が言うところの祖師禅等の一端《いったん》、これを示さん。聞いてその旨《むね》を知れ。

もし教《きょう》を離《はな》れてこれを伝《つた》うといわば、教を離れて理《り》無く、理を離れて教無し。理全《まった》く教、教全く理という道理、汝《なんじ》これを知らざるや。「拈華微笑《ねんげみしょう》して、迦葉《かしょう》に付嘱《ふぞく》し給《たも》う」というも、これ教なり。「不《ふ》立文字《りゅうもんじ》」という四字も、即《すなわ》ち教なり、文字なり。このこと、和漢両国《わかんりょうごく》に事旧《ことふ》りぬ。今いえば事新しきに似たれども、一・両の文《もん》を勘《かんが》えて汝が迷いを払《はら》わしめん。

補註《ほちゅう》十一に云《い》わく「また、もし言説《ごんぜつ》に滞《とどこお》ると謂《い》わば、しばらく娑婆世界《しゃばせかい》には、将《まさ》に何をもって仏事《ぶつじ》となさんや。禅徒《ぜんと》あに言説もて人に示さざらんや。文字《もんじ》を離《はな》れて解脱《げだつ》の義を談ずることなし。あに聞かざらんや」。乃至《ないし》、次下《つぎしも》に云わく「あに達磨《だるま》西より来《きた》って『直《ただ》ちに人心《じんしん》を指し見性《けんしょう》して成仏《ぶつ》す』というに、しかも華厳《けごん》等の諸大乗経《しょだいじょうきょう》にこのこと無からんや。ああ、世人《せにん》、何《なん》ぞそれ愚《おろ》かなるや。汝等《なんだち》当《まさ》に仏の所説を信ずべし。諸仏如来《しょぶつにょらい》は言《みこと》に虚妄《こもう》無し」。

この文《もん》の意は、もし教文《きょうもん》にとどこお《滞》り言説《ごんぜつ》にかかわるとて教の外《ほか》に修行《しゅぎょう》すといわば、この娑婆国《しゃばこく》にはさていかんがして仏事《ぶつじ》・善根《ぜんこん》を作《な》すべき。さように云《い》うところの禅人《ぜんにん》も、人に教《おし》うる時は言《ことば》をもって云わざるべしや。その上、仏道《ぶつどう》の解了《げりょう》を云う時、文字《もんじ》を離《はな》れて義なし。また達磨《だるま》西より来《きた》って直《ただ》ちに人心《じんしん》を指して仏なりと云う。これ程《ほど》の理《ことわり》は、華厳《けごん》・大集《だいじゅう》・大般若《だいはんにゃ》等の法華已前《ほっけいぜん》の権大乗経《ごんだいじょうきょう》にも処々《しょしょ》在々《ざいざい》にこれを談ぜり。これをいみじきこととせんは、無下《むげ》に云うかいなきことなり。ああ、今の世の人、何《なん》ぞはなはだ《甚》ひが《僻》めるや。ただ中道実相《ちゅうどうじっそう》の理《り》に契当《かいとう》せる妙覚果満《みょうかくかまん》の如来《にょらい》の誠諦《じょうたい》の言《みこと》を信ずべきなり。

また妙楽大師《みょうらくだいし》、弘決《ぐけつ》の一に、この理《り》を釈《しゃく》して云《い》わく「世人《せにん》、教《きょう》を蔑《ないがし》ろにして理観《りかん》を尚《たっと》ぶは、誤れるかな、誤れるかな」と。この文《もん》の意は、今の世の人々は、観心《かんじん》・観法《かんぽう》を先《さき》として経教《きょうぎょう》を尋《たず》ね学ばず、還《かえ》って教をあなず《蔑》り経をかろ《軽》しむる、これ誤れりと云う文なり。

その上、当世《とうせい》の禅人《ぜんにん》、自宗《じしゅう》に迷えり。続高僧伝《ぞくこうそうでん》を披見《ひけん》するに、習禅《しゅうぜん》の初祖・達磨大師《だるまだいし》の伝に云《い》わく

「教《きょう》に藉《よ》って宗《しゅう》を悟《さと》る」。如来《にょらい》一代の聖教《しょうぎょう》の道理を習学し、法門《ほうもん》の旨《むね》、宗々《しゅうじゅう》の沙汰《さた》を知るべきなり。また達磨の弟子《でし》、六祖の第二祖・慧可《えか》の伝に云わく「達磨禅師《ぜんじ》、四巻の楞伽《りょうが》をもって可に授《さず》けて云わく『我、漢《かん》の地を観《み》るに、ただこの経《きょう》のみ有り。仁者《きみ》、依行《えぎょう》せば、自《おの》ずから世を度《ど》することを得《え》ん』と」。この文《もん》の意は、達磨大師天竺《てんじく》より唐土《とうど》に来《きた》って、四巻の楞伽経《りょうがきょう》をもって慧可に授けて云わく「我この国を見るに、この経殊《こと》に勝《すぐ》れたり。汝持《なんじたも》ち修行《しゅぎょう》して仏に成れ」となり。

これらの祖師《そし》、既《すで》に経文《きょうもん》を前《さき》とす。もしこれによって経に依《よ》ると云《い》わば、大乗《だいじょう》か小乗《しょうじょう》か、権教《ごんきょう》か実《じつ》教《きょう》か、能《よ》く能く弁《わきま》うべし。あるいは経を用いるには、禅宗《ぜんしゅう》も楞伽経《りょうがきょう》・首楞厳経《しゅりょうごんぎょう》・金剛般若経《こんごうはんにゃきょう》等による。これ皆法華已前《みなほっけいぜん》の権教《ごんきょう》、覆蔵《ふぞう》の説なり。ただ諸経《しょきょう》に「是心即仏《ぜしんそくぶつ》、即心是仏《そくしんぜぶつ》」等の理《り》の方《かた》を説ける一・両の文と句とに迷って、大小《だいしょう》、権実《ごんじつ》、顕露《けんろ》・覆蔵《ふぞう》をも尋《たず》ねず、ただ不二《ふに》を立てて而二《にに》を知らず、「己《おのれ》仏に均《ひと》しと謂《おも》う」の大慢《だいまん》を成せり。彼《か》の月氏《がっし》の大慢が迹《あと》をつ《継》ぎ、この尸那《しな》の三階禅師《さんがいぜんじ》が古風を追う。しかりといえども、大慢は生きながら無間《むけん》に入《い》り、三階は死して大蛇《だいじゃ》と成りぬ。おそ《恐》ろし、おそろし。

釈尊《しゃくそん》は、三世了達《さんぜりょうだつ》の解了朗《げりょうほが》らかに、妙覚果満《みょうかくかまん》の智月潔《ちげつきよ》くして、未来を鑑《かんが》みたまい、像法決疑経《ぞうぼうけつぎきょう》に記して云《のたま》わく「諸《もろもろ》の悪比丘《あくびく》、あるいは禅《ぜん》を修《しゅ》すること有るも、経論《きょうろん》に依《よ》らず。自《みずか》ら己見《こけん》を逐《お》って、非をもって是《ぜ》となし、これ邪《じゃ》なりこれ正《しょう》なりと分別《ふんべつ》すること能《あた》わず。あまねく道俗《どうぞく》に向かって、かくのごとき言《ことば》を作《な》さん。『我能《よ》くこれを知り、我能くこれを見る』と。当《まさ》に知るべし、この人は速《すみ》やかに我が法を滅《めっ》せん」。この文《もん》の意は、諸の悪比丘有って、禅を信仰《しんこう》して経論をも尋《たず》ねず、邪見《じゃけん》を本《もと》として法門《ほうもん》の是非《ぜひ》をば弁《わきま》えずして、しかも男《なん》・女《にょ》・尼《あま》・法師《ほっし》等に向かって「我よく法門を知れり。人はしらず」と云《い》って、この禅を弘《ひろ》むべし。当《まさ》に知るべし、この人は我が正法《しょうほう》を滅すべしとなり。この文をもって当世《とうせい》を見るに、あたかも符契《ふけい》のごとし。汝慎《なんじつつし》むべし、汝畏《おそ》るべし。

先に談ずるところの、天竺《てんじく》に二十八祖有ってこの法門《ほうもん》を口伝《くでん》すということ、その証拠《しょうこ》いずれに出《い》でたるや。仏法を相伝《そうでん》する人、二十四人あるいは二十三人と見えたり。しかるを、二十八祖と立つること、出だすところの翻訳《ほんやく》いずれにかある。全《まった》く見えざるところなり。この付法蔵《ふほうぞう》の人のこと、私《わたくし》に書くべきにあらず。如来《にょらい》の記文《きもん》、分明《ふんみょう》なり。

その付法蔵伝《ふほうぞうでん》に云《い》わく「また比丘《びく》有り、名づけて師子《しし》と曰《い》う。罽賓国《けいひんこく》において大いに仏事《ぶつじ》を作《な》す。時に彼《か》の国王をば弥羅掘《みらくつ》と名づけ、邪見熾盛《じゃけんしじょう》にして心に敬信《きょうしん》無く、罽賓国において塔寺《とうじ》を毀壊《きえ》し、衆《しゅ》僧《そう》を殺害す。即《すなわ》ち利剣《りけん》をもって、もって師子を斬《き》る。頸《くび》の中に血《ち》無く、ただ乳のみ流れ出《い》ず。法を相《あい》付《ふ》する人、ここにおいて便《すなわ》ち絶えん」。この文《もん》の意は、仏、我が入涅槃《にゅうねはん》の後《のち》に我が法を相伝《そうでん》する人二十四人あるべし。その中に最後弘通《ぐつう》の人に当たるをば師子比丘《びく》と云わん。罽賓国という国にて我が法を弘《ひろ》むべし。彼の国の王をば檀弥羅王《だんみらおう》と云うべし。邪見放逸《ほういつ》にして、仏法を信ぜず、衆僧を敬わず、堂塔《どうとう》を破り失い、剣《つるぎ》をもって諸僧《しょそう》の頸を切るべし。即《すなわ》ち師子比丘の頸をきらん時に、頸の中に血無く、ただ乳のみ出ずべし。この時に仏法を相伝せん人絶《た》ゆべしと定められたり。案のごとく、仏の御言違《みことたが》わず、師子尊者《そんじゃ》頸をきられ給《たも》うこと、実《まこと》にもってしかなり。王のかいな《腕》、共につれ《連》て落ち畢《お》わんぬ。

二十八祖を立つること、はなはだもって僻見《びゃっけん》なり。禅《ぜん》の僻事《ひがごと》、これより興《おこ》るなるべし。今、慧能《えのう》が壇経《だんきょう》に二十八祖を立つることは、達磨《だるま》を高祖《こうそ》と定《さだ》むる時、師子《しし》と達磨との年紀遥《はる》かなるあいだ、三人の禅師《ぜんじ》を私《わたくし》に作り入《い》れて、「天竺《てんじく》より来《きた》れる付法蔵《ふほうぞう》、系《けい》乱れず」と云《い》って、人に重んぜさせんための僻事なり。このこと異朝《いちょう》にして事旧《ことふ》りぬ。補註《ほちゅう》の十一に云わく「今家《こんけ》は二十三祖を承用《しょうよう》す。あに誤り有らんや。もし二十八祖を立つるは、いまだ出《い》だすところの翻訳《ほんやく》を見ざるなり。近来さらに石に刻み、版に鏤《ちりば》め、七仏・二十八祖を図状《ずじょう》し、各《おのおの》一偈《げ》をもって伝授相付《あいふ》すること有り。ああ、仮託何《かたくなん》ぞそれ甚《はなは》だしきや。識者力《ちから》有らば、よろしくこの弊《へい》を革《あらた》むべし」。これも、二十八祖を立て、石にきざ《刻》み、版にちりば《鏤》めて伝《つた》うること、はなはだもって誤れり、このことを知る人あらば、この誤りをあらた《改》めなお《直》せとなり。

祖師禅《そしぜん》、はなはだ僻事《ひがごと》なること、ここにあり。先に引くところの大梵天王問仏決疑経《だいぼんてんのうもんぶつけつぎきょう》の文《もん》を、教外《きょうげ》別伝《べつでん》の証拠《しょうこ》に汝《なんじ》これを引く。既《すで》に自語相違《じごそうい》せり。その上、この経《きょう》は説相権教《せっそうごんきょう》なり。また開元《かいげん》・貞元《じょうげん》の再度の目録にも全《まった》く載《の》せず。これ録外《ろくげ》の経なる上、権教と見えたり。しかれば、世間《せけん》の学者用《もち》いざるところなり。証拠とするにたら《足》ず。

そもそも、今の法華経を説かるる時益《やく》をう《得》る輩《やから》、迹門界如三千《しゃくもんかいにょさんぜん》の時、敗種《はいしゅ》の二乗《にじょう》、仏種《ぶっしゅ》を萌《きざ》す。四十二年の間は「永く成仏せず」と嫌《きら》われて、在々処々《ざいざいしょしょ》の集会《しゅうえ》にして罵詈《めり》・誹謗《ひぼう》の音《こえ》をのみ聞き、人天《にんてん》大会《だいえ》に思いうと《疎》まれて既《すで》に飢《う》え死ぬべかりし人々も、今の経に来《きた》って、舎利弗《しゃりほつ》は華光如来《けこうにょらい》、目連《もくれん》は多《た》摩羅跋栴檀香《まらばっせんだんこう》如来、阿難《あなん》は山海慧自在通王仏《せんがいえじざいつうおうぶつ》、羅睺羅《らごら》は蹈七宝華《とうしっぽうけ》如来、五百の羅漢《らかん》は普明《ふみょう》如来、二千の声聞《しょうもん》は宝相《ほうそう》如来の記別《きべつ》に予《あず》かる。顕本遠寿《けんぽんおんじゅ》の日は、微塵数《みじんじゅ》の菩薩《ぼさつ》、道《どう》を増し生《しょう》を損じて、位大覚《だいかく》に隣《とな》る。されば、天台大師《てんだいだいし》の釈《しゃく》を披見《ひけん》するに、他経《たきょう》には、菩薩は仏にな《成》ると云《い》って二乗の得道《とくどう》は永くこれ無し。善人は仏になると云って悪人の成仏を明かさず。男子《なんし》は仏になると説いて女人《にょにん》は地獄《じごく》の使いと定《さだ》む。人天は仏になると云って畜類《ちくるい》は仏になるといわず。しかるを、今経《こんきょう》はこれらが皆《みな》仏になると説く。たのもしきかな。

末代濁世《まつだいじょくせ》に生《しょう》を受くといえども、提婆《だいば》がごとくに五逆《ごぎゃく》をも造らず、三逆をも犯《おか》さず。しかるに、提婆なお天王如来《てんのうにょらい》の記別《きべつ》を得たり。いわんや、犯さざる我らが身をや。八歳の竜女《りゅうにょ》、既《すで》に蛇身《じゃしん》を改めずして南方に妙果《みょうか》を証《しょう》す。いわんや、人界《にんかい》に生を受けたる女人《にょにん》をや。ただ得難《がた》きは人身《じんしん》、値《あ》い難きは正《しょう》法《ほう》なり。汝《なんじ》、早く邪《じゃ》を翻《ひるがえ》して正《しょう》に付き、凡《ぼん》を転じて聖《しょう》を証せんと思わば、念仏《ねんぶつ》・真言《しんごん》・禅《ぜん》・律《りつ》を捨て、この一乗妙典《いちじょうみょうてん》を受持《じゅじ》すべし。もししからば、妄染《もうぜん》の塵穢《じんえ》を払《はら》って清浄《しょうじょう》の覚体《かくたい》を証せんこと疑いなかるべし。

ここに愚人《ぐにん》云《い》わく、今、聖人《しょうにん》の教誡《きょうかい》を聴聞《ちょうもん》するに、日来《ひごろ》の矇昧《もうまい》たちまちに開けぬ。天真発明《てんしんはつめい》とも云いつべし。理非顕然《りひけんねん》なれば、誰《たれ》か信仰《しんこう》せざらんや。ただし、世上を見るに、上一人《かみいちにん》より下万民《しもばんみん》に至るまで、念仏《ねんぶつ》・真言《しんごん》・禅《ぜん》・律《りつ》を深く信受し御坐《おわ》します。さる前には、国土に生《しょう》を受けながら、いかでか王命《おうめい》を背《そむ》かんや。その上、我が親といい、祖といい、かたがた念仏等の法理を信じて、他界の雲に交わり畢《お》わんぬ。

また日本には上下の人数いく《幾》ばくか有る。しかりといえども、権教《ごんきょう》・権宗《ごんしゅう》の者は多く、この法門《ほうもん》を信ずる人はいまだその名をも聞かず。よって、善処《ぜんしょ》・悪処《あくしょ》をいわず、邪法《じゃほう》・正法《しょうほう》を簡《えら》ばず、内典《ないてん》五千・七千の多きも外典《げてん》三千余巻の広きも、ただ主君の命《めい》に随《したが》い父母の義に叶《かな》うが肝心《かんじん》なり。されば、教主釈尊《きょうしゅしゃくそん》は天竺《てんじく》にして孝養・報恩《ほうおん》の理《り》を説き、孔子《こうし》は大唐《だいとう》にして忠功《ちゅうこう》・孝高《こうこう》の道《どう》を示す。師の恩を報ずる人は、肉をさき《裂》身をなぐ《投》。主《しゅ》の恩をしる《知》人は、弘演《こうえん》は腹をさき《割》、予譲《よじょう》は剣《つるぎ》をのむ《呑》。親の恩を思いし人は、丁蘭《ていらん》は木をきざみ《刻》、伯瑜《はくゆ》は杖《つえ》になく《泣》。儒《じゅ》・外《げ》・内《ない》、道《どう》は異《こと》なりといえども、報恩謝徳の教えは替《か》わることなし。しかれば、主《しゅ》・師《し》・親《しん》のいまだ信ぜざる法理を我《われ》始めて信ぜんこと、既《すで》に違背《いはい》の過《とが》に沈《しず》みなん。法門の道理は、経文《きょうもん》明白なれば、疑網《ぎもう》すべて尽《つ》きぬ。後生《ごしょう》を願わずば、来世《らいせ》苦に沈むべし。進退これ谷《きわ》まれり。我いかんがせんや。

聖人《しょうにん》云《い》わく、汝《なんじ》この理《り》を知りながら、なおこの語《ことば》をなす。理の通ぜざるか、意の及《およ》ばざるか。我、釈尊《しゃくそん》の遺法《ゆいほう》をまなび仏法に肩《かた》を入《い》れしより已来《このかた》、知恩をもって最《さい》とし、報恩をもって前《さき》とす。世に四《し》恩《おん》あり。これを知るを人倫《じんりん》となづけ《名》、知らざるを畜生《ちくしょう》とす。予《よ》、父母の後世《ごせ》を助け国家の恩徳を報ぜんと思うが故に身命《しんみょう》を捨《す》つること、あえて他事《たじ》にあらず、ただ知恩を旨《むね》とするばかりなり。

まず、汝《なんじ》、目をふさぎ《塞》心を静めて道理を思え。我は善道《ぜんどう》を知りながら、親と主《しゅ》との悪道《あくどう》にかから《懸》んを諫《いさ》めざらんや。また愚人狂《ぐにんくる》い酔《よ》って毒を服せんを我《われ》知りながら、これをいましめ《戒》ざらんや。そのごとく法門《ほうもん》の道理を存《ぞん》じて火血刀《かけつとう》の苦を知りながら、いかでか恩を蒙《こうむ》る人の悪道におちん《堕》ことを歎《なげ》かざらんや。身をもなげ《投》、命をも捨《す》つべし。諫めてもあき《飽》たら《足》ず、歎きても限りなし。今生《こんじょう》に眼《まなこ》を合わする苦しみ、なおこれを悲しむ。いわんや、悠々《ゆうゆう》たる冥途《めいど》の悲しみ、あに痛まざらんや。恐《おそ》れても恐るべきは後世《ごせ》、慎《つつし》んでも慎むべきは来世《らいせ》なり。しかるを、是非《ぜひ》を論ぜず親の命《めい》に随《したが》い、邪正《じゃしょう》を簡《えら》ばず主の仰《おお》せに順《したが》わんと云《い》うこと、愚癡《ぐち》の前には忠《ちゅう》・孝《こう》に似たれども、賢人《けんじん》の意には不忠《ふちゅう》・不孝《ふこう》これに過《す》ぐべからず。

されば、教主釈尊《きょうしゅしゃくそん》は、転輪聖王《てんりんじょうおう》の末《すえ》、師子頬王《ししきょうおう》の孫、浄飯王《じょうぼんおう》の嫡子《ちゃくし》として五天竺《ごてんじく》の大王たるべしといえども、生死無常《しょうじむじょう》の理《ことわり》をさとり《覚》、出離解脱《しゅつりげだつ》の道《どう》を願って世を厭《いと》い給《たま》いしかば、浄飯大王これを歎《なげ》き、四方に四季の色を顕《あらわ》して太子の御意《みこころ》を留《とど》め奉《たてまつ》らんと巧《たく》み給《たも》う。まず東には、霞《かすみ》たなびく《棚引》たえま《絶間》よりかりがね《雁》こしじ《越路》に帰り、窓の梅《うめ》の香玉簾《かぎょくれん》の中《うち》にかよい《通》、じょうじょう《嫋々》たる花の色《いろ》、ももさえずり《百囀》の鶯《うぐいす》、春の気色《けしき》を顕せり。南には、泉の色白《しろ》たえ《妙》にして、かの玉川《たまがわ》の卯《う》の華《はな》、信太《しのだ》の森《もり》のほととぎす《時鳥》、夏のすがたを顕せり。西には、紅葉常葉《もみじとこは》に交われば、さながら錦《にしき》をおり《織》交え、荻《おぎ》ふく《吹》風閑《しず》かにして松の嵐《あらし》ものすご《物凄》し。過ぎにし夏のなごり《名残》には、沢辺《さわべ》にみゆる《見》蛍《ほたる》の光あまつ《天》空なる星かと誤り、松虫《まつむし》・鈴虫《すずむし》の声々涙《なみだ》を催《もよお》せり。北には、枯れ野《かの》の色いつしかものうく《物憂》、池の汀《みぎわ》につららい《氷柱居》て、谷の小川もおとさ《音寂》びぬ。

かかるありさま《有様》を造って御意《みこころ》をなぐさめ給《たも》うのみならず、四門に五百人ずつの兵《つわもの》を置いて守護《しゅご》し給《たま》いしかども、終《つい》に太子の御年《おんとし》十九と申せし二月八日の夜半《よわ》の比《ころ》、車匿《しゃのく》を召《め》して金泥駒《こんでいこま》に鞍《くら》置かせ、伽耶城《がやじょう》を出《い》でて檀特山《だんどくせん》に入《い》り、十二年、高山に薪《たきぎ》をとり《採》深谷《しんこく》に水を結んで難行苦行《なんぎょうくぎょう》し給い、三十成道《じょうどう》の妙果《みょうか》を感得して、三界《さんがい》の独尊《どくそん》、一代の教主《きょうしゅ》と成って、父母を救い群生《ぐんじょう》を導き給いしをば、さて不孝《ふこう》の人と申すべきか。仏を不孝の人と云《い》いしは、九十五種の外道《げどう》なり。父母の命《めい》に背《そむ》いて無為《むい》に入り、還《かえ》って父母を導くは、孝の手本なること、仏その証拠《しょうこ》なるべし。

彼《か》の浄蔵《じょうぞう》・浄眼《じょうげん》は、父の妙荘厳王《みょうしょうごんのう》、外道《げどう》の法に著《じゃく》して仏法に背《そむ》き給《たま》いしかども、二人の太子は父の命《めい》に背いて雲雷音王仏《うんらいおんのうぶつ》の御弟子《みでし》となり、終《つい》に父を導いて沙羅樹王仏《しゃらじゅおうぶつ》と申す仏になし申されけるは、不《ふ》孝《こう》の人と云《い》うべきか。経文《きょうもん》には「恩を棄《す》てて無為《むい》に入《い》るは、真実に恩を報ずる者なり」と説いて、今《こん》生《じょう》の恩愛《おんあい》をば皆《みな》すてて仏法の実《じつ》の道《どう》に入る、これ実《まこと》に恩をし《知》れる人なりと見えたり。

また、主君の恩の深きこと、汝《なんじ》よりも能《よ》くし《知》れり。汝もし知恩の望《のぞ》みあらば、深く諫《いさ》め、強《し》いて奏せよ。非道《ひどう》にも主命《しゅめい》に随《したが》わんということ、佞臣《ねいしん》の至り、不忠《ふちゅう》の極《きわ》まりなり。殷《いん》の紂王《ちゅうおう》は悪王、比干《ひかん》は忠臣《ちゅうしん》なり。政事理《まつりごとり》に違《たが》いしを見て強いて諫めしかば、即《すなわ》ち比干は胸を割《さ》かる。紂王は比干死して後《のち》、周《しゅう》の王に打たれぬ。今の世までも比干は忠臣といわれ、紂王は悪王といわる。夏《か》の桀王《けつおう》を諫めし竜逢《りゅうほう》は頭《こうべ》をきられぬ。されども、桀王は悪王、竜逢は忠臣とぞ云《い》う。「主君を三度諫《いさ》むるに用いずば山林に交われ」とこそ教えたれ。何《なん》ぞその非を見ながら黙《もく》せんと云うや。

古《いにしえ》の賢人《けんじん》、世を遁《のが》れて山林に交わりし先蹤《せんしょう》を集めて、いささか汝《なんじ》が愚耳《ぐじ》に聞かしめん。殷《いん》の代《よ》の太公望《たいこうぼう》は磻渓《はんけい》という谷に隠《かく》る。周《しゅう》の代の伯夷《はくい》・叔斉《しゅくせい》は首陽山《しゅようざん》という山に籠《こ》もる。秦《しん》の綺里季《きりき》は商洛山《しょうらくざん》に入《い》り、漢の厳光《げんこう》は孤亭《こてい》に居《こ》し、晋《しん》の介子綏《かいしすい》は綿上山《めんじょうざん》に隠れぬ。これらをば不忠《ふちゅう》と云《い》うべきか。愚《おろ》かなり。汝、忠を存《そん》せば諫《いさ》むべし。孝《こう》を思わば言うべきなり。

まず、汝《なんじ》「権教《ごんきょう》・権宗《ごんしゅう》の人は多く、この宗の人は少なし。何《なん》ぞ多《た》を捨てて少《しょう》に付く」と云《い》うこと、必ず多きが尊《たっと》くして少なきが卑《いや》しきにあらず。賢善《けんぜん》の人は希《まれ》に、愚悪《ぐあく》の者は多し。麒麟《きりん》・鸞鳳《らんほう》は禽獣《きんじゅう》の奇秀《きしゅう》なり。しかれども、これははなはだ《甚》少なし。牛羊《ごよう》・烏鴿《うごう》は畜鳥《ちくちょう》の拙卑《せつひ》なり。されども、これは転《うた》た多し。必ず多きがたっと《尊》くして少なきがいやし《卑》くば、麒麟をすてて牛羊をとり、鸞鳳を閣《さしお》いて烏鴿をとるべきか。摩尼《まに》・金剛《こんごう》は金石《きんせき》の霊異《りょうい》なり。この宝は乏《とも》しく、瓦礫《がりゃく》・土石《どしゃく》は徒物《いたずらもの》の至り、これはまた巨多《こた》なり。汝《なんじ》が言《ことば》のごとくならば、玉《たま》なんどをば捨てて瓦礫を用《もち》ゆべきか。はかなし、はかなし。聖君《せいくん》は希にして千年に一《ひと》たび出《い》で、賢佐《けんさ》は五百年に一たび顕《あらわ》る。摩尼は空《むな》しく名のみ聞く。麟鳳《りんほう》誰《たれ》か実《じつ》を見たるや。世間《せけん》・出世《しゅっせ》、善《よ》き者は乏しく、悪《あ》しき者は多きこと眼前《がんぜん》なり。しかれば、何《なん》ぞあながちに少なきをおろか《疎》にして多きを詮《せん》とするや。土沙《どしゃ》は多けれども、米穀《べいこく》は希なり。木皮《ぼくひ》は充満《じゅうまん》すれども、布絹《ふけん》は些少《さしょう》なり。汝ただ正理《しょうり》をもって前《さき》とすべし。別して人の多きをもって本《ほん》とすることなかれ。

ここに、愚人《ぐにん》、席をさり《去》袂《たもと》をかい《搔》つくろい《繕》て云《い》わく、誠《まこと》に聖教《しょうぎょう》の理《ことわり》をきく《聞》に、人身《じんしん》は得難《がた》く、天上の糸筋《いとすじ》の海底の針《はり》に貫《つらぬ》けるよりも希《まれ》に、仏法は聞き難くして、一眼《いちげん》の亀《かめ》の浮《う》き木《ぎ》に遇《あ》うよりも難《かた》し。今既《すで》に、得難き人界《にんかい》に生《しょう》をうけ、値《あ》い難き仏教を見聞《けんもん》しつ。今生《こんじょう》をもだし《黙》ては、またいずれの世にか生死《しょうじ》を離《はな》れ菩提《ぼだい》を証《しょう》すべき。夫《そ》れ、一劫受生《いっこうじゅしょう》の骨は山よりも高けれども、仏法のためにはいまだ一骨《いっこつ》をもすて《捨》ず。多生恩愛《たしょうおんあい》の涙《なみだ》は海よりも深けれども、なお後世《ごせ》のためには一滴《てき》をも落とさず。拙《つたな》きが中に拙く、愚《おろ》かなるが中に愚かなり。たとい命をすて《捨》身をやぶる《破》とも、生《しょう》を軽くして仏道《ぶつどう》に入《い》り、父母の菩提を資《たす》け、愚身《ぐしん》が獄縛《ごくばく》をも免《まぬか》るべし。能《よ》く能く教えを示し給《たま》え。

そもそも、法華経を信ずるその行相《ぎょうそう》いかん。五種の行の中には、まずいずれの行をか修《しゅ》すべき。丁《てい》寧《ねい》に尊教《そんぎょう》を聞かんことを願う。

聖人《しょうにん》示して云《い》わく、汝《なんじ》、蘭室《らんしつ》の友に交わって麻畝《まほ》の性《しょう》と成る。誠《まこと》に禿樹《とくじゅ》、禿《かぶろ》にあらず、春に遇《あ》って栄《さか》え花さく。枯《か》れ草《くさ》、枯るるにあらず、夏に入《い》って鮮《あざ》やかに注《うるお》う。もし先非《せんぴ》を悔《く》いて正理《しょうり》に入らば、湛寂《たんじゃく》の潭《ふち》に遊泳して無為《むい》の宮《みや》に優遊《ゆうゆう》せんこと、疑いなかるべし。

そもそも、仏法を弘通《ぐつう》し群生《ぐんじょう》を利益《りやく》せんには、まず教《きょう》・機《き》・時《じ》・国《こく》・教法流布《きょうほうるふ》の前後を弁《わきま》うべきものなり。所以《ゆえん》は、時に正《しょう》・像《ぞう》・末《まつ》あり、法に大《だい》・小乗《しょうじょう》あり、修行《しゅぎょう》に摂《しょう》・折《しゃく》あり。摂受《しょうじゅ》の時、折伏《しゃくぶく》を行《ぎょう》ずるも非なり。折伏の時、摂受を行ずるも失《とが》なり。しかるに、今の世は摂受の時か折伏の時か、まずこれを知るべし。摂受の行は、この国に法華一純《ほっけいちじゅん》に弘《ひろ》まりて邪法《じゃほう》・邪師《じゃし》一人もなしといわん、この時は、山林に交わって観法《かんぼう》を修《しゅ》し、五種六種乃至《ないし》十種等を行ずべきなり。折伏の時は、かくのごとくならず。経教《きょうぎょう》のおきて《掟》蘭菊《らんぎく》に、諸宗《しょしゅう》のおぎろ《賾》誉《ほま》れを擅《ほしいまま》にし、邪正肩《じゃしょうかた》を並べ、大小《だいしょう》先を争わん時は、万事《ばんじ》を閣《さしお》いて謗法《ほうぼう》を責《せ》むべし。これ折伏の修行なり。この旨《むね》を知らずして摂折途《みち》に違《たが》わば、得道《とくどう》は思いもよらず、悪道《あくどう》に堕《お》つべしということ、法華・涅槃《ねはん》に定め置き、天台《てんだい》・妙楽《みょうらく》の解釈《げしゃく》にも分明《ふんみょう》なり。これ仏法修行《しゅぎょう》の大事なるべし。

譬《たと》えば、文武両道をもって天下《てんか》を治《おさ》むるに、武を先《さき》とすべき時もあり、文を旨《むね》とすべき時もあり。天下無為《むい》にして国土静《しず》かならん時は、文を先とすべし。東夷《とうい》・南蛮《なんばん》・西戎《せいじゅう》・北狄《ほくてき》、蜂起《ほうき》して野心をさ《差》しはさ《挟》まんには、武を先とすべきなり。文武のよき《善》ことばかりを心え《こころ得》て時をもしらず、万邦安堵《ばんぽうあんど》の思いをなして世間《せけん》無為ならん時、甲冑《かっちゅう》をよろい《鎧》兵杖《ひょうじょう》をもた《持》んことも非なり。また王敵《おうてき》起こらん時、戦場にして武具をば閣《さしお》いて筆硯《ひっけん》を提《たずさ》えんこと、これもまた時に相応《そうおう》せず。摂受《しょうじゅ》・折伏《しゃくぶく》の法門《ほうもん》もまたかくのごとし。正法《しょうほう》のみ弘《ひろ》まって邪法《じゃほう》・邪師《じゃし》無からん時は、深谷《しんこく》にも入《い》り閑静《かんせい》にも居《こ》して、読誦《どくじゅ》・書写《しょしゃ》をもし、観念《かんねん》・工夫《くふう》をも凝《こ》らすべし。これ天下《てんか》の静かなる時筆硯《ひっけん》を用いるがごとし。権宗《ごんしゅう》・謗法《ほうぼう》、国にあらん時は、諸事を閣《さしお》いて謗法を責《せ》むべし。これ合戦《かっせん》の場に兵杖《ひょうじょう》を用《もち》ゆるがごとし。

しかれば、章安大師《しょうあんだいし》、涅槃《ねはん》の疏《しょ》に釈《しゃく》して云《い》わく「昔の時は平《たい》らかにして法弘《ひろ》まる。応《まさ》に戒《かい》を持《たも》つべし。杖《つえ》を持つことなかれ。今の時は嶮《けん》にして法翳《か》くる。応に杖を持つべし。戒を持つことなかれ。今《こん》昔《じゃく》ともに嶮ならば、応にともに杖を持つべし。今昔ともに平らかならば、応にともに戒を持つべし。取捨宜《しゅしゃよろ》しきを得て、一向《いっこう》にすべからず」。この釈《しゃく》の意、分明《ふんみょう》なり。昔は世もすなお《素直》に人もただ《正》しくして、邪法《じゃほう》・邪義《じゃぎ》無かりき。されば、威儀《いぎ》をただし、穏便《おんびん》に行業《ぎょうごう》を積んで、杖をもって人を責めず、邪法をとが《咎》むること無かりき。今の世は濁世《じょくせ》なり。人の情《こころ》もひが《僻》みゆが《歪》んで権教《ごんきょう》・謗法《ほうぼう》のみ多ければ、正法《しょうほう》弘まりがたし。この時は、読誦《どくじゅ》・書写《しょしゃ》の修行《しゅぎょう》も観念《かんねん》・工夫《くふう》・修練《しゅれん》も無用なり。ただ折伏《しゃくぶく》を行《ぎょう》じて、力あらば威勢《いせい》をもって謗法をくだ《砕》き、また法門《ほうもん》をもっても邪義を責めよとなり。取捨その旨《むね》を得て、一向に執《しゅう》することなかれと書けり。

今の世を見るに、正法《しょうほう》一純に弘《ひろ》まる国か、邪法《じゃほう》の興盛《こうじょう》する国か、勘《かんが》うべし。しかるを、浄土宗《じょうどしゅう》の法《ほう》然《ねん》は、念仏《ねんぶつ》に対して法華経を捨閉閣抛《しゃへいかくほう》とよ《読》み、善導《ぜんどう》は、法華経を雑行《ぞうぎょう》と名づけ、あまつさえ千中無一《せんちゅうむいち》とて、千人信ずとも一人得道《とくどう》の者あるべからずと書けり。真言宗《しんごんしゅう》の弘法《こうぼう》は、法華経を、華厳《けごん》にも劣《おと》り、大日経《だいにちきょう》には三重《さんじゅう》の劣《れつ》と書き、戯論《けろん》の法と定めたり。正覚房《しょうがくぼう》は、法華経は大日経のはき《履》ものと《取》りにも及《およ》ばずと云《い》い、釈尊《しゃくそん》をば大日如来《にょらい》の牛飼《うしか》いにもた《足》らずと判ぜり。禅宗《ぜんしゅう》は、法華経を、吐《は》きたるつば《唾》き、月をさす指、教網《きょうもう》なんど下《くだ》す。小乗律《しょうじょうりつ》等は、法華経は邪教《じゃきょう》、天魔《てんま》の所説と名づけたり。これらあに謗《ほう》法《ぼう》にあらずや。責めてもなおあまり《余》あり。禁《いまし》めてもまたたら《足》ず。

愚人《ぐにん》云《い》わく、日本六十余州、人替《か》わり法異《こと》なりといえども、あるいは念仏者《ねんぶつしゃ》、あるいは真言師《しんごんし》、あるいは禅《ぜん》、あるいは律《りつ》、誠《まこと》に一人として謗法《ほうぼう》ならざる人はなし。しかりといえども、人の上沙汰《さた》してなに《何》かせん。ただ我が心中《しんちゅう》に深く信受して、人の誤りをば余所《よそ》のことにせんと思う。

聖人《しょうにん》示して云《い》わく、汝《なんじ》言うところ実《まこと》にしかなり。我もその義を存《ぞん》せしところに、経文《きょうもん》には、あるいは「身命《しんみょう》を惜《お》しまず」とも、あるいは「むしろ身命を喪《うしな》うとも」とも説く。何故《なにゆえ》にかようには説かるるやと存《ぞん》ずるに、ただ人をはばか《憚》らず経文《きょうもん》のままに法理を弘通《ぐつう》せば、謗法《ほうぼう》の者多《おお》からん世には必ず三類の敵人《てきじん》有って命にも及《およ》ぶべしと見えたり。その仏法の違目《いもく》を見ながら、我もせめ《責》ず国主にも訴《うった》えずば、教えに背《そむ》いて仏弟子《ぶつでし》にはあらずと説かれたり。

涅槃経《ねはんぎょう》第三に云《い》わく「もし善比丘《ぜんびく》あって、法を壊《やぶ》る者を見て、置いて、呵責《かしゃく》し駆遣《くけん》し挙処《こしょ》せずんば、当《まさ》に知るべし、この人は仏法の中の怨《あだ》なり。もし能《よ》く駆遣し呵責し挙処せば、これ我が弟子《でし》、真《しん》の声《しょう》聞《もん》なり」。この文《もん》の意は、仏の正法《しょうほう》を弘《ひろ》めん者、経教《きょうぎょう》の義を悪《あ》しく説かんを聞き見ながら、我もせめ《責》ず、我が身及《およ》ばずば国主に申し上げてもこれを対治《たいじ》せずば、仏法の中の敵《かたき》なり。もし経文《きょうもん》のごとくに、人をもはばか《憚》らず、我もせめ《責》国主にも申さん人は、仏弟子《ぶつでし》にして真《まこと》の僧《そう》なりと説かれて候《そうろう》。

されば、「仏法《ぶっぽう》の中の怨《あだ》なり」の責めを免《まぬか》れんとて、かように諸人《しょにん》に悪《にく》まるれども、命を釈尊《しゃくそん》と法華経に奉《たてまつ》り慈悲《じひ》を一切衆生《いっさいしゅじょう》に与えて謗法《ほうぼう》を責《せ》むるを、心《こころ》え《得》ぬ人は、口をすく《竦》め眼《まなこ》を瞋《いか》らす。汝実《なんじまこと》に後世《ごせ》を恐《おそ》れば、身を軽《かろ》しめ、法を重んぜよ。ここをもって、章安大師《しょうあんだいし》云《い》わく「『むしろ身命《しんみょう》を喪《うしな》うとも、教えを匿《かく》さず』とは、身は軽く法は重し。身を死《ころ》して法を弘《ひろ》む」。この文《もん》の意は、身命をばほろぼす《喪》とも正法《しょうほう》をかくさざれ《匿》、その故は、身はかろく《軽》法はおもし《重》、身をばころす《死》とも法をば弘めよとなり。

悲しいかな、生者必滅《しょうじゃひつめつ》の習いなれば、たとい長寿を得たりとも、終《つい》には無常《むじょう》をのがる《脱》べからず。今《こん》世《ぜ》は、百年の内外《うちと》の程《ほど》を思えば、夢の中の夢なり。非想《ひそう》の八万歳、いまだ無常を免《まぬか》れず。忉利《とうり》の一千年も、なお退没《たいもつ》の風に破らる。いわんや、人間《にんげん》・閻浮《えんぶ》の習いは、露《つゆ》よりもあやうく《危》、芭蕉《ばしょう》よりももろく《脆》、泡沫《ほうまつ》よりもあだ《徒》なり。水中に宿《やど》る月のある《有》かなき《無》かのごとく、草葉《くさば》におく《置》露のおくれ《後》さき《先》だつ《立》身なり。もしこの道理を得ば、後世《ごせ》を一大事《いちだいじ》とせよ。

歓喜仏《かんぎぶつ》の末《すえ》の世の覚徳比丘《かくとくびく》、正法《しょうほう》を弘《ひろ》めしに、無量の破戒《はかい》、この行者《ぎょうじゃ》を怨《あだ》んで責めしかば、有徳国王《うとくこくおう》、正法を守る故に謗法《ほうぼう》を責めて、終《つい》に命終《みょうじゅう》して阿閦仏《あしゅくぶつ》の国に生まれて、彼《か》の仏の第一の弟子《でし》となる。大乗《だいじょう》を重んじて五百人の婆羅門《ばらもん》の謗法を誡《いまし》めし仙予《せんよ》国王は、不退《ふたい》の位に登る。憑《たの》もしいかな、正法の僧《そう》を重んじて邪悪《じゃあく》の侶《りょ》を誡むる人、かくのごとくの徳あり。されば、今の世に摂受《しょうじゅ》を行《ぎょう》ぜん人は、謗人《ぼうにん》とともに悪道《あくどう》に堕《お》ちんこと疑いなし。南岳大師《なんがくだいし》の四安楽行《しあんらくぎょう》に云《い》わく「もし菩薩《ぼさつ》有って、悪人を将護《しょうご》して治罰《じばつ》すること能《あた》わず乃至《ないし》その人は命終して、諸《もろもろ》の悪人とともに地獄《じごく》に堕ちん」。この文《もん》の意は、もし仏法を行ずる人有って、謗法の悪人を治罰せずして観念・思惟《しゆい》を専《もっぱ》らにして、邪正《じゃしょう》・権実《ごんじつ》をも簡《えら》ばず、詐《いつわ》って慈悲《じひ》の姿を現ぜん人は、諸の悪人とともに悪道に堕つべしという文なり。今、真言《しんごん》・念仏《ねんぶつ》・禅《ぜん》・律《りつ》の謗人をたださ《糾》ず、いつわって《詐》慈悲を現ずる人、この文のごとくなるべし。

ここに愚人《ぐにん》、意を窃《ひそ》かにし、言《ことば》を顕《あらわ》にして云《い》わく、誠《まこと》に君を諫《いさ》めて家を正しくすること、先賢《せんけん》の教え、本文《ほんもん》に明白なり。外典《げてん》かくのごとし、内典《ないてん》これに違《たが》うべからず。悪を見ていましめ《戒》ず、謗《ぼう》を知ってせめ《責》ずば、経文《きょうもん》に背《そむ》き、祖師《そし》に違《い》せん。その禁《いまし》め殊《こと》に重し。今より信心を至《いた》すべし。ただし、この経《きょう》を修行《しゅぎょう》し奉《たてまつ》らんこと叶《かな》いがたし。もしその最要あらば、証拠《しょうこ》を聞かんと思う。

聖人《しょうにん》示して云《い》わく、今汝《なんじ》の道意《どうい》を見るに、鄭重《ていちょう》・慇懃《おんごん》なり。いわゆる、諸仏《しょぶつ》の誠諦得道《じょうたいとくどう》の最要は、ただこれ妙法蓮華経の五字なり。檀王《だんのう》の宝位《ほうい》を退《しりぞ》き、竜女《りゅうにょ》が蛇身《じゃしん》を改めしも、ただこの五字の致《いた》すところなり。夫《そ》れ以《おも》んみれば、今の経《きょう》は受持《じゅじ》の多少をば「一偈《げ》一句」と宣《の》べ、修行《しゅぎょう》の時刻をば「一念随《いちねんずい》喜《き》」と定めたり。およそ八万法蔵《はちまんほうぞう》の広きも、一部八巻の多きも、ただこの五字を説かんためなり。霊《りょう》山《ぜん》の雲の上、鷲峰《じゅぶ》の霞《かすみ》の中に、釈尊要《しゃくそんよう》を結び地涌付嘱《じゆふぞく》を得《う》ることとありしも、法体《ほったい》は何事ぞ。ただこの要法《ようほう》に在り。天台《てんだい》・妙楽《みょうらく》の六千張《ちょう》の疏《しょ》の玉《たま》を連《つら》ぬるも、道邃《どうずい》・行満《ぎょうまん》の数軸《すうじく》の釈《しゃく》の金《こがね》を並《なら》ぶるも、しかしながら、この義趣《ぎしゅ》を出《い》でず。誠《まこと》に生死《しょうじ》を恐《おそ》れ、涅槃《ねはん》を欣《ねが》い、信心を運び、渇仰《かつごう》を至《いた》さば、遷滅無常《せんめつむじょう》は昨日《きのう》の夢、菩提《ぼだい》の覚悟《かくご》は今日《きょう》のうつつ《現》なるべし。ただ南無妙法蓮華経とだにも唱え奉《たてまつ》らば、滅《めっ》せぬ罪やあるべき、来《きた》らぬ福や有るべき。真実なり、甚深《じんじん》なり。これを信受すべし。

愚人掌《ぐにんたなごころ》を合わせ、膝《ひざ》を折って云《い》わく、貴命肝《きめいきも》に染《そ》み、教訓《きょうくん》意を動ぜり。しかりといえども、「上《じょう》は能《よ》く下《げ》を兼《か》ぬ」の理《ことわり》なれば、広きは狭《せま》きを括《くく》り、多きは少なきを兼ぬ。しかるところに五字は少なく、文言《もんごん》は多し。首題《しゅだい》は狭く、八軸《はちじく》は広し。いかんぞ功徳斉等《くどくさいとう》ならんや。

聖人云《しょうにんい》わく、汝愚《なんじおろ》かなり。少なきを捨てて多きを取るの執《しゅう》、須弥《しゅみ》よりも高く、狭きを軽《かろ》んじ広きを重んずるの情《じょう》、溟海《めいかい》よりも深し。今の文《もん》の初後《しょご》は、必ず多きが尊《たっと》く少なきが卑《いや》しきにあらざること、前《さき》に示すがごとし。ここにまた、小が大を兼《か》ね、一が多に勝《まさ》るということ、これを談ぜん。彼《か》の尼拘類樹《にくるじゅ》の実《み》は、芥子《けし》三分が一のせい《背》なり。されども五百輛《りょう》の車を隠《かく》す徳あり。これ小が大を含《ふく》めるにあらずや。また如意宝珠《にょいほうしゅ》は、一つあれども万宝《まんぼう》を雨《ふ》らして欠《か》くるところこれ無し。これまた少なきが多きを兼ねたるにあらずや。世間《せけん》のことわざにも「一は万が母」といえり。これらの道理を知らずや。詮《せん》ずるところ、実相《じっそう》の理《り》の背契《はいけい》を論ぜよ。あながちに多少を執することなかれ。

汝《なんじ》至って愚《おろ》かなり。今、一つの譬《たと》えを仮《か》らん。夫《そ》れ、妙法蓮華経とは、一切衆生《いっさいしゅじょう》の仏性《ぶっしょう》なり。仏性とは法性《ほっしょう》なり。法性とは菩提《ぼだい》なり。いわゆる、釈迦《しゃか》・多宝《たほう》・十方《じっぽう》の諸仏《しょぶつ》、上行《じょうぎょう》・無辺行《むへんぎょう》等、普賢《ふげん》・文殊《もんじゅ》、舎利弗《しゃりほつ》・目連《もくれん》等、大梵天王《だいぼんてんのう》・釈提桓因《しゃくだいかんいん》、日月明星《にちがつみょうじょう》・北斗七星《ほくとしちせい》・二十八宿《しゅく》・無量の諸星《しょしょう》、天衆地類《てんしゅじるい》・竜神八部《りゅうじんはちぶ》・人天大会《にんてんだいえ》・閻魔法王《えんまほうおう》、上《かみ》は非想《ひそう》の雲の上《うえ》、下《しも》は那落《ならく》の炎《ほのお》の底まで、あらゆる一切衆生の備《そな》うるところの仏性を、妙法蓮華経とは名づくるなり。されば、一遍《いっぺん》この首題《しゅだい》を唱え奉《たてまつ》れば、一切衆生の仏性が皆《みな》よばれ《呼》てここに集まる時、我が身の法性の法報応《ほっぽうおう》の三身《さんじん》ともにひかれ《引》て顕《あらわ》れ出《い》ずる、これを成仏とは申すなり。例せば、籠《かご》の内にある鳥の鳴く時、空を飛ぶ衆鳥《しゅちょう》の同時に集まる、これを見て籠の内の鳥も出でんとするがごとし。

ここに愚人《ぐにん》云《い》わく、首題《しゅだい》の功徳《くどく》、妙法の義趣《ぎしゅ》、今《いま》聞くところ詳《つまび》らかなり。ただし、この旨趣《ししゅ》、正《まさ》しく経文《きょうもん》にこれをのせ《載》たりや、いかん。

聖人《しょうにん》云《い》わく、その理《り》詳《つまび》らかならん上は、文《もん》を尋《たず》ぬるに及《およ》ばざるか。しかれども、請《こ》いに随《したが》ってこれを示さん。法華経第八の陀羅尼品《だらにほん》に云わく「汝等《なんだち》はただ能《よ》く法華《ほっけ》の名《みな》を受持《じゅじ》せん者を擁護《おうご》せんすら、福は量《はか》るべからず」。この文の意は、仏、鬼子母神《きしもじん》・十羅刹女《じゅうらせつにょ》の法華経の行者《ぎょうじゃ》を守らんと誓《ちか》い給《たも》うを讃《ほ》むるとして、汝等「法華の首題《しゅだい》を持《たも》つ人を守るべし」と誓うその功徳《くどく》は、三世了達《さんぜりょうだつ》の仏の智慧《ちえ》もなお及びがたしと説かれたり。仏智《ぶっち》の及ばぬこと何かあるべきなれども、法華の題名《だいみょう》受持の功徳ばかりはこれを知らずと宣《の》べたり。

法華《ほっけ》一部の功徳《くどく》は、ただ妙法等の五字の内に籠《こ》もれり。一部八巻、文々《もんもん》ごとに二十八品生起《ぽんしょうき》か《替》われども、首題《しゅだい》の五字は同等なり。譬《たと》えば、日本の二字の中に六十余州・島二つ、入《い》らぬ国やあるべき、籠もらぬ郡《こおり》やあるべき。飛鳥《ひちょう》とよ《呼》べば空をか《翔》けるものと知り、走獣《そうじゅう》といえば地をは《走》しるものと心《こころ》う《得》る。一切《いっさい》、名の大切なること、けだし、もってかくのごとし。天台《てんだい》は「名は自性《じしょう》を詮《せん》じ、句は差別を詮ず」とも、「名は大綱《たいこう》なり」とも判ずる、この謂《い》いなり。また名は物をめ《召》す徳あり、物は名に応ずる用《ゆう》あり。法華題名《だいみょう》の功徳も、またもってかくのごとし。

愚人《ぐにん》云《い》わく、聖人《しょうにん》の言《ことば》のごとくんば、実《まこと》に首題《しゅだい》の功《く》、莫大《ばくだい》なり。ただし、知ると知らざるとの不同あり。我は弓箭《きゅうせん》に携《たずさ》わり、兵杖《ひょうじょう》をむ《旨》ねとして、いまだ仏法の真味《しんみ》を知らず。もししからば、得《う》るところの功徳《くどくなん》何ぞそれ深からんや。

聖人《しょうにん》云《い》わく、円頓《えんどん》の教理《きょうり》は初後《しょご》全《まった》く不二《ふに》にして、初位《しょい》に後位《ごい》の徳あり。「一行《いちぎょう》は一切行《いっさいぎょう》」にして、功徳《くどく》備《そな》わらざるはこれ無し。もし汝《なんじ》が言《ことば》のごとくんば、功徳を知って植えずんば、上《かみ》は等覚《とうがく》より下《しも》は名字《みょうじ》に至るまで得益《とくやく》さらにあるべからず。今の経《きょう》は「ただ仏と仏とのみ」と談ずるが故なり。譬喩品《ひゆほん》に云わく「汝舎利弗《しゃりほつ》すら、なおこの経においては、信をもって入《い》ることを得たり。いわんや余《よ》の声聞《しょうもん》をや」。文《もん》の心は、大智《だいち》舎利弗も、法華経には信をもって入る。その智分《ちぶん》の力にはあらず。いわんや自余《じよ》の声聞をやとなり。されば、法華経に来《きた》って信ぜしかば、「永く成仏せず」の名を削《けず》って華光如《けこうにょ》来《らい》となり。嬰児《みどりご》に乳をふく《含》むるに、その味をし《知》らずといえども、自然《じねん》にその身を生長《しょうちょう》す。医師《くすし》が病者《びょうじゃ》に薬を与《あた》うるに、病者薬《くすり》の根源をし《知》らずといえども、服すれば任運《にんうん》と病《やまい》愈《い》ゆ。もし薬の源《みなもと》をしらずと云って医師の与うる薬を服せずば、その病愈ゆべしや。薬を知るも知らざるも、服すれば病の愈ゆること、もってこれ同《おな》じ。

既《すで》に仏を良医《ろうい》と号し、法を良薬《ろうやく》に譬《たと》え、衆生《しゅじょう》を病人に譬う。されば、如来《にょらい》一代の教法《きょうほう》を擣《つ》き簁《ふる》い和《わ》合《ごう》して、妙法一粒《ひとつぶ》の良薬に丸《がん》ぜり。あに、知るも知らざるも、服せん者、煩悩《ぼんのう》の病《やまい》愈《い》えざるべしや。病者《びょうじゃ》は、薬をもし《知》らず、病をも弁《わきま》えずといえども、服すれば必ず愈ゆ。行者《ぎょうじゃ》もまたしかなり。法理をもしらず、煩悩をもしらずといえども、ただ信ずれば、見思《けんじ》・塵沙《じんじゃ》・無明《むみょう》の三惑《さんわく》の病を同時に断じて、実報《じっぽう》・寂光《じゃっこう》の台《うてな》にのぼり、本有三身《ほんぬさんじん》の膚《はだえ》を磨《みが》かんこと疑いあるべからず。されば、伝教大師《でんぎょうだいし》云《い》わく「能化《のうけ》・所化《しょけ》ともに歴劫《りゃっこう》無し。妙法経力《みょうほうきょうりき》もて即身成仏《そくしんじょうぶつ》す」と。法華経の法理を教えん師匠《ししょう》も、また習わん弟子《でし》も、久しからずして法華経の力をもって、ともに仏になるべしという文《もん》なり。

天台大師《てんだいだいし》も、法華経に付いて、玄義《げんぎ》・文句《もんぐ》・止観《しかん》の三十巻《さんじっかん》の釈《しゃく》を造り給《たも》う。妙楽《みょうらく》大師は、また釈《しゃく》籤《せん》・疏記《しょき》・輔行《ふぎょう》の三十巻の末文《まつもん》を重ねて消釈《しょうしゃく》す。天台六十巻とはこれなり。玄義には、名《みょう》・体《たい》・宗《しゅう》・用《ゆう》・教《きょう》の五重玄《ごじゅうげん》を建立《こんりゅう》して、妙法蓮華経の五字の功能《くのう》を判釈《はんじゃく》す。五重玄を釈する中の宗の釈に云《い》わく

「綱維《こうい》を提《ひ》くに目《もく》として動かざること無く、衣《ころも》の一角《いっかく》を牽《ひ》くに縷《る》として来《きた》らざること無きがごとし」。意は、この妙法蓮華経を信仰《しんこう》し奉《たてまつ》る一行《ぎょう》に、功徳《くどく》として来らざることなく、善根《ぜんこん》として動かざることなし。譬《たと》えば、網《あみ》の目《め》無量なれども一つの大綱《おおづな》を引くに動かざる目もなく、衣の糸筋《いとすじ》巨多《こた》なれども一角を取るに糸筋として来らざることなきがごとしという義なり。さて、文句には「かくのごときを我《われ》聞きき」より「礼《らい》を作《な》して去りにき」まで、文々句々《もんもんくく》に因縁《いんねん》・約教《やっきょう》・本迹《ほんじゃく》・観心《かんじん》の四種の釈を設《もう》けたり。次に止観には、妙解《みょうげ》の上に立つるところの観不思議境《かんふしぎきょう》の一念三千《いちねんさんぜん》、これ本覚《ほんがく》の立行《りゅうぎょう》、本具《ほんぐ》の理《り》心《しん》なり。今ここに委《くわ》しくせず。

悦《よろこ》ばしいかな、生《しょう》を五濁悪世《ごじょくあくせ》に受《う》くといえども、一乗《いちじょう》の真文《しんもん》を見聞《けんもん》することを得たり。熙連恒沙《きれんごうじゃ》の善根《ぜんこん》を致《いた》せる者、この経《きょう》にあい《遇》奉《たてまつ》って信を取ると見えたり。汝《なんじ》、今、一念随喜《いちねんずいき》の信を致す。函蓋相《かんがいそう》応《おう》、感応道交《かんのうどうこう》疑いなし。

愚人頭《ぐにんこうべ》を低《た》れ、手を挙げて云《い》わく、我、今よりは一実《いちじつ》の経王《きょうおう》を受持《じゅじ》し三界《さんがい》の独尊《どくそん》を本師《ほんし》として、今《こん》身《じん》より仏身《ぶっしん》に至るまで、この信心あえて退転《たいてん》無けん。たとい五逆《ごぎゃく》の雲厚《あつ》くとも、乞《こ》う、提婆達多《だいばだった》が成仏を続《つ》ぎ、十悪《じゅうあく》の波あらく《荒》とも、願わくは、王子覆講《ふっこう》の結縁《けちえん》に同じからん。

聖人《しょうにん》云《い》わく、人の心は水の器《うつわ》にしたがうがごとく、物の性《しょう》は月の波に動くに似たり。故に、汝《なんじ》、当座は信ずというとも、後日《ごじつ》は必ず翻《ひるがえ》さん。魔《ま》来《きた》り鬼《き》来るとも、騒乱《そうらん》することなかれ。夫《そ》れ、天魔《てんま》は仏法をにくむ《憎》、外道《げどう》は内道をきらう《嫌》。されば、猪《い》の金山《こんぜん》を摺《す》り、衆流《しゅる》の海に入《い》り、薪《たきぎ》の火を盛《さか》んにし、風の求羅《ぐら》をます《増》がごとくせば、あに好《よ》きことにあらずや。

（035）

祈禱抄《きとうしょう》

文永《ぶんえい》9年（'72） 51歳

本朝沙門日蓮《ほんちょうしゃもんにちれん》撰《せん》す。

問うて云《い》わく、華厳宗《けごんしゅう》・法相宗《ほっそうしゅう》・三論宗《さんろんしゅう》・小乗《しょうじょう》の三宗・真言宗《しんごんしゅう》・天台宗《てんだいしゅう》の祈《いの》りをなさんに、いずれかしるし《験》あるべきや。

答えて云《い》わく、仏説《ぶっせつ》なれば、いずれも一往《いちおう》は祈《いの》りとなるべし。ただし、法華経をもっていのらん《祈》祈りは必ず祈りとなるべし。

問うて云《い》わく、その所以《ゆえん》は、いかん。

答えて云わく、二乗《にじょう》は、大地微塵劫《だいちみじんごう》を経《へ》て先四味《せんしみ》の経《きょう》を行《ぎょう》ずとも、成仏すべからず。法華経は須臾《しゅゆ》の間これを聞いて仏になれり《成》。もししからば、舎利弗《しゃりほつ》・迦葉《かしょう》等の千二百・万二千、総じて一切《いっさい》の二乗《にじょう》界《かい》の仏は、必ず法華経の行者《ぎょうじゃ》の祈《いの》りをかなう《叶》べし。また行者の苦にもかわる《代》べし。

故に、信解品《しんげほん》に云《い》わく「世尊《せそん》は大恩まします。希有《けう》の事《じ》をもって、憐愍《れんみん》・教化《きょうけ》して、我らを利益《りやく》したもう。無量億劫《むりょうおっこう》にも、誰《たれ》か能《よ》く報ずる者あらん。手足《しゅそく》もて供給《くきゅう》し、頭頂《ずちょう》もて礼敬《らいきょう》し、一切《いっさい》もて供養《くよう》すとも、皆《みな》報ずること能《あた》わじ。もしもって頂戴《ちょうだい》し、両肩《りょうけん》に荷負《がぶ》して、恒沙劫《ごうじゃこう》において、心を尽《つ》くして恭敬《くぎょう》し、また美膳《みぜん》・無量の宝衣《ほうえ》および諸《もろもろ》の臥具《がぐ》、種々の湯薬《とうやく》をもってし、牛頭栴檀《ごずせんだん》および諸の珍宝《ちんぽう》、もって塔廟《とうみょう》を起《た》て、宝衣を地《じ》に布《し》き、かくのごとき等の事《じ》、もって供養すること恒沙劫においてすとも、また報ずること能わじ」等云々《うんぬん》。

この経文《きょうもん》は、四大声聞《しだいしょうもん》、譬喩品《ひゆほん》を聴聞《ちょうもん》して仏になる《成》べき由《よし》を心得《こころえ》て、仏と法華経の恩の報じがたき《難》ことを説けり。されば、二乗《にじょう》の御《おん》ためには、この経を行《ぎょう》ずる者をば、父母よりも、愛子《あいし》よりも、両眼よりも、身命《しんみょう》よりも、大事にこそおぼしめす《思》らめ。舎利弗《しゃりほつ》・目連《もくれん》等の諸大声聞は、一代聖教《いちだいしょうぎょう》いずれも讃歎《さんだん》せん行者《ぎょうじゃ》をすて《捨》ておぼす《思》ことはあるべからずとは思えども、爾前《にぜん》の諸経《しょきょう》はすこしうらみ《恨》おぼす《思》こともあるらん。「仏法の中において、すでに敗種《はいしゅ》のごとし」なんどしたたか《強》にいましめ《誡》られ給《たま》いし故なり。今の華光如来《けこうにょらい》・名相《みょうそう》如来・普明《ふみょう》如来なんどならせ《成》給いたることは、おもわざる外《ほか》の幸いなり。例せば、崑崙山《こんろんざん》のくずれ《崩》て宝の山に入《い》りたる心地《ここち》してこそおわしぬらめ。されば、領解《りょうげ》の文《もん》に云《い》わく「無上《むじょう》の宝珠《ほうしゅ》は、求めざるに自《おの》ずから得たり」等云々《うんぬん》。されば、一切《いっさい》の二乗界《にじょうかい》、法華経の行者をまぼ《守》り給わんことは疑いあるべからず。

あやし《怪》の畜生《ちくしょう》なんども、恩をば報ずることに候《そうろう》ぞかし。かり《雁》と申す鳥あり。必ず母の死なんとする時、孝《こう》をなす。狐《きつね》は塚《つか》を跡《あと》にせず。畜生すら、なおかくのごとし。いわんや人類《にんるい》をや。されば、王《おう》寿《じゅ》といいし者、道を行きしにうえ《飢》つかれ《疲》たりしに、路《みち》の辺《ほとり》に梅《うめ》の樹《き》あり。その実《み》多し。寿《じゅ》、とりて食してうえ《飢》やみ《止》ぬ。「我この梅の実を食して気力をます《増》。その恩を報ぜずんばあるべからず」と申して、衣《ころも》をぬぎ《脱》て梅に懸《か》けてさり《去》ぬ。王尹《おういん》といいし者は、道を行くに水に渇《かっ》しぬ。河をすぐる《過》に水を飲んで、銭《ぜに》を河に入《い》れて、これを水の直《あたい》とす。

竜《りゅう》は必ず袈裟《けさ》を懸《か》けたる僧《そう》を守る。仏より袈裟を給《たま》わって竜宮城《りゅうぐうじょう》の愛子《あいし》に懸けて、金翅鳥《こんじちょう》の難をまぬかる《免》故なり。金翅鳥は必ず父母孝養の者を守る。竜は須弥山《しゅみせん》を動かして金翅鳥の愛子を食す。金翅鳥は、仏の教えによって、父母の孝養をなす者の僧のとるさんば《生飯》を須弥の頂《いただき》におき《置》て竜の難をまぬかるる故なり。天は必ず戒《かい》を持《たも》ち善を修《しゅ》する者を守る。人間界《にんげんかい》に戒を持たず善を修する者なければ、人間界の人《ひと》死して多く修羅道《しゅらどう》に生《しょう》ず。修羅、多勢《たぜい》なれば、おごり《傲》をなして必ず天をおかす《侵》。人間界に戒を持ち善を修するの者多《おお》ければ、人死して必ず天に生ず。天多ければ、修羅おそれ《恐》をなして天をおかさ《侵》ず。故に、戒を持ち善を修する者をば天必ずこれを守る。いかにいわんや、二乗《にじょう》は六凡《ろくぼん》より戒徳《かいとく》も勝《すぐ》れ、智慧《ちえ》賢《かしこ》き人々なり。いかでか、我が成仏を遂《と》げたらん法華経を行《ぎょう》ぜん人をば捨《す》つべきや。

また、一切《いっさい》の菩薩《ぼさつ》ならびに凡夫《ぼんぷ》は、仏になら《成》んがために四十余年の経々《きょうぎょう》を無量劫《むりょうこう》が間行《ぎょう》ぜしかども、仏に成ることなかりき。しかるを、法華経を行じて仏と成って、今十方世界《じっぽうせかい》におわします仏、仏の三《さん》十二相八十種好《じゅうにそうはちじっしゅこう》をそなえ《具》させ給《たま》いて、九界の衆生《しゅじょう》にあおがれ《仰》て、月を星の回《めぐ》るがごとく、須弥山《しゅみせん》を八《はっ》山《せん》の回るがごとく、日輪《にちりん》を四州《ししゅう》の衆生《しゅじょう》の仰《あお》ぐがごとく、輪王《りんおう》を万民《ばんみん》の仰ぐがごとく仰がれさせ給うは、法華経の恩徳にあらずや。されば、仏は法華経に誡《いまし》めて云《のたま》わく「また舎利《しゃり》を安んずることを須《もち》いず」。涅槃経《ねはんぎょう》に云《い》わく「諸仏《しょぶつ》の師とするところは、いわゆる法なり。この故に、如来《にょらい》は恭敬《くぎょう》・供養《くよう》す」等云々《うんぬん》。法華経には我が舎利を法華経に並ぶべからず、涅槃経には諸仏は法華経を恭敬・供養すべしと説かせ給《たま》えり。

仏、この法華経をさとり《覚》て仏に成り、しかも人に説き聞かせ給《たま》わずば、仏種《ぶっしゅ》をたたせ《断》給《たも》う失《とが》あり。この故に、釈迦如来《しゃかにょらい》はこの娑婆世界《しゃばせかい》に出《い》でて説かんとせさせ給《たま》いしを、元品《がんぽん》の無明《むみょう》と申す第六天《だいろくてん》の魔《ま》王《おう》が一切衆生《いっさいしゅじょう》の身に入《い》って、仏をあだみ《怨》て説かせまいらせじとせしなり。いわゆる、波瑠璃王《はるりおう》の五百人の釈子《しゃくし》を殺し、鴦崛摩羅《おうくつまら》が仏を追い、提婆《だいば》が大石《たいせき》を放《はな》ち、旃遮婆羅門女《せんしゃばらもんにょ》が鉢《はち》を腹にふせ《伏》て仏の御子《みこ》と云《い》いし、婆羅門城《ばらもんじょう》には仏を入れ奉《たてまつ》る者は五百両の金をひき《引》き。されば、道にはうばら《茨》をたて《立》、井《い》には糞《ふん》を入れ、門にはさかむぎ《逆茂木》をひけ《引》り、食《じき》には毒を入れし、皆《みな》これ仏をにくむ《憎》故に。華色比丘尼《けしきびくに》を殺し、目連《もくれん》は竹杖外道《ちくじょうげどう》に殺され、迦留陀夷《かるだい》は馬糞《ばふん》に埋《うず》もれし、皆、仏をあだみ《怨》し故なり。

しかれども、仏さまざまの難をまぬかれ《免》て、御年《おんとし》七十二歳、仏法を説き始められて四十二年と申せしに、中天竺王舎城《ちゅうてんじくおうしゃじょう》の丑寅《うしとら》、耆闍崛山《ぎしゃくっせん》と申す山にして、法華経を説き始められて、八年まで説かせ給《たま》いて、東天竺倶尸那城跋提河《とうてんじくくしなじょうばつだいが》の辺《ほとり》にして、御年八十と申せし二月十五日の夜半に、御涅槃《ごねはん》に入《い》らせ給いき。しかりといえども、御悟《おんさと》りをば法華経と説きおか《置》せ給えば、この経の文字《もんじ》は即《すなわ》ち釈迦如来《しゃかにょらい》の御《おん》魂《たましい》なり。一々《いちいち》の文字は仏の御魂なれば、この経を行《ぎょう》ぜん人をば、釈迦如来、我が御眼《おんまなこ》のごとくまぼ《守》り給《たも》うべし。人の身に影《かげ》のそえ《添》るがごとくそわ《添》せ給うらん。いかでか祈《いの》りとならせ給《たま》わざるべき。

一切《いっさい》の菩薩《ぼさつ》は、また始め華厳経《けごんぎょう》より四十余年の間、仏にならん《成》と願い給《たま》いしかども、かなわず《叶》して法華経の方便品《ほうべんぼん》の略開三顕一《りゃくかいさんけんいち》の時、「仏を求《もと》むる諸《もろもろ》の菩薩は、大数《だいしゅ》八万有り。また諸の万億国の転輪《てんりん》聖王《じょうおう》は至れり。合掌《がっしょう》し敬心《きょうしん》をもって、具足《ぐそく》の道《どう》を聞きたてまつらんと欲す」と願いしが、広開三顕一《こうかいさんけんいち》を聞いて、「菩薩はこの法を聞いて、疑網《ぎもう》は皆《みな》すでに断《た》ちぬ」と説かせ給いぬ。

その後《のち》、自界《じかい》・他方《たほう》の菩薩《ぼさつ》、雲のごとく集まり、星のごとく列《つら》なり給《たま》いき。宝塔品《ほうとうほん》の時、十方《じっぽう》の諸《しょ》仏《ぶつ》、各々《おのおの》無辺の菩薩を具足《ぐそく》して集まり給いき。文殊《もんじゅ》は海より無量の菩薩を具足し、また八十万億那由《なゆ》他《た》の諸《もろもろ》の菩薩、また過八恒河沙《かはちごうがしゃ》の菩薩、地涌《じゆ》千界《せんがい》の菩薩、分別功徳品《ふんべつくどくほん》の六百八十万億那由他恒河沙の菩薩、また千倍の菩薩、また一世界の微塵数《みじんじゅ》の菩薩、また三千大千世界《さんぜんだいせんせかい》の微塵数の菩薩、また二千中国土《ちゅうこくど》の微塵数の菩薩、また小千国土の微塵数の菩薩、また四四天下《してんげ》の微塵数の菩薩、三四天下・二四天下・一四天下の微塵数の菩薩、また八世界の微塵数の衆生、薬王品《やくおうほん》の八万四千の菩薩、妙音品《みょうおんぼん》の八万四千の菩薩、また四万二千の天子、普門品《ふもんぼん》の八万四千、陀羅尼品《だらにほん》の六万八千人、妙荘厳王品《みょうしょうごんのうほん》の八万四千人、勧発品《かんぼっぽん》の恒河沙等の菩薩、三千大千世界の微塵数等の菩薩、これらの菩薩を委《くわ》しく数えば、十方世界の微塵のごとし、十方世界の草木《そうもく》のごとし、十方世界の星のごとし、十方世界の雨のごとし。

これらは皆《みな》、法華経にして仏になら《成》せ給《たま》いて、この三千大千世界《さんぜんだいせんせかい》の地上・地下・虚空《こくう》の中にまします。迦葉尊者《かしょうそんじゃ》は鶏足山《けいそくせん》にあり。文殊師利《もんじゅしり》は清涼山《しょうりょうせん》にあり。地蔵菩薩《じぞうぼさつ》は伽羅陀山《からだせん》にあり。観音《かんのん》は補陀落《ふだらく》山《せん》にあり。弥勒《みろく》菩薩は兜率天《とそつてん》に、難陀《なんだ》等の無量の竜王《りゅうおう》・阿修羅王《あしゅらおう》は海底《かいてい》・海畔《かいはん》にあり。帝釈《たいしゃく》は忉利天《とうりてん》に、梵王《ぼんのう》は有頂天《うちょうてん》に、魔醯修羅《まけいしゅら》は第六の他化天《たけてん》に、四天王《してんのう》は須弥《しゅみ》の腰《こし》に、日月《にちがつ》・衆星《しゅしょう》は我らが眼《まなこ》に見えて頂上を照らし給《たも》う。江神《こうしん》・河神《かしん》・山神《さんじん》等も皆《みな》、法華経の会上《えじょう》の諸尊なり。

仏、法華経をとか《説》せ給《たま》いて、年数二千二百余年なり。人間《にんげん》こそ、寿《じゅ》も短き故に、仏をも見奉《たてまつ》り候《そうろう》人も侍《はべ》らね。天上は日数《ひかず》は永く、寿も長ければ、しかしながら仏をおが《拝》み法華経を聴聞《ちょうもん》せる天人《てんにん》、か《限》ぎり多くおわするなり。人間の五十年は四王天《しおうてん》の一日一夜《いちや》なり。この一日一夜をはじめとして、三十《みそ》日《か》は一月《ひとつき》、十二月は一年にして五百歳なり。されば、人間の二千二百余年は四王天《しおうてん》の四十四日なり。されば、日月《にちがつ》ならびに毘沙門天王《びしゃもんてんのう》は、仏におくれ《後》たてまつり《奉》て四十四日、いまだ二月《ふたつき》にたらず《足》。帝《たい》釈《しゃく》・梵天《ぼんてん》なんどは、仏におくれ奉って一月一時《いっとき》にもすぎず《過》。わずかの間に、いかでか、仏前の御誓《おんちか》いならびに自身成仏の御経《おんきょう》の恩をばわすれ《忘》て、法華経の行者《ぎょうじゃ》をば捨てさせ給《たも》うべきなんど思いつらぬれ《連》ば、たのもしき《頼》ことなり。されば、法華経の行者の祈《いの》る祈りは、響《ひび》きの音に応ずるがごとし。影《かげ》の体にそえる《添》がごとし。すめる《澄》水に月のうつる《映》がごとし。方諸《ほうしょ》の水をまねく《招》がごとし。磁石《じしゃく》の鉄《くろがね》をすう《吸》がごとし。琥珀《こはく》の塵《ちり》をとる《取》がごとし。あきらか《明》なる鏡の物の色《いろ》をうかぶる《浮》がごとし。

世間《せけん》の法には、我がおもわざる《思》ことも、父母・主君・師匠《ししょう》・妻子・おろか《疎》ならぬ友なんどの申すことは、恥《はじ》ある者は、意にはあわざれ《合》ども、名利《みょうり》をもうし《失》ない、寿《いのち》ともなることも侍《はべ》るぞかし。いかにいわんや、我が心からおこり《起》ぬることは、父母・主君・師匠なんどの制止を加《くわ》うれども、なすことあり。されば、はんよき《樊於期》といいし賢人《けんじん》は、我が頸《くび》を切ってだにこそ、けいか《荊軻》と申せし人には与えき。季札《きさつ》と申せし人は、約束の剣《つるぎ》を徐君《じょくん》が塚《つか》の上に懸《か》けたりき。

しかるに、霊山会上《りょうぜんえじょう》にして即身成仏《そくしんじょうぶつ》せし竜女《りゅうにょ》は、小乗経《しょうじょうきょう》には五障《ごしょう》の雲厚《あつ》く三従《さんじゅう》のきずな《絆》強しと嫌《きら》われ、四十余年の諸大乗経《しょだいじょうきょう》には、あるいは歴劫修行《りゃっこうしゅぎょう》にたえ《堪》ずと捨てられ、あるいは「初発心《しょほっしん》の時、便《すなわ》ち正覚《しょうがく》を成《じょう》ず」の言《ことば》も有名無実《うみょうむじつ》なりしかば、女人成仏《にょにんじょうぶつ》もゆるさ《許》ざりしに、たとい人間《にんげん》・天上の女人なりとも成仏の道には望《のぞ》みなかりしに、竜畜下賤《りゅうちくげせん》の身たるに、女人とだに生まれ、年さえいまだたけ《長》ず、わずかに八歳なりき。かたがた思いもよら《寄》ざりしに、文殊《もんじゅ》の教化《きょうけ》によりて、海中にして法師《ほっし》・提婆《だいば》の中間、わずかに宝塔品《ほうとうほん》を説かれし時刻に仏になり《成》たりしことは、ありがたき《有難》ことなり。一代超過《いちだいちょうか》の法華経の御力《おんちから》にあらずば、いかでか、かくは候《そうろう》べき。されば、妙楽《みょうらく》は「行《ぎょう》は浅く功《く》は深し。もって経《きょう》力《りき》を顕《あらわ》す」とこそ書かせ給《たま》え。

竜女《りゅうにょ》は、我《われ》仏にな《成》れる経《きょう》なれば、仏の御諌《おんいさ》めなくとも、いかでか法華経の行者《ぎょうじゃ》を捨てさせ給《たも》うべき。されば、自讃歎仏《じさんたんぶつ》の偈《げ》には「我は大乗《だいじょう》の教えを闡《ひら》いて、苦の衆生《しゅじょう》を度脱《どだつ》せん」等とこそすす《進》ませさせ給《たま》いしか。竜女の誓《ちか》いは、その所従《しょじゅう》の「口の宣《の》ぶるところにあらず、心の測《はか》るところにあらず」の一切《いっさい》の竜畜《りゅうちく》の誓いなり。娑竭羅竜王《しゃがらりゅうおう》は、竜畜の身なれども、子を念《おも》う志《こころざし》深かりしかば、大海第一の宝、如意宝珠《にょいほうしゅ》をむすめ《娘》にとらせて、即身成仏《そくしんじょうぶつ》の御布施《おんふせ》にせさせつれ。この珠《たま》は直三千大千世界《あたいさんぜんだいせんせかい》にか《替》うる珠なり。

提婆達多《だいばだった》は、師子頬王《ししきょうおう》には孫、釈迦如来《しゃかにょらい》には伯父《おじ》たりし斛飯王《こくぼんおう》の御子《みこ》、阿難尊者《あなんそんじゃ》の舎兄《しゃけい》なり。善聞《ぜんもん》長者《ちょうじゃ》のむすめ《娘》の腹なり。転輪聖王《てんりんじょうおう》の御一門《ごいちもん》、南閻浮提《なんえんぶだい》には賤《いや》しからざる人なり。在家《ざいけ》にましまし時は、夫妻となるべきやすだら《耶輪陀羅》女《にょ》を悉達太子《しったたいし》に押《お》し取られ、宿世《しゅくせ》の敵《かたき》と思いしに、出家《しゅっけ》の後《のち》に、人天大《にんてんだい》会《え》の集まりたりし時、仏に「汝《なんじ》は癡人《ちにん》、唾《つばき》を食らえる者」との《罵》られし上、名聞利養《みょうもんりよう》深かりし人なれば、仏の人にもてなされしをそね《嫉》みて、我が身には五法《ごほう》を行《ぎょう》じて仏よりも尊《たっと》げになし、鉄《くろがね》をの《伸》して千輻《せんぷく》輪《りん》につ《付》け、蛍火《ほたるび》を集めて白毫《びゃくごう》となし、六万宝蔵《ほうぞう》・八万宝蔵を胸に浮《う》かべ、象頭山《ぞうずせん》に戒場《かいじょう》を立てて多くの仏弟子《ぶつでし》をさそ《誘》いと《取》り、爪《つめ》に毒を塗《ぬ》り仏の御足《みあし》にぬ《塗》らんと企《くわだ》て、蓮華比丘尼《れんげびくに》を打ち殺し、大石《たいせき》を放《はな》って仏の御指《おんゆび》をあやま《過》ちぬ。

つぶさに三逆《さんぎゃく》を犯《おか》し、結句《けっく》は五天竺《ごてんじく》の悪人を集め、仏ならびに御弟子《みでし》・檀那《だんな》等にあだ《怨》をなすほどに、頻婆娑羅王《びんばしゃらおう》は仏の第一の御檀那《おんだんな》なり。一日に五百輛《りょう》の車を送り、日々に仏ならびに御弟子を供養《くよう》し奉《たてまつ》りき。提婆《だいば》そねむ《嫉》心深《ふか》くして、阿闍世太子《あじゃせたいし》を語らいて、父を終《つい》に一尺《しゃく》の釘《くぎ》七つをもってはりつけ《磔》になし奉りき。終に王舎城《おうしゃじょう》の北門の大地破《わ》れて阿鼻大城《あびだいじょう》に堕《お》ちにき。三千大千世界《さんぜんだいせんせかい》の人、一人もこれを見ざることなかりき。

されば、大地微塵劫《だいちみじんごう》は過《す》ぐとも無間大城《むけんだいじょう》をば出《い》ずべからずとこそ思い候《そうろう》に、法華経にして天王如来《てんのうにょらい》となら《成》せ給《たま》いけるにこそ、不思議に尊《たっと》けれ。提婆達多《だいばだった》、仏になり給わば、語られしところの無量の悪人、一業《いちごう》の所感《しょかん》なれば、皆《みな》、無間地獄《むけんじごく》の苦ははなれ《離》ぬらん。これひとえに法華経の恩徳なり。されば、提婆達多ならびに従《したが》うところの無量の眷属《けんぞく》は、法華経の行者《ぎょうじゃ》の室宅《しったく》にこそ住まわせ給《たも》うらめとたの《頼》もし。

諸《もろもろ》の大地微塵《みじん》のごとくなる諸の菩薩《ぼさつ》は、等覚《とうがく》の位までせ《迫》めて元品《がんぽん》の無明《むみょう》ばかりもちて侍《はべ》るが、釈迦如来《しゃかにょらい》に値《あ》い奉《たてまつ》って元品の大石《たいせき》をわ《破》らんと思うに、教主釈尊《きょうしゅしゃくそん》、四十余年が間は「因分《いんぶん》は説くべし、果分《かぶん》は説くべからず」と申して、妙覚《みょうかく》の功徳《くどく》を説き顕《あらわ》し給《たま》わず。されば、妙覚の位に登る人《ひと》一人もなかりき。本意《ほい》な《無》かりしことなり。しかるに、霊山《りょうぜん》八年が間に「ただ一仏乗《いちぶつじょう》のみを名づけて果分となす」と説き顕し給いしかば、諸の菩薩、皆《みな》妙覚の位《い》に上《のぼ》りて、釈迦如来と悟《さと》り等しく、須弥山《しゅみせん》の頂《いただき》に登って四方を見るがごとく、長夜《じょうや》に日輪《にちりん》の出でたらんがごとく、あかな《明》くならせ給いたりしかば、仏の仰《おお》せ無くとも、「法華経を弘《ひろ》めじ、また行者《ぎょうじゃ》に替《か》わらじ」とはおぼしめ《思》すべからず。されば、「我は身《しん》命《みょう》を愛せず、ただ無上道《むじょうどう》を惜《お》しむのみ」「身命を惜しまず」「当《まさ》に広くこの経を説くべし」等とこそ誓《ちか》い給いしか。

その上、慈父《じぶ》の釈迦仏《しゃかぶつ》、悲母《ひも》の多宝仏《たほうぶつ》、慈悲《じひ》の父母等、同じく助証《じょしょう》の十方《じっぽう》の諸仏《しょぶつ》、一座に列《つら》ならせ給《たま》いて、月と月とを集めたるがごとく、日と日とを並べたるがごとくましまし時、「諸《もろもろ》の大衆《だいしゅ》に告ぐ。我滅度《めつど》して後《のち》、誰《たれ》か能《よ》くこの経《きょう》を護持《ごじ》し読誦《どくじゅ》せん。今、仏前において、自《みずか》ら誓言《せいごん》を説け」と、三度まで諫《いさ》めさせ給いしに、八方の四百万億那由他《なゆた》の国土に充満《じゅうまん》せさせ給いし諸大菩薩《しょだいぼさつ》、身を曲げ低頭《ていず》合掌《がっしょう》し、ともに同時に声をあ《上》げて「世尊《せそん》の勅《みことのり》のごとく、当《まさ》につぶさに奉行《ぶぎょう》すべし」と、三度まで声を惜《お》しまずよば《呼》わりしかば、いかでか法華経の行者《ぎょうじゃ》にはか《代》わらせ給わざるべき。はんよき《樊於期》といいしもの《者》、けいか《荊軻》に頭《こうべ》を取らせ、きさつ《季札》といいしもの、徐君《じょくん》が塚《つか》に刀をか《懸》けし、約束を違《たが》えじがためなり。これらは、震旦辺土《しんたんへんど》のえびす《夷》のごとくなるもの《者》どもだにも、友の約束に、命をも亡《ほろ》ぼし、身に代えて思う刀をも塚に懸《か》くるぞかし。まして、諸大菩薩《しょだいぼさつ》は、本《もと》より「大悲《だいひ》もて代わって苦を受けん」の誓《ちか》い深し。仏の御諫《おんいさ》めなくとも、いかでか法華経の行者《ぎょうじゃ》を捨て給《たも》うべき。その上、我が成仏の経《きょう》たる上、仏慇懃《おんごん》に諫め給《たま》いしかば、仏前の御誓《おんちか》い丁寧《ていねい》なり。行者を助けたもうこと疑うべからず。

仏は、人天《にんてん》の主《しゅ》、一切衆生《いっさいしゅじょう》の父母なり。しかも開導《かいどう》の師なり。父母なれども賤《いや》しき父母は主君の義をか《兼》ねず。主君なれども父母ならざればおそ《恐》ろしき辺もあり。父母・主君なれども師匠《ししょう》なることはなし。諸仏《しょぶつ》は、また世尊《せそん》にてましませば、主君にてはましませども、娑婆世界《しゃばせかい》に出《い》でさせ給《たま》わざれば師匠にあらず。また「その中の衆生は、ことごとくこれ吾《わ》が子なり」とも名乗らせ給わず。釈迦仏《しゃかぶつ》独《ひと》り主師親《しゅししん》の三義をかね《兼》給えり。しかれども、四十余年の間は提婆達多《だいばだった》を罵《の》り給い、諸《もろもろ》の声聞《しょうもん》をそしり《謗》、菩薩《ぼさつ》の果《か》分《ぶん》の法門《ほうもん》を惜《お》しみ給いしかば、仏なれども、よりよりは「天魔破旬《てんまはじゅん》ばしの我らをなやま《悩》すか」の疑い、人にはいわ《言》ざれども心の中《うち》には思いしなり。この心は、四十余年より法華経の始まるまで失《う》せず。

しかるを、霊山《りょうぜん》八年の間に宝塔《ほうとう》虚空《こくう》に現じ、二仏日月《にちがつ》のごとく並び、諸仏《しょぶつ》大地に列《つら》なり、大山をあつめ《集》たるがごとく、地涌千界《じゆせんがい》の菩薩《ぼさつ》虚空に星のごとく列なり給《たま》いて、諸仏の果分《かぶん》の功徳《くどく》を吐《は》き給いしかば、宝蔵《ほうぞう》をかたぶけ《傾》て貧人《びんにん》にあたう《与》るがごとく、崑崙山《こんろんざん》のくずれ《崩》たるににたり《似》き。諸人《しょにん》、この玉《たま》をのみ拾うがごとく、この八箇年《かねん》が間、珍《めずら》しく貴《たっと》きこと、心髄《しんずい》にもとおり《通》しかば、諸《もろもろ》の菩薩、身命《しんみょう》も惜《お》しまず、言《ことば》をばくくま《含》ず誓《ちか》いをなせしほどに、嘱累品《ぞくるいほん》にして、釈迦如来《しゃかにょらい》、宝塔を出《い》でさせ給いてとびら《扉》を押《お》したて《立》給いしかば、諸仏は国々へ返り給いき。諸の菩薩等も、諸仏に随《したが》い奉《たてまつ》りて返らせ給いぬ。ようやく《漸》心《こころ》ぼそく《細》なりしほどに、「却《さ》って後三月《のちみつき》あって、当《まさ》に般涅槃《はつねはん》すべし」と唱えさせ給《たま》いしこそ、心ぼそく、耳おどろか《驚》しかりしかば、諸《もろもろ》の菩薩《ぼさつ》・二乗《にじょう》・人天《にんてん》等、ことごとく法華経を聴聞《ちょうもん》して、仏の恩徳心肝《しんかん》にそみ《染》て、身命《しんみょう》をも法華経の御《おん》ために投げて仏に見せまいらせんと思いしに、仏の仰《おお》せのごとくもし涅槃せさせ給わば、いかにあさまし《浅》からんと胸《むな》さわぎ《騒》してありしほどに、仏の御年《おんとし》満八十と申せし二月十五日の寅卯時《とらうのとき》、東天竺舎衛国倶尸那城跋提河《とうてんじくしゃえこくくしなじょうばつだいが》の辺《ほとり》にして仏御入滅《ごにゅうめつ》なるべき由《よし》の御音《みこえ》、上《かみ》は有頂《うちょう》、横には三千大千界《さんぜんだいせんかい》までひびき《響》たりしこそ、目もくれ《暗》、心もきえ《消》はて《果》ぬれ。五天竺《ごてんじく》、十六の大国、五百の中国、十千の小国、無量の粟散国《ぞくさんこく》等の衆生《しゅじょう》、一人も衣食《えじき》を調《ととの》えず、上下をきらわ《嫌》ず、牛馬・狼狗《ろうく》・鵰鷲《ちょうしゅう》・蚊虻《ぶんぼう》等の五十二類の一類の数、大地微塵《みじん》をもつくし《尽》ぬべし。いわんや五十二類をや。この類、皆《みな》、華香《けこう》・衣食《えじき》をそなえ《供》て最後の供養《くよう》とあて《充》がいき。「一切衆生《いっさいしゅじょう》の宝の橋おれ《折》なんとす。一切衆生の眼《まなこ》ぬけ《抜》なんとす。一切衆生の父母・主君・師匠《ししょう》死なんとす」なんど申すこえ《声》ひびき《響》しかば、身の毛のいよ立つのみならず、涙《なみだ》を流す。なんだ《涙》をながす《流》のみならず、頭《こうべ》をたた《叩》き、胸をおさえ《押》、音《こえ》も惜《お》しまず叫《さけ》びしかば、血の涙・血のあせ《汗》、倶尸那城《くしなじょう》に大雨よりもしげく《繁》ふり《降》、大河よりも多く流れたりき。これひとえに、法華経にして仏になり《成》しかば、仏の恩の報ずることかたかり《難》しなり。

かかるなげき《歎》の庭にても、法華経の敵《かたき》をばきる《切》べきよし《由》、座につらなる《連》まじきよし、ののしり《詈》侍《はべ》りき。迦葉童子菩薩《かしょうどうじぼさつ》は、「法華経の敵の国には霜《しも》・雹《ひょう》となるべし」と誓《ちか》い給《たま》いき。その時、仏は臥《ふしど》よりおき《起》てよろこば《喜》せ給いて、「善《よ》きかな、善きかな」と讃《ほ》め給いき。諸《もろもろ》の菩薩は仏の御心《みこころ》を推《すい》して、「法華経の敵をうた《打》んと申さば、しばらくもいき《生》給いなん」と思って、一々《いちいち》の誓いはなせ《為》しなり。されば、諸の菩薩・諸の天人《てんにん》等は、「法華経の敵の出来《しゅったい》せよかし。仏前の御誓《おんちか》いはたし《果》て、釈迦尊《しゃかそん》ならびに多宝仏《たほうぶつ》、諸仏如来《しょぶつにょらい》にも、『げに仏前にして誓いしがごとく、法華経の御ためには名をも身命《しんみょう》をも惜《お》しまざりけり』と思われまいらせん」とこそおぼす《思》らめ。

いかに申すことはおそき《遅》やらん。大地はささ《差》ばはずる《外》るとも、虚空《おおぞら》をつなぐ《繋》者はありとも、潮《しお》のみち《満》ひ《干》ぬことはありとも、日は西より出《い》ずるとも、法華経の行者《ぎょうじゃ》の祈《いの》りのかなわ《叶》ぬことはあるべからず。法華経の行者《ぎょうじゃ》を、諸《もろもろ》の菩薩《ぼさつ》・人天《にんてん》・八部《はちぶ》等、二聖《にしょう》・二天《にてん》・十羅刹《じゅうらせつ》等、千に一つも来《きた》ってまぼり《守》給《たま》わぬこと侍《はべ》らば、上《かみ》は釈迦《しゃか》・諸仏《しょぶつ》をあなずり《侮》奉《たてまつ》り、下《しも》は九界をたぼらかす《誑》失《とが》あり。行者は必ず不実なりとも、智慧《ちえ》はおろか《愚》なりとも、身は不浄《ふじょう》なりとも、戒徳《かいとく》は備《そな》えずとも、南無妙法蓮華経と申さば必ず守護《しゅご》し給《たも》うべし。

袋きたなし《汚》とて金《こがね》を捨《す》つることなかれ。伊蘭《いらん》をにくま《憎》ば栴檀《せんだん》あるべからず。谷の池を不浄《ふじょう》なりと嫌《きら》わば蓮《はちす》を取らざるべし。行者《ぎょうじゃ》を嫌い給《たま》わば誓《ちか》いを破り給いなん。正像既《しょうぞうすで》に過ぎぬれば、持戒《じかい》は市《いち》の中の虎《とら》のごとし。智者《ちしゃ》は麟角《りんかく》よりも希《まれ》ならん。月を待つまでは灯《ともしび》を憑《たの》むべし。宝珠《ほうしゅ》のなき《無》処《ところ》には金銀も宝なり。白烏《はくう》の恩をば黒烏《こくう》に報ずべし。聖僧《しょうそう》の恩をば凡僧《ぼんそう》に報ずべし。とくとく《疾》利生《りしょう》をさずけ《授》給えと強盛《ごうじょう》に申すならば、いかでか祈《いの》りのかなわ《叶》ざるべき。

問うて云《い》わく、上《かみ》にかかせ《書》給《たも》う道理・文証《もんしょう》を拝見するに、まことに日月《にちがつ》の天におわしますならば、大地に草木《そうもく》のおうる《生》ならば、昼夜《ちゅうや》の国土にあるならば、大地だにも反覆《はんぷく》せずば、大海のしお《潮》だにもみち《満》ひる《干》ならば、法華経を信ぜん人、現世《げんぜ》のいのり《祈》、後生《ごしょう》の善処《ぜんしょ》は疑いなかるべし。しかりといえども、この二十余年が間の天台真言《てんだいしんごん》等の名匠《めいしょう》、多く大事のいのり《祈》をなすに、はかばかしくいみじきいのり《祈》ありともみえ《見》ず。なお外典《げてん》の者どもよりもつたなき《拙》ようにうち《打》おぼえ《覚》て見《み》ゆるなり。恐《おそ》らくは、経文《きょうもん》のそらごと《虚言》となるか、行者《ぎょうじゃ》のおこない《行》のおろか《疎》なるか、時機《じき》のかなわ《叶》ざるかとうたがわれ《疑》て、後生もいかんとおぼう《覚》。

それはさておき《置》ぬ。御房《ごぼう》は山僧《さんそう》の御弟子《みでし》とうけ《承》たまわる。父の罪は子にかかり《掛》、師の罪は弟子にかかるとうけ《承》たまわる。叡山《えいざん》の僧徒《そうと》の、園城《おんじょう》・山門《さんもん》の堂塔《どうとう》・仏像《ぶつぞう》・経巻《きょうがん》数千万をやき《焼》はらわ《払》せ給《たも》うが、ことにおそろ《恐》しく、世間《せけん》の人々もさわ《騒》ぎうと《疎》みあ《合》えるはいかに。前《さき》にも少々うけたまわ《承》り候《そうら》いぬれども、今度くわし《詳》くきき《聞》ひら《開》き候わん。ただし、不審《ふしん》なることは、かかる悪僧《あくそう》どもなれば、三宝《さんぼう》の御意《みこころ》にもかな《叶》わず、天地にもうけ《受》られ給《たま》わずして、祈《いの》りも叶《かな》わざるやらんとおぼ《覚》え候《そうろう》はいかに。

答えて云《い》わく、ぜんぜん《前々》んも少々申しぬれども、今度またあらあら《粗々》申すべし。日本国においてはこと大切なり。これをしら《知》ざる故に、多くの人、口に罪業《ざいごう》をつく《造》る。まず山門《さんもん》ははじ《始》まりしことは、この国に仏法渡《わた》って二百余年、桓武天皇《かんむてんのう》の御宇《ぎょう》に伝教大師《でんぎょうだいし》立て始め給《たま》いしなり。当時の京都は、昔聖徳《しょうとく》太子《たいし》、王気《おうけ》ありと相《そう》し給いしかども、天台宗《てんだいしゅう》の渡らん時を待ち給いしあいだ、都をたて《建》給わず。また上宮《じょうぐう》太子の記して云わく「我が滅後《めつご》二百余年に仏法日本に弘《ひろ》まるべし」云々《うんぬん》。伝教大師、延暦年中《えんりゃくねんちゅう》に叡山《えいざん》を立て給《たも》う。桓武天皇は平《たいら》の京都をたて給《たま》いき。太子の記文《きもん》たが《違》わざる故なり。されば、山門と王家とは、松《まつ》と柏《かしわ》とのごとし、蘭《らん》と芝《しば》とにた《似》り。松かる《枯》れば必ず柏かれ《枯》、らん《蘭》しぼ《萎》めばまたしば《芝》し《萎》ぼむ。王法《おうぼう》の栄《さか》えは山の悦《よろこ》び、王位の衰《おとろ》えは山の歎《なげ》きと見えしに、既《すで》に世《よ》関東に移りしこと、なにとか思《おぼ》しめしけん。

秘法四十一人の行者《ぎょうじゃ》。承久《じょうきゅう》三年辛巳《かのとみ》四月十九日、京夷《きょうい》乱れし時、関東調伏《じょうぶく》のため、隠岐法皇《おきのほうおう》の宣旨《せんじ》によって始めて行《おこな》わるる御修法《みしほ》十五壇《だん》の秘法。

一字金輪法《いちじきんりんほう》〈天台座主《てんだいざす》・慈円僧正《じえんそうじょう》。伴僧《ばんそう》十二口《こう》。関白殿基通《かんぱくどのもとみち》の御沙汰《ごさた》〉

四天王法《してんのうほう》〈成興寺《じょうこうじ》の宮僧正《みやそうじょう》。伴僧《ばんそう》八口《こう》。広瀬殿《ひろせどの》において。修明門院《しゅみょうもんいん》の御沙汰《ごさた》〉

不動明王法《ふどうみょうおうほう》〈成宝僧正《じょうほうそうじょう》。伴僧《ばんそう》八口《こう》。花山院禅門《かざんいんぜんもん》の御沙汰《ごさた》〉

大威徳法《だいいとくほう》〈観厳僧正《かんごんそうじょう》。伴僧《ばんそう》八口《こう》。七条院《しちじょういん》の御沙汰《ごさた》〉
転輪聖王法《てんりんじょうおうほう》〈成賢僧正《じょうげんそうじょう》。伴僧《ばんそう》八口《こう》。同院の御沙汰《ごさた》〉
十壇大威徳法《じゅうだんだいいとくほう》〈伴僧《ばんそう》六口《こう》。覚朝僧正《かくちょうそうじょう》・俊性法印《しゅんしょうほういん》・永信《ようしん》法印・豪円《ごうえん》法印・猷円僧都《ゆうえんそうず》・慈賢《じげん》僧正・賢乗《げんじょう》僧都・仙尊《せんぞん》僧都・行遍《ぎょうべん》僧都・実覚法眼《じっかくほうげん》。已上《いじょう》十八人、大旨本坊《おおむねほんぼう》においてこれを修《しゅ》す〉
如意輪法《にょいりんほう》〈妙高院僧正《みょうこういんそうじょう》。伴僧《ばんそう》八口《こう》。宣秋門院《ぎしゅうもんいん》の御沙汰《ごさた》〉
毘沙門法《びしゃもんほう》〈常住院僧正《じょうじゅういんそうじょう》。三井《みい》。伴僧《ばんそう》六口《こう》。資賃《しちん》の御沙汰《ごさた》〉。御本尊一日にこれを造《つく》らる。調伏《じょうぶく》の行儀《ぎょうぎ》なり。
如法愛染王法《にょほうあいぜんおうほう》〈仁和寺御室《にんなじおむろ》の行法《ぎょうほう》。五月三日これを始《はじ》む。紫宸殿《ししんでん》において二七日《にしちにち》これを修《しゅ》せらる〉
仏眼法《ぶつげんほう》〈太政僧正《だいじょうそうじょう》、三七日《さんしちにち》これを修《しゅ》す〉
六字法《ろくじほう》〈快雅僧都《かいがそうず》〉
愛染王法《あいぜんおうほう》〈観厳僧正《かんごんそうじょう》、七日これを修《しゅ》す〉
不動法《ふどうほう》〈勧修寺《かじゅうじ》の僧正《そうじょう》。伴僧《ばんそう》八口《こう》。皆僧綱《みなそうごう》〉
大威徳法《だいいとくほう》〈安芸僧正《あきのそうじょう》〉
金剛童子法《こんごうどうじほう》〈同人〉。
已上《いじょう》、十五壇《だん》の法了《お》わんぬ。
五月十五日、伊賀太郎判官光季《いがのたろうほうがんみつすえ》、京にして討《う》たれ、同十九日鎌倉《かまくら》に聞こえ、同二十一日大勢軍兵上《おおぜいぐんぴょうのぼ》ると聞こえしかば、残るところの法、六月八日始めてこれを行《おこな》わる。尊星王法《そんしょうおうほう》〈覚朝僧正《かくちょうそうじょう》〉・太元法《たいげんほう》〈蔵有僧都《ぞううそうず》〉・五壇法《ごだんほう》〈太政僧正《だいじょうそうじょう》・永信法印《ようしんほういん》・全尊僧都《ぜんそんそうず》・猷円《ゆうえん》僧都・行遍《ぎょうべん》僧都〉・守護経法《しゅごきょうほう》〈御室《おむろ》、これを行わる。我が朝《ちょう》二度これを行う〉。

五月二十一日、武蔵守殿《むさしのかみどの》は海道《かいどう》より上洛《じょうらく》し、甲斐源氏《かいげんじ》は山道《さんどう》を上《のぼ》る。式部殿《しきぶどの》は北陸道《ほくりくどう》を上り給《たも》う。六月五日、大津《おおつ》をかた《固》むる手、甲斐源氏に破られ畢《お》わんぬ。同六月十三日十四日、宇治橋《うじばし》の合戦《かっせん》、同十四日に京方《きょうがた》破られ畢わんぬ。同十五日に武蔵守殿、六条《ろくじょう》へ入《い》り給う。諸人《しょにん》入り畢わんぬ。七月十一日に本院は隠岐国《おきのくに》へ流され給《たま》い、中院は阿波国《あわのくに》へ流され給い、第三院は佐渡国《さどのくに》へ流され給《たも》う。殿上人《てんじょうびと》七人、誅殺《ちゅうさつ》せられ畢わんぬ。

かかる大悪法、年を経《へ》て漸々《ぜんぜん》に関東に落ち下《くだ》って、諸堂の別当《べっとう》・供僧《ぐそう》となり、連々《れんれん》とこれを行う。本《もと》より教法《きょうほう》の邪正《じゃしょう》・勝劣《しょうれつ》をば知《し》ろしめさず、ただ三宝《さんぼう》をばあが《崇》むべきこととばかりおぼ《思》しめす故に、自然《じねん》としてこれを用《もち》いき《来》たれり。関東の国々のみならず、叡山《えいざん》・東寺《とうじ》・園城寺《おんじょうじ》の座主《ざす》・別当《べっとう》、皆《みな》、関東の御計《おんはか》らいと成りぬる故に、彼《か》の法の檀那《だんな》と成り給《たま》いぬるなり。

問うて云《い》わく、真言《しんごん》の教えをあながちに邪教《じゃきょう》と云う心、いかん。

答えて云わく、弘法大師《こうぼうだいし》云わく「第一大日経《だいにちきょう》・第二華厳経《けごんぎょう》・第三法華経」と。能《よ》く能くこの次第《しだい》を案ずべし。仏はいかなる経《きょう》にかこの三部の経の勝劣《しょうれつ》を説き判じ給《たま》えるや。もし「第一大日経・第二華厳経・第三法華経」と説き給える経あるならば、もっともしか《然》るべし。その義な《無》くんば、はなはだもって依用《えゆう》し難《がた》し。法華経に云わく「薬王《やくおう》よ。今汝《なんじ》に告ぐ。我が説くところの諸経《しょきょう》、しかもこの経の中において、法華《ほっけ》は最も第一なり」云々《うんぬん》。仏正《まさ》しく諸教《しょきょう》を挙げて、その中において法華第一と説き給《たも》う。仏の説法と弘法大師の筆とは、水火の相違《そうい》なり。尋《たず》ね究《きわ》むべきことなり。この筆を数百年が間、凡《ぼん》僧《そう》・高僧《こうそう》これを学し、貴賤上下《きせんじょうげ》これを信じて、大日経は一切経《いっさいきょう》の中に第一とあが《崇》めけること、仏意《ぶつい》に叶《かな》わず。心あらん人は能く能く思い定《さだ》むべきなり。もし仏意に相叶《あいかな》わぬ筆ならば、信ずともあに成仏すべきや。またこれをもって国土を祈《いの》らんに、当《まさ》に不祥《ふしょう》を起こさざるべきや。

また云《い》わく「震旦《しんたん》の人師《にんし》等、諍《あらそ》って醍醐《だいご》を盗《ぬす》む」云々《うんぬん》。文《もん》の意は、天台大師《てんだいだいし》等、真言教《しんごんきょう》の醍醐を盗んで法華経の醍醐と名づけ給《たま》えることは、この筆《ふで》最第一の勝事《しょうじ》なり。法華経を醍醐と名づけ給えることは、天台大師、涅槃経《ねはんぎょう》の文を勘《かんが》えて、一切経《いっさいきょう》の中には法華経を醍醐と名づくと判じ給えり。真言教の天竺《てんじく》より唐土《とうど》へ渡《わた》ることは、天台出世《しゅっせ》の以後二百余年なり。されば、二百余年の後に渡るべき真言の醍醐を盗みて、法華経の醍醐と名づけ給いけるか。このこと、不審《ふしん》なり、不審なり。真言いまだ渡らざる以前の二百余年の人々を盗人《ぬすびと》とかき《書》給えること、証拠《しょうこ》いずれぞや。弘法《こうぼう》大師の筆をや信ずべき、涅槃経に法華経を醍醐と説けるをや信ずべき。もし天台大師盗人《ぬすびと》ならば、涅槃経の文《もん》をばいかんがこ《心》ころう《得》べき。さては、涅槃経の文《もん》真実にして弘法の筆邪義《じゃぎ》ならば、邪義の教えを信ぜん人々は、いかん。ただ、弘法大師の筆と仏の説法と勘《かんが》え合わせて、正義《しょうぎ》を信じ侍《はべ》るべしと申すばかりなり。

疑って云《い》わく、大日経《だいにちきょう》は大日如来《にょらい》の説法なり。もししからば、釈尊《しゃくそん》の説法をもって大日如来の教法《きょうほう》を打ちたること、すべて道理に相叶《あいかな》わず、いかん。

答えて云《い》わく、大日如来《だいにちにょらい》は、いかなる人を父母として、いかなる国に出《い》でて、大日経《だいにちきょう》を説き給《たま》いけるやらん。もし父母なくして出世《しゅっせ》し給《たも》うならば、釈尊入滅《しゃくそんにゅうめつ》以後、慈尊《じそん》出世以前、五十六億七千万歳が中間に仏出《い》でて説法すべしということ、いかなる経文《きょうもん》ぞや。もし証拠《しょうこ》なくんば誰人《たれびと》か信ずべきや。かかる僻事《ひがごと》をのみ構え申すあいだ、邪教《じゃきょう》とは申すなり。その迷謬《めいみょう》尽《つ》くしがたし。わずか一・二を出だすなり。

しかのみならず、ならびに禅宗《ぜんしゅう》・念仏《ねんぶつ》等をこれを用いる。これらの法は、皆《みな》、未顕真実《みけんしんじつ》の権教《ごんきょう》、不成仏の法、無間地獄《むけんじごく》の業《ごう》なり。彼《か》の行人《ぎょうにん》、また謗法《ほうぼう》の者なり。いかでか御祈禱叶《ごきとうかな》うべきや。

しかるに、国主と成り給《たも》うことは、過去に正法《しょうほう》を持《たも》ち仏に仕《つか》うるによって、大小の王、皆《みな》、梵王《ぼんのう》・帝釈《たいしゃく》・日月《にちがつ》・四天《してん》等の御計《おんはか》らいとして郡郷《ぐんごう》を領し給《たま》えり。いわゆる、経《きょう》に云《い》わく「我、今五眼《ごげん》もて明らかに三世《さんぜ》を見るに、一切《いっさい》の国王は皆《みな》過去の世に五百の仏に侍《つか》うるによって帝王主《ていおうしゅ》となることを得たり」等云々《うんぬん》。しかるに、法華経を背《そむ》きて真言《しんごん》・禅《ぜん》・念仏《ねんぶつ》等の邪師《じゃし》に付いて、諸《もろもろ》の善根《ぜんこん》を修《しゅ》せらるるとも、あえて仏意《ぶつい》に叶《かな》わず、神慮《しんりょ》にも違《い》するものなり。能《よ》く能く案あるべきなり、人間《にんげん》に生《しょう》を得《う》ること、すべて希《まれ》なり。たまたま生を受けて、法の邪正《じゃしょう》を極《きわ》めて未来の成仏を期《ご》せざらんこと、返す返す本意にあらざるものなり。

また慈覚大師《じかくだいし》、御入唐《ごにっとう》以後、本師《ほんし》・伝教大師《でんぎょうだいし》に背《そむ》かせ給《たま》いて、叡山《えいざん》に真言《しんごん》を弘《ひろ》めんがために御祈請《ごきしょう》ありしに、日を射《い》るに日輪《にちりん》動転すという夢想《むそう》を御覧《ごらん》じて、四百余年の間、諸人《しょにん》これを吉夢《きちむ》と思えり。日本国は殊《こと》に忌《い》むべき夢なり。殷《いん》の紂王《ちゅうおう》、日輪を的《まと》にして射るによって、身亡《ほろ》びたり。この御夢想《ごむそう》は、権化《ごんげ》のことなりとも、能《よ》く能く思惟《しゆい》あるべきか。よって九牛《きゅうぎゅう》の一毛《いちもう》、註《しる》すところ、件《くだん》のごとし。

凡例

年表

索引

凡例

一、収録

収録においては、御書全集（創価学会版『日蓮大聖人御書全集』）に以下の変更を行った。

(1) 新規収録

真筆《しんぴつ》が現存する御書で、御書全集の編纂《へんさん》時には未発見・未公開等であったため、収録されていないものがある。それらのうち、以下の32編を新たに収録した。（題号前の数字は本書の通番）

024「災難興起由来《さいなんこうきゆらい》」、063「宿屋入道《やどやのにゅうどう》への再御状《さいごじょう》」、085「一代五時鶏図《いちだいごじけいず》」、112「出雲尼御前御書《いずもあまごぜんごしょ》」、144「富城入道殿御返事《ときにゅうどうどののごへんじ》」、157「乗明上人御返事《じょうみょうしょうにんごへんじ》」、180「兵衛志殿御返事《ひょうえのさかんどののごへんじ》」、228「弁殿御消息《べんどのごしょうそく》」、243「妙一尼御返事《みょういちあまごへんじ》」、267「故阿仏房讃歎御書《こあぶつぼうさんだんごしょ》」、272「中興政所女房御返事《なかおきのまんどころのにょうぼうごへんじ》」、286「御所御返事《ごしょごへんじ》」、292「覚性御房御返事《かくしょうのごぼうごへんじ》」、293「筍御書《たけのこごしょ》」、316「南条殿御返事《なんじょうどのごへんじ》」、343「上野郷主等御返事《うえののごうしゅとうごへんじ》」、348「越後公御房御返事《えちごこうのごぼうごへんじ》」、349「伯耆殿並諸人御書《ほうきどのならびにしょにんごしょ》」、357「河合殿御返事《かわいどのごへんじ》」、414「堀内殿御返事《ほりのうちどののごへんじ》」、416「論談敵対御書《ろんだんてきたいごしょ》」、419「法然大罪御書《ほうねんだいざいごしょ》」、420「故最明寺入道見参御書《こさいみょうじのにゅうどうげんざんごしょ》」、425「御衣布供養御書《おんころもぬのくようごしょ》」、426「依法不依人の事《えほうふえにんのこと》」、427「良観不下一雨御書《りょうかんふげいちうごしょ》」、428「白米和布御書《はくまいわかめごしょ》」、429「女人某御返事《にょにんぼうごへんじ》」、434「一大悪対治御書《いちだいあくたいじごしょ》」、440「老病御書《ろうびょうごしょ》」、442「大学殿の事《だいがくどののこと》」、443「但楽受持御書《たんぎょうじゅじごしょ》」

なお、右記の32編以外に新たに収録する御書で、御書全集に収録されている御書の一部と判断したものは、既存の御書と合わせた。（126「土木殿御返事《ときどのごへんじ》」、217「陰徳陽報御書《いんとくようほうごしょ》」、336「上野殿母御前御返事《うえのどののははごぜんごへんじ》」、415「内記左近入道殿御返事《ないきさこんにゅうどうどののごへんじ》」、417「釈迦御所領御書《しゃかごしょりょうごしょ》」、430「衣食御書《えじきごしょ》」、436「食物三徳御書《しょくもつさんとくごしょ》」）

また、日興上人の書として、編年体御書にある

「美作房御返事《みまさかぼうごへんじ》」「原殿御返事《はらどのごへんじ》」を収録した。

（2）不収録

「釈迦一代五時継図」「一代五時継図」は、真筆が現存する085「一代五時鶏図」を新規収録したため不収録とした。また、「出家功徳御書」は会員の信行に資さないとして不収録とした。

（3）その他

異なる御書が組み合わされていたと判断したものは、それぞれ別の御書とした。〈392「四十九院御《しじゅうくいんご》書《しょ》」〈「実相寺御書」から分割〉、438「不妄語戒事《ふもうごかいじ》」〈「南条殿御返事」から分割〉〉

二、配列

全体を以下の通りに分類し配列した。

①十大部

日興上人が選んだ十大部を冒頭に掲げ、執筆年月日順に並べた。

003「安国論奥書《あんこくろんおくがき》」、004「安国論御勘由来《あんこくろんごかんゆらい》」、007「観《かん》心本尊抄送状《じんのほんぞんしょうおくりじょう》」、011「報恩抄送文《ほうおんしょうおくりぶみ》」は、それぞれ、002「立正安国論《りっしょうあんこくろん》」、006「観心本尊抄《かんじんのほんぞんしょう》」、010「報恩《ほうおん》抄《しょう》」との関連が強いため、「十大部」に入れた。

②教理書

主に論述形式で日蓮仏法の法門・法理を示されたものを収録し、執筆年月日順に並べた。

③諸宗比較書

主に諸宗の教説を破折されたものを収録し、執筆年月日順に並べた。

④対外書

対外的に書かれたものを収録し、執筆年月日順に並べた。

⑤図表・抄録類

図表（仏教史等を図表化したもの）と、抄録（経典や文書《もんじょ》等の抜き書き）を収録した。

⑥講義

095「御義口伝《おんぎくでん》」、096「御講聞書《おんこうききがき》」を収録した。

⑦〜⑱消息

対告衆《たいごうしゅ》の所在地ごとに配列し、それぞれの地域内においては対告衆ごとに執筆年月日順に並べた。主な門下である富木常忍、池上兄弟、四条金吾、南条時光は、それぞれ項目を立て、その家族等に宛てたものも含めた。

⑦安房の門下へ、⑧富木常忍編、⑨下総の門下へ、⑩池上兄弟編、⑪四条金吾編、⑫鎌倉の門下へ、⑬伊豆の門下へ、⑭佐渡の門下へ、⑮甲斐の門下へ、⑯南条時光編、⑰駿河の門下へ、⑱遠江・尾張の門下へ

⑲諸御抄

対告衆の所在地等が確定できないものなどを収録した。

⑳日興上人文書

日興上人関連の文書を収録した。

㉑伝承類

日興門流で伝承されてきた文書を収録した。

三、題号

（1）題号

以下は御書全集の題号を変更した。（〈　〉は御書全集の題号）

①対告衆を変更したもの

116「富木殿御返事《ときどのごへんじ》」〈上野殿母尼御前御返事〉、227「弁殿並尼御前御書《べんどのならびにあまごぜんごしょ》」〈辦殿尼御前御書〉、360「高橋殿女房御返事《たかはしどののにょうぼうごへんじ》」〈高橋殿御返事〉、372「窪尼御前御返事《くぼのあまごぜんごへんじ》」〈西山殿御返事〉

②対告衆の呼称を変更したもの

254「王日殿御返事《おうにちどのごへんじ》」〈王日女殿御返事〉、282「六郎実長御消息《ろくろうさねながごしょうそく》」〈六郎恒長御消息〉、291「覚性房《かくしょうぼう》

御返事《ごへんじ》」〈玄性房御返事〉、364「持《じ》妙尼《みょうあま》御前《ごぜん》御返《ごへん》事《じ》」〈妙心尼御前御返事〉、378「妙法尼《みょうほうあま》御返事《ごへんじ》」〈松野殿御返事〉

③題号を短くしたもの

086「念仏者《ねんぶつしゃ》追放《ついほう》宣旨事《せんじじ》」〈念仏者・追放せしむる宣旨・御教書・五篇に集列する勘文状〉

④内容に即して改めたもの

081「滝泉寺《りゅうせんじ》大衆《だいしゅ》陳状《ちんじょう》」〈滝泉寺申状〉、424「安国《あんこく》論正本《ろんしょうほん》の事《こと》」〈安国論別状〉

⑤御書を合わせたことにより変更したもの

336「上野《うえの》殿母《どののはは》御前《ごぜん》御返事《ごへんじ》」〈上野殿御書、南条殿御返事〉、415「内記《ないきの》左近《さこん》入道殿《にゅうどうどの》御返事《ごへんじ》」〈来臨曇華御書〉

（2）別名

他に同一または同じ読みの題号がある御書などには別名を付け、（　）で示した。

四、執筆年月日

題号の下に示した執筆年月日は、以下の考え方に基づいた。

①表記は「和暦（西暦）日付　聖寿《せいじゅ》」とした。鎌倉時代の暦は現代の暦より30日から40日程度ずれるが、和暦年号と西暦年号とを対応させて示した。西暦は、１２００年代の下２桁のみを記した。聖寿は数え年を用いた。

②幅広い推定時期を示す場合は、「文永期」「建治期」など「（元号）期」の表記を用いた。また、必要に応じて「前期」「後期」の区分を設けた。

③改元された場合、改元日以降の日付の御書には新たな元号を用い、それより前の日付の御書には前の元号を用いた。

④異なる説がある場合は、下に＊を付けた。

五、対告衆

題号の下に示した対告衆は、同一人物は表記を統一した。異なる説がある場合は（　）を付けた。

六、文字の表記

(1) 仮名遣い

原則として現代仮名遣いを用いた。(例) 給《たま》ふ→給《たも》う、候へ→候え

促音《そくおん》は「っ」、拗音《ようおん》は「ゃ」「ゅ」「ょ」を用いた。

現代で一般的に平仮名表記される言葉は、原則として平仮名で表記した。引用文も同様とした。

(例)此・是→この、又→また、可し→べし、如し→ごとし

ただし、「応に、当に、将に」など、同音異義語を識別するために漢字表記を残したものもある。

(2) 送り仮名

原則として現代に通用する送り仮名を用いた。

(例) 巧《たくみ》なる→巧《たく》みなる、生る→生《う》まる

官職や国名の中の「の」は送らず振り仮名とした。(例) 武蔵守《むさしのかみ》、佐《さ》渡国《どのくに》

なお、分かりやすさを考慮し、助詞を添えたり省いたりしたものもある。

(3) 漢字の表記

原則として常用漢字表に示す字体を用いた。人名用漢字は、原則として人名用漢字表に示す字体を用いた。常用漢字・人名用漢字以外で印刷標準字体が示されている漢字は、原則としてそれを用いた。それ以外の漢字は、原則としていわゆる康煕字典体とされる正字体を用いた。ただし、正字体以外の現代に通用する字体を用いたものもある。引用文も同様とした。

当て字や音を借りている表記と思われるものは、原則として現代に通用する表記に改めた。

（例） 普合→符合、奏問→奏聞

「廿《にじゅう》」「卅《さんじゅう》」などの表記は、「二十」「三十」等と記した。

（4） 固有名詞など

表記が各種辞典等において一つに定まっている固有名詞などは、表記を統一したものもある。

（例） 祇洹精舎→祇園精舎、大公望→太公望、太夫→大夫、天王→天皇

（5） 仏教用語

頻出する仏教用語は、原則として表記を統一した。（例） 付属→付嘱、那由佗→那由他、廻向→回向、波羅門→婆羅門

（6） 引用

引用文は「 」で括り、その範囲を明示した。引用文の趣旨を記述したものも同様とした。

経典等の引用は、原則として真筆等の表記を尊重した。そのため、同じ経文の引用でも、漢字表記や表現が異なる場合がある。

経典等の引用が漢文表記のものは、分かりやすさを考慮し、原則として書き下した。漢文表記のままとする場合は、読者の理解を助けるため、（ ）で書き下しを付けたものもある。

法華経と開結二経（無量義経、観普賢菩薩行法経）の書き下しは、創価学会版『妙法蓮華経並開結』の表記を参照した。

書き下しでは、語法研究に基づき、熟語にまとめて訓を施したものもある。（例） 応当《まさ》に、似像《に》せて、亦復→また、皆悉→みな

中略を示す○が記されている場合は、そのまま○で示した。

(7) 注記

御書本文に記された注記は、原則として小字で〈 〉内に入れた。

なお、干支の表記は、和暦等の注記と考えられる場合は小字とした。

(8) 略表記

一文字の漢字の繰り返しは「々」を用いた。二文字以上の漢字や句が記号で略されている場合は、漢字や句を反復して表記した。

(9) 判読不能文字

真筆の欠損等で判読できない文字は□で示した。文字数が確定できない場合は［　　］で示した。

(10) 花押

末尾の署名を示す「花押」「在御判」は、「花押」に統一した。

(11) その他

読みやすさを考慮し、文章の途中で改行を施したものもある。

前欠等の理由で文の途中から始まる御書があるが、そのまま文の途中から収録した。また、内容等から後欠または未完と考えられる御書があるが、末尾は「。」で結んだ。

〈主な参考文献〉

『録内御書』、『録外御書』、『他受用御書』、『本満寺録外』『高祖遺文録』(小川泰堂編)、『日蓮聖人御遺文』(加藤文雅編、霊艮閣版)、『日蓮聖人御遺文』(高佐貫長編、本化聖典普及会)、『昭和新修　日蓮聖人遺文全集』(浅井要麟編、平楽寺書店)、『昭和定本　日蓮聖人遺文』（立正大学日蓮教学研究所編、身延山久遠寺）、『昭和新定　日蓮大聖人御書』（大石寺）、『平成新編　日蓮大聖人御書』（大石寺）、『平成校定　日蓮大聖人御書』（大石寺）、「日蓮大聖人御書システム」（興風談所）『日蓮大聖人御真蹟対照録』（立正安国会）、『日蓮聖人真蹟集成』（法蔵館）、『大石寺蔵日蓮大聖人御真筆聚解読文』（大石寺）
『富士宗学要集』（堀日亨編、創価学会）、『日蓮宗宗学全書』（立正大学日蓮教学研究所編、山喜房仏書林）、『日蓮正宗歴代法主全書』（大石寺）、『日蓮宗全書』（梅本正雄、本満寺）、『日興上人全集』（興風談所）、『日蓮聖人御遺文講義』（日本仏書刊行会）、『日蓮聖人遺文全集講義』（ピタカ）、『日蓮聖人全集』（渡辺宝陽・小松邦彰編、春秋社）、『日蓮宗事典』（日蓮宗）、『日蓮聖人遺文辞典　歴史篇・教学篇』（立正大学日蓮教学研究所編、身延山久遠寺）
『大正新脩大蔵経』（大蔵出版）、『国訳一切経』（大東出版社）、『新纂大日本続蔵経』（国書刊行会）、『新国訳大蔵経』（大蔵出版）、『伝教大師全集』（叡山学院編、世界聖典刊行協会）、「SAT大正新脩大蔵経テキストデータベース」（SAT大蔵経テキストデータベース研究会）、「CBETA電子仏典集成」（中華電子仏典協会）
『仏書解説大辞典』（小野玄妙編、大東出版社）、『望月仏教大辞典』（望月信亨、世界聖典刊行協会）、『織田仏教大辞典』（織田得能、大蔵出版）、『広説仏教語大辞典』（中村元、東京書籍）、『岩波　仏教辞典　第二版』（中村元他編、岩波書店）、『例文　仏教語大辞典』（石田瑞麿、小学館）
『日本国語大辞典　第二版』（小学館）、『広辞苑　第七版』（新村出編、岩波書店）、『大漢和辞典』（諸橋轍次、大修館書店）、『字通』（白川静、平凡社）、『角川古語大辞典』（中村幸彦他編、角川書店）、『古語大鑑』（東京大学出版会）、『国史大辞典』（吉川弘文館）、『角川日本地名大辞典』（角川書店）
※旧字は新字に改めた。

年表

（聖寿は数え年、▽は「この年頃」を表す。門下の主な事跡も含む）

西暦	和暦	聖寿	月日	日蓮大聖人の御事跡	御在地	一般歴史事項
1222	貞応《じょうおう》元（承久《じょうきゅう》4）	1	2月16日	安房国長狭郡東条郷片海《あわのくにながさのこおりとうじょうのごうかたうみ》に御誕生《ごたんじょう》	安房	前年（1221年）に承久《じょうきゅう》の乱
1233	天福《てんぷく》元	12		安房国清澄寺《せいちょうじ》に登り、修学《しゅうがく》を始める	安房	
1237	嘉禎《かてい》3	16		清澄寺で得度《とくど》する	安房	
1239	延応《えんおう》元	18		▽鎌倉《かまくら》などに遊学《ゆうがく》する		
1242	仁治《にんじ》3	21		▽比叡山《ひえいざん》などに遊学する		6月、北条泰時《ほうじょうやすとき》が死去
1246	寛元《かんげん》4	25	3月8日	日興上人《にっこうしょうにん》が甲斐国鰍沢《かいのくにかじかざわ》で生まれる		3月、北条時頼《ときより》が執権《しっけん》となる
1253	建長《けんちょう》5	32	4月28日	清澄寺で立宗宣言《りっしゅうせんげん》 ▽日蓮と名乗り、鎌倉に出て弘教《ぐきょう》を開始する ▽富木常忍《ときじょうにん》が門下となる	鎌倉	11月、北条時頼が鎌倉に建長寺《けんちょうじ》を創建

1256	康元《こうげん》元	35		▽四条金吾《しじょうきんご》、池上宗仲《いけがみむねなか》らが門下となる	鎌倉	11月、北条長時《ながとき》が執権となる
1257	正嘉《しょうか》元	36		「立正安国論《りっしょうあんこくろん》」の執筆《しっぴつ》について考え始める	鎌倉	8月23日、鎌倉で大地震《おおじしん》
1258	正嘉2	37		▽日興上人が弟子《でし》となる	鎌倉	数年にわたり、大風・大雨・洪水・飢《き》饉《きん》・疫病《えきびょう》などの災害が相次ぐ
1260	文応《ぶんおう》元	39	5月28日	「唱法華題目抄《しょうほっけだいもくしょう》」を著《あらわ》す	鎌倉	フビライが蒙古《もうこ》のハン(君主)に即位《そくい》
			7月16日	「立正安国論」を北条時頼に提出し、諫《いさ》める(第1回の国主諫暁《こくしゅかんぎょう》)。その後、念仏者《ねんぶつしゃ》らに草庵《そうあん》を襲撃《しゅうげき》される(松葉ケ谷《まつばがやつ》の法難《ほうなん》)	鎌倉	
1261	弘長《こうちょう》元	40	5月12日	伊豆国伊東《いずのくにいとう》に流罪《るざい》となる(伊豆《いず》流罪)	伊豆	11月、北条重時《しげとき》が死去
1263	弘長3	42	2月22日	流罪を赦免《しゃめん》され、鎌倉に戻《もど》る	鎌倉	11月、北条時頼が死去
1264	文永《ぶんえい》元	43		▽安房国に帰り、母の病気平癒《へいゆ》を祈《いの》る	安房	2月28日、弘長から文永に改元《かいげん》 7月、彗星《すいせい》が現れる 8月、北条政村《まさむら》が執権となる 北条長時が死去
			11月11日	安房国東条《とうじょう》の松原《まつばら》で地頭《じとう》の東条景信《かげのぶ》による襲撃を受ける(小松原《こまつばら》の法難)	安房	

1265	文永《ぶんえい》2	44		南条時光《なんじょうときみつ》の父の死去を悼《いた》み駿河国《するがのくに》に弔問《ちょうもん》する		
1268	文永5	47	10月11日	北条時宗《ほうじょうときむね》はじめ関係各所に諫暁《かんぎょう》の書を送る(十一通御書《じゅういっつうごしょ》)		閏《うるう》1月、蒙古《もうこ》の国書が幕府に届く 3月、北条時宗が執権《しっけん》となる
1269	文永6	48	11月	再び各所に諫暁の書を送る		
1271	文永8	50		祈雨《きう》の勝負で極楽寺良観《ごくらくじりょうかん》(忍性《にんしょう》)を破る		蒙古が国名を「元《げん》」と改める
			9月12日	平左衛門尉頼綱《へいのさえもんのじょうよりつな》により捕《と》らえられ、頼綱に向かって諫暁する(第2回の国主諫暁)。同日深夜、頸《くび》の座に臨《のぞ》む(竜《たつ》の口《くち》の法難《ほうなん》。発迹顕本《ほっしゃくけんぽん》)。相模国依智《さがみのくにえち》の本間重連《ほんましげつら》の館《やかた》に移送される この法難の際、多くの門下が投獄《とうごく》、所領没収《ぼっしゅう》、追放等され、退転者《たいてんしゃ》が相次ぐ	鎌倉	
			10月10日	流罪地《るざいち》に向け依智を出発する(佐渡《さど》流罪)		
			11月1日	佐渡国塚原《さどのくにつかはら》の三昧堂《さんまいどう》に入る 「開目抄《かいもくしょう》」の執筆《しっぴつ》について考え始める ▽阿仏房《あぶつぼう》、千日尼《せんにちあま》らが門下となる	佐渡	

1272	文永9	51	1月16・17日	塚原問答を行う	佐渡	2月、幕府の内乱（二月騒動《にがつそうどう》）が起きる
			2月	「開目抄」を門下一同に与える	佐渡	
				4月頃、佐渡国一谷《いちのさわ》に移る	佐渡	
1273	文永10	52	4月25日	「観心本尊抄《かんじんのほんぞんしょう》」を著《あらわ》す	佐渡	
			閏5月11日	「顕仏未来記《けんぶつみらいき》」を著す	佐渡	
1274	文永11	53	2月14日	幕府が流罪の赦免状《しゃめんじょう》を発《はっ》する	佐渡	10月、蒙古襲来《もうこしゅうらい》（文永の役《えき》）
			3月13日	鎌倉《かまくら》に向け佐渡を出発する	佐渡	
			3月26日	鎌倉に着く	鎌倉	
			4月8日	平左衛門尉頼綱らと会見し諫暁。年内の蒙古襲来を予言する（第3回の国主諫暁）	鎌倉	
			5月12日	鎌倉から甲斐国身延《かいのくにみのぶ》に向かう（17日着《ちゃく》）	身延	
			5月24日	「法華取要抄《ほっけしゅようしょう》」を著す	身延	
				四条金吾《しじょうきんご》が主君を折伏《しゃくぶく》し、以後数年間、主君から遠ざけられる。この頃《ころ》から主《おも》だった門下への迫害《はくがい》が始まる	身延	

西暦	年号	年齢	月日	事項	身延
1275	建治《けんじ》元	54		「撰時抄《せんじしょう》」を著《あらわ》す 日興上人《にっこうしょうにん》の教化《きょうけ》により、駿河国《するがのくに》の天台宗《てんだいしゅう》寺院の寺僧《じそう》などが大聖人門下となり、天台宗寺院側からの迫害《はくがい》が起こる	3月、極楽寺《ごくらくじ》が焼失《しょうしつ》 4月25日、文永《ぶんえい》から建治に改元《かいげん》 9月、幕府が元《げん》の使者を竜《たつ》の口《くち》で斬《き》る
1276	建治2	55	7月21日	「報恩抄《ほうおんしょう》」を著す 池上《いけがみ》兄弟が父に信仰《しんこう》を反対され、以降、兄は2度にわたり勘当《かんどう》される	
1277	建治3	56	4月10日 6月	「四信五品抄《ししんごほんしょう》」を著す 「下山御消息《しもやまごしょうそく》」を著す	春から疫病《えきびょう》が流行、2年ほど続く
1278	弘安《こうあん》元	57	9月	「本尊問答抄《ほんぞんもんどうしょう》」を著す	2月29日、建治から弘安に改元
1279	弘安2	58	9月21日	数年にわたる駿河国熱原《あつはら》での迫害の中で、農民門下20人が捕《と》らえられ鎌倉《かまくら》に移送される。翌10月、平左衛門尉頼綱《へいのさえもんのじょうよりつな》に訊問《じんもん》されるが、信仰を貫《つらぬ》く（熱原の法難《ほうなん》）	7月、幕府が元の使者を博多《はかた》で斬る

			10月1日	「聖人御難事《しょうにんごなんじ》」を著し、出世《しゅっせ》の本懐《ほんかい》を宣言	身延	
1280	弘安3	59	12月	「諫暁八幡抄《かんぎょうはちまんしょう》」を著す	身延	11月、鶴岡八幡宮《つるがおかはちまんぐう》が焼失
1281	弘安4	60			身延	5月、蒙古《もうこ》襲来《しゅうらい》(弘安の役《えき》)
1282	弘安5	61	2月28日	自《みずか》ら病床《びょうしょう》にある中、重病の南条時光《なんじょうときみつ》に「法華《ほっけ》証明抄《しょうみょうしょう》」を送る	身延	
			9月8日	身延山《みのぶさん》を下《くだ》る	身延	
			9月18日	武蔵国《むさしのくに》池上の池上宗仲邸《むねなかてい》に到着	池上	
			10月13日	池上邸で御入滅《ごにゅうめつ》	池上	

索　引

凡例

・題号の前の数字は本書の通番を示す。
・「新版」の欄は本書のページ数、「全集」の欄は御書全集のページ数を示す。
・「*」は真筆が現存する御書(部分存、真筆の形木を含む)を示す。
・「→」は本書で題号が変更されたことを示す。「(全　)」は、御書全集のページ数を示す。
・「(編)」は編年体御書のページ数を示す。
・「+」は御書全集では別の御書とされていたが、本書で合わせて収録したことを示す。

日蓮大聖人御書全集　新版
分冊　第一巻

二〇二一年十一月十八日　発行

監修　池田大作
編者　『日蓮大聖人御書全集　新版』刊行委員会
発行者　原田稔
発行所　創価学会
東京都新宿区信濃町三二番地
印刷所　凸版印刷株式会社
製本所　大口製本印刷株式会社

ISBN978-4-412-01680-4